ESTUDOS DE DIREITO PÚBLICO

EM HOMENAGEM A
CELSO ANTÔNIO BANDEIRA DE MELLO

Marcelo Figueiredo
e Valmir Pontes Filho
(organizadores)

ESTUDOS DE DIREITO PÚBLICO

EM HOMENAGEM A CELSO ANTÔNIO BANDEIRA DE MELLO

Colaboradores

– Adílson Abreu Dallari – Alice Gonzalez Borges – Américo Masset Lacombe – Antônio Carlos Cintra do Amaral – Antônio Carlos Mendes – Benedicto Porto Neto – Carlos Ari Sundfeld – Carlos Ayres Britto – Carlos Roberto Siqueira Castro – Clóvis Beznos – Dalmo de Abreu Dallari – Dinorá Adelaide Musetti Grotti – Fábio Konder Comparato – Jacintho Arruda Câmara – José Eduardo Martins Cardozo – Lúcia Valle Figueiredo – Luiz Alberto David Araújo – Marçal Justen Filho – Marcelo Figueiredo – Maria Garcia – Maria Helena Diniz – Maria Sylvia Zanella Di Pietro – Oscar Vilhena Vieira – Paulo Bonavides – Paulo de Barros Carvalho – Paulo Modesto – Paulo Roberto Ferreira Motta – Pedro Paulo de Almeida Dutra – Regina Helena Costa – Romeu Felipe Bacellar Filho – Sergio Ferraz – Sérgio Sérvulo da Cunha – Sílvio Luís Ferreira da Rocha – Valmir Pontes Filho – Weida Zancaner

MALHEIROS
EDITORES

ESTUDOS DE DIREITO PÚBLICO
EM HOMENAGEM A CELSO ANTÔNIO BANDEIRA DE MELLO

ISBN: 85.7420.727.6

Direitos reservados desta edição por
MALHEIROS EDITORES LTDA.
Rua Paes de Araújo, 29, conjunto 171
CEP 04531-940 — São Paulo — SP
Tel.: (0xx11) 3078-7205
Fax: (0xx11) 3168-5495
URL: www.malheiroseditores.com.br
e-mail: malheiroseditores@terra.com.br

Composição
Acqua Estúdio Gráfico Ltda.

Capa
Criação: Vânia Lúcia Amato
Arte: PC Editorial Ltda.

Impresso no Brasil
Printed in Brazil
04.2006

PREFÁCIO

É comum se ouvir que os professores de Direito – como quaisquer outros – se podem enquadrar em quatro categorias: a dos maus, a dos bons, a dos excelentes e aquela em que se inserem os que adentram as raias da genialidade. Pois nesta última está inserido, com certeza, CELSO ANTÔNIO BANDEIRA DE MELLO.

Demasiado seria, por óbvio, dizer algo sobre seu singular brilho intelectual ou sua inteligência privilegiada. A profundidade e a extensão de sua obra engrandecem o estudo do Direito Administrativo em nosso País, como também protagonizaram e continuam a protagonizar o surgimento de uma imensa legião de seguidores de sua doutrina, sempre respeitada pelos órgãos judiciários. Aliás, mesmo nos demais países, na América Latina e na Europa, o Mestre é respeitado e admirado como poucos, exatamente por conta de sua excepcional capacidade de desvendar temas tidos como impenetráveis ou de difícil abordagem. Preciosa a sua linguagem, empolgante e irrespondível a sua linha de argumentação, seja qual for o assunto de Direito Público por ele abordado.

Na esteira de seu inesquecível pai, o Professor OSWALDO ARANHA BANDEIRA DE MELLO, CELSO ANTÔNIO não se distingue apenas pela fecunda produção científica, de rigor inexcedível, mas também pela notável capacidade de expor oralmente seus pensamentos, qualidade que o transformou num dos mais requisitados conferencistas brasileiros.

Mas dentre todas essas qualidades sobressai a de ser um cidadão exemplar, absolutamente fiel aos seus ideais, ardoroso defensor da Democracia e das aspirações legitimamente populares. Ético, firme e corajoso, não hesita minimamente quando se trata de defender os interesses nacionais. Sensível e verdadeiro, é, ao lado das filhas e da inseparável WEIDA – também ilustre jurista – amigo raro, de quem a gente não se quer apartar jamais.

Este livro, portanto, é uma sincera e singela homenagem que lhe prestam alguns dos seus admiradores, sem imaginar ou pretender, todavia, esteja ela à altura do homenageado.

MARCELO FIGUEIREDO
VALMIR PONTES FILHO
(Organizadores)

Celso Antônio Bandeira de Mello é Professor Titular de Direito Administrativo da Pontifícia Universidade Católica de São Paulo, onde foi Vice-Reitor para assuntos acadêmicos (1973-1976) e onde leciona a matéria nos cursos de graduação e pós-graduação.

É Professor Honorário da Faculdade de Direito da Universidade de Mendoza, na Argentina; da Faculdade de Direito do Colegio Mayor de Rosário, em Bogotá (Colômbia), membro correspondente da Associação Argentina de Direito Administrativo, membro honorário do *Instituto de Derecho Administrativo*, da Faculdade de Direito da Universidade da República Oriental do Uruguai, Professor Extraordinário da Universidade Notarial Argentina e Membro Titular de seu *Ins-*

tituto de Derecho Administrativo e Professor Titular visitante da Universidade de Belgrano, da Faculdade de Direito e Ciências Sociais (Argentina).

É um dos fundadores do *Instituto Brasileiro de Direito Administrativo-IBDA* e do *Instituto de Direito Administrativo Paulista-IDAP*; é membro do *Instituto Internacional de Derecho Administrativo Latinoamericano*, ex-conselheiro do *Instituto dos Advogados de São Paulo* e membro remido da *Associação dos Advogados de São Paulo*.

É, também, fundador, juntamente com o saudoso Prof. Geraldo Ataliba, da *Revista Trimestral de Direito Público-RTDP*, da qual é seu Diretor.

Publicou os livros:

Natureza e Regime Jurídico das Autarquias (esg.);

Prestação de Serviços Públicos e Administração Indireta (esg.);

Apontamentos sobre os Agentes e Órgãos Públicos (esg.);

Licitação e Ato Administrativo e *Direitos dos Administrados* (esg.);

Regime dos Servidores da Administração Direta e Indireta (Malheiros Editores, 3ª ed., 1995, esg.).

O Conteúdo Jurídico do Princípio da Igualdade (Malheiros Editores, 3ª ed., 13ª tir., 2005);

Discricionariedade e Controle Jurisdicional (Malheiros Editores, 2ª ed., 7ª tir., 2006); e

Elementos de Direito Administrativo, transformado, a partir de sua 3ª edição (1992) no seu já consagrado *Curso de Direito Administrativo* (Malheiros Editores, 20ª ed., 2006).

SUMÁRIO

COLABORADORES

ADÍLSON ABREU DALLARI

Professor Titular de Direito Administrativo da Faculdade de Direito da Pontifícia Universidade Católica de São Paulo.

ALICE GONZALEZ BORGES

Presidente do Instituto de Direito Administrativo da Bahia – Advogada e Consultora Jurídica no Foro de Salvador – Professora Titular de Direito Administrativo da Faculdade de Direito da Universidade Católica de Salvador-BA – Membro da Academia de Letras Jurídicas da Bahia, cadeira n. 30 – Membro do Conselho Superior do Instituto Brasileiro de Direito Administrativo.

AMÉRICO MASSET LACOMBE

Mestre e Doutor em Direito pela Pontifícia Universidade Católica de São Paulo – Desembargador Federal aposentado – Advogado em São Paulo.

ANTÔNIO CARLOS CINTRA DO AMARAL

Advogado em São Paulo – Consultor e Parecerista em Direito Administrativo – Professor no Curso de Especialização em Direito Administrativo na Pontifícia Universidade Católica de São Paulo (Pós-Graduação *lato sensu*) – Diretor e Coordenador Geral do Centro de Estudos sobre Licitações e Contratos/CELC (São Paulo).

ANTÔNIO CARLOS MENDES

Professor Doutor de Direito Constitucional da Faculdade de Direito da Pontifícia Universidade Católica de São Paulo.

BENEDICTO PORTO NETO

Mestre em Direito pela Faculdade de Direito da Pontifícia Universidade Católica de São Paulo – Professor de Direito Administrativo da Faculdade de Direito da Pontifícia Universidade Católica de São Paulo – Vice-Presidente da Sociedade Brasileira de Direito Público-***sbdp*** – Advogado.

CARLOS ARI SUNDFELD

Professor de Direito Administrativo da Faculdade de Direito da Pontifícia Universidade Católica de São Paulo.

CARLOS AYRES BRITTO

Doutor em Direito Constitucional pela Pontifícia Universidade Católica de São Paulo – Professor aposentado de Direito Constitucional da Faculdade de Direito da Universidade Federal de Sergipe – Ministro do Supremo Tribunal Federal.

CARLOS ROBERTO SIQUEIRA CASTRO

Subprocurador-Geral da República aposentado – *Master of Laws* (LL.M.) pela *University of Michigan* – Doutor em Direito Público pela Universidade Federal do Rio de Janeiro – Professor Titular de Direito Constitucional da Universidade do Estado do Rio de Janeiro e do Curso de Pós-Graduação em Direito da Pontifícia Universidade Católica do Rio de Janeiro.

CLÓVIS BEZNOS

Doutor em Direito do Estado pela Pontifícia Universidade Católica de São Paulo – Professor Doutor da Faculdade de Direito da Pontifícia Universidade Católica de São Paulo – Coordenador dos Cursos de Especialização em Direito Administrativo da Pontifícia Universidade Católica de São Paulo/COGEAE/SP.

DALMO DE ABREU DALLARI

Professor aposentado de Teoria Geral do Estado da Faculdade de Direito da Universidade de São Paulo – Vice-Presidente da Comissão Internacional de Juristas – Professor Visitante da Universidade de Paris-X, Nanterre.

DINORÁ ADELAIDE MUSETTI GROTTI

Doutora e Mestre pela Pontifícia Universidade Católica de São Paulo – Professora de Direito Administrativo da Pontifícia Universidade Católica de São Paulo – Ex-Procuradora do Município de São Paulo.

FÁBIO KONDER COMPARATO

Doutor *Honoris Causa* da Universidade de Coimbra – Doutor em Direito da Universidade de Paris – Professor Titular da Faculdade de Direito da Universidade de São Paulo.

JACINTHO ARRUDA CÂMARA

Professor de Direito Administrativo da Faculdade de Direito da Pontifícia Universidade Católica de São Paulo.

JOSÉ EDUARDO MARTINS CARDOZO

Mestre e Doutorando em Direito – Professor de Direito Administrativo e Filosofia do Direito da Pontifícia Universidade Católica de São Paulo e do Complexo Jurídico Damásio de Jesus – Deputado Federal (PT/SP) – Presidente da Comissão Especial de Reforma do Poder Judiciário.

LÚCIA VALLE FIGUEIREDO

Professora Titular de Direito Administrativo da Pontifícia Universidade Católica de São Paulo – Advogada e Consultora Jurídica em São Paulo – Juíza aposentada do Tribunal Regional Federal da 3ª Região.

LUIZ ALBERTO DAVID ARAÚJO

Mestre, Doutor e Livre-Docente pela Pontifícia Universidade Católica de São Paulo – Professor dos Cursos de Graduação e Pós-Graduação da Pontifícia Universidade Católica de São Paulo – Coordenador Acadêmico do Mestrado em Direito da Instituição Toledo de Ensino, Bauru/SP – Advogado em São Paulo.

MARÇAL JUSTEN FILHO

Doutor pela Pontifícia Universidade Católica de São Paulo – Professor Titular da Universidade Federal do Paraná.

MARCELO FIGUEIREDO

Advogado e Consultor Jurídico em São Paulo – Professor Concursado de Direito Constitucional nos Cursos de Graduação e Pós-Graduação da Pontifícia Universidade Católica de São Paulo.

MARIA GARCIA

Livre-Docente em Direito Constitucional pela Pontifícia Universidade Católica de São Paulo – Coordenadora da Sub-Área de Direito Constitucional na Pós-Graduação em Direito da Pontifícia Universidade Católica de São Paulo – Professora de Direito Constitucional e Direito Educacional na Pontifícia Universidade Católica de São Paulo – Procuradora do Estado aposentada – Ex-Assessora Jurídica da Universidade de São Paulo – Membro do Instituto dos Advogados de São Paulo e do IBDC.

MARIA HELENA DINIZ

Professora Titular de Direito Civil da Pontifícia Universidade Católica de São Paulo.

MARIA SYLVIA ZANELLA DI PIETRO

Professora Titular de Direito Administrativo da Universidade de São Paulo.

OSCAR VILHENA VIEIRA

Professor de Direito Constitucional da Pontifícia Universidade Católica de São Paulo e da Fundação Getúlio Vargas, em São Paulo – *Master of Laws* pela Universidade de Columbia/Nova York – Doutor em Ciência Política pela Universidade de São Paulo – Diretor Executivo de "Conectas – Direitos Humanos".

PAULO BONAVIDES

Professor Emérito da Faculdade de Direito da Universidade Federal do Ceará – Professor *Honoris Causa* pela Universidade de Lisboa – Professor Visitante das Universidades de Colônia, Tennessee e Coimbra – Lente no Seminário Românico da Universidade de Heidelberg – Prêmio Carlos de Laet, da Academia Brasileira de Letras, Medalha Rui Barbosa da OAB e Medalha Teixeira de Freitas do IAB.

PAULO DE BARROS CARVALHO

Professor Titular de Direito Tributário da Pontifícia Universidade Católica de São Paulo e da Universidade de São Paulo.

PAULO MODESTO

Professor de Direito Administrativo da Universidade Federal da Bahia e do Centro de Cultura Jurídica da Bahia – Presidente do Instituto de Direito Público da Bahia – Vice-Presidente do Instituto de Direito Administrativo da Bahia – Promotor de Justiça no Estado da Bahia – Conselheiro Técnico da Sociedade Brasileira de Direito Público – Secretário Executivo do Instituto Brasileiro de Direito Administrativo – Membro do Conselho Administrativo do Instituto Brasileiro de Direito Administrativo e do Conselho de Pesquisadores do Instituto Internacional de Estudos de Direito do Estado – Editor do site www.direitodoestado.com.br.

PAULO ROBERTO FERREIRA MOTTA

Doutor em Direito do Estado pela Universidade Federal do Paraná – Professor de Direito Administrativo.

PEDRO PAULO DE ALMEIDA DUTRA

Professor Titular de Direito Administrativo da Faculdade de Direito da Universidade Federal de Minas Gerais – Presidente do Instituto Brasileiro de Direito Administrativo-IBDA.

REGINA HELENA COSTA

Mestre e Doutora em Direito do Estado pela Pontifícia Universidade Católica de São Paulo – Professora Assistente-Doutor de Direito Tributário na Faculdade de Direito da Pontifícia Universidade Católica de São Paulo – Desembargadora Federal do Tribunal Regional Federal da 3ª Região.

ROMEU FELIPE BACELLAR FILHO

Doutor em Direito do Estado pela Universidade Federal do Paraná – Professor Titular de Direito Administrativo da Pontifícia Universidade Católica do Paraná e da Universidade Federal do Paraná.

SERGIO FERRAZ

Professor Titular de Direito Administrativo da Pontifícia Universidade Católica do Rio de Janeiro – Procurador aposentado do Estado do Rio de Janeiro – Livre Docente da Universidade do Estado do Rio de Janeiro – Conselheiro Federal da OAB – Advogado.

SÉRGIO SÉRVULO DA CUNHA

Ex-Procurador do Estado – Ex-Chefe de Gabinete do Ministério da Justiça e vice-prefeito de Santos/SP – Ex-Secretário Municipal de Assuntos Jurídicos, de Santos – Ex-Presidente da Subseção da OAB em Santos – Advogado.

SÍLVIO LUÍS FERREIRA DA ROCHA

Doutor em Direito Civil e em Direito Administrativo pela Pontifícia Universidade Católica de São Paulo.

VALMIR PONTES FILHO

Advogado – Professor de Direito Constitucional e Hermenêutica Jurídica da Universidade de Fortaleza/UNIFOR – Mestre em Direito Constitucional pela Pontifícia Universidade Católica de São Paulo.

WEIDA ZANCANER

Professora da Pontifícia Universidade Católica de São Paulo – Especialista e Mestre em Direito Administrativo.

CONTROLE COMPARTILHADO DA ADMINISTRAÇÃO DA JUSTIÇA

ADÍLSON ABREU DALLARI

1. Introdução. 2. Fundamentos constitucionais do controle da Administração Pública. 3. O dogma da separação de Poderes. 4. Problemas da administração da Justiça. 5. Profissionalização da administração pública. 6. Conclusões.

1. Introdução

A inspiração – ou, mais que isso, a instigação – para a feitura deste estudo está em uma pequena passagem do Capítulo I da Parte I, sobre "As bases ideológicas do direito administrativo", do *Curso de Direito Administrativo* do professor Celso Antônio Bandeira de Mello.[1] Depois de lembrar que o direito administrativo nasceu com o Estado de Direito e de discorrer detalhadamente, com a percuciência e a elegância que lhe são peculiares, a respeito da evolução do direito administrativo, a partir da noção de "poder" para chegar à noção de "dever", o consagrado Mestre faz o seguinte registro: "De resto, a história política da Humanidade é a história da luta dos membros da coletividade contra os detentores do Poder. Ao se perpassarem as várias conquistas políticas do corpo social e os momentos culminantes, pinaculares, do direito público, o que se vai encontrar é exata e precisamente a instauração progressiva de garantias do indivíduo contra aqueles que exercem o Poder".

A inquietude que emerge diante desse pensamento é a de saber se, e em que medida, isso pode ser aplicado ao Poder Judiciário. Deve

1. 17ª ed., São Paulo, Malheiros Editores, 2004, p. 43.

o Poder Judiciário ser um Poder absoluto? Toda e qualquer restrição a qualquer parcela do exercício das atribuições conferidas ao Poder Judiciário significa uma agressão contra esse Poder, em detrimento das garantias do cidadão? Existe um ponto de equilíbrio que permita, ao mesmo tempo, evitar os males decorrentes da excessiva autonomia e preservar, ou até mesmo fortalecer, essa mesma autonomia? Tais indagações delineiam o fio condutor deste estudo.

De imediato, cabe esclarecer que não se pretende, aqui, ingressar na apaixonada e desabrida discussão, precipuamente política, que se tem travado a respeito do controle externo do Poder Judiciário. O que se pretende é fazer uma abordagem cautelosa e prudente da administração da Justiça, do controle das atividades administrativas desenvolvidas no âmbito do Poder Judiciário, esclarecendo alguns equívocos freqüentes e procedendo a distinções fundamentais para a correta compreensão do assunto, sempre com base na Constituição Federal e à luz de princípios fundamentais de direito administrativo.

2. *Fundamentos constitucionais do controle da Administração Pública*

Administração pública é atividade de quem não é dono. No campo das atividades empresarias pode ocorrer que o administrador seja também o dono, mas na administração da coisa pública isso não pode acontecer, pois o titular dos interesses geridos é sempre o povo, a coletividade em seu conjunto, apenas representada pelo Estado. Nenhum administrador público é dono dos bens e interesses de que deve curar.

O administrador público é sempre gestor de coisa alheia. Quem gere coisa alheia está sempre obrigado a atuar em favor do titular da coisa – e, conseqüentemente, deve prestar contas de suas ações. O controle da administração dos interesses públicos, portanto, é algo elementar.

Por maior mérito que possa ter, e inobstante a maior confiabilidade que possa merecer, nunca se pode ignorar que gestores são seres humanos, e, nessa condição, estão sempre sujeitos à inevitável falibilidade humana. Seres humanos erram, voluntária ou involuntariamente. Nenhuma autoridade pública pode irrogar-se atributos divinos, capazes de gerar imunidade ao controle.

Essa verdade universal tem especial aplicação no sistema jurídico brasileiro, pois a Constituição Federal, em seu art. 1º, acolhe e consagra o princípio republicano, cujos traços principais foram assim delineados pelo sempre lembrado Geraldo Ataliba:

"*República* é o regime político em que os exercentes de funções políticas (executivas e legislativas) representam o povo e decidem em seu nome, fazendo-o com responsabilidade, eletivamente e mediante mandatos renováveis periodicamente.

"São, assim, características da república a eletividade, a periodicidade e a responsabilidade. A eletividade é instrumento da representação. A periodicidade assegura a fidelidade aos mandatos e possibilita a alternância no poder. A responsabilidade é o penhor da idoneidade da representação popular.

"Todo poder emana do povo e em seu nome é exercido. Como o povo não pode apresentar-se na função de governo, os seus escolhidos o representam. Governam em seu nome, no seu lugar, expressando sua vontade."[2]

É verdade que os agentes que atuam em nome do Poder Judiciário não são eleitos, não são titulares de mandatos; mas, de qualquer forma, exercem uma parcela do Poder Público e, assim, como todo e qualquer detentor de prerrogativas públicas, recebem seus poderes do povo, mediante um processo distinto de atribuição de tais poderes, prescrito pela própria Constituição. É indubitável, portanto, que as autoridades judiciárias estão elementarmente sujeitas a controle, especialmente quando no exercício de funções administrativas.

Todos os chamados Poderes do Estado (Executivo, Legislativo e Judiciário), além do exercício de funções típicas, voltadas para o atingimento das finalidades específicas, exercem também atividades instrumentais, como é o caso da gestão dos bens, do pessoal e dos recursos financeiros essenciais para seu funcionamento. Administração pública é atividade típica do Poder Executivo, mas é, também, atividade atípica do Legislativo e do Judiciário.

Hely Lopes Meirelles, ao conceituar o *controle administrativo*, deixa claro que a atividade administrativa é exercida por todos os Poderes e que em cada um deles deverá haver um sistema de controle das ações administrativas: "*Controle administrativo* é todo aquele

2. *República e Constituição*, 2ª ed., 3ª tir., São Paulo, Malheiros Editores, 2004, p. 13.

que o Executivo e os órgãos de administração dos demais Poderes exercem sobre suas próprias atividades, visando a mantê-las dentro da lei, segundo as necessidades do serviço e as exigências técnicas e econômicas de sua realização, pelo quê é um controle de *legalidade* e de *mérito*. Sob ambos esses aspectos pode e deve operar-se o controle administrativo para que a atividade pública em geral se realize com legitimidade e eficiência, atingindo sua finalidade plena, que é a satisfação das necessidades coletivas e atendimento dos direitos individuais dos administrados".[3]

Para os fins deste estudo, convém deixar claro que o Poder Judiciário, quando cuida da construção e da conservação de prédios, da aquisição e manutenção de veículos, da seleção, treinamento e controle de seu pessoal, da elaboração da proposta orçamentária, da execução dos projetos e programas de seu orçamento e da aplicação de seus recursos financeiros, não está exercendo função jurisdicional, mas, sim, atividades de gestão da coisa pública – ou seja, administração pública.

No Direito Brasileiro toda e qualquer atividade que possa ser configurada como administração pública, seja como atividade-fim do Poder Executivo, seja como atividade instrumental de qualquer Poder, está irrecusavelmente submetida ao princípio da legalidade, conforme ensina o mestre Celso Antônio Bandeira de Mello:

"No Estado de Direito a Administração só pode agir em obediência à lei, esforçada nela e tendo em mira o fiel cumprimento das finalidades assinadas na ordenação normativa.

"Como é sabido, o liame que vincula a Administração à lei é mais estrito que o travado entre a lei e o comportamento dos particulares.

"Com efeito, enquanto na atividade privada pode-se fazer tudo o que não é proibido, na atividade administrativa só se pode fazer o que é *permitido*. Em outras palavras, não basta a simples relação de não-contradição, posto que, demais disso, exige-se ainda uma relação de *subsunção*. Vale dizer, para a legitimidade de um ato administrativo é insuficiente o fato de não ser ofensivo à lei. Cumpre que seja praticado com embasamento em alguma norma permissiva que lhe sirva de supedâneo.

3. *Direito Administrativo Brasileiro*, 29ª ed., São Paulo, Malheiros Editores, 2004, pp. 644-645.

"Por isso, Fritz Fleiner observou, em dicção que quadra a preceito: 'Administração legal, então, é aquela posta em movimento pela lei e exercida dentro dos limites de suas disposições'.

"Seabra Fagundes sintetizou esta idéia mediante frase concisa e lapidar, lecionando: 'Administrar é aplicar a lei de ofício'.

"Igualmente, o mestre Cirne Lima deixou averbado: 'Jaz, conseqüentemente, a Administração Pública debaixo da legislação que deve enunciar a regra de Direito'.

"A pinha de citações tiradas a lume encarece o caráter estritamente subordinado que à Administração calha em regime de tripartição do exercício do Poder. Sobretudo no Direito Brasileiro este ditame aplica-se com especial vigor."[4]

Ao longo do tempo a doutrina foi demonstrando e a jurisprudência foi assimilando que o princípio da legalidade não se resume a uma formal observância da letra da lei, mas, sim, de seu espírito, de suas finalidades, dos princípios que informam e condicionam sua interpretação e aplicação. Não é suficiente que a Administração Pública observe estritamente determinado preceito legal ou determinada lei, mas é essencial que se curve aos preceitos que integram o sistema jurídico em sua integralidade.

Tomando por base os estudos de Cármen Lúcia Antunes Rocha – para quem "o administrador público submete-se não apenas à lei, mas ao Direito, e este pode ser instrumentalizado por outros meios que não a lei formal" –, Germana de Oliveira Moraes propugna pela substituição do princípio da legalidade pelo princípio da juridicidade, que melhor espelharia essa amplitude:

"A noção de juridicidade, além de abranger a conformidade dos atos com as regras jurídicas, exige que sua produção (a desses atos) observe – não contrarie – os princípios gerais de Direito previstos explícita ou implicitamente na Constituição.

"A moderna compreensão filosófica do Direito, marcada pela normatividade e constitucionalização dos princípios gerais do Direito e pela hegemonia normativa e axiológica dos princípios da legalidade pelo princípio da juridicidade, demanda, por um lado, uma redefinição da discricionarieda-

4. *Curso ...*, 17ª ed., pp. 843-844.

de e, por outro lado, conduz a uma redelimitação dos confins de controle jurisdicional da Administração Pública."[5]

A moderna administração pública é pautada, portanto, por uma pluralidade de princípios, alguns deles expressamente positivados no texto constitucional e outros apontados pela doutrina, como é o caso, exemplificativamente, dos princípios da razoabilidade, da proporcionalidade, da finalidade e da indisponibilidade dos interesses públicos.

Entre os princípios que caracterizam a moderna administração figura o princípio participativo, contido no parágrafo único do art. 1º da Constituição Federal. Cabe perguntar: qual o significado, qual a força, qual a eficácia jurídica, quais as emanações do princípio participativo? O intérprete desavisado não enxergará aí senão uma afirmação romântica, totalmente desprovida de eficácia concreta.

Não é essa, entretanto, a visão do eminente mestre Caio Tácito, que, com sua extraordinária lucidez, mostra que esse princípio não figura na Constituição sem qualquer motivo, mas, sim, que faz parte de um processo evolutivo, iniciado com os clássicos direitos individuais e chegando, agora, aos chamados direitos coletivos e difusos, que o intérprete e o aplicador das normas jurídicas não podem ignorar:

"Cuida-se não mais de amparar apenas o indivíduo, na garantia de sua clássica liberdade, ou o cidadão, no acesso aos direitos políticos, mas de colocar sob o pálio da lei, e ao alcance de instrumentos processuais específicos, o consumidor, o usuário ou diretamente a comunidade agredida sem condições adequadas de fruição de bens e serviços.

"E, já agora, na iminência de um novo século, as inovações tecnológicas e a abertura de novos canais de comunicação colocam em pauta a expectativa de uma nova geração de direitos humanos que permita a garantia de segurança na vida comunitária e prestigie os princípios da solidariedade e da paz sob a ótica de uma ordem jurídica evoluída em busca de um novo ponto de equilíbrio.

"A transição para o Estado pluriclasse – em que, como observa Massimo Severo Giannini, os Parlamentos passam a atrair a presença de todas as classes sociais interessadas – é um desafio para os fundamentos do direito

5. Germana de Oliveira Moraes, *Controle Jurisdicional da Administração Pública*, São Paulo, Dialética, 1999, p. 24.

administrativo, como forma de relacionamento entre a Administração Pública e os administrados.

"O direito administrativo contemporâneo tende ao abandono da vertente autoritária para valorizar a participação de seus destinatários finais quanto à formação da conduta administrativa.

"O direito administrativo de mão única caminha para modelos de colaboração, acolhidos em modernos textos constitucionais e legais, mediante a perspectiva de iniciativa popular ou de cooperação privada no desempenho das prestações administrativas."[6]

Atualmente, além de acatar o princípio da legalidade, é preciso dar atendimento também a um outro novo e significativo princípio constitucional da administração pública, o *princípio da eficiência*, introduzido no cenário jurídico nacional pela emenda constitucional da Reforma Administrativa, sobre o qual, em obra escrita em parceria com Sérgio Ferraz, já fizemos algumas ponderações:

"A Emenda Constitucional 19, de 4.6.1998, conhecida como 'Emenda da Reforma Administrativa', trouxe profundas modificações na Administração Pública Brasileira. O propósito fundamental dessa reforma era a substituição do antigo modelo burocrático, caracterizado pelo controle rigoroso dos procedimentos, pelo novo modelo gerencial, no qual são abrandados os controles de procedimentos e incrementados os controles de resultados. Essa linha de pensamento – esse novo valor afirmado pela Constituição – não pode ser ignorada pelo intérprete e aplicador da lei.

"Não por acaso, aos princípios já previstos na redação original do art. 37 foi acrescentado o princípio da eficiência. É óbvio que esse princípio já estava implícito. Ao torná-lo explícito, ao afirmá-lo expressamente, o que se pretendeu foi demonstrar a redobrada importância que ele passou a ter. Em termos práticos, deve-se considerar que, quando mera formalidade burocrática for um empecilho à realização do interesse público, o formalismo deve ceder diante da eficiência.

"Isso significa que é preciso superar concepções puramente burocráticas ou meramente formalísticas, dando-se maior ênfase ao exame da legitimidade, da economicidade e da razoabilidade, em beneficio da eficiência. Não basta ao administrador demonstrar que agiu bem, em estrita conformi-

6. "Direito administrativo participativo", *RDA* 209/2, Rio de Janeiro, Renovar, julho-setembro/1997.

dade com a lei; sem se divorciar da legalidade (que não se confunde com a estrita legalidade); cabe a ele evidenciar que caminhou no sentido da obtenção dos melhores resultados."[7]

Não basta atuar de maneira conforme a lei. Não faz sentido emperrar a Administração para dar estrito cumprimento à literalidade da lei. Agora é preciso mais: a Administração deve buscar a forma mais eficiente de cumprir a lei, deve buscar, entre as soluções teoricamente possíveis, aquela que, diante das circunstâncias do caso concreto, permita atingir os resultados necessários à satisfação do interesse público.

Ficam, assim, destacados, por sua relevância para os fins deste estudo, os princípios constitucionais do controle administrativo, da participação dos destinatários da atuação estatal na gestão pública e o princípio da eficiência do agir administrativo. A Administração Pública atual não pode ser fechada nem se limitar ao ritualismo formalista, mas, sim, deve ser aberta, transparente, permitindo o acompanhamento e controle do desenvolvimento de suas ações, que devem ser delineadas de maneira a propiciar o efetivo atingimento de suas finalidades.

3. *O dogma da separação de Poderes*

Dogma é uma verdade absoluta, é ponto fundamental e indiscutível de uma doutrina, não comportando contrariedade, contestações ou limitações. A independência e a autonomia do Poder Judiciário são temas que costumam ser tratados com verdadeiro fundamentalismo religioso, com muito mais retórica do que objetividade e, sobretudo, de maneira pontual, não-sistemática, divorciada do dimensionamento estabelecido pela Constituição Federal.

Num simples e rápido passar de olhos pela Constituição Federal, bastando enfocar, exemplificativamente, apenas dois de seus dispositivos (art. 101, parágrafo único, e art. 104, parágrafo único), pode-se perceber, de imediato, que a autonomia e a independência do Poder Judiciário não se revestem de caráter absoluto, pois tanto os Ministros do STF quanto os Ministros do STJ são nomeados pelo Presidente da República, após aprovação pelo Senado Federal.

7. Sérgio Ferraz e Adílson Abreu Dallari, *Processo Administrativo*, 1ª ed., 3ª tir., São Paulo, Malheiros Editores, 2003, pp. 77-78.

O objetivo fundamental da chamada teoria da separação de Poderes – ou, mais exatamente, da especificação das funções de cada Poder – é exatamente evitar o absolutismo, o exercício do Poder Público em termos absolutos, sem qualquer limitação, pois isso levaria inevitavelmente à tirania. Evidentemente, não se pode logicamente entender que a tripartição do Poder tenha tido como propósito criar três Poderes absolutamente autônomos e independentes, pois isso corresponderia – nada mais, nada menos – a triplicar a tirania. O objetivo fundamental dessa teoria é a criação de instrumentos de contenção do Poder, possibilitando que cada um dos Poderes controle cada um dos outros Poderes.

Numa bem-elaborada síntese, Luiz Roberto Gomes traz essas considerações doutrinárias para o âmbito da Constituição Federal, ressaltando a qualidade de "cláusula pétrea" da regra que estabelece a separação de Poderes:

> "É da essência do Estado Democrático a existência de controles recíprocos entre os órgãos do Estado, em que pese à separação de Poderes alçada à categoria de cláusula pétrea constitucional (CF, art. 2º, e art. 60, § 4º), em face da necessidade de se imprimir, democraticamente, visibilidade, transparência, moralidade e eficiência à atividade daqueles que exercem o poder político estatal, cujo titular é o povo.
>
> "Existem, pois, mecanismos de controle tanto do Poder Executivo como do Legislativo e do Judiciário, formando o conhecido sistema de freios e contrapesos."[8]

O art. 2º da Constituição Federal afirma que o Legislativo, o Executivo e o Judiciário são poderes independentes e harmônicos. Cada um deles tem funções próprias e específicas, que são estabelecidas no Título IV – "Da Organização dos Poderes", a partir do art. 44 até o art. 135.

As razões de ser da especificação das funções de cada órgão do Poder Público foram muito bem descritas e justificadas por Montesquieu, e estão magnificamente sintetizadas nesta breve e objetiva lição de um dos mais consagrados publicistas brasileiros da atualidade:

8. *O Ministério Público e o Controle da Omissão Administrativa*, Rio de Janeiro, Forense Universitária, 2003, p. 63.

"Nos aludidos versículos constitucionais estampa-se o cuidado que engendrou a tripartição do exercício do Poder, isto é, o de evitar que os Poderes Públicos se concentrem em um 'mesmo homem ou corpo de principais', para usar das expressões do próprio Montesquieu, cautela indispensável, porquanto, no dizer deste iluminado teórico: 'é uma experiência eterna a de que todo homem que tem poder é levado a abusar dele; ele vai até que encontre limites'".

"Nisto, aliás, justificou sua postulação de que aquele que faz as leis não as execute nem julgue; que o que julga não faça as leis nem as execute, e que aquele que as executa não faça as lei nem julgue (*De l'Esprit des Lois*, Paris, Garnier Frères, Livraires Éditeurs, 1869, pp. 142 e 143)."[9]

Não é possível, portanto, interpretar qualquer dispositivo constitucional isolado (e muito menos qualquer artigo da legislação ordinária) desconsiderando, contornando, aniquilando ou mesmo enfraquecendo o princípio da independência e harmonia dos Poderes, cujo conteúdo ou significado foi assim descrito pela doutrina tradicional:

"O princípio da separação dos Poderes (ou divisão, ou distribuição, conforme a terminologia adotada) significa, portanto, entrosamento, coordenação, colaboração, desempenho harmônico e independente das respectivas funções, e ainda que cada órgão (Poder), ao lado de suas funções principais, correspondentes à sua natureza, em caráter secundário colabora com os demais órgãos de diferente natureza, ou pratica certos atos que, teoricamente, não pertenceriam à sua esfera de competência.

"É nesse sentido que a Constituição Brasileira não fala, como já observamos, em 'separação de Poderes', mas apenas em 'harmonia e independência dos Poderes', e declara serem Poderes da União o Legislativo, o Executivo e o Judiciário, 'independentes e harmônicos entre si'.

"'A nenhum Poder será lícito, portanto, fora dos casos estabelecidos pela Constituição, praticar atos ou funções que, pela sua natureza intrínseca, pelo seu conteúdo, correspondam à competência de outro Poder, e muito menos, evidentemente, usurpar competência de outro, isto é, praticar atos e funções que a Constituição assinale a outro Poder. Do mesmo modo, salvo nos casos expressamente previstos e estabelecidos na Constituição, nenhum Poder poderá, direta ou indiretamente, limitar, embaraçar ou controlar a ação

9. Celso Antônio Bandeira de Mello, "Regulamento – Limites – Proibição de fumar em restaurantes", *RTDP* 8/62-63, São Paulo, Malheiros Editores.

de outro, nem subordinar outro Poder à sua ação, seja condicionando-lhe a atividade, seja revogando-lhe atos e decisões.'

"'Separação de Poderes' não significa, portanto, e já o vimos, ausência de limitações recíprocas, de coordenação, de interdependência, de tarefas comuns entre os Poderes. Significa, entretanto, que essas limitações, esses controles, essas interferências de cada Poder na esfera teoricamente de competência dos demais, essa interdependência e coordenação, serão estritamente aquelas estabelecidas e admitidas pela Constituição, pois, se fôssemos admitir outras, por obra da lei ordinária, dos atos administrativos e das decisões judiciais, cairia por terra todo o sistema constitucional, e, de mutilação em mutilação desse sistema, chegaríamos, afinal, à acumulação e à confusão dos Poderes."[10]

Tais ensinamentos da doutrina tradicional permanecem válidos e são integralmente corroborados pela doutrina mais recente, conforme se pode notar nas passagens que são abaixo transcritas.

"Esse é um princípio geral do direito constitucional que a Constituição inscreve como um dos princípios fundamentais que ela adota. Consta de seu art. 2º que *são Poderes da União, independentes e harmônicos entre si, o Legislativo, o Executivo e o Judiciário.* Poder Legislativo, Poder Executivo e Poder Judiciário são expressões com duplo sentido.

"Exprimem, a um tempo, as funções legislativa, executiva e jurisdicional e indicam os respectivos órgãos, conforme descrição e discriminação estabelecidas no título da *organização dos Poderes* (respectivamente, nos arts. 44 a 75, 76 a 91 e 92 a 135)."

"A *harmonia entre os Poderes* verifica-se primeiramente pelas normas de cortesia no trato recíproco e no respeito às prerrogativas e faculdades a que mutuamente todos têm direito."

"(...). Tudo isso demonstra que os trabalhos do Legislativo e do Executivo, especialmente, mas também do Judiciário, só se desenvolverão a bom termo se esses órgãos se subordinarem ao princípio da harmonia, que não significa nem o domínio de um pelo outro, nem a usurpação de atribuições, mas a verificação de que, entre eles, há de haver consciente colaboração e controle recíproco (que, aliás, integra o mecanismo), para evitar distorções

10. J. H. Meirelles Teixeira, constante de seu *Curso de Direito Constitucional*, atualizado por Maria Garcia, Rio de Janeiro, Forense Universitária, 1991, pp. 585, 594 e 595.

e desmandos. A desarmonia, porém, se dá sempre que se acrescem atribuições, faculdades e prerrogativas de um em detrimento de outro."[11]

À luz de tais ensinamentos, fica perfeitamente claro que, quando a Constituição Federal confere o *status* de cláusula pétrea à separação dos Poderes, ela está se referindo às funções típicas de cada um e na medida da autonomia e independência delimitadas pela própria Constituição.

Cláusula pétrea, dotada de especial proteção constitucional, afastando até mesmo a possibilidade de emenda constitucional, é apenas aquela que atribui ao Poder Judiciário o monopólio da jurisdição, entendida como a competência para dizer o Direito, para decidir em última instância, fazendo coisa julgada.

Conforme se verá mais adiante, para o desempenho da função jurisdicional os magistrados precisam de coadjuvantes, que estão fora da estrutura do Poder Judiciário. Se até mesmo para desempenhar sua atividade típica o Poder Judiciário não é auto-suficiente, não há razão alguma que possa sustentar um absoluto isolamento no tocante às atividades administrativas, meramente instrumentais.

Administração da Justiça não é atividade jurisdicional, mas, sim, administrativa. Nessa qualidade, está sujeita a todas as limitações e a todos os condicionamentos estabelecidos pelo art. 37 da Constituição Federal para a Administração Pública em geral, além de outros dispositivos dispersos ao longo do Texto, o qual não confere, quanto a isso, qualquer imunidade ao Poder Judiciário.

Tendo ficado perfeitamente claro que o Poder Judiciário não é e não pode ser um Poder absoluto, deve-se, agora, aprofundar e detalhar essa questão, mediante o exame de específicos dispositivos da Constituição Federal.

O art. 92, que abre o capítulo destinado a cuidar do Poder Judiciário, enumera os órgãos que integram a estrutura do Poder Judiciário. O intérprete menos avisado pode entender que o exercício da função jurisdicional se resume e se encerra na atuação desses órgãos, que seriam bastantes em si e que estariam livres de toda e qualquer ingerência externa.

11. José Afonso da Silva, *Curso de Direito Constitucional Positivo*, 23ª ed., São Paulo, Malheiros Editores, 2004, pp. 106, 110 e 111.

Mas o artigo subseqüente, art. 93, ao estabelecer balizamentos para a lei complementar que disporá sobre o Estatuto da Magistratura, diz, logo no inciso I, que os concursos de ingresso na Magistratura deverão ser feitos "com a participação da Ordem dos Advogados do Brasil em todas as suas fases". Isto significa que a participação dos advogados na administração da Justiça tem assento constitucional e não pode ser tida como uma ingerência indevida no Poder Judiciário.

Logo mais adiante, em diversos dispositivos (art. 104, parágrafo único, II; art. 107, I; art. 111, § 1º; art. 119, II; e art. 120, III), a Constituição Federal cuida da participação de advogados e membros do Ministério Público nos diversos tribunais. A regra geral estabelecida pela Constituição é a de que os tribunais, além de juízes de carreira, tenham em sua composição membros não pertencentes à Magistratura, mas, sim, originários do Ministério Público e da militância na Advocacia. Portanto, promotores e advogados, quando ingressam diretamente nos tribunais, não podem ser havidos como intrusos, pois sua participação nesses colegiados em nada afeta a autonomia e a independência do Poder Judiciário, na forma e na medida em que tais atributos foram delineados pela Constituição.

Ainda mais significativo é o disposto no art. 127, que afirma ser o Ministério Público "essencial à função jurisdicional do Estado". *Essencial* é aquilo que se caracteriza por ser fundamental, indispensável. Portanto, a função jurisdicional do Estado não pode ser exercida exclusivamente pelos órgãos integrantes da estrutura do Poder Judiciário, pois a participação do Ministério Público é essencial, fundamental, indispensável.

Note-se que o Ministério Público não participa apenas da administração da Justiça, mas, sim, também, do próprio exercício da função jurisdicional. A Justiça não pode funcionar regularmente sem a atuação conjunta de juízes e promotores de justiça. A prestação jurisdicional requer, em muitos casos, a presença indispensável do Ministério Público.

Dada a intensa conexão entre as atividades da Magistratura e do Ministério Público, a Constituição Federal, em seu art. 128, I e II, prescreve que os membros desta Instituição desfrutem de garantias e tenham limitações correlatas às dos magistrados.

Maior cuidado se exige para a perfeita compreensão do disposto no art. 133 da Constituição Federal, o qual afirma que "o advogado é indispensável à administração da Justiça". A primeira inferência que se pode tirar desse dispositivo é aquela que emerge de sua literalidade, no sentido de que o advogado não pode ser tido como um corpo estranho, um intruso, no trato de questões pertinentes às atividades administrativas desenvolvidas pelos órgãos do Poder Judiciário.

Isso, que decorre imediatamente da literalidade do dispositivo, ainda mais se reforça num exame mais aprofundado. Basta lembrar que toda atividade administrativa é instrumental, visando a atingir uma certa finalidade. Toda atividade administrativa do Poder Judiciário visa a proporcionar ao povo, ao conjunto dos cidadãos, a prestação jurisdicional, garantida pela Constituição. O destinatário da atuação do Poder Judiciário é cada cidadão que necessite da prestação jurisdicional, sendo o advogado seu procurador, seu representante.

O advogado tem especialíssimo interesse na qualidade da prestação jurisdicional e especialíssima qualificação para cuidar da administração da Justiça, pois é por intermédio do advogado que o povo (em nome de quem todo poder é exercido) recebe Justiça.

Disto se pode tirar uma segunda inferência, não expressa mas implícita na literalidade do art. 133, no sentido de que o advogado é também essencial ao exercício da função jurisdicional. Com efeito, uma característica fundamental da atuação do Poder Judiciário é que ele não dispõe da iniciativa para exercer suas funções típicas – ou, melhor dizendo, o Judiciário atua sempre mediante provocação, somente quando solicitado a proporcionar a prestação jurisdicional. Tal solicitação é feita, precipuamente, por intermédio do advogado. Sem que o advogado deduza um pleito, uma postulação, o Poder Judiciário não pode atuar.

Não é sem razão que o art. 2º, § 1º, da Lei 8.906, de 4.7.1994 – Estatuto da Advocacia e da OAB –, dispõe que "no seu ministério privado, o advogado presta serviço público". O serviço público prestado pelo advogado está diretamente relacionado às funções do Poder Judiciário, tanto as administrativas quanto as jurisdicionais.

Do quanto foi exposto até agora, pode-se concluir, com segurança, que a atividade jurisdicional não pode prescindir da participação do Ministério Público e da Advocacia. e, muito especialmente, que a administração da Justiça é necessariamente compartilhada com o Ministério Público e a Advocacia. Essa participação e esse compartilhamento não ofendem, mas, ao contrário, integram o perfil constitucional da autonomia e independência do Poder Judiciário.

Por essa razão, seria perfeitamente constitucional, não ofenderia cláusula pétrea alguma, a lei ou emenda constitucional que estabelecesse a participação de advogados e membros do Ministério Público em órgão de controle da administração da Justiça. Tal participação atenderia perfeitamente ao espírito da Constituição, podendo-se até mesmo dizer que a exclusão de advogados e promotores desse órgão de controle é que configuraria ofensa à Constituição Federal.

Não se está cogitando de qualquer participação igualitária, mas, sim, proporcional à relevância ou à intensidade da atuação das três partes (Magistratura, Ministério Público e Advocacia) na prestação da atividade jurisdicional. O importante é que haja um compartilhamento de prerrogativas e responsabilidades.

Nem mesmo se está falando de um controle externo, pois, conforme foi demonstrado à saciedade, o Ministério Público e a Advocacia são essenciais, indispensáveis, para a prestação jurisdicional, e estão expressamente habilitados pela Constituição Federal para colaborar na administração da Justiça.

4. Problemas da administração da Justiça

Por *administração da Justiça* deve-se entender toda atividade instrumental necessária à prestação jurisdicional, abrangendo desde a aquisição, manutenção, acompanhamento e controle dos bens materiais e dos serviços burocráticos correlatos até a própria tramitação física de papéis, publicações, certidões, intimações e autos de processos – excluídas, é evidente, as questões regidas ou disciplinadas pela legislação processual. Não há voz discordante no tocante ao fato de que a administração da Justiça tem deixado muito a desejar – para dizer o mínimo.

Falar de problemas ou deficiências de qualquer corporação ou instituição é sempre difícil, pois qualquer crítica é sempre tomada como ofensa pessoal a todos os seus membros e agressão contra a respectiva corporação ou instituição. Especialmente quando a crítica é procedente, a resposta imediata é sempre no sentido de tentar desqualificar quem a formula, geralmente suscitando propósitos ocultos, ilícitos ou imorais.

É essencial, portanto, deixar expressamente consignado que o Poder Judiciário precisa dispor de meios para atuar com autonomia, e que os magistrados não podem sofrer pressões ou constrangimentos para que possam decidir com independência. Toda e qualquer restrição ou limitação indevida que possa comprometer ou afetar o regular exercício da atividade jurisdicional redundará sempre em detrimento do cidadão, da democracia e da liberdade.

A experiência tem demonstrado que a quase-totalidade dos magistrados desempenha suas funções como verdadeiro sacerdócio, com a justa ambição de fazer justiça e com imensos sacrifícios decorrentes de uma absurda carga de trabalho. Mas, com o desenvolvimento dos meios de comunicação, com alguma freqüência afloram ao conhecimento público casos esporádicos de juízes que abusam de suas prerrogativas.

Como em qualquer agrupamento humano, na Magistratura também existem pessoas de maior ou menor qualificação, em seu sentido mais amplo. Maus elementos sempre existirão em qualquer corporação ou instituição. Apontar, punir e, mesmo, excluir tais maus elementos em nada compromete o conjunto; ao contrário, somente contribui para seu aprimoramento.

Não têm sido esses, entretanto, o entendimento e o comportamento do Poder Judiciário ao longo do tempo. A idéia predominante, desde longa data, sempre foi no sentido de que reconhecer publicamente a má conduta de um juiz ou a deficiência do serviço levaria a uma perda de credibilidade no Judiciário por parte da sociedade.

A característica fundamental do Poder Judiciário sempre foi o isolamento, a opacidade, o tratamento de seus problemas internos como algo de interesse exclusivo dos magistrados, deslembrados do caráter instrumental de sua atuação e de que o povo é a fonte de seus poderes e o destinatário final de suas ações.

Quem descreve essa situação com rara felicidade é o jovem e já consagrado professor titular de Direito Constitucional da Universidade Estadual do Rio de Janeiro, Luís Roberto Barroso, em artigo publicado na imprensa:

"Sem embargo de desempenhar um poder político, o Judiciário tem características bem diversas dos outros Poderes. É que seus membros não são investidos por critérios eletivos nem por processos majoritários. E é bom que seja assim. A maior parte dos países do mundo reserva uma parcela de poder para que seja desempenhado por agentes públicos selecionados com base no mérito e no conhecimento específico. Idealmente preservado das paixões políticas, ao juiz cabe decidir com imparcialidade, baseado na Constituição e nas leis.

"É certo, contudo, que o poder de juízes e tribunais, como todo poder em um Estado Democrático, é representativo. Vale dizer: é exercido em nome do povo e deve contas à sociedade. O Judiciário demorou a perceber isso. Em nome da isenção e da autopreservação, conservou-se pela vida afora como uma instituição distante e pretensamente asséptica. A intenção pode ter sido a da reserva e a da virtude, mas a conseqüência foi a incompreensão: com seu código de relação próprio, do vestuário à linguagem, o mundo jurídico tornou-se misterioso, temido e desamado."[12]

Um símbolo desse distanciamento anacrônico é o fato de os tribunais ainda se referirem a si mesmos como "cortes", talvez como meio de justificar atributos de nobreza a seus membros, marcando uma diferença com a plebe ignara, que é atendida por pura magnanimidade.

Não é o caso de entrar em detalhes, mas é de conhecimento público, especialmente no âmbito dos profissionais do Direito, que o corporativismo e o nepotismo vicejam no aparelhamento administrativo do Poder Judiciário. Raríssimas são as punições, mas não são tão raros os casos de perseguição ou favorecimento, sendo bastante significativas a presença e a evolução funcional de parentes de magistrados.

Para evitar injustiças, é de rigor registrar que isso não é a regra geral, mas é, sem dúvida, algo que existe e que não pode existir. E somente existe por falta de um sistema de controle administrativo que atue de maneira regular, impessoal, às abertas, com publicidade, de maneira a evitar pressões e constrangimentos.

O fato incontestável é a clamorosa ineficiência na prestação jurisdicional. Diz um velho ditado que a Justiça tarda, mas não falha. Ora, a Justiça tardia é necessariamente falha. A prestação jurisdicional, quando proporcionada apenas após um longo período de tempo, beneficia e incentiva os violadores da ordem jurídica. A necessidade de se-

12. "O controle externo é favorável ao Judiciário", *Folha de S. Paulo* 15.2.2004, p. A-3.

gurança nas decisões judiciárias sempre acarretou alguma delonga; mas atualmente, no Brasil, isso tem desbordado espantosamente dos limites do razoável, já atingindo as raias do absurdo e configurando, mesmo, denegação de Justiça.

Em decorrência de seu isolamento, confiando piamente em sua intangibilidade, o Poder Judiciário não se instrumentou para a prestação de uma Justiça de massa. As estruturas administrativas do Poder Judiciário ainda estão configuradas como ao tempo em que a prestação jurisdicional era apanágio de uma camada da sociedade, de uma elite, dado que os pobres ficavam fora do mundo jurídico. Atualmente, o processo de urbanização e o grande desenvolvimento dos meios de comunicação proporcionaram uma significativa inclusão social, aumentaram a consciência das injustiças e desencadearam um crescimento geométrico da conflituosidade entre os cidadãos, soterrando juízes e tribunais debaixo de uma avalancha de processos judiciais.

Para enfrentar o volume desumano de trabalho, mas sem perda de poderes pessoais, no âmbito dos tribunais lançou-se mão de julgamentos em bloco, ou em lotes, e de um expediente flagrantemente absurdo e inconstitucional: atribuir a assessores ou auxiliares de desembargadores e ministros o estudo das questões e as decisões que a estes competiriam. Em termos práticos, na realidade concreta, quem examina os autos, avalia as provas, sopesa os argumentos produzidos e acaba, por fim, decidindo são pessoas totalmente desprovidas dos requisitos constitucionalmente exigidos para isso. São jovens, até mesmo brilhantes e dedicados, mas que não possuem o nível de conhecimentos nem, muito menos, o rico acervo de experiências, que são requisitos indispensáveis para que alguém possa ser desembargador ou ministro.

Tais improvisações geraram decisões estereotipadas, pré-fabricadas, incoerentes, incompatíveis com uma visão sistemática do Direito, desvinculadas das peculiaridades do específico caso em julgamento, com sensível perda de qualidade, acarretando justas insatisfações e multiplicando agravos e recursos, aumentando a carga de trabalho e o tempo de tramitação dos processos.

A decorrente ineficiência na prestação jurisdicional somada ao afloramento de atos de corrupção praticados por membros do Poder Judiciário acabaram por levar a uma sensível perda de confiança na Instituição, abalando a segurança jurídica, comprometendo o desenvolvimento econômico e social e, potencialmente, trazendo riscos para a democracia.

Esse processo precisa ser revertido, e um dos instrumentos para essa reversão está no aprimoramento da administração da Justiça.

5. *Profissionalização da administração pública*

O juiz não é um profissional da administração pública. Existem casos de juízes, desembargadores e ministros dotados de excepcional tino administrativo, de louvável capacidade executiva, mas isso apenas em decorrência de qualificações pessoais, pois não é condição de ingresso na Magistratura o domínio da ciência da administração.

O grande problema é que a gestão da coisa pública se tornou, com o decorrer do tempo e os avanços institucionais e tecnológicos, algo extremamente complexo, exigindo o domínio de conhecimentos específicos, especializados. Embora a administração pública seja uma atividade que se desenvolve em cumprimento da lei, é certo que, para bem administrar, não basta conhecer a lei, pois não se admitem mais a improvisação e o empirismo, mas se exige a adoção de técnicas de planejamento, voltadas para a execução de políticas públicas.

O que se pode observar com o advento dos chamados *direitos de terceira geração* (difusos e coletivos) é que, além de regular o relacionamento entre o indivíduo isolado e a Administração Pública, prescrevendo condutas determinadas para situações específicas, a lei estabelece princípios, diretrizes e objetivos que condicionam a atuação concreta dos órgãos e entidades da Administração Pública.

As políticas públicas são opções políticas e, por isso, são formuladas por quem dispõe de capacidade política, por quem recebeu da ordem jurídica competência para decidir sobre o que é bom, necessário, conveniente, oportuno e prioritário para a satisfação dos interesses qualificados como públicos. Por isso mesmo é que são condicionantes da atuação administrativa, na prática de atos específicos e determinados, conforme ensina a doutrina: "A escolha das diretrizes da política, os objetivos de determinado programa, não são simples princípios de ação, mas são os vetores para a implementação concreta de certas formas de agir do Poder Público, que levarão a resultados desejados. E essa é a conexão das políticas públicas com o direito administrativo. Cada vez mais os atos, contratos, regulamentos e operações materiais encetados pela Administração Pública, mesmo no exercício de competências discricionárias, devem exprimir não a decisão isolada e pessoal do agente público, mas escolhas politicamente informadas que por essa via demonstrem os interesses públicos a concretizar".[13]

As políticas públicas destinam-se precipuamente a condicionar a atuação da própria Administração Pública, incluindo, evidentemente, a atuação dos órgãos e entidades dotados de poder/dever para sua execução no âmbito de qualquer dos Poderes.

Gestão administrativa voltada ou orientada para a execução de políticas públicas exige um perfeito domínio de todos os instrumentos da máquina administrativa, de maneira a permitir a escolha da melhor alternativa entre as variáveis possíveis, com criatividade, mas sem temeridade, sem conservadorismo formalista, mas com segurança.

Uma das ferramentas essenciais para isso é o domínio das amplíssimas e sempre renovadas possibilidades da Informática. O Poder Judiciário já avançou bastante nesse campo, mas muita coisa ainda existe por fazer, sendo imensas as dificuldades decorrentes da heterogeneidade das comarcas e do pessoal nelas disponível.

Não é preciso ir muito longe para evidenciar o anacronismo da burocracia judiciária: basta enfocar a simples questão da tramitação dos autos de processos judiciais. Quem efetivamente milita na Advocacia sabe o verdadeiro inferno que tem que ser encarado para se cuidar de vistas, juntadas, publicações, cópias, levantamentos, intimações e elementares informações de andamento – sem falar do sempre conflitivo problema do contato pessoal com magistrados. Ninguém melhor que o advogado militante conhece esse assunto.

Outro instrumento importantíssimo para a melhoria dos padrões administrativos é a criteriosa seleção de pessoal, acompanhada do devido treinamento (que sempre apresenta resistências), como condição para a evolução funcional, desvinculada de apadrinhamentos e ingerências de toda ordem. Dado que o Direito está em constante evolução, a necessidade de atualização e reciclagem abrange, necessaria-

13. Maria Paula Dallari Bucci, *Direito Administrativo e Políticas Públicas*, São Paulo, Saraiva, 2002, pp. 267-268.

mente, os magistrados, que são exatamente os mais resistentes com relação a isso.

Algo extremamente complexo é o problema da elaboração do orçamento, sua execução e articulação com a programação financeira – especialmente agora, após o tardio advento da Lei de Responsabilidade Fiscal. Não faz sentido reclamar da escassez de recursos sem antes ter evidenciado a aplicação ótima dos recursos disponíveis. Descentralização da gestão orçamentária e financeira é algo absolutamente essencial, mas que somente funciona se acompanhada de instrumentos adequados de controle.

A prática tem demonstrado que juízes não são exatamente as pessoas mais habilitadas para enfrentar as dificuldades de seleção de contratantes, controle da execução de contratos e de suprimentos. O caso do Juiz Nicolau dos Santos Neto é uma amarga experiência, altamente deletéria para o Poder Judiciário.

Também o controle da tramitação de papéis e processos exige conhecimentos especializados, sem os quais o sigilo, a segurança e a confiabilidade nos atos judiciais ficam comprometidos. O caso do Juiz João Carlos da Rocha Matos foi outra experiência extremamente amarga, por ter respingado e maculado o patrimônio moral de todos os outros juízes que exercem suas atribuições com dignidade e honradez. Todo esse desgaste poderia perfeitamente ter sido evitado se existissem meios de controle que assegurassem racionalidade e rapidez na tramitação dos expedientes forenses, sem perda da segurança.

O problema é que todo controle realmente consistente e eficiente acarreta perda de poder pessoal. Controles meramente formais não incomodam os desonestos, que sabem perfeitamente como escapar deles. Controles meramente formais não impedem desvios de poder, pois preservam apenas a aparência de legalidade.

Não basta que a gestão da coisa pública seja feita apenas legalmente. A sempre presente escassez de recursos exige especial atenção para com a economicidade.

"O controle da economicidade entende com o exame e fiscalização material da execução orçamentária, em contraponto com o formal, que é o da legalidade. Aparece pela primeira vez na Constituição do Brasil, embora já fosse reclamado há muito tempo pela doutrina. A Constituição Alemã (art. 114, 2) utiliza o termo *Wirtschaftlichkeit*, que se traduz exatamente por *eco-*

nomicidade. O conceito de economicidade, originário da linguagem dos economistas, corresponde, no discurso jurídico, ao de justiça.

"Controle da economicidade significa controle da eficiência na gestão financeira e na execução orçamentária, consubstanciada na minimização de custos e gastos públicos e na maximização da receita e da arrecadação."[14]

Tudo isso mostra que a administração da Justiça deve ser cada vez mais profissionalizada, não fazendo o menor sentido desperdiçar o precioso tempo do juiz para que este cuide de assuntos em relação aos quais não tem habilitação específica.

Não cabe ao juiz administrar, mas, sim, controlar a administração da Justiça, compartilhando essa tarefa com seus coadjuvantes, que são igualmente interessados no bom êxito da gestão. Evidentemente, o compartilhamento do controle significa perda de poder pessoal, mas é largamente compensado pelo decorrente compartilhamento das responsabilidades.

O maior inimigo da ineficiência, da corrupção e de toda e qualquer forma de abuso ou desvio de poder é a publicidade. Uma das formas de abrir a chamada "caixa preta" do Judiciário, quebrando o caráter reservado, secreto ou interno das ações desenvolvidas, dando um mínimo de publicidade e sem qualquer perda de independência e autonomia, é exatamente contar com a presença dos coadjuvantes indispensáveis para a prestação jurisdicional no processo de tomada de decisões e no controle das atividades administrativas instrumentais do Poder Judiciário.

6. Conclusões

Aqueles que defendem a absoluta impermeabilidade de toda e qualquer atividade, administrativa ou jurisdicional, desenvolvida no âmbito do Poder Judiciário sempre se revoltam contra o que qualificam como uma injusta desconfiança ou perseguição aos ilustres magistrados, sempre vislumbrando no elementar exercício do controle administrativo uma tentativa de enfraquecer ou subjugar o Judiciário. Extremistas de Esquerda e de Direita (os extremos se tocam) enxer-

14. Ricardo Lobo Torres, "O Tribunal de Contas e o controle da legalidade, economicidade e legitimidade", *Revista de Informação Legislativa* 121/267.

gam nisso uma deliberada intenção, da outra parte, de interferir nas decisões judiciais, para a realização de objetivos políticos.

Convém deixar claro que o Poder Judiciário já controla todos os outros Poderes e instituições independentes. Toda e qualquer atividade administrativa, inclusive o processo legislativo, o procedimento do inquérito civil, o processo de julgamento perante os Tribunais de Contas, a motivação das decisões das agências reguladoras independentes, a tramitação de processos perante órgãos como o CADE – enfim, qualquer atividade-meio de qualquer Poder sempre pode ser sindicada pelo Poder Judiciário.

Quando o Judiciário interfere na administração dos outros Poderes ninguém enxerga nisso qualquer violação ao princípio da separação de Poderes. Mas quando se fala em controle externo da administração da Justiça (e não da atividade jurisdicional, do mérito das decisões judiciais) sempre se ouvem discursos inflamados denunciando a violação daquele princípio, como se o Poder Judiciário fosse, como a figura do Imperador, na Constituição Imperial de 1824, "inviolável e sagrado", imune a qualquer controle ou responsabilidade.

Outra reação automática a qualquer referência a controle externo é dizer que isso significa uma politização do Judiciário. Extremistas de Esquerda e de Direita se irmanam no combate ao controle externo, ambos afirmando, em uníssono, que a implantação do controle externo seria uma forma de, indiretamente, constranger o juiz ou influir nas decisões judiciais, para favorecer os interesses ou propósitos políticos daquele que exerce o controle.

Afirmar que o controle externo introduziria um componente político na máquina judiciária revela uma indesculpável ingenuidade. Como toda corporação, como todo agrupamento humano, os integrantes do Poder Judiciário também fazem política, também se agregam em correntes ou facções políticas, conforme revelam as renhidas disputas pela direção deste ou daquele tribunal, que ocorrem com bastante freqüência.

O homem é um animal político – já afirmavam os gregos desde a mais remota Antigüidade. Quem pretende ingressar ou evoluir na estrutura administrativa ou na carreira judiciária tem que aprender a se comportar de maneira politicamente conveniente. Não se está afirmando que todas as decisões sejam políticas, mas, sim, que o senso político ajuda muito, ou, pelo menos, não atrapalha a evolução funcional. Conforme já foi ressaltado, a composição do próprio STF depende de uma decisão política.

Existe política no Poder Judiciário, no Ministério Público e na OAB, muitas vezes acompanhando ou caminhando paralelamente à política partidária. O trabalho conjunto desses três segmentos não vai introduzir a política onde já existe muita política, mas, sim, vai contribuir para a configuração de um cenário político mais aberto, mais amplo, com a redução de poderes ou influências pessoais, em benefício dos interesses comuns de todos esses atores, cujo trabalho conjunto é essencial para proporcionar ao povo a prestação jurisdicional.

O que se observa atualmente no ambiente forense é o fato de que advogados, promotores e juízes se relacionam como cordiais inimigos, que apenas se toleram porque estão condenados a conviver no mesmo espaço. Cada segmento atribui aos outros dois a culpa pelo mau funcionamento do aparelhamento judiciário. O compartilhamento das decisões concernentes à administração da Justiça transformará esses inimigos em parceiros, na medida em que todos eles serão responsáveis pelos bons ou maus resultados alcançados.

Quem se fecha, se encastela por trás de uma barreira de presunção e arrogância, não pode cobrar responsabilidades dos excluídos. Por outro lado, a experiência mostra que o maior inimigo do descaso e da corrupção é a publicidade, a transparência.

Cabe repetir e deixar bem claro que o compartilhamento não configura controle externo, pois deverá ser praticado no âmbito do Poder Judiciário, cujos representantes deverão ser necessariamente majoritários. Os demais parceiros, minoritários, certamente terão alguma influência, mas limitada aos assuntos pertinentes ao colegiado, e nunca a ponto de subjugar ou submeter o Poder Judiciário.

A proposta sustentada neste artigo não é nova. Ela já foi formulada, de maneira bastante semelhante, há mais de 10 anos, em uma série de conferências feitas em todo o Brasil, por uma pessoa absolutamente insuspeita: o Min. Carlos Mário Velloso, do STF. Vale lembrar que o Min. Carlos Velloso ascendeu ao Supremo depois de toda uma longa carreira na Magistratura, percorrendo todas as instâncias, tendo um formidável acervo de experiências concretas, que foram muito bem avaliadas à luz de sua notável cultura jurídica e de seu reconhecido espírito de justiça. O texto básico dessas conferências foi objeto de publicação, da qual transcrevemos os seguintes excertos.

"O fato de não concordar com o 'controle externo do Judiciário' não quer dizer que não reclame eu a instituição de um Conselho Nacional da Magistratura, que realizaria um controle de qualidade do Judiciário e dos juízes. Primeiro que tudo, não podemos ignorar que há problemas no Judiciário que precisam ser corrigidos."

"Penso, por isso mesmo, que é dever dos juízes, que é dever dos juristas, propugnar por um Judiciário melhor, cujos problemas sejam atacados de frente, por um Judiciário transparente, sem as mazelas que causam desgostos aos magistrados e aos advogados e afligem o jurisdicionado, que não recebe, a tempo e modo, a prestação jurisdicional, mazelas que mancham e desacreditam a função jurisdicional. Por isso, tenho proposto e tenho propugnado um controle de qualidade do Judiciário e da Magistratura.

"Para que se efetive esse controle – controle que o próprio Judiciário realizará – proponho a criação de um Conselho Nacional da Magistratura, que seria instituído junto ao Supremo Tribunal Federal e que teria as atribuições principais de fiscalizar o andamento dos serviços judiciários, tornar efetiva a pronta prestação jurisdicional, mediante a investigação e o exame das causas de emperramento da máquina judiciária, formulando proposta de soluções, punindo, se for o caso, o juiz ou o servidor que não seja laborioso, afastando e punindo os juízes e servidores desonestos ou que não tenham vocação para o cargo."

"É que penso que o Conselho Nacional da Magistratura pode e deve ser integrado, também, por representante do Conselho Federal da OAB, indicado, por este, ao Supremo Tribunal Federal, em lista tríplice, cabendo ao Supremo Tribunal a sua designação. E, junto ao Conselho, oficiará o Procurador-Geral da República. Os grandes problemas do Poder Judiciário seriam levados ao Conselho, principalmente, pelo representante da OAB, porque os advogados é que podem sentir e perceber mais nitidamente esses problemas. Assim, o representante da OAB seria – utilizo-me de imagem formulada por um eminente Colega, em conversa informal – o homem que apagaria o estopim, porque este homem, repito, transmitiria ao Conselho os problemas da Justiça e ajudaria, com a sua experiência, a eliminar esses problemas.

"Não considero nem o advogado nem o representante do Ministério Público elementos estranhos ao Poder Judiciário. É que o Ministério Público é considerado, pela Constituição, instituição essencial à função jurisdicional

(CF, art. 127), enquanto que o advogado, segundo dispõe o art. 133 da Constituição, é indispensável à administração da Justiça. Nenhum tribunal funciona e nenhum juiz decide sem a participação do advogado. Juízes, advogados e membros do Ministério Público estamos todos empenhados no distribuir Justiça, integramos uma mesma Instituição, fazemos parte de uma mesma família. Creio, por isso mesmo, que estaria justificada a participação, no Conselho, do advogado e do promotor, aquele como membro do Conselho, o Ministério Público, pelo seu chefe, o Procurador-Geral, nele oficiando, exercendo a função de fiscal da lei."[15]

O que se fez no presente estudo foi desenvolver essa proposta, reforçando seus fundamentos, dado que o pano de fundo – a crise do Poder Judiciário – ainda mais se agravou, talvez mesmo pela ausência de implantação dessas medidas.

O que se deseja é uma retomada dessas considerações, sem facciosismos ou preconceitos, à luz do direito constitucional positivo brasileiro, tomando como ponto de partida a distinção – essencial – entre função jurisdicional e função administrativa. Para deixar essa distinção perfeitamente clara, mais uma vez recorremos à lucidez de Celso Antônio Bandeira de Mello:

"Função *jurisdicional* é a função que o Estado, e somente ele, exerce por via de decisões que resolvem controvérsias com força de 'coisa julgada', atributo este que corresponde à decisão proferida em última instância pelo Judiciário e que é predicado desfrutado por qualquer sentença ou acórdão contra o qual não tenha havido tempestivo recurso.

"Função *administrativa* é a função que o Estado, ou quem lhe faça as vezes, exerce *na intimidade de uma estrutura e regime hierárquicos* e que no sistema constitucional brasileiro se caracteriza pelo fato de ser *desempenhada mediante comportamentos infralegais* ou, excepcionalmente, infraconstitucionais, submissos todos a *controle de legalidade pelo Poder Judiciário*."[16]

A jurisdição somente poderá ser exercida pelo Poder Judiciário e o controle das decisões judiciais é aquele – e somente aquele – exer-

15. Carlos Mário da Silva Velloso, "Controle externo do Poder Judiciário e controle de qualidade do Judiciário e da Magistratura: uma proposta", *RDA* 195/17, 19, 20 e 21.

16. *Curso ...*, 17ª ed., p. 34.

cido por meio do sistema de recursos judiciais, previsto na Constituição e na legislação processual. O controle formal, jurisdicional, de legalidade, das atividades administrativas do Poder Judiciário continuará sendo feito exclusivamente pelo próprio Poder Judiciário. Mas o controle da função administrativa exercida pelo aparelhamento burocrático do Poder Judiciário – compreendendo um controle preventivo de legalidade e mais o controle do mérito, da qualidade, da conveniência, da oportunidade, da economicidade e da eficiência da atuação administrativa, exercitada tanto por magistrados quanto por servidores e prestadores de serviço – deverá ser compartilhado com a Advocacia e o Ministério Público.

O compartilhamento proporcionará uma efetiva colaboração, uma percepção conjunta das dificuldades, a procura conjunta de soluções, militando no sentido do reconhecimento dos esforços e da dedicação dos magistrados, e redundando na valorização do juiz, da primeira à última instâncias.

O abandono de preconceitos imperiais e a efetiva implantação dos valores republicanos certamente possibilitarão ganhos de produtividade, aumentarão a eficiência, proporcionarão defesa segura e eficiente contra críticas injustas e resultarão, em última análise, no fortalecimento do Poder Judiciário.

Voltando ao tema inicial, posto por Celso Antônio Bandeira de Mello, sobre a luta dos membros da coletividade contra os detentores do Poder, pode-se concluir que o controle do Poder, destinado a evitar que os agentes que atuam em seu nome abusem de suas prerrogativas ou se desviem das finalidades em função das quais receberam tais prerrogativas, não enfraquece mas, sim, ao contrário, acaba por fortalecer o exercício legítimo do Poder.

RESPONSABILIDADE CIVIL NO CÓDIGO DE 2002

ALICE GONZALEZ BORGES

1. Introdução. 2. A responsabilidade civil do Estado é um postulado do Estado de Direito. 3. Fundamentos e pressupostos da responsabilidade civil objetiva do Estado. 4. A responsabilidade civil no Código Civil de 2002. 5. Novo tratamento das causas excludentes de responsabilidade, à luz das disposições do Código Civil. 6. Considerações finais.

1. Introdução

O Código Civil de 2002 – não tivesse a participação, em sua elaboração, de notáveis publicistas, do porte de Miguel Reale e Josaphat Marinho – caracteriza-se por um acentuado *toque de direito público*, dado a muitas de suas instituições.

Com efeito, marca o Código de 2002 uma profunda atualização das vetustas colocações de 1916, de acordo com as inovações e mudanças do direito constitucional, verificadas a partir de então.

Com isto, prenuncia-se uma verdadeira e efetiva mudança de mentalidade em nossa legislação e jurisprudência, com sérias repercussões em sua aplicação prática, ainda não meditadas suficientemente.

Com efeito, gerações e gerações de nossos juristas têm sido formadas por uma intensa aplicação do Código Civil de 1916. Basta lembrar que o direito civil ocupa não menos de oito semestres de intenso estudo nos currículos acadêmicos, enquanto ramos vitais do direito público – como o direito administrativo – somente são estudados em dois semestres.

Assimilar inteiramente as importantes mudanças do diploma demandará um esforço muito grande, porque implica toda uma nova postura diante dos problemas a serem enfrentados.

Queremos deter-nos, como objeto do presente estudo, na focalização da matéria relativamente à *responsabilidade civil do Estado* – a nosso ver, uma das que sofrerão maiores modificações de tratamento, em face das atuais disposições.

Teremos de enfrentar, no caso, profundas contradições entre a tradição civilista de nossos julgadores e a orientação do Código de 2002.

Com efeito, o Código de 1916 recolheu em seus fundamentos intensa vinculação com a noção de *culpa aquiliana*, que o marcou indelevelmente na enunciação do texto do art. 159.

A tradição da formação civilista dos operadores do Direito repercute sensivelmente no trato das questões relativas à responsabilidade civil do Estado. De uma forma ou de outra, os juízes tendem bastante para a apreciação subjetivista da responsabilidade – o que se extrema, sobretudo, na análise das causas excludentes que caracterizam a teoria do risco administrativo.

Essa análise leva a afastar, em grande parte, a adoção plena da responsabilidade objetiva do Estado, consagrada em nosso Direito. Não é de esquecer, aliás, a poderosa influência de Hely Meirelles, que afastava, como iníqua, (*sic*) a aplicação, em nosso Direito, da teoria do risco integral.

Desta sorte, há uma defasagem entre o avanço da legislação, cada vez mais atualizada com as conquistas doutrinárias do Direito Comparado, e a real aplicação prática na solução dos problemas que a realidade nos impõe. Enquanto se chega à responsabilidade integral do Estado, consagrada na Constituição, por danos decorrentes de acidentes nucleares e, mais recentemente, por danos causados em viagens aéreas por ataques terroristas, aplica-se, extremadamente, na solução dos problemas da realidade viva, a excludente da culpa total ou concorrente da vítima, e outras, que afastem a existência de nexo causal entre o fato e a atuação do Estado.

E aí se imbricam, desafiando a análise mais arguta, os aspectos cruciais da questão. De um lado, se bem se observar, há uma visão de que a responsabilidade advém de um ato do *agente do Estado*, por mais ampla que seja tal concepção. E se o fato causador do dano, que se examina, advier de um ato de terceiro? É uma questão a ser examinada. Entre esses terceiros, se se aprofunda a própria noção da culpa *in vigilando*, pode estar figurando no banco dos réus, em última análise, a própria Administração, por ações omissivas do seu dever.

Fausto de Quadros observa, com muita propriedade, que o Direito Português – ainda que baseado, no particular, em noções de direito administrativo – apresenta soluções tímidas, protegendo menos o administrado que outras legislações (Itália, Alemanha e outras), que se reportam, no particular, às disposições da lei civil na investigação da responsabilidade subjetiva da Administração Pública no exercício da *culpa in vigilando*. Isto, também, por falta de uma tradição cívica na apreciação dos direitos dos administrados.

Veremos, a seguir, a matéria quanto à orientação e às conquistas do Direito Comparado, partindo-se de uma premissa inafastável – qual seja, a de que estaremos tratando, no caso da responsabilidade civil do Estado, antes e acima de tudo, de um *postulado do Estado de Direito*.

Veremos como se situa a matéria. no direito positivo brasileiro e na jurisprudência de nossos Tribunais Superiores, em especial o STF.

Dentro das limitações de tempo e espaço impostas a este trabalho, abordaremos apenas a matéria respeitante à análise das causas excludentes de responsabilidade objetiva do Estado, de acordo com as significativas transformações trazidas pelo Código Civil de 2002. Dentro desse contexto, deter-nos-emos em dois aspectos importantes: os *transportes* – porque o Código civil ressalva expressamente aqueles objeto de concessão, permissão e autorização pelo Poder Público; os que atinam ao *direito do consumidor* – porque dizem respeito à qualidade do serviço público oferecido ao usuário-consumidor.

Tal não importa desconhecermos que a jurisprudência de nossos Tribunais se defronta com uma encruzilhada: ou continua conservadora, e aniquila as conquistas alcançadas pelas tendências mundiais e pelo nosso Direito posto; ou avançará no sentido de uma verdadeira retomada ideológica, que o Código de 2002 propicia, da aplicação da teoria do risco administrativo.

2. A responsabilidade civil do Estado é um postulado do Estado de Direito

Vale acentuar, inicialmente, que a responsabilidade civil do Estado pela reparação dos danos que venha a causar aos cidadãos-administrados é um dos mais caros fundamentos do Estado de Direito.

Assim vem sendo reconhecido pelo STF, conforme refere José Sérgio Monte Alegre: "O Supremo Tribunal Federal, em expressiva maioria de decisões, tem revelado acentuada inclinação para definir que essa responsabilidade, pertinente à atividade administrativa, é conseqüência lógica inevitável da noção do Estado de Direito".[1]

É a colocação de Nélson Sampaio, no sentido de que o Estado de Direito é uma ordem relativamente centralizada, segundo a qual a jurisdição e a administração estão vinculadas às leis, os membros do governo são responsáveis por seus atos e os tribunais são independentes, e certas liberdades dos cidadãos – particularmente a liberdade de crença e a liberdade de expressão – são garantidas.[2]

É a lição de Héctor José Escola: "O Estado de Direito, que com nossa organização constitucional adotamos, e cujos princípios e postulados regem e obrigam ao próprio Estado, em salvaguarda dos direitos e interesses de cada um dos seus habitantes, sem deixar de ter em mira a prevalência do interesse público, impõe necessariamente que o Estado seja responsabilizado pelo resultado prejudicial dos atos que cumpra, que incidam sobre os particulares, e que possa ser obrigado a ressarcir tais prejuízos, na medida em que seja justo e razoável".[3]

Também Canotilho inclui, ao enunciar os princípios jurídicos fundamentais, o do acesso ao Direito e aos tribunais, do qual deduz o princípio da responsabilidade da Administração: "Os particulares lesados nos seus direitos, designadamente nos seus direitos, liberdades e garantias, por ações ou omissões de titulares de órgãos, funcionários ou agentes do Estado e demais entidades públicas, praticados no exercício das suas funções e por causa desse exercício, podem demandar o Estado – responsabilidade do Estado –, exigindo uma reparação dos danos emergentes desses actos".[4]

Extraem-se daí amplas conseqüências, que norteiam o tratamento mais avançado da questão no Direito Comparado. Como observa Odete Medauar: "Há um nítido caminho da responsabilidade do Estado,

1. "Responsabilidade patrimonial do Estado na atual jurisprudência do Supremo Tribunal Federal", *RDA* 233/33.

2. "O Estado de Direito", *Revista da Academia de Letras Jurídicas da Bahia* 8/141.

3. *Compendio de Derecho Administrativo*, p. 1.127.

4. *Direito Constitucional*, pp. 171 e 659.

sempre em prol da vítima, e, me parece, fazendo uma apreciação geral, que não poderíamos ter um retrocesso nisso. A questão da responsabilidade do Estado precisa caminhar mais ainda, sempre colocando no centro dos estudos a vítima, que é na verdade a tônica dos estudos que vêm sendo feitos sobre a responsabilidade civil do Estado".[5]

Por mais breve e aligeirado exame que se faça do Código Civil de 2002, este parece ter adotado tal orientação, em muitas das suas disposições, colocando-se consonante com as mais modernas tendências do direito administrativo universal.

3. *Fundamentos e pressupostos da responsabilidade civil objetiva do Estado*

Acha-se plenamente cristalizada, em toda parte, a concepção da *responsabilidade civil objetiva do Estado* por atos de seus agentes, independentemente de perquirição da existência de dolo ou culpa. Fundamenta-se tal concepção – que supera a primitiva idéia da responsabilidade subjetiva por culpa dos agentes causadores do dano – nos seguintes pontos principais:

(a) o princípio da igualdade na distribuição dos encargos públicos entre os cidadãos, e, conseqüentemente, na repartição dos prejuízos e danos causados entre todos os demais, na forma da indenização pelo Estado, que é, afinal, uma soma de contribuintes, princípio geral assim enunciado por Canotilho:

"– Os encargos públicos (impostos, restrições ao direito de propriedade) devem ser repartidos de forma igual pelos cidadãos.

"– No caso de existir um sacrifício especial de um indivíduo ou grupo de indivíduos, justificado por razões de interesse público, deverá reconhecer-se uma indenização ou compensação aos indivíduos particularmente sacrificados";

(b) a crescente amplitude da ação do Estado sob a forma de várias atividades interventivas nos mais diversos setores da sociedade, assegurada pelo uso de meios coercitivos e pela presunção geral de legitimidade de seus atos;

5. "Jornada sobre Gestores Públicos e Responsabilidade Civil da Administração Pública", *BDA* 1/1.

(c) a evidência de que o Estado, com sua multiplicidade de ação, lidando, por força de suas diversas competências, com coisas perigosas, é potencialmente produtor de riscos mais intensos que os produzidos por qualquer cidadão.

Daí resulta a tipicidade da responsabilidade civil objetiva do Estado, materializada, forçosamente, em uma abrangência muito maior que a da responsabilidade privada em geral, e em uma proteção mais ampla aos direitos dos administrados.

Tal abrangência e tal amplitude de proteção, para que perfeitamente se realizem os princípios fundantes já aludidos, demandam que o cidadão lesado não seja obrigado, para ver respeitado seu direito à reparação dos danos sofridos, a perquirir e demonstrar a existência da culpa de quem quer que seja – ônus que recai sobre o próprio Poder Público, através de ação regressiva.

São pressupostos, geralmente aceitos, da responsabilidade civil objetiva do Estado: 1º) uma ação, através do impulso de um agente; 2º) um dano anormal, especial, como resultado lesivo; 3º) a vinculação existente entre ambos – o chamado *nexo causal*.

A matéria oferece variantes apreciáveis. Os pressupostos acima enunciados correspondem à teoria do risco administrativo. A teoria da responsabilidade integral, cada vez mais acolhida em nosso Direito, admite com certas restrições a investigação do nexo causal. Em caso de atentados terroristas ou de acidentes nucleares, como vimos, independe a responsabilização do Estado de que tenha havido o impulso de um seu agente.

Alguns autores – como é o caso do insigne mestre Celso Antônio – entendem que a ação geradora de responsabilidade civil da Administração Pública é unicamente a comissiva: a decorrente de omissões, como a falta do serviço, geraria apenas a responsabilidade subjetiva. Não vemos muita utilidade prática na distinção, porque o resultado final sempre será o da responsabilidade do Estado por ação ou omissão, com ação regressiva contra seu agente. Neste sentido a jurisprudência mais recente do STF, relatada por José Sérgio Monte Alegre.[6]

6. "Responsabilidade patrimonial do Estado ...", *RDA* 233/34-35.

"2.3 A teoria do risco administrativo, consagrada em sucessivos documentos constitucionais brasileiros desde a Carta Política de 1946, confere fundamento doutrinário à responsabilidade civil objetiva do Poder Público pelos danos a que os agentes públicos houverem dado causa, por ação ou omissão. Essa concepção teórica que informa o princípio constitucional da responsabilidade civil objetiva do Poder Público faz emergir da mera ocorrência do fato lesivo causado à vítima, pelo Estado, o dever de indenizá-la pelo dano pessoal e/ou patrimonial sofrido, independentemente de caracterização de culpa dos agentes estatais ou de demonstração da falta do serviço público.

"Os elementos que compõem a estrutura e delineiam o perfil da responsabilidade objetiva do Poder Público compreendem: (a) a alteridade do dano; (b) a causalidade material entre o evento *damni* e o comportamento positivo (ação) ou negativo (omissão) do agente público; (c) a oficialidade da atividade causal e lesiva, imputável a agente do Poder Público, que tenha, nessa condição funcional, incidido em conduta comissiva ou omissiva, independente da licitude, ou não, do comportamento funcional (RE 109.615-2, rel. Min. Celso de Mello, *DJU* 2.8.1996, *RTJ* 140/636); e (d) a ausência de causa excludente da responsabilidade funcional estatal (*RTJ* 55/503; *RTJ* 71/99; *RTJ* 991/377; *RTJ* 99/1.155; *RTJ* 131/417)."

Mas a perquirição da responsabilidade por ação ou omissão da Administração – como observa Fausto Quadros – pode em muito ampliar a defesa do administrado e a possibilidade de sua indenização, sobretudo na investigação do nexo causal entre dano e ação lesiva e na admissão prévia de certas causas excludentes de responsabilidade.

Por outro lado, amplia-se o leque de opções no trato da matéria, ao se admitir que nem sempre o dano provém de um agente identificado, agindo nessa qualidade. É preciso que se resguarde, em favor do administrado, a possibilidade de indenização por dano decorrente da chamada *falta anônima do serviço*.

Em suma, o tema da responsabilidade civil objetiva do Estado ainda está longe de uma cristalização definitivamente estruturada. Há muitos pontos a serem esclarecidos e definidos, demandando soluções teóricas e jurisprudenciais adequadas.

4. A responsabilidade civil no Código Civil de 2002

Vejamos como se comporta o Código de 2002 na abordagem da responsabilidade civil. Sem dúvida, enriquece tais discussões, porque o novo tratamento enseja várias incursões no próprio campo do direito público.

O art. 43 transcreve o art. 37, § 6º, da Constituição, mas omitindo a menção às pessoas privadas prestadoras de serviço público. Nem haveria lugar para tanto, pois a matéria focalizada no Título II, Capítulo I, diz respeito às pessoas de direito público. Em outros dispositivos o Código não destoa do preceptivo constitucional..Por exemplo, em relação aos transportes decorrentes de concessão, permissão e autorização ressalva o tratamento especial da legislação pertinente, abrindo margem para a integral aplicação do referido artigo da Constituição. Nem haveria sentido, aliás, em reproduzir, pura e simplesmente, o texto constitucional.

Cabe um destaque especial no exame dos arts. 186, 187 e 188.

O art. 186 substituiu o art. 159 do Código de 1916. Referindo-se a *ação* ou *omissão* como fatos geradores de responsabilidade – isto é, a atos comissivos ou omissivos –, inclui o dano moral, previsto no art. 5º, V e X, da Constituição.

É de extrema importância o art. 187. Caracteriza plenamente – em obediência às regras morais que constituem a tônica do Código – a figura do *abuso de direito*: "Também comete ato ilícito o titular de um direito que, ao exercê-lo, excede manifestamente os limites impostos pelo seu fim econômico ou social, pela boa-fé ou pelos bons costumes". Assim, não é só o ato praticado com efetiva intenção de lesar outrem, ou que o faz por omissão. É invocar-se um direito baseado na má-fé, no abuso, sem apoio na regra moral. Pensamos, a propósito, em certos comportamentos de Administrações Públicas ao confundirem o verdadeiro interesse público primário com interesses secundários, no propósito de carrear recursos para os cofres públicos à custa, inclusive, da boa-fé dos seus contratados. Faltar-lhes-ia respaldo no próprio Código Civil.

A esse respeito, preleciona Maria Helena Diniz: "O abuso é manifesto, ou seja, o direito é exercido de forma ostensivamente ofensiva à Justiça. A ilicitude do ato praticado com abuso de direito possui natureza objetiva, aferível, independentemente de culpa e dolo

(*RJTJRS* 28/373, 43/374, 47/345; *RSTJ* 120/370, 140/396, 145/446; Súmula 409 do STF). Também entende o Enunciado 37 (aprovado na *Jornada de Direito Civil* promovida em setembro de 2002 pelo Centro de Estudos Judiciários do Conselho de Justiça Federal) que 'a responsabilidade civil decorrente do abuso do direito independe de culpa e fundamenta-se somente no critério objetivo finalístico'".[7]

Se bem refletirmos sobre o art. 188, no seu inciso II e parágrafo único, dele poderemos extrair amplas conseqüências no terreno do direito público.

Por exemplo, a justificativa de certos sacrifícios de direito decorrentes do exercício regular do poder de polícia administrativa, nem faltando a caracterização de aspectos da proporcionalidade dos meios empregados.

O dispositivo relaciona-se com as disposições sobre abusos no uso anormal da propriedade (art. 1.277), importantes em seu relacionamento com o Estatuto da Cidade (Lei 10.257/2001).

Outro aspecto muito importante, do ponto de vista do direito público, é o de que o Código legitima as ações coercitivas das entidades hospitalares, inclusive as públicas, tendentes a salvar a vida dos pacientes que se recusam, por motivo de seitas religiosas a que pertencem, a receber transfusões de sangue.

Maria Helena Diniz caracteriza o instituto como "estado de necessidade", observando a responsabilidade de quem age com excesso.

O art. 12, que trata da ofensa aos direitos de personalidade, e os arts. 475 a 477, que tratam da onerosidade excessiva dos contratos, impõem sempre a condenação em perdas e danos, independentemente de outras sanções também cabíveis – o que é uma regra também de amplas conseqüências.

Os arts. 927 a 954 tratam da responsabilidade civil em si, caracterizando o *ato ilícito*. Como o art. 927 se reporta aos arts. 186 e 187, veremos que se incluem perfeitamente nas definições da lei os atos omissivos.

Vemos que o Código de 2002 admite basicamente a responsabilidade subjetiva, baseada na culpa, na caracterização do ato ilícito,

7. *Código Civil Anotado*, p. 181.

como não poderia deixar de ser. Mas inclui temperamentos importantes, dignos de maior reflexão, em que entra em pauta a responsabilidade objetiva, como inovação digna de nota.

Assim é que o parágrafo único do art. 927 admite expressamente a obrigação de reparar o dano, independentemente da existência de culpa, em certos casos que enuncia:

– *nos casos especificados em lei*, o que abriga, então, a responsabilidade objetiva em relação ao direito ambiental, ao direito urbanístico, ao direito do consumidor, entre outros;

– quando a atividade normalmente desenvolvida pelo autor do dano implicar, por sua natureza, *risco* para os direitos de outrem. Temos, pois, a lei civil admitindo a teoria do risco.

Vale lembrar, a respeito, as já polêmicas e polemizadas disposições do art. 932, III, com amplas repercussões nos acidentes de trabalho, introduzindo a adoção da teoria do risco nas relações entre empregador e empregado. Até então respondia, em tais casos, o INSS. Um *plus*, com exclusivo ônus para o empregado, era a ação de responsabilidade civil deste contra o empregador, se comprovasse não haverem sido adotadas pela empresa as cautelas necessárias para prevenir o evento danoso.

Mas agora, pelo disposto no art. 932, III, reforçado pelo art. 933, taxativo em afirmar que "as pessoas indicadas nos incisos I a V do artigo antecedente, ainda que não haja culpa de sua parte, responderão pelos atos praticados pelos terceiros ali referidos", inverte-se o ônus da prova, invertem-se as responsabilidades pela reparação do dano.

Espera-se que as conseqüências de tal reviravolta devam ser objeto de cauteloso e equilibrado posicionamento da jurisprudência de nossos Tribunais a respeito da matéria.

O Código de 2002 alinha nos arts. 929 (culpa da vítima) e 936, 930 (culpa de terceiros) e 945 (culpa concorrente da vítima) as causas excludentes de responsabilidade . Já o fazia o antigo Código; mas o atual, em matéria de culpa da vítima, introduz importantes modificações no trato da matéria. Assim, confere um novo tratamento relativamente aos incapazes (art. 928) e à aplicação dos princípios da eqüidade (art. 944, parágrafo único), podendo ser reduzida a indenização em função da proporcionalidade à gravidade do dano, e, nos casos de culpa concorrente, da proporcionalidade (art. 945), reportando-se ainda à lei processual no cálculo da apuração dos danos (art. 946).

Os arts. 949 e 950 tratam da responsabilidade específica por danos à saúde, sendo importante, para o estudo da matéria de acidentes do trabalho, a determinação da fixação de uma pensão pela perda de capacidade de trabalho, além das despesas de tratamento e lucros cessantes.

O art. 951 merece reflexão, ao tratar de responsabilidade médica. Isto porque, se couber a um hospital público, há de ser aplicada a responsabilidade objetiva.

O art. 954 cuida da responsabilidade civil por ofensa à liberdade pessoal, sendo necessário distinguir. Nas hipóteses dos incisos II e III (prisão por queixa ou denúncia falsa e prisão ilegal), se o autor do dano é agente de pessoa pública também se aplica a responsabilidade objetiva.

Dispositivo instigante é o do art. 931, segundo o qual o Código admite a responsabilidade objetiva da empresa, independente de culpa, pelos danos causados por produtos postos em circulação, ressalvando o disposto em lei especial, em outros casos. A lei especial, no caso, é o Código do Consumidor, que, nos arts. 12 a 17, ressalva a culpa de terceiro e, no art. 25, admite a responsabilidade solidária. O assunto demanda abordagem cautelosa pelos nossos Tribunais.

Cabe, agora, examinarmos o tratamento especial conferido pelo Código aos contratos de transporte de pessoas e coisas (arts. 730-756).Tais contratos sempre foram objeto de disposições da lei civil; mas, nesta parte, o Código se renovou completamente, com disposições muito rigorosas, sobretudo no caso dos transportes aéreos.

Dois dispositivos afiguram-se de capital importância neste sentido: os arts. 731 e 734.

Diz o art. 731 que "o transporte exercido em virtude de autorização, permissão ou concessão rege-se pelas normas regulamentares e pelo que for estabelecido naqueles atos, *sem prejuízo do disposto neste Código*".

O preceito é reforçado pela dicção do art. 732, que ressalva a aplicação de legislação especial, "desde quando não contrarie as disposições deste Código".

O art. 734 estatui que, salvo motivo de força maior, "o transportador responde pelos danos causados às pessoas transportadas e suas bagagens, (...) *sendo nula qualquer cláusula excludente de responsabilidade*". Talvez despiciendo, o art. 734 exclui, por seu turno, a culpa de terceiro, contra o qual só cabe ação regressiva do transportador.

Como observa Maria Helena Diniz,[8] o dever de responder pela incolumidade do viajante e de conduzi-lo a seu destino não pode ser afastado por estipulação exoneradora de responsabilidade, que é objetiva, por corresponder a uma obrigação de resultado.

Na medida em que se ressalva a legislação pertinente, mas sem prejuízo do disposto no Código, e este assume uma postura tão radical, é de se concluir que a lei civil adotou a responsabilidade civil objetiva do transportador, sem causas excludentes a não ser a força maior. Nem mesmo alude ao caso fortuito – coerente, aliás, com a melhor doutrina, segundo a qual o caso fortuito constitui uma álea interna do serviço, não afastando a responsabilidade.

Em face de tais disposições do Código Civil, cabem algumas reflexões.

Se é certo que, até hoje, a determinação do nexo causal entre ação e dano se fazia pelo exame das causas excludentes de responsabilidade determinadas pela lei civil, que são o cerne da teoria do risco administrativo, a partir do Código de 2002, que deu outro tratamento renovador à espécie, prenuncia-se uma grande reviravolta no campo do direito público.

São novas disposições, novos posicionamentos, tendentes, sempre – força é que se frise –, a uma maior proteção dos direitos dos administrados, ensejando novas reflexões e a maturação de novas idéias. Prenuncia-se, por força disso, sensível repercussão na própria jurisprudência em torno da matéria.

5. *Novo tratamento das causas excludentes de responsabilidade, à luz das disposições do Código Civil*

Alguns exemplos práticos podem ilustrar como repercutem no exame tradicional das causas excludentes de responsabilidade as atuais posturas do Código Civil.

8. *Código Civil Anotado*, p. 479.

Tomemos um caso que tem sempre ocupado os jornais, qual seja, a prática do esporte "surfe ferroviário" no teto de vagões, que tem ensejado não poucos acidentes fatais e o conseqüente ajuizamento de indenizatórias pelas famílias enlutadas.

A esse respeito, decidiu o STJ: "Responsabilidade – Eletroplessão – Surfismo ferroviário – Culpa exclusiva da vítima – Evento lesivo que resultou unicamente da imprudência da vítima, que, na ocasião, praticava o chamado 'surfismo ferroviário', como assentaram as instâncias ordinárias, examinando soberanamente a prova, elidida, assim, a responsabilidade de ferrovia, nos termos do art. 17 do Decreto Legislativo n. 2.681, de 1912 – Culpa concorrente não caracterizada, pois o dever de vigilância da ferrovia é ínsito à prestação do serviço de transporte em condições de normalidade, não se podendo dela exigir aparato de segurança capaz de evitar acidentes do tipo de que se cuida".[9]

Como, nos dias de hoje, deveria a questão ser apreciada pelos nossos Tribunais, à luz das disposições do Código Civil de 2002? É evidente que não da mesma maneira.

Figuremos um caso hipotético: são menores que praticam o "esporte" do "surfismo" no teto dos vagões de um "Metrô", explorado por empresa concessionária de serviço público de transporte coletivo, ocorrendo o previsível acidente fatal que os vitima. As famílias enlutadas processam a empresa metroviária, pleiteando indenização por danos materiais e morais, com invocação do art. 37, § 6º, da Constituição, já que se trata de pessoas privadas prestadoras de serviço público mediante delegação.

Defende-se a empresa, alegando exclusão de responsabilidade por culpa das vítimas e que no contrato de concessão da metrovia figura uma cláusula de isenção de responsabilidade por motivo de manifesta imprudência dos "passageiros".

Ora, pelo Código Civil é certo que se ressalvam, no caso, disposições de lei especial, regulamentos e contratos de concessão, mas sem prejuízo do disposto em seu art. 734, que considera nula qualquer cláusula excludente de responsabilidade no contrato de transpor-

9. 3ª T., REsp 60.929-RJ, rel. Min. Costa Leite, j. 18.4.1995.

te, a não ser em caso de força maior, que absolutamente não se caracteriza na espécie.

Cabe a plena responsabilidade do transportador, devendo indenizar as famílias das vítimas.

Outros aspectos ainda deverão ser levados em conta. Configura-se a culpa *in vigilando*, acrescendo a responsabilidade subjetiva à responsabilidade objetiva. O transportador deve, sim, prover à segurança da viagem e fiscalizar devidamente a utilização do teto dos vagões por intrusos, sob pena de grave omissão do cumprimento do dever.

O fato de serem as vítimas incapazes, ainda que se tratasse de *culpa da vítima*, levaria também à aplicação das regras especiais do Código Civil a respeito da matéria. E assim por diante.

Já se vê que, certamente, em face do exposto, bem outra haveria de ser a decisão do Tribunal Superior no presente caso, ao apreciar a causa excludente de responsabilidade em questão, tendo em vista que – repetimos – as causas excludentes hão de ser examinadas com fundamento na lei civil que sobre elas dispõe.

Outro caso, já não tão simples, que ocupou os jornais: uma empresa fabricou produto anticoncepcional e o lançou no mercado como sendo a "última palavra" sobre o assunto.

Tempos depois, uma empresa comerciante intermediária, que manipulava, acondicionava o produto e o vendia, em ação criminosa, falsificou o medicamento, vendendo pílulas de farinha em vez do produto anunciado na embalagem.

Com base no art. 12 do Código de Defesa do Consumidor, a empresa fabricante foi acionada pelos usuários prejudicados, em danos materiais e morais.

A empresa fabricante defendeu-se em juízo alegando tratar-se da isenção de sua responsabilidade em face de fato de terceiro, como dispõe o § 3º do mesmo art. 12.

O art. 931 do Código Civil diz, em enunciado puro e seco, que, "ressalvados outros casos previstos em lei especial, os empresários individuais e as empresas respondem independentemente de culpa pelos danos causados pelos produtos postos em circulação".

No caso, trata-se da figura do vício de qualidade por insegurança, muito bem caracterizado pelo Código de Defesa do Consumidor, como produtos fraudados e deteriorados.

Indaga-se, de logo, do alcance da ressalva de "outros casos previstos em lei especial", mas o certo é que Maria Helena Diniz[10] observa que é nítida a intenção do Código em ampliar ainda mais a responsabilidade pelo fato do produto. Neste sentido, transcreve o Enunciado 42 da *Jornada de Direito Civil*: "O art. 931 amplia o conceito de fato do produto existente no art. 12 do Código de Defesa do Consumidor, imputando responsabilidade civil à empresa e aos empresários individuais vinculados à circulação dos produtos".

Sílvio Venosa, citando Maria Antonieta Donato, explica por quê: o Código de Defesa do Consumidor foi concebido dentro da filosofia de garantir a tutela de classes inteiras de consumidores lesados ou prejudicados por determinado produto ou serviço, transcendendo-se a ótica do acolhimento apenas dos interesses intersubjetivos.[11]

E Antônio Herman Benjamin:

"O legislador enfrentou, de frente, o princípio da relatividade dos contratos. O consumidor, mesmo não contratando diretamente com o fabricante, produtor, construtor ou importador , pode acioná-los. (...).

"'Com efeito – escreve José Geraldo Brito Filomeno, pioneiro do direito do consumidor no Ministério Público Brasileiro –, trata-se de antiga aspiração privatista tendente a, à vista da produção e consumo em massa verificados nas sociedades industrializadas modernas, responsabilizar-se os produtores pelo *risco criado*, vez que, de um lado, o espectro social atingido por, *v.g.*, produtos defeituosos, perigosos, nocivos etc. revela-se totalmente impotente, indefeso ou mesmo desestimulado a pleitear justas indenizações; de outro, também os próprios produtores, na ânsia do lucro e processos industriais cada vez mais sofisticados, acabam por, muitas vezes involuntariamente, criar situações de perigo ou mesmo causar danos efetivos aos consumidores ou terceiros alheios à relação de consumo subjacente. Finalmente, a chamada responsabilidade aquiliana, ainda que por vezes cercada da presunção *juris tantum*, anula qualquer pretensão dos lesados, em face da dificuldade em provar-se a relação produto/dano/ nexo causal/imperícia-negligência/indenização.'"[12]

10. *Código Civil Anotado*, p. 583.
11. Sílvio Venosa, *Direito Civil*, 3ª ed., vol. 4, p. 160.
12. "Comentários aos arts. 12 a 27 do Código do Consumidor", in Juarez de Oliveira (coord.), *Comentários ao Código de Proteção do Consumidor*, pp. 55 e ss.

À luz desses princípios, o Código Civil parece autorizar que se declare a responsabilidade da empresa fabricante, que lançou o produto no mercado, com a competente ação regressiva, civil e até penal, contra os falsificadores.

O questionamento que se faz é o seguinte: já que o Código Civil *ressalva outros casos previstos em lei especial*, até que ponto se aplicaria, pura e simplesmente, seu art. 931, com ação regressiva contra os comerciantes falsificadores? Este caso poderia configurar-se como força maior (não o cremos, pessoalmente, apesar da alteridade do agente)? Até que ponto seria o caso de aplicação da responsabilidade solidária fabricante/comerciante, prevista nos arts. 17 e 25 do Código de Defesa do Consumidor? Até que ponto se imbrica, no caso, a responsabilidade penal, que pertence a outra esfera de abrangência?

Não é matéria de fácil deslinde, pois.

6. Considerações finais

O Código Civil de 2002 foi intensamente bafejado pela Constituição de 1988, alargando a visão privatista tradicional em nosso Direito, por várias incursões no direito público.

Um dos pontos em que mais se evidencia essa nova tomada de posição é no trato das questões atinentes à temática da responsabilidade civil.

É certo que a tônica dominante do Código no tratamento da espécie centra-se na apuração da responsabilidade subjetiva, baseada na investigação da culpa.

Porém, em muitos casos o Código adota várias espécies de responsabilidade objetiva, até então praticamente do domínio do direito público, esposando a teoria do risco, sobretudo em relação a várias hipóteses de risco criado.

Pode-se afirmar que, do conjunto de tais posicionamentos, o Código Civil trata da responsabilidade civil sob uma ótica direcionada à maior proteção dos direitos do administrado, nele convivendo aspectos de responsabilidade civil subjetiva e objetiva, decorrentes de atos omissivos e comissivos. Em muitos aspectos o cidadão pode obter mais ampla satisfação do seu direito sem ter o ônus de demonstrar e comprovar a culpa do autor do dano, sempre a este cabendo as competentes ações regressivas.

No terreno da responsabilidade civil do Estado verifica-se certa tendência da jurisprudência, notadamente privatista, de examinar com rigor certas cláusulas excludentes da responsabilidade objetiva.

O exame dessas causas teve sempre como suporte as disposições a respeito da lei civil.

Ora, na medida em que o Código de 2002 modifica, atenua ou até despreza – em nome, repita-se, de maior proteção do cidadão – vários desses aspectos, numa visão bastante ampla e arejada, essa base, em muitos casos, foge dos pés de quem analisa tais cláusulas excludentes.

Força é admitir que, se a responsabilidade civil do Estado é uma garantia do Estado de Direito, tal concepção encontra abrigo e guarida nas atuais disposições da lei civil.

No que diz respeito às causas excludentes da responsabilidade objetiva do Estado, tais mudanças não podem deixar de repercutir, gerando novas posturas de nossos Tribunais, desde que se deixem os julgadores contaminar pela atual visão da lei civil em torno de tais questões.

Como já inicialmente dissemos – e não será demais repetir –, ou a jurisprudência continua conservadora, e aniquila as conquistas alcançadas pelas tendências mundiais e pelo nosso direito positivo, ou terá que avançar no sentido de verdadeira retomada ideológica em favor da maior proteção dos direitos dos administrados.

Salvador, 12 de fevereiro de 2004

Bibliografia

ALONSO, Paulo Sérgio Gomes. *Pressupostos da Responsabilidade Civil Objetiva*. São Paulo, Saraiva, 2000.

BACELLAR FILHO, Romeu Felipe. "Responsabilidade civil extracontratual das pessoas jurídicas de direito privado prestadoras de serviço público". *Interesse Público* 16/11. Ano VI (4.745).

BANDEIRA DE MELLO, Celso Antônio. *Curso de Direito Administrativo*. 17ª ed. São Paulo, Malheiros Editores, 2004.

BANDEIRA DE MELLO, Oswaldo Aranha. *Princípios Gerais de Direito Administrativo*. Rio de Janeiro, Forense, 1969.

BENJAMIN, Antônio Herman. In: OLIVEIRA, Juarez de (coord.). *Comentários ao Código de Proteção do Consumidor*. São Paulo, Saraiva, 1991.

BÉNOIT, Francis-Paul. *Le Droit Administratif Français*. Paris, Dalloz, 1968.

BORGES, Alice Gonzalez. "Responsabilidade civil das concessionárias de serviço público". In: LEÃO, Adroaldo, e PAMPLONA FILHO, Rodolfo (coords.). *Responsabilidade Civil*. Rio de Janeiro, Forense, 2001.

CANOTILHO, J. J. Gomes. *Direito Constitucional*. Coimbra, Almedina, 1993.

CASSAGNE, Juan Carlos. *Derecho Administrativo*. 5ª ed., vol. I. Buenos Aires, Abeledo-Perrot.

CRETELLA JR., José. *Comentários à Constituição de 1988* (arts. 37, § 6º, e 175).

__________. *O Estado e a Obrigação de Indenizar*. São Paulo, Saraiva, 1980.

DENARI, Zelmo, GRINOVER, Ada Pellegrini, e outros. *Código Brasileiro de Defesa do Consumidor Comentado por seus Autores*. 4ª ed. Rio de Janeiro, Forense Universitária, 1995.

DI PIETRO, Maria Sylvia Zanella. *Direito Administrativo*. 12ª ed. São Paulo, Atlas, 2000.

__________. *Parcerias na Administração Pública*. São Paulo, Atlas, 1999.

DINIZ, Maria Helena. *Código Civil Anotado*. São Paulo, Saraiva, 2003.

ESCOLA, Héctor J. *Compendio de Derecho Administrativo*. Buenos Aires, Depalma, 1990.

__________. *El Interés Público*. Buenos Aires, Depalma, 1989.

FIGUEIREDO, Lúcia Valle. *Curso de Direito Administrativo*. 7ª ed. São Paulo, Malheiros Editores, 2004.

FORSTHOFF, Ernst. *Traité de Droit Administratif Allemand*. Bruxelas, Bruylant, 1969.

GARRIDO FALLA, Fernando. *Tratado de Derecho Administrativo*. 10ª ed., vols. I e II. Madri, Tecnos, 1992.

GRINOVER, Ada Pellegrini, DENARI, Zelmo, e outros. *Código Brasileiro de Defesa do Consumidor Comentado por seus Autores*. 4ª ed. Rio de Janeiro, Forense Universitária, 1995.

JUSTEN FILHO, Marçal. *Concessões de Serviços Públicos*. São Paulo, Dialética, 1997.

LEÃO, Adroaldo, e PAMPLONA FILHO, Rodolfo (coords.). *Responsabilidade Civil*. Rio de Janeiro, Forense, 2001.

LIMA, Alvino. *A Responsabilidade Civil pelo Fato de Outrem*. 2ª ed., atualizada por Nélson Nery Jr. São Paulo, Ed. RT, 2000.

MEDAUAR, Odete. "Jornada sobre Gestores Públicos e Responsabilidade Civil da Administração Pública". *BDA* 1/1. NDJ, janeiro/2004.

MEIRELLES, Hely Lopes. *Direito Administrativo Brasileiro*. 29ª ed. São Paulo, Malheiros Editores, 2004.

MONTE ALEGRE, José Sérgio. "Responsabilidade patrimonial do Estado na atual jurisprudência do Supremo Tribunal Federal". *RDA* 233/3-40.

OLIVEIRA, Antônio Carlos. "Responsabilidade civil do empregador por acidente do trabalho". In: LEÃO, Adroaldo, e PAMPLONA FILHO, Rodolfo (coords.). *Responsabilidade Civil*. Rio de Janeiro, Forense, 2001.

OLIVEIRA, Juarez de (coord.). *Comentários ao Código de Proteção do Consumidor*. São Paulo, Saraiva, 1991.

PAMPLONA FILHO, Rodolfo, e LEÃO, Adroaldo (coords.). *Responsabilidade Civil*. Rio de Janeiro, Forense, 2001.

PONDÉ, Lafayette. *Estudos de Direito Administrativo*. Belo Horizonte, Del Rey, 1995.

QUADROS, Fausto de. "Introdução". *Responsabilidade Civil Extracontratual da Administração Pública*. Coimbra, Almedina, 1995.

ROJAS, Serra. *Derecho Administrativo*. 2ª ed. México, Porrúa, 1992.

SAMPAIO, Nélson. "O Estado de Direito". *Revista da Academia de Letras Jurídicas da Bahia* 8/139-156. Ano 5.

VENOSA, Sílvio de Salvo. *Direito Civil*. 3ª ed., vol. 4. São Paulo, Atlas, 2002.

O MUNICÍPIO NA FEDERAÇÃO BRASILEIRA E A ÉTICA NA POLÍTICA

AMÉRICO MASSET LACOMBE

1. A igualdade jurídica entre as pessoas políticas. 2. As isenções heterônomas. 3. A posição do Município na estrutura federativa. 4. O princípio da moralidade e sua aplicação nas atividades das pessoas jurídicas de direito público. 5. Conclusões.

1. A igualdade jurídica entre as pessoas políticas

1.1 O princípio federativo está tão arraigado na mente brasileira, que já está presente na denominação do nosso Estado Nacional. O art. 1º da nossa Carta Magna, além da denominar nossa ordem jurídica estatal geral de *República Federativa do Brasil*, define sua formação: *união indissolúvel dos Estados e Municípios e do Distrito Federal*; e a sua qualificação: *Estado Democrático de Direito*. Note-se, ainda, que um dos fundamentos da República Federativa do Brasil é o *pluralismo político* (art. 1º, V).

1.2 Mas, além disso, a forma federativa foi erigida pelo nosso constituinte em *cláusula pétrea* (art. 60, § 4º, I), vale dizer, não pode ser abolida por emenda constitucional alguma – sendo, portanto, um dos princípios nucleares do nosso sistema. Mas o que caracteriza a Federação? Existem várias delas no mundo, e não há duas exatamente iguais. Todavia – como salienta Misabel Abreu Machado Derzi –, "a variabilidade de um instituto não significa que qualquer coisa possa ser aceita, nem tampouco que inexistam parâmetros mínimos ou lindes, além dos quais compromete-se a existência do federalismo".[1]

1. "Federalismo, Estado Democrático de Direito e imposto sobre o consumo", *Revista da Procuradoria-Geral do Estado de Minas Gerais* I/29, n. I, janeiro-junho/1999.

1.3 Existem, assim, traços comuns. A Federação é uma união permanente de Estados-membros, em vista de um fim comum. Nasce sempre por uma Constituição escrita. Não há Federação sem uma Constituição. Pouco importa, juridicamente, se a Federação nasceu de uma união de Estados independentes ou da divisão de um Estado Unitário, como no caso brasileiro. Esta distinção pode ter importância histórica, sociológica ou, ainda, para o estudo da psicologia social de um povo. Juridicamente, no entanto, não importa. Isto porque o Estado nasce a partir da Constituição. Vale, aqui, recordar a lição de Michel Temer:

"Tratemos do *poder constituinte originário*.

"Visa a criar o Estado. Antes dessa manifestação, o Estado, tal como veio a ser positivado, não existia. *Existe*, *é*, a partir da Constituição.

"Ressalte-se a idéia de que surge novo Estado a cada nova Constituição, provenha ela de movimento revolucionário ou de assembléia popular. O Estado Brasileiro de 1988 não é o de 1969, nem de 1946, de 1937, de 1934, de 1891, ou de 1824. Historicamente é o mesmo. Geograficamente pode ser o mesmo. Não o é, porém, juridicamente."[2]

1.4 Uma das características do federalismo é a igualdade jurídica entre as pessoas de direito público que a compõem – vale dizer, União, Estados, Distrito Federal e Municípios. É um erro comum, praticado pelos leigos, hierarquizar as pessoas jurídicas de direito público de natureza política, "que insistem em afirmar posição dominadora da União Federal sobre os Estados-membros, ainda que com a negação dos pressupostos doutrinários e jurídico-positivos".[3] É certo que pode haver superioridade política, econômica e financeira, mas não jurídica. Podemos, assim, dizer que "o Estado Federal (...) se caracteriza pela coexistência, dentro de suas fronteiras, de duas ou mais ordens jurídicas estatais, que se colocam em pé de igualdade umas frente às outras, porque a sua existência ou competências não são delegadas pela União, mas, como as desta, são igualmente originárias da própria Constituição Federal".[4]

2. *Elementos de Direito Constitucional*, 19ª ed., 2ª tir., São Paulo, Malheiros Editores, 2004, p. 33.

3. V. Aloízio Gonzaga de Andrade Araújo, *apud* Misabel Abreu Machado Derzi, "Federalismo, ...", *Revista da Procuradoria-Geral do Estado de Minas Gerais* I/21.

4. Idem, p. 23.

1.5 Além do art. 1º da Constituição Federal, que mencionamos acima – que diz ser República Federativa do Brasil "formada pela união indissolúvel dos Estados e Municípios e do Distrito Federal", não deve ser esquecido o art. 18 da mesma Constituição, que diz: "Art. 18. A organização político-administrativa da República Federativa do Brasil compreende a União, os Estados, o Distrito Federal e os Municípios, todos autônomos, nos termos desta Constituição".

1.6 Muito precisa é a lição de Aloízio Gonzaga de Andrade Araújo, como conclusão dos artigos citados, no sentido de que "as três esferas de ordem jurídicas autônomas, a da União, a dos Estados-membros e do Distrito Federal e a dos Municípios, se interagem de forma igualitária através dos feixes de competência exclusiva, reservada, concorrente e comum, segundo a sua distribuição pelo legislador constituinte, sem qualquer hierarquia, que, em decorrência, não dá à ordem jurídica da União qualquer supremacia sobre as ordens jurídicas dos Estados-membros, do Distrito Federal e dos Municípios, salvo nos casos do Estado de defesa e do estado de sítio e, ainda, em escala decrescente, da intervenção federal nos Estados e no Distrito Federal e da intervenção dos Estados nos Municípios".

1.7 Cada esfera de poder age, portanto, dentro dos limites de uma competência constitucional, não sendo lícito a qualquer delas impedir ou dificultar a atividade da outra, muito menos invadir competência alheia. A harmonia que deve haver não só entre os Poderes da União (Legislativo, Executivo e Judiciário), conforme determina o art. 2º da Constituição Federal, como entre as esferas de poder componentes da Federação, não pode ser entendida como subordinação a uma orientação determinada por um dos Poderes, mas respeito e subordinação aos ditames da Constituição. Os Poderes são iguais e harmônicos em face da Constituição, da mesma forma que os componentes da República Federativa.

1.8 Portanto – nunca será demais repetir –, uma das características do federalismo é a igualdade jurídica entre seus componentes, vale dizer, entre a União, os Estados-membros e os Municípios. Não existe superioridade jurídica entre eles. Pode haver – e há – superioridade política, econômica, financeira etc., mas não jurídica. O que existe é uma repartição de competências. E se essa divisão de competências está perfeitamente discriminada no texto constitucional é porque este pressupõe a igualdade. Não houvesse igualdade, não haveria necessidade de a Constituição discriminar rigidamente as competências, pois a União, em decorrência de sua superioridade, poderia, então, invadir competências alheias. Portanto, a conclusão é que a Constituição, ao fazer uma rígida discriminação de competências, reconheceu a igualdade jurídica entre os componentes da Federação.

1.9 Mas não é só. Em obra anterior[5] fizemos ver que o princípio da igualdade é o princípio nuclear e fundamental do nosso sistema constitucional. Ele já está presente no art. 3º. No art. 5º vem inscrito no *caput* e se irradia por todos os incisos abaixo. Todos os incisos têm como finalidade implementar a igualdade – e, em conseqüência, todos eles só podem ser interpretados à luz da isonomia que está presente em todos. Ora, entre os incisos do art. 5º destaca-se o inciso LV, afirmando que "aos litigantes, em processo judicial ou administrativo, e aos acusados em geral são assegurados o contraditório e ampla defesa, com os meios e recursos a ela inerentes". Aí está consagrada a *igualdade na lei entre os litigantes em qualquer processo*. Não se trata, aí, de igualdade perante a lei. Esta já está estabelecida no *caput* do artigo. Se todos são iguais perante a lei, é claro que também os litigantes em processo judicial e administrativos o serão. Portanto, se o inciso LV consagrou uma igualdade específica, já implícita na igualdade genérica do *caput*, é porque pretendeu consagrar algo mais que a igualdade perante a lei – vale dizer, *igualdade na lei*. A igualdade entre os litigantes tem relação direta com a igualdade entre a União, Estados e Municípios, uma vez que estes podem ser litigantes. Ora, se a União, os Estados, o Distrito Federal e os Municípios podem litigar uns contra os outros, é porque *são iguais na lei*.

1.10 A igualdade entre os entes federados (União, Estados e Municípios) – vale dizer, entre a ordem parcial central e as ordens parciais locais – tem como corolário a impossibilidade de destruição mútua entre os entes de uma Federação. Quando John Marshall estabeleceu, no caso "McCullock *vs.* Maryland", o princípio da imunidade tributária da União em face dos Estados, argüiu, entre outros fundamentos, que o poder de tributar envolve o de destruir (*the power to tax involves the power to destroy*). Quando, mais tarde, após a Guer-

5. *Princípios Constitucionais Tributários*, 2ª ed., São Paulo, Malheiros Editores, 2000, pp. 16-26.

ra de Secessão, foi estabelecida a reciprocidade, a impossibilidade de destruição completou a argumentação como um dos seus fundamentos. A Federação tem, portanto, esta outra característica: ela não admite a destruição dos seus componentes. Note-se que a nossa Carta atual, em seu art. 85, arrola, como crime de responsabilidade do Presidente da República, atentar contra a existência da União. No entanto, a União só terá sentido e só existirá, mesmo, se existirem os entes componentes da Federação. Acrescente-se que a Constituição não define como crime o atentado contra a República Federativa do Brasil. Fala em atentar contra a União. Ora, atentar contra a União é atentar contra a Federação – e, via de conseqüência, atentar contra a autonomia dos seus componentes.

2. *As isenções heterônomas*

2.1 Em razão não só do princípio da igualdade existente entre as pessoas jurídicas de direito público interno, mas em decorrência de disposição permissiva constante da Carta militarista de 1969, o constituinte originário de 1988 incluiu no texto a disposição do art. 151, III, que veda à União "instituir isenções de tributos da competência dos Estados, do Distrito Federal ou dos Municípios".

2.2 No entanto, em decorrência do disposto no art. 21, I, surge a indagação sobre se através de tratados internacionais será possível à União conceder tais isenções. É preciso, no entanto, distinguir a *pessoa jurídica de direito público interno*, que é a União, da *pessoa jurídica de direito público externo*, que é a República Federativa do Brasil. A primeira – União – constitui uma *ordem jurídica parcial*, posto que *central*. A segunda constitui uma *ordem jurídica total*, que inclui a ordem parcial central (União) bem como as ordens parciais locais (Estados, Distrito Federal e Municípios).

2.3 É comum confundir-se a União com a República Federativa do Brasil. É que os órgãos de uma são os mesmos da outra, pelo menos no Legislativo e no Executivo. O Presidente da República é, ao mesmo tempo, chefe de Estado – vale dizer, Presidente da República Federativa do Brasil – e chefe do Executivo da União. O Legislativo é o mesmo, embora o Senado tenha alguma competência própria da ordem jurídica total. Mas tal confusão de conceitos, ainda que compreensível nos leigos, é imperdoável nos juristas.

2.4 No plano internacional quem age, quem está presente, é a República Federativa do Brasil, e não a União. Não se pode sequer dizer que esta representa aquela. Para usarmos a expressão de Pontes de Miranda, a União não *representa*, mas *presenta*. Vale dizer: é a própria ordem jurídica total que está presente.

2.5 Portanto, não há ofensa alguma ao princípio federativo na concessão de isenções, via tratado, de impostos estaduais e municipais.

2.6 Em conclusão, caracterizam a Federação não só a autonomia administrativa e financeira dos seus membros, como a igualdade jurídica entre eles e a impossibilidade de que um deles impeça o exercício da competência constitucional de outro, bem como o cumprimento dos deveres inerentes a tal competência.

3. *A posição do Município na estrutura federativa*

"(...).

"Fundamento primeiro da grandeza e prosperidade do país, o Município tem sido objeto do respeitoso cuidado e carinhosa dedicação de sucessivas gerações de estadistas e estudiosos preocupados com a firmeza e estabilidade das nossas estruturas político-jurídicas.

"(...).

"Dotado de poderes políticos próprios, competências privativas, esfera de ação administrativa própria, Legislativo e Executivo absolutamente independentes entre si e de qualquer outro órgão ou Poder, alcança o Município Brasileiro invejável posição em confronto com as entidades semelhantes de todo o mundo.

"(...)." (Geraldo Ataliba, *Regime Jurídico Constitucional das Relações entre Municípios e Autarquias Federais*, ed. da Prefeitura Municipal de Santo André/SP, 1966, pp. 11-12)

3.1 A Carta de 1988 dá ao Município Brasileiro uma autonomia incomparável com os demais Municípios do mundo. E tal Carta ampliou tal autonomia em relação às Constituições anteriores. De modo que para bem compreender a natureza e as características dos Municípios Brasileiros pouco importam doutrinadores estrangeiros, e os comentários feitos às Constituições anteriores só podem importar na medida em que revelam a autonomia já gozada pelos Municípios pátrios em relação aos demais. Manoel Ribeiro, em obra escrita na vigência da Carta de 1946,[6] após expor as posições de Carré de Malberg e André de Laubadére, destaca[7] as diferenças não só entre *federalismo* – que é fenômeno político – e *descentralização* – que é fenômeno simplesmente administrativo –, mas também as gritantes diferenças entre o Município Francês e o nosso, para dizer que aquele é organizado por lei ordinária, enquanto o nosso recebe sua autonomia, competência e poder da Constituição. Assim, enquanto o Município Francês detém *autarquia*, o Brasileiro goza de *autonomia*. E, seguindo os ensinamentos de dois outros autores franceses, Manoel Ribeiro destaca que "o Município Brasileiro tem características de Estado, porque tem direitos e poderes públicos oponíveis ao Estado de que depende, Estado não-soberano, e oponíveis ao Estado Federal, Estado soberano. A União ou o Estado-membro não podem retirar-lhe qualquer parte das faculdades que lhe pertencem".

3.2 Celso Ribeiro Bastos,[8] após historiar a evolução do Município Brasileiro, que gozava de grande autonomia na época colonial, destaca os golpes sofridos por esta autonomia com as Cartas de 1891 e 1937 e sua recuperação em 1946, para concluir que hoje, com a inclusão do Município no art. 1º da atual Constituição, a Federação Brasileira passou a assumir feições próprias. Define, então, o Município como "entidade jurídica de direito público com capacidade política, e exercente de uma autonomia na condução dos assuntos de sua alçada, a igual título que o fazem União e Estados na gestão dos seus. Em outras palavras, os Municípios são unidades territoriais, com autonomia política, administrativa e financeira, tudo conforme lhes ditam a Constituição da República e, subordinadamente a esta, a própria Constituição do Estado e a Lei Orgânica dos Municípios, por eles mesmos votadas".

3.3 Vejamos, agora, as disposições constitucionais. O art. 1º inovou em relação às Cartas anteriores, incluindo os Municípios no pacto federativo. Ao dizer que "a República Federativa do Brasil, formada pela união indissolúvel dos Estados e Municípios e do Distrito

6. *O Município na Federação*, Salvador/BA, Livraria Progresso Editora, 1959.

7. Idem, pp. 57-58.

8. *Comentários à Constituição do Brasil*, vol. 1º, São Paulo, Saraiva, 1988, pp. 229 e ss.

Federal, constitui-se em Estado Democrático de Direito (...)", ampliou conceitos e modificou uma série de entendimentos que já vinham consolidados das Constituições antigas. Em primeiro lugar, alterou o entendimento de Federação – mas sobre isto já discorremos no item 2. Em segundo lugar, utilizando a expressão "Estado Democrático de Direito", tornou indiscutível a consagração dos valores tidos como indispensáveis para consagrar a democracia. A expressão "Estado Democrático de Direito" tem muito mais força e abrangência que "Estado de Direito". Mesmo porque, a rigor, todo Estado é um Estado de Direito se se entende – como Kelsen[9] – que o Estado é uma ordem de conduta humana. Coerentemente, o mesmo art. 1º, ao enumerar os fundamentos da nossa República, mencionou a *cidadania* e o *pluralismo político* (incisos II e V), sem os quais não se poderia sequer insinuar a consagração de um regime democrático. Mas onde a atual Lei Maior deu uma característica de Estado-membro aos Municípios foi no art. 29, ao determinar a votação da Lei Orgânica pelo Legislativo Municipal, inovando grandemente em relação às Cartas anteriores, que davam tal competência aos Legislativos Estaduais.

4. O princípio da moralidade e sua aplicação nas atividades das pessoas jurídicas de direito público

4.1 A Constituição vigente estabeleceu, no seu art. 37: "A Administração direta e indireta de qualquer dos Poderes da União, dos Estados, do Distrito Federal e dos Municípios obedecerá aos princípios de legalidade, impessoalidade, moralidade, publicidade e eficiência (...)".

4.2 A redação não é muito técnica, visto que, estando consagrado o princípio da moralidade, teríamos como conseqüência os princípios da impessoalidade (corolário, por sua vez, da isonomia), da legalidade e da eficiência. O princípio da moralidade e o princípio republicano têm como decorrência lógica todos aqueles explicitados no art. 37.

4.3 A questão do relacionamento entre a Moral e o Direito é tormentosa. São ciências distintas, mas não antagônicas. Costuma-se

9. *Teoria Geral do Estado*, trad. de Fernando Miranda, Coimbra, Arménio Amado Editor, 1951, p. 7.

dizer que o Direito rege o comportamento exterior, enquanto a Moral o interior, enfatizando a intenção; no plano da conduta moral o homem é o legislador de si mesmo,[10] sendo, portanto, a Moral composta de regras autônomas, enquanto o Direito é composto de normas heterônomas; o Direito correlaciona direitos e obrigações, enquanto a Moral prescreve deveres dos quais não se origina qualquer direito subjetivo; as normas jurídicas são impostas, ou, pelo menos são suscetíveis de serem impostas, sob sanção coercitiva pelas autoridades públicas, enquanto as regras morais escapam às sanções. Mas o que dizer quando o direito positivo consagra o princípio da moralidade como inspirador e orientador do comportamento da Administração Pública? A dificuldade encontra-se exatamente nesta consagração do princípio geral da moralidade. Nenhuma dificuldade existe quanto às normas específicas de inspiração moral – exemplo: regras que garantem o direito de defesa, que punem a litigância de má-fé etc. Tais regras, posto que de inspiração moralista, passam a ser regras jurídicas. Mas, quando a Constituição impõe à Administração Pública a obediência a um princípio geral qual o da moralidade, surge uma série de indagações. Exemplo: qual o alcance e qual o conteúdo de tal princípio? Pode a Administração agir em desacordo com jurisprudência já pacificada do Judiciário? Pode a administração utilizar-se de recursos meramente protelatórios com o fim de retardar pagamentos devidos ou indenizatórios ou provenientes de repetição do indébito?

4.4 Quer-me parecer que, se a Constituição jurisdicionalizou o princípio da moralidade como orientador da atividade da Administração Pública, tornou possível a extração de conseqüências jurídicas a partir de regras morais. É óbvio que, sendo o Estado laico, tal regramento não pode estar condicionado ou limitado aos preceitos éticos de determinada fé religiosa. As regras morais aptas a produzir conseqüências jurídicas são aquelas enquadradas no conceito de *bons costumes*. O conceito é mais amplo que o de *probidade*, mas difícil de ser definido. A Constituição dá alguns parâmetros para que se possa chegar em alguma conceituação. Exige, por exemplo, para nomeação de ministros do STF e do STJ, o requisito da *reputação ilibada* – conceito amplo, visto que juiz pode ser honesto no exercício de suas fun-

10. Miguel Reale, *Filosofia do Direito*, 11ª ed., São Paulo, Saraiva, 1986, p. 396.

ções e ser carente de reputação ilibada. Possui reputação ilibada não só aquele que não praticou delitos, como aquele que, além disso, tem um comportamento social e privado sem qualquer mácula, sem qualquer ofensa aos bons costumes.

4.5 Uma das formas de implementação da moralidade pública é o respeito aos princípios da supremacia da Constituição e da legalidade. Este último tem uma exteriorização genérica (art. 5º, II, da CF) – segundo a qual "ninguém será obrigado a fazer ou deixar de fazer alguma coisa senão em virtude de lei" – e duas manifestações específicas, uma concernente à atividade administrativa (art. 37 da CF) e uma referente à matéria tributária (art. 150, I, da CF) – que diz ser vedado à União, aos Estados, ao Distrito Federal e aos Municípios "exigir ou aumentar tributo sem lei que o o estabeleça".

4.6 No entanto, a conjugação do princípio da moralidade com o princípio da legalidade impõe não só limites à Administração, vedando-lhe o desvio de poder, como ao intérprete, tornando ilegítima a interpretação destituída de carga valorativa de seu conteúdo.[11] Ora, esta carga valorativa está ligada logicamente a um outro princípio – qual seja, o princípio da razoabilidade. É vedado ao legislador criar regras desarrazoadas.

4.7 Mas o que é mais importante, e cumpre destacar, é que ofende o princípio da moralidade qualquer violação à supremacia da Constituição – e, como decorrência lógica, qualquer atentado à autonomia dos entes federados, como por exemplo, a invasão de competência.

5. *Conclusões*

5.1 Não há hierarquia entre as pessoas jurídicas de direito público interno de natureza política. Tanto a União como os Estados e Municípios configuram ordens jurídicas parciais. A primeira, central; as demais, locais.

11. V. Hugo de Brito Machado, "Princípio da moralidade no direito tributário", in Ives Gandra da Silva Martins (coord.), *Pesquisas Tributárias Nova Série, 2*, São Paulo, Ed. RT/Centro de Extensão Universitária, 1996, p. 62.

5.2 A República Federativa do Brasil é uma ordem jurídica total. Não se confunde com a União. Esta não representa aquela no plano internacional, vale dizer, não a substitui. A União presenta a República Federativa do Brasil, isto é, torna-a presente.

5.3 Não há invasão de competência quando mediante tratado é concedida isenção de impostos estaduais e municipais.

5.4 O Município Brasileiro a partir da Constituição de 1988 tem uma posição nunca dantes alcançada na estrutura federativa. É uma posição diferenciada em relação a outros Municípios do mundo.

5.5 O princípio da moralidade deve inspirar toda e qualquer atividade do Poder Público. Tal princípio significa a obrigatoriedade do respeito à Constituição, mormente no que diz respeito à limitação das competências. A invasão de competência é não só uma afronta a uma norma concreta da Constituição, como uma ofensa à moralidade.

CONSIDERAÇÕES SOBRE A GESTÃO DOS CONTRATOS ADMINISTRATIVOS DE OBRAS E SERVIÇOS

ANTÔNIO CARLOS CINTRA DO AMARAL

1. Política de contratações na Administração Pública. 2. O processo de contratação. 3. A gestão do contrato. 4. Alterações contratuais.

1. Política de contratações na Administração Pública

Todo órgão ou entidade estatal tem uma política de contratações. Pode ser explícita ou implícita. Explicitada ou não, essa política existe, e varia em função das características e objetivos do órgão ou entidade – não se podendo falar, assim, em uma "política de contratações da Administração Pública", mas, sim, em uma política de contratações de cada órgão ou entidade.

Por outro lado, vale notar que ela tem condicionantes políticas, econômico-financeiras e jurídicas. *Exemplo de condicionante política*: as atividades de geração, transmissão e distribuição de energia elétrica podem ser prioritárias na política do Governo – decorrendo daí um maior volume de contratações, para expansão dessas atividades – ou secundárias – com a conseqüência adequada. *Exemplo de condicionante econômico-financeira*: corte de verbas orçamentárias, daí decorrendo a redução ou seletividade das contratações *e problemas com contratações em curso. Exemplo de condicionante jurídica*: as contratações da Administração Pública devem ser precedidas de licitação, salvo hipóteses excepcionais de dispensa ou inexigibilidade, previstas em lei.

O processo de contratação nos órgãos e entidades estatais obedece às normas constitucionais, legais e regulamentares e segue a política estabelecida. E o que é mais importante: alterações na política da contratante estatal podem interferir não apenas nas contratações a efetuar, *mas também nos contratos em execução.*

2. *O processo de contratação*

O processo de contratação inicia-se com o surgimento da necessidade de contratar.

Daí se segue o *planejamento do contrato.* Pretende-se contratar, por exemplo, a execução de uma obra. Qual será o regime de execução? Será por preço global ou por preços unitários? Ou, ainda, um regime misto? Qual o tipo de licitação, que requisitos serão exigidos para habilitação de empresas, se haverá pré-qualificação etc.

Efetua-se a licitação e celebra-se o contrato. A formulação lingüística do contrato deve ser atribuída ao advogado. O que ocorre na prática, com alguma freqüência, é que o advogado usa termos rebuscados e faz um contrato como se estivesse escrevendo para um juiz, quando Advocacia Forense é uma coisa, e Advocacia Empresarial é outra, totalmente diferente. Mas isso não impede a afirmação de que dar forma ao contrato é tarefa do advogado. Este, porém, tem que estar sensível ao que os outros técnicos pretendem. Caso contrário irá redigir um contrato divorciado da realidade e que não irá atingir os objetivos desejados.[1] Nem sempre o advogado leva em consideração o trabalho dos outros profissionais envolvidos. E redige o contrato da

1. Sobre o papel do advogado na atividade que chama de "política jurídica" – ou seja, de produção de normas jurídicas, inclusive contratuais –, o jurista dinamarquês Alf Ross, em seu *Sobre el Derecho y la Justicia* (trad. de Genaro Carrió, Buenos Aires, Eudeba, 1963, pp. 320-321), diz que ele é uma espécie de "árbitro dos expertos". E acrescenta: "En consecuencia, la política jurídica abarca en la práctica los siguientes elementos: (1) los problemas específicamente técnico-jurídicos de naturaleza sociológico-jurídica (política jurídica en sentido propio); (2) los otros problemas políticos estrechamente conectados con aquéllos en la práctica, que por su índole pertenecen en la realidad al campo profesional de otros expertos, y respecto de los cuales el jurista aparece, por lo tanto, como un '*experto de segunda mano*'; (3) la actividad de pesar consideraciones u decidir como árbitro de los expertos; y (4) la formulación linguística de la decisión (*que, dicho sea de paso, difícilmente puede ser separada de la decisión misma*), en un lenguaje jurídico aceptable, y que armonice con el cuerpo de normas existente" (grifos meus).

maneira como ele gostaria que fosse celebrado, e não como se pretende que seja executado.

Vem, por último, a *execução do contrato*. O conteúdo é, em suas linhas gerais, estabelecido por quem está diretamente interessado na contratação. O contrato deve resultar de um trabalho em equipe, mas é o interessado direto na contratação quem mais contribui para a definição do conteúdo do contrato. E a gestão do contrato? Talvez com pequeno exagero se possa afirmar que os principais problemas contratuais ocorrem na etapa de *execução*. E não se dá a isso a devida atenção, pelo menos em regra. Note-se: não se dá a devida atenção nem na Administração Pública, nem na empresa privada contratada.

Um bom contrato é aquele que satisfaz as partes. Mas um bom contrato é também aquele que é bem gerido pelas partes. Como é que se faz o sistema de comunicações? Quem vai representar as partes nos aditamentos contratuais ou em quaisquer medidas decorrentes da execução do contrato? Quais os procedimentos a serem adotados de comum acordo?

Quando se contrata a execução de uma obra ou serviço não se está interessado em ter um contrato bonito, cheio de filigranas e palavras pomposas. O que se pretende é uma obra bem-feita ou um serviço bem-executado, tanto quanto possível de acordo com o planejado, e que atenda aos objetivos tanto da contratante quanto da contratada – objetivos, esses, que são divergentes, mas harmonizáveis.

Há necessidade, pois, em relação à execução de contratos, de controle, não apenas por parte da dona da obra ou tomadora do serviço, mas também por parte da construtora ou prestadora do serviço. Controle técnico, administrativo, financeiro e jurídico.

Na gestão do contrato existe um aspecto organizacional – como se organizar –, um aspecto procedimental – como proceder – e um aspecto a que nem sempre se dá a devida atenção, mas que é importantíssimo: o *custo*. O problema é como se organizar e proceder pelo menor custo possível e com o maior grau de eficiência e eficácia.

A gestão do contrato tem por objetivo a eficácia do contrato. Se o contrato é bem-conduzido, chega-se a um resultado eficaz, que se alcança quando os objetivos das partes são atendidos, na medida do possível. Digo "na medida do possível" porque uma coisa é o planejado, e outra o executado. Mas as partes devem voltar-se para a gestão do contrato visando a aproximar o mais possível o executado do planejado.

Nem sempre se atenta para o óbvio: um contrato deve ser bem-planejado, bem-formulado e bem-executado. É um conjunto de etapas, e todas elas devem ser satisfatoriamente cumpridas.

Na etapa do planejamento do contrato é a Administração contratante que estabelece as regras do jogo licitatório. A construtora ou prestadora de serviço apresenta sua proposta. Há um planejamento recíproco, cada parte levando em conta seus objetivos específicos. O planejamento da contratante resulta no edital; o da contratada, na proposta. Só que a contratada tem seu planejamento condicionado a regras que foram incluídas pela contratante no edital.

Não se deve esquecer que a empresa privada, ao apresentar sua proposta, tem como um de seus objetivos obter lucro. A Administração busca – pelo menos prioritariamente – satisfazer o interesse público, e a empresa privada contratada pretende – pelo menos prioritariamente – a melhor remuneração do seu capital.[2]

O processo de contratação – *inclusive na etapa de execução do contrato* – deve ser conduzido mediante trabalho multifuncional, que envolva a área administrativa ou comercial, a área econômico-financeira, as áreas técnicas diretamente interessadas e a área jurídica. Não vejo trabalho importante, na organização moderna, que possa ser desenvolvido em compartimentos profissionais estanques. Os trabalhos de maior importância e complexidade são desenvolvidos por equipes multifuncionais, em que cada um exerce uma função, todas as funções são relevantes e o que verdadeiramente importa é atingir os resultados – que são, nos contratos, aqueles postos como objetivos pelas partes contratantes.

2. Escreve Celso Antônio Bandeira de Mello (*Curso de Direito Administrativo*, 17ª ed., São Paulo, Malheiros Editores, 2004, p. 595):

"(...) a posição jurídica da Administração, em suas múltiplas relações públicas, difere substancialmente da posição dos particulares quanto aos objetivos que podem animá-los. Ao contrário destes últimos, o Poder Público não tem móvel de lucro, de ganho, de especulação. Seu móvel é apenas e tão-somente a utilidade pública.

"(...).

"Enquanto o particular procura o lucro, o Poder Público busca a satisfação de uma utilidade coletiva."

Esse trabalho exige, por um lado, comunicação entre profissionais de formações diversas – o que pressupõe o mínimo de utilização de linguagem técnica. É óbvio que, como advogado, não posso evitar totalmente o uso de linguagem técnico-jurídica. Devo, porém, procurar, na medida do possível, fazer com que essa linguagem jurídica seja apreendida por aqueles que não são advogados. É possível, talvez, que não consiga isso plenamente, mas, pelo menos, devo fazer esforço nesse sentido. Por outro lado, exige também respeito mútuo entre os profissionais integrantes da equipe interdisciplinar, cada um deles conhecendo os limites de sua atuação, a fim de evitar incursionar na esfera de conhecimento e atribuições dos demais envolvidos.[3]

3. *A gestão do contrato*

No que se refere à gestão do contrato, parece-me que uma das principais preocupações deve ser com a definição clara de atribuições e competências. Quem é que assina os documentos de execução contratual? Há que se estabelecer um quadro de competências. Não só isso, mas também saber quem, pelas partes contratantes, tem competência para assinar documentos e aditivos, e até que limite.

Acompanhei um caso relativamente recente de uma construtora que teve serviços extraordinários, considerados imprevistos, autorizados pela empresa estatal contratante. Mudou a direção da empresa contratante, e a nova direção negou-se a pagar tais serviços. E o argumento foi o seguinte: "Nós não pagamos porque quem autorizou os serviços não tinha poderes para fazê-lo, porque, de acordo com o estatuto, qualquer aditivo contratual teria que ser assinado por dois diretores".

É claro que esse argumento era insustentável. Se os serviços tinham sido prestados, e se a diretoria tomou conhecimento de sua execução e não se opôs, houve uma confirmação tácita do ato praticado

3. Recentemente tive oportunidade de analisar um "parecer técnico", assinado por duas engenheiras. Com uma desenvoltura invejável, elas emitiram opinião sobre três complexas questões jurídicas referentes a um edital de licitação. Transmitiram uma segurança e convicção que nem sempre nós, operadores do Direito, conseguimos atingir. Curiosamente, em relação às duas outras questões, relacionadas com aspectos técnicos da licitação, elas preferiram não se pronunciar, alegando insuficiência de elementos no processo...

por quem não tinha poderes. Ou seja: quem assinou o contrato não tinha poderes, mas quem, com poderes para tal, deixou que o serviço fosse executado, e não se insurgiu contra isso, confirmou tacitamente o ato praticado (teoria da aparência).

Mas a construtora não recebeu pacificamente o que lhe era devido. Este exemplo serve para ressaltar a necessidade de saber exatamente quem é que tem poderes para agir durante a execução do contrato, a fim de não se correr esse risco. Se houvesse, no caso concreto citado, uma definição clara das atribuições, ou um conhecimento correto de quem tinha competência para agir, ter-se-ia evitado um conflito desnecessário.

A primeira preocupação que deve ter o gestor do contrato é efetuar a análise das cláusulas contratuais. Deve examiná-las, entender o objeto ou escopo contratual, delimitá-lo com precisão. Deve, ainda, verificar os prazos contratuais, os cronogramas físico e financeiro, as multas e demais penalidades estabelecidas, as obrigações e responsabilidades de cada parte etc. Em muitas organizações o gestor do contrato prepara, preliminarmente, um quadro das providências previstas (reuniões, emissão de documentos, medições, pagamentos etc.). Nessa etapa de análise do contrato, qualquer dúvida quanto ao entendimento das cláusulas contratuais deve ser desfeita pelo gestor recorrendo à área administrativa ou comercial, à áreas técnica e/ou à área jurídica.

O gestor do contrato deve ter sempre presente, ainda, que a execução do contrato não é um conflito. Tampouco é uma aliança entre partes interessadas em um objetivo comum, a ser atingido sem quaisquer fricções. O contrato é um instrumento de encaminhamento de interesses divergentes, que se compõem para possibilitar que, não obstante as divergências, se consiga a satisfação dos interesses das partes. Um bom contrato não é aquele em que uma das partes subjuga a outra à sua vontade. Também não é o em que as partes, felizes e risonhas, caminham em busca de um objetivo comum. Um bom contrato é o que – não só bem-celebrado, *mas sobretudo bem-administrado* – conduz as partes a satisfazerem seus respectivos interesses, *apesar de serem estes divergentes*.

Os objetivos das partes não são coincidentes. Os principais objetivos da contratante (dependendo a ordem de prioridade de cada contratação) são: *(a)* controle de custos da contratada, bem como da própria contratante, a fim de atingir o escopo contratual da maneira mais barata possível; *(b)* observância de prazos, sobretudo de execução das obras ou serviços contratados; *(c)* segurança, tanto na fase de execução do contrato quanto após a conclusão do objeto contratual; *(d)* qualidade (aliando-se eficiência e eficácia, na medida do possível); *(e)* economicidade, caracterizada sobretudo pela maior vantagem obtida, e não necessariamente pelo menor preço.

Os principais objetivos da contratada, variáveis de acordo com o objeto contratual, são: *(a)* controle de seus custos, para maximizar o resultado econômico- financeiro; *(b)* resultado econômico-financeiro, que se traduz em uma única palavra: *lucro* – finalidade legítima da empresa privada; *(c)* observância de prazos, sobretudo de pagamentos; *(d)* qualidade, não apenas para garantir-se quanto às responsabilidades contratuais ou legais, mas também para manter sua imagem no mercado; *(e)* fluência dos trabalhos, na medida em que as suspensões ou interrupções contratuais, que podem trazer grande prejuízo ao interesse público, são freqüentemente gravíssimas para a empresa privada contratada.

Verifica-se que os objetivos são, muitas vezes, aparentemente coincidentes. O que os torna divergentes é a ótica específica de cada parte: a da contratante e a da contratada. Essa noção é de extrema importância para a adequada postura do gestor do contrato, tanto o da contratante quanto o da contratada – postura, essa, que se deve traduzir, sobretudo, na compreensão do papel de cada parte e respeito aos objetivos – *legítimos* – da outra.

Analisado o contrato, e entendidas adequadamente suas cláusulas, inicia-se a execução do objeto contratual. Pode dizer-se que o contrato nos fornece uma visão *fotográfica* – estática – do que foi pactuado. Ao iniciar-se sua execução, passa-se a ter uma visão *cinematográfica* – dinâmica – das cláusulas contratuais.

A dinâmica do contrato conduz, quase que necessariamente, a alterações, decorrentes de adaptações do pactuado à realidade. As alterações mais freqüentes são: *(a)* decorrentes de correções, detalhamentos ou adaptações do projeto, termo de referência ou especificação; *(b)* nos prazos, parciais ou total; *(c)* na seqüência executiva; *(d)* nos preços; *(e)* nas condições de pagamento.

Quaisquer alterações têm que ser procedidas com o devido cuidado, especialmente: *(a)* não se pode desfigurar o contrato, executando-se algo que não se inclua no objeto contratual; *(b)* as extensões contratuais devem ser solidamente justificadas, independentemente de seu valor, mesmo aquelas inferiores ao limite legal de 25% ou 50% (§§ 1º e 2º do art. 65 da Lei 8.666/1993); *(c)* as alterações devem ser autorizadas por quem seja competente para fazê-lo.

Tanto no que se refere às alterações contratuais quanto em relação a todos os demais atos pertinentes à execução do contrato, é indispensável tratar com quem esteja credenciado pelas partes. A falta dessa precaução leva, muitas vezes, a decidir-se uma determinada providência e, logo após, essa decisão ser desfeita por uma das partes, sob a alegação de que quem a tomou não tinha poderes para tal.

Outro aspecto importante na gestão do contrato é o controle do cumprimento das obrigações contratuais. Esse controle deve, inclusive, estender-se aos subcontratos, *apesar de não existir relação jurídica entre subcontratada e contratante.*

O gestor do contrato é responsável pela consecução dos objetivos que nortearam a contratação. Disso resulta que: *(a)* deve ele não apenas articular-se com o pessoal da outra parte, mas também articular as áreas internas envolvidas no contrato; *(b)* as áreas internas envolvidas devem prestar-lhe todo o apoio administrativo, técnico e jurídico que lhes seja solicitado.

A articulação *interna* deve ser efetuada, sempre que possível, informalmente. Esclarecimentos devem ser solicitados, em regra, verbalmente, e também verbalmente prestados. Há que presidir, nesses entendimentos, a confiança mútua. A boa execução do contrato é um benefício para ambas as partes, e somente pode ser obtida com uma adequada gestão, dependente não só da coordenação pelo seu principal responsável, como também da qualidade e presteza do apoio administrativo, comercial, técnico e jurídico que lhe seja prestado.

O gestor do contrato, porém, deve aparelhar-se, tanto quanto possível, para reduzir as dúvidas e, portanto, o número de oportunidades em que precise recorrer às demais áreas. A capacidade de decisão própria, sem necessidade de informações, esclarecimentos ou pareceres, tem que ser desenvolvida ao máximo. A par disso, é necessário discernir, ainda, quando é necessário recorrer a uma dessas áreas, em busca de respaldo a uma decisão, e quando a decisão pode e deve ser tomada de imediato, sem consulta. As duas preocupações estão interligadas, e se reduzem a uma única: aperfeiçoamento profissional.

Já, a *articulação externa* deve, em regra, ser traduzida em documentos escritos, especialmente quando o contrato, ou a lei, assim o preveja expressamente.

As atividades constantes da administração do contrato são, pois, como aprendi, certa vez, com os engenheiros Guilherme Radel e Alexandre de Carvalho, em palestras proferidas, há muitos anos, em seminários realizados pelo Centro de Estudos sobre Licitações e Contratos (CELC), em São Paulo: *(a)* planejamento (a partir da análise do contrato); *(b)* controle das obrigações próprias, das obrigações da outra parte e das obrigações das subcontratadas, bem como das providências a cargo de cada uma delas; *(c)* diligenciamento (fazer as coisas acontecerem, conduzir o processo); *(d)* informação (para a outra parte, quando solicitado ou obrigatório, e para as áreas internas, quando conveniente ou necessário); *(e)* coordenação de interfaces (articular, internamente, as áreas e pessoas envolvidas na execução do contrato, bem como coordenar o contrato principal com os subcontratos e contratos conexos); *(f)* registro.

Quanto ao *registro*, é importante notar que ele tem duas funções básicas. Primeira, a de manter a memória da gestão do contrato, de maneira que não resulte grande prejuízo se houver substituição do gestor. Segunda, a de preservar direitos perante a outra parte. É lógico que um bom gestor de contratos não irá atormentar o pessoal da outra parte com interpelações ou notificações escritas. Mas não pode ele deixar de registrar por escrito – de preferência em uma ata de reunião ou em um relatório obrigatório, e só excepcionalmente em um documento específico – um fato que possa, amanhã, ser relevante provar. Registra e arquiva.

4. Alterações contratuais

Como a etapa de execução do contrato corresponde, como vimos acima, à dinâmica do contrato, as alterações contratuais se revestem de particular importância.

Em princípio, essas alterações podem decorrer: *(a)* de um novo acordo entre as partes, em que se *renegociam* determinadas cláusulas (alterações bilaterais); *(b)* da vontade exclusiva da contratante (alterações unilaterais).

Em relação às alterações bilaterais o gestor do contrato não enfrenta grandes problemas. Elas são sempre traduzidas em um aditivo contratual.

Já, as alterações unilaterais podem ser expressas ou tácitas. Quando ocorrem alterações unilaterais tácitas, o gestor do contrato deve estar bem atento para percebê-las de imediato. Em qualquer hipótese, deve ele analisar as repercussões da alteração no contrato e tomar providências imediatas ou para promover a renegociação de cláusulas em que se verifique repercussão, ou para ressalvar direitos perante a outra parte.

Uma alteração no projeto ou na seqüência executiva pode, por exemplo, importar novos serviços e aumento de quantidades ou de itens da planilha de preços (hipótese, esta última, em que se tem que renegociar). Pode, ainda, interferir no cronograma físico, que tem que ser revisto. E assim por diante.

A Administração Pública pode alterar unilateralmente o contrato. Isso porque o interesse público se sobrepõe ao da empresa privada contratada. Mas esta tem direito, quando isso ocorre, a uma compensação, que, em regra, se traduz na revisão de preços ou, ainda, na revisão de prazos de execução. Excepcionalmente (por exemplo: redução de obra ou fornecimento, ou supressão de uma de suas partes) a contratada pode ter direito a uma *indenização*. De qualquer maneira, porém, o gestor do contrato deve estar atento para conceder ou pleitear a compensação ou indenização, que é devida pela contratante por força da aplicação da teoria do restabelecimento da equação econômico-financeira do contrato, de que tratarei mais adiante.

Um outro tipo de problema é o decorrente do descumprimento, pela contratante, de obrigação contratual. Pagar em atraso é o caso típico. Se o cronograma financeiro não é cumprido, o cronograma físico deve ser revisto. Aplica-se, neste ponto, a *exceptio non adimpleti contractus* (exceção do contrato não cumprido). Traduzindo:

uma parte não pode, se não cumpriu sua obrigação, exigir da outra o cumprimento da que lhe incumbe.[4]

Há alterações, também, que decorrem de fatos alheios às partes contratantes. Esses fatos podem ser: *(a)* fato do príncipe; *(b)* força maior; *(c)* caso fortuito.

Fato do príncipe é uma determinação *estatal* que se reflete no contrato. Exemplos: aumento ou redução de tributos, alteração da política econômico-financeira ou cambial do Governo, corte de verbas orçamentárias etc.

Força maior é um evento humano, imprevisível e inevitável, que interfere na execução contratual. Exemplos: greve, falta de insumos no mercado etc.

Caso fortuito é um evento da Natureza, também imprevisível e inevitável, que interfere na execução contratual. Exemplos: inundação, incêndio de causas naturais etc.

Outras ocorrências materiais não cogitadas pelas partes contratantes à época da celebração do contrato podem surgir na execução contratual, dificultando ou onerando o prosseguimento dos trabalhos. Exemplos: projeto errado ou incompleto, falhas de sondagem etc.

Ocorrido qualquer desses fatos, pode aplicar-se a chamada *teoria da imprevisão*. Sua aplicação tem como requisitos, *cumulativamente*: *(a)* surgimento de fato superveniente (ou conhecido supervenientemente) à celebração do contrato e imprevisível naquela ocasião (não se confundem *imprevisibilidade* – ou seja, impossibilidade de prever, pelo menos em um contexto de normalidade – e *imprevisão* – que decorre de erro ou incompetência), ou, ainda, previsível, mas de conseqüências incalculáveis (art. 65, II, "d", da Lei 8.666/1993); *(b)* não ter a parte atingida contribuído para esse fato; e *(c)* haver desequilíbrio econômico-financeiro no contrato.

Reunidos esses requisitos, pode a parte atingida: *(a)* rescindir o contrato, sob a alegação de impossibilidade do seu cumprimento ou de excessivo ônus para cumpri-lo; ou *(b)* solicitar a revisão do contrato, inclusive no que se refere a preços.

4. A Lei 8.666/1993, em seu art. 78, XV, somente autoriza a rescisão do contrato quando o atraso de pagamento for superior a 90 dias, mas não se refere à revisão do cronograma físico.

Como o objetivo comum é o de realizar a obra ou executar o serviço, a regra é efetuar-se a revisão contratual. A rescisão, salvo casos excepcionais, não interessa a qualquer das partes.[5]

Quanto ao restabelecimento do equilíbrio econômico-financeiro do contrato, há três posições que têm sido defendidas juridicamente: *(a)* o desequilíbrio somente se verifica quando a empresa privada contratada passa a trabalhar com prejuízo – o que significa que trabalhar *sem* lucro é um risco do negócio; a absorção do lucro, decorrente do fato superveniente, mesmo que *total*, é suportável, compensando-se apenas o eventual *prejuízo*; *(b)* o desequilíbrio somente se caracteriza quando ocorre absorção *substancial* do lucro – ou seja, quando o fato superveniente reduz de tal maneira o lucro que este passa a se expressar em termos incompatíveis com as regras do mercado; *(c)* desequilibra-se o contrato quando, por mínima que seja a alteração, é rompida sua equação econômico-financeira, computado nessa equação o lucro.

A primeira posição parece-me insustentável. Querer que o empresário privado trabalhe sem lucro é incompatível com a realidade econômica e jurídica brasileira. A segunda posição parece-me conduzir a um grau demasiadamente elevado de subjetividade. Quando há redução *substancial* do lucro? 20%? 50%? 75%? Não sei. A terceira posição é mais objetiva e conduz a uma mais fácil quantificação do que se deva compensar ou indenizar. Acrescente-se, aliás, que ela tem fundamento jurídico no art. 37, XXI, da Constituição, que determina sejam "mantidas as condições efetivas da proposta".[6]

Esse dever de restabelecer *integralmente* a equação econômico-financeira inicial do contrato é mais evidente no caso de alteração

5. Como escreve Gaspar Ariño Ortiz: "La moderna doctrina se ha mostrado más bien partidaria de la revisión, con preferencia a la suspención o resolución de los contratos, y concretamente en derecho administrativo es clara la prioridad de esta solución sobre las otras dos" (*Teoría del Equivalente Económico en los Contratos Administrativos*, Madri, Instituto de Estudios Administrativos, 1968, pp. 309-310).

6. Grande parte da doutrina considera como pressuposto necessário para o reequilíbrio econômico-financeiro do contrato administrativo a *onerosidade excessiva*, hoje contemplada no Código Civil Brasileiro de 2002 (arts. 478-480). Discordo dessa tese não apenas porque a *onerosidade excessiva* não é exigida no art. 65, II, "d", da Lei 8.666/1993, mas sobretudo porque tal exigência conflitaria com esse dispositivo constitucional.

unilateral do contrato pela Administração. Nesta hipótese parece-me mais inquestionável que as coisas devam ser repostas *exatamente* nos termos pactuados, *inclusive o lucro*. Porque não foi um fato *externo* à relação contratual que influiu no contrato, mas um ato da contratante – ou, como se diz na doutrina jurídica, um *fato da Administração*.

Um último tipo de alteração contratual é a extensão dos serviços, ou mediante a realização de serviços imprevistos – mas relacionados diretamente com o objeto do contrato –, ou de serviços adicionais – indiretamente ligados ao objeto contratual.

Na hipótese de *serviços imprevistos* a contratada tem a obrigação de realizá-los até o limite de 25% (art. 65, § 1º, da Lei 8.666/1993). Na hipótese de *serviços adicionais* a contratada tem o direito de se recusar a realizá-los. Se os realizar (e somente poderá fazê-lo se isso não importar alteração do objeto contratual), deverá negociar o preço e as condições de pagamento, salvo se o critério para essa fixação já estiver previsto no contrato.

Cabe uma última observação, a título de conclusão. Se bem que, teoricamente, os contratos administrativos devam ser cumpridos exatamente como foram pactuados (princípio *pacta sunt servanda*), na prática, as alterações são inevitáveis, quer nos contratos de *duração* (obras e serviços), quer nos de *execução diferida* (compra e venda de bens para entrega futura). Isso ocorre ou porque interessa às partes, ou porque interessa à Administração contratante, ou porque uma das partes tem direito à revisão contratual. Daí, mais uma vez, a importância da gestão de contratos, função que não se resume – como muita gente ainda pensa – a simplesmente fiscalizar a execução do contrato, mas também saber fazer as alterações adequadas no momento certo, observadas, é claro, as normas constitucionais e legais.

REPRESENTAÇÃO PROPORCIONAL (ESTUDO DE UM CASO)

Antônio Carlos Mendes

"Un Parlamento numeroso può essere tuttavia molto utile per un governo democratico, proprio perché rappresenta il popolo nella sua molteplicità, nei suoi interessi contrastanti, nelle richieste e doglianze." (Ferdinand Tonnies, in *Hans Kelsen, Il Primato del Parlamento,* Milão, Giuffrè, 1982, p. 231)

I

A representação proporcional é o primado do princípio democrático. Por razões de ordem prática, a democracia direta dá lugar à democracia representativa, e, dessa forma, são instituídos mecanismos de participação popular na condução da *res publica*.

Evidentemente, o direito positivo, especialmente o direito constitucional, pode fazer coexistir a representação e instrumentos de democracia direta, colhendo-se, na forma e condições estipuladas pela ordem jurídica, a manifestação popular, a fim de legitimar espécies legislativas ou decisões políticas fundamentais à condução do Estado.

Nesse sentido, o art. 1º, parágrafo único, da Constituição de 1988 afirma o princípio da soberania popular e lança os fundamentos da representação política, assegurando ao Povo sua participação direta por meio do exercício do sufrágio nas eleições, consultas plebiscitárias e no referendo, conforme o estabelecido no art. 14, *caput*, e incisos I e II, da Constituição Federal.

Ao delinear o conteúdo da representação política dos Municípios, o art. 29, IV, "a" a "c", da Constituição Federal de 1988 procurou acentuar a importância da "soberania popular", estabelecendo critérios objetivos a fim de fixar a proporcionalidade dos vereadores em relação aos munícipes. Esta alteração dos critérios então vigentes e instituídos pela Lei Orgânica dos Municípios, cuja competência legislativa era do Estado-membro, permitiu reforçar a autonomia municipal, porquanto outorgou competência às Câmaras Municipais para, por meio da Lei Orgânica Municipal, fixar a composição dessas Casas Legislativas.

Excepcionalmente, o art. 5º, § 4º, do "Ato das Disposições Constitucionais Transitórias" que acompanha a Constituição Federal de 1988 outorgou competência aos Tribunais Regionais Eleitorais visando à fixação do número de vereadores "para a representação a ser eleita em 1988". Este preceito transitório remeteu os TREs ao disposto no art. 29, IV, "a", "b" e "c", da Constituição Federal de 1988. Tais dispositivos estabeleceram os pressupostos de fato a serem observados na estipulação do número de vereadores em cada Município.[1]

Com efeito, a alteração dos critérios de aferição da representação proporcional do Legislativo Municipal tinha e tem por finalidade conferir maior representatividade à Câmara de Vereadores, aperfeiçoando a disciplina constante das respectivas Leis Orgânicas Municipais. Todavia, as diferentes interpretações dos sobreditos princípios e preceitos constitucionais desencadeou controvérsias e conclusões paradoxais, implicando o recente julgamento do colendo STF (RE 197.917), seguindo-se a Resolução 21.702, de 2.4.2004, do egrégio TSE, com a finalidade de pacificar a interpretação dos mencionados princípios e preceitos constitucionais.

II

O art. 5º, § 4º, do "Ato das Disposições Constitucionais Transitórias" outorgou competência aos TREs para – só e só – a fixação do

1. O TSE, apreciando o Rec. 8.084 – Classe 4ª/São Paulo-SP, estabeleceu critérios de fixação da representação política municipal, *verbis*: "Vereadores – Fixação pelo TRE do número de vagas – Eleições de 1988 – Constituição Federal ('Ato das Disposições Constitucionais Transitórias', arts. 5º, § 4º, e 29, inciso IV) – Hipótese em que não foi devidamente observada a proporcionalidade prevista na Carta Magna – Necessidade de atualização do número de habitantes dos Municípios do Estado para a determinação das vagas – Recursos conhecidos e parcialmente providos" (rel. Min. Américo Luz, *DJU* 16.12.1988, p. 33.537).

número de vagas às Câmaras Municipais nas eleições de 1988. O conteúdo normativo desse preceito exauriu-se com o exercício da mencionada competência.

Destarte, os Municípios têm autonomia constitucional, e esta afirma-se, especialmente, por meio da sua função legislativa. Por isso, o art. 29, *caput*, da Constituição Federal de 1988 estabeleceu que os Municípios serão regidos por Lei Orgânica que fixará o número de vagas às Câmaras Municipais a serem preenchidas através do voto direto e secreto.

Portanto, a eleição dos vereadores implica a concretização do princípio da soberania popular, previsto no art. 1º, parágrafo único, da Constituição Federal de 1988. Dessa forma, esse princípio democrático acolhido pelo direito positivo submete a interpretação da representação dos munícipes, estabelecendo critérios para a fixação do número de vagas à Câmara Municipal.

Nesse prisma, na interpretação desses princípios e preceitos que informam a representação política deve prevalecer o conteúdo normativo que confere maior legitimidade à soberania popular. Ora, há que prevalecer o limite máximo possível de cargos que deverão ser preenchidos, nos termos do art. 29, IV, "a", "b" e "c", da Constituição Federal. O significado cogente desse princípio de interpretação deve ser coerente com a finalidade do sistema representativo, que é a legitimação das Casas Legislativas. Aliás, essa é a lição de Hans Kelsen, *verbis*: "La funzione rappresentativa serve a legittimare il Parlamento dal punto di vista della *sovranitá popolare*".[2]

Para tanto, os aludidos princípios e preceitos constitucionais instituíram três escalas na representação político-municipal, a fim de concretizar o significado máximo juridicamente possível do princípio da soberania popular. Com efeito, ao contrário da revogada Lei Orgânica dos Municípios, de competência do Estado-membro, que prestigiava o eleitorado municipal, o art. 29, IV, "a", "b" e "c", da Constituição Federal de 1988 estipulou que o número de vagas nas Câmaras Municipais deveria ser proporcional ao número de habitantes. Portanto, essa proporção desprendeu-se do eleitorado e passou a tomar como paradigma o número de habitantes, ou a população municipal.

2. *Il Primato del Parlamento*, p. 177.

Em conseqüência, o cadastro dos eleitores, administrado pela Justiça Eleitoral, deixou de ser instrumento hábil para identificar os pressupostos materiais destinados à apuração da representação política municipal. Tais pressupostos estabelecidos por princípios e preceitos constitucionais atinam aos munícipes ou aos habitantes. Portanto, a Constituição remeteu a matéria destinada à aferição dos aludidos pressupostos de fato ao Instituto Brasileiro de Geografia e Estatística (IBGE), órgão técnico encarregado da elaboração do censo demográfico ou da respectiva estimativa.[3] Este documento técnico, com os respectivos ajustamentos, é que servirá como paradigma para o legislador municipal para fixar o número de vagas a serem preenchidas nas Câmaras Municipais.

III

Estipular a representação proporcional, nos termos do art. 29, IV, "a", "b" e "c", da Constituição Federal de 1988, não é tarefa fácil. Exige a interpretação desses princípios e preceitos constitucionais por meio da noção de *soberania popular*. Porém, os aludidos princípios e preceitos podem apontar também para um significado menos ambíguo, com a aplicação de critérios lógicos que objetivem a neutralização do subjetivismo do intérprete. Contudo, a utilização dos critérios lógicos e objetivos, circunscrevendo a "discrição legislativa municipal", não poderá reduzir o alcance do aludido princípio da soberania popular. Este é um pressuposto indeclinável do pluralismo político, acolhido pela Constituição Federal, que o transformou em diretriz do Estado Democrático de Direito para abonar, inclusive, a representação das minorias.

Com efeito, é juridicamente possível encontrar o ponto de equilíbrio entre os critérios lógicos e requisitos teleológicos, a fim de permitir a adequada interpretação dos apontados princípios e preceitos constitucionais relativos à representação proporcional e ao princípio democrático da soberania popular. Portanto, o cálculo aritmético po-

3. Art. 1º, parágrafo único, da Resolução 21.702, de 2.4.2004, do TSE.

derá servir como instrumento adequado a essa finalidade. Assim, na primeira escala indicada no citado dispositivo constitucional, o pressuposto material está limitado a 1.000.000 de habitantes, circunscrevendo-se esta hipótese a 21 vagas de vereadores. Nesta vertente, é possível apurar "quociente populacional" destinado à aferição da proporcionalidade entre o número de habitantes e o número de vagas a determinada Câmara Municipal, por meio de simples operação aritmética.

Dessa forma, o "quociente populacional" atinente à escala indicada pelo art. 29, IV, "a", da Constituição Federal de 1988 é de 47.619 habitantes para cada cargo de vereador a ser preenchido nas eleições municipais. Portanto, até 47.619 habitantes o Município terá, necessariamente, 9 vereadores – o mínimo previsto neste preceito constitucional. Assim, considerando-se o número mínimo de vereadores, para cada grupo de 47.619 habitantes será acrescido 1 cargo de vereador até o limite de 21. Na escala seguinte, e mantendo-se o mesmo critério, o "quociente populacional", apurado entre 1.000.001 e 4.999.999, é de 121.951 habitantes para cada vaga, até o máximo de 41 cargos. Por fim, na escala derradeira, utilizando-se o critério aritmético apontado, apura-se o "quociente populacional" de 90.909 habitantes para cada vaga a ser acrescida a partir do mínimo de 41 e o máximo de 55 vereadores.[4]

O egrégio TSE, na esteira do v. acórdão do colendo STF, adotou critérios objetivos (proporcionalidade aritmética) a fim de identificar o número de vagas de vereadores a serem preenchidas. Com efeito, tomou como ponto de partida o "quociente populacional" de 47.619 habitantes para o número mínimo de 9 vagas e o máximo de 55 vereadores para o mínimo de 6.547.612 habitantes, observando-se a respectiva proporcionalidade aritmética nas três faixas atinentes à repre-

4. Esta interpretação foi deduzida no recurso eleitoral interposto pelo Procurador Regional Eleitoral do Estado de São Paulo (Processo 8.883 – Classe 4ª) ao egrégio TSE, que decidiu acolher parcialmente o recurso (TSE, Rec. 8.084 – Classe 4ª/São Paulo-SP, *DJU* 16.12.1988, p. 33.537). O egrégio TSE baixou a Resolução 21.702, de 2.4.2004, estipulando critérios objetivos visando à aferição da mencionada proporcionalidade.

sentação municipal, prevista no art. 29, IV, "a", "b"e "c", da Constituição Federal de 1988.[5]

Evidentemente, a interpretação dos princípios e preceitos constitucionais pelo colendo STF denota segura e iterativa diretriz jurisprudencial tendente a pacificar esta questão controvertida. Esta interpretação do colendo STF é suficiente para submeter a função legislativa das Câmaras Municipais, vinculando-as ao critério aritmético para identificar os respectivos pressupostos de fato, conforme os fundamentos do mencionado v. acórdão. Aliás, a Resolução 21.702/2004 do egrégio TSE cumprirá, também, esse desiderato. A Justiça Eleitoral administra as eleições. Nessa função, interpreta e disciplina as sucessivas etapas das eleições, inclusive baixando instruções visando à pacificação das questões controvertidas.

IV

Esta interação entre o colendo STF e o egrégio TSE demonstra a eficiência da atuação desses órgãos judiciais, aplicando diretamente princípios e preceitos constitucionais, tornando-os eficazes e fazendo cessar inconstitucionalidades das Leis Orgânicas Municipais. Aliás, a Justiça Eleitoral, no curso das eleições municipais, tem competência para conhecer e decidir questões atinentes à inconstitucionalidade das leis orgânicas que, fixando o número de cargos de vereadores a serem preenchidos, estabelecem também critérios para a estipulação do número de candidatos e os respectivos quocientes eleitorais.

5. O STF, "por maioria, acompanhando o Min. Maurício Corrêa, relator, conheceu e deu parcial provimento ao recurso, para declarar a inconstitucionalidade do parágrafo único do art. 6º da Lei n. 226/1990, do Município de Mira Estrela, por considerar que o art. 29 da CF/1988 estabelece um critério de proporcionalidade aritmética para o cálculo do número de vereadores, não tendo os Municípios autonomia para fixar esse número discricionariamente, sendo que, no caso concreto, o Município em questão deveria ter 9 vereadores, sob pena de incompatibilidade com a proporção determinada constitucionalmente. O Tribunal determinou, ainda, que, após o trânsito em julgado, a Câmara de Vereadores adote as medidas cabíveis para adequar sua composição aos parâmetros ora fixados, respeitados, entretanto, os mandatos dos atuais vereadores. Vencidos os Mins. Sepúlveda Pertence, Marco Aurélio e Celso de Mello, que, na linha da orientação firmada pelo TSE no julgamento do RMS n. 1.945-RS (*DJU* 20.5.1993), conheciam, mas negavam provimento ao recurso extraordinário" (STF, RE 197.917, rel. Min. Maurício Corrêa, j. 24.3.2004). V. também a Resolução 21.702 do TSE.

Todavia, o v. acórdão do colendo STF e a resolução do egrégio TSE não dispensam o exercício da função legislativa municipal. Ora, o art. 29 , IV, "a", "b" e "c", da Constituição Federal de 1988 outorga aos Municípios a competência para, por meio de lei complementar, fixar o número de vagas às Câmaras Municipais. Entretanto, no exercício dessa função legislativa, o Município deve observar os critérios de aferição da proporcionalidade, previstos em princípios e preceitos constitucionais, com o significado que lhes deu a interpretação do colendo STF.

Logo, a interpretação do colendo STF fixando o conteúdo dos aludidos princípios e preceitos constitucionais não pode, obviamente, ser entendida como supressão da competência legislativa do Município. Além disso, a controvérsia está longe de ser resolvida. Essa decisão encerra um paradoxo. O Município, é certo, conserva sua competência legislativa e, por isso, deve legislar sobre essa matéria, fixando o número de vagas à Câmara Municipal.

Para tanto, o legislador municipal deverá interpretar os princípios e preceitos constitucionais. Destes princípios e preceitos é que o legislador municipal deve retirar o fundamento de validade das leis municipais, inclusive da Lei Orgânica fixando o número de vagas à Câmara Municipal. Por isso, é possível que haja um conflito entre a lei orgânica e a Resolução 21.702, de 2.4.2004. Este conflito ou antinomia normativa deverá ser resolvido por meio da aplicação direta do art. 29, IV, "a", "b" e "c", da Constituição Federal de 1988, consoante a interpretação que lhe deu o colendo STF, e, também, pela intelecção do egrégio TSE estampada na mencionada Resolução 21.702/2004.

Com efeito, os paradigmas para o legislador municipal continuam sendo os princípios e preceitos constitucionais. É a violação desses princípios e preceitos que implica a inconstitucionalidade. Esta controvérsia normativa pode e deve ser identificada no curso do processo eleitoral e solucionada tanto pelo egrégio TSE quanto pelo colendo STF.

V

Esta intelecção poderá gerar distorções na representação proporcional. Com a proposta "rousseuaniana" da soberania fracionada e a reivindicação *one man, one vote*, concebida nos países onde há discriminações eleitorais, é possível apontar distorções da representação proporcional, tanto sob o aspecto da estipulação do número de representantes por circunscrição quanto da própria representação partidária.

Nesse prisma, o art. 14, *caput*, da Constituição Federal de 1988 proclama que o sufrágio é universal e tem "valor igual para todos". Em princípio, o significado desse preceito constitucional pode sugerir que o direito positivo brasileiro adotou o princípio *one man, one vote*. Nessa perspectiva, o sufrágio universal não admite, evidentemente, restrições em razão de fortuna, capacidade contributiva etc. Porém, o princípio da paridade do voto comporta adequações, não do voto individual, mas daquele considerado como expressão coletiva ou manifestação dos colégios eleitorais.

A interpretação desse fenômeno passa, necessariamente, pelos princípios e preceitos constitucionais que moldam a representação política. Assim, a representação política é instituto jurídico identificado pela forma, conteúdo e respectivos efeitos. Destarte, torna-se indispensável distinguir entre *(a)* a forma pela qual é fixado o número de representantes das Casas Legislativas e *(b)* as técnicas de escrutínio adotadas para tornar eficaz o princípio do pluralismo político.

Quanto à fixação do número de representantes das Casas Legislativas, o art. 29, VI, e o art. 45, § 1º, da Constituição Federal erigem como paradigma não as pessoas com direito ao sufrágio, mas a população. Logo, o critério adotado é mais democrático, em virtude da maior intensidade da base popular. Isso porque a noção de "população" é distinta de "povo". Este é uma realidade jurídica, e faz coincidir com o significado próprio de eleitorado ativo. Aquela expressão – "população" –, embora constitucionalizada, sugere um âmbito conceitual dessemelhante de povo, acolhendo na sua conotação teórica não só os eleitores, mas as pessoas não-alistadas, inclusive os estrangeiros, os menores e aqueles excluídos do eleitorado por incapacidade civil, condenação criminal e atos de improbidade administrativa etc.

A par disso, os aludidos princípios e preceitos constitucionais estipulam o âmbito das circunscrições eleitorais, fazendo-o coincidir *(a)* com o território dos Estados-membros e do Distrito Federal e, também, *(b)* com o territórios dos Municípios. Em conseqüência, esses princípios e preceitos estabelecem critérios para a fixação do número de deputados e vereadores, nas respectivas circunscrições eleitorais, proporcionalmente à população.

Portanto, são dispositivos constitucionais que estipulam *(a)* os pressupostos de fato sobre os quais se assenta a representação dos deputados e vereadores por circunscrição (Estado-membro ou Município); *(b)* o princípio da proporcionalidade a ser aplicado com base nos apontados pressupostos fáticos; e *(c)* o número mínimo e o número máximo de deputados e vereadores por circunscrição eleitoral.

A competência constitucional para fixar o número de deputados federais e vereadores é do Congresso Nacional e da Câmara de Vereadores, por meio de lei complementar, tanto estadual quanto municipal, esta denominada Lei Orgânica Municipal.

O exercício dessa competência está também balizado por princípios e preceitos constitucionais. De tal arte, o § 1º do art. 45 da Constituição Federal de 1988 estabelece a periodicidade da revisão do número de deputados federais "proporcionalmente à população". Estipula o "ano anterior às eleições" para que se proceda aos "ajustes necessários". Logo, a mencionada revisão decorre de imperativo constitucional que se consuma quadrienalmente, devendo o Legislativo exercer sua competência constitucional um ano antes das eleições federais e estaduais.

A revisão do número de vereadores não está disciplinada expressamente pelo direito positivo. Porém, é razoável que se entenda que a mencionada revisão decorre de princípio implícito que submete o legislador municipal, instando-o a dotar de eficácia o princípio da soberania popular. Com efeito, os mesmos critérios temporais aplicáveis à revisão do número de deputados federais e estaduais devem ser aplicados à adequação da representação municipal. Por isso, as Câmaras Municipais deverão promover a revisão do número de seus representantes proporcionalmente à população da circunscrição eleitoral no ano anterior às eleições municipais.

Orientando a elaboração legislativa municipal, o art. 29, IV, da Constituição Federal submeteu o número de vereadores ao princípio da proporcionalidade., tomando como pressupostos de fato a população municipal. A exemplo do dos deputados federais, estabeleceu *(a)* o número mínimo de 9 e *(b)* o máximo de 55 vereadores. Todavia, previu escalas de representação, tomando como discrímen o número de habitantes. Assim, o legislador municipal deverá, em sua Lei Orgânica, incluir aqueles critérios discriminadores: "(a) mínimo de 9 e máximo de 21, até 1.000.000 de habitantes, *(b)* mínimo de 33 e máximo de 41, entre 1.000.000 e 5.000.000 de habitantes e *(c)* mínimo de 42 e máximo de 55 quando a população municipal ultrapassar 5.000.000 de habitantes".

No ano anterior às eleições a Câmara Municipal deverá fixar o número de vereadores para a próxima legislatura quadrienal. O legislador municipal está adstrito aos pressupostos constitucionais e àqueloutros constantes da respectiva Lei Orgânica. Nesses limites condicionantes da "discricionariedade legislativa" a Câmara Municipal exerce sua competência constitucional e fixa o número de vereadores.

VI

A interpretação dos princípios atinentes à representação política na Câmara dos Deputados e nas Assembléias Legislativas tem idêntico grau de dificuldade da apreensão dos critérios concernentes à representação política municipal. Estipulando os critérios relativos à proporcionalidade em relação à população, o art. 45, § 1º, da Constituição Federal criou *(a)* o mínimo de 8 e *(b)* o máximo de 70 deputados federais por circunscrição eleitoral (Estado-membro). Essa representação proporcional informa a composição dos deputados federais, membros da Câmara dos Deputados. O Senado Federal tem representação paritária, fixada pelo art. 46, § 1º, da Constituição Federal em 3 senadores por circunscrição eleitoral (Estado-membro). Com efeito, o número dos deputados estaduais – isto é, dos membros dos órgãos legislativos de cada Estado-membro – é dado pelo art. 27 da Constituição Federal. Essa norma constitucional toma como pressuposto a representação do Estado-membro na Câmara dos Deputados, estipulando que o número de deputados estaduais será *(a)* o triplo dessa representação, até 36 representantes, e *(b)* acrescendo-se a esses "tantos quantos forem os deputados federais acima de 12".

Dessa forma, o postulado *one man, one vote* não tem aplicação na estipulação do número de deputados por circunscrição eleitoral, que, no caso, coincide com a base territorial do Estado-membro e do Distrito Federal. O direito positivo construiu sua realidade representativa política "juridicizando" os critérios de representação proporcional.

Portanto, o conteúdo da representação proporcional por circunscrição eleitoral foi, no Direito Brasileiro, constitucionalizado. Proclamar ofensa ao princípio *one man, one vote* não é, a rigor, questão atinente à juridicidade, mas um problema metajurídico ou *de lege ferenda*. Conseqüentemente, os critérios que inspiraram o constituinte têm apenas significado histórico. Poderão esclarecer ou informar o intérprete, satisfazendo-lhe a curiosidade, ou subsidiar e orientar outras disciplinas teóricas.

Dessa maneira, não é aqui o momento e o local para ferir os problemas emergentes da "sub-representação" ou da "sobre-representação". Tal indagação somente teria sentido diante de posição crítica ou *de lege ferenda* em face da ordem jurídico-positiva. Essa ablação metodológica não implica, evidentemente, negar ou reduzir a importância da discussão desse grave deformação que atinge a representação política.[6]

Por outro lado, a noção de pluralismo político e pluripartidarismo, corolário da denominada democracia pluralista, princípios consagrados na Constituição Federal de 1988, condiciona e inspira a disciplina jurídica do escrutínio. É dessa maneira que se concretizam os postulados da democracia pluralista e da soberania popular, permitindo a afirmação da representação de interesses políticos heterogêneos.

6. Ferindo esse tema, Maurice Duverger sustenta, mencionando o exemplo norte-americano, que guarda forte semelhança com o problema representativo brasileiro, e o pressuposto constitucional da igualdade do sufrágio universal: "O caráter inigualitário do sufrágio é ainda mais impressionante. Na Câmara dos Representantes, há uma certa sub-representação dos grandes Estados e uma sobre-representação dos pequenos, mas o fenômeno é pouco acentuado e parece mesmo mais restrito no conjunto do que em muitos países democráticos. No Senado, pelo contrário, a desigualdade de representação é considerável: se a comparação feita acima entre os senadores de Nova York, representando cada qual mais de 8.000.000 de americanos, e os do Alasca, que representam cada um 110.000, se baseia num caso extremo, também não é menos verdade que os Estados menos povoados têm no Senado uma esmagadora maioria. Juridicamente, justifica-se esta situação com o argumento dos 'direitos dos Estados' e da 'igualdade dos Estados'. Não é que este não seja válido, mas, politicamente, o resultado consiste em dar um peso esmagador no Senado aos Estados do *Middle-West*, do Sudeste e das Rochosas, cujo isolamento geográfico e preponderância agrícola não predispõem a grandes visões políticas. De facto, esta desigualdade de representação tende – como em todas as democracias ocidentais – a favorecer as forças conservadoras" (*Os Grandes Sistemas Políticos*, Coimbra, Almedina, 1985, p. 324).

Nesse modelo, tais interesses aglutinam-se nos partidos políticos, que são os destinatários dos votos. Assim, a representação resultante das eleições deve ser tida como representação partidária porque o candidato, em face do direito positivo brasileiro, não se apresenta como o principal protagonista do processo eleitoral. O art. 14 e seu § 3º, V, da Constituição Federal impõem a filiação partidária como uma das condições de elegibilidade, e, dessa maneira, colocam o partido político como núcleo aglutinante da disciplina jurídico-eleitoral.

Concebendo-se a representação como partidária, em razão do requisito indispensável da filiação do candidato a partido político a fim de disputar a eleição, a leitura jurídica dos princípios que informam a técnica de escrutínio aponta para *(a)* eleições em dois turnos, *(b)* eleições majoritárias por maioria simples ou relativa e *(c)* eleições proporcionais.

Com efeito, nas apontadas espécies de eleições majoritárias, embora a técnica do escrutínio seja uninominal ou unipessoal, o voto é destinado ao partido político. É verdade que, no caso, cada partido poderá apresentar um candidato ao respectivo cargo eletivo. Em conseqüência, coincidem os protagonistas do processo eleitoral, isto é, o partido e o candidato. As eleições proporcionais ressaltam a importância dos partidos políticos e dão consistência à representação partidária. Nessas eleições, a organização das candidaturas e a técnica do escrutínio gravitam em torno dos partidos políticos. Além de serem estes os destinatários dos votos, a exigência do quociente eleitoral e do quociente partidário reforça a idéia da representação partidária.

Aliás, o art. 112 do Código Eleitoral é textual ao considerar "suplentes da representação partidária: I – os mais votados sob a mesma legenda e não eleitos efetivos das listas dos respectivos partidos; e II – em caso de empate na votação, na ordem decrescente de idade".

Neste contexto, a expressão "representação política" é adequada para designar o número de representantes indicados pelos órgãos legislativos, com fundamento direto em princípios e preceitos constitucionais, distribuindo-os pelas circunscrições eleitorais, observando-se, estritamente, os apontados pressupostos e requisitos dados pelo direito positivo. A representação partidária encontra arrimo também em princípios e preceitos constitucionais. Ela decorre, porém, do sufrágio universal e das técnicas de escrutínio consagradas pelo direito infraconstitucional, que lhe conferem, especialmente nas eleições proporcionais, a exata dimensão jurídica.

VII

A representação proporcional referida aos Municípios, Estados-membros e Distrito Federal tem idêntico significado jurídico-constitucional.

Com efeito, art. 45, *caput* e seu § 1º, da Constituição Federal de 1988 reconhecem que os deputados federais, como representantes do povo, integram a Câmara dos Deputados. Estes princípios e preceitos constitucionais estipulam, conforme foi anteriormente consignado, que os Estados-membros e o Distrito Federal terão representação proporcional à população estabelecida em lei complementar. Nenhuma dessas pessoas políticas poderá ter menos que 8 e mais que 70 deputados.

Logo, esses princípios e preceitos constitucionais estipulam a representação proporcional, tomando como parâmetro da proporcionalidade os habitantes do Estado-membro e do Distrito Federal. Este pressuposto de fato tem a mesma conformação material daquele previsto no art. 29, IV, "a", "b" e "c", da Constituição Federal – isto é, a representação do Estado-membro e do Distrito Federal depende do número de habitantes indicado no censo demográfico ou na estimativa do Instituto Brasileiro de Geografia e Estatística (IBGE), por força do art. 1º da Lei Complementar 78, de 30.12.1993.

Por isso, a apontada interpretação do colendo STF fixando o conteúdo dos critérios relativos à representação política dos Municípios é adequada também para aferir os pressupostos atinentes à representação política dos Estados-membros e do Distrito Federal. Com efeito, o princípio da soberania popular indica que há de prevalecer a maior legitimidade possível na estipulação da representação política estadual e distrital. Esta implica reconhecer o número máximo de cargos de deputados por Estado-membro e para o Distrito Federal, segundo os limites estabelecidos pelo direito positivo.

Com efeito, o art. 45, § 1º, da Constituição outorga ao Congresso Nacional competência para *(a)* fixar o número total dos deputados federais e *(b)* a representação por Estado-membro e pelo Distrito

Federal. Nesse prisma, o Congresso Nacional deverá tomar como paradigma o censo demográfico ou a estatística demográfica de cada Estado-membro e do Distrito Federal.

O parágrafo único do art. 1º da Lei Complementar 78, de 30.12.1993, fixou em 513 o número de deputados federais. Entretanto, delegou ao egrégio TSE as atribuições para efetuar "os cálculos da representação dos Estados e do Distrito Federal". Essa matéria não admite delegação legislativa, *ex* vi do art. 68, § 1º, da Constituição Federal. Assim, pelo teor do art. 45, § 1º, da Constituição Federal, o Congresso Nacional deverá fixar também o número de deputados federais por Estado-membro e para o Distrito Federal. Logo, o parágrafo único do art. 1º da Lei Complementar 78, de 30.12.1993, é inconstitucional, porque delegou essa competência ao egrégio TSE.

Nessa perspectiva, o Congresso Nacional deverá *(a)* fixar o número total dos deputados federais e *(b)* estipular a representação por Estado-membro e para o Distrito Federal. Com efeito, a proporcionalidade deverá ser estabelecida pelo Congresso Nacional utilizando o critério lógico-matemático, denominado "proporcionalidade aritmética", cunhado pelo colendo STF. Todavia, o Congresso Nacional observará o princípio da eficiência, segundo o art. 37, *caput*, da Constituição Federal, com a redação da Emenda Constitucional 19/1998, a fim de "potencializar" a representação proporcional, a fim de que o princípio da soberania popular possa ser efetivamente concretizado, afastando-se ou reduzindo-se a "sub-representação" e a "sobre-representação".

Em suma, a "proporcionalidade aritmética" pode tornar-se critério eficiente de aferição da representação proporcional, tanto municipal quanto federal, estadual e distrital. Entretanto, essa técnica não pode excluir o âmbito discricionário constitucionalmente outorgado ao legislador federal, estadual, distrital ou municipal, com a inclusão de "critérios da correção" da representação política, requisitos jurídicos essenciais na busca da concretização do princípio constitucional da eficiência, na aferição da representação proporcional, e, assim, propiciando a elaboração de instrumentos jurídicos que permitam a plena realização do Estado Democrático de Direito.

ANTEPROJETO DE PROCEDIMENTOS DE CONTRATAÇÃO DA ADMINISTRAÇÃO PÚBLICA

BENEDICTO PORTO NETO

I – Homenagem

Escrever artigo em homenagem ao Professor CELSO ANTÔNIO BANDEIRA DE MELLO pareceu-me boa oportunidade para fazer defesa do Anteprojeto de Lei de Procedimentos de Contratação da Administração Pública, cuja elaboração coordenei para o Ministério do Planejamento, diante de específica crítica que lhe foi dirigida: a de que o trabalho despreza e aniquila a valiosa contribuição da doutrina e da jurisprudência no desenvolvimento do tema, construída com dedicação e arte.

A crítica, embora sendo apenas uma, seria, por sua abrangência, definitiva e suficiente para tornar o Anteprojeto imprestável, já que um ou outro avanço que nele possa estar incorporado restaria perdido no meio do caos.

Homenagem e defesa se ligam porque o Professor CELSO ANTÔNIO BANDEIRA DE MELLO certamente foi e é o maior colaborador no desenvolvimento e aperfeiçoamento do regime jurídico da licitação em nosso país.

Tudo que sei sobre o assunto e sobre outros temas de direito administrativo tem a direta e fundamental influência das obras do jurista, e eu não seria capaz, nem mesmo voluntariamente, de me distanciar dela. Seu *Curso de Direito Administrativo*, desde a primeira edição, quando era *Elementos de Direito Administrativo*, é meu "livro de cabeceira", por assim dizer, na falta de expressão própria e mais precisa para livros consultados permanentemente em ambientes de trabalho. Ao lado dele se encontram outros livros, artigos e pareceres do autor, estes publicados ou não, que leio e releio com a mesma assiduidade.

Nem a desculpa de que não compreendi o que venho lendo todos esses anos me redimiria perante o Professor, porque por suas mãos obtive o título de Mestre em Direito Administrativo e por sua aprovação leciono na Faculdade de Direito da Pontifícia Universidade Católica de São Paulo, sendo meu primeiro e elementar dever no magistério entender e transmitir com fidelidade os pensamentos da doutrina.

Afirmo, sem titubear, porém, que o Anteprojeto não representa vontade de mudar a estrutura fundamental da licitação e começar do nada. Nem é resultado de meditação ligeira. Antes, é esforço de sistematização, com atenção e rigor, das contribuições da doutrina em geral e do jurista em particular, com algumas novidades pontuais voltadas à simplificação dos procedimentos de contratação e à ampliação da disputa neles existente.

Durante os mais de dois anos que decorreram da conclusão daquele trabalho, não me animei a escrever sobre o assunto. Resolvi fazê-lo agora para homenagear o ilustre Professor e para prestar-lhe contas, que também são maneiras de agradecer-lhe.

São necessárias mais algumas poucas palavras nesta introdução, em atenção ao leitor. Este artigo não é apenas sobre Anteprojeto não convertido em lei, o que seria de pouca ou nenhuma utilidade. Ele trata de conceitos básicos de licitação, como incorporados no regime vigente, e de princípios gerais de Direito Administrativo. Ademais, o Poder Executivo e o Congresso Nacional estão discutindo neste momento a reforma da Lei 8.666/1993, razão pela qual reputo oportuno o debate sobre algumas propostas inseridas no Anteprojeto.

II – A filosofia que orientou a elaboração do Anteprojeto e sua sistematização

A Lei de Regência das Licitações em vigor (Lei 8.666/1993), discutida e editada depois dos escândalos do governo Collor, foi elaborada com a forte preocupação de impedir desvios de recursos por meio de contratações, mas acabou sacrificando a eficiência da Administração e alcançou resultado oposto: a fuga da licitação.

Levantamento realizado pelo Governo Federal por ocasião da elaboração do Anteprojeto, confirmado por matéria publicada na imprensa mais recentemente,[1] revela que aproximadamente 51% dos recursos anuais por ele aplicados na aquisição de bens e serviços estão relacionados a contratos celebrados sem licitação. Segundo esses dados, foram R$ 6,6 bilhões destinados no último ano a contratações diretas. Algumas autoridades federais da atual gestão questionam os critérios adotados para a aferição promovida. Pouco importa. Mesmo que o resultado final seja reduzido pelo acolhimento de critério menos rigoroso, ainda será muito grande o volume de recursos aplicados sem procedimento licitatório.

Os mecanismos de controle adotados pela lei burocratizam a licitação, tornando árduo e moroso o processo de contratação da Administração Pública. Diante dessa dificuldade, a solução do legislador foi dispensar a licitação em várias hipóteses, quando seria mais adequado simplificá-la para manter ampla sua aplicação.

As três modalidades mais adotadas – concorrência, tomada de preços e convite – têm o mesmo procedimento, distinguindo-se entre si apenas no prazo mínimo para apresentação de propostas e, em relação exclusivamente ao convite, no universo dos licitantes. É fácil concluir que o procedimento não é adequado para um grande número de casos.

Bom exemplo da postura burocratizante do legislador e de sua falta de criatividade é o regime atribuído à tomada de preços. Preocupado com a possibilidade de dirigismo em licitações restritas a cadastrados, ele veio permitir a participação, nessa modalidade, de qualquer interessado que atenda às condições de cadastramento no curso do procedimento, que nada mais é do que fase de habilitação, equiparando a tomada de preços à concorrência.

As regras de controle adotadas, portanto, sacrificam a eficiência administrativa.

O grande desafio na elaboração de proposta para substituir a legislação vigente é conferir agilidade à Administração Pública sem sacrifício dos mecanismos de controle de sua atuação. Na verdade, a

1. Jornal *O Globo* de 17.5.2004.

simplificação das regras dos procedimentos tem papel importante no próprio controle do Poder Público. Normas muito rígidas e formalismos exagerados são, em alguns casos, instrumentos eficientes para desvios administrativos.

Perseguindo a eficiência, o Anteprojeto abandonou o valor estimado do futuro contrato como critério para definir a modalidade de licitação a ser adotada, porque não é o valor da contratação que determina as necessidades que devam ser satisfeitas pelo procedimento e as cautelas que nele devam ser tomadas, mas as circunstâncias que cercam o contrato em cada caso.

Quando sejam mais complexos o exame da habilitação dos participantes e o julgamento das propostas, o procedimento deve ser cercado de mais cautelas, para conferir segurança na contratação, ainda que haja pequeno prejuízo à sua agilidade (convocação geral); no caso de aquisição de bens e serviços comuns, pela simplicidade da habilitação e julgamento das propostas, o procedimento deve ser célere para o pronto atendimento das necessidades da Administração e deve ser ampla a competição (pregão, que não é novidade do Anteprojeto); quando esses bens e serviços comuns sejam rotineiramente adquiridos, o procedimento pode ser permanente, com possibilidade de oferecimento de ofertas a qualquer tempo, para que a Administração promova a contratação no momento que precisar e pelo melhor preço cotado (cotação permanente); nas hipóteses de emergência, é conveniente a realização de competição entre interessados, ainda que mais restrita, garantindo-se à Administração propostas economicamente mais vantajosas e comportamento sem favoritismo (seleção extraordinária); o mesmo se passa em relação à contratação de bens e serviços singulares, com critérios mais rigorosos para seleção de proposta e proponente (consulta); a contratação direta reclama controle rígido da formação da "vontade" da Administração (procedimento de justificação); para alienações, enfim, adota-se o procedimento de leilão, que dispensa explicação.

Há normas comuns a todos eles para garantir sua simplificação e ampliação da disputa.

Quanto à burocratização do procedimento licitatório, a Lei 8.666/1993 carrega culpa que não é exclusivamente dela, mas também de seus aplicadores. É freqüente a aplicação da lei desvinculada de seus princípios, que distancia a Administração das finalidades públicas a serem alcançadas.

É possível, porém, criar mecanismos contra a aplicação distorcida e formalista da lei. Foi nesse sentido a idéia de criar a fase obrigatória para saneamento de falhas na documentação habilitatória, inclusive com possibilidade de apresentação de documentos faltantes. Não tem sentido deixar de receber proposta, com restrição da disputa, pela falta de documento que existe e está disponível ou por simples falha formal. A medida tem, ainda, o mérito de impedir a criação de armadilhas pela Administração, por meio de definição de normas editalícias obscuras ou contraditórias, que lhe permitam dar interpretação que favoreça alguns licitantes e prejudique outros, o que infelizmente não é raro.

Ouvi críticas no sentido de que essa proposta afronta o princípio da igualdade. Não entendo como isso seja possível, na medida em que a fase de saneamento estará prévia e objetivamente definida na lei e no instrumento convocatório, com sua observância obrigatória qualquer que seja a pessoa por ela beneficiada. Licitação não é uma gincana, para aferir e premiar "bons cumpridores de edital".

Outras propostas também são no sentido da simplificação e no da ampliação da disputa: possibilidade de substituição de documentos por declarações dos próprios licitantes, com o dever de comprovação de sua veracidade no momento da contratação; realização da fase de classificação das propostas antes da habilitação do licitante autor da melhor oferta;[2] possibilidade de participação de pessoas reunidas em consórcio em todo procedimento de contratação; possibilidade de formulação de novos lances verbais de preços no curso do procedimento, quando admitida no instrumento convocatório.

2. É bem verdade que Celso Antônio Bandeira de Mello sustenta, em seu *Licitação*, que a realização da fase habilitatória antes da classificação das propostas é importante instrumento para garantia do princípio da igualdade (ob. cit., p. 54). Isso não significa, em minha opinião, que a inversão das fases represente inevitável comprometimento daquele princípio. O mesmo jurista, ao discorrer sobre o pregão, modalidade instituída pela Lei 10.520/2002 e que prevê a classificação de propostas antes da habilitação do autor da melhor oferta, não aponta inconstitucionalidade nesse procedimento.

São medidas que facilitam a participação em licitação das pequenas e médias empresas. A simplificação, como já afirmei, além de ampliar a disputa, com as vantagens que lhe são próprias, dificulta o dirigismo de contratos, desempenhando papel fundamental no controle da Administração.

Não conheço a opinião de Celso Antônio Bandeira de Mello sobre esses instrumentos, mas lembro-me de palestra por ele proferida na Câmara Brasileira da Indústria da Construção, no Rio de Janeiro, em data que não sei precisar e sobre a qual desconheço haver registro, na qual o administrativista advertiu que, em licitações públicas, não se deve temer os pequenos, mas cercar-se de cautelas contra os grandes.

As propostas do Anteprojeto vão nesse sentido.

Feitos esses rápidos comentários sobre o Anteprojeto, com o esclarecimento de que minha proposta não é apresentá-lo exaustivamente, passo à análise da crítica mais severa que lhe foi dirigida.

III – Licitação e procedimento de contratação

Parte dos juristas que analisaram e debateram o Anteprojeto viu retrocesso na substituição da expressão "licitação" por "procedimento de contratação", adotada pelo texto, com identificação de gratuita vontade de mudança. Muitos sustentaram que seria melhor manter o termo "licitação", que sempre foi empregado entre nós e que está consagrado na Constituição Federal (art. 37, XXI, e art. 175). Alegam que a mudança, ameaçando conduzir à falsa idéia de inovação do procedimento de contratação pela Administração, não traz benefício algum.

A medida, contudo, se impunha por rigor metodológico e por intransigente respeito ao profundo trabalho desenvolvido pela doutrina.

Ninguém questiona que licitação seja *procedimento administrativo*.[3] Ela é procedimento voltado à produção de ato final de *seleção*

3. Esta é a definição que lhe oferece Celso Antônio Bandeira de Mello: "A licitação é um procedimento administrativo, a dizer, uma sucessão itinerária e encadeada de atos sucessivos que, embora tenham, cada um, finalidade específica, tendem todos a um resultado final e conclusivo em função do qual se entrosam e harmonizam" (*Licitação*, Ed. RT, p. 3).

de proponente e proposta com vistas, em regra, à futura celebração de contrato, idéia que, por simplificação de linguagem, pode ser resumida pela expressão "procedimento de contratação". Nem sempre o ato final do procedimento é a escolha de proposta para *celebração de contrato*, é bom deixar claro. Também a atribuição, pela Administração, de benefício mediante *ato unilateral*, como, por exemplo, a outorga de permissão de serviço público, reclama a realização prévia de procedimento licitatório. Para não tornar o texto cansativo, o Anteprojeto adotou a expressão "procedimento de contratação" e contemplou norma que impõe a adoção de seu regime também para atribuição de benefícios por atos unilaterais.[4]

Voltando à crítica em análise, tem-se que, fosse apenas questão de optar por uma entre duas expressões que se equivalessem totalmente – licitação ou procedimento de contratação –, seria mesmo melhor manter a usualmente empregada, porque muitos se desviam do conteúdo em razão do rótulo adotado, apesar das muitas advertências para que o equívoco não seja cometido.

Licitação, porém, é apenas espécie do gênero procedimento de contratação,[5] e o Anteprojeto é abrangente, disciplinando também *procedimentos não-licitatórios*: a consulta e o procedimento de justificação.

Mesmo quando a Administração esteja dispensada de promover licitação ou quando seja impossível sua realização, hipóteses em que há discricionariedade para seleção de proposta e proponente, ela ain-

4. O Anteprojeto também disciplina o procedimento para outorga de concessão de serviço público, que não se esgota na idéia de contrato nem na de ato unilateral. A concessão, na definição de Celso Antônio Bandeira de Mello, é relação jurídica complexa, formada por contrato, normas regulamentares e ato condição (*Curso de Direito Administrativo*, 17ª ed., Malheiros Editores, p. 662). Por essa razão, em versão do Anteprojeto anterior à que foi submetida à consulta pública, havia a previsão de que "a atribuição de direitos, mesmo que não formalizada por contrato, submete-se às normas e procedimentos" nele definidas. O preceito era, assim, juridicamente mais preciso. O dispositivo foi alterado porque suscitou dúvida até mesmo no âmbito do Ministério do Planejamento. A modificação não compromete o texto, já que, entre nós, a maior parte da doutrina e da jurisprudência refere-se à concessão como "contrato", terminologia acolhida pelo próprio texto constitucional (art. 175).

5. Também para não tornar este texto cansativo, registro que, de agora em diante, quando eu fizer referência ao procedimento de contratação, também estou fazendo alusão ao procedimento para atribuição de direitos por outras formas.

da segue obrigada a realizar procedimento administrativo para demonstrar que estão configurados seus pressupostos e que a definição de proposta e proponente é orientada exclusivamente pelo interesse público. Em outras palavras, a impossibilidade, desnecessidade ou dispensa de licitação *não afasta o dever de a Administração realizar procedimento administrativo voltado à seleção de proposta e proponente.*

Celso Antônio Bandeira de Mello deu destaque à importância do procedimento administrativo como instrumento de controle de validade dos atos praticados pelo Poder Público.[6] Para o administrativista, o procedimento "concorre para uma atuação administrativa eficiente",[7] permitindo o estabelecimento de "controles 'desde dentro', ou seja, incidentes na própria intimidade da Administração, ao longo da formação de sua vontade, ao invés de contentar-se com controles operados de fora, pelo Judiciário, e portanto geralmente só utilizáveis *ex post facto*".[8]

A escolha de proposta e proponente na celebração de contrato sem licitação também deve ser controlada.

A atual Lei de Regência das Licitações – Lei 8.666, de 1993 – não ignora a necessidade de realização de procedimento administrativo nas hipóteses de contratação direta, mas foi negligente no seu disciplinamento. O artigo 25, parágrafo único, daquele diploma legal prescreve que no "processo" de dispensa ou inexigibilidade de licitação deve haver demonstração da presença de seus pressupostos e justificativa da escolha da pessoa selecionada e do preço definido. Está aí a prescrição para realização de procedimento administrativo também nos casos de dispensa e inexigibilidade de licitação, que não foi disciplinado na lei vigente.

Já o Anteprojeto cuida com rigor e detalhes dos procedimentos a serem observados quando não seja possível, necessário ou conveniente promover licitação. Por essa razão era imprescindível substituir o termo *licitação* pela expressão *procedimento de contratação.*

6. "Procedimento Administrativo", in *Direito Administrativo na Constituição de 1988*, obra coletiva sob coordenação do próprio jurista, Ed. RT, pp. 9 e ss.

7. *Direito Administrativo na Constituição de 1988*, cit., p. 18.

8. *Direito Administrativo na Constituição de 1988*, cit., p. 19.

A justa crítica que poderia ser dirigida ao Anteprojeto é de que lhe faltou audácia para assumir abertamente a posição ora defendida.

Na primeira minuta da primeira versão do Anteprojeto, que não chegou a ser divulgada, havia norma específica classificando os procedimentos de contratação em (a) licitatórios e (b) não-licitatórios. O recuo decorreu da suspeita, infundada ou não, de que alguém vislumbraria inconstitucionalidade em norma prescrevendo a seleção de propostas e proponentes por procedimentos *não-licitatórios* quando a Constituição Federal refere-se à contratação por *licitação*, ainda que tais procedimentos estivessem reservados às hipóteses em que não fosse possível promovê-la.[9]

IV – Os procedimentos não-licitatórios e os requisitos da licitação

Como já adiantei, são dois os procedimentos de contratação não-licitatórios: o de justificação e a consulta.

O primeiro está reservado para as situações em que não seja possível ou necessária a realização de competição entre interessados. O segundo deve ser adotado para seleção de propostas e proponentes na aquisição de *bens e serviços singulares.*

Quanto ao primeiro, ouvi crítica no sentido de que o Anteprojeto confundia licitação com inexigibilidade de sua realização. Não há confusão alguma. Tanto licitação como procedimento de justificação são instrumentos para controlar a formação da "vontade" da Administração, com competição e critérios objetivos de julgamento de propostas no primeiro caso e sem disputa no segundo, por impossibilidade de promovê-la. A licitação e o procedimento de justificação cumprem rigorosamente o mesmo papel: controle do ato da Administração Pública de seleção de proponente e proposta.

Quanto ao procedimento de consulta para aquisição de bens e serviços singulares, especialista no tema escreveu que se trata efeti-

9. Na primeira versão do Anteprojeto, submetida à consulta pública, não havia hipótese de dispensa de licitação. Acreditava-se que a agilidade dos procedimentos de contratação concebidos viabilizaria sua realização em qualquer hipótese, análise que se revelou desvinculada da realidade de vários Municípios e até de alguns Estados.

vamente de modalidade de licitação, uma vez que, nele, há competição entre interessados.

Licitação, contudo, não se esgota na idéia de competição. É requisito indispensável para sua configuração o julgamento de propostas por *critérios objetivos*. Competição e julgamento objetivo são atributos fundamentais da licitação.

A singularidade inviabiliza a comparação objetiva de bens e serviços. Por isso Celso Antônio Bandeira de Mello afirma que "só se licitam bens homogêneos, intercambiáveis, equivalentes. Não se licitam coisas desiguais".[10]

A comparação de bens e serviços singulares somente pode ser promovida por critérios *subjetivos*, o que nem remotamente equivale a licitação.

A decisão de classificar a *consulta* como *licitação* é que representaria, ela sim, desconsideração do árduo trabalho da doutrina, da jurisprudência e dos demais órgãos de controle da Administração, que despenderam enormes esforços na demonstração de que não é logicamente possível promover-se licitação para aquisição de bens e serviços singulares.

A classificação equivocada conduziria, ainda, a uma insuperável contradição no sistema e provocaria grande perplexidade.

É que o Anteprojeto prevê a preservação da Lei 8.666/1993 para licitação de obras e serviços de engenharia. No regime dessa lei, os *serviços singulares de engenharia* continuariam sendo contratados diretamente por impossibilidade lógica de promover-se licitação. Já os *serviços singulares de outras naturezas* seriam contratados por "licitação" na modalidade de consulta. Desse quadro decorreria a inevitável questão: enfim, é ou não é logicamente possível promover-se licitação para aquisição de bens e serviços singulares?

A adoção do termo "procedimento de contratação", longe de representar vontade de mudança, decorreu da fiel observância dos ensinamentos da doutrina e de decisões de nossos Tribunais.

10. Celso Antônio Bandeira de Mello, *Licitação*, São Paulo, Ed. RT, p. 17.

V – O procedimento de consulta para contratação de bens e serviços singulares

Pergunta pertinente formulada durante as audiências públicas para discussão do Anteprojeto foi sobre a necessidade de criação de procedimento de disputa para aquisição de bens e serviços singulares, quando a contratação direta já resolve o assunto. Na visão de alguns especialistas, a iniciativa serve apenas para burocratizar ainda mais o já complicado procedimento para celebração de contrato pela Administração Pública, enquanto o espírito que animou a elaboração do Anteprojeto foi o da simplificação.

Uma primeira forma de responder à pergunta é dizer que a criação do procedimento decorre da confiança na competição como importante instrumento para garantir a obtenção, pelo Poder Público, de propostas em condições mais satisfatórias, ou seja, caminho mais seguro para implementação do princípio da boa-administração.

A outra, e talvez até mais exata, é que o procedimento sequer chega a ser novidade, mas mera explicitação de conduta que já deveria estar sendo observada no regime da Lei 8.666/1993 para contratação de bens e serviços singulares.

Nos termos da lei vigente, a contratação direta deve ser precedida de procedimento administrativo para justificar a escolha da pessoa a ser contratada e do preço a ser praticado na relação contratual. Esse resultado só pode ser alcançado por meio de comparação de propostas formuladas por pessoas aptas ao atendimento do interesse público, ainda que por critérios subjetivos, levando-se em conta o custo e o benefício de cada qual.

As hipóteses de inexigibilidade de licitação, mesmo no regime da Lei 8.666/1993, não confere *liberdade* para o Poder Público contratar. A contratação, mesmo nesses casos, não é fruto da exclusiva vontade do administrador. Daí porque, em rigor, mesmo no regime atual deveria haver consulta a pessoas em condições de atender à necessidade da Administração e justificativa da proposta escolhida, mediante análise criteriosa de vantagens e desvantagens de cada uma. O Anteprojeto, neste ponto, tem quase finalidade didática e não representa mudança do regime atual. Enfim, o Anteprojeto procura estabelecer, com um pouco mais de ordem e clareza, procedimento que já deveria ser seguido na vigência da Lei 8.666/1993.

VI – Concorrência e Convocação Geral

Alguns críticos também enxergaram o ímpeto de mudança próprio da juventude na decisão de denominar um dos procedimentos de contratação de "Convocação Geral", o qual, segundo eles, nada mais é do que a conhecida concorrência, modalidade de licitação há tempos consagrada em nosso ordenamento jurídico.

De fato, a convocação geral é a concorrência com algumas importantes novidades: classificação das propostas antes da habilitação da autora da melhor oferta (com possibilidade de inversão das duas fases, restabelecendo-se a seqüência definida na Lei 8.666/1993, mediante decisão fundamentada da autoridade competente); possibilidade de substituição de alguns documentos por declaração da própria licitante, com obrigação de comprovação de sua veracidade no momento da contratação; fase própria para saneamento de falhas na documentação de habilitação e na proposta; possibilidade de participação de pessoas reunidas em consórcio independentemente de previsão no instrumento convocatório; possibilidade de formulação de novos e sucessivos lances de preço no curso do procedimento quando haja previsão no instrumento convocatório.

Essas mudanças, só por só, não impediriam que o procedimento fosse rotulado de "concorrência", porque a lei pode modificar o regime jurídico dos institutos existentes.

Tendo em vista, porém, que, na previsão do Anteprojeto, deve ser preservada a concorrência no regime da Lei 8.666/1993 para contratação de obras e serviços de engenharia, resultaria inconveniente manter no ordenamento jurídico dois procedimentos distintos com o mesmo nome.

A decisão de atribuir nome específico a procedimento com regras distintas das observadas na concorrência disciplinada pela Lei 8.666/1993 foi orientada pelo magnífico texto de Agustín Gordillo amplamente debatido nas aulas de mestrado do professor Celso Antônio Bandeira de Mello. Sustenta o administrativista platino, que as classificações não carregam os valores de verdade ou falsidade, mas que elas são úteis ou inúteis, e que a utilidade para o jurista – e para o aplicador da lei, acrescento – repousa na identificação, pela palavra, do peculiar regime jurídico do instituto classificado.[11] Essa foi a razão da adoção de nome específico para procedimento com regras distintas da concorrência.

VII – As fases do procedimento de contratação e os requisitos de habilitação

Soa-me estranho falar em abandono, pelo Anteprojeto, da nossa longa tradição em licitação quando nele estão preservadas suas fases clássicas, com exceção da adjudicação, por ser inútil e prestar-se mais a gerar confusão do que ao seu aperfeiçoamento, e com criação de outra, a fase saneadora, a qual, entretanto, não foi alvo de críticas severas.

A chamada fase preparatória do procedimento foi alvo de duras críticas, como se o instrumento convocatório – que define o interesse público a ser implementado, os requisitos de participação e os critérios de julgamento – pudesse surgir do nada, como num passe de mágica. Ao contrário, a verificação das definições nele inseridas é fundamental para controle da Administração Pública.

Não se pode perder de vista que o instrumento convocatório é ato administrativo e, enquanto tal, sua expedição deve ser motivada,[12] com justificativa das normas nele inseridas, que são determinantes do resultado da competição. A própria Lei 8.666/1993 consagra implicitamente a fase preparatória da licitação, quando impõe que os índices econômico-financeiros fixados como requisitos de habilitação devam ser "devidamente justificados no processo administrativo da licitação" (art. 31, § 5º). Não é apenas esse requisito habilitatório que deve ser objeto de motivação, mas, também, todas as demais normas inseridas no instrumento convocatório.

11. *Tratado de Derecho Administrativo, Parte General*, t. I, 2ª ed., Ediciones Macchi, pp. I-1 a I-15.

12. Celso Antônio Bandeira de Mello ensina que a motivação do ato administrativo é dever imposto pela idéia de função pública e pelos princípios da cidadania e do controle judicial da Administração. Acrescenta o jurista que a motivação dos atos administrativos deve ser anterior ou contemporânea à sua produção, sob pena de restar inviabilizado o controle judicial de sua validade. Conclui, finalmente, que é viciado o ato praticado sem a suficiente e tempestiva motivação (*Curso de Direito Administrativo*, 17ª ed., Malheiros Editores, pp. 102 e 103).

Também os requisitos de habilitação são os mesmos dos consagrados na legislação vigente – habilitação jurídica, regularidade fiscal e qualificações técnica e econômico-financeira. A única novidade é a possibilidade de atendimento de alguns desses requisitos por meio de declarações dos próprios participantes, cuja veracidade deve ser comprovada no momento da contratação, com possibilidade de acompanhamento e recurso pelos interessados. É mais uma norma voltada à simplificação do procedimento.

Enfim, as tradicionais fases da licitação e os requisitos de habilitação são preservados no Anteprojeto.

VIII – Conclusão

Em conclusão, entendo que se possa ou não identificar, no Anteprojeto, soluções adequadas para as contratações públicas, mas reputo injusta, sobretudo com a doutrina e jurisprudência, a crítica de que suas valiosas contribuições não foram nele consideradas.

IMPROBIDADE ADMINISTRATIVA DE DIRIGENTE DE EMPRESA ESTATAL[1]

CARLOS ARI SUNDFELD

JACINTHO ARRUDA CÂMARA

1. Introdução

A idéia de *pessoa jurídica* é uma construção fascinante do espírito humano. Muitos e complexos têm sido os nós de sua inserção no mundo do Direito. Uma questão instiga particularmente: a das relações entre a instituição (a pessoa jurídica) e os seres humanos que a representam.

Em certa medida, a pessoa jurídica é como a marionete, pois não tem voz própria, assume a de outrem; não se move só, é movida. Nesse prisma, a instituição confunde-se com o indivíduo (chamemo-lo *agente*) que a encarna: a decisão dele é dela, e assim os erros e responsabilidades.

Essa confusão é apenas parcial. O indivíduo não é agente todo o tempo, pois mantém "outra vida", particular – com seus interesses, vínculos e responsabilidades. Nessa perspectiva, o agente é como uma personagem, a criação de um ator. Também a pessoa jurídica

1. Este trabalho homenageia o amigo e professor CELSO ANTÔNIO BANDEIRA DE MELLO, em reconhecimento à sua fundamental contribuição ao direito público brasileiro e à Faculdade de Direito da Pontifícia Universidade Católica de São Paulo.

mantém sua identidade frente ao agente, a qual é limite ao poder, que a ele se confere, de encarnar a instituição.

Pela privilegiada posição que ocupa, o agente é quem mais tem facilidades para lesar a instituição, e quem pode fazê-lo mais profundamente. Em uma espécie de paradoxo, um ser e outro, ao mesmo tempo, se confundem e contrapõem. Há, sempre – permanente e delicada –, uma tensão fluindo entre a instituição e seu agente.

O Direito desenvolveu um complexo sistema para proteger a pessoa jurídica (a instituição) de seus agentes. Em linhas gerais, o objetivo é fazer com que os agentes exerçam de modo efetivo suas missões, bem como impedi-los de agir contra a instituição e aproveitar-se pessoalmente dos poderes conferidos. Duas das técnicas mais tradicionais do Direito – a punição criminal e a responsabilização civil – colocaram-se a serviço desse objetivo.

Essa tensão, típica da "pessoa jurídica", não é, contudo, exclusividade sua. O problema é o mesmo sempre que alguém é posto em situação de cuidar de coisas e de interesses de terceiros. Exemplos muito tradicionais são os do mandatário, do comodatário, do depositário e do gestor de negócios.

O mandatário recebe poderes para praticar atos ou administrar interesses em nome de outrem (CC, art. 653), devendo "aplicar toda sua diligência habitual na execução do mandato" (art. 667). Não o fazendo, agirá com "culpa", devendo indenizar qualquer prejuízo causado (art. 667). Também "o comodatário é obrigado a conservar, como se sua própria fora, a coisa emprestada, (...) sob pena de responder por perdas e danos" (art. 582). Da mesma forma, "o depositário é obrigado a ter na guarda e conservação da coisa depositada o cuidado e diligência que costuma com o que lhe pertence (...)" (art. 629). De outro lado, diz o art. 640: "Sob pena de responder por perdas e danos, não poderá o depositário, sem licença expressa do depositante, servir-se da coisa depositada, nem a dar em depósito a outrem". O gestor de negócios, por sua vez, quando assume a gestão do negócio alheio sem autorização do interessado, se obriga a dirigi-lo "segundo o interesse e a vontade presumível de seu dono, ficando responsável a este e às pessoas com quem tratar" (art. 861).

Como se vê, é comum a existência de normas de proteção dos titulares de bens ou direitos contra a má atuação de seus gestores – o que se reflete nas normas de proteção da pessoa jurídica em face de seus agentes. Porém, isso não significa que a pessoa jurídica não possua responsabilidade autônoma sobre seus atos (ou, melhor dizendo, pelos atos praticados em seu nome).

Em determinados casos é possível que atos praticados em nome de pessoa jurídica tenham repercussão negativa e os ônus decorrentes desse ato não sejam atribuídos ao agente diretamente responsável por sua prática. Tanto é assim que, nos exemplos acima citados, a responsabilidade somente recai sobre o agente ou mandatário quando este age mal, de acordo com o comportamento-padrão, que dele é razoável esperar.

Tomemos um exemplo para ilustrar o que se afirma. Uma empresa profere várias decisões de índole econômico-financeira no seu dia-a-dia. Na verdade, seus executivos decidem em seu nome. Se, nesse processo decisório, atos nocivos aos investimentos da empresa forem praticados por erro grave ou má-fé de seus dirigentes, estes serão responsabilizados perante a empresa. Porém, se as decisões foram balizadas por uma política empresarial razoável, que, porém, mostrou-se mal-sucedida na prática, os prejuízos daí decorrentes são suportados exclusivamente pela empresa. O ônus, neste último caso, faz parte do risco inerente à atividade desempenhada, não podendo ser imputado ao agente ou administrador.

Outro ponto a ser destacado diz respeito à identificação do agente responsável – no caso de prática de ato que assim o exija – dentro da própria estrutura interna da pessoa jurídica. Como se sabe, a estruturação de pessoas jurídicas pode ser bastante complexa, admitindo diversos níveis de hierarquia e várias formas de composição de suas unidades. Assim, é possível vislumbrar, quanto ao tipo de competência exercida, órgãos de consultoria, de instrução, de fiscalização, de apoio técnico ou de deliberação. Quanto à forma de decisão, existem os órgãos que decidem de maneira colegiada e os de decisão unitária. Dependendo do tipo de organização da pessoa jurídica, do procedimento realizado para a tomada de decisão, do número de agentes envolvidos nesse processo, entre muitas outras circunstâncias, pode variar o grau de dificuldade na identificação dos agentes responsáveis pela prática de cada ato.

Há, ainda, que se levar em conta mais um fator relevante no plexo de relações que envolvem uma pessoa jurídica e seus agentes. É possível que sobre um mesmo ato, praticado em nome de pessoa jurídica, incidam tipos distintos de responsabilidade. Vejamos mais um exemplo. Na hipótese da prática de ato danoso a terceiros, pode-se vislumbrar: *(a)* a responsabilização civil (patrimonial) do agente perante os terceiros atingidos (uma vez que ele pode ser solidariamente responsável nesses casos, junto com a pessoa jurídica); *(b)* a responsabilização patrimonial do agente perante a própria empresa que ele representa (numa possível ação regressiva); *(c)* a responsabilização penal do agente, se o ato danoso for tipificado como crime (nesse caso, o agente responderá perante a sociedade); *(d)* a responsabilização funcional do agente, na hipótese de sanção a ser aplicada por eventual desobediência a normas internas de atuação (de aplicação possível tanto no âmbito público como privado).

Nesse aspecto, é interessante notar que cada espécie de responsabilidade aplicável merece análise isolada. Existe tipificação própria para cada uma delas, requisitos autônomos a serem preenchidos, circunstâncias próprias a sopesar. Deveras, um ato ilícito pode causar a responsabilização penal (se houver caracterização de crime), sem qualquer reflexo na esfera patrimonial (se, por exemplo, o ilícito não tiver causado dano indenizável), ou vice-versa, dependendo das circunstâncias próprias que circundarem o caso.

Esta é a temática a ser enfrentada no presente estudo. Para tanto, o primeiro ponto a ser desenvolvido diz respeito aos possíveis regimes jurídicos de responsabilização de dirigente de empresa estatal.

2. *Os regimes jurídicos de responsabilização de dirigente de estatal*

O dirigente de empresa estatal está envolvido, basicamente, em dois sistemas jurídicos. O primeiro corresponde ao conjunto de regras que disciplinam o funcionamento da empresa enquanto tal; faz parte do direito societário. O outro é derivado da característica especial de seu acionista controlador: o Estado. São regras que integram o direito administrativo.

Sobre esses dois sistemas (que marcam, por assim dizer, a atuação rotineira do dirigente de empresa estatal) incide um terceiro, que reflete a proteção da sociedade contra a prática de ilícitos criminais:

é o direito penal. Deveras, para determinadas condutas realizadas no âmbito de atuação de um dirigente de empresa é possível que incida sanção de natureza penal. Assim ocorre, por exemplo, quando são punidos os chamados "crimes do colarinho branco" ou, em virtude da natureza própria da empresa estatal, quando se trata de crimes contra a Administração Pública.

Para cada um dos sistemas acima descritos existe um modo próprio de responsabilização. É relevante notar que a diferenciação não atende apenas a fins terminológicos ou acadêmicos. Há diversas peculiaridades de natureza prática entre eles, que justificam o tratamento autônomo a ser dado.

É possível apontar, como exemplo marcante de diferenciação, as conseqüências imputáveis às espécies de responsabilidade em tela. No âmbito penal a responsabilidade enseja, no mais das vezes, a imputação de penas privativas de liberdade (sem embargo da aplicação de penas restritivas de direitos e de multas – art. 32 do CP). No campo societário a responsabilidade é basicamente aquiliana e visa à recomposição do patrimônio da empresa por atos culposos praticados por seu administrador. A responsabilidade derivada das normas de direito administrativo pode ensejar a reparação do dano ao Poder Público, sanções pecuniárias de cunho reparatório e não-reparatório, sanções funcionais (relacionadas ao exercício do cargo ou emprego público), e até a perda de diretos políticos.

Mas as diferenças entre os tipos de responsabilização não elidem a possibilidade de identificação entre eles, pelo menos em determinados aspectos. No que diz respeito à forma de imputabilidade, tanto é possível encontrar peculiaridades inerentes a apenas um tipo de responsabilidade como semelhanças envolvendo todos. Assim, uma mesma conduta pode ensejar a aplicação simultânea de todas as espécies de responsabilidade, ou não, dependendo das características que venha a apresentar.

Como característica distintiva de uma das responsabilidades é possível destacar a rígida tipicidade própria da responsabilidade penal. Noutros aspectos, porém, há inconteste aproximação das espécies. Entre os pontos semelhantes merece especial relevo, no contexto deste estudo, o papel atribuído à subjetividade na aplicação das sanções (vinculação da responsabilidade à violação de um dever atribuído ao agente). Isto é, como a participação direta do agente (em muitos casos de maneira intencional) na prática do ato está prevista como requisito indispensável à aplicação das diversas espécies de responsabilidade.

No caso de responsabilidade decorrente de aplicação do direito societário, a Lei das S/A prevê regra em que o aspecto subjetivo aparece em destaque. De uma maneira geral, a responsabilidade do administrador de empresas só decorre da prática de atos irregulares, como frisa o *caput* do art. 158 da Lei das S/A (Lei 6.404, de 15.12.1976): "Art. 158. O administrador não é pessoalmente responsável pelas obrigações que contrair em nome da sociedade e em virtude de ato regular de gestão; responde, porém, civilmente, pelos prejuízos que causar, quando proceder: I – dentro de suas atribuições ou poderes, com culpa ou dolo; II – com violação da lei ou do estatuto".

A necessária caracterização do comportamento culposo na imputação de responsabilidade no campo do direito societário também está presente quando da caracterização da chamada *responsabilidade solidária* entre os dirigentes. É o que prevê o § 1º do referido art. 158: "§ 1º. O administrador não é responsável por atos ilícitos de outros administradores, salvo se com eles for conivente, se negligenciar em descobri-los ou se, deles tendo conhecimento, deixar de agir para impedir a sua prática".

A regra é a de que o dirigente não se responsabiliza por ato de competência de outro agente, a menos que tenha sido conivente com o erro. A lei excetua, porém, situações específicas em que se define expressamente a incidência de responsabilidade solidária. Nestes casos, na verdade, a lei cria para o administrador um dever especial de cuidado sobre uma dada categoria de assuntos – dever este que afeta, inclusive, competências estatutariamente atribuídas a terceiros. Tal previsão vem contida no § 2º do art. 158: "§ 2º. Os administradores são solidariamente responsáveis pelos prejuízos causados em virtude do não-cumprimento dos deveres impostos por lei para assegurar o funcionamento normal da companhia, ainda que, pelo estatuto, tais deveres não caibam a todos eles".

Noutras situações (inclusive as que envolvam companhias abertas) a lei retoma a regra geral de somente imputar responsabilidade a quem tenha participado diretamente da realização do ato lesivo ou que, podendo evitá-lo, não o fez. É o que prescrevem os §§ 3º e 4º do art. 158:

"§ 3º. Nas companhias abertas, a responsabilidade de que trata o § 2º ficará restrita, ressalvado o disposto no § 4º, aos administradores que, por disposição do estatuto, tenham atribuição específica de dar cumprimento àqueles deveres.

"§ 4º. O administrador que, tendo conhecimento do não-cumprimento desses deveres por seu predecessor, ou pelo administrador competente nos termos do § 3º, deixar de comunicar o fato à assembléia-geral tornar-se-á por ele solidariamente responsável."

Vale ressaltar, por fim, que a culpabilidade em tais casos se constata tanto por meio de análise comparativa da conduta do administrador em relação ao comportamento que legitimamente seria de se esperar dele (a exemplo do que ocorre nos casos de mandato, gestão de negócios ou comodato)[2] como através da caracterização do dolo (intenção) do agente na produção do ato lesivo. É o que atesta Modesto Carvalhosa, reconhecido comentador da Lei das S/A:

"Disso resulta que nas relações extracontratuais entre o administrador e a companhia contam os padrões de conduta geralmente aceitos em tais circunstâncias, fazendo-se a combinação destes com os subjetivos, visando, assim, à equidade e à justa reparação do dano sofrido. E dessa evolução necessária para se alcançar a reparação concreta surge o conceito de culpa sem a prevalência da imputabilidade moral.

"Não se trata, portanto, da adoção pura e simples da teoria do risco, afastando a culpa, mas a caracterização da responsabilidade civil não mais ostentando o dado moral como o seu principal fundamento.

"Prevalece o critério da análise da conduta, em relação ao que os usos e costumes da administração societária geralmente admitem, sendo o dado moral considerado como *ultimum subsidium*, como ensina Ripert, ou seja, desde que a responsabilidade não possa ser apurada pelo jogo de outra regra.

"Na relação de poder que ostenta o administrador diante da companhia seria, com efeito, impossível buscar a responsabilidade subjetiva clássica, uma vez que a prova deveria reunir diversos elementos específicos que tornariam o preceito de nenhuma eficácia. Ao negligenciar, ao agir com deslealda-

2. O dever de diligência também está previsto expressamente na Lei das S/A, no seu art. 153. Confira-se: "O administrador da companhia deve empregar, no exercício de suas funções, o cuidado e diligência que todo homem ativo e probo costuma empregar na administração dos seus próprios negócios".

de ou imprudência, ao abusar de seu poder ou desviá-lo, o administrador assume a responsabilidade por sua ação ou negligente omissão em face do cumprimento da lei e a defesa dos interesses sociais e institucionais da companhia. Será subsidiária, nesses casos, a imputabilidade moral de sua conduta. Conta em primeiro lugar, em todas essas hipóteses de má conduta, a relação de causalidade entre o dano jurídico (com violação da lei ou do estatuto) ou material sofrido pela companhia e a ação ou omissão do administrador. Desse nexo surge o dever do agente de indenizar a companhia, por culpa presumida."[3]

No campo penal a subjetividade da conduta é, indiscutivelmente, um requisito para a responsabilização do agente.[4] Esta é a regra instituída na Parte Geral do Código Penal:

"Art. 13. O resultado, de que depende a existência do crime, somente é imputável a quem lhe deu causa. Considera-se causa a ação ou omissão sem a qual o resultado não teria ocorrido.

"§ 1º. A superveniência de causa relativamente independente exclui a imputação quando, por si só, produziu o resultado; os fatores anteriores, entretanto, imputam-se a quem os praticou.

"§ 2º. A omissão é penalmente relevante quando o omitente devia e podia agir para evitar o resultado. O dever de agir incumbe a quem:

"a) tenha por lei obrigação de cuidado, proteção ou vigilância;

"b) de outra forma, assumiu a responsabilidade de impedir o resultado;

"c) com seu comportamento anterior, criou o risco da ocorrência do resultado."

3. *Comentários à Lei de Sociedades Anônimas*, vol. 3, São Paulo, Saraiva, 1997, pp. 312-313.

4. A discussão a respeito da caracterização da subjetividade no campo penal é clássica. Um dos temas que fazem parte dessa problemática é o de saber até que ponto o erro na realização de uma conduta exime o agente de responsabilização penal. Sobre este assunto discorreu profundamente Jorge de Figueiredo Dias, cuja abordagem central do problema se transcreve: "Esse sentido só pode ser, para o direito penal, o de que o erro de direito é em princípio (*regula est*, diz a sentença de Paulo) irrelevante *porque, também em princípio, ele é indisculpável*. Com a regra ter-se-á pretendido coisa bem diferente do que distinguir dois tipos de erro segundo a sua natureza intrínseca: o ser *de facto* ou *de direito*; o que se pretendeu fundamentalmente foi regular, de forma unitária, o âmbito do erro desculpável de uma parte e do indesculpável de outra parte, e portanto afirmar, em via de princípio, *a relação entre erro e culpa do agente na actuação*" (*O Problema da Consciência da Ilicitude em Direito Penal*, 5ª ed., Coimbra, Coimbra Editora, 2000, p. 35).

Esse posicionamento é firme na jurisprudência, que rejeita a noção de responsabilidade objetiva no âmbito penal. Confira-se uma série de julgados do STJ envolvendo a responsabilidade penal de agentes públicos:

"Recurso especial – Penal – Prefeito municipal – Contribuição previdenciária – Omissão – Não recolhimento. O fato crime reclama conduta e resultado. *Analisada do ponto de vista normativo a responsabilidade penal (Constituição da República e Código Penal) é subjetiva. Não há espaço para a responsabilidade objetiva, muito menos para a responsabilidade por fato de terceiro.* A conclusão aplica-se a qualquer infração penal. 'Não recolhimento de contribuição previdenciária' caracteriza crime omisso próprio. A omissão não é simples não-fazer, ou fazer coisa diversa, e não fazer o que a norma jurídica determina. O prefeito municipal, como regra, não tem a obrigação (sentido normativo) de efetuar os pagamentos do Município; por isso, no arco de suas atribuições legais, não lhe cumpre praticar atos burocráticos, dentre os quais elaborar a folha e efetuar pagamentos. Logo, recolher as contribuições previdenciárias. O pormenor é importante, necessário por ser indicado na denúncia. Diz respeito a elemento essencial da infração penal, a ausência acarreta nulidade da denúncia. Não há notícia ainda de hipótese do concurso de pessoas (CP, art. 29)" (6ª T., REsp 63.986-PR, rel. Min. Luiz Vicente Cernicchiaro, j. 30.5.1995, v.u. – sem grifos no original. Neste mesmo sentido: 6ª T., AgRg no AI 96.746-PR, rel. Min. Luiz Vicente Cernicchiaro, j. 4.6.1996, v.u.).

"Pena – Crime previdenciário – Falta de recolhimento de contribuições descontadas de segurados – Diretores de economia mista – Responsabilidade penal objetiva – Impossibilidade – Inteligência da norma (LOPS, art. 86, parágrafo único) – Recurso especial não conhecido.

"I – Sociedade de economia mista deixou de recolher contribuições previdenciárias descontadas de segurados. Três diretores, indicados pelo Governo Estadual, que tinham passado sucessivamente pela direção da companhia, foram denunciados por apropriação indébita (CP, art. 168; Lei n. 3.807/1960, art. 86). Impetrou-se *habeas corpus* em favor deles. O TRF trancou a ação penal. Inconformado, o Ministério Público interpôs recurso especial (alínea 'a'), ao argumento de que o art. 86 da LOPS e o art. 168 do CP não distinguem entre diretores da entidade privada, estatal ou mista.

"II – *Não se admite responsabilidade penal objetiva.* O parágrafo único do art. 86 da Lei n. 3.807/1960 (LOPS) deve ser inteligentemente interpretado. De seu conteúdo se dessume que *o diretor da entidade, para ser ape-*

nado, deve ter proveito, ainda que indireto, com o ilícito. Ora, no caso concreto, foram três diretores que, por indicação do Governo do Estado, passaram transitória e sucessivamente pela direção da sociedade de economia mista. *Não há nenhuma prova de proveito, ainda que longínquo, por parte dos pacientes/recorridos.*

"III – Recurso especial não conhecido" (6ª T., REsp 19.925-MT, rel. Min. Adhemar Maciel, j. 15.12.1993, m.v. – sem grifos no original).

"Penal – Apropriação indébita – Contribuições previdenciárias – Prefeito municipal – Atipicidade da conduta – Trancamento da ação penal – Depositário infiel – *Abolitio criminis* – Inocorrência.

"Inexiste a alegada *abolitio criminis* pela superveniência da Lei n. 8.866/1994, que dispõe sobre a prisão do depositário infiel de valores pertencentes à Fazenda Pública posto que, dando, supostamente, tratamento mais benéfico que a lei penal. Tal dispositivo não descriminalizou a conduta prevista no art. 95, 'd', da Lei n. 8.212/1991.

"*O prefeito municipal não pode ser sujeito ativo do crime de apropriação indébita, pelo não-recolhimento de contribuições previdenciárias descontadas dos servidores.*

"*A responsabilidade de prefeito municipal só se caracteriza se comprovado o desvio da verba para proveito pessoal.*

"Atipicidade da conduta.

"Precedentes.

"Recurso não conhecido" (5ª T., REsp 118.050-RN, rel. Min. Cid Fláquer Scartezzini, j. 27.10.1997, v.u.).

Em matéria de direito administrativo, principalmente no que toca à proteção do patrimônio público, também não se pode cogitar de responsabilização sem que o agente tenha violado um dever jurídico – ou seja, sem que tenha havido sua participação culposa (em sentido amplo) na produção da irregularidade.[5]

5. A regra vale inclusive quando o dano decorre de comportamento contrário à ética e pode também significar a responsabilidade do agente perante terceiros. É o que nos lembra Jesús Gonzáles Pérez: "Los servidores públicos, como cualquier otra persona, vendrán obligados a reparar patrimonialmente los daños que con su actuación por infracción de los deberes éticos hubiesen ocasionado a la Administración Pública a que sirvem o a terceros. Por lo general, las acciones u omisiones culposas que constituyen infracción de los deberes éticos lesionarán el patrimonio de la Administración Pública; pero pueden ocasionar también daño patrimonial a los particulares" (*La Ética en la Administración Pública*, 2ª ed., Madri, Civitas, 2000, p. 141).

Muito embora no Direito Brasileiro seja pacífico o reconhecimento da incidência da responsabilidade objetiva sobre pessoas jurídicas de direito público e as de direito privado que prestem serviços públicos (art. 37, § 6º, da CF), é igualmente indiscutível que esta responsabilidade somente recai sobre o agente responsável pela prática do ato se este tiver agido com dolo ou culpa.[6] A ressalva está presente no próprio texto constitucional (art. 37, § 6º), ao circunscrever o direito de regresso do Estado perante seu agente nos casos de dolo ou culpa ("assegurado o direito de regresso contra o responsável nos casos de dolo ou culpa").

Bem ilustra essa regra a fundamentada decisão do TJSP: "Prefeito – Responsabilidade civil – Medida governamental lesiva ao patrimônio público – Impossibilidade – Inexistência de prova de conduta abusiva ou de desvio de poder – Recurso oficial provido – Recurso do Ministério Público parcialmente provido para outro fim – Recurso da ré improvido. *Como agente político, o chefe do Executivo local só responde civilmente por seus atos funcionais se os praticar com dolo, culpa manifesta, abuso ou desvio de poder. O só fato de o ato ser lesivo não lhe acarreta a obrigação de indenizar*" (8ª C. de Direito Público, Ap. cível 92.510-5, Presidente Prudente, rel. Des. Celso Bonilha, j. 11.8.1999, v.u.).

É possível, ainda, destacar algumas peculiaridades existentes na responsabilidade decorrente do direito administrativo. Tais peculiaridades dizem respeito, principalmente, ao rigoroso sistema que foi ins-

6. Para uma visão acurada da responsabilidade dos servidores públicos no Direito Brasileiro, v. a excelente obra de Oswaldo Aranha Bandeira de Mello, *Princípios Gerais de Direito Administrativo*, vol. II, Rio de Janeiro, Forense, 1974, especialmente as pp. 475 e ss. Mas a necessidade de culpa para a imposição de responsabilidade ao agente público não é exclusiva do Direito Brasileiro. V. o que diz o notável jurista argentino Agustín Gordillo: "Por otra parte, toda vez que el servidor público cumple regularmente sus obligaciones legales, existe prácticamente una eximiente de culpa. En tales casos el hecho es atribuido a la función o servicio mismo, es decir al Estado, y corresponde por lo tanto aplicar la responsabilidad directa de éste, si la misma es pertinente, en forma exclusiva. De esta manera, el cumplimiento regular de las obligaciones legales impuestas al funcionario excluye su responsabilidad, pero el cumplimiento irregular no origina responsabilidad personal del agente público a menos que ese irregular cumplimiento sea culpable" (*Tratado de Derecho Administrativo*, 4ª ed., t. 2, Buenos Aires, Fundación de Derecho Administrativo, 2000, pp. XIX-18).

tituído pela Lei de Improbidade Administrativa (Lei 8.429/1992). O uso de conceitos vagos e indeterminados, redundando numa grande abrangência dos tipos legais que causam a incidência dessa responsabilidade específica, poderia, numa primeira leitura, induzir o intérprete a entender que, para estes casos, o legislador teria prescindido do aspecto subjetivo para imputar a responsabilidade. A inferência, porém, seria equivocada. Tendo em vista a importância do assunto para o presente estudo, a demonstração de que o aspecto subjetivo também está presente na responsabilidade decorrente da Lei de Improbidade será feita em tópico específico.

3. A relação entre ilegalidade e improbidade

Esse assunto propõe como preliminar o debate quanto à definição, no Direito pátrio, da *improbidade administrativa*. Deveras, a Lei 8.429, de 2.6.1992 – instrumento legal básico da matéria –, não a conceitua. O que ela faz é prever as conseqüências do *ato de improbidade*, estabelecendo modalidades, impondo sanções, definindo os sujeitos passivos etc. O conceito genérico de *ato de improbidade administrativa*, porém, não é, em momento algum, precisado, nem mesmo de maneira vaga ou indeterminada. Sendo assim, a referida noção há de ser retirada de uma interpretação sistemática do ordenamento jurídico.[7] Para tanto, o ponto de partida deve ser o texto constitucional, que cuida expressamente da matéria.

A Constituição, ao tratar da Administração Pública, implicitamente delimitou o conceito de *improbidade administrativa*. De um lado, estabelecendo uma relação entre ela e o princípio da moralidade; de outro, indicando que o ato de improbidade constitui conduta *especialmente* contrária ao Direito (sendo passível, inclusive, de ação penal — CF, art. 37, § 4º, *in fine*), de maneira a gerar como conseqüências a suspensão dos direitos políticos, a perda da função pública, a indisponibilidade dos bens e o ressarcimento ao erário (CF, art. 37, § 4º).

7. Sobre o assunto, v. o estudo monográfico do professor Juarez Freitas, "Do princípio da probidade administrativa e de sua máxima efetivação", *BDA* (*Boletim de Direito Administrativo*) julho/1996, São Paulo, NDJ, pp. 433-447.

Sustenta posição semelhante o ex-Procurador Geral da República Aristides Junqueira. Confira-se:

"Pode-se, pois, conceituar *improbidade administrativa* como espécie do gênero *imoralidade administrativa*, qualificada pela desonestidade de conduta do agente público, mediante a qual este se enriquece ilicitamente, obtém vantagem indevida, para si ou para outrem, ou causa dano ao erário.

"É essa qualificadora da imoralidade administrativa que aproxima a improbidade administrativa do conceito de crime, não tanto pelo resultado, mas principalmente pela conduta, cuja índole de desonestidade manifesta a devassidão do agente.

"É também de José Afonso da Silva a afirmação de que 'todo ato lesivo ao patrimônio agride a moralidade administrativa', mas nem sempre a lesão ao patrimônio público pode ser caracterizada com ato de improbidade administrativa, por não estar a conduta do agente, causador da lesão, marcada pela desonestidade."[8]

Já por aí se percebe que a mera ação em desacordo com a lei não pode, só por só, configurar ato de improbidade administrativa. Classificar toda conduta ilegal como improbidade seria generalizar indevidamente as conseqüências que a própria Constituição restringiu a uma espécie qualificada de comportamentos. Seria, portanto, incidir em inconstitucionalidade.

O ato de improbidade, por disposição constitucional, deve ser caracterizado levando-se em conta a *intenção* de praticar a ilegalidade ou qualquer outra conduta contrária aos princípios básicos da Administração. Há, portanto, um *aspecto subjetivo* inafastável na composição da hipótese do ato de improbidade administrativa.[9]

8. "Reflexões sobre improbidade administrativa no Direito Brasileiro", in Cássio Scarpinella Bueno e Pedro Paulo de Rezende Porto Filho (coords.), *Improbidade Administrativa – Questões Polêmicas e Atuais*, 2ª ed., São Paulo, Malheiros Editores/Sociedade Brasileira de Direito Público, 2003, p. 107.

9. Esse aspecto subjetivo também é acentuado pelo ilustre professor gaúcho Juarez Freitas ao definir o princípio da probidade administrativa: "O princípio da probidade administrativa consiste na proibição de atos *desonestos* ou *desleais* para com a Administração Pública, praticados por agentes seus ou terceiros" ("Do princípio da probidade administrativa ...", *BDA* julho/1996, p. 437 – grifamos).

O agente público que, em virtude de mera interpretação equivocada da lei, pratica ato inválido, mas o faz com a convicção de estar dando fiel cumprimento à regra de competência, obviamente não pratica ato de improbidade. É ímprobo o agente que viola o ordenamento jurídico de modo desonesto; que busca, com o exercício de sua autoridade, deliberadamente desviar-se dos fins traçados na lei.[10]

Desta forma, a simples ação em desacordo com a lei não implica a prática de conduta ímproba.[11] Esta só se faz presente quando houver, por assim dizer, uma nulidade *qualificada* pela má-fé do agente.

10. Consulte-se Juarez Freitas: "De outra parte, numa adequada e percuciente intelecção, em especial do art. 11 do diploma em exame, não se devem aplicar as sanções cominadas às condutas culposas leves ou levíssimas, *exatamente em função do* telos *em pauta e por não se evidenciar, em situações semelhantes, a improbidade, sequer por violação aos princípios*. Postula-se, mais do que coibir o dano material, inibir a infringência, por si mesma nefasta, do princípio da moralidade, seja pelo agente público ou por terceiro, punindo-os com a imposição de penalidades severas, incompatíveis com a culpa leve ou levíssima" ("Do princípio da probidade administrativa ...", *BDA* julho/1996, p. 437 – grifamos).

11. A dicção do art. 11, pela sua amplitude, pode levar, numa primeira análise, à impressão de que todo e qualquer ato nulo – *por ser contrário ao princípio da legalidade*, que é protegido expressamente pelo referido dispositivo – seria um ato de improbidade administrativa. Essa interpretação, porém, é equivocada. Entender o dispositivo dessa maneira conduziria a situações absurdas. Basta lembrar que, se assim fosse, o uso pelo administrador da competência de anular seus próprios atos implicaria a confissão de conduta de improbidade, sujeita às gravíssimas penas da Lei 8.429/1992. Isto, na prática, eliminaria a possibilidade de o administrador atuar como revisor de seus próprios atos; os pedidos de reconsideração fundados em questões de legalidade seriam inócuos, pois não haveria quem assumisse espontaneamente o ônus de uma conduta ímproba – e assim por diante, causando uma cadeia de conseqüências que desmancharia o sistema de atuação dos agentes públicos, de controle interno da Administração Pública etc. Na verdade, quando o art. 11 da Lei 8.429/1992 prevê a ofensa ao princípio da legalidade, como hipótese de conduta ímproba, não se referiu à prática de qualquer ato ilegal, mas a uma espécie deles. O tipo descrito se dirige contra os atos *deliberadamente* ilegais.

Neste sentido: "Deve ser enfatizado que as condutas enumeradas nos sete incisos do art. 11 não autorizam cogitar do elemento subjetivo que as motiva, sendo todas presumidamente dolosas. Aliás, pela redação dos tipos já se evidencia que tais atitudes *pressupõem a consciência da ilicitude e a vontade de realizar o ato antijurídico*" (Marino Pazzaglini Filho, Márcio Fernando Elias Rosa e Waldo Fazzio Jr., *Improbidade Administrativa — Aspectos Jurídicos da Defesa do Patrimônio Público*, São Paulo, Atlas, 1996, p. 112 – grifos nossos).

Contudo, dúvida poderá persistir em razão da amplitude do tratamento dado à matéria pela Lei 8.429/1992. Deveras, a lei instituiu três classes diferentes de ato de improbidade – sem jamais defini-la, repita-se –, todas elas bastante amplas. No art. 9º cuidou dos atos de improbidade que importam enriquecimento ilícito; no art. 10, dos atos que causam prejuízo ao erário; por fim, no art. 11 estabeleceu a classe mais abrangente de todas: a dos atos que atentam contra os princípios da Administração Pública (dentre estes, o da legalidade).

Seguindo cada artigo, a lei traz um rol de situações em que as respectivas hipóteses de improbidade estariam *notadamente* configuradas. A dúvida que a norma propõe é a de saber se os incisos que completam os referidos artigos constituem, por si sós, tipos completos e autônomos de improbidade administrativa, ou se eles só se perfazem com a conjunção de outras circunstâncias exteriores (contidas no *caput* dos artigos ou no próprio conceito de improbidade administrativa, extraído do ordenamento).

A questão ganha relevo em face da falta de técnica na elaboração legislativa no presente caso. A lei mistura situações em que um determinado inciso esgota perfeitamente o tipo com outras em que a hipótese mencionada visivelmente exige complemento.

O inciso I do art. 9º é exaustivo: "receber, para si ou para outrem, dinheiro, bem móvel ou imóvel, ou qualquer outra vantagem econômica, direta ou indireta, a título de comissão, percentagem, gratificação ou presente de quem tenha interesse, direto ou indireto, que possa ser atingido ou amparado por ação ou omissão decorrente das atribuições do agente público". O preceito apresenta hipótese completa do tipo "improbidade administrativa que importa enriquecimento ilícito"; pois receber vantagens de terceiros para fazer ou deixar de fazer algo de sua competência é ato frontalmente contrário à moral administrativa e propicia, ao mesmo tempo, enriquecimento ilícito do agente público infrator.

De outro modo, o inciso V do art. 11 diz, apenas, "frustrar a licitude de concurso", deixando a configuração do restante do tipo (atos que atentam contra os princípios da Administração Pública) para o *caput* do artigo e para o próprio conceito de improbidade administrativa. Assim, nem todo ato que frustre a licitude de um concurso será ato de improbidade administrativa; mas só aquele que, frustrando-a, também viole princípios da Administração Pública, tornando-se, por essa conjunção de fatores, ato ímprobo.[12]

Neste sentido já se pronunciou o STJ, em decisão que firma jurisprudência. Confira-se:

"Administrativo – Responsabilidade de prefeito – Contratação de pessoal sem concurso público – Ausência de prejuízo. Não havendo enriquecimento ilícito e nem prejuízo ao erário municipal, mas inabilidade do administrador, não cabem as punições previstas na *Lei n. 8.429/1992. A lei alcança o administrador desonesto, não o inábil.* Recurso improvido" (1ª T., REsp 213.994-MG, rel. Min. Garcia Vieira, j. 17.8.1999, v.u. – sem grifos no original)

Em virtude dessas circunstâncias, o intérprete, ao se deparar com uma situação concreta, necessita verificar não apenas a realização da hipótese constante de um dos incisos da referida lei, mas também – e principalmente – se o caso concreto se enquadra no *tipo completo* do ato de improbidade em questão.

Como já foi dito, são três as classes de atos de improbidade administrativa determinados pela Lei 8.429/1992: a dos que importam enriquecimento ilícito (art. 9º); a dos que causam prejuízo ao erário (art. 10); e a dos que atentam contra os princípios da Administração Pública (art. 11).

Quanto aos dois primeiros tipos, sua aplicação está adstrita, além de à improbidade em si, a condicionantes mais objetivas: *(a)* haver um enriquecimento ilícito e *(b)* haver prejuízo ao erário. No último caso, todavia, a questão é mais complexa, pois as condicionantes da improbidade também são vagas; a saber, a hipótese da norma está caracterizada como "a ação ou omissão que viole os deveres de honestidade, imparcialidade, legalidade e lealdade às instituições".

12. Raciocínio semelhante foi desenvolvido por Benedicto Porto Neto e Pedro Paulo de Rezende Porto Filho no artigo "Violação ao dever de licitar e a improbidade administrativa" (in Cássio Scarpinella Bueno e Pedro Paulo de Rezende Porto Filho (coords.), *Improbidade Administrativa* – ..., 2ª ed., pp. 112-116) no qual defendem que não é a mera desobediência ao dever de licitar que conduz à improbidade, mas somente a desobediência ocasionada pela má-fé do agente. Na mesma linha, Vera Scarpinella Bueno sustenta que o uso indevido da imagem em publicidade oficial somente caracteriza ato de improbidade se for comprovada a má-fé do agente ("O art. 37, § 1º, da Constituição Federal e a Lei de Improbidade Administrativa", artigo constante da obra conjunta já citada, pp. 430-437).

O ponto comum que os une é justamente o fato de todos demandarem a prática de um *ato de improbidade*. Não basta tratar-se de ato que provoque um enriquecimento ilícito, ou um prejuízo ao erário, ou que atente contra os princípios da Administração Pública. Necessário se faz que seja um *ato de improbidade*, a provocar tais conseqüências.

No caso de decisão colegiada, cada diretor pode assumir um, de dois possíveis papéis. Pode ser que lhe seja atribuída a responsabilidade pela matéria objeto de deliberação – e, por isso, assuma maiores deveres quanto ao conteúdo das informações que balizarão a decisão dos demais. Ou, caso não seja o responsável direto pela matéria, passa a ter postura de análise e verificação em relação ao tema exposto, decidindo com base na convicção formada em torno das informações fornecidas por intermédio do órgão incumbido da matéria.

Numa ou noutra situação, há necessidade de o comportamento do agente ser *analisado individualmente*, para avaliar se houve improbidade. Não é porque se trata de decisão colegiada que a imputação de improbidade deva, necessariamente, ser aplicada a todos os participantes da decisão. A imputação de improbidade deve ser feita, mesmo nesses casos, levando em conta a conduta individualizada de cada agente público envolvido.

Sendo assim, a questão primeira e central para a análise da presente situação é saber se, numa decisão concreta, houve ou não prática de *ato de improbidade* por parte dos agentes envolvidos.[13]

Conforme já foi dito, para que um ato seja considerado ímprobo precisa apresentar mais do que a objetiva desconformidade com a lei. É necessário que o agente, ao praticá-lo, tenha apresentado o *ânimo* de violar a lei ou assumido conscientemente o risco de fazê-lo; a *intenção* de desatender aos princípios norteadores da atividade administrativa; tenha, enfim, praticado *ato de má-fé*, especialmente repugnado pelo Direito. *A improbidade é constatada na análise subjetiva do móvel do agente, e não no simples confronto objetivo do ato com a lei.*

13. Os qualificativos dados pela lei – ato que *importa enriquecimento ilícito*; ato que *causa prejuízo ao erário*; e ato que *atenta contra princípios da Administração Pública* – só podem ser verificados após essa análise preliminar. Sem que esteja presente essa condição necessária – existir um ato de improbidade –, obviamente, não se cogita de verificar a presença dos qualificativos.

É certo que, na maioria das vezes, a *intenção do agente* é um dado de difícil verificação. Não obstante isso, a caracterização da improbidade exige seu exame. É injurídico – por violar o próprio conceito constitucional de improbidade – tentar caracterizá-la de modo puramente objetivo.

A solução para contornar essa dificuldade é verificar aspectos do ato praticado que possam ter relação com o *móvel* do agente, ou, quando menos, que possam servir de indício forte e seguro para inferi-lo. Saber se a decisão foi motivada; quais as razões invocadas para a decisão; se o procedimento de instrução seguiu o rito previsto; se a matéria sob apreciação era razoável do ponto de vista operacional e legal; se a decisão, independentemente das circunstâncias, implicaria benefício indevido a terceiros; se a Administração realmente necessitava deliberar a matéria em questão – todos esses são caminhos para revelar o *móvel* do agente na prática de ato submetido à deliberação colegiada. Esses, aliás, são dados que se esperam disponíveis em processo administrativo ou judicial destinado à verificação de improbidade.

Sendo assim, cumpre identificar em que situações o diretor de empresa estatal pode ser responsabilizado por decisões colegiadas das quais tenha participado. É o que será visto no tópico a seguir.

4. Responsabilidade por decisão colegiada

Em que medida um diretor que aprova relatório ou parecer é responsável pelo conteúdo das informações que lhe foram dadas?

Ao decidir com base em informação que posteriormente se constata equivocada, o diretor assume a responsabilidade pelo erro?

Tais indagações não admitem respostas simplistas ou reducionistas, do tipo: "Os diretores, nesses casos, são *sempre* responsáveis, em virtude da natureza do cargo que ocupam". Ou – o que implicaria, do mesmo modo, uma redução do problema posto, defender: "*Nunca* os diretores poderão ser responsabilizados por atos praticados por terceiros".

Não são cabíveis respostas absolutas em matéria de responsabilização de diretor, principalmente aquela derivada de decisão colegiada. Isto se dá em virtude do caráter subjetivo que qualquer tipo de responsabilidade a ser aplicada a agente de empresa estatal tem que apresentar.

Deveras, como já foi demonstrado em tópico anterior, a responsabilização de agente público decorre necessariamente de um comportamento culposo (culpa em sentido amplo, envolvendo o dolo, a imperícia, a imprudência e a negligência); ou seja, somente com a violação de um dever jurídico um agente poderá ser responsabilizado. Sendo assim, não é possível *a priori* excluir ou aplicar a responsabilidade ao agente que participa de decisão colegiada. Faz-se necessária, portanto, uma verificação individualizada de cada caso para saber se naquele episódio específico houve comportamento culposo do agente (ensejador de sua responsabilização).

Alguns critérios podem ser destacados para a identificação dessa culpabilidade.

Um primeiro aspecto relevante diz respeito à natureza do dever jurídico imposto ao diretor em relação à matéria específica a ser analisada. Determinados assuntos, por previsão legal ou estatutária, podem assumir um alto grau de importância no plexo de atribuições do agente, demandando sua responsabilidade integral sobre tal matéria. São casos excepcionais, em que se cria dever jurídico específico de zelar pela prática de determinados atos, tidos como essenciais. Assim ocorre com o dispositivo da Lei das S/A que atribui responsabilidade solidária aos administradores pelos prejuízos decorrentes do descumprimento de normas legais impostas para assegurar o regular funcionamento da companhia (art. 158, § 2º, já mencionado em tópico anterior). Neste caso considerou-se especial o dever de zelar pelo regular funcionamento da companhia, e sob tal assunto surgiu responsabilidade mais intensa. Na hipótese de descumprimento, independentemente da participação direta do agente, ele há de ser responsabilizado por sua omissão em zelar pela observância de tais regras.

Na maioria dos assuntos, porém, o nível de exigência legal e estatutariamente estabelecido é outro. Quer-se, nas matérias comuns de deliberação da companhia, que o diretor decida diligentemente as questões que lhe são levadas, mas não se impõe o mesmo dever (responsabilidade) presente naquelas matérias especiais.

Para aferir o papel dos diretores na deliberação sobre tais matérias, ditas comuns, é fundamental levar em consideração a divisão interna de competências existente em qualquer estrutura burocrática, inclusive a empresarial.

Não se concebe que, em complexas estruturas funcionais, um só agente ou um grupo seleto de agentes (no caso, diretores) seja responsável diretamente por todos os atos praticados em nome da pessoa jurídica representada (empresa). Torna-se praticamente imprescindível uma divisão interna de competências, abarcando as diversas atribuições vinculadas à entidade.

Seja em função da matéria a ser tratada, seja em função de posições hierárquicas, são criadas unidades de competência, nas quais pessoas físicas (agentes) serão incumbidas de agir em nome da empresa. Assim, surgem divisões para tratar dos mais variados assuntos: Recursos Humanos, Finanças, Contabilidade, Direito, Contratos etc. Dentro de cada estrutura funcional, por sua vez, também é factível a existência de subdivisões, muitas delas obedecendo a escala hierárquica, com cargos de chefia (superintendentes, gerentes – entre outras denominações que podem ser usadas) e outros de natureza operacional (secretários, auxiliares de escritório etc.).[14]

14. A divisão de competências entre órgãos dentro de uma mesma entidade está presente em qualquer modelo de organização administrativa e envolve tanto órgãos de composição individual quanto coletiva. Assim funciona a divisão de competências numa mesma entidade, segundo a lição do professor Paulo Otero, da Faculdade de Direito de Lisboa:

"A circunstâncias de as entidades integrantes da Administração serem pessoas colectivas significa que as mesmas apenas são susceptíveis de manifestar a sua vontade através de *órgãos*. Cada órgão, ao expressar uma vontade juridicamente imputável à pessoa colectiva onde se encontra integrado, exerce um conjunto de poderes jurídicos tendentes à realização das atribuições da respectiva entidade pública. Esse conjunto de faculdades jurídicas confiadas a cada órgão constitui a sua *competência*. Configurada a competência como fracção da capacidade da pessoa colectiva atribuída a cada órgão, a norma legal através da qual a referida atribuição é efectuada traduz-se, simultaneamente, numa autorização para a produção de actos jurídicos e num limite à actividade do órgão. A função limitativa da norma de competência assume um caráter bifrontal: (*a*) determina em que medida a actividade do órgão se insere nas atribuições da respectiva pessoa colectiva; (*b*) delimita a esfera de acção de cada órgão face aos demais do mesmo ente. A existência de uma pluralidade de órgãos no âmbito de qualquer ente público determina a distribuição e delimitação de áreas de competência. Paralelamente, coloca questões respeitantes ao posicionamento e relacionamento dos órgãos entre si" (*Conceito e Fundamento da Hierarquia Administrativa*, Coimbra, Coimbra Editora, 1992, pp. 29-33).

A cada unidade de competência corresponde, para o agente que a ocupa, uma responsabilidade própria derivada do exercício dessa função específica. Não obstante essa correlação básica, é possível vislumbrar responsabilidades sobrepostas em decorrência do nível hierárquico: o agente de unidade superior respondendo por atos praticados por agentes que lhe são subordinados. Essa última forma de responsabilização, porém, não é a regra, dependendo de expressa fixação, legal ou estatutária, para que exista. O mesmo ocorre quando se trata de decisão colegiada tomada com base em instrução a cargo de outros órgãos.

É possível que os agentes integrantes do colegiado respondam indiretamente pelos equívocos produzidos por terceiros, mas esta não é regra.

A título de exemplo, imagine-se o caso de deliberações de diretoria tomadas em reunião em cuja pauta se insira a análise de processos, já instruídos com os documentos relativos ao assunto em pauta, seu detalhado exame pelo setor competente, bem como o relatório do diretor da área, a ser submetido a discussão e deliberação. Em casos tais seria inconcebível que cada diretor fosse obrigado a aferir pessoalmente a exatidão de todas as informações que lhe foram fornecidas pelos órgãos de instrução competentes. Isto é, seria inviável impor ao diretor de uma instituição o dever de revisar toda e qualquer matéria que lhe fosse submetida. Seria o mesmo que neutralizar qualquer efeito prático de uma desconcentração administrativa, de uma divisão de competências, pois, se tal responsabilidade existisse, a cúpula da estrutura burocrática voltaria a concentrar todas as atividades a cargo de seus subalternos.

Se matéria de índole ordinária – como, por exemplo, a aferição de preços no mercado para reajustamento de contratos – for competência de uma dada diretoria, que se serve de órgão técnico para instruir o processo e depois aprova os dados ali fornecidos, submetendo-os à deliberação colegiada, não há como responsabilizar os demais integrantes da diretoria pela comprovação das informações prestadas pelo órgão técnico competente e submetidas à apreciação colegiada com a aprovação da diretoria especificamente responsável. Em casos tais, a atuação dos demais integrantes da diretoria limita-se a verificar a observância formal do procedimento exigido, cabendo-lhe responsabilidade pelo conteúdo das informações prestadas apenas na hipótese de comprovação de conluio.

Sendo assim, parece possível afirmar que a responsabilidade do diretor por atos de terceiros somente seria aplicável se este tivesse agido com culpa na aceitação de informações equivocadas.[15] Sustentar o oposto significaria transformar o diretor de uma empresa em seu segurador universal. Criar-se-ia um ônus extraordinário e incompatível com o exercício de qualquer função dentro de uma administração descentralizada.

Mas isso tudo não significa dizer, por outro lado, que os órgãos de direção e seus agentes estejam isentos de qualquer espécie de responsabilidade por aprovarem atos incorretos ou deliberarem com base em informações equivocadas de órgãos inferiores. Há o dever de exame acurado das informações apresentadas. Assim, caso erro crasso seja cometido, ou regras básicas de procedimento não sejam atendidas, ou tenha havido conluio entre a direção e os órgãos de instrução na armação de uma fraude, os diretores envolvidos serão passíveis de responsabilização (que pode ser, conforme o caso, patrimonial, administrativa – incluindo os efeitos da Lei de Improbidade – ou até mesmo penal).

A responsabilização de diretores, nesses casos, mostra-se análoga à responsabilização de agentes do conselho de administração numa sociedade por ações. É o que se percebe nos precisos comentários de Modesto Carvalhosa:

"Aplica-se ao órgão e a seus membros o princípio dispositivo processual, ou seja, de que as deliberações do conselho de administração têm por base os fatos, atos e negócios constantes dos relatórios, informações e comunicações fornecidos pelos diretores, valendo, na espécie, o princípio: 'Quod non est in actis nos est in mundo'.

"Os elementos para a convicção do conselho são aqueles que constam dos documentos e informes verbais dados pelos próprios diretores ou membros do conselho fiscal ou consultivo da companhia, sem embargo dos que advierem de acionistas ou de terceiros com legítimo interesse nos negócios

15. Ressalte-se que esta é a noção prevista no art. 158, § 1º, da Lei das S/A: "O administrador não é responsável por atos ilícitos de outros administradores, salvo se com eles for conivente, se negligenciar em descobri-los ou se, deles tendo conhecimento, deixar de agir para impedir a sua prática".

da sociedade. Nenhuma responsabilidade terão os conselheiros por atos, fatos ou negócios praticados pelos diretores com abuso de poder ou infringência da lei ou do estatuto que sejam sonegados ao conhecimento formal do órgão colegiado.

"Em conseqüência, prevalece para os efeitos da responsabilidade coletiva dos membros do conselho de administração o preceito contido na primeira parte do § 1º da norma, ou seja: os membros do conselho não são responsáveis por atos ilícitos dos diretores, salvo se com eles forem coniventes, se negligenciarem em descobri-los ou se, deles tendo conhecimento, deixarem de agir para impedir sua prática.

"Entender-se de outra forma significaria o estabelecimento de iniqüidade permanente, representada pela responsabilidade solidária dos membros de um órgão – o conselho de administração – por atos de outro órgão — a diretoria. Ora, a diretoria constitui órgão distinto da administração, com funções diversas das que cabem ao conselho. Atribuir-se a este órgão responsabilidade por atos praticados individualmente pelos diretores, a não ser que se configure conivência ou negligência, seria totalmente injusto e antijurídico."[16]

Mais uma vez é útil ilustrar o que se afirma. Imagine-se deliberação a ser tomada com base em perícia técnica (seja ela contábil, financeira, mercadológica ou qualquer outra). O diretor incumbido de decidir tal matéria tem por obrigação verificar as informações que lhe foram fornecidas e, com base em sua avaliação, decidir o caso concreto. Não lhe cabe refazer perícias, verificar materialmente a ocorrência, ou não, dos fatos relatados, posto que tal incumbência constitui atribuição dos órgãos de instrução competentes. Isso, porém, não o exime de verificar a coerência e a plausibilidade das informações constantes da instrução e, na hipótese de erro evidente, determinar sua correção, sob pena de ser responsabilizado por agir de modo negligente.[17]

16. *Comentários ...*, vol. 3, p. 308.

17. Neste sentido é a ponderação de Welzel (concebida para o âmbito penal, mas perfeitamente aplicável à problemática em exame), segundo o qual a culpa estaria caracterizada "a partir do instante em que não se tenha manifestado o cuidado necessário nas relações com outrem, ou seja, a partir do instante em que não corresponda ao comportamento que teria adotado uma pessoa dotada de discernimento e prudência, colocada nas mesmas circunstâncias que o agente" (*apud* Damásio E. de Jesus, *Direito Penal – Parte Geral*, 14ª ed., 1º vol., São Paulo, Saraiva, 1990, p. 253).

São exemplos de erros evidentes: a ausência de um laudo necessário ao processo de instrução, a cotação de um produto distinto do solicitado (sem justificativa), a proposta de solução esdrúxula para um caso concreto.

O mesmo se pode afirmar em relação ao exame de pareceres jurídicos. O diretor não tem o dever de contestar ou contra-argumentar pareceres jurídicos elaborados pelo departamento competente, mesmo que, eventualmente, possua alguma formação jurídica. A análise, também nesse caso, é transferida a órgão de natureza técnica: a consultoria jurídica (ou órgão similar). Apenas em situações em que houvesse evidente equívoco no posicionamento jurídico sugerido – seja em decorrência de erro fático explícito e notável, seja em decorrência de interpretação da legislação que, mesmo ao olhar leigo, possa ser taxada de absurda – caberia exigir do integrante de diretoria contestar um parecer jurídico apresentado pelo órgão competente.

Sobre o tema merece transcrição trecho de parecer do ilustre professor Celso Antônio Bandeira de Mello no qual examina questão semelhante:

"Cifrando-nos ao tema dos *pareceres técnicos* (nos quais se incluem, pois, os jurídicos), restará saber quais as conseqüências, para o agente da Administração ativa, se, afinal, o ato decisório vier a ser considerado inválido *(a)* no caso de haver-se afastado das conclusões do parecer obrigatório e *(b)* no caso de haver atuado em sua conformidade.

"Parece-nos fora de dúvida que na primeira hipótese, vindo a ser considerado inválido o ato praticado em *desconformidade com parecer técnico* (e cujo vício se relacione com questão ou aspecto objeto da manifestação do parecer), caberá responsabilização do agente que expediu o ato decisório, pois, em tal caso, *ficará evidenciado que agiu (pelo menos) com culpa*, porquanto terá desatendido a conclusões em relação às quais não tinha habilitação *funcional* para contender com conhecimento de causa. É óbvio, de outra parte, que, se o ato decisório for considerado válido, não terá por quê ser responsabilizado.

"Se, diversamente, houver atuado na conformidade do parecer técnico, entendemos também fora de dúvida que *descaberá responsabilizar o agente* que praticou o ato decisório se, a final, dito ato vier a ser considerado inválido por razões relacionadas com tópico objeto das conclusões do parecer. É que, em tal caso, seu comportamento terá sido estribado em conclusões *a respeito das quais não tinha, funcionalmente ou sequer de fato, conhecimento de causa para decidir e que foram fornecidas por quem as possuía.* Logo, não se poderá derivar diretamente daí *imprudência, negligência ou imperícia,* vale dizer, culpa. (...).

"Solução diversa conduziria ao absurdo. Deveras, implicaria responsabilizar alguém que, adstrito a agir com base em noções *estranhas à sua área funcional de conhecimentos e, demais disto, obrigado a buscar socorro nelas,* decidiu-se na exata conformidade das conclusões *legalmente previstas como instrumentais de sua ação.* Bem se vê, então, que admitir responsabilização por ato decisório praticado em tais termos implicaria responsabilizar dado sujeito por conclusões alheias que haviam sido previamente supostas na lei como necessárias para iluminação da conduta administrativa"[18] (os grifos constam do original).

Parece conveniente, por fim, separar a responsabilização decorrente do mau desempenho de função por integrante de órgão colegiado de outro tipo de responsabilidade que pode incidir em virtude da natureza jurídica da empresa em questão (estatal): a derivada da Lei de Improbidade Administrativa.

No primeiro caso tem-se unicamente responsabilidade patrimonial, derivada do mau desempenho da função de administrador de empresa. A responsabilização decorre da aplicação de leis e normas (inclusive estatutárias) de natureza civil, por assim dizer. São regras construídas no sistema de direito privado e visam à proteção da pessoa jurídica em face das pessoas físicas (agentes) que atuam em seu nome. Para que ocorra a incidência de tal responsabilidade basta que haja culpa (em sentido amplo, incluindo a imprudência, a imperícia e a negligência) do agente na tomada de uma determinada decisão.

Situação distinta é a da responsabilidade derivada da Lei de Improbidade Administrativa. Neste caso, como salientado no tópico anterior, é imprescindível a comprovação da intenção do agente de praticar ato ilícito para que seja caracterizado o ato de improbidade. Se for caracterizada a improbidade, além de sanções de índole patrimonial, é possível que outras sejam impostas, como, por exemplo, a perda de direitos políticos, de cargo ou de emprego público. Nesta linha, é importante frisar que a aplicação da primeira espécie (a responsabilidade puramente patrimonial) não implica necessariamente a incidên-

18. "Atos administrativos – Responsabilidade de autoridade pública", *Revista Jurídica de Osasco* 4/211-212, 1999.

cia desta última (a responsabilidade derivada da Lei de Improbidade Administrativa).

Tendo em vista o exposto, é possível afirmar que, numa decisão colegiada, o agente participante da deliberação conjunta somente será responsabilizado se houver comprovação de conduta culposa de sua parte.[19] Nos casos em que tais decisões forem tomadas com base em informações posteriormente tidas como equivocadas, a necessidade de comprovação de culpa do agente integrante do órgão colegiado persiste. Em tais casos a culpabilidade é caracterizada apenas se o erro de informação for possível de ser detectado apenas com a verificação dos dados fornecidos (realizada conforme *padrão médio do homem comum*), ou, de outra forma, se comprovado conluio entre o agente do órgão superior e os agentes incumbidos da instrução.

Sendo assim, não se pode ter como exigível o dever de revisão geral, por parte do diretor, das informações prestadas por órgãos de instrução. O diretor é competente, em suma, para apreciar as informações prestadas, e com base nelas decidir. Os erros ocultos porventura existentes são imputáveis aos agentes diretamente incumbidos de desempenhar a atividade de instrução. Exceção é feita quando se trata de erros evidentes e passíveis de detecção por exame de pessoa diligente (padrão normal de conduta exigível). Neste último caso seria possível imputar responsabilidade a diretores com base na culpa (negligência no exame da matéria). A outra hipótese de responsabilização decorreria da intenção de agir ilicitamente (dolo), o que poderia ocorrer na hipótese de haver deliberado intuito de ocultar erro ou participação direta, através de conluio, na produção da informação equivocada.

5. Conclusões

5.1 Analisando em abstrato a situação de um dirigente de empresa estatal, é possível antever a incidência de três formas distintas de responsabilização. Duas decorrem dos sistemas jurídicos principais

19. "A culpa deve ficar provada acima de qualquer dúvida, não se aceitando presunções ou deduções que não se alicercem em prova concreta e induvidosa (TACrimSP, Ap. 152.137 e 114.761, *RT* 504/381)" (*apud* Celso Delmanto, *Código Penal Comentado*, 1ª ed., Rio de Janeiro, Renovar, 1986, p. 32).

de regulação da atividade de um dirigente de empresa estatal: o direito societário e o direito administrativo. Em virtude da aplicação de um, tem-se a responsabilidade civil (aquiliana) do administrador perante a empresa que representa; pela aplicação do outro sistema (o direito administrativo), é possível vislumbrar, sobre o agente público, incidência de responsabilidade funcional, patrimonial e outras decorrentes do regime de proteção do patrimônio e moralidade públicos (como a aplicação de multa e a perda de direitos políticos, sanções previstas na Lei de Improbidade).

Sem embargo da aplicação das duas espécies de responsabilidade anteriores, é possível que incida ainda a responsabilidade penal, na hipótese de conduta tipificada como crime pelo ordenamento jurídico ("crimes do colarinho branco" ou contra o patrimônio público, por exemplo).

Vale ressaltar que as três espécies de responsabilidade possuem uma característica comum: dependem da identificação de culpa (no sentido amplo, abarcando o dolo e a culpa em sentido estrito) na conduta do agente para que sejam aplicadas. Constituem, nestes termos, responsabilidade do tipo subjetiva.

5.2 A improbidade não decorre da mera invalidação de atos jurídicos. Para caracterizá-la é indispensável que se analise a conduta do agente e se constate atitude dolosa de sua parte.

O simples erro na atuação de agente público não é punível pela Lei de Improbidade.

5.3 O integrante de diretoria não é responsável pela instrução dos processos que lhe são submetidos. Sua atribuição restringe-se à verificação e análise das informações que lhe são passadas pelos órgãos competentes. Neste contexto, só lhe seria atribuída responsabilidade por incorreção dos elementos de fato fornecidos se:

(a) os erros fossem identificáveis por meio do regular exame que a função exige (o que não significa realizar verificação material dos fatos, efetuar novas diligências ou perícias, nem tampouco proceder a exame minucioso baseado em conhecimentos técnicos específicos); ou

(b) houvesse participação direta do diretor na formulação da instrução equivocada ou deliberada intenção em ocultar os erros.

5.4 A análise jurídica não apresenta diferença, quanto a esse aspecto, das demais matérias de índole técnica submetidas a instrução. Neste caso, o integrante da diretoria seria passível de responsabilização apenas se a interpretação jurídica submetida à aprovação contrariasse frontalmente o Direito (fosse completamente desarrazoada, de modo a causar espécie até mesmo ao senso comum de pessoas não-especializadas no conhecimento jurídico) ou se fosse comprovada ingerência deste agente na determinação do conteúdo do parecer jurídico (o que poderia caracterizar sua culpa em relação ao resultado proposto no parecer).

O REGIME CONSTITUCIONAL DO RACISMO

CARLOS AYRES BRITTO

1. O racismo enquanto crime. 2. A significação coloquial do substantivo "prática". 3. O substantivo "prática" enquanto comportamento ambivalentemente concreto e abstrato. 4. A diferenciação entre "uso" e "abuso" da liberdade de expressão. 5. A conciliação entre o uso da liberdade de expressão e o direito de não sofrer discriminação. 6. As excludentes constitucionais da abusividade. 7. A significação também coloquial do substantivo "racismo". 8. A ambivalência do termo "racismo". 9. A distinção e ao mesmo tempo a identificação possível entre "raça" e "racismo". 10. O sentido constitucional dos vocábulos "preconceito" ou "discriminação". 11. O preconceito como fator de desigualdade civil/moral. 12. Os modos direto e indireto de ser do racismo.

1. O racismo enquanto crime

1.1 O propósito deste nosso estudo é fixar os contornos constitucionais do racismo – ou seja, ver o modo pelo qual a Constituição versou, por conta própria, o tema da discriminação racial. Sabido que esse vexatório assunto faz parte das mais cuidadosas preocupações da Carta Republicana Brasileira de 1988.

1.2 Com efeito, há um regime diretamente constitucional do racismo. O tema é de berço normativo nobre, e muitos são os aspectos que ressaem dessa normatividade jurídica de *primeiríssimo escalão*; afigurando-se-nos de boa metodologia focar o assunto a partir do próprio dispositivo que tipifica o racismo como crime. É o inciso XLII do art. 5º, cujo teor é o seguinte: "a prática do racismo constitui crime inafiançável e imprescritível, sujeito à pena de reclusão, nos termos da lei".

1.3 De pronto, atina-se com a relevância constitucional do assunto. Dos 77 incisos em que se desdobra o art. 5º da Carta Maior de 1988, apenas 3 são diretamente *criminalizadores* de conduta. São os incisos XLII a XLIV – e um deles, justamente, faz da prática do racismo sua hipótese de incidência. Logo, mais que genérica ou anódina ilicitude, mais que uma caracterizada contravenção penal, *o racismo é crime*. E crime tão inafiançável quanto imprescritível e, ainda, sujeito à pena de reclusão. Tudo por expressa vontade da Constituição.

1.4 Há mais o que dizer, pois no rol dos comportamentos que o Texto Magno categoriza como preconceito (inciso IV do art. 3º) *o único deles assim tachado de criminoso foi o racismo*. Como um pouco mais para a frente voltaremos a comentar.

2. *A significação coloquial do substantivo "prática"*

2.1 Por enquanto, mais importante nos parece conhecer o núcleo semântico ou base significativa do substantivo feminino "prática". É o mesmo que dizer: a palavra de que se valeu o inciso transcrito foi recolhida do vocabulário comum do povo, ou a ela foi emprestado um significado da própria técnica jurídica? Somente explicável, então, à luz de um vocabulário jurídico-positivo?

2.2 A resposta já se patenteia. Nenhum outro elemento da própria Constituição concorre para negar ao termo "prática" aquele sentido de *moeda corrente vernacular*. Aqui, como em tantas outras passagens do seu falar normativo, a *Constituição-cidadã* primou por uma linguagem usual, comum, desde sempre conhecida daquela *massa anônima* de que falava Gilberto Freyre no monumental ensaio de Sociologia e Antropologia brasileira que é o livro *Casa Grande e Senzala*.

2.3 De todos os ramos jurídicos, sem dúvida o direito constitucional é o que mais se utiliza de uma estrutura popular de linguagem, conforme, aliás, tivemos oportunidade de escrever já no distante ano de 1982, na boa e inesquecível companhia do jurista e pensador Celso Ribeiro Bastos. Dissemos, na ocasião:

> "Quanto ao seu revestimento lingüístico de traço coloquial – já foi assinalado –, a Constituição se revela como uma carta de nacionalidade ou estatuto de cidadania, na medida em que dirige o seu discurso normativo a todos os membros da sociedade política – e não apenas a determinados segmentos sociais ou categorias profissionais –, de modo inicial.

"Instrumento inaugural de regulação das vivências coletivas, a Lei Suprema é redigida, em certa medida, à feição de cartilha de primeiras letras jurídicas, incorporando ao seu vocabulário aquelas palavras e expressões de uso e domínio comum. É a primeira voz do Direito aos ouvidos do povo, seu principal endereçado normativo, compondo um discurso que será tanto mais recepcionado quanto se utilize de instrumental terminológico já conhecido."[1]

2.4 Era assim também que doutrinava o tão portentoso quanto pranteado Geraldo Ataliba, pois é dele próprio esta lapidação de jóia de pensamento: "A interpretação constitucional deve ser feita de maneira diversa da do direito ordinário, porque sabemos que no direito constitucional a exceção é o emprego de termos técnicos. Na norma constitucional, havendo dúvida sobre se uma palavra tem sentido técnico ou significado comum, o intérprete deve ficar com o comum, porque a Constituição é um documento político; já nos setores do direito ordinário a preferência recai sobre o sentido técnico, sendo que a acepção comum só será admitida quando o legislador não tenha dado elemento para que se infira uma acepção técnica".[2]

3. *O substantivo "prática" enquanto comportamento ambivalentemente concreto e abstrato*

3.1 Pois bem, é ainda no senso comum das pessoas que o verbete "prática" assume o inequívoco sentido de fazer, agir, dizer, produzir, e tudo o mais que se traduza no fato de o ser humano sair de si mesmo. Atuar. Vir à tona da existência. *Experienciar* a vida, enfim, sem a sutileza da distinção entre a postura abstrata e solitária do escrever e a postura concreta e social do agir, pois ambas as formas de extrapolação do puro psiquismo humano são materializações de conduta; quer dizer, tudo é comportamento, interação, empirismo existencial, trajetória de vida em recíproca interferência.

3.2 Por esse prisma do mais generalizado sentido da palavra serve-se melhor ao desígnio constitucional de combater o preconceito racial. Cumpre-se bem mais o imperativo hermenêutico da efetivi-

1. Celso Bastos e Carlos Ayres Britto, *Interpretação e Aplicabilidade das Normas Constitucionais*, São Paulo, Saraiva, 1982, pp. 24-25.
2. *Elementos de Direito Tributário*, São Paulo, Ed. RT, 1978, p. 238.

dade da Constituição. Pois a tipificação do racismo passa a ocorrer tanto por palavra quanto por ação. Palavra escrita ou oral. Ação que signifique realizar um trabalho, produzir uma obra, exteriorizar uma opinião, *mimetizar* ou *gestuar* uma comunicação. Só escapa mesmo da increpação – lógico – o ato psíquico de pensar. Uma vez que "pensar não ofende" – é o que se diz amiúde –, desde que o pensador permaneça mudo ou evite gesticulação inequivocamente reveladora de propósito relacional discriminador.

3.3 Não se fale, porém, que esse modo mais à solta de interpretação padece do defeito de solapar a base significativa de duas espécies constitucionais de liberdade: a liberdade de manifestar o pensamento (inciso IV do art. 5º, sob esta conhecidíssima dicção: "é livre a manifestação do pensamento, sendo vedado o anonimato") e a de expressar a atividade intelectual, artística, científica e de comunicação (inciso IX do mesmo art. 5º, vocalizado por esta forma: "é livre a expressão da atividade intelectual, artística, científica e de comunicação, independentemente de censura ou licença"). Assim não se argumente, porquanto ilusório é esse temor de ver privados de espaço de incidência os dois estelares modelos de autonomia de vontade. Como passamos a demonstrar, de imediato.

4. A diferenciação entre "uso" e "abuso" da liberdade de expressão

4.1 Que a *Lex Maxima* declara e garante a liberdade de expressão é juízo que ninguém desconfirma. Liberdade tanto para manifestar o pensamento (exteriorizá-lo, portanto) como para expor o fruto da atividade artística, intelectual, científica ou de comunicação. Ponto pacífico. Uma coisa, porém, é a liberdade de que desfruta *quem quer que seja para dizer o que quer que seja* (em poema antigo, cheguei a trocadilhar que *a liberdade de expressão é a maior expressão da liberdade*) ou, ainda, para *trazer à ribalta* suas incursões pelos domínios da Arte, do Intelecto, da Ciência ou da Comunicação; outra coisa, bem diferente, é o titular dessas liberdades ficar imune a resposta por eventual agravo a terceiros, ainda que não intencionalmente cometido. Ou, pior ainda, deixar de responder pelos abusos em que vier a incorrer, deliberadamente.

4.2 Deveras, o que a Lei das Leis garante a cada ser humano é um espaço apriorístico de movimentação: o uso da respectiva autonomia de vontade para exteriorização do pensamento (vedado tão-somente o anonimato) e da atividade artística, estética, científica e de comunicação. O abuso e o agravo são questões que somente *a posteriori* se colocam. E para combatê-los é que a Lei Republicana prevê dois específicos dispositivos: *(a)* o inciso V do art. 5º, segundo o qual "é assegurado o direito de resposta, proporcional ao agravo, além da indenização por dano material, moral ou à imagem"; *(b)* o inciso X do mesmo art. 5º, a saber: "são invioláveis a intimidade, a vida privada, a honra e a imagem das pessoas, assegurado o direito a indenização pelo dano material ou moral decorrente de sua violação".

4.3 Agravo e abuso passam a ser ventilados, portanto, já no plano da reação de outrem; sendo que o agravo suscita o exercício de um direito de resposta que nem depende de processo de apuração de transbordamento da originária autonomia de vontade. O abuso, no entanto, pressupõe a constatação processual do transbordamento daquela primitiva autonomia de vontade. Um transbordamento que só é transbordamento por violar uma outra e alheia autonomia de vontade, também juridicamente prezada. Mas a premissa da Constituição é uma só: *não é pela possibilidade de agravo a terceiros, ou de uso invasor da liberdade alheia, que se vai coibir a primitiva liberdade de expressão* (que se define, assim, como liberdade absoluta, nesse plano da incontrolabilidade da sua apriorística manifestação). Sendo que esse fraseado em si – "liberdade de expressão" – alcança as duas tipologias de liberdade: a liberdade de manifestação do pensamento e a liberdade de ação no *quadripartite* domínio intelectual, científico, artístico e de comunicação.

4.4 Pontue-se bem a diferença: do ângulo da autonomia de vontade de quem fala, escreve, gesticula, ou, ainda, de quem produz uma obra de natureza artística, intelectual, científica, ou de comunicação, *o que se tutela de forma até absoluta é o direito mesmo de fazer algo ou passar para outrem uma mensagem, um recado, uma obra.* Transformar em ação ou coisa objetiva algo até então subjetivo. O que se traduz no exercício do direito de não sofrer impedimento ou censura prévia nesse ato mesmo de agir ou de se dirigir a terceiros. E, uma vez operado esse transpasse de um momento psíquico de vida humana para um momento fático de vida social, *realizada fica essa espécie de autonomia de vontade*. Se se prefere, é no instante mesmo de materialização da autonomia de vontade que o direito subjetivo se realiza e a Constituição resta plenamente respeitada. Mas ele – direito subjetivo – tem no próprio instante de sua realização o exaurimento do seu conteúdo; queremos dizer, não incorpora a si a força de bloquear posturas reativas de terceiros eventualmente prejudicados nas respectivas autonomias de vontade.

4.5 Veja-se, então, o outro ângulo, que é o prisma de quem se sente vítima de agravo ou de abuso no exercício da primeira modalidade de autonomia de vontade. Agora, o que se protege é: primeiro, o direito de resposta; segundo, o direito de desencadear um processo de apuração de abusividade, com o fito de responsabilização tanto civil quanto penal (se for o caso) do agente abusivo; pois é óbvio que a tutela penal de certos valores – como a honra pessoal e a não-submissão a práticas racistas, por hipótese – implica a possibilidade de acesso a uma jurisdição especificamente criminal. Para além, portanto, daquele singelo direito de resposta e até mesmo da prefalada reparação civil.

5. A conciliação entre o uso da liberdade de expressão e o direito de não sofrer discriminação

5.1 Não que o sujeito pego em abusividade fique, a partir daí, proibido de reexercitar sua liberdade de pensamento ou de manifestação intelectual, artística, científica ou de comunicação. Não! A abusividade se questiona e se afere é caso a caso, ou a cada nova manifestação de autonomia do primeiro tipo de vontade. Reiniciando-se o ciclo de reclamação, apuração, constatação e apenamento do abuso, acaso empiricamente repetido. Porque somente assim é que se conciliam o direito de uso, de uma banda, e o direito de não sofrer abuso, de outra. É rematar: como não se pode afastar aquela premissa constitucional de que não é pela possibilidade do abuso que se vai coibir o uso, o direito de não voltar a sofrer abuso se resolve, mesmo, é pela repetição do sancionamento do infrator reincidente (pois, ainda que ele se encontre em regime de aprisionamento ou custódia estatal, ainda assim permanece titular do direito à liberdade de expressão).

5.2 As coisas se encaixam. Se o titular da primeira autonomia de vontade pode bater às portas do Judiciário para não sofrer constrangimento apriorístico ou de antemão, valendo-se do lapidar princípio constitucional de que "a lei não excluirá da apreciação do Poder Judiciário lesão ou ameaça a direito" (inciso XXXV do art. 5º), não tem, entretanto, o poder de impedir que terceiros também se valham do mesmo dispositivo maior para reclamar da violação da autonomia de vontade deles, ofendida, precisamente, por efeito da excessiva manifestação da primeira.

5.3 Os dois momentos de licitude são estes: *(a)* o primeiro sujeito de direito não pode ser obstado, por antecipação, quanto à sua liberdade de manifestar ou de voltar a manifestar um pensamento ou, ainda, de desempenhar ou tornar a desempenhar aquelas outras quatro atividades (a literária, a científica, a artística e a de comunicação); *(b)* correlatamente, o segundo sujeito de direito também não pode ser obstado em sua pretensão de punir o autor da conduta extravasante, quantas vezes o extravasamento vier a conspurcar a sua (dele, segundo sujeito de direito) autonomia de vontade.

6. As excludentes constitucionais da abusividade

6.1 Três comportamentos, todavia, são especialmente normados como excludentes da abusividade. Comportamentos ditados por imperativos de consciência e que são, pela ordem com que a Lei Maior a eles se referiu: a crença religiosa, a convicção filosófica e a convicção política. Matéria que também faz parte da altissonante *nominata* dos direitos e garantias individuais, a saber: "ninguém será privado de direitos por motivo de crença religiosa ou de convicção política ou filosófica, salvo se as invocar para eximir-se de obrigação legal a todos imposta e recusar-se a cumprir prestação social alternativa, fixada em lei" (inciso VIII do art. 5º). Logo, de fora parte essa ressalva que se lê na parte final do dispositivo, a liberdade de expressão ganha um decidido reforço constitucional. Desde que utilizada, evidente, numa das três explicitadas esferas da mais íntima subjetividade humana: a crença religiosa, a convicção filosófica e a mundividência ou cosmovisão política.

6.2 É bom repetir: com essas três excludentes de abusividade (espécie de inviolabilidade material) no exercício da liberdade de manifestação do pensamento e das sempre lembradas atividades artística, científica, literária e de comunicação, a Constituição prestigiou três aspectos fundamentais da ontologia humana: o anseio de infinito (que é a busca da religação da criatura ao Criador), a inata curiosidade pela produção de um tipo tão especulativo quanto universalizante do saber (*núcleo duro* de toda investigação filosófica) e, finalmente, a formulação de doutrinas e teorias que tenham na estruturação e funcionalização otimizadas dos Estados e dos Governos seu específico objeto (fórmula simplificada de compreensão da Política enquanto ciência e enquanto arte de governar). Mas com este acréscimo de idéia: a convicção política de que trata o Código dos Códigos é aquela que materializa o fundamento republicano-federativo de nome "pluralismo político" (inciso V do art. 1º). De conseguinte, atividade que ora se contém no fechado conteúdo programático de uma determinada agremiação partidária, ora se exprime numa concepção estritamente pessoal do modo *optimum* de estruturação e funcionalização da *polis* (espaço ideal de materialização das primárias relações entre governados e governantes e, ainda, entre os próprios Estados e Governos soberanos).

7. *A significação também coloquial do substantivo "racismo"*

7.1 Neste novo tópico de tentativa de revelação da vontade constitucional, ajuizamos que também o termo "racismo" foi usado em sentido coloquial. Não foi outra a intenção da Lei Maior senão a de pinçar o vocábulo do próprio linguajar corrente da população. Até como condição de facilitada compreensão e cumprimento de um preceito a que ela – Constituição – emprestou a mais forte coatividade.

7.2 Esse núcleo semântico popular figura em dicionários da Língua Portuguesa e até de outros idiomas. Consultamos alguns e verificamos a ambivalência do termo. Ora ele é usado para se referir à discriminação das pessoas de cor negra, ora é utilizado para se reportar à discriminação desse ou daquele povo de mais pronunciada diferenciação histórico-cultural. Não diferenciação antropológica ou por caracteres físicos, visto que, à luz da Antropologia (como à luz da Genética, da Geografia Humana, da Biologia ou de qualquer outra Ciência Natural), *os homens não se compartimentam em raças*; mas, repisese, uma diferenciação histórico-cultural, resultante de um tipo especial de predomínio como que atemporal: o predomínio do *sangue* sobre o território. É aclarar: seja qual for o território estatal onde se encontrem certos povos de ancestralidade comum, *o elemento de identidade ou da mais íntima agregação dos respectivos membros é tal ancestralidade mesma*. Não o vínculo jurídico de nacionalidade que venha a decorrer das leis vigentes naquele território de domínio de um particular Estado. Nesse sentido, é de se conferir, por amostragem:

I – "(...). O racismo, portanto, não é uma ideologia que tem somente os 'negros' como objeto, o que nos permite levar em conta a observação de que os judeus e irlandeses, por exemplo, foram objeto de ideologias racistas (...)".[3]

II – "(...). A ideologia racista, retomada pelos chefes do Nazismo, resultou no anti-semitismo (...). As teorias racistas não ficaram limitadas à Alemanha; haviam sido utilizadas pelos eslavos, antes de 1914, para fundamentar o pan-eslavismo. Assumiram grande importância nos EUA com o problema dos negros (...)".[4]

III – "(...). Se, através da História, as teorias racistas foram elaboradas sobretudo contra os negros e judeus, não se pode decerto afirmar que só eles têm sido visados (...)".[5]

7.3 Veja-se bem: enquanto vocábulo vulgarmente dicionarizado, o *racismo* é visto como discriminação ou preconceito. Mas uma discriminação ou preconceito que principalmente abarca, na sua esfera de concreta incidência, duas distintas realidades: a realidade dos negros e a realidade daqueles povos (organizados ou não em Estado soberano) que mais se distinguem dos outros por um pronunciado perfil histórico-cultural. É a via de cognição que passamos a palmilhar, sem mais tardança.

8. A ambivalência do termo "racismo"

8.1 Já ficou assentado, linhas atrás, que a *Norma Normarum* vocalizou o termo "racismo" em duas oportunidades (a respeito das

3. Ellis Cashnore, *Dicionário de Relações Étnicas e Raciais*, São Paulo, Summus, 2000, p. 461.
4. *Grande Enciclopédia Delta Larousse*, Rio de Janeiro, Delta, p. 5.648.
5. Norberto Bobbio, Nicola Matteucci e Gianfranco Pasquino, *Dicionário de Política*, trad. de Cármen C. Varriale, Gaetano Lo Mônaco, João Ferreira, Luís Guerreiro Pinto Cacais e Renzo Dini, Brasília, UnB, p. 1.060.

relações internacionais do Brasil e no capítulo dos direitos e deveres individuais e coletivos). Porém, é preciso aduzir que em nenhum desses dois momentos o legislador constituinte se deu ao trabalho de explicitar que tipo de sujeito de direito se encaixaria no âmbito pessoal de incidência da normatividade constitucional. Falou de *racismo*, e só. Como se a palavra fosse auto-explicável quanto àquelas pessoas a quem se visou a proteger da sua (dele, racismo) deletéria prática.

8.2 Num primeiro *golpe de vista* o intérprete fica propenso a sinonimizar *racismo* e *raça*, pelo fato de que este último vocábulo ("raça"): I – foi literalmente citado pelo inciso IV do art. 3º do Código Supremo, de par com outras modalidades de preconceito ("promover o bem de todos, sem preconceitos de origem, raça, sexo, cor, idade e quaisquer outras formas de discriminação"); II – foi também literalmente apartado do vocábulo "cor", no mesmo inciso IV do art. 3º da Constituição, impelindo o exegeta a deduzir que *preconceito de raça* e *preconceito de cor* são figuras jurídicas distintas.

8.3 Ora, se o Código Político Republicano fala de "preconceito de raça" e ainda separa esse preconceito daquele referente a "cor", então, parece lógico inferir que racismo não é preconceito de cor, mas de raça. Unicamente de raça.

8.4 Acontece que esse tipo semanticamente restritivo de interpretação conduz ao paradoxo de negar, a um só tempo: I – a história mesma do Brasil, toda ela tão discriminadora dos negros, que chegou ao cúmulo de fazer da escravidão desses nossos irmãos um instituto jurídico. E que perdurou do início do segundo século do descobrimento do país até a redentora data de 13.5.1888 (daí por que a última lei federal sobre o racismo, a de n. 9.459/1997, é datada de 13 de maio); II – as particularidades do processo constituinte de discussão dos temas afinal positivados na Constituição-cidadã de 1988, sabido que toda a regração atinente ao racismo se deu por inspiração do Movimento Negro e específica proposta dos deputados federais Carlos Alberto Caó e Benedita da Silva, ambos de pele negra. *O mesmo deputado Carlos Alberto Caó – ajunte-se – que tomara a exitosa iniciativa da própria Lei 7.716/1989*; III – a linguagem popular de ontem e de hoje, aqui nesta nossa "Terra de Santa Cruz", que tem o "racismo" como palavra imediata e preponderantemente significativa de preconceito de cor – e cor negra, enfatize-se.

8.5 É isto mesmo. Excluir a negritude do raio de aplicabilidade do comando constitucional vedatório do racismo é pensar e sentir a partir de uma realidade que não é a brasileira. Certamente, não. É não ter ouvido falar sequer do citado livro *Casa Grande e Senzala*, do sociólogo Gilberto Freyre; ou de poemas como *Vozes d'África*, do vate Castro Alves; ou de ensaios como *O Povo Brasileiro*, do antropólogo Darcy Ribeiro – páginas de cuja leitura ainda escorrem o sangue, o suor e as lágrimas de uma gente que, tão-somente pelo azeviche da sua pele, era tratada como *coisa*. Pior, ainda: era tratada como se fosse fera, bicho, animal. "Alimária do universo" ou "pasto universal", como escrito no poema castrense *Vozes d'África*. E de cujo incomparável drama fala e chora e freme e urra de dor e de indignação o monumental poema *O Navio Negreiro*, do mesmo vate sublime da Bahia, como se lê, destes versos que ainda ecoam no tribunal das nossas consciências:

Existe um povo que a bandeira empresta / P'ra cobrir tanta infâmia e cobardia! / E deixa-a transformar-se nessa festa / Em manto impuro de bacante fria!... / Meu Deus! Meu Deus! Mas que bandeira é esta / Que impudente na gávea tripudia? / Silêncio!... Musa... Chora, e chora tanto / Que o pavilhão se lave do teu pranto!...

Auriverde pendão da minha terra, / Que a brisa do Brasil beija e balança, / Estandarte que a luz do sol encerra, / E as promessas divinas da esperança... / Tu, que da liberdade, após a guerra, / Foste hasteado dos heróis na lança / Antes te houvessem roto na batalha, / Que servires a um povo de mortalha!...

Fatalidade atroz que a mente esmaga! / Extingue nesta hora o brigue imundo / O trilho que Colombo abriu na vaga, / Como um íris no pélago profundo! / Mas é infâmia demais!... Da etérea plaga / Levantai-vos, heróis do Novo Mundo! / Andrada! Arranca este pendão dos ares! / Colombo! Fecha a porta dos teus mares!

8.6 Numa frase, o racismo de que trata a Constituição não é excludente da realidade dos negros. Não pode ser. É termo exigente de um tipo histórico-cultural de interpretação que atenta para a mais viva história do povo, da geografia, das instituições e dos costumes do Brasil. E que, se desprezado, terminaria por liberar o crime de discriminação contra ela, a negritude, daqueles dois mencionados fatores de inibição:

a inafiançabilidade e a imprescritibilidade. É, enfim, desconsiderar o que realisticamente ensinou Darcy Ribeiro, com estas palavras: "A característica distintiva do racismo brasileiro é que ele não incide sobre a origem racial das pessoas, mas sobre a cor da pele".[6]

8.7 Urge reconhecer, porém, que é também da tradição brasileira falar-se de "raça" para além da referência aos negros. Embora com bem menor constância e crueldade (ou até, por vezes, de forma elogiosa), a palavra é usada como signo distintivo de outros segmentos humanos, ora na sua virginal condição de "nativos" (situação dos índios), ora tidos como apátridas (caso dos ciganos), ora procedentes de um outro Estado-Nação (caso dos judeus). Donde nos soarem como familiares as expressões "colônia alemã" do Rio Grande do Sul e de Santa Catarina, "colônia italiana" e "colônia japonesa" de São Paulo, "colônia espanhola" da Bahia, e assim avante.

8.8 É nesse contexto brasileiro de multi-racialidade para além da cor da pele (ou seja, não apenas em função da negritude) que os ciganos, por exemplo, têm experimentado o gosto amargo da discriminação; pois seu atávico nomadismo tem servido de escuso pretexto para serem tachados de cabalistas, endogâmicos, desprofissionalizados e pouco afeitos a regras mínimas de higiene corporal, e coisas assim desprimorosas. Modo social de ver que também estigmatiza os nossos índios, não raras vezes injustamente citados como indolentes, vulneráveis a doenças endêmicas e epidemias, indisciplinados para o trabalho e pouco dispostos a permutar suas primitivas crenças politeístas pela doutrina monoteísta e cristã da Igreja Católica Apostólica Romana.

8.9 Um último fundamento em prol dessa abrangência dúplice do termo "racismo" está em que o nosso legislador constituinte laborou num período em que mais fortemente permaneciam na ciência dos doutos e no imaginário popular duas tristemente célebres ignomínias mundiais: *(a)* o *apharteid* que se abatia sobre a população negra da África do Sul; *(b)* a sistemática perseguição genocida que o *Nazismo* empreendera contra o povo judeu que habitava os territórios sob ocupação alemã, no curso da II Grande Conflagração.

6. *O Povo Brasileiro*, São Paulo, Cia. das Letras, p. 225.

9. A distinção e ao mesmo tempo a identificação possível entre "raça" e "racismo"

9.1 De toda maneira, duas afirmativas aparentemente contraditórias tomam corpo: *(a)* racismo não é preconceito de raça, propriamente, se a palavra "raça" for considerada à luz de qualquer das chamadas Ciências Naturais; *(b)* racismo é preconceito de raça – como não? – se o vocábulo "raça" for encarado enquanto modo de falar, sentir e praticar da população nacional. Logo, enquanto modo histórico-cultural de ser brasileiro. *Que é um modo ambivalente*, porquanto incorporador dos negros e dos grupos humanos ainda há pouquinho referidos. Grupos, a seu turno, juridicamente vinculados a um só Estado soberano, ou difusamente domiciliados em muitas outras dessas unidades estatais. Pouco importa.

9.2 Se no inciso IV do seu art. 3º a Constituição de 1988 distinguiu entre o preconceito de raça e o preconceito de cor, foi para falar de "raça" no restrito sentido de grupo ou segmento humano de características histórico-culturais próprias. Inconfundíveis com a de qualquer outro. Mas identificados, todos eles, por uma cor não-negra de pele; isto é, *pela cor da pele sem tonalidade negra.*

9.3 Agora, se a Carta de Outubro já não voltou a falar de "raça", preferindo grafar apenas o termo "racismo" (inciso VIII do art. 4º e inciso XLII do art. 5º), já não foi para separar as duas modalidades de preconceito. *Foi para unificá-las.* Para dizer, em suma, que a prática do racismo é crime em mais de um sentido. Crime contra os indivíduos de cor negra, tanto quanto crime contra os indivíduos pertencentes a um grupamento humano que se personalize por características histórico-culturais inconfundíveis com as de qualquer outro segmento.

10. O sentido constitucional dos vocábulos "preconceito" ou "discriminação"

10.1 Essas noções ainda mais se aclaram se complementadas com a revelação do sentido constitucional dos vocábulos "discriminação" e "preconceito". Que são palavras rigorosamente sinônimas ou equivalentes, porque assim é que está no inciso IV do art. 3º da Carta de Outubro, *in verbis*: "promover o bem de todos, sem preconceitos de origem, raça, sexo, cor, idade e quaisquer outras formas de discriminação".

10.2 Assim também é como os dois verbetes são versados nos dicionários da Língua Portuguesa. E vocalizados pelo homem comum do povo. Com a ressalva, lógico, de que toda discriminação é diferenciação, mas nem toda diferenciação é discriminação.

10.3 No Texto Maior de 1988, contudo, a própria ressalva nem é de ser feita. Aqui, "discriminação" é diferenciação em um único e inequívoco sentido: aquele tipo de diferenciação que marca ou isola negativamente certas pessoas. Que diminui a auto-estima delas. Que faz incidir sobre elas um juízo depreciativo, *aprioristicamente formulado*. Porque traduzido num pré ... conceito! Num conceito prévio, portanto, que se pretende impor à realidade. Não extraído da realidade ou autorizado por ela, como se dá – agora, sim – com a elaboração mental chamada de *conceito*.

10.4 Em palavras outras, *discriminar* ou *preconceitualizar* é conferir a uma dada pessoa um tratamento humilhantemente desigual. Nela introjetando um sentimento de inata hipossuficiência. É dizer, forçando-a a entretecer de modo menos obsequioso – quando não grosseiro de todo –, ou até ostensivamente indigno, as chamadas *relações de base*. Que são as relações que mais definem o perfil de uma sociedade. Por isso mesmo que predominantemente civis, por se constituírem das interações mais comezinhas, mais cotidianas, mais imediatas ou de maior contigüidade, como as que se dão na esfera das seguintes instituições privadas: condomínios, igrejas, escolas, clubes, sindicatos, partidos, praças ou ginásios esportivos e, ainda, empresas do tipo supermercado, farmácia, *shopping*, restaurante, cinema, hotel, bar, mercearia, lanchonete etc. (tal como figurantes, *grosso modo*, da própria Lei federal 7.716/1989). Mas que terminam por *contaminar* aquele tipo de interação que se trava nos próprios recintos que servem de base física para os órgãos e entidades da Administração Pública, tais como postos de saúde, hospitais, estabelecimentos de ensino, rodoviárias, aeroportos, estações ferroviárias e terminais hidroviários (também listados, mais ou menos de forma genérica, pela mesma Lei federal 7.716/1989 como espaços de proibida manifestação de preconceito).

10.5 Esse modo tão acabrunhante quanto desarrazoado de tratar um ser humano é de tamanha gravidade, que o discriminado é como que forçado a se sentir padecente de um *déficit* de dignidade. Ou de cidadania. Como se pertencesse a um subgrupo ou a uma sub-raça. Amesquinhado não no que ele tem, *mas no que ele é*. Experimentando, por conseguinte, um inexplicável sentimento de culpa – espécie terrível de *pecado original social* – e fazendo-o gemer de uma revoltante dor moral. Por vezes mais incômoda que a própria dor física.

10.6 Diga-se mais. A discriminação que teima em persistir por este "lado de baixo do Equador" (Chico Buarque de Hollanda) pode se manifestar de forma tópica ou individual, mas se dá em razão de todo um conjunto humano de que o discriminado faz parte. É o caso típico dos negros, das mulheres, dos deficientes físicos, dos pobres, dos analfabetos e dos idosos. A significar, na prática, um estreitamento de ocupação daqueles espaços de convivência tão naturais quanto imprescindíveis.

10.7 Eis a razão por que tanto se fala, ultimamente, de "ações afirmativas". Ações afirmativas de quê? Ações afirmativas da igualdade. Daquela igualdade que tem sido recusada aos segmentos sociais de que vimos falando (igualdade civil); tudo por efeito de uma tão deformada quanto renitente cultura brasileira da intolerância (invariável suporte psicológico do preconceito). O que forçou a própria Constituição-cidadã a ir além da mera vedação das práticas discriminatórias para adotar, *sponte sua*, políticas públicas de caráter afirmativo. *E.g.*, a "prestação de assistência jurídica integral e gratuita aos que comprovarem insuficiência de recursos" (inciso LXXIV do art. 5º); a reserva de um certo percentual de vagas, nos concursos públicos de provas ou de provas e títulos, para pessoas portadoras de deficiência física (inciso VIII do art. 37); a redução, em cinco anos, da idade e do tempo de contribuição previdenciária das mulheres, para o efeito de aposentadoria estatutária (alínea "a" do inciso III do § 1º do art. 40); "a garantia de um salário mínimo de benefício mensal à pessoa portadora de deficiência e ao idoso que comprovem não possuir meios de prover à própria manutenção ou de tê-la provida por sua família" (inciso V do art. 203); a gratuidade dos transportes coletivos urbanos para os maiores de 65 anos (§ 2º do art. 230).

11. O preconceito como fator de desigualdade civil/moral

11.1 É esse *encardido* e sistemático estreitamento de espaço de movimentação que ofende, qual mortal *efeito-dominó*, múltiplos princípios constitucionais. A começar, óbvio, pelo princípio da igualdade. Não exatamente o da igualdade material (concretizado mediante ações ou políticas públicas distributivistas, como enfatiza Lenio Streck), porém o princípio mais imediato da igualdade civil (também adequadamente epigrafado como direito da espécie individual, conforme se vê do capítulo que encima o artigo constitucional de n. 5). Que já é uma igualdade do tipo moral ou no plano daquela dignidade que, de tão intrínseca ao ser humano, *constitui um bem de personalidade* ("Todos os homens nascem livres e iguais em dignidade e direitos (...)" – é o que reza o art. I da Declaração Universal dos Direitos Humanos). Motivo por que o preconceito racial é criminalizado no âmbito mesmo do art. 5º da Lei Suprema, que é um artigo-invólucro dos direitos e garantias individuais; ou seja, direitos e garantias do indivíduo enquanto indivíduo mesmo, a traduzir que ele, *mais que parte de algo, é algo à parte. Mais que parte de um todo, é um todo à parte*. Um microcosmo, então, ou uma totalidade-em-si. Cada um deles com essa dignidade máxima que é nascer e permanecer, *aos olhos da mãe-Natureza*, como *número único*.

11.2 Ora, o que mais revela essa última espécie de desigualdade é uma intolerância para o fato mesmo de que a sociedade é plural. Necessariamente plural quanto aos grupos humanos de que ela se compõe – já foi consignado – e quanto ao sexo dos individualizados componentes desses grupos, e, mais que o sexo, a cor da pele, a regionalidade, a etnia, a faixa etária, a preferência sexual, a convicção política etc. Pelo quê nenhum desses elementos de diferenciação deve servir de critério de avaliação da dignidade ou do caráter de alguém. Tampouco da essencialidade, ou, ao contrário, da prescindibilidade social de quem quer que seja. Sob pena de se violar o excelso princípio da igualdade. Princípio que, de tão elementar à configuração da dignidade da pessoa humana (insista-se na proposição), comparece duas vezes no *caput* do mesmo art. 5º: a primeira, para igualar as pessoas diante do Estado-legislador; a segunda, perante a sociedade civil por inteiro.

11.3 Praticar o preconceito, por conseqüência, é desrespeitar de forma imediata ou instantânea o princípio constitucional da igualdade civil/moral. No mesmo e soturno tom, é insurgir-se contra um outro valor constitucional de compostura social genérica: o pluralismo. Ele – pluralismo –, que é concebido pelo "Preâmbulo" da Constituição como um dos traços ideais da Sociedade Brasileira que a Assembléia Nacional Constituinte de 1987/1988 buscou instituir. Ao lado, como sabido, da fraternidade e da ausência, justamente, dos preconceitos.

11.4 As coisas voltam a se encaixar. Aceitar o pluralismo é a resultante natural da ausência de preconceito. E, quando o preconceito deixa de ocupar espaço, quem passa a ocupar esse espaço é a fraternidade. Desde que se entenda a fraternidade como pensamos que a Magna Lei entendeu: uma comunhão de vida. Uma vida em comunidade (de *comum unidade*). Uma convivência orgânica, timbrada pelo respeito de cada parte ao todo e do todo a cada parte. Holisticamente.

11.5 É esse tipo de sociedade "fraterna, pluralista e sem preconceitos" que se põe como o desaguadouro ou o efeito lógico do respeito ao princípio da dignidade da pessoa humana. De que o princípio da igualdade é primeiríssimo elemento, como tantas vezes realçado.

11.6 Enfim, uma sociedade que desfrute dessa tríplice característica central do não-preconceito, do pluralismo e da fraternidade é a única a merecer o nome de *sociedade civilizada. Única a se confundir com a pura substância ou* ***a carne viva*** *da Democracia.* E esse vínculo orgânico entre democracia e sociedade civilizada (porque pluralista, fraterna e sem preconceitos) foi desenhado nas *pranchetas* da própria Assembléia Nacional Constituinte de 1987/1988, de que dá formal testemunho o referido "Preâmbulo" da Magna Carta, assim legendado: "Nós, representantes do Povo Brasileiro, reunidos em Assembléia Nacional Constituinte para instituir um Estado Democrático, destinado a assegurar o exercício dos direitos sociais e individuais, a liberdade, a segurança, o bem-estar, o desenvolvimento, a igualdade e a justiça como valores supremos de uma sociedade fraterna, pluralista e sem preconceitos, fundada na harmonia social e comprometida, na ordem interna e internacional, com a solução pacífica das controvérsias, promulgamos, sob a proteção de Deus, a seguinte Constituição da República Federativa do Brasil".

11.7 Que ainda nos seja permitido dizer que esse tipo ideal de sociedade é o que mais eleva a auto-estima do povo. E nem é preciso enfatizar que um povo de elevado auto-apreço é o que melhor *digere* suas inquietações, seus cotidianos problemas, nos marcos da própria legalidade. Sem traumáticas rupturas institucionais, portanto. Além do quê se torna um povo criativo, e assim é que mais e mais se afirma como senhor do seu próprio destino.

12. Os modos direto e indireto de ser do racismo

12.1 Já em grau de arremate da fundamentação jurídica deste desafio consciencial/mental que é o tema do racismo, passamos ao enfrentamento de uma derradeira questão: os modos de ser do delito, do ângulo de quem o pratica. Para tanto, recordamos que o Magno Texto Federal estatuiu que "a prática do racismo" é constitutiva de crime. E o substantivo "prática" nos parece abrangente assim da atuação direta como da conduta indireta do agente. Operando esta última pelas figuras da incitação e do induzimento. "Incitar", como sinônimo de açular ou instigar sem meios-termos. Escancaradamente ou *à força aberta*, portanto. "Induzir", a seu turno, como vocábulo sinônimo de instigação insidiosa ou por meios subliminares. Sorrateira ou esconsamente, então. Mas uma e outra forma de discurso a se unificar pelo propósito de quebrantar – quando não de anular de vez – o senso crítico de outrem.

12.2 Que pretendemos dizer com esta anotação? Que não faz sentido o seccionamento comportamental (prática de um lado e as duas outras figuras de outro, como atecnicamente fez a Lei 7.716/1989). Tudo é racismo, tudo é tipificação direta. Pouco importando se o crime se dá por ação própria e imediata do agente, ou se ocorre por aliciamento ou cooptação da conduta alheia. O que interessa, para a Constituição, é a intersubjetividade da revelação do preconceito. Não os meios utilizados para tal exteriorização, ou a forma pela qual o discriminador se enlaça a terceiros.

12.3 Dito de outra forma, à lei não é dado empobrecer a funcionalidade do comando constitucional na matéria. Pois separar a ação de *praticar* da ação de *incitar* ou *induzir* é liberar estas últimas das cláusulas de inafiançabilidade e de imprescritibilidade que acompanham a primeira. À revelia da Constituição, por certo, que forcejou por inibir com especial rigor toda e qualquer manifestação racista.

12.4 Efetivamente, não se pode olvidar que foi a Constituição mesma que parificou *racismo* e *terrorismo* (como exsurge do inciso VIII do art. 4º), usando contra as duas condutas a veemência da palavra "repúdio". Depois, utilizou-se de dois diferentes versículos para coibir todas as modalidades possíveis de preconceito; isto é, usou de um dispositivo em separado para proibir unicamente a discriminação racial (inciso XLII do art. 5º), colocando sob um outro comando, imediatamente anterior, *todos os demais preconceitos* (inciso XLI, assim textualizado: "a lei punirá qualquer discriminação atentatória dos direitos e liberdades fundamentais"). Capilar distinção que o legislador ordinário, no entanto, deixou de considerar na lei aqui seguidamente citada, que foi a de n. 7.716/1989.

12.5 Não é tudo. Além de versar em separado a vedação do racismo, isolando-o de todas as outras formas de discriminação, apenas para ele, preconceito racial, é que a Magna Lei sacou da tipificação incriminadora. E não se contentou com essa criminalização, ressalto. Clausulou-a como inafiançável e imprescritível. Tão imprescritível quanto aquela gravíssima ação de grupos armados, civis ou militares, atentatória da ordem constitucional e do Estado Democrático (inciso XLIV do art. 5º).

12.6 Neste *bem-plantado sítio* da fala constitucional, destarte, por ser um *locus* de incomum propósito coibidor de condutas, não há falar em exegese restritiva. O acanhamento interpretativo alquebra a força normativa da Constituição. Atenta contra o princípio instrumental da máxima efetividade da Lei das Leis. Até porque não se trata de interpretar um comando de puro direito penal, mas de direito constitucional-penal. Sob a égide de coordenadas hermenêuticas também constitucionais, sempre naquela perspectiva entremeante dos princípios da igualdade, da dignidade da pessoa humana e da concepção final e holística de uma sociedade pluralista, fraterna e sem preconceitos.

12.7 Então, que fique assentado, de uma vez por todas, ser o vocábulo "prática" suficientemente lato para absorver o preconceito que também se exprime sob as formas da incitação e do induzimento. É a Constituição mesma que se deseja assim *mais à solta* interpretada, cabendo à lei, tão-somente, estabelecer os modos pelos quais se dá a discriminação direta e a de esguelha. Sem liberar qualquer delas dos mecanismos constitucionais de reforço inibitório do crime, que são, precisamente, as cláusulas da inafiançabilidade e da imprescritibilidade.

DIGNIDADE DA PESSOA HUMANA: O PRINCÍPIO DOS PRINCÍPIOS CONSTITUCIONAIS

CARLOS ROBERTO SIQUEIRA CASTRO

É sabido que os ordenamentos tipificadores do discurso constitucional do fim do século passado, notadamente os editados a partir da década de 70, caracterizam-se por uma extrema abertura do ponto de vista material. Tal fenômeno retrata a assimilação pelos Estatutos Supremos da tormentosa complexidade das relações sociais naquele final de século. É que o convívio humano foi impactado pelo avanço tecnológico em todas as frentes do conhecimento, pela insurgência de novos valores e direitos que passaram a integrar o receituário axiológico da democracia de massas e, ainda, pelas transformações do processo político, permeável às condicionantes de uma nova ordem internacional que, longe de estabilizar o convívio das nações e melhorar a qualidade de vida dos povos do Planeta, apresenta novos desafios e angústias para a Humanidade. Com isso, dilargou-se enormemente e tornou-se vulnerável a temática do classicismo constitucional, cunhada pelas pautas do Iluminismo de raiz liberal e individualista que fez as glórias do século XVIII. A tônica desse modelo – como se sabe – não ia além da organização do Estado, com os freios e cautelas assecuratórios das liberdades de traçado jusnaturalista e da enunciação de um elenco de direitos e garantias individuais que consubstanciavam a própria essência do ideário da Constituição da era moderna, a teor do art. 16 da Declaração Universal dos Direitos do Homem e do Cidadão, proclamada pelos revolucionários franceses de 1789.[1]

1. Nesse sentido, dispõe o art. 16 da festejada Declaração universalista que serviu de modelo ao constitucionalismo da era liberal: "Toute société dans laquelle la garantie des droits n'est pas assurée, ni la séparation des Pouvoirs déterminée, n'a point de Constitution".

A bem dizer, no que toca aos direitos fundamentais do homem, impende reconhecer que o *princípio da dignidade da pessoa humana* tornou-se o epicentro do extenso catálogo de direitos civis, políticos, econômicos, sociais e culturais que as Constituições e os instrumentos internacionais em vigor em pleno Terceiro Milênio ofertam solenemente aos indivíduos e às coletividades. Embora traduza um conceito jurídico indeterminado e de utilização ainda recente no plano das Constituições e das Declarações Internacionais da era contemporânea, o postulado da dignidade humana universalizou-se como um pólo de atração para cada vez mais novos e novíssimos direitos refletores do modismo constitucional-democrático.[2] Com isso, abriu-se o receituário dos direitos sublimados na Constituição, que se multiplicam na razão direta dos conflitos insurgentes no meio social e das exigências insaciáveis de positivação jurídica, na esteira do humanismo ultrapluralista, solidarista e internacionalizado destes tempos.

Sob o arrastão do princípio da dignidade humana, efetivou-se não apenas a superação da tradicional divisão entre o domínio do Estado e o domínio da sociedade civil, que, por sua vez, embasara a separação entre o direito público e o direito privado. Sabe-se que essa concepção romanística e dicotômica recebera, no crepúsculo da era liberal e do modelo de produção capitalista, o reforço do dogmatismo individualista, que centra no homem atomizado o eixo das relações de poder na sociedade. Em realidade, o humanismo solidarista que conquistou a filosofia política e a teoria do Estado ao ensejo do II Pós-Guerra no século passado fez operar a ampliação das pautas constituintes e, em conseqüência, o fenômeno da constitucionalização de inúmeras categorias do direito privado, através de sua inserção no culminante e seleto conjunto de normas e princípios constitucionais.

2. Assim observa Antônio Junqueira de Azevedo, da Universidade de São Paulo: "A utilização da expressão 'dignidade da pessoa humana' no mundo do Direito é fato histórico recente. Evidentemente, muitas civilizações, graças especialmente a seus heróis e santos, tiveram consideração pela dignidade da pessoa humana, mas juridicamente a tomada de consciência, com a verbalização da expressão, foi um passo notável dos tempos mais próximos (...). Parece que a expressão em causa surgiu pela primeira vez, nesse contexto preceptivo em que hoje está sendo usada, em 1945, no 'Preâmbulo' da Carta das Nações Unidas ('dignidade e valor do ser humano')" ("Caracterização jurídica da dignidade da pessoa humana", *RTDC* 9/3, janeiro-março/2002).

Esses novos direitos supralegais, em razão do papel integrador da ordem jurídica desempenhado pela Constituição, passaram a exercer uma espécie de liderança axiológica em face dos microssistemas normativos associados a comandos constitucionais, a exemplo dos regimes jurídicos aplicáveis à propriedade,[3] à proteção do consumidor,[4] à tutela da infância e da adolescência,[5] à nova configuração da família, calcada na igualdade entre os cônjuges e na proteção constitucional da chamada união estável,[6] à salvaguarda do meio ambiente,[7] ao resguardo da imagem e da intimidade individual,[8] dentre outros mais.

Essa transformação estrutural do direito civil em direito civil constitucionalizado[9] de certo modo acompanhou a carreira das compe-

3. V., como protótipo dessa *constitucionalização* – ou, se se preferir, *despatrimonialização* – do direito de propriedade, as normas constantes do Título VII da Constituição Federal de 1988, em particular os Capítulos II e III, referentes à *Política Urbana* e à *Política Agrícola e Fundiária* e à *Reforma Agrária*, que exteriorizam sob vários ângulos o postulado da função social da propriedade.

4. A tutela do consumidor inseriu-se na ordem constitucional brasileira sob o *status* qualificado de direito fundamental (art. 5º, XXXII) e de *princípio geral da atividade econômica* (art. 170, V), além da referência em outras disposições da Lei Maior, notadamente os arts. 175, parágrafo único, II, e 24, VIII, como, ainda, o art. 48 do "Ato das Disposições Constitucionais Transitórias", que fixou prazo ao Congresso Nacional para a elaboração do Código de Defesa do Consumidor – tarefa concretizada com a edição da Lei 8.078, de 11.9.1990.

5. A proteção constitucional da criança e do adolescente embute-se principalmente nos arts. 227 a 229 da Carta Política de 1988.

6. Sobre a disciplina constitucional da família, que intercedeu com inúmeras disposições do vetusto Código Civil de 1916, v. o art. 226 da Constituição Federal de 1988.

7. A questão ambientalista é tratada em capítulo autônomo (Título VIII, Capítulo VI), correspondente ao art. 225 da Constituição da República.

8. Os direitos à imagem e à intimidade ingressaram na Constituição de 1988 com as credenciais de direito fundamental, nos termos do art. 5º, V e X.

9. Leitura indispensável para a compreensão deste fenômeno é Konrad Hesse, *Derecho Constitucional y Derecho Privado*, Madri, Civitas, 1995. O autor analisa as inter-relações entre o público e o privado com fulcro nos direitos fundamentais, demonstrando a importância de sua tutela por parte dos legisladores e do controle da constitucionalidade e de sua aplicação pelos juízes civis. Como ressalta, com suas próprias palavras: "El cambio de las relaciones entre el derecho constitucional y el derecho privado expresa un cambio de tareas, la cualidad y las funciones de cada uno de los dos sectores jurídicos, cuyo momento decisivo está señalado por el final de la I Guerra Mundial. Este cambio, unido también a una función no modificada del derecho privado, ha conducido por necessidad interna desde la originaria juxtaposición ampliamente incomunicada de ambos ámbitos a uma relación de recíproca complementaridad y dependencia".

tências estatais que se foram ampliando na trajetória evolutiva do Estado Liberal ao Estado Social. Revela-se, aí, de um lado, a insurgência do publicismo nas ordens jurídicas e, de outro lado, o fenômeno que Orlando Gomes designou de "A agonia do Código Civil", ao enfatizar: "Essa condensação dos valores essenciais do direito privado passou a ser cristalizada no direito público. Ocorreu nos últimos tempos o fenômeno da emigração desses princípios para o direito constitucional. A propriedade, a família, o contrato, ingressaram nas Constituições. É nas Constituições que se encontram, hoje definidas, as proposições diretoras dos mais importantes institutos do direito privado".[10]

Semelhante visão – que é de crucial importância para a compreensão dos contornos didáticos deste trabalho – mereceu lúcida explicação da professora Maria Celina Bodin de Moraes Tepedino, ao expor:

"O intervencionismo estatal e, na sua esteira, o papel que o ordenamento jurídico passou a desempenhar na economia e, de uma forma geral, na vida civil podem, então, ser encarados como elemento interagente – ao invés de razão primordial – das profundas mudanças ocorridas no direito privado. O novo peso dado ao fenômeno importa em rejeitar a idéia da invasão da esfera pública sobre a privada, para admitir, ao revés, a estrutural transformação do conceito de direito civil, ampla o suficiente para abrigar, na tutela da pessoa humana e de suas relações, técnicas e instrumentos tradicionalmente próprios do direito público, como, por exemplo, a aplicação direta das normas constitucionais nas relações jurídicas de caráter privado (...). Diante da nova Constituição e da proliferação dos chamados microssistemas, como o Estatuto da Criança e do Adolescente, o Código de Defesa do Consumidor e outras leis especiais, é forçoso reconhecer que o Código Civil não mais se encontra no centro das relações de direito privado. Tal pólo foi deslocado, a partir da consciência da unidade do sistema e do respeito à hierarquia das fontes normativas, para a Constituição, base única dos princípios fundamentais do ordenamento (...). Mais: no Estado Democrático de Direito, delineado pela Constituição de 1988, que tem entre seus fundamentos a dignidade da pessoa humana e os valores sociais do trabalho e da livre iniciativa, o antagonismo público/privado perdeu definitivamente o sentido. Os objetivos constitucionais de construção de uma sociedade livre, justa e solidária e de erradicação da pobreza colocaram a pessoa humana – isto é, os valores exis-

10. "A agonia do Código Civil", *Revista de Direito Comparado Luso-Brasileiro* 7/5, Rio de Janeiro, Forense, 1988.

tenciais – no vértice do ordenamento jurídico brasileiro, de modo que tal é o valor que conforma todos os ramos do Direito".[11]

A percuciente exposição do professor português Joaquim de Souza Ribeiro bem explica essa insurgente conexão entre as normas constitucionais tutelares dos direitos individuais e coletivos e as proposições do direito civil: "É nesse quadro jurídico-constitucional que se levanta hoje o problema das relações entre a ordem dos direitos, liberdades e garantias e a ordem civil. Há que perspectivar essas relações em dois sentidos: por um lado, a Constituição pode provocar ou programar modificações do direito civil, quer de forma imediata, derrogando, por inconstitucionalidade, preceitos que a infrinjam, quer através de mandatos ao legislador para que dê realização plena aos valores que consagra. Por qualquer das duas formas, o direito civil assume, por influxo constitucional, uma nova configuração, diferente da que, sem ele, teria. Mas a Constituição pode também limitar-se a dar guarida a direitos já reconhecidos no âmbito do direito civil. Assume, nessa faceta, uma função puramente garantística, de salvaguarda ou preservação do Direito já vigente, erguendo uma barreira a eventuais alterações legislativas".[12]

Nessa ordem de convicções, pode-se afirmar que o novo direito civil constitucionalizado constitui uma extensão ou extraterritorialidade dos preceitos constitucionais no campo da vida privada. Por força da interpenetração entre os tradicionais domínios do direito público e do direito privado, sob o influxo do fenômeno da *despatrimonialização* das regras privatistas e da abrangente *constitucionalidação do direito civil*, é natural e indispensável que o princípio da dignidade da pessoa humana incida não apenas nas relações dos indivíduos com o Poder Público, mas também na miríade de relações interindividuais na órbita civil e comercial. Nesse sentido colhem-se os comentários de Daniel Sarmento, ao sustentar, em obra dedicada ao tema:

> "Sem embargo, o que mais nos interessa neste momento é a penetração do princípio da dignidade da pessoa humana na seara do direito privado. O

11. "A caminho de um direito civil constitucional", *Direito, Estado e Sociedade* 1/131, 132 e 135, Rio de Janeiro, Departamento de Ciências Jurídicas da PUC/RJ, dezembro/1991.

12. "Constitucionalização do direito civil", *Boletim da Faculdade de Direito da Universidade de Coimbra* LXXIV/733.

reconhecimento de que tal princípio situa-se no vértice axiológico da ordem jurídica vai acarretar a consagração da primazia dos valores existenciais da pessoa humana sobre os patrimoniais no direito privado. Como advertiu Gustavo Tepedino, com o acolhimento do princípio da dignidade da pessoa humana como fundamento da República pretendeu o constituinte '(...) definir uma nova ordem pública, da qual não se podem excluir as relações jurídicas privadas, que eleva ao ápice do ordenamento a tutela da pessoa humana, funcionalizando a atividade econômica privada aos valores existenciais e sociais ali definidos".[13]

Bem por isso, consoante já tivemos a ocasião de sustentar, abriu-se um novo tempo para a efetivação das normas e princípios constitucionais: o sentimento constitucional da atualidade passou a exigir que o princípio da dignidade dos seres humanos, que serve de estrutura ao edifício das Constituições da era contemporânea, venha fundamentar a extensão da eficácia dos direitos fundamentais às relações privadas – ou seja, a eficácia externa, também denominada direta ou imediata, que na prática coincide com o chamado efeito horizontal do elenco de direitos, de liberdades e de garantias que através dos tempos granjearam assento nos Estatutos Supremos das nações.[14]

Essa extraordinária evolução do constitucionalismo do Terceiro Milênio impôs uma revisão completa no sentido da interpretação e aplicação das normas protetoras dos direitos humanos, que ampliou de muito o pólo de infratores potenciais, de maneira a alcançar não mais apenas o Poder Público e seus variados agentes, mas também, e sobretudo, os detentores do poder privado capazes de infligir, nos mais inumeráveis contextos das relações humanas, violações aos direitos fundamentais dos indivíduos e do conjunto da sociedade. Tal está a indicar que o ideário da dignidade humana constitui uma categoria de contingência histórica e cultural, ou seja, que não se acha determinada em dimensão absoluta, eis que se sujeita à evolução do processo civilizatório e à visão do homem e da sociedade, de seus direitos e deveres, em cada tempo e lugar.

13. *Direitos Fundamentais e Relações Privadas*, Rio de Janeiro, Lumen Juris, 2004, pp. 115.

14. A questão da aplicação das normas constitucionais relativas aos direitos fundamentais às relações privadas foi por nós amplamente estudada na obra *A Constituição Aberta e os Direitos Fundamentais*, Rio de Janeiro, Forense, 2003, pp. 240-254.

O constitucionalismo contemporâneo apreendeu essa locução axiológica após séculos de provações humanitárias que culminaram com a percepção, forjada na segunda metade do século XX, de que o ser humano somente pode exercer as virtualidades da personalidade se lhe forem asseguradas condições de existência digna, no plano tanto material quanto moral e cívico. Subjaz a essa concepção de humanismo revestido de supralegalidade a certeza de que o homem não é mais apenas um sujeito de direito livre e responsável, capaz de autodeterminar-se e de gerir seus interesses no convívio social e no mercado dos bens da vida, mas de que – segundo a sugestiva expressão de Damm – é um "sujeito deficitário", dependente de condições externas e exposto a riscos e vulnerabilidades que individualmente não controla.[15]

Daí por que no Brasil e nas paragens do chamado Terceiro Mundo, onde grassam agudas e intoleráveis desigualdades sociais e regionais, o elenco de direitos fundamentais acaba relegado a um enunciado semântico e nominalista, em que pese a seus superiores propósitos de transformação social e de eliminação das causas da exclusão de tantas massas humanas dos predicados da cidadania. É forçoso que as dificuldades para a efetividade de uma Constituição social e democrática avultem em ambientes sociais marcados por contradições classistas e impenitentes bolsões de miséria, que fracionam o sentido da solidariedade e bloqueiam o espírito comunitário. Nesses contextos, que são típicos das realidades neocolonialistas e neo-imperialistas da fase pós-globalização, vive-se a fantasia (ainda que impregnada de benfazeja esperança) da idealização constitucional dos direitos humanos. Em tais contextos, modelos econômicos perversos e concentradores da riqueza originam a apostasia das normas constitucionais protetoras dos direitos humanos e, de um modo geral, aprofundam a eficácia meramente simbólica da Constituição. Aí, como adverte, Marcelo Neves, "a questão é antes a de enfrentar as variáveis sócio-econômicas, políticas e culturais que dificultam ou impedem a concretização normativa e a realização fática dos direitos humanos na maioria dos Estados e conduzem, freqüentemente, a uma hipertrofia de sua força simbólica em detrimento de sua força normativa".[16]

15. Cf. Joaquim de Souza Ribeiro, "Constitucionalização do direito civil", *Boletim da Faculdade de Direito da Universidade de Coimbra* LXXIV/744-745.

16. "A força simbólica dos direitos humanos", *Revista Brasileira de Direito Público* 3/159, Fórum, outubro-dezembro/2003. Para uma ampla abordagem desse aspecto, permite-se sugerir, deste autor (Carlos Roberto Siqueira Castro), *A Constituição Aberta* ..., 2003, especialmente o Capítulo V, sob o título "Eficácia Social da Constituição".

Com efeito, já proclamava o "Preâmbulo" da Declaração Universal dos Direitos do Homem de 1948, em seu parágrafo de abertura: "O reconhecimento da dignidade inerente a todos os membros da família humana e de seus direitos iguais e inalienáveis constitui o fundamento da liberdade, da justiça e da paz no mundo". Além disso, a título de recente exemplaridade, a proposta de revisão da Constituição Francesa de 1958, elaborada pela Comissão Consultiva constituída pelo Decreto do Governo Francês de n. 92-1.247, de 2.12.1992, presidida pelo notável *ancien doyen* da Faculdade de Direito de Paris, Georges Vedel, incluiu a alteração do art. 66 da Lei Maior em vigor, a fim de que o mesmo passasse a exibir a redação seguinte: "Nul ne peut être arbitrairement détenu. L'autorité judiciaire, gardienne de la liberté individuelle, assure le respect de ce principe dans les conditions prévues par la loi. Chacun a droit au respect de sa vie privée et de la dignité de sa personne".[17]

O próprio constituinte brasileiro de 1988, com oportuna inspiração nas Constituições sociais democratas do século anterior,[18] inscreveu o postulado da dignidade dentre os fundamentos da organização nacional, fazendo-o na disposição inaugurante do estatuto supremo: "Art. 1º. A República Federativa do Brasil, formada pela união indissolúvel dos Estados e Municípios e do Distrito Federal, constitui-se em Estado Democrático de Direito e tem como fundamentos: (...) III

17. Cf. o volume intitulado *Propositions pour une Révision de la Constitution – 15 Février 1993 – Rapport au Président de la République*, Paris, La Documentation Française, 1993, p. 75.

18. Podem ser citadas, desde logo, a Constituição do México de 1917, exemplar pioneiro do constitucionalismo social, que menciona o princípio da *dignidade da pessoa humana* dentre os valores de orientação do sistema educacional (art. 3º, II, "c"); a Constituição da Itália de 1947, afirmando no art. 3º que "todos os cidadãos têm a mesma dignidade social"; a Constituição da República Federal da Alemanha de 1949, cujo art. 1º, sob a ementa "Proteção da dignidade do homem", inaugura aquela Lei Fundamental enunciando: "A dignidade do homem é intangível. Respeitá-la e protegê-la é obrigação de todo o Poder Público"; a Constituição Portuguesa de 1976, no art. 1º, com a redação ditada pela Lei Constitucional 1/1989, dispondo: "Portugal é uma República soberana, baseada na dignidade da pessoa humana e na vontade popular e empenhada na construção de uma sociedade livre, justa e solidária"; e a Constituição da Espanha de 1978, no art. 47, estatuindo que: "Todos los Españoles tienen derecho a disfrutar de una vivienda digna y adecuada. Los Poderes Públicos promoverán las condiciones necesarias y establecerán las normas pertinentes para hacer efectivo este derecho (...)".

– *a dignidade da pessoa humana*". Tal princípio é reforçado em inúmeras outras disposições constitucionais, a exemplo das normas do art. 170, que inclui dentre as finalidades da ordem econômica assegurar a todos *existência digna*; do art. 226, § 7º, proclamando que o planejamento familiar funda-se nos princípios da dignidade da pessoa humana e da paternidade responsável; do art. 227, impondo à família, à sociedade e ao Estado o dever de assegurar à criança e ao adolescente o direito à dignidade; do art. 230, enunciando que o amparo às pessoas idosas deve assegurar sua participação na comunidade, defendendo sua dignidade e bem-estar e garantindo-lhes o direito à vida.

Numa expressão mais simples, pode-se afirmar que o Estado Constitucional Democrático da atualidade é um Estado de abertura constitucional radicado no princípio da dignidade do ser humano.[19] É, assim, uma instituição de ilimitada absorção das aspirações e conquistas sociais, que faculta os canais pacificadores da mediação jurídica à generalidade dos focos de tensão e dos multiformes projetos de dignificação humana.[20] A rigor, o postulado da dignidade humana

19. Entre nós, a expressão "Constituição aberta" foi título de livro do jurisconsulto da Universidade do Ceará, Paulo Bonavides, que, contudo, utiliza a locução para significar a necessidade da revisão doutrinária de alguns institutos consagrados pelo classicismo constitucional, especialmente o princípio da representação política, que para esse autor deve abrir-se para o saudável fenômeno da participação popular. Eis, na íntegra, a visão desse insigne constitucionalista brasileiro:

"A *Constituição Aberta* levanta, entre outras, a questão medular da validade da democracia representativa, clássica e tradicional, do modelo vigente na América Latina, de natureza presidencialista. (...).

"Sem meios de produzir legitimidade capaz de manter os titulares do poder no exercício de uma autoridade efetivamente identificada com os interesses da cidadania, o bem-estar, a justiça e a prosperidade social, a velha democracia representativa já se nos afigura em grande parte perempta, bem como desfalcada da possibilidade de fazer da Constituição, qual ela funciona, o instrumento da legítima vontade nacional e popular.

"(...).

"A Constituição aberta, que põe termo a uma ordem constitucional assentada sobre formalismos rígidos e estiolantes, somente se institucionalizará, a nosso ver, em sociedade por inteiro franqueada à supremacia popular. De tal sorte que a politização da juridicidade constitucional dos três Poderes da soberania possa fazer, assim, legítimo o sistema de exercício da autoridade, com o funcionamento dos mecanismos de governo transferidos ao arbítrio do povo" (*A Constituição Aberta*, 3ª ed., São Paulo, Malheiros Editores, 2004, pp. 15-16).

20. Não há confundir, porém, a abertura constitucional ou abertura da Constituição com a abertura das normas da Constituição, que são categorias diferenciadas.

constituiu-se no direito prolífero por excelência, tendo gerado nas últimas décadas várias famílias de novos direitos que angariaram o *status* de fundamentalidade constitucional. Além disso, assumiu o papel de eixo central do Estado Democrático de Direito, cuja configuração supralegal projeta-se, hoje, muito mais rumo à sociedade e ao mundo, do que propriamente em direção à organicidade dos Poderes representativos da soberania. Basta considerar, nesse sentido, que o catálogo de direitos humanos elaborado pela UNESCO em 1985, a título de questionário para aferição da *performance* de cada país signatário da Carta da ONU quanto à implementação de políticas voltadas à concretização dos direitos fundamentais do homem, denominado *Guide de Droits de l'Homme*, elenca nada menos que 35 direitos, abrangendo a grande esquematização tipológica dos direitos civis, políticos, sociais, econômicos e da personalidade.[21]

Verificou-se, então, uma recíproca interação expansionista entre as ordens internacional e nacionais protetoras dos direitos humanos, centrada no cânone da dignidade. Daí resultou – o que seria inevitável – uma assistemática ampliação do cardápio jurídico humanitarista, que já hoje desafia os esforços teóricos para uma sistematização científica. O fenômeno da abertura constitucional ou da constitucionalização em aberto, que assinala o constitucionalismo pós-moderno,

A primeira retrata a vocação de recepção temática e material dos ordenamentos constitucionais da atualidade, enquanto a segunda inscreve-se na problemática da aplicabilidade das normas constitucionais, contrapondo-se ao fenômeno da densidade normativa das cláusulas da Constituição. Como ensina J. J. Gomes Canotilho, com a habitual proficiência: "A abertura das normas constitucionais confunde-se, por vezes, com a abertura da Constituição. São, porém, conceitos diferentes. Se se preferir, são dois diferentes níveis: *(1)* abertura horizontal, para significar a incompletude e o caráter fragmentário e não codificador de um texto constitucional; *(2)* abertura vertical, para significar o caráter geral e indeterminado de muitas normas constitucionais, que, por isso mesmo, se abrem à mediação legislativa concretizadora. (...). A abertura de uma norma constitucional significa, sob o ponto de vista metódico, que ela comporta uma delegação relativa aos órgãos concretizadores; a densidade, por sua vez, aponta para a maior proximidade da norma constitucional relativamente aos seus efeitos e condições de aplicação" (*Direito Constitucional*, 5ª ed., Coimbra, Almedina, 1992, pp. 194-195).

21. Para análise da metodologia adotada pelo *Guide de Droits de l'Homme*, consulte-se o volume intitulado *La Conquête des Droits de l'Homme – Textes Fondamentaux*, organizado pela *Fédération Française des Clubs UNESCO* e pela *Ligue des Droits de l'Homme*, editado em Paris por Le Cherche Midi Éditeur, 1988, principalmente pp. 12 e ss.

radica, assim, fundamentalmente – embora com carência de especificações temáticas predefinidas –, no cânone da dignidade e da expansão ilimitada da personalidade humana, alçado em forja central da eclética e difusa produção de valores e princípios encarecidos pela sociedade contemporânea.[22]

22. Reconhecemos que a tese da contemporânea associação do constitucionalismo ao pós-modernismo demandaria uma profunda e – para nós – irrealizável dissertação sobre o tema, que, além do mais, os limites objetivos deste trabalho não comportariam. Sabido que a noção ampla e sempre polêmica da pós-modernidade visualiza, sob o aspecto político, cultural e artístico, uma espécie de exaurimento das tradições litúrgicas do modelo capitalista de massa, calcado, dentre outros valores (ou contravalores), na explosão do consumo, no hedonismo, no narcisismo, no ecletismo, no fastio das emoções, na multiplicação dos anseios, na impotência humana diante da aceleração tecnológica, na cultura da imagem e do som, na pasteurização dos comportamentos individual e coletivo por força da telecomunicação, na indiferença personalista, no descritério ético e na implosão do código de princípios liberais que nos derradeiros dois séculos comandaram o convívio social, preferimos incutir na locução "constitucionalismo pós-moderno" tão apenas, primeiramente, o sentido da contemporaneidade resultante das mudanças de comportamento ocorridas a partir de 1960, sob o influxo do vanguardismo cultural e artístico, e, com exclusão de outras considerações não menos importantes, a idéia da tremenda abertura axiológica e de possibilidades humanas e institucionais, que contribuíram para a ampliação e indefinição das pautas constitucionais e (por que não?) do regime democrático no fim do século passado. Com efeito, o que mais importa para nós no momento, no essencial, é a notória abertura temática e a erradicação de preconceitos eidéticos que o *constitucionalismo pós-moderno* induvidosamente encerra. O seguinte excerto do livro de Gilles Lipovetsky, voltado para a análise do pensamento pós-modernista de Daniel Bell, especialmente da sua obra sobre as contradições culturais do capitalismo (com tradução francesa sob o título *Les Contradictions Culturelles du Capitalisme*, Paris, Presses Universitaires de France, 1979), ao cotejar o sentimento libertário pós-moderno com o fenômeno do pluralismo democrático, oferece-nos a visão, ainda que parcial, do que procuramos, aqui, expressar: "O pós-modernismo é o registro e a manifestação do processo de personalização que, incompatível com todas as formas de exclusão e dirigismo, substitui pela livre escolha a autoridade das imposições prefixadas, pelo *cocktail* fantasista da rigidez da 'linha justa' (...). Ao proceder assim, o pós-modernismo obedece ao mesmo destino que as nossas sociedades abertas, pós-revolucionárias, que têm como objetivo aumentar sem fim as possibilidades individuais de escolhas e de combinações. Substituindo a exclusão pela inclusão, legitimando todos os estilos de todas as épocas, a liberdade criadora já não é intimada a vergar-se ao estilo internacional, vê as suas fontes de inspiração, os seus jogos de combinações, crescerem indefinidamente: 'o ecletismo é a tendência natural de uma cultura livre nas suas escolhas'. [*citação atribuída a C. Jencks, na obra* Le Langage de l'Architecture Post-Moderne, *Ed. Denöel, 1979, p. 7*] (...). Não devemos iludir-nos: o 'culto do novo' não foi nem será abolido, quando muito torna-se *cool* e descrispado. (...). Doravante, a arte integra todo o museu imaginário, legitima a memó-

Esta compreensão da evolução constitucional em seu aspecto material e temático busca fotografar a caminhada do constitucionalismo liberal, marcado pelo preconceito individualista, em direção ao constitucionalismo dito societário ou comunitário,[23] do fim do milênio passado. No entanto, este constitucionalismo comunitário ou pós-moderno que objetivamos vai além do pós-modernismo cultural, para alcançar a idéia de Constituição como um compromisso de esperança, a partir da visão de uma sociedade aberta, pluralista, democrática e tolerante. Trata-se de um constitucionalismo das comunidades hu-

ria, trata por igual o passado e o presente, faz coabitar sem contradição todos os estilos. Fiel neste ponto ao modernismo, o pós-modernismo continua a definir-se pelo processo de abertura, pelo alargamento das fronteiras. (...). À medida que o narcisismo e o hedonismo crescem, a legitimidade democrática leva a melhor, ainda que numa modalidade *cool*'; os regimes democráticos, com o seu pluralismo partidário, as suas eleições, o seu direito à oposição e à informação, mantêm um parentesco cada vez mais estreito com a sociedade personalizada do *self-service*, do teste e da liberdade combinatória. Ainda que os cidadãos não usem os seus direitos políticos, ainda que o militantismo decaia, ainda que a política se torne espetacular, o apego à democracia não é menos profundo por isso. (...). O processo de personalização trabalha no sentido de legitimar a democracia na medida em que é, em toda parte, um operador da valorização da liberdade e do plural. Seja qual for a sua despolitização, o *homo psychologicus* não é indiferente à democracia, continua a ser nas suas aspirações profundas um *homo democraticus*, converte-se no melhor garante da democracia. Sem dúvida, a legitimação não se liga a um investimento ideológico, mas é nisso que está a sua força; a legitimação contemporânea da era disciplinar deu lugar a um consenso existencial e tolerante, a democracia tornou-se uma segunda natureza, um meio de vida, um ambiente" (Gilles Lipovetsky, *A Era do Vazio – Ensaio sobre o Individualismo Contemporâneo*, ed. Relógio d'Água, 1990, pp. 114-115 e 120-121).

23. Cabe destacar que, entre nós, minha ilustre e estimada colega Gisele Cittadino, do Curso de Pós-Graduação em Direito da PUC/RJ, buscou consagrar a emblemática expressão "constitucionalismo comunitário", abrindo o debate de escolas entre os constitucionalistas *comunitários* e os constitucionalistas *liberais*, com a publicação de seu importante livro intitulado *Pluralismo, Direito e Justiça Distributiva, Elementos da Filosofia Constitucional Contemporânea* (Rio de Janeiro, Lumen Juris, 1998). Para aprofundamento do tema, vale recomendar a leitura das obras de alguns constitucionalistas *comunitários*, a exemplo de Michael Walzer (*Las Esferas de la Justicia. Una Defensa del Pluralismo y la Igualdad*, México, Fondo de Cultura Económica, 1993) e Charles Taylor (*El Multiculturalismo y la Política del Reconocimento*, México, Fondo de Cultura Económica, 1993). Em contraponto, sugere-se, dentre os representantes da chamada ala liberal, a leitura dos textos de Jürgen Habermas (*El Discurso Filosófico de la Modernidad*, Madri, Taurus, 1989) e Ronald Dworkin ("La communauté libérale", constante da obra coletiva *Libéraux et Communautariens*, organizada por André Berten, Pablo da Silveira e Hergé Pourtois, Paris, Presses Universitaires de France, 1997).

manas, mais orgânico e voltado mais para a sociedade que para o Estado. Nesse contexto, a Constituição aberta apresenta um cardápio de temas peculiar à pós-modernidade, tratando de questões e problemáticas da vida no limiar deste novo século, como o transplante de órgãos, o aborto, a eutanásia, a manipulação genética e o avanço ilimitado da Ciência e das novas tecnologias, onde se instala a controvérsia assombrosa acerca da clonagem de células e da interferência no genoma humano. Toda essa discussão, por certo, envolve a questão maior do princípio da dignidade humana e de sua repercussão no campo da Bioética e do Biodireito, que está a desafiar pensadores de todos os campos do conhecimento.[24]

Quanto à ampliação da pauta democrática, pode-se afirmar que as Constituições do Estado Social Democrático, caracterizadas como Constituições econômicas, diferentemente e com maior abertura do que as Cartas orgânicas do clássico Estado burguês de Direito, de acordo com a descrição vislumbrada por Carl Schmitt,[25] consubstanciam documentos transformadores da realidade ou de pretendida transformação político-social. Com efeito, não consubstanciam mais, apenas, diplomas legitimantes das investiduras públicas ou simplesmente organizatórios da comunidade política – o que se explica pelo fato de terem resultado do exaurimento do modelo político-liberal e de crises históricas, como as duas Guerras Mundiais neste século, a ponto de transformar e ampliar o conceito de democracia.

Conforme bem anota Nélson Saldanha: "O processo histórico, que tornou crescentemente amplo o sentido da democracia, e que conduziu a dimensão social ao nível das exigências fundamentais da ordem política, envolve um sentido de crise. Há uma correlação histórica entre a crise das formas clássicas de existência política e o advento geral do democratismo".[26] Por isso mesmo, não é de estranhar o fato de serem comuns, e até enriquecedoras do debate constitucional, as contradições de cunho ideológico que contrapõem algumas

24. A título de exemplo, v. o estudo de Judith Martins-Costa, "Bioética e dignidade da pessoa humana: rumo à construção do Biodireito", *RTDC* 3/59-78, julho-setembro/2000.

25. *Teoría de la Constitución*, Madri, 1934, pp. 55 e ss.

26. "O chamado 'Estado Social'", *Revista Brasileira de Estudos Políticos* 62/64, Universidade Federal de Minas Gerais, janeiro/1986.

normas e fundamentos constitucionais, a exemplo do princípio da livre concorrência em face do princípio da busca do pleno emprego, ou do princípio da propriedade privada frente ao princípio da redução das desigualdades regionais e sociais, todos conjuntamente elencados no art. 170 da Constituição de 1988 dentre os postulados vetores da ordem econômica.[27]

Esse papel de impulsão do processo de mudança social pela via da juridicidade coincide com a descrição, sempre atual e admirável, de Claude Lefort a propósito da distinção entre o tradicional Estado de Direito e o novo Estado Democrático: "L'État de Droit a toujours – opposition qu'ont illustrée les remontrances au roi ou le refus d'obtempérer à l'impôt dans des circonstances injustificables, voire le recours à l'insurrection contre un gouvernement illégitime. Mais l'État Démocratique excède les limites traditionellement assignées à l'État de Droit. Il fait l'épreuve de droits qui ne lui sont pas déjà incorporés, il est le théâtre d'une contestation, dont l'objet ne se réduit pas à la conservation d'un pacte tacitement établi, mais qui se forme depuis des foyers que le pouvoir ne peut entièrement maitriser. De la légitimation de la grève ou des syndicats, au droit relatif au travail ou à la sécurité social, s'est ainsi développée sur la base des droits de l'homme toute une histoire qui transgressait les frontières dans lesquelles l'État prétandait se définir, une histoire qui reste ouverte".[28]

27. Nessa linha temática, v. o interessante ensaio de Washington Peluso Albino de Souza, "Conflitos ideológicos na Constituição econômica", publicado na *Revista Brasileira de Estudos Políticos* 69-70/17 e ss., edição da Universidade Federal de Minas Gerais, janeiro-julho/1990. Para esse autor, essas disputas exegéticas que se evolam posturas ideológicas são inevitáveis nas Constituições *mistas* e social-democratas, centradas que estão no princípio do *pluralismo político e partidário*: "(...). De qualquer forma, em sua condição de Lei Fundamental da sociedade organizada, por seu conteúdo eminentemente político, a ideologia dela não pode ser excluída. Vamos confirmar este ponto de vista no tipo de 'Constituição-Sistema de Valores', fundada na unidade ideológica, ou na Constituição que reflete o pluralismo, no pacto social de compromisso" (idem, pp. 21 e 22). Vale consultar, também, os livros dos professores Eros Roberto Grau, *A Ordem Econômica na Constituição de 1988 (Interpretação e Crítica)*, 9ª ed., São Paulo, Malheiros Editores, 2004, especialmente o Capítulo 5, sob o título "Interpretação e Crítica da Ordem Econômica na Constituição de 1988", pp. 155 e ss.; e de Manoel Gonçalves Ferreira Filho, *Direito Constitucional Econômico*, São Paulo, Saraiva, 1990, destacando-se o Capítulo 3, "Democracia Política e Democracia Econômica", pp. 25 e ss.

28. *L'Invention Démocratique*, Paris, Fayard, 1981, p. 69.

De fato, segundo a tendência prevalente nos anos 70 e 80 do século passado, que ampliou a agenda intervencionista do Estado Social Democrático, o casuísmo constituinte, quase sempre solícito à catarse de aflições e interesses da sociedade civil, acolheu incontáveis proposições da social democracia participativa e pluralista – o que transformou o receituário constitucional num conjunto assistemático de normas, princípios e programas, sujeitos a variadas possibilidades exegéticas e esquemas de aplicabilidade que animam a controvérsia entre os estudiosos e executores da Constituição.[29]

Com o alargamento da positivação constitucional das aspirações humanas em termos de mais liberdade e de mais igualdade, o grande desafio dos ordenamentos nacionais passou a ser o da efetividade das normas constitucionais – ou seja, a superação da distância a mediar o Direito da Constituição e a realidade que vigora à sombra da Constituição, vale dizer, entre o *sein* e o *solen* constitucional. Tal se aplica com especial relevo às nações com paisagem social típica de Terceiro Mundo (concentração de renda, bolsões de miséria, analfabetismo, subnutrição, desleixo ambiental, dependência econômica e tecnológica, deficiência dos serviços públicos etc.) mas que, com justificada magnanimidade, incorporam em suas Leis Supremas o catálogo ampliado de direitos humanos segundo a tendência contemporânea, conforme exemplifica o caso brasileiro. Esse desafio, consoante já pudemos observar, retrata a luta sem tréguas entre os valores da liberdade e os valores da igualdade, que constitui – na feliz expressão de Legaz y Lacambra – a essência do drama político de nossos dias.[30] Aí resi-

29. Sobre a empolgante questão envolvendo a aplicabilidade e a efetividade das normas constitucionais, vale consultar, na vasta bibliografia existente sobre o assunto, apenas dentre os autores nacionais, as obras de José Afonso da Silva, *Aplicabilidade das Normas Constitucionais*, 6ª ed., 3ª tir., São Paulo, Malheiros Editores, 2004, e de Celso Ribeiro Bastos e Carlos Ayres Brito, *Aplicação e Interpretação da Constituição*, São Paulo, Saraiva, 1992; o artigo de José Carlos Barbosa Moreira, "O Poder Judiciário e a efetividade da Constituição", *RF* 304, Rio de Janeiro, Forense, 1988; a tese de Celso Antônio Bandeira de Mello, *Eficácia das Normas Constitucionais sobre Justiça Social*, apresentada à IX Conferência Nacional da Ordem dos Advogados do Brasil, Florianópolis, 1982; a monografia de Paulo Bonavides, "O método tópico de interpretação constitucional", *Revista de Direito Constitucional e Ciência Política* 1, Rio de Janeiro, Forense, 1983; não se podendo deixar de mencionar, ainda, a festejada obra de hermenêutica geral de Carlos Maximiliano, *Hermenêutica e Aplicação do Direito*, Rio de Janeiro, Forense, com várias edições.

30. Carlos Roberto Siqueira Castro, *O Princípio da Isonomia e a Igualdade da Mulher no Direito Constitucional*, Rio de Janeiro, Forense, 1983, p. 4.

dem as ilusões e virtudes do Estado de Direito nos dias presentes, de acordo com a emblemática figuração de Jean-Louis Autin.[31] É que as contradições sociais-ideológicas fomentadas pela Revolução Industrial fizeram desaparecer as condições do individualismo possessivo, pautadas na adesão da maioria às regras de mercado competitivo e na coesão das forças políticas hegemônicas em prol de sua preservação, que permitiram a estabilidade institucional do liberalismo.

Como ilustra C. B. MacPherson, enquanto perduraram as premissas da hegemonia conservadora e mistificadora do conflito de classes "houve base suficiente para uma teoria autônoma do dever do indivíduo para com um Estado Liberal constitucional".[32] Mas, na medida em que o operariado industrial ganhava consciência de classe e se articulava politicamente, tirando a máscara da igualdade jurídica e da neutralidade das instituições governativas em que se assentava o legalismo burguês, eclode a desestabilização interna do modelo liberal. A conquista do sufrágio universal, que estendeu a participação política à periferia da sociedade, aliada à inevitável ideologização do discurso político, às guerras e às crises econômicas intermitentes acabaram por estremecer de vez as colunas do estatismo de feição liberal, moldando com seus escombros o contemporâneo Estado Social e intervencionista. Caracteriza-se este pela permanente tentativa de conciliação entre as heranças do capitalismo concorrencial e as crescentes exigências do bem comum. Como não poderia deixar de ser, o conflito social pere-

31. Para esse ilustre colega da *Université de Montpellier*, na França, o desafio da transformação em realidade do modelo constitucionalmente idealizado do Estado contemporâneo condiciona sua própria legitimidade histórica e conceitual: "Il s'ágit d'adopter une démarche critique qui s'articule autour de deux propositions: la volonté de créer un État de Droit représente une utopie qui a constitué un puissant facteur de légitimation de l'État mais aussi un élément générateur de fâcheuses illusions car la réalité n'a jamais correspondu et ne peut sans doute correspondre au modèle idéal; il est vrai, en revanche, que l'idéologie de l'État de Droit par les effets induits qu'elle engendre, les besoins qu'elle suscite, comporte des exigence qui contraignent l'État à donner quelque consistance à la représentation qu'il offre, sous peine de remetrre en cause sa propre légitimité" (Jean-Louis Autin, "Illusions et vertus de l'État de Droit Administratif", integrante de obra coletiva, sob a direção de Dominique Colas, sob o título *L'État de Droit*, Paris, Presses Universitaires de France, 1987, p. 146). Também com essa visão crítica, v., nesse mesmo volume, o artigo de Michel Miaille, "Le retour de l'État de Droit – Le débat en France" (pp. 216-251).

32. *A Teoria Política do Individualismo Possessivo – De Hobbes até Locke*, Rio de Janeiro, Paz e Terra, 1979, p. 285.

niza-se em tal modelo societário marcado por pressupostos pluralistas e híbridos, onde, na disputa classista de interesses politicamente institucionalizados, o individual briga com o coletivo. Isto corresponde a dizer, ainda na lúcida visão de MacPherson, que "o dilema da moderna teoria liberal-democrática é agora evidente: ela precisa continuar a usar as suposições do individualismo possessivo, numa época em que a estrutura da sociedade de mercado já não fornece mais as condições necessárias para dedução de uma teoria válida do dever político a partir dessas suposições".[33]

Em termos de efetividade constitucional, cuida-se, agora, da intensificação normativa de um modelo de Constituição social-democrática que encampou os antagonismos classistas e a dialética econômica da prosperidade, na esteira da explicação de Hans Peter Schneider em obra admirável: "El Estado contemporaneo ni desvaloriza ni socava la Constitución, sino que, por el contrario, supone un desafío a su fuerza normativa, otorgándole una eficacia vinculante y una efectividad desconocidas hasta ahora – por ejemplo, por la vinculación del Poder Público a las libertades, al principio de igualdade y al mandato del Estado Social en la Ley Fundamental de Bonn. Para comprender esta intensificación normativa del ordenamiento constitucional de la sociedad industrial es necesario, por supuesto, un profundo análisis real de las funciones y de la estructura de la Constitución en la actualidad, lo cual ya no es realizable mediante las tradicionales dicotomías formalistas (Norma-Realidad, Derecho-Política, Estado-Sociedad, Público-Privado). Es mucho más necesaria una nova teoría material de la Constitución que permita comprender, a partir del conjunto total de sus condiciones normativas, políticas y sociales, el proceso vital del Estado Constitucional Democrático. Del mismo modo, también, la carencia de una teoría de la Constitución basada en la Ley Fundamental aparece no tanto 'como fundada en la realidad' (Forsthoff), sino más bien como indicio de la necesidad teórico-constitucional de recuperar una ciencia jurídica del Estado, que proyecta su propia insuficiencia sobre una supuesta crisis del Estado Constitucional".[34]

33. Idem, p. 286.

34. *Democracia y Constitución*, Madri, Centros de Estudios Constitucionales, 1991, p. 36.

De fato, a Constituição pós-moderna ampliou ainda mais a noção da responsabilidade governamental e social[35] e incorporou em seus regramentos a instabilidade dos sentimentos e dos dramas humanos, além da dinâmica social, política e econômica da comunidade nacional, assumindo um papel estruturante das relações individuais e coletivas.[36] Nessa ótica de idéias, o fenômeno da abertura da Constituição e de sua sintonia com as antenas da paixão dos homens retrata a dramaturgia constitucional destes tempos. Por outro lado, esse novel constitucionalismo – constitucionalismo comunitário – carrega consi-

35. A tese da ampliação da responsabilidade governamental e da sociedade civil organizada no Estado Social Democrático foi amplamente desenvolvida por Sánches Agesta na obra *Gobierno y Responsabilidad*, Madri, Tecnos, 1987.

36. Sobre esse papel estruturante das relações humanas desempenhado pelos instrumentos constitucionais, v. o livro de Juan Ferrando Badia, *Estructura Interna de la Constitución – Su Dinámica Política y Factores*, Valência, Tirant lo Blanch, 1990, especialmente pp. 359 e ss. No capítulo referente aos *factores de la dinámica política* esse autor desenvolve e aprofunda a teoria do *funcionalismo matemático*, formulada por S. Bernard na obra *Esquisse d'une Théorie Structurelle-Fonctionelle du Système Politique*, preconizando, com razão, para efeito da atual abrangência constitucional acerca da dinâmica política, que "no existe individuo, grupo o factor social que no sea susceptible de plantear problemas políticos, que no se vincule, aunque sólo sea en uno de sus aspectos, al sistema político" (p. 361). Segundo essa nova tipologia estatal, vivencia-se o fenômeno do *Estado de Cultura* (*Kulturstaat*), absorvente e promotor da espiritualidade cultural da sociedade, que mereceu a esclarecedora descrição de Fernando Whitaker da Cunha em obra pioneira na literatura jurídica brasileira: "Embora, contudo, seja o Estado fenômeno essencialmente jurídico, não o é unicamente jurídico, em virtude das plúrimas exigências sociais a serem atendidas pelo Governo. Vai daí que o Estado de Direito, numa consideração ortodoxa, encontra-se hodiernamente ultrapassado, como se deduz, integrando o chamado Estado de Cultura (*Kulturstaat*). O Estado Constitucional moderno, transcendendo o mero Estado Jurídico ou Econômico, é, antes de tudo, um Estado de Cultura, que, em seu alto significado, identifica-se ao 'Estado Político' de Blunstschilli, sendo ainda a substância daquilo que Pontes de Miranda concebe como 'Estado Integral', política, jurídica e economicamente estruturado de molde a efetivar, pela súmula que representa, a 'supremacia dos interesses coletivos totais', razão pela qual não se confunde com o 'Estado Setor', que 'somente apanha algumas categorias de fenômenos sociais, e não todas, somente recobre parte da vida social'. O 'Estado Integral' é, em síntese, para o eminente pensador, 'o Estado não só civilizado, técnico, como também cultural, assegurador dos valores espirituais, dos valores permanentes do homem'. Desenvolvimento e espiritualidade, pois, em perfeita simbiose" (*Democracia e Cultura – A Teoria do Estado e os Pressupostos da Ação Política*, 2ª ed., Rio de Janeiro, Forense, 1973, pp. 369-370).

go uma espécie de visão intuitiva, pragmática, razoável e plural de Justiça (de Justiça distributiva), calcada no binômio dignidade humana-solidariedade social, cuja noção infere-se, sistemicamente, a partir do conjunto de direitos humanos a que a ordem constitucional atribui o *status* da fundamentalidade, quiçá no melhor estilo da teorização da Justiça (*Justice as fairness*) formulada por John Rawls.[37]

37. Obviamente, não cabe dissertar, aqui, com extensividade, acerca da complexa concepção de *Justiça* no pensamento de Rawls, conforme expressa em dezenas de livros e artigos jurídico-filosóficos, destacadamente sua *A Theory of Justice* (Cambridge, Harvard University Press, 1971) e *Constitutional Liberty and the Concept of Justice* (constante da obra coletiva organizada por C. J. Friedrich e J. W. Chapman, t. VI: *Justice*, Nova York, Atherton Press, 1963, pp. 98-125). Todavia, em face da visão "rawlsiana" de que os julgamentos morais devem pautar-se em correspondentes princípios de ordem geral, e que esses princípios resultam de um processo sócio-cultural de reflexão equilibrada (*reflective equilibrium*), pode-se supor que a *constitucionalização em aberto*, seja analítico-preceitual, seja apenas principiológica, do conjunto de valores (embora difusos e até contraditórios) agregados à moral social contemporânea representa, na síntese do constitucionalismo pós-moderno, a expressão jurídica maior do sentimento constitucional dos povos e das nações. Nesse sentido, expõe Rawls: "Moral philosophy is socratic: we may want to change our present considered judgements once their regulative principles are brought to light. And we may want to do this even though these principles are a perfect fit. A knowledge of these principles may suggest further reflections that lead us to revise our judgements" (*A Theory of Justice*, p. 49). Indo mais longe, pode-se reconhecer que a satisfação das necessidades humanas mínimas e essenciais, de acordo com o roteiro estruturante da Constituição social democrática da atualidade, apresenta-se fundamental para a concretização da *Justiça constitucional* ou da *Justice as fairness*, segundo a concepção de Rawls, consoante bem exposta por Carlos Alberto Pereira das Neves Bolonha: "Rawls acredita que seu princípio *[de Justiça]* prevê um mínimo adequado para todos em sociedade. A razão por que assim assevera está na sua convicção de que as qualidades humanas dependem diretamente da natureza e da vida em sociedade. Acontece que estas permitem o surgimento de desigualdades de toda ordem. A *Justice as* fairness tem, portanto, como função procurar atenuar o choque entre ricos e pobres, por meio de uma repartição dos resultados impostos pela força do acaso, ora pelo progresso da Humanidade. Para tanto, é preciso um princípio (o da diferença) que estabeleça um mínimo de igualdade, em benefício dos menos favorecidos, para assegurar o auto-respeito entre os homens e o valor da liberdade para a estabilidade social" (*Introdução ao Estudo de 'A Tehory of Justice' de John Rawls*, dissertação de Mestrado apresentada e aprovada pelo Departamento de Ciências Jurídicas da PUC/RJ, 1994). É leitura interessante, também, nesse campo de questões, o artigo de Oscar Vilhena Vieira, "A Constituição como reserva de justiça", constante da coletânea *Lua Nova Revista de Cultura e Política* 42, São Paulo, 1997.

A bem dizer, a progressiva evolução dos direitos humanos – desde a concepção jusnaturalista canônica e medieval, passando por sua laicização,[38] até a racionalização juspositiva de nível constitucional e ainda internacionalista – testemunha a transmudação dos direitos humanos enquanto direitos subjetivos, ou seja, enquanto tutelados pela ordem jurídica e exercíveis segundo os ritos por ela estabelecidos, em direitos humanos enquanto relação justa, ou seja, enquanto informados pelos dinâmicos valores de uma visão sócio-cultural de Justiça. A mescla desses dois estágios da afirmação dos direitos fundamentais do homem (direito subjetivo e relação justa), aprimorada pela atual e prevalente superioridade dessa última categoria axiológica, é que pavimenta o circuito da abertura constitucional pós-moder-

38. O grande passo da secularização dos direitos humanos é assim descrito por Hans Peter Schneider: "Hay que hacer referencia a dos líneas de la tradición que han contribuido de manera decisiva, y entrelazadas entre sí, a la formación de las garantías modernas de los derechos fundamentales: la secularización del derecho natural y la individualización de privilegios estamentales. La secularización del derecho natural fue introducida por la teoría de los valores objetivos de la escolástica española del Siglo de Oro. Francisco de Vitoria, Gabriel Vázquez y Francisco Suárez liberaron, con gran penetración intelectual, al derecho natural medieval de sus ataduras nominalistas e introdujeron en vez de la voluntad divina la 'naturaleza o la razón de la cosa'. Con ello nacía, mucho antes de Grocio, el derecho natural profano y sentaba, como 'derecho racional', los fundamentos de un derecho natural e internacional de la Humanidad. Como seguidor de los españoles, Grocio dedujo el derecho natural a partir de la naturaleza racional del hombre, lo conformó sistemáticamente de acuerdo con el *dictamen rectae rationis*" (*Democracia y Constitución*, p. 121).

De uma maneira geral, o processo de secularização do saber representou em toda a Europa uma verdadeira carta de alforria para o domínio das ciências, em razão do antagonismo histórico que caracterizou o dogmatismo da fé e o livre pensamento. A trajetória desse confronto entre a religião e o saber é objeto do interessante livro de Owen Chadwick, *The Secularization of the European Mind in 19th Century* (Cambridge University Press, 1993), onde a questão é sumarizada, a partir das observações lançadas na obra clássica de John William Draper, *History of the Conflict between Religion and Science*, publicada em Nova York no ano de 1874, nos termos seguintes: "The Pope, he says, has loudly declared that the Church will accept no reconciliation with modern civilization. This antagonism between Religion and Science is the continuation of a strugle which began when Christianity first attained political power. A revelation from God is absolute. It can brook no change, no modification, no improvement. But knowledge is always growing, always modifying opinion, always in movement. Faith is stationary, science progressive. Therefore motionless faith and moving knowledge are continuously at war. Hence we looked backward down the centuries to see this war in progress" (pp. 161-162).

na e do fenômeno que lhe é ínsito, a que Arnaud designa de *explosão dos novos direitos*.[39]

Tal significa dizer que o constitucionalismo pós-moderno rompe com a divisão estanque entre o campo do Direito e o campo da Moral filosófica, que de certo modo permeou o arcabouço do iluminismo liberal. Nos tempos presentes, as incontáveis queixas e anseios da Moral contemporânea invadiram as pautas constitucionais, atribuindo-lhes dimensão objetiva – o que serviu para minorar sua fugacidade axiológica e emprestar-lhes algum *status* de estabilidade ontológico-jurídica, embora contingente, como é próprio da formal positivação na Lei Suprema de valores dispersos na legalidade subalterna ou que até então gravitavam no limbo de metalegalidade. Com isso, fica descartada, para efeito do pragmatismo constitucional, a visão filosófica que apartava os problemas do ser e as ques-

39. Eis o texto expressivo do pensamento desse estudioso francês: "Os sociólogos passaram a ser questionados sobre a efetividade dos direitos do homem, que, proclamados por quase todo o mundo, ainda são tão desrespeitados, provavelmente, após a explosão dos 'novos direitos'. Com certeza, aos sociólogos do Direito coube o mérito do reconhecimento da existência , ao lado dos direitos oficiais, legitimamente em vigor, dos sistemas jurídicos alternativos, algumas vezes denominados de informais, mesmo quando dotados de formas tão rígidas como o Direito. Em muitos sistemas jurídicos foram, desta forma, reivindicados direitos não reconhecidos pelo Direito, como aconteceu com o nosso próprio sistema jurídico, onde esses intelectuais descobriram a reivindicação de 'novos direitos'. No entanto, ao analisarem essas reivindicações, os sociólogos do Direito foram obrigados a reconhecer que estes direitos não compartilham a mesma natureza dos direitos antigos, pois são fundados na existência de novos titulares (as mulheres, as crianças, os estrangeiros, as minorias, os deficientes físicos e as pessoas em situações de inferioridade, como os consumidores etc.) ou de novos conteúdos (meio ambiente, paz, desenvolvimento, integridade do indivíduo face aos desenvolvimentos da ciência etc.). Ora, enquanto alguns desses direitos transmitem as idéias da igualdade e de universalidade sobre as quais eram fundados os direitos subjetivos, outros transmitem a idéia da solidariedade, ou seja, de um equilíbrio com o ambiente social, político, jurídico, econômico, religioso, histórico, geográfico, em uma situação pontual, hipótese que se remete mais a uma definição do direito como uma 'relação justa' do que como um direito subjetivo inerente à pessoa humana" (André-Jean Arnaud, "O conceito de direitos do homem: referências para a compreensão de um deslizamento progressivo", *Direito, Estado e Sociedade* 2/3, Rio de Janeiro, Departamento de Ciências Jurídicas da PUC/RJ, janeiro-julho/1993).

tões do valor, em torno da qual contenderam expoentes da concepção axiológica, a exemplo de Messer, Scheler, Wittmann e Hessen.[40]

Em suma, a Constituição pós-moderna valoriza crescentemente, com a nota qualificada da relevância e da estabilidade constitucional, um grande número de questões e interesses correspondentes aos novos e abertos sentimentos constitucionais das coletividades humanas, transformando-os em categorias supralegais que expressam o que Miguel Reale denomina de *invariáveis axiológicas*.[41] Assume, desse

40. Transcreve-se, aqui, para posicionar essa acirrada polêmica filosófica, o seguinte comentário de Johanes Hessen: "Aqui seja apenas dito de passagem que quem julga poder refutar a moderna filosofia dos valores, especialmente a de base fenomenológica, com estampar-lhe no rosto a etiqueta do 'dualismo' e com acusá-la de querer estabelecer uma absoluta separação entre 'ser' e 'valor', dá mostras de nada perceber acerca do ponto de vista ou da doutrina que se propõe refutar. (...). Também contra a concepção axiológica de Messer, mais inspirada em M. Scheler e fugindo a todo o ontologismo, objeta M. Wittmann que ela representa um 'dualismo insustentável'. Diz-se que é impossível separar inteiramente uns dos outros os problemas do 'ser' e do 'valor'; que a ordem do valor pressupõe uma correspondente ordem do ser; que os valores carecem duma base real, dum alicerce ontológico; que eles só são susceptíveis de existir na forma de qualidades valiosas ou estados; que os valores não podem ser assentados sobre si mesmos e hipostasiados" (*Filosofia dos Valores*, 5ª ed., trad. do professor Cabral de Moncada, Coimbra, Arménio Amado Editor, 1980, pp. 63-64).

41. Para esse jusfilósofo brasileiro o processo de constitucionalização de novos direitos e interesses individuais e coletivos infunde definitividade ao perfilhamento pelas comunidades políticas das conquistas humanitárias recém-alcançadas pela via constituinte, com dispensa de qualquer discussão metafísica acerca da origem e fundamento (*v.g.*, de origem divina, jusnaturalista, historicista etc.) da nova categoria constitucional. Textual: "Não é preciso apelar para um direito divino, ou para um direito natural transcendente, formado supostamente de razões conaturais ao ser do homem ou a imperativos inamovíveis da razão mesma, para reconhecer-se que também o legislador constituinte se acha subordinado a um quadro de valores que se confunde com a própria dignidade da cada homem, na medida em que, como ser histórico, participa de uma concepção universal do mundo e da vida. Que o homem, através da História, tenha alcançado determinados valores que considera intangíveis é um fato incontestável, como o demonstra o respeito hoje proclamado por todos os regimes políticos (...) no que se refere, por exemplo, aos chamados 'direitos humanos', que vão desde o valor primordial da vida até a defesa da Natureza, ameaçada de perecimento como decorrência de trágicos abusos no exercício do patrimônio técnico e científico, que nos foi legado por nossos antepassados e que nos cabe transferir intacto e aperfeiçoado às gerações futuras. A tais valores tenho dado a denominação de 'invariáveis axiológicas', porquanto, uma vez adquiridos pela espécie humana, passam a representar seu patrimônio irrenunciável, tendo tanta força como se fossem inatos, isto é, imanentes na natureza mesma do homem" (cf. Miguel Reale, *Liberdade e Democracia*, São Paulo, Saraiva, 1987, p. 16).

modo, sua historicidade axiológica.[42] Com isso, sujeita-se doravante aos esquemas de exegese reveladores do sentido e alcance do conjunto de valores que suas normas e princípios encampam e prestigiam. É forçoso, nessa vertente de idéias, que o reconhecimento de valores constitucionais (tanto substantivos quanto adjetivos) abre a questão – a bem dizer, a infindável polêmica no campo da interpretação da Constituição – acerca da jurisprudência dos valores e de sua correlata no Direito Norte-Americano – a *political jurisprudence* ou a *policy-oriented school of jurisprudence*, de que se ocupam pensadores de nomeada, a exemplo de Haberle, Karst, Horowitz, Roellecke, Ely, Perry, Tribe e McDougal, entre tantos outros.[43]

A explicação de José Carlos Vieira de Andrade a respeito da socialização dos direitos individuais ou, analogamente, da visão comunitária da liberdade que limita em prol do interesse coletivo a esfera das autonomias do indivíduo, eliminando qualquer caráter absoluto das potestades dos seres humanos na vida em sociedade, bem ilustra os ângulos de nossa exposição:

"Pretende-se, sim, fazer ver que os direitos fundamentais não podem ser pensados apenas do ponto de vista dos indivíduos, enquanto faculdades ou poderes de que estes são titulares; antes valem juridicamente também do ponto de vista da comunidade, como valores ou fins que esta se propõe prosseguir. Em cada um dos direitos fundamentais, entre eles ou à volta deles, a Constituição delimita espaços normativos, preenchidos por valores ou interesses afirmados, que constituem bases de ordenação da vida social. Contudo, esta dimensão comunitária manifesta-se em planos diferentes, que importa não confundir. Por um lado, enquanto 'dimensão valorativa ou funcional' ela vai influenciar e integrar o próprio 'conteúdo de sentido' dos direitos fundamentais. Por outro lado, enquanto 'dimensão jurídica estrutural', implica ou produz autonomamente, para além do reconhecimento de

42. Isto porque, como sustentado por Reale noutra obra, "toda corrente filosófica deve refletir as exigências de sua época, sendo certo que as doutrinas somente possuem universalidade e concretude na medida em que logram traduzir algo de substancial nos horizontes de nosso ser histórico" (*Pluralismo e Liberdade*, São Paulo, Saraiva, p. 15).

43. A jurisprudência dos valores é discutida em profundidade por Enrique Alonso García no excelente livro *La Interpretación de la Constitución* (Madri, Centro de Estudios Constitucionales, 1984), especialmente no capítulo intitulado "La Polémica en torno a la Jurisprudencia de los Valores", às pp. 315 e ss.

posições jurídicas subjetivas, outros efeitos jurídicos. (...). Assim, a atribuição dos direitos fundamentais pressupõe agora também o valor da 'solidariedade', isto é, da responsabilidade comunitária dos indivíduos. (...). Neste sentido, é legítimo falar de uma dimensão objetiva dos direitos fundamentais como dimensão valorativa, visto que a medida ou o alcance da sua validade jurídica (isto é, as situações ou os modos e formas legítimas do seu exercício) são em parte determinados pelo seu reconhecimento comunitário, e não simplesmente remetidos para a opinião (vontade) dos seus titulares".[44]

Nesse horizonte de primazia da ótica da solidariedade, é natural e forçoso que o princípio da dignidade da pessoa humana se constitua no núcleo central e indissociável de todos os demais direitos, estejam eles constitucionalizados como direitos fundamentais ou subsistam no plano da legalidade infraconstitucional. Daí a expressão corrente na jurisprudência das Cortes Constitucionais européias, "proteção pela dignidade", a revelar o eixo nuclear de tal postulado em toda e qualquer expressão de proteção jurídica. A exposição de Ingo Wolfang Sarlet é, aqui, assaz ilustrativa: "É justamente neste contexto que o princípio da dignidade da pessoa humana passa a ocupar lugar de destaque, notadamente pelo fato de que, ao menos para alguns, o conteúdo em dignidade da pessoa humana acaba por ser identificado como constituindo o núcleo essencial dos direitos fundamentais, ou pela circunstância de – mesmo não aceita tal identificação – se considerar que pelo menos (e sempre) o conteúdo em dignidade da pessoa em cada direito fundamental encontra-se imune a restrições".[45]

Sob o estímulo da crescente contemplação nos diplomas constitucionais da cláusula de tutela da dignidade humana, foi natural que a jurisprudência dos tribunais por toda parte se ocupasse da concreção judicial de tal princípio nuclear da ordem jurídica. Os exemplos de arestos exibindo a aplicação de tal postulado já se contam às centenas. Permite-se lembrar, aqui, dentre tantos outros por igual colacionáveis, a decisão do Tribunal Constitucional de Portugal no AI 70000649350, julgado em 28.3.2000, sob a relatoria do Cons. Vítor Nunes de Almeida, que considerou inconstitucional a disposição legislativa que autorizava penhora de parte da pensão do devedor, mesmo na hipótese de

44. *Os Direitos Fundamentais na Constituição Portuguesa de 1976*, pp. 144-147.

45. *Dignidade da Pessoa Humana e Direitos Fundamentais na Constituição Federal de 1988*, 2ª ed., Porto Alegre, Livraria do Advogado, 2002, pp. 120-121.

ser esta equivalente ao salário mínimo nacional. Para tanto, entendeu aquela Corte que a constrição judicial com essa dimensão "constitui um sacrifício excessivo e desproporcionado do direito do devedor e pensionista, na medida em que este vê o seu nível de subsistência básico descer abaixo do mínimo considerado necessário para uma existência com dignidade que a Constituição garante".

Em nosso país, o STF já tem dado mostras do prestigiamento do princípio humanitarista, inclusive em situações de conflito aparente de normas constitucionais. Assim, por exemplo, o acórdão de que foi Relator o Min. Celso de Mello, condenando o Estado a custear medicamentos para o tratamento da AIDS (Síndrome da Imunodeficiência Adquirida) independentemente da existência de previsão de recursos orçamentários. O excerto do voto condutor do acórdão é, por si só, auto-explicativo: "Entre proteger a inviolabilidade do direito à vida, que se qualifica como direito subjetivo inalienável assegurado pela própria Constituição da República (art. 5º, *caput*), ou fazer prevalecer, contra essa prerrogativa fundamental, um interesse financeiro e secundário do Estado, entendo – uma vez configurado esse dilema – que razões de ordem ético-jurídica impõem ao julgador uma só e possível opção: o respeito indeclinável à vida".

Releva assinalar que o postulado da dignidade da pessoa humana em boa hora ingressou no direito positivo brasileiro, desde logo com a estatura inexcedível de *norma de princípio* constitucional, alçada em fundamento do Estado Brasileiro (CF, art. 1º, III) – o que vale dizer em pressuposto axiológico da organização política nacional. Essa hierarquia juspositiva por certo faz resultar conseqüências extremas e inexoráveis, uma vez que irradia para o plano da legalidade infraconstitucional um padrão de interpretação e de execução normativa, que é de observância compulsória, e que deve ser consentâneo com a máxima efetividade da cláusula supralegal de dignificação do homem. Há de ocorrer, de conseguinte, a constitucionalização, ou seja, a interpretação conforme a Constituição, de todas as regras de Direito que intercedam com as condições existenciais reputadas indispensáveis a uma vida digna.

Com bem sustenta Lenio Luiz Streck, "é preciso, pois, dizer o óbvio, que precisamos constitucionalizar o direito infraconstitucional... Entretanto, não é isto que está ocorrendo, é dizer, nem os princípios constitucionais são aplicados e nem as normas infraconstitucionais passam pelo necessário processo de filtragem constitucional".[46]

E, posto incluir-se o valor da dignidade humana em disposição constitucional qualificada como *norma de princípio*, e não como *regra de preceito*, impõe-se que seu tratamento exegético leve em consideração, com as homenagens devidas, os predicados e virtualidades que credenciam e revestem as normas de natureza principiológica. É sob essa perspectiva – *de norma de princípio fundante da ordem constitucional pátria* – que se há de aplicar, nos mais variados contextos de disputa de interesses e pretensões jurídicas, o princípio em referência. Essa modalidade normativa, por certo, suplantou os esquemas rígidos, tradicionais e preconceituosos da escola clássica da hermenêutica, e já hoje descortina um horizonte de extraordinária abertura e possibilidades de concreção, que visa sobretudo a emprestar o máximo de efetividade, segundo os objetivos de justiça material que encerram, ao sistema de normas sujeitas à sua diretriz reitora e proeminente.

Enquanto princípio de matriz constitucional, o postulado da dignidade humana impõe ao Estado, pelo menos, três ordens distintas de postura a fim de emprestar a conseqüente e radical eficácia aos direitos fundamentais. Primeiramente, condena, com a mácula da inconstitucionalidade, os atos estatais atentatórios a tal princípio. Além disso, impõe ao Poder Público o dever de se abster de praticar atos que desafiem o valor maior da dignidade humana. Por fim, induz a que os órgãos e autoridades competentes, em todos os níveis de governo, e no exercício de suas constitucionais e apropriadas competências, adotem iniciativas conducentes à eliminação das desigualdades sociais e que promovam condições sociais e econômicas propícias à existência digna de todos os seres humanos sujeitos à circunscrição da soberania do Estado. Em suma, ao impregnar todas as formas de atuação do Estado, esse princípio culminante da ordem constitucional democrática e solidarista exerce uma papel ao mesmo tempo suasório e dissuasório dos comportamentos das instâncias públicas. Por ser uma categoria aberta e abrangente, aplicável tanto às relações da esfera

46. "As constituições sociais e a dignidade da pessoa humana como princípio fundamental", in Margarida Maria Lacombe Camargo (org.), *1988-1998: uma Década de Constituição*, Rio de Janeiro, Renovar, 1999, p. 327.

pública quanto às situações da vida privada, a dignidade humana há de ser considerada *o princípio dos princípios constitucionais*. É o parâmetro, por excelência, do sentido formal e material da Justiça, que a tudo e a todos julga. Por isso, nada escapa – seja no terreno das ações e omissões do Poder Público, seja na órbita das relações e dos negócios privados – ao crivo de sua incidência pedagógica e à sua missão edificante de uma ordem jurídica comprometida com os direitos humanos e os valores da solidariedade.

Embora ainda se possa dizer prevalecente, no campo da interpretação e aplicação do Direito, o quadro teórico de clausura legalista em meio ao qual foi desenvolvido o sistema abstrato-conceitual, que formou e ainda hoje seduz gerações e mais gerações de juristas de nomeada,[47] a transformação qualitativa do pensamento jurídico rumo à abertura e mobilidade sistêmica que notabiliza o pós-modernismo (e o pós-positivismo) ganhou força a partir dos grandes momentos constituintes das últimas décadas do século passado – do que constitui exemplo emblemático a Carta Política promulgada no Brasil em 1988. Com efeito, a vistosa predileção da Constituição Federal de 1998 pela adoção de normas de princípio induz considerar não só a ela própria, mas a todo o ordenamento jurídico brasileiro, por força dos eflúvios

47. Nesse sentido, observa Karl Larenz que, "até agora, só se realizaram em esboço na ciência do Direito as possibilidades, a que aqui se aludiu, de formação de um sistema que não se serve, ou não se serve exclusivamente, do conceito 'abstracto' e do procedimento lógico, a ele associado, da abstracção ou da subsunção, mas de outros modos de pensamento. Muitos juristas continuam a identificar a idéia de sistema com o sistema concepetual-abstracto. Ainda hoje poucos juristas, mesmo aqueles que são defensores de uma jurisprudência de valoração, são capazes de libertar-se do fascínio exercido pelo sistema conceptual-abstracto; deslumbrados pelo conceito cientificista de ciência, recearam abandonar, conjuntamente com o sistema conceptual-abstracto, a pretensão de cientificidade da jurisprudência; descuram assim o fato de que a ciência do Direito, que pertence às ciências 'compreensivas' em sentido estrito, só pode justificar a sua pretensão mediante o desenvolvimento de modos de pensamento adequados ao seu objeto e hermeneuticamente garantidos, e não mediante o intento inútil de uma acomodação aos métodos das ciências 'exatas'. (...). Só nas duas últimas décadas se começou a utilizar na jurisprudência, ao lado e no lugar de conceitos abstractos, outras formas de pensamento, como o tipo, a idéia diretiva, o princípio que precisa de ser concretizado e o conceito determinado pela função. Dessas outras forma de pensamento surgiram indicações para a formação de um sistema de outra espécie – o sistema interno (sistema móvel)" (*Metodologia da Ciência do Direito*, Lisboa, Fundação Calouste Gulbenkian, 1997, pp. 623-624).

deontológicos irradiados pela Lei Fundamental, como um sistema aberto, no qual convivem, em regime de reciprocidade e em contínua interpelação mútua, normas de natureza principiológica – implícitas ou explícitas – e normas de natureza preceptiva. Às primeiras cabe alargar, fecundar e comunicar novas possibilidades semânticas, novos horizontes axiológicos ao plano básico da previsão textual contida nas regras de preceito. Aliás, pode-se dizer que a ambiência natural dos princípios jurídicos, máxime o *princípio dos princípios* – que é a dignidade humana –, é sem dúvida o texto constitucional. E nessa perspectiva de abertura material e de capilaridade temática, como condição para o contínuo adensamento do fenômeno jurídico, impõe-se ao jurista o dever de desconfiar de leituras herdadas, e mesmo de se inquietar com elas, se já não se afinam com o sentimento de Justiça, ou não mais traduzem as expectativas contemporâneas da sociedade.

Em verdade, mais do que catalogar, impõe-se, hoje, não só à jurisprudência,[48] mas aos operadores do Direito em geral, intensificar o conhecimento do fenômeno jurídico, encontrando novas conexões de sentido que as normas mantêm entre si e com os princípios ético-diretivos[49] do ordenamento jurídico, cujo epicentro repousa no princípio da dignidade humana. Enfim, trata-se de um dever que incumbe e vincula a todos, Administração Pública e administrados, governantes e governados, indivíduos e sociedade. Em tal sistema axiológico-teleológico,[50] onde as normas jurídicas não são, por certo, um amontoado

48. "O ato jurisdicional é um ato de conhecimento e não um ato volitivo (ou seja, um ato de estatuição do Direito, no sentido de emanação da lei); a proposição jurídica encontrada pela jurisprudência não vale doravante porque tenha sido posta em vigor pela instância competente para a estatuição do Direito, mas porque é reconhecida como correta. 'A ordem jurídica', assinala Karl Larenz, 'não existe de forma inteiramente independente do processo do compreender, mas somente no modo como, com base nesse processo, se mostra em cada caso na compreensão daqueles que são chamados à sua aplicação e desenvolvimento; isto vale não só para o Direito, mas para o entendimento de qualquer obra espiritual'" (Karl Larenz, *Metodologia ...*, pp. 235 e 574).

49. Princípios ético-diretivos são pautas diretivas de normação jurídica que, em virtude da sua própria força de convicção, podem justificar resoluções jurídicas. Nesse sentido, sustenta Karl Larenz que tais princípios "podem ser entendidos como manifestações e especificações especiais da idéia de Direito, tal como esta se revela na 'consciência jurídica geral', neste estádio da evolução histórica" (*Metodologia ...*, p. 599).

50. Depois de demonstrar que o sistema externo (um agrupamento de matérias exposto do modo mais claro possível) é inadequado para exprimir e albergar o fenômeno jurídico, Claus-Wilhelm Canaris identifica o sistema interno (uma ordenação

desconexo, mas onde elas, segundo Karl Larenz, "não estão desligadas umas das outras, mas estão numa conexão multímoda"[51] – e numa conexão, acrescente-se, de imbricação deontológica –, perde relevo a função meramente catalogatória e de subsunção de tipo fático-normativa por parte do aplicador do Direito, que por séculos inspirou o ideário da codificação e a escola clássica da hermenêutica. Nesse sistema aberto, que é mutante, flexível e permeável, para acolher novas configurações da vida,[52] e no qual são possíveis tanto mutações na espécie do jogo concertado dos princípios, do seu alcance e limitação recíproca, como também a descoberta de novos princípios, a função axial do jurista é a de traçar novas valorações, novas conexões de sentido e[53]

valorativa internamente concatenada) como um sistema de princípios gerais: "Um sistema lógico-formal é inadequado para exprimir a unidade interior e a adequação de determinada ordem jurídica positiva (...) pois a unidade interna de sentido do Direito, que opera para o erguer em sistema, não corresponde a uma derivação da idéia de Justiça de tipo lógico, mas antes de tipo valorativo ou axiológico. Quem poderia seriamente pretender que a regra de tratar o igual por igual e o diferente de modo diferente, de acordo com a medida da diferença, pode ser acatada com os meios da lógica? Os valores estão, sem dúvida, fora do âmbito da lógica formal (...) sendo o ordenamento, de acordo com a sua derivação a partir da regra de Justiça, de natureza valorativa, assim também o sistema a ele correspondente só poderá ser uma ordenação axiológica ou teleológica (...) o sistema (jurídico) deixa-se, assim, definir como uma ordem axiológica ou teleológica de princípios gerais de Direito, na qual o elemento de adequação valorativa se dirige mais à característica de ordem teleológica e o da unidade interna à característica dos princípios gerais" (*Pensamento Sistemático e Conceito de Sistema na Ciência do Direito*, Lisboa, Fundação Calouste Gulbenkian, 1996, pp. 32, 33, 66, 77 e 78).

51. Karl Larenz, *Metodologia* ..., p. 621.

52. Preciosas, no particular, são as palavras de Claus-Wilhelm Canaris: "A abertura significa a incompletude do conhecimento científico e a mutabilidade dos valores jurídicos fundamentais. A abertura do sistema jurídico não contradita a aplicabilidade do pensamento sistemático na ciência do Direito. Ela partilha a abertura do sistema científico com todas as outras ciências, pois enquanto no domínio respectivo ainda for possível um progresso no conhecimento, e, portanto, o trabalho científico fizer sentido, nenhum desses sistemas pode ser mais do que um projeto transitório" (*Pensamento Sistemático* ..., p. 281).

53. Conforme Karl Larenz, "a missão do sistema científico é tornar visível e mostrar a conexão de sentido inerente ao ordenamento jurídico como um todo coerente. Para isso serve a descoberta dos princípios diretivos e a sua concretização nos conteúdos regulativos, a formação de conceitos determinados pela função e de tipos jurídico-estruturais. Para esse efeito, pressupõe-se sempre que as regras do Direito e os diferentes complexos de regulação estão de fato entre si numa tal conexão de sentido, quer dizer, que são algo mais do que uma aglomeração de normas particulares baseada na

novas cadeias de regulação entre normas (preceptivas ou principiológicas,[54] escritas ou não escritas).

Num sistema jurídico marcado pela nota da abertura, a arte e ofício que se impõem ao profissional do Direito é no sentido de, mediante operações de pensamento, as mais variadas,[55] encontrar, justificadamente, a solução ou a concatenação normativa mais adequada, mais correta, mais consentânea com os mandamentos daquilo que a sensibilidade jurídica reconhece como pertencente à concepção de "direito justo" vigente em determinado contexto histórico-social.[56] Afinal, a idéia de um "direito justo" – observa Karl Engisch – "faz parte do sentido do mundo".[57] De fato, a noção de Direito, notadamente a de um Direito coroado com os predicamentos da Justiça, é o valor central a que todo o sistema jurídico está referido, como algo com sentido (e não algo com qualquer sentido, como a neutralidade lógica que

'arbitrariedade' do legislador ou noutros fatores mais ou menos casuais. Que esta pressuposição é verdadeira, que a um dado ordenamento jurídico é inerente um sentido racional, não pode decerto 'provar-se' em sentido exato, mas pode esclarecer-se mediante a descoberta dessa conexão de sentido (...)" (*Metodologia* ..., pp. 694-695).

54. Ao contrário das normas preceptivas, os princípios jurídicos caracterizam-se pela sua elasticidade, e não pela sua especificidade, no contemplar situações fáticas sujeitas ao seu âmbito de incidência. São regras concebidas de forma muito geral, às quais se podem subsumir situações de fato, igualmente de índole muito geral – o que demanda do intérprete, ou de seu destinatário, uma atitude de abertura hermenêutica, preliminarmente, e de concretização, num segundo momento. Além do quê – salienta Claus-Wilhelm Canaris –, diferentemente das normas preceituais, "os princípios não valem sem excepção e podem entrar entre si em oposição ou em contradição; eles não têm a pretensão da exclusividade; eles ostentam o seu sentido próprio apenas numa combinação de complementação e restrição recíprocas" (*Pensamento Sistemático* ..., p. 88).

55. Além do conceito abstracto, Karl Larenz alude, ainda, a outras formas de pensamento, tais como o tipo, a idéia diretiva, princípio que carece de concretização e o conceito determinado pela função, cujo desenvolvimento não caberia nos lindes deste trabalho.

56. Nesse sentido, observa Clémerson Merlin Clève que "importa, hoje, para o jurista participante, sujar as mãos com a lama impregnante da prática jurídica, oferecendo, no campo da dogmática, novas soluções, novas fórmulas, novas interpretações, novas construções conceituais. Este é o grande desafio contemporâneo" ("A teoria constitucional e o Direito alternativo", constante da obra *Uma Vida Dedicada ao Direito – Homenagem a Carlos Henrique de Carvalho, o Editor dos Juristas*, São Paulo, Ed. RT, 1995, pp. 37-38).

57. *Introdução ao Pensamento Jurídico*, Lisboa, Fundação Calouste Gulbenkian, 1996, p. 12.

o positivismo propugnava). E como a idéia de Direito, segundo Gustav Radbruch, outra coisa não é senão a própria idéia qualificada de Justiça, Direito é, então, "uma realidade que serve à Justiça".[58]

Cumpre, no entanto, assinalar alguns traços distintivos entre tais espécies normativas.[59] Antes, porém, de empreender tal tarefa, é curial suplantar, de uma vez por todas, certa resistência preconceituosa – hoje felizmente reduzida em sede doutrinária, conquanto ainda reinante em certa corrente jurisprudencial –, imposta por espíritos mais arraigados ao formalismo jurídico, no sentido de que *princípios* não teriam força jurídica vinculante ou, ainda, que seriam simples fontes supletivas.[60]

Em realidade, não há mais discutir que tanto o *preceito* quanto o *princípio*, enquanto espécies do gênero *normas jurídicas*, são mandados constringentes, isto é, comandos deontológicos providos de im-

58. "O que não significa – ressalva o referido jurista – que todo o direito positivo seja necessariamente um Direito justo. Mas, enquanto Direito, está de acordo com o seu sentido, sob a exigência de Justiça – está orientado a essa idéia" (Gustav Radbruch, *Filosofia do Direito*, Coimbra, Arménio Amado Editor, 1988, pp. 30 e ss.).

59. Gomes Canotilho oferece cinco critérios para distinguir *regras* e *princípios*, quais sejam: "a) *grau de abstracção*: os princípios são normas com um grau de abstracção relativamente elevado; de modo diverso, as regras possuem uma abstracção relativamente reduzida; b) *grau de determinabilidade na aplicação do caso concreto*: os princípios, por serem vagos e indeterminados, carecem de mediações concretizadoras, enquanto as regras são suscetíveis de aplicação direta; c) *grau de fundamentalidade no sistema das fontes de Direito*: os princípios são normas de natureza ou com um papel fundamental no ordenamento jurídico devido à sua posição hierárquica no sistema das fontes (exemplo: princípios constitucionais) ou à sua importância estruturante dentro do sistema jurídico (exemplo: princípio do Estado de Direito); d) *proximidade da idéia de Direito*: os princípios são *standards* juridicamente vinculantes radicados na idéia de 'Justiça' (Dworkin) ou na 'idéia de Direito' (Larenz); as regras podem ser normas vinculativas com um conteúdo meramente funcional; e) *natureza normogenética*: os princípios são fundamento de regras, isto é, são normas que estão na base ou constituem a *ratio* de regras jurídicas, desempenhando, por isso, uma função normogenética fundamentante" (*Direito Constitucional*, Coimbra, Almedina, 1993, pp. 166-167).

60. A respeito das vicissitudes históricas no que tange à normatividade do princípio, desde sua origem metafísica, tal como concebida pelo pensamento jusnaturalista, passando pela fase reducionista do positivismo, que o compreendia como mera fonte supletiva da lei, até sua proeminência na fase pós-positivista, que o entende não só como norma vinculante mas, também, como norma fundamental do sistema jurídico, vale consultar Paulo Bonavides, *Curso de Direito Constitucional*, 15ª ed., São Paulo, Malheiros Editores, 2004, pp. 255 e ss.

peratividade. Nesse sentido, observa Robert Alexy que "tanto as regras como os princípios são normas, porque ambos dizem o que deve ser. Ambos podem ser formulados com a ajuda das expressões deontológicas básicas do mandado, a permissão e a proibição. Os princípios, do mesmo modo que as regras, são razões para juízos concretos de 'dever-ser', ainda quando sejam razões de um tipo muito diferente. A distinção entre regras e princípios é, pois, uma distinção entre dois tipos de normas".[61]

Partindo, portanto, da premissa epistemológica que admite e afirma a cogência normativa dos princípios de Direito, é oportuno destacar, num primeiro juízo de distinção, no que tange aos elementos do suporte fático, que o horizonte deontológico das normas principiológicas não se condensa em hipóteses e conceitos previamente cristalizados num texto normativo rígido, tal como se dá com as normas-preceito. Nesse sentido, impõe-se reconhecer, com Willis Santiago Guerra Filho, que os preceitos "caracterizam-se por ter uma estrutura lógico-deôntica constituída pela descrição de uma hipótese fática e a previsão da conseqüência jurídica de sua ocorrência. Já os princípios não oferecem semelhante tratamento de situações jurídicas, mas, sim, a prescrição de um valor, que por esse meio adquire validade jurídica, ou seja, em uma palavra, positividade".[62] Isso significa que, enquanto norma de textura ontologicamente aberta e genérica, o princípio de Direito não se deixa exaurir por *facti species* explícita e previamente definidas, ou seja, pelo critério da tipificação do fato à norma. Daí que, para Robert Alexy, "os princípios são normas dotadas de alto grau de generalidade, ao passo que as regras, sendo também normas, têm, contudo, grau relativamente baixo de generalidade".[63] Disso decorre que a carga de eficácia jurídica que dimana da norma principiológica é relativamente difusa e indeterminada. Ademais, há uma multiplicidade de meios para efetivá-la – isto é, os caminhos para se alcançar os efeitos pretendidos pela norma são diversos e sujeitos a uma prospecção

61. *Teoría de los Derechos Fundamentales*, Madri, Centro de Estudios Constitucionales, 1993, p. 83.

62. "Notas em torno do princípio da proporcionalidade", in Jorge Miranda (org.), *Perspectivas Constitucionais nos 20 Anos da Constituição de 1976*, vol. I, Coimbra, Coimbra Editora, 1996, p. 252.

63. *Teoría* ..., pp. 83 e ss.

contínua na tarefa de interpretar e aplicar as regras de Direito. Já as normas de preceito articulam com a idéia de um suporte fático hipotético previamente consolidado pelo editor normativo, sendo, por essa razão, aplicáveis de forma mecanicista às situações ocorrentes no plano da vida que guardam coincidência ou similitude com a previsão ideal do legislador.

Por sua vez, o aspecto da generalidade remete à outra distinção doutrinária acerca dos princípios, no sentido de considerá-los em sua *concepção débil* ou em sua *concepção forte*. A *concepção forte* pressupõe uma diferença qualitativa ou lógica entre *princípios* e *regras*, ao passo que a *concepção débil* orienta-se no sentido de que a diferença entre as duas espécies normativas se dá apenas em nível quantitativo ou de grau. Com efeito, os partidários da concepção fraca – dentre os quais avulta a autoridade de Norberto Bobbio[64] – vêem normalmente o grau de generalidade como o critério decisivo. Sendo assim, os princípios seriam normas de um grau de generalidade relativamente elevado, enquanto as regras teriam um nível relativamente baixo de generalidade. Há, no entanto, uma corrente de pensamento que defende que entre *regras* e *princípios* existe não apenas uma diferença gradual, mas também qualitativa. São os adeptos da *concepção forte* do princípio, entre os quais se podem incluir Robert Alexy e Ronald Dworkin. De fato, para defender a tese de que a diferença entre *normas de preceito* e *normas de princípio* é fundamentalmente qualitativa, e não apenas de grau, o jusfilósofo alemão sustenta que o ponto nevrálgico para estremar tais espécies normativas reside no fato de que os princípios são normas que ordenam que alguma coisa seja realizada na maior medida possível, de acordo com as possibilidades jurídicas e reais existentes; ao passo que às regras se aplica a lógica do "ou isto, ou aquilo" – isto é, se são válidas e incidem em determinado caso, as regras devem ser aplicadas na sua inteireza, sem um "mais ou menos".

Eis a respeitável manifestação doutrinária: "O ponto decisivo para a distinção entre regras e princípios é que os princípios são nor-

64. Para Norberto Bobbio, enquanto partidário da *distinção fraca*, princípios nada mais são que "normas fundamentais ou generalíssimas do sistema, as normas mais gerais" (*Teoria do Ordenamento Jurídico*, Brasília, UnB, 1995).

mas que ordenam que algo seja realizado na melhor medida possível, dentro das possibilidades jurídicas e reais existentes. Portanto, os princípios são mandados de otimização, que estão caracterizados pelo fato de que podem ser cumpridos em diferentes graus e que a medida de seu cumprimento depende não só das possibilidades reais mas também das jurídicas. O âmbito das possibilidades jurídicas é determinado pelos princípios e regras opostos. De outro lado, as regras são normas que só podem ser cumpridas ou não. Se uma regra é válida, então deve fazer-se o que ela exige, nem mais nem menos. Portanto, as regras contêm determinações no âmbito do fático e juridicamente possível. Isto significa que a diferença entre regras e princípios é qualitativa e não de grau. Toda norma ou é uma regra ou é um princípio".[65] Sendo assim, para o festejado jurista tedesco, princípios consubstanciariam "mandados de otimização", ao passo que as regras encerrariam "mandados de definição".

Outro partidário da *concepção forte* do princípio – e já em sede da *common law* – é Ronald Dworkin, sucessor de Herbert Hart (1907-1993) na cátedra de Jurisprudência na Universidade de Oxford. Nessa mesma linha de idéias, sustenta o referido autor que, ao contrário do que se dá com os princípios, os preceitos aplicam-se *in a all-or-nothing fashion way*. É oportuno transcrever, textualmente, essa festejada preleção doutrinária:

"The difference between legal principles and legal rules is a logical distinction. Both sets of standards point to particular decisions about legal obligation in particular circumstances, but they differ in the character of the direction they provide. (…) Rules apply in an all-or-nothing fashion. If the facts a rule stipulates are given. Then either the rule is valid, in which case the answer it supplies must be accepted, or it is not, in which it contributes nothing to the decision. This first difference between rules and principles entails another. Principles have a dimension that rules do not – the dimension of weight or importance. When principles intersect (...) one who must resolve the conflict has to take into account the relative weight of each".[66] Isto é, verificada, *in concreto*, a hipótese de incidência previamente descrita

65. Robert Alexy, *Teoría* ..., pp. 86-87.

66. Ronald Dworkin, *Taking Rights Seriously*, Cambridge, Harvard University Press, 1998, pp. 24-26.

no texto da norma, aplica-se, então, a regra à espécie. Não verificada, contudo, a hipótese de incidência, a regra não incide, e, por isso, não deve ser aplicada.

Como já dito, preceitos levam em conta a idéia de *validade*. De modo que, se são válidos – isto é, se foram produzidos em conformidade com a norma de hierarquia superior que lhes confere eficácia jurídica –, devem ser inexoravelmente aplicados. E se uma norma-preceito entra em conflito real e insuplantável com outra norma preceptiva, uma delas deverá ser desconsiderada ou até mesmo excluída do ordenamento jurídico, seja por via das soluções de direito intertemporal, seja por força do postulado da hierarquia juspositiva que desnivela as normas em cada sistema de regras de Direito.

Já em relação aos princípios, como é sabido, passa-se algo assaz diferente. Exatamente por serem normas de superior grau de generalidade, os princípios não se deixam esgotar enquanto reserva deontológica hábil para legitimar novas valorações e novas aplicações casuísticas. Daí que, para Eros Roberto Grau, "o princípio é geral porque comporta uma série indefinida de aplicações".[67] Ademais, os princípios apresentam uma dimensão de peso. Isto quer dizer que, mediante uma atividade de ponderação dos interesses em questão, eles são realizados numa maior ou menor medida, conforme as possibilidades materiais do caso, e sem que um princípio exclua ou elimine outra norma congênere. Portanto, sempre que dois ou mais princípios, aplicáveis a um mesmo caso, entrem em conflito – por conterem orientações vetoriais distintas –, um deles deverá ceder em face do outro, sem exclusões absolutas ou de índole invalidatória. Assim, na dimensão principiológica, quando duas ou mais normas de princípio entram em rota de colisão para a regência de determinada situação fático-jurídica, o que está em jogo não é a idéia de validade, mas, sim, a idéia de valor e supervalia. Tem-se, pois, em resumo, que a convivência entre os princípios é naturalmente complexa, isto é, não obstante seja de índole competitiva, é também de índole inclusiva, na medida em que não elimina do sistema jurídico o princípio não aplicado num caso determinado.

Diversamente, no plano das regras de preceito a inter-relação é de natureza excludente. Enquanto os princípios coexistem e sobrevi-

67. *A Ordem Econômica* ..., 3ª ed., São Paulo, Malheiros Editores, 1997, p. 95.

vem à solução da controvérsia, ainda que entrem em testilhas de difícil ou impossível superação, a antinomia intransponível entre as regras de preceito conduz à forçosa exclusão de uma delas, pelo método da subsunção do tipo fático à norma jurídica de maior hierarquia ou mais nova pela precedência.

Do critério da generalidade ainda decorre outro, extremamente atraente para a análise da normatividade dos princípios, qual seja, o da *fecundidade*. Isso porque a função mais notável do princípio, seja ele escrito ou não, é a de fecundar, trazer novos horizontes deontológicos e novas imbricações teleológicas para a compreensão do caso, ampliando, assim, o espectro hermenêutico contido na norma. Num sistema jurídico aberto – onde, nas palavras de Paulo Bonavides, sobressai "a hegemonia axiológica dos princípios,"[68] tal função fertilizante dos princípios desempenha um papel de relevância inconteste na tarefa de revelação do Direito justo aplicável ao caso concreto, sobretudo quando o intérprete se depara com os chamados *hard cases*, para cuja solução se consulta mais o senso de justiça do que a letra fria e neutra[69] da lei ou de um contrato. Assim, ao menos, princípios seriam "razões para decidir" ou mandamentos deontológicos que, por sua própria carga ético-jurídica, teriam o condão de fundamentar uma sentença e de bem orientar o intérprete no sentido da aplicação ou da não-aplicação ao caso de um conceito normativo.

68. *Curso* ..., 15ª ed., p. 264.

69. O postulado cardeal do purismo, haurido nas águas do positivismo filosófico, era o ideal de neutralidade. A norma teria valor pelo que é, e não pelo que deveria ser. Seu âmbito de incidência estaria, assim, limitado pela semântica inteligentemente possível de seus termos, não entrando em linha de conta qualquer aspiração teleológica. Sabe-se, no entanto, que a dimensão do jurídico não se limita ao aspecto normativista. Toda norma, enquanto obra do pensar, é pródiga de valores e opções afetivas (afeições e desafeições), a disposição fundamental do ser humano. Ademais, o dogma da neutralidade não é mais senão o último grau de ideologização. Nesse sentido, Martin Heidegger chama atenção para o fato de que "muitas vezes e quase por toda parte reina a idéia de que o pensamento que se guia pelo modelo da representação e cálculo puramente lógicos é absolutamente livre de qualquer disposição. Mas também a frieza do cálculo, também a sobriedade prosaica da planificação, são sinais de um tipo de disposição. Não apenas isto; mesmo a razão que se mantém livre de toda influência das paixões é, enquanto razão, predisposta para a confiança na evidência lógico-matemática de seus princípios e regras" (*Qu-est-ce que la Philosophie*, coleção "Os Pensadores", São Paulo, Nova Cultural, 1996, p. 39).

Enfim, enquanto comandos normativos tendentes a aproximar aquilo que o positivismo jurídico havia separado – o campo do Direito e o campo da Moral, ensejando que o utilitarismo se sobrepusesse à indagação do sentido –, os princípios são instrumentos com vocação a conferir suporte metodológico e racional à busca da Justiça do caso concreto, possibilitando-se, assim, a reintrodução do sentimento do satisfatório, do razoável, do conveniente, de *fairness*, na trama das questões intersubjetivas e nas disputas forenses. De fato, segundo a definição de Ronald Dworkin, "principle is a standard that is to be observed, not because it will advance an economical, political, or social situation deemed desirable, but because it is a requirement of justice or fairness or some other dimension of morality".[70] Assim, quanto ao conteúdo, pode-se dizer que os princípios estariam mais próximos da idéia de valor e de direito justo, e encontram fundamento na "exigência de Justiça", enquanto mandamentos vinculantes e concretizadores da "idéia de Direito".

Para uma visão panorâmica e conclusiva das distinções aqui enunciadas, vale transcrever as valiosas reflexões de Gustavo Zagrebelsky a respeito do tema em digressão:

"(...) talvez a diferença mais importante possa ser sugerida pelo 'tratamento' distinto que a ciência do Direito outorga às regras e aos princípios (...) em poucas palavras, às regras 'se obedece', e, por isso, é mais importante determinar com precisão os preceitos que o legislador estabelece por meio das formulações que as regras contêm; aos princípios, ao contrário, 'se presta adesão', e, por isso, é importante compreender o mundo de valores, as grandes opções de cultura jurídica das quais tomam parte e às quais as palavras não façam simples alusão (...). A distinção essencial parece ser a seguinte: as regras nos proporcionam um critério para nossas ações, nos dizem como devemos, não devemos, podemos atuar em determinadas situações específicas previstas pelas próprias regras; os princípios, diretamente, não nos dizem nada a esse respeito, mas nos proporcionam critérios para tomar posições frente a situações concretas, mas que *a priori* aparecem indeterminadas. Os princípios geram atitudes favoráveis ou contrárias, de adesão e apoio ou de dissenso e repulsa em relação a tudo que pode estar implicado na sua salvaguarda no caso concreto. Vez que não demandam 'pressupostos de fato', aos princípios, diferentemente do que se passa com as regras, só se po-

70. *Taking Rights Seriously*, p. 22.

de dar algum significado operativo fazendo-os 'reagir' frente a um caso concreto, e é apenas nos casos concretos que se pode entender seu alcance. Poder-se-ia indicar a diferença assinalando simplesmente que as regras, e apenas as regras, são as que podem ser observadas e aplicadas mecânica e passivamente".[71]

Seja como for, o fato é que a transição de uma ordem jurídica acentuadamente lógico-conceitual para uma ordem jurídica de feição predominantemente teleológico-axiológica – tal como se acredita que a Constituição de 1998 tenha ensejado – reforça a oportunidade ímpar dos operadores do Direito de aprofundar a fecunda experiência da abertura do pensamento e do sistema jurídico, que é grandiosa e ilimitada no campo da exegese e da aplicação das regras jurídicas. Ao revés de antanho, hoje é o princípio que interpela o preceito, não para suprimi-lo, mas para que este possa ser repensado à luz do conjunto de valores e bens intangíveis em que radica o sistema de normas presidido pela Constituição.[72]

E não se despreza a segurança jurídica ao se embrenhar por tal atitude hermenêutica. O núcleo rígido dos institutos jurídicos não fica ferido. Apenas não mais se admite, numa ordem jurídica de natureza teleológico-axiológica, que um conceito ou uma hipótese fática normatizados, qualquer que seja seu teor, estejam infensos, em sua armadura pretensamente inviolável, a novas comunicações de sentido e a novas orientações valorativas que emanam dos princípios de Direito, enquanto alicerces fundantes do edifício jurídico.[73]

Vivemos hoje – observa Luiz Prieto Sanchís – uma "nova idade de ouro dos princípios".[74] Que esse novo tempo na geração dos estu-

71. *El Derecho Dúctil, Ley, Derechos, Justicia*, Madri, Trotta, 1995, p. 110.

72. Nesse sentido, sustenta Ana Paula de Barcellos que "os princípios constitucionais vão orientar a interpretação das regras em geral (não apenas as constitucionais, é bem de ver), de modo que o intérprete se encontra obrigado a optar, dentre as possíveis exegeses para o caso, aquela que realiza melhor o efeito pretendido pelo princípio constitucional pertinente" (*A Eficácia Jurídica dos Princípios Constitucionais – O Princípio da Dignidade da Pessoa Humana*, Rio de Janeiro, Renovar, 2002, p. 74).

73. De acordo com Miguel Reale, "toda a experiência jurídica, e, por conseguinte, a legislação que a integra, repousa sobre princípios gerais de Direito, que podem ser considerados os alicerces e as vigas mestras do edifício jurídico" (*Lições Preliminares de Direito*, São Paulo, Saraiva, 1998, p. 158).

74. *Sobre Principios y Normas – Problemas del Razonamiento Jurídico*, Madri, Centro de Estudos Constitucionales, 1992, p. 17.

dos jurídicos nos possa conduzir a uma nova concepção de legalidade, a ser moldada à luz do universo maior da Constituição e em prol do Direito justo e humanitário. É nessa perspectiva que deve ser compreendido, aplicado e valorizado o postulado da *dignidade da pessoa humana*, enquanto *princípio dos princípios constitucionais*. A esse propósito, a lúcida observação do Des. Sérgio Cavalieri, do TJRJ, é coroada de razão: "Temos hoje o chamado direito subjetivo constitucional à dignidade. E dignidade nada mais é do que a base de todos os valores morais, a síntese de todos os direitos do homem. O direito à honra, à imagem, ao nome, à intimidade, à privacidade, ou qualquer outro direito da personalidade, todos estão englobados no direito à dignidade, verdadeiro fundamento e essência de cada preceito constitucional relativo aos direitos fundamentais".[75]

Vale colacionar, por fim, o pensamento-síntese de Jorge Miranda, a traduzir que a cláusula constitucional da dignidade humana, enaltecida pioneiramente pela Constituição de Portugal de 1976 (art. 1º) como a base de todo o ordenamento jurídico da República Portuguesa,[76] perfaz o núcleo, o amálgama e a unidade de sentido de todos os demais direitos assegurados pela ordem constitucional: "Quanto fica dito demonstra que a Constituição, a despeito do seu caráter compromissório, confere uma unidade de sentido, de valor e de concordância prática ao sistema de direitos fundamentais. E ela repousa na dignidade da pessoa humana, proclamada no art. 1º, ou seja, na concepção que faz da pessoa humana fundamento e fim da sociedade e do Estado. Pelo menos, de modo directo e evidente, os direitos, liberdades e garantias pessoais e os direitos econômicos, sociais e cultu-

75. "Responsabilidade civil constitucional", *Revista de Direito* 40/60. Daí acrescentar Maria Celina Bodin de Moraes, a respeito da constitucionalização do dano moral, como insculpida no art. 5º, V, da Constituição da República: "O dano moral tem como causa a injusta violação a uma situação jurídica subjetiva extrapatrimonial, protegida pelo ordenamento jurídico através da cláusula geral de tutela da personalidade que foi instituída e tem sua fonte na Constituição Federal, em particular decorrente do princípio (fundante) da dignidade da pessoa humana (também identificado com o princípio geral de respeito à dignidade humana)" (extraído da obra *Danos à Pessoa Humana – Uma Leitura Civil-Constitucional dos Danos Morais*, Rio de Janeiro, Renovar, 2003, pp. 132-133).

76. Assim dispõe o art. 1º da Constituição Portuguesa: "Portugal é uma República soberana, baseada na dignidade da pessoa humana e na vontade popular e empenhada na construção de uma sociedade livre, justa e solidária".

rais comuns têm a sua fonte ética na dignidade da pessoa, de todas as pessoas. (...). A copiosa extensão do elenco não deve fazer perder de vista esse referencial".[77]

Eis aí a missão do postulado da dignidade humana, enquanto princípio matricial de todos os comandos constitucionais: informar e orientar a interpretação e aplicação do conjunto sistêmico das regras de Direito, mercê de sua inexcedível eficácia reitora e corretiva das ações tanto públicas quanto privadas, em sintonia com o ideal maior da Justiça solidarista e humanitária.

Rio de Janeiro, 19 de abril de 2004

77. Jorge Miranda, *Manual de Direito Constitucional – Direitos Fundamentais*, 3ª ed., t. IV, Coimbra, Coimbra Editora, 2000, pp. 180-181. No mesmo sentido, v. o artigo de José Manuel Cardoso da Costa (Presidente do Tribunal Constitucional de Portugal), "O princípio da dignidade da pessoa humana na Constituição e na jurisprudência constitucional portuguesas", constante da obra *Direito Constitucional – Estudos em Homenagem a Manoel Gonçalves Ferreira Filho*, São Paulo, Dialética, 1999, pp. 191 e ss. Nesse mesmo volume, consulte-se o artigo de Francis Delpérée, "O direito à dignidade humana", pp. 151 e ss.

DESAPROPRIAÇÃO – A IMISSÃO PROVISÓRIA DE POSSE

CLÓVIS BEZNOS

1. A previsão normativa. 2. A evolução jurisprudencial. 3. A noção de "posse". 4. O direito à indenização completa e prévia.

1. A previsão normativa

Imissão provisória de posse, nos termos estabelecidos pelo Decreto-lei 3.365, de 21.6.1941, significa a retirada da posse de seu titular de um bem imóvel declarado de utilidade pública ou interesse social para fins de desapropriação, em favor do poder expropriante, previamente ou no curso da ação expropriatória, mediante uma declaração de urgência e a efetivação de um depósito de dinheiro.

Duas são as formas determinantes do valor a ser depositado, em conformidade com o art. 15 e seus §§ desse diploma, ambas ao talante do poder expropriante: uma, independentemente de citação do desapropriado; e outra, mediante arbitramento, em procedimento subordinado ao contraditório.

A primeira hipótese elencada considera duas diferentes situações: em primeiro lugar, a de imóveis sujeitos ao pagamento de imposto predial; e outra, a de bens imóveis sujeitos ao imposto territorial.

Quanto aos imóveis sujeitos ao lançamento do imposto predial o diploma ainda desdobra em duas as possibilidades: uma em que o preço ofertado para a desapropriação seja superior a 20 vezes o valor locativo, quando haveria de ser depositado o valor da oferta; e outra em que essa oferta seja inferior a essas 20 vezes, quando o valor a ser depositado deveria corresponder a tais 20 vezes o valor locativo.[1]

Quanto aos imóveis sujeitos ao imposto territorial também se abrem duas possibilidades, considerando o valor cadastral do imóvel, para o lançamento do imposto: uma no caso de ter sido atualizado no ano fiscal o valor cadastral do imóvel; e outra para a circunstância de tal atualização não ter ocorrido.

Na primeira situação o valor a ser depositado haverá de ser o correspondente ao valor cadastral do imóvel; e na segunda tal valor deveria ser fixado pelo juiz, *independentemente de avaliação*, considerando-se tão-somente a época da fixação originária do valor cadastral e a valorização ou desvalorização superveniente.

A outra hipótese para apuração do valor a depositar-se efetivar-se-ia pela modalidade de arbitramento judicial, reportando-se o aludido art. 15 do decreto-lei ao art. 685 do Código de Processo Civil (de 1939), como norma de regência do mesmo.

Todavia, tal dispositivo do estatuto processual civil de 1939 regulava o processamento das medidas cautelares, tendo por sucedâneos no Código atual os arts. 802 e 803 – como anota José Carlos De Moraes Salles.[2]

É até intuitiva a conclusão de que usualmente o Poder Público prefira a primeira das modalidades de fixação do valor, para efeitos da imissão de posse.

De fato, considerando a alteração legislativa ao que tange à base de cálculo desse tipo de tributo – do valor locativo para o valor venal –, passou-se a admitir como o valor a ser depositado, tanto para imóveis sujeitos ao lançamento de imposto predial como para aqueles sujeitos ao lançamento do imposto territorial, o valor venal do imóvel, cadastrado junto às Prefeituras Municipais.

1. Tal previsão normativa tinha em conta o fato de que o valor locativo do imóvel sujeito ao lançamento do imposto predial se constituía em sua base de cálculo. Hoje a base de cálculo do IPTU é seu valor venal, conforme o art. 33 do Código Tributário Nacional (Lei 5.172, de 25.10.1966).

2. *A Desapropriação à Luz da Doutrina e da Jurisprudência*, 3ª ed., São Paulo, Ed. RT, 1995, p. 300.

Assim, preferiam os expropriantes essa modalidade de imissão de posse, sem a citação do expropriado, porque, via de regra, sempre se verificou grande defasagem entre o valor cadastral e o valor real das propriedades, propiciando aos administradores inescrupulosos o apossamento de imóveis dos administrados – usualmente, de pessoas pobres –, com o pagamento de um valor miserável, transformando desapossados em verdadeiras vítimas, verdadeiros párias sem-teto.

Além disso, a irresponsabilidade de administradores era de tal monta que, confiando na morosidade do procedimento judicial expropriatório e, mesmo, na esdruxularia consistente no pagamento das dívidas de desapropriação pelos malsinados precatórios, deixavam o problema do pagamento para as Administrações subseqüentes, dirigindo suas baterias tão-somente para as imissões de posse, mediante pagamento de valores irrisórios.[3]

Tão dramática se afigurava essa situação – em especial na gestão do então Prefeito Faria Lima, com desapropriações em massa de incontáveis imóveis de população carente para a construção da avenida, na Cidade de São Paulo, que ao depois recebeu o nome desse prefeito –, que o Comando Militar então no poder, invocando razões de "segurança nacional" – como então era freqüente –, baixou, em 22.1.1970, o Decreto-lei 1.075, regulando a imissão provisória de posse em imóveis residenciais urbanos habitados, pelo proprietário ou por compromissário comprador, cujo compromisso de compra se encontrasse registrado no Registro Imobiliário.

Tal diploma apenas defere a imissão de posse, mediante a possibilidade do contraditório, vez que necessariamente o expropriado deve ser citado; e, não concordando com a oferta, cabe-lhe impugná-la, no prazo de cinco dias.

3. Hoje essa hipótese dificilmente ocorrerá, em razão da edição da Lei Complementar 101, de 4.5.2000 – a chamada "Lei de Responsabilidade Fiscal" –, cujo art. 16, em seus incisos I e II, exige do ordenador de despesa para a desapropriação de imóveis urbanos a estimativa do impacto orçamentário fiscal referente ao exercício fiscal onde deva ser efetivada e, ainda, a declaração no sentido de que a despesa guarda adequação orçamentária e financeira com a lei orçamentária anual e compatibilidade com o plano plurianual e com a lei de diretrizes orçamentárias, além do fato de que o art. 46 desse diploma comina a nulidade ao ato de desapropriação de imóvel urbano expedido sem o atendimento do disposto no § 3º do art. 182 da Constituição Federal ou o prévio depósito do valor da indenização, ou seja: expedido sem o depósito do justo preço, pena de severas sanções ao administrador, inclusive de ordem criminal.

Impugnada a oferta, dar-se-á o arbitramento, para se fixar o valor provisório do imóvel, estabelecendo a lei que o juiz, para fazê-lo, poderá servir-se de perito avaliador, se assim entender necessário.

É claro que, tratando-se de avaliação imobiliária, dificilmente poderá o juiz dispensar o perito avaliador, eis que tal avaliação depende de dados, de que usualmente se servem os *experts* para fixar o valor de imóvel, que normalmente não existem nos autos, sem a realização da perícia.

De qualquer sorte, seja sob o regime do Decreto-lei 3.365/1941, seja sob as regras do Decreto-lei 1.075/1970, o fato é que sem qualquer razão de ordem lógica o expropriado, caso pretenda contestar o preço ofertado, não pode levantar a integralidade do valor depositado para os efeitos da imissão provisória de posse.

De fato, pelo regime do Decreto-lei 3.365/1941, em conformidade com seu art. 33, § 2º, pode o expropriado, se contestar o preço ofertado, levantar apenas 80% do valor depositado.

De outro lado, pelo regime do Decreto-lei 1.075, como se viu, impugnada a oferta, haverá de ser fixado pelo juiz o valor provisório do imóvel.

A razão para tanto decorre da urgência, que justifica a imissão antecipada da posse – o que não significa que tal avaliação possa afastar-se do pressuposto constitucional da justa indenização, devendo, pois ser realizada com o objetivo de aferir o justo valor do imóvel, ainda que em caráter provisório, sujeitando-se, assim, a uma avaliação posterior, onde tal valor pode, ou não, ser confirmado.

Além disso, estabelece o art. 3º desse diploma que quando o valor arbitrado for superior ao valor ofertado somente será admitida a imissão de posse se for complementado o depósito pelo expropriante, até que o depósito atinja a metade do valor arbitrado – o que significa que somente na hipótese de o valor arbitrado ser superior ao dobro do valor ofertado haverá a necessidade de complementação.

De outra parte – a razão não se sabe –, preconiza o decreto-lei que tal complementação de depósito é limitada, no máximo, ao valor correspondente a 2.300 salários mínimos.

Assim, considerando que o valor depositado não supera, em qualquer hipótese, a metade do valor arbitrado, prescreve o decreto-lei que o expropriado poderá levantar integralmente o depósito, ou, se preferir, poderá levantar 80% do valor ofertado.

Conforme se vê, mesmo apurando-se o preço, mediante arbitramento, não se autoriza o desapossado a levantar integralmente o valor arbitrado, caso resolva contestar a ação expropriatória, como se existisse nas previsões em questão uma proposital pressão para a aceitação da oferta pelo expropriado – que, em verdade, nessas circunstâncias, freqüentemente se transforma em verdadeira vítima da truculência com que se vê despojado da posse de seu bem.

De fato, se aceita a oferta, normalmente irrisória e não correspondente ao valor de seu imóvel – inclusive o residencial, como se viu –, recebe valor que não lhe permite adquirir imóvel equivalente ao que lhe foi tirado; e, se resolve contestar o preço, menos ainda se presta o valor levantado à substituição do bem de que se viu despojado.

Dessa forma, a desapropriação, que deveria ser um instrumento de realização da igualdade, ao contrário, se transforma em instrumento de política nefasta e injusta, desigualando a comunidade, colocando a carga apenas sobre os ombros de uns, em proveito de todos.

2. *A evolução jurisprudencial*

Apercebendo-se dessa situação e da leviandade com que muitos administradores agiam quanto à desapropriação, e especialmente quanto à imissão de posse, formou-se uma corrente jurisprudencial, especialmente após a promulgação da Constituição de 1988, que, embora afirmando a vigência do art. 15 do Decreto-lei 3.365/1941, sustentava que seus parágrafos não haviam sido recepcionados pela nova Carta Política – razão pela qual deixara de existir a possibilidade da imissão de posse, mediante o depósito do valor cadastral do imóvel, *inaudita altera pars*, afirmando, outrossim, a necessidade de sempre se apurar o justo valor mediante avaliação judicial provisória.

Nesse sentido o v. acórdão prolatado no REsp 19.647-0-SP, relator o Min. Humberto Gomes de Barros, como se lê de sua ementa: "A imissão prévia e compulsória de expropriante na posse do imóvel somente é possível mediante depósito integral do valor apurado, em avaliação judicial provisória".

Em aludido julgado, prolatado em maio/1995, anotou, então, o Ministro Relator que a 1ª Seção da Corte resolvera uniformizar a jurisprudência em conformidade com o entendimento da 2ª Turma, determinando a lavratura de súmula, que desde novembro/1994 se encontrava aguardando apreciação por aquele Colegiado.

Era esse o entendimento que se ia solidificando em nível do STJ, quando o STF deu uma verdadeira guinada, retornando ao passado, e, por sua Sessão Plenária, por maioria de votos, no julgamento do RE 185.933-4, contrariando o voto do ilustre Relator, Min. Carlos Mario Velloso, que não conhecia do recurso, acolheu o voto do Min. Moreira Alves, para dar-lhe provimento no sentido de afirmar a compatibilidade da Constituição de 1988 com o § 1º, e suas alíneas, do art. 15 do Decreto-lei 3.365/1941.

Em seu voto, o Min. Moreira Alves sustentou que o aludido dispositivo sempre foi interpretado pela Suprema Corte em função dos textos constitucionais, que em sua essência não diferiam do texto da Constituição atual, salientando, então, a provisoriedade da imissão de posse prevista pelo mesmo, contrariando o ponto de vista do Relator, para quem essa imissão era definitiva ("No caso, a imissão de posse pretendida pelo expropriante somente é provisória no nome. Na verdade, é ela definitiva").

Partindo desse pressuposto – de ser tal imissão de posse definitiva, e não provisória –, o Ministro Relator concluiu por efetuar interpretação conforme a Constituição, cuja síntese se traduz no tópico final de seu voto, que reproduzimos: "Retorno ao meu raciocínio. O que se deve fazer é emprestar interpretação conforme ao citado § 1º do art. 15 da Lei de Desapropriações, assim: citados parágrafos dizem respeito à imissão provisória, apenas – vale dizer, aquela posse em que o Poder Público se serve do bem por pequeno espaço de tempo, devolvendo-o, após, ao seu proprietário. Se a imissão for definitiva, sem possibilidade de devolução do bem ao seu proprietário, então, tem-se uma imissão de posse *initio litis*, definitiva, na sua natureza. Neste caso não tem aplicação o § 1º do art. 15 do Decreto-lei n. 3.365/1941, e sim o *caput* do art. 15, que propicia avaliação".

A esse argumento respondeu, então, o Min. Moreira Alves que a imissão de posse na desapropriação é sempre provisória, até mesmo porque se permite ao expropriante desistir da desapropriação, salientando que o que se perde com a imissão de posse é tão-somente a posse, e não a propriedade, que permanece de titularidade do proprietário, que pode, inclusive, aliená-la.

De seu turno, o Min. Maurício Correia, após cotejar a previsão do instituto da desapropriação e da indenização na Emenda Constitucional 1/1969 com a redação do texto constitucional atual, afirmou não vislumbrar diferença conceitual entre os mecanismos indenizatórios preconizados por um e outro texto – o que, de fato, é inegável.

Ao depois, afirmou que o tema já fora objeto de decisões anteriores da Corte, colacionando os julgados proferidos nos RE 89.033, relator o Min. Djaci Falcão,[4] 91.611, relator o Min. Cunha Peixoto,[5] e 116.409, relator o Min. Octávio Gallotti,[6] pelos quais não se vislumbrou a inconstitucionalidade do art. 15 e §§ do Decreto-lei 3.365/1941.

Embasado nessa jurisprudência, colacionou, em seu voto, tópico do primeiro dos julgados por ele arrolados onde se afirmou que "o que o art. 153, § 22, da Constituição Federal assegura é o direito de propriedade, não a posse direta. A garantia da prévia e justa indenização se refere àquele direito. No processo desapropriatório o domínio só se transfere após o pagamento integral da indenização fixada".

Foi, então, proferido o lúcido voto do Min. Sepúlveda Pertence, que discordou da distinção proposta pelo voto do Ministro Relator quanto a ser provisória ou definitiva a imissão de posse, admitindo também que não vislumbrava diferença entre a previsão do art. 5º, XXIV, da atual Constituição e as previsões constitucionais anteriores, desde a Constituição de 1934, que – com exceção da Carta de 1937 – previram a indenização prévia e justa para a efetivação da desapropriação.

Todavia, em seguida afirmou o Ministro, com inegável sapiência, o seguinte: "O que mudou ao meu ver foi a crescente tomada de consciência da força normativa da Constituição e da conseqüente necessidade de dar-lhe eficiência real, que reclamam no ponto, *data maxima venia*, dar prevalência à realidade do campo normativo da garantia constitucional em causa sobre a transposição, sem temperamentos, para a hermenêutica constitucional, da diferenciação civilís-

4. *RTJ* 88/345-349.
5. *RTJ* 101/717-719.
6. *RTJ* 126/854-857.

tica entre a privação da posse do expropriado e a aquisição posterior do domínio pelo expropriante".

Salientou o ilustre Ministro que a posição do STF configurava postura vetusta ao elaborar a distinção, "prenhe da ortodoxia civilista, entre a perda da posse, antecipada quando haja imissão provisória, e a transferência da propriedade, só concretizada com o pagamento afinal da indenização definitivamente fixada".

Sustentou, então, em seu douto voto o Min. Sepúlveda Pertence: "Não me consigo libertar da convicção de que a exigência constitucional da indenização prévia não pode ser interpretada com abstração de que, no mundo da realidade, o próprio núcleo essencial do direito de propriedade – que com ela se visa a garantir – é atingido com a perda da posse".

Entretanto, vencidos o Relator e o Min. Sepúlveda Pertence, prevaleceu o anterior entendimento do STF, no sentido da possibilidade da imissão provisória de posse, independentemente de avaliação do bem, mediante o depósito do valor cadastral do imóvel.

Considerando essa posição da Suprema Corte, alterou o STJ sua tendência referida, como se confere do v. acórdão prolatado no REsp 74.131-SP, relator o Min. Aldir Passarinho, onde se confere o seguinte tópico da ementa: "Assentou o egrégio Supremo Tribunal Federal que os incisos do § 1º do art. 15 da Lei n. 3.365/1941 são compatíveis com a Carta da República, de sorte que a justa indenização nela prevista é a que se concretiza ao termo do processo expropriatório e não antes. Em conseqüência, o valor cadastral fiscal, desde que atualizado, serve como parâmetro para o depósito prévio autorizativo da imissão provisória na posse do imóvel, no caso de urgência na sua ocupação".

Desse modo, a jurisprudência atual das Cortes Superiores, sustentando a distinção entre *posse* e *propriedade*, afirma que o preceito da prévia e justa indenização, prevista pela Constituição Federal como pressuposto da desapropriação, somente se aplica para a perda da propriedade, e não para a retirada da posse.

Todavia, à luz de nosso ordenamento, do comando constitucional incidente quanto à desapropriação, não nos parece se possa fazer tal distinção entre os direitos de posse e de propriedade, para se afastar a integral recomposição patrimonial em hipótese da ablação de um ou de outro direito.

Com efeito, quer se considere que a retirada da posse significa a exaustão da própria expressão do direito de propriedade, quer se encarem *posse* e *propriedade* como direitos autônomos, em uma ou outra compreensão da situação, a justa indenização é pressuposto prévio para a retirada da posse.

A avaliação que deve ser efetuada só ostenta a adjetivação de "provisória" em razão da circunstância da urgência com que é feita, exatamente para atendimento da urgência, que é pressuposto legal para a imissão provisória da posse.

O fato de ser provisória a avaliação apenas indica que uma outra haverá de ser efetuada, com maiores delongas, em situação em que não incida a pressa, só determinada pela urgência, para a conferência de ter a anterior atendido ou não ao pressuposto constitucional da justa indenização.

Carlos Ari Vieira Sundfeld, no exame da imissão provisória de posse, entende que a mesma significa uma *desapropriação antecipada*, considerando que o bem cuja posse tenha sido retirada não será devolvido, e, vislumbrando-a como a ablação de "todo significado útil da propriedade", afirma que, se a urgência pode determinar a perda do conteúdo útil da propriedade, sem a concretização do devido processo legal, enunciado pelo inciso LIV do art. 5º da Constituição, "não pode implicar em negação da indenização justa".[7]

Com efeito, ainda que se considere a distinção de caráter civilista elaborada pelo STF, no sentido de apartar os direitos de posse e propriedade, ainda assim a indenização para a retirada de um ou de outro direito enseja a prévia e justa indenização, pena de vulneração ao preceito constitucional, que assegura a desapropriação.

3. A noção de "posse"

Inquestionavelmente, a posse constitui-se em direito autônomo, que não se confunde com o direito de propriedade, embora possa dele decorrer, porém não necessariamente.[8]

7. Nesse sentido, afirma o autor: "Ademais, a indenização só é justa quando, além de corresponder ao valor do bem perdido, é prestada no devido momento" (*Desapropriação*, São Paulo, Ed. RT, 1990, p. 51).

8. Essa a observação de Carlos Alberto de Campos Pereira (*A Disputa da Posse*, São Paulo, LTr, 1999, p. 26): "Em que pese à utilização, na linguagem não-técnica, dos dois vocábulos como sinônimos, pois fala-se no linguajar comum do possuidor para designar o proprietário e vice-versa, juridicamente as duas noções – posse e propriedade – diferenciam-se de tal maneira que a posse pode ou não coincidir com a propriedade".

Leciona José Carlos Moreira Alves que desde o direito romano claramente se distingue a *posse* da *propriedade*[9] aludindo, outrossim, que também de há muito se percebeu que a posse pode ser considerada em si mesma, independentemente de fundar-se em título jurídico, podendo, de outra parte, ser tida como uma das faculdades jurídicas que integram o conteúdo do direito de propriedade, bem como de outros direitos não tão amplos.[10]

Segundo Washington de Barros Monteiro, a posse constitui o sinal exterior da propriedade, configurando o *jus possidendi*, "o direito de possuir, e pelo qual o proprietário, de modo geral, afirma seu poder sobre aquilo que lhe pertence".[11]

Tal entendimento, contudo, não afasta a análise do autor quanto a configurar a posse um fato ou um direito, quando considerada isoladamente, destacada da propriedade.

Nesse passo colaciona tanto a posição de Savigny quanto a de Ihering, para afirmar que não dissentem substancialmente sobre a natureza jurídica da posse, eis que para ambos ela se constitui em um direito, divergindo apenas em que para o primeiro configura um di-

9. "*Posse e propriedade.* Ius possidendi *e* ius possessionis *(ou* factum possessionis*)* – Desde o direito romano tem-se distinguido nitidamente a posse da propriedade. *Separata esse debet possessio a proprietate* ('A posse deve ser separada da propriedade'), *Nihil conmmune habet proprietas cum possessione* ("Nada têm em comum a propriedade com a posse'), *Nec possessio et proprietas misceri debent* ('Posse e propriedade não devem confundir-se') – declaram os textos do *Digesto* (43, 17, 1, 2, 41, 2, 12, 1; 2, 41, 2, 52, pr.)" (*Posse*, 2ª ed., vol. II, 1º t., Rio de Janeiro, Forense, 1991, p. 25).

10. "Considerada em si mesma, e, portanto, sem levar em conta se o possuidor é também titular de direito que lhe atribua a posse da coisa, ocorre o que tradicionalmente se denomina *ius possessionis*, ou – como preferem autores mais modernos (como Barbero, *Sistema Istituzionale del Diritto Privato Italiano*), que têm a posse como sendo um fato e não um direito – *factum possessionis*, expressões que significam *posse sem titularidade*. Tida a posse por faculdade jurídica de direitos como o de propriedade, dá-se-lhe a denominação de *ius possidendi* (faculdade jurídica de possuir)" (Moreira Alves, *Posse*, 2ª ed., vol. II, 1º t., p. 25).

11. "Constitui, então, sob esse ponto de vista, um dos elementos integrantes do aludido direito, aliás, dos mais apreciáveis, sendo conhecida a frase de Carlyle, para quem a posse vale sempre nove pontos do direito" (Washington de Barros Monteiro, *Curso de Direito Civil – Direito das Coisas*, 19ª ed., São Paulo, Saraiva, 1979, p. 20).

reito pessoal, enquanto para o segundo a posse se aninha entre os direitos reais.[12]

Anota ainda o autor que a jurisprudência pátria, inspirando-se em Ihering, considera a posse como direito real, exigindo, assim, outorga uxória para ajuizamento de interditos relacionados a bens imóveis.

4. O direito à indenização completa e prévia

Ao se considerar a posse como mera expressão do direito de propriedade, não se pode ter dúvidas de que sua retirada significa a verdadeira exaustão desse direito – e que, portanto, enseja o pagamento da prévia e justa indenização, ainda que apurada de forma provisória, em razão da urgência que lhe é determinante.

Ao se considerar a posse como direito autônomo, destacado do direito de propriedade, a toda evidência, a retirada desse direito de posse enseja indenização prévia e justa, porque o objeto da desapropriação não se limita ao direito de propriedade, mas pode alcançar outros direitos.[13]

O fato de poder a Administração arrepender-se e desistir da desapropriação[14] – o que, diga-se, não é o usual – não serve como

12. "Savigny sustenta que ela é um fato, sua existência independe de todas as regras de Direito. Mas, apesar de constituir um fato, produz conseqüências jurídicas. Será, portanto, simultaneamente, fato e direito, incluindo-se, pela sua natureza, entre os direitos pessoais.

"Ihering, por seu turno, sustenta que a posse é um direito, vale dizer, um interesse juridicamente protegido. Ela constitui condição de econômica utilização da propriedade, e por isso o Direito a protege. É relação jurídica, tendo por causa determinante um fato. Sua verdadeira conceituação é a de instituição jurídica tendente à proteção do direito de propriedade. Para Ihering, portanto, o lugar da posse é no direito das coisas, entre os direitos reais." (Washington de Barros Monteiro, *Curso de Direito Civil* – ..., 19ª ed., p. 20).

13. Nesse sentido a lição de Celso Antônio Bandeira de Mello (*Curso de Direito Administrativo*, 17ª ed., São Paulo, Malheiros Editores, 2004, p. 768): "Pode ser objeto de desapropriação tudo aquilo que seja objeto de propriedade. Isto é, todo bem, imóvel ou móvel, corpóreo ou incorpóreo, pode ser desapropriado. Portanto, também se desapropriam direitos em geral".

14. Reiterada é a jurisprudência do STF no sentido de afirmar a possibilidade da desistência da desapropriação pelo Poder Público, independentemente da aquiescência da parte adversa, fixando-se, porém, o dever do pagamento dos danos sofridos pelo expropriado – como se pode conferir dos acórdãos prolatados nos RE 99.528, 109.881 e 92.440.

argumento para afastar o preceito constitucional da indenização prévia e justa.

De fato, a desapropriação do direito de posse consuma-se no exato momento da retirada da posse pelo Poder Público, independentemente de outras formalidades.

A adjetivação "provisória" que se confere a esse tipo de retirada da posse é decorrente da linguagem legal conferida pelo Decreto-lei 3.365/1941, que, por certo, não se pode contrapor ao preceito constitucional determinante da prévia e justa indenização para a retirada de direitos por desapropriação, seja o de propriedade, seja o de posse, sejam ambos.

De fato, a imissão antecipada da posse amolda-se ao conceito corrente da tutela antecipada, preconizada no estatuto processual civil, com a diferença de que sua concessão decorre tão-somente da urgência, e não da possibilidade da incidência de dano irreparável ou de difícil reparação, e nem de qualquer comportamento procrastinatório da parte adversa.

Além disso, salvo vício processual ou procedência de defesa indireta do mérito, quase que necessariamente o pedido na ação de desapropriação haverá de ser acolhido, a final.

Sendo assim, não se justifica, pela mera circunstância de se viabilizar o arrependimento do expropriante, deixar de lado o preceito da justa e prévia indenização, pela retirada da posse, em qualquer fase do processo expropriatório.

De outra parte, parecem-nos de flagrante inconstitucionalidade todos os dispositivos legais que prescrevem o levantamento pelo expropriado de apenas parte do valor depositado, quando da retirada antecipada da posse na desapropriação, eis que igualmente nessa circunstância se dá a vulneração do preceito constitucional da prévia e justa indenização.

Tenha-se em conta, ainda, que é muito mais grave a situação da retirada da posse de pessoas pobres, como muitas vezes se verifica, deixando-as ao desabrigo, que a situação em que, após o pagamento da justa indenização pela retirada da posse, venha a Administração a se arrepender e a desistir da desapropriação.

Essa situação, por certo, é mais facilmente recomposta – ainda porque se hão de apurar perdas e danos sofridos pelo expropriado – que a situação dos excluídos socialmente, expulsos de suas moradias sem o pagamento do valor que lhes permita a aquisição de outro abrigo.

Finalmente, entendemos que o art. 46 da Lei Complementar 101, de 4.5.2000 – a "Lei de Responsabilidade Fiscal" –, ao preconizar a nulidade do ato de desapropriação de imóvel urbano expedido sem o atendimento do disposto no § 3º do art. 182 da Constituição Federal ou o prévio depósito judicial *do valor da indenização*, inviabiliza a imissão provisória de posse sem o pagamento do valor integral da indenização – ou seja: da *justa indenização*.

Com efeito, a regra incidente sobre o ato de desapropriação referido pelo dispositivo legal – ainda mais considerando-se que o diploma que a veicula destina-se ao controle das finanças públicas, "voltadas para a responsabilidade da gestão fiscal" – não deixa dúvidas no sentido de que objetiva evitar o comprometimento do orçamento público com desapropriações para pagamentos futuros, e muitas vezes comprometedores das próximas Administrações.

Assim, ao se estabelecer como condição de higidez da desapropriação o pagamento ou o depósito prévio da justa indenização, evidencia-se que não mais se podem efetivar desapropriações com pagamentos parciais; e, se o depósito é integral, pelas razões expostas, assiste ao expropriado o inafastável direito de levantá-lo integralmente, quando privado de sua posse, para a realização do preceito insculpido no § 3º do art. 182 da Constituição Federal.

ESTADO DE DIREITO
E DIREITOS FUNDAMENTAIS

DALMO DE ABREU DALLARI

1. Introdução. 2. Estado e Direito: conjugação necessária. 3. Estado de Direito: substância mais do que a forma. 4. Direitos fundamentais da pessoa: compromisso com os direitos humanos. 5. Estado de Direito e direitos fundamentais: exigências democráticas.

1. Introdução

A expressão "Estado de Direito" faz parte do vocabulário jurídico contemporâneo. Tendo origem nas lutas contra o Absolutismo e a conseqüente aspiração ao estabelecimento de limites jurídicos para o exercício do poder político, tornou-se ambígua pela identificação absoluta do Direito com a lei. Pelo fato de que esta pode ser usada apenas como formalidade, imposta por um Governo antidemocrático para criar a aparência de legitimidade jurídica, alguns teóricos chegam a condenar a expressão "Estado de Direito", como se ela fosse, apenas e sempre, um simples disfarce para a ditadura. Assim, também, a expressão "direitos fundamentais" está ligada à busca de realização do Estado Democrático e à proteção e promoção dos direitos básicos da pessoa humana. Entretanto, outras expressões aparentemente sinônimas já foram utilizadas para uma simples proclamação formal de direitos ou para assegurar a proteção jurídica para os privilégios de minorias mais favorecidas. Essa diversidade de vocábulos tem gerado polêmicas prejudiciais para os direitos. O que se procura mostrar neste artigo é que "Estado de Direito" e "direitos fundamentais" são expressões de avanços importantes da Humanidade, devendo-se trabalhar para que elas sejam corretamente utilizadas e efetivamente aplicadas, como instrumentos da democracia e de proteção da dignidade humana.

2. *Estado e Direito: conjugação necessária*

O Brasil é definido em sua Constituição como "Estado Democrático de Direito", enquanto a Constituição de Portugal define o Estado Português como "Estado de Direito Democrático". Essa diferença quanto à colocação dos termos não é sinal de qualquer diferença fundamental, mas expressa apenas a preferência pela ênfase num ou noutro termo, em função das circunstâncias políticas locais e da predominância de constituintes mais apegados à visão política ou jurídica. Na realidade, "Estado Democrático" e "Estado de Direito" são duas expressões muito utilizadas atualmente por teóricos do Estado e constitucionalistas, sendo também ambas integrantes do vocabulário político das últimas décadas, ligadas geralmente às idéias de sociedade democrática, de governo limitado pelo direito e de participação do povo nas decisões políticas.

Coerentes com essas formas de definir o Estado, as Constituições contemporâneas evidenciam seu compromisso com a democracia e o Direito proclamando os direitos fundamentais da pessoa humana, fazendo sua enumeração, estabelecendo mecanismos judiciários de garantia e, mais ainda, fixando responsabilidades, para que eles não permaneçam apenas como declarações formais abstratas, mas tenham a possibilidade de efetivação. Em relação a tais direitos também se verifica uma discrepância de terminologia, havendo Constituições que utilizam a expressão "direitos humanos" juntamente com "direitos fundamentais", ao mesmo tempo em que se referem também aos "direitos individuais", acatando concepções mais modernas, mas revelando certo apego à noção consagrada pelo Estado Liberal-Burguês. A par disso, deve ser lembrado o caso particular da França, onde alguns teóricos ainda se apegam à expressão *droits de l'homme*, pretendendo, com isso, deixar evidente o precedente histórico francês, formalizado solenemente na Declaração de Direitos de 1789.

O que mais importa é que não se use a ambigüidade dos vocábulos para criar uma ilusão formal e impedir que se dê sentido prático à preocupação com os direitos humanos, hoje universalizada. A expressão "direitos humanos" já se tornou corrente, aparecendo em grande número de tratados, pactos, acordos internacionais e convenções, como também em muitas Constituições, não se podendo admitir que a diferença de expressão verbal seja explorada para sustentar resistências a esses direitos. Como bem assinala Norberto Bobbio, em *L'Età dei Diritti*, a questão dos direitos humanos já passou para as preocupações de ordem prática dos juristas: "O problema que temos diante de nós não é filosófico, mas jurídico e, num sentido mais amplo, político. Não se trata de saber quais e quantos são esses direitos, qual é sua natureza e seu fundamento, se são direitos naturais ou históricos, absolutos ou relativos, mas sim qual é o modo mais seguro para garanti-los, para impedir que, apesar das solenes declarações, eles sejam continuamente violados". Entretanto, apesar dessa geral aceitação, muitos juristas ainda relutam quanto à forma de expressar o compromisso com tais direitos e demonstram preferência pelo uso da expressão "direitos fundamentais", que lhes parece mais concreta e que já se consagrou na teoria constitucional como expressão de direitos positivados.

Quanto à utilização das expressões aqui estudadas, pode-se afirmar que entre os juristas e especialistas em Teoria do Estado a expressão "Estado de Direito" é de uso corrente, mas freqüentemente se percebe certa reserva, verificando-se que tal expressão costuma ser acompanhada de explicações a respeito do sentido que se está dando a ela, para evitar o risco de interpretações equivocadas. No tocante à expressão "direitos fundamentais", alguns teóricos pretendem que ela tenha um sentido técnico-jurídico mais preciso que "direitos humanos", sobretudo porque, antes desta última, foi a fórmula "direitos fundamentais" que se passou a utilizar para significar um avanço em relação aos tradicionais "direitos individuais", expressão que se tornou ambígua pelo distanciamento entre o que ela simbolizou num dado momento histórico – mais precisamente na França da segunda metade do século XVIII – e o uso que dela se fez desde o início do século XIX, quando foi reduzida a mero pretexto para a proteção dos privilégios de uma classe social superior. Ainda em relação à expressão "direitos individuais", o conhecimento mais preciso de seu significado e das manipulações que ela sofreu e a que continua sujeita – quando ligada a uma noção egoísta de indivíduo, que ignora a solidariedade e a responsabilidade social – mostra a necessidade de cautela, para que não se caminhe no sentido oposto ao desejado, invocando-se os direitos individuais de alguns para justificar a negação dos direitos de muitos.

Para melhor conhecimento do sentido dado a essas expressões, será conveniente expor, sucintamente, os termos dos debates que as envolvem, fornecendo dados para reflexões e procurando acentuar o sentido altamente positivo que elas podem ter, quando externam um compromisso com a proteção e promoção da dignidade humana, com a liberdade e com a justiça social.

3. *Estado de Direito: substância mais do que a forma*

Numa obra publicada há poucos anos, denominada *De l'État Légal a l'État de Droit*, Marie-Joëlle Redor, professora da Faculdade de Direito da Universidade de Caen, apresenta um resumo da questão, procurando sintetizar as distorções e ambigüidades no uso da expressão "Estado de Direito". A autora demonstra, efetivamente, a ocorrência de dubiedades, de equívocos e até mesmo da inversão de sentidos, mas o curioso é que a própria posição da autora nessa síntese já é polêmica.

Sua primeira observação é que duas noções – "Estado de Direito" e "democracia" – são freqüentemente apresentadas, na atualidade, como absolutamente equivalentes. Entretanto – diz ela –, os primeiros debates na doutrina francesa sobre o conceito de "Estado de Direito" revelam preocupações muito menos progressistas do que sua apologia atual permitiria prever.

A teoria do "Estado de Direito", segundo a concepção dessa autora, foi construída em grande parte contra a de "Estado Legal", o Estado do "império da lei" herdado da Revolução Francesa, que dava preponderância ao Parlamento e aos eleitos pelo sufrágio universal no sistema político e de elaboração de normas. A partir do começo do século XX a doutrina desejou submeter a lei ao Direito e confiar o Estado de Direito ao controle pelo Judiciário, para evitar os "desbordamentos" dos Legislativos e dos eleitores. Isso porque se confiava mais no juiz que na norma escrita ou no cidadão para controlar o Estado. É importante lembrar que a autora se refere a um período em que movimentos populares – os cidadãos – começavam a gerar o temor da queda do edifício social burguês.

Para Marie-Joëlle Redor a teoria do Estado de Direito foi construída, em grande parte, para barrar a possibilidade de extensão do papel dos cidadãos. A partir dessa convicção, ela conclui que, sem dúvida alguma, é melhor o Estado de Direito que o Estado que se fundamenta num poder arbitrário, mas considera conveniente que as pessoas sejam alertadas para conclusões apressadas que levam à identificação entre Estado de Direito e democracia.

Considerando a questão numa outra perspectiva, um dos mais eminentes juristas filósofos brasileiros, Miguel Reale, em sua obra *Pluralismo e Liberdade*, chama a atenção para a importância de se esclarecer qual o sentido dado à palavra "Direito", pois, a seu ver, aí reside um dos pontos – talvez, mesmo, o ponto fundamental – da controvérsia sobre a expressão "Estado de Direito", seu verdadeiro significado e a conveniência de utilizá-la.

Diz Miguel Reale que se poderia "continuar a falar em *Estado de Direito*, mas dando à palavra 'Direito' todo o peso de seu significado" – ou seja, uma conjugação de fato, valor e norma, e não apenas uma forma, cujo conteúdo é indiferente ou pode ser arbitrariamente escolhido. Esclarece Reale que a expressão "Estado de Direito" foi cunhada pelo Liberalismo e visava a caracterizar um Estado contido em estritos limites legais, sem possibilidade de intervir na vida social e econômica. Posteriormente houve outros usos da mesma expressão, chegando-se, no extremo, a utilizá-la para significar o Estado que "se empenha em converter a justiça possível na certeza compatível com as vicissitudes de cada época histórica".[1]

Como se verifica, a expressão "Estado de Direito" é equívoca. Apesar disso, ela pode ser útil, sobretudo por estar associada à idéia de sociedade e governo regidos pelo Direito. Mas, para que não se confunda a simples existência de uma legalidade formal – que pode existir também nas ditaduras – com a existência de uma ordem jurídica legítima e democrática, é necessário acrescentar mais um elemento à expressão "Estado de Direito". Uma demonstração do reconhecimento da ambigüidade da expressão e de seu aproveitamento para caracterizar um sistema democrático pode ser verificada no confronto das Constituições de Portugal e do Brasil.

A Constituição Portuguesa, em seu art. 2º, declara que Portugal é um "Estado de Direito Democrático", deixando entrever o reconhecimento da insuficiência de se considerar apenas um Estado de Direito. Segundo a interpretação de alguns constitucionalistas portugueses,

1. *Pluralismo e Liberdade*, pp. 254-255.

essa qualificação dada ao Estado Português revela a convicção de que não será tolerada a ditadura, mas também de que não basta qualquer Direito, sendo necessário que ele seja democrático. A esse respeito, e refletindo bem a preocupação dos portugueses, é muito clara e precisa a advertência de Jorge Miranda, na obra *Constituição e Democracia*: "Estado de Direito não significa, porém, mera observância formal da legalidade instituída pelo próprio poder. Pois, se o poder tem de cumprir as leis que cria para que haja a segurança indispensável à vida coletiva, apesar disso ele sempre pode substituí-las e desaparecem então as garantias que eventualmente tenha outorgado". Essa ponderação completa-se justamente com o esclarecimento de que deve existir uma relação necessária entre Estado de Direito e garantia dos direitos fundamentais: "Estado de Direito significa observância de limites que transcendem o Estado: *limitação do poder pelos direitos fundamentais e inalienáveis do homem*, inscritos na consciência coletiva e consagrados na Declaração Universal dos Direitos do Homem, aprovada pelas Nações Unidas em 1948".[2]

A Constituição Brasileira, por sua vez, diz, no art. 1º, que o Brasil é um "Estado Democrático de Direito" – invertendo a posição das palavras, talvez por ter parecido aos constituintes que era mais importante declarar-se "Democrático", mas sem deixar de dizer que é também "de Direito". Na realidade, a afirmação prévia de tratar-se de um Estado Democrático já implica a exclusão da ditadura e também de um Direito sem legitimidade, que se reduza à simples formalidade.

O que justifica, entretanto, a aparente redundância das Constituições de Portugal e do Brasil é a circunstância de que as modernas ditaduras criaram uma ficção enganadora. Procurando apresentar uma aparência de legalidade, dão forma de lei aos seus comandos arbitrários e muitas vezes editam, inclusive, uma Constituição, que é, de fato, uma falsa Constituição, pois não é mais do que um documento formal com aparência de lei, mas sem legitimidade. A rigor, o que se tem, nesses casos, se for considerado apenas o aspecto formal, é um "Estado de legalidade", muito diferente do Estado de Direito; mas assim mesmo muitas ditaduras recorrem a esse artifício para apresentação de uma fachada democrática, conveniente do ponto de vista político.

2. Jorge Miranda, *Constituição e Democracia*, p. 31.

Em síntese, há uma visão puramente formalista do Direito, que não liga a expressão "Estado de Direito" a um conteúdo ético, político e social, não tendo qualquer preocupação com a legitimidade do Direito, podendo-se dizer que, nessa perspectiva, não é pelo Direito que o Estado se legitima. O grande risco dessa posição, como a História tem demonstrado, é a aceitação ou a promoção de qualquer Direito, desde que este signifique o conjunto de formalidades por meio das quais o Estado desenvolve suas atividades, não importando se para promover a dignidade humana ou para praticar injustiças e garantir privilégios.

4. Direitos fundamentais da pessoa: compromisso com os direitos humanos

O Estado de Direito foi concebido para que se pusessem limites jurídicos ao "poder arbitrário dos homens" que caracterizava o Absolutismo. Afirmada a liberdade natural da pessoa humana, com direitos naturais a ela inerentes, era necessário deixar claro que a formação da sociedade política, dotada de governo, não implicava renúncia àqueles direitos, mas – ao contrário disso – representava um avanço no sentido de protegê-los com maior efetividade. Isso vem expresso no *Segundo Tratado sobre o Governo*, de John Locke (Capítulo VII), quando se diz que, "nascendo com direito a perfeita liberdade e gozo incontrolado de todos os direitos e privilégios da lei da Natureza, cada homem, em igualdade com todos os outros homens, tem por natureza o poder de preservar sua propriedade de direitos – isto é, a vida, a liberdade e os bens – contra os ataques de outros homens". Essa preservação é o principal encargo do governo civil, que, em resultado de um contrato entre os homens, surge com a constituição da sociedade.

A partir dessa idéia básica – de que o homem é, por natureza, proprietário de si mesmo e dos direitos que lhe são inerentes – foi que surgiram as Declarações de Direitos, como afirmações da liberdade humana, primeiramente no Estado da Virgínia e depois na Revolução Francesa, em 1789. Como bem observa Lucien Jaume nos comentários que acompanham os textos inseridos na obra *Les Déclarations des Droits de l'Homme*, as colocações de Locke foram retomadas por Sieyès, que, no entanto, acentuou sua visão individualista, fazendo distinção entre a "propriedade de si mesmo", que implica um conjunto de direitos naturais inerentes à condição humana, e os direitos reais, que seriam os direitos sobre as coisas. Foi essa colocação, segundo Lucien Jaume, que deu margem ao nascimento da concepção de "direitos naturais subjetivos". A fórmula utilizada na Declaração Francesa de 1789 para designar tais direitos foi *droits de l'homme* – uma fórmula ambígua, que permitiu limitar tais direitos aos seres humanos do sexo masculino, ficando excluídas as mulheres, em evidente contradição com a concepção de direitos naturais inerentes à condição humana.

Tendo como ponto de partida esse momento histórico e acompanhando a evolução dessas concepções no Direito Francês, Mireille Delmas-Marty e Claude Lucas de Leyssac, em *Libertés et Droits Fondamentaux*, assinalam que a ideologia liberal que se implantou na França no final do século XVIII, sob influência da Filosofia das Luzes, fez a identificação do Direito com a lei e acabou gerando um legalismo formal, que deixou em segundo plano a consideração dos direitos naturais, entendendo que a supremacia da lei era garantia suficiente contra os riscos do arbítrio. Observam, então, que, após quase dois séculos de soberania absoluta da lei, a emergência das liberdades e dos direitos fundamentais como nova categoria jurídica é sinal revelador das profundas mutações que vêm ocorrendo desde o final da II Guerra Mundial.

Outro sinal dessas mutações – que é, ao mesmo tempo, revelador do apego à tradição – foi o aparecimento da expressão "liberdades públicas", que inspirou a produção de obras importantes, como *Les Libertés Publiques*, de Jean Rivero, e *Libertés Publiques*, de Jacques Robert. A expressão "liberdades públicas" é uma afirmação de direitos por via indireta, pois se refere à existência de uma esfera da vida social na qual o Estado não pode penetrar, e por isso permanece livre. Entretanto – como explica Rivero –, "se as liberdades públicas são direitos do homem, nem todos os direitos do homem são liberdades públicas", pois, segundo ele, devem ser reconhecidos novos direitos do homem, que exigem a participação ativa do Estado, prestando serviços.

Finalmente, a doutrina francesa mais recente vem usando a expressão "liberdades e direitos fundamentais", que para muitos é a fórmula ideal para afirmação de uma área interdita ao Estado ao lado de outra que engloba "direitos especiais", exigindo não só a proteção especial como, também, uma atitude positiva do Estado, através da prestação de serviços. É interessante observar que existe na França certa relutância em usar a expressão "direitos humanos", a qual, entretanto, já vem aparecendo com maior freqüência em obras teóricas. Essa mudança de expressões não é apenas uma questão de linguagem, mas indica uma efetiva evolução no reconhecimento de que a pessoa humana tem direitos que são fundamentais e que, por esse motivo, devem receber proteção especial, mas também exigem que o Estado tome iniciativas, inclusive destinando recursos financeiros significativos, para que eles sejam efetivados.

A esse respeito é interessante a observação feita por Domingo García Belaunde, comentando a mudança de linguagem nas Constituições do Peru. Observa ele, comparando a Constituição Peruana de 1979 com a anterior: "Nossa Constituição significou um avanço terminológico em algumas de suas partes, com respeito ao texto constitucional de 1933. Assim, foram eliminadas as 'garantias individuais e sociais', substituídas com acerto pelo que denomina – seguindo uma boa tradição teórica – como 'direitos fundamentais da pessoa".[3]

A Constituição Brasileira de 1988 também apresentou substancial avanço em relação às anteriores no que diz respeito aos direitos fundamentais. Com efeito, a última das Constituições anteriores elaboradas por uma Assembléia Constituinte, a de 1946, falava em "direitos e garantias individuais". Na Constituição de 1988, que sofreu forte influência da Constituição Portuguesa de 1976, aparecem as expressões "direitos humanos", "direitos e garantias fundamentais", "direitos sociais", além de "direitos individuais e coletivos" – que demonstra a ênfase dada aos direitos fundamentais da pessoa humana e a pressão irresistível de novas forças democráticas.

Em síntese, o que realmente importa em benefício da pessoa humana é que, independentemente da falta de uniformidade na linguagem, os direitos fundamentais da pessoa humana vêm merecendo especial atenção no moderno constitucionalismo. Trata-se de direitos proclamados nas Constituições e especialmente garantidos, a fim de que sejam asseguradas a integridade física e psíquica, assim como a

3. Domingo García Belaunde, *Teoría y Práctica de la Constitución Peruana*, Lima, Eddili, 1989.

dignidade de todos os seres humanos, sem qualquer discriminação ou restrição motivada pela condição social ou econômica, pela convicção política, pelas crenças religiosas, pela etnia, pela identidade cultural, pelo gênero ou por qualquer outro fator que implique discriminação entre pessoas humanas.

Um dado importante, que vem acompanhando a afirmação dos direitos fundamentais, é a atribuição de responsabilidades, não só por sua garantia, quando eles já estiverem sendo usados na prática, mas também por sua efetivação, quando fatores econômicos, sociais ou políticos impedem que alguém possa ter acesso a eles ou possa desfrutá-los plenamente. A par disso, vem sendo atribuída a tais direitos a condição de imediatamente exigíveis – o que impede que eles apenas figurem nas Constituições, como vistoso aparato formal sem condições de efetividade para a maioria das pessoas, como aconteceu com muitas Constituições dos séculos XIX e XX.

Neste ponto merece também especial referência a Constituição Brasileira de 1988. Além de fazer extensa enumeração de direitos fundamentais e de prever diversas garantias constitucionais, permitindo ao povo e a diferentes organizações sociais recorrer ao Poder Judiciário para a preservação e garantia de direitos, a Constituição contém, ainda, normas expressas assegurando o uso imediato dos direitos, sem dependerem de leis regulamentadoras. É o que dispõe o § 1º do art. 5º da Constituição, segundo o qual "as normas definidoras dos direitos e garantias fundamentais têm aplicação imediata". Atente-se, ainda, para o fato de que foi expressamente previsto o alargamento do rol de direitos fundamentais, por disposição expressa do § 2º do mesmo art. 5º, onde se dispõe o seguinte: "Os direitos e garantias expressos nesta Constituição não excluem outros decorrentes do regime e dos princípios por ela adotados, ou dos tratados internacionais em que a República Federativa do Brasil seja parte".

Obviamente, a circunstância de ter uma Constituição em que os direitos fundamentais da pessoa humana são acolhidos e protegidos com tal amplitude não significa que, de fato, ocorra a efetivação e a garantia dos direitos. Na realidade, existem desníveis sociais e regionais profundos, que impedem muitos brasileiros de gozarem efetivamente dos direitos e garantias consagrados na Constituição. Assim, também, existem muitos setores da sociedade – inclusive uma parcela de magistrados – que consideram a Constituição exagerada e sem base na realidade, o que já revela que são pessoas pouco propensas a favorecer a efetivação desses direitos e dessas garantias. Apesar disso, não há dúvida de que o fato de haver uma base constitucional para sustentar resistências e reivindicações tem sido de grande utilidade prática. Vem aumentando constantemente o número dos que recorrem ao Judiciário em defesa de seus direitos constitucionais, registrando-se também um considerável aumento do número de organizações comunitárias formadas sob inspiração de tais direitos. Isso vem tendo reflexo também na Magistratura, que era compactamente conservadora, individualista e apegada ao legalismo formal e que agora, apesar de haver ainda muita resistência, sobretudo nos Tribunais Superiores, já vem produzindo uma jurisprudência favorável às concepções mais avançadas dos direitos humanos.

5. *Estado de Direito e direitos fundamentais: exigências democráticas*

O mau uso, por malícia ou impropriedade, de termos e expressões que, em sua pureza, expressam valores de alta relevância ética ou jurídica tem ocorrido muitas vezes, e certamente continuará ocorrendo. Assim, por exemplo, ditadores e demagogos são capazes de falar com muita ênfase em liberdade, justiça, democracia e Direito sem terem qualquer compromisso com a proteção e promoção desses valores, podendo, mesmo, usar esses termos como artifício para ocultar que agem contra eles. Entretanto, a possibilidade ou o temor de desvirtuamento de uma idéia ou instituição concebida para proteger e favorecer a pessoa humana ou a utilização maliciosa dos termos que as expressam não devem ser motivos para sua rejeição. Isso tem aplicação aos dois conceitos aqui examinados, "Estado de Direito" e "direitos fundamentais". São inovações importantes, incorporadas ao novo constitucionalismo, que devem ser preservadas e utilizadas como compromissos jurídicos, como instrumentos de proteção da liberdade, de combate às injustiças sociais e de promoção humana.

Quanto ao Estado de Direito, é muito oportuna uma advertência feita pelo eminente publicista brasileiro Paulo Bonavides, em seu livro *Reflexões – Política e Direito*. Indo às origens da expressão no século XVIII, Bonavides assinala a extraordinária importância da afirmação da supremacia da lei no momento de superação do Absolutismo, como garantia eficaz da liberdade, oposta à concentração de poderes por parte do Estado. Observa, então, que, ao se chegar à concretização do ideal de substituição do governo dos homens pelo governo da lei, "o que aí se deve saudar é um progresso da razão humana libertadora, ainda em nossos dias, e não o credo morto de uma doutrina, a fossilização de um princípio arcaico". E conclui que esse Estado, o Estado de Direito assim concebido, "no que tem de positivamente indestrutível para a liberdade humana, sobrevive entre as instituições de uma idade social e se constitui, nessa sua herança – o conceito de liberdade na pessoa humana –, uma garantia valiosa para a permanência de teses ou princípios impostergáveis".

Não há dúvida de que a superação do Absolutismo, forma extremada do "governo de homens", evoluindo para o "governo de leis", perspectiva de governo justo e responsável, significou um avanço para a Humanidade. Entretanto, é necessário permanente vigilância para que a forma de governo legal não sirva apenas para ocultar a realidade de um governo arbitrário, ou seja – lembrando as expressões inglesas consagradas –, para que não se tenha aparentemente *the rule of law* e na realidade *the law of the ruler*. Isso, em grande parte, foi o que ocorreu na França a partir de sua primeira Constituição, de 1791. A Assembléia Nacional foi consagrada como "fábrica de leis", e os membros da Assembléia eram delegados dos "cidadãos ativos", categoria social privilegiada, da qual foram excluídos os trabalhadores e as mulheres. O governo de leis, nesse caso, passou a ser, na realidade, o governo dos homens escondidos atrás das leis, criando-se a aparência do Estado de Direito. Essa ilusão do governo limitado e regulado pelo Direito pode ocorrer, e efetivamente ocorre, atualmente, em muitos Estados, quando as leis não são a expressão da vontade do povo, mas apenas veículos formais de imposições arbitrárias dos governantes.

Para a simulação de um governo democrático pode-se até adotar formalmente a clássica separação dos Poderes, utilizando a forma de lei para a imposição das determinações do governo. Isso pode ocorrer pela fragilidade institucional dos órgãos do Poder Legislativo, ou simplesmente porque o Poder Executivo pratica alguma forma de corrupção, valendo-se dos recursos políticos ou, mesmo, da distribuição de benefícios pessoais para manter submisso o Poder Legislativo. Em tais circunstâncias, a observação superficial da organização do

Estado, da forma de governo e das ações governamentais poderá dar a impressão de que a Constituição é respeitada, o governo é democrático e os direitos fundamentais estão garantidos, existindo, aparentemente, um Estado de Direito. Mas o exame atento das circunstâncias e dos acontecimentos revelará que se utiliza apenas uma legislação formal, sem legitimidade democrática e destinada apenas a transmitir as ordens dos governantes e a resguardar os interesses deles próprios ou de pessoas ou grupos aos quais eles servem. O que se tem, nesse caso, não é um verdadeiro Estado de Direito, mas apenas um "Estado de legalidade", ilegítimo e antidemocrático.

Em termos atuais, quando a opção é entre Estado de Direito ou ditadura não cabe qualquer dúvida quanto à melhor escolha, pois mesmo a melhor ditadura será mais danosa para a pessoa humana que o pior dos Estados de Direito. É preciso, entretanto, estar alerta quanto ao uso de uma simulação de direito, em forma de lei mas contra o Direito, caracterizando o paradoxo de uma "ditadura constitucional". É indispensável que o direito formal à cidadania implique, concretamente, o *poder de cidadania*. Em outras palavras, não é suficiente dar ao povo o direito de eleger os governantes, através de eleições formalmente livres, mas viciadas pela interferência do poder econômico ou por distorções acarretadas pelo uso político-eleitoral dos recursos públicos. Essas práticas, que tiram a autenticidade dos processos formalmente democráticos, são comuns em sociedades em que muitos eleitores são pobres e com educação deficiente, sendo, por isso, facilmente manipuláveis pela demagogia, pela corrupção no setor público e pelas pressões econômicas.

Do mesmo modo, é insuficiente dar ao povo o direito de eleger seus governantes para um mandato com tempo determinado se após a eleição o povo não tiver meios para exercer constante influência sobre o governo e para controlar efetivamente as ações governamentais, impedindo ou anulando os atos inconstitucionais. No controle da constitucionalidade é preciso considerar que – mais do que a obediência a formalidades – o moderno constitucionalismo impõe como normas jurídicas eficazes as disposições que afirmam princípios éticos, políticos e jurídicos. Não haverá Estado de Direito – e, portanto, não existirá democracia – se os governantes agirem contrariamente aos princípios constitucionais, ainda que seus atos obedeçam às formalidades previstas em lei.

Assim, também, quanto aos direitos fundamentais da pessoa humana é preciso conhecer a realidade, verificar o que acontece na prática, até que ponto se dá efetivação aos mandamentos constitucionais. Não é suficiente que as Constituições contenham declarações solenes e formalmente perfeitas, proclamando os direitos. Mais do que isso, é necessário que os direitos fundamentais estejam concretamente ao alcance de todo o povo, como também é indispensável que estejam previstos meios eficazes de garantia permanente dos direitos. Uma Constituição que consagre o Estado de Direito não pode admitir que qualquer governante ou órgão do Estado possa agir arbitrariamente, fora dos limites constitucionais, sob pretexto de conveniência pública ou de necessidade e urgência que justifiquem a prática de atos arbitrários.

É indispensável ter clareza e firmeza quanto a esse ponto, sendo oportuno lembrar duas experiências muito negativas resultantes de exceções abertas no texto constitucional. A Constituição Italiana de 1948, no art. 77, dispôs que, "em caso extraordinário de necessidade e urgência", o Governo pode adotar, sob sua responsabilidade, medidas provisórias com força de lei, que entram em vigor imediatamente e só depois devem ser submetidas ao Parlamento. Trata-se, na realidade, de um decreto-lei, ato típico de um sistema em que o mesmo órgão age como Legislativo e Executivo, impondo sua vontade com força de lei – o que, em essência, é incompatível com o Estado de Direito. Num estudo sintético e objetivo da Constituição Italiana, coordenado por Federico Del Giudice e publicado com o título *La Costituzione Esplicata*, observa-se que, embora a Constituição tenha fixado o prazo máximo de 60 dias para duração do decreto-lei, estabeleceu-se a praxe de republicar decretos enquanto se aguarda uma decisão do Parlamento. Desse modo, "freqüentemente a cadeia de decretos-leis se alonga até o infinito, havendo decretos reeditados 16 vezes, com evidente violação do dispositivo constitucional".

Outra experiência negativa – mais grave, ainda, que a italiana – vem ocorrendo no Brasil. Inspirando-se na Constituição Italiana, os constituintes brasileiros de 1988 concederam ao Presidente da República o poder de editar "medidas provisórias", para vigência imediata com força de lei e só posterior submissão ao Legislativo, dispondo o art. 62 da Constituição Brasileira que tais medidas – que são, na realidade, decretos-leis – poderão ser editadas em caso de "necessidade e urgência", exatamente como previsto na Itália. No Brasil o abuso desse poder foi muito maior que na Itália, pois, embora a Constituição limitasse a 30 dias a duração das medidas provisórias, através de reedições elas chegam a durar mais que dois anos. Tentando disfarçar o abuso, o Governo passou a utilizar uma técnica de numeração que dificulta a contagem, mas mesmo assim pode-se calcular que em 13 anos de vigência da Constituição foram editadas cerca de 10.000 medidas provisórias. Além de caracterizar violação patente da norma constitucional, esse procedimento é frontalmente contrário às exigências do Estado de Direito e tem sido gravemente prejudicial aos direitos fundamentais, já pelo fato de impedir a clareza e a estabilidade das regras jurídicas.

Como complemento de todas as exigências até aqui referidas, é necessário que o povo tenha poder de controle sobre todos os órgãos públicos, inclusive sobre o Judiciário, para que o pretexto da razão de Estado não seja utilizado como subterfúgio antidemocrático para dar suporte à alegação de que existem "inconstitucionalidades convenientes". Na feliz expressão de Sanches Viamonte, em seu livro *Ley Marcial y Estado de Sitio*, a "razão de Estado", característica das Monarquias absolutas, invocada por ditaduras modernas e por governantes que não se conformam com as limitações inerentes ao Estado Democrático de Direito, é "a razão da sem-razão". O Estado de Direito autêntico e a efetiva garantia dos direitos fundamentais são conquistas da mais alta relevância, devendo ser respeitados sempre, como instrumentos valiosos para assegurar a prática da democracia e a proteção da dignidade humana.

Bibliografia

ANDERSON, Perry. *Lineages of the Absolutist State*. Londres, Verso/New Left Books, 1983.

BOBBIO, Norberto, *L'Età dei Diritti*. Roma, Giulio Einaudi, 1990.

BONAVIDES, Paulo, *Reflexões: Política e Direito*. Fortaleza, Universidade Federal do Ceará, 1993; 3ª ed. São Paulo, Malheiros Editores, 1998.

COHEN-TANUGI, Laurent. *Le Droit sans l'État*. Paris, Presses Universitaires de France, 1985.

DELMAS-MARTY, Mireille, e LEYSSAC, Claude Lucas de. *Libertés et Droits Fondamentaux*. Paris, Seuil, 1996.

GARCÍA BELAUNDE, Domingo. *Teoría y Práctica de la Constitución Peruana*. Lima, Eddili, 1989.

JAUME, Lucien. *Les Déclarations des Droits de l'Homme*. Paris, Flammarion, 1989.

LEYSSAC, Claude Lucas de, e DELMAS-MARTY, Mireille. *Libertés et Droits Fondamentaux*. Paris, Seuil, 1996.

LOCKE, John. *Segundo Tratado sobre o Governo*. São Paulo, IBRASA, 1963.

LÓPEZ CALERA, Nicolas María. *Yo, el Estado*. Madri, Editorial Trota, 1992.

MIRANDA, Jorge. *Constituição e Democracia*. Lisboa, Petrony, 1976.

REALE, Miguel. *Pluralismo e Liberdade*. São Paulo, Saraiva, 1976.

REDOR, Marie-Joëlle. *De l'État Legal à l'État de Droit*. Paris, Economica, 1992.

RIVERO, Jean. *Les Libertés Publiques*. Paris, Presses Universitaires de France, 1973.

ROBERT, Jacques. *Libertés Publiques*. Paris, Montchrestien, 1977.

PARCERIAS NA ADMINISTRAÇÃO PÚBLICA[1]

DINORÁ ADELAIDE MUSETTI GROTTI

1. Introdução

No bojo da chamada globalização e da Reforma do Estado ganha vulto a idéia de Estado subsidiário, baseada no princípio da subsidiariedade. De acordo com esse princípio, de um lado o Estado deve abster-se de exercer atividades que o particular tem condições de desempenhar por sua própria iniciativa e com seus próprios recursos; de outro, o Estado deve fomentar, coordenar, fiscalizar a iniciativa privada, de sorte a permitir aos particulares, sempre que possível, o sucesso na condução de seus empreendimentos.

1. Este trabalho é dedicado ao Professor Doutor CELSO ANTÔNIO BANDEIRA DE MELLO, mestre de todos nós, expressão maior do Direito Administrativo brasileiro moderno, pelos ensinamentos recebidos e por sua incansável luta pela preservação dos ideais democráticos para as futuras gerações.

Na década de 1980 um liberalismo com feições novas se fez sentir, constituindo-se a privatização e a desregulação os dois remédios mais importantes da receita neoliberal.

A privatização, tomada no seu sentido amplo, abrange todas as medidas tomadas com o fim de reduzir a presença do Estado e prestigiar a iniciativa privada, compreendendo a desmonopolização de atividades econômicas; a concessão e permissão de serviços públicos a empresa privada e não mais a empresa estatal; a terceirização; a desestatização ou desnacionalização, com a venda de ações de empresas estatais para o setor privado; a introdução do gerenciamento dentro da Administração Pública; a desregulação, com a diminuição da intervenção do Estado no domínio econômico.[2]

No direito brasileiro, a modalidade de privatização disciplinada pela Lei 9.491/1997 é bem mais restrita; abrange apenas a transferência de ativos ou de ações de empresas estatais para o setor privado. Embora os primeiros ensaios privatizantes tenham aparecido na década de 1980,[3] com o advento do governo Collor as privatizações ganharam notável impulso. Foi criado o Programa Nacional de Desestatização, mediante a Medida Provisória 155/1990, convertida na Lei 8.031, de 12.4.1990, várias vezes modificada, até ser revogada e substituída pela Lei 9.491, de 9.9.1997, modificada pela Lei 9.700, de 12.11.1998 e pela Medida Provisória 2.161-35, de 23.8.2001, e regulamentada pelo Decreto 2.594, de 15.5.1998, tendo como uma de suas metas reordenar a posição estratégica do Estado na economia, transferindo à iniciativa privada todas as atividades que por ela possam ser bem executadas.

2. Maria Sylvia Zanella Di Pietro, *Parcerias na administração pública: concessão, permissão, franquia, terceirização e outras formas*, 4ª ed., São Paulo, Atlas, 2002, pp. 17-18.

3. "No Brasil, os primeiros ensaios privatizantes apareceram no governo do Gen. João Figueiredo (1981-1984) com a edição do Decreto 86.215, de 15.7.1981. Vinte empresas que estavam sob o controle da União (entre elas Riocel, América Fabril, Companhia Química Recôncavo) foram privatizadas (...). No governo do presidente José Sarney (1985-1989) as privatizações abrangeram cerca de 18 empresas (entre elas a Companhia Brasileira de Cobre, a Caraíba Metais, a Aracruz e a Celulose Bahia), (...). Nesse período foi editado o Decreto 95.886, de 29.3.88, que se referia a um programa federal de desestatização (Almiro do Couto e Silva, "Privatização no Brasil e o novo exercício de funções públicas por particulares. Serviço público 'à brasileira'?", *RDA* 230/54-55, out./dez. 2002).

Nos termos do art. 2º da Lei 9.491/1997, com as alterações posteriores, poderão ser objeto de desestatização:

"I – empresas, inclusive instituições financeiras, controladas direta ou indiretamente pela União, instituídas por lei ou ato do Poder Executivo; II – empresas criadas pelo setor privado e que, por qualquer motivo, passaram ao controle direto ou indireto da União; III – serviços públicos objeto de concessão, permissão ou autorização; IV – instituições financeiras públicas estaduais que tenham tido as ações de seu capital desapropriadas, na forma do Decreto-lei 2.321, de 25 de fevereiro de 1987 (...); V – bens móveis e imóveis da União."

Conforme preceitua o art. 4º da Lei 9.491/1997, com alterações posteriores, as desestatizações ocorrem mediante as seguintes modalidades operacionais:

"I – alienação de participação societária, inclusive de controle acionário, de preferência por meio da pulverização de ações; II – abertura de capital; III – aumento de capital, com renúncia ou cessão, total ou parcial, de direitos de subscrição; IV – alienação, arrendamento, locação, comodato ou cessão de bens e instalações; V – dissolução de sociedades ou desativação parcial de seus empreendimentos, com a conseqüente alienação de seus ativos; VI – concessão, permissão ou autorização de serviços públicos (...); VII – aforamento, remissão de foro, permuta, cessão, concessão de direito real de uso resolúvel e alienação mediante a venda de bens imóveis de domínio da União."

2. *Parcerias na Administração Pública*

Na década de 90 do século XX emergiu o termo *parceria*, cuja transposição da órbita privada para a órbita pública, embora tenha merecido críticas de alguns administrativistas,[4] parece já sufragada pelo uso, "vinculado à contratualização, para abranger os diversos ajustes que expressam a colaboração entre entidades públicas ou en-

4. Diogo de Figueiredo Moreira Neto, "O sistema de parceria entre os setores público e privado", *BDA* 1/75-76, jan. 1997; Marçal Justen Filho, *Teoria geral das concessões de serviço público*, Dialética, 2003, p. 140.

tre entidades públicas e setor privado, ou, ainda, entre todas estas partes, envolvendo, assim, uma pluralidade de atores".[5]

5. Odete Medauar, *O direito administrativo em evolução*, 2ª ed., Ed. RT, 2003, p. 213. A partir dos anos 1970, aparece um novo tipo de relação contratual entre o Estado e seus entes descentralizados. "Mais precisamente, são convenções que visam à concessão de maior autonomia de gestão a essas instituições, de maneira que a sua elaboração seja apta a servir a um só tempo ao interesse próprio e o interesse nacional". Não se trata mais de uma simples contratação de um bem ou um serviço especificado no contrato. Esse novo tipo de acordo diz respeito a toda a atividade a cargo do ente descentralizado. É uma "nova política de Estado" (René Chapus, *Droit administratif général*, t. 1, 13ª ed., Paris, Montchrestien, 1999, p. 415), que na França se intensificou a partir do Relatório Nora.

O novo modelo de Administração Pública apresentado no Relatório Próximos Passos (*The Next Steps*), também esteve baseado na descentralização e na ampliação da autonomia das entidades responsáveis pela prestação de serviços públicos. Mas havia um outro dado: a ênfase na gestão de tipo empresarial para o setor público. O modelo foi difundido em larga escala. Na Europa, o Direito Comunitário permitiu que países como a França e a Itália se deixassem influenciar pela idéias vindas do Reino Unido (Bernard Dolez, "La contractualisation ou les paradoxes d'un nouveau mode d'administration publique", in Marcou *et al.* (orgs.), *La coopération contractuelle et le gouvernement des Villes*, Paris, L'Harmattan, 1997, pp. 196-197).

O processo de descentralização e reforço da autonomia das entidades da Administração Pública criaram o ambiente favorável à difusão dos modelos contratuais na ação pública.

Na França, o quadro de descentralização territorial também contribuiu para que os governos privilegiassem as "relações negociadas" em todos os domínios da atividade pública.

Os acordos que antes se limitavam a orientar o relacionamento entre Estado e particulares, ou, mais precisamente, empresas estatais, expandiram-se para o campo do relacionamento entre as coletividades territoriais (Jean Rivero, Jean Waline, *Droit Administratif*, 17ª ed., Paris, Dalloz, 1998, p. 117), o que foi chamado por René Chapus de "prolongamento contratual da descentralização". O mesmo fenômeno ocorre na Itália, nos anos 1990.

Os contratos que "traduzem incontestavelmente um novo modelo de relacionamento entre o Estado e as coletividades urbanas", e apresentam a particularidade de "programar uma ação comum" são qualificados, por Frank Moderne, como "contratos de programação coordenada" (in André de Laubadére *et al.*, *Traité des contrats administratifs*, t. 1, 2ª ed., Paris, LGDJ, 1983, p. 452).

Jean-Marie Pontier lembra que o "termo 'contratualização' provém do termo 'contrato', mas é muito mais abrangente do que este último. Ele não evoca somente um ato que é a concretização jurídica de um acordo de vontades, mas toda uma atividade ou um modo de relações entre as pessoas. A contratualização significa a substituição das relações comandadas pela subordinação pelas relações fundadas na discussão e na troca" (*Les contrats de plan entre État et régions*, PUF, 1998, p. 7).

Ao lado das parcerias de Direito Público Internacional – que se verificam quando da atuação de dois ou mais países, na construção e exploração de empreendimento comum (como ocorreu com a Itaipu Binacional) – e de Direito Público Interno – que se firmam entre os entes federados –, a colaboração do particular com o Poder Público vem se intensificando por meio de diversas formas de *parceria*.

A parceria serve a diversos objetivos e formaliza-se por variados instrumentos jurídicos, podendo ser utilizada como: a) forma de delegação da execução de serviços públicos; b) meio de fomento à iniciativa privada de interesse público, efetivando-se por meio de convênio, contrato de gestão ou termo de parceria; c) instrumento de desburocratização e de instauração da chamada Administração Pública gerencial, por meio dos contratos de gestão; d) forma de cooperação do particular na execução de atividades próprias da Administração Pública, pelo instrumento da terceirização.[6]

O movimento de contratualização diz respeito à "passagem da Administração autoritária à Administração soberana consensual" (Maria João Estorninho, *A fuga para o direito privado*, Coimbra, Almedina, 1996, p. 44). Refere-se ao "aparecimento de uma nova mentalidade" (Maria João Estorninho, ob. cit., p. 44), que está em expansão (Massimo Severo Giannini, *Diritto amministrativo*, 3ª ed., v. 2, 1993, p. 345), onde o acordo aparece em substituição aos atos unilaterais de autoridade. A essa nova realidade é que estamos nos referindo quando falamos em "movimento de contratualização".

Essa mutação do direito administrativo vem trazer a lume o que se tem chamado de Administração Pública consensual (Massimo Severo Giannini, ob. cit., p. 423).

Como ensina Maria João Estorninho, "trata-se de uma forma de administração nova, 'negociada ou contratual', em que o acordo vem substituir os tradicionais atos unilaterais de autoridade, aparecendo em relação a eles como uma verdadeira alternativa e em que os administrados deixam de ser meros destinatários passivos das decisões unilaterais da Administração Pública" (ob. cit., p. 44).

Na análise de Umberto Celli Júnior, "a ação do Estado, enquanto administrador dos interesses públicos, que, tradicionalmente se dá pela via da subordinação, isto é, com o Estado impondo unilateralmente sua vontade para a realização do interesse público a seu cargo, tem sido gradativamente substituída pela via da coordenação" ("Contratos de gestão e o processo de abertura de capital das empresas de telecomunicações", *RDA* 206/171).

Pela via da "cooperação contratual" os entes públicos coordenam as ações que são de interesse comum. Nesse ambiente, os contratos de gestão florescem como uma ferramenta a serviço da coordenação da ação administrativa.

6. V. Maria Sylvia Zanella Di Pietro, ob. cit., p. 34.

2.1 Parceria como forma de delegação da execução de serviços públicos

Vale a pena, ainda que brevemente, abordar as formas de delegação da execução de serviços públicos no direito francês pela influência exercida no direito brasileiro.

2.1.1 O Direito francês

Na França, berço de origem dos contratos administrativos, e que muito influenciou a formulação do instituto no Brasil, distinguem-se os *marchés publics* e os *contrats de délégation de service public*. Os primeiros, disciplinados pelo *Code des Marchés Publics* (Código das Contratações Públicas) são utilizados para indicar as contratações administrativas pelas quais a Administração obtém a satisfação de suas necessidades em matéria de obras, fornecimentos ou de serviços.[7] No gênero de delegação de serviço público são abrangidas várias figuras, pois, além das diversas modalidades de concessão propriamente dita, pode-se citar a *affermage*, a *régie intéressée*, a *gérance*, o *marché d'entreprise de travaux publics*, o *bail emphytéotique et convention accessoire*, surgidas espontaneamente na atividade administrativa francesa.

Uma das principais características da teoria dos modos de gestão é que esses modos vêm sendo progressivamente aumentados e diversificados.

A diferença de regime alcançou a dimensão do próprio Direito Comunitário, que consagrou diretivas distintas a propósito dos contratos administrativos comuns e das concessões.

Originalmente encontram-se no direito francês três modos clássicos de gestão dos serviços públicos:

1) *régie*: o serviço é explorado diretamente pela própria Administração com seus meios e agentes; a pessoa pública assume a direção estratégica e a gestão operacional do serviço;

7. Esclarece Marçal Justen Filho que "as diversas categorias de *marchés publics* previstas no Direito francês equivalem às nossas contratações administrativas disciplinadas pela Lei 8.666. Essa asserção deve ser tomada com a devida cautela, eis que a coincidência não é exata" (ob. cit., p. 80).

2) *établissement public* (estabelecimento público): quando, explorado por uma pessoa pública, ele próprio recebe personalidade jurídica autônoma;

3) *concession*: (concessão) a gestão do serviço público é confiada pela pessoa pública da qual ele depende, por meio de uma convenção (ato de concessão), a um particular, que se encarrega de fazê-lo funcionar,[8]

Para Laubadère, Venezia e Gaudemet, estas três formas de gestão pareciam suficientes em uma organização administrativa caracterizada pelo número restrito de serviços públicos e sua relativa uniformidade: "os serviços públicos administrativos eram geridos em *régie* ou erigidos em *établissements publics*; os serviços técnicos e industriais, além de que pudessem assumir as duas primeiras formas, recebiam sobretudo a forma da concessão, pela qual a doutrina do liberalismo econômico mostra uma preferência sensível".[9]

Ainda hoje, de acordo com Laubadère, Venezia e Gaudemet, estas três instituições permanecem as grandes modalidades de gestão dos serviços públicos, mas a teoria dos modos de gestão transformou-se profundamente, pois:

1) enriqueceu-se com o aparecimento de novos modos de gestão; em especial a gestão dos serviços públicos pelos particulares, hoje realizada em diversos casos sob diversas formas de concessão de serviço público;

2) diversificou-se no sentido de que as três formas clássicas conhecem diversas variantes que, mais ou menos, romperam sua unidade interior. Assim, a gestão por um organismo público autônomo não se limita mais ao *établissement public* desde que a jurisprudência decidiu que todas as pessoas morais de direito público não eram necessariamente *établissements publics* e, por exemplo, denegou esta qualificação às ordens profissionais.[10] De igual modo a concessão de

8. André de Laubadère, Jean-Claude Venezia, Yves Gaudemet, *Traité de droit administratif*, t. 1, 14ª ed., Paris, LGDJ, 1996, p. 821.

9. Ibidem, p. 821.

10. Esclarece Peiser que a Revolução Francesa destruiu toda a organização corporativa das profissões. O sindicalismo, surgido em fins do século XIX, constituía uma possibilidade de associação voluntária. O regime de Vichy quis confiar a cada profissão a gestão de seus próprios interesses, conferindo prerrogativas de Poder Público às instituições criadas. Foi assim que nasceram comitês de organização profissional, para as profissões industriais e comerciais, e as ordens profissionais, para as profissões liberais (Gustave Peiser, *Droit Administratif*, 18ª ed., Paris, Dalloz, 1996, p. 146).

serviço público tomou um aspecto diverso depois que os serviços públicos foram também concedidos a organismos mistos (sociedades de economia mista[11]) e não mais, apenas, a particulares;

3) se as três formas clássicas de gestão permanecem diferenciadas, em certos casos apareceram combinações entre elas. A mais típica é representada pelos casos dos serviços públicos concedidos a *établissements publics*.[12]

Concluem Laubadère, Venezia e Gaudemet: "Esta evolução da teoria dos modos de gestão, assim caracterizada por um enriquecimento, uma diversificação e uma maior complexidade, é devida à evolução geral da vida administrativa francesa, a saber, ao desenvolvimento de serviços públicos de tipos e de objetos novos (serviços industriais ou comerciais, serviços públicos de dirigismo econômico, de disciplina profissional, serviços públicos sociais), aos quais as modalidades clássicas não parecem suficientemente adaptadas".[13]

Laubadère, Venezia e Gaudemet distinguem a gestão de serviços públicos por organismos públicos e por organismos privados. No primeiro caso estão a *régie* e o *établissement public*; no segundo, a concessão, que os Autores dizem ser um modo de gestão aplicado aos serviços públicos industriais ou comerciais, e a gestão por organismos privados fora da concessão.

Os Autores estabelecem a diferença entre a *régie* e o *établissement public*: na *régie,* a gestão é direta, "pela pessoa pública (Estado, departamento, comuna) da qual depende o serviço, enquanto o *établissement public* é dotado de uma personalidade jurídica própria que lhe confere uma certa autonomia em relação à pessoa pública da qual depende e à qual permanece, todavia, ligado por meio do controle de tutela".[14]

Para Laubadère, Venezia e Gaudemet, "A teoria do serviço público *en régie* confunde-se praticamente com os capítulos gerais do direito administrativo (autoridades administrativas, agentes públicos, regime geral dos bens)".[15]

11. Peiser frisa que "as sociedades de economia mista gerem, às vezes, um serviço público, mas a atividade é freqüentemente puramente privada" (ob. cit., pp. 145-146).

12. André de Laubadère, Jean-Claude Venezia, Yves Gaudemet, ob. cit., pp. 821 e 822.

13. Ibidem, p. 822.

14. Idem, ibidem, pp. 822 e 823.

15. Ibidem, p. 823.

Para eles, a concessão de serviço público é classicamente definida como "um modo de gestão do serviço consistente em que uma coletividade pública ('concedente') encarrega um particular, indivíduo ou, mais freqüentemente, sociedade ('concessionário'), por uma convenção ajustada com este, de fazer funcionar o serviço público por sua conta e risco, remunerando-se por meio de *redevances* pagas pelos usuários".[16]

No direito francês, a concessão de serviço público é, tradicionalmente, "um modo de gestão próprio dos serviços públicos industriais e comerciais. Entretanto, o desenvolvimento dos serviços públicos administrativos geridos por particulares fez aparecer a possibilidade de concessões de serviços públicos administrativos que a lei de 31 de dezembro de 1970 consagrou na organização hospitalar com os 'contratos de concessão de serviço público hospitalar'".[17]

Referindo-se a decisões conflitantes da jurisprudência, ou melhor, do Conselho de Estado (um contrato, no qual não se prevê que a remuneração do concessionário provenha dos usuários, não pode ser qualificado como concessão de serviço público) e da Assembléia (os serviços de televisão hertziana são contratos de concessão autênticos, embora os recursos da sociedade concessionária sejam exclusivamente extraídos da publicidade), os Autores afirmam que "a percepção de tarifa não é, talvez, um critério absoluto da concessão. A jurisprudência tem admitido outros modos de remuneração do concessionário (4 de março de 1910, Thérond c. Ville de Montpellier, p. 193, concl. Pichat; 17 fev. 1967, Ville de Cherbourg, p. 77), a respeito de concessões de operações de planejamento urbano, nas quais o con-

16. Ibidem, p. 824. Observa Caio Tácito ("O preço público nos serviços concedidos", in *Temas de Direito Público: estudos e pareceres*, v. 1, Rio de Janeiro, Renovar, 1997, p. 794, nota 15): "Os autores franceses caracterizam, em regra, a *redevance* percebida pelos concessionários de serviço público como uma taxa de natureza fiscal, ou mesmo como um imposto. Ver, entre outros, Laubadère (*Traité Élémentaire de Droit Administratif*, Paris, 1953, pp. 397-598); Roger Bonnard (*Précis de Droit Administratif*, 3ª ed., 1940, p. 730), Gaston Jéze (*Principios generales del Derecho Administrativo*, trad. espanhola, Buenos Aires, 1949, v. III, p. 374), Pequignot ("Des contrats administratifs", *Juris-classeur Administratif*, 1953, fasc. 511, n. 500, p. 44). Já Hauriou pressentia, no entanto, que a remuneração do concessionário participava, a um tempo, da condição de taxa pública e de preço de serviço (*Précis Élémentaire de Droit Administratif*, 4ª ed., 1937, p. 507)".

17. André de Laubadère, Jean-Claude Venezia, Yves Gaudemet, ob. cit., p. 824.

cessionário se remunera através da venda de imóveis que realizou". Concluindo, afirmam os Autores que "o verdadeiro critério seria que o concessionário se remunere, sob uma forma ou outra, da exploração do serviço".[18]

Os serviços públicos podem ser geridos por organismos privados fora da concessão de serviço público. Laubadère, Venezia e Gaudemet ressaltam que "durante muito tempo, a gestão por organismos privados permaneceu, como modalidade de organização dos serviços públicos, limitada aos serviços industriais ou comerciais, sob a forma de concessão de serviço público. Hoje é diferente: a gestão por organismos privados foi amplamente estendida aos serviços públicos administrativos. (...)

"A extensão atual da noção de 'missão de serviço público', expressão que figura correntemente nos arestos e consagra o sentido dito 'funcional' (ou material) da noção de serviço público, favorece consideravelmente este desenvolvimento da gestão dos serviços públicos por organismos privados. Este desenvolvimento não deixou de suscitar certas críticas, não somente do ponto de vista da teoria jurídica (...) mas também do ponto de vista dos inconvenientes práticos que pode apresentar o 'inchaço desta categoria híbrida que são os organismos privados gerindo serviços públicos' (concl. Heumann s. C. E. 13 nov. 1959, Navizet, RDP 1960, 1040).

"Ao lado da gestão propriamente dita do serviço público por um organismo privado existem situações nas quais a pessoa privada é somente associada ao serviço público, geralmente por meio de convenção (*convention*). Estas instituições de colaboração se encontram por exemplo no ensino (estabelecimentos de ensinos privados sob contrato) e no regime hospitalar proveniente da reforma de 1970 (estabelecimentos de hospitalização associados)".[19]

Observa Maria Sylvia Zanella Di Pietro que nos casos de "'associação ao serviço público', que se incluem especificamente como formas de parceria ou de co-gestão entre setor público e privado, os

18. André de Laubadère, Jean-Claude Venezia, Yves Gaudemet, ob. cit., p. 824. Sobre a evolução legislativa e jurisprudencial do Direito comparado, vide Marçal Justen Filho, ob. cit., pp. 78-88.

19. André de Laubadère, Jean-Claude Venezia, Yves Gaudemet, ob. cit., p. 840.

exemplos franceses, embora sob forma de associação, se aproximam bastante das fundações de apoio que proliferam no direito brasileiro, no que diz respeito ao papel que desempenham em relação à pessoa jurídica com que fazem parceria".[20]

Braibant e Stirn cuidam de serviços públicos administrativos geridos por pessoas públicas, de serviços públicos industriais e comerciais geridos por pessoas públicas e de serviços públicos geridos por organismos privados. Nos primeiros, predomina o direito administrativo; nos segundos, a parte de direito privado é bem mais importante; nos últimos, o direito privado desempenha um papel particularmente importante tanto no estatuto do organismo quanto nas suas relações.[21]

Segundo Peiser, a delegação de serviço público não constitui propriamente um novo modo de gestão dos serviços públicos. Mas, leis recentes francesas reúnem, sob a denominação de delegações de serviço público, subcategorias preexistentes, que constituem as concessões, os *affermages*, os contratos de gerência e outros contratos próximos.[22] Vejamos algumas figuras dentre os diversos modos de delegação de serviço público no direito francês:

a) a *affermage* (contrato de arrendamento): é um instrumento por meio do qual o Poder Público transfere a um terceiro (*fermier*) a exploração de um serviço público, cabendo àquele a realização/financiamento dos instrumentos/obras necessários (característica que especificamente diferencia a *affermage* da concessão); em contrapartida deve o arrendatário remunerar o Poder Público com parte dos recolhimentos devidos pelos usuários;[23] citam-se como exemplo os con-

20. Ob. cit., p. 68.

21. Guy Braibant, Bernard Stirn, *Le droit administratif français*, 4ª ed., Paris, Dalloz, 1997, pp. 153, 157 e 160.

22. Gustave Peiser, *Droit Administratif*, ob. cit., pp. 143-144. Em relação ao tema "delegação de serviços públicos", num prefácio à obra de Auby, o Vice-Presidente Honorário do Conselho de Estado da França e Presidente do Instituto da Gestão Delegada, Marceau Long, disse que "a delegação de serviço público é tão rica que se pode ver nela, na atualidade, o maior tema de espanto do Direito Administrativo contemporâneo; no entanto, o próprio objeto de estudo – a gestão delegada – ainda é vista, por muitos, como uma espécie de OVNI, de objeto voador não-identificado".

23. A tarifa das taxas recebidas pelo *fermier* compreende duas partes: a primeira constitui a sua remuneração propriamente dita, vem estabelecida em contrato, prevendo um cálculo preciso que leva em conta vários elementos, tais como os encargos da exploração do serviço, a privação do valor comercial da exploração (não assimilação de um

tratos firmados para distribuição de água potável e para os transportes públicos urbanos de passageiros;

b) a *régie intéressée* é um contrato por meio do qual ocorre a transferência da gestão operacional de um serviço público a um terceiro (*régisseur*) que, agindo por conta da pessoa pública delegante, assume o encargo de geri-lo mediante uma remuneração, indexada aos resultados financeiros do serviço, paga pelo Poder Público.

Embora a *régie intéressée* se aproxime da concessão, na medida em que há transferência da execução material e da gestão de um serviço público, algumas características as diferenciam: a forma de remuneração que, na concessão advém do pagamento do usuário ao concessionário e na *régie intéressée* provém da Administração Pública; os bens utilizados pertencem ao Poder Público e correm por sua conta todos os riscos do empreendimento; o particular (*régisseur*) goza de autonomia na gestão do serviço.[24]

c) a *gérance* (gerência) é um contrato em que ocorre a transferência da gestão operacional do serviço público no qual a pessoa pública confia a gestão a um terceiro, chamado gerente (*gérant)* por conta e risco do Poder Público, mediante uma remuneração, fixada em valor nominal para toda a duração do contrato, atualizada ou indexada em função de índices econômicos gerais ou especiais relacionados com a atividade do serviço, e computada dentro dos encargos de exploração do serviço. Esse modo de gestão é muito próximo da *régie intéressée*; dela se diferenciando pela remuneração do *gérant* que, às vezes, mesmo compreendendo uma parte variável, não é proporcional à quantidade de serviço fornecido e não comporta nenhum interesse verdadeiro no resultado.[25]

d) o *marché d'entreprise de travaux publics* (contrato de empreendimento de obras públicas) é um contrato firmado entre a Administração e um terceiro, através do qual o operador recebe o encargo

fundo de comércio a um serviço público); a segunda parte da tarifa recebida é uma taxa (impropriamente designada de sobretaxa), recebida pelo *fermier* com vistas a reverter à pessoa pública responsável pelo serviço público, a título de compensação pelos encargos por ela suportados (Gilles J. Guglielmi, Geneviève Koubi, *Droit du service public*. Paris, Montchrestien, 2000, p. 358).

24. Idem, ibidem, pp. 362-363.

25. Ibidem, p. 366. O *gérant* é, pois, mais que um simples prestador de serviços ou mais que um assalariado. Ele garante a gestão operacional do serviço público e dispõe de um poder próprio (ob. cit., p. 366).

de construir e explorar uma obra pública com a garantia de recebimento proveniente dos cofres públicos.

Assemelha-se à concessão de serviço público precedida de obra pública em razão do seu objeto, mas dela difere em função do modo de remuneração, feita diretamente pela pessoa pública e não pelo produto da atividade.

Salienta Marçal Justen Filho que essa fórmula acarretou muitas divergências, particularmente diante das regras vedando a assunção de obrigações de pagamento futuro pela Administração, sem cobertura orçamentária, reputando-se, ao final, que se trataria de manifestação enquadrada no âmbito dos *marchés publics*, sendo incompatível com o princípio da vinculação da despesa ao orçamento.[26]

e) o *bail emphytéotique* (arrendamento enfitêutico) é um contrato de longa duração pelo qual é autorizada a edificação sobre imóvel de domínio público por um particular que, segundo convenção acessória, poderá explorá-la durante o período do contrato, revertendo sua propriedade para o domínio público ao término do prazo contratual.

O surgimento dessas várias figuras de gestão deveu-se à constatação de que a assunção de todos os riscos pelo particular acabava inviabilizando a contratação, pois, a probabilidade de investimentos de recursos e esforços na gestão do serviço público por um particular torna-se menos provável quanto mais incerta a possibilidade de sucesso empresarial e maiores os investimentos exigidos.

Assim, a concessão passou a ser utilizada como uma modalidade de contratação que excluía a garantia de subvenções ou rentabilidade mínima por parte do poder concedente, embora isso não significasse a proibição de tais benefícios; a sua outorga simplesmente desnaturava uma concessão e configurava uma outra modalidade de contratação entre Estado e particular, sendo amplamente admitida a prática na França.[27]

Embora o direito brasileiro tenha se inspirado no direito estrangeiro, principalmente no francês, o regime jurídico a que se submete a Administração Pública brasileira decorre do direito positivo, enquanto as doutrinas e princípios franceses elaborados pela jurisdição administrativa, vão evoluindo e sendo alterados por essa mesma via.

26. *Teoria geral das concessões de serviço público*, p. 82.
27. Marçal Justen Filho, ob. cit., p. 83.

Conseqüentemente, as inovações buscadas no direito alienígena não são facilmente aplicáveis ao direito pátrio, pois "não podem escapar ao direito posto, sob pena de colocar em risco o princípio da legalidade e o da segurança jurídica".[28]

2.1.2 O Direito brasileiro

O Estado brasileiro, ao longo do tempo, organizou o desempenho de seus serviços públicos sob diversas modalidades.[29] Originariamente só se conhecia a prestação direta pelo Estado, valendo-se dos órgãos que compõem o seu próprio aparato administrativo. Nos anos 20 do século XX inicia-se um processo de descentralização do Estado, com a criação de autarquias, que ganhou grande incremento após a Revolução de 1930, exercendo não apenas funções de índole administrativa, como também de natureza industrial ou comercial. Também nesse período teve grande voga a concessão a favor de pessoas privadas (nacionais e estrangeiras), seguida, após a II Grande Guerra, da criação de pessoas jurídicas de direito privado, sociedades de economia mista e empresas públicas. Em setores como transporte ferroviário,[30] energia elétrica,[31] telecomuni-

28. Maria Sylvia Zanella Di Pietro, ob. cit., p. 69.

29. Ressalta Almiro do Couto e Silva: "No século XX, pode-se dizer que o Estado brasileiro, nas suas relações com a economia, acompanhou o modelo dos países capitalistas adiantados da Europa continental, embora quase sempre com algum atraso" (ob. cit., p. 50).

30. Ainda que de passagem, vale referir as lições de Bruce Baner Johnson, Flávio Azevedo Marques de Saes, Hélio Janny Teixeira, James Terence Coulter Wright, a propósito da história das concessões no Brasil. Após referência à Lei Geral 641, de 26.6.1852, que autorizava concessões no setor de ferrovias, observam que o amplo desenvolvimento de ferrovias acabou sendo frustrado e concluem "que a estatização das ferrovias brasileiras foi fruto das condições econômicas de sua exploração: progressivamente inviabilizadas como empresas lucrativas, ao Governo (Federal ou Estadual) só restava a alternativa de estatizá-las a fim de manter em funcionamento serviço essencial a populações de várias localidades" (*Serviços públicos no Brasil: mudanças e perspectivas. Concessão, regulamentação, privatização e melhoria da gestão pública*, São Paulo, Edgard Blücher, 1996, p. 58). O Estado não logrou assegurar às pessoas privadas a manutenção de condições essenciais, o que conduziu ao desinteresse dos particulares em aplicar recursos em empreendimentos destinados ao fracasso. Além disso, verificou-se movimento generalizado no sentido de nacionalizações, produzindo a chamada encampação dos serviços concedidos.

31. Até meados do século passado, os investimentos no setor de energia elétrica brasileira foram, quase todos, efetuados pela iniciativa privada, que dele acabou se

cações,[32] por exemplo, a presença estatal é quase exclusiva na segunda metade do século XX.

afastando, à medida que o Governo foi aumentando substancialmente os controles sobre essa atividade, inclusive pondo em prática políticas de contenção tarifária. O modelo privado foi, então, cedendo lugar ao avanço estatal em dois níveis: de um lado, a União, criando grandes empresas geradoras e, de outro lado, os Governos Estaduais, através da criação de empresas distribuidoras. Esse novo modelo setorial, complementado pela criação da Eletrobrás (a Lei 3.890-A/1961 autorizou o Governo Federal a proceder à constituição da Eletrobrás, cuja regulamentação foi efetuada pelo Decreto 1.178/1962), predominou até o processo de privatização, iniciado em 1995.

Antes da reforma, praticamente todos os segmentos do setor elétrico eram públicos (federal e estadual, no caso de geração e transmissão; estadual e municipal, no caso de distribuição e comercialização), sendo que uma parcela ínfima dos ativos de geração e/ou distribuição era explorada por pequenas empresas privadas de âmbito municipal. Esse modelo, que foi bem-sucedido, ao longo da década de 1980, começou a acusar sinais de fadiga, principalmente por ter sido estruturado na forte dependência de recursos subsidiados e/ou vinculados e de recursos a fundo perdido, o que provocou a concepção e implementação de um novo modelo jurídico-institucional, através da execução do amplo Projeto de Reestruturação do Setor Elétrico Nacional, conhecido como Projeto RE-SEB (David Waltenberg, "O direito da energia elétrica e a ANEEL", in Carlos Ari Sundfeld (coord.), *Direito administrativo econômico*, São Paulo, Malheiros Editores, 2000, p. 353), inspirado no modelo inglês.

32. "Em 1962, o Código Brasileiro de Telecomunicações (Lei 4.117) criou o Sistema Nacional de Telecomunicações para prestar de forma integrada e sob jurisdição da União os serviços de rádio-comunicações, de telegrafia e de telefonia entre Estados. Adicionalmente, possibilitou a criação, em 1965, da Embratel, uma empresa pública que interligou todas as capitais e as principais cidades do país e que assumiu a prestação dos serviços internacionais na medida em que expiraram os prazos de concessão das empresas estrangeiras que até esse momento os prestavam. (...) Em 1972, a Lei 5.792 criou a Telebrás, que iniciou o processo de aquisição e absorção das numerosas operadoras que prestavam serviços telefônicos no Brasil, consolidando-as como empresas de âmbito estatal. A mesma lei permitiu a transformação da Embratel numa empresa de economia mista subsidiária da Telebrás. Em 1974, por meio de Decreto 74.379, a Telebrás foi designada como concessionária-geral para a exploração dos serviços de telecomunicações em todo o território nacional. Em fevereiro de 1976, o Decreto-lei 162 concentrou nas mãos da União o poder de conceder licenças para a prestação de serviços e esta concentração foi confirmada pela Constituição de 1967. Posteriormente, a Constituição Federal de 1988 determinou que somente a União poderia explorar os serviços de telecomunicações, diretamente ou por meio de concessões dadas a empresas sob controle acionário estatal. Como resultado deste conjunto de modificações, o Sistema Telebrás (ST) e quatro empresas independentes (as municipais CETERP e SERCOMTEL, a CRT, controlada até junho de 1968 pelo governo do Estado do Rio Grande do Sul, e a privada CTBC) eram, em meados da década de 90, responsáveis pela oferta de serviços de telefonia no mercado brasileiro" (Alejandra Herrera, *Introdução ao estudo da Lei Geral de Telecomunicações do Brasil*, São Paulo, Singular, 2001, pp. 35-36).

A partir da década de 1980 iniciou-se um movimento inverso e várias empresas estatais ou áreas absorvidas pelo Estado foram transferidas para o setor privado; o regime de exploração dos serviços públicos sofreu alterações, admitindo-se a exploração em regime privado, por meio de autorizações, não mais apenas pelas clássicas concessões e permissões; introduzindo-se a gradativa competição entre prestadores, por diversos mecanismos, sujeitando-se tanto a regimes de regulação como às regras nacionais de defesa da concorrência.

Os modos de prestação de serviços públicos diversificaram-se com a crescente e variada colaboração do setor privado, observando-se, nas últimas décadas, o surgimento de novos tipos de ajuste, decorrentes de consenso, acordo, cooperação, parcerias entre a Administração e particulares, ou entre órgãos e entidades estatais, com moldes que não se enquadram ao padrão clássico de contrato administrativo, nem ao padrão teórico de contrato vigente no século XIX.

Questiona-se, então, se esses novos ajustes têm natureza contratual, tal como ocorreu com o contrato administrativo. Ao lado da concessão e da permissão, que renasceram com algumas modificações importantes para servirem a um projeto de exploração concorrencial dos serviços públicos comerciais e industriais, são freqüentes as concessões de obras públicas, o arrendamento de áreas e instalações portuárias, os consórcios públicos para gestão de serviços de interesse comum dos consorciados, os convênios para o desenvolvimento de atividades de interesse comum, a celebração de contratos de gestão com entidades qualificadas como organizações sociais (Lei 9.637, de 15.5.1998) e termos de parceria com entidades qualificadas como organizações da sociedade civil de interesse público (Lei 9.790, de 23.3.1991), a parceria com fundações de apoio, associações ou cooperativas, em regra por meio de convênios, as terceirizações de serviços auxiliares, o credenciamento, a franquia.

2.1.2.1 *Gestão associada de serviços públicos formalizada por meio de convênios ou de consórcios* – A Emenda Constitucional 19, de 4.6.1998, deu novo conteúdo normativo ao art. 241 da Constituição, para estabelecer a parceria entre os diferentes níveis de governo prevendo que "a União, os Estados, o Distrito Federal e os Municípios disciplinarão por meio de lei os consórcios públicos e os convênios de cooperação entre os entes federados, autorizando a gestão associada de serviços públicos, bem como a transferência total ou parcial de encargos, serviços, pessoal e bens essenciais à continuidade dos serviços transferidos".

Retornou-se ao sistema da Constituição anterior, cujo § 3º do art. 13 dispunha que a União, os Estados e os Municípios poderiam celebrar convênios para a execução de suas leis, serviços ou decisões, por intermédio de funcionários federais, estaduais ou municipais.

A Constituição de 1988, em seu texto original, não reproduz esse dispositivo, mas, o art. 23, cuida da possibilidade de cooperação recíproca entre os entes políticos, na forma da lei complementar indicada no seu parágrafo único, para a execução das competências materiais comuns, como saúde, assistência pública, proteção dos deficientes, proteção dos documentos, obras e outros bens de valor histórico etc., já que com estas tem a ver o referido parágrafo, "tendo em vista o equilíbrio do desenvolvimento e do bem-estar em âmbito nacional".

Se, embora, de um lado, se pudesse entender que, mesmo diante do silêncio da nova Constituição, o preceito constante da anterior continuava implícito no sistema, pois, além de não haver qualquer vedação à formação de tais ajustes, buscou incentivar hipóteses de colaboração recíproca entre as entidades federativas em várias de suas disposições; de outro, poder-se-ia argumentar em contrário, alegando-se que a transferência de poderes constitucionalmente recebidos só poderia ocorrer se houvesse referência explícita na Lei Fundamental.

De qualquer forma, diante dessa dubiedade, a "questão estava mal resolvida"[33] e a redação dada ao art. 241, pela EC 19/1998, resultou oportuna, ao contemplar expressamente a possibilidade de cooperação ou de "gestão associada", sem especificação do tipo de atividade, dependendo, contudo, de lei a regulamentação da parte final do dispositivo, que vem permitir ou facilitar a gestão associada nele prevista, na medida em que permite a transferência de encargos, serviços, pessoal e bens de uma pessoa jurídica para outra, a fim de assegurar a

33. Fernanda Dias Menezes de Almeida, *Competências na Constituição de 1988*, 2ª ed., São Paulo, Atlas, 2000, p. 137. José Afonso da Silva ressalta a desnecessidade desse dispositivo, "porque tudo que nele se prevê poderá ser objeto da lei complementar indicada no art. 23, parágrafo único, da Constituição" (*Curso de direito constitucional positivo*, 23ª ed., São Paulo, Malheiros Editores, 2004, p. 481).

continuidade dos serviços transferidos.. Trata esse dispositivo da "cooperação gerencial entre os entes federados".[34] É a previsão de instrumentos para a conjugação de esforços na realização de serviços públicos, a ser implementada, através de lei ordinária (a Emenda alude a *lei*, não a *lei complementar*).[35]

O § 4º do art. 211, acrescentado pelo art. 3º da Emenda Constitucional 14/1996, estabelece que "na organização de seus sistemas de ensino, os Estados e os Municípios definirão formas de colaboração, de modo a assegurar a universalização do ensino obrigatório". O § 2º do art. 39 da Carta Maior, alterado pela EC 19/1998, dispõe que "a União, os Estados e o Distrito Federal manterão escolas de governo para a formação e o aperfeiçoamento dos servidores públicos, constituindo-se a participação nos cursos um dos requisitos para a promo-

34. Diogo de Figueiredo Moreira Neto, *Apontamentos sobre a reforma administrativa. Emenda Constitucional 19, de 4 de junho de 1998*, Rio de Janeiro, Renovar, 1999, p. 117.

35. O Projeto de Lei 3.884/2004, que institui normas gerais de contratos para a constituição de consórcios públicos, bem como de contratos de programa para a prestação de serviços públicos por meio de gestão associada, de autoria do Poder Executivo, foi enviado em junho de 2004 à Câmara dos Deputados, apresentando-se como instrumento viabilizador de ações cooperadas e coordenadas entre os entes federativos, possibilitando a ampliação do alcance e da efetividade das políticas e da aplicação de recursos públicos. Referido Projeto tem gerado opiniões divergentes a propósito das mudanças introduzidas e os seus reflexos no desenho da federação brasileira.

O consórcio público é "associação pública formada por dois ou mais entes da Federação, para a realização de objetivos de interesse comum" (art. 2º, I). Os objetivos de interesse comum, segundo o projeto, são amplos, envolvendo desde a regulação e prestação de serviços públicos até a proteção do patrimônio paisagístico ou turístico, a criação de escolas de governo, o apoio, fomento de intercâmbio de informações entre os consorciados. Para sua constituição e formalização, são necessários protocolo de intenções e contrato, ratificados por meio de lei no âmbito de todos os entes consorciados.

Há, também, a previsão de um segundo tipo contratual. São os contratos de programas, os quais se voltam à gestão associada de serviços públicos. Podem ser celebrados entre os entes da federação, ou entre um ou mais entes e um consórcio público.

Para o governo federal, a principal inovação do projeto é o entendimento dos consórcios públicos como instrumento para gestão cooperada não restrita aos municípios, diferentemente da visão tradicional. Isto é, União, Estados, Distrito Federal e Municípios podem se consorciar.

A polêmica suscitada no meio político gira em torno da observância ou não, pelo projeto, das normas jurídicas relativas à gestão pública, como responsabilidade fiscal, licitação e contratos, prestação de contas, participação social, entre outras.

ção na carreira, facultada, para isso, a celebração de convênios ou contratos entre os entes federados".

Por sua vez, o inciso VI do art. 71 sujeita à fiscalização do Tribunal de Contas da União a aplicação de quaisquer recursos repassados aos Estados, ao Distrito Federal ou aos Municípios pela União em decorrência de convênios, acordos, ajustes ou outros instrumentos congêneres.

Ainda o convênio é indicado no Decreto-lei 200, de 25.2.1967, que dispõe sobre a organização da Administração Federal, como instrumento de descentralização das atividades federais (art. 10, § 1º, "b", e § 5º; art. 156, § 2º; arts. 160 e 166). O Decreto Federal 93.872, de 23.12.1986, contém preceitos sobre convênios de que participam a União ou entidades federais (arts. 48 a 57). O Código Tributário Nacional também prevê convênios entre Estados e Municípios com a União, em matéria tributária (arts. 83 a 100, inc. IV). A Lei 9.074, de 7.7.1995, no art. 36, previu a possibilidade de convênio de cooperação tendo por objeto o credenciamento de Estados e Distrito Federal pelo poder concedente para a realização de atividades complementares de fiscalização e controle dos serviços prestados no âmbito de seus territórios. A Lei 9.277, de 10.5.1996,[36] autoriza a União a delegar aos Municípios, Estados da federação ou ao Distrito Federal, ou a consórcio entre eles, a administração e exploração de rodovias, ou obras rodoviárias federais e a exploração de portos federais, mediante convênio.

No setor de eletricidade, a Lei 9.427, de 26.12.1996, estipula, entre as competências da Agência Nacional de Energia Elétrica, gerir convênios com órgãos estaduais para fiscalizar as concessões, as permissões e a prestação dos serviços de energia elétrica (arts. 3º, inc. IV, com a redação dada pela Lei 10.848, de 15.3.2004, e 20, *caput*).

Do mesmo modo, no setor de petróleo, a Lei 9.478/1997, concede à Agência Nacional do Petróleo, competência específica para "regular e autorizar as atividades relacionadas com o abastecimento nacional de combustíveis, fiscalizando-as diretamente ou mediante

36. O Decreto 2.184, de 24.3.1997, alterado pelo Decreto 2.247, de 6.6.1997, regulamenta o art. 2º da Lei 9.277, de 10.5.1996, que autoriza a União a delegar aos Municípios ou Estados da Federação a exploração dos portos federais.

convênios com outros órgãos da União, Estados, Distrito Federal ou Municípios" (art. 8º, inc. XV).[37]

A Constituição paulista refere-se aos consórcios entre Municípios no art. 201.[38]

No âmbito estadual, a Comissão de Serviços Públicos de Energia, criada pela Lei Complementar 833/1997, no Estado de São Paulo, para atuar no setor de energia, agirá no setor de eletricidade por delegação da ANEEL e, no setor de petróleo e gás por delegação da ANP, só exercendo as atribuições próprias do Estado enquanto poder concedente dos serviços públicos de gás canalizado. A Comissão terá por finalidade, de acordo com a sua lei de criação, regular, controlar e fiscalizar a qualidade do fornecimento de energia e os preços, as tarifas e as condições de atendimento aos usuários dos serviços, bem como a geração, produção, transmissão, transporte e distribuição de energia.

A seu turno, a Lei Orgânica do Município de São Paulo, no art. 13, inc. XV, estipula caber à Câmara, com sanção do Prefeito, "dispor sobre convênios com entidades públicas, particulares e autorizar consórcios com outros municípios" e, no inciso V, do art. 48, fixa a competência da Câmara Municipal, com o auxílio do Tribunal de Contas do Município de São Paulo, para "fiscalizar a aplicação de recursos de qualquer natureza, repassados ao Município, pela União, pelo Estado, ou qualquer outra entidade, mediante convênio, acordo, ajuste e outros instrumentos congêneres".

Os termos "consórcios" e "convênios" são mencionados no texto constitucional com sentidos diferentes.

Com ligeiras variações os autores têm definido convênio administrativo como acordo celebrado entre entidades públicas de qual-

37. Anota Marçal Justen Filho: "Solução dessa ordem amplia a complexidade dos problemas jurídicos. Deve tomar-se em vista que a delegação não importa a transferência da titularidade do interesse para outra órbita federativa. Portanto, o Estado não pode ignorar a existência do interesse federal sobre a questão. Em termos gerais, pode reputar-se que surge situação de conjugação de interesses estatais de diversa ordem. No âmbito jurídico, isso se traduz na configuração de atos de natureza complexa, em que a decisão de cada ente é insuficiente para produzir o surgimento do ato administrativo" (*Teoria geral das concessões de serviço público*, p. 198).

38. "Art. 201. O Estado apoiará a formação de consórcios entre os Municípios, objetivando a solução de problemas comuns relativos à proteção ambiental, em particular à preservação de recursos hídricos e ao uso equilibrado dos recursos naturais."

quer espécie ou entre estas e entidades ou instituições privadas para a consecução de interesses e objetivos comuns.[39]

Por sua vez, o consórcio administrativo é acordo firmado entre entidades estatais da mesma natureza ou do mesmo nível, para a realização de fins comuns.[40]

A natureza do convênio é debatida na doutrina pátria, principalmente para contrapô-lo à categoria contratual. Vários critérios têm sido apontados para distinguir o contrato do convênio:

a) os convênios não são contratos, apesar de serem acordos de vontades.[41] O "convênio", diz Hely Lopes Meirelles, "é acordo, mas não é contrato",[42] Diógenes Gasparini afirma ser "ajuste administrativo", não se tratando de contrato, nem mesmo administrativo,[43] Maria Garcia qualifica os convênios como "acordos de cooperação (todos os signatários têm atividades pré-ordenadas para o fim almejado) ou de colaboração (quando os signatários desenvolvem atividades-meio, preparatórias, auxiliares ou complementares da atividade estatal, para o objetivo comum)",[44] Diogo de Figueiredo Moreira Neto,[45]

39. Hely Lopes Meirelles, *Direito administrativo brasileiro*, 29ª ed., São Paulo, Malheiros Editores, 2004, p. 387; Diógenes Gasparini, *Direito administrativo*, 9ª ed., São Paulo, Saraiva, 2004, pp. 398-399; José Afonso da Silva, *Curso de direito constitucional positivo*, p. 481; Maria Sylvia Zanella Di Pietro, *Parcerias na administração pública: concessão, permissão, franquia, terceirização e outras formas*, p. 189 e *Direito administrativo*, 18ª ed., São Paulo, Atlas, 2005, p. 297; Marcos Juruena Villela Souto, *Desestatização, privatização, concessões e terceirizações*, 4ª ed., Rio de Janeiro, Lumen Juris, 2001, p. 536.

40. Hely Lopes Meirelles, ob. cit., p. 389; Diógenes Gasparini, ob. cit., p. 403; José Afonso da Silva, ob. cit., p. 481; Maria Sylvia Zanella Di Pietro, *Parcerias na administração pública ...*, cit., p. 195 e *Direito Administrativo*, p. 296; Marcos Juruena Villela Souto, ob. cit., p. 537. No Brasil, o consórcio mais usual é o firmado entre Municípios com o fito de realização de obras, serviços e atividades de competência local, mas de interesse comum a toda uma região intermunicipal.

41. Decidiu o Tribunal de Contas da União: "Contrato administrativo. Convênio. Prazo. Não há que confundir contrato administrativo celebrado pela União com particulares com os convênios que são ajustes celebrados entre pessoas jurídicas de direito público" (TCU, TC-17.47985.1, 23.9.1986, Min. Lincoln Magalhães da Rocha, *RDA* 166/201, out/dez. 1986).

42. Ob. cit., p. 387.

43. Ob. cit., p. 399

44. "Dos convênios", in Maria Garcia (coord.), *Estudos sobre a Lei de Licitações e Contratos*, Rio de Janeiro, Forense Universitária, 1995, p. 231.

45. *Curso de direito administrativo,* 13ª ed., Rio de Janeiro, Forense, 2003, pp. 160 e 185.

Edmir Netto de Araújo,[46] Arnoldo Wald e Luiza Rangel de Moraes,[47] apontam serem os convênios pactos da espécie acordo, qualificando-os como atos complexos; Marcos Juruena Villela Souto os define como atos multilaterais de parceria;[48] Maria Sylvia Zanella Di Pietro assinala que o convênio é um acordo de vontades com características próprias, como resulta da própria Lei 8.666/1993, pois, se os convênios tivessem natureza contratual, a aplicação de suas normas decorreria dos arts. 1º e 2º, e não haveria necessidade do preceito contido no art. 116, *caput*, que manda aplicar suas disposições aos convênios e a quaisquer acordos, ajustes e outros instrumentos, desde que a Administração tenha participação, "no que couber";[49]

b) quanto aos interesses, no contrato são divergentes e contrapostos para as partes que os celebram, enquanto no convênio são convergentes e comuns entre os partícipes;[50]

46. *Do negócio jurídico administrativo*, São Paulo, Ed. RT, 1992, p. 145.

47. "Agências Reguladoras", *RIL* 141/157, jan./mar. 1999.

48. Ob. cit., p. 536.

49. *Parcerias na administração pública*, p. 189, e *Direito administrativo*, p. 297.

50. Hely Lopes Meirelles, ob. cit., p. 387; Diógenes Gasparini, ob. cit., pp. 399-400; Edmir Netto de Araújo, ob. cit., p. 145.

Alguns autores fazem uso de uma compreensão ampliada do conceito de contrato: distinguem os contratos "comutativos" ou "distributivos" (instrumentos de concerto de interesses, de integração de interesses contrapostos) e os contratos "cooperativos" ou "contratos com comunhão de escopo" (onde não há, em princípio, contraposição de interesses, mas a prossecução de um objetivo comum). Observa Marçal Justen Filho, que "é usual o entendimento de que a diferença entre contrato e convênio administrativo reside na qualidade das partes: os convênios seriam ajustes firmados entre pessoas integrantes da Administração Pública. A asserção é incorreta. Podem, mesmo, existir contratos administrativos em que ambas as partes integram a estrutura administrativa do Estado" (*Comentários à lei de licitações e contratos administrativos*, 9ª ed., 2002, p. 606). Reconhece, no entanto, que "quando se alude a contrato administrativo, indica-se um tipo de avença que se enquadra, em termos de teoria geral do direito, na categoria dos contratos "comutativos" ou "distributivos" (ainda quando se trata de contratos unilaterais). Em tais casos, não há comunhão de interesses ou fim comum a ser buscado. Cada parte vale-se do contrato para atingir a um fim que não é compartilhado pela outra. Já no chamado "convênio administrativo", a avença é instrumento de realização de um determinado e específico objetivo, em que os interesses não se contrapõem – ainda que haja prestações específicas e individualizadas, a cargo de cada partícipe. No convênio, a assunção de deveres destina-se a regular a atividade harmônica de sujeitos integrantes da Administração Pública, que buscam a realização imediata de um mesmo e idêntico interesse público" (ob. cit., p. 606). Paulo Modesto dissente apenas num ponto: "os convênios não

c) no contrato existem partes: uma que pretende o objeto do ajuste (a obra, o serviço etc.); outra que visa à contraprestação correspondente (a remuneração ou outra vantagem); no convênio tem-se partícipes (convenentes não-vinculados contratualmente) com as mesmas pretensões, ainda que haja prestações específicas e individualizadas, a cargo de cada partícipe;[51]

d) nos contratos, as vontades antagônicas se compõem, e não se adicionam, delas resultando uma terceira espécie de vontade – a contratual; nos convênios, como nos consórcios, as vontades se somam e não dão origem a uma terceira espécie;[52]

e) no convênio, os partícipes buscam o mesmo e idêntico objetivo, unindo-se para a satisfação do interesse comum; no contrato, cada parte quer atingir um fim que não é compartilhado pela outra;

f) no convênio, há uma conjugação de esforços, sob várias formas, como repasse de verbas, uso de equipamentos, de recursos humanos e materiais, de imóveis, de *know-how* e outros; por isso mesmo, no convênio não se cogita de preço ou remuneração, que constitui cláusula inerente aos contratos;

se destinam a regular apenas a atividade de sujeitos integrantes da administração pública, mas também atividades 'cooperativas' do Poder Público com particulares. Não se trata de uma questão terminológica. O emprego da expressão para referir esse segundo tipo de relações é expresso no direito positivo (*v.g.*, art. 116 da Lei 8.666/93). Além disso, é preciso cautela na incorporação do conceito de contrato cooperativo no direito administrativo, tendo em conta as diversas normas que regulam o regime dos convênios no Brasil" (Parecer da Procuradoria de Justiça junto ao Tribunal de Contas do Estado da Bahia, Processo SESAB/42391/92, Plenário, sessão de 31.5.1995, *DOU* 13.6.1995, p. 8.577).

Silvio Luiz Ferreira da Rocha entende que erram "aqueles que se apegam à diversidade de interesses para distinguir o contrato do convênio. Invocamos os denominados *contratos associativos*, dentre os quais o contrato de sociedade se destaca. Na sociedade as partes (os sócios) estão unidas em torno dos fins comuns" (*Terceiro setor*, São Paulo, Malheiros Editores, 2003, p. 52).

O traço distintivo referente ao interesse das partes foi incorporado ao art. 48, § 1º, do Decreto 93.872, de 23.12.1986, alterado pelo Decreto 97.916, de 6.7.1988, que estabelece: "quando os partícipes tenham interesses diversos e opostos (...) o acordo ou ajuste constitui contrato".

51. Hely Lopes Meirelles, ob. cit., p. 387; Diógenes Gasparini, ob. cit., pp. 399-400; Leon Frejda Szklarowsky, "Convênios, consórcios administrativos, ajustes e outros instrumentos congêneres", *RIASP* 3/107, jan./jun. 1999. Cf. acórdão do Tribunal de Justiça de São Paulo, *RT* 678/78; acórdão da mesma Corte publicado no *ILC* 39/401.

52. Edmir Netto de Araújo, ob. cit., p. 145.

g) "no contrato, o valor a título de remuneração passa a integrar o patrimônio da entidade que o recebeu, sendo irrelevante para o repassador a utilização que será feita do mesmo; no convênio, se o conveniado recebe determinado valor, este fica vinculado à utilização prevista no ajuste; assim, se um particular recebe verbas do poder público em decorrência de convênio, esse valor não perde a natureza de dinheiro público, só podendo ser utilizado para os fins previstos no convênio; por essa razão, a entidade está obrigada a prestar contas de sua utilização, não só ao ente repassador, como ao Tribunal de Contas";[53]

h) em decorrência da ausência de vinculação contratual, devem ser consideradas nulas as cláusulas de permanência obrigatória ou obstativas de denúncia do convênio a qualquer momento, ou de sanções pela retirada, promovendo-se a respectiva prestação de contas.[54]

Sob outra ótica, Alzemeri Martins Ribeiro de Britto aventa a possibilidade de previsão de penalidades "no caso de ferimento de cláusulas conveniais", pois "se entidades não-estatais podem ser beneficiadas pelo fato de receberem subvenções do Poder Público, nada obsta que, desobedecendo os princípios e regras que condicionaram tais repasses, sofram sanções a serem previstas no instrumento do convênio." Acrescenta que não se deve argumentar que essa penalização "transmude a natureza do acordo para contrato, porquanto ninguém pode negar que os convênios, sem se desnaturarem, também comportam cláusulas nitidamente contratuais, como as de remuneração, por exemplo, vindas sob a forma de 'repasses de verbas'". Respalda ainda seu posicionamento no art. 116, *caput* da Lei 8.666/1993, tendo em conta que "todas as regras desse diploma legal que se coadunem com a natureza dos convênios devem acarretar subsunção imediata, como, por exemplo, a de apenamento por conduta faltosa

53. Maria Sylvia Zanella Di Pietro, *Direito administrativo*, 18ª ed., pp. 297-298.

54. Hely Lopes, ob. cit., 387; Diógenes Gasparini, ob. cit., p. 399; Edmir Netto de Araújo, ob. cit., p. 146. Cf. acórdão do Tribunal de Justiça de São Paulo *RJTJSP* 95/61.

O art. 57 do Decreto 93.872, de 23.12.1986, que dispõe sobre a unificação dos recursos de caixa do Tesouro Nacional, atualiza e consolida a legislação pertinente e dá outras providências, estabelece: "O convênio pode ser denunciado a qualquer tempo (...) não sendo admissível cláusula obrigatória de permanência ou sancionadora dos denunciantes".

do conveniado, quando firmado o convênio entre a Administração e particulares;[55]

i) os partícipes do convênio têm competências comuns quanto à matéria a que visam. Parte da doutrina publicista, porém, nega a autonomia do convênio como pacto distinto do contrato, sustentando que ambos são figuras da mesma natureza, pertencentes à categoria contratual. Odete Medauar faz várias objeções aos critérios apontados para fixar a distinção:

1) quanto à reciprocidade de obrigações indicada como fator distintivo, observa-se que os convênios envolvem encargos recíprocos: é o caso, por exemplo, de um convênio firmado entre um Estado e um Município para construção de uma escola, em que ao primeiro cabe a obra e ao segundo o oferecimento do terreno;

2) no que tange aos interesses, a presença do Poder Público num dos pólos levaria a concluir que o interesse público será o fim perseguido pelos convênios e contratos; já, na hipótese de convênios celebrados com particulares, poder-se-ia aduzir que estes não buscam o interesse público e que, em decorrência, os interesses seriam contrapostos; ademais, nas situações de contratos e convênios entre entidades estatais nem sempre é clara a separação entre as duas figuras, porque o interesse público aparece como denominador comum;

3) no atinente aos "resultados comuns", é possível encontrá-los também em contratos, como acontece nos contratos celebrados entre entidades estatais;

4) no que se refere à "competência comum" não constitui ela traço distintivo suficiente entre convênios e contratos, de vez que, nos convênios firmados entre entes estatais e particulares, não se poderia invocar como característica a competência comum dos partícipes, pois parece estranho referir competência a pessoas físicas ou jurídicas do setor privado;

5) quanto à "remuneração", nem sempre nos contratos uma das partes remunera a outra como ocorre, por exemplo, na concessão de serviço público.

55. Alzemeri Martins Ribeiro de Britto, "Convênios. Legítimos meios de fomento e delegação administrativa ou fossos de irregularidades", *Advocacia Pública* 8/8, dez./1999.

Em função da dificuldade em se fixar traços distintivos entre contrato e convênio administrativo, conclui a Autora que contrato e convênio constituem-se em figuras da mesma natureza.[56]

Suscita controvérsia a necessidade ou não de autorização legislativa específica para a celebração de cada convênio ou consórcio. Algumas constituições estaduais e leis orgânicas de Municípios inserem, entre as atribuições do Legislativo, a autorização ou aprovação de convênios. Nos Tribunais tem prevalecido o entendimento de que a exigência é inconstitucional, por implicar o controle do Legislativo sobre atos administrativos do Executivo, em hipótese não prevista na Carta Magna, resultando ofensiva ao princípio da harmonia e independência dos Poderes,[57] o qual é defendido por Maria Sylvia Zanella Di Pietro,[58] Marcos Juruena Villela Souto[59] e rechaçado por Hely Lopes Meirelles, porque o convênio e o consórcio configuram sempre atos gravosos que extrapolam os poderes normais de administração.[60]

A Emenda 19 pôs fim à controvérsia, passando a matéria a ser "caracteristicamente administrativa, com aval constitucional", na expressão de Jessé Torres Pereira Júnior.[61]

56. Odete Medauar, "Convênios e consórcios administrativos", *BDA* 8/454-455, ago. 1995.

57. STF: Representação de Inconstitucionalidade 1.024-GO, Pleno, rel. Min. Rafael Mayer, v.u., j. 7.5.1980 (*RDA* 140/63); Representação de Inconstitucionalidade 1.210-7-RJ, Pleno, rel. Min. Moreira Alves, v.u., j. 19.12.1984, *DJU* 7.6.1985 (*RT* 599/222); ADI 342-9-PR, Pleno, rel. Min. Octávio Gallotti, v.u., j. 8.8.1990, *DJU* 28.9.1990; ADI 770-0-MG, Pleno, rel. Min. Sepúlveda Pertence, v.u., j. 26.8.1992, *DJU* 25.9.1992; ADI 177-9-RS, Pleno, rel. Min. Carlos Velloso, v.u., j. 1.7.1996, *DJU* 25.10.1996; ADI 165-5-MG, Pleno, rel. Min. Sepúlveda Pertence, v.u., j. 7.8.1997, *DJU* 26.9.1997; ADI 462-BA, Pleno, rel. Min. Moreira Alves, v. u., j. 20.8.1997 (*DJU* 18.2.2000, p. 54); ADI 1.857-4-SC, Pleno, rel. Min. Moreira Alves, v.u., j. 27.8.1998, *DJU* 23.10.1998. A ADI 331-PB, Pleno, rel. Min. Octávio Gallotti, v.u., j. 23.8.1990, *DJU* 28.9.1990, foi indeferida porque a Carta da Paraíba só exigia aprovação ou autorização de convênios se estes acarretassem encargos ou compromissos gravosos ao patrimônio estadual.

58. Maria Sylvia Zanella Di Pietro, *Parcerias na administração pública ...*, cit., p. 198 e *Direito administrativo*, p. 298.

59. Marcos Juruena Villela Souto, ob. cit., p. 538.

60. Hely Lopes Meirelles, ob. cit., p. 388.

61. Jessé Torres Pereira Junior, *Da reforma administrativa constitucional*, Rio de Janeiro, Renovar, 1999, p. 388.

É de imaginar-se que a Emenda não exige autorização legislativa específica de cada convênio, mas apenas que a lei defina as características dessa forma de gestão associada de serviços ou mesmo a transferência de estruturas, pessoal, patrimônio, podendo inclusive autorizar a atribuição de personalidade jurídica a um órgão executor do pacto, no entender de Marcos Juruena Villela Souto.[62]

Segundo Maria Sylvia Zanella Di Pietro, se o convênio ou o consórcio incluírem repasse de verbas, não previstas na lei orçamentária, será necessária autorização legislativa.[63]

A doutrina tem admitido convênio de entidades públicas com entidades ou instituições privadas, em decorrência da competência geral de cada uma das entidades públicas,[64] desde que o interesse da comunhão seja comum – nunca perdendo de vista, é claro, o interesse público – e não haja remuneração ou preço pela execução das tarefas cometidas a cada partícipe.

Necessário aduzir que nesse tipo de acordo é preciso averiguar se caracteriza atividade fomentadora do Estado – o que dará margem ao convênio –, ou se há execução material e isolada de serviço para o Estado –, o que implicará a celebração de contrato administrativo.

O convênio não se presta à delegação de serviço público ao particular, porque essa delegação é incompatível com a própria natureza do ajuste: na delegação ocorre a transferência de atividade de uma pessoa para outra que não a possui; no convênio, pressupõe-se que as duas pessoas têm competências comuns e vão prestar mútua colaboração para atingir seus objetivos.[65]

Outro questionamento reporta-se à imposição ou não de prévia licitação para a realização de convênios.

A desnecessidade de certame é ressaltada por vozes autorizadas como as de Maria Sylvia Zanella Di Pietro, Marçal Justen Filho,

62. Marcos Juruena Villela Souto, ob. cit., p. 537.

63. Maria Sylvia Zanella Di Pietro, *Parcerias na administração pública* ..., cit., p. 198 e *Direito administrativo*, p. 302.

64. José Afonso da Silva, ob. cit., p. 481; Hely Lopes Meirelles, ob. cit., p. 388.

65. Maria Sylvia Zanella Di Pietro, *Direito administrativo*, p. 294. V. também Alzemeri Martins Ribeiro de Britto, ob. cit., p. 7.

Toshio Mukai,[66] por se tratar de mútua colaboração de esforços, não existindo na Lei 8.666/1993 qualquer dispositivo que coloque o procedimento licitatório como antecedente indispensável ao convênio.[67] Porém, ressalta Maria Sylvia Zanella Di Pietro que, se do ajuste resultarem obrigações recíprocas, com formação de vínculo contratual, independente da denominação dada ("convênio" ou "protocolo de intenções" ou "termo de compromisso", ou outra qualquer semelhante), impõe-se a realização da licitação sob pena de ilegalidade.[68]

Para alguns autores não há que se cogitar de certame, por inexistir competitividade, se se tratar, por exemplo, de convênios entre entes estatais para a consecução de determinados objetivos comuns. No tocante aos convênios entre entes estatais e entidades particulares, o que, sobretudo, descarta a obrigação de licitação é a especificidade do objeto e da finalidade. No entanto, se vários forem os entes privados que se prestem para a consecução daquele resultado e finalidade, deverá realizar-se a licitação ou abrir-se o leque de convênios sem limitação, observadas as condições fixadas genericamente,[69] para não dar

66. Maria Sylvia Zanella Di Pietro. *Parcerias na administração pública* ..., cit., pp. 194-195 e *Direito administrativo*, p. 300; Marçal Justen Filho, *Comentários à lei de Licitações e Contratos administrativos*, p. 40; Maria Garcia, "Dos convênios", in Maria Garcia (coord.), *Estudos sobre a Lei de Licitações e Contratos*, pp. 231-232; Toshio Mukai, *Direito administrativo sistematizado*, São Paulo, Saraiva, 1999, pp. 400-401.

67. Decidiu o Tribunal de Contas da União: "Convênio. Dispensa de Licitação. Para aquisição de medicamentos fabricados pelos laboratórios oficiais, bem como dos demais produtos por eles processados, a existência de interesses recíprocos entre as partes que podem ser alcançados em regime de mútua cooperação viabiliza a utilização de convênio, descartada a necessidade de licitação, porque não existe na Lei 8.666/93 qualquer dispositivo que coloque o procedimento licitatório como antecedente necessário ao convênio. O art. 116 da citada Lei impõe tão-somente que sejam estendidas aos convênios as diretrizes básicas previstas na Lei de Licitações e Contratos Administrativos. Somente nas hipóteses em que não seja possível a utilização de convênios tem aplicação o inc. VIII do art. 24 da Lei supra" (TCU, TC-20069/93-6, Min. Iram Saraiva, 25.5.1996, *BLC* 11/563, nov./1997).

68. Maria Sylvia Zanella Di Pietro, *Parcerias na administração pública* ..., cit., p. 195.

69. Decidiu o Tribunal de Contas do Paraná: "Equipamentos. Aquisição. Convênio. Aquisição de equipamentos pelo município para a Associação de Proteção à Maternidade e à Infância. Necessidade de procedimento licitatório. Utilização de recursos provenientes de convênio para a aquisição dos referidos equipamentos. Necessidade de previsão da finalidade da utilização dos recursos no termo de cooperação, somente sendo dispensável o procedimento licitatório nos casos previstos na Lei 8.666/93" (TCE/PR, TC-296.273/97, Cons. Rafael Iatauro, 19.3.1998, *RTCE/PR* 125/174, jan./mar.1998).

ensejo para burla. Esta é a opinião de Odete Medauar[70] e de Leon Frejda Szklarowsky.[71]

O convênio, no Brasil, permanece despersonalizado, mantendo cada partícipe sua própria personalidade. Trata-se de uma cooperação associativa, sem vínculos contratuais. Sua execução fica sob responsabilidade dos partícipes ou de uma comissão executiva, que atuará nos termos e condições do convênio, mas sempre em nome dos partícipes.

Alguns autores admitem a constituição de uma sociedade civil, comercial ou industrial, com o fim precípuo de executar o convênio em todos os termos e condições fixados pelos partícipes.[72]

Grande é a semelhança entre convênio e consórcio, sendo a distinção apontada na diversidade ou não dos partícipes: enquanto o convênio se celebra entre uma entidade pública e outra entidade pública, de natureza diversa, ou outra entidade privada, o consórcio é sempre firmado entre entidades da mesma natureza e mesmo nível de governo ou entre entidades da administração indireta para atingir objetivos de interesse comum.

Diógenes Gasparini acrescenta a essa particularidade outro item diferenciador, relativo à estrutura administrativa entre esses ajustes, dado que várias leis vigentes têm exigido que os consórcios tenham um conselho consultivo, uma autoridade executiva e um conselho fiscal, sem que a mesma exigência seja feita para os convênios.[73]

O consórcio administrativo também não adquire personalidade jurídica: trata-se de uma associação de entidades da qual não resulta a criação de nova pessoa jurídica. Daí discutir-se o melhor modo de administrá-lo.

Pode ser criada uma comissão executiva que vai administrar o consórcio e assumir direitos e obrigações em nome de pessoas jurídicas que compõem o consórcio e nos limites demarcados no instrumen-

70. Odete Medauar, *Direito administrativo moderno*, 8ª ed., São Paulo, Ed. RT, 2004, p. 273.

71. Leon Frejda Zklarowsky, ob. cit., p. 110.

72. Hely Lopes Meirelles, ob. cit., p. 388. Diógenes Gasparini considera inadequada a criação de uma sociedade, tendo em conta que "a manutenção de ambos os organismos, sem dúvida, trará inúmeras dificuldades e conflitos de toda ordem" (ob. cit., p. 401).

73. Ob. cit., p. 403.

to do consórcio. Mostra-se também viável a indicação de um dos partícipes como líder, hipótese em que ele pode – desde que autorizado em lei e previsto no consórcio – instituir uma entidade (autarquia ou fundação) para gerir os assuntos relacionados ao consórcio, ou, ainda, instituir um fundo, que funcionaria vinculado a órgão de um dos entes integrantes do consórcio, constituído com verbas dos participes.[74]

2.1.2.2 *Franquia* – A franquia é um instituto muito utilizado no setor empresarial privado, podendo sua origem ser buscada nos costumes norte-americanos.[75] O contrato de franquia resulta da conjugação de dois outros contratos empresariais: a licença de uso de marca, e a prestação de serviços de organização de empresa.

Via de regra os serviços de organização empresarial se desdobram em três contratos: o *management*, relacionado com os sistemas de controle de estoque, de custos e treinamento de pessoal; o *engineering*, pertinente à organização do espaço (*layout*) do estabelecimento do franqueado; e o *marketing*, cujo conteúdo se refere às técnicas de colocação do produto ou serviço junto ao consumidor, incluindo a publicidade. Entre as partes do contrato de franquia, estabelece-se nítida relação de subordinação. O franqueado deverá organizar a sua empresa com estrita observância das diretrizes gerais e determinações específicas do franqueador. Essa subordinação empresarial é inerente ao contrato, é indispensável à plena eficiência dos serviços de organização empresarial, que o franqueado adquire. O franqueador, desse modo, num certo sentido participa do aviamento do franqueado.[76]

Sob o ponto de vista do franqueador, serve para promover a expansão dos seus negócios, sem os investimentos exigidos na criação de novos estabelecimentos. Sob o ponto de vista do franqueado, viabiliza o investimento em negócios de marca já consolidada junto aos consumidores, e possibilita o aproveitamento da experiência ad-

74. Maria Sylvia Zanella Di Pietro, *Direito Administrativo*, p. 302.

75. A franquia é originária dos EUA, onde, em 1860, a *Singer Sewing Machine Company*, pretendendo ampliar sua participação no mercado varejista, outorgou franquias a pequenos comerciantes, que, então, passaram a comercializar seus produtos em lojas denominadas "Singer", arcando com as despesas e riscos. Com o sucesso da medida, o sistema se expandiu pelo mundo.

76. Newton Silveira, *Licença de uso de marca e outros sinais distintivos*, São Paulo, Saraiva, 1984, pp. 81-83.

ministrativa e empresarial do franqueador.[77] Sob o ponto de vista dos consumidores, podem estes se beneficiar pela expansão e disseminação de um negócio por eles já aprovado.

Em 1994, foi editada a Lei Federal 8.955,[78] com o objetivo de disciplinar a formação do contrato de franquia. Limita-se, porém, a conceituá-la e a fixar os requisitos a serem observados na Circular de Oferta de Franquia, a ser obrigatoriamente fornecida ao interessado em aderir ao sistema.

A propósito, esclarece Fábio Ulhoa Coelho: "Trata-se de diploma legal do gênero denominado *disclosure statute* pelo direito norte-americano. Ou seja, encerra normas que não regulamentam propriamente o conteúdo de determinada relação jurídico-contratual, mas apenas impõem o dever de transparência nessa relação. (...) A lei brasileira sobre franquias não confere tipicidade ao contrato: prevalecem entre franqueador e franqueado as condições, termos, encargos, garantias e obrigações exclusivamente previstos no instrumento contratual entre eles firmado. Procura, apenas, a lei assegurar ao franqueado o amplo acesso às informações indispensáveis à ponderação das vantagens e desvantagens relacionadas ao ingresso em determinada rede de franquia. Em outros termos, o contrato de franquia é atípico porque a lei não define direitos e deveres dos contratantes, mas apenas obriga os empresários que pretendem franquear seu negócio a expor, anteriormente à conclusão do acordo, aos interessados algumas informações essenciais".[79]

A Lei 8.955/1994 nada preceitua sobre sua adoção no âmbito da Administração Pública. Mas, a ausência de legislação específica disciplinadora da matéria não tem sido fator impeditivo da adoção do

77. Fábio Ulhoa Coelho, *Curso de Direito Comercial*, v. 1, 6ª ed., São Paulo, Saraiva, 2002, p. 125.

78. Estatui a Lei 8.955, de 15.12.1994: "Art. 2º. Franquia empresarial é o sistema pelo qual um franqueador cede ao franqueado o direito de uso de marca ou patente, associado ao direito de distribuição exclusiva ou semi-exclusiva de produtos ou serviços e, eventualmente, também ao direito de uso de tecnologia de implantação e administração de negócio ou sistema operacional desenvolvidos ou detidos pelo franqueador, mediante remuneração direta ou indireta, sem que, no entanto, fique caracterizado vínculo empregatício".

79. Ob. cit., pp. 126-127.

sistema. A Administração indireta dela vem se utilizando, apesar de inexistir previsão legal a respeito.

No setor elétrico, a Companhia Paranaense de Energia – Copel, lançou o Sistema de Franquias Copel, para canalizar produtos e serviços Copel para o mercado. As franquias Copel prestam serviços regulamentados pela legislação do setor elétrico – como ligação de unidades consumidoras, desligamento, manutenção de redes de distribuição, leitura de medidores, faturamento, atendimento ao público e outros que eram prestados pelo centro de serviço convertido em franquia –, e serviços oferecidos apenas pela iniciativa privada, como a instalação de entradas de serviço, manutenção interna de unidades consumidoras, extensões de rede e outros. Em função das variações do *mix* de produtos e serviços a serem implantados em cada unidade franqueada, foram definidas diferentes modalidades de franquias. Sua remuneração advém mensalmente da prestação de serviços regulamentados e também de lucros auferidos das vendas de serviços e de materiais elétricos, sobre os quais pagam *royalties* à franqueadora.

O Banco do Brasil está oferecendo franquias das lojas BB Conveniência, um espaço para venda de produtos financeiros, como seguros, planos de previdência privada, cartões de crédito e até pacotes de viagens da BBTur.

No Brasil, a franquia mais conhecida é a dos Correios. Em função da alta demanda de usuários, a Empresa Brasileira de Correios e Telégrafos – ECT socorreu-se da franquia, possibilitando o surgimento de inúmeros postos de atendimento com imóveis, móveis e pessoal inteiramente custeados pela franqueada, que ainda paga uma contrapartida ao franqueador. Dessa forma, ocorre o repasse da execução dos serviços às Agências de Correio Franqueadas, que fazem apenas o atendimento de balcão e captação de clientes, enquanto a Empresa de Correios e Telégrafos realiza as funções de triagem, transporte e distribuição das correspondências, e aprova os clientes trazidos pelas franquias. São padronizados, entre outros, os serviços, impressos, preços, cores usadas nos anúncios de porta, horário de atendimento. Até mesmo os comprovantes, os recibos e as faturas saem em nome da franqueadora.

A franquia pode ser utilizada para hipótese de exercício de atividade econômica em sentido estrito por parte do Estado, âmbito em que atua segundo o regime de direito privado.

A doutrina se divide quanto à possibilidade de delegação da prestação do serviço postal e do correio aéreo nacional, bem como quanto à admissão da franquia com tal propósito. Entende Celso Antônio Bandeira de Mello que a prestação do serviço postal e do correio aéreo nacional, nos termos do inciso X, do art. 21, foi entregue exclusivamente ao próprio Poder Público, em virtude de não ter sido dado o mesmo tratamento previsto para os vários serviços elencados nos incisos XI e XII, não havendo previsão de execução descentralizada, via concessão, permissão ou autorização. Dessa forma, considera manifestamente inconstitucional o disposto no art. 1º, inciso VII, da Lei 9.074, de 7.7.1995, nela inserido pela Lei 9.648, de 27.5.1998, que inclui os serviços postais entre as atividades passíveis de permissão ou concessão.[80]

Para Marçal Justen Filho a franquia configura contrato de direito privado, apta a instrumentalizar relações jurídicas entre particulares, não se afigurando viável a sua utilização quando a Constituição tenha vedado a possibilidade de delegação do serviço público, mediante concessão e permissão, a particulares, pois se "o Estado não pode o menos (delegar sob regime de direito público), não pode o mais (transferir sob regime de direito privado").[81] Isso, entretanto,

80. Celso Antônio Bandeira de Mello, *Curso de direito administrativo*, 18ª ed., São Paulo, Malheiros Editores, 2005, pp. 667-668. Em sentido contrário, manifestam-se Floriano Peixoto de Azevedo Marques Neto ("Reestruturação do setor postal brasileiro", *RTDP* 19/160, 1999) e Ives Gandra da Silva Martins ("Serviço postal – Competência de atribuições é legislativa – Delegação da capacidade de exercício em regime de direito público ao segmento privado da economia – Parecer", mimeo, pp. 42-43), sob a argumentação de que a prestação do serviço postal não constitui monopólio. Respaldam suas posições na opção feita pelo texto constitucional pela livre competição, na qual a instituição de um sistema monopolista de certa atividade é expressa e constitui a exceção. A Constituição limitou-se a prescrever o dever de manutenção do serviço postal e do correio aéreo nacional, nada esclarecendo sobre a forma de sua prestação. Da interpretação do artigo 21, X, não deflui nem um monopólio natural, nem uma vedação da prestação indireta dos serviços. Quanto ao emprego da expressão "manter" no referido artigo, salienta Ives Gandra que, se é pobre no seu conteúdo ôntico, é mais abrangente no que concerne à possibilidade de delegação da capacidade de exercício dos serviços postais para terceiros.

81. Marçal Justen Filho, *Concessões de serviços públicos: comentários às Leis ns. 8.987 e 9.074, de 1995*, pp. 108-109; *Teoria geral das concessões de serviço público*, p. 148.

não constitui fator impeditivo para que a União constitua "entidade com personalidade própria e autônoma para desempenhar tais atividades", que, não se configurando como concessionária ou permissionária de serviços públicos, atua como se fosse a própria União.[82]

Marcos Juruena Villela Souto observa que o contrato de franquia se submete, "predominantemente, à legislação de direito privado, não sendo um contrato de concessão de marca pública, pelo qual o particular remunera-se da exploração do negócio. Não se trata nem de concessão de serviço público nem de concessão de marca pública, eis que o serviço continua a ser explorado pela entidade da Administração, que se vale da infra-estrutura e do pessoal da iniciativa privada para ampliar postos de atendimento; é o caso de lojas de vendas de selos, cartões telefônicos, passagens de trem ou bonde".[83]

Maria Sylvia Zanella Di Pietro entende que a "franquia não é inteiramente incompatível com a Administração Pública", podendo constituir um modo de concessão ou ser forma de terceirização de atividades acessórias ou complementares. No primeiro caso, estará sujeita à Lei 8.987/1995 e alterações posteriores. No segundo caso, será feita nos moldes do direito privado e submetida à Lei 8.666, de 21.6.1993, por força do art. 62, § 3º, inciso I, que reza:

" Art. 62. (...).

"§ 3º. Aplica-se o disposto nos arts. 55 e 58 a 61 desta lei e demais normas gerais, no que couber:

"I – aos contratos de seguro, de financiamento, de locação em que o Poder Público seja locatário, e aos demais cujo conteúdo seja regido, predominantemente, por normas de direito privado (...)".[84]

82. Idem, ibidem, p. 63.

83. Marcos Juruena Villela Souto, *Desestatização, privatização, concessão e terceirização*, p. 536.

84. Maria Sylvia Zanella Di Pietro, *Parcerias na administração pública* ..., cit., pp. 164-166. Segundo Maria Sylvia Zanella Di Pietro esse dispositivo da Lei 8.666/1993 "praticamente publicizou os contratos de direito privado celebrados pela Administração, embora a ele se apliquem obrigatoriamente os arts. 55 e 58 a 61, os demais serão aplicados no que couber" (ob. cit., p. 166).

Após apontar os traços comuns[85] e as diferenças[86] entre os institutos da concessão de serviço público e da franquia, sustenta a Autora que "tão grande é a semelhança entre os dois institutos que é possível colocar a franquia como uma espécie de contrato de concessão; nela há as apontadas características da concessão administrativa: transferência, ao franqueado, de poderes e deveres próprios do concedente, conservando, este último, alguns poderes e deveres, em especial o de controlar e fiscalizar a atuação do franqueado, o de dar-lhe todo o treinamento e assistência técnica indispensáveis à execução do serviço e, se for o caso de franquia de distribuição, como o correio, fornecer-lhe

85. Aponta a Autora como traços comuns entre os institutos da concessão de serviço público e da franquia: "a) tanto na concessão de serviço público como na franquia dada pela Administração Pública, o concedente delega ao concessionário a execução de um serviço público, conservando sua titularidade e a plena disponibilidade sobre o mesmo, o que implica a possibilidade de rescisão unilateral do contrato; b) em ambos os contratos, o concessionário conserva sua personalidade jurídica, inconfundível com a do concedente; c) em ambos os contratos, o concessionário desenvolve a atividade por sua própria conta, sob sua responsabilidade administrativa e financeira; d) tanto na concessão de serviço público como na franquia, o concedente tem o poder de controle e fiscalização da atividade, para assegurar que ela seja desenvolvida a contento; e) nos dois casos, a remuneração do concessionário e do franqueado liga-se aos resultados financeiros da exploração, em especial de valores pagos pelo público destinatário do serviço; (...); f) nos dois casos, o Poder Público fixa unilateralmente as condições do contrato; g) após a regulamentação da concessão pela Lei 8.987, surge outra semelhança: em ambos os contratos o concessionário paga ao concedente uma importância pela outorga da concessão ou da franquia" (*Parcerias na Administração Pública* ..., cit., p. 169).

86. Destaca Maria Sylvia Zanella Di Pietro que "a grande diferença está no fato de que, enquanto na concessão de serviço público o concessionário atua em nome próprio e segundo técnicas próprias de organização e trabalho, na franquia, o franqueado atua sob o nome do franqueador, utilizando sua marca e suas técnicas de atuação; o franqueado submete-se às regras do franqueador, desde as referentes às instalações e localização, passando pelo adestramento do pessoal e montagem de uma organização contábil e administrativa, até a utilização dos métodos e técnicas de prestação de serviço, publicidade, inovações etc. Dessa diferença decorre uma outra, que é o fato de, em regra, o franqueado ficar sujeito ao pagamento de uma remuneração ao franqueador, pelo uso da marca, pela assistência técnica que lhe é prestada e pelas mercadorias e equipamentos que dele deva adquirir, se for o caso. Essa última diferença praticamente desapareceu no direito brasileiro, porque a Lei 8.987 veio permitir que na concessão de serviço público a outorga seja remunerada; aliás, consoante art. 15, inciso II, um dos critérios de julgamento na licitação é o da 'maior oferta, nos casos de pagamento ao poder concedente pela outorga de concessão'" (ob. cit., pp. 169-170).

os bens necessários a essa finalidade. A diferença entre a concessão de serviço público, em sua forma tradicional, e a franquia de serviços é apenas de grau, porque nesta última, o franqueado sofre limitações em sua atuação e em sua organização muito maiores do que o concessionário na concessão tradicional".[87]

O Tribunal de Contas da União, no relatório de tomada de contas especial 10.050/95-7, referiu-se a essa operacionalização como modalidade "*sui generis* de desestatização" e meio de "afastamento do Estado da execução direta dos serviços públicos" identificado como forma especial de concessão de serviço.[88] E, no TC 625.042/1998-0, reconheceu que os contratos de franquia celebrados com a ECT são de natureza jurídica estritamente comercial, regidos pelas normas de direito privado, rejeitando a tese de que tais ajustes constituem concessão de serviço público. Reconheceu aquela Corte que, apesar das semelhanças existentes entre as concessões e as franquias, são institutos inconfundíveis, destacando-se como peculiaridades pertinentes a cada um: a) nas concessões de serviços públicos os concessionários atuam em nome próprio, sob designação específica, enquanto o franqueado utiliza marca e designação cedidas pelo franqueador. As franquias realizadas no âmbito da ECT conferem às agências de correios franqueadas a utilização da marca, do logotipo e demais padrões de comunicação visual da ECT; b) o concessionário, via de regra, se utiliza de *know-how* próprio; nas franquias, ao contrário, é adotada pelo executor dos serviços tecnologia de domínio do franqueador. Os serviços executados pelas agências franqueadas do Correio, são pautados pelos manuais da ECT, utilizando-se de materiais impressos e carimbos padronizados fornecidos pela franqueadora, que é também responsável pelo treinamento dos servidores das agências franqueadas; c) a mera menção que se faça a "serviços autorizados" não tem o condão de atribuir ao contrato de franquia a natureza de autorização de serviços públicos. Nem a presença, no instrumento da avença, dos termos "outorga", "taxa", e "tarifa" modifica-lhe a natureza, para emprestar-lhe características de concessão (ou subconcessão) de serviço público;

87. Maria Sylvia Zanella Di Pietro, *Parcerias na Administração Pública ...*, cit., p. 170.

88. TC-010.050/95-7, Tomada de Contas Especial, Pleno, rel. Fernando Gonçalves (*RTCU* 68/287-290, abr./jun. 1996).

d) na execução dos contratos de franquia, a ECT não atua com poderes de concedente de serviço público (encampação, intervenção, uso compulsório de recursos humanos e materiais, extinção etc.), nem a franqueada goza de qualquer prerrogativa atribuível aos concessionários (privilégios fiscais, ocupação do domínio público etc.); e) ausência de condições exorbitantes do direito privado no relacionamento comercial entre a ECT e suas franqueadas. As disposições contratuais que estabelecem condição de aparente inferioridade da franqueada em relação à ECT decorrem não da condição desta de ente da Administração, mas da própria relação que tipicamente se estabelece nos contratos de *franchising*.[89]

Ademais, as franquias vinham sendo efetuadas pela ECT sem o prévio procedimento licitatório. Diante da grave distorção na forma como vinham se processando as concessões de tais franquias, o Tribunal de Contas da União determinou à ECT, dentre outras providências, a realização de licitação para a contratação de novas franquias, e a efetivação de estudos referentes aos custos dos serviços concedidos às franqueadas, visando fundamentar modificações nas tabelas de remuneração para que os custos do sistema ficassem compatíveis com os do atendimento (TCU – 013.889/94-0, Decisão 601/1994 – Plenário, rel. Min. Paulo Affonso Martins de Oliveira, j. 21.9.1994, reiterada pela Decisão 542/1999, Plenário, rel. Valmir Campelo, j. 18.8.1999).

Em razão dessas determinações, a ECT deixou de realizar a contratação de novas franquias e providenciou a realização de estudos visando à modificação completa da rede de atendimento da Empresa, notadamente da rede franqueada, ou seja, novos tipos de agências a serem instaladas em substituição às franqueadas, cuja maioria dos contratos estaria vencendo em outubro de 1998. Para tanto, foi contratada a empresa de consultoria CPSML – Canada Post Systems Management Ltd. para desenvolver o "Projeto de Remodelagem da Rede de Atendimento" da ECT. O modelo das novas agências proposto pela CPSML apresenta características substancialmente diversas das atuais franqueadas e foi aprovado pelo Ministério das Comunicações, por meio da Instrução Normativa 001/1998 – com a configura-

89. TC-625.042/98-0, Tomada de Contas Especial, Pleno, rel. Min. Bento José Bugarin, j. 25.11.1998 (*BDA* 1/47-51, jan. 2000).

ção da Rede de Unidades de Atendimento da ECT –, para atuar de forma segmentada, voltadas para clientes de varejo ou atacado (TCU 013.889/1994-0, Decisão 271/2001, Plenário, rel. Min. Valmir Campelo, j. 9.5.2001). No âmbito desse processo, foi encaminhado ao Congresso Nacional o Projeto de Lei 1.491/1999, que dispõe sobre a organização do Sistema Nacional de Correios, do seu órgão regulador e dá outras providências, cuja retirada foi solicitada pelo Governo Federal em 22.10.2003.

Sob o ponto de vista da Empresa Brasileira de Correios e Telégrafos, o sistema de franquias postais gerou prejuízos, tendo restado oportuna a Decisão 463/2002 do TCU[90] que vislumbrou mais adequada a expansão da rede de atendimento da ECT por meio de permissão.

Via de conseqüência, começaram a ser implantadas as agências Correios Conveniência,[91] operadas por pessoas jurídicas, sob o regime de permissão, precedida de licitação, regida pela Lei 8.987/1995 e, subsidiariamente, pela Lei 8.666/1993, pelo prazo de dez anos, prorrogável por mais dez. O trabalho do permissionário se limita ao atendimento e à preparação para a expedição. Todas as etapas seguintes – triagem, transporte e entrega – são de responsabilidade da ECT.[92] Tais agências oferecerão serviços tradicionais, como envio de cartas, aerogramas e Sedex, produtos de conveniência (envelopes, selos e artigos filatélicos) e serviços financeiros-postais (Cheque Correios e recebimento de contas).[93]

90. "Acompanhamento. ECT. Permissões de Agências de Correios Comerciais Tipo I. Estágio 1. Aprovação. Estágio 2. Aprovação com ressalvas. Autorizada a utilização da metodologia de exame por amostragem no acompanhamento dos demais estágios. Determinação. Ciência ao Ministério das Comunicações e à ECT. Arquivamento."

91. As "Correios Conveniência" são compactas, ocupando pequenos espaços da loja que o empresário já possui ou de um hall interno de uma edificação, como um *shopping center*, por exemplo. A "Correios Conveniência" oferece aos seus clientes uma gama variada de serviços tais como: postagem de cartas, telegramas, encomendas, SEDEX, recebimento de contas etc. Também privilegia a exposição de produtos da marca Correios e de outras marcas parceiras, como os pré-franqueados em *kits* ou avulsos, envelopes, aerogramas, selos, caixas de encomendas, produtos filatélicos e da grife "Via Postal".

92. *Valor Econômico*, Informe Publicitário, 22.5.2002.

93. Empresa Brasileira de Correios e Telégrafos. Relatório Empresarial 2001, Seção Serviços. Disponível em: *http://www.correios.com.br/institucional/conheca_correios/relatorios_publicacoes/servicos.cfm.*

Entretanto, em relação aos contratos já celebrados pela ECT com as Agências de Correio Franqueadas-ACF, a Lei 10.577, de 27.11.2002, publicada em 28.11.2002, estabelece, em seu art. 1º, que tais contratos permanecerão válidos por cinco anos contados a partir da publicação do mencionado diploma legal, que prorrogou o prazo anteriormente fixado no parágrafo único do art. 1º da Lei 9.074, de 7.7.1995, acrescentado pelo art. 3º da Lei 9.648, de 27.5.1998.[94]

O Serviço Financeiro Postal Especial, denominado Banco Postal é mais um serviço dos Correios, instituído pela Portaria 588/2000 do Ministério das Comunicações. Caracteriza-se pela utilização da rede de atendimento dos Correios para a prestação dos serviços bancários básicos, em todo o território nacional, objetivando prover esses serviços para a população, em particular a de baixa renda. Para isso, a empresa, por meio de chamamento público, desenvolveu uma parceria com o Banco Bradesco, passando a atuar como correspondente bancário do banco parceiro, em sintonia com as orientações do Banco Central do Brasil, nos termos da Resolução 3.110, de 31.7.2003, alterada pela Resolução 3.156, de 17.12.2003 do Conselho Monetário Nacional.

2.1.2.3 *Arrendamento de áreas e instalações portuárias* – A Lei 8.630/1993, alterada pela Lei 9.309/1996, introduziu importantes modificações no regime de arrendamento disciplinado pela legislação anterior.

94. O § 1º do art. 1º da Lei 9.074, de 7.7.1995, acrescentado pela Lei 9.648, 27.5.1998, preceitua: "Art. 1º. (...). § 1º. Os atuais contratos de exploração de serviços postais celebrados pela Empresa Brasileira de Correios e Telégrafos-ECT com as Agências de Correio Franqueadas-ACF, permanecerão válidos pelo prazo necessário à realização dos levantamentos e avaliações indispensáveis à organização das licitações que precederão à delegação das concessões ou permissões que os substituirão, prazo esse que não poderá ser inferior a de 31 de dezembro de 2001 e não poderá exceder a data limite de 31 de dezembro de 2002".

O art. 1º da Lei 10.577, de 27.11.2002 (DOU 28.11.2002) dispõe: "Art. 1º. A Empresa Brasileira de Correios e Telégrafos-ECT manterá os contratos de exploração de serviços celebrados com as Agências de Correio Franqueadas-ACF, a que se refere o parágrafo único do art. 1º da Lei n. 9.074, de 7 de julho de 1995, acrescentado pelo art. 3º da Lei n. 9.648, de 27 de maio de 1998, que permanecerão válidos por 5 (cinco) anos, contados a partir da publicação desta Lei".

Alice González Borges, em parecer dado à Codeba – Companhia das Docas do Estado da Bahia, afirma não se tratar mais "apenas, do arrendamento de espaços físicos nas áreas portuárias, ainda que com a obrigação de efetuarem-se investimentos, 'para completar, expandir ou aparelhar as instalações', que figurava no Decreto-lei 5/66, mas, basicamente, para que os arrendatários operassem com suas próprias mercadorias ou produtos.

"Já agora, esses arrendatários poderão ser, também, operadores portuários; poderão ter alfandegadas as áreas em que atuam, com todas as conseqüências legais que daí decorrem; poderão operar com mercadorias próprias ou de terceiros; poderão cobrar dos usuários dos serviços portuários as tarifas devidas pelos serviços efetuados, as quais serão fixadas pelo Conselho de Autoridade Portuária, onde também poderão, como operadores portuários, fazer-se representar".[95]

Carla Adriana C. Gibertone, no intento de caracterizar e distinguir instalações portuárias de uso privativo das arrendadas, salienta que: a) as instalações portuárias arrendadas só podem localizar-se dentro de um porto organizado, sob jurisdição de uma autoridade portuária, situação essa não extensiva às de uso privativo que também podem se localizar fora da área do porto organizado, ficando sujeitas à fiscalização de todas as demais autoridades (aduaneiras, marítima, sanitária, de saúde e de polícia marítima); b) "a autorização para o funcionamento das de uso privativo (seja dentro ou fora dos portos organizados) é sempre feita pela União, por ato unilateral (art. 6º), como poder concedente; já os contratos de arrendamento são firmados pela Autoridade Portuária como delegatária, ou pela União, não como poder concedente, mas no caso de exploração direta, sempre através de licitação (art. 4º); c) os contratos para movimentação de cargas de terceiros nas de uso privativo são explicitamente regidos pelas normas de direito privado, sem participação ou responsabilidade do Poder Público (art. 6º, § 2º); enquanto que, para aquela realizada nas arrendadas, mesmo não havendo menção explícita, pode haver normas definidas pelo CAP (Conselho de Autoridade Portuária) e

95. Alice González Borges, "Contratos de Arrendamento. Áreas e instalações portuárias. Regime jurídico. Problemas decorrentes da superveniência da nova legislação de modernização portuária e soluções para sua aplicação", *RDA* 210/345, out./dez. 1997.

pela AP (Autoridade Portuária)". E, mais adiante, conclui que "as instalações portuárias de uso privado têm, em relação às instalações arrendadas, menos regulamentação; menos fiscalização ou, ao menos mais distante; menos ônus".[96]

O arrendatário é o titular da exploração de uma dada instalação portuária (um terminal) nos portos organizados por um dado período de tempo (pelo art. 4º, inc. XI da Lei dos Portos, um prazo máximo de cinqüenta anos, já incluída a prorrogação). Durante esse período ele a mantém, gere e explora, com base em contrato oneroso celebrado com a União, no caso de exploração direta, ou com sua concessionária, sempre através de licitação (concorrência pública ou leilão), cuja iniciativa de abertura cabe ao interessado (art. 5º), quando localizada dentro dos limites da área do porto organizado, devendo ser consultados a autoridade aduaneira e o Poder Público municipal e obtida a aprovação do Relatório de Impacto sobre o Meio Ambiente – RIMA. Ele poderá ser um operador portuário, mas não obrigatoriamente.

O contrato de arrendamento contém dezoito cláusulas consideradas essenciais, especificadas no § 4º do art. 4º, dentre as quais se destacam as referentes às condições de exploração do serviço, incluindo a qualidade dos serviços prestados, os direitos e deveres dos usuários, a obrigação de execução das obras de construção, reforma, ampliação e melhoramento, a reversão de bens aplicados no serviço, a forma de fiscalização das instalações, dos equipamentos e dos métodos e práticas de execução dos serviços, a adoção e o cumprimento das medidas necessárias à fiscalização aduaneira de mercadorias, veículos e pessoas.

À semelhança do que ocorre nas concessões, o § 6º do mesmo art. 4º prevê que a reversão dos investimentos realizados pela arrendatária de instalação portuária em terreno da União localizado na área do porto organizado será efetuada "observado o disposto na lei que regulamenta o regime de concessão e permissão de serviços públicos"(o anteprojeto da Lei 8.987/1995 ainda estava em tramitação no Congresso).[97]

96. Carla Adriana C. Gibertoni, "A lei de modernização dos portos", disponível em: *www.infojus.com.br/area5/carlaadriana.htm*, pp. 6-7.

97. "Art. 4º. (...). § 4º São cláusulas essenciais no contrato a que se refere o inciso I do *caput* deste artigo: I – ao objeto, à área de prestação do serviço e ao prazo; II – ao modo, forma e condições de exploração do serviço, com a indicação, quando for o caso, de padrões de qualidade e metas e prazos para o seu aperfeiçoamento; III –

Carlos Augusto da Silveira Lobo apresenta uma visão geral dos contratos referentes aos terminais portuários disciplinados na Lei 8.630/1993, estabelecendo uma análise distintiva entre os contratos de arrendamento e os contratos de adesão.

Salienta que "os contratos de arrendamento de uso público pouco tem a ver com o contrato de arrendamento de terminal de uso privativo, além da circunstância de serem ambos os terminais localizados em Área do Porto Organizado", pois, enquanto aqueles, por configurarem uma delegação de serviço público, são "muito mais uma subconcessão de serviço público do que um arrendamento", figurando o seu titular "apenas secundariamente como um arrendatário de imóvel localizado em Área do Porto Organizado", estes últimos constituem-se em verdadeiros contratos de arrendamento pois, nesse caso, não há

aos critérios, indicadores, fórmulas e parâmetros definidores da qualidade e do serviço; IV – ao valor do contrato, nele compreendida a remuneração pelo uso da infra-estrutura a ser utilizada ou posta à disposição da referida instalação, inclusive a de proteção e acesso aquaviário; V – à obrigação de execução das obras de construção, reforma, ampliação e melhoramento, com a fixação dos respectivos cronogramas de execução físico e financeiro; VI – aos direitos e deveres dos usuários, com as obrigações correlatas do contratado e as sanções respectivas; VII – à reversão de bens aplicados ao serviço; VIII – aos direitos, garantias e obrigações do contratante e do contratado, inclusive, quando for o caso, os relacionados com as previsíveis necessidades de futuras suplementações, alterações e expansões do serviço e conseqüente modernização, aperfeiçoamento e ampliação das instalações; IX – à forma de fiscalização das instalações, dos equipamentos e dos métodos e práticas de execução dos serviços; X – às garantias para adequada execução do contrato; XI – ao início, término e, se for o caso, às condições de prorrogação do contrato, que poderá ser feita uma única vez, por prazo máximo igual ao originalmente contratado, desde que prevista no edital de licitação e que o prazo total, incluído o da prorrogação, não exceda a cinqüenta anos. XII – à responsabilidade do titular da instalação portuária pela inexecução ou deficiente execução dos serviços; XIII – às hipóteses de extinção do contrato; XIV – à obrigatoriedade de prestação de informações de interesse da Administração do Porto e das demais autoridades no porto, inclusive as de interesse específico da Defesa Nacional, para efeitos de mobilização; XV – à adoção e ao cumprimento das medidas necessárias à fiscalização aduaneira de mercadorias, veículos e pessoas; XVI – ao acesso, pelas autoridades do porto, às instalações portuárias; XVII – às penalidades contratuais e sua forma de aplicação; XVIII – ao foro. § 5º. O disposto no inciso VI do parágrafo anterior somente se aplica aos contratos para exploração de instalação portuária de uso público. § 6º. Os investimentos realizados pela arrendatária de instalação portuária localizada em terreno da União localizado na área do porto organizado reverterão à União, observado o disposto na lei que regulamenta o regime de concessão e permissão de serviços públicos."

delegação ou subdelegação de sistema público, mas apenas mera locação de um imóvel do qual a concessionária do porto organizado tem o domínio útil para que ali se implante um terminal privativo.

Os contratos de adesão referidos no § 1º do art. 6º da Lei 8.630/1993, são cabíveis "nos casos em que o terminal se localizar em imóvel não pertencente à concessionária do porto", esteja esse imóvel situado dentro ou fora da Área do Porto Organizado.[98]

O exame das disposições constantes da nova legislação portuária demonstra que o arrendamento ali disciplinado – perquirindo-se a sua verdadeira essência, independentemente da nomenclatura que se lhe venha a atribuir – corresponde a uma forma contratual administrativa, mista, híbrida, que conjuga, em sua estrutura, a um só tempo, as naturezas jurídicas de concessão remunerada de uso de bem público; de concessão do serviço público, pertinente às operações portuárias; de concessão de obra pública (esta última denominada pela Lei 8.987/1995, de concessão de serviço precedida da construção de obra pública)[99] e, em parte de delegação de exercício de poder de polícia.[100]

O regime aplicável aos contratos de arrendamento previstos na Lei 8.630/1993, como destacam Floriano de Azevedo Marques Neto e Fábio Barbalho Leite "será, necessariamente o regime de direito público, seja pelo fato de que a exploração dos portos constitui serviço público, seja porque as instalações portuárias têm natureza de bens públicos de uso especial, seja ainda porque existe interesse público envolvido. Ainda que persista a controvérsia quanto à verdadeira natureza do contrato – concessão de serviço público ou concessão de uso

98. Carlos Augusto da Silveira Lobo, "Os terminais portuários privativos na Lei 8.630/93", *RDA* 720/29-33, abr./jun. 2000.

99. Diogo de Figueiredo Moreira Neto, "Transferências de execução de atividades estatais a entes da sociedade", in Diogo de Figueiredo Moreira Neto, *Mutações do direito administrativo*, pp. 136-137; Alice González Borges, ob. cit., pp. 346 e 349.

100. Dispõe o art. 9º do Decreto 4.391/2002: "O contrato de arrendamento de que trata este Decreto constitui espécie do gênero contrato administrativo e se regula pelas cláusulas e pelos preceitos de direito público, aplicando-se-lhe, supletivamente, os princípios da teoria geral dos contratos e as disposições do direito privado. Parágrafo único. O regime jurídico do contrato de que trata o *caput* deste artigo confere à autoridade portuária, em relação a ele, a prerrogativa de alterá-lo, e bem assim de modificar a prestação dos serviços, para melhor adequá-lo à finalidade de interesse público, respeitados os direitos dos arrendatários, inclusive com relação a indenizações devidas, apuradas em processo administrativo regular".

de bem público – não poderá haver dúvida quanto ao regime que lhe é aplicável: trata-se, indiscutivelmente, de regime de direito público. E as contratações em causa, por uma ou outra opção (concessão de serviço ou de uso de bem), sempre serão contratos administrativos".[101]

A Lei 10.233/2001, alterada pelas Leis 10.470/2002, 10.561/2002, 10.683/2003, 10.871/2004 e pela Medida Provisória 2.217-3, de 4.9.2001, em seu art. 51-A, atribui à ANTAQ a competência de supervisão e de fiscalização das atividades desenvolvidas pelas Administrações Portuárias nos portos organizados, respeitados os termos da Lei 8.630, de 1993.

Por sua vez o Decreto 4.391, de 26.9.2002, regulamentou os arrendamentos de áreas em instalações portuárias e criou o Programa Nacional de Arrendamento dessas áreas, que integrará o Plano Geral de Outorgas de Exploração de Infra-Estrutura Aquaviária e Portuária e de Prestação de Serviços de Transporte Aquaviário. Nos termos do § 4º, art. 2º desse Decreto, "a execução do Programa de Arrendamento caberá à autoridade portuária de cada porto organizado, de conformidade com as normas a serem editadas pela Agência Nacional de Transportes Aquaviários – ANTAQ".[102]

101. "Peculiaridades do contrato de arrendamento portuário", *RDA* 231/283, jan./mar. 2003.

102. A Resolução/ANTAQ 55, de 16.12.2002, aprovou a norma sobre arrendamento de áreas e instalações portuárias destinadas à movimentação e armazenagem de cargas e ao embarque e desembarque de passageiros, trouxe inovações para a celebração desses contratos, além de alterar competências próprias e das Autoridades Portuárias relativas ao assunto. Essa Resolução, que gerou muita controvérsia e, em vários pontos, considerada como um retrocesso na política de modernização dos portos, acabou sendo alterada pela Resolução/ANTAQ 126, de 13.10.2003.

Apesar das modificações sofridas, diversas questões foram suscitadas no que toca à adequação dos contratos de arrendamento de áreas e instalações portuárias celebrados anteriormente à vigência das citadas Resoluções ou da Lei 8.630/1993. Nos termos da Resolução 55, tais contratos devem ser alterados e renegociados, no que toca aos direitos, obrigações e garantias dos arrendatários e das Autoridades Portuárias, para se adequarem aos ditames do novo regramento.

A Resolução 55/2002, alterada pela Resolução 126/2003, em seu art. 50, § 2º, deixou as partes livres para mudarem os termos do acordo anteriormente celebrado, com exceções referentes (i) ao objeto do contrato e (ii) ao prazo de vigência do contrato. A Resolução 126/2003 fixou novos prazos para que a adequação fosse efetuada. Para os contratos de arrendamento firmados antes da vigência da Lei 8.630/1993, o prazo esgotou-se em 30 de junho de 2004. Segundo a Resolução 55, a adequação

2.1.2.4 *Cooperativas prestadoras de serviços públicos* – Multiplicam-se, tanto no setor público quanto no privado, as contratações de cooperativas de serviços.

Renato Lopes Becho define cooperativa como sendo a "sociedade de pessoas, de cunho econômico, sem fins lucrativos, criada para prestar serviços aos sócios, de acordo com princípios jurídicos próprios e mantendo seus traços distintivos intactos".[103]

A Constituição Federal de 1988 buscou fortalecer as cooperativas, vedando a interferência estatal para sua criação e funcionamento (art. 5º, XVIII), além de traçar diretriz ao legislador ordinário visando a incentivar o cooperativismo (arts. 174, § 2º, 187, VI, e 192, VIII) e determinar que seja dado adequado tratamento tributário ao ato cooperativo (art. 146, III, "c").

No âmbito do direito privado, as cooperativas são regidas, sobretudo, pela Lei 5.764, de 16.12.1971, alterada pela Lei 6.981, de 30.3.1982 e pela Medida Provisória 2.168-40, de 24.8.2001, que define a Política Nacional de Cooperativismo, institui o regime jurídico das sociedades cooperativas, parcialmente recepcionada pelo Texto Constitucional de 1988.[104]

era requisito para que os contratos pudessem ser prorrogados; a prorrogação dos contratos renegociados só poderia ser feita pela metade do prazo previsto para o arrendamento original, sendo vedada a prorrogação de contratos já prorrogados, em consonância com a Lei 8.630/1993 (art. 4º, § 4º, inciso XI).

Quanto aos contratos firmados após a Lei 8.630/1993, mas anterioes à Resolução 55, o prazo para a adequação às normas desta última encerrou-se em 5.11.2004, também sob pena de não ser permitida a prorrogação.

O § 3º, do art. 50 de tal Resolução, estabeleceu o dia 5.11.2004 para que as Autoridades Portuárias enviassem relatório à ANTAQ sobre os resultados das renegociações contratuais. Em seguida, em seu § 4º, dispôs que os contratos não repactuados não poderão ser prorrogados ao término de seu prazo de vigência.

Daí as críticas no sentido de que, indiretamente, a ANTAQ acabou por ampliar sua competência sobre os contratos de arrendamento, além de ter feito retroagir as normas das Resoluções, atingindo direito já assegurado aos arrendatários, além de posicionar-se como árbitro dos contratantes em caso de divergência decorrente da renegociação.

103. "A participação de cooperativa nas licitações da Administração Pública", *RDA* 224/66.

104. Marçal Justen Filho destaca que "o regime jurídico próprio da cooperativa aplica-se apenas e exclusivamente no relacionamento entre a cooperativa e seus associados". Nesse sentido o art. 6º da Lei 5.764/1971 classifica as cooperativas em: *sin-*

O legislador ordinário não arrolou as espécies possíveis de cooperativas, estatuindo, de maneira genérica, no art. 3º, que as mesmas têm por objeto o exercício de uma atividade econômica de proveito comum, sem objetivo de lucro, dispondo o art. 5º que "as sociedades cooperativas poderão adotar por objeto qualquer gênero de serviço, operação ou atividade".

O art. 4º do referido diploma legal fixa o conceito legal e elenca os requisitos indispensáveis a serem preenchidos para a válida constituição das sociedades cooperativas, consagrando os princípios do cooperativismo assentados internacionalmente.[105]

As características que distinguem as cooperativas das demais sociedades são as seguintes: a) adesão voluntária; b) número ilimitado de associados (exceção feita às cooperativas habitacionais); c) capital social variável, representado por quotas-partes; d) limitação do número de quotas-partes para cada associado; e) proibição de ces-

gulares, caracterizadas "pela prestação direta de serviços aos associados" (art. 7º); *centrais* ou *federações de cooperativas*, e *confederações de cooperativas*. Estas duas últimas se caracterizam como associações de cooperativas. Assim é que o art. 79 estabelece que atos cooperativos são os praticados entre as cooperativas e seus associados, entre estes e aquelas e pelas cooperativas entre si quando associadas, para a consecução dos objetivos sociais (*Comentários à Lei de Licitações e Contratos Administrativos*, p. 304).

105. Reza o art. 4º da Lei 5.764/1971: "As cooperativas são sociedades de pessoas, com forma e natureza jurídica próprias, de natureza civil, não sujeitas a falência, constituídas para prestar serviços aos associados, distinguindo-se das demais sociedades pelas seguintes características: I – adesão voluntária, com número ilimitado de associados, salvo impossibilidade técnica de prestação de serviços; II – variabilidade do capital social representado por quotas-partes; III – limitação do número de quotas-partes do capital para cada associado, facultado, porém, o estabelecimento de critérios de proporcionalidade, se assim for mais adequado para o cumprimento dos objetivos sociais; IV – incessibilidade das quotas-partes do capital a terceiros, estranhos à sociedade; V – singularidade de voto, podendo as cooperativas centrais, federações e confederações de cooperativas, com exceção das que exerçam atividade de crédito, optar pelo critério da proporcionalidade; VI – *quorum* para o funcionamento e deliberação da Assembléia Geral baseado no número de associados e não no capital; VII – retorno das sobras líquidas do exercício, proporcionalmente às operações realizadas pelo associado, salvo deliberação em contrário da Assembléia Geral; VIII – indivisibilidade dos Fundos de Reserva e de Assistência Técnica Educacional e Social; IX – neutralidade política e indiscriminação religiosa, racial e social; X – prestação de assistência aos associados, e, quando previsto nos estatutos, aos empregados da cooperativa; XI – área de admissão de associados limitada às possibilidades de reunião, controle, operações e prestação de serviços".

são de quotas-partes a terceiros estranhos à sociedade; f) singularidade de voto, cabendo a cada associado, independentemente do número de sua quota-parte, um único voto; g) quórum para funcionamento e deliberação da Assembléia Geral, baseado no número de associados e não no capital; h) retorno das sobras líquidas do exercício, na proporção das operações realizadas pelo associado; i) indivisibilidade dos fundos de reserva e de assistência técnica, educacional e social; j) neutralidade política e indiscriminação religiosa, racial e social; k) prestação de assistência aos associados e, quando prevista nos estatutos, aos empregados da cooperativa.

Das características especificadas, a que melhor distingue a cooperativa das demais sociedades é a reciprocidade das prestações entre a cooperativa e o cooperado. Quanto aos associados, a cooperativa tem caráter profundamente antiespeculativo. O cooperado é, a um só tempo, usuário e cliente da cooperativa. Este é o chamado princípio da "dupla qualidade".[106]

O novo Código Civil (Lei 10.406, de 11.1.2002) no Subtítulo II, Capítulo VII, arts. 1.093 a 1.096, cuida da matéria relativa à sociedade cooperativa. O artigo 1.094 elenca as características que regem a sociedade cooperativa : "I – variabilidade, ou dispensa do capital social; II – concurso de sócios em número mínimo necessário a compor a administração da sociedade, sem limitação de número máximo; III – limitação do valor da soma de quotas do capital social que cada sócio poderá tomar; IV – intransferibilidade das quotas do capital a terceiros estranhos à sociedade, ainda que por herança; V – quórum, para a assembléia geral funcionar e deliberar, fundado no número de sócios presentes à reunião, e não no capital social representado; VI – direito de cada sócio a um só voto nas deliberações, tenha ou não capital a sociedade, e qualquer que seja o valor de sua participação; VII – distribuição dos resultados, proporcionalmente ao valor das operações efetuadas pelo sócio com a sociedade, podendo ser atribuído juro fixo ao capital realizado; VIII – indivisibilidade do fundo de reserva entre os sócios, ainda que em caso de dissolução da sociedade".

106. Francisco de Assis Alves, Imaculada Abenante Milani, *Sociedades cooperativas: regime jurídico e procedimentos legais para constituição e funcionamento*, 2ª ed., São Paulo, Juarez de Oliveira, 2003, p. 24.

Referido dispositivo reproduz quase todas as características constantes da Lei 5.764/1971, mostrando-se, porém, em dissonância com tal diploma legal no que tange à dispensa do capital social (inc. I), devendo, nesse caso, prevalecer a lei especial, nos termos do art. 1.093 do Código Civil. O artigo 1.095 cuida da responsabilidade dos sócios, que pode ser limitada ou ilimitada. O art. 1.096 determina que nas omissões da lei sejam aplicadas as disposições referentes à sociedade simples, resguardadas as características estabelecidas no art. 1.094, "o que parece não ter maiores implicações, dados os poderes concedidos ao Conselho Nacional de Cooperativismo, pela Lei 5.764, de 1971, no seu artigo 97, de regular, complementar e interpretar a legislação cooperativista, fato que não permitirá, ao menos em tese, a existência de lacunas e omissões na lei cooperativista".[107]

Quanto à sua finalidade, admitem-se cooperativas de produção, de consumo, de crédito e de trabalho, dentre outras. As primeiras agrupam trabalhadores que se associam para produzir bens ou serviços para uso mútuo ou visando ao mercado. As segundas congregam consumidores de qualquer gênero, de forma a obter melhores preços, condições e qualidade de bens e serviços, comprando por atacado ou diretamente do produtor, para uso próprio ou revenda. As terceiras são instituições financeiras especializadas em conceder crédito e serviços a seus associados, carecendo de regulamentação de lei complementar (art. 192, *caput*, CF/1988, com a redação dada pela Emenda Constitucional 40, de 29.5.2003) para poderem atuar como tal. As cooperativas de trabalho têm por objetivo melhorar a situação econômica de seus cooperados, que deixam de ser assalariados e passam a ser autônomos, reunindo seus bens e instrumentos necessários à prestação dos serviços de sua especialidade. Nestas últimas destacam-se as cooperativas de mão-de-obra e as cooperativas de serviços.

As de mão-de-obra, quando legítimas, "têm por escopo conseguir trabalho para seus cooperados e, em condições mais vantajosas do que normalmente os mesmos conseguiriam se contratassem por conta própria, com as empresas tomadoras de serviços", só podendo prestar serviços de forma autônoma e eventual, bem como apenas "realizar

107. Waldirio Bulgarelli, *As sociedades cooperativistas e a sua disciplina jurídica*, Rio de Janeiro, Renovar, 1998.

serviços especializados referentes à atividade-meio da empresa tomadora", jamais os relacionados com "a atividade-fim, ou seja, da atividade essencial da empresa".[108] A não observância desses quesitos, implica a transformação da cooperativa em mera intermediária de mão-de-obra, pois, por não gerar relações de emprego, nem consigo mesma, nem com o tomador de serviços, pode ser utilizada para burlar a legislação trabalhista, na medida em que for usada para descaracterizar tais relações.

A propósito, a Conferência Geral da Organização Internacional do Trabalho – OIT, em sua 90ª reunião, realizada em Genebra, em 20.6.2002, adotou a Recomendação 193, de 22.6.2002 que, no item 8, 1, *b*, assinala que as políticas nacionais devem "assegurar que não se instituam cooperativas, ou sejam usadas como artifícios para escapar a obrigações trabalhistas ou para mascarar relações de emprego, e combater falsas cooperativas que violam direitos trabalhistas, garantindo a aplicação da legislação trabalhistas em todas as empresas". Referida Recomendação, a ser aplicada a todos os tipos e formas de cooperativas, reconheceu "a importância das cooperativas na criação de empregos, mobilização de recursos, geração de investimentos, e de sua contribuição para a economia," promovendo "a mais plena participação no desenvolvimento econômico e social de todos os povos".

As de serviços são as cooperativas de trabalho propriamente ditas. Nelas não há o trabalho subordinado, uma vez que todos os associados dirigem o empreendimento, podendo ter por objeto a prestação de serviços para os próprios associados ou para terceiros. "Os cooperados detêm a posse dos instrumentos da produção e a total disponibilidade do produto do seu trabalho. São espécies dessas cooperativas, dentre outras, a agrícola, a de pesca, a de habitação."[109]

A Lei 9.867, de 10.11.1999, previu a instituição das cooperativas sociais, com a "finalidade de inserir as pessoas em desvantagem[110] no

108. Francisco de Assis Alves e Imaculada Abenante Milani, ob. cit., p. 38.

109. Idem, ibidem, p. 49.

110. A lei, em seu art. 3º, considera como pessoas em desvantagem: "I – os deficientes físicos e sensoriais; II – os deficientes psíquicos e mentais, as pessoas dependentes de acompanhamento psiquiátrico permanente, e os egressos de hospitais psiquiátricos; III – os dependentes químicos; IV – os egressos de prisões; V – (*vetado*); VI – os condenados a penas alternativas à detenção; VII – os adolescentes em idade adequada ao trabalho e situação familiar difícil do ponto de vista econômico, social ou afetivo".

mercado econômico, por meio do trabalho", com fundamento "no interesse geral da comunidade em promover a pessoa humana e a integração social dos cidadãos" (art. 1º). Trata-se de relevante atividade social, tendo em conta que caberá a tais entidades diminuir as dificuldades gerais e individuais dessa categoria de pessoas, bem como desenvolver e executar programas especiais de treinamento para aumentar-lhes a produtividade e a independência econômica e social (§ 2º, art. 3º). Cabe ao Estado associar-se a essas entidades, fortalecendo o regime de parceria através de incentivos e subvenções e aperfeiçoando os sistemas de controle do uso de eventuais recursos públicos.[111]

Começa também a ser instituída a figura da cooperativa com o fim específico de prestar serviço público.

Ressalta Maria Sylvia Zanella Di Pietro que, no direito brasileiro, se as cooperativas forem instituídas para prestar serviço público comercial ou industrial, que permite o autofinanciamento de tarifas pagas pelo usuário, elas estarão sujeitas à Lei 8.987, que disciplina as concessões e permissões de serviços públicos, devendo participar inclusive dos procedimentos licitatórios, em face do que determina o art. 175 da Constituição Federal. Mas, se forem formadas para prestar outro tipo de serviço público, não-comercial ou industrial, e, portanto, sem possibilidade de autofinanciamento, elas terão que ser remuneradas pelo ente titular do serviço, o que descaracteriza o ajuste como contrato de concessão de serviço público, configurando, na realidade terceirização do serviço público, mediante contrato de empreitada, em que há apenas a transferência da execução material de determinadas atividades, mas não a transferência da gestão.

Destaca ainda que "é possível a celebração de convênios com cooperativas, desde que elas tenham competências próprias em matéria de serviços não-privativos do Estado, hipótese em que as partes conjugarão esforços, recursos ou conhecimentos para a consecução de fins de interesse comum".[112]

111. José dos Santos Carvalho Filho, *Manual de Direito administrativo*, 11ª ed., Rio de Janeiro, Lumen Juris, 2004, p. 301.

112. *Parcerias na administração pública* ..., cit., pp. 235-236.

Foi o caso das cooperativas instituídas em São Paulo (Cooperativa dos Profissionais da Saúde), especificamente para prestar serviço público dentro do PAS – Plano de Assistência à Saúde. A Lei Municipal 11.866, de 13.9.1995, regulamentada pelo Decreto Municipal 35.664, de 16.11.1995, autorizou o Município a celebrar convênio com as mesmas para prestação de serviços na área da saúde pública, tendo sido revogada pela Lei Municipal 13.271, de 4.1.2002, que dispõe sobre a descentralização das ações e serviços de saúde no Município de São Paulo, com a criação de entidades autárquicas hospitalares de regime especial, regulamentada pelo Decreto Municipal 41.709, de 21.2.2002, em função de graves irregularidades verificadas no sistema.

A Lei Municipal 13.478, de 30.12.2002, que dispõe sobre a organização do sistema de limpeza urbana do Município de São Paulo e que foi alterada pelas Leis 13.522, de 19.2.2003, 13.699, de 24.12.2003 e 13.782, de 11.2.2004, e regulamentada pelo Decreto 42.992, de 20.3.2003, alterado pelo Decreto 43.214, de 19.5.2003, em seu art. 67, prevê que a "Autoridade Municipal de Limpeza Urbana – AMLURB outorgará permissão às cooperativas de trabalho integradas por catadores de resíduos sólidos recicláveis, para a prestação de serviços de limpeza urbana de coleta seletiva de lixo e de triagem de material coletado, em regime público", não sendo tal permissão considerada violação à eventual exclusividade do concessionário em uma dada área ou atividade. Ainda referido diploma legal autoriza a Prefeitura ou a AMLURB a "celebrar convênios com as cooperativas interessadas em prestar os serviços de limpeza pública disciplinados nesta Seção, para repasse de recursos financeiros, materiais ou humanos, com vistas a incentivar sua execução", estando convencionada a eficácia do convênio à obtenção da permissão correspondente para a prestação dos serviços (art. 70).[113] O Decreto Municipal 42.290, de 15.8.2002, instituiu o Programa Socioambiental Cooperativa de Catadores de Material Reciclável, cujas diretrizes, atribuições e área de atuação "serão especificadas em convênio a ser celebrado entre a Mu-

113. Nesse sentido, pode-se também citar, dentre outras, a experiência de cooperativas de reciclagem de material de coleta seletiva em Santo André (SP) e em Maringá (PR).

nicipalidade, representada pela Secretaria de Serviços e Obras e as cooperativas participantes do programa" (art. 8º).[114]

No que tange à organização dos serviços do Sistema de Transporte Coletivo Urbano de Passageiros na cidade de São Paulo, a Lei paulistana 13.241, de 12.12.2001, prevê, em seu art. 44, a participação de "pessoas físicas, operadores individuais, proprietários ou beneficiários únicos de arrendamento mercantil de veículos de transporte coletivo de passageiros, organizadas ou não em cooperativas" no processo licitatório de seleção para operação no subsistema local. O Decreto 42.736, de 19.12.2002, que regulamenta referido dispositivo, estabelece que "para a prestação do serviço nos lotes do subsistema local, por pessoas físicas, os permissionários deverão organizar-se em cooperativa ou em qualquer outra forma associativa" (art. 13).

Divergências existem sobre a possibilidade de cooperativas participarem dos certames patrocinados pela Administração Pública.

Entendem alguns que a participação das cooperativas no certame licitatório fere o princípio da isonomia por poderem oferecer ao Poder Público, serviços a preços menores do que os oferecidos pelas demais empresas, em virtude das benesses legais que gozam (isenção de ônus decorrentes da relação de empregador e empregado, dos tributos sobre as atividades econômicas que realizam com seus cooperados, bem como do imposto de renda, salvo se realizarem operações com terceiros). Apontam a inconstitucionalidade de objetivos, porquanto ela é constituída com o intuito de promover o interesse dos seus

114. Um exemplo de contratação no qual se objetiva o enquadramento jurídico típico das concessões embora a remuneração do contratado não seja feita diretamente pelos usuários, envolve os serviços de limpeza urbana. Com a intenção de buscar contratações mais duradouras, que venham a propiciar mais tempo para a amortização de investimentos, tem-se discutido a possibilidade de se delegar o serviço de limpeza urbana a particulares por intermédio de contratos de concessão, sem que, todavia, a remuneração do concessionário venha a ser feita diretamente pelos usuários do serviço. A remuneração (pretensamente caracterizada como tarifa), seria suportada pela Administração contratante, simbolicamente denominada de usuária de tal serviço. A Lei 13.478/2002, do Município de São Paulo, autoriza o Poder Público a delegar a execução dos serviços públicos mediante concessão ou permissão. Como instrumento de viabilização da outorga do serviço a particulares, mediante concessão, a Prefeitura também é arrolada como usuária do Sistema de Limpeza Urbana, na condição de representante da coletividade ou de parte dela (art. 8º, III) (Jacintho Silveira Dias de Arruda Câmara, *O regime tarifário nas concessões de serviços púbicos*, Dissertação de mestrado, PUC, 2004, pp. 57, 58).

associados, ao passo que a contratação com o Poder Público visa, em primeiro lugar, o interesse público. Alegam, ainda, que algumas cooperativas vêm sendo constituídas apenas com o propósito de participar de licitações.

Em sentido oposto, Marçal Justen Filho afirma que "é possível e viável a participação de cooperativa em licitação quando o objeto licitado se enquadra na atividade direta e específica para qual a cooperativa foi constituída. Se, porém, a execução do objeto contratual escapar à dimensão do 'objeto social' da cooperativa ou caracterizar atividade especulativa, haverá atuação irregular da cooperativa. Será hipótese de sua inabilitação".[115]

Jessé Torres Pereira Júnior ensina que "a Lei 8.666/93 é omissa quanto à participação de cooperativas em licitação. Fosse esse argumento relevante e dever-se-ia vedar a participação de cooperativas em licitações, tese que conhece adeptos. Há de ser recusada, porque não cabe à Administração negar às cooperativas o incentivo que a Constituição da República lhes assegura, encontrando-se, no art. 12, IV, da Lei 8.666/93, fundamento genérico para sua admissão aos certames".[116]

Nesse sentido, o Tribunal Regional Federal da 4ª Região concedeu a segurança, permitindo a participação de cooperativa em concorrência pública, sob fundamento de que "o art. 9º da Lei 8.666/93 não faz as restrições pretendidas pela Administração. Por outro lado, a Constituição Federal de 1988 (art. 174, § 2º) estabelece princípio de estímulo ao cooperativismo e outras formas de associativismo, devendo ser prestigiada, desta forma, a licitação que observou o princípio em comento".[117]

115. *Comentários à Lei de Licitações e Contratos Administrativos*, p. 304.

116. *Comentários à Lei de Licitações e Contratações da Administração Pública*, 5ª ed., Rio de Janeiro, Renovar, 2002, p. 161. No mesmo sentido, v. Renato Lopes Becho, ob. cit., *passim*; Mauro Roberto Gomes de Mattos, "A legalidade da participação das cooperativas no processo licitatório", *RDA* 233/387-417, jul./set. 2003.

117. TRF 4ª Região, Ap MS 2000.71.02.000758-2-RS, 3ª Turma, Rel. Juíza Marga Inge Barth Tessler, v.u., *DJU* 21.11.2001. Por sua vez o TCU determinou ao Banco Central que se abstenha de incluir, nas licitações que promover, vedação à participação de cooperativas, ressalvados os casos em que o objeto social destas seja incompatível com o objeto do certame respectivo, entendendo que "em tese, é perfeitamente possível admitir o ingresso de tais sociedades de pessoas (as cooperativas) nos certames patrocinados pela Administração Pública" (TC 012.485/2002-9,

Forçoso, porém, é reconhecer que a Lei 8.949/1994, que acrescentou parágrafo único ao artigo 442 da CLT, em princípio salutar, por objetivar estimular a modalidade de trabalho cooperativo, sem vínculo empregatício, ocasionou, em contrapartida, certos casos de cooperativas fraudulentas, que atuam como intermediadoras de mão-de-obra barata para os empresários, em desrespeito às garantias trabalhistas e aos valores do direito do trabalho.

Assim, o Ministério Público do Trabalho e o Ministério do Trabalho e Emprego vêm atuando no sentido de investigar e de coibir, tanto quanto possível, a propagação das cooperativas ditas fraudulentas, especialmente em se tratando de terceirização de atividade-fim do tomador dos serviços. Com esse objetivo, o Juiz da 20ª Vara do Trabalho de Brasília homologou o acordo entre o Ministério Público do Trabalho e a Advocacia Geral da União, em 5.6.2003, nos autos de ação civil pública movida pelo MPT contra a União por contratação de empregados por meio de cooperativas fraudulentas, por meio do qual a União se compromete a não mais contratar cooperativas de mão-de-obra para trabalho subordinado, seja na atividade fim ou atividade meio. Independente se a relação de subordinação for em relação ao tomador ou ao fornecedor dos serviços. Em caso de descumprimento do acordo, a União obriga-se ao pagamento de multa correspondente a um mil reais por trabalhador que esteja em desacordo com as condições estabelecidas no termo de conciliação, sendo a mesma revertida ao Fundo de Amparo ao Trabalhador (FAT).

Pelo acordo, a União também deverá recomendar o estabelecimento das mesmas diretrizes às autarquias, fundações públicas, empresas públicas e sociedades de economia mista, casos em que se enquadram, por exemplo, a Caixa Econômica e o Banco do Brasil. A decisão é válida em todo o território nacional.[118]

acórdão 22/2003, Plenário, rel. Min. Benjamin Zymler, sessão de 22.1.2003. No mesmo sentido TC 014.030/2002-8, acórdão 23/2003, Plenário, rel. Min. Benjamin Zymler, sessão de 22.1.2003).

118. Nos termos do acordo firmado considera-se cooperativa de mão-de-obra aquela associação cuja atividade precípua seja a mera intermediação individual de trabalhadores de uma ou várias profissões (inexistindo vínculo de solidariedade entre seus associados), que não detenham qualquer meio de produção e cujos serviços sejam prestados a terceiros de forma individual e não coletiva pelos seus associados.

2.2 Parceria como meio de fomento à iniciativa privada de interesse público, efetivando-se por meio de convênio, contrato de gestão ou termo de parceria

Nas palavras de Adilson Abreu Dallari, "atividades de fomento são aquelas que induzem o particular a se interessar por desenvolver certos trabalhos de interesse da coletividade".[119]

O Estado, de diversas formas, pode fomentar, proteger, estimular, promover, apoiar, favorecer e auxiliar, sem empregar meios coativos, as atividades particulares que satisfaçam necessidades ou conveniências de interesse público e, por sua vez, os particulares, sob diversas formas jurídicas, exercem funções de colaboração com o Poder Público.

Assim, como já examinado, o convênio entre entidades públicas e entidades particulares pode ser utilizado como modalidade de fomento quando o Poder Público opta por incentivar ou auxiliar o particular que queira desempenhar a atividade, por meio de auxílios financeiros ou subvenções, incentivos fiscais e creditícios, construção de vias de acesso etc.

Por sua vez, o contrato de gestão é conhecido no direito comparado e foi recentemente introduzido no direito brasileiro. No entanto, a expressão é ambígua, sendo utilizada para indicar pelo menos duas situações visceralmente distintas:

Serviços que não poderão ser contratados via cooperativa de mão-de-obra: limpeza; conservação; segurança; vigilância e de portaria; recepção; copeiragem; reprografia; telefonia; manutenção de prédios, de equipamentos, de veículos e de instalações; secretariado e secretariado executivo; auxiliar de escritório; auxiliar administrativo, *office boy* (contínuo); digitação; assessoria de imprensa e de relações públicas; motorista, no caso de os veículos serem fornecidos pelo próprio órgão licitante; ascensorista; enfermagem, e agentes comunitários de saúde. As atividades elencadas só poderão ser terceirizadas se houver previsão legal para tanto e as partes podem, a qualquer momento, ampliar a lista de serviços cuja contratação por meio de cooperativas de mão-de-obra é proibida.

Observe-se que a liminar obtida pela Associação Brasileira das Cooperativas de Trabalho e Serviços-ABRACOOP para interromper o acordo acima referido, foi suspensa pelo Tribunal Regional Federal da 2ª Região, na decisão do Agravo Interno em Suspensão de Liminar (Processo 2004.02.01.006434-6-RJ, relator Juiz Valmir Peçanha, decisão de 23.9.2004, *DJU* 18.10.2004).

119. "Credenciamento mediante licitação", *RTDP* 23/98, 1998.

a) contratos previstos para serem firmados com sujeitos (pessoas jurídicas) integrantes do próprio aparelho administrativo do Estado ou com órgãos da própria Administração direta, que serão examinados no tópico 1.3;

b) contratos previstos para serem firmados com pessoas alheias ao Estado ("organizações sociais"), que serão examinados neste tópico. Neste caso há um conceito legalmente formulado no art. 5º da Lei 9.637, de 15.5.1998, que reza: "Art. 5º. Para os efeitos desta Lei, entende-se por contrato de gestão o instrumento firmado entre o Poder Público e a entidade qualificada como organização social, com vistas à formação de parceria entre as partes para fomento e execução de atividades relativas às áreas relacionadas no art. 1º".

O contrato de gestão será o instrumento para estabelecer-se um vínculo jurídico entre a entidade qualificada como organização social e a Administração Pública. Por meio dele fixam-se as metas a serem cumpridas pela entidade e, em troca, o Poder Público auxilia de diversas formas, quer cedendo bens públicos, quer transferindo recursos orçamentários, quer cedendo servidores públicos.

Por sua vez, ainda com o objetivo de disciplinar e ampliar a atividade de fomento ao terceiro setor, foi promulgada a Lei 9.790, de 23.3.1999, alterada pelo MP 2.216-37, de 31.8.2002 e pela Lei 10.539, de 23.9.2002, dispondo sobre a qualificação de pessoas jurídicas de direito privado, sem fins lucrativos, como organizações da sociedade civil de interesse público e prevendo o termo de parceria como instrumento a ser firmado com o Poder Público, destinado à formação de vínculo de cooperação entre as partes para a execução das atividades de interesse público desenvolvidas pela entidade.

Todas essas entidades apresentam traços comuns: são pessoas jurídicas de direito privado, instituídas por particulares, sem objetivo de lucro; atendidas as exigências legais, recebem uma qualificação jurídica; desempenham serviços sociais não exclusivos do Estado, porém com a colaboração dele; por essa razão, submetem-se a controle de resultados pela Administração Pública, com a colaboração da própria sociedade, e ao controle pelo Tribunal de Contas no que diz respeito à aplicação de recursos públicos; seu regime jurídico é predominantemente de direito privado, porém parcialmente derrogado por normas de direito público, particularmente no que se refere ao controle.[120]

As atividades que exercem não são serviços públicos, mas são atividades de interesse público que o Estado se limita a fomentar. É uma atividade paralela ao Estado, ou seja, é uma atividade paraestatal.[121]

O denominado terceiro setor tem avançado, devendo também ser feita menção às fundações de apoio, que são entes dotados de personalidade jurídica de direito privado, sem fins lucrativos, instituídas nos moldes do Código Civil, exercendo atividades de interesse público, tendo entre seus objetivos o de colaborar e dar apoio a determinadas instituições. Não integram a Administração indireta nem a estrutura das universidades ou faculdades a que prestam apoio; de regra, mantém convênios, ajustes e contratos com as universidades ou faculdades, sem prejuízo de atividades ou serviços que possam prestar a particulares.[122]

Acentua Sérgio de Andréa Ferreira,[123] que as fundações de apoio vêm se formando de dois modos: por pessoas físicas (professores, pesquisadores universitários, ex-alunos) ou pelas próprias instituições de ensino superior (isoladamente ou em conjunto com pessoas físicas).

Na esfera federal, a Lei 8.958, de 20.12.1994, dispôs sobre as relações entre as instituições federais de ensino superior e de pesquisa científica e tecnológica e as fundações de apoio. Nos termos de seu art. 2º essas fundações de apoio podem ser contratadas por aquelas instituições federais e sujeitam-se: à fiscalização do Ministério Público, nos termos do Código Civil e do Código de Processo Civil (inc. I); à legislação trabalhista (inc. II); ao prévio registro e credenciamento no

120. Diogo de Figueiredo Moreira Neto (coord.), *Uma avaliação das tendências contemporâneas do direito administrativo*, Rio de Janeiro, Renovar, 2003, p. 436.

121. Ao lado do primeiro setor constituído pelo Estado e do segundo setor constituído pelo Mercado, o denominado terceiro setor tem ocupado cada vez mais espaço. Não há consenso entre os doutrinadores acerca de sua conceituação e não existe, em termos jurídicos, um arcabouço que lhe dê uma uniformidade.

122. Exemplos de fundações de apoio em São Paulo: Fundação Universitária para o Vestibular-FUVEST; Fundação Instituto de Pesquisas Econômicas-FIPE; Fundação Instituto de Administração-FIA; Fundação para o Desenvolvimento Tecnológico da Engenharia-FDTE.

123. *Comentários à Constituição*, v. 3, Rio de Janeiro, Freitas Bastos, 1991, p. 56.

Ministério da Educação e no Ministério da Ciência e Tecnologia (inc. III). Na execução de convênios, contratos, acordos, ajustes que envolvam a aplicação de recursos públicos, as fundações contratadas na forma dessa Lei devem observar a legislação federal de licitações e contratos quanto a obras, compras e serviços e submeter-se à fiscalização da execução dos contratos pelo Tribunal de Contas da União.

São passíveis de registro e credenciamento no Ministério da Educação e da Ciência e Tecnologia as fundações que atendam os requisitos estabelecidos na Lei 8.958, de 20.12.1994, e na Portaria Interministerial 2.089/1997, alterada pela Portaria MEC/MCT 671, de 2.7.1998. No entanto, é essencial que essas fundações tenham por finalidade dar apoio a projetos de ensino, pesquisa, extensão e de desenvolvimento institucional, científico e tecnológico das instituições que apóiam.[124]

Maria Sylvia Zanella Di Pietro salienta que são vários os tipos de entidades que podem ser enquadradas no terceiro setor: "algumas desempenham suas atividades por iniciativa própria, sem substituir atividades executadas por entidades públicas, tal como ocorre com as entidades declaradas de utilidade pública, os serviços sociais autônomos e as organizações da sociedade civil de interesse público; outras, no entanto, substituem total ou parcialmente a atuação de entidades públicas, tal como ocorre com as fundações de apoio, que se instalam dentro de órgãos e entidades públicas (em regra, universidades e hospitais públicos), utilizando seus recursos humanos e materiais para realização de atividades privadas sob regime jurídico privado, privatizando parcialmente o serviço público atribuído ao Poder Público, sem qualquer fundamento legal ou constitucional; outras foram idealizadas pelo próprio governo, com o objetivo de absorver atividades realizadas por entidades públicas, mediante também a utilização de bens públicos móveis e imóveis, bem como servidores públicos, para atuar sob regime de direito privado e controle pelo Estado".[125] A Au-

124. A Constituição Federal, em seu artigo 218, § 3º, ao dispor sobre a Ciência e Tecnologia, determina, entre outras medidas, que o Estado apóie as atividades das áreas de Ciências, Pesquisa e Tecnologia, concedendo aos que delas se ocupam meios e condições especiais de trabalho.

125. "Privatização e o novo exercício de funções públicas por particulares", in Diogo de Figueiredo Moreira Neto (coord.), *Uma avaliação das tendências contemporâneas do direito administrativo*, Rio de Janeiro, Renovar, 2003, p. 437.

tora tece críticas severas a algumas formas de parceria, cujo objetivo é puramente fugir aos controles do regime jurídico publicístico, como é o caso de algumas fundações de apoio a entidades públicas, de certas cooperativas prestadoras de serviços públicos e de muitos contratos de fornecimento de mão-de-obra.[126] Realça a Autora que o terceiro setor, na área social, "é útil como um acréscimo em relação ao serviço público prestado pelo Estado", não implicando sua substituição por entidades privadas, pois, a Constituição não acolheu o princípio da subsidiariedade na área social.[127]

Merece destaque o fato de que grande parte dessas entidades recebem colaboração de pessoas que, voluntariamente, se dedicam a elas. Além disso, em todas essas entidades, por se tratar de entidades declaradas de utilidade pública, existe o serviço voluntário prestado pelos seus dirigentes e conselheiros, impedidos que estão, por força de lei, de serem remunerados pelo exercício de tais funções.

A Lei 9.608, de 2.2.1998, alterada pelas Leis 10.748, de 22.10.2003 e 10.940, de 27.8.2004, que dispõe sobre o serviço voluntário, define o serviço voluntário como "a atividade não-remunerada, prestada por pessoa física a entidade pública de qualquer natureza, ou a instituição privada de fins não-lucrativos, que tenha objetivos cívicos, culturais, educacionais, científicos, recreativos ou de assistência social, inclusive mutualidade. O serviço voluntário não gera vínculo empregatício, nem obrigação de natureza trabalhista, previdenciária ou afim" (art. 1º e parágrafo único).

O serviço voluntário será exercido mediante termo de adesão celebrado entre a entidade pública ou privada e o prestador do serviço voluntário, dele devendo constar o objeto e as condições de seu exercício (art. 2º).

O prestador de serviço voluntário poderá ser ressarcido pelas despesas que comprovadamente realizar no desempenho das atividades voluntárias, desde que expressamente autorizadas pela entidade a que for prestado o serviço voluntário (art. 3º e parágrafo único). A Lei

126. Maria Sylvia Zanella Di Pietro, *Parcerias na Administração Pública ...*, cit., p. 227.

127. Maria Sylvia Zanella Di Pietro, "Privatização e o novo exercício de funções públicas por particulares", in Diogo de Figueiredo Moreira Neto (coord.), *Uma avaliação das tendências contemporâneas do direito administrativo*, p. 439.

10.748, de 22.10.2003 acrescentou o art. 3º A à Lei 9.608/1998, prevendo a concessão de auxílio-financeiro ao prestador de serviço voluntário.

2.3 Parceria como instrumento de desburocratização e de instauração da chamada Administração Pública gerencial, por meio dos contratos de gestão

A expressão contrato de gestão, neste tópico, refere-se aos contratos previstos para serem firmados com sujeitos (pessoas jurídicas) integrantes do próprio aparelho administrativo do Estado ou com órgãos da própria Administração direta.

Os primeiros contratos desse tipo celebrados com a Companhia Vale do Rio Doce – CVRD (antes de sua privatização), a Petróleo Brasileiro S. A. – Petrobrás (ambos com base no Decreto 137, de 27.5.1991, posteriormente revogado pelo Decreto 3.735, de 24.1.2001, que instituiu o Programa de Gestão das Empresas Estatais) e com o Serviço Social Autônomo Associação das Pioneiras Sociais.

Em decorrência da impugnação feita pelo Tribunal de Contas da União aos poucos contratos de gestão celebrados na esfera federal, por ter sido a matéria disciplinada apenas por decreto, foi editada a Emenda Constitucional 19, de 4.6.1998, que introduziu o § 8º no art. 37 da Constituição, que tornou viável a utilização desse tipo de contrato, estabelecendo que "a autonomia gerencial, orçamentária e financeira dos órgãos e entidades da administração direta e indireta poderá ser ampliada mediante contrato, a ser firmado entre seus administradores e o Poder Público, que tenha por objeto a fixação de metas de desempenho para o órgão ou entidade, cabendo à lei dispor sobre: I – o prazo de duração do contrato; II – os controles e critérios de avaliação de desempenho, direitos, obrigações e responsabilidade dos dirigentes".

Embora o dispositivo constitucional não utilize a expressão *contrato de gestão*, refere-se a esse tipo de ajuste, que poderá ser celebrado com entidades da Administração indireta, e com órgãos (sem personalidade jurídica) da própria Administração direta, com o objetivo de definir metas de desempenho, ampliar a autonomia e permitir o controle de resultados em função dos objetivos e das metas estabelecidas no prazo definido no contrato.

O contrato de gestão ainda é mencionado nos Decretos 2.487 e 2.488, ambos de 2.2.1998, que prevêem a possibilidade de autarquias e fundações receberem a qualificação de agências executivas, desde que celebrem contrato de gestão com o respectivo Ministério Supervisor e tenham plano estratégico de reestruturação e desenvolvimento institucional, voltado para a melhoria da qualidade de gestão e para a redução de custos. A figura da agência executiva só ganhou *status* legal com o advento da Lei 9.649, de 27.5.1998, a qual tratou da matéria nos artigos 51 e 52.

O fim último dos contratos de gestão é a fixação de metas para aumentar a eficiência, como princípio constitucional previsto no art. 37, *caput*, da Constituição (alterado pela Emenda Constitucional 19/1998), em troca de maior autonomia.

Todos os contratos de gestão devem, no mínimo, conter:

a) forma como a autonomia será exercida;

b) metas a serem cumpridas pelo órgão ou entidade no prazo estabelecido no contrato;

c) controle de resultado, para verificação do cumprimento ou não das metas estabelecidas.

Pode-se contestar a natureza efetivamente contratual do ajuste firmado entre entidade da Administração indireta e o Poder Público, por ser inconcebível a existência de interesses opostos e contraditórios visados pela Administração direta e indireta, aproximando-se muito mais dos convênios.

Da mesma forma, quando o contrato de gestão for celebrado com órgão da Administração direta, dificilmente estarão presentes as características próprias de um contrato, pois não se pode admitir que a mesma pessoa tenha interesses contrapostos defendidos por órgãos diversos. Na realidade, esses contratos correspondem, quando muito, a termos de compromisso assumidos por dirigentes de órgãos, para lograrem maior autonomia e se obrigarem a cumprir metas.

"O contrato de gestão, quando celebrado com entidades da Administração Indireta, tem por objetivo ampliar a sua autonomia; porém, quando celebrado com organizações sociais, restringe a sua autonomia, pois, embora entidades privadas, terão que sujeitar-se a exigências contidas no contrato de gestão."[128]

2.4 *Terceirização*

A terceirização ingressou na Administração Pública a partir das preocupações introduzidas na administração privada com a economicidade de gestão.

Diogo de Figueiredo Moreira Neto conceitua terceirização como "modalidade de transferência de atividades materiais da Administração a terceiros, sempre que estas não demandem o exercício de poder estatal".[129]

Embora a palavra terceirização seja, às vezes, utilizada como gênero, para englobar desde a concessão e a permissão dos serviços até a privatização de empresas controladas pelo Poder Público, o seu conceito mais corretamente corresponde ao da contratação de obras, serviços e mão-de-obra. Com efeito, a terceirização é a contratação, por uma determinada empresa, de serviços de terceiros para o desempenho de atividades-meio da empresa tomadora. Pode ocorrer tanto nas empresas privadas como no seio da Administração Pública.

Do ponto de vista da Administração Pública, a terceirização apresenta relevância principalmente em face da redução de encargos diretos e indiretos de pessoal. Com a terceirização, os serviços estatais deixam de ser prestados por servidores públicos e passam a ser desempenhados por empregados de empresas privadas.

A "terceirização de mão-de-obra" não deve ser confundida com a figura da contratação de pessoal para atender a necessidades temporárias de excepcional interesse público, prevista no art. 37, IX, da Constituição de 1988. Tais servidores são ocupantes de função pública, estando submetidos diretamente ao Poder, órgão ou entidade contratante.

O contrato de fornecimento de mão-de-obra pela empresa privada encontra respaldo legal em apenas duas hipóteses: trabalho tempo-

128. Maria Sylvia Zanella Di Pietro, *Direito administrativo*, 18ª ed., p. 296.
129. Diogo de Figueiredo Moreira Neto, *Mutações do direito administrativo*, p. 138.

rário (Lei 6.019/1974) e serviços de vigilância e de transporte de valores (Lei 7.102/1983).

A terceirização não deve ser confundida com o agenciamento de mão-de-obra, que é ilegal. O Tribunal de Contas da União já decidiu que "a verdadeira terceirização é contratação de serviços e não locação de trabalhadores" (TCU 4908/1995).[130] Quando o propósito do contratante é apenas desonerar a empresa dos encargos trabalhistas, a contratação é ilegal por infringir o disposto no art. 9º da CLT, que estipula que é nulo qualquer ato praticado com a finalidade de desvirtuar, impedir ou fraudar a aplicação dos seus preceitos. Outra ilegalidade é a exploração do trabalhador, quando o intermediário oferece-lhe o posto de trabalho, mas, em troca, fica com (a maior) parte da remuneração, transformando-o em mercadoria. A sanção é o reconhecimento de vínculo empregatício diretamente com o tomador do serviço, como consta do Enunciado 331 do TST, com a redação dada pela Resolução 96, de 11.9.2000[131] – que, entretanto, ressalva expressamente que esse vínculo de emprego não prevalece contra a Administração Pública, em face da necessidade de concurso público (CF/1988, art. 37, II).

A terceirização lícita é, pois, aquela em que não haja elementos de relação de emprego entre o contratante e o trabalhador, principalmente a subordinação hierárquica (art. 3º da CLT); é aquela

130. TCU 4.908/95, Decisão 569/96, Plenário, rel. Min. Paulo Affonso Martins de Oliveira, sessão de 11.9.1996, (*DOU* 30.9.1996, p. 19.530).

131. "Enunciado 331: Contrato de prestação de serviços. Legalidade – Inciso IV alterado pela Res. 96/2000, *DJ* 18.9.2000. I – A contratação de trabalhadores por empresa interposta é ilegal, formando-se o vínculo diretamente com o tomador dos serviços, salvo no caso de trabalho temporário (Lei 6.019, de 3.1.1974). II – A contratação irregular de trabalhador, mediante empresa interposta, não gera vínculo de emprego com os órgãos da administração pública direta, indireta ou fundacional (art. 37, II, da CF/1988). III – Não forma vínculo de emprego com o tomador a contratação de serviços de vigilância (Lei 7.102, de 20.6.1983) e de conservação e limpeza, bem como a de serviços especializados ligados à atividade-meio do tomador, desde que inexistente a pessoalidade e a subordinação direta. IV – O inadimplemento das obrigações trabalhistas, por parte do empregador, implica a responsabilidade subsidiária do tomador dos serviços, quanto àquelas obrigações, inclusive quanto aos órgãos da administração direta, das autarquias, das fundações públicas, das empresas públicas e das sociedades de economia mista, desde que hajam participado da relação processual e constem também do título executivo judicial (art. 71 da Lei 8.666, de 21.6.1993)."

em que o contratante quer o resultado, o produto, na forma e no tempo contratados.

No âmbito da Administração Pública é perfeitamente possível a terceirização como contrato de prestação de serviços dependente de licitação o que, aliás, sempre foi feito sem que se empregasse o termo terceirização.

A Lei 8.666, de 21.6.1993, no art. 10, permite que as obras e serviços sejam prestados por execução direta ou indireta, esta última sob os regimes de empreitada ou tarefa. Além disso, o art. 6º, inciso II, define o serviço como "toda atividade destinada a obter determinada utilidade de interesse para a Administração, tais como: demolição, conserto, instalação, montagem, operação, conservação, reparação, adaptação, manutenção, transporte, locação de bens, publicidade, seguro ou trabalhos técnico-profissionais". Note-se que a enumeração é meramente exemplificativa, conforme decorre do uso da expressão *tais como*. Há ainda o art. 13, que indica os serviços técnicos profissionais especializados alcançados pela lei.

Na esfera federal, em decorrência de uma colocação do Tribunal de Contas da União, foi baixado o Decreto 2.271, de 7.7.1997, que dispõe sobre a contratação de serviços pela Administração Pública Federal direta, autárquica e fundacional. O art. 1º estabelece quais as atividades que devem ser executadas, de preferência, por execução indireta, abrangendo as de conservação, limpeza, segurança, vigilância, transportes, informática, copeiragem, recepção, reprografia, telecomunicações e manutenção de prédios, equipamentos e instalações. No § 2º, determina que "não poderão ser objeto de execução indireta atividades inerentes às categorias funcionais abrangidas pelo plano de cargos do órgão ou entidade, salvo expressa disposição legal em contrário ou quando se tratar de cargo extinto, total ou parcialmente, no âmbito do quadro geral de pessoal". Mesmo nesses casos, deflui do art. 3º que o objeto da contratação não é o fornecimento de mão-de-obra, mas a prestação de serviços pela empresa contratada.

O citado Decreto continua a ser norte preciso à definição das hipóteses em que a terceirização tem cabimento.

2.4.1 Terceirização nas áreas de saúde e da educação

A saúde mereceu especial atenção do constituinte, a ponto de salientar que as ações e serviços de saúde são de todo modo qualificados como de relevância pública (art. 197, primeira parte). Além de ser prestada pelo Estado ou por quem lhe faça as vezes, e de ser livre à iniciativa privada, a assistência à saúde também admite a participação de instituições privadas "de forma complementar do sistema único de saúde, segundo diretrizes deste, mediante contrato de direito público ou convênio, tendo preferência as entidades filantrópicas e as sem fins lucrativos" (art. 199, § 1º).

Com relação aos contratos, uma vez que forçosamente deve ser afastada a concessão de serviço público, por ser inadequada para esse tipo de atividade da qual o Estado não detém titularidade exclusiva, deve-se entender que a Constituição está permitindo a terceirização, ou seja, os contratos de prestação de serviços, tendo por objeto a execução de determinadas atividades complementares aos serviços do SUS, mediante remuneração pelos cofres públicos, regulamentados pela Lei 8.666, de 21.6.1993 e alterações posteriores.

A Lei 8.080, de 19.9.1990,[132] que disciplina o Sistema Único de Saúde, prevê a participação complementar "quando as suas disponibilidades forem insuficientes para garantir a cobertura assistencial à população de uma determinada área", hipótese em que a participação complementar "será formalizada mediante contrato ou convênio, observadas, a respeito, as normas de direito público" (art. 24 e parágrafo único).[133]

Da mesma forma que a saúde, o ensino será serviço público quando prestado pelo Estado e não será serviço público quando desempenhado pelos particulares em contexto de exploração de atividade econômica, sob regime de direito privado, tendo em conta que a Lei Maior não limitou a prestação deles ao Estado ou a quem lhe faça as vezes (art. 209 CF/1988).

Quando prestado pelo Estado, como serviço público, pode haver colaboração do particular, por meio de contratos de prestação de serviços ou convênios.

132. A Lei 8.080, de 19.9.1990, alterada pelas Leis 9.836, de 23.9.1999 e 10.424, de 15.4.2002, dispõe sobre as condições para a promoção, proteção e recuperação da saúde, a organização e o funcionamento dos serviços correspondentes, e dá outras providências.

133. O Decreto 4.978, de 3.2.2004, alterado pelo Decreto 5.010, de 9.3.2004, regulamenta o art. 230 da Lei 8.112/1990, que dispõe sobre assistência à saúde do servidor.

No tocante à terceirização, nada impede que o Poder Público celebre contratos de prestação de serviços que tenham por objeto atividades-meio como transporte de pacientes, refeições, limpeza das salas de aula, ou mesmo certos serviços técnico-especilizados como a realização de exames médicos, consultas etc., hipóteses em que estará transferindo apenas a execução material de atividades ligadas aos serviços de saúde ou de ensino. O que o hospital público como a escola da rede de ensino público não podem é terceirizar a gestão operacional desses serviços, que envolveria a terceirização do próprio serviço público de saúde ou de ensino.

2.4.2 Credenciamento

Já de longa data destacam-se os casos de credenciamento previstos na legislação brasileira, que vem se consolidando como uma alternativa da Administração Pública.

Assim, a Lei das Execuções Penais (Lei 7.210, de 11.07.1984 e alterações posteriores), em seu art. 149, I, afirmava competir ao juiz da execução "designar a entidade ou programa comunitário ou estatal, devidamente credenciado ou convencionado, junto ao qual o condenado deverá trabalhar gratuitamente, de acordo com as suas aptidões".

Por sua vez, a Lei 8.010, de 29.3.1990, que dispõe sobre a importação de bens destinados à pesquisa científica e tecnológica, no § 2º de seu art. 1º preceitua: "Art. 1º. (...) § 2º. O disposto neste artigo aplica-se somente às importações realizadas pelo Conselho Nacional de Desenvolvimento Científico e Tecnológico (CNPq), e por entidades sem fins lucrativos ativas no fomento, na coordenação ou na execução de programas de pesquisa científica e tecnológica ou de ensino, devidamente credenciadas pelo CNPq".

Da mesma forma, a Lei 8.661, de 2.6.1993, que dispõe sobre os incentivos fiscais para a capacitação tecnológica da indústria e da agropecuária, alterada pela Leis 9.430, de 27.12.1996 e 9.532, de 10.12.1997, em seu art. 2º, dentre outras competências do Ministério da Ciência e Tecnologia, estabelece o credenciamento de órgãos e entidades federais e estaduais de fomento ou pesquisa tecnológica.

O Decreto 1.651, de 28.9.1995, que regulamenta o sistema nacional de auditoria no âmbito do Sistema Único de Saúde, em seu art.

3º, I, "f", refere-se a "instrumentos e critérios de acreditação, credenciamento e cadastramento de serviços".

A Lei 9.394,[134] que fixa as diretrizes e bases da educação nacional, prevê, dentre as atribuições da União e dos Estados, "autorizar, reconhecer, credenciar, supervisionar e avaliar, respectivamente, os cursos das instituições de educação superior e os estabelecimentos do seu sistema de ensino" (art. 9º, inc. IX, art. 10, inc. IV, respectivamente) e dos Municípios "autorizar, credenciar e supervisionar os estabelecimentos do seu sistema de ensino" (art. 11, inc. IV).

A seu turno, a Lei 9.503, de 23.9.1997, que institui o Código de Trânsito Brasileiro, alterada pelas Leis 9.602, de 21.1.1998, 9.792, de 14.4.1999, 10.350, de 21.12.2001, 10.517, de 11.7.2002 e 10.830, de 23.12.2003, em seu art. 22, X, cuida da competência para o credenciamento de órgãos ou entidades para execução de atividades pertinentes ao referido diploma legal, na forma estabelecida em norma do CONTRAN e, no art. 24, XII, da competência para "credenciar os serviços de escolta". No art. 156 prevê que "o CONTRAN regulamentará o credenciamento para prestação de serviço pelas auto-escolas e outras entidades destinadas à formação de condutores e às exigências necessárias para o exercício das atividades de instrutor e examinador".

Às vezes o credenciamento se apresenta sob outra denominação, como ocorre no âmbito do Estatuto da Criança do Adolescente, cujo art. 91 determina que as entidades não-governamentais dedicadas ao atendimento da criança e do adolescente "somente poderão funcionar depois de registradas no Conselho Municipal dos Direitos da Criança e do Adolescente". Referido registro possibilita ao Poder Público verificar previamente se a entidade tem ou não condições para fazer aquilo a que se propõe.[135]

No Município de São Paulo, a Lei 13.317, de 1.02.2002, regulamentada pelo Decreto 44772, de 20.5.2004, "autoriza a Prefeitura do Município de São Paulo a credenciar profissionais de saúde e servi-

134. A Lei 9.394, de 20.12.1996, foi alterada pela Leis 9.475, de 22.7.1997; 10.287, de 20.9.2001; 10.328, de 12.12.2001; 10.639, de 9.1.2003; 10.709, de 31.7.2003 e 10.793, de 1.12.2003.

135. Adilson Dallari, "Credenciamento", in Celso Antônio Bandeira de Mello (org.), *Direito administrativo e constitucional. Estudos em homenagem a Geraldo Ataliba*, v. 2, São Paulo, Malheiros Editores, 1997, p. 40.

ços de saúde, nas suas diversas especialidades, para atender a população pelo SUS – Sistema Único de Saúde".

Os exemplos mencionados servem para demonstrar que a Administração Pública vem se utilizando do credenciamento para, no dizer de Diogo de Figueiredo Moreira Neto, delegar "unilateral e precariamente, por atos administrativos, a credenciados, atividades de interesse público, reconhecendo-lhes a produção de eficácia administrativa pública e dando-lhes assentimento para que sejam remunerados por seus serviços, diretamente pelos administrados beneficiários ou por ela própria".[136]

O credenciamento é apenas a transferência, a particulares, de uma atividade técnica, meramente instrumental, de mera verificação, não configurando delegação de poder de polícia, nem, muito menos, de serviço público. Com efeito, segundo a doutrina dominante, os atos jurídicos administrativos inerentes ao exercício de atividades de polícia administrativa não podem ser delegados a particulares ou mesmo a entidades governamentais dotadas de personalidade jurídica de direito privado. Todavia, da restrição à atribuição de atos de polícia a particulares não se segue que o exercício daqueles atos não possa ser precedido de uma atividade material ou acabar numa atividade material praticada por particulares: existem atos materiais que precedem uma determinação jurídica e outros sucessivos a tal determinação, isto é, de cumprimento desta. Ou seja, o que pode ser atribuído a particulares é o desempenho de atividades técnicas, instrumentais ao exercício da atividade jurídica, mediante delegação, propriamente dita, ou em decorrência de um simples contrato de prestação.[137] Em ambos os casos (isto é, com ou sem delegação), às vezes, tal figura aparece sob o rótulo de credenciamento.[138] Cabe, porém, ressaltar

136. Diogo de Figueiredo Moreira Neto, *Curso de direito administrativo*, 14ª ed., Rio de Janeiro, Forense, 2005, p. 276.

137. Por força do qual o contratado prestará a atividade para o Poder Público, sem vínculo jurídico direto com os administrados e sem remuneração captada diretamente destes.

138. Como afirma Celso Antônio Bandeira de Mello, "para execução desta atividade material, objetiva, precisa por excelência, e desde que retentora de dados para controle governamental e dos interessados, nada importa que os equipamentos pertençam ou sejam geridos pelo Poder Público ou que pertençam e sejam geridos por particulares, aos quais tenha sido delegada ou com os quais tenha sido meramente

que, embora "o credenciamento está precipuamente voltado para a execução, por particulares, dos serviços instrumentais necessários ao desenvolvimento das atividades de polícia administrativa", não se cinge exclusivamente a isso, pois "alguns serviços de natureza pública ou de interesse público também são objeto de credenciamento, como é o caso da polícia judiciária, de atividades integrantes do sistema único de saúde, de atividades de ensino e de ações compreendidas no campo da pesquisa científica e tecnológica".[139] Além desses, outros serviços podem ser citados: escolha de empresas de radiodifusão para propaganda das atividades do governo e câmaras municipais, escolha de interessados em fazer propagandas em ônibus (espa-

contratada. É que as constatações efetuadas por tal meio caracterizam-se pela impessoalidade (daí por que não interfere o tema do sujeito, da pessoa) e asseguram, além de exatidão, uma igualdade completa no tratamento dos administrados, o que não seria possível obter com o concurso da intervenção humana.

"De resto, não há nisto atribuição alguma de poder que invista os contratados em qualquer supremacia engendradora de desequilíbrio entre os administrados, pois não está aí envolvida expedição de sanção administrativa e nem mesmo a decisão sobre se houve ou não violação de norma de trânsito, mas mera constatação objetiva de um fato.

"Há, ainda, a possibilidade de particulares serem encarregados de praticar ato material sucessivo a ato jurídico de polícia, isto é, de cumprimento deste, quando se trate de executar materialmente ato jurídico interferente apenas com a propriedade dos administrados; nunca, porém, quando relativo à liberdade dos administrados. Tome-se como exemplo a possibilidade de a Administração contratar com empresa privada a demolição ou implosão de obras efetuadas irregularmente e que estejam desocupadas, se o proprietário do imóvel recalcitrar em providenciá-las por seus próprios meios, inobstante devidamente intimado e legitimamente submetido a isto. Ou seja: o Poder Público não estaria obrigado a proceder à demolição ou implosão do edificado – ou, em outro exemplo, à desobstrução da faixa marginal de rodovias – mediante servidores públicos.

"Existe, finalmente, a hipótese – que na atualidade ainda se pode considerar peculiar – na qual ato jurídico de polícia inteiramente vinculado pode ser expedido por máquina que sirva de veículo de formação e transmissão de decisão do próprio Poder Público (caso de parquímetros que expeçam auto de infração), inobstante o equipamento pertença a um contratado e esteja sob sua guarda e manutenção. Em nosso entender, o fenômeno aí ocorrente explica-se pela preposição do bem do particular ao jugo da 'relação de administração', nos termos em que a configura Rui Cirne Lima (*Princípios de Direito Administrativo Brasileiro*, 3ª ed., Porto Alegre, Sulina, 1954, pp. 54-57 e 76-78, ns. 3 e 4), de tal sorte que, por força dela, o bem privado opera como veículo de expressão do Poder Público (não sendo, pois, de se cogitar de uma 'delegação')" (*Curso de direito administrativo*, pp. 769-770).

139. Adilson Dallari, "Credenciamento", cit., pp. 51-52.

ços promocionais), credenciamento de bancos para fazer arrecadação de tributos, dentre outros.[140]

Vale mencionar, a título de exemplo, que, em função da relevância pública e de suas especificidades, visando à manutenção e eficiência dos serviços, é usual a Administração contratar serviços médico-hospitalares através de credenciamento de clínicas, profissionais ou laboratórios que preencham determinados requisitos, a serem remunerados por procedimento, segundo tabela preestabelecida.[141] Realizado o credenciamento, os servidores receberão os serviços e escolherão o profissional que os prestará. A Administração realizará o pagamento pelos serviços e condições previamente estabelecidos. Todo o profissional que preencher os requisitos mínimos fixados pela Administração poderá requerer seu credenciamento, o que significará sua admissão a um cadastro que ficará à disposição dos beneficiários (servidores). Prestado o serviço, o profissional pleiteará à Administração a remuneração por valor determinado.

O Tribunal de Contas da União adotou o referido sistema para prestar assistência médica aos seus próprios servidores, tendo como exemplo a utilização deste critério pela Previdência Social, para atendimento dos segurados em geral.[142]

140. Patrícia Campos de Castro, "Credenciamento como forma alternativa de contratação pela Administração Pública e a inexigibilidade de licitação", *Revista de Direito Municipal* 3/42, jan./jun. 2000.

141. Affonso de Aragão Peixoto Fortuna, "Sistema Único de Saúde: alternativas de execução dos serviços por terceiros", *Interesse público* 9/141-142, jan./mar. 2001.

142. TC–008.797/93-5 e Resolução 004/1993. Definiu o Tribunal de Contas da União o cumprimento dos seguintes requisitos a serem observados quando do credenciamento de empresas e profissionais de saúde: "1. dar ampla divulgação, mediante aviso publicado no Diário Oficial... e em jornal de grande circulação local, podendo a Administração utilizar-se, suplementarmente e a qualquer tempo, com vistas a ampliar o universo dos credenciados, de convites a interessados do ramo que gozem de boa reputação profissional; 2. fixar os critérios e exigências mínimas para que os credenciados possam credenciar-se, de modo que os profissionais, clínicas e laboratórios que vierem a ser credenciados tenham, de fato, condições de prestar um bom atendimento, sem que isso signifique restrição indevida ao credenciamento; 3. fixar, de forma criteriosa, a tabela de preços que remunerará os diversos itens de serviços médicos e laboratoriais e os critérios de reajustamento, bem assim as condições e prazos para o pagamento dos serviços faturados; 4. consignar vedação expressa do pagamento de qualquer sobretaxa em relação à tabela adotada, ou do cometimento a terceiros (associação de servidores, por ex.) da atribuição de proceder ao credencia-

O credenciamento pode ser universal, abarcando todos os prestadores do serviço, ou limitado a um determinado número de interessados, aqueles que apresentarem melhor qualificação ou ofertarem condições mais vantajosas, tudo dependendo da relação oferta/procura.

Nas situações de ausência de competição, onde o credenciamento é adequado, não precisa a Administração realizar licitação, pois todos os interessados aptos serão aproveitados. Tal situação, sob um certo ângulo, configura inexigibilidade de licitação , amparada no art. 25 da Lei 8.666/1993, considerando-se as peculiaridades de que se reveste o procedimento – ausência de exclusividade e cunho não competitivo da seleção.[143] Será, porém, necessária a licitação quando surja possibilidade de competição objetiva entre os particulares, sempre que for inviável à Administração promover o credenciamento de todos os possíveis interessados.

Após corroborar o entendimento doutrinário segundo o qual o credenciamento pode ser entendido como "a permissão de execução de serviços, caracterizada pela unilateralidade, discricionariedade e precariedade", registrou o Tribunal de Contas da União que o referido sistema atende aos princípios norteadores da licitação.[144]

mento e/ou intermediação do pagamento dos serviços prestados; 5. estabelecer as hipóteses de descredenciamento, de forma que os credenciados que não estejam cumprindo as regras e condições fixadas para o atendimento sejam imediatamente excluídos do rol de credenciados; 6. permitir o credenciamento, a qualquer tempo, de qualquer interessado, pessoa física ou jurídica, que preencha as condições mínimas exigidas; 7. prever a possibilidade de denúncia do ajuste, a qualquer tempo, pelo credenciado, bastando notificar a Administração, com a antecedência fixada no termo; 8. possibilitar que os usuários denunciem qualquer irregularidade verificada na prestação dos serviços e/ou no faturamento; e 9. fixar as regras que devam ser observadas pelos credenciados no atendimento (como p. ex. proibição de que o credenciado exija que o usuário assine fatura ou guia de atendimento em branco)" (Consulta formulada pelo Ministro de Estado da Educação e do Desporto, TC-016.522/95-8, Decisão 656/95 – Plenário, rel. Min. Homero Santos, j. 6.12.1995).

143. Marçal Justen Filho, *Comentários à Lei de Licitações*, pp. 43-44. Carlos Ari Sundfeld, *Licitação e Contrato Administrativo*, São Paulo, Malheiros Editores, 1994, p. 42.

144. Destacou aquela Corte que serão resguardados os seguintes princípios: "a) legalidade – a conveniência social no caso da assistência médica é latente, uma vez que com o credenciamento todos serão amplamente beneficiados e a legalidade encontra respaldo no art. 25 da Lei 8.666/93; b) impessoalidade – o credenciamento obedece este princípio, pois a finalidade da Administração é prestar a melhor assistência médica, com o menor custo possível e dentro dos limites orçamentários; é o

Através do credenciamento, praticado com a devida cautela, assegurado o tratamento isonômico dos interessados na prestação de serviços, é possível obter-se uma melhoria na qualidade dos serviços e uma diminuição nos seus custos.

Sintetizando as peculiaridades dessa forma de prestação, Adilson Abreu Dallari conceitua credenciamento como "o ato ou contrato formal pelo qual a Administração Pública confere a um particular, pessoa física ou jurídica, a prerrogativa de exercer certas atividades materiais ou técnicas, em caráter instrumental ou de colaboração com o Poder Público, a título oneroso, remuneradas diretamente pelos interessados, sendo que o resultado dos trabalhos desfruta de especial credibilidade, tendo o outorgante o poder/dever de exercer a fiscalização, podendo até mesmo extinguir a outorga, assegurados os direitos e interesses patrimoniais do outorgado inocente e de boa-fé".[145]

que se pretende fazer, atingindo todas as entidades prestadoras de serviço que se enquadrarem nos requisitos estabelecidos; c) igualdade – no credenciamento o princípio da igualdade estará muito mais patente do que na licitação formal. Poderá ser credenciada da pequena clínica, ou um consultório de apenas um médico, ao hospital de grande porte, com direito de participação de todos, sendo a sua utilização em pequena ou grande escala vinculada à qualidade e à confiança dos beneficiários que, conforme a aceitação destes, permanecerão ou serão descredenciados; d) publicidade – antes de se concretizar o credenciamento, deverá ser dada ampla divulgação, com aviso publicado no Diário Oficial da União e em jornal de grande circulação, podendo, inclusive, a Administração enviar correspondência aos possíveis prestadores de serviço; e) probidade Administrativa – o credenciamento, da maneira que será executado, obedece rigorosamente aos postulados do princípio da probidade administrativa, uma vez que, embora tal procedimento não esteja expressamente previsto na Lei de Licitação, nenhum comprometimento ético ou moral poderá ser apontado, já que foram observados os demais princípios elencados para o certame; f) vinculação ao Instrumento Convocatório – é um princípio bastante fácil de ser seguido no esquema do credenciamento, pois os parâmetros serão definidos em ato da Administração, que, mediante divulgação para conhecimento dos interessados, permitirá que sejam selecionados apenas aqueles que concordarem e se adequarem a seus termos; g) julgamento objetivo – no credenciamento, o princípio do julgamento objetivo será muito mais democrático do que no da licitação formal, pois, nesta, o julgamento é de uma Comissão, que escolherá um número reduzido de prestadores de serviço, que depois terão que ser aceitos pelos usuários. No caso do credenciamento, as entidades prestarão serviços aos beneficiários da assistência médica, de acordo com a escolha de cada participante, em razão do grande número de opções, portanto não basta ser credenciado para prestar serviço, tem que contar com a confiança da clientela" (TC 016.522/95-8, Decisão 656/95, Plenário, rel. Min. Homero Santos, j. 6.12.1995).

145. "Credenciamento", cit., p. 53.

Aponta, ainda, o Autor que o regime jurídico do credenciamento é caracterizado por alguns traços essenciais, quais sejam: a) a outorga ou atribuição é feita por meio de um ato formal, de conteúdo negocial correspondente a um interesse recíproco do outorgado e do outorgante, mas pode ser unilateral ou bilateral, assumindo caráter tipicamente contratual; b) habilita o outorgado ao exercício de atividade material ou técnica, não-jurídica, meramente instrumental ou de colaboração com a Administração Pública; c) a atividade é desenvolvida a título oneroso: quando paga pelo Poder Público tem-se um simples contrato de colaboração; quando paga pelo particular interessado tem-se um credenciamento propriamente dito, um típico contrato de atribuição; d) os atos praticados pelo particular credenciado são tidos ou havidos como verdadeiros, corretos e confiáveis, salvo prova em contrário; e) as atividades objeto do credenciamento são suscetíveis de constante fiscalização do Poder Público.

3. *Observações finais*

Embora nem todas as tarefas desenvolvidas pelo Poder Público possam ser delegadas ou executadas pelos particulares, há muito particulares exercem funções de colaboração com o Poder Público, sob diversas formas jurídicas, que vem crescendo nos últimos anos.

É ainda de se citar o cometimento a entidades privadas, preferentemente sem objetivo de lucro, de certas atribuições preparatórias, auxiliares ou complementares da atividade social do Estado, mencionando-se como exemplos deste gênero, as associações de moradores, as colônias de pescadores, as associações profissionais, os clubes de serviço etc.[146]

Mais recentemente, diante da crescente experiência internacional na criação de novas formas de parceria com a iniciativa privada na gestão dos negócios do Estado, a escassez de recursos orçamentários para projetos de alto custo, o objetivo de atrair o capital privado para investimento com segurança e lucratividade, o déficit de projetos estruturantes em áreas como transportes, saneamento e saúde, foi edi-

146. Diogo de Figueiredo Moreira Neto, *Curso de direito administrativo*, pp. 280-281.

tada, a Lei 11.079, de 30.12.2004, que institui normas gerais para licitação e contratação de parceria público-privada, no âmbito da Administração Pública e estendendo sua aplicação aos fundos especiais, às autarquias, às fundações públicas, às empresas públicas, às sociedades de economia mista e às demais entidades controladas direta ou indiretamente pela União, Estados, Distrito Federal e Municípios.

Nos termos do art. 2º do referido diploma legal parceria público-privada é "o contrato administrativo de concessão, na modalidade patrocinada ou administrativa", definindo-as em seus §§ 1º e 2º, respectivamente. A primeira "é a concessão de serviços públicos ou de obras públicas de que trata a Lei 8.987, de 13 de fevereiro de 1995, quando envolver, adicionalmente à tarifa cobrada dos usuários, contraprestação pecuniária do parceiro público ao parceiro privado" (§ 1º) e a segunda "é o contrato de prestação de serviços de que a Administração Pública seja a usuária direta ou indireta, ainda que envolva execução de obra ou fornecimento e instalação de bens" (§ 2º)

As PPPs destinam-se àqueles serviços e/ou obras públicas cuja exploração pelo contratado ou não é suficiente para remunerá-lo (p. ex.: ampliação e administração de rodovias ou ferrovias de baixo movimento) ou sequer envolve contraprestação por seus usuários (p. ex.: construção e gerenciamento de presídios ou hospitais públicos). Ademais, afora tratar-se de casos em que se requerem investimentos e/ou especialidades além das possibilidades do Estado, as PPPs têm um componente a mais, representado pela incapacidade de o empreendimento, por si, pagar o investidor privado.

O conceito aplicável às concessões disciplinadas na Lei 8.987/1995 viu-se ampliado com a edição do diploma legal de regência das PPPs, que, sem revogar ou derrogar a referida Lei de concessões, previu as modalidades de concessão patrocinada ou administrativa, com contornos um pouco diferentes das concessões comuns, em especial no que tange às regras da licitação, ao processo de contratação, às formas de remuneração da concessionária e às garantias a serem oferecidas pelo Poder Público.

As PPPs se inserem num processo de evolução que se iniciou com as privatizações, prosseguiu com a outorga de concessões de serviço público e de serviço público precedida da execução de obra pública (ora chamadas *concessões comuns*), disciplinadas pelo Estatuto

Geral das Concessões e por diplomas legislativos pertinentes a setores específicos para desenvolvimento de projetos de infra-estrutura e culmina com um marco legal aplicável às parcerias público-privadas.

Nessa trilha caminham Estados e Municípios. Minas Gerais, São Paulo, Santa Catarina, Goiás e Rio Grande do Sul já aprovaram suas leis, respectivamente de ns. 14.868, de 16.12.2003 e 11.688, de 19.5.2004, 12.930/2004, 14.910/2004 e 12.234, de 13.1.2005. Outros Estados, como Maranhão, Mato Grosso do Sul e o Distrito Federal, já têm projetos em curso.

REFLEXÕES DESABUSADAS SOBRE O ABUSO DO PODER POLÍTICO

FÁBIO KONDER COMPARATO

Em penosa conversa mantida, recentemente, com o professor Celso Antônio Bandeira de Mello manifestamos ambos uma profunda desilusão com o panorama político nacional. Os homens e os partidos, após crescerem moralmente na Oposição pela contínua denúncia dos desmandos governamentais, assim que chegam ao poder reproduzem integralmente, ou quase, o comportamento de seus antigos adversários, embora protestando, com a mão na *Bíblia*, sua firme intenção de doravante tudo mudar no trato da coisa pública. Concluímos nosso desalentado colóquio reconhecendo a urgente necessidade de uma reflexão menos episódica e emocional sobre a essência e os mecanismos de exercício do poder político.

Em homenagem à pessoa do Mestre e Amigo, venho, agora, cumprir a minha parte, apresentando as reflexões que se seguem. Elas obedecem ao método ternário, cuja boa qualidade tem sido largamente demonstrada na análise dos problemas sociais: ver, julgar e agir. Apresento, assim, numa primeira parte, o que se poderia denominar a *fenomenologia do poder político*, para lembrar, em seguida, os *princípios ético-jurídicos fundamentais da Política*, e concluir com uma *proposta de programa de ação*.

1. A fenomenologia do poder político

1.1 As suas diferentes manifestações

Não há realidade mais proteiforme que o poder. Hobbes, em passagem famosa do *Leviatã* (Parte I, Capítulo 10), apontou algumas de suas várias manifestações:

"Reputação de poder é poder; pois ela atrai a adesão daqueles que precisam de proteção. Assim é a reputação que alguém tenha de ser amado pelos seus conterrâneos (a chamada popularidade), pela mesma razão. O mesmo acontece com a qualidade que faz com que um homem seja amado ou temido por muitos; pois ela implica obter a assistência e o serviço de muitos.

"Bom sucesso é poder; ele cria a reputação de sabedoria, ou de sorte; a qual suscita o temor ou a confiança dos outros.

"A afabilidade dos homens que já estão no poder o reforça, porque suscita a estima dos governados.

"Reputação de prudência na condução da paz ou da guerra é poder; pois aos homens prudentes costumamos confiar o governo de nós mesmos, mais facilmente que a outros.

"Nobreza é poder, não em todos os países, mas naqueles em que ela confere privilégios; porque o poder consiste justamente em tais privilégios.

"Eloqüência é poder; porque dá a impressão de prudência.

"Forma (isto é, beleza) é poder; porque, sendo uma promessa do Bem, provoca a simpatia das mulheres e dos estrangeiros."

Nem todas essas formas de poder, contudo, apresentam a mesma importância no plano político. Examinemos, portanto, com mais cuidado, algumas de suas principais manifestações.

1.1.1 Poder de mando e autoridade moral ("potestas" e "auctoritas")

Essa distinção foi feita em Roma para distinguir, de um lado, a posição política dos cônsules e outros magistrados, que podiam impor suas decisões ao povo (*potestas* ou *imperium*), e, de outro, a posição do Senado, cujas decisões eram respeitadas unicamente em razão do prestígio moral ligado à instituição (composta dos descendentes presumidos dos fundadores de Roma), mesmo não tendo o Senado poder algum para impor suas decisões ao povo. A Constituição da República Romana, como salientou Políbio no Livro VI de sua *História*, era um misto de monarquia, oligarquia e democracia, o que dificultava em muito, na prática, o abuso de poder. Os cônsules exerciam funções de natureza monárquica; o Senado organizava-se como instituição oligárquica, enquanto ao povo eram reservados certos poderes propriamente democráticos, como o de aprovar as leis propostas pelos cônsules e não vetadas pelo Senado.

Nas instituições modernas essa antiga distinção não foi oficialmente mantida, salvo em algumas Monarquias, como a Espanhola. Mas tudo depende, na prática, do efetivo prestígio moral dos agentes políticos, sejam eles ocupantes de cargo oficial, ou não. Por exemplo, após a independência da Índia, Gandhi, embora não ocupasse cargo oficial algum, gozou até a sua morte de uma autoridade moral incontestável. Nenhuma grande decisão governamental era tomada sem o acordo prévio do *Mahatma*.

O *Datafolha* – departamento de pesquisa do jornal *Folha de S. Paulo* – publicou recentemente[1] os resultados de uma pesquisa de opinião realizada em todo o Brasil para avaliar o que chamou "poder de influência" e "prestígio" de várias instituições nacionais. Apurou-se que, no tocante ao "poder de influência", as três primeiras instituições eram, em ordem decrescente, a imprensa (provavelmente, o conjunto dos meios de comunicação de massa), a Presidência da República e as instituições financeiras; e as três últimas eram os partidos políticos, as empresas estatais e os sindicatos de trabalhadores. Quanto ao "prestígio", as instituições que mais se destacaram foram a imprensa, os clubes de futebol e a Igreja Católica; e as de menor prestígio, as empresas estatais, a seguir o Congresso Na-

1. Edição de 4.1.2004.

cional e os sindicatos de trabalhadores (no mesmo nível) e, finalmente, os partidos políticos.

Algumas conclusões podem ser tiradas dessa pesquisa.

Vê-se, assim, que o fato de dispor de poder oficial no plano político não significa, necessariamente, gozar de prestígio ou respeito junto à opinião pública. Vou mais além: o político enlouquecido pela paixão do poder – da qual trato mais abaixo – acaba preferindo manter as posições de mando já conquistadas, mesmo ao preço de enxovalhar para sempre sua reputação pessoal.

De qualquer modo, em matéria política o prestígio (isto é, *auctoritas*) constitui uma forma especial de poder. É o que explica o fato de os governantes brasileiros sempre respeitarem e temerem a Igreja Católica.

1.1.2 Força e poder. Poder legítimo e ilegítimo

No campo político toda posição de força, derivada de qualquer causa – as armas ou a riqueza, por exemplo –, é instável enquanto não legalizada, ou seja, não oficialmente reconhecida pelo sistema jurídico. "O mais forte – advertiu Rousseau, no *Contrato Social* – não é nunca bastante forte para permanecer sempre no poder, *[pour être toujours le maître]* se ele não transforma a sua força em direito e a obediência em dever".

Daí a tendência universal de todos os mentores de golpes de Estado, ou líderes revolucionários, de procurar legalizar, desde logo, a posição de mando que conquistaram. Na América Latina todo *pronunciamiento* sempre foi consagrado por uma imediata mudança constitucional.

Muitas vezes, porém, não basta ao governante ser titular de um poder constitucional ou legal para ser respeitado e obedecido. O desgaste pronunciado dos governantes junto ao povo enfraquece sua posição de mando e pode conduzir à sua não-reeleição ou, no limite, à sua destituição, pelos meios legais (*impeachment*, por exemplo).

1.1.3 Poder de estatuir ou decidir e poder de impedir

Essa distinção (*pouvoir de statuer, pouvoir d'empêcher*) foi feita por Montesquieu ao analisar, no Capítulo 6º do Livro XI do *Espírito das Leis*, a questão do abuso de poder e ao propor a separação institucional dos órgãos do Poder estatal. O exemplo por ele dado de poder impediente foi o dos tribunos na Roma republicana. Ao contrário dos cônsules, eles não tinham competência para tomar decisões obrigatórias para o povo, mas podiam vetá-las – o que representava eficaz prevenção à tentativa de abuso.

Em nosso sistema constitucional de governo o poder impediente é atribuído tanto ao Presidente da República, para vetar as leis aprovadas pelo órgão legislativo, quanto a este, para autorizar, por exemplo, a nomeação de membros dos altos Tribunais do país, do Presidente do Banco Central, dos embaixadores e outros altos funcionários. Quanto ao Poder Judiciário, sua função política precípua é a de exercer um poder impediente, pelo juízo de constitucionalidade e legalidade dos atos dos demais órgãos do Estado.

Cuida-se, agora, de institucionalizar, no quadro da democracia participativa, mecanismos de exercício do poder impediente pelo próprio povo.

1.1.4 Poder formal e poder real

Karl Marx salientou em vários escritos que no Estado Moderno os governantes não passam de mandatários da burguesia, encarregados de gerir os negócios públicos de modo a favorecer os interesses dela, como classe dominante.

Marx teve o grande mérito de mostrar, pela primeira vez, o forte entrelaçamento, na sociedade moderna, do poder político oficial com o poder econômico privado. Mas suas idéias, nessa matéria, representaram uma generalização da realidade política que ele conheceu na Europa Ocidental de meados do século XIX, na qual, efetivamente, pelo mecanismo do voto censitário, os homens de posses formavam a maioria do eleitorado. A partir da segunda metade do século XX, na generalidade dos países onde foi consagrado o sufrágio universal e onde as eleições não são dirigidas pelo aparelho estatal, os ricos e, em especial, os grandes empresários constituem uma minoria ínfima do eleitorado. As eleições são, portanto, decididas pelo voto popular. Daí todo o empenho das classes dominantes em controlar os instrumentos de formação da opinião pública, notadamente os meios de comunicação de massa. Elas possuem, pois, uma *influência preponderante*, mas não um controle direto (no sentido forte do termo *control*, em Inglês) sobre o processo eleitoral. Esta é, pois, uma fraqueza do poder econômico privado, que deve ser aproveitada pelo povo.

Além disso, não se pode desconsiderar o fato de que alguns órgãos do Estado Moderno, concentrados no Poder impropriamente dito Executivo, possuem um feixe de prerrogativas próprias (e não simplesmente delegadas), como o poder de tributar, o de nomear ou contratar funcionários públicos, o de autorizar o exercício de certas atividades empresariais, o de comandar as forças armadas e as forças policiais, o de controlar as instituições oficiais de crédito – poderes, esses, suscetíveis de serem usados com sucesso contra as classes dominantes, durante um tempo mais ou menos longo, dependendo do grau de apoio popular de que disponha o chefe de Estado, da coesão ou divisão existente entre as classes dominantes e da capacidade de intervenção de potências estrangeiras. O caso de Hugo Chávez, na Venezuela, representa uma boa ilustração do que acaba de ser dito.

1.2 A patologia do poder político

As doenças próprias do poder político são, na verdade, comuns às demais formas de poder. Lembremos as principais.

1.2.1 Tendência à concentração e à irresponsabilidade

Ao contrário da energia física, sujeita à segunda lei da termodinâmica (entropia) – ou seja, submetida a uma necessária e constante degradação em calor –, o poder político tende sempre, pela sua própria natureza, à concentração, tanto sob o aspecto subjetivo quanto objetivo. "É uma experiência eterna – frisou Montesquieu – que todo homem que detém poder é levado a dele abusar; ele vai até onde encontra limites. Quem diria! Até a virtude tem necessidade de limites".[2] Os atuais Estados fundamentalistas, aliás, são uma perfeita ilustração dos perigos dessa idolatria sem limites da virtude.

A experiência eterna, de que nos fala Montesquieu, mostra que, de um lado, todo titular de uma posição de poder procura afastar os

2. *Do Espírito das Leis*, Livro XI, Capítulo 4º.

rivais ou neutralizar os que detêm prerrogativas de controle (no sentido francês de fiscalização) sobre si, a fim de se tornar cada vez mais independente e poderoso. Nenhum político abre mão de uma milésima parte de sua competência, legal ou costumeira, a não ser quando coagido. É, portanto, inútil esperar que um órgão do Estado proponha alguma redução, ainda que em escala muito modesta, dos poderes que a Constituição lhe atribui.

De outro lado, todo aquele que tem poder em determinada área porfia sempre em estendê-lo a setores vizinhos, e a outros mais distantes, e assim indefinidamente. É muito raro que alguém no governo reconheça concentrar em suas mãos poderes demasiados. Mas, a todo momento, os chefes de Executivo costumam se queixar, de público, de que outros órgãos do Estado (as Casas Legislativas, o Ministério Público, os juízes de primeira instância...) prejudicam a governabilidade, impedindo-os de exercer plenamente e com eficácia as funções inerentes à sua competência constitucional. Há, por vezes, uma reclamação pessoal contra o excesso de trabalho. Mas esse problema, quando realmente existe, resolve-se, em geral, pela delegação de atribuições executivas a auxiliares imediatos, reservando-se, sempre, o governante o poder de retomá-las para si a qualquer momento.

Aliás, no sistema presidencial de governo a tendência incoercível é de o Presidente da República se atribuir pessoalmente os êxitos alcançados pela ação dos seus ministros e de descarregar sobre eles – ou, pelo menos, sobre os mais fracos deles – a responsabilidade por todos os insucessos ocorridos ou os desmandos praticados, mesmo quando, nesta última hipótese, os ministros tenham obedecido estritamente às ordens do Presidente.

Tudo isso alimenta, naturalmente, a incessante busca de uma posição de monárquica irresponsabilidade[3] pelos chefes de governo, ou de irrestrita imunidade penal por parte dos parlamentares. Eles se dizem escandalizados com o fato de que, havendo se decidido – segundo proclamam – a se consagrar integralmente ao bem público, ainda podem ser arrastados à barra dos tribunais como malfeitores vulgares.

3. O art. 99 da nossa Constituição Política do Império, de 1824, assim dispunha: "A Pessoa do Imperador é inviolável, e Sagrada: Elle não está sujeito a responsabilidade alguma".

Em nenhuma de suas cabeças entrou, jamais, o princípio elementar do regime republicano de que, *quanto maior o poder, maior a responsabilidade.*

1.2.2 Tendência ao isolamento dos governantes em relação aos governados

As estruturas políticas e burocráticas do Estado cercam e prendem os governantes num círculo quase hermético, que os isola do povo. Sem embargo de suas qualidades pessoais – que, reconheça-se, não são raras –, as pessoas no governo, do primeiro ao último escalão, acabam se tomando cegas e surdas (mas raramente mudas...) diante das efetivas exigências e necessidades do povo.

Além disso, submetidos a constante lisonja por parte dos seus auxiliares imediatos, os quais buscam deles se servir para seu exclusivo proveito pessoal (lembremo-nos do verso final da fábula de La Fontaine do corvo e a raposa: *tout flatteur vit au dépens de celui qui l'écoute*); fascinados pela eficácia das técnicas mais modernas de propaganda política, que seriam capazes, segundo se apregoa, de manipular com êxito a opinião pública em qualquer conjuntura política; mantidos, pela própria organização burocrática de suas funções, na ignorância das dificuldades e dos erros cometidos no exercício do governo – por força de todos esses fatores, os chefes do Poder Executivo acabam freqüentemente por se convencer de que são, de fato, superiores ao conjunto dos demais políticos, se não ao comum dos mortais; de que são, portanto, pessoas indispensáveis no cargo, porque as únicas capazes de resolver com sabedoria as questões de interesse público.

Ora, a essa convicção de auto-excelência, que costuma assoberbar os governantes, corresponde (e isto é fatal para o funcionamento do regime democrático) o sentimento de que o povo é uma massa fraca, inconstante e inepta; e, por conseguinte, perpetuamente carente de tutela, como um menor impúbere. Convém meditar, a esse propósito, sobre a lição contida na parábola do Grande Inquisidor, em *Os Irmãos Karamazov*, de Dostoievski.

Dostoievski imagina o confronto entre o cardeal Grande Inquisidor da Espanha e Jesus Cristo, que aparecera de repente em Sevilha, no século XVI, na manhã seguinte a um gigantesco auto-de-fé, em que foram queimados vivos 100 hereges. O doce rabi da Galiléia insinuara-se mansamente na grande praça, e, apesar disso, o povo o reconhecera de imediato, sem que ele proferisse uma só palavra. Atendendo às súplicas da multidão, Jesus voltou a fazer os milagres que o celebrizaram na Palestina, 15 séculos antes: restituiu a visão a um cego e ressuscitou uma menina que era levada ao cemitério.

O Grande Inquisidor, que vira toda a cena de longe, ordenou a imediata prisão do "desordeiro". À noite, no calabouço escuro onde fora jogado o Salvador do mundo, o cardeal nonagenário vem se explicar com o prisioneiro. Ele o censura amargamente pelo fato de haver recusado, quando da tentação no deserto (*Mateus* 4, 1-11; *Lucas* 4, 1-13), dar aos homens aquilo que eles sempre almejaram do fundo do coração: o pão que mata a fome, a segurança da riqueza que dispensa o trabalho quotidiano e o governo de um príncipe todo-poderoso, que tudo decide pelos seus súditos, e em quem estes podem depositar, cegamente, as suas esperanças.

O Grande Inquisidor reconhece que Jesus tomou essa decisão superior, digna de um deus, porque queria preservar a sagrada liberdade de escolha do gênero humano entre o Bem e o Mal. Mas isto foi um erro funesto – diz o prelado. Os homens, que não são deuses – mas, ao contrário, seres viciosos, pela sua própria natureza –, sempre consideraram a liberdade, em todos os tempos e lugares, um fardo excessivamente pesado para suas débeis forças. Sua mais lancinante preocupação é saber como, quando e em mãos de quem eles poderão, enfim, alienar sua liberdade, em troca daqueles bens que Jesus imprudentemente recusou ao tentador no deserto.

Na verdade, no mundo da Política só se respeita quem detém alguma espécie de poder (oficial ou não, sob a forma de prestígio público ou de poder efetivo de mando; como atribuição de mandar ou de impedir). É conhecida a pergunta irônica de Stalin a Churchill e a Roosevelt na Conferência de Ialta, ao final da II Guerra Mundial: "De quantas divisões dispõe, afinal, o Papa?".

Acontece que, no limite – e essa é a verdadeira tragédia –, todo governante corre o risco de ser dominado pelas estruturas de poder e de passar, objetivamente, da condição de senhor à de escravo, ou seja, de alguém que já não se pertence e vive submetido, servilmente, às estruturas do Poder, cuja conquista tanto almejou.

E, efetivamente, raros são os homens públicos que não se deixam escravizar pela "glória de mandar e a vã cobiça", como denunciou o velho da praia do Restelo.[4]

1.2.3 A paixão do poder

É, seguramente, a maior de todas as paixões, mais potente que a paixão erótica, religiosa ou argentária. É uma força capaz de superar as limitações biológicas e, até mesmo, de suplantar o amor materno, como o gênio de Shakespeare bem intuiu. Advertida pelo marido da profecia lançada pelas três feiticeiras de que ele seria rei, e sentindo que o temperamento do consorte é todo feito de ternura (*I fear thy nature; it is too full o' the milk of human kindness*), Lady Macbeth invoca os espíritos infernais para que eles mudem seu sexo frágil, enchendo-a, da cabeça aos pés, da mais terrível crueldade: *unsex me here, and fill me, from the crown to the toe, top-full of direst cruelty*.[5] E, a fim de sacudir os últimos escrúpulos de consciência do marido, ela lhe lança em rosto uma estupenda bravata: seria capaz de esmigalhar a cabeça do filho que amamenta, se isto fosse indispensável para cumprir seu desígnio.[6]

Aliás, de acordo com as observações de alguns antropólogos, a atração avassaladora pelo Poder é algo que partilhamos com os outros primatas superiores. E a razão é biológica. As relações de poder e submissão são comandadas pela parte mais primitiva do cérebro humano, a chamada *zona límbica*, que se encontra até mesmo nos répteis. Eis por que as relações sociais que envolvem comando e obediência tendem a escapar, por vezes, ao controle da razão.

O exercício do poder é, de fato, um tremendo desafio à nossa capacidade de autocontrole. Na peça *Cynna*, de Corneille, o grande autoelogio posto na boca de Augusto, Imperador romano, é o declarar-se ele senhor do mundo e de si mesmo, em pé de igualdade. O dramaturgo tinha toda razão: ninguém é capaz de exercer grande poder sobre os outros se não souber controlar ou racionalizar sua paixão de mando.

4. *Os Lusíadas*, Canto IV, Estrofe XCIV.
5. *Macbeth*, Ato Primeiro, Cena 5.
6. Idem, Ato Primeiro, Cena 7.

É preciso atentar para o fato de que objeto da paixão é a posse, uso e gozo da posição de poder; não o "resultado do poder", isto é, as obras ou transformações suscetíveis de serem realizadas pelo seu exercício. O fato de se conseguir dobrar as vontades alheias e de suscitar o respeito, se não a veneração, do povo, como se este se encontrasse diante de um ídolo religioso, provoca um gozo intenso e durável. Aliás, um dos mais importantes recursos de poder consiste em manter os governados em estado permanente de temor e adoração – dois sentimentos, como se sabe, característicos da submissão religiosa.

Como já foi repetidas vezes observado, a paixão pelo Poder é intrinsecamente corruptora. Ela tende a corromper, tanto os que exercem o poder, quanto os que dele se aproximam. Há, sem dúvida, a corrupção mais vulgar, daquele que compra a consciência alheia, ou vende a sua. Mas há também uma forma muito mais elaborada, que frisa à loucura moral. É aquele orgulho ou insolência que os gregos denominavam *hybris*, sempre pronto a provocar audácias proibidas e a engendrar desastres, como adverte o coro na tragédia *Agamenon*, de Ésquilo. O indivíduo escravo dessa paixão tende a se servir, para alcançar seus fins, de todos os sentimentos altruístas que encontra disponíveis diante de si: o amor, a compaixão, a generosidade, a lealdade, o espírito de serviço, a solidariedade. Com desoladora freqüência, velhos amigos e grandes admiradores do governante, ou, então, pessoas respeitáveis na sociedade pela sua correção e sabedoria, são tentativamente usados em proveito próprio pelo homem no Poder, sem escrúpulo algum. Como se diz com freqüência entre nós, em Política a única coisa feia é perder a eleição.

O mais curioso é que essa loucura moral vem sempre acompanhada de uma sensação de euforia. "Tudo se passa – observou Aristóteles – como se o poder conservasse sempre em boa saúde os seus detentores".[7] E, efetivamente, é quase impossível encontrar um político que sofra de depressão no exercício do poder.

Daí por que raros são os moralmente preparados para assumir posições de mando político. "O poder revela o homem" – sentenciou sinteticamente Aristóteles, na *Ética a Nicômaco*.[8] "Pode-se conhecer

7. *Política*, 1.279 *a*, 15.
8. 1.130 *a*, 2-3.

bem a alma, os sentimentos, os princípios morais de um homem – indaga o rei Creonte na tragédia *Antígona*, de Sófocles – se ele não se mostrou ainda no exercício do poder, governando e ditando leis?". Pois, como observou saborosamente o Padre Vieira, "não há coisa que mais mude os homens do que o descer e o subir, e o subir muito mais do que o descer".

1.3 A chefia do Executivo no Brasil: uma longa tradição de abuso de poder

Rousseau bem advertira: a inclinação natural de todo aquele que detém o poder executivo por delegação popular é de se apropriar desse poder, cujo exercício lhe foi confiado. Não hesita em afirmar que, em todos os países, o governo age e conspira contra a soberania popular, da mesma forma que a vontade particular age e conspira incessantemente contra a *volonté générale*.[9]

Dificilmente encontraremos melhor exemplo de aplicação dessa regra geral que em nosso país.

Com efeito, desde que iniciamos a nossa vida de Nação independente, há um dado que permanece constante na realidade política, indiferente às sucessivas formas de organização constitucional que adotamos no correr dos tempos: todo poder estatal tende a concentrar-se no cargo de chefe de governo. Raymundo Faoro, em estudo já clássico,[10] enxerga nas origens do Reino de Portugal, forjado que fora pelo Rei – muito mais um chefe político do que um senhor feudal –, a raiz primeira desse traço típico de nosso *ethos* político.

No longo panegírico que dedicou à memória do pai, Joaquim Nabuco apenas uma vez permitiu-se censurá-lo. Foi a propósito de uma circular, pela qual Nabuco-pai, então Ministro da Justiça, ditou regras de julgamento aos magistrados: "É o traço saliente do nosso sistema político essa onipotência do Executivo, de fato o Poder único do regímen. Nabuco, apesar de todo o antagonismo de muitas de suas idéias com esse sistema, principalmente em matéria de garantias indi-

9. *Do Contrato Social*, Livro Terceiro, Capítulo X.

10. *Os Donos do Poder – Formação do Patronato Político Brasileiro*, 2ª ed., t. 1, São Paulo, Globo/EDUSP, Capítulo 1º.

viduais, e apesar da guerra que moveu à invasão francesa do contencioso administrativo, foi um dos fundadores da onipotência do governo, convertido em última instância dos poderes públicos".[11]

De qualquer forma, no Império, a centralização e personalização do mando encontravam uma cena justificativa no chamado Poder Moderador, que a Constituição de 1824 instituiu, sob a inspiração de Benjamin Constant.[12] Mas os redatores daquela Carta Política, assim como seus mais insignes comentadores e intérpretes, não reproduziram com fidelidade a idéia original do pensador franco-suíço. Enquanto este sustentava que a chave de toda organização política é a *distinção* entre o poder ministerial e o poder do rei, a nossa Constituição Imperial preferiu declarar, sutilmente, que "o Poder Moderador é a chave de toda a organização política", sem acentuar sua necessária separação do Poder Executivo, exercido pelos ministros de Estado (art. 102). Para Benjamin Constant o Poder do chefe de Estado é neutro, isto é, simplesmente arbitral ou mediador, enquanto o dos ministros é ativo, no sentido de que eles não atuam como meros agentes delegados do chefe de Estado. Daí a diferença essencial, como ele frisou, entre a responsabilidade ministerial e a inviolabilidade do rei.

Entre nós, no entanto, o mais ilustre dos publicistas do Império, José Antônio Pimenta Bueno (Marquês de São Vicente), não hesitou em afirmar que a prerrogativa conferida pelo art. 98 da Constituição de 1824 ao Imperador era "a mais elevada força social, o órgão político mais ativo, o mais influente de todas as instituições fundamentais da Nação".[13] No mesmo diapasão, o Visconde de Uruguai, o primeiro grande cultor do direito administrativo entre nós, sustentou que "o Imperador não é o Poder Executivo, não constitui por si só o Poder Executivo. É simplesmente *[sic]* o Chefe do Poder Executivo".[14] Analogamente, o Poder Judicial "é uma mola da máquina administrativa, mas não é a máquina"[15] (tal seria!). Em conclusão, "a máxima – o Rei

11. *Um Estadista do Império*, Rio de Janeiro, Nova Aguilar, 1975, p. 239.

12. Cf. *Principes de Politique*, Capítulo II, in *Oeuvres*, Paris, Gallimard/Bibliothèque de la Pléiade, pp. 1.112 e ss.

13. *Direito Público Brasileiro e Análise da Constituição do Império*, Ministério da Justiça e Negócios Interiores, 1958, p. 201.

14. *Ensaio sobre o Direito Administrativo*, t. II, Rio de Janeiro, Typographia Nacional, 1862, p. 55.

15. Idem, p. 261.

reina e não governa – é completamente vazia de sentido para nós, pela nossa Constituição".[16] Ao quê o Marquês de Itaboraí (Rodrigues Torres) arrematou: "o Imperador reina, governa e administra".

Com isto, estava aberto o caminho à inevitável absorção das funções governamentais pelo monarca, declarado constitucionalmente imune de toda responsabilidade, com a inevitável conseqüência do avassalamento permanente dos demais órgãos constitucionais.

Nosso parlamentarismo do século XIX, como todos reconhecem, sempre foi uma ficção retórica. O velho Nabuco de Araújo, em famoso discurso pronunciado no Senado em 17.7.1868, logo após o Imperador despedir inopinadamente o Gabinete Zacarias de Góis, desnudou-a sob a forma de um sorites, ou silogismo encadeado: "O Poder Moderador pode chamar a quem quiser para organizar ministérios; esta pessoa faz a eleição, porque há de fazê-la; esta eleição faz a maioria. Eis aí está o sistema representativo do nosso país!".[17]

Instituído o regime republicano, essa concentração abusiva de poderes, de direito e de fato, na pessoa do chefe de Estado não retrocedeu; pelo contrário.

Os primeiros governos presidenciais não passaram de ditaduras militares, sob a justificativa ideológica do positivismo comteano. Imaginava-se que o sistema federativo viesse quebrar, de algum modo, a onipotência do Presidente da República. Mas a solerte "política dos Governadores", instituída por Campos Sales, afastou desde logo qualquer ilusão a esse respeito. Os Governadores – na verdade, apenas dois, de São Paulo e Minas Gerais – faziam o Presidente, e este os apoiava em retorno, na reprodução, em plano federal, do esquema coronelista instituído em cada Estado.[18]

Discursando no Instituto dos Advogados, ao tomar posse no cargo de Presidente desse Sodalício em 19.11.1914, Rui Barbosa não usou meias-palavras para qualificar o sistema de governo instaurado com o regime republicano. "O presidencialismo brasileiro – disse ele – não é senão a ditadura em estado crônico, a irresponsabilidade

16. Idem, p. 157.

17. Joaquim Nabuco, *Um Estadista do Império*, p. 663.

18. O estudo de Víctor Nunes Leal, *Coronelismo, Enxada e Voto*, cuja 1ª edição é de 1949, ainda é a obra de maior autoridade sobre o assunto.

geral, a irresponsabilidade consolidada, a irresponsabilidade sistemática do Poder Executivo".[19] Vinte anos depois, um Diplomata inglês, que aqui vivera durante um quarto de século, corroborou essa análise sem concessões do nosso sistema de governo, ao publicar um opúsculo com título sugestivo: *Sua Majestade o Presidente do Brasil.*[20] A ousadia valeu-lhe a imediata expulsão do território nacional.

O fato é que, após os dois períodos de governo de exceção, chefiados por Getúlio Vargas – antes e depois da Constituição de 1934 –, e após os 20 anos de regime militar, tínhamos, ingenuamente, a esperança de que, advindo a reconstitucionalização do país, nosso sistema político se encaminhasse, afinal, para um estado de maior equilíbrio de Poderes.

Pura ilusão! O mecanismo de representação popular criado pelo Código Eleitoral de 1932 – sistema único no mundo, ao combinar eleição proporcional com voto uninominal – revelou-se uma eficiente máquina de triturar partidos, para melhor submetê-los à dominação governamental. Nisto, aliás, nada havia de novo. A atuação partidária sempre foi, em nossa história política, um teatro de fantoches. Por ocasião da crise provocada no Partido Conservador de São Paulo, em 1851, com a imposição palaciana da candidatura de Pimenta Bueno ao Senado, contra a vontade unânime dos dirigentes partidários locais, o então Visconde de Monte Alegre, Presidente do Conselho de Ministros, definiu de forma impecável a realidade que perdura até hoje: "Os partidos em nossa Terra não podem coisa alguma contra a vontade do Governo, e só a fraqueza do poder e a pouca vontade de os sujeitar à disciplina é que traz as derrotas, quando as tem havido".[21]

Que o digam os dissidentes do Partido dos Trabalhadores, no primeiro ano do Governo Lula!

Além de apreciáveis poderes administrativos – de nomear ou contratar funcionários, de liberar verbas orçamentárias, de usar as instituições financeiras oficiais para direcionar o crédito estatal para as empresas ou setores que bem entender –, o Presidente da Repúbli-

19. *Obras Completas*, vol. XLI, t. IV, Ministério da Cultura/Fundação Casa de Rui Barbosa, 1914, p. 233.

20. Ernst Hambloch, *Sua Majestade o Presidente do Brasil – Um Estudo do Brasil Constitucional (1889-1934)*, ed. UnB.

21. Joaquim Nabuco, *Um Estadista do Império*, p. 129.

ca detém, em suas mãos, o poder legislativo, pela via das medidas provisórias, como, até mesmo, o poder de reforma constitucional. Até fins de 2003 – ou seja, em 15 anos de vigência – a Constituição de 1988 foi remendada 46 vezes – o que dá uma apreciável média de mais de três mudanças por ano –, sempre por iniciativa direta, ou com o consentimento expresso, do Chefe do Poder Executivo.

A par disso, permanece a mesma subserviência do Congresso Nacional às determinações do Presidente da República. A eleição dos Presidentes das duas Casas Legislativas é rigorosamente controlada por ele. Demais, continuamos a assistir, impotentes, à mesma negociação indecorosa de liberação de verbas orçamentárias, quando não ao suborno puro e simples de parlamentares, no interesse privado do Governo, como se tem visto com lamentável freqüência ultimamente, ao se impedir a instalação de comissões parlamentares de inquérito sobre atos de corrupção na esfera do Executivo.

Tudo isso sem se falar na capacidade, ainda existente, dos chefes de Executivo, na União e nos Estados, para avassalar o Judiciário e o Ministério Público.

Perante essa situação de lamentável ruína dos mecanismos institucionais de controle do Poder entre nós, parece óbvia e urgente a necessidade de se elaborar um programa de regeneração política. Para tanto, devemos nos fundar nos princípios ético-jurídicos fundamentais, e combinar as instituições da democracia participativa com uma ampliação do sistema de separação de Poderes.

É o que procuro esboçar a seguir.

2. Os princípios ético-jurídicos de organização do poder político

Devemos partir do postulado de que o Poder é mero instrumento para a consecução de determinadas finalidades, cuja determinação é matéria de ética, e não de técnica.

Ora, eticamente, o poder político é submetido, conjuntamente, aos princípios de ordem republicana e democrática, os quais nada mais representam, na verdade, que uma especificação dos grandes princípios dos direitos humanos, todos eles inscritos em nossa Constituição. Até hoje, porém, não obstante o grande progresso da teoria constitucional nos últimos decênios, continuamos a pensar que as grandes políticas públicas, aquelas que empenham as futuras gerações de brasileiros e a própria soberania nacional, devem ser tecnicamente imunes ao juízo de constitucionalidade.[22]

2.1 A ética republicana

Ela pode ser sintetizada na supremacia do bem comum sobre o interesse particular.

O bem comum é aquele que pertence a todos, em igualdade de condições. "Comum", aí, opõe-se a "próprio", assim como a "comunhão" opõe-se à "propriedade". A essência do bem comum é, portanto, a idéia de inclusão e partilha; ao passo que a propriedade implica, necessariamente, a exclusão de todos os que não são titulares dela. Nas comunidades, a relação que se estabelece é sempre de natureza pessoal e igualitária: todos são companheiros, no sentido fraterno que a palavra tem, sob o aspecto etimológico: *cum panis*. É a reunião dos que partilham o mesmo pão. A relação de propriedade, ao contrário, tem por objeto não pessoas, mas coisas, das quais o proprietário pode livremente usar, fruir e dispor. Daí por que tomar a propriedade como fundamento da ordem social, como faz a ideologia liberal-capitalista, redunda não somente em exacerbar o individualismo excludente (a supremacia do mais forte e do mais rico), como também em estimular a utilização de pessoas como coisas, ou simples meios para a satisfação dos interesses do proprietário. Na análise marxista da sociedade capitalista, como sabido, tem grande importância o conceito de *mercadoria*: a burguesia, à semelhança do lendário rei Midas, transforma em objetos sujeitos à lei do mercado tudo aquilo em que toca.

De onde se conclui, irrefutavelmente, que o sistema capitalista é de todo incompatível com a observância da ética republicana, pois ele tende, pela sua própria lógica, à exclusão social dos não-proprietários, bem como à transformação dos trabalhadores e dos consumidores em mercadorias, que têm preço, mas não dignidade.

22. Procurei, há alguns anos, num artigo composto em homenagem à memória do querido amigo professor Geraldo Ataliba, reagir contra isto. Mas não tive sucesso (cf. "Ensaio sobre o juízo de constitucionalidade de políticas públicas", *RT* 737/11, São Paulo, Ed. RT).

Note-se a extrema abrangência da noção de *bem comum*. Ela diz respeito não só ao povo, em relação aos indivíduos, grupos ou classes que o compõem, como também à Nação, enquanto entidade permanente, em relação aos interesses particulares do povo atual, e, finalmente, à Humanidade como um todo, em relação a cada Nação em particular. Ninguém tem o direito de sacrificar o todo em benefício da parte, ou as gerações futuras para favorecer a geração presente, como tem ocorrido presentemente, em matéria de preservação do meio ambiente. Por outro lado, deve-se advertir que o Estado nem sempre age no *interesse público* – entendido este no seu preciso sentido etimológico (*publicus*, *-a*, *-um*, em Latim, significa "do povo"). Como Marx salientou, os órgãos estatais não raro favorecem os interesses particulares das classes dominantes, em detrimento das classes dominadas. O que a análise marxista, porém, deixou na sombra – mas foi depois recuperado por Max Weber, entre outros – é que existe, sim, um interesse particular dos órgãos estatais, de índole corporativa ou burocrática, em oposição ao interesse comum do povo. Atualmente, por exemplo, sob a influência preponderante da ideologia neoliberal, a máquina estatal é levada a trabalhar, no mundo todo, no sentido de transformar as finanças de atividade-meio em pura atividade-fim, como se o Estado existisse não para garantir o desenvolvimento nacional e a realização dos direitos humanos, mas sim para arrecadar tributos e manter o serviço da dívida.

No plano pessoal a ética republicana exige que os governantes não transformem o Estado no seu domínio particular, pela sobreposição dos seus sentimentos ao interesse público, quer favorecendo indevidamente amigos e parentes, quer prejudicando os inimigos, ou preterindo os desafetos, embora altamente competentes, na ocupação dos cargos administrativos. Até hoje continua em vigor, entre nós, a máxima cunhada no período da "República Velha": "Para os amigos, tudo; para os inimigos, a lei".

2.2 A ética democrática

Ela se funda no princípio de que o poder político pertence ao povo, sendo os governantes simples mandatários, sempre obrigados a prestar contas ao mandante de seus atos e omissões e sujeitos a responsabilidade pessoal pelos desmandos que tenham praticado.

Nas democracias modernas de índole exclusivamente representativa, porém, os governantes tendem a considerar o Poder como um bem próprio, e transformam a representação política em representação teatral: eles encenam, perante o povo, a farsa da estrita obediência à vontade eleitoral. As eleições, aliás, mui raramente exprimem a vontade popular por programas de governo. Elas constituem, no mais das vezes, a consagração de personalismos. É, portanto, ridículo ouvir governantes afirmarem, com toda a seriedade, que as políticas públicas por eles implementadas foram aceitas previamente pelo povo que os elegeu.

Nessa linha de raciocínio, é preciso reconhecer que o capitalismo é também incompatível com a ética democrática. Sua índole é essencialmente oligárquica: é o governo da minoria que, concentrando o poder econômico sob a forma de capital, dita o modo de vida de todos os outros agentes econômicos, de acordo com a lógica da máxima lucratividade. Para a classe empresarial seria um desastre submeter as políticas econômicas de governo à vontade do povo, sem poder negociar em particular com seus representantes, no Governo ou no Parlamento. Seu modelo de "democracia" é o funcionamento das sociedades por ações, nas quais finge-se que o poder soberano pertence aos acionistas (o povo), recebidos periodicamente na sede social para as festivas reuniões da Assembléia-Geral, sendo de notório conhecimento que todas as decisões desta já foram previamente tomadas pelos controladores (a classe dominante), e que elas serão em seguida implementadas pelos administradores (o governo), sob sua imediata supervisão.

2.3 Os princípios cardeais dos direitos humanos

Eles formam a tríade sagrada da igualdade, da liberdade e da solidariedade, e se concretizam nas determinações constantes dos sistemas nacional e internacional de direitos humanos. Não existe superioridade de um desses sistemas sobre o outro. Eles se harmonizam entre si, segundo o critério da prevalência, na hipótese de conflito, da norma de maior proteção da dignidade humana.

Toda a evolução histórica dos direitos humanos – desde as suas primeiras formas embrionárias na Democracia Ateniense e na República Romana, até os últimos tratados internacionais, como o que criou em 1998 o Tribunal Penal Internacional – segue uma linha diretriz bem marcada: a eliminação do abuso de poder, tanto político quanto econômico ou social.

A plena realização dos direitos humanos no território nacional deveria, portanto, ser o ponto mais importante do programa de qualquer governo.

À luz desse mandamento supremo de ética política, é totalmente inadmissível sacrificar direitos fundamentais (o direito ao trabalho, à educação, à saúde ou à previdência, por exemplo), para arrumar as finanças do Estado ("pôr a casa em ordem"); o que significa, na prática, manter intocáveis os direitos dos detentores do capital, ou dos títulos da dívida pública. A verdade é que em nosso país, hoje mais do que nunca, os programas e planos de governo são decididos, em última instância, não pelo Presidente da República ou o Congresso Nacional, mas sim pelo Secretário do Tesouro Nacional. É ele que determina, pela liberação ou o corte de verbas orçamentárias, o que pode e o que não pode ser realizado como "política pública".

3. Um programa de ação

3.1 No plano educacional e da ação política

Montesquieu ressaltou, com toda a razão, a íntima ligação entre os regimes políticos e os sistemas de educação do povo. É que cada regime político orienta-se por valores próprios, que representam seu princípio de funcionamento – valores, esses, que somente penetram fundo na consciência dos cidadãos por força do empenho educacional. Ele também insistiu em que é o regime republicano, cujo princípio é a virtude política, isto é, a firme adesão de todos ao respeito do bem comum, aquele no qual a educação pública é mais necessária.[23]

Ora, entre nós, uma das carências mais sentidas e tradicionais do nosso sistema de ensino diz respeito à formação do espírito cívico, ou seja, a educação para o exercício da cidadania. Já o nosso primeiro historiador, Frei Vicente do Salvador, advertia, no longínquo ano de 1627, que "nem um homem nesta Terra é republico, nem zela ou trata do bem comum, senão cada um do bem particular".

23. *Do Espírito das Leis*, Livro IV, Capítulo 5º.

A Constituição Federal, em seu art. 39, § 2º, determinou que todas as unidades da Federação criassem Escolas de Governo, "para a formação e aperfeiçoamento dos servidores públicos". Mas o mandamento constitucional, mesmo com essa limitação do seu escopo à Administração Pública, ainda é letra morta. Na verdade, esse dispositivo constou da Emenda Constitucional 19 por proposta do então Ministro da Reforma Administrativa, que se inspirou, para tanto, na experiência das Escolas de Governo e Cidadania, criadas primeiro em São Paulo e depois em várias outras unidades da Federação, pela iniciativa de alguns professores universitários. Tais instituições educacionais visam a formar os cidadãos não só para o exercício de funções políticas e administrativas no aparelho estatal, mas também, e principalmente, para fiscalizar a atuação dos agentes públicos e denunciar os abusos do poder.

Convém, aliás, salientar que não é de hoje, mas de sempre, a tendência aparentemente incoercível dos homens de se considerarem perfeitamente aptos a exercer, sem a menor preparação, as mais diferentes responsabilidades no campo político. Foi esse, como sabido, o *leitmotiv* da filosofia política de Platão. No *Alcibíades*, por exemplo, Sócrates observa que, enquanto todos são capazes de prontamente reconhecer sua inabilidade no exercício de alguma profissão técnica – construir navios, levantar fortificações, tocar algum instrumento musical (são exemplos por ele dados) –, quase ninguém se enxerga ignorante na complexíssima arte de governar a *polis*, a qual exige não um conhecimento técnico, mas eminentemente ético: saber distinguir o justo do injusto. Ora – conclui ele –, a pior ignorância, porque de extrema periculosidade social, é a auto-ignorância em matéria política: a situação daquele que não sabe que ignora os rudimentos da ciência prática de governo, e que, não obstante, está sempre pleiteando cargos ou funções públicas.

De qualquer maneira, porém, o exercício das prerrogativas inerentes à condição de cidadão exige um mínimo de organização do povo, como titular da soberania. Sem dúvida, aos partidos políticos, quando autênticos órgãos de representação popular, e não simples máquinas eleitorais, incumbe essa tarefa de organizar a vontade política do povo. Mas não se deve nunca esquecer que os partidos são agentes políticos, cuja vocação natural é o exercício do poder no Estado.

Em ambiente de democracia direta e cidadania ativa é indispensável criar outros mecanismos coletivos de ação política do povo. Seria, assim, segundo penso, da maior importância que lográssemos federar num consórcio de âmbito nacional todas as organizações não-governamentais já existentes, cujo objetivo é o controle da atuação dos agentes públicos, em qualquer órgão do Estado. Isto viria potencializar sua capacidade de agir politicamente em defesa do respeito aos objetivos e princípios fundamentais da República.

3.2 No plano institucional

Devemos lutar pelo aperfeiçoamento dos mecanismos institucionais de controle do Poder. Por mais importante que seja a atuação educacional, ela não dispensa a criação de freios objetivos às práticas abusivas dos governantes.

Ora, o controle (no sentido de fiscalização, impedimento e responsabilidade) do poder político deve atuar tanto no sentido horizontal (separação de Poderes) quanto no vertical (relação entre governantes e governados).

A matéria é vastíssima. Limitar-me-ei, portanto, a apresentar, sumariamente, uma lista não-exaustiva de sugestões para uma verdadeira e séria reforma política.

3.2.1 Sugestões de controle vertical

• Submeter toda e qualquer emenda constitucional, uma vez aprovada no Congresso, ao referendo popular. Como enfatizou Sieyès em obra famosa, "em cada uma de suas partes, a Constituição não é obra do poder constituído, mas do poder constituinte. Nenhuma espécie de poder delegado pode mudar coisa alguma nas condições de sua delegação".[24]

• Suprimir da competência exclusiva do Congresso Nacional o poder de autorizar referendo e convocar plebiscito (art. 49, XV, da CF). A autorização e a convocação devem ser feitas pela Justiça Eleitoral, uma vez cumpridos os requisitos a serem fixados pela Consti-

24. *Qu'est-ce que le Tiers État?*, Capítulo V.

tuição de maneira razoável, a fim de facilitar, e não dificultar, essas manifestações da soberania popular ativa.

• Suprimir a ação declaratória de constitucionalidade de lei ou ato normativo federal, criada pela Emenda Constitucional 3, de 17.3.1993. Trata-se de manifesta excrescência no sistema tradicional de *judicial control*, criado pelos norte-americanos. A ação em questão não é uma defesa da cidadania contra o abuso governamental, mas, bem ao contrário, uma proteção antecipada do Governo contra as demandas que os cidadãos possam ajuizar para defesa de seus direitos.

• Tomar obrigatória a participação popular na elaboração do Plano Plurianual e da Lei de Diretrizes Orçamentárias, na União e nos Estados. Nos Municípios e no Distrito Federal essa participação ativa do povo deve estender-se também ao Orçamento Anual.

• Instituir o *recall* de chefes de Executivo e a dissolução, pelo voto popular, das Câmaras Legislativas, na segunda metade do mandato ou da legislatura. No caso dos chefes de Executivo, o início do processo por crime de responsabilidade, no órgão legislativo, deveria ensejar a convocação do povo, mesmo na primeira metade do mandato ou da legislatura, para exercer, se assim o desejar; esse poder de destituição ou dissolução.

• Dar legitimidade a associações civis e a fundações para a propositura de ações populares, inclusive de caráter penal,[25] e de ações de improbidade administrativa contra os agentes públicos.

• Instituir o financiamento público das campanhas eleitorais, com a cominação de severas penas aos candidatos que receberem dinheiro de particulares ou que despenderem acima do limite máximo fixado em lei.

• Rever a legislação concernente aos meios de comunicação de massa, de modo a evitar que eles sejam utilizados contra o interesse nacional, ou em prejuízo do direito fundamental do povo a ser corretamente informado sobre assuntos de interesse público, e do direito de controlar o exercício do poder, sob todas as suas formas. Nesse

25. A Carta Política do Império admitia que, "por suborno, peita, peculato e concussão", pudesse ser intentada contra os juízes ação popular, "pelo próprio queixoso, ou por qualquer do Povo" (art. 157).

sentido, o primeiro passo é, sem dúvida, a revogação da Emenda Constitucional 36, de 28.5.2002, que abriu, pela primeira vez entre nós, a possibilidade de estrangeiros controlarem órgãos de imprensa, rádio e televisão. Dever-se-ia introduzir no Brasil o "direito de antena", já previsto nas Constituições Espanhola e Portuguesa: é o direito de quaisquer entidades privadas a se servirem do rádio e da televisão para a transmissão de suas mensagens ao público.

3.2.2 Sugestões de controle horizontal

• Separar em órgãos distintos, no Congresso Nacional, o poder de legislar do poder de fiscalizar e autorizar. Com isto eliminar-se-iam todos os obstáculos institucionais ao exercício da competência fiscal do Parlamento sobre os demais Poderes. A maioria parlamentar perderia o poder de impedir a instalação de comissões parlamentares de inquérito.

• Criar um órgão autônomo de planejamento, incumbido de elaborar os Orçamentos-Programas e os Planos Plurianuais de Investimento, a serem aprovados pelo órgão legislativo, bem como de fiscalizar sua execução. O objetivo é separar o longo prazo do curto prazo, de modo a evitar que os grandes investimentos de infra-estrutura e as políticas estruturais sejam sacrificados ao interesse conjuntural ou eleitoral dos governantes.

• Alterar a disciplina dos Orçamentos Anuais. De um lado, tornar obrigatórias as despesas públicas aprovadas, salvo autorização prévia dada ao Governo, em cada caso, pela Comissão Mista de Orçamento do Congresso Nacional. De outro lado, limitar as emendas que os parlamentares façam à proposta orçamentária, unicamente, à alteração de rubricas gerais, de modo a afastar as barganhas individuais entre o Executivo e os parlamentares (liberação de verbas em troca de votos).

• Proibir toda e qualquer despesa pública com propaganda governamental, inclusive as despesas com "publicidade dos atos, programas, obras, serviços e campanhas dos órgãos públicos", permitidas pelo art. 37, § 1º, da Constituição Federal quando tenham "caráter educativo, informativo ou de orientação social". A experiência tem demonstrado, fartamente, que essa norma constitucional é fraudada por todos os governos, sem exceção.

• Dar maior independência ao Judiciário e ao Ministério Público, em relação ao Poder Executivo. As nomeações para cargos, nesses órgãos, não deveriam ser feitas pelo chefe de Governo. É preciso, também, dar-lhes maior autonomia financeira: a fixação de limites de despesas orçamentárias no Judiciário e no Ministério Público, feita pela mal-denominada "Lei de Responsabilidade Fiscal" (Lei Complementar 101, de 4.5.2000), atenta claramente contra o princípio constitucional de separação de Poderes. Se o Judiciário e o Ministério Público são, pela Constituição, criados como órgãos independentes, não cabe ao legislador reduzir suas prerrogativas.

• Instituir mecanismos de controle público (não-estatal) do Judiciário e do Ministério Público.

• Tornar os Tribunais de Contas órgãos do Poder Judiciário. Em recente reportagem de imprensa[26] apontou-se o fato de que, dos 189 membros dos Tribunais de Contas dos Estados e do Distrito Federal, 33 respondem a processos junto ao STJ pela prática de crimes de malversação dos dinheiros públicos.

Dixi et salvavi animam meam.

São Paulo, 18 de fevereiro de 2004

26. *Carta Capital* de 21.1.2004.

AS EMPRESAS ESTATAIS QUE EXPLORAM ATIVIDADE ECONÔMICA E SEU DEVER DE LICITAR

José Eduardo Martins Cardozo

1. O dever de licitar e o direito positivo brasileiro. 2. O dever de licitar nas empresas públicas e nas sociedades de economia mista que exploram atividades econômicas: 2.1 A amplitude do dever de licitar e a atenuação deste dever para empresas públicas e sociedades de economia mista que exploram atividade econômica – 2.2 A competência para legislar e a instituição de um regime jurídico único para o dever de licitar na Administração direta e indireta da União, dos Estados, do Distrito Federal e dos Municípios – 2.3 A situação especial das empresas estatais criadas para a exploração de atividades econômicas em regime de monopólio.

A discussão sobre o papel do Estado nas sociedades capitalistas modernas tem sido tormentosa. Marcada por fortes colorações políticas e ideológicas, constantemente tem propiciado fortes conflitos de opinião quando aplicada, de forma explícita ou implícita, na dogmática jurídica. No direito administrativo, por exemplo, são freqüentes e infindáveis as discussões sobre o conceito jurídico de *serviço público*, sua distinção das atividades econômicas passíveis de serem excepcionalmente exploradas por entes estatais, ou, ainda, sobre os limites e o regime jurídico que devem incidir nas inserções dos órgãos públicos no mundo privado ou nas atuações de entes privados no exercício de atividades públicas.

Pessoas jurídicas dotadas de personalidade jurídica de direito privado, as empresas públicas e as sociedades de economia mista são, induvidosamente, entes estatais. Formadas, total ou parcialmente, com capitais públicos, ora são criadas para prestar atividades tipicamente estatais (*serviços públicos*), ora são concebidas para exercer atividades tipicamente privadas (*atividades econômicas*). Afirmam-se, pois, por força da sua própria ontologia jurídica, no limiar de dois campos distintos, cuja demarcação de fronteiras é confusa e nebulosa. Naturais, assim, os problemas e as dúvidas jurídicas que marcam a atuação destas particulares espécies de pessoas administrativas.

Um destes problemas – como não poderia deixar de ser – coloca-se no campo das licitações. Como ninguém desconhece, os procedimentos licitatórios são autênticos mecanismos controladores da atividade contratual do Estado. Fundam-se na necessidade de se dar tratamento isonômico a todos os particulares que desejam contratar com o Poder Público e no próprio dever de respeito à probidade administrativa. Disto decorrem as dúvidas: tendo personalidade jurídica de direito privado, por serem constituídas com recursos públicos, devem empresas públicas e sociedades de economia mista ser submetidas ao dever de licitar? Em que medida? Sob quais regras? E quando criadas para a exploração de atividades econômicas? Devem ser submetidas ao mesmo regime jurídico das pessoas estatais destinadas à prestação de serviços públicos, ou devem receber tratamento diferenciado?

Não foram poucos os que se debruçaram sobre o tema, na busca de respostas a estas indagações. Na prática, muitas são as divergências e as dúvidas. Por isso, neste modesto estudo jamais poderíamos ter a pretensão de resolvê-las em definitivo, ou mesmo de analisá-las sob todas as variantes lógicas e jurídicas que o tema comporta. A bem da verdade, procuraremos, aqui, apenas tecer algumas breves considerações em torno do núcleo central do problema. E, para tanto, de início, abordaremos alguns aspectos fundamentais que caracterizam o dever de licitar no vigente direito positivo brasileiro. Logo após, partindo deste alicerce, construiremos as ponderações que nos parecem oportunas sobre a relação deste dever com empresas públicas e sociedades de economia mista, considerando a tradicional classificação, prestigiada pelo nosso direito positivo, que as diferencia em prestadoras de serviços públicos e exploradoras de atividades econômicas. E, finalmente, em breves linhas, procuraremos analisar o problema no âmbito das empresas públicas e sociedades de economia mista que atuam em regime de monopólio.

1. O dever de licitar e o direito positivo brasileiro

Como todas as Constituições, o texto da nossa vigente Constituição representou a síntese de todos os fatores reais que compunham o poder social existente no momento histórico da sua elaboração e da sua promulgação. Naquele momento buscava a sociedade brasileira romper com o autoritarismo e com o arbítrio do regime militar instituído pelo golpe de estado de 31.3.1964.

Dentro dos marcos do modo de produção característico de uma sociedade capitalista, o desejo dominante era a construção de um Estado Democrático, respeitador da liberdade e assegurador de uma ampla esfera de direitos individuais, coletivos e sociais. A tônica do limite ao poder se sobrepunha, assim, à necessidade da afirmação de prerrogativas de conduta para os agentes estatais. Por isso, passou a ser conhecida como a "Constituição-cidadã".

Esta dimensão axiológica pode ser captada sem dificuldade alguma pela simples leitura do seu texto. Afirmando a República Federativa do Brasil como um "Estado Democrático de Direito", aponta como seus fundamentos "a soberania", "a cidadania", "a dignidade da pessoa humana", "os valores sociais do trabalho e da livre iniciativa" e "o pluralismo político" (art. 1º). Estatui um extenso rol de direitos individuais e coletivos (art. 5º), que passaram a ser tratados não só como normas de *eficácia imediata* (art. 5º, § 1º), mas, ainda, como autênticas *cláusulas pétreas* – quer dizer, como regras inatingíveis por emendas constitucionais, ou seja, por manifestações do denominado *poder constituinte derivado* (art. 60, § 4º, IV). Chega, mesmo, em certos casos, a ser repetitiva, como no caso do princípio da igualdade ou isonomia, tratado simultaneamente em diversos artigos, sob diversos aspectos – como se buscasse o legislador constitucional se acautelar de eventuais descumprimentos futuros (v. arts. 3º, IV; 4º, V; 5º, abertura; 5º, I; 5º, XLI; 12, § 2º; 37, I; 37, XXI; e 150, II).

No campo específico da atuação da Administração Pública, o espaço normativo explícito do nosso texto constitucional é fortemente ocupado por princípios e regras que pretendem assegurar a plena *indisponibilidade do interesse público*, deixando, assim, formalmente em segundo plano as prerrogativas de autoridade que devem marcar a atuação dos nossos agentes públicos. É nessa perspectiva que no *caput* do seu art. 37 são afirmados como princípios gerais da Administração Pública os princípios da *legalidade, impessoalidade, moralidade, publicidade* e *eficiência*[1] – todos, sem exceção, destinados a estabelecer limites e controles de conduta para o administrador público, e não privilégios para sua atuação em confronto com os interesses privados. É com a mesma preocupação que são igualmente afirmados, de forma explícita, dentre outros, os princípios do *contraditório* e da *ampla defesa na atividade administrativa* (art. 5º, LV), o do *concurso público para ingresso em cargos, empregos e funções públicas* (art. 5º, II), da *liberdade de associação sindical ao servidor público* (art. 5º, VI) e seu *direito de greve* (art. 5º, VII), da *responsabilidade civil objetiva do Estado* (art. 37, § 6º), e, ainda, as *regras limitadoras da remuneração dos agentes públicos* (art. 37, XI, XII, XIII, XIV, XVI e XVII, e art. 39, § 4º[2]), as que estabelecem a *obrigação de autorização legislativa específica para a criação de entes da Administração indireta e empresas subsidiárias* (art. 37, XIX e XX) e, ainda, as que criam *possibilidades e instrumentos de controle jurisdicional sobre atos da Administração Pública* (art. 5º, XXXV, LXVIII, LXIX, LXX, LXXI, LXXII e LXXIII, e art. 129).

Dentro deste mesmo espírito, também se ocupou o nosso legislador do *dever de licitar*, ou seja, do dever do Estado de realizar, antes de suas contratações, um procedimento administrativo que assegure a isonomia entre os interessados nesta contratação e a escolha da proposta mais vantajosa para os interesses públicos. Reconhecendo que a realização de procedimentos licitatórios, enquanto um pressuposto essencial para a satisfação de valores fundamentais da nossa ordem jurídica, deveria ter o *status* de princípio constitucional, veio o art. 37, XXI, da nossa Lei Maior a afirmar, tanto para os órgãos da Administração direta como da indireta, que, "ressalvados os casos especificados na legislação, as obras, serviços, compras e alienações serão contratados mediante processo de licitação pública que assegure igualdade de condições a todos os concorrentes, com cláusulas que

1. Observe-se que o *princípio da eficiência* não constava do texto original da Constituição, tendo sido nele introduzido pela Emenda Constitucional 19/1998.

2. Alguns destes dispositivos foram alterados ou introduzidos por emendas constitucionais, revelando em larga medida a dificuldade que tem representado o tratamento dos limites de ganhos para os agentes públicos, dentre nós.

estabeleçam obrigações de pagamento, mediante as condições efetivas da proposta, nos termos da lei, o qual somente permitirá as exigências de qualificação técnica e econômica indispensáveis à garantia do cumprimento das obrigações". Afirmava-se, assim, o dever de licitar como um princípio constitucional que obrigatoriamente incide sobre todos os órgãos e entes vinculados ao Poder Público, pouco importando sua natureza jurídica ou o fim para os quais houvessem sido criados.

De certo modo, a afirmação constitucional atendeu a uma tendência que já havia se apresentado anteriormente na nossa legislação infraconstitucional.

Editado durante a vigência da Constituição Federal de 1967, e posteriormente recepcionado pela Carta de 1988, o Decreto-lei 2.300, de 21.11.1986, superando antiga polêmica acerca do dever de licitar de empresas públicas e de sociedades de economia mista, já havia consignado que tanto empresas públicas como sociedades de economia mista estavam obrigadas a realizar, antes de suas contratações, prévios procedimentos licitatórios. Estabelecia, porém, uma distinção simplificadora em favor dessas empresas estatais. Previa o *caput* do seu art. 86 que as sociedades de economia mista, empresas e fundações públicas deveriam licitar de acordo com o estabelecido naquele estatuto, "até que editem regulamentos próprios", "com procedimentos seletivos simplificados e observância dos princípios básicos da licitação".[3] Ou seja: poderiam realizar licitações com procedimentos mais simplificados que aqueles que deveriam ser adotados pelos órgãos da Administração direta e autarquias.

O texto original da vigente Constituição Federal omitiu-se em relação ao estabelecimento de qualquer simplificação procedimental nas licitações de sociedades de economia mista e de empresas públicas. Com efeito, de todos os dispositivos dedicados pelo legislador

3. Era este o texto, *in verbis*, desse dispositivo: "Art. 86. As sociedades de economia mista, empresas e fundações públicas e demais entidades controladas direta ou indiretamente pela União, e pelas entidades referidas no artigo anterior, até que editem regulamentos próprios, devidamente publicados, com procedimentos seletivos simplificados e observância dos princípios básicos da licitação, inclusive as vedações contidas no parágrafo único do art. 85, ficarão sujeitas às disposições deste Decreto-lei".

constitucional à matéria não se poderia extrair qualquer vedação ou permissão para que estes entes da Administração indireta pudessem ter procedimentos licitatórios mais simplificados que os realizados pelas demais pessoas administrativas.[4] Por isso, sempre nos pareceu acertado o entendimento de que o art. 86 do Decreto-lei 2.300/1986 havia sido recepcionado em toda sua dimensão normativa pelo texto constitucional de 1988.

O quadro restou, contudo, alterado com a entrada em vigor da Lei 8.666, de 21.6.1993. Partindo das regras constitucionais estabelecidas no texto de 1988, o diploma legislativo disciplinador das normas gerais em matéria de licitações e de contratações do Poder Público veio a estabelecer importantes modificações no que tange à matéria *sub examine*.

Em primeiro lugar, considerando-se exclusivamente os ditames firmados no texto constitucional de 1988, a Lei 8.666/1993 ampliou a dimensão *subjetiva* do dever de licitar. Se a Constituição Federal impunha este dever, como observado, apenas para a Administração dire-

4. O texto original da Constituição de 1988 tratava da licitação, diretamente, em três dispositivos. Além do precitado art. 37, XXI, nosso legislador constitucional também tratou da competência para legislar sobre a matéria (art. 22, XXVII) e da obrigatoriedade de que concessões e permissões de serviços públicos fossem sempre precedidas de licitação (art. 175, *caput*). Era este o texto original da nossa Lei Maior:

"Art. 22. Compete privativamente à União legislar sobre: (...); XVII – normas gerais de licitação e contratação, em todas as modalidades, para a Administração Pública, direta e indireta, incluídas as fundações instituídas e mantidas pelo Poder Público, nas diversas esferas de governo, e empresas sob seu controle".

"Art. 175. Incumbe ao Poder Público, na forma da lei, diretamente ou sob regime de concessão ou permissão, sempre através de licitação, a prestação de serviços públicos."

Note-se que o *caput* do art 175, supratranscrito, permanece em vigor com este mesmo texto, até os dias atuais. Como será observado adiante, o art. 22, XXVII, na forma original acima apresentada, foi alterado pela Emenda Constitucional 19/1998, tendo, hoje, outra redação. Esta mesma Emenda ainda alterou inteiramente a redação original do art. 173, *caput* e § 1º, da Constituição Federal, vindo a tratar diretamente das licitações de empresas públicas e sociedades de economia mista que exploram atividade econômica e de suas subsidiárias, como também será observado a seguir. O texto original destes dispositivos era o seguinte:

"Art. 173. Ressalvados os casos previstos nesta Constituição, a exploração direta de atividade econômica pelo Estado só será permitida quando necessária aos impeta e indireta (entenda-se pela expressão o conjunto formado por *autarquias, empresas públicas, sociedades de economia mista* e *fundações governamentais*[5]), este diploma infraconstitucional veio a alargá-lo, ao colocar também sob sua incidência quaisquer entes *controlados direta ou indiretamente pelo Poder Público*.[6] Com isso, um universo de pessoas que constitucionalmente poderia restar liberto da realização de licitações antes da celebração de seus contratos ficou submetido a este tipo de controle.

Em segundo lugar, eliminou – ao menos literalmente – a regra de que sociedades de economia mista e empresas públicas poderiam pre-

rativos de segurança nacional ou a relevante interesse coletivo, conforme definidos em lei.

"§ 1º. A empresa pública, a sociedade de economia mista e outras entidades que explorem atividade econômica sujeitam-se ao regime jurídico próprio das empresas privadas, inclusive quanto às obrigações trabalhistas e tributárias."

5. A definição legal de *Administração indireta* nos é dada pelo art. 4º do Decreto-lei 200/1967, que estabelece: "Art. 4º. A Administração Federal compreende: I – a Administração direta, que se constitui dos serviços integrados na estrutura administrativa da Presidência da República e dos Ministérios; II – a Administração indireta, que compreende as seguintes categorias de entidades, dotadas de personalidade jurídica própria: a) autarquias; b) empresas públicas; c) sociedades de economia mista; d) fundações públicas".

6. Assim dispõe o art. 1º da Lei 8.666/1993, alargando, nos termos expostos, a dimensão subjetiva do dever de licitar tanto para a União como para os Estados, o Distrito Federal e os Municípios:

"Art. 1º. Esta Lei estabelece normas gerais sobre licitações e contratos administrativos pertinentes a obras, serviços, inclusive de publicidade, compras, alienações e locações no âmbito dos Poderes da União, dos Estados, do Distrito Federal e dos Municípios.

"Parágrafo único. Subordinam-se ao regime desta Lei, além dos órgãos da Administração direta, os fundos especiais, as autarquias, as fundações públicas, as empresas públicas, as sociedades de economia mista *e demais entidades controladas direta ou indiretamente pela União, Estados, Distrito Federal e Municípios*" (grifos nossos).

Cumpre observar que esta tendência de se alargar o dever de licitar para além da Administração indireta já poderia ser observada no próprio Decreto-lei 2.300/1986, uma vez que seu art. 86 também prescrevia que as "entidades controladas direta ou indiretamente pela União, e pelas entidades referidas no artigo anterior" (Estados, Distrito Federal, Municípios e Territórios), poderiam editar regulamentos próprios para fins de disciplinarem procedimentos seletivos simplificados (v. texto integral na nota 3, supra).

ver, em seus regulamentos próprios, procedimentos licitatórios mais simplificados. De fato, agora a regra legal passou a ser a de que, embora sociedades de economia mista, empresas e fundações públicas e demais entidades controladas direta ou indiretamente pelo Poder Público possam editar regulamentos próprios, elas haverão de inexoravelmente permanecer adstritas às disposições da Lei 8.666/1993. É o que proclama seu art. 119,[7] que – não raras vezes – tem propiciado dúvidas quanto à exata exegese dos seus termos.

Com isso, as duras regras legais relativas ao processamento das licitações impostas pela lei passaram a incidir indistintamente sobre todos os órgãos e pessoas jurídicas da Administração, ou por ela controlados. Um autêntico *regime jurídico único* para os procedimentos licitatórios passou a vigorar em todo o país.[8]

Desse modo, se as inovações trazidas pela Lei 8.666/1993 foram vistas como rigorosas para os órgãos da Administração direta e para autarquias, na medida em que eliminaram campos de discricionariedade administrativa até então admitidos, no que tange às empresas es-

7. Diz o art. 119 da Lei 8.666:

"Art. 119. As sociedades de economia mista, empresas e fundações públicas e demais entidades controladas direta ou indiretamente pela União e demais entidades referidas no artigo anterior editarão regulamentos próprios devidamente publicados, *ficando sujeitas às disposições desta Lei*.

"Parágrafo único. Os regulamentos a que se refere este artigo, no âmbito da Administração Pública, após aprovados pela autoridade de nível superior a que estiverem vinculados os respectivos órgãos, sociedades e entidades, deverão ser publicados na Imprensa Oficial" (grifos nossos).

8. A expressão é de Marçal Justen Filho, que, ao comentar a situação da Administração indireta perante nossa atual Lei de Licitações afirma que "a Lei n. 8.666 determinou regime jurídico único para toda a Administração, sem qualquer distinção entre a Administração direta e indireta, ao impor a necessidade da licitação e a observância de princípios fundamentais".

Como observaremos a seguir, julgamos apropriada a adoção da expressão "regime jurídico único" desde que adotada no exato sentido referido pelo autor acima mencionado. Trata-se de um mesmo regime a ser seguido pela Administração direta da União, dos Estados, do Distrito Federal e dos Municípios no que concerne a uma definição única acerca da dimensão subjetiva e objetiva do dever de licitar (*quem deve licitar e o que deve ser licitado*, respectivamente), das exceções ao dever de licitar e dos princípios básicos que devem reger todas as licitações. Isto, todavia, não implica um *regime jurídico uniforme*, ou seja, que todos os entes administrativos devam sempre ter as mesmas regras regendo as licitações que realizam. É o que mais adiante se afirmará.

tatais estas mudanças foram recebidas com grande dose de estupefação. Agora, *toda* a Administração Pública passava a ter forte controle e rigidez procedimental no processamento de suas licitações. Até mesmo as empresas públicas e as sociedades de economia mista, reconhecidamente entes que, para terem mais flexibilidade de atuação, foram concebidos teoricamente e admitidos pela nossa legislação como pessoas jurídicas de direito privado.

Note-se, assim, que, se a tendência original da Constituição de 1988 era impor limites e controles mais rígidos à ação da Administração Pública em geral, foi esta ainda mais alargada com a edição da Lei 8.666/1993. Isto, com certeza, se deveu à crescente insatisfação da opinião pública com os permanentes escândalos e denúncias de corrupção que continuavam marcando a vida brasileira mesmo após a entrada em vigor daquela Carta Constitucional. Mais controles, mais limites e menos discricionariedade passaram a ser impostos aos nossos administradores, numa busca incessante de probidade e de eliminação das nefastas formas de apropriação privada dos bens e dos recursos públicos.

Como não poderia deixar de ser, porém, esta onda controladora começou, com o passar do tempo, primeiro a ser refreada, e depois combatida por intervenções legislativas concretas e pontuais. Pouco a pouco os controles estabelecidos pela Constituição de 1988 e pela legislação infraconstitucional – não só no campo das licitações, mas em muitos outros – passaram a ser questionados, seja quanto à sua adequação aos fins maiores do Estado, seja também quanto ao seu próprio mérito.

Vários fatores contribuíram para isso. Dentre os principais, destacam-se alguns de natureza estritamente pragmática. E outros de essência puramente político-ideológica.

Quanto aos de natureza pragmática, colocam-se os naturais embaraços que rígidas regras no campo das licitações trazem às ações administrativas. Licitações sempre implicam custos para seu processamento e natural perda de agilidade para atos de contratação. Em um país cuja cultura administrativa foi forjada no arbítrio e na falta de planejamento, a afirmação de um amplo dever de licitar e de uma acentuada rigidez procedimental apresenta-se quase sempre como um trágico problema, de difícil superação para os nossos quase sempre despreparados administradores. A inépcia, a má gestão e a falta de previsão passaram, assim, a ser encobertas por ferozes críticas à extrema "burocratização" propiciada pela nossa legislação em relação à atividade contratual do Poder Público. Deste modo, ao invés de se buscar a revisão tópica e recomendável de eventuais exageros propiciadores de um engessamento injustificado da máquina administrativa em certos campos da sua atuação, a "licitação" passou a ser vista globalmente como um verdadeiro "entrave" na busca de uma maior "eficiência" do Estado.

Já, no plano político-ideológico, as críticas, apesar de partirem de outra causa, acabaram seguindo o mesmo rumo. Com o fortalecimento da visão *neoliberal* do Estado no período que se segue à derrocada dos regimes comunistas do Leste Europeu, o ideal de um Estado mínimo cuja gestão tivesse por paradigma a atuação das empresas privadas passou a ser defendido por muitos. Um Poder Público moderno e eficiente, dentro desta visão, exigia mais resultados e menos controles. Nesta linha de raciocínio, o receituário globalizado da reforma do Estado, defendido como uma verdade inexorável pelos arautos dos "novos tempos", passou a ter como pressuposto implícito a maquiavélica concepção de que os "fins" deveriam justificar os "meios". A idéia de que um Estado Democrático de Direito é um Estado em que os meios são condicionantes diretas dos fins passou a ser esquecida, em prol de uma alardeada "modernidade".

A Constituição-cidadã de 1988 e as leis que buscavam a efetivação dos seus princípios – como a Lei 8.666/1993 – passavam a ser, então, um natural óbice aos incontidos desejos dos pragmáticos e dos adeptos do modelo de Estado neoliberal. Mudanças passaram a ser reclamadas. Algumas foram feitas. Outras ainda esperam novos dias para que possam ser efetivadas – se é que ainda o serão.[9]

Dentre as muitas que foram levadas a efeito, deve ser destacada a empreendida pela Emenda Constitucional 19/1998, responsável pe-

9. Vêm, nos últimos tempos, perdendo espaço e força em todo o mundo as convicções neoliberais. O manto de modernidade e de pureza ideológica de que eram revestidas em larga medida já foi retirado. Expostas, agora, à crítica e ao debate aberto, têm ensejado manifestações contrárias, que muito as enfraqueceram. Até mesmo seus maiores defensores têm, nos últimos tempos, ensejado recuos. Não se sabe se estratégicos ou definitivos.

la denominada "Reforma Administrativa". Partindo de um mal-disfarçado ideário *neoliberal*, e acolhendo razões dos pragmáticos, buscou eliminar mecanismos de controle originalmente albergados, de modo explícito ou implícito, pelo texto original da nossa Lei Maior. E, como não poderia deixar de ser, "inovou" no campo das licitações. Embora tenha deixado intocado o princípio da licitação, na forma com que foi consagrado no art. 37, XXI,[10] introduziu importantes mudanças – muitas vezes atabalhoadas, e lapidadas em má técnica redacional – na regra que tratava da competência para legislar em matéria de licitações (art. 22, XXVII) e na que trata das sociedades de economia mista e empresas públicas exploradoras de atividade econômica (art. 173), na perspectiva de apontar para a necessidade da eliminação do "regime jurídico único" das licitações em nosso país. Criou, ainda, a figura do *contrato de gestão* entre entes da Administração Pública, na perspectiva de atribuir maior "autonomia gerencial" a estes, desde que alcançadas "metas de desempenho" previamente ajustadas (art. 37, § 8º).

É, pois, dentro desta contraditória realidade normativa que devemos nos debruçar, hoje, para analisar as licitações e os contratos das empresas públicas e das sociedades de economia mista que exploram atividade econômica. Uma Constituição em que a tônica dos limites e dos controles é profundamente acentuada, um estatuto geral infraconstitucional (Lei 8.666/1993) que segue fielmente este espírito, e até o reforça sobremaneira, e modificações constitucionais posteriores que seguem outra linha axiológica e que, em certos casos, mal-

10. De fato, o *caput* do art. 37 foi alterado pela Emenda Constitucional 19/1998, o que, em tese, poderia ter implicado uma modificação do conteúdo do inciso XXI, em comento, uma vez que é impossível, em boa hermenêutica, interpretar-se o inciso em dissonância com a cabeça do artigo. Todavia, é de ser observado que, a nosso ver, as mudanças introduzidas não propiciaram uma alteração de sentido do princípio da licitação. De fato, a nova redação apenas retirou do texto a expressão Administração pública "fundacional" (o que, em si, não guarda relevância alguma, uma vez que as denominadas fundações governamentais, como sabido, integram, dentre nós, o conceito científico e legal de Administração indireta, cuja menção remanesceu intocada no *caput* do artigo) e incluiu a "eficiência" como um princípio geral da Administração Pública Brasileira (o que também, por si só, em nada afeta a definição do princípio da licitação firmada no aludido inciso XXI). Daí termos falado que o art. 37, XXI, na forma em que foi consagrado originalmente no nosso texto constitucional, permanece até hoje intocado.

engendradas, parecem colidir com regras que devem ser tidas como inalteráveis no texto original da nossa Lei Maior passaram a ser uma realidade dos nossos dias.

Donde as crescentes dificuldades que o tema apresenta em nosso país. Buscar racionalidade e harmonia sistêmica em regras que vigem sem terem sido pensadas e aprovadas como um sistema normativo racional e harmônico não é tarefa simples. Principalmente quando expressam visões de mundo e do Estado contraditórias, em conflito, e onde normas novas tentam eliminar antigas sem afirmar claramente que pretendem fazê-lo, partindo de uma realidade confusa que marcha ora à esquerda, ora à direita, e ora desgovernada, por caminhos em que não se consegue vislumbrar o Norte da sua partida ou o cume da sua chegada. Este o desafio que temos diante de nós não apenas no presente estudo, mas talvez em todos os que versam sobre os diferentes institutos do *direito administrativo econômico* da atualidade.

Mas é nisso que reside, como parece ter sempre residido, o fascínio maior da contraditória arte daqueles que se dedicam ao estudo e à interpretação das leis, e que faz dos juristas, em certos momentos, verdadeiros artífices da história do seu tempo, e em outros, seres pueris e metafísicos alienados da realidade do poder que dita as regras reais do mundo em que vivem, e que passam ao largo dos seus retóricos ensinamentos doutrinários.

2. *O dever de licitar nas empresas públicas e nas sociedades de economia mista que exploram atividades econômicas*

Diante de todo o exposto, nenhuma dúvida pode existir em nosso espírito de que, em nosso Direito, o dever de licitar se afirma por imperativo constitucional tanto para os órgãos da Administração Direta[11] como para as pessoas que integram a denominada Administração Indireta (*autarquias*, *empresas públicas*, *sociedades de economia mista* e *fundações governamentais*). E também quanto à constatação

11. Observe-se que, dentre nós, o dever de licitar também se estende aos órgãos do Poder Judiciário e do Poder Legislativo, incluindo-se neste último, naturalmente, os Tribunais de Contas, na conformidade do que estabelecem os arts. 1º e 117 da Lei 8.666/1993.

de que, por determinação da legislação infraconstitucional, este mesmo dever aplica-se igualmente a *quaisquer entes controlados direta ou indiretamente pelo Poder Público.*

Com isso, afirma-se de forma nítida que as sociedades de economia mista e as empresas públicas de quaisquer esferas federativas, independentemente da espécie de atividade que, por força da sua criação legal, devam realizar,[12] submetem-se ao dever de realizar procedimentos licitatórios antes da celebração de seus contratos. É o que resulta, inexorável, do art. 37, XXI, e dos expressos termos da Lei 8.666/1993 (arts 1º e 119).

12. Partindo-se da clara distinção feita pela nossa Constituição entre a prestação de serviços públicos e o exercício de atividade econômica, é hoje pacífico em nossa doutrina que as empresas públicas e as sociedades de economia mista podem ser criadas para realizar, enquanto entes da Administração Pública, qualquer uma das duas.

De acordo com os ensinamentos de Celso Antônio Bandeira de Mello, entende-se por *serviço público* "toda atividade de oferecimento de utilidade ou comodidade material destinada à satisfação da coletividade em geral, mas fruível singularmente pelos administrados, que o Estado assume como pertinente a seus deveres e presta por si mesmo ou por quem lhe faça as vezes, sob um regime de direito público – portanto, consagrador de prerrogativas de supremacia e de restrições especiais –, instituído em favor dos interesses definidos como públicos no sistema normativo" (*Curso de Direito Administrativo*, 17ª ed., São Paulo, Malheiros Editores, 2004, p. 620). Assim, para o autor o serviço público seria uma espécie do gênero *função administrativa do Estado*, e, por isso, qualificável como uma atividade que *deve* ser prestada por ele ou por alguém que lhe faça as vezes, na conformidade do estabelecido no art. 175 da Constituição Federal (v. texto transcrito na nota 4, supra).

Já, por atividade econômica – diz o mesmo Mestre – devemos entender "a atividade própria dos particulares; atividade privada, portanto insuscetível de ser qualificada como serviço público". A seu ver, a distinção seria óbvia, na medida em que, "se está em pauta que o texto constitucional atribuiu aos particulares e não atribuiu ao Poder Público, admitindo, apenas, que este, excepcionalmente, possa empresá-la quando movido por 'imperativos da segurança nacional' ou acicatado por 'relevante interesse coletivo', como tais 'definidos em lei' (tudo consoante dispõe o art. 173 da Lei Magna), casos em que operará, basicamente, na conformidade do regime de direito privado, é evidente que em hipóteses quejandas não se estará perante atividade pública, e, portanto, não se estará perante serviços públicos" (*Curso ...*, 17ª ed., p. 633).

Deste modo, quando excepcionalmente pretender exercer atividade econômica, o Estado poderá valer-se das empresas públicas e das sociedades de economia mista, desde que respeite os marcos normativos estabelecidos na Constituição Federal. Nesse caso estará *intervindo no domínio econômico* e atuando dentro do campo do denominado *direito administrativo econômico*. Ao revés, quando estiver prestando

Antes da entrada em vigor da Constituição seria possível, ao menos em tese, cogitar-se de uma interpretação diferente. Partindo-se da correta idéia de que a Constituição estabelece uma clara diferença de regimes para a prestação de serviços públicos e para a exploração de atividade econômica pelo Estado, seria possível imaginar-se – agora, por caminhos não tão acertados – que o princípio da licitação deveria ser aplicado exclusivamente às empresas públicas e às sociedades de economia mista prestadoras de serviço público.

Por serem pessoas dotadas de personalidade jurídica de direito privado, e por estarem exercendo atividade essencialmente privada, as empresas estatais exploradoras de atividade econômica estariam libertas do dever de licitar para que "isonomicamente" pudessem atuar em pé de igualdade com as empresas privadas que atuassem no mesmo campo de suas atividades.

Esta compreensão, pela sua evidente desconformidade com nosso direito positivo, apesar de sustentada por alguns, não vingou. Prevaleceu a acertada posição daqueles que afirmavam que o princípio da licitação, na forma em que foi consagrado na nossa Carta Constitucional, englobaria estas duas espécies de empresas estatais. O fato de terem personalidade jurídica de direito privado e de realizarem atividade característica do mundo privado não retiraria das empresas públicas e das sociedades de economia mista que exploram atividade econômica a natureza de serem entes da Administração Pública, constituídos com recursos públicos. E, com isso, a necessidade de estarem submetidas a mecanismos de controle administrativos capazes de forçá-las ao cumprimento dos princípios maiores que devem governar suas atividades. Estariam, pois, já induvidosamente sujeitas ao dever de licitar, a partir do que originalmente restava afirmado pela nossa Lei Maior no art. 37, XXI, e na Lei 8.666/1993.

serviço público estará atuando no campo das atividades típicas do Poder Público, podendo fazê-lo diretamente ou na forma de concessão ou permissão, na conformidade do estabelecido no *caput* do já referido art. 175 da nossa Carta Constitucional. É nessa perspectiva que se admite que sociedades de economia mista e empresas públicas possam ser criadas para prestar serviços públicos. Discute-se, hoje, em doutrina se estas empresas, quando realizam esta espécie de atividade administrativa, a estariam realizando na condição de concessionárias de serviço público ou se de meros executores diretos desta atividade.

Qualquer discussão a respeito, todavia, foi definitivamente sepultada pela edição da Emenda Constitucional 19/1998. Ao alterar a redação do art. 173, § 1º, da nossa Lei Maior, deixou ainda mais claro o nosso legislador constitucional o dever de licitar que incide sobre as empresas estatais que exploram atividade econômica, bem como sobre suas subsidiárias.[13] Com efeito, a partir dessa manifestação do poder constituinte derivado ficou consagrado nesse dispositivo constitucional que "a lei estabelecerá o estatuto jurídico *da empresa pública, da sociedade de economia mista e de suas subsidiárias que explorem atividade econômica* de produção ou comercialização de bens ou de prestação de serviços", dispondo, dentre outras coisas, sobre "*licitação* e contratação de obras, serviços, compras e alienações, *observados os princípios da Administração Pública*"[14] (grifos nossos). Ou seja: se o estatuto legal que haverá de disciplinar tais entes da Administração indireta deve dispor sobre as regras relativas a suas licitações é porque, inexoravelmente, estão estas submetidas ao dever de

13. As subsidiárias de sociedades de economia mista e empresas públicas, mesmo antes da Emenda Constitucional 19/1998, induvidosamente, já estavam submetidas à dimensão subjetiva do dever de licitar. De fato, como já observado anteriormente, lembremos que a Lei 8.666/1993, no seu art. 1º, desde junho/1993 já afirmava que estão submetidos aos termos dessa lei quaisquer entes controlados "direta ou indiretamente pela União, Estados, Distrito Federal e Municípios". Indiscutivelmente, as subsidiárias destas empresas estatais são entes controlados, na perspectiva estabelecida por este diploma legislativo, estando, portanto, inteiramente enquadradas nos seus termos e, em princípio, no dever de realizar licitações antes de suas contratações.

14. A redação atual e integral deste dispositivo, nos termos introduzidos pela Emenda Constitucional 19/1998, é a seguinte:

"Art. 173. Ressalvados os casos previstos nesta Constituição, a exploração direta de atividade econômica pelo Estado só será permitida quando necessária aos imperativos da segurança nacional ou a relevante interesse coletivo, conforme definidos em lei.

"§ 1º. A lei estabelecerá o estatuto jurídico da empresa pública, da sociedade de economia mista e de suas subsidiárias que explorem atividade econômica de produção ou comercialização de bens ou de prestação de serviços, dispondo sobre:

"I – sua função social e formas de fiscalização pelo Estado e pela sociedade;

"II – a sujeição ao regime jurídico próprio das empresas privadas, inclusive quanto aos direitos e obrigações civis, comerciais, trabalhistas e tributários;

"III – licitação e contratação de obras, serviços, compras e alienações, observados os princípios da Administração Pública;

"IV – a constituição e o funcionamento dos conselhos de administração e fiscal, com a participação de acionistas minoritários;

"V – os mandatos, a avaliação de desempenho e a responsabilidade dos administradores."

realizar procedimentos licitatórios, a partir do que estabelecem os princípios estabelecidos no direito positivo. A outra conclusão, por óbvio, não poderemos chegar.

Superada esta observação preliminar, contudo, um conjunto de importantes questões se apresentará ao estudioso do tema, de modo a exigir uma reflexão mais aprofundada a respeito. O problema refere-se mais diretamente à forma pela qual, *in concreto*, disciplina o nosso direito positivo o dever de licitar de empresas públicas e de sociedades de economia mista exploradoras de atividade econômica. Estarão estes entes sujeitos ao mesmo *regime jurídico* imposto para as licitações da Administração direta, autarquias, fundações governamentais, empresas públicas e sociedades de economia mista prestadoras de serviço público? Existirá dentre nós, ainda hoje, um *regime jurídico único* para todos os entes da Administração direta e indireta quanto ao dever de licitar?

A busca da melhor resposta a estas questões implica possamos dar alguma precisão ao sentido jurídico que estamos atribuindo à expressão "regime jurídico único" quando aplicável ao campo do dever de licitar.[15]

No sentido em que a adotamos, um regime jurídico pode ser *único* sem que necessariamente deva ser *uniforme.* Um regime jurídico será *uniforme*, em matéria de procedimentos licitatórios, sempre que todas as normas relativas ao processamento das licitações venham a se afirmar invariavelmente dentro do mesmo *modus* para todos os que lhes estão sujeitos. Afinal, *uniforme* é o que *não varia*, é o que tem apenas *uma forma*.

Claro, nesta medida, que um regime que contempla diferentes maneiras de processar licitações para os entes ou para os atos que a ele estão sujeitos jamais poderá ser tido como *uniforme*. Contudo, se for aplicado de maneira única, na sua própria diversidade modal intrínseca, ao mesmo conjunto de pessoas e atos que devem ser licitados, deverá ser tido como *único*. Quando em nosso país vigorava a regra de um regime jurídico único para todos os servidores, e se entendia que este era o estatutário, isto não implicava situação de uniformidade das situações funcionais de todos os servidores. Havia

15. V. nota 8, supra.

diferentes direitos e deveres para os servidores dos diversos entes federativos, ou até dos mesmos entes. É o mesmo com as licitações. Falar em um *regime jurídico único* para estas implicará que todos os entes da Federação (União, Estados, Distrito Federal e Municípios) estejam submetidos igualmente ao mesmo dever relativamente a ***quem*** *deve licitar* (*dimensão subjetiva deste dever*), a ***que atos jurídicos*** *devem ser licitados* (*dimensão objetiva deste dever*), às ***atenuações*** e ***exceções*** *ao dever de licitar* (*dimensão excludente deste dever*) e aos *princípios e normas gerais* que devem reger estes procedimentos (*dimensão procedimental deste dever*). Isto é, que não existam outros regimes *especiais* de licitação para União, Estados, Distrito Federal e Municípios, ou para seus órgãos e pessoas que integram respectivamente suas Administrações direta e indireta.

É unicamente nesse sentido que a indagação acerca da existência, ou não, de um *regime jurídico único* no campo do dever de licitar se coloca, uma vez que, naturalmente, a ninguém caberá imaginar que em nosso Direito – seja pela sua diversidade federativa, seja pelos múltiplos aspectos complexos que o envolvem – existiria um *regime jurídico uniforme* para o processamento dos procedimentos licitatórios.

Basta perceber que, dentre nós, respeitadas as normas gerais estabelecidas pela União, existe a possibilidade de cada ente federativo ter sua legislação própria em matéria de licitações, que a idéia de uma eventual uniformidade no tratamento desta matéria cairá definitivamente por terra.[16]

Todavia, a questão de saber da existência efetiva de um *regime jurídico único* no campo das licitações entre nós, por força deste exa-

16. A competência para legislar em matéria de licitações, por força do art. 22, XVII, da nossa Constituição Federal, é *concorrente*. Ao estabelecer este dispositivo constitucional que compete à União privativamente legislar sobre *normas gerais* em matéria de procedimentos licitatórios, se atribuiu implicitamente autonomia legislativa para Estados, Distrito Federal e Municípios terem suas leis próprias sobre a matéria.

Naturalmente, as leis estaduais, distritais e municipais que versem sobre o assunto apenas poderão tratar de normas específicas em consonância com as normas gerais definidas na forma do texto constitucional. O desacordo destas normas específicas com as normas nacionais legisladas pela União implicará que aquelas tenham sua eficácia suspensa.

to sentido atribuído à expressão, deverá passar por dois campos distintos de reflexão.

O primeiro, naturalmente, diz respeito à própria *amplitude do dever de licitar*. As pessoas que devem licitar e os atos jurídicos que devem ser licitados serão sempre os mesmos em todos os entes federativos? Existirão, dentre nós, entes da Administração que possuam um dever de licitar menos abrangente ou mais atenuado que outros?

O segundo refere-se à questão da *competência para legislar* em matéria de licitação. A União, ao receber do art. 22, XXVII, da Constituição Federal competência para estabelecer *normas gerais* em matéria de licitações, em face da redação que foi atribuída a este dispositivo pela Emenda Constitucional 19/1998, poderá fixá-las de maneira *única* para União, Estados, Distrito Federal e Municípios? Será, hoje, obrigatória a instituição de um *regime jurídico especial* para as licitações de sociedades de economia mista e empresas públicas, ou particularmente para estes entes que explorem atividade econômica? Se a União mantiver regras únicas para disciplinar todos os entes da Administração direta e indireta, como hoje ocorre com a Lei 8.666/1993, haverá inconstitucionalidade neste proceder?

A análise destes diferentes planos de reflexão exige atenção especial. Por isso, serão abordados a seguir, em tópicos diferenciados.

2.1 A amplitude do dever de licitar e a atenuação deste dever para empresas públicas e sociedades de economia mista que exploram atividade econômica

Tendo em vista o que já foi observado anteriormente, parece claro que o art. 37, XXI, da Constituição Federal, ao estabelecer o *princípio da licitação* para a Administração Pública direta e indireta, não fez qualquer distinção entre seus órgãos e entes. Isoladamente considerado, portanto, ele afirma de maneira *uniforme* este dever para toda a Administração Pública Brasileira.

As normas jurídicas, todavia, jamais podem ser consideradas isoladamente. Seu alcance e seu significado devem ser compreendidos no sistema em que se inserem. Por isso, é necessário confrontá-las com as outras regras constitucionais que tratam da matéria.

De início, observemos o já anteriormente referido art. 173, § 1º, da Constituição Federal. Como já salientado anteriormente, seja no seu texto original,[17] seja no texto hoje vigente,[18] nossa Lei Maior firma a diretiva de que as empresas públicas e as sociedades de economia mista que exploram atividade econômica deverão sujeitar-se sempre "ao regime jurídico próprio das empresas privadas, inclusive quanto aos direitos e obrigações civis, comerciais, trabalhistas e tributárias".[19] A intenção do legislador parece ser clara. Seu desejo é o de *equiparar*[20] as empresas estatais às empresas privadas comuns para que, no exercício de suas atividades privadas, atuem em situação igualitária, ou ao menos a mais equivalente possível. Devem ter os mesmos direitos e os mesmos deveres.

Sendo assim, parece-nos rigorosamente correto afirmar que as empresas públicas, as sociedades de economia mista que explorem ati-

17. V. texto integral na nota 4, supra.

18. V. texto integral na nota 14, supra.

19. No texto original da Constituição a afirmação desta sujeição era direta. Agora, no texto modificado, afirma-se que *a lei* que dispuser sobre o estatuto que vai reger estas pessoas *deverá* estabelecer esta sujeição. A nosso ver, para os fins do presente estudo, esta alteração em nada muda o fato de que estas pessoas deverão sempre atuar de acordo com o regime das pessoas privadas. Mesmo enquanto esta lei não for editada esta sujeição se impõe, uma vez que seria inconcebível, do ponto de vista da mais estrita racionalidade jurídica, que se entendesse que, na falta desse diploma, estas empresas poderiam atuar sob o regime de direito público.

A lógica do sistema constitucional que deseja que no mundo privado a atuação seja sempre ditada pelo regime jurídico próprio deste mesmo mundo, para que exista a igualdade de condições entre todos que nele convivem, teria sido desrespeitada. E ao exegeta não é dado propor a irrazoabilidade como resultado do seu ato interpretativo.

20. Falamos em *equiparação*, e não em *isonomia*, como sugerem alguns autores, porque o tratamento isonômico implica sempre *tratamento igual entre iguais*. Por definição, as empresas estatais *não são pessoas jurídicas iguais às empresas privadas*. Embora também sejam dotadas de personalidade jurídica de direito privado, por pertencerem à Administração Pública recebem a influência no seu regime jurídico de normas do direito administrativo, particularmente no que concerne aos controles da sua atuação. Por isso, atuam sob um regime diferenciado do das pessoas privadas comuns, na medida em que nele convivem a essencialidade do regime do direito privado e regras do direito público. São, pois, entes jurídicos diferentes. E seu tratamento jurídico igualitário, em face desta constatação, não decorre, por conseguinte, de uma afirmação do princípio isonômico, e sim de uma autêntica *equiparação* estabelecida pelo nosso legislador. *Equiparar* significa *tratar igualmente a diferentes*. É o que foi feito no art. 173, § 1º, em relação às empresas estatais exploradoras de atividade econômica e às pessoas privadas comuns.

vidade econômica e suas subsidiárias[21] jamais poderão receber da legislação infraconstitucional qualquer tipo de tratamento privilegiado que as coloque em patamar jurídico diferenciado daquele em que estão situadas as empresas comuns, de modo a que possam vir a receber qualquer favorecimento especial na sua atuação. Seria inconstitucional. Do mesmo modo, haverá de ser ofensivo à nossa Lei Maior o estabelecimento de quaisquer deveres ou ônus de atuação que impeçam sua atuação no mercado nos moldes em que uma empresa privada o faria. Deverão sempre atuar em pé de igualdade, vedados privilégios e o estabelecimento de ônus de qualquer natureza que impliquem formas de desigualdade jurídica de tratamento ao longo das suas respectivas atuações no campo econômico.

Disto decorre uma observação que não poderá passar desapercebida. Se o dever de licitar vier a sujeitar todos e quaisquer contratos celebrados pelas empresas estatais que exploram atividade econômica, por óbvio, será impossível que possam atuar em igualdade de condições com as empresas privadas. Exigir-se a licitação para contratos firmados em disputa de mercado para uma empresa seria praticamente alijá-la de quaisquer formas de competição características do mundo privado. Imagine-se, *v.g.*, um banco estatal tendo que abrir licitação para definir seus correntistas, ou uma empresa estatal criada para produzir um certo tipo de produto alimentício tendo que abrir uma licitação para poder vender as mercadorias que produz. Seria absurdo. Seria tratá-las em franca desigualdade de condições com as empresas privadas comuns, que, libertas do dever de licitar, contratariam com seus clientes ou fregueses com liberdade e agilidade negocial. Seria, enfim, condená-las, *a priori*, ao mais amplo e evidente fracasso no mundo dos negócios.

Uma adequada exegese do nosso texto constitucional necessita, por isso, harmonizar as situações. É necessário que o dever de licitar imposto pelo art. 37, XXI, conviva satisfatoriamente, e sem conflitos, com a liberdade de atuação negocial que devem ter as empresas estatais exploradoras de atividade econômica para que não sejam desequiparadas das empresas privadas comuns, nos termos do art. 173, §

21. Lembremos que o texto vigente da Constituição, no art. 173, § 1º, fala indistintamente de empresas públicas e sociedades de economia mista que explorem atividade econômica e "de suas subsidiárias".

1º Se entendermos que o dever de licitar não deve sofrer qualquer tipo de atenuação, estaremos desatendendo à *ratio* da norma constitucional que determina a igualdade de tratamento, sob regime privado, entre as duas diferentes espécies de empresas. Por outro lado, se entendermos que o regime de direito privado deve afastar peremptoriamente o dever de licitar, estaremos retirando de empresas constituídas com recursos públicos os mecanismos de controle indispensáveis para que sua autuação respeite princípios inalienáveis da nossa ordem administrativa, como o da isonomia e o da probidade administrativa. Estaremos permitindo, em outras palavras, que entes estatais tratem desigualmente administrados e possam, seguindo a vontade individual dos seus administradores, fazer negócios que não sejam os mais vantajosos para os interesses públicos.

A exclusão de um princípio constitucional pela adoção integral do outro (o *dever de licitar* ou o *dever de equiparação entre empresas estatais que exploram atividade econômica com empresas privadas comuns*), portanto, em quaisquer das soluções, será tida como juridicamente inaceitável.

O melhor caminho exegético, nesta medida, como já sugerido acima, será a harmonização destes dois princípios. E não parece impossível ou, mesmo, difícil esta combinação lógico-jurídica, conforme já nos têm demonstrado vários doutrinadores. É necessário perceber que, se o dever de licitar é um óbice à atuação no mercado das empresas estatais, isto se deve ao fato de que seria inconciliável este dever com a celebração dos contratos firmados na exploração direta das atividades econômicas para as quais esta particular espécie de entes administrativos foi criada. De fato, nos negócios que são a razão de ser da sua própria existência como pessoa jurídica privada que exerce atividade característica do universo privado, submetê-la à prática de licitações seria retirar-lhe qualquer competitividade de mercado. Todavia, naturalmente, em contratos outros, de natureza meramente instrumental ou acessória, onde a atividade negocial de mercado que é a razão da sua criação não se faz presente de forma direta, a situação é completamente diferente. Aqui, o dever de licitar em nada inibe sua competitividade. Sua atuação de mercado em nada será prejudicada se for obrigada a realizar prévios procedimentos licitatórios antes de contratar.

Tomemos um exemplo. Se o Poder Público criar uma empresa, dentro dos pressupostos constitucionais, para produzir e vender certo tipo de produto alimentício, exigir, nos contratos que digam respeito à produção e à venda deste produto, prévia licitação seria eliminar totalmente sua competitividade. Jamais conseguiria disputar no mercado, em igualdade de condições, com uma empresa privada comum que produzisse e vendesse o mesmo tipo de produto. Contudo, se nossa estatal tiver que adquirir móveis de escritório para sua diretoria, reformar sua sede, adquirir brindes de Natal para seus maiores clientes, realizar uma licitação em nada a afastará da competitividade de mercado.

Logo, o caminho hermenêutico proposto é o de *garantir a aplicação do princípio da licitação em todos os contratos em que isto seja plenamente possível e razoável, sem que se tirem as condições de competitividade de mercado e de igualdade que a empresa estatal exploradora de atividade econômica deve ter com as empresas privadas comuns que atuam no seu ramo de atividades*. Nos casos em que isso não for comprovadamente possível, e a licitação vier a afetar induvidosamente a equiparação garantida constitucionalmente, ela deverá ceder espaço para a liberdade de contratação. É o que se nos afigura razoável, a partir dos mais autorizados entendimentos hoje consolidados em doutrina.

Não raras vezes, porém, encontramos autores que pretendem simplificar esta compreensão através de afirmações que podem tender a perigosas generalizações conceituais.

Há, por exemplo, os que buscam fazer a distinção por meio da diferenciação dos contratos relacionados à *atividade-fim* e à *atividade-meio* das empresas estatais de que estamos tratando.[22] Entendem-se por contratos relacionados a *atividades-fim* aqueles cujo objeto se relacionaria à atividade para qual diretamente teria sido criada a empresa estatal. Já os segundos, por exclusão, seriam todos que não se enquadrassem na categoria anterior.

22. V., a respeito, as ponderações de Marçal Justen Filho (ob. cit., pp. 24-25) e de Diógenes Gasparini, ao comentar decisão proferida pelo TCU em relação ao dever de licitar da Petrobrás (*Direito Administrativo*, 9ª ed., São Paulo, Saraiva, 2004, p. 393).

Embora esta distinção possa ser, na maior parte das vezes, realmente coincidente com a percepção interpretativa que acima apresentamos, às vezes pode vir a trazer mais complicações que esclarecimentos. De fato, isto poderá ocorrer por força da confusão que pode existir na busca de uma efetiva diferenciação entre o que sejam *fins* e *meios* de uma atividade empresarial. E, em outras situações, pelo fato de que certos contratos indiscutivelmente relacionados com *atividade-meio* da empresa podem exigir, em alguns casos, agilidade indispensável para que a competitividade de mercado seja mantida pela empresa estatal. Obviamente, a eventual exigência de licitação nestes casos seria o mesmo que decretar a sentença da sua morte econômica, na mesma intensidade em que o faríamos se estivéssemos fazendo igual exigência para seus contratos relacionados com suas *atividades-fim*.

Imaginemos a hipótese de que nossa empresa estatal produtora e fornecedora de bens alimentícios necessite, para produzi-los, da aquisição de certos insumos básicos. Esta aquisição deverá ser tida como um contrato relacionado à sua *atividade-fim* ou à sua *atividade-meio*? Quase sempre, considerar a aquisição destes insumos como *atividade-meio* poderia ser o fim da possibilidade de competição da empresa. Por outro lado, se viermos a considerá-la como *atividade-fim*, como deveremos enquadrar a compra de máquinas para produção destes produtos, ou a construção de uma fábrica para que estes produtos possam ser produzidos? Se forem contratos de *atividade-fim*, porque tudo que é necessário para a produção dos produtos alimentícios deve ser entendido desta maneira, estaremos ampliando de tal forma esta categoria, que até contratos em que a empresa privada comum vier a optar por realizar um procedimento seletivo para a contratação que pretenda (como um contrato para a construção de uma fábrica, por exemplo) estariam, no âmbito das estatais, liberados do dever de licitar, o que se qualificaria como absolutamente irrazoável e clamorosamente ofensivo à exegese acima proposta. De outro modo, se forem contratos de *atividade-meio*, poderão existir hipóteses excepcionais em que a exigência de licitação poderá retirá-la de uma disputa normal de mercado, colocando-a em total descompasso com o agir deferido a uma empresa privada comum.

Pensemos no caso em que um certo equipamento para a produção dos alimentos produzidos pela nossa estatal, de sofisticada tecnologia, e com estoque limitado, seja colocado à venda no mercado. A agilidade na sua aquisição, a partir de um rápido processo decisório e com certa maleabilidade na negociação, pode ser decisiva para que aqueles que o adquirirem possam estar à frente dos seus concorrentes. Exigir-se licitação, com suas delongas e rigidez de processamento, poderá ser fatal para a atuação empresarial da nossa estatal. No entanto, não poderia deixar ela de ser exigida no raciocínio que entende ser *atividade-meio* a aquisição desse equipamento.

Também não nos parece ser satisfatório, com a devida vênia, o entendimento de alguns autores no sentido de que os contratos das estatais que estariam liberados do dever de licitar seriam os relativos "aos seus rotineiros procedimentos para operar o cumprimento das atividades negociais em vista das quais foram criadas".[23] Às vezes um procedimento que não seja de rotina na operação de cumprimento das atividades negociais de uma empresa estatal exploradora de atividade econômica poderá eventualmente vir a ter na sua licitação um óbice intransponível para a satisfatória atuação desse ente, no mercado, em competição com outros concorrentes. O exemplo acima invocado acerca da aquisição de certo equipamento de sofisticada tecnologia, a nosso ver, pode traduzir a comprovação da veracidade deste último ponto de vista.

Por isso, melhor será não utilizarmos a distinção conceitual simplificadora de contratos relacionados à *atividade-fim* ou à *atividade-meio* das empresas estatais, ou mesmo de contratos cujo objeto se relacione a operações de rotina das atividades negociais destas pessoas jurídicas, para fins da definição da exata exegese que estamos propondo *in casu*.[24] Melhor será analisarmos, dentro de cada situação empre-

23. A definição é de Celso Antônio Bandeira de Mello (*Curso* ..., 17ª ed., p. 194). Observe-se, porém, que o mesmo autor, em seqüência, conclui que a exceção constitucionalmente fixada para as empresas estatais exploradoras de atividade econômica "há de ser entendida nos limites necessários ao atendimento das razões pelas quais existe dita exceção. Não há por que dilargá-la além do necessário para a observância do propósito que a inspira" (p. 195). Por isso, em que pese à discordância respeitosa que apresentamos em relação à afirmação reproduzida no texto, parece-nos que, na sua essência, o pensamento do ilustre professor titular da Pontifícia Universidade Católica de São Paulo afirma-se como inteiramente adequado ao ponto de vista que estamos sustentando nesse estudo.

24. Nossa ponderação aproxima-se muito da opinião de Marçal Justen Filho. Após referir-se a contratos cujos objetos estejam relacionados à *atividade-fim* e à *atividade-meio* da empresa estatal exploradora de atividade econômica, observa o autor

sarial concreta, que contratações seriam induvidosamente indispensáveis para o exercício da atividade econômica para qual a empresa foi criada e que trariam um intransponível óbice à sua atuação de mercado, dentro das condições normais de competitividade, se fossem obrigatoriamente licitadas. Pouco importará, assim, se o objeto contratual se encarta ou não *a priori* em uma atividade-fim ou de rotina negocial da empresa. Se o contrato for daqueles em que a licitação não retirará – dentro de padrões normais de planejamento, atuação e boa gestão – sua competitividade de mercado, o dever de licitar será exigido. Caso contrário, se for um ajuste negocial relacionado com a razão que ensejou sua criação para atuar na vida econômica, e a realização vier, comprovadamente – respeitados os padrões normais de planejamento e diligência gerencial –, a prejudicar sua competitividade de mercado em relação ao que podem fazer outras empresas privadas comuns, a contratação direta deverá ser liberada.

Donde podermos afirmar que, a nosso ver, o dever de licitar de empresas públicas e sociedades de economia mista que exploram atividade econômica, bem como de suas respectivas subsidiárias, deve ser entendido, em regra,[25] como um dever *atenuado* em relação ao que juridicamente incide sobre os órgãos da Administração direta e demais pessoas da Administração indireta (autarquias, fundações governamentais, empresas públicas e sociedades de economia mista prestadoras de serviços públicos[26]), por força do princípio consagra-

que nem sempre seria simples esta diferenciação. Alegando que "talvez seja possível algum aprofundamento nesse campo", pondera que "a questão não se relaciona propriamente à configuração de algo como atividade-fim ou atividade-meio, mas com a submissão da atividade desempenhada pela entidade integrante da Administração indireta à lógica do mercado e a certos princípios de competição econômica" (ob. cit., p. 25).

25. A expressão "em regra" justifica-se como uma ressalva para a hipótese excepcional das empresas estatais que exploram atividade econômica em regime de monopólio, a ser abordada em tópico específico deste estudo (v. item 2.3, infra).

26. Observe-se, assim, que sociedades de economia mista e empresas públicas prestadoras de serviços públicos, apesar de serem também entes dotados de personalidade jurídica de direito privado, submetem-se ao dever de licitar na mesma abrangência constitucional com que este se aplica às pessoas jurídicas de direito público. Há aqui, porém, que se observar que Marçal Justem Filho equipara às empresas estatais prestadoras de serviços públicos, para estes fins, as empresas estatais a que denomina "entidades de suporte à Administração Pública". Por estas entende "aquelas pessoas que, organizadas como pessoas de direito privado, não atuam propriamente

do no art. 37, XXI, da Constituição Federal. Já, em relação a estes últimos órgãos e entes, o dever de licitar se imporá integralmente, *sem atenuação*, ressalvados os casos de inexigibilidade e de dispensa de licitação estabelecidos em lei.[27] A eles não se reserva uma zona de não-

no mercado. Sua atividade é dirigida ao fornecimento de bens ou serviços em favor da Administração Pública". Segundo sustenta, para estas empresas não seria possível reconhecer propriamente "a prestação de serviço público, eis que não atuam diretamente em face da comunidade. Ainda assim, sua prestação, sua situação jurídica é extremamente próxima às entidades prestadoras de serviço público. Em ambos os casos não se aplica a regra da obrigatoriedade de submissão a regime jurídico idêntico ao destinado à iniciativa privada. Ambas as categorias (entidades prestadoras de serviço público e entidades de suporte à Administração Pública) retratam uma opção organizacional da pessoa política que poderia desenvolver ditas atividades através de seus próprios órgãos" (ob. cit., p. 22).

Não podemos deixar de demarcar, com a devida vênia, uma discordância parcial neste particular ponto de vista com o renomado professor da Universidade Federal do Paraná. Parece-nos correto, deveras, afirmar que estas empresas de suporte não prestam autênticos serviços públicos. Na verdade, como implicitamente parece reconhecer o autor, em princípio, exercem atividade econômica, só que voltada inteiramente para o benefício da Administração Pública. Atuam, portanto, fora do mercado, apesar de no sentido jurídico do termo atuarem no campo das atividades que em princípio competiriam às pessoas privadas.

Claro, assim, que devem estas empresas de suporte à Administração ser enquadradas como autênticas empresas exploradoras de atividade econômica. Esta é sua natureza jurídica. Seu aspecto diferenciador estará, porém, no fato de que, como não atuam no mercado, jamais poderão gozar da atenuação do dever de licitar a que em tese têm direito. Deveras, em razão do que acima restou demonstrado, esta não-incidência constitucional do dever de licitar se aplicará apenas e tão-somente às empresas estatais exploradoras de atividade econômica quanto aos contratos firmados no âmbito natural da competitividade de mercado em que estiverem atuando. Como estas empresas, apesar de exploradoras de atividade econômica, não atuam no mercado, jamais usufruirão deste benefício. Apenas por isso, e não porque devam ser tratadas em situação idêntica às empresas estatais prestadoras de serviços públicos.

Aliás, esta diferença de pontos de vista haverá de apresentar, adiante, conseqüências práticas. Como se verá ao longo do próximo tópico de abordagem (v. item 2.2, infra), sustentaremos a possibilidade de existência de um regime especial para as empresas estatais exploradoras de atividade econômica no campo do processamento de suas licitações. Deste regime especial não poderão usufruir as empresas públicas e as sociedades de economia mista prestadoras de serviço público. Já, as empresas de suporte à Administração, a nosso ver, dele poderão gozar. São empresas estatais exploradoras de atividade econômica, e, como tais, sob este aspecto, em nada deverão ser equiparadas às prestadoras de serviços públicos.

27. O art. 37, XXI, da Constituição Federal, ao estabelecer o dever de licitar para a Administração Pública direta e indireta, expressamente ressalvou os "casos especificados na legislação". Estes casos qualificam as hipóteses de exceção do dever de licitar

incidência constitucional deste dever, como acontece com alguns dos contratos passíveis de serem pactuados por empresas estatais criadas para a exploração de atividade econômica.[28]

2.2 A competência para legislar e a instituição de um regime jurídico único para o dever de licitar na Administração direta e indireta da União, dos Estados, do Distrito Federal e dos Municípios

Com a modificação introduzida pela Emenda Constitucional 19/1998, a regra do art. 22, XXVII, da nossa vigente Carta Constitucional confere ao estudioso algumas certezas.

Ao dizer que à União compete privativamente legislar sobre "normas gerais" em matéria de "licitação e contratação", deixou implíci-

(*dimensão excludente deste dever*). Configuram-se em hipóteses em que a pessoa, em tese, tem o dever de licitar (*dimensão subjetiva deste dever*) e o ato jurídico deve ser licitado (*dimensão objetiva deste dever*), mas a lei estabelece a admissibilidade jurídica da contratação direta. Estes casos, nos termos da nossa atual legislação, são classificados em hipóteses de inexigibilidade e de dispensa de licitação. A inexigibilidade de licitação verifica-se sempre que houver "inviabilidade de competição" em torno do objeto pretendido pela Administração. Vem definida no art. 25 da Lei 8.666/1993, que ainda se encarrega de arrolar algumas hipóteses meramente exemplificativas da sua configuração. Já, a dispensa de licitação verifica-se sempre que é viável a competição em torno do objeto pretendido pela Administração, mas o legislador opta por admitir a contratação direta. Seus casos apenas podem ser verificados diante de expressas hipóteses de previsão legal. Na Lei 8.666/1993 os casos de dispensa de licitação vêm arrolados no art. 17 (no que concerne a hipóteses de alienação e cessão de uso de bens públicos) e no art. 24.

28. Não poderemos deixar de observar que esta não-incidência do dever de licitar para empresas públicas e sociedades de economia mista exploradoras de atividade econômica, e suas subsidiárias, aproxima-se muito da hipótese de inexigibilidade de licitação. De fato, sempre entendemos que um dos casos de inviabilidade de competição que configura situação de inexigibilidade se dá quando a finalidade pública da contratação não puder ser alcançada por força da competição a ser empreendida em um procedimento licitatório. Ora, é evidente que a finalidade pública de toda e qualquer contratação feita por uma empresa estatal exploradora de atividade econômica só pode ser esta intervenção no mercado, que, aliás, é a razão da criação desta própria pessoa jurídica. Donde a proximidade de situações.

Vislumbramos, porém, uma clara diferença. Entendemos que a inexigibilidade de licitação é uma hipótese excepcional onde em tese se faz presente a dimensão subjetiva e objetiva do dever de licitar (v. nota anterior), mas a realização de procedimento licitatório é impossível porque a competição em torno do objeto pretendido

to que a competência legislativa sobre estas matérias é *concorrente*.[29] Da mesma forma, confirma o entendimento acima sustentado que todos os entes da Administração Direta e Indireta estão constitucionalmente submetidos ao dever de licitar, em todos os entes federativos, na medida em que a todos, explicitamente, faz referência.

É o que resulta da imediata leitura do seu texto, ao determinar, *in verbis*, que:

"Art. 22. Compete privativamente à União legislar sobre: (...) XXVII – normas gerais de licitação e contratação, em todas as modalidades, para as Administrações Públicas diretas, autárquicas e fundacionais da União, Estados, Distrito Federal e Municípios, obedecido o disposto no art. 37, XXI, e para as empresas públicas e sociedades de economia mista, nos termos do art. 173, § 1º, III".

Mas, com certeza, também traz ao seu espírito certas dúvidas, fruto – sem dúvida alguma – da péssima técnica legislativa que marcou sua redação.[30] Passemos a mencioná-las.

Primeira: ao mencionar que o princípio da licitação consagrado no art. 37, XXI, seria aplicável apenas e tão-somente à Administração direta, autárquica e fundacional, teria o vigente texto constitucional

pela Administração não é juridicamente factível. No caso da atenuação do dever de licitar das empresas estatais exploradoras da atividade econômica é diferente. Aqui se trata de uma verdadeira *não-incidência do dever de licitar em razão da pessoa e do objeto contratado*. Não é uma exceção, mas uma limitação de incidência, constitucionalmente estabelecida, do dever de licitar.

Esta afirmação, a nosso ver, tem implicações práticas concretas. Fosse o caso de atenuação do dever de licitar, de que estamos tratando, um autêntico caso de inexigibilidade de licitação, e nos contratos pactuados sem procedimento licitatório por empresas estatais exploradoras de atividade econômica poderia ser discutida a exigência do prévio procedimento previsto no art. 26 da Lei 8.666/1993. Trata-se de um procedimento obrigatório, exigido em todos os casos de inexigibilidade. A discussão, porém, sobre a exigência ou não, *in casu*, deste procedimento não se coloca, uma vez que, como afirmado, não estamos diante de um caso de inexigibilidade de licitação, mas de autêntica não-incidência constitucional do dever de licitar.

29. V. nota 16, supra.

30. Embora não traga maiores problemas exegéticos, a manutenção no texto deste dispositivo da expressão Administrações "fundacionais" também revela a péssima técnica legislativa que marcou a elaboração da Emenda Constitucional 19/1998. De fato, a alteração do *caput* do art. 37, feita por esta mesma Emenda, retirou esta expressão. Natural seria, portanto, que também fosse excluída do art. 22, XXVII. Inexplicavelmente, porém, isto não ocorreu.

liberado sociedades de economia mista e empresas pública de respeitá-lo em todos os seus termos?

Segunda: ao afirmar que as normas legislativas pertinentes a sociedades de economia mista e empresas públicas deveriam seguir o disposto no art. 173, § 1º, III, da Constituição Federal, estaria se referindo tanto às estatais prestadoras de serviço público como às que realizam atividade econômica, ou apenas a estas últimas?

Terceira: ao dissociar em dois grupos os entes da Administração Pública frente às normas legislativas a serem editadas pela União, estaria obrigando à edição de um regime especial para as licitações das sociedades de economia mista e empresas públicas? Ou seria uma mera faculdade do legislador ordinário estabelecê-lo?

Quanto à *primeira* dúvida, cremos que seria absurdo imaginar-se que teria o legislador constitucional pretendido libertar quaisquer entes da Administração indireta da incidência do art. 37, XXI, da Constituição Federal. Estabelece este dispositivo, como já analisado anteriormente, o *princípio da licitação*. E o faz definindo não apenas o âmbito da sua incidência *subjetiva*, mas seu próprio *conteúdo objetivo*.[31]

Excluir-se de entes que possuem o dever de licitar a incidência deste conteúdo seria um autêntico *non-sense*, em especial porque o próprio art. 173, § 1º, III, diz que as licitações das estatais exploradoras de atividade econômica deverão submeter-se aos "princípios da Administração Pública" – dentre os quais, naturalmente, se inclui o próprio princípio da licitação. E, como a ninguém é dado desconhecer, as interpretações jurídicas não se podem forjar dentro do campo do absurdo lógico, ou, mais propriamente, do irrazoável.

O que pretendeu o legislador constitucional *in casu*, por óbvio, foi outra coisa. Pretendeu indicar que, enquanto os entes da Administração direta, autárquica e fundacional deveriam ter uma específica legislação normatizadora das suas licitações, um outro regime jurídi-

31. Quanto ao seu conteúdo, o princípio da licitação estabelece, no art. 37, XXI, além do dever de licitar e da possibilidade do estabelecimento de exceções por lei, a obrigatoriedade de: *(a)* igualdade entre os concorrentes; *(b)* cláusulas que estabeleçam no procedimento licitatório as obrigações de pagamento; *(c)* que as condições das propostas apresentadas pelos licitantes sejam inalteráveis; *(d)* que apenas serão genericamente admitidas restrições de participação dos licitantes tidas como indispensáveis à garantia do cumprimento das obrigações contratuais.

co especial poderia vir a atingir entes da Administração indireta dotados de personalidade jurídica de direito privado. Em outras palavras: *admitiu que o regime jurídico das licitações possa não ser único em nosso país, quanto à sua dimensão procedimental imposta pelas normas gerais de licitação*. Esta foi sua única intenção.[32]

Mas quem poderia ser submetido a este regime especial? Caímos, aqui, no campo da segunda dúvida acima indicada. E, ao buscarmos sua resposta, nos deparamos com uma evidente colisão literal de dois dispositivos da nossa Constituição.

De um lado, o art. 22, XXVII, sugere que este regime especial deva recair sobre as empresas públicas e sociedades de economia mista, sem fazer qualquer distinção acerca das suas espécies. Mas, ao fazê-lo, menciona expressamente o art. 173, § 1º, que não se refere a *todas* as espécies destas estatais, mas apenas e tão-somente às que exploram atividade econômica. A quem caberá, então, esta possibilidade de sujeição ao regime especial: às empresas públicas e sociedades de economia mista que prestam serviços públicos e exploram atividades econômicas, ou apenas às que exercem este último tipo de atividades?

A melhor interpretação está, a nosso ver, no sentido de que este regime especial deva recair *apenas sobre as empresas públicas e socie-*

32. Parece-nos inaceitável, com a devida vênia, a tese de que, com a modificação introduzida pela Emenda Constitucional 19/1998 no art. 22, XVII, o legislador constitucional teria pretendido excluir as empresas estatais prestadoras de serviços públicos do regime ordinário legalmente estabelecido para os entes da Administração direta, autarquias e fundações governamentais. Com o habitual brilhantismo, esta tese é defendida por Eros Roberto Grau ("As licitações e as empresas estatais após a Emenda n. 19", *Boletim de Licitações e Contratos* 3/127 e ss., 1999). Para ele, na vigente redação constitucional, teria sido suprimida a competência legislativa da União para impor normas gerais disciplinadoras das licitações de tais entes e, em decorrência, teriam sido estas empresas estatais excluídas da incidência da Lei 8.666/1993. Na verdade, as estatais prestadoras de serviço público, na medida em que prestam uma espécie de atividade administrativa, devem ter tratamento igual ao dos demais entes criados para idênticos fins. Não existe razão jurídica alguma que pudesse fundamentar tratamento jurídico diferente para pessoas que prestam atividades submetidas ao mesmo regime jurídico, uma vez que a dicotomia constitucional apresenta apenas dois pólos para a atuação de entes estatais: a prestação de serviços públicos (na forma do art. 175) e a exploração de atividade econômica (art. 173). Criar uma situação especial para empresas públicas e sociedades de economia mista prestadoras de serviços públicos fugiria por inteiro desta lógica sistemática.

No mesmo sentido afirma-se a opinião de Marçal Justen Filho (ob. cit., pp. 23-24).

dades de economia mista que exploram atividade econômica. As estatais prestadoras de serviços públicos deverão, em regra,[33] *ser incluídas no regime legal das licitações da Administração direta e autárquica.*

De fato, ao atentarmos para os termos dos dispositivos acima referidos, veremos que o *regime especial* em questão deverá restar definido na lei federal que vier a estabelecer o estatuto das empresas públicas, sociedades de economia mista exploradoras de atividade econômica e de suas subsidiárias (art. 173, § 1º, III, da CF). Naturalmente, contrariaria qualquer lógica sistemática que este estatuto, *destinado exclusivamente a pessoas de direito privado que devem atuar em situação jurídica de equiparação às empresas privadas comuns,* viesse a tratar de regras relativas a entes que prestam atividades regidas pelo direito público – ou seja, de serviços públicos descentralizados. A dimensão específica que justifica a própria previsão constitucional da sua edição estaria flagrantemente desvirtuada.

Ademais, por qual razão jurídica se haveria de tratar de forma diferenciada e específica as licitações de entes administrativos prestadores de serviços públicos? Em princípio, não atuam em disputa com outros entes privados.[34] A eles, por isso, pela Constituição, não são equiparados.

Já, as estatais exploradoras de atividade econômica, como visto, devem atuar em pé de igualdade com as empresas privadas comuns. A existência de um regime especial para suas licitações, nos casos em que estiverem obrigadas a realizá-las, coloca-se como plenamente

33. Deixamos, aqui, de enfrentar interessante questão apresentada por Marçal Justen Filho. Levanta o autor a possibilidade de uma construção interpretativa capaz de admitir que o Estado possa assumir a possibilidade de prestação de serviços públicos em competição com particulares, inclusive com a produção de lucros para o próprio Estado. Nesse caso, afirma que, "se o Estado dispuser-se a competir com particulares pela obtenção de lucros, terá que submeter-se ao mesmo regime jurídico" – inclusive, por óbvio, no que concerniria à própria atenuação do seu dever de licitar (ob. cit., pp. 28-29).

A conclusão do autor parece-nos correta, naturalmente, se admitida a correção jurídica da premissa – qual seja, a de que seria possível, em nosso Direito, entes da Administração prestarem serviços públicos em competição com pessoas privadas. Todavia, a análise desta premissa, embora de grande relevância e oportunidade, foge por inteiro do objeto deste modesto estudo, na medida em que exige todo um conjunto de reflexões pertinentes ao conceito de serviço público e das suas hipóteses de descentralização. Por isso, reservamo-nos o direito de apenas suscitar a discussão nesse momento, e de manifestarmos o desejo de enfrentá-la em outra oportunidade.

34. V. nota supra.

justificada. Poderão ter procedimentos mais simplificados, mais ágeis, na forma do previsto em lei, desde que, naturalmente, sejam respeitados os princípios da licitação.

Donde concluirmos que o verdadeiro sentido do art. 22, XXVII, da nossa Lei Maior, na redação que lhe foi atribuída pela Emenda Constitucional 19/1998, *foi o de admitir um regime jurídico ordinário (traçado por normas gerais legisladas pela União, e complementado por normas específicas de todos os entes federativos) para as licitações dos órgãos da Administração direta, autarquias, fundações, empresas públicas e sociedades de economia mista prestadoras de serviços públicos, e um regime jurídico especial, definido no estatuto previsto no art. 173, § 1º, da mesma Carta, para as empresas públicas e as sociedades de economia mista exploradoras de atividade econômica. Os dois regimes deverão atender aos princípios básicos da Administração, e em especial ao da licitação. Mas o regime especial, além de respeitar, em regra,*[35] *e por imposição constitucional, a atenuação do dever de licitar dos entes a que se dirige, poderá definir para as pessoas que a ele se submeterem procedimentos licitatórios de processamento mais simplificado e ágil.*[36]

Algumas ponderações adicionais, porém, devem ser feitas em relação a este regime jurídico especial que poderá ser instituído pelo estatuto das empresas estatais exploradoras de atividade econômica, no que concerne à dimensão procedimental das suas licitações.

É de se observar, *a priori*, que ele deverá ser estabelecido por normas nacionais gerais traçadas pela União, de modo a abarcar todas as empresas públicas e sociedades de economia mista exploradoras de atividade econômica do país, vedada a possibilidade de que leis específicas de qualquer âmbito federativo tratem de forma casuística diferenciada quaisquer empresas desta natureza quanto à definição dos seus procedimentos licitatórios.

35. V item 2.3, infra.

36. No mesmo sentido, ensina Celso Antônio Bandeira de Mello, ao referir-se à atenuação do dever de licitar das estatais exploradoras de atividade econômica, que "é certo, então, que, quando sobrevier este 'estatuto das exploradoras de atividade econômica', a lei que o instituir não poderá ignorar tal circunstância, e mesmo que o faça prevalecerão as razões supra-aduzidas, porque têm suporte constitucional" (*Curso* ..., 17ª ed., p. 195).

Quando a nossa Lei Maior exigiu um estatuto que genericamente disciplinasse a atuação de tais entes estatais é porque desejou unificá-los na sua atuação, ao menos quanto aos princípios básicos e grandes diretrizes que devem regê-los. Vedou, com isto, a possibilidade de tratamento casuístico diferenciado daquele definido na lei nacional estabelecedora do estatuto previsto no seu art. 173, § 1º, III. Logo, qualquer lei – seja federal, estadual, distrital ou municipal – que vier a estabelecer regras que contrariem as normas gerais definidas no estatuto disciplinador das empresas públicas e sociedades de economia mista exploradoras de atividade econômica estará em desconformidade com o ordenamento jurídico pátrio e não poderá produzir efeitos.[37]

Da mesma maneira, deve-se ainda ressaltar que jamais o estatuto referido no art. 173, § 1º, III, ou qualquer lei especial editada no

37. Parte-se, aqui, do pressuposto de que, ao atribuir à União competência para o estabelecimento de normas gerais de âmbito nacional em matéria de licitação, vedou o legislador pátrio que qualquer ente federativo – inclusive a própria União – possa, por lei específica, definir regra diferente por meio de lei específica. Se isto parece evidente quando se fala de leis estaduais, distritais ou municipais, esta evidência pode ser turvada diante de uma lei federal específica. Isto porque, em tese, se poderá utilizar o argumento formal de que, sendo a lei federal a competente para o estabelecimento de normas gerais, uma outra lei federal específica poderia excepcioná-la.

Não nos parece que seja assim. Quando o legislador outorgou à União competência para estabelecer normas gerais no âmbito de competência concorrente, deu a ela a possibilidade de atuar normativamente no âmbito nacional. Seu desejo era unificar regras para toda a Federação – de onde não se exclui o âmbito estritamente federal. Logo, uma norma específica federal, a nosso ver, jamais poderá contrariar uma norma legislativa de âmbito nacional imposta pela União para todo o país. Entender o contrário seria tratar de forma desequilibrada o princípio federativo, que deve pressupor que o nível legislativo federal não só não se sobrepõe como, também, não se nivela ao âmbito nacional. Na verdade, o nível federal encarta-se em subordinação normativa ao âmbito legislativo nacional, como também o fazem os níveis legislativos estadual, distrital e municipal.

Assim, da mesma forma que a União não poderá, por leis específicas, contrariar as normas gerais que vier a estabelecer relativamente às licitações dos órgãos da Administração direta, autarquias, fundações governamentais, sociedades de economia mista e empresas públicas prestadoras de serviços públicos, também não poderá contrariar as normas gerais de licitação estabelecidas no estatuto disciplinador da atuação de empresas públicas e sociedades de economia mista exploradoras de atividade econômica, e de suas subsidiárias.

Tem inteira razão, assim, Marçal Justen Filho quando afirma que, "se a União dispõe de competência privativa para editar normas gerais, isso significa a inviabilidade de diferenciar os destinatários, instituindo normas destituídas de cunho de generalidade. A instituição de normas gerais específicas configura uma contradição em termos" (ob. cit., p. 28).

período em que este não esteja em vigor, poderá vir a delegar a possibilidade de que empresas públicas e sociedades de economia mista exploradoras de atividade econômica, ou mesmo suas subsidiárias, possam definir seus procedimentos licitatórios por meio de normas regulamentares ou regimentos internos. A Constituição é clara neste dispositivo, e sua exegese, aqui, não pode ensejar qualquer dúvida. É a *lei*, exclusivamente a *lei*, que deve dispor sobre as normas de suas licitações e seus contratos, respeitados os "princípios da Administração Pública". Normas meramente administrativas ou regimentais não podem fazê-lo, mesmo diante de uma autorização legal que viesse eventualmente a admitir tal possibilidade. É que, neste caso, estaria o Legislativo *indevidamente delegando suas atribuições típicas* a ente vinculado ao Poder Executivo, em clara ofensa ao princípio da separação de Poderes, consagrado no art. 2º da nossa Lei Maior. E, também, por vias oblíquas, ofendendo o *princípio da legalidade*, que assegura que apenas aos atos legislativos se admite a possibilidade do estabelecimento de *inovações primárias* na ordem jurídica, uma vez que, na sua ausência,"ninguém será obrigado a fazer ou deixar de fazer alguma coisa senão em virtude de lei" (art. 5º, II, da CF).

Claro que, com isso, não estamos dizendo que os entes administrativos que exploram atividades econômicas não poderão ter regimentos reguladores de suas licitações. O que estamos dizendo é que estes regimentos, *per se*, apenas poderão estabelecer regras que sejam de mera especificação procedimental daquilo que o estatuto legal já afirmou. Devem cingir-se a meras *inovações jurídicas* secundárias, criadas sob o abrigo daquilo que em primeiro plano a *lei* já estabeleceu. Não poderão estabelecer nem novos direitos, nem novos deveres, em quaisquer das regras que venham a traçar.

Um exemplo claro do que acabou de ser analisado pode ser encontrado na Lei federal 9.478, de 6.8.1997. Ao tratar da Petrobrás, estabeleceu este diploma legislativo, no seu art. 67, que "os contratos celebrados pela Petrobrás para a aquisição de bens e serviços serão precedidos de procedimento licitatório simplificado a ser definido em decreto do Presidente da República".[38] Mesmo que até hoje não tenha

38. Embora tenha esta lei antecedido a edição da Emenda Constitucional 19/1998, isto em nada modifica as conclusões que serão acima firmadas.

sido editada a lei responsável pela edição do estatuto referido no art. 173, § 1º, da Constituição Federal, a inconstitucionalidade deste dispositivo legal é evidente. Pretende, primeiramente, atribuir às licitações da Petrobrás tratamento normativo diferenciado das outras estatais exploradoras de atividade econômica – o que é, em si, inconcebível. Da mesma forma, delega a ato administrativo (decreto presidencial) a possibilidade de estabelecer regras que somente por lei poderiam ser fixadas, ofendendo, assim, simultaneamente, aos princípios da *separação de Poderes* (*delegação indevida de atribuições legislativas ao Executivo*) e da *legalidade*.[39]

Um último ponto deve, ainda, aqui, ser analisado Trata-se do caráter obrigatório ou facultativo do regime especial admitido pela nossa Constituição para o processamento das licitações das empresas públicas e sociedades de economia mista exploradoras de atividade econômica, e de suas subsidiárias.

Não temos a menor dúvida de que, respeitada a atenuação do dever de licitar constitucionalmente estabelecida para estas empresas, a instituição deste regime especial é rigorosamente *facultativa*. A lei tem a *possibilidade* de fazê-lo. Não *obrigação*.

De fato, em nenhum momento nossa Lei Maior aponta parâmetros de conteúdo para este regime. Diz apenas que o estatuto que disciplinará a atuação destes entes administrativos deverá estabelecer as regras relativas às suas licitações, respeitados os princípios da Administração Pública.

Disto se extrai que, pela natureza e especificidade destas empresas exploradoras de atividade econômica, poderá o legislador fixar regras simplificadoras das suas licitações. Mas, se assim não se pretender fazer, deixando estas pessoas da Administração indireta submetidas ao regime ordinário legislativamente traçado para a Administração direta, autarquias, fundações governamentais e empresas prestadoras de serviços públicos, nenhum princípio constitucional restará violado. Apenas se estará abrindo mão da exceção, para se seguir a regra geral.

39. A respeito deve ser vista a magnífica análise feita por Marçal Justen Filho, que adota, em análise aprofundada, o mesmo ponto de vista que ora sustentamos (ob. cit., pp. 26-28).

É por isso que podemos, com tranqüilidade, afirmar que, a despeito da modificação feita pela Emenda Constitucional 19/1998 nos arts. 22, XXVII, e 173, § 1º, da nossa Lei Maior, enquanto não for editado o estatuto disciplinador das empresas públicas e sociedades de economia mista exploradoras de atividade econômica a Lei 8.666/1993 continuará a reger, *in totum*, as suas licitações, com todos os seus rigores e especificações. Há de ser ressalvada apenas a atenuação ao seu dever de licitar, constitucionalmente estabelecida, nos termos acima expostos.[40]

2.3 A situação especial das empresas estatais criadas para a exploração de atividades econômicas em regime de monopólio

Em face de todo o exposto, uma última questão ainda deve ser abordada neste estudo. Trata-se da situação jurídica das empresas estatais criadas para a exploração de atividades econômicas em regime de monopólio.

De fato – como observa José Afonso da Silva –, embora não seja a nossa Constituição favorável aos monopólios,[41] ela acaba por admiti-los em hipóteses excepcionais. Deveras, diz seu art. 177 que cons-

40. É por isso que poderemos dizer que a modificação feita pela Emenda Constitucional 19/1998 no art. 22, XXVII, parece ter sido, *em parte*, juridicamente inútil. No texto original da Constituição não havia óbice algum a que o legislador infraconstitucional viesse a estabelecer um regime único para as licitações de todos os entes administrativos; ou, ainda, qualquer impedimento a que se pudesse estabelecer regime jurídico especial para as licitações de quaisquer entes administrativos. A opção por um regime jurídico único, na medida em que foi tomada pela Lei 8.666/1993, poderia ter sido alterada, sem qualquer ofensa ao texto constitucional, por uma outra lei ordinária que estabelecesse normas gerais definidoras de um regime especial para as licitações das empresas estatais exploradoras de atividade econômica. Não era, portanto, necessária uma alteração constitucional para que tal pudesse ser feito pelo legislador ordinário.

Dizemos "inútil *em parte*" porque, agora, com a vigente redação, *nos parece ser impossível o estabelecimento de qualquer outro regime especial para entes da Administração direta e indireta*, a não ser este admitido para as empresas estatais exploradoras de atividade econômica. Deveras, cremos que, agora, os entes da Administração direta, autarquias, fundações governamentais e empresas estatais prestadoras de serviços públicos deverão *obrigatoriamente* licitar pelo mesmo regime jurídico. Qualquer tentativa de atribuição de outro regime especial para quaisquer destes entes deixará de ter apoio no texto constitucional.

41. *Curso de Direito Constitucional Positivo*, 23ª ed., São Paulo, Malheiros Editores, 2004, p. 785.

titui monopólio da União sua atuação nas áreas do petróleo, do gás natural, do minério e dos minerais nucleares. E, ainda, que, em certos casos, o Poder Público poderá vir a contratar "com empresas estatais ou privadas" a realização de algumas destas atividades.[42]

Diante de tal determinação constitucional, coloca-se como induvidosa a possibilidade jurídica de criação pela União de empresas públicas, de sociedades de economia mista, ou mesmo de subsidiárias destas, com o objetivo de que possa a Administração Federal exercer indiretamente tais atividades. Naturalmente, serão estas empresas sempre qualificadas como empresas estatais *exploradoras de atividade econômica*, e não como *prestadoras de serviços públicos*.[43]

Contudo, tais empresas estatais, no que concerne ao dever de licitar, têm certas particularidades que não poderão fugir da apreciação de um analista atento. Isto porque, embora realizem atividades econômicas submetidas ao regime de direito privado, por atuarem em regime de monopólio, *jamais se submeterão a qualquer tipo de competição com empresas privadas comuns*. Por definição constitucional, atuarão sempre solitárias nos seus específicos ramos de atividades.

Sendo assim, *seria absolutamente descabido situá-las em pé de igualdade com as demais empresas estatais exploradoras de atividade econômica quanto à atenuação do dever de licitar que lhes assegura a nossa Lei Maior*. Toda exegese justificadora dessa conclusão,

42. É este o texto do artigo mencionado, respectivamente, no seu *caput* e no seu § 1º:

"Art. 177. Constituem monopólio da União:

"I – a pesquisa e a lavra das jazidas de petróleo e gás natural e outros hidrocarbonetos fluidos;

"II – a refinação do petróleo natural ou estrangeiro;

"III – a importação e exportação dos produtos e derivados básicos resultantes das atividades previstas nos incisos anteriores;

"IV – o transporte marítimo do petróleo bruto de origem nacional ou de derivados básicos de petróleo produzidos no país, bem assim o transporte, por meio de conduto, de petróleo bruto, seus derivados e gás natural de qualquer origem;

"V – a pesquisa, a lavra, o enriquecimento, o reprocessamento, a industrialização e o comércio de minérios e minerais nucleares e seus derivados.

"§ 1º. A União poderá contratar com empresas estatais ou privadas a realização de atividades previstas nos incisos I a IV deste artigo observadas as condições estabelecidas em lei."

43. No mesmo sentido, dentre outros, v. a segura opinião de Celso Antônio Bandeira de Mello (*Curso ...*, 17ª ed., p. 648).

como visto acima, parte do pressuposto de que a Constituição estabeleceu uma verdadeira equiparação jurídica entre empresas públicas, sociedades de economia mista exploradoras de atividade econômica, suas subsidiárias, e as empresas particulares, por pretender assegurar uma atuação de mercado em condições de igualdade entre estas pessoas jurídicas. Por isso – e somente por isso – é que restou afirmada em nosso direito positivo a existência dessa especial atenuação do dever de licitar.

Desse modo, evidentemente, no caso de estatais exploradoras de atividades monopolizadas esta atenuação jamais poderia restar configurada como uma decorrência da interpretação do nosso texto constitucional. Em suas atuações negociais não se pode falar na existência de disputas de mercado que pudessem servir de premissa para a construção da interpretação aplicável aos demais entes da Administração indireta que não atuam em atividades econômicas submetidas a monopólio estatal.

Donde concluirmos que, embora sejam empresas exploradoras de atividade econômica, as empresas estatais que exercem atividade monopolizada nos termos do art. 177 da Constituição Federal *não recebem da nossa Lei Maior qualquer atenuação do seu dever de licitar, situando-se, neste campo, nas mesmas condições dos órgãos da Administração direta, das autarquias, das empresas públicas e sociedades de economia mista prestadoras de serviços públicos*. Constituem uma exceção dentro da exceção, e, por isso, se situam dentro da regra geral do dever de licitar, ao menos na forma em que este se afirma nos dispositivos da nossa Lei Maior.

Disto, porém, não deve ser extraído o entendimento de que estas empresas estatais não devem estar submetidas ao mandamento do art. 173, § 1º, III, da Constituição Federal quando este admite a possibilidade de que empresas públicas, sociedades de economia mista e suas subsidiárias possam ter regras específicas, mais simplificadas, para o processamento de suas licitações (*dimensão procedimental*). Deveras, são elas empresas exploradoras de atividades econômicas, e, como tais, não podem estar excluídas da incidência direta e literal deste mandamento constitucional.

O estatuto previsto neste dispositivo constitucional deverá reger *todas* as estatais que forem criadas com a finalidade de exploração de atividades econômicas, sem qualquer exceção. Não há razão jurídica aceitável para que viessem a ser retiradas da incidência deste mandamento.

Concluímos, pois, que, embora não sofrendo qualquer atenuação no seu dever de licitar – por descabida *in casu* a aplicação da exegese constitucional que a estabelece para as demais estatais exploradoras de atividade econômica –, as empresas públicas, as sociedades de economia mista e suas subsidiárias, uma vez criadas para atuar em áreas submetidas a monopólio público, *terão suas licitações regidas pela lei que vier a atender ao mandamento do art. 173, § 1º, III, da nossa Constituição.* Poderão vir a ter, deste modo, em condição de igualdade com as demais empresas estatais exploradoras de atividades econômicas, um *regime especial* para seus procedimentos licitatórios, respeitados os princípios gerais da Administração Pública.

IMPROBIDADE ADMINISTRATIVA: ALGUMAS CONSIDERAÇÕES NOS ADITAMENTOS CONTRATUAIS INVÁLIDOS

LÚCIA VALLE FIGUEIREDO

I – Os atos de improbidade administrativa. II – A quebra dos sigilos fiscal e bancário. III – Síntese conclusiva.

I – Os atos de improbidade administrativa

1. Os atos de improbidade administrativa foram veiculados pelos arts. 9º, 10 e 11 da Lei 8.429/1992 – respectivamente, atos de improbidade que importam enriquecimento ilícito, atos que causam prejuízo ao erário e atos que atentam contra os princípios da Administração.

As penas, dispostas no art. 12 da mesma lei e, ainda, na ausência de enriquecimento ilícito ou de prejuízo ao erário (hipóteses do art. 11), são bastante severas – draconianas, na verdade, algumas delas.

1.1 Encontram-se as penas aplicadas aos atos em grau decrescente, tal seja: as que envolvem enriquecimento ilícito são as mais severas, em seguida as que implicam dano ao erário, e por último as que atentam contra os princípios da Administração.

2. Ainda, o parágrafo único do art. 12 atribui ao juiz – como, aliás, não poderia ser diferente – *a possibilidade de levar em conta a extensão do dano causado, assim como o proveito patrimonial obtido pelo agente*.

2.1 Sem dúvida, deverá o juiz aplicar *o devido processo legal em sua forma substancial, em sua forma substantiva*, em que hão de estar necessariamente presentes os princípios constitucionais da *igualdade*, *razoabilidade*, *proporcionalidade* e *possibilidade de ampla e efetiva defesa*.

2.2 Enfatize-se e deixe-se curialmente claro que se encontram *razoabilidade* e *proporcionalidade* ínsitas necessariamente no devido processo legal substantivo. E *somente diante das circunstâncias do caso concreto*, bem avaliada *individualmente* a conduta do agente público, poder-se-á aferir se foi, ou não, o devido processo legal substantivo cumprido, com a tipificação rigorosa do alegado ato ilícito e a aplicação adequada da pena.

2.3 Deseja-se, pois, desde logo, deixar assinalado que se deverá dar à Lei 8.429/1992 *interpretação conforme à Constituição*,[1] naquilo que parecer exorbitar do texto constitucional, fazendo-se utilização plena da cláusula substantiva do devido processo legal – como já dito e enfatizado em diversos trabalhos –, por ser essa a única maneira de não se violar o texto constitucional.

2.4 Lembremo-nos de que as garantias constitucionais foram concebidas exatamente para que constrições exercidas de forma ilegal ou abusiva pudessem ser energicamente repelidas.

Na verdade, quando houver imputações de condutas ilícitas, obriga-se, sem sombra de dúvida, ao contraditório preliminar,[2] à apuração, pelo menos sumária, antes de ser aplicada qualquer medida coercitiva – como, por exemplo, a quebra dos sigilos fiscal e bancário.

3. Por outro lado, o exame dos contratos administrativos pelos Tribunais de Contas vai se constituir em manifestação de concordância para que possam produzir ou continuar a produzir efeitos válidos.

1. A respeito da *interpretação conforme*, muitos autores, da maior suposição, já se manifestaram. Vamos trazer à colação apenas Canotilho: "Ora, o princípio da interpretação conforme à Constituição é um instrumento hermenêutico de conhecimento das normas constitucionais que impõe o recurso a estas para determinar e apreciar o conteúdo intrínseco da lei. (...). Se a interpretação conforme à Constituição quiser continuar a ser interpretação, ela não pode ir além dos sentidos possíveis, resultantes do texto e do fim da lei. Por outras palavras: a interpretação conforme à Constituição deve respeitar o texto da norma interpretanda e os fins prosseguidos através do acto normativo sujeito a controlo" (*Direito Constitucional*, 6ª ed., Coimbra, Livraria Almedina, 1993, pp. 1.112-1.113).

2. V. a Lei de Processo Administrativo (Lei federal 9.784/1999), arts. 1º e, principalmente, 2º, X, que se aplica subsidiariamente, à míngua de legislação expressa. V. também decisão do STF proferida no julgamento do MS 24.268, na qual foi concedida a segurança no sentido de anular ato do TCU que desrespeitara o contraditório e a ampla defesa.

É homologação do ato administrativo (em sentido lato[3]) anteriormente celebrado.

3.1 Realmente, a eficácia desses contratos estaria sob condição resolutória. É dizer, se considerados ilegais, deveriam ser desfeitos, sustados (termo constitucional).

É bem de ver que, por isso mesmo, não pode ser determinada, desde logo, a quebra dos sigilos (fiscal e bancário do agente administrativo "acusado" de improbidade) se não tiver sido indicada situação ilegal quer pelo Tribunal de Contas, quer pelo Ministério Público – situação, essa, cujo resultado seria o enriquecimento ilícito.

3.1.1 O enriquecimento ilícito tem feição clara. É de Plácido e Silva a seguinte definição de enriquecimento ilícito: "O enriquecimento ilícito ou sem causa é o que se promove, empobrecendo injustamente outrem, *sem qualquer razão jurídica*, isto é, sem ser fundado numa *operação jurídica considerada lícita ou numa disposição legal*"[4] (grifos nossos).

Se não se aludir a ter havido superfaturamento ou qualquer ato de corrupção por parte dos agentes públicos, não se poderá cogitar da prática dolosa de ato de improbidade administrativa.

3.1.2 Na verdade, não se poderá falar em *enriquecimento ilícito*, acusação tão grave, sem qualquer prova ou, pelo menos, qualquer configuração mais nítida que possa induzir à existência de tal figura jurídica.

3.1.3 De outra parte, deixe-se claro que, se a imputação for de *dano ao erário*, far-se-á necessário ficar cabalmente provado, quer no Tribunal de Contas, quer na ação judicial, ter havido superfaturamento por parte da firma contratada, porque, se assim não for, antes, poder-se-á falar em violação aos princípios da Administração (art. 11 da lei).

A hipótese seria, então – enfatize-se –, a do art. 11, e não mais do art. 10, com sanção diferenciada e configuração legal diversa.

3. Dissemos "em sentido lato" porque entendemos que o contrato administrativo tem especificidades que não tem o ato em sentido estrito. Principalmente, há que se falar no acordo de vontades – na consensualidade, portanto.

4. *Vocabulário Jurídico*, p. 604.

4. Todavia, é bom não se esquecer que ao terceiro – na hipótese, à contratada – também deverá ser imputada a mesma conduta lesiva ao erário e/ou aos princípios da Administração, por força do art. 3º. É verdade que o dispositivo, como outros da lei, pode ser considerado draconiano, se não se lhe aplicar intelecção adequada, como já se disse em outros trabalhos.

4.1 Vejamos o art. 3º:

"Art. 3º. As disposições desta Lei são aplicáveis, no que couber, àquele que, mesmo não sendo agente público, induza ou concorra para a prática do ato de improbidade ou dele se beneficie sob qualquer forma direta ou indireta".

4.2 Vejamos, inicialmente, os sentidos de "induzir" e "concorrer". "Induzir", no *Diccionario de Língua Portuguesa* de Antônio de Moraes Silva,[5] significa "persuadir, instigar, aconselhar".

No *Dicionário Jurídico* de autoria da conceituada professora Maria Helena Diniz,[6] *persuadir* tem as seguintes acepções: "1) na acepção do direito civil e penal: instigar, persuadir, aconselhar. (...)".

De seu turno, "concorrer", também no *Diccionario de Língua Portuguesa* de Antônio de Moraes Silva, significa (nas acepções que mais se concertam com a questão): "contribuir, ajudar, auxiliar".[7]

Portanto, desde logo se verifica que a conduta, quer de induzir e/ou de concorrer, deve ser positiva, intencional – conduta, essa, que busca o resultado, portanto *dolosa* (como, diga-se de passagem, também a conduta do agente administrativo).

4.3 É verdade que acrescenta o mencionado art. 3º da Lei 8.429, de 2.6.1992, o *fato de se beneficiar o terceiro do ato, direta ou indiretamente.*

5. Segundo entendemos, a conduta do agente público, para se enquadrar no art. 9º (enriquecimento ilícito), será sempre *dolosa* (impossível imaginar-se enriquecimento ilícito sem dolo); no art. 10, *dolosa ou culposa*, porém culpa no seu sentido lídimo, de descaso,

5. Rio de Janeiro, 1922, p. 154.
6. Vol. 2, São Paulo, Saraiva, 1998, p. 829.
7. Não transcrevemos a professora Maria Helena Diniz porque esta se refere à concorrência em outros sentidos jurídicos.

desatenção, despreparo, conduta que escaparia dos *standards* normais de comportamento do homem médio, e no art. 11, como veremos, deverá ser necessariamente *dolosa*.

Sim, dissemos propositalmente "culpa no sentido lídimo da palavra", porque não se poderia utilizar, como pretende a lei, culpa em sentido amplíssimo. Se assim fosse, qualquer conduta posteriormente entendida como não tendo sido a mais adequada ou, até mesmo, não respeitadora de todos os princípios da Administração (como, por exemplo, desrespeito às formalidades legais) poderia receber a sanção de conduta ímproba, com as conseqüências dela advindas.

6. Há necessidade de adequada interpretação do art. 11 da Lei 8.429/1992.

6.1 Entendemos que, nesta hipótese (do art. 11 da lei), o legislador equiparou a ilegalidade à improbidade, o que não havia feito o texto constitucional. Portanto, para elidir inconstitucionalidade deverá ser dada, como já afirmado anteriormente, interpretação conforme a Constituição.

6.2 O texto constitucional, ao arrolar os princípios da Administração, expressamente enumerou os da *legalidade*, *impessoalidade*, *moralidade*, *eficiência* (após a Emenda 19/1998) e *publicidade*. Obviamente, outros princípios estão ou expressos em outros dispositivos (que não especificamente no art. 37) – como o da *motivação*, no art. 93, X –, ou implícitos – como os da *razoabilidade* e *proporcionalidade*, sistematicamente aplicados por nossa Corte Suprema.

6.3 Porém, *moralidade* não é o mesmo que *probidade*. Deveras, em nossa Constituição a conduta do administrador ímprobo deve ser sancionada de maneira rigorosa.

José Afonso da Silva refere-se à probidade nos seguintes termos: "A *probidade administrativa* é uma forma de moralidade administrativa que mereceu consideração especial pela Constituição, que pune o ímprobo com a suspensão de direitos políticos (art. 37, § 4º). A *probidade administrativa* consiste no dever de o 'funcionário servir a Administração com honestidade, procedendo no exercício das suas funções, sem aproveitar os poderes ou facilidades delas decorrentes em proveito pessoal ou de outrem a quem queira favorecer'. [*cf. Marcello Caetano, "Manual de Direito Administrativo", 1ª ed. brasileira, t. II/684, Rio de Janeiro, Forense, 1970*] O desrespeito a esse dever é que caracteriza a improbidade administrativa. Cuida-se de uma imoralidade administrativa qualificada. A improbidade administrativa é uma imoralidade qualificada pelo dano ao erário e correspondente vantagem ao ímprobo ou a outrem".[8]

7. Fábio Medina Osório, monografista do tema, averba:

"A *improbidade administrativa*, de fato, uma vez reconhecida, há de se ensejar, como regra, a *nulidade absoluta* do ato administrativo, com efeitos *ex tunc* e demais consectários, dada a *natureza significante e grave da ilicitude*. Nesse caso, fala-se na improbidade em qualquer de suas modalidades: *enriquecimento ilícito*, *dano ao erário* ou *violação dos princípios*. [grifos do original]

"(...).

"*Nem sempre, de outro lado, um ato absolutamente nulo será fruto da improbidade, visto como há outras fontes possíveis de nulidade administrativa. A relação entre teoria geral das nulidades e improbidade apenas fornece o caminho, ou, melhor dizendo, o 'cheiro' da improbidade administrativa. Não mais do que isso*"[9] (grifos nossos).

"Será qualquer ilegalidade que poderá ensejar configuração da improbidade administrativa?

"Com efeito, aqui cabe registrar, fundamentalmente, que *a mera ilegalidade, pura e simples, não revela a improbidade administrativa, na exata medida em que esta é uma categoria do ilícito mais grave, acentuadamente reprovável, seja por dolo ou culpa do agente, merecedor de especiais sanções. A ilegalidade, por si só, não acarreta incidência da Lei de Improbidade, porque tal hipótese traduziria o caos na Administração Pública. Veja-se que a cada julgamento de procedência de um mandado de segurança, por exemplo, seria obrigatório o reconhecimento da improbidade administrativa! Semelhante situação criaria soluções absurdas e aberrantes, gerando insegurança jurídica aos administrados e aos administradores, pois estes últimos ficariam sujeitos, em tese, a perda da função pública, suspensão dos direitos políticos, multa civil, interdição de direitos e, mais do que tudo, à qualidade de agentes ímprobos toda vez que cometessem ilegalidades*. [grifos nossos]

8. *Curso de Direito Constitucional Positivo*, 23ª ed., São Paulo, Malheiros Editores, 2004, p. 650.

9. Fábio Medina Osório, *Improbidade Administrativa, Observações sobre a Lei 8.429/1992*, 2ª ed., Porto Alegre, Síntese, pp. 132-133.

"Saliente-se, evidentemente, que apenas os atos que, além de ilegais, se mostrarem fruto da desonestidade ou inequívoca e intolerável incompetência do agente público.

"Nesse terreno, também vale lembrar que alguns atos de improbidade, por definição legal, exigem atuação dolosa, ao passo que outros admitem, cumulativamente, a forma culposa.

"(...).

"Há diversos graus de ilegalidade e, portanto, de invalidade dos atos administrativos.[10] Tal classificação, longe de pertencer apenas à teoria das nulidades administrativas, integra categoria fundamental de compreensão do alcance da legislação que reprime a improbidade administrativa, ainda que indique apenas um raciocínio a ser seguido."[11]

7.1 No mesmo trabalho entendeu que, caso se imputasse ao agente administrativo conduta ímproba, por violação aos princípios da Administração, estar-se-ia, sem dúvida, atribuindo-lhe responsabilidade objetiva, e não subjetiva (diretamente ligada ao agente).

É, ainda, do autor:

"Em alguns casos, exige-se rigorosamente uma atuação dolosa dos agentes públicos para configuração de improbidade. Em outras hipóteses, basta um atuar culposo. Repudia-se, de qualquer sorte, responsabilidade objetiva para efeitos de incidência das sanções da Lei n. 8.429/1992".[12]

8. A invalidação de contratos administrativos, quer administrativa, quer judicial, consiste na sua desconstituição, com a supressão de seus efeitos típicos, por motivo de incompatibilidade com a ordem jurídica. De conseguinte, com atribuição de efeitos *ex tunc*, em regra.

Consoante já averbamos em trabalho anterior, o fundamento da retirada desses atos administrativos prende-se a duas caracterís-

10. Consulte-se, nesse sentido, Gaston Jèze, *Principios Generales del Derecho Administrativo*, vol. 1, trad. de Júlio N. San Millán Almagro, Buenos Aires, Depalma, 1948, pp. 86-88.

11. Fábio Medina Osório, *Improbidade Administrativa*, ..., 2ª ed., pp. 129-130.

12. Idem, p. 62.

ticas básicas da função administrativa, à função controladora e à função ativa.[13]

Todavia, isso não pode querer dizer que todo ato administrativo reconhecido como ilegal, pela própria Administração ou pelo órgão controlador – o Tribunal de Contas –, seja ato ímprobo. *Improbidade e ilegalidade não se confundem, insistimos.*

Héctor Mairal, autor argentino, monografista do tema *licitações e contratos administrativos*, explicita hipóteses a merecerem invalidação – tais sejam, contratos celebrados "mediante manejos imorais", ou em "forma desonesta", ou "exteriorizando um favorecimento escabroso".[14]

Esses atos, citados pelo ilustre Autor, seriam, sem dúvida – dizemos nós –, atos emanados com suporte na figura da improbidade (imoralidade qualificada, para nós), nos termos da legislação brasileira.

9. Nas condutas tipificadas na Lei de Improbidade Administrativa não vemos como deixar de considerar, sobretudo no que concerne à Lei de Licitações e Contratos, a boa ou má-fé do agente público. Em outras palavras, deverá ser perquirido se estava o agente administrativo devidamente calçado em pareceres técnicos (quer jurídicos, quer de Engenharia) quanto aos serviços a serem executados (na hipótese de se tratar de extensões contratuais).

Também deverá ser verificado se o agente atuou dentro de sua esfera de competência ou, pelo contrário, dela exorbitou, agiu dolosa ou, mesmo, culposamente.

10. Como já afirmamos no item 6 deste estudo, as condutas praticadas contra os princípios da Administração somente poderiam ser consideradas ímprobas caso fossem, além de violadoras dos princípios administrativos, como o da *legalidade*, se, por exemplo, viesse a ser entendida, pelo Tribunal Contas ou judicialmente, como ilegal, dolosamente praticadas. Realmente, somente se tivesse havido má-fé por parte daquele a quem for imputado o ato.

13. Lúcia Valle Figueiredo, *Curso de Direito Administrativo*, 7ª ed., São Paulo, Malheiros Editores, 2004, Capítulo VIII, referente à *invalidação dos atos administrativos*, pp. 237 e ss.

14. *Licitación Pública*, p. 68.

10.1 A *presunção de inocência* é princípio constitucional, totalmente vincado pelo Estado de Direito. Garantia das garantias. A má-fé não pode ser presumida. O ônus da prova de existência de má-fé (conduta dolosa) não é daquele a quem se imputa a conduta ilícita, mas de quem imputa a conduta ilícita.

11. Portanto, consoante entendemos, somente fatos concretos, relacionados diretamente ao agente administrativo, poderiam levar à decretação da abertura dos sigilos fiscal e bancário para prova da existência de enriquecimento ilícito. Deixe-se claro, pois: apenas em hipóteses de enriquecimento ilícito – art. 9º da Lei federal 8.429/1992 – pode-se pedir a quebra dos sigilos fiscal e bancário.[15]

Já deixamos assentado em trabalho anterior, dando relevância ao *princípio da boa-fé*:

"O princípio da boa-fé encontra agasalho expresso no texto constitucional em seu art. 231, § 6º, como também em diversas leis regedoras da atividade administrativa. Exemplos podem ser colacionados nas Leis de Licitações, de Concessões e Permissões de Serviço Público etc., além de em diversas passagens do Código Civil.

"Na verdade, a boa-fé é conatural, implícita ao princípio da moralidade administrativa. Não poderá a Administração agir de má-fé e, ao mesmo tempo, estar a respeitar o princípio da moralidade. (...).

"(...).

"Por estar o *princípio da boa-fé* em estrita simbiose com o da *moralidade*, como já dito, há que se trazer a contexto o mestre do tema, Jesús González Pérez:

"'O princípio geral da boa-fé não só tem aplicação no direito administrativo, senão que neste âmbito adquire especial relevância. Como disse Guasp, 'todos os campos do Direito estatal são clima propício, como qualquer outro, ao desenvolvimento desta patologia do jurídico. E é mais, ela não se dá no seio dos principais elementos que conjuga a relação jurídica estatal: a autoridade e o súdito'.

15. É claro que a prova cabal será obtida, ou pode ser obtida, com a abertura dos sigilos. Todavia, é bom que se diga serem necessárias à imputabilidade e ao pedido de quebra dos sigilos provas ou forte aparência da existência do ilícito, como, por exemplo, sinais exteriores de riqueza não explicados devidamente.

"'Porque, com efeito, a presença dos valores de lealdade, honestidade e moralidade que sua aplicação comporta é especialmente necessária no mundo das relações da Administração com os administrados.

"'(...).

"E, ainda, González Pérez, citando Sainz Moreno: '*O princípio jurídico da boa-fé* – disse Sainz Moreno – *protege um bem, o valor ético social da confiança juridicamente válida em face de qualquer lesão objetiva que possa sofrer; haja sido ou não maliciosamente causada. Um ato é contrário à boa-fé quando produz uma lesão, qualquer que seja a intenção do causador*'"[16] (grifamos).

12. Também já assentamos em trabalho anterior que os contratos administrativos classificam-se em *contratos de colaboração* e *de atribuição*.

Contratos de colaboração são aqueles em que o contratado é considerado, como o próprio nome sugere, colaborador da Administração. Isto é, sua atuação é imediatamente dirigida para auxiliar a Administração em suas tarefas, quer executando-as em nome da Administração (concessão de serviço público, por exemplo), quer instrumentando a Administração para realização de seus cometimentos (um dos exemplos é o contrato de obra pública).

Nesses contratos (de colaboração) há, por força do bom atendimento ao interesse público, a possibilidade de se alterá-los qualitativamente para melhor adequação técnica a seus objetivos (art. 55, I, "a", do antigo Decreto-lei 2.300/1986 ou art. 65, I, "a", da Lei atual de Licitações e Contratos – Lei 8.666/1993).

13. Deveras, nesses contratos de colaboração há regime jurídico diferenciado, sendo, talvez, o traço principal dele a possibilidade de sua alteração pelo Poder Público, a fim de melhorar as condições de execução do objeto contratual. Também cláusula importante é a manutenção da equação econômico-financeira (o contrato é *rebus sic stantibus*).

Portanto, embora haja limite quantitativo para os aumentos contratuais, não nos parece que haja taxativamente absoluta impossibili-

16. Lúcia Valle Figueiredo, *Curso* ..., 7ª ed., Capítulo I, pp. 53, 54 e 55.

dade no que concerne a aumentos maiores em casos excepcionais, a serem examinados dentro do contexto sistemático em que surjam.

Oswaldo Aranha Bandeira de Mello, acerca das situações jurídicas definitivamente constituídas, deixou averbada magnífica lição:

"A situação subjetiva ou individual resulta da manifestação individual da vontade, especial e determinada a cada um dos que a ela se sujeitam. É a situação dos contratantes, que criam os seus regimes contratuais, com particularidades próprias, e afetam só as partes nelas vinculadas.

"A situação legal ou objetiva permanece enquanto não modificada pela lei, ao passo que a subjetiva individual vige pelo prazo temporário disposto pelas partes. Conseqüentemente, as situações legais ou objetivas podem ser modificadas pela lei, sem que ocorra retroatividade. *Já as situações individuais ou subjetivas não são atingidas pela lei nova, sob pena de ser retroativa, por definitivamente constituídas entre as partes*"[17] (grifos nossos).

É bom lembrar que o Conselho Administrativo Francês construiu a teoria da imprevisão exatamente porque, em certas hipóteses, é imperiosa a modificação do contrato, para melhor adequação ao interesse público.

14. O aumento previsto no § 1º do art. 65 da Lei 8.666/1993, se considerarmos como não-adequada a retroatividade da lei para alcançar situações passadas – hipóteses de contratos que já vinham se desenrolando por vários anos –, poderá, consoante entendemos, ser excepcionalmente ultrapassado para atender à modificação do contrato como permitida pela letra "a" do inciso I do art.65 da mesma lei.

14.1 Evidentemente, deverão ficar comprovados a necessidade administrativa e o atendimento ao interesse público primário, e haver a documentação técnica necessária.

Gostaríamos de transcrever a abalizada opinião de Celso Antônio Bandeira de Mello em situação como a de que ora se cogita:

"Assim, a noção de objeto contratual não pode se compor sobre uma indeclinável concorrência dos fatores 'natureza' e 'dimensão'. Não será pelo fato de, por vezes, a 'dimensão' interferir com a 'natureza' do objeto *[esta última, também um de seus concorrentes elementos, conforme acertadamen-*

17. *Princípios de Direito Administrativo*, vol. 1, p. 286.

te registra o autor] que se haverá de incluir *necessariamente* este aspecto quantitativo para reputá-lo *sempre* definitório do objeto. Em suma: sem um exame das circunstâncias e dos casos não se poderá, de antemão, verificar se ocorreram ou não os pressupostos para a utilização do art. 4º e se persiste o mesmo objeto contratual, pois a compostura dele depende do 'sentido' do próprio contrato, da razão de ser dele".[18]

"Sendo o contrato administrativo um vínculo instaurado *publicae utilitatis causae*, como é de todos sabido, o que importava e importa verificar é quando – em que circunstâncias – a realização do interesse público justificaria a superação *consensual* dos limites de acréscimo determináveis unilateralmente pela Administração, sem com isto comprometer os impostergáveis valores residentes no princípio da licitação.

"(...).

"15. Caio Tácito (parecer, *RDA* 198/363 e ss.) sustenta que os limites a que se reporta a lei, inclusive, pois, em seu § 2º, I, atinam à hipótese de modificações meramente quantitativas mencionadas na letra 'b' do art. 65, I, *não, porém em relação às qualitativas, é dizer, às contempladas na letra 'a' do art. 65, I* (modificação do projeto ou das especificações, para melhor adequação técnica aos seus objetivos), as quais, em sendo necessárias para a *plena consecução da finalidade do contrato*, são admissíveis. Disse o referido Mestre: "As alterações quantitativas do contrato, objeto do capítulo anterior, são manifestações unilaterais da Administração, por motivo de conveniência do serviço, que podem se processar, dentro dos limites permitidos, sem que se modifiquem as especificações do contrato e os critérios definidos nas planilhas que o integram. A ordem a ser emitida, de obrigatório acatamento pelo contratado, pressupõe, nos explícitos termos da lei, o atendimento das 'mesmas condições contratuais" (pp. 365-366).

"E, pouco além: 'As alterações qualitativas, precisamente porque são, de regra, imprevisíveis, senão mesmo inevitáveis, não têm limite preestabelecido, sujeitando-se a critérios de razoabilidade, de modo a não se desvirtuar a integridade do objeto do contrato' (p. 366).

"(...).

"Assim, pois, uma primeira conclusão, que de logo sufragamos, pode ser firmada: a Lei n. 8.666 admite, nas hipóteses da letra 'a', superação dos

18. "Extensão das alterações dos contratos administrativos: a questão dos 25%", *Revista Diálogo Jurídico* 6-I/4-5, Salvador.

limites que menciona, pois estes só dizem respeito à letra 'b'. Trata-se, apenas, de ver, mais além, quais os contingenciamentos de tal possibilidade.

"(...).

"25. É sob a iluminação destes cânones que há se de ser entendida a asserção, dantes feita, de que sobretudo nos casos da letra 'a' do art. 65, mas não exclusivamente neles, cabe superação dos limites porcentuais estabelecidos na Lei n. 8.666. É também ao lume destes mesmos vetores exegéticos que se haverão de estabelecer cerceios a tal possibilidade, para, afinal, buscar caracterizar a espécie de situações em que se deve considerar justificada, *em nome do interesse público e sem gravames para o princípio da licitação* (com os valores nele resguardados), a superação dos aludidos limites de 25 ou 50%, conforme o caso, contemplados na Lei n. 8.666"[19] (grifos do original).

15. Deveras, a interpretação há que ser feita não apenas de um ou mais artigos da lei, porém dentro de seu contexto sistemático.

Larenz, a respeito da interpretação, deixou averbado:

"Para além desta função geral do contexto, proporcionadora da compreensão, o contexto significativo da lei desempenha, ainda, um amplo papel em ordem à sua interpretação, ao poder admitir-se uma *concordância objectiva* entre as disposições legais singulares. Entre várias interpretações possíveis segundo o sentido literal, deve por isso ter prevalência aquela que possibilita a garantia de concordância material com outra disposição.

"(...).

"A questão relativa à conexão de significado da lei não pode nem desligar-se completamente da questão relativa ao sentido literal possível, nem ser respondida com a questão relativa a outros critérios de interpretação. A conexão de significado da lei, e também a sistemática conceptual que lhe é subjacente, só é compreensível quando se tomam também em consideração os fins da regulação.

"(...).

"A conexão de significado da lei, por seu lado, só pode plenamente compreender-se, em muitos casos, quando se retorna à teleologia da lei e ao 'sistema interno', que lhe subjaz, das opções valorativas e princípios rectores. A questão relativa à conexão de significado conduz então aos critérios teleológicos. Com o quê se confirma a observação de Friedrich Muller [*Ju-*

19. Idem, pp. 6, 8-9, 11 e 16.

ristische Methodik, 2ª ed., p. 166] de que 'as regras tradicionais de interpretação' não podem ser individualizadas como 'métodos' independentes em si. Ao invés, manifestam-se no processo de concretização 'não só complementando-se e apoiando-se umas às outras, mas sempre entrelaçadas materialmente umas com as outras, logo desde o princípio'. Isto deveria dar que pensar àqueles que pretendem que o intérprete pode escolher entre diferentes métodos."[20]

Entendemos, pois, que em face das peculiaridades do caso concreto, o aditamento contratual além do limite legalmente estabelecido poderá ou não se justificar.

II – A quebra dos sigilos fiscal e bancário

16. Apenas breves palavras sobre a quebra dos sigilos fiscal e bancário, que vem ocorrendo largamente na prática.

Como dissemos anteriormente, se não houver acusação expressa de enriquecimento ilícito, capitulado no art. 9º da Lei 8.429/1992, não será possível requerer a quebra dos sigilos sem que se faça acusação precisa, capitulando-se tais ou quais fatos como reveladores de sinais exteriores de riqueza.

Se nada disso for feito, e limitar-se o Ministério Público, quando autor, a atacar o aditamento contratual, enquadrável, em tese, no art. 10, VIII, da lei,[21] sem apontar conduta tipificada no art. 9º, entendemos que deve ser negada a quebra do sigilo.[22]

Lembremo-nos de que em jogo estão dois princípios constitucionais de extrema relevância, como o da *presunção de inocência* e o da *intimidade*.

20. *Metodologia da Ciência Jurídica*, 2ª ed., tradução de José Lamego, Lisboa, Fundação Calouste Gulbenkian, pp. 391, 393-394 e 394-395.

21. "Art. 10. (...): (...) VIII – frustrar a licitude de processo licitatório ou dispensá-lo indevidamente; (...)."

22. Não entendemos impossível a quebra do sigilo para preservação da garantia constitucional da intimidade. Pretendemos deixar claro que são, infelizmente, precipitadas e temerárias determinadas condutas que, sem imputações sérias e, até mesmo, sem argumentação mais sólida, requerem ao juízo tal prática, que muitas vezes é deferida.

16.1 Tais princípios, sem dúvida, se estivessem em colisão com o *princípio da moralidade administrativa* (porém, não por acusações simplesmente jogadas nos autos do processo judicial ou meramente alegadas no processo administrativo), poderiam, no caso concreto, ceder passo. Enfatize-se, todavia: em face da *presunção da inocência*, é necessário que haja fortes indícios de condutas desonestas (e não, apenas, condutas que possam estar, eventualmente, violando as formalidades legais).

Invoquemos a lição ímpar do Min. Celso de Mello no MS 23.868-2-DF. A decisão, em seus fundamentos, embora referente às comissões parlamentares de inquérito, é completamente adaptada ao caso ora estudado:

> "Impende advertir, por oportuno, e tal como precedentemente enfatizado, que a *jurisprudência constitucional* firmada pelo *Plenário* do Supremo Tribunal Federal, ao interpretar o alcance da norma inscrita no art. 58, § 3º, da Constituição da República, *reconhece* que *assiste* a qualquer comissão parlamentar de inquérito o poder de decretar a quebra de sigilo inerente aos registros bancários, fiscais e telefônicos, *desde* que o faça em ato *adequadamente* fundamentado, e do qual *conste*, ainda, referência a *fatos concretos* que justifiquem a configuração de *causa provável*, apta a legitimar a medida excepcional da *disclosure*"[23] (grifos do original).

III – Síntese conclusiva

1. Evidentemente, a improbidade não pode ser presumida em qualquer das hipóteses previstas na Lei 8.429/1992. A vantagem patrimonial indevida, enriquecimento ilícito, deve ser cabalmente provada. Essa prova deve ser feita por quem a alega. Não há inversão do ônus da prova, mormente quando não se apontaram atos que poderiam levar a supor a existência do enriquecimento ilícito.

2. A *presunção da inocência* é princípio constitucional, inserido nas garantias individuais e esteio do verdadeiro Estado Democrático de Direito.

23. *RTJ* 173/805-810, rel. Min. Celso de Mello; *RTJ* 174/844, rel. Min. Sepúlveda Pertence; MS 23.466-DF, rel. Min. Sepúlveda Pertence; MS 23.619-DF, rel. Min. Octávio Gallotti; MS 23.639-DF, rel. Min. Celso de Mello – *v.g.*

Alegações graves, como a imputação de enriquecimento ilícito, não poderão vir desacompanhadas da enumeração das situações que possam induzir a tal conclusão. Se houvesse sinais evidentes de enriquecimento ilícito, poder-se-ia pensar em inversão do ônus da prova – como, por exemplo, enfatize-se, situações evidentes de sinais exteriores de riqueza incompatível com o cargo ocupado.

3. Todavia, é bom deixar assinalado, como enfatizado ao longo deste estudo: o Ministério Público deverá tipificar a conduta tida como ímproba no art. 9º da lei, enquadrar no art. 10 e/ou no art. 11. Haverá franco desrespeito aos princípios do processo judicial e, também, ao administrativo, sobretudo decorrente de atuação ilícita administrativa, se não houver tipificação devida.

Deveras, quando há, administrativamente, imputação a alguém, portanto, quando, administrativamente, alguém possa ser colocado na situação de "acusado" (denominação constitucional veiculada no art. 5º, LV, da CF), hão de viger os princípios do processo penal, em que necessária se faz tipificação severa, a fim de que o contraditório possa ser fielmente exercido, dando azo a que se cumpra o devido processo legal em sua feição material.

Não se pode fazer com que o "acusado" de atuação administrativa – mais do que ilícita – ímproba deva deduzir em que artigo pode ser enquadrado.

3.1 Os elementos conceituais do ato de improbidade lastreado no art. 9º são, sem dúvida, a conduta *dolosamente* desonesta (impossível, logicamente, ser culposa) seguida de proveito indevido para quem a pratica. Enfim, o patrimônio de alguém deve ser enriquecido por conduta praticada por ele próprio, com a conseqüente perda patrimonial do ente público.

4. Os arts. 10 e 11 não trazem a imputação de enriquecimento ilícito.

O art. 10 descreve situações em que, por culpa (com as ressalvas já feitas) ou dolo, tenha havido dano ao erário. Nas hipóteses de aditamento contratual indevido deve ficar comprovado que a situação descrita, além de ilegal e de poder ser desconstituída, causou, objetivamente falando, dano ao erário. É preciso que se comprove o prejuízo real advindo do aditamento, o que deverá ser feito no curso de processo administrativo ou judicial.

Todavia, entendemos que o erro administrativo culposo (se erro houver), sem culpa grave, na hipótese de o aditamento contratual ser respaldado por pareceres técnicos de Engenharia e pareceres jurídicos, não poderá ensejar a tipificação de improbidade administrativa.

5. A ilegalidade, como averbamos ao longo deste estudo, não pode levar à improbidade administrativa, que se esteia em conduta imoral qualificada. É dizer, conduta que vai além dos padrões médios da moralidade administrativa. Por isso mesmo dissemos que se enquadraria preferencialmente em conduta dolosa.

Deveras, seria culposa somente nas hipóteses de menosprezo, descaso, com os padrões de eficiência e de legalidade. Separamos, de propósito os dois princípios por entendermos que o primeiro (a eficiência) poderá ser aferido por padrões técnicos administrativos, enquanto no segundo (legalidade em sentido estrito) há de se levar em conta, sobretudo, o devido processo legal.

Quanto ao art. 11, diríamos nós que o legislador, no afã de atalhar as condutas de corrupção administrativa – que, infelizmente, se têm repetidamente visto –, criou um dispositivo que seria, assim, como algo residual: o que não couber nos dois primeiros certamente caberá no terceiro.

Razão teria – e louvaríamos o legislador – se tal dispositivo, com sua largueza conceitual, comportasse tão-somente condutas dolosas.

Não se pode pensar – pena de chegarmos a situações inimagináveis, como as descritas pelo conceituado Fábio Medina Osório citado – em conduta culposa. Deve necessariamente, segundo entendemos, tratar-se de conduta dolosa, querida, ou cujo risco foi assumido intencionalmente por aquele que a praticou.

6. O respeito aos sigilos fiscal e bancário é de suma importância. Representa garantia importante do Estado Democrático de Direito.

Os princípios constitucionais fundamentais somente podem ceder passo a outros princípios, também constitucionais, em situações concretas e especialíssimas.

Evidentemente, deverão ser respeitados rígidos parâmetros (na hipótese de se estar sacrificando um princípio constitucional por outro).

Na hipótese de haver ilegalidade provada, tal fato não leva, como conseqüência iniludível, ao enriquecimento ilícito (a presunção da inocência é princípio constitucional).

O afastamento de um princípio constitucional somente poderia, como afirmamos, ser coonestado na hipótese de haver, *in concreto*, outro princípio de igual valor que, dadas as circunstâncias, estaria, no momento, a prevalecer.

A QUESTÃO DO NÚMERO DE VEREADORES DAS CÂMARAS MUNICIPAIS (DECISÃO DO STF NO RE 197.917), A AUTONOMIA MUNICIPAL E OUTRAS FLEXIBILIZAÇÕES À PROPOSTA CONSTITUINTE ORIGINÁRIA

LUIZ ALBERTO DAVID ARAÚJO

1. Introdução. 2. O Município na Constituição Federal de 1988.

1. Introdução

A idéia deste pequeno trabalho é a de descobrir a correlação entre três situações que minimizaram garantias constitucionais originalmente constituídas.

A primeira é a decisão do STF[1] que determinou que o número de vereadores da Câmara Municipal não deve ser fixado pela força da autonomia municipal, mas deve ser resultado de uma operação aritmética, sem qualquer margem de atuação dos representantes do povo do Município. Ao determinar que tal fixação obedecesse às faixas previstas no art. 29, IV, da Constituição Federal, com a aplicação de regra aritmética, o STF decidiu de forma contrária a privilegiar a autonomia municipal, bem consagrado constitucionalmente. Em outra dimensão, tivemos a Emenda Constitucional 35, que cuidou de reduzir as garantias dos parlamentares federais e estaduais, retirando-lhes a necessidade de licença para o processo; e a Emenda Constitucional

1. RE 197.917, com voto vencedor do Min. Maurício Corrêa, *Boletim Informativo* 341, setor "Transcrições".

32, que cuidou de diminuir os poderes do Presidente da República na edição de medidas provisórias. Os três fatos levaram a uma redução do conteúdo determinado pelo poder constituinte originário. Três bens constitucionais foram atingidos[2] (no caso da decisão judicial apenas houve interpretação do que já estava posto, podemos assim dizer). Por que não nos sentimos indignados com os três eventos, que – querendo, ou não – reduziram bens constitucionais garantidos originalmente?

É essa correlação que pretendemos investigar. Partiremos, pois, das cláusulas constitucionais originais que tentavam impor limites ao gasto municipal para a dimensão atual do texto. Procuraremos demonstrar que vem havendo preocupação sensível de todos com os gastos municipais. E que o número de vereadores de uma Municipalidade representa fonte de gastos públicos. Por fim, apresentaremos as duas outras situações, estas modificadas por emendas constitucionais sem que houvesse reação quando da preservação do parâmetro inicialmente colocado pelo constituinte originário. Deixaremos, por fim, à reflexão uma pergunta que poderia ajudar na busca da razão do nosso conformismo.

2. *O Município na Constituição Federal de 1988*

O Município na Constituição de 1988 recebeu impulso para seu caminho de autonomia, que já se visualizava nos sistemas anteriores.[3] O tema da autonomia municipal foi objeto de debate, considerando-se a criação de uma terceira esfera de governo federativo. Teríamos,

2. Não estamos condenando as Emendas Constitucionais 32 e 35, e nem, tampouco, a decisão do STF no recurso extraordinário acima mencionado. Estamos apenas trabalhando com o modelo original trazido pela Constituição Federal de 1988. No caso da Emenda Constitucional 32 houve redução do poder do Presidente da República (não estamos dizendo que não deveria haver a redução); no caso da Emenda 35, redução das garantias parlamentares (não estamos, da mesma forma, dizendo que ela não deveria ter ocorrido). E, por fim, com a decisão verificamos que a autonomia municipal, bem que poderia ter servido de base para a decisão, foi reduzida. Novamente repetimos: não há juízo de valor na análise, mas apenas um confronto com a forma como estava posta a Constituição de 1988 e a atual situação, 16 anos depois.

3. Sobre o tema, a lição precisa de Raul Machado Horta, *Direito Constitucional*, 2ª ed., pp. 613 e ss.

portanto, no Brasil um federalismo distinto, onde o Município comporia a terceira ordem de governo, ao lado do governo central e das vontades tradicionais autônomas, os Estados-membros.

Sobre o tema, a lição de Celso Ribeiro Bastos: "O Município é contemplado como peça estrutural do regime federativo brasileiro pelo texto constitucional vigente, ao efetuar a repartição de competências entre três ordens governamentais diferentes: a federal, a estadual e a municipal. À semelhança dos Estados-membros, o Município Brasileiro é dotado de autonomia, a qual, para que seja efetiva, pressupõe ao menos um governo próprio e a titularidade de competências privativas. Nos arts. 29 e 30 a Constituição Federal assegura os elementos indispensáveis à configuração da autonomia municipal".[4]

A idéia da autonomia municipal mereceu a consideração de José Afonso da Silva, que cuidou de elencar os motivos pelos quais o Município não poderia ser parte essencial da Federação. Relembrando a lição do grande constitucionalista, verificamos que as objeções, em linhas gerais, podem ser assim mencionadas: o Município não tem Constituição própria, mas apenas uma Lei Orgânica, que é limitada pelos princípios da Constituição Federal (pelos preceitos dos arts. 29 e 29-A) e pelos princípios da Constituição do respectivo Estado. O grau de autonomia, portanto, estaria bastante comprometido. A intervenção que ocorre no Município é feita pelo Estado-membro, e não pela União Federal – o que revelaria a falta de um requisito essencial para a caracterização de um ente federativo. Historicamente, o Município não compunha a idéia de Federação. Na origem eram apenas duas ordens jurídicas, não havendo a terceira ordem, que seria a municipal.[5] No entanto, o autor concorda que o Município integra a Federação Brasileira.

O debate permite, de outra ordem, posicionamento contrário. Estaríamos diante de um federalismo atípico, onde o Município ocuparia uma posição privilegiada. O Município, como constante da Constituição Brasileira, seria um ente federativo e essencial à composição federativa nacional. A inserção no pacto federativo, anunciado no art. 1º da Constituição Federal, a colocação do Município como

4. *Curso de Direito Constitucional*, 20ª ed., p. 310.

5. Cf. José Afonso da Silva, *Curso de Direito Constitucional Positivo*, 23ª ed., pp. 472 e ss.

ente autônomo no art. 18, o cuidado que o constituinte teve quando arrolou, dentre os motivos ensejadores da intervenção federal, como princípio sensível, a autonomia municipal, mostram que o Município foi contemplado como parte do federalismo e essencial à composição, como positivado em 1988.

Além dos argumentos acima, o Município tem competência legislativa (art. 30), tem poder de se auto-organizar (art. 29) e escolhe suas próprias autoridades. Todos esses fatores levam à conclusão de que, apesar de o Município não ter sido considerado na formação histórica do federalismo, para nós, no sistema brasileiro, ele está integrado à idéia de Federação – situação, essa, reforçada pelo constituinte de 1988.

Esse ponto de vista encontra albergue na doutrina. Michel Temer, analisando as características do federalismo, identifica cada uma delas na figura do Município em nosso texto constitucional.[6]

Dentre os requisitos de auto-organização encontramos a capacidade que o Município tem de escolher seus representantes, que serão responsáveis pela elaboração das leis. Os vereadores, dotados de garantias próprias – como a imunidade material na circunscrição do Município –, têm o dever de fiscalizar e elaborar as leis da órbita municipal.

A Constituição de 1988 tratou, originalmente, de criar alguns parâmetros para a auto-organização do Município.

Sem dúvida, o receio de que o Município pudesse se organizar de forma que se descontrolasse financeiramente sempre esteve presente. Nas regras do art. 29 da Constituição Federal notamos uma preocupação constante do constituinte originário com a preservação da austeridade municipal. Antes, mesmo, de entrarmos nessas regras de austeridade, impõe notar que a própria criação do Município já sofreu alteração, dificultando seu processo, diante do processo indiscriminado de sua criação.

Muitos Municípios estavam sendo criados, sem qualquer resguardo da sua estrutura financeira e orçamentária. Isso quer dizer que havia uma série de pequenos Municípios que eram criados sem qual-

6. *Elementos de Direito Constitucional*, 19ª ed., 2ª tir., pp. 104 e ss.

quer critério, permitindo a manipulação política do ato de criação, deixando de lado os tópicos relativos à austeridade financeira, necessária ao bom equilíbrio financeiro da Federação.

Foi por tal razão que houve a modificação do texto constitucional, com a alteração do art. 18, em seu § 4º.

Rezava o antigo texto, que facilitava a criação das entidades municipais: "§ 4º. A criação, a incorporação, a fusão e o desmembramento de Municípios, preservada a continuidade e a unidade histórico-cultural do ambiente urbano, far-se-ão por lei estadual, obedecidos os requisitos previstos em lei complementar estadual, e dependerão de consulta prévia, mediante plebiscito, às populações diretamente interessadas".

O texto acima foi alterado pela Emenda Constitucional 15/1996. O confronto do texto antigo com o atual revela a preocupação do constituinte reformador com a criação indiscriminada de Municípios: "§ 4º. A criação, a incorporação, a fusão e o desmembramento de Municípios far-se-ão por lei estadual, dentro do período determinado por lei complementar federal, e dependerão de consulta prévia, mediante plebiscito, às populações dos Municípios envolvidos, após divulgação dos Estudos de Viabilidade Municipal, apresentados e publicados na forma da lei".

Nota-se, com clareza, que a Emenda Constitucional 15 tratou de dificultar a criação de Municípios, exigindo a publicação dos Estudos de Viabilidade Municipal, além de ter todo o balizamento antes feito por lei complementar estadual, agora por lei complementar federal. E a consulta plebiscitária, agora, é às populações dos Municípios envolvidos, e não mais às populações interessadas – o que dificulta ainda mais sua aprovação.

Portanto, a dificuldade para a criação de Municípios foi efetivada.

Vejamos as regras constantes do *art. 29* que tinham como escopo tentar inibir o gasto municipal desnecessário, nos dizeres do constituinte de 1988.

Inicialmente, a Constituição apontava uma regra genérica quanto aos subsídios dos vereadores: "VI – a remuneração dos vereadores corresponderá a, no máximo, 75% daquela estabelecida, em espécie, para os deputados estaduais, ressalvado o que dispõe o art. 37, XI".

O dispositivo foi alterado pela Emenda Constitucional 19/1998, restringindo a remuneração dos vereadores. Assim consta da alteração: "VI – subsídio dos vereadores fixado por lei de iniciativa da Câmara Municipal, na razão de, no máximo, 75% daquele estabelecido, em espécie, para os deputados estaduais, observado o que dispõem os arts. 39, § 4º, 57, § 7º, 150, II, e 153, § 2º, I".

Com a Emenda Constitucional 25/2000 o texto foi novamente alterado, para restringir ainda mais a autonomia municipal no tocante à fixação dos vencimentos dos vereadores.

Assim consta da redação atual (que já sofreu, portanto, duas modificações): "VI – o subsídio dos vereadores será fixado pelas respectivas Câmaras Municipais em cada legislatura para a subseqüente, observado o que dispõe esta Constituição, observados os critérios estabelecidos na respectiva Lei Orgânica e os seguintes limites máximos: a) em Municípios de até 10.000 habitantes, o subsídio máximo dos vereadores corresponderá a 20% do subsídio dos deputados estaduais; b) em Municípios de 10.001 a 50.000 habitantes, o subsídio máximo dos vereadores corresponderá a 30% do subsídio dos deputados estaduais; c) em Municípios de 50.001 a 100.000 habitantes, o subsídio máximo dos vereadores corresponderá a 40% do subsídio dos deputados estaduais; d) em Municípios de 100.001 a 300.000 habitantes, o subsídio máximo dos vereadores corresponderá a 50% do subsídio dos deputados estaduais; e) em Municípios de 300.001 a 500.000 habitantes, o subsídio máximo dos vereadores corresponderá a 60% do subsídio dos deputados estaduais; f) em Municípios de mais de 500.000 habitantes, o subsídio máximo dos vereadores corresponderá a 75% do subsídio dos deputados estaduais".

Percebe-se, claramente, a tendência a diminuir a liberdade do legislador orgânico municipal e de reduzir os gastos do Município. A criação de faixas (e a eliminação do modelo único) significa a revelação de uma política clara e consistente de redução da autonomia municipal, com o propósito de redução dos custos.

O inciso VII do art. 29 da Constituição Federal também sofreu alterações, fixando os limites com a remuneração dos vereadores. E a complementação do art. 29-A tratou de limitar ainda mais a auto-organização do Município, retirando-lhe mais autonomia, sob o pretexto de reduzir as despesas.

Dentre os pontos que formariam os limites de auto-organização municipal, não podemos perder de vista o momento da fixação dos subsídios dos vereadores.

A idéia é a de que os vereadores tenham seus subsídios fixados na legislatura para a subseqüente, evitando, desta forma, que haja a fixação na mesma legislatura (art. 29, VI). Nova restrição, portanto, sempre no intuito de evitar o aumento do gasto público, com fundamento na moralidade administrativa.

Ao lado das restrições acima mencionadas, surge a limitação do número de vereadores no Município. Entendeu o constituinte pela fixação de um parâmetro para a determinação do número de vereadores para o Município.

Assim, disciplina o art. 29, IV: "IV – número de vereadores proporcional à população do Município, observados os seguintes limites: a) mínimo de 9 e máximo de 21 nos Municípios de até 1.000.000 de habitantes; b) mínimo de 33 e máximo de 41 nos Municípios de 1.000.000 e menos de 5.000.000 de habitantes; c) mínimo de 42 e máximo de 55 nos Municípios de mais de 5.000.000 de habitantes".

A Constituição Federal, portanto, traz algumas faixas correspondentes à população.

Um debate de longa data se refere ao número de vereadores do Município.

De um lado, entendem os autores que deveria prevalecer a autonomia municipal, bem garantido por força do princípio federativo, cláusula pétrea, garantida no § 4º do art. 60. Por essa interpretação, o número de vereadores, respeitada a faixa, em seu mínimo e máximo, deveria ser fixado pela Câmara Municipal. Os representantes do povo, então, dentro da autonomia municipal – bem protegido constitucionalmente, de valor a ser prestigiado –, poderiam decidir sobre o número de seus representantes. Eles, os representantes, ouvindo ou não o povo municipal, poderiam decidir sobre o número dos vereadores na Câmara. Essa interpretação prestigiaria o federalismo e a autonomia municipal – bem que, como já vimos, tem relevo constitucional.

De outro lado, um grupo de autores entende que a palavra "proporcional" teria peso decisivo na fixação, de forma que, respeitada a faixa, todos deveriam respeitar a proporcionalidade dos seus habitantes com o número de seus vereadores. Desta forma, haveria uma regra-de-três para a fixação do número de vereadores, um cálculo aritmético preciso, que determinaria o número de vereadores de acordo com a população do Município. Não haveria, nesse critério, autonomia municipal, mas apenas a aplicação de uma fórmula matemática que definiria o número de vereadores.

Vejamos os argumentos de cada uma das correntes:

"Há uma escala no número de vereadores, que é no mínimo de 9 e máximo de 21 vereadores nos Municípios de até 1.000.000 de habitantes; nos Municípios com mais de 1.000.000 até 5.000.000, o número é de 36 até 43 vereadores; além de 5.000.000 de habitantes, o número de vereadores passa a ser de 55.

"A Constituição Estadual fixará tais proporções, mas a sua competência não lhe permite aumentar ou diminuir o número de vereadores. Procedendo de modo desconforme a tal escala, o Município prejudicado poderá promover ação de inconstitucionalidade."[7]

Comentando o mesmo dispositivo, Ives Gandra Martins assinala:

"A Lei Orgânica dos Municípios com mais de 5.000.000 de habitantes definirá o número de vereadores num mínimo de 42 e no máximo de 55.

"O interessante é a proporção. Para os Municípios com até 1.000.000 de habitantes o máximo é de 21 vereadores. Se o Município tiver um habitante a mais (1.000.001), o número mínimo pula para 33 vereadores. Um habitante a mais, portanto, acarretaria a elevação do máximo de 21 para o mínimo de 33 edis, o que vale dizer, um acréscimo de 12 vereadores."[8]

Entendemos que a questão poderia ter uma dupla interpretação, dependendo da ótica enfocada. De um lado, a privilegiar a autonomia municipal, bem protegido pelo constituinte, inserido como princípio constitucional (art. 34, VII, "c"): fixada a faixa, deixaríamos à comunidade municipal a definição do número de seus vereadores. Importante ressaltar que o tema envolve o núcleo da representação política dos munícipes. Eles decidiriam se querem uma representação mais adequada, mais dirigida, ou se preferem, com uma redução de custos, uma representação mais abrangente, sem tanta especificidade. A comunidade, através da Câmara Municipal e através da Lei Orgânica,

7. Pinto Ferreira, *Comentários à Constituição Brasileira*, vol. 2, p. 272.
8. *Comentários à Constituição do Brasil*, 3º vol., t. II, p. 170.

teria a competência para decidir. O Município e sua autonomia, desta forma, seriam privilegiados. Haveria a transferência para o Município da decidibilidade do tema. Caberia, desta forma, ao povo, através de seus representantes, decidir se prefere gastar mais com maior representatividade política, ou se prefere gastar menos, abrindo mão da filigrana da representação, com um número menor de vereadores.

De outro lado, os gastos municipais se alongam. E essa vem sendo uma das preocupações do poder constituinte originário e dos autores das alterações. As emendas constitucionais, todas elas, tratam de diminuir a autonomia municipal, especialmente bulindo em sua parte financeira. Foi o descontrole das despesas municipais que ensejou um movimento de acanhamento da autonomia municipal. Esse acanhamento foi pouco notado. É que, na verdade, havia uma unanimidade sobre a necessidade do controle dos gastos municipais. E, para se obter tal objeto, não se teve qualquer escrúpulo em diminuir o bem prestigiado da autonomia municipal.

O mesmo aconteceu quando da nova disciplina da imunidade parlamentar, guardadas as devidas proporções. Diante da dificuldade (quase impossibilidade) de se conseguir licença para processar um parlamentar, a Emenda Constitucional 35 tratou de alterar o sistema, introduzindo nova regra para o art. 53, em seus §§ 3º e 4º. A nova regra é saudabilíssima, restitui a possibilidade (quase sempre impedida pela ausência de licença, que seria dada pelos parlamentares da Casa à qual pertencia) de processo contra o parlamentar. No entanto, houve uma redução das garantias parlamentares. Se a garantia era excessiva, ou não, não se discute aqui. A verdade é que, sob o pretexto de evitar o impedimento corporativo para dar início ao processo, retirou-se garantia do parlamentar, com a emenda constitucional, que eliminou a necessidade de licença para seu processo. Novamente – repita-se –, não se trata de afirmar que a licença era necessária. Estamos apenas mencionando que essa era uma garantia parlamentar, retirada por emenda constitucional, diante do exercício exagerado do tratamento corporativo do tema.

No caso dos Municípios havia interpretação perfeitamente possível para se prestigiar a autonomia, deixando, respeitadas as faixas, ao povo do Município e seus representantes a fixação do número de seus vereadores. A tese da fixação livre, respeitada a faixa, mereceria prestígio, em homenagem à autonomia municipal, bem de proteção assegurada. A outra posição, da fixação por cálculo aritmético preciso, sem deixar ao Município margem para decisão, é antipática à tese autonômica, apesar de representar grande economia para os cofres municipais. Estamos, portanto, diante de dois bens em cotejo: autonomia municipal e economia dos cofres municipais.[9-10]

Entre os dois bens, poder-se-ia imaginar que os cofres municipais poderiam ser prestigiados com uma fixação do número de vereadores mais parcimoniosa por parte da Câmara dos Vereadores, representantes do povo. No entanto, isso não vem ocorrendo. A decisão que fixou o número de vereadores, como veremos adiante, teve, certamente, como influência os gastos municipais, permitindo a adoção da tese antipática à autonomia.

Vejamos como o STF decidiu a matéria. O tema foi ventilado, pela via de exceção, através do Ministério Público do Estado, que interpôs recurso extraordinário (n. 197.917) à decisão do egrégio Tribunal de Justiça que havia reformado a decisão de primeiro grau. Pela decisão originária da comarca, foi determinada a adoção, pela Câmara Municipal, do critério aritmético preciso, qual seja, a proporcionalidade precisa, aplicando-se os limites do art. 29, IV, de forma a termos uma regra-de-três, que determinaria, sem qualquer autonomia, o número de vereadores da Municipalidade. O egrégio Tribunal de Justiça reformou a decisão, que foi restaurada pelo STF.

9. Ressalte-se que a economia deixou de ser feita, por diversas situações municipais específicas, onde a fixação deixou de atentar à razoabilidade. Portanto, estamos falando de uma prática muito comum de fixação do número de vereadores no máximo permitido, ou seja, no gasto máximo permitido. A persistência nessa fixação pouco econômica (mas de representação política detalhada e que permitia uma multifacetação da vontade popular) criou na cultura brasileira a idéia de que era preciso liminar o número de vereadores – mote que estará presente na decisão do STF, como veremos a seguir.

10. Apenas para mencionar, em notícia divulgada pelo jornal *O Estado de S. Paulo* de 11.4.2004, p. A-4, há menção da economia das cidades com o corte de vereadores. Vejamos o início da reportagem: "Salário de R$ 3 mil, quatro assessores ganhando R$ 1.500, um carro com 160 litros de combustível e cem selos para o envio de correspondência. A soma das despesas dá algo em torno de R$ 9.500 ao mês. É quanto custa um vereador em São Caetano do Sul, no ABC Paulista. A cidade, que conta com 21 parlamentares, terá a partir do ano que vem um corte de 10 vagas no Legislativo, o que representará uma economia para os cofres públicos de R$ 1,14 milhão ao ano". Apenas no Estado de São Paulo, 72% das Câmaras Municipais terão redução de vereadores.

Importante notar que os Mins. Sepúlveda Pertence, Marco Aurélio e Celso de Mello foram contrários à tese vencedora da Sessão Plenária.

Pela decisão ficou determinado que o cálculo deveria ser feito de forma precisa. A tese, como vimos, é aquela que amesquinha a autonomia municipal, retirando da Câmara dos Vereadores, órgão de representação popular, seu direito à fixação, respeitadas as faixas apontadas pela Constituição Federal.

Não há dúvida de que os votos vencidos representam manifestação da mais alta qualidade em defesa da tese perdedora, a que prestigia a autonomia municipal. De outro lado, os votos vencedores tinham presente o argumento de que estavam julgando contra essa autonomia municipal e reconheciam o valor desse bem. Estava claro para aqueles membros da Corte Suprema que estavam julgando contra a regra da autonomia municipal e sacrificando (ou, ao menos, minimizando) princípio constitucional que mereceria todo o incentivo e respeito do intérprete da Constituição. Qual seria a razão, portanto, para tal minimização do valor constitucionalmente assegurado?

Só mesmo uma situação real – dentro da política municipal – muito grave poderia impelir a Corte Suprema a escolher o critério amesquinhador da autonomia. Essa situação poderia ser o gasto municipal descontrolado, com a fixação do número de vereadores totalmente desarrazoada. E, nesse particular, seria interessante voltar ao exemplo dos deputados e senadores, que tiveram a necessidade de licença para seus processos alterada pela Emenda Constitucional 35. Inegável que houve alteração da garantia dos parlamentares. Inegável que o sistema original, previsto pelo constituinte de 1988, sofreu um abalo. Esse abalo, no entanto, foi mais que justificável, diante dos fatos que vinham permeando a vida política nacional. O Congresso Nacional, sempre dificultando a outorga da licença, impedia os processos contra os parlamentares, num exercício corporativo que era objeto de repulsa de toda a sociedade brasileira. É claro que, na mesma hipótese, encontrávamos situações que mereceriam o bloqueio do processo. No entanto, eram tão isoladas, que se dispersaram no exercício sistemático do corporativismo parlamentar.

Provavelmente com as despesas municipais deve ter ocorrido o mesmo exagero dos parlamentares. Por tal razão, a fixação precisa do número dos vereadores, em franco atentado à autonomia municipal, teria soado como a boa nova da retirada da licença para o processo contra o parlamentar. Ambas as situações revelam atentados aos valores constitucionais. No entanto, há, entre todos, a sensação de que a norma tem um quê de razão. Como explicar que os valores constitucionais foram, mesmo que minimamente, reduzidos, dentro de um conflito com outros valores, e, no final, todos concordam que as decisões foram acertadas (Emenda Constitucional 35 e interpretação sobre o número de vereadores adotada pelo STF)? Como afirmar que o valor constitucional da autonomia municipal (ou, no caso dos parlamentares, das garantias do Poder Legislativo) foi minimizado pela aplicação da regra que pretendia a redução dos gastos de forma indiscriminada? A resposta só pode ser entendida diante do exagero provocado pelo Poder Legislativo, quer através dos deputados federais e senadores, que durante anos evitaram o processo de seus pares, quer na fixação, como representantes do povo do Município, do número de vereadores. Tais exageros moldaram uma reação. No caso da garantia dos parlamentares, pela Emenda 35, que lhes retirou a garantia da licença. Se era exagerada, ou não, a garantia deixou o sistema, e não provocou a menor indignação. Alterou-se garantia do Poder Legislativo. Não se tem notícia de uma impugnação de inconstitucionalidade contra a Emenda Constitucional 35, que retirou garantia do Poder Legislativo.[11] Da mesma forma, a fixação do número de vereadores pelo critério aritmético, sem qualquer área de autonomia da Câmara Municipal, dificilmente será impugnada. A medida foi vista como profilática e necessária, apesar de atentar contra a autonomia municipal.

Já é hora de alguns membros do Poder Legislativo atentarem para seu papel institucional. Quando o parlamentar usa as garantias sagradas da separação de Poderes sem critérios, em benefício próprio, deixando de atender ao interesse público, provoca as mais diversas reações. É preciso entender que há uma responsabilidade que, em algum momento, é cobrada. No caso, as mudanças ocorreram, sem que ninguém reclamasse delas.

Esse episódio deve servir de alerta para todos os outros agentes públicos, quer do Poder Judiciário, quer do Poder Legislativo, quer

11. Não se está defendendo a garantia, que era exagerada. Apenas estamos afirmando que a garantia foi posta pelo poder constituinte originário e fazia parte do conjunto de proteções dos parlamentares. Boa ou má, estava assegurada, e foi retirada.

do Poder Executivo.Foram retiradas garantias sem que ninguém reclamasse. E o fato se justifica, diante do abuso das prerrogativas.

A reação, muitas vezes injusta, pode ser bem aceita, apesar de juridicamente incorreta. Estamos vivenciando a implantação de um controle externo do Poder Judiciário e do Ministério Público. Há, certamente, uma alteração na autonomia desses órgãos. No entanto, boa parcela da população e do próprio meio jurídico entende que tais mudanças são necessárias. Teriam, tanto o Poder Judiciário como o Ministério Público, descuidado com seus deveres, a ponto de provocar uma reação da sociedade?

Bibliografia

BASTOS, Celso Ribeiro. *Curso de Direito Constitucional.* 20ª ed. São Paulo, Saraiva, 1999.

————, e MARTINS, Ives Gandra da Silva .*Comentários à Constituição do Brasil.* 3º vol., t. II. São Paulo, Saraiva, 1993.

FERREIRA, Pinto. *Comentários à Constituição Brasileira.* vol. 2. São Paulo, Saraiva, 1990.

HORTA, Raul Machado. *Direito Constitucional.* 2ª ed. Belo Horizonte, Del Rey, 1999.

MARTINS, Ives Gandra da Silva, e BASTOS, Celso Ribeiro. *Comentários à Constituição do Brasil.* 3º vol., t. II. São Paulo, Saraiva, 1993.

SILVA, José Afonso da. *Curso de Direito Constitucional Positivo.* 23ª ed. São Paulo, Malheiros Editores, 2004.

TEMER, Michel. *Elementos de Direito Constitucional.* 19ª ed., 2ª tir. São Paulo, Malheiros Editores, 2004.

EMPRESAS ESTATAIS E A SUPERAÇÃO DA DICOTOMIA "PRESTAÇÃO DE SERVIÇO PÚBLICO/ EXPLORAÇÃO DE ATIVIDADE ECONÔMICA"

MARÇAL JUSTEN FILHO

1. Uma grande dicotomia: serviço público e atividade econômica

Segundo a opinião doutrinária prevalecente,[1] a disciplina constitucional brasileira consagra uma grande dicotomia no âmbito da ordem econômica, envolvendo o conceito de *serviço público* e *atividade econômica*.

No Brasil o universo de atividades de aproveitamento dos bens econômicos para a satisfação de necessidades coletivas comporta duas manifestações diversas. Há o conjunto das atividades qualificadas co-

1. Por todos: Celso Antônio Bandeira de Mello, *Curso de Direito Administrativo*, 17ª ed., São Paulo, Malheiros Editores, 2004, pp. 639-641.

mo *serviço público* e existem as *atividades econômicas* em sentido próprio.

Essa diferenciação é extraída precipuamente do cotejo entre os arts. 173 e 175 da Constituição Federal de 1988. Aquele estabelece que o Estado, em situações especiais, pode exercer diretamente atividades enquadradas no âmbito do domínio econômico propriamente dito, enquanto este prevê que a prestação dos serviços públicos incumbe ao Estado.

Não cabe aprofundar, no presente estudo, o exame do instituto do *serviço público*. Apenas se deve assinalar que na França (que consagra conceito muito mais amplo de *serviço público*) há tendência a identificar *serviços públicos* e *função estatal*.[2] Os autores fazem referência ao serviço público como instrumento de satisfação de "necessidade de interesse geral".[3] No Brasil o conceito técnico-jurídico de *serviço público* é muito menos amplo, dele se excluindo as funções governamentais propriamente ditas e a atividade econômica em sentido restrito. Tal exclusão deriva da sistemática constitucional, que reserva a expressão "serviço público" para um conjunto delimitado de funções públicas.

Nessa linha, Celso Antônio Bandeira de Mello ensina que *serviço público* consiste em "toda atividade de oferecimento de utilidade ou comodidade material destinada à satisfação da coletividade em geral, mas fruível singularmente pelos administrados, que o Estado assume como pertinente a seus deveres e presta por si mesmo ou por quem lhe faça as vezes, sob um regime de direito público (...)".[4]

Isso não elimina um pequeno esclarecimento, explicitando a definição para agregar, como elemento necessário à configuração de um serviço público, o vínculo direto e imediato entre a utilidade ofertada e a satisfação do princípio da dignidade da pessoa humana.[5]

2. Nesse sentido: Maurice Hauriou, *Précis de Droit Administratif et de Droit Public*, 12ª ed., de 1993 (rev. por André Hauriou), reeditada, Paris, Dalloz, 2002, pp. 12 e ss. Em sentido similar: René Chapus, *Droit Administratif Général*, 15ª ed., t. 1, Paris, Montchrestien, 2001, pp. 578 e ss.

3. Cf. Yves Gaudemet, *Traité de Droit Administratif*, 16ª ed., t. 1, Paris, Librairie Générale de Droit et de Jurisprudence, p. 34. Didier Lnotte e Raphaël Romi aludem a "missão de interesse geral" (*Services Publics et Droit Public Économique*, 4ª ed., Paris, Litec, 2001, p. 42).

4. *Curso ...*, 17ª ed., p. 620.

5. Uma apresentação mais aprofundada da posição do signatário encontra-se em *Teoria Geral das Concessões de Serviço Público*, São Paulo, Dialética, 2003, pp. 20 e ss.

O que se afigura evidente para *toda* a doutrina é a impossibilidade de se reconhecer serviço público quando a utilidade oferecida não se destinar à satisfação de necessidades essenciais e relevantes, de natureza coletiva.[6]

Logo, aquilo que os franceses tratam como *serviço público industrial e comercial* usualmente se configura em face do Direito Brasileiro como atividade econômica em sentido restrito.

A interpretação sistemática evidencia, então, que há o segmento das atividades econômicas que se subordina ao princípio da livre iniciativa (art. 170 e seu parágrafo único da CF de 1988). Isso significa que qualquer particular disporá da faculdade de exercitar a atividade econômica propriamente dita, subordinado, quando muito, ao cumprimento de exigências impostas por lei e orientadas a assegurar a segurança (em sentido amplo) da comunidade. Essas atividades não são de titularidade própria do Estado, que as poderá desempenhar apenas se tal estiver previsto na própria Constituição ou for imposto por exigências de segurança nacional ou de relevante interesse coletivo. As atividades econômicas propriamente ditas sujeitam-se ao regime jurídico de direito privado, o qual será aplicado inclusive quando o Estado assumir seu desempenho. Tal se extrai da disciplina do art. 173, § 1º, da Constituição Federal de 1988, em que está determinada a aplicação às entidades estatais exploradoras de atividade econômica do regime jurídico aplicável às empresas privadas.

Já as atividades de serviço público foram atribuídas ao Estado e se caracterizam por um regime jurídico de direito público. Estão reservadas ao Estado, mas poderão ser delegadas aos particulares por meio de concessão ou permissão. Não se aplica a elas, então, o princípio da livre iniciativa, tal como não serão desempenhadas sob regime de direito privado.

A qualificação jurídica de uma certa atividade, e sua subsunção ao art. 173 ou ao art. 175 da Constituição Federal de 1988, resulta,

6. Cf. as lições de Maria Sylvia Zanella Di Pietro, *Direito Administrativo*, 15ª ed., São Paulo, Atlas, 2003, p. 101; Lúcia Valle Figueiredo, *Curso de Direito Administrativo*, 7ª ed., São Paulo, Malheiros Editores, 2004, pp. 80-81. Também cabe examinar a ampla revisão promovida por Dinorá A. M. Grotti a propósito da doutrina brasileira (*O Serviço Público e a Constituição Brasileira de 1988*, São Paulo, Malheiros Editores, 2003, especialmente às pp. 133-148).

portanto, extremamente relevante. Há dois efeitos imediatos de extraordinária importância.

O primeiro consiste na identificação da titularidade da atividade, para efeito de aplicação do princípio da livre iniciativa. Sendo a atividade considerada como serviço público, estará vedado seu exercício pelo particular, excluídas as hipóteses de concessão ou permissão. Mas, se houver reconhecimento de uma atividade econômica propriamente dita, a conseqüência será não apenas a aplicação do princípio da livre iniciativa, como também a restrição a seu desempenho por parte do Estado.

O segundo efeito relaciona-se com o regime jurídico disciplinador da atividade. Haverá ou a aplicação do regime de direito público para o serviço público, ou a incidência do regime de direito privado para a atividade econômica propriamente dita.

2. *Administração Pública indireta, serviço público e atividade econômica*

A diferenciação apresenta uma especial importância a propósito das empresas estatais, dotadas de personalidade jurídica de direito privado e integrantes da Administração Pública indireta. É necessário reconhecer que o conjunto composto por essas entidades abrange tanto as que exercitam atividade econômica como as que se dedicam à prestação de serviço público.

2.1 O objeto social e a forma jurídica de direito privado

A adoção de forma de direito privado é uma imposição necessária quando o Estado exercitar atividade econômica em sentido restrito. Tal estava previsto já na Constituição Federal de 1967 (art. 163, § 2º), e foi consagrado explicitamente na atual Carta, cujo art. 173, § 1º, alude ao regime jurídico próprio das empresas privadas quanto ao exercício pelo Estado de atividades econômicas propriamente ditas. A hipótese de exercício pelo Estado de atividade econômica propriamente dita valendo-se de pessoas dotadas de personalidade jurídica de direito público é anômala e se reputa como infringente da ordem constitucional. Aliás, o tema foi objeto de discussão pelo STF, quando se reconheceu a impossibilidade de qualificar como autarquia o Banco Regional de Desenvolvimento do Extremo Sul – BRDE.[7]

Por outro lado, a Constituição Federal de 1988 não contempla regras explícitas a propósito da forma jurídica pela qual se fará a prestação do serviço público pelo próprio Estado. Há simplesmente a indicação de que o Estado desempenhará o serviço público diretamente (ou indiretamente, por concessão ou permissão). O signatário filiou-se ao entendimento de que a prestação direta pelo Estado compreende não apenas o desempenho por meio de manifestações estatais diretas, como também por via de entidades descentralizadas.[8] Assim, não haverá distinção jurídica entre as hipóteses de prestação do serviço público por meio da Administração direta ou indireta, inclusive se dotada de personalidade jurídica de direito privado. Sob esse ângulo, reputa-se que a entidade integrante da Administração indireta que prestar serviços públicos não será caracterizada como uma "concessionária". Ou, quando menos, ter-se-á de reconhecer a existência de várias espécies de concessão de serviço público – algumas das quais se configuram como impróprias, eis que o vínculo entre o "poder concedente" e o "concessionário" não se subordinará ao mesmo regime aplicável aos casos de delegação à iniciativa privada.

De passagem, assinale-se que seria incorreto invocar a expressão "diretamente", contida no art. 175 da Constituição Federal de 1988, para afirmar que a prestação do serviço público por meio da Administração indireta configuraria concessão ou permissão. Existe, no caso, uma simples coincidência, em que um mesmo vocábulo ("diretamente") comporta duas acepções jurídicas diversas.

Lembre-se que a Administração Pública organiza-se em dois conjuntos de sujeitos. Alude-se a "Administração Pública direta" para indicar os entes contemplados diretamente em nível constitucional. Já a "Administração Pública indireta" é aquela criada por via infraconstitucional, como instrumento de descentralização.

Não existe vínculo entre essa classificação e aquela adotada a propósito do modo (direto ou indireto) de prestação de serviços públi-

7. Cf. RE 115.891, *RTJ* 128/219.

8. Para aprofundar o tratamento do tema, consulte-se *Teoria Geral* ..., pp. 117 e ss., onde há indicação, inclusive, da doutrina (majoritária) que adota entendimento idêntico.

cos. Ao ver do signatário, o serviço público é prestado *diretamente* quando o Estado (Administração direta *ou* indireta) assume seu desempenho. Há prestação de serviço público *indiretamente* quando há delegação à iniciativa privada.

Se não fossem outros argumentos, a evidência mais clara residiria na prestação de serviço público por autarquia, ente dotado de personalidade jurídica de direito público e integrante da Administração Pública indireta. Não se reputam existentes concessão nem permissão quando uma autarquia é investida de competência para prestação do serviço público – e a asserção não é desmentida pela inclusão da autarquia no âmbito da Administração indireta.

Daí se extrai que o Estado poderá valer-se das mesmas formas jurídicas societárias privadas para desempenhar tanto o serviço público como a atividade econômica em sentido restrito. Isso produz uma dificuldade hermenêutica relevante, eis que o regime jurídico aplicável será distinto. Tal como exposto, o serviço público é prestado sob regime de direito público, enquanto a atividade econômica propriamente dita o será sob regime de direito privado.

Logo, a disciplina jurídica das atividades da Administração indireta será distinta conforme se qualifique sua atividade como *serviço público* ou como *exploração econômica* em sentido restrito.

2.2 *A dissociação absoluta entre atividades: a qualificação da entidade*

Esse cenário conduziu a doutrina a agrupar as entidades da Administração indireta, dotadas de personalidade jurídica de direito privado, em dois grandes grupos. A partir do exame da natureza de suas atribuições, costuma-se distinguir as entidades estatais ou como *prestadoras de serviços públicos* ou como *exploradoras de atividade econômica*.[9]

9. Rigorosamente, seria possível (e necessário) reconhecer uma terceira espécie de entidade: seria aquela composta por sujeitos cuja função consiste em prestar apoio à Administração Pública. Nesse caso, a entidade não atua no mercado nem presta serviços *fora* do âmbito estatal, mas dá suporte a atividades administrativas. Nessa categoria poderiam ser incluídas as entidades encarregadas de processamento de dados, impressão, planejamento, e assim por diante. Deixa-se de aludir a essa ter-

A distinção não é bizantina, nem atende a reclamos de ordem puramente teórica. Ao contrário, reflete a submissão a regimes jurídicos distintos e permite identificar, de modo imediato, o conjunto de princípios e regras aplicáveis à atuação de cada entidade.

Nessa linha, lembre-se que a distinção vem sendo utilizada pelo próprio TCU, para inúmeros fins. O exemplo mais emblemático envolveu o Acórdão 121/1998, do Plenário, em que o TCU reconheceu não ser obrigatória a licitação para os contratos relacionados a atividades-fim de empresas estatais exploradoras de atividade econômica. Apontando a submissão dessas entidades ao mesmo regime das empresas privadas, o Tribunal afastou a necessidade de licitação nas operações "de mercado" praticadas pela referida categoria de empresa estatal.[10]

3. *A ampliação da complexidade da atuação estatal*

A dicotomia antes apontada granjeou grande prestígio, dentre outros fatores, pela utilidade, eis que propiciava ao operador jurídico orientação simples e rápida a propósito do enquadramento e do regime jurídico aplicável às entidades da Administração indireta.

Ocorre que, já há algum tempo, a ampliação da complexidade da organização econômica e a busca de novas oportunidades de negócios conduziram ao surgimento de situações problemáticas. A nitidez da distinção foi-se nublando e tornando difícil a manutenção da dicotomia na sua configuração original. Tal derivou do exercício cumulativo por uma única e mesma entidade administrativa de atividades reconduzíveis tanto a uma como a outra das categorias que compõem a dicotomia.

Por motivos que escapam ao caso, as entidades da Administração indireta incorporaram as concepções gerenciais mais modernas, bus-

ceira categoria por sua irrelevância para a presente abordagem. Apenas se esclareça que o regime jurídico de sua atuação será extremamente próximo ao das entidades prestadoras de serviço público.

10. O signatário expôs a questão em *Comentários à Lei de Licitações e Contratos Administrativos*, 9ª ed., São Paulo, Dialética, 2002, p. 25. Em decisão mais recente o TCU adotou idêntico entendimento no Acórdão 624/2003, do Plenário, quanto à contratação pelo Banco do Brasil de seguro de penhor rural sem realização de licitação, inserindo-se na atividade-fim das instituições financeiras.

cando ampliar sua lucratividade e eficiência. Assim, e modelando-se pelo figurino das empresas privadas, as entidades estatais começaram a alterar seu foco de atuação, na tentativa de obter novos negócios. Tal se pôs especialmente com as prestadoras de serviço público, que vislumbraram na abertura dos mercados antes monopolizados uma oportunidade de novos negócios.

Há inúmeros exemplos desse fenômeno. Lembre-se o caso das empresas estaduais prestadoras de serviços públicos de energia elétrica, criadas para prestação de serviços públicos numa esfera específica e determinada, que passaram a disputar contratações perante o Poder Público, numa atuação típica de operadores privados, em situação equivalente à iniciativa privada. Inúmeras sociedades de economia mista sob controle de um Estado-membro, titular da concessão federal de serviços públicos de energia elétrica no âmbito do território estadual, assumiram atuação competitiva – inclusive associando-se com o capital privado –, o que compreendeu, inclusive, disputar concessões outorgadas por outros entes federativos ou desempenhar atividades qualificadas como econômicas pela nova legislação. Ressalte-se que, em tais hipóteses, a proposta da entidade era de assumir a concessão *tal como* se fosse uma empresa privada, inclusive na acepção de não invocar qualquer espécie de benefício inerente à sua origem para disputar a contratação – até porque, aliás, a obtenção de benefício peculiar poderia comprometer a validade da outorga (conforme previsto no art. 17 da Lei 8.987/1995[11]).

A dimensão dos problemas gerados em virtude dessa hipótese conduziu o legislador à necessidade de consagrar a regra do art. 32 da Lei 9.074, no sentido de que: "A empresa estatal que participe, na qualidade de licitante, de concorrência para concessão ou permissão de serviço público poderá, para compor sua proposta, colher preços de bens ou serviços fornecidos por terceiros e assinar pré-contratos com dispensa de licitação". Ou seja, atividades-meio de empresas estatais não-exploradoras de atividade econômica foram excluídas da licitação, para propiciar a competitividade com empresas privadas pela obtenção de outorgas de serviço público.

11. Cuja redação é a seguinte: "Considerar-se-á desclassificada a proposta que, para sua viabilização, necessite de vantagens ou subsídios que não estejam previamente autorizados em lei e à disposição de todos os concorrentes".

Por outro lado, novas características jurídicas no âmbito do próprio serviço público conduziram à impossibilidade de aplicação de regras peculiares à sistemática. O caso mais evidente envolveu a instituição do Mercado Atacadista de Energia Elétrica – MAE, que pretendia consagrar mecanismos de mercado para a negociação de energia elétrica. Isso significava submeter as empresas estatais prestadoras de serviço público a uma atividade caracteristicamente empresarial, segundo alguns dos princípios norteadores da competição econômica própria das atividades norteadas pelo art. 173 da Constituição Federal de 1988. A Lei 10.433/2002 previu que: "Ficam as empresas públicas e sociedades de economia mista, suas subsidiárias ou controladas, titulares de concessão, permissão ou autorização, autorizadas a aderirem ao MAE, inclusive ao mecanismo (...)". A revogação dessa disciplina e a consagração de um novo modelo para o setor elétrico não afetam o exemplo tirado da legislação anterior, inclusive porque a nova sistemática legislativa pode ser reconduzida a soluções similares.

Para completar, o art. 24, XXII, da Lei 8.666 (com a redação da Lei 9.648/1998, posteriormente alterada pela Lei 10.438/2002) estatuiu que estavam dispensadas de licitação as contratações cujo objeto fosse o fornecimento ou suprimento de energia elétrica (depois ampliada também para o gás). Assim, as contratações que envolvessem o fornecimento de energia por parte de empresas estatais estavam dispensadas de licitação – modelo que tende a ser eliminado por efeito da nova legislação setorial.

Enfim, o tema do regime jurídico para entidades estatais que desempenham atividades heterogêneas mereceu atenção do próprio STF, em um julgado extremamente interessante. Apreciando o RE 229.696, o STF discutiu o regime jurídico aplicável à ECT, entidade que originariamente se dedicava apenas ao serviço público postal, mas que passou a desenvolver ampla gama de atividades, grande parte das quais em competição com a iniciativa privada. Chegou-se a questionar a divisibilidade das operações, para subordinação a regime jurídico distinto de acordo com a natureza das atividades consideradas.[12] Acabou-se por reputar inviável, sob o prisma prático, a solu-

12. Observe-se que a discussão envolvia, de modo específico, a possibilidade de penhora dos bens da ECT. Na sua conclusão, o STF afirmou que a natureza pública.das atividades postais impossibilitava a apreensão dos bens da ECT. É o que se vê

ção da dissociação de regimes jurídicos para uma única e mesma entidade. A solução foi pontual e específica para a ECT, reputando-se em vigência normas infraconstitucionais anteriores à atual Constituição que excluíam da penhora os bens de titularidade da entidade. Mas não se definiu, em termos mais aprofundados, a solução jurídica aplicável para a heterogeneidade das atuações da ECT.

Todas essas situações acima referidas refletem a evolução da complexidade da organização administrativa, em que se torna problemática a diferenciação – não propriamente entre os conceitos de *serviço público* e de *atividade econômica*. A maior complexidade reside na *acumulação* de atividades de distinta natureza por uma única e mesma entidade. Torna-se problemático afirmar que a sociedade estatal desempenha *apenas* serviço público ou *somente* atividade econômica em sentido restrito.

Observe-se que o fenômeno da complexidade das atividades das empresas estatais se materializa na expansão das atividades econômicas propriamente ditas. É problemático uma entidade exploradora de atividade econômica assumir a prestação de serviço público, em vista do regime jurídico publicístico que caracteriza a hipótese. Mas a situação inversa não é tão problemática, eis que a liberdade de empresa dá oportunidade à ampliação da atuação estatal. Ainda que a situação estivesse subordinada à presença dos requisitos contidos no art. 173 da Constituição Federal de 1988, poder-se-ia localizar um fundamento jurídico autônomo para uma estatal prestadora de serviço público assumir o desempenho de atividade econômica. Tal se relaciona com o aproveitamento de oportunidades econômicas relacionadas com a prestação do serviço público.

4. A viabilidade jurídica da acumulação de atividades

O exame da questão do desempenho por uma prestadora de serviços públicos de atividade econômica propriamente dita pode fazer-se sob dois ângulos diversos.

do julgamento do RE 220.906-9-DF. No acórdão, prolatado por maioria de votos, consta passagem em que se afirma: "Empresa pública que não exerce atividade econômica e presta serviço público da competência da União Federal e por ela mantido – Execução – Observância do regime de precatório, sob pena de vulneração do art. 100 da Constituição Federal".

4.1 A viabilidade jurídica da atividade econômica

Primeiramente, cabe examinar a possibilidade jurídica de a prestação de serviço público ser associada à exploração econômica. Poder-se-ia imaginar que os bens e serviços públicos nunca poderiam ser associados a alguma atividade econômica norteada por princípios caracteristicamente de direito privado.

O argumento contraria a tendência evolutiva generalizada em nosso sistema jurídico. Um ponto marcante das concepções vigentes é a necessidade de aproveitamento de todas as oportunidades empresariais geradas, ainda que indiretamente, pelo serviço público, especialmente para o efeito de produzir a redução das tarifas pertinentes.

O tema vem sendo analisado pela doutrina, de modo uniforme, especificamente a propósito da regra contemplada no art. 11 da Lei 8.987, que determina que: "No atendimento às peculiaridades de cada serviço público, poderá o poder concedente prever, em favor da concessionária, no edital de licitação, a possibilidade de outras fontes provenientes de receitas alternativas, complementares, acessórias ou de projetos associados, com ou sem exclusividade, com vistas a favorecer a modicidade das tarifas (...)".

A regra consagra a concepção de que a prestação do serviço público não pode ignorar o conjunto de atividades econômicas a que se vincula. O fornecimento das utilidades que atendem a necessidades coletivas essenciais pode (deve) ser associado ou complementado por outras atividades que apresentam relevância econômica mas não se enquadram no conceito de serviço público.

O aspecto central reside em que essas atividades econômicas surgem ou se tornam economicamente (mais) atrativas *em virtude* da organização econômica necessária à prestação do serviço público. Ou seja, quando se organiza uma estrutura de bens e pessoas para a prestação do serviço público, podem também ser criadas condições para exploração de outras atividades. Isso significa que a ausência de aproveitamento pelo Estado das apontadas oportunidades evidenciaria um caso de infração à indisponibilidade do interesse público. O Estado deixaria de extrair todos os rendimentos auferíveis em virtude do investimento necessário à prestação do serviço público, ou transferiria gratuitamente à iniciativa privada a possibilidade para se beneficiar dessas oportunidades. Em todos os casos, existiria infração aos princípios constitucionais norteadores da atividade administrativa, inclusive pela perda da oportunidade de transferir os benefícios derivados da exploração econômica como forma de redução das tarifas (o que, na terminologia econômica, se denomina *subsídio cruzado*). Ou seja, a ausência de aproveitamento dessas oportunidades não configura *generosidade* estatal, mas desperdício econômico.[13]

Nessa linha, a hipótese mais evidente e citada envolve a publicidade. A prestação do serviço público gera uma "clientela" muito atrativa para fins de publicidade. A exploração publicitária não apresenta qualquer natureza de serviço público, mas tem elevada relevância econômica. Por isso, os rendimentos correspondentes devem ser apropriados pelo prestador do serviço público, para ampliação de seus rendimentos.

O que não se pode ignorar é que a sofisticação dos mecanismos econômicos e sociais gera novos instrumentos de conjugação entre atividades dotadas de interesse público e aquelas relacionadas com a mera especulação empresarial. Um exemplo marcante dessa evolução está no dispositivo contemplado no Plano Diretor do Município de São Paulo (Lei municipal 13.430/2002), que criou a chamada *concessão urbanística*.[14] Não cabe maior aprofundamento sobre o tema no corpo do presente estudo, mas vale como exemplo da ampliação dos horizontes clássicos do direito administrativo brasileiro.

Anteriormente já me manifestara favoravelmente ao aproveitamento pelo concessionário de serviço público das oportunidades empresariais conexas. Defendera, então, a possibilidade de "exploração não apenas de serviço público mas também de bens públicos por via

13. O autor formulou considerações mais aprofundadas sobre o tema in *Teoria Geral* ..., pp. 367 e ss.

14. A redação do dispositivo é a seguinte:

"Art. 239. O Poder Executivo fica autorizado a delegar, mediante licitação, a empresa, isoladamente, ou a conjunto de empresas, em consórcio, a realização de obras de urbanização ou de reurbanização de região da Cidade, inclusive loteamento, reloteamento, demolição, reconstrução e incorporação de conjuntos de edificações para implementação de diretrizes do Plano Diretor Estratégico.

"§ 1º. A empresa concessionária receberá sua remuneração mediante exploração, por sua conta e risco, dos terrenos e edificações destinados a usos privados que resultarem da obra realizada, da renda derivada da exploração de espaços públicos, nos termos que forem fixados no respectivo edital (...)."

da concessão. Assim, por exemplo, uma concessão para construir uma ponte e explorá-la mediante pedágio poderá abranger a concessão de imóveis públicos vizinhos, destinados ao estabelecimento de empreendimentos comerciais".[15]

Muito antes dessa opinião, juristas do mais elevado gabarito tinham vislumbrado o enorme potencial da exploração econômica dos serviços públicos,[16] inclusive reportando-se a exemplos concretos verificados em outros países.

Em síntese, deve-se reconhecer que a própria Constituição impõe tarifas módicas na prestação dos serviços públicos. Daí decorre que o Estado está incumbido da aludida tarefa, mas também autorizado – antes, constrangido – a desempenhar as atividades econômicas correlacionadas. Como decorrência, a exploração empresarial de atividades de natureza privada relacionadas com a prestação de serviços públicos é um dever do Estado.

Assim, por exemplo, haveria ofensa aos deveres constitucionais se a Administração Pública mantivesse ociosas as áreas disponíveis em terminais de transportes públicos, especialmente quando existissem interessados em adquirir o direito de desempenhar atividades econômicas, mediante remuneração em prol do Estado.

A conclusão é a de que o Estado tem o dever de ampliar ao máximo a exploração de projetos associados, conexos ou conjugados com a prestação de serviços públicos. Tal não configura violação aos princípios de direito público. Muito pelo contrário, é uma imposição derivada dos princípios norteadores da atividade administrativa.

4.2 A atuação direta da prestadora de serviço público

Reconhecendo-se a legitimidade de atividades empresariais conexas serem exploradas conjuntamente com a prestação do serviço público, cabe examinar a viabilidade jurídica de uma mesma e única empresa estatal desincumbir-se de ambas as atuações. A conclusão é positiva.

15. *Teoria Geral ...*, p. 372.

16. Cf. as opiniões de Celso Antônio Bandeira de Mello, Geraldo Ataliba, Lúcia Valle Figueiredo e outros, in "Iniciativa privada e serviços públicos", separata da *RDP* 98, abril-junho/1991.

Os que reputam que a delegação do serviço público a empresa estatal produz uma verdadeira e efetiva concessão de serviço público teriam de convir em que a exploração de projetos associados e atividades econômicas conexas está integrada no ato de outorga. Ou seja, admite-se que a exploração de atividades econômicas conexas ao serviço público é facultada ao concessionário delegatário. Se for entendido que existe concessão de serviço público mesmo quando a entidade delegatária integrar a Administração Pública, ter-se-á de aplicar idêntico regime jurídico. Portanto, a estatal estaria autorizada – tal como o está o concessionário privado – a aproveitar todas as oportunidades econômicas relacionadas com a prestação do serviço público.[17]

O signatário, como já exposto, defende a concepção de que concessão de serviço público apenas se configura quando a delegação se faz em prol da iniciativa privada. Mas essa divergência não implica conseqüências para a questão sob exame. O ponto fundamental reside em que o Estado está legitimado constitucionalmente a explorar as atividades econômicas conexas aos serviços públicos, se tal se apresentar como instrumento para assegurar tarifas módicas. Portanto, mesmo que não exista concessão de serviço público em sentido próprio, estarão presentes os pressupostos para atuação direta do Estado no domínio econômico.

Uma comparação com a hipótese de concessão de serviço público propriamente dita permite aclarar esse ponto. O concessionário é investido na faculdade de explorar atividades econômicas conexas ao serviço público não porque assim o disponha especificamente o ato de outorga, mas porque tal prerrogativa é inerente ao dever de prestar serviços públicos do modo o mais adequado possível.

Ora, o concessionário é legitimado a desempenhar as atividades econômicas relacionadas com o serviço público não como uma manifestação própria da liberdade de iniciativa, mas como um meio de ampliar os benefícios no tocante ao serviço público. Justamente por

17. Outra é a questão de determinar se a atividade econômica conexa está compreendida na autorização legislativa para criação da estatal. Essa é uma discussão de outra ordem, que pode ser encerrada com o argumento de que a atividade econômica conexa ao serviço público está abrangida no seu desempenho. Logo, autorizar a prestação do serviço público importa legitimar o desempenho de todas as atividades indiretamente relacionadas a ele.

isso, até se pode admitir a existência de exclusividade do concessionário de serviço público para o desempenho de tais atividades econômicas.

Logo, se não houver delegação à iniciativa privada, todas essas atribuições continuarão na titularidade do Estado. O mesmo fundamento normativo da competência para prestar serviços públicos importa a legitimação do exercício de atividades econômicas conexas a eles. O ponto fundamental reside na conexão entre o serviço público e a atividade econômica, o que importa desempenho conjunto de ambas as atividades – gerando aquilo que, na visão econômica, é denominado de *economia de escopo*.[18] Nessa hipótese, o custo total da prestação do serviço público *conjuntamente* com a exploração da atividade econômica é inferior se houver uma única empresa atuando, relativamente à hipótese de empresas distintas assumirem cada uma das atividades.

Daí se segue a conclusão de que o dispositivo legal que atribui a uma estatal as competências para desempenho do serviço público pode também importar a legitimação para a exploração de atividades econômicas conexas.

4.3 A conveniência sob o prisma da escolha discricionária

Por outro lado, seria muito cômodo assinalar que a exploração comercial das atividades conexas ao serviço público se configuraria como uma escolha discricionária da Administração, cujo mérito seria insuscetível de controle. Essa ponderação – que apresenta alguma dose de procedência – exige acréscimos.

18. Segundo a Economia, a expressão *economia de escopo* indica os casos em que "a produção conjunta de uma única empresa é maior que aquilo que poderia ser produzido por duas empresas diferentes, cada uma das quais gerando um único produto" (Robert S. Pindyck e Daniel L. Rubinfeld, *Microeconomia*, 5ª ed., São Paulo, Prentice Hall, 2002, p. 229). Em termos mais precisos, outra definição esclarece que diz-se existir *economia de escopo* "se uma dada quantidade de cada um de dois ou mais produtos pode ser produzida por uma única firma por um custo total inferior àquele que existiria se cada produto fosse produzido separadamente por diferentes firmas" (Kenneth E. Train, *Optimal Regulation*, Cambridge e Londres, The MIT Press, 1988, p. 8).

Em primeiro lugar, afigura-se que a atribuição de discricionariedade revela a determinação legal no sentido da obtenção da melhor solução possível, no caso concreto. Essa concepção[19] reflete uma conquista insuprimível do Estado Democrático de Direito. Portanto, nenhuma escolha administrativa pode ser legitimada mediante a pura e simples invocação de um pretenso "poder discricionário" – expressão reprovada pela melhor doutrina – de fazer o que bem entender.

Assinale-se que tal não equivale a autorizar a impugnação de atos que se revelem, *a posteriori*, como os mais satisfatórios. Nenhum ser humano é dotado do dom da premonição, e não se exige que o administrador seja investido em capacidade sobre-humana. Mas se lhe impõe o dever de adotar todas as providências necessárias a formular a melhor escolha. Se, num determinado contexto, a escolha discricionária puder ser reputada como a melhor, então, a decisão será válida – independentemente de a evolução subseqüente dos fatos conduzir à constatação de que outra deveria ter sido a escolha do administrador. Ou seja, serão atacáveis os atos que comportarem crítica, no momento de sua prática, por ausência de aptidão de produzirem o melhor resultado possível.

Em face da situação concreta, o Estado tem o dever de obter os maiores rendimentos possíveis quanto a oportunidades econômicas geradas pela prestação de serviços públicos. Portanto, não seria facultado ao ente estatal, sob a invocação de discricionariedade, ignorar o potencial de negócios existente numa atividade de serviço público. Essa seria decisão não compatível com o dever de obter a melhor rentabilidade possível no desempenho de suas atribuições – presumindo-se, é claro, que a exploração conjunta se configure, sob o prisma empresarial, como apta a produzir resultados satisfatórios.

Mais ainda, a ausência de exploração empresarial nesses moldes poderia inviabilizar a própria prestação do serviço público. É perfeitamente possível que os rendimentos obtidos a partir da exploração empresarial de oportunidades conexas sejam economicamente relevantes. Haverá casos em que superarão até mesmo o montante arre-

19. Entre nós essa proposta foi introduzida e defendida especialmente por Celso Antônio Bandeira de Mello. Para examinar seu pensamento, cf. *Curso* ..., 17ª ed., pp. 841 e ss., e *Discricionariedade e Controle Jurisdicional*, 2ª ed., 6ª tir., São Paulo, Malheiros Editores, 2003, pp. 32 e ss.

cadado por meio da prestação do serviço público. Isso não equivale a afirmar que assim sempre ocorrerá, mas se trata apenas de reconhecer a possibilidade de tal se passar. Quando menos, a atividade empresarial poderá ser relevante para o Estado ampliar os recursos necessários ao custeio do serviço público.

Em todas essas situações haverá dados objetivos conduzindo à evidência de que a solução da exploração conjugada representa a forma mais adequada e satisfatória de realização do interesse coletivo.

5. O regime jurídico da exploração econômica

Assim colocada a questão, cabe examinar o regime jurídico aplicável às atividades de natureza econômica desempenhadas pela empresa estatal prestadora de serviços públicos.

5.1 A primeira dificuldade: a heterogeneidade de atividades

A primeira dificuldade reside na tendência a ignorar a heterogeneidade das atividades. Tal como antes exposto, é usual no Brasil que as entidades estatais dotadas de personalidade jurídica de direito privado desempenhem funções homogêneas. Tradicionalmente, reconhece-se que existem duas categorias diversas e inconfundíveis: as prestadoras de serviço público e as exploradoras de atividade econômica. A exceção, consistente em uma mesma e única entidade estatal com atuações que se enquadrem conjuntamente em ambas as categorias, gera uma dificuldade prática significativa.

Ora, o regime jurídico aplicável deve tomar em vista não a qualificação do sujeito estatal como *prestador de serviço público* ou como *explorador de atividade econômica*. Dependerá da natureza jurídica das atividades desempenhadas. Ou seja, a variação do regime jurídico deriva da característica objetiva da atividade. A qualificação da entidade estatal é uma decorrência da natureza de seu objeto de atuação – o que se evidencia, inclusive, pela ausência de diferenciação subjetiva explícita na Constituição ou na lei. A distinção entre estatais prestadoras de serviço público e exploradoras de atividade econômica foi construída a partir da constatação de que a atividade desempenhada por cada qual subordinava-se a regime jurídico distinto.

Ou seja, não cabe determinar o regime jurídico aplicável a uma atividade como decorrência da *natureza* da entidade estatal. A solução é precisamente oposta. É necessário avaliar a atividade propriamente dita, para determinar o regime jurídico aplicável.

Uma consideração prática permite levar avante o raciocínio. Como já apontado, o TCU reputa que as entidades estatais exploradoras de atividade econômica não estão obrigadas a realizar licitação para as operações enquadráveis em sua atividade-fim. Suponha-se que um serviço público seja prestado em regime de concorrência entre uma entidade estatal e empresas privadas, ainda que sob a figura de concessão. Assim, suponha-se uma concessão de telefonia celular em que diversas concessionárias de serviço público ofertassem seus serviços aos usuários. Se uma delas fosse uma estatal, estaria sujeita a realizar licitação para selecionar sua clientela? Afigura-se evidente que os mesmos fundamentos que conduzem à ausência de licitação na atividade-fim de natureza econômica também se aplicam quando se trata de prestação de serviço público.

Mas o exemplo pode ser levado adiante. Admita-se como constitucional o modelo implementado entre nós, durante certo tempo, ainda no tocante à telefonia. Suponha-se que algumas atividades de telefonia sejam qualificadas como serviço público e outras como atividade econômica privada. Imagine-se uma entidade estatal atuando em ambos os segmentos. Caberia sustentar que, por se tratar de empresa estatal, o regime jurídico de licitação se aplicaria em todos os casos? A resposta também deve ser negativa. Ao atuar em situação de competição no mercado, o relacionamento da empresa estatal com terceiros não pode estar subordinado de modo integral ao regime de direito público. No tocante ao caso específico da licitação adota-se o entendimento de que a ausência de licitação para atividades-fim está subordinada não à condição subjetiva do sujeito, mas à circunstância de se tornar descabido submeter atos de mercado à licitação.

Para ser mais preciso, tal decorre da circunstância de que a atuação no mercado impõe ao sujeito a observância das correspondentes exigências. Assim, por exemplo, a Petrobrás Distribuidora não precisa licitar a venda de combustível não propriamente em virtude de sua condição de *entidade estatal exploradora de atividade econômica*, mas da inviabilidade econômica de desempenhar comercialização de combustíveis em regime de competição com outras empresas privadas se for obrigada à realização de licitação na sua atividade-fim. Bem por isso – e apenas para complementar –, ter-se-ia que admitir que se uma entidade estatal prestadora de serviços públicos viesse, por qualquer motivo e validamente, a exercitar atividade econômica em situação equivalente a outros particulares, também estaria não subordinada à obrigatoriedade de licitação para dita atuação.

5.2 A segunda dificuldade: a pluralidade de regimes jurídicos

Nesse ponto configura-se a segunda dificuldade. Admitir a heterogeneidade de atuações de uma entidade estatal com personalidade jurídica de direito privado conduz, necessariamente, à pluralidade de regimes jurídicos. Tal é evidente: o regime jurídico da atividade econômica em sentido restrito é diverso daquele aplicável ao serviço público. Logo, se um mesmo ente desempenhar ambas as atividades, estará sujeito a regimes jurídicos diversos.

Observe-se que essa constatação não apresenta maior originalidade. O concessionário de serviços públicos encontra-se precisamente nessa situação. No exercício das atividades próprias de serviço público subordina-se ao regime correspondente. Mas seu relacionamento com terceiros (não-usuários do serviço público) faz-se sob a égide do direito privado – tal como explicitamente consagrado no art. 32, parágrafo único, da Lei 8.987.

Ou seja, não há impedimento jurídico à pluralidade de regimes jurídicos disciplinando a atuação de um mesmo e único sujeito. Quando muito, há uma certa novidade na questão, em vista da ausência de difusão da hipótese de entidades estatais com objeto heterogêneo.

Essa problemática já fora apontada anteriormente, ainda que em outros termos.[20] Cabe ressaltar que a adoção de regimes jurídicos distintos para atividades de natureza diversa é uma solução muito menos problemática que a tentativa de uniformizar o regime jurídico da entidade. Sujeitar atividade econômica ao regime de direito público acarreta inviabilização de desempenho.

20. Cf. *Comentários ...*, 9ª ed., pp. 28-29.

5.3 A terceira dificuldade: submissão ao regime da iniciativa privada

Ademais disso, incide no caso a determinação de que a entidade estatal (de qualquer natureza) que exercitar atividade econômica em sentido próprio estará subordinada ao regime jurídico do art. 173, § 1º, da Constituição Federal de 1988. Ou seja, a proposta de extensão do regime de direito público para atividades de natureza privada esbarra em obstáculo constitucional. Mais especificamente, o exercício de atividade econômica por parte do Estado deve fazer-se sob o regime próprio de direito privado, sem a incidência de qualquer benefício próprio do direito público. Admitir o cabimento de a prestação do serviço público ser associada à exploração de atividade econômica não afasta a obrigatoriedade de observância, quanto a esta última, das regras de proteção à livre concorrência, nem a aplicação do regime jurídico peculiar.

Logo, a prerrogativa de estender a atuação de uma empresa estatal além do limite do serviço público não pode redundar na subordinação da exploração empresarial ao regime de direito público. Uma atividade econômica não se transforma em serviço público por conexão ou associação.

6. Conclusão

Uma alternativa simplista para superar as dificuldades ora examinadas consistiria na vedação pura e simples de atuação de natureza heterogênea para empresas estatais. Mas uma solução dessa ordem nem encontraria respaldo na ordem jurídica, nem atenderia às necessidades geradas pela evolução da atuação estatal.

Sob outro prisma, talvez o futuro evidencie que a distinção entre entidades estatais prestadoras de serviço público e exploradoras de atividades econômicas retratou a situação jurídica existente num certo momento histórico. A evolução dos fatos e a ampliação da complexidade da atuação estatal podem conduzir à superação da dicotomia, com o surgimento de situações híbridas, dotadas de maior complexidade e demandando do intérprete-aplicador do Direito a elaboração de novos instrumentos de análise, classificação e solução de problemas.

Apenas se pode concluir com a meditação de que esse cenário não apresenta maior novidade no âmbito do direito administrativo, cujo itinerário existencial sempre se caracterizou pela permanente mutabilidade dos institutos dogmáticos em vista da alteração das instituições políticas e econômicas. E assim continuará a ser para o futuro.

A CRISE NO ENTENDIMENTO CLÁSSICO DO PRINCÍPIO DA LEGALIDADE ADMINISTRATIVA E TEMAS CORRELATOS

MARCELO FIGUEIREDO

1. Introdução. 2. Evolução histórica: 2.1 O Estado de Polícia – 2.2 O Estado Liberal – 2.3 O Estado Constitucional – 2.4 O Estado de Direito – 2.5 O Estado de Direito Social ou simplesmente o Estado Social – 2.6 Ainda os desafios do Estado Social e o legislador e a lei. 3. A título final.

O poder administrativo deve ser, em toda democracia, um poder subordinado e controlado.

1. Introdução

É unânime o entendimento segundo o qual o *princípio da legalidade* é uma viga-mestra fundamental da democracia. Seu significado, importância e evolução no direito público marcam a história do Estado de Direito no mundo ocidental. Assim, parece-nos útil recordar algumas lições e projetar algumas angústias contemporâneas. Teria seu significado original perdido o sentido na atualidade? Se positiva a resposta, o que podemos entender por *legalidade administrativa*, atualmente? Qual sua relação com a democracia e com a cidadania?

Preliminarmente, ressalte-se que o significado do princípio da legalidade da Administração depende, em um primeiro viés, da estrutura, do travejamento constitucional em que esteja situado. Naturalmente que outras abordagens e propostas podem ser feitas e comentadas, para além do texto e contexto constitucional – aliás, exercício científico sempre muito saudável.

De outra parte, qualquer norma como que pré-seleciona mentalmente aspectos da realidade, ou da pré-compreensão do intérprete, para somente então desenvolvê-la. Em suma, recortaremos uma parte do que se entende por *princípio da legalidade* (administrativa), e, evidentemente, não esgotaremos toda a temática, que é – reconheça-se – oceânica.

Parte-se da assertiva encontrada em parcela da doutrina contemporânea – sobretudo a de origem européia – segundo a qual o entendimento clássico da legalidade administrativa estaria em crise.

Para chegar a essa conclusão são lançadas, pela mesma doutrina, as seguintes idéias e afirmações:

(a) A moderna ação administrativa não pode configurar-se como uma mera execução da lei – e, assim, não há como esperar que a lei seja a única fonte da sua legitimidade.

(b) A procura por *novas fontes* de legitimidade da ação administrativa conduz ao estudo dos *procedimentos administrativos*, meios capazes de assegurar a participação dos administrados na condução dos negócios públicos e de seus interesses.

(c) O campo da *discricionariedade* teria necessariamente que aumentar no mundo contemporâneo, mais complexo, com desafios nunca imaginados. Assim, a tendência para a indeterminação da lei quanto aos interesses públicos a prosseguir seria *inevitável* e cada vez maior.

(d) Para evitar o aumento indiscriminado e sem peias dessa discricionariedade, há, forçosamente, de encontrar reforços na negociação entre Administração e administrados através da visão *procedimental*[1] da legalidade.

1. V. Rogério Ehrhardt Soares, "Sentido e limites da função legislativa no Estado contemporâneo", in *A Feitura das Leis*, vol. II, Coimbra, 1986. Essa visão *procedimental* da legalidade administrativa como que reduz o foco da tradicional subsunção do ato administrativo à lei (sentido amplo), supondo a decadência ou impotência do modelo clássico, para se preocupar, essencialmente, com a decisão administrativa forjada no contraditório, com a participação efetiva dos múltiplos agentes nesse processo. Fala-se em *procedimentalização* das decisões administrativas, a exemplo do que já ocorre, em parte, no processo judicial.

Não sabemos, no momento, até que ponto e em que extensão tais idéias podem ser aceitas como razoáveis. O que é certo, entretanto, é que a história do direito administrativo sempre foi, aqui e acolá, em geral refratária a controles externos à sua ação – tema muito vinculado ao da legalidade. Como bem recorda Eduardo García de Enterría: "La historia de la reducción de estas inmunidades, de esta constante resistencia que la Administración há opuesto a la exigencia de un control judicial plenario de sus actos mediante la constitución de reductos exentos y no-fiscalizables de su propia actuación, podemos decir que es, en general, la historia misma del derecho administrativo".[2]

2. *Evolução histórica*

Cumpre, agora, verificar, sinteticamente, como se deu a evolução histórica do princípio da legalidade administrativa ou, talvez, o que seja ainda mais relevante, seu entorno.

As principais notas, nesse período, são as seguintes.

A lei sempre foi, ao longo dos séculos, uma das manifestações mais solenes do Direito, a sua expressão racional. Desde as fontes romanas, a lei "é a rainha de todas as coisas, assim divinas como humanas, critério do justo e do injusto; e, para aqueles que da natureza são chamados para a vida civil, preceptora do que se deve fazer, proibidora do que se não deve fazer" (*Digesto* I, 3.2). Ou, ainda: *Lex est communis reipublicae sponsio.*

E, hoje, ainda conservaria a lei,[3] e a seguir a legalidade, a sua majestade?

2. *La Lucha Contra las Inmunidades del Poder*, Madri, Editorial Civitas, 1983, p. 22.

3. Oportuno o registro de Jorge Miranda, para quem vários são os sentidos de "lei" no Direito Português: *(a)* lei como norma jurídica, como ordenamento positivo ou até como Direito; *(b)* lei como fonte intencional unilateral de Direito; *(c)* lei como como fonte intencional unilateral centralizada ou estatal de Direito – contrapondo-se às formas descentralizadas de criação do Direito, correspondentes às autarquias locais e organizações similares; *(d)* lei como ato da função legislativa *latissimo sensu*; *(e)* lei como ato da função legislativa *stricto sensu* – contrapondo-se às normas regimentais ou organizatórias; *(f)* lei como ato legislativo parlamentar (Jorge Miranda, *Manual de Direito Constitucional*, vol. V, Coimbra, 1997).

2.1 O Estado de Polícia[4]

Nesse período não há falar em legalidade administrativa. Como sabemos, o poder público é exercido pelo rei ou príncipe em pessoa e em seu nome e no Estado, ao mesmo tempo, por funcionários subordinados ao rei.

Em face dos súditos o poder do príncipe não tinha limites jurídicos. Havia uma presunção de competência a favor do poderes públicos incorporados na pessoa do rei.

O Poder Judicial, a Justiça Civil e Criminal, conquanto estivesse organizado em tribunais, não detinha o monopólio da jurisdição, já que o rei poderia, em última análise, imiscuir-se em todos os seus assuntos, não raro avocando causas e processos conforme seu interesse. Desse modo, acabava por decidir pessoalmente como, quando e da maneira que melhor entendesse o que era o Direito, ou, ainda, podia determinar a um tribunal como se pronunciar.

Talvez por essa razão, a grande maioria das causas decididas até então pelos tribunais dizia respeito aos conflitos existentes nas relações de direito privado, até porque não havia ainda a possibilidade de levar questões de direito público aos tribunais. O Estado era irresponsável (*The king can do no wrong*).[5] Também por essa razão, pouco importava ao rei entrar em conflito com a tênue jurisdição, já que os assuntos de direito privado e as suas relações, também privadas, eram ordinariamente apreciadas pelas Cortes.

A matéria administrativa, nesse contexto, era domínio da *Política*, e com ela se confundia.

4. As classificações envolvendo a noção de Estado e seus períodos naturalmente variam de acordo com o enfoque desenvolvido. Em termos teóricos genéricos, o *Absolutismo*, na ciência política do Estado, é uma categoria geral. Considera-se o Estado, ou, melhor, o governo absoluto, como uma característica do modo de exercer o poder – monárquico –, aos poucos sendo limitado pelos Parlamentos, período que vai do século XVI ao século XVIII. V., ainda, sobre o tema, já na perspectiva do direito administrativo, Clóvis Beznos, na clássica monografia *Poder de Polícia*, São Paulo, Ed. RT, 1979.

5. Até então a legitimidade do rei fundamentava-se em três pilares: um pilar tradicional, a sucessão dinástica; um pilar carismático, consistente no elemento sacro e mágico, expresso pela coroa; e um pilar racional, a conveniência das teorias do direito natural e do Absolutismo. Nesse sentido a lição de Kriele (*Introducción a la Teoría del Estado*, Buenos Aires, Depalma, 1980, p. 381).

A prerrogativa de ditar leis era, no período, reconhecida como sendo do rei, dos príncipes.

A lei era considerada "uma ordem geral, preceito do que os súditos podem ou não podem fazer – são mandatos do príncipe, ordens ou proibições obrigatórias para todos os súditos ou para um grupo deles".[6]

2.2 O Estado Liberal

O Estado Liberal contrapõe-se à ideologia do Absolutismo e traz, de algum modo, a derrocada à idéia de um Poder do Estado, universal, que atua soberanamente.

A idéia de submissão do Poder a uma autoridade constituída pelo Direito, segundo regras jurídicas, é fruto de um modelo de Estado que surge a partir da Revolução Francesa.

Ninguém duvida de que o princípio da legalidade, em sua concepção forte e original, tenha surgido com toda sua força e pujança nessa época. A noção de poderes pessoais é substituída – muito devido a Rousseau[7] – pelos poderes advindos da lei. É a lei a fonte do poder democrático.

O que caracterizava o período era, sem dúvida alguma, a soberania da lei.[8] A lei era a maior conquista dos cidadãos, todas as portas abriam-se "em nome da lei".

Nesse período o princípio da legalidade – não somente no direito administrativo, mas em outros ramos do Direito, como no direito penal, por exemplo – surge e se fortalece com grande vigor.

6. Nesse sentido: Otto Mayer, *Derecho Administrativo Alemán – Parte General*, t. I, Buenos Aires, Depalma, 1949, p. 53.

7. Como é sabido, é de Rousseau a construção segundo a qual a lei é a expressão da vontade geral, vontade "justa", e conjugação das vontades individuais. A lei deveria ser a expressão da "vontade geral", portanto da identificação do interesse comum, fruto da razão humana isenta, sem preconceitos. Essa vontade cabia à Nação, por seus órgãos que a representavam, sobretudo o Legislativo, o Parlamento.

8. O art. 5º da Declaração de Direitos de 1789 estabelecia: "Tudo o que não está proibido pela lei não pode ser impedido e ninguém pode ser forçado a fazer o que ela não ordena". E o art. 3º da Constituição de 1791: "Não há em França autoridade superior à lei e somente em nome dela o Rei pode exigir obediência".

2.3 O Estado Constitucional

Embora não haja contraposição entre Estado Liberal e Estado Constitucional, alguns autores entendem que ambos são movimentos paralelos, baseados sobre fundamentos idênticos; ou; ainda, que o primeiro é o precursor do segundo.

Nos Estados Unidos da América do Norte encontramos um ambiente ideal para o desenvolvimento do regime constitucional escrito. A idéia de uma lei constitucional superior às ordinárias – todos sabemos – é antiga, e encontrada em Aristóteles. Também da velha Inglaterra somos devedores da idéia de uma lei constitucional. Cromwell, em 1652, promulgava o *Instrument of Government*, que em seus 42 artigos declarava nulas as leis ordinárias contrárias às suas disposições.[9]

Já o Estado Constitucional, ou Estado-Nação Democrático, nasce com a Modernidade. Ele é representado, nos primórdios, essencialmente, por assegurar em um único documento fundamental e superior os direitos fundamentais do cidadão e consagrar a separação de Poderes. É dizer, o Estado Constitucional era essencialmente aquele dotado de uma Constituição, uma lei de garantias para os cidadãos, e, ainda, um instrumento de governo.

Pode-se dizer, com Jorge Reinaldo Vanossi[10] que o constitucionalismo clássico forjou o Estado Constitucional, que é representado hoje pela presença, ao menos, dos seguintes elementos e circunstâncias: *(a)* base ou ponto de partida – a liberdade do homem; *(b)* marco necessário – a preservação dos espaços da sociedade bem demarcados; *(c)* postulados gerais – a presença dos princípios da legalidade, da democracia representativa e da separação dos Poderes; *(d)* técnicas específicas – poder constituinte supremo e diferenciado dos poderes constituídos, rigidez constitucional e controle de constitucionalidade e de legalidade; *(e)* objetivos fundamentais – limitação do poder;

9. Interessante notar que os mesmos ingleses permaneceram rígidos e infensos à idéia de uma Constituição escrita e rígida. Não é, portanto, adequado aludir-se a um Estado Constitucional Inglês, mas sim à idéia de *rule of law* como *standard* mais ou menos compreensivo da aspiração de ver protegidos os valores mais caros da relação entre os indivíduos e o Estado.

10. *El Estado de Derecho en el Constitucionalismo Social*, Buenos Aires, Editorial Universitaria de Buenos Aires, 1987, pp. 24-25.

(f) despersonalização do poder estatal – periodicidade e controle em geral; *(g)* Estado de Direito – mediante o efeito vinculante do Direito com o Estado e dos governantes e governados.

2.4 O Estado de Direito

E o Estado de Direito, poderia ser considerado uma evolução do Estado Constitucional? Em certo sentido a resposta é positiva.

A rigor, são conceitos contemporâneos, como colegas que freqüentaram o mesmo tempo. De fato, o Estado de Direito, em suas origens, é um conceito tipicamente liberal que nasce com o direito positivo das Revoluções Americana e Francesa: a primeira busca a *government of law and not of men*; a segunda proclama, em sua primeira Constituição, que *il n'y a point en France d'autorité supérieure à celle de la loi.*

A designação "Estado de Direito" é dotada de uma pluralidade de significações; e, evidentemente, é um conceito em progressão, em contínuo aperfeiçoamento, não obstante seu cerne fixo e as variações de conteúdo e estrutura constitucional de cada Estado.[11]

No princípio desejava-se, sobretudo, que os órgãos do Estado atuassem exclusivamente com apoio em regras de Direito, em normas jurídicas.[12] Essas normas é que devem fixar o círculo de competências

11. Assim, por exemplo, na prática judicial do Tribunal Constitucional Federal Alemão: "Ele entende o princípio do Estado de Direito como 'decisão fundamental' ou como 'princípio dirigente' que, mais além dos mandamentos de previsibilidade, da certeza jurídica e da exatidão material ou justiça, não contém, em todos os pormenores, mandamentos ou proibições de hierarquia constitucional univocamente determinados e carece 'da concretização conforme as realidades materiais'. À questão sobre o seu conteúdo específico, ele responde, em avanço cuidadoso contínuo, cada vez, só tanto quanto é necessário para a decisão do caso dado. Ele, deste modo, continuou a desenvolver e, em numerosas direções, desdobrou concretamente o princípio do Estado de Direito. De significado essencial são nessa conexão, nomeadamente, o mandamento da proteção de confiança, o princípio da proporcionalidade e o direito a um procedimento honesto, que são derivados do princípio do Estado de Direito e, com isso, obtêm hierarquia constitucional". É a lição de Konrad Hesse, *Elementos de Direito Constitucional da República Federal da Alemanha*, trad. de Luís Afonso Heck, Porto Alegre, Sérgio Antônio Fabris Editor, 1998, pp. 158-159.

12. Nos primórdios do Estado de Direito não se tinha uma noção muito clara de *ordenamento jurídico*. A lei, e não só a norma, de algum modo, ainda era o centro onde gravitava toda a discussão acerca de legalidade e legitimidade. Aliás, foi exata-

do Estado, e esse, por sua vez, deve atuar somente *secundum legem*, jamais *contra legem*. A ação estatal só será legítima se pré-definida em uma Constituição. A Constituição define regras de competência, normas prévias, gerais, claras e precisas. Desse conjunto evoluiu-se, posteriormente, para a noção de *ordenamento jurídico*.

A noção de Estado de Direito carrega igualmente uma intenção valorativa. Ele é limitado por uma Constituição. Esta, por sua vez, deve ser a síntese da vontade popular, fielmente representada. Qualquer Estado que pretenda ser rotulado de "Estado de Direito" deve submeter-se à Constituição e ser responsável perante o Direito. A autoridade pública deve exercer seus poderes conforme o Direito, e jamais aplicá-la de forma prejudicial ou retroativa, respeitando os direitos individuais, sociais, culturais e políticos.

É importante, ainda, registrar que o Estado de Direito é regido por dois princípios cardeais básicos: o da *proporcionalidade* – que haja uma relação adequada entre o dano, o impacto e o benefício que causem os atos estatais – e o da *proibição de excesso* – que não se afetem os interesses das pessoas em medida superior à necessária.

Por fim, também foi uma afirmação do Estado de Direito a consagração do Poder Judicial independente. É dizer, fazia-se necessário, para que a construção do Estado de Direito estivesse razoavelmente erigida, que a atividade administrativa fosse controlada, sob o aspecto da sua obediência às leis, por meio de um ou vários tribunais independentes.

2.5 O Estado de Direito Social ou simplesmente o Estado Social

O princípio da limitação da força do Estado pelo Direito, conquista maior do movimento do "Estado de Direito", cumpriu, assim, seu objetivo. Mas era preciso avançar mais, e com mais qualidade. O Estado e a sociedade cada vez mais apresentavam maior complexidade.

mente com a constatação da insuficiência do requisito formal do Estado de Direito (Liberal-Burguês) que se passou a uma fase posterior do Estado Democrático e do Estado Social de Direito. Até então imaginava-se que a regulação jurídica do Estado era suficiente para contê-lo e que o conceito de Nação era suficiente para explicar e justificar a ação estatal. Ademais, as Constituições até então estruturavam-se somente a partir dos direitos da liberdade, propriedade, segurança jurídica e igualdade. Ir além – acreditava-se – não era função ou preocupação da experiência jurídica.

Pode-se dizer que o Estado de Direito em sua versão clássica e liberal atingiu os objetivos a que se propôs. Conseguiu implantar com razoável segurança e certeza uma concepção antitotalitária. A consagração do princípio da divisão de Poderes, da garantia dos direitos fundamentais, da legalidade da Administração, da previsibilidade das medidas estatais,[13] da fiscalização judicial do Poder. Esses os fundamentos nucleares da versão clássica do Estado de Direito.

Conquanto haja grande variedade ideológica na identificação dos tipos de Estado Social, podemos dizer que o Estado de Direito não é, ou deveria ser, um obstáculo para o Estado Social, e nem este é, ou deveria ser, uma derrogação daquele, senão um enriquecimento do primeiro.

O Estado Social, em uma palavra, foi uma tentativa mundial de não só abrandar as desigualdades sociais, mas sobretudo compreender que o Estado não se limita a garantir direitos, mas principalmente a proporcioná-los. Assim, de 1793 a 1848, na França, grande avanço deu-se no tocante ao direito ao trabalho e no dever de o Estado prestá-lo a todos. Os direitos sociais afirmavam-se.

Ademais, era preciso que, além da igualdade jurídica, se estendesse aos homens também a igualdade econômica. Surge a ordem econômica e social como capítulo constitucional. As Constituições de 1917 e 1919 respectivamente do México e Weimar são representativas do período.

O Estado Social de Direito permitiu o avanço do movimento operário. Pleiteava-se uma nova ordem de justiça e eqüidade em matéria econômica. A propriedade passa a ter função social. Há subordinação e intervenção mais efetiva do Estado no processo produtivo, e também maior intervenção social na atividade econômica, condicionada aquela ao interesse público.

O Estado Social para Paulo Bonavides[14] nasce de uma inspiração de justiça, de igualdade e de liberdade; é uma criação das mais sugestivas, e teve por efeito humanizar o Poder.

13. Esse princípio, lamentavelmente, não evoluiu de forma suficiente no mundo em desenvolvimento. Nesse aspecto a cidadania continua credora do Estado. A imprevisibilidade muitas vezes é tanta e tamanha, que o Estado pode ser acoimado de negligente e irresponsável, como que num retorno ao Estado Absolutista.

14. "Néolibéralisme et État Social au Brésil", in *Os Poderes Desarmados*, São Paulo, Malheiros Editores, 2002, pp. 93 e ss.

De fato, no Estado Social de Direito verificou-se uma ampliação das funções públicas. Foi a própria sociedade que determinou uma nova feição ao Estado de Direito. Constatou-se que a sociedade de massas demanda um Estado mais presente, um Estado que possa não só ser o garante da legalidade, mas, sobretudo, prover às necessidades vitais da comunidade como saúde, habitação, educação; além da segurança, propriedade, liberdade etc.

Nesse contexto, novamente a lei é questionada. Que papel deve e pode ter nesse Estado Social de Direito? A questão não passou desapercebida a Carl Schimitt,[15] para quem é no caráter genérico da norma de Direito que reside o último resíduo da fundamentação do ideal do Estado de Direito burguês, muito embora reconheça que, se as então "novas demandas" do Estado Social de Direito fossem subtraídas da intervenção do legislador, haveria sérios riscos à democracia.

A questão é, portanto, antiga, e presente até hoje. Já seu diagnóstico e seus desafios teóricos parecem continuar os mesmos detectados pela Ciência Política há pelo menos 50 anos. Vejamos, a esse respeito, as preciosas lições de Zippelius: "O órgão legislativo não pode ser limitado à criação de normas gerais abstractas. O que importa ter presente para efectuar uma divisão acertada dos Poderes não pode ser apenas aquela natureza formal das competências em questão, mas, além disso, também a importância destas. Tudo isto se aplica não só às medidas estaduais de alcance social, mas também a outras medidas concretas de considerável peso político. Existe assim uma certa antinomia entre, por um lado, os interesses democráticos citados e, por outro lado, o conceito de lei próprio do Estado de Direito, bem como o interesse prático numa divisão de Poderes bem definida. Tal antinomia não se deixa resolver racionalmente, mas exige, pelo contrário, uma opção de natureza política a respeito da admissibilidade de leis regulamentadoras. Àquela antinomia principal acresce ainda a dificuldade técnica mais banal de encontrar o limite exacto entre lei geral e medida legislativa. Contudo é, finalmente, uma mera questão de formulação verbal disfarçar uma ordem concreta na fraseologia própria da norma geral, porquanto é sempre possível manipular de tal modo os traços da hipótese prevista na norma, que, ao fim e ao cabo, só um certo caso isolado venha a ser previsto".[16]

15. *O Conceito do Político*, Petrópolis, Vozes, 1992.
16. *Teoria Geral do Estado*, Lisboa, Fundação Calouste Gulbenkian, 1971, p. 157.

No contexto do Estado Social de Direito, não por acaso, a "doutrina dos princípios" floresce com toda força. Isso porque a complexidade do Estado e da sociedade contemporânea, ambos fenômenos de massa, plurais, desencadearam a necessidade de que a experiência jurídica produzisse canais de comunicação normativa mais abertos – os princípios[17] –, de modo a acomodar essa gama enorme de interesses e aspirações, abrindo, assim, o raio normativo no maior ângulo possível, fixando-lhe, é certo, seu conteúdo central.

Princípio, consoante definição clássica de Celso Antônio Bandeira de Mello, "é, por definição, mandamento nuclear de um sistema, verdadeiro alicerce dele, disposição fundamental que se irradia sobre diferentes normas compondo-lhes o espírito e servindo de critério para sua exata compreensão e inteligência exatamente por definir a lógica e a racionalidade do sistema normativo, no que lhe confere a tônica e lhe dá sentido harmônico. É o conhecimento dos princípios que preside a intelecção das diferentes partes componentes do todo unitário que há por nome sistema jurídico positivo".[18]

Deveras – demonstram, com maestria, Luís Roberto Barroso e Ana Paula de Barcellos[19] –, a trajetória e a importância dos princípios na experiência jurídica do século XX, dentre outros aspectos, encarecem a função de ponderação de interesses, bens e valores que encarnam no sistema jurídico.

17. Sabemos todos que o ordenamento jurídico é de grande amplitude e alcance e compreende regras e princípios. De outro lado, o "jurídico", além de ser um conjunto normativo, é também uma condensação, uma materialização, de relações de força entre as classes sociais. Por isso, tem razão Clémerson Merlin Clève quando afirma que "essa condensação confirma ao nível histórico a posição dos vários interesses sociais e/ou individuais em jogo, expressando-se por meio do signo normativo. Por isso cabe afirmar que o Direito não é apenas um conjunto de signos mandamentais, um conjunto de normas, mas igualmente um lugar de construção/reconstrução do político e do ideológico. Trata-se, pois, reitere-se, de uma instância, de um espaço de mediação entre os grupos sociais e, ao mesmo tempo, de um espaço de luta. Ou seja, a luta jurídica reelabora o Direito cotidianamente, enquanto a luta política repercute, direta ou indiretamente, mediata ou imediatamente, sobre o nível jurídico da formação estatal" (*O Direito e os Direitos – Elementos para uma Crítica do Direito Contemporâneo*, São Paulo, Max Limonad, 2001, p. 205).

18. *Curso de Direito Administrativo*, 17ª ed., São Paulo, Malheiros Editores, 2004, pp. 841-842.

19. In Luís Roberto Barroso (org.), *A Nova Interpretação Constitucional*, Rio de Janeiro, Renovar, 2003, pp. 344 e ss.

De fato, os princípios passaram a desempenhar um papel muito mais dinâmico em relação à aplicação da legalidade – inclusive na Administração. Isso porque as regras são, normalmente, relatos objetivos, descritivos de determinadas condutas e aplicáveis a um conjunto delimitado de situações. Respondem à lógica do tudo-ou-nada. Já, os princípios, com sua natural abertura normativa, podem com facilidade abrigar várias regras. Ou, noutro giro, às vezes a aplicação de uma única regra pode ceder espaço para a aplicação de um princípio, de conteúdo e alcance mais amplo – digamos, um princípio geral.

Ademais – sabemos todos –, os princípios também são mandados de otimização que podem ser cumpridos em diferentes graus e variações. A lei, como vimos, no Estado Liberal clássico tinha uma função básica: introduzir limitações necessárias, em nome de certos valores e interesses sociais, à liberdade natural do cidadão. Com o advento do Estado Social de Direito a lei passa a ser um instrumento de concretização e efetivação de direitos, sobretudo através da aplicação e dinamização dos princípios jurídicos.

2.6 Ainda os desafios do Estado Social e o legislador e a lei

De fato, como vimos, a lei no Estado Social de Direito e contemporaneamente assume desafios nunca imaginados no Estado Liberal. Não que ela deixe no passado seu principal legado, que é ser a guardiã dos direitos do indivíduo e da coletividade; mas, agora, outra dimensão é esperada da lei: ser a promotora e defensora dos direitos da comunidade.

Imaginava, portanto, o Estado Liberal que bastava proteger os direitos clássicos – liberdade, propriedade, segurança. Hoje tem-se a clara noção de que não só é preciso definir-lhes o contorno, mediante desenho constitucional, como também proteger esses valores à mão do próprio legislador e, sobretudo, dar um passo adiante. Promover, fomentar, implantar políticas públicas que desenvolvam o programa constitucional. Isso seria impossível sem a criatividade e operatividade do legislador.

Assim, *v.g.*, o direito de propriedade com função social não passaria de *mera* disposição normativa – ainda que constitucional – se não se fizesse acompanhar de uma série de leis de desdobramento regulando questões como a moradia, o saneamento básico, o meio ambiente, o crédito para a construção de habitações, e assim por diante.

Assim, o legislador passa a ter uma função, um papel notadamente diverso do que tinha no século XIX. Nesse sentido, é, ademais, falsa a idéia – simplista – segundo a qual o legislador teria perdido importância e valor, fundada no pobre argumento, segundo o qual ele não pode (é impotente) com a complexidade do Estado contemporâneo, tecnológico, multifacetado, plural.

Muito ao contrário, é exatamente por essas razões que o legislador assume redobrada importância, atualmente. Também por essa razão a reserva de lei é conquista antiga que remanesce relevante atualmente, tanto aqui como em outros Estados.

É evidente que, se o legislador não cumpre sua função de modo regular, outros acabam lhe tomando o espaço. Do ponto de vista normativo essa conduta pode ser evidentemente inconstitucional, mas do aspecto político muitas vezes explica, não justifica, o avanço do Executivo no Brasil e em toda a América Latina.

Quanto mais importantes e relevantes possam ser determinadas matérias, mais elas estarão reguladas na Constituição, e mais exigentes de normatividade legislativa.

Não há – acreditamos – base científica ou empírica alguma na tese que sustenta que a dinâmica administrativa do século XXI haveria de ser *autônoma*, carente, nesse sentido, de previsão genérica ou de vigilância mais específica do legislador.

É dizer, a importância do Parlamento, do legislador, não é só um discurso de cunho liberal do século XIX, mas tem raízes e perspectivas bem fincadas no presente e muito provavelmente no futuro.

A lei, ao que parece, passou a ser um instrumento constitucional de concretização e efetivação de direitos, e, nessa medida, o legislador há de atentar para sua enorme importância como promotor do Estado Democrático de Direito.

De outro lado, é também verdadeiro que ao examinarmos a grande maioria dos Estados constitucionais contemporâneos acharemos, em relação à liberdade conferida ao administrador, matérias com reserva *total* à lei (às consideradas, provavelmente, mais relevantes e essenciais) e outras com reserva *parcial* sempre com relação ao Parlamento, ao Legislativo.

É dizer, sempre foi um enorme desafio para o direito constitucional e para os teóricos do direito público estabelecer qual a relação jurídica ideal entre a Administração e a lei, sendo certo, contudo, que a lei sempre esteve comandando a Administração. Mas os limites e nuanças desse relacionamento sempre foram complexos, de Estado para Estado, evidentemente considerando também as previsões do direito positivo, mas para além delas é que os problemas se agudizam...

Inúmeras abordagens e perspectivas existem envolvendo a matéria. Desde aquela que não vislumbra a Administração como um poder simplesmente executivo relativamente à lei formal, mas sobretudo um poder de Estado, até aquela que vê qualquer Administração Pública como uma atividade integral e minuciosamente subordinada ao legislador.[20]

O que é certo e fora de dúvida é que o princípio da legalidade e o papel da lei no mundo contemporâneo assumem relevância constitucional incontestável, e é exatamente nesse nível onde são catalogadas as matérias que devem ter a maior ou menor incidência da ação do legislador.

Parece já ser possível enfrentar as questões postas no início desse artigo como balizas para o desenvolvimento do nosso raciocínio.

3. A título final

A primeira delas – recordemos – afirmava que *(a)* a moderna ação administrativa não pode configurar-se como uma mera execução da lei – e, assim, não há como esperar-se que a lei seja a única fonte da sua legitimidade.

No fundo, o que se diz é o seguinte: o princípio da legalidade é insuficiente para enfrentar os temas do mundo contemporâneo, e, ademais, a legalidade não pode ser vista apenas como dotada de um sentido da vinculação positiva à lei, mas de vinculação da Administração *ao* Direito.

Caminha-se, desse modo, do princípio da *legalidade* para o princípio da *juridicidade*, mais amplo e abrangente que o primeiro.

20. Estamos a falar, teoricamente, sem vinculação ao direito positivo desse ou daquele Estado.

É preciso situar tais teorias e procurar entendê-las, quer para acatá-las, integral ou parcialmente, quer para refutá-las, na mesma medida e intensidade.

Parece-nos que essa questão existe e simplesmente é posta na doutrina brasileira por uma forte influência do Direito Europeu, e isso sem maiores cuidados.

É dizer, em vários países da Europa Continental fala-se em princípio da *juridicidade* como uma *evolução* do princípio da legalidade. Isso porque, por razões diversas, em parte, o princípio da legalidade foi como que, se não substituído, em parte absorvido pelo princípio da constitucionalidade.

Afirma-se, assim, que a atividade administrativa deve haurir seu fundamento de validade diretamente da Constituição. E mais: na Espanha, por exemplo, o texto constitucional é claro ao estabelecer: "A Administração deve atuar com submissão plena à lei e ao Direito" (art. 103.1).

Com isso, uma parcela da doutrina nacional, mais do que depressa, passou a divulgar uma idéia extremamente sedutora, mas que – a nosso juízo – deve ser colocada em seus devidos termos. Ninguém em sã consciência poderia afirmar que a Administração Pública, aqui ou alhures, independentemente do direito positivo, não deve atuar com submissão plena à lei ou ao Direito, esteja ou não tal regra positivada na Constituição.

Também parece perfeita a assertiva segundo a qual a atividade administrativa deve haurir, *ultima ratio*, seu fundamento de validade diretamente do texto constitucional.

A questão é bem mais sutil e complexa, e pode ser resumida perante o Direito Brasileiro na seguinte questão: há razões suficientes para afastar o conceito e a prática histórica – o princípio da legalidade – como parâmetro para a atuação da Administração Pública no Brasil? É conveniente no Brasil abandonar ou abrandar a doutrina da legalidade ou da legalitariedade (Pontes) e substituí-la pela juridicidade? Com que objetivo, em que medida e com que propósito? E, sobretudo, fundado o intérprete em quais argumentos e bases jurídicas?

São questões complexas e com múltiplas implicações. Nossa convicção jurídica responde que não há razões objetivas para afastar a doutrina e a tradição do princípio da legalidade do solo brasileiro e nenhuma utilidade em procurar substituí-lo pelo princípio da juridicidade.

Chega a ser um truísmo afirmar que a Administração deve atuar com submissão plena à lei e ao Direito. Alguém imaginaria diferente?

É evidente que a Administração Pública, aqui como alhures, não poderia ficar alheia ao notável movimento do constitucionalismo social e da interpretação construtiva das últimas décadas, que acabou por fincar nos princípios jurídicos e nos valores constitucionais todo um alicerce e uma estrutura de pensamento jurídico.

Assim, parece acertada a idéia segundo a qual a Administração Pública trabalha em bases valorativas fundadas na Constituição, e que a lei é um elemento importantíssimo, mas não o único, para compreender o princípio da legalidade administrativa. Mas, cautela: sem desprezo ou desprestígio ao papel do legislador ou da lei,[21] que no Brasil, ao contrário de outros países, tem papel destacado e em muitos casos único.

A legalidade como vinculação positiva à lei não deve, a nosso juízo, ser *dogmaticamente* afastada. Nunca devemos nos esquecer de que no Brasil, por maiores os esforços que venhamos a fazer, ainda a autoridade pública é de estar contida nas amarras e nos escaninhos da lei – na imensa maioria dos casos. Isso porque é o Executivo, ainda, o grande violador de direitos da cidadania, por ação, por omissão ou simplesmente – quem sabe? – por um terrível hábito genético de origem colonial.

Com isso, não compartilhamos uma visão catastrófica de que estaríamos eternamente condenados e presos a esquemas estáticos do Estado Liberal clássico. Não é esse o ponto.

21. Em Portugal anota Paulo Otero, em artigo intitulado "A desconstrução da democracia constitucional": "Independentemente da actual temática da legitimidade político-democrática do Executivo à luz do desenvolvimento e subversão do significado das eleições parlamentares, a verdade é que pode dizer-se, sem qualquer exagero, que as principais decisões políticas dos últimos 22 anos foram tomadas com total marginalização ou em perfeita subalternização do órgão parlamentar. Neste sentido, o período político posterior ao 25.4.1974 mostra uma surpreendente linha de continuidade com a vivência política do Estado Novo" (in *Perspectivas Constitucionais – Nos 20 Anos da Constituição de 1976*, vol. II, Coimbra, Coimbra Editora, 1997, p. 625).

O quanto vimos demonstra exatamente o contrário. São os direitos humanos (acepção latíssima), econômicos, sociais e culturais, carregados da principiologia constitucional, a base de qualquer construção possível na matéria.

A moderna ação administrativa não pode mesmo configurar-se como uma *mera* (*sic*) execução da lei[22] – como jamais foi –, mas a lei continuará a desempenhar um relevantíssimo papel no cenário brasileiro, por força dos comandos constitucionais.

De nada serve trazer o Direito alienígena para dissertar sobre a legalidade administrativa quando o sistema constitucional brasileiro é estruturado em outras bases.

Não há indício algum, ou sequer evidência, de que a anunciada *juridicidade*, ao menos no Brasil, traria um incremento positivo ao arsenal de defesa da cidadania, aos administrados. Seria, em suma, necessário aportar maiores argumentos e detalhes de que tal teoria não seria uma forma de enfraquecer ou minar a já frágil legalidade no Brasil.

Não afastamos, assim, a aplicação dos princípios constitucionais ou dos princípios gerais do Direito na atividade administrativa. Para tanto não é necessário substituir a concepção de legalidade existente, mas aprimorá-la, explicitá-la, moldá-la à Constituição e a seus valores. A idéia de Administração cativa à Constituição não pode, evidentemente, vir associada a uma perda de poder da cidadania ou dos administrados.

Aproximamos, assim, nosso entendimento da lição de Lúcia Valle Figueiredo· para quem: "Há de se entender como regime de estrita legalidade não apenas a proibição da prática de atos vedados pela lei, mas, sobretudo, a prática, tão-somente, dos expressamente por ela

22. O que podemos dizer é o seguinte: parece natural e necessário que o exercício da atividade administrativa seja desempenhado conforme a lei, pois ela constitui uma das expressões do poder público estatal, que tem o dever de submeter-se a ela. Não haveria, efetivamente, como alcançar as bases do Estado de Direito, do Estado Democrático e Social de Direito, sem o cumprimento e a submissão da Administração à lei (em sentido amplo) – lei, inclusive, constitucional. Assim, o foco ou a perspectiva pode alterar-se. Podemos, desse modo, falar em *cumprimento à lei* e, mais amplamente, em *cumprimento ao ordenamento jurídico*, em *sujeição ao ordenamento*.

permitidos. Todavia, aceitamos, como já afirmamos anteriormente, a integração no direito administrativo, desde que cintada de cautelas".[23]

A segunda idéia acima explicitada vem assim enunciada: *(b)* A procura por *novas fontes* de legitimidade da ação administrativa conduz ao estudo dos *procedimentos administrativos*, meios capazes de assegurar a participação dos administrados na condução dos negócios públicos e de seus interesses.

Parece que alguma verdade há na assertiva, ao menos na segunda parte do enunciado. Podemos dizer – com Sérgio Ferraz e Adílson Dallari – que, "se bem que a existência de leis sobre processo administrativo não garante a realização de uma Administração transparente e de um Estado Democrático de Direito, tais metas e ideais são impossíveis sem que haja lei desse jaez. Em segundo lugar a convicção de que sem a participação dedicada, na matéria, dos profissionais do Direito estar-se-á a favorecer a perpetuação das estruturas administrativas e estatais herméticas e pouco permeáveis à participação efetiva e construtiva do administrado".[24]

A questão relativa à legitimidade da ação administrativa é mais filosófica, e não é propriamente um aspecto do direito administrativo, mas diz com a Ciência Política, com o direito constitucional, ou, se quisermos, com o modelo de Estado adotado por determinada Constituição e como ele se estrutura e se relaciona com sua sociedade política.

Em certo sentido, a fonte da Administração Pública Brasileira é única.[25] Está radicada no texto constitucional, em suas normas e princípios, e lá encontraremos a legitimidade bastante e suficiente para todo o desenvolvimento do direito administrativo brasileiro. É dizer, a criatividade administrativa está limitada pelo texto e pelo contexto constitucional. Fonte alguma supletiva ou concorrente seria necessária, na medida em que não há poder paralelo na República.

23. *Curso de Direito Administrativo*, 7ª ed., São Paulo, Malheiros Editores, 2004, p. 66.

24. *Processo Administrativo*, 1ª ed., 3ª tir., São Paulo, Malheiros Editores, 2003, excerto sacado da "Apresentação" da citada obra.

25. Em outros termos: a legitimidade da Administração Pública como Poder só pode resultar da Constituição Federal no Estado Democrático de Direito e de seu travejamento.

Noutro tipo de aproximação, pode-se dizer que os estudos da doutrina norte-americana e européia envolvendo o tema do *procedimento administrativo*[26] (*public law in action*) ou da *relação jurídico-administrativa* têm-se revelado interessantes recortes para a cidadania. Por isso, ou talvez em razão de tais estudos, fala-se em uma formação ou participação dos administrados na ordem jurídica – é dizer – através do processo administrativo.[27]

Essa senda, portanto, é de ser mais e melhor explorada.[28]

A terceira questão posta diz com *(c) o campo da discricionariedade*: Esta teria necessariamente que aumentar no mundo contemporâneo, mais complexo, com desafios nunca imaginados. Assim, a tendência para a indeterminação da lei quanto aos interesses públicos a prosseguir seria *inevitável* e cada vez maior.

Celso Antônio Bandeira de Mello ensina, a respeito da matéria:

"11. No interior das fronteiras decorrentes da dicção legal é que pode vicejar a liberdade administrativa.

"A lei, todavia, em certos casos, regula dada situação em termos tais que não resta para o administrador margem alguma de liberdade, posto que a norma a ser implementada prefigura antecipadamente com rigor e objetividade absolutos os pressupostos requeridos para a prática do ato e o conteúdo que este obrigatoriamente deverá ter uma vez ocorrida a hipótese legalmente prevista. Nestes lanços diz-se que há vinculação e, de conseguinte, que o ato a ser expedido é vinculado.

"Reversamente, fala-se em discricionariedade quando a disciplina legal faz remanescer em proveito e a cargo do administrador uma *certa esfera de liberdade*, perante o quê caber-lhe-á preencher com seu juízo subjetivo, pessoal, o campo de indeterminação normativa, a fim de satisfazer no caso concreto a finalidade da lei.

"12. Não se há de pensar – advertiu a sabendas André Gonçalves Pereira – que a discricionariedade resulta da ausência de lei, posto que, contraria-

26. Para aprofundar a matéria, v. Feliciano Benvenuti, "Funzione amministrativa, procedimento, processo", *Rivista Trimestrale di Diritto Pubblico*, 1952, pp. 120 e ss.

27. Pouco importa, aqui, a discussão eterna *processo/procedimento*.

28. Cf. André de Laubadère, "L'Administration Concertée", *Mélanges en l'Honneur du Professeur Michel Stassinopoulos: Problèmes de Droit Public Contemporain*, Paris, 1974.

mente, ela procede da própria disciplina normativa, a dizer, da maneira pela qual se regula dada situação."[29]

Mais adiante, na mesma obra, o autor tece considerações acerca dos fundamentos da discricionariedade e de sua estrutura lógico-normativa.

A assertiva da doutrina acima identificada *(c)* parece muito vaga e genérica. Em que bases é possível afirmar que o mundo contemporâneo está, por que mais complexo, a exigir mais discricionariedade?[30]

Novamente, talvez tenha havido uma importação, sem cuidado, da doutrina estrangeira. Em França, por exemplo, falou-se muito em *deslegalização*, para explicar o fenômeno de reforma ou revogação da lei por regulamento,[31] algo que para nós seria impossível. Fenômeno que, de um modo ou de outro, reduz o prestígio do legislador e do Parlamento e concentra poderes no Executivo. Talvez nesse mesmo movimento pudéssemos encontrar maior liberdade de ação à mão do Executivo.

Na Itália, Giuseppe de Vergottini[32] alude a "delegificação" – expressão que pode assumir vários significados. Em sentido lato indica o fenômeno da perda pelos Poderes Públicos da faculdade de disciplinar determinadas matérias ou atividades. Nesta acepção encontram-se

29. *Curso ...*, 17ª ed., pp. 844-845.

30. Em certo sentido, discricionariedade sempre haverá. Aquela entendida como uma competência legal a quem tenha de aplicar algum tipo de poder e que, em face de determinada situação, atue, optando, "escolhendo", dentro de certos limites contidos no ordenamento, a providência que melhor preste homenagens ao interesse público.

31. Melhor explicando: a Constituição Francesa de 1958, em seu art. 37, alínea 2, atribuiu caráter regulamentar às matérias que não estivessem expressamente contidas em seu art. 34. A partir de então, aqueles temas ficaram transferidos à esfera do poder regulamentar autônomo do Executivo, e, em consequência, passou-se a admitir a derrogação, pela via do poder regulamentar, dos textos de forma legislativa que lhes dissessem respeito. Exigia-se, ademais, a concordância prévia do Conselho Constitucional com a derrogação dos textos legislativos editados após a Constituição. Esse processo de reforma ou revogação da lei por regulamento chamou-se de "deslegalização".

32. "A delegificação e a sua incidência no sistema de fontes do Direito", in *Direito Constitucional – Estudos em Homenagem a Manoel Gonçalves Ferreira Filho*, São Paulo, Dialética, 1999, pp. 163 e ss.

o fenômeno da *deregulation*, da desnacionalização, da desburocratização e da delegificação de fato. Em alguns desses movimentos observa-se, isto, sim, uma concentração de poderes na atividade regulamentar do governo, não tanto a presença de maior discricionariedade do poder público (Legislativo, Executivo, ou simplesmente do que possamos denominar "poder normativo").

Em síntese, a afirmação generalizadora segundo a qual o poder discricionário "deve fatalmente aumentar" no mundo contemporâneo, em razão de uma complexidade notável, parece ser um lugar-comum, rigorosamente nada diz.

Afinal, de onde partiu esta noção de que a discricionariedade deveria aumentar fatalmente, como decorrência *natural* das novas relações jurídico-administrativas contemporâneas?[33]

A nosso juízo, dentre outras razões, essa tese serve – isso, sim – a uma concepção que não deseja controles rigorosos na ação administrativa, quer no contencioso administrativo, nos países que o adotam, quer no Judiciário, procurando reduzi-lo ao máximo, a pretexto da existência de atos negociais privados ou de uma fuga dos negócios públicos ao direito privado.

A bem da verdade, essa concepção, felizmente, não vem de ser adotada no Brasil, onde a Constituição, por ora, parece resistir a esses modismos, que não têm bases lógicas ou filosóficas confiáveis.

Haveria, ainda, o tema fascinante do poder normativo e das agências reguladoras,[34] mas não há – ao menos aqui – mais tempo para dissertar sobre ele.

33. V. Enterría, "La lucha contra las inmunidades del poder en el derecho administrativo", *RAP* 38/159-205.

34. *Agências Reguladoras*, Malheiros Editores, 2005.

O DIREITO À FAMÍLIA

MARIA GARCIA

1. A família como instituição: 1.1 Instituições – 1.2 A família no Código Civil – 1.3 A crise da família. 2. A família na Constituição. 3. Os direitos humanos e o direito à família: 3.1 Os direitos humanos. 4. A família substituta.

1. A família como instituição

As sociedades complexas de nosso tempo não excluem – antes exigem, por força da sua diversidade e complexidade – a análise antropológica da formação dos grupos humanos.

Nesse sentido busca-se – como refere o antropólogo Clifford Geertz – entender "quem as pessoas de determinada formação cultural acham que são, o que elas fazem e por que razões elas crêem que fazem o que fazem".[1]

A partir dessa idéia básica, e adentrando apenas circunstancialmente essa área científica, deve-se compreender a impossibilidade de erigir um modelo familiar único, desvinculado do seu ambiente cultural. Contudo, *nuclearmente* entendido, pode-se imaginar, nas diversas sociedades, a existência de um *grupo familiar* identificável como tal, a partir dos conhecimentos até hoje estabelecidos a respeito.

Detendo-nos, como simples referencial, portanto, nos estudos de Malinowski[2] sobre relações de parentesco, como relações interindivi-

1. Entrevista in *Folha de S. Paulo*, "Mais!", 18.2.2001, pp. 4 e ss.

2. Michel Panoff, *Malinowski y la Antropología*, Barcelona, Labor, 1974. Anota o autor que "sería motivo de escándalo dicha insistencia había quedado no tan solo superada por el progreso científico, sino que se había convertido ante todo en el

duais, e "a la familia nuclear o conjugal, punto de partida y de llegada de todos sus especulaciones en este terreno", no direito dos povos encontram-se normas reguladoras da convivência familiar, e desde então, variando sua concepção e conseqüências, conforme as culturas – desde os mais antigos Códigos, a Legislação Mosaica, e, a partir da Grécia Antiga e da Lei das XII Tábuas –, o que se pode denominar *Direito Ocidental* estabelece preceitos sobre a *família*.

Família – refere o *Dicionário Jurídico*[3] (Latim *Familia*, D. Civil): conjunto de pessoas ligadas pelo parentesco; elemento natural e fundamental da sociedade, com direito à proteção por parte dessa e do Estado.

Família – registra De Plácido e Silva:[4] derivado do Latim *familia*, de *famel* (escravo, doméstico), é termo geralmente tido em sentido restrito, como a *sociedade matrimonial*, mas em sentido lato quer significar o "conjunto de pessoas ligadas pelo vínculo da consangüinidade" (Clóvis Beviláqua), correspondendo à *gens* dos romanos e ao *genos* dos gregos.

estigma eloquente de un etnocentrismo incurable: ni las protestas anticipadas de Malinowski, ni sus propios ataques al etnocentrismo, pudieron salvarlo de la acusación de haber trasladado a los trópicos el prototipo de la familia burguesa europea". E acrescenta: "Ahora bien, a través del movimiento de flujo y de reflujo própio de la moda, la depuración ininterrumpida del' 'ágebra del parentesco', debía aportarle, paradojicamente, una rehabilitación esplendorosa. Dicha rehabilitación, llevada a cabo en dos fases, se basó en dos clases muy diferentes de argumentos, una de orden comparativo, y la otra de orden lógico. En primer lugar, la recopilación y el examen crítico de una dilatada colección de datos estadísticos sobre 250 sociedades distintas permitió a Murdock (1949) confirmar el carácter universal y centralista de la familia nuclear como institución con fisionomía propia. En segundo lugar, el tratamiento de las terminologías de parentesco, mediante un nuevo método, denominado 'análisis componencial', que conjuga los medios de la semántica moderna y de la lógica formal, llevando al más descollante especialista, Lounsbury (1964, 1965) a la conclusion de que los resultados obtenidos deomonstraban indirectamente la validez o, cuando menos, la fecundidad de la teoría 'extensionista' de Malinowski. Buscando las razones por las cuales un mismo vocablo podía, en un idioma determinado, designar a varios parientes de grado mui diferente – la hermana de la madre y sus primas eran llamadas como la madre, por ejemplo –, Malinowski había elaborado la hipótesis de que el nombre dado al pariente más proximo – en este caso, la madre – era extendido progresivamente a aquellos parientes más alejados – en este caso, hermanas y primas de la madre que adoptaban practicamente la misma atitud com respecto al niño".

3. São Paulo, Forense Universitária, 1991.

4. *Vocabulário Jurídico*, Rio de Janeiro, Forense, 1991.

Na tecnologia do direito civil – explica – exprime a *sociedade conjugal*, entendida no seu caráter de *legitimidade* que a distingue de todas as relações jurídicas desse gênero: "E, assim, compreende somente a união de pessoas ligadas entre si pelo vínculo de consangüinidade, de afinidade ou de parentesco, até os limites prefixados em lei".

Assim se explica a *origem da sociedade* em que, sendo o homem "naturalmente um animal político" (Aristóteles), "a primeira causa da agregação de uns homens a outros é menos a sua debilidade do que um certo instinto de sociabilidade em todos inato; a espécie humana não nasceu para o isolamento e para a vida errante, mas com uma disposição que, mesmo na abundância de todos os bens, a leva a procurar o apoio comum" – refere Cícero. E acrescenta Dalmo Dallari: "Assim, pois, não seriam as necessidades materiais o motivo da vida em sociedade, havendo, independente dela, uma disposição natural para a vida associativa".[5]

A essa ordem de idéias opõe-se o entendimento dos autores *contratualistas*, a partir basicamente de Hobbes, com a reação de Locke, as temperanças de Montesquieu e Rousseau, retomando o suporte do contratualismo, conforme Dalmo Dallari, predominando atualmente a visualização da sociedade como resultante de uma necessidade natural do ser humano, decorrente da participação da consciência e da vontade humanas, reconhecendo-se também a influência prática do contratualismo e "sua presença marcante na idéia contemporânea de democracia".

Conforme, ademais, demonstra a repercussão, na atualidade, das obras de John Rawls, prevendo uma forma renovada de pacto social,[6] aí inserida a instituição *família*.

Os estudiosos têm-se detido na análise da *família romana*,[7] da importância do pai, na aceitação ou abandono de um filho ("Em Roma um cidadão não *tem* um filho: ele o *toma*, *levanta*; *[tollere]* o pai exerce a prerrogativa, tão logo nasce a criança, de levantá-la do chão, onde a parteira a depositou, para tomá-la nos braços e assim manifestar que a reconhece e se recusa a enjeitá-la").

5. *Elementos de Teoria Geral do Estado*, São Paulo, Saraiva, 2001, p. 10.

6. *Uma Teoria da Justiça*, Lisboa, Presença, 1993; *Justicia como Equidad*, Madri, Tecnos, 1999; e outros estudos.

7. Philippe Ariès e Georges Duby, *História da Vida Privada*, vol. I, São Paulo, Cia. das Letras, 1991, pp. 19 e ss.

Em Roma, portanto, o que falava mais alto era o nome da *família*: os bastardos tomavam o nome da mãe; esquecidos pelo pai, praticamente não desempenhavam qualquer papel social ou político na aristocracia romana. "Havia escravos libertos, geralmente ricos e poderosos, que conseguiam às vezes introduzir os filhos na ordem dos cavaleiros ou até no Senado: a oligarquia dirigente reproduzia-se através de seus filhos legítimos e dos filhos de seus antigos escravos (...). Pois os libertos tinham o sobrenome do amo que os liberara da escravidão; continuavam seu nome. Assim se explica a freqüência das adoções: a criança adotada tomava o nome do novo pai."

Constata-se a existência da denominada *vice-família*, composta ordinariamente de um *pedagogo*, também chamado *nutridor* (*nutritor*, *tropheus*), encarregado da educação; a *nutriz*, à qual é confiado o recém-nascido e a quem, além da amamentação propriamente, reserva-se a educação dos meninos, até a puberdade – ambas as figuras de fundamental importância na família romana.[8]

A partir daí pode-se assinalar que aos 12 anos separam-se os destinos de meninos e meninas, estas confiadas ao lar e destinadas apenas ao casamento; os jovens continuando a estudar – se pertencentes a família abastada. Aos 16 ou 17 podem optar pela carreira pública ou entrar no Exército: "não existe 'maioridade' legal nem idade de maioridade; não há menores e sim impúberes, que não mais o são quando o pai ou o tutor considera que estão na idade de tomar as vestes de homem e cortar o primeiro bigode".

No entanto, conforme se pode verificar na obra de Pierre Grimal, sobressai nos primórdios da sociedade romana a importância prevalente da família e da matrona romana: "As orgias romanas, que se tor-

8. "Nas casas ricas, a vice-família saudavelmente mora no campo, longe das tentações, sob a direção de uma velha e severa parenta." "A suas virtudes comprovadas e seguras confiava-se toda a progênie da mesma casa. Ela conduzia os estudos e os deveres das crianças e também suas brincadeiras e distrações." Assim foram criados César e Augusto; o futuro imperador Vespasiano "foi criado sob a direção da avó paterna nas terras de Corsa", embora ainda tivesse mãe viva. "Com efeito, uma avó paterna devia ser severa, enquanto à avó materna cabia ser indulgente; a mesma divisão existia entre os tios, cujos nomes eram respectivamente símbolos de severidade e de complacência" (Philippe Ariès e Georges Duby, *História da Vida Privada*, vol. I, p. 28).

naram tão famosas, eram apenas o reverso da medalha de uma sociedade onde, especialmente nos primeiros tempos, o amor e o casamento eram regulamentados por normas e costumes rigorosos; também o respeito pela mulher é marcante nos primórdios da sociedade romana, tão profundamente influenciada pela matriarcal sociedade etrusca".[9]

Este seria, basicamente, o quadro familiar levado à Península Ibérica e transmitido, com as influências do entorno colonial, à formação da sociedade brasileira, num primeiro momento de observação, muito circunstancial, dada a impossibilidade, neste estudo, de um aprofundamento do assunto.

Por outro lado – e por causa das características da nossa formação histórico-social e política –, merecem uma breve análise as *famílias indígenas*.

Conforme estudo de Raduan Miguel Filho,[10] com o advento da Constituição de 1988 a então prevalecente idéia integracionista foi superada pelo reconhecimento e outorga aos indígenas do respeito e direito às suas diferenças culturais, seus costumes, idiomas, crenças e tradições, conforme consagra o art. 231.

"É importante salientar que na inter-relação como *direito de família*, a norma legal reconhece as estruturas familiares indígenas quando protege a infância, a maternidade e os idosos (arts. 51 e 54 do Estatuto do Índio) ou dispõe sobre o registro civil, porém condicionadas à *tutela orfanológica* do Estado, ainda equiparando os índios aos relativamente incapazes."

Tal proteção – prossegue – apenas demonstra que o reconhecimento do Estado às *instituições familiares dos índios* restringe-se aos

9. *O Amor em Roma*, São Paulo, Martins Fontes, 1991; in *Folha de S. Paulo*, 14.12.1991, p. 6-6 (Luís Krausz). "Posteriormente uma sociedade cada vez mais patriarcal e urbana procurou reduzir, nos cultos oficiais, a função sagrada da mulher. Entretanto, no interior das famílias sempre subsistira em torno da matrona – uma figura que sobrevive até os nossos dias – uma aura de mistério. A influência da mulher, neste sentido, tornou-se gradativamente mais sutil e inconsciente, porém não por isto menos profunda e marcante."

10. In *A Família na Travessia do Milênio (Anais do II Congresso Brasileiro de Direito da Família)*, Belo Horizonte, Del Rey, 2000 (Instituto Brasileiro de Direito de Família/OAB-MG), pp. 419 e ss.

limites físicos de uma determinada área indígena – é dizer, "para que seja o índio reconhecido como cidadão perante a sociedade brasileira, terá de se submeter aos padrões não-indígenas de reconhecimento".[11]

Em outros termos, a *família indígena* deverá institucionalizar-se como tal, junto à instituição familiar constitucionalmente prevista – sem dúvida, uma questão a ser estudada.

1.1 Instituições

Nessa sociedade humana, visualizada na sua complexidade, e por força dessa complexidade, surgem as *instituições*.

René Lourau explica bem: "Formas sociais visíveis, porquanto dotadas de uma organização jurídica e/ou material, por exemplo, uma empresa, uma escola, um hospital, o sistema industrial, o sistema escolar, o sistema hospitalar de um país, são chamadas instituições".[12]

"Polissêmica, equívoca, problemática, tal é a instituição" – refere Lourau, explicando que "a análise institucional deve apreender a ação social em seu dinamismo e, sem nada prejulgar sobre o sistema institucional existente, procurar extrair onde está a *instituição*, isto é,

11. Raduan Miguel Filho, in *A Família na Travessia do Milênio* ..., p. 422. Ademais do quê, constantes são os conflitos entre as normas de convivência familiar dos indígenas e aquelas que preponderam na sociedade brasileira, como a relação poligâmica de alguns de seus povos. No entanto, conforme conclui, torna-se necessária a implantação de formas e mecanismos de coexistência pacífica entre o direito interno dos índios e o ordenamento jurídico nacional, "ressaltando a importância do Estado na proteção integral dos direitos indígenas, principalmente daqueles referentes às suas relações familiares, evitando que as praxes internas desses povos indígenas vão de encontro a dispositivos expressos da lei brasileira. Tal proteção cultural certamente trará reflexos positivos à família indígena". Por exemplo, o povo Kaiapó, da região central do Brasil: "O segundo exemplo refere-se à prática do infanticídio entre alguns povos indígenas que, apesar de gostarem de crianças, possuem regras para limitar o seu número por família, com a explicação materialista de que não querem ver fome nos olhos de seus filhos. (...). Note-se que o infanticídio também é considerado crime pela legislação brasileira. Nesses povos indígenas, os casos exemplificados cuidam de prática cultural, ora para simples controle de natalidade, ora em razão de normas que regulam as relações de parentesco. É importante salientar que a legislação brasileira não prevê qualquer solução para estes conflitos de normas, sem precedentes na jurisprudência" (pp. 423-424).

12. *A Análise Institucional*, Petrópolis, Vozes, 1996, "Introdução".

as relações entre a racionalidade estabelecida (regras, formas sociais, códigos) *e os acontecimentos, desenvolvimentos e movimentos sociais que se apóiam implícita ou explicitamente sobre a racionalidade estabelecida ou a submetem a discussão*"[13] (grifamos).

Denominando a instituição "ente complexo", Márcio Iorio Aranha explicita que o conceito de *instituição* origina-se de um amálgama de referências que a caracterizam em "fazer espelhar um *sentido* humano de criação para um *fim utilitário*",[14] citando Recaséns Siches.

Conforme refere, isso agrega um primeiro elemento àquele conceito, melhor entendido pela referência que faz Recaséns Siches ao *mundo da cultura como "vida humana objetivada"*. Então, conclui, "*instituição* é uma manifestação de *objetivação do espírito humano*, produto de *intencionalidades humanas*, que, embora encarnem aquele sentido, com ele não se confundem, em virtude da *cristalização* de que foram alvo".[15]

Em outro contexto (a representação institucional em substituição à representação política), Dalmo Dallari[16] parte do conceito de *instituição* de Hauriou, que a concebe "como idéia de empresa que se realiza e dura num meio social" – portanto, "algo a realizar, de um valor a atingir, que conseguiu realizar-se e continuar existindo num meio social".

Dallari deixa claro que das próprias relações sociais surgem, espontaneamente, as instituições fundamentais do Estado e que "os interesses do Estado são exatamente os interesses superiores das instituições e dos indivíduos que lhes deram causa".[17]

13. Idem, p. 142.

14. *Interpretação Constitucional e as Garantias Institucionais dos Direitos Fundamentais*, São Paulo, Atlas, 2000, pp. 130-131.

15. Idem, p. 130.

16. *Elementos ...*, p. 178.

17. Idem, p. 179. Ivo Dantas (*Da Defesa do Estado e das Instituições Democráticas na Nova Constituição*, Rio de Janeiro, Aide, 1989, p. 28) refere que "o conceito de instituições democráticas terá que ser buscado no art. 60, § 4º, incisos II, III e IV, que aparecem com a característica de *cláusulas pétreas*, ou seja, tradutoras daquelas matérias às quais o poder de reforma constitucional, como poder constituído e, portanto, limitado pelo texto vigente que o admite, não poderá atingi-las".

1.2 A família no Código Civil

Sintomática das complexidades e perplexidades da condição *família* se verifica nas discussões do Código Civil de 2002, Lei 10.406, de 10.1.2002.

Registram os comentários de Regina Beatriz Tavares da Silva[18] sobre o art. 1.511 ("O casamento estabelece comunhão plena de vida, com base na igualdade de direitos e deveres dos cônjuges") que o texto original prescrevia: "O casamento estabelece a comunhão plena de vida, com base na igualdade dos cônjuges, e institui a família legítima".

Durante a tramitação no Senado alterou-se a redação original, excluindo-se a palavra "legítima": "O casamento estabelece comunhão plena de vida, com base na igualdade dos cônjuges e institui a família".

"O Relator Josaphat Marinho, no Senado, promoveu essa modificação em face da vedação constitucional às designações discriminatórias na família (CF, art. 226, *caput* e §§ 1º, 3º e 4º, e art. 227, § 6º). Retornando o Projeto à Câmara, o Relator Ricardo Fiúza apresentou a emenda que deu ao dispositivo a redação atual, em que foi suprimida a seguinte parte: 'e institui a família' – porque a permanência dessa expressão ainda trazia a idéia da constituição da família exclusivamente pelo casamento, com 'nítido caráter discriminatório a outras formas de sua existência', conforme assinalado nos debates pelo Des. Jones Figueirêdo Alves, do Tribunal de Justiça de Pernambuco, dentre outros ouvidos. Assim, foi aprovada subemenda supressiva, para a devida adequação constitucional."

Referindo-se à doutrina, expõe a citada autora (Regina Beatriz Tavares da Silva) a justificativa da eliminação das referências à legitimidade da família, em respeito à Constituição de 1988: enquanto a Constituição anterior previa, no art. 175: "A família é constituída pelo casamento", o art. 226 da Constituição de 1988 estatui que: "A família, base da sociedade, tem especial proteção do Estado".

18. In Ricardo Fiúza (coord.), *Novo Código Civil*, São Paulo, Saraiva, 2002, pp. 1.307-1.308.

E o mesmo art. 226, §§ 1º e 2º, cuida do casamento civil e religioso, referindo-se no § 3º à união estável como entidade familiar para efeito da tutela do Estado e assim à família monoparental do § 4º.[19]

O art. 1.513 do Código Civil também oferece motivo para reflexões importantes para o presente estudo: "É defeso a qualquer pessoa, de direito público ou privado, interferir na comunhão de vida instituída pela família".

É que, conforme relata a mesma autora Regina Beatriz Tavares da Silva, a redação original previa: "É defeso a qualquer pessoa, de direito público ou privado, interferir na comunhão de vida *instituída pelo matrimônio*" (grifamos) – devendo-se a substituição para o termo "família" ao já citado Relator Ricardo Fiúza.

Registra a autora, na doutrina, a ênfase ao princípio da dignidade da pessoa (CF, art. 1º, III) – o "valor máximo" de nosso ordenamento jurídico –, assinalando que a vedação de interferência na comunhão de vida formada pela família "está perfeitamente de acordo com o princípio constitucional de preservação da dignidade".[20]

1.3 A crise da família

Instalou-se nos dias atuais e há algum tempo, como consenso geral, a idéia da *crise da família*. Livros, jornais e revistas, especializados ou não, tratam disso.

Em "uma visão psicanalítica do direito de família", Maria Antonieta P. Motta[21] refere-se ao tratamento interdisciplinar das questões nessa área e a que, "a partir do momento em que Freud nos mostrou a existência do inconsciente, as noções que se referem somente ao campo da objetividade devem ser repensadas".

19. "Dessa forma, tanto a união estável como a família monoparental perderam o caráter da ilegitimidade, em face do quê a criação da família deve ser havida como efeito do casamento, sem qualquer qualificação. (...). A família tanto pode ser constituída pelo casamento como pela união estável, ou, ainda, por um dos genitores e sua prole" (Regina Beatriz Tavares da Silva, in Ricardo Fiúza (coord.), *Novo Código Civil*, p. 1.307).

20. In Ricardo Fiúza (coord.), *Novo Código Civil*, p. 1.310.

21. "Além dos fatos e dos relatos: uma visão psicanalítica do direito de família", in *A Família na Travessia do Milênio* ..., pp. 39 e ss.

Analisando, especificamente, o casamento e o amor, o desamor e descasamento, deixa motivos para reflexão a respeito quando enfatiza que o desamor, exatamente, preside o fim do casamento e "parece estender-se aos filhos, quando eles se transformam em um e talvez no principal elemento de disputa entre os cônjuges".[22]

Certamente que esses enfoques se referem à *família* num sentido tradicional de união de pessoas, por afinidade ou consangüinidade, em torno de sentimentos e crenças comuns, para um destino comum, em que as personalidades se conformem e co-realizem projetos próprios, vinculados ao grupo, numa sociedade qualquer, em certo país e no mundo.

Não é essa, contudo, a visualização de alguns autores, como o psiquiatra David Cooper, em *A Morte da Família*, que se reporta "fundamentalmente à unidade familiar nuclear da sociedade capitalista, de toda sociedade onde exista exploração. Isto se refere à sociedade escravista, à feudal e à capitalista em todos os seus estágios, desde o mais primitivo do século passado *[XIX]* até o de hoje, *[XX]* com as sociedades neocolonizadoras que formam o Primeiro Mundo".[23]

22. "Desejos, projetos, demandas diferentes, trazem e radicalizam o conflito, se não houver disposição ao diálogo e ao acordo. O que temos observado é que a baixa tolerância à frustração, o pouco compromisso com a continuidade do casamento, aliados à idealização deste como um relacionamento que deveria suprir todas as faltas do par, têm sido responsáveis pelo número crescente de separações. Quando um casal começa a conviver, deve elaborar uma quantidade de acordos, necessários para qualquer dupla que viva em íntima associação. Deve fazer acordos sobre novas maneiras de lidar com suas famílias de origem, seus pares, os aspectos práticos da vida em comum e as diferenças sutis e não sutis que existem entre eles como indivíduos." Aponta a necessidade de um "projeto vital compartilhado. Este projeto implica a ação de reunir no casal representações de realização e de conquista no futuro. Se por algum motivo perde-se o projeto e o casal não compreende o que foi perdido com ele, o vínculo se patologiza, podendo produzir separações, com a expectativa de eludir o problema fantasiando um novo projeto, sendo este confundido com um novo parceiro" (Maria Antonieta P. Motta, "Além dos fatos e dos relatos: ...", in *A Família na Travessia do Milênio*, pp. 48-49).

23. São Paulo, Martins Fontes, 1994, "Introdução". "É insensato falarmos da morte de Deus ou da morte do Homem (parodiando o sério propósito de certos teólogos e filósofos estruturalistas contemporâneos) antes de podermos visualizar, em sua plenitude, a *morte da família*: a morte do sistema que tem como obrigação social filtrar, de maneira obscura, a maioria de nossas experiências, destituindo assim os nossos atos de toda espontaneidade generosa e genuína" (p. 10).

Para David Cooper também o poder da família reside na sua "função de mediação social: ao proporcionar a todas as instituições sociais um paradigma de fácil controle, ela reforça o poder efetivo da classe dominante, seja qual for a sociedade onde ocorra a exploração".

Massimo Canevacci introduziu e organizou *Dialética da Família: Gênese, Estrutura e Dinâmica de uma Instituição Repressiva*, num conjunto de textos de renomados autores, de diversas áreas, afirmando "a necessidade de abordar uma leitura da família a partir de uma ótica interdisciplinar".[24]

Têm-se ali, nessa obra, estudos de diversificadas óticas, como de prever, de que Olgária Matos faz uma síntese especial, de "um conjunto de textos que abrange escritos clássicos sobre a instituição da família até seu novo perfil determinado pelo impacto das transformações sócio-econômicas auspiciadas pelo capital monopolista".

Canevacci, igualmente, na sua "Introdução" à obra organizada, traça um amplíssimo painel dessa instituição, destacando-se alguns aspectos mais diretamente relacionados aos fins do presente estudo.

Conforme explica, a tese central da colocação da antologia "é que a família não é tanto um microssistema a ser relacionado com um macrossistema social, como boa parte da literatura sociológica tende a mostrar, mas sim a estrutura que – mais do que qualquer outra – contém em si a esfera da cultura e a esfera da natureza".[25]

Numa *perspectiva antropológica*, refere, a supremacia da primeira – a cultura – deverá afirmar a vitória do princípio da afinidade, da razão e, portanto, da solidariedade humana autoconsciente, contra o perigo de um retorno à naturalidade cega e ao direito absolutista de filiação. "Esse último, na sociedade tardo-burguesa (diferentemente da função progressista que exerceu no passado), transforma-se em puro irracionalismo, sem outro fim que não a própria autoconservação autoritária."

24. São Paulo, Brasiliense, 1981. Com efeito, encontramos estudos de Morgan, Engels, Tönnies, Freud, Lu Hsün, Malinowsky, Reich, Marcuse, Fromm, Lévi-Strauss, Mead, Adorno, Horkheimer, Habermas, Mitscherlich, Laing, Esterson e Mitchell.

25. *Dialética da Família: ...*, p. 29.

Canevacci prega a superação da peculiar família burguesa ("Abolir a família!" – exclamam Marx e Engels no *Manifesto*):[26] *superação*, esclarece, significa reafirmação do princípio dialético do desenvolvimento da Humanidade em relação a si mesma e à Natureza, com a finalidade de "inventar" novas formas familiais a partir da transformação da totalidade das relações sociais e individuais, interpessoais e intrapessoais.

Todavia – ressalta –, a supremacia da dialética pretende, ou quer, que toda *real transformação* contenha também em si "o momento da conservação" e "não um imprevisto e niilista salto no vazio".

"Por isso – explicita – deve-se combater a ideologia subalterna que evoca uma imagem de imediaticidade incontaminada das relações humanas, segundo a qual é suficiente – para restabelecer sua essência originária – romper a crosta das relações capitalistas de produção, que sufoca a inata pureza daquelas relações humanas".[27]

Concluindo, então, que "não se trata de esperar mecânica e fideisticamente a catástrofe do modo de produção capitalista, mas de cavar dia a dia sua sepultura, na profunda convicção de *não será sua pesada queda a libertar o homem e a mulher de todos os condicionamentos, mas de que é necessário tornar verdade a afirmação de que a liberdade de todos é cada vez mais indissoluvelmente ligada à felicidade de cada um e vice-versa*"[28] (grifamos)

Essas concepções ou idéias, precisamente, corroboram a questão da crise da família, existem ou justificam-se pela crise da família:

26. "A família, na forma específica da era burguesa, é atualmente um *fetiche* cuja crítica deve criar as premissas – praticamente realizáveis – de comportamentos antropológicos alternativos e estabilizados a nível de massa, profundamente inseridos na contradição de fundo mais geral entre trabalho assalariado e capital. Praticar a superação da atual família-*fetiche* significa derrotar os aspectos correspondentes do *poder hereditário*, que têm como motivação estrutural a transmissão de bens e do privilégio e o direito de procriação que funda a autocracia da filiação contra a afinidade" (Canevacci, *Dialética da Família: ...*, p. 47).

27. Canevacci, *Dialética da Família: ...*, p. 47.

28. Idem, pp. 51-52. Citando Solmi (*Introduzione a Minima Moralia de Theodor W. Adorno*, Turim, Einaudi, 1995, p. XXXIV): "O desprezo pela felicidade não é a condição do realismo; e a cruel miséria de Marx não nos deve fazer esquecer que Jenny von Westphalen era 'a mais bela jovem de Treves'".

admite-se, porém, que existem relações humanas que, "na sua essência originária, detêm uma inata pureza" – e daí, complementamos, a possibilidade de um grupo humano – denominado *família* – no qual essas relações humanas possam existir e se desenvolver, numa expansão formadora da sociedade humana.

2. *A família na Constituição*

Conforme sublinham Marcelo Leonardo e Rodrigo da Cunha Pereira na apresentação de *A Família na Travessia do Milênio*,[29] a Constituição de 1988, "refletindo as novas concepções sobre a família, reconhece que ela deixou de ter a forma singular e veio expressar, em seu art. 226, as várias formas e possibilidades de se constituir uma família: pelo casamento, pela união estável e por qualquer dos pais que viva com seus descendentes, ou seja, famílias monoparentais".

Contudo, ressalvam que, embora a Constituição se revele clara nas possibilidades de formação da *família*, muitos a compreendem tão-somente na sua fórmula de família singular, ou seja, "continuam não querendo entender que o Estado legitimou outras formas de família, além do casamento civil".

"A travessia da família para o novo Milênio está se fazendo com concepções e valores morais totalmente diferentes dos da primeira metade do século XX. Estamos atônitos, pois, em meio a esse processo, não temos a clareza e o entendimento dessas mudanças como temos daquelas do início do século. Mas podemos anunciar uma 'boa nova'. A grande mudança da família é que ela deixou de ser apenas um núcleo econômico e de reprodução para ser o espaço do companheirismo, do amor e da livre expressão de afeto."

A "mudança de paradigmas", precisamente, vem tratada por César A. de Castro Fiúza,[30] que, após traçar um largo e preciso painel da fa-

29. Publicação alusiva ao II Congresso Brasileiro de Direito da Família, já citada (Belo Horizonte, Del Rey, 2000 – Instituto Brasileiro de Direito de Família/OAB-MG).

30. "Mudança de paradigmas: do tradicional ao contemporâneo", in *A Família na Travessia do Milênio* ..., pp. 27 e ss.

mília romana, com o interregno judaico-cristão e as atuais conotações da intimidade familiar, do homossexualismo e bissexualismo, conclui:

"A esfera privada das relações conjugais começa a repudiar a interferência do público. O casamento, que na Antigüidade era fenômeno privado, talvez volte a sê-lo, dentro em breve. Hoje já há, em vários países, leis que procuram regulamentar a dita união estável sem, no entanto, torná-la objeto de extremado dirigismo estatal. A autonomia privada inicia uma reconquista de territórios perdidos. A família deixa o código, rígido e excludente, e passa a habitar a sede dos princípios constitucionais e do pluralismo legal: uma lei para cada situação, visando a maior elasticidade e, apesar de superficialmente contraditório, a menor interferência do público no privado.

"O estudo da História é fundamental para que não se reinvente a pólvora, ou mesmo a roda. É nele que se pode observar que as mudanças atuais dos paradigmas familiares encontram ressonância no passado.

"O momento atual é, no entanto, rico para o sociólogo, o antropólogo, o psicólogo, o filósofo e para o jurista. As mudanças são muito rápidas e, por vezes, estonteantes. Só não se deve assistir a elas de modo passivo, não-participativo, mas analisá-las, buscando sua incorporação pacífica e enobrecedora para o ser humano."

3. Os direitos humanos e o direito à família

Em face da complexidade que adquiriram as relações humanas e das múltiplas solicitações ou injunções que a sociedade atual impõe, e que, ao mesmo tempo, impossibilita à criança e ao adolescente – ao indivíduo mesmo –, ainda cumpre à família a condição de *celula mater*?

A família se enfraquece ou, contrariamente, se fortalece – num processo de reversão – diante das profundas modificações e exigências da cultura globalizante?

Trata-se de situações relacionadas diretamente aos direitos humanos, ou podem desenvolver-se separadamente, como mera questão temporal, dado que o ideal será, efetivamente, a sua superação, como propõem alguns?

Vencedor no Festival Cinematográfico de Berlim,[31] Daniel Burman referiu: "Venho de uma família ajustada, e essa é uma diferença considerável".

Em *A Família como Paciente*,[32] Horst E. Richter refere-se às situações da família em uma sociedade em mudança, aludindo que entram aqui problemas que ultrapassam a família e para cuja compreensão recomenda aos terapeutas, como é o seu caso, que se apliquem "a estudar mais a Sociologia a fim de melhor compreender a inter-relação do indivíduo e a família com os fatores sociais ligados ao problema".

O que seria, ao seu ver, "uma família psiquicamente sadia"? Ou a "família ajustada" a que se referiu o cineasta Daniel Burman?

Richter explica que a pergunta, mesmo, já sugere mudança nos padrões de valor: admite-se que certas tensões internas entre os pais, e entre pais e filhos, não seriam apenas "normais" senão até, algumas vezes, "sinais importantes de vitalidade intelectual, indicação positiva de saúde na família". Assim, o conceito clássico de *harmonia* ou *desarmonia* deve ser revisto: "A ruptura na família não é indicada pela presença de conflitos sérios, ou até explosivos, mas sim pela incapacidade dos seus membros de lidar com tensões desse tipo e resolvê-los sem punição ou rejeição mútua, e sem levar nenhum de seus membros a um estado de formação de sintomas".

Um dos caminhos para a situação apontada, conforme Richter,[33] é a alongada condição de dependência dos jovens em relação aos pais, dado o prolongado período educacional, certo, como afirma, que muitos jovens de 15 e 16 anos, "exceção feita dos que foram infantilizados pela educação recebida, poderiam assumir mais responsabilidade em relação a si mesmos e a seus colegas do que lhes é dada hoje".[34]

31. "Cinema argentino é o grande vencedor em Berlim", *O Estado de S. Paulo*, 16.2.2004, p. D1: "*El Abrazo Partido* ganhou dois prêmios na 54ª edição do Festival de Berlim".

32. São Paulo, Martins Fontes, 1979, pp. 28 e ss.

33. *A Família como Paciente*, pp. 30-31.

34. "Há inúmeros exemplos disso em diversas culturas, principalmente nas famílias que sofreram perdas na guerra: os jovens provaram que eram capazes de se desempenhar, de maneira inteligente e sensata, de graves encargos com um grau de responsabilidade muito maior do que o que geralmente se espera dos que são tidos como

Pois bem. Todas as perplexidades e cogitações colocadas têm uma diretiva única: *o direito à família*. Em que consistiria, afinal, até em vista da sua anunciada "desinstitucionalização"?[35]

Por outro lado, o cientista social Mirim Vieira propõe a Familialística, "uma nova Ciência Social, para combater a desritualização estrutural da família", repercutindo na ética de toda uma sociedade.[36]

Optamos por entender a *família* como um grupo social nuclear com características próprias de um relacionamento vinculado pelos direitos de intimidade e de vida privada, com o objetivo de convivência comum, pelos diversos laços familiares.

E o *direito à família* decorre da sua mesma constitucionalização, pelo conjunto de disposições que prevêem sua existência, contornos e alcance, a partir da proclamação dos direitos sociais do art. 6º (especificamente "a proteção à maternidade e à infância") e do art. 205 ("A educação, direito de todos e dever do Estado e da família, será promovida e incentivada com a colaboração da sociedade, visando ao pleno desenvolvimento da pessoa, seu preparo para o exercício da cidadania e sua qualificação para o trabalho").

Jurídica e politicamente equiparada ao Estado na sua tarefa educacional, a *família* "tem especial proteção do Estado" (art. 226) e compõe os objetivos da assistência social, em si mesma considerada (art. 203, I), abrangendo a maternidade, a infância, a adolescência e a velhice.

Com o Estado e a sociedade (art. 227), cabe-lhe assegurar "(...) à criança e ao adolescente, com absoluta prioridade, o direito à vida, à saúde, à alimentação, à educação, ao lazer, à profissionalização, à cultura, à dignidade, ao respeito, à liberdade e à convivência familiar e comunitária, além de colocá-los a salvo de toda forma de negligência, discriminação, exploração, violência, crueldade e opressão".

'meio-crianças'. Entretanto, pouca atenção se dá à importância prática desses exemplos, como se fossem meras curiosidades. A consciência popular ainda não se deu conta de que, na realidade, há no jovem, depois da puberdade, um potencial de maturidade maior do que pode ser expresso nos papéis sociais que lhes são conferidos."

35. Conforme refere Jorge Forbes, "A desinstitucionalização do luxo", *Folha de S. Paulo*, 23.2.2004, p. A3.

36. "Uma nova Ciência quer criar ritos de família para mudar a sociedade", *Jornal da USP* 257/3-4, 1993.

Dessa longa enumeração constitucional dos direitos da criança e do adolescente decorre o *direito à família*, uma vez que a esta instituição – e a ela somente – cabe, originariamente, assegurar esses direitos.

Com efeito quem, senão *a família*, poderá propiciar sua concretização? Quem mais próximo e imediato do que a *família*?

Refere Wilhelm Hofmeister: "Diversas teorias sobre o que seria a melhor organização social, ou a forma ideal de atuação do Estado no cumprimento de suas funções, por vezes não levam em conta o papel fundamental da família na construção do bem-estar humano. Relegam-na à esfera do 'privado' ou do 'afetivo', sem reconhecer que as pessoas que dirigem o Estado e as empresas, que trabalham e militam nos sindicatos e nas organizações não-governamentais, ou que vivem suas conturbadas (e às vezes violentas) relações nos meios urbanos, são as mesmas que nascem e crescem no seio de uma família, sendo por ela e nela efetivamente moldadas em aspectos fundamentais".[37]

"A família é construída por uma constelação de pessoas interdependentes e sua estrutura reproduz as dinâmicas sócio-históricas existentes."[38]

Parceira do Estado, por disposição constitucional, à *família* refluem os direitos assegurados ao indivíduo para seu exercício e concretização, como instrumento social da sua possibilidade.

Ela pode representar também um centro de resistência às deformidades e males sociais: a psicanalista Elizabeth Roudinesco[39] entende que, na sociedade ocidental, a contemporaneidade vem marcada "por um profundo desejo de normalização" (um "desejo de família"),e considera que, "ainda que cada vez mais dessacralizada, a família permanece a instituição humana mais sólida da sociedade".

37. *Família: Redes, Laços e Políticas Públicas*, São Paulo, Instituto de Estudos Especiais da PUC/SP, 2002, "Prefácio".

38. Sílvia Losacco, "O jovem e o contexto familiar", in *Família: Redes, ...*, pp. 63 e ss.

39. "A família em desordem", *O Estado de S. Paulo* ("Caderno 2/Cultura") 31.8.2003, p. D7 (artigo de Giovanna Bartucci).

Assim, "para Roudinesco, a família é reivindicada atualmente como o único valor seguro ao qual ninguém quer renunciar, tornando-se, afinal, 'um lugar de resistência à tribalização orgânica da sociedade globalizada'".

Se assim pode ser entendida a *família*, temos no outro pólo da questão o indivíduo que, por diferentes fatores, não teve acesso a essa condição reconhecida como necessária à concretização dos direitos constitucionalmente assegurados.

3.1 Os direitos humanos

Os *direitos humanos*, conforme tem enfatizado a doutrina, vêm-se formando pelos séculos, e na contemporaneidade encontraram sua cristalização, culminando nas revoluções libertárias do século XVIII, pelo reconhecimento ocidental nas Declarações de Direitos do Homem e do Cidadão.

Atualmente, ainda, esse caminhar, que não tem fim, ilumina-se pelo princípio fundamental da *dignidade da pessoa*.

Assim esclarece Ingo W. Sarlet[40] ao analisar a possibilidade dos chamados direitos de "quarta dimensão", diante das incertezas dos tempos atuais, observando, com acerto, que "todas as demandas na esfera dos direitos fundamentais gravitam, direta ou indiretamente, em torno dos tradicionais e perenes valores da vida, liberdade, igualdade e fraternidade (solidariedade), tendo na sua base o princípio maior da dignidade da pessoa".[41]

40. *A Eficácia dos Direitos Fundamentais*, Porto Alegre, Livraria do Advogado, 2001, pp. 54 e ss.

41. Paulo Bonavides, citado também pelo autor (*Curso de Direito Constitucional*, 15ª ed., São Paulo, Malheiros Editores, 2004, p. 572), afirma que os direitos da quarta geração (o direito à democracia, o direito à informação e o direito ao pluralismo, dos quais "depende a concretização da sociedade aberta do futuro") "não somente culminam a *objetividade* dos direitos das duas gerações antecedentes como absorvem – sem, todavia, removê-la – a *subjetividade* dos direitos individuais, a saber, os direitos da primeira geração. Tais direitos sobrevivem, e não apenas sobrevivem, senão que ficam opulentados em sua dimensão *principial*, *objetiva* e *axiológica*, podendo, doravante, irradiar-se com a mais subida eficácia normativa a todos os direitos da sociedade e do ordenamento jurídico. Daqui se pode, assim, partir para a asserção de que os direitos da segunda, da terceira e da quarta gerações não se inter-

Nessa conformidade, o art. 5º, *caput*, da nossa Constituição resume, em si, os valores básicos da sociedade brasileira (vida, liberdade, igualdade, propriedade, segurança), deles decorrendo todos os demais direitos e garantias constitucionais.

Raul Machado Horta ressalta, bem, que "a conquista e a defesa dos direitos individuais é uma tarefa diária, um esforço de todas as horas. Esta luta incessante é benéfica às liberdades e à conservação, pois, como no belo conceito do pensador francês, que Mílton Campos estimava recordar: se impedíssemos cada dia que se levasse uma pedra para a Bastilha, nós nos pouparíamos o trabalho de demoli-la".[42]

Paulo Bonavides, em "Prefácio" à obra de Siqueira Castro,[43] diz bem que "o Direito ou liberta ou não é Direito. Não lhe reconhecemos outra função, outra filosofia, outro escopo, outra validez. Não importa discutir-lhe a origem, mas o fim, o fim na concretude social contemporânea, sobretudo quando se atenta que aí já baixam sombras espessas sobre o futuro da liberdade e o destino dos povos. Aquele fim é a vocação das Constituições".

Bobbio, como sabemos, adverte que "uma coisa é falar dos direitos do homem, direitos sempre novos e cada vez mais extensos, e justificá-los com argumentos convincentes; outra coisa é garantir-lhes uma proteção efetiva".[44]

E finaliza, nessa parte: "Com relação às grandes aspirações dos homens de boa vontade, já estamos demasiadamente atrasados. Busquemos não aumentar esse atraso com nossa incredulidade, com nossa indolência, com nosso ceticismo. Não temos muito tempo a perder".

O *direito à família* não somente adentra o rol dos direitos humanos, senão que se revela instrumento da realização de todos os direitos enumerados no art. 227 da Constituição e os demais deles decor-

pretam, *concretizam-se*. É na esteira dessa concretização que reside o futuro da globalização política, o seu princípio de legitimidade, a força incorporadora de seus valores de libertação".

42. Raul Machado Horta, *Estudos de Direito Constitucional*, Belo Horizonte, Del Rey, 1995, p. 264.

43. *A Constituição Aberta e os Direitos Fundamentais*, Rio de Janeiro, Forense, 2003, p. XVII.

44. *A Era dos Direitos*, Rio de Janeiro, Campus, 1992, pp. 63-64.

rentes, circundantes da dignidade da pessoa, princípio fundamental do Estado (art. 1º, III).

4. *A família substituta*

A família compõe um grupo de *pessoas*, homens e mulheres, não é algo abstrato. Pessoas podem ser orientadas a formar uma família, dentro de uma família que é a sociedade da espécie humana.

Há um elemento favorável de união – que pode ser o amor, ou o desamor: a questão é optar, mas se tem que partir de um início; e se o indivíduo – a criança ou o adolescente – não pode sequer contar com esse início, essa oportunidade tem de lhe ser aberta, propiciada.

Para tanto, têm surgido substitutivas de uma ou de outra figura parental – a "mãe crecheira", por exemplo, situação já definida pela jurisprudência.[45]

45. "Mãe crecheira – Vínculo empregatício. 1. A prestação de serviços nos moldes da Lei n. 7.644/1987, consistente no atendimento de crianças da comunidade, gera vínculo empregatício entre as partes. A expressa e restritiva indicação, na referida lei, de quais os dispositivos celetistas aplicáveis à espécie (arts. 5º e 19) apenas indica a existência de contrato especial de emprego. 2. Tratando-se de contrato de trabalho especial, a empregada somente se beneficia dos direitos assegurados em lei, taxativamente. Recurso de embargos conhecido e provido parcialmente" (TST-SBDI-1, ERR 572.962/99-7, rel. Min. Carlos Alberto Reis de Paula, j. 4.11.2002, v.u.) (in *Jurisprudência, AASP – Boletim* 2.322/2003). Destacando-se: "A mãe crecheira realiza trabalhos pertinentes à maternidade social das crianças sob sua responsabilidade, cuidando de sua alimentação, higiene, saúde, vestuário e demais necessidades, tratando-as com respeito, carinho e afeto, para lhes proporcionar a possibilidade de convivência familiar e a boa formação do cidadão. Trata maternalmente crianças órfãs ou abandonadas recolhidas à instituição, não importando sexo, raça ou outras características, dedicando-lhes amor e carinho, orientando-as em suas indagações e estimulando seu desenvolvimento, em toda sua amplitude, a convivência familiar; orienta a participação das crianças na vida da comunidade, acompanhando-as em passeios, excursões, atividades religiosas, cívicas e demais eventos previstos, para promover a sua integração social; cuida da saúde das crianças, observando seu estado geral e levando-as periodicamente ao médico, para possibilitar seu desenvolvimento físico e mental sadio; conserva o vestuário das crianças, as roupas de cama e mesa da casa, lavando, passando e cosendo, quando necessário, para mantê-las em condições de uso; prepara e serve a alimentação das crianças, cozinhando, arrumando a mesa e observando o uso correto de talheres, pratos, copos e guardanapos, para possibilitar a oportunidade de ensinar-lhes o correto procedimento durante as refeições; veste e prepara as crianças, observando vestimentas e material de estudo, para encaminhá-las à escola; cuida da higiene diária das crianças, banhando-as, vestindo-as e transmitindo hábitos de higiene pessoal, para lhes proporcionar asseio e boa aparência".

Paul Oriol[46] denomina-o “direito à vida familiar” num estudo sobre trabalhadores imigrantes na França e suas famílias, assinalando a resistência ao seu exercício por uma legislação mais e mais restritiva e práticas administrativas duvidosas, sublinhando:

“Pour que la solution évolue positivement dan un proche avenir, il faudrait un changement important du climat socio-économique, un développement important des investissements dans l’habitat social, une volonté politique.

“C’est dire que les défenseurs des droits de l’homme doivent être particulièrement vigilants s’ils veulent vivre dans une société réellement démocratique, reconnaissant à tous l’égalité des droits, notamment du droit élémentaire de pouvoir réelement avoir une vie familiale.”[47]

Pode-se dizer, a partir dos ensaios de Oriol e outros sobre o *conceito do direito de viver*, que o direito à família – ou, como diz, o *direito à vida familiar* – vincula-se diretamente ao direito à vida, pela soma de diretos conjugados que essa concepção da vida pode envolver.

Há, portanto, um direito decorrente dessas circunstâncias todas apontadas, da necessidade de família a que o Estado e a sociedade terão que atender.

O que se propõe, por força das próprias características da família nuclear, prevista na Constituição (art. 226), é a possibilidade da *família substituta* para crianças e adolescentes.[48]

46. “À propos du droit à la vie familiale des travailleurs enmigrés en France en 1985”, in *Essais sur le Concept de Droit de Vivre*, Bruxelas, Bruylant, 1988, pp. 143 e ss.

47. “Para que a solução evolua positivamente num futuro próximo, necessitar-se-ia uma importante mudança do clima sócio-econômico, um desenvolvimento importante dos investimentos na habitação social, uma vontade política.

“Significa que os defensores dos direitos humanos devem estar particularmente vigilantes se querem viver numa sociedade realmente democrática, reconhecendo a todos a igualdade de direitos, notadamente do direito elementar de poder realmente ter uma vida familiar” (Paul Oriol, “À propos du droit à la vie familiale ...”, in *Essais sur le Concept* ..., p. 155, tradução livre da autora).

48. Algumas instituições religiosas têm obtido resultados satisfatórios com a implantação de “famílias substitutas”, pai e mãe, para até sete a oito crianças de ambos os sexos, idades variáveis, residindo na mesma casa, em “cidades planejadas”, contendo escola, igreja e toda a estrutura para sua formação profissional (padaria, marcenaria, tipografia, ...).

Critérios adequados, pessoas adequadas, locais adequados, são condicionantes necessárias de tal empreendimento, abolindo-se entidades como a FEBEM, pois ou o menor responderá como infrator, na medida da sua responsabilidade, em estabelecimento penal-educacional apropriado (a questão da maioridade penal), ou permanecerá com sua "família" – orientada pelo Estado –, prevista a co-responsabilidade dos pais pelos seus atos.

Estas, porém, já seriam medidas objeto de outro estudo e outros fundamentos.

A CONSTITUCIONALIDADE DO ART. 1.228, §§ 4º E 5º, DA LEI 10.406/2002 (CÓDIGO CIVIL)

MARIA HELENA DINIZ

Entendemos que a posse é um direito real, posto que é a visibilidade ou desmembramento da propriedade. Por isso, pode-se aplicar o princípio de que o acessório segue o principal, sendo a propriedade o principal e a posse o acessório, já que não há propriedade sem posse, apesar de haver posse sem propriedade. Nada mais objetivo do que integrar a posse na mesma categoria jurídica da propriedade, aplicando-lhe os mesmo princípios norteadores, dentre eles o da função social.[1]

O Código Civil, no art. 1.228, §§ 4º e 5º, prescreve que "o proprietário também pode ser privado da coisa se o imóvel reivindicado consistir em extensa área, na posse ininterrupta e de boa-fé, por mais cinco anos, de considerável número de pessoas, e estas nela houverem realizado, em conjunto ou separadamente, obras e serviços considerados pelo juiz de interesse social e econômico relevante"; nesse caso "o juiz fixará a justa indenização devida ao proprietário; pago o preço, valerá a sentença como título para o registro do imóvel em nome dos possuidores".

1. Maria Helena Diniz, *Curso de Direito Civil Brasileiro*, vol. 4, São Paulo, Saraiva, 2002, pp. 49-50. Nossa jurisprudência aceita a opinião de Ihering ao considerar a posse como um direito real, ao exigir a outorga marital ou uxória para ajuizamento de interditos relacionados com bem imóveis. Enneccerus, Kipp e Wolff (*Tratado de Derecho Civil: Derecho de las Cosas*, vol. 1, § 2º) qualificam a posse de *direito real provisório* para distingui-la da propriedade, que é direito real definitivo. V. o disposto a esse respeito no nosso Código de Processo Civil, art. 10, §§ 1º e 2º.

Há quem ache que, pelos requisitos exigidos pela lei (posse ininterrupta e de boa-fé por mais de cinco anos), seria uma *usucapião onerosa*, pois os *possuidores usucapientes* ficariam sujeitos ao pagamento de um *quantum* indenizatório, ou, então, que haveria uma conversão da prestação de restituir a coisa na de indenizar pecuniariamente, similar à hipótese do parágrafo único do art. 1.255. No entanto, a *intentio* do Código Civil de 2002 parece ter sido a configuração de uma *desapropriação judicial* pela posse qualificada, pois, ante a colisão do direito de propriedade com o principio da função social da propriedade, privilegiou o segundo. Daí a afirmação de Miguel Reale de que "não se pode situar no mesmo plano a posse, como simples poder manifestado sobre a coisa, como se fora atividade do proprietário, com a posse qualificada, enriquecida pelos valores de trabalho. Esse conceito fundante de *posse-trabalho* justifica e legitima que, ao invés de reaver a coisa, dada a relevância dos interesses sociais em jogo, o titular da propriedade reivindicada receba, em dinheiro, o seu pleno e justo valor, tal como determina a Constituição Federal (art. 5º, XXIV). Se se garante o direito de propriedade, que deve no seu exercício atender à sua função social, o seu não-atendimento sujeita o seu titular à desapropriação. Somente se pode assegurar o direito de propriedade quando estiver produzindo utilidade sócio-econômica, mediante seu aproveitamento racional e adequado, representado por obras e serviços relevantes efetuados no imóvel".

Trata-se, na lição de Miguel Reale, de uma inovação substancial do Código Civil, fundada na função social da propriedade, que dá proteção especial à *posse-trabalho*, isto é, à posse ininterrupta e de boa-fé por mais de cinco anos em extensa área alheia, traduzida em trabalho criador, feito em conjunto ou separadamente, quer se concretize na construção de uma morada ou na realização de um serviço, quer se manifeste em investimentos de caráter produtivo ou cultural. Essa posse qualificada é enriquecida pelo valor laborativo de um número considerável de pessoas, pela realização de obras, loteamentos ou serviços produtivos, pela construção de uma residência, de prédio destinado ao ensino ou ao lazer, ou, até mesmo, de uma empresa. E, havendo ação do proprietário para reaver o bem, ante a indivisibilidade do imóvel reivindicado, todos os ocupantes de boa-fé deverão ser pessoalmente citados, ficando como litisconsortes unitários, no pólo passivo?

Deveras, o que se poderia fazer nas reivindicatórias, ou, até mesmo, nos interditos possessórios, dos proprietários contra os que de boa-fé possuíram áreas extensas, loteando-as, nelas instalando sua residência ou empresa, ou nelas investindo economicamente? Poder-se-ia destruir suas vidas e uma economia familiar? Havendo ação reivindicatória, a *posse-trabalho* poderá ser alegada como matéria de defesa na contestação ou em reconvenção? O proprietário, pelo art. 1.228, §§ 4º e 5º, da Lei 10.406/2002, vencedor da demanda, não receberá de volta o bem de raiz (urbano ou rural), mas sim o justo preço do imóvel, sem nele computar o valor das benfeitorias, por serem produto de trabalho alheio. Justifica-se, dada a relevância dos interesses sociais em jogo, que a restituição da coisa seja convertida pelo órgão judicante, mediante arbitramento judicial, em justa indenização, correspondente ao seu valor mercadológico na ocasião em que se der a perda da propriedade. De modo que o proprietário reivindicante, em vez de reaver o imóvel, diante do interesse social, receberá em dinheiro o seu justo valor. Pago o preço, a sentença valerá como título para o registro imobiliário, em nome dos possuidores, gerando, como diz Nélson Kojranski, um condomínio híbrido. Cada condômino terá posse sobre área certa e sobre área comum. Isto é assim porque a "extensa área" ocupada preservará sua unidade, tendo uma só matricula no Registro de Imóveis, e as obras levadas a efeito, em conjunto ou separadamente, serão tidas como propriedade condominial.

Por isso, urge a edição de uma lei urbanística especial que discipline essa nova modalidade de condomínio, oriunda de desapropriação judicial, atendendo à política urbana (CF, arts. 24, 30, VIII, e 182; Estatuto da Cidade, arts. 3º, I, e 2º, XIV e XV).

No art. 1.228, §§ 4º e 5º, encontra-se a hipótese legal em que se dá ao Poder Judiciário o exercício do poder expropriatório em casos concretos. Se não houver pagamento, o proprietário ficaria com o imóvel? Ficaria sem o imóvel e sem o valor indenizatório estipulado? A sentença terá sua eficácia suspensa por prazo indeterminado, até que se efetive o pagamento? Tais problemas são alguns dos que poderão advir, requerendo uma solução legislativa.[2]

Trata-se de um instituto novo: a *desapropriação judicial*, que mantém no imóvel aqueles que, com a *posse-trabalho*, o tornaram

2. Maria Helena Diniz , *Curso* ..., vol. 4, p. 178, e *Comentários ao Código Civil*, vol. 22, São Paulo, Saraiva, 2003, pp 90-91; Miguel Reale, "Exposição de Motivos ao Ministro da Justiça", *Diário do Congresso Nacional*, Seção I, Suplemento B ao n. 61, 13.6.1975, n. 27-C, p. 121; *Projeto do Código Civil*, São Paulo, Saraiva, 1999, p. 82; Nélson Kojranski, "Direitos reais", in *O Novo Código Civil – Estudo em Homenagem a Miguel Reale*, São Paulo, LTr, 2003, pp. 1.002-1.005; Teori A. Zavascki, "A tutela de posse na Constituição e no Projeto do Código Civil", in Judith Martins Costa (org.), *A Reconstrução do Direito Privado*, São Paulo, Ed. RT, 2002, pp. 850-855.

Fabrício Z. Matiello (*Código Civil Comentado*, São Paulo, LTr, 2003, pp. 766-767) vislumbra no art. 1.228, § 4º, um instituto similar à desapropriação, mas que com ela não se confunde, ante o fato de a iniciativa da perda do domínio alheio não ser do Poder Público. Para Donaldo Armelin ("A tutela da posse no novo Código Civil", in *O Novo Código Civil* – ..., 2003) esse novo instituto "não pode ser considerado uma forma especial de usucapião porque prevê, como condição para a transferência do domínio, o pagamento de preço judicial fixado; não corresponde a uma desapropriação, pois nele não intervém o Estado efetuando o pagamento da justa indenização fixada pelo juiz; não pode ser considerado uma compra e venda, por inexistir acordo de vontades. Em verdade, assume ele a figura de *alienação judicial*, decorrente da atuação do império estatal balizado por princípios constitucionais que respaldam a propriedade privada". No plano processual haverá de se indagar se essa alienação judicial deverá ser postulada em via reconvencional na ação reivindicatória aforada pelo proprietário, ou se será imposta pelo juiz de ofício como solução para o conflito de interesses, até porque quem arcará com o pagamento da justa indenização será o possuidor, réu na reivindicatória. Também haverá de ser suscitada a possibilidade de os possuidores, tomando a iniciativa para a solução do conflito fundiário, ajuizarem ação para que tal alienação judicial se opere. Sem embargo dessas dúvidas, que remanescem quanto à operatividade do novo instituto, significativo é ressaltar que representa ele o reconhecimento pelo ordenamento jurídico do valor da *posse-trabalho*, que, contudo, não poderá ser adquirida por meio da violência, na medida em que se pressupõe para a sua tutela estar ela ungida pela boa-fé. São consideráveis as dificuldades jurídicas, e de outras naturezas, a serem enfrentadas para se dar operatividade a esse novo instituto, observando-se que, diferentemente do que ocorre com a usucapião constitucional, prevista nos arts. 183 e 191 da Carta Magna, não há limitação expressa quanto à área a ser indenizada, nem indicação de onde serão hauridos os fundos necessários para o pagamento do reivindicante, credor da indenização judicialmente fixada. Não obstante, o suporte jurídico para essa prerrogativa em favor da posse qualificada já existe, cabendo aos operadores do Direito, através de uma exegese construtiva, implementar as lacunas jurídicas. Aquelas de natureza diversa deverão ser sanadas pelo Estado na sua função de assegurar a justa distribuição da riqueza.

produtivo, dando origem a um condomínio híbrido, desde que preenchidos os requisitos legais: *(a)* posse por mais de cinco anos, ininterrupta e de boa-fé; *(b)* posse de área extensa; *(c)* posse exercida por um número considerável de pessoas; *(d)* realização de obras e serviços considerados de interesse social e econômico relevante pelo juiz; *(e)* reivindicação pelo proprietário; *(f)* pagamento de justa indenização.

A posse traduzida pelo trabalho produtivo, concretizando-se em obras ou serviços sócio-econômicos e em construção de moradia, poderá fazer com que, se for ininterrupta e de boa-fé, o proprietário fique privado de sua área, diante do interesse social, perdendo-a para os possuidores, mediante o pagamento de justa indenização.

O prazo previsto para tanto é, como vimos, mais de cinco anos. Qual seria, então, o prazo para a configuração da *posse-trabalho*, conducente àquela desapropriação judicial, iniciada antes de vigência do Código de 2002?

Como se trata de instituto novo, a lei nova não poderia, por si só, alcançar situação anterior à sua entrada em vigor; conseqüentemente, o prazo de cinco anos deveria ser considerado a partir de 11.1.2003 (CC, art. 2.044; Leis Complementares 95/1998 e 107/2001, regulamentadas pelo Decreto 4.176/2002). A irretroatividade é a regra no silêncio da lei; mas poderá haver retroatividade, se houver disposição transitória em sentido contrário.

Ora, no Livro Complementar da Lei 10.406/2002 há norma de direito intertemporal estabelecendo que, até dois anos após a entrada em vigor do Código Civil, o prazo do art. 1.228, § 4º, será acrescido de dois anos, qualquer que seja o tempo transcorrido anteriormente (CC, art. 2.030).

Com isso, o Código Civil de 2002 apresenta uma inovação, afastando o princípio de efeito imediato e irretroativo da lei nova, de que o prazo nela estabelecido começa a correr da data de sua vigência, admitindo o cômputo de prazo decorrido no império da lei antiga. Seria viável juridicamente o estabelecimento de uma "proporção" entre o lapso temporal da lei nova e o transcorrido antes de sua vigência, para atender à eqüidade?

Sim, se se considerar a tese de que o prazo constitui um *direito de aquisição complexa*, decorrente da realização de vários elementos, situando-se numa de suas modalidades: a de *direito de aquisição sucessiva*,[3] pois só é obtido mediante o decurso de certo lapso de tempo. É adquirido dia a dia, com o correr sucessivo do tempo. Se assim é, de um lado, a irretroatividade da lei nova levaria a ignorar a patrimonialidade do prazo já transcorrido e, por outro lado, a integral aplicação retroativa da lei nova faria com que se considerasse como adquirido um instituto novo, sem qualquer exigência para que sua perfeição fique na dependência de algum elemento temporal ainda não verificado. Por esta razão, pode-se, analisando o teor do art. 2.030, considerar como válido o lapso de tempo já decorrido, computando-se o que está para escoar conforme o disposto na lei nova, acrescendo-se, ainda, mais dois anos.

O prazo previsto para a posse qualificada do art. 1.228, § 4º, é, como vimos, mais de cinco anos, e sofrerá, até dois anos após a entrada em vigor do Código Civil de 2002, um acréscimo de dois, se a situação que lhe deu origem teve início antes da vigência do novo Código Civil, pouco importando o tempo transcorrido sob a égide do Código Civil de 1916.

Assim sendo, se considerável número de pessoas, possuidoras de boa-fé, ocupavam, há três anos, área extensa, nela realizando, em conjunto ou separadamente, serviços sociais e econômicos de grande relevância antes da vigência do Código Civil de 2002, até dois anos após a entrada em vigor desse diploma legal – ou seja, até 11.1.2005 – o prazo de cinco anos, previsto no § 4º do art. 1.228, sofrerá acréscimo de mais dois anos, por se tratar de instituto novo; logo, só adquirirão a propriedade após o decurso do prazo de mais quatro anos.

3. O *direito de aquisição complexa* abrange, além do *direito de aquisição sucessiva*, o *direito de aquisição imperfeita* (obtido a termo, por depender de evento futuro e certo, ou sob condição), subordinando-se a acontecimento futuro e incerto, no qual há aquisição desde logo, com suspensão do exercício, do direito de aquisição por partes (auferido mediante a perfeição autônoma de vários elementos ou partes conexos), no qual se reconhece o fato autônomo realizado validamente sob o amparo da lei anterior, aplicando-se a lei nova aos fatos pendentes e o direito de aquisição plural (que se incorpora ao patrimônio em razão de causas diversas de valor suficiente, gerando direito adquirido à causa principal), regendo-se pela lei do tempo da perfeição de cada fato aquisitivo. É o que nos ensina R. Limongi França (*Direito Intertemporal Brasileiro*, São Paulo, Ed. RT, pp. 466 e 543-544).

Consulte-se Maria Helena Diniz, *Comentários* ..., vol. 22, pp. 63-65.

E se, porventura, por ocasião da entrada em vigor do Código Civil de 2002, já decorreram sete anos, os ocupantes poderão, havendo reivindicatória, beneficiar-se do disposto no art. 1.228, § 4º, ante o comando do art. . 2.030? Parece-nos que sim. Mas há quem entenda – como Mário Luiz Delgado – que, na hipótese acima, deverão aguardar, ainda, o prazo de mais dois anos. Ora, se já se passaram sete anos, com mais dois, teriam que ter nove anos de *posse-trabalho* – não estaria tal entendimento ferindo o fim social perseguido pela norma (LICC, art. 5º, primeira parte), o princípio da isonomia, tratando desigualmente o igual, e o direito adquirido, visto que o art. 2.030 expressamente aceita a teoria do direito de aquisição sucessiva, no caso *sub examine*?

Apesar do profundo respeito que temos pela *opinio* acima exarada – pois aquele acréscimo de dois anos visa a evitar surpresa ao proprietário –, parece-nos que a resposta àquela indagação seria *sim*, ante a patrimonialidade do prazo e a configuração do direito adquirido. Pois com tal interpretação ter-se-ia a ampliação do prazo de sete para nove anos, ferindo a teleologia da novel norma e o princípio da função social da propriedade, consagrado constitucionalmente (CF, arts. 5º, XXII, 186, 182, § 2º, e 170, III) e acatado pelo Código Civil de 2002 (arts. 1.228, §§ 1º e 5º, 1.238, parágrafo único, 1.242, parágrafo único, 2.028, 2.029 e 2.030). Se na posse *pro labore* tutelam-se os possuidores porque a destinação do imóvel à moradia ou ao trabalho produtivo já se consolidou, não estaria legitimado o privilégio, ante o princípio da função social da propriedade e o prazo já decorrido sob o império da lei revogada? Se o art. 2.030 admitisse aquela ampliação do prazo, não entraria em conflito com o art. 1.228, § 4º, gerando – na lição de Karl Engisch – uma antinomia teleológica, por apresentar incompatibilidade com o fim proposto por certa norma (CC, art. 1.228, §§ 4º e 5º) e o meio previsto por outra (art. 2.030) para alcançar tal finalidade? A relação de meio e fim entre as normas não deveria verificar-se? Também não poderia aquela ampliação instaurar no sistema jurídico uma *lacuna axiológica* (ausência de norma justa), por acarretar injustiça (LICC, art. 5º, segunda parte) aos possuidores, que atenderam aos requisitos legais, visto que o art. 2.030 acatou, expressamente, a teoria do direito de aquisição complexa?

Necessário era inserir no Livro Complementar o art. 2.030 (norma de direito intertemporal), porque as disposições legais relativas a prazo são de ordem pública; logo, se estipularem lapso temporal, aplicam-se de imediato, não havendo direito adquirido de manter prazo já transcorrido. O Código Civil de 2002, no art. 1.228, §§ 4º e 5º, criou uma situação nova, inexistente no Direito anterior, e, por isso, no art. 2.030 exige acréscimo de mais dois anos para, na medida do possível, preservar direito do proprietário e beneficiar os possuidores, ante o fato de aquele não cumprir seu dever legal e constitucional de aproveitar o imóvel.

Há uma proteção específica da *posse-trabalho* com o escopo de valorizar a função social da propriedade, representada pela produtividade, pela moradia e por investimentos sócio-econômicos.

A Constituição Federal não garante expressamente o direito à posse, mas o tutela nos arts. 183 e 191 pela sua funcionalidade para a consecução de fins especiais e para concretização do princípio da função social da propriedade. Esse mesmo *desideratum* está presente no Código Civil de 2002, nos arts. 1.228, §§ 4º e 5º, e 2.030. Tais comandos, ora *sub examine*, da lei nova se deram, ante a configuração da posse qualificada, para atender a motivo de relevante interesse social. Deveras, segundo Nicola Stolfi, quando uma lei limita a propriedade privada, para satisfazer exigências sociais, estenderá seu império inclusive a situações anteriormente constituídas.[4]

Se assim é, depois de sete anos de exercício de *posse-trabalho* poderão os possuidores, se o proprietário pleitear a reivindicatória, ajuizar ação requerendo a propriedade e que se fixe, em sentença judicial, a justa indenização que deverão pagar ao proprietário. Após o pagamento do preço, pelos possuidores, a sentença servirá de título translativo de propriedade e será levada a assento no Registro Imobi-

4. Nicola Stolfi, *Diritto Civile*, vol. 1, Turim, 1916, pp. 643-644; Mário Luiz Delgado, "Problemas de direito intertemporal: breves considerações sobre as disposições transitórias do novo Código Civil Brasileiro", in *Novo Código Civil – Questões Controvertidas*, São Paulo, Método, 2003, pp. 496-497. Sobre antinomia teleológica: Engisch, *Introdução ao Pensamento Jurídico*, Lisboa, Fundação Calouste Gulbenkian, 1964, pp. 258-263; Maria Helena Diniz, *Conflito de Normas*, São Paulo, Saraiva, 2001, p. 280. Sobre lacuna axiológica: Maria Helena Diniz, *As Lacunas do Direito*, São Paulo, Saraiva, 2002, pp. 83-96.

liário da situação do imóvel. Com isso, aqueles possuidores passarão a ser os novos co-proprietários.

Essa *desapropriação judicial pela posse-trabalho* é motivada por interesse social e econômico relevante, admitido pelo órgão judicante em atendimento ao princípio da função social da propriedade, que é de ordem pública e consagrado não só constitucionalmente (CF, arts. 5º, XXIII, 170, III, 182 § 2º, e 186), mas também pela Lei 10.257/2001 (arts. 1º-4º) e pelo Código Civil de 2002 (art. 1.228, §§ 4º e 5º), pois tem por escopo a urbanização de áreas ocupadas por pessoas que as tornaram produtivas.

Tal inovação tem por base a socialização da posse e a justiça social. O princípio da função social da propriedade afasta o individualismo, coibindo o uso abusivo da propriedade, que deve ser utilizada para o bem comum. Condicionada está a convivência privada ao interesse coletivo, visto que a propriedade tem função social, não mais girando em torno de interesses individuais do seu titular.

Como diz Miguel Reale, "a propriedade é como Janus bifronte: tem uma face voltada para o indivíduo e outra para a sociedade. Sua função é individual e social". Busca-se equilibrar o direito de propriedade como uma satisfação de interesses particulares, e sua função social, que visa a atender ao interesse público e ao cumprimento de deveres para com a sociedade. Logo, a propriedade – como diz Ebert V. Chamoun –, sem deixar de ser um *jus* (direito subjetivo), passa a ser um *munus* (direito-dever), desempenhando, no seu exercício, uma função social. A propriedade está, portanto, impregnada de sociabilidade e limitada pelo interesse público. A propriedade recebe no Código Civil de 2002 uma abordagem peculiar, que releva seu sentido no mundo contemporâneo, mantendo sua natureza de direito real (CC, art. 1.225, I) pleno sobre algo, perpétuo e exclusivo (CC, arts. 1.228, *caput*, e 1.231), porém não ilimitado, por estar seu exercício condicionado ao pressuposto de que deve ser socialmente útil. Reprimido está, juridicamente, o exercício anti-social do direito de propriedade. O proprietário deverá conformar o exercício de seu direito ao bem-estar social, sem que isso venha a negar seu domínio e sem que o Estado venha a impor os fins que a gestão de bens privados deva perseguir. O exercício do domínio deve ser instrumento de cooperação social e de consecução de finalidades públicas.

Por isso, diz Barassi, com acerto, que a função social da propriedade na *forma jurídico-positiva* seria a instrumentalidade da propriedade dos bens de produção, e na *forma jurídico-negativa* seria uma limitação aos poderes do proprietário para atender aos interesses sociais. O atendimento ao princípio da função social da propriedade requer não só que seu uso seja efetivamente compatível à destinação sócio-econômica do bem – por exemplo, se este for imóvel rural, nele se deverá exercer atividade agrícola, pecuária, agropecuária, agroindustrial ou extrativa –, mas também que sua utilização respeite o meio ambiente, as relações de trabalho, o bem-estar social e a utilidade de exploração. Deve haver, portanto, uso efetivo e socialmente adequado da coisa. Urge fazer com que se cumpra a função social da propriedade, criando condições para que ela seja economicamente útil e produtiva, atendendo ao desenvolvimento econômico e aos reclamos da justiça. Eis a razão justificadora dos arts. 1.228, §§ 4º e 5º, e 2.030 do Código Civil de 2001 ao admitirem a desapropriação judicial pela posse *pro labore* e o acréscimo, até dois anos de sua vigência, de mais dois anos ao prazo de cinco anos exigido para sua configuração, se a situação que o originou se deu antes da sua entrada em vigor.

Por outro lado, apesar de tudo, poderá não só constituir uma afronta ao direito de propriedade, também resguardado constitucionalmente, e um incentivo à invasão ou ocupação ilegal de imóveis alheios, como também conduzir, em razão dos poucos recursos dos ocupantes, a um arbitramento judicial de uma indenização nem sempre justa ou correspondente ao real valor do bem ocupado, prejudicando o proprietário, que, além de ficar sem seu imóvel, cuja aquisição lhe pode ter custado muitos anos de trabalho e de economia, pagou todos os impostos que sobre ele incidiram mas que, por encontrar-se em difícil situação financeira, não pôde ainda torná-lo produtivo.

Poderia até mesmo suscitar um grave problema político e social: o da *desobediência civil*, que é a possibilidade de um grupo de pessoas ou de um cidadão, agindo conforme sua consciência, protegido pela Constituição Federal, opor-se a um comando constitucional. Como ficaria, então, a questão do direito à moradia, ante a pressão social violenta existente nas cidades, ocasionando invasões de áreas alheias? Não seria uma hipótese de desobediência civil, visto que a Carta Magna garante o direito à propriedade? O direito à moradia poderia contrapor- se, ou não, ao da propriedade? Diante do conflito de dois direitos tutelados constitucionalmente, como não há critério normativo solucionador, surge uma antinomia real, ou lacuna de conflito, que só poderia ser solucionada em cada caso concreto, aplicando-se os arts. 4º e 5º da Lei de Introdução ao Código Civil, interligando o princípio da sociabilidade e o da função social da propriedade com o da justiça, como dissemos alhures.

Parece- nos, por tais razões, que o órgão judicante, ao aplicar os §§ 4º e 5º do art. 1.228 e o art. 2.030, deverá agir com prudência objetiva e bom senso – pois tais artigos, além de darem margem a uma grande discricionariedade judicial, pela fixação do conteúdo das expressões "extensa área" (que deve ser analisada conforme as peculiaridades do local da situação do imóvel), "considerável número de pessoas" (que deve ser apurado confrontando a área possuída em sua extensão com a quantidade de pessoas que dela se utilizam de forma proveitosa à coletividade), "interesse social e economicamente relevante" (que requer apreciação da natureza da obra e do serviço desenvolvido, aferindo-se as vantagens e proveitos que trarão ao interesse coletivo, gerando empregos, aumentando a produção agrícola, fornecendo moradias etc.), "justa indenização" (que seja avaliada por perito, conforme o valor do bem no mercado, por ocasião da privação da propriedade, para que o proprietário atingido não sofra diminuição patrimonial e os possuidores não tenham enriquecimento indevido) –, mediante o emprego de uma interpretação teleológica que preencha valorativamente aqueles conceitos abertos ou cláusulas gerais, como prefere Engisch, acomodando-os à realidade em que se apresentarem, pois poderão gerar uma lacuna axiológica ao serem aplicados, trazendo, em certas hipóteses, uma solução insatisfatória ou injusta. Deverá, então, o magistrado ater-se ao art. 5º da Lei de Introdução ao Código Civil, buscando caso por caso o critério do *justum*.

O órgão judicante deverá procurar, na medida do possível, harmonizar a propriedade com sua função social, mesmo que o fato gerador do ato expropriatório judicial tenha ocorrido antes da vigência da

Lei 10.406/2002, compensando o trabalho e as obras de um considerável número de pessoas em área improdutiva, pertencente a outrem, possibilitando a elas a aquisição do imóvel transformado, com seu trabalho, em bem produtivo, com cautela e com justiça, evitando enriquecimento indevido e agressões a direitos, consagrados constitucionalmente, dos proprietários, analisando as razões de sua negligência no cumprimento do seu dever de dar ao que lhe pertence uma função sócio-econômica.[5] O Judiciário deverá resolver a questão caso por caso, fundado no interesse geral, na ordem pública e nas exigências fático-axiológicas do sistema jurídico (LICC, arts. 4º e 5º).

5. Celso Antônio Bandeira de Mello, "Novos aspectos da função social da propriedade no direito público", *RDP* 84/39-45, São Paulo, Ed. RT; Volney Zamenhof de Oliveira e Silva, "A propriedade em face da ordem constitucional brasileira", *Revista de Estudos Jurídicos* 5/9-36, São Paulo, UNESP; Barassi, *La Proprietà nel Nuovo Codice Civile*, 2ª ed, p. 82; Elimar Szaniawski, "Aspectos da propriedade imobiliária contemporânea e sua função social", *Revista de Direito Privado* 3/126-156; Maria Helena Diniz, *Curso* ..., vol. 4, pp. 181-182, e *Comentários* ..., vol. 22, pp. 92-94; Gláuber M. Talavera, "A função social como paradigma dos direitos reais limitados de gozo ou fruição sobre coisa alheia", in *Temas Atuais de Direito Civil, na Constituição Federal*, São Paulo, Ed. RT, pp. 277-325; Daniela C. L. Di Sarno, "Função social da propriedade", in *Estatuto da Cidade*, São Paulo, 2001, pp. 72-82; Nádia Somekh, "Função social da propriedade e da cidade", in *Estatuto da Cidade*, pp. 83-91; Antônio Cláudio M. L. Moreira, "Plano Diretor e função social da propriedade urbana", in *Estatuto da Cidade*, pp. 147-164; Erik Gramstrup, "Por uma definição dogmático-constitucional da função social da propriedade", in *Cadernos de Direito Civil-Constitucional* 2, pp. 93-109; Carlos Alberto Dabus Maluf, *Novo Código Civil Comentado*, São Paulo, Saraiva, 2004, comentário ao art. 1.228; Mário Luiz Delgado, "Problemas de direito intertemporal: ...", in *Novo Código Civil – ...*, p. 497; Maria Garcia, *Desobediência Civil*, São Paulo, Ed. RT, 1994, pp. 213-266.

V., ainda: Maria Helena Diniz, *Código Civil Anotado*, São Paulo, Saraiva, 2003, pp. 788-789, *Norma Constitucional e seus Efeitos*, São Paulo, Saraiva, 2001, pp. 99-102, *Comentários* ..., vol. 22, comentários aos arts. 2.029 e 2.030; Engisch, *Introdução* ..., Capítulo VI, pp. 170-205. E, sobre os §§ 4º e 5º do art. 1.228, interessantes e esclarecedores são os Enunciados 82, 83 e 84 aprovados na *Jornada do Direito Civil* promovida em 2002 pelo Centro de Estudos Judiciários do Conselho de Justiça Federal: "82. É constitucional a modalidade aquisitiva de propriedade imóvel prevista nos §§ 4º e 5º do art. 1.228 do novo Código Civil"; "83. Nas ações reivindicatórias propostas pelo Poder Público não são aplicáveis as disposições constantes dos §§ 4º e 5º do art. 1.228 do Código Civil"; "84. A defesa fundada no direito de aquisição com base no interesse social (art. 1.228, §§ 4º e 5º) deve ser argüida pelos réus da reivindicatória, e eles próprios são os responsáveis pelo pagamento da indenização". Consulte-se: Fabrício Matiello, *Código Civil Comentado*, pp. 1.298 e 767.

Deveras, a decisão judicial não é incondicionada, pois suas valorações não são projeções do seu critério axiológico pessoal, uma vez que o juiz emprega, como critérios avaliativos, as pautas axiológicas consagradas na ordem jurídica , interpretando-as em relação com as situações fáticas que deve solucionar, tendo em vista o momento atual. A função jurisdicional é ativa e contém uma dimensão criadora, uma vez que o magistrado despende, se for necessário, os tesouros de engenhosidade para elaborar justificação aceitável de uma situação existente, não aplicando o texto legal ao pé-da-letra, atendo-se, intuitivamente, sempre à sua finalidade, com sensibilidade e prudência, condicionando e inspirando sua decisão nas balizas contidas no sistema jurídico.[6]

Por estas razões, concluímos que os artigos do Estatuto Civil de 2002 relativos à desapropriação judicial fundada na posse *pro labore* não poderão ser considerados inconstitucionais.

6. Cf. Miguel Reale, *Lições Preliminares de Direito*, São Paulo, Saraiva, 1976, p. 298; Maria Helena Diniz, *As Lacunas no Direito*, pp. 294-295; R. Limongi França, "Da jurisprudência como direito positivo", Separata da *Revista da FDUSP*, 1971, Ano LXVI, p. 221; Charles D. Cole, "O papel do Judiciário na sociedade contemporânea", *Revista da Faculdade de Direito da FMU* 11, Série Internacional, III, 1995; Eugênio R. Zaffaroni, *O Poder Judiciário – Crise, Acertos e Desacertos*, São Paulo, Ed. RT, 1995.

DISCRICIONARIEDADE TÉCNICA E DISCRICIONARIEDADE ADMINISTRATIVA

MARIA SYLVIA ZANELLA DI PIETRO

1. Introdução. 2. Discricionariedade administrativa. 3. Discricionariedade técnica: 3.1 Direito Europeu Continental – 3.2 Direito Norte-Americano – 3.3 Direito Brasileiro.

1. Introdução

O tema da *discricionariedade* – que nunca deixou de constituir preocupação dos estudiosos do direito administrativo, até porque não permaneceu estático no tempo – é da mais alta relevância, porque envolve a definição de limites ao controle jurisdicional sobre os atos da Administração Pública.

Um dos aspectos que, no momento, vêm despertando interesse é o que diz respeito à chamada *discricionariedade técnica*, que alguns preferem chamar de *discricionariedade imprópria*, por entenderem que ela não se identifica com a real *discricionariedade administrativa*, já que não permite a decisão segundo critérios de oportunidade e conveniência.

O interesse pela questão da discricionariedade técnica, de sua definição, de sua submissão, ou não, à apreciação judicial, justifica-se por ser tema conexo aos limites da competência das agências reguladoras.

Os dois institutos – *discricionariedade técnica* e *agência reguladora* – penetram no direito administrativo brasileiro sob influência direta do Direito Norte-Americano, ainda que a idéia da discricionariedade técnica se tenha originado na Alemanha e se desenvolvido principalmente no Direito Italiano.

A análise do tema envolve uma definição da própria *discricionariedade administrativa*, sua evolução (ainda que bem sintetizada), o conceito de *discricionariedade técnica*, sua importância no Direito Norte-Americano e sua aplicabilidade no Direito Brasileiro.

2. *Discricionariedade administrativa*

É difícil – se não impossível – tratarmos do tema sem levar em consideração e, às vezes, repetir os conceitos e idéias defendidos em nossa tese publicada sob o título de *Discricionariedade Administrativa na Constituição de 1988.*[1]

Segundo ali expusemos, existe discricionariedade quando a lei deixa à Administração a possibilidade de, no caso, concreto, escolher entre duas ou mais alternativas, todas válidas perante o Direito. E essa escolha se faz segundo critérios de oportunidade, conveniência, justiça, eqüidade, razoabilidade, interesse público, sintetizados no que se convencionou chamar de *mérito* do ato administrativo.

Daí decorrem os dados fundamentais para definir a discricionariedade: *(a)* envolve a possibilidade de opção entre duas ou mais alternativas; *(b)* essas alternativas decorrem da lei; *(c)* por isso, qualquer uma das alternativas que a autoridade escolha é juridicamente válida; *(d)* a escolha se faz diante do caso concreto, com base em critérios de mérito.

Estudando-se a evolução da discricionariedade, verifica-se que ela acompanhou a própria evolução do Estado Moderno.

No período do Estado de Polícia a discricionariedade era vista como *poder político*, sinônimo de arbítrio próprio das Monarquias absolutas, em que os atos da Administração não eram subordinados à lei, nem passíveis de apreciação pelo Poder Judiciário.

Com a instauração do Estado de Direito a discricionariedade ficou reduzida a um certo tipo de atos, ou seja, ela somente existia em relação aos atos da Administração que não dissessem respeito aos direitos individuais; isto porque na fase inicial do Estado de Direito – período do Liberalismo – a legalidade só se aplicava para proteger as

1. 2ª ed., 2001.

liberdades individuais. Em todas as demais esferas a Administração continuava a ser titular de poder discricionário de natureza política, porque desvinculado da lei e do controle judicial. Aplicava-se a *doutrina da vinculação negativa*, significando que a Administração pode fazer tudo o que a lei não proíbe. E a lei só proíbe as coisas nocivas à sociedade, conforme constou expressamente do art. 5º da Declaração de Direitos do Homem e do Cidadão de 1789.

Mais um avanço, e a legalidade passou a abranger todas as atividades da Administração, adotando-se a *doutrina da vinculação positiva*, pela qual a Administração Pública só pode fazer o que a lei determina. Nesse passo, a discricionariedade passou a ser vista como um *poder jurídico*, ou seja, limitado pela lei.

Ocorre que o próprio princípio da legalidade evoluiu e, juntamente com ele, a idéia de discricionariedade. Quando a lei era vista, sob a ótica do positivismo jurídico, dentro de um sistema lógico-jurídico, despido de qualquer conteúdo axiológico, a discricionariedade administrativa resultava forte, porque a Administração só tinha que observar a lei em sentido formal, único aspecto a ser considerado pelo Poder Judiciário. Além disso, com o crescimento das atividades do Estado, no período do chamado Estado Social de Direito, houve um fortalecimento do Poder Executivo, que recebeu função normativa a ser exercida por meio de regulamentos autônomos, leis delegadas, decretos-leis, medidas provisórias. Vale dizer que o princípio da legalidade passou a abranger não só a lei, mas também os atos normativos do Poder Executivo. Por outras palavras, o princípio da legalidade experimentou duas espécies de ampliação: passou a abranger também os atos normativos do Poder Executivo e passou a vincular toda a atividade da Administração Pública. Só que os atos normativos, tanto do Legislativo como do Executivo, eram vistos em seu aspecto puramente formal, sem qualquer preocupação com seu conteúdo de justiça. Por isso, o controle pelo Judiciário também era puramente formal, limitando-se, em regra, a apreciar os vícios de competência, forma e objeto.

Quando, porém, à lei formal se acrescentam considerações axiológicas – o que aconteceu com a instauração do Estado de Direito Democrático –, amplia-se a possibilidade de controle judicial, porque, por essa via, poderão ser corrigidos os atos administrativos praticados com inobservância de certos valores adotados como dogmas em cada ordenamento jurídico. Desse modo, hoje, falar em *princípio da legalidade* significa abranger não só a lei, em sentido formal, mas todos os valores e princípios contidos implícita ou explicitamente no ordenamento jurídico. Esta é uma idéia inerente ao próprio conceito de Estado Democrático de Direito, adotado no ordenamento jurídico brasileiro a partir do "Preâmbulo" da Constituição e em seu art. 1º.

Isto significa que a discricionariedade administrativa sofre maiores limitações, ficando muito mais complexa a atividade de controle. Na medida em que a lei foi reconquistando seu sentido axiológico, perdido por influência do positivismo jurídico, novos princípios foram sendo elaborados como formas de limitar a discricionariedade administrativa e, paralelamente, ampliar a esfera de controle pelo Poder Judiciário.

Hoje, a discricionariedade administrativa é vista como uma liberdade de opção entre duas ou mais alternativas válidas perante o *Direito*, e não apenas perante a *lei*. É uma concepção herdada da Constituição Alemã de 1949, cujo art. 20 expressamente estabelece que o Poder Executivo se submete à lei e ao Direito. Desse modo, quando o sistema jurídico adota princípios como os do interesse público, da razoabilidade, da proporcionalidade entre meios fins, da moralidade, da boa-fé, da dignidade do ser humano, entre tantos outros, a conseqüência inevitável é que a discricionariedade sofre limitações decorrentes da aplicação desses princípios. Em uma hipótese na qual, perante a lei, a Administração teria duas opções, uma delas pode ser excluída pela aplicação de um princípio – como o da razoabilidade, por exemplo –, de tal forma que a discricionariedade desaparece, porque uma única solução resulta válida perante o Direito. Reduzindo-se a discricionariedade, amplia-se a possibilidade de controle judicial, tendo em vista que os valores e princípios constitucionais se impõem aos três Poderes do Estado. O Legislativo, ao elaborar uma lei, sujeita-se aos mesmos, sob pena de inconstitucionalidade; o Executivo, na prática dos atos normativos e dos atos administrativos propriamente ditos, sujeita-se também à sua observância; em conseqüência, o Poder Judiciário, ao apreciar a validade de uma lei ou de um ato da Administração, deve analisar sua validade perante a lei e perante os valores e princípios que estão na base do ordenamento jurídico, estejam ou não consagrados no direito positivo.

No que diz respeito à discricionariedade técnica a grande questão que se coloca é: o emprego de conceitos jurídicos indeterminados, na lei, gera discricionariedade administrativa, ou seja, a possibilidade de escolha entre duas ou mais alternativas, ou o conceito jurídico indeterminado envolve apenas trabalho de interpretação, suscetível de apreciação judicial?

3. *Discricionariedade técnica*

3.1 Direito Europeu Continental

A expressão "discricionariedade técnica" foi utilizada pela primeira vez em 1864, por Bernatzik, um dos autores da Escola de Viena. Nas palavras de António Francisco de Sousa,[2] Bernatzik pretendia, sob o conceito de *discricionariedade técnica* "englobar todo aquele tipo de decisões que, não sendo discricionárias, deveriam contudo ser, pela sua alta complexidade técnica ('elevada complexidade das premissas factuais'), retiradas do controlo jurisdicional, porque, como ele dizia, de administração percebem os administradores, e só eles, pela sua formação técnica. Acresceria que, pela sua experiência e pelo seu contacto directo com a realidade do dia-a-dia, estariam os administradores em melhores condições para reagir, eficazmente e com oportunidade, às circunstâncias mais variadas com que se defrontavam. Por isso, não poderiam os juízes, com outra função, outra preparação e distanciados das realidades da vida administrativa, fazer substituir a sua opinião, tardiamente, à da autoridade administrativa".

Ainda segundo o autor, "a natureza e a dimensão desta 'discricionariedade técnica' varia, porém, de país para país, e mesmo dentro de cada país que a adota ela permanece obscura. Para uns, trata-se de um poder livre; para outros, de um poder vinculado mas que não é susce-

2. *"Conceitos Indeterminados" no Direito Administrativo*, pp. 105-106.

tível de ser controlado pelos tribunais administrativos; para outros, de um poder vinculado que deve ser, ainda que não integralmente, controlado judicialmente; para outros ainda, a sua natureza varia de caso para caso".[3]

A idéia de discricionariedade técnica não subsistiu muito tempo nem na Áustria, onde teve origem, nem na Alemanha. Nesses países o que se nota é que o tema foi tratado de forma conexa com o tema dos conceitos jurídicos indeterminados, oscilando entre aceitar ou não, nesses casos, uma certa margem de discricionariedade. Para alguns o conceito indeterminado confere à Administração uma liberdade de opção; para outros o emprego do conceito indeterminado, na lei, constitui mero problema de interpretação, cabendo à Administração a escolha da única solução correta. Sendo problema de interpretação, ao Judiciário é sempre possível apreciar o ato. Esse foi o entendimento que acabou por prevalecer nos Tribunais administrativos Alemães.

Essa posição restritiva influenciou o Direito Espanhol, onde prevalece na doutrina e na jurisprudência o entendimento de que os conceitos indeterminados não geram discricionariedade, cabendo à Administração encontrar a melhor solução. Segundo García de Enterría e Tomás-Ramón Fernández, com a técnica do conceito jurídico indeterminado a lei refere-se a uma esfera de realidade cujos limites não aparecem bem precisos em seu enunciado, mas que podem ser determinados no caso concreto, por via de interpretação; por outras palavras, a aplicação desses conceitos nos casos concretos não admite mais do que uma solução: ou se dá ou não se dá o conceito; ou há boa-fé ou não; o preço é justo ou não é; ou se faltou à probidade ou não faltou: *Tertium non datur*.[4]

Segundo esses autores, a discricionariedade envolve uma liberdade de escolha entre alternativas igualmente justas, porque a decisão se funda em critérios extrajurídicos (de oportunidade, econômicos etc.), não incluídos na lei e remetidos ao juízo exclusivo da Administração; ao contrário, a aplicação dos conceitos jurídicos indetermina-

3. Idem, p. 307.

4. Cf. García de Enterría e Tomás-Ramón Fernández, *Curso de Derecho Administrativo*, 4ª ed., t. I, pp. 433-439.

dos é um caso de aplicação da lei em que se cuida de subsumir em uma categoria legal determinadas situações reais; justamente por isso, é um processo vinculado, que se esgota no processo intelectivo de compreensão de uma realidade, processo no qual não interfere qualquer decisão de vontade do aplicador, como é próprio de quem exercita um poder discricionário.

A conseqüência é que o juiz tem ampla liberdade para apreciar a aplicação, pela Administração, dos conceitos indeterminados, sejam eles de experiência ou de valor. É o que ocorre com os conceitos de *urgência*, *ordem pública*, *justo preço*, *calamidade pública*, *medidas adequadas ou proporcionais*, *necessidade pública*, *utilidade pública*, *interesse público*. Essa é a doutrina adotada pelos Tribunais Espanhóis. Não existe discricionariedade nos conceitos indeterminados.

No Direito Italiano um dos autores que melhor colocaram o tema foi Renato Alessi.[5] Segundo suas lições, existem casos em que a apreciação do interesse público exige exclusivamente a utilização de critérios administrativos – hipótese em que se tem a discricionariedade *administrativa*, que se dá, por exemplo, quando se tenha que conceder uma licença para uso de armas, uma licença comercial, um certificado de boa conduta, aplicar uma sanção disciplinar etc. E, ao contrário, existem casos em que a referida apreciação exige a utilização de *critérios técnicos* e a solução de questões técnicas que devem realizar-se conforme as regras e os conhecimentos técnicos – como, por exemplo, quando se trata de ordenar o fechamento de locais insalubres, ordenar a matança de animais atacados de enfermidades infecciosas, ordenar o fechamento de um estabelecimento em que se exerça uma atividade perigosa sem meios suficientes de proteção, ordenar a construção de uma ponte, adotar certo tipo de aeronave etc.

Nesses casos, a solução é diferente conforme os conceitos técnicos estejam ou não ligados a critérios administrativos. Quando haja essa vinculação a Administração faz um juízo de valor; caso contrário, não.

Ele cita duas hipóteses em que os conceitos técnicos estão ligados a critérios administrativos: *(a)* quando, com base em dados for-

5. *Istituciones de Derecho Administrativo*, t. I, pp. 195-198.

necidos por órgão técnico, a Administração deve, no caso concreto, decidir fazendo uma apreciação em consonância com critérios administrativos de oportunidade e conveniência. Por exemplo: um órgão técnico manifesta-se no sentido de que um prédio ameaça cair; à Administração cabe resolver se essa ameaça representa, ou não, perigo para o interesse público, de modo a exigir, ou não, a demolição; nesse caso a questão técnica fica absorvida pela questão administrativa; *(b)* em outros casos a decisão baseia-se em critérios administrativos, embora considerando também aspectos técnicos; por outras palavras, a Administração tem que escolher os meios técnicos mais adequados para satisfazer o interesse público. Exemplo: a escolha de critérios técnicos para a construção de uma obra pública.

Em todas essas hipóteses a discricionariedade técnica constitui verdadeira discricionariedade, porque há sempre, por parte da Administração, uma apreciação em face do interesse público. Em outras hipóteses não há a vinculação de critérios técnicos a critérios administrativos: diante da manifestação do órgão técnico, a Administração não pode valorar em que medida o fato afeta o interesse público; a ela caberá decidir em consonância com as condições técnicas previamente definidas pela lei. Por exemplo, quando a lei determina a destruição de mercadorias deterioradas, à Administração cabe apenas constatar a ocorrência de deterioração e determinar sua destruição; não lhe cabe valorar a medida em face do interesse público.

Nesses casos não existe discricionariedade propriamente dita, porque a Administração não tem liberdade para apreciar a oportunidade e conveniência do ato; aparecem, então, como inconciliáveis os vocábulos "discricionariedade" e "técnica". Por outras palavras, a distinção entre *discricionariedade administrativa* e *discricionariedade técnica* ou imprópria está em que *na primeira* a escolha entre duas ou mais alternativas válidas perante o Direito se faz segundo critérios de oportunidade ou conveniência (mérito), e *na segunda* não existe propriamente liberdade de opção, porque a Administração tem que procurar a solução correta segundo critérios técnicos. As decisões sobre se um prédio ameaça, ou não, cair; se um alimento está, ou não, deteriorado; se um paciente está. ou não. com doença contagiosa, não envolvem critérios de oportunidade e conveniência; somente um órgão especializado poderá dar a resposta correta, segundo critério puramente técnico.

Também Massimo Severo Giannini[6] dedicou-se ao estudo do tema. Afirma que aderiu à doutrina dominante, que distingue entre *atividade administrativa* e *atividade técnica*, "segundo a qual a discricionariedade técnica é entendida não em relação ao interesse público, mas em relação às regras, aos ensinamentos das disciplinas técnicas, enquanto a discricionariedade em sentido próprio é entendida somente em relação ao interesse público: reconhece-se que em ambas se encontra uma apreciação de oportunidade, mas a discricionariedade técnica dá lugar a uma valoração de tipo científico, concernente ao fenômeno natural em si, não em coordenação com os outros fenômenos sociais; a discricionariedade em sentido próprio dá lugar a uma valoração de tipo político, em que o fenômeno é não mais do tipo natural, mas social, relacionado a um grupo de outros fenômenos sociais".

No Direito Francês, o Conselho de Estado, órgão de cúpula da jurisdição administrativa, tem enfrentado o tema das *noções vagas* ou *indeterminadas* em relação aos motivos do ato, ou seja, em relação aos pressupostos de fato. E faz três tipos de controle: *(a)* o controle *mínimo*, que diz respeito à materialidade dos fatos – o que se verifica é se os fatos existiram ou não existiram; *(b)* o controle *normal*, que diz respeito à *qualificação jurídica* dos fatos – verifica-se se está correta a qualificação que a Administração deu aos fatos; por exemplo, se um fato imputado ao funcionário é uma infração, se uma praça pode ser considerada de "perspectiva monumental"; nesse tipo de controle o Conselho de Estado examina as noções imprecisas com que o legislador designa o motivo do ato administrativo, como *imoralidade*, *interesse para a ordem pública*, *perigo para a saúde pública*, *declaração de urgência em uma desapropriação*, *existência de um sítio pitoresco*, *ruptura do equilíbrio biológico*; nos casos em que a decisão administrativa se baseia em dados técnicos ou científicos, como na definição da natureza tóxica de um produto ou da qualidade de um vinho por órgão especializado, o Conselho de Estado só exerce o con-

6. *Il Potere Discrezionale della Pubblica Amministrazione*, p. 42.

trole para anular a decisão administrativa se houve um *erro manifesto*;[7] *(c)* o controle *máximo*, em que o Conselho de Estado verifica a adequação da decisão aos fatos; somente se aplica em relação às medidas de polícia restritivas da liberdade e em caso de circunstâncias excepcionais, que autorizam a Administração a afastar o princípio da legalidade diante de uma situação anormal e exorbitante, na medida em que isso seja necessário para atender ao interesse público; nesses casos é aplicado o princípio da proporcionalidade dos meios aos fins.

No que diz respeito às questões técnicas, o Conselho de Estado adota a teoria do *erro manifesto*, aplicável nos três tipos de controle referidos. Isto significa que a apreciação dos fatos, se tem caráter técnico, é reconhecida como faculdade discricionária da Administração – excluída, portanto, do controle jurisdicional. No entanto, naqueles casos de erro manifesto, que salta aos olhos sem necessidade de um perito na matéria, a exclusão de apreciação judicial poderia conduzir ao arbítrio. Com base nessa teoria, o Conselho de Estado tem anulado atos em matéria de apreciação do mérito do funcionário em uma promoção, de aptidão profissional, de fixação do valor de uma tarifa parafiscal e, inclusive, em matéria de sanção disciplinar, em que o colegiado já decidiu ter sido a pena escolhida excessiva em relação à infração praticada.

Como se verifica, no Direito Europeu o tema da discricionariedade técnica constitui objeto de preocupação para definir os limites do controle judicial sobre os atos administrativos.

3.2 Direito Norte-Americano

No Direito Norte-Americano, embora o tema envolva também o aspecto dos limites do controle jurisdicional, na realidade, a chamada *discricionariedade técnica* constitui um dos pilares em que se baseou a tese da função normativa das *agências reguladoras*.

Com efeito, no Direito Norte-Americano o tema da *discricionariedade técnica* teve importância fundamental na delimitação da competência das agências reguladoras, seja para definir os limites de

7. Cf. Georges Vedel e Pierre Devolvé, *Droit Administratif*, p. 97.

sua função normativa, seja para estabelecer os limites do controle jurisdicional.

Sendo adotado o princípio da separação de Poderes, houve a necessidade de criar uma doutrina que desse fundamento à delegação de função legislativa às agências reguladoras. Sabe-se que as agências são criadas por lei, que define suas atribuições, estabelece o procedimento a ser obrigatoriamente obedecido para a tomada de suas decisões e para a elaboração de suas normas, bem como para o controle pelo Congresso.

As agências que exercem função normativa recebem esse poder mediante delegação da lei instituidora. Essa função é considerada *quase-legislativa*, porque suas normas têm força de lei, sendo obrigatórias para os cidadãos, porém, na escala hierárquica, colocam-se abaixo da lei, podendo ser invalidadas pelo Poder Judiciário se contrárias à lei ou à Constituição.

Desenvolveu-se nos Estados Unidos a técnica dos *standards*, pela qual a lei se limita a estabelecer parâmetros, diretrizes, princípios, conceitos indeterminados, ficando para as agências a função de baixar normas reguladoras, que devem se conformar aos *standards* contidos na lei e na Constituição. Segundo Bernard Schwartz, "o poder legislativo pode ser conferido ao ramo executivo, desde que a outorga de autoridade seja limitada por determinados padrões. (...). O arbítrio conferido não pode ser tão amplo que se torne impossível discernir os seus limites. Outrossim, precisa haver certa intenção legislativa com a qual se deve harmonizar o exercício do poder delegado".[8]

No livro *Parcerias na Administração Pública. Concessão, Permissão, Franquia, Terceirização e Outras Formas*[9] fizemos um estudo sobre o modelo norte-americano das agências reguladoras, mostrando que, em um país que repudiou o direito administrativo por longo tempo, por entender que a lei deve ser a mesma para todos (daí a expressão *common law*) e que o tribunal deve ser também comum para todos (em repúdio ao sistema francês de dualidade de jurisdição), se acabou por adotar sistema que, de certa forma, coloca em

8. *Direito Constitucional Americano*, p. 350.
9. 4ª ed., pp. 143-150.

risco maior os direitos do cidadão, na medida em que reconheceu funções *quase-legislativas* e *quase-judiciais* a órgãos que compõem a Administração Pública e que não são dotados de garantias de imparcialidade semelhantes às que protegem o Poder Judiciário.

Algumas idéias constituíram os pilares do modelo das agências reguladoras norte-americanas (*regulatory agency* – agências com funções reguladoras): *(a)* a idéia de *especialização*; *(b)* a idéia de *neutralidade*; e *(c)* a idéia de *descentralização técnica*.

A idéia de *especialização* – que foi a mesma que inspirou a criação das entidades da Administração indireta no sistema europeu continental – surgiu como conseqüência do crescimento do Estado, que se transformou em Estado do Bem-Estar, ou Estado-Providência ou Estado Social, em modelo que exigiu a ampla intervenção do Poder Público na ordem econômica e social. Nas palavras de Rosa Comella Dorda, "ante a magnitude e a urgência da intervenção na economia, acreditou-se necessário aprovar leis com amplas cláusulas de delegação de competências, repletas de fórmulas vagas e conceitos jurídicos indeterminados, que permitissem aos correspondentes órgãos administrativos articular as fórmulas concretas de intervenção e ir adaptando-as às cambiantes condições do mercado".[10] Por outras palavras, a multiplicidade e a complexidade de funções assumidas pelo Estado do Bem-Estar tornavam difícil ao Estado, por intermédio de seus três Poderes, exercer suas atribuições sobre temas tão variados, que poderiam ser melhor desempenhadas por entes especializados, aos quais se atribuiu, limitadamente, uma parcela de cada uma das três funções do Estado.

Com relação à *neutralidade*, havia crença de que as agências estavam fora das influências políticas, porque gozavam de grande parcela de independência em relação ao Presidente da República, exatamente pelo fato de serem dotadas de estabilidade em suas funções; não podiam perdê-las exclusivamente a critério do chefe do Executivo, mas apenas pelas causas expressamente indicadas em lei.

10. *Límites del Poder Reglamentario en el Derecho Administrativo de los Estados Unidos: Evolución de los Modelos Tradicionales, Controle Judicial y Técnicas de Negociación*, p. 25.

Como decorrência da especialização, reconhecia-se às agências largo grau de *discricionariedade técnica*, abrangendo uma esfera em que seus atos, mesmo os regulatórios, por envolverem conhecimentos técnicos, estavam fora do controle judicial. Isto significa que os aspectos técnicos das decisões eram de competência normativa da agência, escapando inclusive à revisão judicial, *a não ser que se tratasse de ato manifestamente arbitrário, absurdo, caprichoso, contrário à intenção do legislador*. A Lei de Procedimento Administrativo, de 1946, contém norma expressa incluindo entre as causas de revisão judicial de decisão administrativa as hipóteses em que as decisões, considerações e conclusões administrativas se julguem "arbitrárias, caprichosas, ditadas no exercício abusivo da discricionariedade (...)" (Seção 706). Além disso, toda a *matéria de fato* era de apreciação exclusiva da agência, ficando também fora do âmbito de apreciação judicial.

É curioso como o Direito Norte-Americano, de início tão crítico do direito administrativo francês (negando, por muito tempo, a existência de um direito administrativo nos Estados Unidos, o que também ocorreu nos demais países integrantes do sistema da *common law)*, tenha chegado a soluções tão parecidas. Essa sua tese de só permitir a revisão dos aspectos técnicos quando se tratasse de ato manifestamente arbitrário, absurdo, caprichoso, não difere muito da teoria – acima exposta – do *erro manifesto*, adotada pelo Conselho de Estado Francês. E, pelo que será a seguir demonstrado, também não difere da solução pretoriana adotada na França em relação à apreciação dos fatos (motivos do ato da Administração).

Os três grandes pilares em que se baseou a instituição de agências reguladoras nos Estados Unidos – *especialização*, *neutralidade* e *discricionariedade técnica* – começaram a ser grandemente afetados já a partir da década de 60 do século passado.[11]

Com relação à *especialização*, mudou o enfoque do interesse a proteger, porque, ao invés de proteger interesses setoriais, próprios de cada agência, deveria toda a Administração Pública passar a se preocupar com o *interesse público*. A complexidade dos novos interesses

11. Cf. Di Pietro, *Parcerias* ..., 4ª ed., p. 146.

e dos problemas sociais não condizia mais com a idéia de especialização estrita das agências; os novos interesses exigiam conhecimentos multidisciplinares. Daí a paulatina submissão das agências à política governamental, e o conseqüente controle do Poder Executivo sobre as normas por elas baixadas.

A idéia de *neutralidade*, não inteiramente abandonada, foi acrescida da idéia de *necessidade de juízos políticos de valor*. Cresce a desconfiança em relação às agências exatamente pelo fato de, tradicionalmente, atenderem a interesses e pressões de grupos determinados. A tão apregoada independência das agências foi sendo minada por novas leis, aumentando as exigências relativas ao procedimento administrativo, com vistas a garantir a transparência e a participação do cidadão, além da demonstração de que a medida observa a relação custo/benefício (razoabilidade).

Com relação à chamada *discricionariedade técnica* – que levava a excluir do controle judicial os aspectos técnicos da decisão e, inclusive, da matéria de fato –, também foi afetada pela ampliação do controle judicial sobre os atos das agências. Para isso concorreu a aplicação dos princípios da *motivação*, da *racionalidade e razoabilidade dos atos normativos* (devido processo legal em sentido substantivo) e da *proporcionalidade* da medida em relação aos fins contidos na lei. E é importante ressaltar que a ampliação do controle judicial se deu tanto em relação à *adjudication* (decisão do caso concreto) como à *regulation* (ato normativo).

Com relação à motivação, o Judiciário passou a exigi-la, para permitir o exame dos fatos levados em consideração pela agência para sua tomada de decisão e para possibilitar a verificação da racionalidade da decisão em relação aos fatos; o Judiciário não faz um juízo de oportunidade e conveniência, mas se limita a verificar se a decisão da agência levou em consideração todos os dados e conhecimentos obtidos. Enfim, se a decisão é razoável. Para permitir esse exame, a exigência de motivação de todos os atos das agências tornou-se fundamental. O anterior procedimento informal de elaboração dos regulamentos pelas agências – baseado na idéia de sua especialização – acabou por se transformar em procedimento altamente formal, na medida em que, para facilitar o controle judicial, o Judiciário passou a exigir a demonstração de cada um dos pontos em que a agência se baseou para chegar à decisão final.

Segundo Rosa Comella Dorda,[12] o controle judicial ampliou-se, na medida em que a tradicional distinção entre *questões de fato* (de apreciação privativa da agência) e *questões de direito* (passíveis de apreciação pelos tribunais) foi parcialmente abandonada pelas chamadas *questões mistas*. Essas questões – segundo a autora – "supõem a aplicação de um conceito jurídico indeterminado a um pressuposto de fato e requerem, portanto, uma interpretação inicial do significado do conceito e uma posterior subsunção do pressuposto de fato no rol das atuações abrangidas pelo conceito, que alcança, assim, uma determinação precisa. Aliás, as decisões discricionárias (que não se distinguem conceitualmente dos conceitos jurídicos indeterminados) são revistas em função de critérios como a 'racionalidade' da decisão, que casam dificilmente com a separação entre revisão de consideração de fato e de direito".

Em resumo, embora se continue a reconhecer às agências competência normativa para disciplinar aspectos técnicos inseridos em sua esfera de atuação, o processo de elaboração das respectivas normas tem que ser documentado com todos os dados que permitam ao Poder Judiciário examinar a racionalidade da regulação diante dos fatos – ou seja, a correlação entre os fatos (motivos) e a decisão, sem falar na razoabilidade das normas diante do *standard* contido na lei. Vale dizer, o procedimento de elaboração das normas formalizou-se de forma intensa, seja porque a agência tem que se conformar à política governamental, seja porque tem que se sujeitar a controle por outras agências ligadas ao Poder Executivo e ao Poder Legislativo, seja porque tem que contar com a participação dos interessados no procedimento, seja, ainda, porque suas normas têm que ser amplamente motivadas, com o objetivo de demonstrar a correlação entre fatos e normas e a razoabilidade das normas diante dos parâmetros contidos na lei.

12. *Límites del Poder Reglamentario en el Derecho Administrativo de los Estados Unidos: ...*, p. 46.

3.3 Direito Brasileiro

No Direito Brasileiro a questão da discricionariedade técnica pode ser analisada sob duplo aspecto: *(a)* em relação aos atos administrativos propriamente ditos – hipótese em que importa distinguir a discricionariedade administrativa da discricionariedade técnica, para fins de controle judicial; *(b)* em relação aos atos normativos de órgãos ou entidades da Administração Pública direta ou indireta – hipótese em que importa definir a possibilidade de adoção, no Direito Brasileiro, do sistema norte-americano, em que o Poder Legislativo legisla por meio de *standards*, princípios, normas gerais, diretrizes, deixando para a Administração Pública a competência para desenvolver os conceitos indeterminados contidos na lei. Trata-se, na realidade, de função que se insere no conceito de regulamento e que, quando baixado pelo chefe do Poder Executivo, encontra fundamento no art. 84, IV, da Constituição, tendo como principal limitação os princípios da legalidade e da reserva legal. A dúvida maior existe quanto à possibilidade de essa regulamentação ser baixada pelos chamados *órgãos reguladores*.

Quanto ao primeiro aspecto – referente ao controle judicial da discricionariedade técnica dos atos administrativos – não há uniformidade na doutrina, podendo-se falar em duas grandes correntes: *(a)* a dos que entendem que, se a lei emprega conceitos jurídicos indeterminados, a Administração tem que fazer um trabalho de *interpretação* que leve à única solução válida possível; nesse caso, cabe ao Poder Judiciário, como intérprete máximo das leis, rever e corrigir essa interpretação; *(b)* a corrente que entende que o emprego, na lei, de conceitos jurídicos indeterminados pode ou não gerar discricionariedade, dependendo do tipo de conceito e da sua aplicação diante dos casos concretos.

Para esse fim, importa distinguir pelo menos três tipos de conceitos: o *técnico*, o *de experiência* e o *de valor*.

O *conceito técnico* não gera discricionariedade, porque a solução correta pode ser apontada pela manifestação de órgão técnico, baseada em dados da Ciência. O *conceito de experiência* ou *empírico* afasta também a discricionariedade, porque existem critérios objetivos, práticos, extraídos da experiência comum, que permitem concluir qual a única solução possível; quando a lei usa conceito desse tipo é porque quer que ele seja empregado no seu sentido usual; é o caso de expressões como *caso fortuito* ou *força maior*, *jogos de azar*, *bons antecedentes*, *premeditação*.

Os *conceitos de valor* – objeto de maiores polêmicas doutrinárias – podem ou não gerar discricionariedade, ou, melhor dizendo, uma *certa margem de apreciação*. Um conceito que, na lei, se apresenta como indeterminado – por exemplo, *moralidade*, *interesse público*, *utilidade pública*, *notório saber* – pode tornar-se determinado no caso concreto, pelo exame da situação de fato. A respeito dessa matéria – aqui, muito resumida, diante das limitações deste trabalho – remetemos o leitor à doutrina analisada em nosso livro *Discricionariedade Administrativa na Constituição de 1988*.[13]

No que diz respeito à *discricionariedade técnica* como um dos suportes para o reconhecimento de validade às funções normativas das agências reguladoras, a primeira observação a fazer é no sentido de que a sistemática norte-americana, de deixar os conceitos indeterminados para definição pela Administração Pública, já vem sendo adotada no Brasil, desde longa data, por inúmeros entes da Administração Pública que exercem função normativa, como o Conselho Monetário Nacional, o Banco Central, a Secretaria da Receita Federal, a Comissão de Valores Mobiliários, dentre inúmeros outros. A questão, no entanto, só foi levantada a partir do momento em que começaram a ser criadas autarquias, com a denominação de agências reguladoras, com a delegação de função normativa. Foi como se apenas nesse momento se tomasse consciência de uma realidade presente desde longa data e se procurasse encontrar fundamento jurídico para a mesma.

É importante lembrar que no Direito Norte-Americano os regulamentos baixados pelas agências têm força de lei; a função é chamada de *quase-legislativa*, porque tais regulamentos se subordinam hierarquicamente à lei, podendo ser invalidados pelo Poder Judiciário, se a contrariarem.

13. Ob. cit., pp. 97-123.

Como se poderia colocar o tema no Direito Brasileiro?

Se partirmos do princípio de que as normas que se limitam a definir os conceitos indeterminados contidos na lei são de natureza regulamentar, a única conclusão possível será no sentido de que elas só têm fundamento no ordenamento constitucional brasileiro quando baixadas pelo chefe do Poder Executivo, que tem competência privativa para exercer o poder regulamentar e não pode delegá-lo (art. 84, IV, e parágrafo único, da CF).

No entanto, não se pode esquecer que os Ministérios podem "baixar instruções para a execução das leis, decretos e regulamentos" (cf. art. 87, II, da CF), participando, portanto, da função regulamentar; como também os órgãos reguladores das telecomunicações e do petróleo, os quais, precisamente pelo fato de serem assim chamados pela Constituição (arts. 21, XI, e 177, § 2º), exercem uma parcela de função normativa implícita na sua função de órgãos reguladores.

Não há dúvida, portanto, de que a própria Constituição, embora atribua ao chefe do Executivo o poder regulamentar, deixou uma brecha para os Ministérios e para os órgãos reguladores referidos expressamente na Constituição, como também deixou uma brecha – embora transitória – quando, no art. 25 do "Ato das Disposições Constitucionais Transitórias", revogou todos os atos que implicassem delegação de função normativa a órgãos do Poder Executivo, mas permitiu que o prazo para essa revogação fosse prorrogado. Provavelmente muitos dos órgãos que ainda exercem função normativa exercem uma competência que remanesce (devida ou indevidamente) do regime constitucional anterior à Constituição de 1988, às vezes sem que permaneça o anterior fundamento constitucional.

Afora essas possibilidades que decorrem da Constituição, a única maneira de defender validamente a discricionariedade técnica aplicada à função normativa das agências reguladoras (e de outros órgãos administrativos que exercem função semelhante) é a de *reduzir* (se é que isso é possível) o conceito de *regulamento*, para dele excluir as normas que apenas definem conceitos técnicos contidos na lei. E isto pelo fato de que a discricionariedade técnica não constitui verdadeira discricionariedade, não envolve decisão política, porque não dá liberdade de escolha para a Administração. O órgão regulador limita-se a definir um conceito que já está contido na lei e cujo conteúdo vai ser apenas explicitado na norma infralegal.

Permitimo-nos nos socorrer, aqui, da lição sempre precisa de Celso Antônio Bandeira de Mello, em seu *Curso de Direito Administrativo*.[14] Depois de lembrar que os regulamentos são requeridos "para que se disponha sobre o modo de agir dos órgãos administrativos, tanto no que concerne aos *aspectos procedimentais* de seu comportamento quanto no que respeito aos *critérios que devem obedecer em questões de fundo*, como condição para cumprir os objetivos da lei", o ilustre jurista acrescenta:

"16. Em face do quanto foi dito, já se pode assinalar e enfatizar que:

"a) Onde não houver espaço para uma atuação administrativa, não haverá cabida para regulamento. (...).

"b) Onde não houver liberdade administrativa alguma a ser exercitada (discricionariedade) – por estar prefigurado na lei o único modo e o único possível comportamento da Administração ante hipóteses igualmente estabelecidas em termos de objetividade absoluta –, não haverá lugar para regulamento que não seja mera repetição da lei ou desdobramento do que nela se disse sinteticamente.

"17. É esta segunda conclusão que abre passo para uma terceira, a saber: o regulamento executivo, único existente no sistema brasileiro, é um meio de disciplinar a *discrição administrativa*, vale dizer, de regular a liberdade relativa que viceje no interior das balizas legais, quando a Administração esteja posta na contingência de executar lei que demande ulteriores precisões.

"Com efeito, salvo quando têm em mira a especificidade de situações redutíveis e reduzidas a um padrão objetivo predeterminado, a generalidade da lei e seu caráter abstrato ensancham particularização normativa ulterior. Daí que o regulamento *discricionariamente* as precede e, assim, cerceia a liberdade de comportamentos dos órgãos e agentes administrativos *para além dos cerceios da lei*, impondo, destarte, padrões de conduta que correspondem aos critérios administrativos a serem obrigatoriamente observados na aplicação da lei aos casos particulares."

14. 17ª ed., pp. 319-320.

Tem-se, portanto, que partir da idéia de que o regulamento somente se justifica quando a lei deixa um espaço para que a Administração exerça sua discricionariedade, escolha o procedimento, os critérios, as formas a serem adotadas para dar cumprimento à lei; é esta que intencionalmente deixa uma certa margem de liberdade para a Administração escolher entre os modos de proceder possíveis e igualmente válidos perante o Direito. Vale dizer: ao baixar regulamentos, o Poder Executivo exerce competência discricionária, com possibilidade de exercer opções entre alternativas válidas perante a lei.

No caso da discricionariedade técnica não há discricionariedade propriamente dita, consoante já demonstrado. Não há opções a serem feitas por critérios de oportunidade e conveniência. Não há decisão política a ser tomada conforme avaliação do interesse público. Existe uma solução única a ser adotada com base em critérios técnicos fornecidos pela Ciência. Quando um ente administrativo baixa atos normativos definindo conceitos indeterminados, especialmente os conceitos técnicos e os conceitos de experiência, ele não está exercendo o poder regulamentar, porque este supõe a existência de discricionariedade administrativa propriamente dita, a qual, no caso, não existe. Se a lei fala, por exemplo, em *produtos perigosos para a saúde*, a agência pode baixar ato normativo definindo esses produtos ou, mesmo, elaborando uma lista deles; isto não se insere no poder regulamentar, porque se trata de conceito técnico cujo conteúdo é dado por conhecimentos científicos de que a agência dispõe para fazê-lo.

Em resumo, o exercício do poder regulamentar só existe quando a lei deixa ao Poder Executivo certa margem de discricionariedade para decidir como a lei vai ser cumprida. É o Poder Executivo que vai fazer a escolha da melhor solução diante do interesse público a atingir. Aí, sim, trata-se de discricionariedade administrativa propriamente dita, porque envolve a possibilidade de opção entre alternativas igualmente válidas perante o Direito. No caso da discricionariedade técnica essas alternativas não existem, porque o conceito utilizado é de natureza técnica e vai ser definido com base em critérios técnicos extraídos da Ciência. Daí a importância da especialização própria das agências reguladoras.

Outro dado a realçar é o que diz respeito ao *controle judicial* sobre a chamada discricionariedade técnica. No Direito Brasileiro o tema da discricionariedade técnica tem sido pouco analisado, talvez pelo fato de que não existe muita dúvida quanto à possibilidade de ser exercido controle judicial sobre os aspectos técnicos do ato administrativo. A legislação processual permite que o juiz se socorra do auxílio de peritos para apreciar tomada de decisões que envolvam dados técnicos que possam ser esclarecidos por especialistas, conforme os arts. 420 a 439 do Código de Processo Civil.

Desse modo, com relação aos atos administrativos o tema não envolve maior dificuldade: se o conceito indeterminado contido na lei puder tornar-se determinado pela manifestação de órgão técnico, com base em conhecimentos científicos, não se pode falar em discricionariedade propriamente dita, sendo dado ao Poder Judiciário rever a decisão da Administração Pública. Conceitos como *perigo público iminente*, *valor histórico de um bem*, *incapacidade para o trabalho*, são conceitos técnicos que, sem dúvida, podem ser apreciados pelo Poder Judiciário.

Quando se trata da discricionariedade técnica exercida em atos normativos das agências reguladoras e outros órgãos similares não temos dúvida também em afirmar a possibilidade de controle judicial, inclusive para invalidação das normas. No entanto, é importante chamar a atenção para algumas peculiaridades do Direito Brasileiro quando comparado com o Direito Norte-Americano.

Em primeiro lugar, cabe ressaltar que no Direito Brasileiro a adoção do modelo de agências esbarra em algumas dificuldades: de um lado, o próprio sistema constitucional, que estabelece normas precisas sobre delegação de função normativa, esgotando praticamente a matéria; de outro lado, a inexistência de um Poder Judiciário com função criadora semelhante à que existe nos Estados Unidos e na jurisdição administrativa francesa.

Nos Estados Unidos – onde a jurisprudência constitui a principal fonte de produção do Direito – foi por interpretação jurisprudencial, principalmente, que se construiu toda a teoria relativa à função normativa das agências reguladoras: foi a Corte Suprema que definiu os limites da delegação e do controle judicial, estabeleceu a exigência de motivação e construiu o princípio do *devido processo legal substantivo*, que permite ao Judiciário examinar a validade dos regulamentos diante dos *standards* contidos na lei. Criou-se, com o beneplácito do Poder Judiciário, um sistema de legislação por *standards*, deixando-se às agências a possibilidade de regular a matéria. Exigiu-se a participação do cidadão no processo de elaboração das normas, com o quê se deu legitimidade democrática às mesmas; exigiu-se a motivação das decisões das agências. E construíram-se princípios – em especial o do devido processo legal substantivo, o da razoabilidade, o da racionalidade das decisões diante dos fatos – que permitem ao Poder Judiciário examinar a validade dos regulamentos das agências perante os *standards*, princípios, diretrizes, contidos na lei.

No Brasil nada disso existe. Não existe um Poder Judiciário com o mesmo papel criador do Direito; a sentença judicial não representa o mesmo papel como fonte do Direito; não existe a força do precedente judicial; e, ainda que tivesse o mesmo poder criador, não poderia referendar delegação legislativa em afronta à Constituição. Além disso, o exame dos atos normativos da Administração Pública ainda sofre muitas restrições no âmbito do Poder Judiciário, especialmente em seara de controle de constitucionalidade, de que resulta a análise em cada caso concreto, por via de exceção. O princípio do devido processo legal substantivo – que permite a invalidação de atos normativos por infringência a princípios ou valores contidos na Constituição ou na lei – é de pouquíssima aplicação no Direito Brasileiro. De modo que a adoção pura e simples da sistemática norte-americana no Direito Brasileiro não dispõe dos pilares indispensáveis para dar sustentação a um sistema semelhante. A maior dificuldade decorre da inexistência de um controle judicial adequado para analisar a validade dos atos normativos das agências diante dos *standards* contidos na lei.

Em trabalho sobre "Limites da função reguladora das agências diante do princípio da legalidade"[15] lembramos a necessidade de distinguir dois tipos de atos normativos baixados pelas agências: de um lado, aqueles que produzem efeitos concretos e, de outro, os atos normativos propriamente ditos, que baixam normas com caráter de generalidade e abstração, à semelhante da lei; estes segundos teriam a natureza de verdadeiros regulamentos.

15. In *Direito Regulatório – Temas Polêmicos*, pp. 27-59.

Com relação aos atos normativos de efeitos concretos não há impedimento a que sejam baixados pelas agências reguladoras. Trata-se de atos normativos apenas sob o aspecto formal, porque, quanto ao conteúdo, são verdadeiros atos administrativos, correspondendo às *adjudications* do Direito Norte-Americano, sendo utilizados para decidir ou disciplinar situações concretas. À medida que as agências se vão deparando com situações irregulares, com atividades que quebram o equilíbrio do mercado, que afetam a concorrência, que prejudicam o serviço público e seus usuários, que geram conflitos, elas vão baixando atos normativos para decidir esses casos concretos. Conforme realçado no aludido trabalho, aí é que está o que há de mais típico na função reguladora: ela vai organizando determinado setor que lhe está afeto, respeitando o que resulta das normas superiores (e que garantem o aspecto de estabilidade, de continuidade, de perenidade do serviço) e adaptando as normas às situações concretas, naquilo que elas permitem certa margem de flexibilidade ou de discricionariedade. É a lei que fixa os parâmetros para a agência decidir; por outras palavras, a lei deixa certa margem de discricionariedade para a agência decidir, nos casos concretos, qual a melhor solução para o interesse público. Essa discricionariedade – seja administrativa, seja técnica – não difere da discricionariedade que se reconhece para os órgãos administrativos em geral, como possibilidade de escolher a melhor solução para o interesse público a atender. Vale dizer que, quando a agência baixa um ato normativo para disciplinar certa matéria, com alguma esfera de liberdade deixada pelo próprio legislador, ela está apenas dizendo como vai exercer essa liberdade de decisão no caso concreto. Ela está apenas autolimitando a própria discricionariedade deixada pelo legislador. Ela não está inovando, não está criando regra nova. Ela está atuando no espaço livre deixado pela lei. Tratando-se de atos normativos de efeitos concretos não há maior dificuldade no controle judicial, que, no caso, não difere do exercido sobre outros atos administrativos.

Com relação aos atos normativos propriamente ditos, com efeitos gerais, apesar do esforço da doutrina em tentar justificar a competência das agências reguladoras para baixá-los, é difícil encontrar fundamento seguro no Direito Brasileiro, pelo fato de ter a Constituição delimitado, de forma exaustiva, toda a competência normativa. Dentre os órgãos que a receberam estão os órgãos reguladores de telecomunicações (art. 21, XI) e do petróleo (art. 177, § 2º). Para os demais, o máximo que se pode admitir é a possibilidade de, por meio de atos normativos, interpretar ou explicitar princípios, diretrizes ou conceitos técnicos contidos em leis e regulamentos. Trata-se de conceitos que se inserem na idéia de especialização das agências, exigindo definição mais precisa, porém sem inovar na ordem jurídica. Aí é que entra a importância da chamada *discricionariedade técnica*. Se a lei usa conceitos como *produtos perigosos para a saúde*, *produtos tóxicos*, *atos nocivos à concorrência*, a agência pode, dentro de sua especialidade, definir esses conceitos.

Mesmo assim não se poder negar ao Judiciário a possibilidade de apreciar a validade dessas normas, seja com auxílio de peritos – quando se tratar de conceitos puramente técnicos –, seja pela aplicação dos princípios da razoabilidade das normas e do devido processo legal substantivo.

O que as agências não podem fazer – porque falta o indispensável fundamento constitucional – é baixar regras de conduta, unilateralmente, inovando na ordem jurídica, afetando direitos individuais, substituindo-se ao legislador. Esse óbice constitui-se no mínimo indispensável para preservar o princípio da legalidade e o princípio da segurança jurídica. Principalmente, não podem as agências baixar normas que afetem os direitos individuais, impondo deveres, obrigações, penalidades, ou, mesmo, outorgando benefícios, sem previsão em lei. Trata-se de matéria de reserva de lei, consoante decorre do art. 5º, II, da Constituição.

Bibliografia

ALESSI, Renato. *Istituciones de derecho administrativo*. t. I. Barcelona, Bosch, 1970.

BANDEIRA DE MELLO, Celso Antônio. *Curso de Direito Administrativo*. 17ª ed. São Paulo, Malheiros Editores, 2004.

————. *Discricionariedade e Controle Jurisdicional*. 2ª ed., 6ª tir. São Paulo, Malheiros, Editores, 2003.

BANDEIRA DE MELLO, Oswaldo Aranha. *Princípios Gerais de Direito Administrativo*. vol. 1. Rio de Janeiro, Forense, 1979.

DELVOLVÉ, Pierre, e VEDEL, George. *Droit Administratif*. Paris, Presses Universitaires de France, 1984.

DI PIETRO, Maria Sylvia Zanella. *Discricionariedade Administrativa na Constituição de 1988*. 2ª ed. São Paulo, Atlas, 2001.

__________. "Limites da função reguladora das agências diante do princípio da legalidade". In: DI PIETRO, Maria Sylvia Zanella (org.). *Direito Regulatório – Temas Polêmicos*. Belo Horizonte, Fórum, 2003 (pp. 27-60).

__________. *Parcerias na Administração Pública. Concessão, Permissão, Franquia, Terceirização e outras Formas*. 4ª ed. São Paulo, Atlas, 2002.

DORDA, Rosa Comella. *Límites del Poder Reglamentario em el Derecho Administrativo de los Estados Unidos: Evolución de los Modelos Tradicionales, Control Judicial y Técnicas de Negociación*. Barcelona, Cedecs Editorial, 1997.

FERNÁNDEZ, Tomás-Ramón, e GARCÍA DE ENTERRÍA, Eduardo. *Curso de Derecho Administrativo*. 4ª ed., t. I. Madri, Civitas, 1988.

GARCÍA DE ENTERRÍA, Eduardo, e FERNÁNDEZ, Tomás-Ramón. *Curso de Derecho Administrativo*. 4ª ed., t. I. Madri, Civitas, 1988.

GIANNINI, Massimo Severo. *Diritto Amministrativo*. Milão, Giuffrè Editore, 1930.

__________. *Il Potere Discrezionale della Pubblica Amministrazione*. Milão, Giuffrè Editore, 1939.

SAINZ MORENO, Fernando. *Conceptos Jurídicos, Interpretación y Discrecionalidad Administrativa*. Madri, Civitas, 1976.

SCHWARTZ, Bernard. *Direito Constitucional Americano*. Rio de Janeiro, Forense, 1966.

SOUSA, António Francisco de. *"Conceitos Indeterminados" no Direito Administrativo*. Coimbra, Livraria Almedina, 1994.

VEDEL, George, e DELVOLVÉ, Pierre. *Droit Administratif*. Paris, Presses Universitaires de France, 1984.

*OS LIMITES DA AUTORIDADE DO DIREITO NO BRASIL**

OSCAR VILHENA VIEIRA

1. Introdução. 2. A importância das regras. 3. O cálculo instrumental. 4. O cálculo moral. 5. O binômio desigualdade/descriminação. 6. Exclusão moral no Brasil. 7. Conclusão.

1. Introdução

Há hoje no Brasil uma percepção de que o Direito desempenha um papel bastante tímido na determinação das condutas humanas. Esta imagem de que o desrespeito sistemático pela lei vem-se tornando uma regra toma dimensões ainda maiores quando o tema sob discussão é a violência, o crime, a corrupção. O crescente aumento da criminalidade violenta,[1] as constantes denúncias de corrupção,[2] tanto na esfera governamental quanto privada, o surgimento de movimentos que empregam a desobediência civil como estratégia, não nos permitem desmentir a constatação decorrente das experiências pessoais de que o Direito se tem demonstrado um instrumento muito frágil em nosso tempo; que seu objetivo de limitar a irracionalidade, pelo esta-

* Em homenagem ao Professor CELSO ANTÔNIO BANDEIRA DE MELLO, referência primeira em nosso Direito Administrativo, a quem devo minha permanência na Faculdade de Direito da PUC-SP.

1. Para a América Latina, v. Pablo Fajnzylber *et alli*, "What causes violent crime", World Bank Paper, 10.3.1999, Gráfico 3; para o Brasil, v. Túlio Kahn, "Índice de criminalidade", *Revista do ILANUD* 2, 1997.

2. Susan Rose-Ackerman, *Corrupção e Governo*, Lisboa, Prefácio Editora, 1999.

belecimento de regras gerais de conduta, que permitam uma convivência mais pacífica e ordenada, está muito longe de se realizar.[3]

Mas o que tem provocado esta erosão da autoridade do Direito? Entendo que a resposta desta questão só pode ser encontrada se formos capazes de formular uma boa hipótese sobre o que nos leva a agir em conformidade com as leis. Refletir sobre os mecanismos que favorecem o respeito ao Direito e, *a contrario sensu*, buscar compreender o que gera o descompromisso em relação ao Direito constitui o objetivo deste ensaio.

Talvez pudéssemos iniciar esta discussão de uma forma intuitiva. O que faz com que ajamos em conformidade com o Direito? Diversas razões são normalmente levadas em consideração antes que tomemos uma decisão prática. Pegarei um exemplo banal, e tantas vezes empregado, que, se não pode ser universalizado para explicar o fenômeno do respeito ao Direito em geral, certamente pode nos oferecer algumas pistas: o semáforo de trânsito. Várias razões podem compor nossa decisão de parar o carro ao constatar que o sinal está vermelho. Uma razão primeira é de ordem cognitiva, e se refere à nossa capacidade de compreender que o semáforo é uma regra, ou seja, um enunciado, razoavelmente geral, que busca determinar condutas. Sem esse pressuposto cultural básico não há como se pensar na possibilidade de respeito ao Direito. Uma segunda ordem de razões para obedecer às regras, ou ao sinal, está ligada à nossa capacidade de raciocinarmos instrumentalmente, de calcular riscos e benefícios da ação que pretendemos realizar. Neste caso analisamos as vantagens de passar no sinal vermelho em relação ao eventual risco de sermos multados, de termos um acidente ou, mesmo, de não sermos bem-vistos pelos demais motoristas. No caso da multa o meu cálculo está diretamente ligado à eficácia do Estado em exercer seu poder coercitivo; na segunda e terceira situações a avaliação refere-se à probabilidade do dano e/ou à contundência, ao peso, de uma recriminação social. Uma terceira ordem de razões está associada ao que se costuma chamar de *moralidade*. Apesar de o sinal ser uma imposição e o vermelho uma

3. Guillermo O'Donnell, "A (in)efetividade da lei na América Latina", *Novos Estudos CEBRAP* 51/37 e ss., 1998.

proibição, eu posso estar disposto a obedecer voluntariamente, por estar de acordo com a regra disposta, por entendê-la como justa. Por *justo* quero dizer duas coisas distintas: que a cada um foi dado o que lhe é de direito, pois, afinal, os que vêm do outro lado também devem ter a chance de atravessar o cruzamento, já que entendo que têm os mesmos direitos que reivindico para mim; ou *justo* no sentido procedimental, quando acato aquela regra de trânsito por ter sido ela produzida por um procedimento que julgo legítimo (*fair*).

O respeito generalizado ao Direito está relacionado, assim, com uma série de variáveis jurídicas e não-jurídicas, como a existência de regras gerais claras, bem definidas e razoavelmente justas (nos sentidos normativo e/ou procedimental); a existência de sanções e incentivos que estimulem a ação em conformidade com tais regras gerais; a monopolização dos meios de coerção nas mãos de uma autoridade legítima; a congruência entre a ação destas autoridades e aquilo que foi predeterminado pelas leis; assim como a existência de uma sociedade formada a partir de relações recíprocas, que propiciem a generalização da expectativa de respeito recíproco pelo direito dos outros. Neste sentido o respeito ao Direito dependeria de razões de ordem normativa – como a moralidade e a solidariedade – e razões de ordem instrumental – como a coerção e o auto-interesse –, além de razões cognitivas, relativas à capacidade de se compreender o universo normativo.

Minha hipótese é que a existência de relações de reciprocidade ocupa um papel predominante na vigência de um Estado em que as pessoas ajam em conformidade com o Direito. Neste sentido, a exclusão moral, que inviabiliza a reciprocidade, decorrente do racismo, da xenofobia, da exclusão social ou outras formas de discriminação, provoca a erosão da capacidade do Direito de orientar condutas individuais e coletivas, na medida em que interfere na consolidação das condições essenciais para realização do Estado de Direito.

2. *A importância das regras*

Comecemos pelas regras. Para J. Raz o Estado de Direito em sentido amplo significa que as pessoas deveriam obedecer ao Direito, sendo governadas pelo mesmo; e, num sentido mais restrito, político e jurídico, que o governo deve reger-se pelo Direito e a ele estar submetido.[4] A questão é: o que se concebe por *Direito*? Se alguém entende por Direito, pura e simplesmente, aquilo produzido conforme as regras de reconhecimento de H. L. Hart,[5] ou a norma hipotética fundamental de Hans Kelsen,[6] o Estado de Direito será um conceito vazio. Para dar alguma consistência ao conceito de Estado de Direito, a construção de Raz exige que a lei seja compreendida como regra geral e abstrata, para que efetivamente possa guiar as ações. No entanto, seria impossível governar apenas a partir de regras gerais; qualquer sistema concreto deve ser composto por regras gerais e particulares, sendo que as particulares devem estar em conformidade com as gerais.[7] Para cumprir o objetivo dos sistemas jurídicos de guiar as ações individuais, Raz compõe da seguinte forma seu conceito de Estado de Direito: as regras devem ser prospectivas, claras, relativamente estáveis, e a feitura das regras particulares deve guiar-se por leis com características das acima anotadas. Mas estas leis só farão sentido se devidamente aplicadas por instituições responsáveis. Só assim a lei se tornará um efetivo guia para as ações individuais. Este modelo exige um Judiciário independente, pois, sendo as normas razões para ações, seria fútil alguém guiar suas ações com base na lei se, quando a questão tiver que ser adjudicada, os tribunais não aplicarem a lei. O acesso aos tribunais deve ser amplo, para não se frustrar o Estado de Direito. Por último, os poderes discricionários das agências de aplicação da lei devem ser limitados, para que não pervertam a vontade da lei.

3. *O cálculo instrumental*

O Estado de Direito, no entanto, não depende apenas da existência de regras como as acima descritas. *O que seria do Direito sem a*

4. "Rule of law and its virtues", in *Liberty and the Rule of Law*, Robert Cunigham Ed., 1979, pp. 4 e ss.

5. *O Conceito de Direito*, Lisboa, Fundação Calouste Gulbenkian, 1982, pp. 111 e ss.

6. *Teoria Pura do Direito*, Coimbra, Arménio Amado Editor, 1972, pp. 267 e ss.

7. Raz, "Rule of law ...", in *Liberty and the Rule of Law*, p. 6.

espada? – nos perguntaria Hobbes. Em um clássico da literatura constitucional do início do século, A. V. Dicey destacava que dois são os aspectos que caracterizam as instituições inglesas: em primeiro lugar, a "onipotência ou indisputada supremacia do governo central em todo o país",[8] e, em segundo, a existência da *rule of law*. Seguindo os autores clássicos de Thomas Hobbes[9] a Max Weber,[10] assume-se neste trabalho que a centralização e o monopólio dos meios coercitivos são uma pré-condição à existência do Estado de Direito, ao menos em sociedades minimamente complexas. Mesmo para aqueles que não vêem a lei como um mero fato de poder – como Hobbes e os demais positivistas, para quem *auctoritas non veritas facit legem* –, mas como uma empreitada normativa e inter-relacional,[11] a presença de autoridades, de uma terceira parte responsável por aplicar o Direito, é sempre necessária. Isto reafirma a necessidade de um Estado que lute para monopolizar os meios de coerção – o que Norbert Elias qualificou como componente essencial do processo civilizatório.[12]

O fato é que em muitas das novas democracias não existe um autêntico monopólio *público* dos meios de coerção, o que gera uma fragilidade do Estado na aplicação do Direito; e o termo "público", e não "estatal", está sendo utilizado para possibilitar a seguinte diferenciação: em muitos sistemas, embora o Estado controle considerável quantidade dos meios de coerção, estes meios não são utilizados com finalidade pública. Porém, são colonizados por indivíduos privados ou grupos, no que Weber denomina *Estado patrimonial*, para assegurar privilégios e relações assimétricas dentro da sociedade. Em outras situações os Estados são simplesmente frágeis, incapazes de superar outros grupos armados em seus territórios.

Muito embora esse processo de monopolização dos meios de coerção seja crucial na constituição de uma sociedade pacificada,

8. *Introduction to the Study of the Law of the Constituion*, Indianápolis, Liberty Fund, 1982, p. 107.

9. *O Leviatã*, São Paulo, Abril Cultural, 1983.

10. *A Política como Vocação*, Rio de Janeiro, Guanabara, 1985.

11. Lon Fuler, *The Morality of Law*, New Haven, Yale University Press, 1969, p. 221.

12. *O Processo Civilizador*, Rio de Janeiro, Jorge Zahar Editor, 1993.

onde a integridade física (e alguma dose de autonomia) não esteja em constante ameaça frente aos demais membros da sociedade, a atribuição desse poder ao Estado constitui uma ameaça em si mesma. Aqui é que o Estado de Direito se demonstra mais importante como instrumento de controle e domesticação do Leviatã.

A perspectiva da coerção certamente ocupa um espaço relevante na reflexão sobre o curso de ação a ser tomado. No entanto, todo cuidado deve ser tomado para não superestimarmos o peso deste elemento, como o fazem muitos teóricos do Direito e do Estado. Se creditarmos o respeito ao Direito integralmente ou predominantemente aos elementos coercitivos, não temos como explicar por que as pessoas param no sinal vermelho quando não há um guarda olhando. Como demonstram as pesquisas de vitimização, a possibilidade de que alguém seja responsabilizado por um crime que tenha cometido, mesmo em sociedades economicamente afluentes, é bastante baixa.[13] Isto decorre de diversos fatores, entre os quais o baixo índice de notificação de ocorrências às autoridade. Manter o respeito à lei com ajuda exclusivamente da coerção seria extremamente dispendioso, provavelmente insustentável, pois exigiria um número impensável de vigilantes; isto sem contar o número de supervigilantes que vigiassem os vigilantes, numa cadeia sem fim. O insucesso dos Estados totalitários que seguiram esta lógica demonstra sua inviabilidade.[14]

Assim, a coerção é uma razão instrumental que nos leva a agir em conformidade com o Direito, mas esta longe de ser a única. Descumprir o Direito é muitas vezes arriscado por outros motivos que não o risco de ser multado ou preso. Retomando o exemplo primário do semáforo, desrespeitar a lei pode gerar danos enormes ao infrator: afinal, você pode bater o carro. Em outras situações o desrespeito ao Direito pode gerar desconfiança em relação àquele que descumpre suas obrigações, reduzindo sua possibilidade de benefícios, por exemplo, no mercado. Aquele que compra a crédito, e não paga, perde seu crédito, reduzindo a possibilidade de maximizar seu bem-estar, indepen-

13. *Pesquisa de Vitimização*, Instituto Latino-Americano das Nações Unidas – ILANUD, 1999.

14. As disponibilidade de meios tecnológicos baratos pode fragilizar o peso de meu argumento.

dentemente de qualquer sanção. Neste sentido, a atitude de respeito ao Direito favorece não apenas a confiança individual, mas também a confiança sistêmica.

4. O cálculo moral

Além do reconhecimento da normatividade e do cálculo instrumental composto pela coerção e pela maximização de interesses, há um terceiro aspecto que tem ficado de fora de algumas análises sobre a eficácia do Direito, especialmente daquelas propostas por juristas positivistas. Neste aspecto, a proposição de Lon Fuller, que estabelece a reciprocidade com um dos elementos fundamentais para a existência de um sistema jurídico, é particularmente interessante.

A constituição de um Estado de Direito será tremendamente favorecida naquelas sociedades em que cada indivíduo respeite os direitos dos outros indivíduos, na expectativa de que os outros também respeitem aqueles direitos por ele reivindicados. Na medida em que essas expectativas de respeito aos direitos se generalizam, é possível a constituição de um autêntico Estado de Direito. Trata-se de um sistema regido por normas, em que se reconhece mutuamente a cada cidadão o *status* de sujeito de direitos, dotado de uma esfera de proteção à sua pessoa, no seu convívio com os demais cidadãos e com o próprio Estado, também submetido ao princípio da reciprocidade. Nesse sentido, a autolimitação que importa respeito ao direito do outro é o alimento fundamental de uma eventual generalização de expectativas que leva à constituição do Estado de Direito.[15] Pode-se, no entanto, argumentar que a reciprocidade tem uma origem utilitária – ou seja, meu respeito ao outro não deriva do fato de que eu lhe atribua algum valor (modelo kantinano), mas do fato de que fizemos um pacto de não-agressão que me interessa (modelo hobbesiano). Embora estejamos destacando a importância do modelo kantiano de reciprocidade, também o modelo hobbesiano é suficiente para se pensar

15. A idéia de *reciprocidade* como fundamento do Direito é fascinantemente elaborada por Lon Fuller, *The Morality of Law*, cit. Desenvolvo essa mesma idéia em "Neoliberalismo e Estado de Direito", *Revista de Ciências Criminais*, 1996, São Paulo, IBCCrim.

em uma moralidade interna do Direito, como descrevia Fuller, onde as pessoas passam a ser vistas como sujeitos.

A idéia de moralidade, no entanto, pode ser mais formal, como proposto a partir do contrato social rousseauniano. Onde a obediência à lei deriva, sobretudo, do fato de que esta foi produzida em condições especiais, como num ambiente desprovido de coerção, em que as pessoas tenham igual valor e sejam sujeitos de igual consideração, onde haja informação suficiente para a tomada de decisões racionais etc. Distintas teorias procedimentais da justiça estabelecem também distintos requisitos para que os resultados do processo deliberativo possam ser considerados legítimos. As democracias constitucionais contemporâneas buscam, em alguma medida, atender minimamente a estes parâmetros estabelecidos pela teoria política contemporânea. Assim, quando paro no sinal, faço-o porque em alguma medida participei do processo de formulação daquela norma, que tomo como legítimo; logo, sinto-me vinculado ao disposto na norma. É igualmente importante destacar que a justiça procedimental não se limita à etapa de feitura da lei, mas também àquela de sua aplicação. Caso os órgãos de aplicação do Direito não o façam de forma imparcial, atendendo aos padrões da própria norma, haverá uma perda da confiança no Direito, com a conseqüente erosão de sua autoridade.

5. *O binômio desigualdade/descriminação*

A hipótese central deste trabalho, enunciada na introdução, é a de que a existência de relações de reciprocidade ocupa um papel predominante na vigência de um Estado em que as pessoas ajam em conformidade com o Direito. Neste sentido, a exclusão moral, que inviabiliza a reciprocidade, decorrente do racismo, da xenofobia, da exclusão social ou outras formas de discriminação, provoca a erosão da capacidade do Direito de orientar condutas individuais e coletivas, na medida em que interfere na consolidação das demais condições essenciais para realização do Estado de Direito.

Parto do pressuposto óbvio de que em geral se alcança com mais facilidade um ambienta de reciprocidade quando os indivíduos se vêem como iguais. Isto não significa dizer que a igualdade fática seja um pressuposto da reciprocidade, embora possa colaborar para ela. A igualdade aqui pressuposta é de natureza moral, onde as pessoas, apesar de distintas por razões étnicas, matérias, de gênero etc, sejam capazes de se atribuir igual valor, dispensando igual respeito e consideração em suas relações.[16]

Assim, a desigualdade material, em si, não é o problema central a dificultar a construção de relações generalizadas de reciprocidade, mas sim as conseqüências que esta desigualdade pode acarretar no plano moral e jurídico. A pluralidade racial, a natural distinção de gênero ou a falta de igualdade material não constituem elementos impeditivos na composição de relações de reciprocidade; porém o racismo, o chauvinismo ou a exclusão social, que muitas vezes decorrem destas desigualdades, geram hierarquias, onde determinados segmentos são vistos como inferiores – portanto, indignos do mesmo respeito e consideração atribuídos aos que se consideram superiores.

Neste sentido, o racismo, a xenofobia, a pobreza, ou o não-acesso à educação e a outros bens essenciais à dignidade humana, são formas que facilitam a redução do outro a uma posição de inferioridade, em que este outro é desqualificado moralmente, tanto às vistas dos que estão melhor colocados socialmente como do próprio Estado, capturado pelos interesses dos que dispõem de mais poder na sociedade. Cria-se, assim, uma sociedade hierarquizada, onde os indivíduos de segunda classe não alçam a situação de cidadãos integrais, onde esses indivíduos não são reconhecidos como sujeitos plenos de direitos (ainda que *no papel* possam sê-lo). A discriminação, decorrente das múltiplas formas de desigualdade, tende a esgarçar os vínculos de comunidade, amenizando o sentimento de culpa (constrangimento moral) em relação àqueles que têm seus direitos violados. Não sendo vistos como sujeitos morais, não há grande problema em serem privados do conjunto de direitos que protegem os demais cidadãos. Neste sentido, numa sociedade em que se permitem grandes hierarquias e desequilíbrios entre os indivíduos, dificilmente se alcançará a reciprocidade, e, conseqüentemente, também será difícil que o Direito sirva como instrumento de organização e pacificação social.

16. Jurgen Habermas, *Between Facts and Norms*, Cambridge, The MIT Press, 1996, pp. 81 e ss.; John Rawls, *Political Liberalism*, Nova York, Columbia University Press, 1993, pp. 58 e ss.

A ausência de reciprocidade causa um forte impacto sobre a capacidade de o sistema de aplicação da lei agir de maneira imparcial. O Estado responde, em grande medida, por intermédio daqueles que o representam. Assim, a percepção generalizada sobre a ausência de valor moral de um determinado grupo de indivíduos faz com que as agências de aplicação da lei, em muitas circunstâncias, reproduzam esta percepção discriminatória. Isto quando não são as próprias leis a veiculá-las.

O mesmo raciocínio pode ser aplicado ao efeito do auto-interesse na construção da ordem social pacífica. Se nas relações de troca que possibilitam a produção e circulação de riquezas, dentro de uma comunidade, os interesses recíprocos dos diversos atores não forem supridos, dificilmente estes terão razões para continuar a se comportar de acordo com as regras de um jogo que os prejudica sistematicamente. Isso gera um desestímulo para que as regras sejam cumpridas e os direitos respeitados, na esfera das relações de interesse. Um ambiente de insegurança, por sua vez, desfavorece o crescimento econômico, pois a desconfiança entre os agentes econômicos aumenta os custos transacionais, diminuindo a margem de lucro. Há, assim, uma relação muito próxima entre a generalização da satisfação de interesses individuais e o respeito generalizado de direitos.

Destituído de *status* moral e econômico, o indivíduo de "segunda classe" passa a ser socializado de forma a se colocar numa posição de inferioridade em relação aos indivíduos de "primeira classe" e se submeter ao arbítrio das autoridades públicas. Assim, não nutre expectativa alguma de que seus direitos sejam respeitados pelos demais, ou pelo Estado. O reverso dessa medalha refere-se aos indivíduos tidos como de "primeira classe", que, ao se relacionarem com alguém que julgam em posição inferior, vêem-se desobrigados de respeitá-los. O mesmo se diga das suas relações com as autoridades. Tem-se, assim, uma situação em que um grande número de pessoas encontra-se abaixo da lei e outro grupo de privilegiados coloca-se acima dos controles do Estado. Desta forma, o Estado, que deveria ser responsável pela aplicação dos mecanismos formais de controle social, em conformidade com a lei e por intermédio de seus meios de coerção, passa a reproduzir os padrões generalizados socialmente. O resultado é um Estado violento e arbitrário com os excluídos moralmente; e um Estado doce e cordial com os privilegiados, que se colocam acima dos rigores da lei.

Para que a hipótese deste trabalho pudesse ser devidamente verificada, deveríamos submetê-la a inúmeros testes empíricos. Poderíamos buscar verificar se a discriminação racial nos Estados Unidos limita o alcance do governo das leis naquele país,[17] ou se a imensa hierarquização entre as Nações no plano internacional dificulta cada vez mais a construção de um Estado Internacional de Direito; poderíamos testar esta hipótese buscando compreender em que medida o aumento dos índices de criminalidade no Brasil ou na África do Sul – portanto, a erosão da autoridade do Direito – está associado com a crescente desigualdade nos dois países, que, embora não sejam países pobres, encontram-se em constrangedora posição em termos de distribuição de renda.

6. *Exclusão moral no Brasil*

A democratização do Estado Brasileiro, assim como de diversos outros países da região, não tem sido capaz amenizar o dramático problema da distribuição de recursos no país, mantendo uma estrutura extremamente hierarquizada, que permeia todo o tecido social brasileiro, dificultando que a lei desempenhe seu papel de razão para agir, pelo menos, para duas parcelas da população e para o próprio Estado. Muito embora o Brasil esteja, hoje, classificado como uma das 10 maiores economias do Globo, possui o terceiro pior nível de distribuição de renda do mundo, perdendo apenas para Malawi e África do Sul, e ocupa o 63º lugar em termos de desenvolvimento humano, de acordo com os padrões estabelecidos pela ONU.[18] Na última década os 10% mais ricos da população brasileira possuíam 49,7% da riqueza nacional, e os 50% mais pobres apenas 11,2% da mesma riqueza.[19] O 1% que compõe a parcela dos mais ricos da população brasileira concentra uma renda superior àquela que se encontra nas mãos dos 50% mais pobres.[20] Estes indicadores – entre muitos

17. Para uma análise do impacto da discriminação no sistema legal norte-americano, v. David Cole, *No Equal Justice*, Nova York, The New Press, 1999.

18. Fonte: Banco Mundial.

19. Ricardo Henriques (org.), *Desigualdade e Pobreza no Brasil*, Brasília, IPEA, 2000, p. 41.

20. Idem, p. 40.

outros índices referentes às drásticas desigualdades dentro da sociedade brasileira – têm um forte impacto sobre as relações de diferentes setores da sociedade com o maquinário de aplicação do Direito, distorcendo a adequada realização do sistema legal. Em muitos dos países que partilham sociedades hierarquizadas, por razões econômicas, ou de outra natureza, aqueles que se encontram no topo costumam desprezar, em termos sociais e jurídicos, aqueles que ocupam a base da pirâmide social; da mesma forma, os agentes públicos reproduzem estas práticas discriminatórias, tratando de forma "doce" as elites e de forma violenta e discricionária os setores menos favorecidos da população. Destaco novamente que não estou argumentando que as desigualdades sejam, *per se*, razões diretas para as distorções ocorridas no Estado de Direito, mas que perversos níveis de desigualdade econômica ou de discriminação decorrentes de diferenças não-toleráveis numa determinada sociedade afetam a noção de titularidade de direitos,[21] dividindo as pessoas entre os que são sujeitos plenos de direitos e os que não são sujeitos de direitos,[22] os quais o Estado e os considerados cidadãos não têm a obrigação de respeitar.

Os padrões de desigualdade no meio rural são igualmente dramáticos na sociedade brasileira – o que é marcado pela concentração das terras nas mãos de grandes proprietários rurais e a decorrente pauperização dos trabalhadores destituídos de terras. Conforme dados do Instituto Nacional de Colonização e Reforma Agrária – INCRA, os latifúndios ocupam mais da metade de todas as propriedades rurais do país. Supondo que cada uma dessas propriedades não tenha mais de um dono – o que está longe de ser verdade –, seria como se 35.000 pessoas ocupassem uma área igual à soma dos territórios da França, Alemanha, Espanha, Suíça e Áustria.

21. Uma análise extremamente interessante deste fenômeno de falta de titularidade de direitos por determinadas parcelas pode ser encontrada em Nancy Cardia, "Direitos humanos e exclusão moral", in *Os Direitos Humanos no Brasil*, Núcleo de Estudos da Violência/USP, 1995, pp. 19 e ss. Nancy Cardia desvenda, nesse trabalho, o processo de "exclusão moral" a que são submetidas as camadas da sociedade que ficam à margem dos mecanismos de justiça social.

22. Estou usando o termo "cidadão de segunda classe" no sentido de *underclass*, pessoas destituídas de direitos, utilizado por Ralf Darhendorf, "Changing the quality of citizenship", in *The Condition of Citizenship*, Bart van Steenbergen ed., 1994, pp. 14-15.

De acordo do Movimento dos Sem-Terra, há hoje cerca de 5.000.000 de famílias lutando pela terra. Ainda que estes números sejam superestimados, dificilmente os Governos conseguirão atender às demandas dos sem-terra nos próximos 50 anos, se se mantiver a atual velocidade em que os assentamentos estão acontecendo.[23] Conforme dados do INCRA, chega a 42% o índice de terras improdutivas no Sul do país, e 79% no Norte, área mais atrasada economicamente e dominada pelos maiores latifúndios.[24] Como destacou a revista *Veja*, em matéria sobre o tema, "é sobre esse mapa da insensatez que os sem-terra marcham".[25]

Meu argumento é que um mínimo de igualdade moral é essencial para o respeito mútuo entre os indivíduos e entre estes e o Estado. Uma situação de discrepância extrema em recursos, como a brasileira, tende a criar relações hierarquizadas, e não interações cooperativas e voluntárias, que são necessárias para se atingir um ambiente marcado pela reciprocidade.

7. Conclusão

Um dos principais problemas que afeta o Estado de Direito numa sociedade com grandes disparidades na distribuição de recursos, como a brasileira, é que os em pior situação econômica passam a ser vistos como uma ameaça àqueles que detêm a maioria dos recursos, inclusive pelos agentes responsáveis pela aplicação da lei e manutenção da ordem, levando a decisões muito distintas da decisão judicial acima apresentada.

Explorando a relação entre democracia e direitos humanos em países em desenvolvimento, Z. Arat descreve um cenário no qual o hiato entre direitos civis e políticos (adquiridos após a transição) e a falta de direitos sociais e econômicos pode levar o sistema a uma crise, com o aumento de descontentes, que provoca uma reação em cadeia junto às autoridades, que inclui o uso abusivo do poder coer-

23. O prognóstico do atual Governo é que, neste ano, 27.000 famílias sejam assentadas (*Folha de S. Paulo*, 6.4.2003, p. 8).
24. *Veja* 1.491/36-37, 16.4.1997.
25. Idem, ibidem.

citivo do Estado.[26] Na maioria das vezes, no entanto, o descontentamento não é canalizado politicamente – como no caso do Movimento dos Sem-Terra –, mas é representado por um crescimento endêmico dos níveis de criminalidade, que afeta todas as esferas da sociedade, especialmente as menos favorecidas. Não se trata, portanto, de uma luta entre classes, mas de uma luta pela sobrevivência.

Violência e arbítrio. Este o modo encontrado pela sociedade e pelo Estado de buscar suprimir o problema do desrespeito ao Direito sem que se resolva a questão social. Neste sentido, a falta de condições econômicas, somada as altas taxas de criminalidade, pode levar a uma situação de desrespeito sistemático aos direitos, como a violação da integridade física, do devido processo legal, da liberdade de locomoção e, principalmente, do direito à vida, como método perverso de "pacificação" social.

A impunidade que circunda estas violações é um aspecto típico de sistemas em que alguns setores detêm recursos em quantidade muito maior que os demais setores da sociedade. Também é comum em Estados fracos. As relações entre os setores que detêm mais recursos e as agências estatais encarregadas de aplicar a lei tendem a ser mais relaxadas. Privilégios são estabelecidos, e a corrupção e outras formas de atividades ilegais podem se tornar um padrão. Em países com elevados índices de concentração de riquezas os sistemas legais tendem a ter um nível inferior de eficiência, não apenas em relação às elites, mas também àqueles que estão em melhores condições do que a massa comum dos infratores da lei, como traficantes de drogas, máfia e crime organizado. Neste sentido, altos níveis de impunidade encorajam o desrespeito pelo Direito e a sensação de que sempre é possível se ver livre dos rigores da lei se se encontrar os recursos suficientes para fazer o sistema funcionar a seu favor, frustrando, desta forma, a realização do Estado de Direito.

Estes aspectos do caso brasileiro demonstram que a existência de um Estado de Direito exige que o Estado seja *forte*, não no sentido de violento, mas que seja capaz de impor o interesse público sobre o dos grupos privados, da Presidência da República à delegacia de polícia.

26. *Democracy and Human Rights in Developing Countries*, Boulder Colorado, Lynne Rienner Publishers, 1991, pp. 9-11.

Se esta análise estiver correta, as leis no Brasil não se constituem, para largas parcelas da população, em fortes razões para ação, em algo que se deva levar em conta no momento de tomada de decisão. Para aqueles "abaixo da lei", os quais a gramática do sistema jurídico não incorpora, que têm seus direitos sistematicamente violados pelo Estado e pelos outros membros da sociedade, com a omissão ou conivência do Estado em punir estas violações, não há razão para se confiar na lei ou seus agentes, e muito menos para levá-la em conta. Para os privilegiados o Direito também não é algo tremendamente importante para se levar em conta na hora de se praticar uma ação ou tomar uma decisão, uma vez que normalmente podem conquistar seus objetivos inclusive contra o Direito.[27]

Assim, muito embora se tenha um sistema legal que é consistente com as diversas "excelências" dos modelos de Estado de Direito apresentados neste texto, a falta de um mínimo de igualdade, que é necessária para se garantir a noção de que os indivíduos são sujeitos morais, dotados de direitos, a quem a lei e seus agentes devem tratar de forma igual, tende a inibir o surgimento de relações de reciprocidade, não hierarquizadas, e provocar uma inconsistente aplicação da lei. Assim, o Estado de Direito, no sentido mais amplo possível, de uma sociedade que respeita as leis, não se realiza em sua plenitude.

27. O Poder Público com freqüência utiliza-se do expediente de editar atos que, embora ilegais, constituem o caminho mais curto para o atingir seus objetivos imediatos; sabem que a pequena capacidade do Judiciário para processar as demandas contra estes atos dificilmente colocará em risco seus projetos. V., deste autor, *Supremo Tribunal Federal – Jurisprudência Política*, 2ª ed., São Paulo, Malheiros Editores, 2002.

JURISDIÇÃO CONSTITUCIONAL E LEGITIMIDADE (ALGUMAS OBSERVAÇÕES SOBRE O BRASIL)

PAULO BONAVIDES

1. Disse Zagrebelsky, com inteira razão, que duas são as condições da justiça constitucional: uma, de caráter jurídico-formal, outra, de caráter político-substancial, cifrada no pluralismo das forças constitucionais; a primeira, teórica, a segunda, pragmática.[1]

A primeira é aquela em que, ao nosso ver, avultam, de imediato, considerações acerca do declínio formal da lei, cujo lugar preeminente, em termos jurídicos formais, entra a ser ocupado pela Constituição.

Com efeito, quanto mais a lei se "dessacraliza" e fica minguante com a erosão de sua legitimidade, mais cresce e pontifica a Constituição, sede maior da nova legitimidade, e que desempenha o sumo papel de inspiradora, ordenadora e diretora de todo o ordenamento jurídico.

A Constituição é cada vez mais, num consenso que se vai cristalizando, a morada da justiça, da liberdade, dos poderes legítimos, o paço dos direitos fundamentais, portanto, a casa dos princípios, a sede da soberania.

A época constitucional que vivemos é a dos direitos fundamentais que sucede à época da separação de poderes.[2]

1. Gustavo Zagrebelsky, *La Giustizia Costituzionale*, Il Mulino, 1988, p. 14.

2. O Professor J. C. Vieira de Andrade, da Faculdade de Direito da Universidade de Coimbra, distingue com respeito aos direitos fundamentais duas formas básicas de concretização da Constituição: uma concretização jurídico-interpretativa e uma concretização jurídico-política.

Diz o eminente constitucionalista:

Em razão disso, cresce a extraordinária relevância da jurisdição constitucional, ou seja, do controle de constitucionalidade, campo de batalha da Lei Fundamental onde se afiança juridicamente a força legitimadora das instituições. Em verdade, a justiça constitucional se tornou uma premissa da democracia: a democracia jurídica, a democracia com legitimidade.[3]

A segunda condição, referida por Zagrebelsky, é de manifesto teor material. Nela enquadramos a subseqüente exposição e análise das dificuldades que ora atravessa, do ponto de vista da legitimidade, a jurisdição constitucional no Brasil, designadamente aquela exercitada pelo Supremo Tribunal Federal, órgão de cúpula do Poder Judiciário.

A matéria aqui versada, como todo tema de Direito Constitucional, combina, pois, elementos conceituais de Ciência do Direito e de Ciência Política, sendo estes, os da Ciência Política, todavia, predominantes no caso vertente porquanto indeclináveis à sua elucidação.[4]

"Assim, os preceitos relativos aos direitos, liberdades e garantias são, tipicamente e em regra, preceitos diretamente aplicáveis, que podem e devem ser objeto de uma concretização jurídico-interpretativa: o seu conteúdo é suscetível de concretização ao nível constitucional e, portanto, é acessível à jurisprudência do Tribunal Constitucional.

"Diferentemente, a concretização jurídico-política é típica (embora só típica) dos preceitos relativos aos direitos sociais, remetendo a Constituição, em regra, para opções políticas que, por natureza, são próprias do legislador: tratando-se de questões em que estão em causa uma sensibilidade e uma legitimidade políticas, a concretização dos preceitos há de pertencer em primeira linha ao legislador, devendo o Tribunal Constitucional, por princípio, respeitar o poder da maioria, desde que esta não ultrapasse os limites constitucionais" (J. C. Vieira de Andrade, "Legitimidade de Justiça Constitucional e Princípio da Maioria", in *Legitimidade e Legitimação da Justiça Constitucional. Colóquio do 10º aniversário do Tribunal Constitucional*, Coimbra Editora, 1995, p. 80).

3. É isto, aliás, o que se lê em Vital Moreira, aquele eminente jurista de Coimbra:

"A existência de uma jurisdição constitucional, sobretudo se confiada a um tribunal específico, parece ter-se tornado nos tempos de hoje num requisito de legitimação e de credibilidade política dos regimes constitucionais democráticos. A jurisdição constitucional passou a ser crescentemente considerada como elemento necessário da própria definição do Estado de direito democrático" (Vital Moreira, "Princípio da Maioria e Princípio da Constitucionalidade: Legitimidade e Limites da Justiça Constitucional", in *Legitimidade e Legitimação da Justiça Constitucional. Colóquio de 10º aniversário do Tribunal Constitucional*, Coimbra Editora, 1995, p. 177).

4. A compreensão político-jurídica do Direito Constitucional se compadece, por inteiro, com o entendimento tetradimensional da Constituição nos termos concebidos

O Direito Constitucional passa por uma de suas fases mais delicadas, mormente em países periféricos, onde a concretização simultânea dos direitos fundamentais da primeira geração, de um lado, e, do outro lado, dos direitos fundamentais de três gerações consecutivas, cuja normatividade e conceituação não se acha ainda bem definida, faz a lei flutuar como centro nervoso de uma aplicabilidade que nem sempre satisfaz às exigências da consciência social e jurídica. De tal sorte que o controle de constitucionalidade há de radicar na lei ou "sobre a lei",[5] mas a lei assentada sobre princípios, porquanto, se não for assim, não haverá justiça constitucional.

O conceito de jurisdição constitucional, qual a entendemos em sua versão contemporânea, se prende à necessidade do estabelecimento de uma instância neutra, mediadora e imparcial na solução dos conflitos constitucionais. E em se tratando, como soe acontecer, de sociedades pluralistas e complexas, regidas por um princípio democrático e jurídico de limitações do poder, essa instância há-de ser sobretudo moderadora de tais conflitos.[6]

Há que distinguir, portanto, entre legitimidade *da* jurisdição constitucional e legitimidade *no* exercício dessa jurisdição.

por Marcelo Rebelo de Sousa, Professor da Faculdade de Direito da Universidade de Lisboa. Diz o abalizado constitucionalista:

"A Constituição é uma realidade quadridimensional. Uma dimensão normativa, enquanto conjunto de princípios e regras de Direito. Uma dimensão volitiva, enquanto ato do poder político do Estado. Uma dimensão axiológica, enquanto pauta de valores. Uma dimensão estrutural, enquanto projeção das estruturas econômicas, sociais e culturais da coletividade na gênese, no conteúdo e na eficácia constitucionais e ainda enquanto atuação da Constituição sobre essas estruturas".

Essa formulação se completa com o pensamento do autor acerca da validade jurídica da Constituição, validade que ele desdobra "em três dimensões ou planos complementares: a validade formal ou sistemática, ligada à legalidade *lato sensu*; a validade real ou empírica, ligada à efetividade ou eficiência; a validade axiológica ligada à legitimidade" (Marcelo Rebelo de Sousa, "Legitimação da Justiça Constitucional e Composição dos Tribunais Constitucionais", in *Legitimidade* ..., ob. cit., p. 215).

5. "Oggi la giustizia costituzionale è prima di tutto controllo di costituzionalità sulle leggi" (Zagrebelsky, ob. cit., p. 28).

6. "Si è detto che costituisce invece compiti fondamentale della giurisdizione costituzionale in un contesto pluralista 'moderare i conflitti sociali" (Zagrebelsky, ob. cit., p. 58).

A primeira é pacífica, conforme o entendimento da doutrina; a segunda, controversa.

A primeira é matéria institucional, estática, a segunda, axiológica e dinâmica; aquela inculca adequação e defesa da ordem constitucional, esta oscila entre o direito e a política.

À verdade, tribunal ou órgão de Estado, consagrado à fiscalização de constitucionalidade que não congregue requisitos indeclináveis ao desempenho de tal função ou não preencha os fins aí implícitos, terá sua legitimidade arranhada e contestada ou comprometida, como ora acontece em determinados sistemas judiciais dos países da periferia. Neles o influxo das interferências executivas sobre o Judiciário se fazem sentir com mais força e intensidade, descaracterizando, não raro, a natureza do controle, transvertido em instrumento ou veículo de interesses infestos à causa da justiça e da democracia, e sempre orientados no sentido do fortalecimento e hipertrofia, já do poder do Estado, já do arbítrio dos governantes.

Assim acontece com as "ditaduras constitucionais" de algumas repúblicas latino-americanas, das quais o exemplo mais atual, frisante e ilustrativo é o do Brasil na presente conjunção. Por onde se infere que neste país o Poder Executivo busca fazer o controle de constitucionalidade se exercitar cada vez mais no interesse do grupo governante e cada vez menos no interesse da ordem constitucional propriamente dita, de que é guarda o Poder Judiciário.

2. O federalismo foi o berço do controle concentrado de constitucionalidade, tanto nos Estados Unidos como no Brasil. O pluralismo de Estados congregados em aliança ou comunhão política, em que se requer a garantia e inviolabilidade no respeito às relações mútuas dos entes associados, constitui, em sua dimensão histórica, o ponto de partida de toda a judicialização do controle de constitucionalidade.

A natureza política desse controle na origem é, porém, patente e incontrastável e perdura até hoje, sem embargo da célebre polêmica Kelsen/Schmitt, da década de 20 no século passado, que não deixou elucidada a matéria em seus derradeiros fundamentos.

Os vínculos do controle de constitucionalidade com a forma federativa, já Hans Kelsen os proclamara em célebre artigo estampado em França, em 1928, pela Revista de Direito Público e Ciência Política sobre *La Garantie Juridictionnelle de la Constitution (La Justice Constitutionnelle)*.

Com efeito, foram palavras suas: "Mas é certamente no Estado Federal que a justiça constitucional adquire a mais considerável importância. Não há nenhum exagero em asseverar que a idéia política do Estado Federal só se realiza plenamente com a instituição de um tribunal constitucional".[7]

A seguir, Kelsen prossegue mostrando que a essência do Estado Federal não é problema de metafísica do Estado, mas consiste, segundo concepção de todo realista, numa repartição de funções tanto legislativas como executivas, entre órgãos centrais competentes e uma pluralidade de órgãos locais.[8]

As Constituições republicanas que adotam a organização federativa dos entes constitutivos do corpo político, o princípio da separação de poderes e a forma presidencial de governo, via de regra tendem, de necessidade, em razão de sua rigidez, a estabelecer um sistema de controle de constitucionalidade.

O Brasil desde 1891, dois anos depois da proclamação da República, entrou a possuir uma dessas Constituições e a desenvolver esse controle. Ignorado, por inteiro, ao decurso da época imperial, sua introdução em certa maneira fora tolhida pela ductilidade constitucional da forma parlamentar de governo.[9] Havia é certo, uma espécie de

7. "Mais c'est certainement dans l'État fédéral que la justice constitutionnelle acquiert la plus considérable importance. Il n'est pas excessif d'affirmer que l'idée politique de l'État fédéral n'est pleinement réalisée qu'avec l'institution d'un tribunal constitutionnel" (Hans Kelsen, "La Garantie Juridictionnelle (La Justice Constitutionnelle)", in *Revue du Droit Public et Science Politique*, 1928, t. XLV. Trad. Charles Einsenmann, pp. 253-254).

8. Hans Kelsen, ob. cit., p. 254.

9. A Constituição do Império do Brasil de 1824, outorgada por D. Pedro I, após a dissolução da Constituinte no ano antecedente, foi o compromisso da realeza absoluta com os princípios do governo representativo; disso veio a resultar um sistema de poder de bases liberais que não chegou a desenvolver, por dispensável, um controle de constitucionalidade.

Aliás, o insigne constitucionalista da Universidade de Lisboa, Professor Jorge Miranda, dá com percuciência as três razões liberais e capitais da superfluidade da garantia de fiscalização constitucional, na época do Estado liberal: "Como se sabe, o constitucionalismo liberal europeu não possuiu uma nítida consciência da necessidade de garantia da constitucionalidade por três razões principais – por, no seu otimis-

controle político nominal vazado no art. 15, inciso 9º da Constituição do Império, atribuído à Assembléia Geral. Mas não passava disto.

3. Com a Constituição republicana de 1988, inclinou-se o Brasil em definitivo para o sistema misto de fiscalização de constitucionalidade, combinando assim o sistema difuso, introduzido ao alvorecer da primeira República proclamada em 1889, com o sistema concentrado, que, na presente República constitucional, tende a se tornar preponderante, ao mesmo passo que provoca a crise de legitimidade de que nos vamos ocupar mais adiante com graves apreensões acerca de seu desfecho.

Vejamos agora a sinopse dos avanços processuais havidos em matéria de jurisdição constitucional com a promulgação da Lei Maior vigente.

Com efeito, o constituinte originário de 1988 acrescentou ao controle abstrato a ação de inconstitucionalidade por omissão, conservando do mesmo passo como referência clássica de controle a já conhecida ação direta de inconstitucionalidade.

Todavia, com a Emenda Constitucional n. 3 de 1992, criaram-se dois novos instrumentos de controle, um deles deveras abusivo, que é a chamada ação direta de constitucionalidade. O outro é a argüição de descumprimento de preceito fundamental. Ambos argüidos de emprestarem um caráter autocrático ao sistema brasileiro de controle abstrato de constitucionalidade.[10]

mo, acreditar numa espécie de harmonia política e na força, ao mesmo tempo, obrigatória e dissuasora das Constituições escritas; por a Constituição não ser tomada rigorosamente como fundamento ou como critério da validade das leis; por a lei ser entendida como razão e não como vontade" (Jorge Miranda, "Nos Dez Anos de Funcionamento do Tribunal Constitucional", in *Legitimidade* ..., ob. cit., pp. 91-92).

10. O controle de constitucionalidade de leis e atos normativos do modelo chamado abstrato, concentrado ou por via principal (em contraste com o difuso ou por via incidental ou de exceção) exercido mediante Ação Direta de Inconstitucionalidade (ADI) teve no Brasil origem autoritária e conserva em sua evolução recente manifesta tendência nesse sentido, sem embargo de a Constituição de 1988, no art. 103 haver quebrantado o monopólio de legitimação do Procurador-Geral da República de propor aquela ação, e alargado, em conseqüência, o número de legitimados, a saber, os seguintes desde a promulgação da Lei Fundamental: o Presidente da República, as Mesas do Senado Federal, da Câmara dos Deputados e da Assembléia Legislativa, o Governador de Estado, o Procurador-Geral da República, o Conselho Federal da Or-

O mau uso poderá converter a ação direta de constitucionalidade em mais um veículo que o Executivo emprega para deformar o arcabouço jurídico do sistema e dar trânsito livre de constitucionalidade às medidas mais impopulares e lesivas à Constituição, vazadas em medidas

dem dos Advogados do Brasil, partidos políticos, confederação sindical e entidade de classe de âmbito nacional.

Com efeito, tocante aos dois pontos acima referidos – origem e retrocesso autocráticos – é de leitura indispensável o trabalho intitulado "O desmantelamento do sistema brasileiro de controle de constitucionalidade", de autoria de José Ignácio Botelho de Mesquita, Professor Titular da Faculdade de Direito da Universidade de São Paulo.

Escreve esse jurista: "O controle de constitucionalidade das leis e atos normativos por via principal, que se exerce entre nós pela Ação Direta de Inconstitucionalidade (ADIN), padece de um pecado original. A despeito de sua vinculação teórica ao estado de direito, a então chamada representação por inconstitucionalidade nasceu no Brasil em pleno regime militar, como instrumento de controle do Legislativo pelo Executivo. Graças ao fato de se ter atribuído exclusivamente ao Procurador-Geral da República a legitimação para promovê-la, pode-se dizer que essa representação já nasceu de farda. E de fato, competindo ao Presidente da República a escolha e a nomeação do Procurador-Geral, competia-lhe também, com exclusividade, o poder de fato de representar ao Supremo Tribunal Federal para a declaração de inconstitucionalidade e, posteriormente, para a interpretação das leis e atos normativos federais e estaduais" (José Ignácio Botelho de Mesquita, "O desmantelamento do sistema brasileiro de controle de constitucionalidade", in *Revista do Advogado*, Associação dos Advogados de São Paulo, Ano XXII, n. 67, agosto/2002, p. 87).

Passando ao retrocesso em relação à Constituição de 1988, não estranha aquele Professor da Faculdade de Direito do Largo de São Francisco "que o Poder Executivo buscasse rapidamente recuperar o perdido domínio sobre o controle de constitucionalidade. E foi o que ocorreu".

Acrescenta Botelho de Mesquita: "O primeiro passo para neutralizar os efeitos da vitória conquistada pela Constituição de 1988 consistiu na introdução no nosso sistema constitucional de uma ação contrária à ADIN: a Ação Declaratória de Constitucionalidade (ADCON), atribuída a um seleto grupo de não mais que quatro escolhidíssimos legitimados: o Presidente da República, as Mesas do Senado e da Câmara dos Deputados e o Procurador-Geral da República.

"Por meio dessa inovação, recuperou o Presidente da República o poder de opor-se á declaração incidental de inconstitucionalidade e de antecipar-se à declaração de inconstitucionalidade por via principal 5. Constituição Federal, art. 103, § 4º, com a redação dada pela Emenda Constitucional n. 3, de 17.3.1993 com a prerrogativa – que logo mais lhe seria generosamente outorgada – de dispor de medida cautelar para suspender os julgamentos em curso, nos quais se estivesse questionando a constitucionalidade da lei ou ato normativo objeto da ADCON (Lei n. 9.868, de 10.11.1999, artigo 21).

"(...) Esse duríssimo golpe contra o nosso sistema de controle de constitucionalidade veio acompanhado da atribuição de efeito vinculante às decisões de mérito proferidas nas ações declaratórias de constitucionalidade 8. Constituição Federal,

provisórias, materialmente inconstitucionais, saídas da forja do grande legislador e administrador que é no País aquele Poder hegemônico.[11]

Sem embargo do considerável alargamento e avanço formal havido no Brasil com a Constituição em vigor no que toca ao controle concentrado de constitucionalidade, observa-se, todavia, ao mesmo passo, acentuada queda qualitativa respeitante ao emprego desses mecanismos constitucionais de proteção jurisdicional do regime e de suas estruturas.

Tal ocorre em determinadas situações fáticas que afetam bastante a relação de poderes entre o Executivo e o Legislativo. Com efeito, a preponderância negativa do primeiro sobre o segundo logo se faz sentir em ordem a abalar a independência dos tribunais e desvirtuar as bases da legitimidade da própria jurisdição constitucional, severamente golpeada, toda vez que a Corte Suprema, por obra de pressões

artigo 102, § 2º), agora estendido também aos julgamentos pronunciados nas ações diretas de inconstitucionalidade (cf. Lei n. 9.868, de 10.11.1999, artigo 28, parágrafo único)" (José Ignácio Botelho de Mesquita, ob. cit., p. 88).

O abalizado jurista conclui com asseverar: "É assim que o autoritarismo ascendente vem ganhando terreno no Direito Processual, à custa da subtração sistemática dos meios e recursos constitucionais assegurados para garantir o respeito aos direitos e às liberdades fundamentais.

"Denunciar o autoritarismo totalitário, onde quer que ele se apresente, quaisquer que sejam as vestes sob as quais se oculte, é o primeiro passo para assegurar a sobrevivência da Constituição e homenagear ideais professados pelo insuperável mestre e queridíssimo colega, o eminente Professor Goffredo da Silva Telles Junior" (J. I. Botelho de Mesquita, ob. cit., p. 93).

11. Pode parecer um paradoxo, mas faz sentido talvez falar de inconstitucionalidade do próprio controle de constitucionalidade, quando – agora já sem remédio porque não há via recursal aberta em decisão de derradeira instância – o tribunal constitucional prolata sentenças de palpável inconstitucionalidade material e faz constitucional o que era manifestamente inconstitucional. Se isto acontece, e já tem acontecido nos países da periferia, a justiça constitucional perde deveras em legitimidade.

A expressão paradoxal – inconstitucionalidade do controle de constitucionalidade – traz à memória aquela formulada pela interrogação de Bachof: normas constitucionais inconstitucionais? Na esteira da degeneração teórica, ela já levou juristas ao despenhadeiro do absurdo de questionar a constitucionalidade de artigos da própria Constituição.

Demais disso, o Poder Executivo interfere, não raro, em proveito de bens e interesses que lhe dizem respeito nas relações de poder com o Judiciário, donde promanam atos seus, materialmente inconstitucionais, que nem sempre são reconhecidos como tais quando impugnados perante o Supremo Tribunal Federal.

inadmissíveis e descabidas, algumas vezes mais sutis que ostensivas, se dobra à vontade executiva.[12]

Disso resulta, incólume, uma política governativa de Medidas Provisórias que, com extrema freqüência, ferem princípios constitucionais da substância e essência do sistema. A Sociedade e a cidadania perdem; o Estado e o Governo ganham deploravelmente. O poder hegemônico nele incorporado faz fraca a Constituição enquanto o prestígio do tribunal supremo desce a níveis institucionais, sobrepos-se baixos e deprimidos.

4. Os malefícios dessas Medidas Provisórias, durante muito tempo fizeram do Executivo o mais poderoso legislador do País constitucional. Foram eles muito bem retratados, em abril de 1999, pelo Ministro Celso de Mello, então Presidente do Supremo Tribunal Federal, que assim se expressou:

"No plano institucional brasileiro, o aspecto de suma gravidade que tem me preocupado nestes últimos dois anos é a apropriação institucional pela

12. Dessas pressões o Poder Judiciário sai enfraquecido num clima de crise institucional. Nesse quadro o governo derrogou a tradição republicana ao reeleger pela vez primeira em dois séculos de história constitucional um Presidente da República; embargou e abortou a instalação de oito Comissões Parlamentares de Inquérito para investigar crimes de corrupção da administração pública federal; exarou em menos de oito anos de mandato presidencial, debaixo de exprobrações de inconstitucionalidade, cerca de cinco mil Medidas Provisórias, num dilúvio legislativo de usurpação cujo alcance excede, em todos os sentidos, o brocardo romano "corruptissima res publica, plurimae leges" (Tácito, 55-120, *Anais*, III, 27), fez na matemática do terror em matéria de finanças a dívida pública interna elevar-se a oitocentos bilhões de reais e a dívida externa a 200 bilhões de dólares; onerou futuras gerações, de tal sorte que todo brasileiro já nasce pesadamente endividado. Desse governo não é de estranhar tampouco haja ele manifestado seu forte pendor antidemocrático ao vetar dispositivo da Lei n. 9882, de 3 de dezembro de 1999, que dispôs sobre o processo e julgamento da argüição de descumprimento de preceito fundamental, nos termos do § 1º do art. 102 da Constituição Federal.

A parte vetada da lei instituía a legitimação popular de iniciativa da argüição ao permitir que "qualquer pessoa lesada ou ameaçada por ato do Poder Público" tivesse ingresso no Supremo com aquela ação.

Causou o veto presidencial descontentamento de opinião no meio forense. Denotava, mais uma vez, a tendência autocrática do Poder Central, intenso ao alargamento democrático do número dos legitimados à propositura da ação.

O argumento presidencial de justificação do veto consistiu em alegar que ele provocaria uma "elevação excessiva do número de feitos a reclamar apreciação do STF, sem correlata exigência de relevância social e consistência jurídica".

Presidência da República de poderes legislativos, transformando as Medidas Provisórias em meio de legislação usado ordinariamente, quando a Constituição, ao definir essa forma excepcional de legislação, estabeleceu que só pode ser usada em caráter extraordinário. (...)

"Esse poder institucional gera grave distorção: desloca o eixo da elaboração de leis para o Executivo, quando ela é uma função clássica, típica, natural do Legislativo. O presidente da República se transformou no grande legislador do país. Essa sua compulsão legislativa fez o Brasil viver sob o signo do efêmero porque as Medidas Provisórias, por serem provisórias, introduzem um elemento normativo instável. Essa distorção institucional afeta e compromete o princípio da separação dos Poderes, uma das cláusulas pétreas, a alma da nossa Constituição".[13]

Não disse, porém, o Ministro que o Supremo tem sido aliado e cúmplice do Executivo, quando este reeditou para escândalo do meio jurídico centenas de Medidas Provisórias e aquele, não obstante haver sido provocado, nunca lhes declarou a inconstitucionalidade. Consentiu prevalecesse tão ominoso processo de burla e fraude da Constituição, o qual, inumeráveis vezes, golpeou e feriu o princípio da separação de Poderes e conveliu a legitimidade das instituições e do regime.

Ao criar a norma do caso concreto, o juiz ordinário legisla na sentença por raciocínios hermenêuticos. Com o advento do juiz constitucional, dos tribunais da Constituição, isto é, com a jurisdição constitucional se alargando, o juiz "legislador" assume cada vez mais nas estruturas judiciais contemporâneas o lugar do antigo juiz "servo" de lei e do juiz "intérprete" de textos.

Os três "juízes" assim qualificados compõem a escala qualitativa da evolução jurisdicional da magistratura, numa seqüência histórica que parte da inexistência do sistema de controle de constitucionalidade, em razão da impossibilidade teórica de estabelecê-lo por meio de juízes que eram inferiorizados no concerto dos Poderes, e se achavam em estado de absoluta submissão à vontade do legislador, aquela vontade declarada na lei, até chegar, num longo percurso, ao momento atual, de manifesta ascendência do juiz constitucional, porquanto a

13. Ministro Celso de Mello, in *Folha de S. Paulo*, p. 8, 11.4.1999.

legitimidade das Constituições é, do mesmo passo, como entende Pedro Cruz Villalón, a legitimidade dos tribunais.[14]

Estes, pela via hermenêutica, garantem, com a autoridade de seus acórdãos, a força normativa, a inteireza, a eficácia e a inviolabilidade das cláusulas e dos princípios da Constituição.

5. Toda a legitimidade em matéria constitucional é mais política que jurídica.

No entanto – até parece um paradoxo! – justamente por assentar sobre bases políticas faz ela a estabilidade do poder e, por conseqüência, sua solidez, seu reconhecimento social.

O controle de constitucionalidade exercido no interesse dos poderes públicos e do Executivo é de todo admissível e legítimo, mas desde que contido nas raias da Constituição, cujos limites não lhe é lícito ultrapassar; em se tratando porém de controle feito para salvaguarda dos direitos fundamentais, a legitimidade é reforçada com apoio nos princípios, que são o espírito, a razão, a consciência da Constituição, o alfa e ômega de toda lei fundamental, o sentimento profundo de cidadania, que a faz intangível e inquebrantável.

Ambos os controles têm por ponto de confluência o bem comum e os valores éticos e superiores da sociedade alçados à categoria de direito nas instâncias fiscalizadoras da legitimidade constitucional.

O controle concentrado de constitucionalidade, muito mais que o controle difuso – o "judicial review", da tradição americana de Marshall – conduz irremissivelmente ao reconhecimento patente da politização da jurisdição constitucional.

Por mais que o emprego das técnicas procedimentais e a soberania olímpica dos juizes constitucionais intentem dissimulá-la, ela se faz manifesta e inocultável à percepção de quem com olhos de ver se debruça sobre a análise e inquirição do acervo jurisprudencial das cortes constitucionais.

Óbvio que, em face desse controle, o pêndulo da jurisprudência se move cada vez mais no sentido da revelação de seu aspecto político, que é crucial e indissimulável.

14. Pedro Cruz Villalón, in "Legitimidade da Justiça Constitucional e Princípio da Maioria", in *Legitimidade* ..., ob. cit., p. 86.

A abertura porém ao debate e à reflexão há de levar de forma imperiosa à busca de vias institucionais legitimantes daquele controle; estas não podem ser encontradas senão mediante a reformulação ou criação de novos critérios e fundamentos de legitimidade do controle constitucional, diligência que passa pela reforma democrática das instituições em máximo grau de profundidade possível.

Nessa direção a democracia participativa nos países periféricos, designadamente o Brasil, tem um papel de destaque se puder abrir a porta para o futuro com a proposta de um novo modelo de legitimidade.

Quanto mais perto do povo estiver o juiz constitucional mais elevado há de ser o grau de sua legitimidade.

A grande vantagem senão a superioridade mesma da democracia participativa sobre quaisquer outros sistemas de organização governativa é que onde mais se precisa, e é o caso dos países em desenvolvimento, ela não mantém, como nos regimes representativos tradicionais, o soberano, isto é, o poder constituinte originário, adormecido, em repouso, em letargia, em sono profundo, senão que o conserva sempre acordado, despertado, vigilante, presente. Nunca distante do cidadão, mas invariavelmente ao seu lado.

E com base nesse imperativo, devemos inferir que a legitimidade da justiça constitucional repousa também em grande pane na acuidade do juiz em orientar-se nas suas sentenças e nas suas diligências hermenêuticas, pela adesão do corpo político aos valores representados e incorporados na Constituição.

Não havendo tal adesão ou aprovação, exaure-se com certeza o manancial donde fluem os elementos morais, éticos, cívicos e patrióticos do dever de fidelidade que garante a causa pública e a ordem constitucional e traça-lhe a linha de continuidade e estabilidade que é a pauta de solidez do regime e das instituições.

Como já referimos, disse muito bem Pedro Cruz Villalón, Professor da Universidade de Sevilha, que "a legitimidade dos tribunais constitucionais é, antes de tudo, pura e simplesmente, a legitimidade da própria Constituição".[15]

15. Pedro Cruz Villalón, ibidem.

De sorte que se não houver Constituição legítima, tampouco haverá legitimidade jurisdicional.

6. Houve tempos, porém, ao começo da idade constitucional moderna, em que o Poder Judiciário, sem embargo do princípio da separação de poderes, que devera fortalecê-lo, era todavia, pelas taras do *ancien régime*, o mais fraco dos Poderes que emergiram da Revolução Francesa.

Poder desarmado, é ele, de natureza, poder débil. Mas, de necessidade, urge que seja poder forte, apto a dirimir grandes conflitos políticos e sociais cuja profundeza afeta a manutenção das estruturas institucionais.

Sua relação com o controle de constitucionalidade é crucial; é a questão vexatória do Direito Constitucional desta época, que não teve e dificilmente terá solução na teoria e na práxis, porquanto entende com o suposto caráter político da jurisdição constitucional, tema movediço, escorregadio, mergulhado nas incertezas polêmicas do debate doutrinário.[16]

Mas a crise da forma representativa em países do chamado Terceiro Mundo e a decadência da lei e do legislativo ordinário em sistemas nos quais impera ou deve imperar a normatividade e a supremacia da Constituição fazem avultar, sem dúvida, a importância da jurisdição constitucional, nomeadamente em regimes onde a expansão normativa do Poder Executivo ocorre sem freios, com o grave risco de absorção ou esmagamento do Poder Legislativo.

16. Veja-se de Roberto Átila Amaral Vieira, da Pontifícia Universidade Católica (PUC) do Rio de Janeiro, o artigo, fartamente ilustrado com dados estatísticos, que se intitula "Apontamentos para a reforma política – A democracia representativa está morta; viva a democracia participativa", estampado na *Revista de Informação Legislativa*, publicação do Senado Federal, Brasília, ano 38, n. 151, julho/setembro 2001.

O autor, na parte final de seu trabalho, se ocupa da Constituição bolivariana de 1999, da Venezuela, na qual vê uma positiva inclinação para a democracia participativa segundo moldes de controle exercido mediante o emprego de mecanismos constitucionais de intervenção plebiscitária. Assinala, nessa experiência de projeto democrático-participativo, a presença de instrumentos políticos, sociais e econômicos, que vão do referendo, da consulta popular e da assembléia de cidadãos com poder decisório vinculante à autogestão, co-gestão, cooperativas e empresas comunitárias.

A instância criada pois para reprimir inconstitucionalidades, a saber, o tribunal constitucional, se apresenta, pela natureza mesma de sua função, como órgão, por excelência, com que tolher os malefícios daquela expansão, a qual é atribuída à inoperância da máquina legislativa, de ordinário, rígida, retardatária, letárgica e inadequada às impetrações sociais, que demandam respostas normativas rápidas e eficazes, suscetíveis de acompanhar e guiar as metamorfoses internas, necessárias ao equilíbrio do sistema e remoção de seus distúrbios.

7. A perda ou desativação do controle difuso de constitucionalidade de leis e atos normativos, para a qual parece caminhar a jurisdição constitucional no Brasil, significará uma grave queda ou erosão da legitimidade do sistema fiscalizador, visto que, quanto mais se concentra o controle na cúpula do Judiciário, como está acontecendo, menos democrática, menos aberta, menos independente, menos judicial, menos ligada à cidadania será a jurisdição: por isso mesmo, mais vulnerável e sujeita às pressões e interferências políticas do Poder Executivo.

O "judicial review" nos veio dos Estados Unidos com a lição de Marshall de 1803 no caso *Marbury versus Madison*, em que se formulou o raciocínio lógico da supremacia da Constituição sobre as leis.

Tem tido tamanha irradiação no universo jurídico que Domingo Garcia Belaunde, um dos clássicos do constitucionalismo latino-americano, lhe reconheceu já a identidade e a força de um princípio constitucional.

Foram palavras suas: "Esto es, la *judicial review* es un tema que se analiza dentro de aquellos destinados al proceso o a lo constitucional, y por cierto, está presente en todas las demás áreas del derecho ya que la *judicial review* se hace a través de cualquier proceso, ante cualquier materia. Es algo así como un principio constitucional, que se hace efectivo a través de los jueces, y cuando está en juego cualquier interés."[17]

17. Domingo Garcia Belaunde, "De la Jurisdicción Constitucional al Derecho Procesal Constitucional", in *Anuario Iberoamericano de Justicia Constitucional*, 3, 1999, p. 123.

Controle difuso e controle concentrado, juiz ordinário e tribunal constitucional, sistema concreto e controle abstrato, Marshall e Kelsen, eis os pólos da jurisdição constitucional contemporânea, em que o modelo concentrado se propaga mais que o difuso, ou em que ambos, conjugados, tendem a prevalecer debaixo da forma mista, aquela adotada em nosso país. Aliás, o primeiro controle que surgiu entre nós, em fins do século XIX, foi o difuso.

O controle difuso, sobre ser de índole jurídica ou judicial, com limites definidos no afastamento de aplicação da norma inconstitucional, é também grandemente democrático, visto que nasce nas bases do sistema, no seu subsolo, na sua horizontalidade, e por ele se irradia, com tal amplitude, que todo juiz do ordenamento é, na via de exceção, juiz constitucional.

Aquela juridicidade ou judicialidade da justiça constitucional, ínsita ao controle difuso, muda de feição em se tratando de controle abstrato da lei, porquanto a proteção imediata que aí se concede não é ao direito subjetivo, mas ao direito objetivo, à constitucionalidade mesma da ordem estabelecida. De tal sorte que o controle toma desde então um sentido mais político que propriamente jurídico.

Com efeito, à medida que o princípio da legalidade declina, dele se aparta o princípio da legitimidade, que aufere outra vez autonomia e dimensão distinta em virtude da dialética revolucionária dos princípios introduzidos no corpo normativo das Constituições.

O que doravante se observa é, primacialmente, a quebra de substância e densidade e eficácia do velho mito da legalidade, que embebia e regia todo o direito positivo, e era, na figura do Estado, a base e o fundamento único do sistema normativo de direito.

A partir, porém, do advento das novas gerações ou dimensões de direitos fundamentais, bem como da revolução principiológica, que fez na *communis opinio* dos juristas da Nova Hermenêutica a lei gravitar ao redor desses direitos e não estes ao redor daquela; desde a criação, introdução e propagação do controle concentrado de constitucionalidade e o funcionamento dos tribunais constitucionais que fizeram mais eficaz a justiça constitucional protetora daqueles direitos, tem-se manifestado, em todo o universo da jurisdição constitucional uma arraigada e substancial tendência à politização do controle com o grave risco de severos danos à inviolabilidade do princípio da divisão de poderes, afetado em suas bases materiais de legitimação pelo grau e profundeza das ofensas perpetradas.

Via de regra, tais ofensas configuram invasões e excessos em que tem sido contumaz o Poder Executivo com sua *legislatio* de exceção e arbítrio.

A esta altura, a colocação teórica do problema, qual se fez, prefaciou o volume de considerações e dados acerca da crise que envolve, de último, a jurisdição constitucional no Brasil, tema de que, em seguida, nos ocuparemos.

8. Com efeito, a independência, a credibilidade e a legitimidade da justiça constitucional no Brasil começou de ser alvo de graves reparos que giram ao redor de dois pontos cruciais: a indicação e nomeação dos ministros do Supremo Tribunal Federal pelo Presidente da República e a necessidade de desmembrar do Poder Judiciário a Corte de Justiça que, por mandamento constitucional, exerce o papel de guarda da Constituição e logo transformá-la em tribunal constitucional segundo o modelo austríaco.

Tudo que Luis Nunes de Almeida, Vice-Presidente do Tribunal Constitucional de Portugal, disse em sede teórica, com respeito à inconveniência daquela designação e nomeação, que afeta as garantias de independência do juiz, parece estar ocorrendo no sistema judiciário brasileiro, de forma altamente comprometedora da imparcialidade da magistratura constitucional.

Asseverou aquele magistrado:

"A proposta mais recorrente, contudo, vai no sentido de haver juizes do tribunal Constitucional designados pelo Presidente da República. Com a mesma tranqüilidade com que, em 1982, contribuí para que tal possibilidade ficasse excluída, assim hoje reafirmo que não se deve conferir ao Presidente da República um tal poder. (...) Na verdade, a questão essencial, a propósito do Tribunal Constitucional, não é a da sua composição, mas a das garantias de independência de seus juizes. Ora, entre essas garantias de independência, a mais importante consistirá, talvez, em não haver uma relação pessoal entre a entidade nomeante e o juiz nomeado."[18]

18. Luis Nunes de Almeida, "Da Politização à Independência (algumas Reflexões sobre a Composição do Tribunal Constitucional)", in *Legitimidade* ..., ob. cit., p. 251.

Ora, essa relação pessoal tem havido lastimavelmente no caso da designação dos Ministros do Supremo Tribunal Federal do Brasil e ocorre de forma assombrosa, preocupante e em tal dimensão crescente, que já provoca uma reação generalizada no País, que procede tanto do meio jurídico como da opinião pública.

Em artigo intitulado "A escolha do ministro do Supremo", Joaquim Falcão, mestre em direito pela Universidade de Harvard e professor da Faculdade de Direito da Universidade Federal do Rio de Janeiro, partindo desta interrogação: onde trabalhavam desde 1988 os ministros, quando indicados pelo Presidente? deu a seguinte resposta: cerca de 50% dos indicados trabalhavam diretamente com a Presidência.[19] A celeuma nesse tocante aumentou de grau e intensidade com a designação do mais recente ministro daquele Tribunal. O indicado até então exercia o cargo de Advogado Geral da União.[20]

A Associação dos Magistrados Brasileiros (AMB), que congrega 15 mil juizes, exarou Nota Oficial de protesto contra a indicação, apoiando-se, entre outras, nas seguintes razões: "Há longo tempo constata-se que o atual modelo constitucional de escolha de ministro do Supremo Tribunal Federal deve ser modificado, para garantir-se à excelsa Corte maior distância do poder político-partidário e imagem de absoluta independência nos julgamentos".

Depois de afirmar que a indicação agravou a crise do referido modelo de escolha, a Nota diz que o designado "inegavelmente é oriundo das instâncias mais próximas das políticas governamentais com as quais mantém notório envolvimento", e, a seguir, exprobra que o jurista qualificara de "manicômio" "o próprio poder ao qual pretende agora ascender".

Prossegue a Nota dizendo que ele "já não seria aceitável no exercício de cargo de governo" e que "certamente é incompatível com a alta função de ministro do Supremo Tribunal Federal, que tem como

19. Joaquim Falcão, artigo citado, in *Folha de S. Paulo*, edição de 10.5.2002.

20. Há no Brasil três poderosas e bem estruturadas associações de magistrados que atuam em âmbito nacional: a Associação dos Magistrados Brasileiros (AMB), a Associação Nacional dos Magistrados Trabalhistas (ANAMATRA) e a Associação dos Juízes Federais do Brasil (AJUFE).

requisito fundamental absoluta independência (ser e parecer ser) frente aos demais Poderes da República, além de reputação ilibada".[21]

O *Estado de São Paulo*, de 13.5.2002, por sua vez, com estampar notícia sobre a crítica dos juízes ao novo Ministro, indaga se no Supremo continuaria ele tão governista. E responde: "que os críticos dizem que sim", porquanto o Presidente da República, que "já manifestou publicamente e em mais de uma ocasião sua admiração e gratidão pelo Advogado Geral, teria feito a indicação como uma espécie de prêmio pelos bons serviços prestados ao governo".[22]

A *Folha de São Paulo*, de 21.6.2002, ao noticiar a posse do novo Advogado-Geral da União, se referiu também ao seu antecessor, agora no Supremo Tribunal Federal, "conhecido por participar da elaboração de Medidas Provisórias polêmicas, defender com veemência teses governistas e protagonizar bate-bocas com membros do Judiciário e do Ministério Público Federal e com advogados".

Conclui a nota: "Na defesa veemente de teses do governo, durante a permanência na AGU (Advocacia Geral da União), o novo membro do STF (Supremo Tribunal Federal) confrontou-se com juízes, procuradores e advogados e adquiriu algumas inimizades".[23]

Na edição de 19.5.2002, o mesmo órgão da imprensa brasileira, por um de seus colunistas, em artigo intitulado "A lei da política", ao fazer ponderação sobre o crescente envolvimento político do Supremo Tribunal Federal do Brasil, comentou como é feita a composição da Corte, por escolha e nomeação do Presidente da República, e assinalou:

21. Nota estampada em *AMB Informa* 22, Brasília, 27.5.2002.

A Associação dos Magistrados Brasileiros move no momento campanha de âmbito nacional para aprovação de projetos de lei – alguns já em adiantada fase de tramitação nos legislativos estaduais de Mato Grosso do Sul, Rio de Janeiro e Santa Catarina – contra o nepotismo e contra as sessões administrativas secretas, dois flagelos que têm contribuído para manchar a reputação do Judiciário.

A mesma campanha está sendo feita a favor das eleições diretas, por todos os juizes, para os cargos de direção dos tribunais.

Aliás, numa "eleição" simbólica, os 218 juízes do Maranhão elegeram, por voto direto e secreto, em 3 de dezembro de 2001, o novo presidente do Tribunal de Justiça do Estado; mas a eleição verdadeira, com observância do dispositivo constitucional, ocorreu 48 horas depois, pelo voto dos 20 desembargadores daquela Corte, em sessão secreta.

22. *Estado de S. Paulo*, edição de 13.5.2002, p. A-7.

23. *Folha de S. Paulo*, edição de 21.6.2002, p. A-10.

"(...) o mais alto tribunal de Justiça do país, aquele que deve assegurar a primazia dos princípios constitucionais sobre tudo o mais, fica sujeito a influências maiores da política do que do direito. E influências políticas significam interesses pessoais ou de grupos.

É desmoralizante para o STF que um de seus ministros (e diz o nome que aqui omitimos e não é aquele recém-empossado e objeto das severas críticas já transcritas) seja comumente chamado de "líder do governo no STF".[24]

Crítica idêntica partiu do constitucionalista Dalmo de Abreu Dallari, Professor da Faculdade de Direito da Universidade de São Paulo, em artigo publicado no *Boletim da Procuradoria-Geral da República*,[25] ao qual se seguiu outro, não menos veemente, que teve por título Degradação do Judiciário. Neste, escreveu o constitucionalista da tradicional Faculdade de Direito de São Paulo: "(...) o Presidente da República, com afoiteza e imprudência muito estranhas, encaminhou ao Senado uma indicação para membro do Supremo Tribunal Federal, que pode ser considerada verdadeira declaração de guerra do Poder Executivo federal ao Poder Judiciário, ao Ministério Público, à Ordem dos Advogados do Brasil e a toda a comunidade jurídica".[26]

No primeiro artigo, ele se reporta, em termos acres, a uma bancada do Poder Executivo no Supremo Tribunal Federal, constituída de alguns Ministros sempre fiéis à orientação do Governo que os nomeou.

Houve, todavia, quem viesse em socorro da designação presidencial. Vozes escassas mas de nomeada no meio jurídico concentraram quase toda sua defesa nas qualidades jusculturais do indicado, ou seja, no preenchimento por ele da exigência constitucional de notório saber. Exigência, aliás, que não foi em momento algum refutada ou questionada pelos opositores da nomeação.

Reza o parágrafo único do art. 101 da Constituição que os Ministros do Supremo Tribunal Federal serão nomeados pelo Presidente da

24. *Folha de S. Paulo*, edição de 19.5.2002.
25. *Boletim da Procuradoria-Geral da República.*
26. *Jornal do Magistrado*, 6, novembro 2001/fevereiro 2002.

República, depois de aprovada a escolha pela maioria absoluta. O Supremo é composto de onze Ministros escolhidos, segundo determina a Carta Constitucional, dentre cidadãos com mais de trinta e cinco e menos de sessenta e cinco anos de idade, de notável saber jurídico e reputação ilibada (*caput* do art. 101).

Se existem, de conseguinte, Ministros da Corte Suprema que a imprensa e a voz pública já os indigitam por satélites da vontade presidencial, é deveras inquietante e constrangedor que esse número esteja fadado a crescer consideravelmente nos anos vindouros.

Com efeito, o novo Presidente da República, cujo mandato se inaugura em janeiro de 2003, terá a certeza de preencher por nomeação cinco cadeiras vagas de membros do Supremo que se aposentarão compulsoriamente: três em 2003, um em 2004 e outro em 2006. Caso seja reeleito, esse Presidente logrará maioria absoluta com a aposentadoria doutro ministro, prevista para 2007.

A preocupação nacional acerca de tão grave problema avultou, conforme vimos, com a recente crise de nomeação de um Ministro muito vinculado à confiança pessoal do Presidente, a quem serviu como Advogado Geral da União.

Acha-se em tramitação há vários anos nas duas Casas do Congresso Nacional emenda constitucional com propósitos de reforma do Poder Judiciário, entre outros, de trazer corretivo que neutralize essa anomalia institucional de influxo e interferência branca do Executivo sobre o Judiciário, por meio das nomeações presidenciais dos magistrados do Supremo Tribunal Federal.

Realmente, em 20 de fevereiro de 2002, depois de acirrados debates na Comissão de Constituição, Justiça e Cidadania (CCJ) do Senado Federal, aprovou este órgão o parecer do senador Bernardo Cabral, do Amazonas, relator da reforma do Judiciário, em que ele acolhe duas emendas ao Projeto: a primeira introduz uma espécie de quarentena para os indicados a Ministro do Supremo, que tenham exercido cargos no Poder Executivo federal e estadual durante os três anos anteriores à indicação; a segunda estabelece o quórum qualificado de três quintos para aprovação da escolha presidencial pelo Senado, substituindo o quórum vigente da maioria absoluta.

O novo quórum é o mesmo que a Constituição instituiu para aprovação de emenda constitucional.

Tais medidas restritivas da influência do Presidente da República sobre os membros da Suprema Corte não resolvem de todo o problema, posto que o atenuem. Demais disso, dependem ainda da aprovação e promulgação da Emenda Constitucional de reforma do Poder Judiciário, a qual, há cerca de dez anos, se arrasta com extrema lentidão pelas duas Câmaras congressuais.

9. Da exposição acima, se infere que a crise do Judiciário brasileiro tem sido assim em grande pane a crise do Supremo, como instituição que é a cabeça desse Poder; crise portanto de um Tribunal não raro contraposto ao espírito da Constituição e suas fórmulas principiológicas, das quais ele, por escrúpulo de envolvimento em questões políticas, às vezes se mantém reservado e arredio desertando não raro a causa constitucional e se dobrando involuntariamente a interesses que privilegiam o Poder mais forte, ou seja, o Executivo, o mais infrator dos Poderes no que tange ao princípio de separação de Poderes.

O Supremo Tribunal Federal, não sendo aliás Corte Constitucional propriamente dita, é todavia órgão de um dos Poderes da soberania formalmente incumbido de guardar a Lei Magna; esta, em rigor, sua função mais nobre e superior, que devera ser exclusiva e não o é contudo, por erro do constituinte originário.

Mas erro ainda de todo sanável, mediante emenda à Constituição, que crie, com a reforma do Judiciário, ora em curso, o Tribunal Constitucional enquanto colégio jurisdicional específico de controle de constitucionalidade, colocado desse modo em perfeita e manifesta consonância com o sobredito espírito da Constituição.

Na idade em que o Direito é mais a legitimidade e o princípio que a regra, mais a constitucionalidade e o direito fundamental que a legalidade e o código, a dimensão principiológica há-de imperar nas Cortes Constitucionais qual quinta-essência do Estado de Direito, enquanto proposta que legitime, nos países da periferia, os substratos valorativos da democracia participativa.

10. Flutua o Judiciário brasileiro diante de pressões cujas ondas o fazem oscilar entre a cidadania e o capital, entre a independência e a submissão, entre a lei e o arbítrio, entre a razão e a vontade, entre o princípio e a regra, entre a democracia e o elitismo.

A Constituição que ele tem por dever guardar perde cada dia que passa legitimidade e juridicidade. Isto acontece porque o País já não confia na retidão dos três Poderes tocante ao desempenho de suas atribuições constitucionais.

A desconfiança gera a crise e a enfermidade do sistema, e esta lhe poderá ser fatal.

Nenhuma sociedade livre se governa, que não seja justa. E a justiça constitucional de que não se pode prescindir na era da diversidade, das heterogeneidades, do pluralismo e das complexidades sociais é a justiça dos homens livres, dos poderes legítimos, dos direitos fundamentais.

O Decálogo do Judiciário Democrático condensou e documentou as conclusões e os princípios do Primeiro Fórum Mundial de Juízes, celebrado em Porto Alegre no Brasil, de 31 de janeiro a 2 de fevereiro de 2002. Trouxe a manifestação de cerca de 350 magistrados do país e do exterior, ali presentes, que fizeram uma profissão de fé na independência e na democratização do Poder Judiciário, subscrevendo o compromisso de promover nesse sentido uma mobilização universal.

Reconheceu o Fórum que "somente o Poder Judiciário democratizado em sua plenitude pode garantir os Direitos Humanos e controlar o poder político e econômico" e também que "toda a ação dos Estados contra a independência e a democratização do Poder Judiciário atenta contra os Direitos Humanos".

Em socorro do Poder Judiciário das nações do Terceiro Mundo, foi o Fórum taxativo em reconhecer "a grave situação dos sistemas judiciais, principalmente dos países periféricos, moldados para atender os interesses dos detentores do poder".

Ponto igualmente digno de destaque o reconhecimento de que "a influência do poder econômico mundial, por meio de suas instituições financeiras internacionais, nos sistemas judiciais dos países pobres, viola a autodeterminação dos povos e a soberania das nações".

O Decálogo do Primeiro Fórum Mundial de Juízes, de Porto Alegre, termina com essa exortação:

"A universalização do acesso à justiça se concretiza com um Poder Judiciário democrático e independente, que não se esgota nas jurisdições do Estado, mas se amplia nas Jurisdições Internacionais de Proteção dos Direitos Humanos."[27]

A democratização e universalização do acesso à Justiça e independência dos juízes foi, por sem dúvida, a tônica dessa inédita assembléia de magistrados de todos os continentes, Um deles, o juiz espanhol Baltasar Garzón, disse que a independência do Poder Judiciário é elemento fundamental à garantia do Estado de Direito e que "para cumprir as funções que lhe cabem, as Cortes devem ser independentes do poder político e dependentes apenas das leis e da Constituição".

11. Outro óbice que se depara à jurisdição constitucional no Brasil e lhe compromete até certo ponto a legitimidade reside no fato de que o Supremo Tribunal Federal não sendo exclusivamente, como no modelo europeu, Corte Constitucional, embora lhe caiba precipuamente a guarda da Constituição, exerce outras atribuições constitucionais que sobrecarregam a pauta dos seus Ministros, privando-os de concentrar todas suas diligências e trabalho no exame de questões constitucionais.

Demais disso, o controle de constitucionalidade, que se faz por via de ação, a saber, o controle concentrado ou abstrato, é exercido por um só órgão do Poder Judiciário, ou seja, o Supremo Tribunal Federal, seu órgão de cúpula.

Tamanha preeminência político-normativa derivada da natureza mesma desse controle, dá com freqüência a quem o executa, uma hegemonia indisputável, em se tratando, no caso, de Corte que é a cabeça do Judiciário, e se acha investida da soberania constitucional por ser a mais alta instância da fiscalização de constitucionalidade. De modo que tal primazia se pode tornar num determinado sentido eventualmente perturbadora da harmonia, equilíbrio e paridade dos três Poderes, os quais no seu conjunto enfeixam a titularidade da soberania.

27. A declaração consta da notícia sobre o Fórum, estampada no *Jornal do Magistrado*, 6, novembro 2001/fevereiro 2002.

Mediante considerações desse teor e doutras, de igual ou superior tomo, a esmagadora maioria dos juristas brasileiros tem preconizado a criação de um tribunal constitucional que fique fora e acima dos três Poderes clássicos da lição de Montesquieu, e inspirado grandemente no molde das Cortes constitucionais européias.

12. Nas Constituições abertas, regidas pelo princípio da legitimidade, os tribunais constitucionais tomam em geral a feição de corpos político-jurídicos que se inclinam mais aos valores da sociedade e às garantias de proteção dos direitos fundamentais.

Ao passo que nas Constituições fechadas, do modelo clássico, regidas e interpretadas pelo princípio da legalidade, afeiçoadas ao normativismo positivista da escola kelseniana, os mesmos tribunais parecem concentrar-se, não em direitos fundamentais, mas substancialmente na fiscalização constitucional da distribuição de competências entre os distintos Poderes, tanto no plano horizontal quanto vertical.

Na esfera federativa a Constituição é a garantia suprema da observância e do respeito às regras do pacto que fez nascer, na dimensão institucional e objetiva da ordem jurídica estabelecida, a forma jurisdicional do controle de constitucionalidade.

Enquanto os tribunais insistirem em interpretar a lei com métodos especificamente jurídicos, da metodologia clássica, surgidos do dedutivismo jusprivatista inspirado nos cânones de Savigny, eles jamais interpretarão a Constituição.

Interpretá-la requer em face da complexa conjuntura social contemporânea a adoção de uma hermenêutica de princípios. Única, conforme temos reiteradas vezes assinalado, suscetível de alcançar a inteligência da Constituição referida a situações reais e fazer efetiva e concreta a aplicabilidade dos direitos fundamentais exteriores à esfera neoliberal e permeados da dimensão principiológica que lhes dá sentido e eficácia e normatividade.

Os que intentam, todavia, restaurar a era do positivismo formalista e legalista já não têm voz, nem vez.

A dogmática interpretativa tradicional, como hermenêutica constitucional, possui hoje pouca ou nenhuma serventia.

O método silogístico, dedutivo, arrimado à subsunção, cede lugar ao método axiológico e indutivo que, com base nos princípios e nos valores, funda a jurisdição constitucional contemporânea, volvida mais para a compreensão do que para a razão lógica, de sentido formal, na aplicação da lei. Fora portanto da esteira metodológica da Nova Hermenêutica e sua constelação de princípios extraídos do texto da Lei Maior, não se logra a legitimidade das soluções constitucionais.

Com efeito, os tribunais que dela se arredarem não terão em suas sentenças força normativa bastante com que desempenhar a magna tarefa de solver litígios sobre direitos fundamentais das novas dimensões, que impetram invariavelmente consideração ponderativa de valores para garantir com justiça a sua concretude.

13. Se medidas não forem tomadas em tempo com que coibir o abuso que tem conduzido a uma politização exagerada da justiça constitucional, a Suprema Corte correrá breve o risco de transformar-se numa sucursal, secretaria judiciária ou cartório do Poder Executivo, exercitando, em favor deste, a função normativa que as Cortes Constitucionais, quer queiram quer não, têm exercitado, por via interpretativa, na ordem concreta dos fatos e da realidade, como uma espécie de legislativo paralelo e invisível.

Com efeito, ao levarem a cabo o controle concentrado de fiscalização constitucional, os juízes constitucionais em sua função judicante podem, com a autoridade de última instância que lhes é atribuída de declarar o direito, resvalar no abuso de reescrever e positivar em seus acórdãos, por meios hermenêuticos, uma Constituição diferente daquela que se acha na letra e no espírito da Lei Maior.

O risco de ocorrer tão singular fenômeno jurídico é incomparavelmente mais visível em países da periferia onde o Tribunal, às vezes, debaixo da tutela branca do Executivo e ao serviço deste, instaura a ditadura judicial das inconstitucionalidades. E o faz como se fora categórica manifestação de fidelidade aos textos constitucionais!

Nesse conspecto, a Constituição, desfalecida, sai da letra do constituinte para a sentença de tais juízes. A sentença sim é soberana, não aquela! Fora da esfera de um Direito Constitucional decadente e subjugado pela vontade presidencial, é de admitir, todavia, que num determinado sentido há, em rigor, duas Constituições paralelas: uma formal, outra jurisprudencial; a segunda, direito positivo concretizado, mais eficaz que a primeira porquanto sendo norma viva, solve os litígios constitucionais. E ao solvê-los, ò Tribunal Constitucional se mostra então fiador do Estado de Direito. Se decide bem, garante os direitos fundamentais. Se decide mal, dá um passo para a ditadura dos juízes. A pior das ditaduras é a tirania judicial personificada no governo da toga, nos magistrados da lei. Tirania sem remédio e sem retorno.

Um Tribunal carente de independência, politizado ao excesso pelo Executivo, fragilizado pelo desrespeito a sua função, debilitado pelas omissões no controle jurisdicional de constitucionalidade é o inimigo da Constituição; é também a espessa muralha e o grande obstáculo que no caso do Brasil se levanta para tolher o ingresso, em nosso ordenamento, da democracia participativa direta, legislada pelo constituinte de 1988 no parágrafo único do art. 1º, combinado com o art. 14 da Constituição Federal vigente.

A melhor página que já lemos ultimamente acerca da legítima politização das Cortes Constitucionais como ponto de equilíbrio entre concepções de vida, pré-compreensões e opções sociais, políticas e culturais, é da lavra do constitucionalista Luis Nunes de Almeida, Vice-Presidente do Tribunal Constitucional de Portugal, vazada nos seguintes termos:

"O que importa fundamentalmente assegurar não é o equilíbrio entre este e aquele bloco político-partidário, mas entre concepções de vida, pré-compreensões, opções sobre a organização da sociedade – isto é, entre blocos político-culturais. O que importa é que haja equilíbrio entre os que defendem, sobretudo, a liberdade e os que propendem mais para a autoridade; entre os que acentuam mais a necessidade de garantir os direitos dos cidadãos e os que atribuem maior importância à salvaguarda das instituições; entre os que pendem para as prerrogativas do Parlamento e os que simpatizam com o reforço dos poderes do Executivo; entre os que vêem a realização da justiça social através do reconhecimento de direitos e aqueles que a vêem sobretudo realizada através de formas assistenciais; entre os que se preocupam com a redistribuição da riqueza e os que dão maior ênfase à produção; entre os que têm uma formação laica e os que têm uma formação confessional. Não é, pois, entre partidos, mas entre estas sensibilidades que tem necessariamente que haver um equilíbrio no Tribunal Constitucional, e nisto, e só nisto, há-de consistir a sua politização."[28]

14. A tibieza jurisprudencial do Supremo em acórdãos interpretativos da Constituição na idade do pós-positivismo e da prevalência dos princípios faz parte também da crise e há deveras concorrido para a desorientação jurídica que mina as bases do ordenamento.

O Supremo Tribunal Federal em ocasiões extremamente delicadas esteve sujeito a manipulações executivas de uma política de governo infesta aos supremos interesses da nação. Por onde resultaram intromissões descabidas de administradores e governantes na esfera dos poderes correlatos, de titularidade soberana nem sempre respeitada, a saber, o Judiciário e o Legislativo.

Estes em momentos decisivos da batalha se renderam ou se inclinaram ora à inércia e omissão, ora à colaboração, feita de temor, submissão e sacrifício da independência.

15. Assim como as Constituições e os princípios, outrora tidos por idéias e abstrações desvinculadas da positividade jurídica e que unicamente lograram a força normativa de que ora dispõem, após a revolução metodológica e hermenêutica ocorrida na idade dos direitos fundamentais, também as políticas de governo transcorrem, por inteiro, à revelia dos controles judiciais, portanto, em esferas discricionárias, na linha da divisão quase absoluta que separa o político do jurídico.

A separação, aliás, tem retardado e feito suspeito às correntes conservadoras e tradicionalistas do direito público a criação do tribunal constitucional e desse modo, igualmente, a possibilidade de concretizar, em juízo de constitucionalidade, um controle extensivo também àquelas políticas de governo, segundo determina o parecer

28. Luís Nunes de Almeida, "Da Politização à Independência", in *Legitimidade ...*, ob. cit., pp. 252-253.

de ponderáveis correntes de opinião da sociedade brasileira; políticas, como foram, por exemplo, as das grandes privatizações e alienações da infra-estrutura econômica do Brasil.

Todavia, de modo casuístico, algumas privatizações, por ofensivas à Constituição, se acham ainda *sub-judice*.

Foi aliás o escândalo das privatizações, preâmbulo da desnacionalização da economia brasileira, que levou Fábio Konder Comparato, eminente publicista e constitucionalista da Faculdade de Direito da Universidade de São Paulo, a postular o eventual controle de constitucionalidade das políticas públicas.

Com efeito, afigura-se-nos de toda procedência em determinados casos a razão argumentativa que ampara a proposta do abalizado professor, porquanto os atos de uma política governativa de agressão, transgressão e destruição da soberania nacional, o mais excelso dos princípios constitucionais, já na ordem interna, já na ordem externa das relações de poder, de que pende e de que depende a livre sobrevivência do país e de suas instituições, não devem subtrair-se ao sobredito controle.

Preservar princípios que estejam em causa, do porte daquele tão gravamente menoscabado, é dever da magistratura constitucional; a nação tem, portanto, legitimação para provocar-lhe intervenção reparadora. Legitimação tácita. Não está na letra do texto normativo mas no espírito da Constituição, onde se aloja, em esfera superlativa, que é a dos princípios.[29]

É ao sobredito controle que hão de ficar assim sujeitos, mais cedo ou mais tarde, por imperativo de legitimidade, os planos de governo, cuja formulação e execução não há-de permanecer adstrita tão somente ao arbítrio de quem governa, de quem os traça, de quem os impõe, senão atados futuramente, para sua completa e legítima concretização, ao controle judicial do sistema democrático-participativo

29. Leia-se a esse respeito: Fábio Konder Comparato, "Ensaio sobre o juízo de constitucionalidade de políticas públicas", *Revista de Informação Legislativa*, Brasília, 35, n. 138, abr./jun. 1998.

de governo, aquele já estatuído entre nós, em sede de Direito Constitucional positivo, pela conjunção do parágrafo único do art. 1º com o art. 14 da Constituição Federal.[30]

Contudo, isto só se fará possível se for dado um passo avante: o de normativizar, judicializar e constitucionalizar a questão política em termos de controle de constitucionalidade.

Em suma, faz-se mister assinalar que em matéria de controle de constitucionalidade as políticas de governo se acham na mesma fase embrionária por que já passaram os princípios, enquanto fórmulas valorativas, abstratas, programáticas, e idealistas, até há pouco de rara ou nenhuma serventia e eficácia, na região concreta e objetiva dos sistemas constitucionais; por isso mesmo absentes, quando se tratava de interpretar leis e atos normativos, precisamente pela razão de que aos princípios não se lhes reconhecia força normativa e juridicidade, o que só veio a acontecer, por derradeiro, com a revolução dos direitos fundamentais. Foi esta revolução que os colocou nas altitudes culminantes do sistema; por conseguinte, no topo de sua hierarquia normativa.

Enfim, não podemos chegar ao termo destas considerações senão repulsando um preconceito doutrinário que tanto fere e não raro en-

30. Com efeito, o controle de constitucionalidade deve estender-se aos atos normativos e não normativos, e não como em alguns sistemas de controle – de Portugal, por exemplo – onde ele se estende unicamente aos primeiros.

Seu significado será muito mais efetivo, sua força protetora do sistema muito mais enérgica se se estender aos segundos; se judicializar, debaixo da égide da Constituição, toda a vida pública, todos os atos do Estado, toda a política de governo, designadamente a política transgressora dos mais altos princípios da Constituição.

Aliás, a Constituição de Portugal já deu largo passo nesse sentido em seu art. 3º que reza: "a validade das leis e dos demais atos do Estado depende da sua conformidade com a Constituição".

Todavia, o preceito, desobedecido, não encontrou ainda aplicação, conforme anota Vital Moreira (Vital Moreira, ob. cit., p. 187), embora seja desde muito, como se observa, direito positivo da organização constitucional daquele país.

Tocante ao controle jurisdicional das políticas de governo, somente cobrará sentido e legitimidade se a essência democrática do sistema constitucional permanecer intacta e inviolável, se o pêndulo do poder se inclinar para o predomínio das formas políticas da democracia participativa direta, que ofusca o velho e decadente e corrupto sistema de governo de algumas repúblicas da América Latina, com inclusão do Brasil.

volve numa nuvem de sombras e suspeição a jurisdição constitucional ao fazer mais pontiagudos e inarredáveis os seus óbices.

Este preconceito pane sobretudo daqueles que conjecturam uma justiça constitucional absolutamente neutra tomando por condição de independência da corte constitucional não imiscuir-se com matéria política, quando, em verdade, se sabe que toda Constituição tem, por sua natureza mesma, um alto teor de politicidade, superior ao de juridicidade.

Quem levanta objeções deste feitio acha a resposta nestas palavras lapidares, de conteúdo e sentido, cuja autoria é de Pestalozza, um dos mais insignes processualistas do Direito Constitucional contemporâneo: "Os tribunais constitucionais declaram o direito, mas ao mesmo passo fazem política".[31]

31. "Verfassungsgerichte sprechen Recht. Aber zugleich machen sie Politik" (Pestalozza, "Verfassungsprozessuale Probleme", *Jus Schriften*, 46, p. 5).

TRIBUTAÇÃO DO COMÉRCIO ELETRÔNICO AUDIOVISUAL

PAULO DE BARROS CARVALHO

1. Introdução. 2. A repartição constitucional das competências tributárias como indicadora do campo possível para a incidência tributária. 3. O âmbito de incidência do ISSC, consoante a previsão constitucional: 3.1 Conteúdo semântico do vocábulo "comunicação" – 3.2 "Comunicação" e "prestação de serviços de comunicação": realidades distintas – 3.3 Conclusões acerca da materialidade do ISSC. 4. A faixa de incidência do ISSQN, segundo a previsão constitucional. 5. O arquétipo constitucional do ICM. 6. A atividade de transmissão de sons e imagens pela Internet ("streaming sound and video") e a não-incidência do ISSC e do ISSQN. 7. A atividade de reprodução, pelo consumidor, em seu próprio equipamento informático, dos dados disponibilizados no site da transmissora de imagens e sons – "download" – e a impossibilidade lógica de incidência do ICM.

1. Introdução

O comércio eletrônico de produtos audiovisuais tem avançado a passos largos. Hoje é possível adquirir obras cinematográficas e musicais de todos os gêneros com muita agilidade. Várias empresas da *velha economia* dedicadas à venda de livros convencionais, CDs e DVDs construíram páginas eletrônicas através das quais o consumidor assiste ou ouve as transmissões de sons (*streaming sound*) e imagens (*streaming video*), ou realiza o *download*, armazenando-as em discos rígidos ou em outras mídias.

A circulação das obras audiovisuais pelo comércio eletrônico prescinde da *materialidade* representada pelas folhas de papel – no caso dos livros – e pelo plástico – na hipótese de CDs e DVDs –, acarretando inúmeras implicações para o direito tributário, como será demonstrado nas linhas seguintes.

O presente estudo, portanto, cumpre a finalidade de compreender se há a incidência do ISSC (imposto sobre a prestação de serviços de comunicação), do ISSQN (imposto sobre a prestação de serviços de qualquer natureza) ou do ICM (imposto sobre operações de circulação de mercadorias) sobre as operações onerosas relativas à circulação de produtos audiovisuais por intermédio da rede mundial de computadores.

2. A repartição constitucional das competências tributárias como indicadora do campo possível para a incidência tributária

Competência legislativa é a aptidão de que são dotadas as pessoas políticas para expedir regras jurídicas, inovando o ordenamento positivo. A competência tributária, por seu turno, é uma das parcelas entre as prerrogativas legiferantes de que são portadoras aquelas pessoas, consubstanciada na possibilidade de legislar para a produção de normas jurídicas tributárias.

O tema das competências legislativas – entre elas a competência tributária – é eminentemente constitucional. Uma vez cristalizada a limitação do poder legiferante, pelo seu legítimo agente (o constituinte), a matéria se dá por pronta e acabada, carecendo de sentido sua reabertura em nível infraconstitucional. A Constituição da República é extremamente analítica, relacionando as hipóteses em que as pessoas jurídicas de direito público, por intermédio dos respectivos Poderes Legislativos, estão habilitadas à instituição de tributos. E, no que concerne aos tributos não-vinculados (de acordo com a classificação de Geraldo Ataliba), os elementos relevantes para sua fisionomia jurídica encontram-se estipulados no sistema constitucional tributário brasileiro de modo minucioso, uma vez que as situações suscetíveis de integrarem o critério material dos impostos de competência da União, dos Estados, do Distrito Federal e dos Municípios foram previstas, respectivamente, nos arts. 153, 155 e 156, remanescendo aberta apenas a faixa de competência tributária da União, em face da possibilidade residual estabelecida no art. 154, I, do Texto Supremo.

Nesses termos, observa-se quão rígido é o sistema constitucional tributário brasileiro – fato, este, que não pode ser ignorado pelo legislador (em sentido amplo) infraconstitucional.

Diante de tanta minúcia e da rigidez inerente à Constituição Brasileira, a questão relativa à incidência, ou não, da norma jurídica de um imposto sobre determinado acontecimento do mundo social pressupõe a análise preliminar das disposições constitucionais correspondentes à figura do tributo. É o que farei em seguida, a fim de examinar se pode ter-se como válida a percussão das regras-matrizes do ISSC, do ISSQN e do ICM sobre o comércio eletrônico de produtos audiovisuais.

3. O âmbito de incidência do ISSC, consoante a previsão constitucional

Nos termos do art. 155, II, da Carta Magna, compete aos Estados e ao Distrito Federal instituir impostos sobre "operações relativas à circulação de mercadorias e sobre prestações de serviços de transporte interestadual e intermunicipal e de comunicação, ainda que as operações e as prestações se iniciem no exterior". Dentro da materialidade do aludido imposto, conhecido por ICMS, inclui-se a "prestação de serviço de comunicação" (ISSC). É nessa parcela da competência impositiva do Estado que focalizarei a atenção em primeiro lugar, tendo em vista demarcar o domínio de sua abrangência. Torna-se imperiosa, para tanto, uma análise mais atilada do significado da expressão "prestação de serviço de comunicação", empregada pelo constituinte. Apenas por esse meio será possível identificar, com exatidão, o quadro de eventos que integram o critério material da regra-matriz de incidência desse imposto.

3.1 Conteúdo semântico do vocábulo "comunicação"

Partindo da premissa de que, ao interpretarmos os textos jurídico-positivos, devemos construir, a partir do discurso científico próprio, o conteúdo semântico dos vocábulos que não pertencerem à chamada "linguagem ordinária", passarei a fazê-lo no que alude ao termo "comunicação". Animados por tal propósito, impõe-se observar o significado a ele atribuído pela Semiótica, disciplina que estuda os elementos representativos no processo comunicacional. Na qualidade de Teoria Geral dos Signos utilizados por uma linguagem qualquer, estará mais autorizada a dizer, de forma precisa, o que é e como funciona a comunicação.

A palavra "comunicação" – assim como a quase-totalidade dos termos idiomáticos conhecidos – padece do problema da ambigüidade. No falar quotidiano, e até mesmo em obras que pretendem esclarecer o significado de determinados signos (dicionários), "comunicação" seria uma palavra usada em ocasiões diversas, com sentidos variados. Cientificamente, porém, a situação é outra. "Comunicação" deve ser entendida em conformidade com a disciplina que estuda os signos, isto é, a Semiótica, abandonando-se os sentidos resultantes dos usos comuns.

Na acepção mais geral, o termo "comunicação" designa qualquer processo de intercâmbio de uma mensagem entre um emissor e um receptor.[1] Para que isso seja possível, porém, necessária a coalescência de determinados componentes que, segundo Roman Jakobson,[2] são seis: *remetente*, *mensagem*, *destinatário*, *contexto*, *código e contato*. Utilizando esses elementos para descrever o processo da interação comunicacional, temos a seguinte situação: O (1) *remetente* envia uma (2) *mensagem* ao (3) *destinatário*. Para ser eficaz, a mensagem requer um (4) *contexto* a que se refere, apreensível pelo destinatário, e que seja verbal ou suscetível de verbalização; um (5) *código* total ou parcialmente comum ao remetente e ao destinatário; e, finalmente, um (6) *contato*, um canal físico e uma conexão psicológica entre o remetente e o destinatário, que os capacite a entrar e permanecer em comunicação.

Umberto Eco,[3] por sua vez, define o processo comunicativo como a passagem de um sinal que parte de uma fonte, através de um

1. Gérard Durozoi e André Roussel, *Dicionário de Filosofia*, trad. de Marina Appenzeller, Campinas, Papirus, 1993, p. 95.
2. *Lingüística e Comunicação*, São Paulo, Cultrix, p. 123.
3. *Tratado Geral de Semiótica*, 2ª ed., São Paulo, Perspectiva, 1991, p. 5.

transmissor, ao longo de um canal, até um destinatário. Também J. Teixeira Coelho Netto[4] adota semelhante definição de processo comunicacional. Segundo esse autor, uma mensagem é elaborada pela *fonte*, com elementos extraídos de um determinado *repertório*, sendo transmitida por um *canal* e decodificada por um *receptor*, que, para tanto, utilizará elementos extraídos de outro *repertório*, que tenha algum ponto em comum com o repertório da fonte.

Em síntese, o processo comunicacional, seja ele de que espécie for, apresenta a seguinte esquematização:

emissor – canal – mensagem – código – receptor.

Esclareçamos o significado de cada um desses elementos: (1) *emissor* é a fonte da mensagem, aquele que comporta as informações a serem transmitidas; (2) *canal* é o suporte físico necessário à transmissão da mensagem, sendo o meio pelo qual os sinais são transmitidos (é o ar, para o caso da comunicação verbal; mas pode apresentar-se em formas diversas, como faixas de freqüência de rádio, luzes, sistemas mecânicos ou eletrônicos etc.); (3) *mensagem* é a informação transmitida; (4) *código* ou *repertório* é o conjunto de signos e regras de combinações próprias a um sistema de sinais, conhecido e utilizado por um grupo de indivíduos; ou, em outras palavras, é o quadro das regras de formação (morfologia) e de transformação (sintaxe) de signos; (5) *receptor* é a pessoa que recebe a mensagem, o destinatário da informação.

Importa enfatizar que podemos perfeitamente isolar os elementos que a compõem, numa proposta de feição analítica, a despeito de ser a comunicação una – significa dizer, um processo que não se constitui de elementos separáveis de todos os demais, ou de acontecimentos afastados do contexto em que se verificam. Pela abstração – exemplifica Lourival Vilanova[5] – é possível, numa maçã, considerarmos em separado sua cor, forma, peso e cheiro, efetuando, assim, uma separação abstrata. Mediante esse recurso, separa-se o inseparável, sendo possível empregá-lo sempre que pretendemos aprofundar

4. *Semiótica, Informação e Comunicação*, 3ª ed., São Paulo, Perspectiva, 1990, p. 123.

5. *As Estruturas Lógicas e o Sistema do Direito Positivo*, São Paulo, Max Limonad, 1997, p. 49.

o exame de determinado objeto. Foi o que fizemos, a fim de proporcionar melhor compreensão da estrutura comunicacional.

Concluo o presente tópico afirmando que o processo comunicativo, segundo teóricos das comunicações e lingüistas, consiste na transmissão, de uma pessoa para outra, de informação codificada. O esquema da comunicação supõe, portanto, a transmissão de uma mensagem, por meio de um canal, entre um emissor e um receptor, que possuem em comum, ao menos parcialmente, o repertório necessário para a decodificação da mensagem. Eis o conteúdo semântico cientificamente atribuído ao vocábulo "comunicação".

3.2 "Comunicação" e "prestação de serviços de comunicação": realidades distintas

Partimos do pressuposto de que o vínculo comunicacional se instaura com o ciclo formado pela emissão, transmissão e recepção de mensagens, de modo intencional ou não. Apresenta enorme amplitude, verificando-se sempre que houver dois ou mais sujeitos em contingência de interação. Toda vez, portanto, que alguém difundir informação, ainda que não destinada a receptor determinado (porém determinável) e mesmo que de forma inconsciente, esse alguém estará realizando um processo de comunicação.

Prestar serviço de comunicação, por seu turno, consiste na atividade de colocar à disposição do usuário os meios e modos necessários à transmissão e recepção de mensagens, diferindo, nessa medida, da singela realização do fato comunicacional.

Para que se possa perceber com maior nitidez a distinção acima referida, examinemos mais de perto o conceito de "prestação de serviço", fazendo o contraponto com os significados dos termos "comunicação" e "prestação de serviço de comunicação".

"Prestação de serviço – define Aires Barreto – é o esforço de pessoas desenvolvido em favor de outrem, com conteúdo econômico, sob regime de direito privado, em caráter negocial, tendente a produzir uma utilidade material ou imaterial".[6] Configura-se, em outras

6. "Imposto sobre serviço de qualquer natureza", *RDTributário* 29-30/188.

palavras, no exercício, por alguém (prestador), de uma atividade que tem por escopo produzir benefício relativamente a outra pessoa (tomador), a qual remunera o prestador (preço do serviço).[7]

Desde logo se vê na definição de "prestação de serviço" oferecida pelo mencionado jurista o caráter de necessidade absoluta da coexistência dos três elementos que a compõem, quais sejam: o *prestador*, o *tomador* e o *preço do serviço*. Ao mesmo tempo, recordando os elementos do processo comunicacional, observamos a presença de um emissor, de um canal ou transmissor, de uma mensagem, de um código comum ao emissor e ao receptor e de um destinatário.

A prestação de serviço de comunicação só se verificará, portanto, quando houver a junção simultânea dos elementos constitutivos da prestação de serviço, de um lado, e do processo comunicacional, do outro – de tal forma que a atividade exercida pelo prestador tenha por escopo realizar a comunicação entre o tomador do serviço e terceira pessoa, mediante pagamento de um valor. Pode-se falar em prestação de serviço de comunicação quando o emissor da mensagem aparece como tomador do serviço, que, mediante remuneração, contrata o prestador para que este exerça a função de canal, proporcionando os meios que tornem possível a transmissão de mensagens ao destinatário.

O receptor não integra o vínculo da prestação do serviço, sendo sua presença necessária apenas para que se efetive a comunicação. Os participantes do liame comunicativo (emissor e receptor) não prestam serviço de comunicação um para o outro, nem para terceiros. Ambos apenas se comunicam. Presta serviço de comunicação tão-só a pessoa (física ou jurídica) que proporciona e mantém em funcionamento os meios físicos necessários à concretização do vínculo comunicacional (exemplo: terminais, centrais, linhas de transmissão, satélites etc.). Assim, se alguém, por seus próprios meios, transmite informações a outrem, esse alguém não presta serviço, mas tão-somente se comunica.

Do que foi dito infere-se que a comunicação pode ocorrer de dois modos: *(a)* de forma pessoal, havendo transmissão de mensagem pró-

7. A expressão "prestação de serviço" padece do problema da ambigüidade, comportando sentidos diversos. Todavia, tratando-se de interpretação de um texto jurídico, produzido em linguagem técnica, o sentido atribuído deve decorrer de uma construção harmônica do sistema normativo, cientificamente estabelecida.

pria; e *(b)* com intermediação, em que há transmissão da mensagem de terceiros. Apenas a segunda hipótese sujeita-se à incidência do ISSC, pois, como ninguém presta serviço a si mesmo, somente se o canal transmissor configurar pessoa diversa do emissor é que teremos a prestação de serviço de comunicação. Enquanto na comunicação a mensagem é recebida diretamente do emissor, na prestação de serviço de comunicação a mensagem, de propriedade do emissor, é transmitida por um indivíduo diverso (prestador de serviços). O simples fato de alguém possuir meios tecnológicos para distribuir sua própria mensagem, portanto, não implica prestação, por ele, de serviços de comunicação.

Façamos a comparação entre os esquemas que seguem abaixo, relativos à comunicação e à prestação de serviços de comunicação, a fim de observarmos os traços distintivos entre ambos os processos.

Na comunicação temos: *emissor (A) – canal (A) – receptor (C)* ou *emissor (A) – canal (B) – receptor (C)*. No primeiro caso tem-se comunicação realizada com os meios pertencentes ao emissor, funcionando ele próprio como canal transmissor da mensagem. Eis a comunicação, simplesmente considerada. No segundo, o emissor necessita de uma outra pessoa que efetue a transmissão de sua mensagem, fazendo-a chegar ao receptor. Há, agora, prestação de serviço de comunicação.

Sintetizando: no *processo comunicativo*, puro e simples, quem efetua a transmissão da mensagem é o próprio emissor; na *prestação de serviço de comunicação* o emissor contrata alguém (prestador do serviço) para que este construa o *canal* por onde será transmitida a mensagem.

3.3 Conclusões acerca da materialidade do ISSC

Pelo exposto, creio não haver dúvidas sobre as diferenças entre "comunicação" e "prestação de serviço de comunicação", realidades que não se confundem.

Se assim é, na conformidade do estatuído no art. 155, II, da Constituição da República, não basta a simples "comunicação" para que incida, validamente, a regra-matriz do ISSC. A percussão do tributo somente será legítima se – e somente se – ocorrer, no plano da realidade sensível, comprovada por linguagem competente, a "prestação de serviço de comunicação".

Isto acontece, exatamente, quando o liame comunicacional é instalado mediante fornecimento, pelo contratado (prestador de serviço), dos meios e modos necessários à transmissão e conseqüente recepção de mensagens entre o contratante (emissor) e outra pessoa (receptor), apresentando-se o contratado, prestador de serviços (terceiro), como agente transmissor de informações veiculadas entre o emitente e o destinatário da mensagem. Logo, a hipótese de incidência do ISSC consiste na operação de intermediar a emissão e a recepção de mensagens entre duas ou mais pessoas. Faz-se imperioso o oferecimento de um canal pelo prestador de serviço para que a relação comunicativa se instale e se mantenha. Sobre esta operação, desde que vislumbrado conteúdo econômico, poderá incidir o ISSC.

Não se pode admitir – mesmo porque não há previsão constitucional – a incidência do tributo em tela sobre a locução "realizar comunicação". Refletindo sobre o assunto, e partindo da premissa de que não há fato social sem comunicação – visto ser impossível travar contato sem comunicar-se –, teríamos, numa proposta de redução ao absurdo, que aceitar o ISSC percutindo sobre toda a gama de fatos sociais, eventos que, por si sós, sequer denotam capacidade contributiva – razão pela qual sustentar a incidência do ISSC sobre a pura e simples comunicação representa inusitado absurdo.

Concluindo, posso afirmar que a incidência do ISSC dar-se-á apenas quando se verificar uma atividade em que, por força de remuneração, um indivíduo (A) forneça condições materiais a outro indivíduo (B) a fim de que este se comunique com outra pessoa (C), agindo como transmissor da mensagem na relação comunicacional. Imprescindível a existência de um prestador de serviço tornando possível e intermediando a comunicação entre emissor e receptor.

Registre-se, outrossim, que, tendo sido a competência tributária minuciosamente traçada na Constituição, não deve o intérprete buscá-la em leis complementares, leis ordinárias e, muito menos, em convênios.

A Lei Complementar 87/1996, em seu art. 2º, III, prevê a incidência do ISSC sobre "prestações onerosas de serviços de comunicação, por qualquer meio, inclusive a geração, a emissão, a recepção, a transmissão, a retransmissão, a repetição e a ampliação de comunicação de qualquer natureza". Como, porém, não pode a lei complementar ampliar ou alterar o campo de incidência do ISSC, constitucionalmente previsto, cumpre-nos interpretá-la considerando que se refere, sempre, a situações caracterizadas como prestação de serviço de comunicação – ou seja, apenas e tão-somente quando a emissão, transmissão, retransmissão e recepção de mensagens forem efetuadas por pessoa diversa do emissor e do receptor. Se tais atividades forem executadas pelo próprio emitente da mensagem haverá simples "processo de comunicação", não tributável por meio do imposto de que falamos, como já exaustivamente demonstrado.

4. A faixa de incidência do ISSQN, segundo a previsão constitucional

Como não poderia deixar de ser, também o imposto sobre serviços de qualquer natureza (ISSQN), de competência municipal, encontra sua materialidade previamente referida no Estatuto Maior. É o que se depreende da leitura do art. 156, III, que dispõe competir aos Municípios instituir impostos sobre "serviços de qualquer natureza, não compreendidos no art. 155, II, definidos em lei complementar".

Identifiquemos, agora, o conteúdo significativo da expressão "serviços de qualquer natureza", empregada pelo constituinte para fins de incidência desse gravame. Ao iniciar a análise da expressão, logo no exame do primeiro instante, percebe-se que o conceito de "prestação de serviço", nos termos da previsão constitucional, não coincide com o sentido que lhe é comumente atribuído no domínio da linguagem ordinária. Na dimensão de significado daquela frase não se incluem *(a)* o serviço público, tendo em vista ser ele abrangido pela imunidade (art. 150, IV, "a", da Carta Fundamental); *(b)* o trabalho realizado para si próprio, despido que é de conteúdo econômico; e *(c)* o trabalho efetuado em relação de subordinação, abrangido pelo vínculo empregatício.

Marçal Justen Filho, ao versar o tema do critério material do ISSQN, assim como estabelecido na atribuição constitucional de competência, e pondo ênfase na exclusão das atuosidades praticadas segundo as regras do direito do trabalho, afirma que é a "prestação de utilidade (material ou não) de qualquer natureza, efetuada sob regime de direito privado mas não sob regime trabalhista, qualificável juridicamente como execução de obrigação de fazer, decorrente de um contrato bilateral".[8]

Para que se configure a prestação de serviços é necessário que aconteça o exercício, por parte de alguém (prestador), de atuação que tenha por objetivo produzir uma utilidade relativamente a outra pessoa (tomador), a qual remunera o prestador (preço do serviço). *Prestar serviços* é atividade irreflexiva, reivindicando, em sua composição, o caráter da bilateralidade. Em vista disso, torna-se invariavelmente necessária a existência de, no mínimo, duas pessoas – uma na condição de prestador e outra na de tomador –, não se podendo cogitar de alguém que preste serviço a si mesmo.

Ademais, é forçoso que a atividade realizada pelo prestador se apresente sob a forma de uma obrigação de fazer. Eis aí outro elemento caracterizador da prestação de serviços. Conseqüentemente, o ISSQN só incidirá tratando-se de conduta tipificada como obrigação de fazer. Por outro ângulo, a incidência do ISSQN pressupõe atuação decorrente do dever de fazer algo até então *inexistente*, sendo inexigível quando se tratar de obrigação que imponha ao devedor a entrega de alguma coisa já existente ou a mera cessão de direito de uso. Logo, a prestação de serviço passível de percussão pelo ISSQN somente se verifica quando uma pessoa executar obrigação de fazer em benefício de uma segunda pessoa, mediante remuneração por parte desta.

Sobremais, ressalte-se que a incidência do ISSQN somente será válida se – e somente se – o serviço tributável estiver definido na lei complementar a que faz alusão o art. 156, III, da Constituição Federal.

Realmente, os Municípios somente poderão fazer incidir validamente o ISSQN sobre os serviços tipificados e delineados em lei

8. "O ISS, a Constituição de 1988 e o Decreto-lei n. 406", *Revista Dialética de Direito Tributário* 3/66, São Paulo, Dialética.

complementar, veículo introdutor que ostenta especial hierarquia nos vastos quadrantes do Direito. Tal expediente, como é sabido, visa a evitar conflitos de competência entre as entidades tributantes, assegurando que somente o ISSQN incida sobre os serviços definidos denotativamente em lei complementar. Se, por um lado, impõe-se a previsão do serviço tributável em lei complementar para que a incidência do ISSQN seja válida, por outro, a Constituição Federal prescreve que, uma vez descrito o serviço sujeito ao tributo em tela, sobre o mesmo não poderá incidir qualquer outro, excetuando-se o imposto extraordinário de competência da União fundado em motivo de guerra ou sua iminência. Desse modo, como regra, podemos concluir que a definição em lei complementar atua como condição necessária para a válida incidência do ISSQN (atuação positiva) e, também, como regra jurídica de coloração negativa (atuação negativa), impedindo que outras regras impositivas provenientes dos Estados, do Distrito Federal e da União (com exceção do imposto extraordinário) incidam validamente sobre a mesma realidade.

Assim – e concluindo este tópico –, para que o ISSQN incida de forma válida, não basta que ocorra a prestação de serviço com conteúdo econômico, fundada em relação de direito privado, excetuando-se as relações trabalhistas, como estudado linhas atrás. Impõe-se, definitivamente, que o serviço que se pretende tributar esteja minuciosamente definido em lei complementar. Faz às vezes deste instrumento a Lei Complementar 116, de 1.8.2003, que veiculou ampla lista dos serviços sujeitos à incidência do ISSQN.

5. O arquétipo constitucional do ICM

Sob a sigla "ICMS" procura-se significar diversos impostos, dentre os quais o imposto sobre serviços de comunicação (ISSC), objeto de nossa atenção páginas atrás. Detenhamo-nos, agora, no imposto sobre operações relativas à circulação de mercadorias, doravante denominado simplesmente "ICM", procurando compor sua estrutura significativa, partindo do enunciado prescrito no art. 155, II, da Constituição da República, vazado nos seguintes termos: "Art. 155. Compete aos Estados e ao Distrito Federal instituir impostos sobre: (...); II – operações relativas à circulação de mercadorias (...)".

Tenhamos presente que o núcleo da materialidade impositiva é o termo "operações", substantivo plural, e que o restante são adjuntos adnominais, cujo papel é adjetivar aquela palavra, estabelecendo a qualificação da gama de operações que interessam à composição do feitio concebido. Em outras palavras, os adjuntos são úteis na medida em que podemos asseverar, com segurança, que o ICM não incide sobre a realização de quaisquer operações, mas somente sobre aquelas responsáveis pela circulação de mercadorias.

Tenho para mim que o vocábulo "operações", no contexto constitucional, exprime o sentido de atos ou negócios jurídicos hábeis para provocar a circulação de mercadorias. Adquire, neste momento, a acepção de toda e qualquer atividade regrada pelo Direito, e que tenha a virtude de realizar aquele evento.

O signo "circulação", por sua vez, expressa a transferência da propriedade ou da posse de uma mercadoria, de uma pessoa para outra. Exsurge à mais limpa evidência que a mutação patrimonial há de se operar sob o pálio de um título jurídico. Mesmo porque, se assim não fosse, o ordenamento jurídico não poderia considerá-la legítima, pois a única forma que o direito positivo prevê de passagem de um bem do patrimônio de "A" para o patrimônio de "B", ou mesmo da simples posse transferida de "A" para "B", é aquela que corresponda a um, entre os muitos símbolos jurídicos.

A análise pelo plano semântico da linguagem jurídica culmina com o termo "mercadorias", palavra utilizada pelo constituinte com o nítido vezo de reduzir o campo significativo do vocábulo "circulação", indicando, desse modo, que nem toda circulação estaria abrangida no tipo proposto, mas unicamente aquelas de "mercadorias".

Não se presta o vocábulo, de proporção unívoca, para designar, nas províncias do Direito, senão a coisa móvel, corpórea ou intangível, que está no comércio – equivale a dizer, entre os bens suscetíveis de serem negociados. A natureza mercantil do produto não está, absolutamente, entre os requisitos que lhe são intrínsecos, mas na destinação que se lhe dê. É mercadoria a caneta posta à venda entre outras adquiridas para esse fim. Não o será aquela que mantenho em meu bolso e que se destina a meu uso pessoal. Não se operou a menor mutação na índole do objeto referido. Apenas sua destinação veio a outorgar-lhe atributos de mercadoria.

Confere-lhe o tom de univocidade, consoante asseveramos em tópico próprio, o art. 191 do Código Comercial, ao veicular, por meio de linguagem prescritiva, definição estipulativa do termo "mercadoria" como toda coisa móvel, objeto de um ato ou negócio jurídico mercantil, onde presentes estão o intuito lucrativo e a habitualidade/profissionalidade.

Desse modo, para concluir esse tópico, podemos afirmar, com assomos de cientificidade, competir aos Estados e ao Distrito Federal instituir imposto sobre a realização de atos ou negócios jurídicos mercantis dos quais decorra a transferência da propriedade, ou da posse, de objeto móvel, corpóreo ou incorpóreo, de um para outro sujeito de direito. *A contrario sensu*, qualquer tributação pelo ICM cujo suporte fático não esteja composto pelos elementos supraditos será inválida, com a irradiação dos efeitos previstos pelo direito positivo.

6. A atividade de transmissão de sons e imagens pela Internet ("streaming sound and video") e a não-incidência do ISSC e do ISSQN

A atividade consistente na transmissão de sinais de imagem e som pelo ambiente virtual é denominada *streaming*. Seu exercício pode desdobrar-se na transmissão pura e simples de músicas ou obras televisivas (*webcasting*) ou na emissão de um programa tradicional de rádio ou televisão (*simulcasting*). A diferença reside na possibilidade de o usuário escolher a faixa musical ou a imagem que deseja ouvir ou ver. Na hipótese de o consumidor poder escolher a obra musical ou televisiva objeto de sua pretensão estamos diante do *webcasting*, ao passo que quando o usuário estiver em face de uma transmissão simultânea e inalterada de um programa tradicional de rádio ou televisão temos o *simulcasting*. Ambas, no entanto, são espécies do gênero *streaming*, conotando todas as características do termo.

Eis a atividade exercida por diversas livrarias e empresas especializadas no comércio de música e vídeo: por intermédio de páginas virtuais, transmitem, por equipamentos próprios, sinais de obras musicais e televisivas cujos direitos autorais e fonográficos, de regra, não lhes pertencem.

Levando-se em conta que transmitem programação inserida em sua base de dados, por meio de equipamentos próprios, não se há de falar em prestação de serviço de comunicação, mesmo admitindo-se que a transmissora participa de um processo comunicacional. Na realidade, todos nós participamos de fatos de comunicação, uma vez que, dentro do contexto social em que vivemos, é impossível não nos comunicarmos de alguma maneira, ainda que de modo involuntário. Todavia, conforme penso ter demonstrado, a comunicação, por si só, é insuficiente para propiciar a incidência do ISSC, tornando-se imprescindível efetiva prestação de serviço de comunicação – inexistente, aliás, no caso do comércio eletrônico de obras audiovisuais.

Como a própria transmissora faz chegar os sinais de som e imagem, criptografados em sua base de dados, ao ambiente virtual, que poderá ser acessado por qualquer computador que esteja conectado à rede mundial, exerce, simultaneamente, as funções de emissora e transmissora da mensagem. Ora, ainda que se considere que as empresas transmissoras não detêm os direitos autorais relativos às informações por elas veiculadas, não prestam serviço oneroso de comunicação, pois para que este se configurasse, juridicamente, indispensável que o prestador e o tomador do serviço fossem sujeitos de direito distintos. Significa dizer que, sendo a mensagem e os meios para transmiti-la de titularidade da emissora, não há de se cogitar de atividade prestacional concernente a serviço de comunicação.

Na prestação de serviços de comunicação há, impreterivelmente, no mínimo, três pessoas envolvidas: emissor (tomador), prestador do serviço e receptor. Tal circunstância pode ser observada nos serviços prestados pelo sistema de telefonia, uma vez que exclusivamente com os meios propiciados pela companhia telefônica faz-se possível a comunicação entre emitente e destinatário. Quadra advertir, no exemplo dado, ser o transmissor pessoa diversa do emissor e do receptor, pois somente dessa forma é lícito pensar em prestação de serviço. Ao mesmo tempo, tratando-se de mensagem enviada por seu titular, que também dispõe dos meios para transmiti-la, descabe entrever serviço de comunicação, mas, sim, singelo fato comunicacional. Desse modo, quando a transmissora dos sinais de som e de imagem transmite, em seu próprio *site*, obras televisivas, musicais e programas de rádio cujos direitos autorais lhe pertencem, ou quando transmite programação por ela mesma criada, está transmitindo mensagem própria e em nome próprio, não de terceiros. É simples comunicação, jamais prestação de serviço de comunicação. Mesmo quando os direitos autorais não lhes pertencem, mas às gravadoras ou aos produtores, ainda assim não há prestação de serviço de comunicação, porquanto as empresas transmissoras enviam mensagens de sua base de dados, sem a presença dos autores do vídeo ou da música. A comunicação instala-se entre a empresa detentora do *site* e o consumidor conectado à rede mundial de computadores.

Note-se: no desempenho de sua atividade, o processo comunicacional se instaura, unicamente, entre transmissora e visitante do *site* que acessa o programa televisivo ou musical. Este último não se comunica com terceiros, por meio da transmissora. Aquilo que ocorre é tão-somente o envio de mensagens pela transmissora e seu recebimento pelo usuário. Nessa conjuntura, não se afigura prestação de serviço de comunicação pela proprietária do *site*. A titularidade conjunta da mensagem (que não se confunde com os direitos autorais que a têm por objeto) e do meio transmissor (canal) deixa fora de cogitação a hipótese de serviço prestado – e, por via de conseqüência, a percussão do ISSC, que não pode incidir sobre mero ato comunicacional.

Poder-se-ia cogitar da incidência do ISSC sobre o serviço de comunicação prestado pelo provedor de acesso à Internet, contratado pelo usuário que pretende conectar-se à página virtual da cliente do consulente, para ouvir as músicas e assistir às imagens transmitidas. Neste caso, porém, como adiantamos, quem poderia prestar serviço de comunicação, a princípio, é o provedor de acesso contratado pelo consumidor, jamais a transmissora das mensagens.[9] Usuário e transmissora apenas se comunicam – evento sobre o qual não poderá percutir validamente a regra-matriz do ISSC.

Diga-se outro tanto com relação ao ISSQN.

9. Compreendemos que na hipótese de provedores de acesso à rede mundial de computadores não há prestação de serviço de comunicação, como deixamos claro no estudo publicado na *Revista Dialética de Direito Tributário* 73/97.

Em sua atividade, o que as empresas dedicadas ao comércio eletrônico de obras audiovisuais efetuam é a transmissão de dados criptografados para que o consumidor possa, mediante equipamento próprio (computador), armazená-los e usufruí-los. Tratando-se de programas audiovisuais, o consumidor passa, então, a ter acesso a um esquema preestabelecido, na hipótese de *simulcasting*, ou a escolher a música ou o vídeo que deseja ouvir ou ver – *webcasting* –, desde que, obviamente, os sinais relativos àquela música estejam compartimentados no banco de dados do *site* da transmissora e que o usuário tenha todas as condições materiais necessárias para captar algo que está sendo transmitido ou que está latente, porém subsistente.

Para que nenhuma dúvida remanesça, vale registrar que mesmo quando a transmissora de sinais de som e imagens não é a criadora da programação ela adquire seus direitos autorais ou a licença para transmiti-la, por meio de contrato de distribuição, passando a enviá-la aos usuários, por meio de cessão de direito de uso, objeto de contrato de licenciamento, consoante previsto no art. 49 da Lei 9.610, de 19.2.1998. Considerando que a transmissora concede licença de uso de direitos autorais de que é detentora, não se pode falar em incidência de ISSQN sobre tal atividade. As cessões de direito de uso não podem ser alvo desse tributo, pois não são – como já insistentemente salientado – prestações de serviços.

Na oportunidade do julgamento do RE 116.121-3, os Ministros do STF, por maioria de votos, decidiram que o ISSQN não incide sobre a cessão de direitos de uso, como ocorre, por exemplo, no contrato de locação de coisas móveis. Efetivamente, a celebração de contrato pelo qual uma das partes vê-se obrigada a ceder, mediante remuneração, o direito de uso de determinado objeto móvel não implica a realização de um *facere*, núcleo da materialidade do imposto municipal. Daí a impossibilidade lógica de incidir referido tributo sobre a operação entabulada entre a transmissora virtual e os utentes da rede mundial.

É inválida, portanto, a Lei Complementar 116/2003 ao estabelecer como hipótese de incidência possível do ISSQN a cessão de direito de uso, como se denota do item 3, e respectivos subitens, da Lista de Serviços.

7. *A atividade de reprodução, pelo consumidor, em seu próprio equipamento informático, dos dados disponibilizados no site da transmissora de imagens e sons – "download" – e a impossibilidade lógica de incidência do ICM*

As operações denominadas *streaming sound* e *streaming video* – ou seja, a transmissão de sons e imagens, pela Internet – bem como as operações de venda e compra realizadas em ambiente virtual, permitindo ao consumidor reproduzir, em seu próprio computador, referidas obras visuais e musicais, não se enquadram na hipótese de incidência do ICM.

Realmente, no tópico 5 deste trabalho consignamos que a regra-matriz de incidência do ICM somente incidirá de forma válida se – e somente se – houver, em linguagem apropriada, a descrição de um fato consistente na realização de operação mercantil da qual decorra a transferência de propriedade ou posse de uma *mercadoria* – signo empregado para conotar toda coisa móvel, corpórea ou intangível, objeto de ato ou negócio jurídico mercantil.

Vejamos, então, se a atividade de reprodução, pelo usuário da Internet, das músicas e imagens veiculadas no *site* das empresas de comércio eletrônico audiovisual se subsume à norma impositiva do ICM. Se a resposta for positiva, a percussão será válida; caso contrário a norma geral e abstrata que prevê a possibilidade de incidência ou a norma individual e concreta que documenta a fenomenologia impositiva serão incompatíveis com o sistema constitucional.

Pois bem. Consoante asseveramos anteriormente, para que o usuário tenha acesso às mensagens arquivadas no *site* celebra-se um contrato pelo qual ocorre cessão de direito de uso das peças audiovisuais. Essa cessão possibilita ao consumidor ouvir as músicas e visualizar as imagens na própria página virtual (hipótese mais remota), bem como copiar para seu próprio computador as informações emitidas (hipótese mais recorrente). Seja como for, exsurge nitidamente que não há, sob qualquer aspecto, transferência de propriedade ou posse dos direitos autorais. O contrato apenas prevê a cessão de uso destes direitos. A propriedade bem como os direitos relativos à posse da obra continuam com os respectivos autores ou empresas dedicadas ao setor literário, musical ou cinematográfico. Por esse motivo, compreende-se, claramente, que não poderá incidir, validamente, a regra-matriz do ICM, que pressupõe, como vimos, a transferência da propriedade ou da posse da mercadoria. Neste caso concreto – repito – a propriedade e a posse permanecem com a transmissora das músicas e imagens, permitindo que o usuário da Internet apenas as ouça, visualize ou reproduza para poder ouvi-las ou vê-las quando e quantas vezes quiser. Porém – e esse é um fato eloqüente de que não há transferência de propriedade ou posse –, ao copiar uma música, por exemplo, sua utilização pelo *internauta* fica limitada à possibilidade de audição para si próprio, sendo proibidas a divulgação para terceiros com intuito lucrativo, ou a apropriação de seus frutos – limitações que denotam, nitidamente, a situação jurídica de quem não é proprietário nem possuidor de direitos autorais.

Apenas poderemos cogitar da válida incidência da norma impositiva do ICM se – e somente se – o *bem intelectual* estiver associado a um suporte corpóreo, como, por exemplo, os *compact discs*, as fitas cassetes etc., pois, neste caso, estaremos diante de mercadorias, bens corpóreos suscetíveis de apreensão pelos sujeitos de direito, que podem ser objeto de atos ou negócios jurídicos mercantis que lhes transfiram a propriedade ou a posse.

A 1ª Turma do STF, na oportunidade do julgamento do RE 176.626-3, decidiu, por unanimidade de votos, na esteira do que concluímos acima, como se denota da ementa transcrita a seguir:

"(...). "III – Programa de computador (*software*) – Tratamento tributário: distinção necessária.

"Não tendo por objeto uma *mercadoria*, mas um bem *incorpóreo*, sobre as operações de *licenciamento ou cessão do direito de uso de programas de computador* – matéria exclusiva da lide – efetivamente não podem os Estados instituir ICMS: desta impossibilidade, entretanto, não resulta que, de logo, se esteja também a subtrair do campo constitucional de incidência do ICMS a circulação de cópias ou exemplares dos programas de computador produzidos em série e comercializados no varejo – como a do chamado '*software* de prateleira' (*off the shelf*) –, os quais, materializando o *corpus mechanicum* da criação intelectual do programa, constituem mercadorias postas no comércio."

Em face do exposto, qualquer que seja o enfoque pelo qual se examine a questão, podemos concluir que o ICM não pode incidir sobre a atividade denominada *download* de obras audiovisuais adquiridas por intermédio da rede mundial de computadores.

São Paulo, 26 de março de 2004

REFORMA DA PREVIDÊNCIA E REGIME JURÍDICO DA APOSENTADORIA DOS TITULARES DE CARGO PÚBLICO[1]

PAULO MODESTO

1. Introdução 2. Características gerais do regime próprio de previdência dos titulares de cargos efetivos civis antes e depois das ECs 41/2003 e 47/2005: 2.1 Benefício definido – 2.2 Repartição simples – 2.3 Regime de repartição simples e crise da previdência dos agentes públicos. 3. O regime de capitalização da previdência complementar e as peculiaridades do sistema público de previdência social. 4. O regime geral de previdência social e as peculiaridades do regime próprio de previdência dos titulares de cargo efetivo: 4.1 Introdução – 4.2 O mito da integralidade e da paridade – 4.3 Caráter administrativo ou estatutário do regime de previdência dos titulares

1. Este trabalho é uma homenagem sincera a CELSO ANTONIO BANDEIRA DE MELLO, embora contrarie, em algumas passagens, ensinamentos recentes do eminente professor. Não se trata de um paradoxo ou de uma contradição. Celso Antônio sempre estimulou o pensamento crítico, desde que realizado em termos coerentes e motivados. No mestrado em direito administrativo da PUC-SP, logo na primeira aula, atribuía aos seus alunos o encargo de analisar, sem temor reverencial, textos de autores eminentes do direito administrativo brasileiro e estrangeiro, sob tríplice critério: (a) consistência lógica e axiológica das premissas adotadas pelos autores em confronto com as conclusões por eles enunciadas; (b) compatibilidade das conclusões com o direito positivo enunciado; (c) aplicabilidade dos resultados enunciados em face do direito positivo brasileiro. O caráter desmistificador e crítico desse método eram e permanecem para mim evidentes: os temas estudados eram submetidos a permanente dúvida metódica, sem que qualquer orientação doutrinária fosse admitida antecipadamente como correta ou adequada. Celso Antônio não subordinava os seus alunos ao próprio pensamento, pois desejava obrigá-los a pensar com a própria cabeça. Essa disposição para o debate é uma de suas maiores virtudes e assinala como nenhuma outra a sua vocação para a docência universitária. Este trabalho é uma homenagem de um velho e constante discípulo que, vez por outra, embora constrangido, não consegue deixar de divergir pontualmente de seu querido mestre.

de cargo efetivo. 5. A EC 20/1998, o caráter contributivo do regime de previdência específico dos titulares de cargos efetivos e a polêmica situação dos inativos. 6. Reforma da previdência dos titulares de cargo efetivo: análise e crítica das inovações introduzidas pela EC 41/2003 e 47/2005: 6.1 Repercussão sobre a situação dos servidores inativos e dos servidores em atividade que adquiriram o direito à aposentadoria: 6.1.1 Novo teto constitucional de remuneração, proventos e pensões – 6.1.2 Contribuição previdenciária dos atuais inativos e pensionistas – 6.1.3 Redução das pensões concedidas após a promulgação da Emenda Constitucional – 6.1.4 Abono de permanência para os servidores em atividade que preencham os requisitos para a aposentadoria voluntária – 6.1.5 Manutenção do direito à integralidade e à paridade entre ativos e inativos para os atuais servidores inativos e pensionistas – 6.2 Repercussão sobre a situação de servidores em atividade que ainda não adquiriram o direito à aposentadoria – 6.3 Repercussão sobre a situação dos futuros titulares de cargo público e o regime de previdência complementar. 7. A EC 41/2003 e normas de transição: 7.1 Introdução – 7.2 Servidores ativos em situação de iminente aposentadoria – 7.3 Servidores ativos que prestam novos concursos públicos – 7.4 Servidores ativos que desejam a integralidade e a paridade na aposentadoria – 7.5 A norma de transição da EC 47/2005 (antiga PEC Paralela). 8. Conclusão.[2]

1. Introdução

O sistema previdenciário brasileiro é complexo, sendo constituído por dois subsistemas básicos: o público e o privado. O sistema público, de natureza estatutária, é subdividido em *regime geral de previdência social* (RGPS) aplicável à generalidade dos empregados privados e públicos, e *regimes próprios* de *previdência social* (RPPS), que são aplicáveis aos titulares de cargo efetivo. O sistema privado, de natureza contratual, é subdivido em previdência complementar aberta, administrada por bancos e sociedades seguradoras, e previdência complementar fechada, administrada por fundos de pensão.

A EC 41, promulgada em 19.12.2003, conhecida também como "Reforma da Previdência", alterou *segmento restrito* do sistema previdenciário brasileiro. Publicada em 31.12.2003, a Emenda foi pro-

2. Trabalho redigido em junho de 2004, mas atualizado em janeiro de 2006 em face da edição da EC 47/2005.

posta em 30 de abril do mesmo ano pelo Presidente Luiz Inácio Lula da Silva, e encerrou desde a origem um conjunto de medidas dedicadas a promover alterações normativas nos *regimes de previdência próprios dos titulares de cargo efetivo* (RPPS).

Os objetivos que inspiraram as alterações sugeridas foram enunciados na "Exposição de Motivos" da proposta original. A leitura do documento permite inferir *quatro objetivos fundamentais*:

a) aproximar a disciplina dos regimes próprios de previdência dos titulares de cargo efetivo (RPPS), administrados pela União, Distrito Federal, Estados e Municípios, da disciplina do regime geral de previdência social (RGPS), administrado pelo INSS;

b) corrigir desequilíbrios existentes nos regimes próprios de previdência social dos titulares de cargo efetivo (RPPS), propiciando maior eqüidade entre os regimes de Previdência Social, flexibilidade para a política de recursos humanos, adequação ao novo perfil demográfico brasileiro e melhoria dos resultados fiscais;

c) avançar no sentido da construção, a longo prazo, de regime previdenciário básico público, universal, compulsório, para todos os brasileiros, de caráter contributivo, com benefícios de aposentadoria definidos, valor do piso e teto claramente estipulados e gestão quadripartite;

d) uniformizar regras, no setor público, tanto para empregados quanto para titulares de cargos efetivos, referentes à instituição e adoção da previdência complementar, de filiação facultativa, baseada na constituição e capitalização de reservas individuais.

As modificações introduzidas pela EC 41/2003, embora profundas, não conseguiram alterar a *lógica básica* de funcionamento da previdência própria dos titulares de cargos efetivos, que permaneceu diferenciada tanto em relação ao regime geral de previdência social quanto ao regime jurídico da aposentadoria complementar, facultativa, financiada mediante capitalização.

Em verdade, a nova Reforma da Previdência, bem interpretadas as suas disposições:

a) estabeleceu uma *aproximação* dos dois subsistemas do sistema previdenciário público (RGPS e RPPS), financiados mediante repartição simples e aportes orçamentários;

b) estabeleceu uma *aproximação* do regime privado de previdência complementar dos servidores públicos empregados de empresas estatais com o regime de previdência complementar aplicável aos titulares de cargo efetivo;

c) ampliou o *distanciamento* do regime de previdência dos servidores civis em relação ao regime de previdência dos militares, no interior dos regimes próprios de previdência social (RPPS);

d) estabeleceu uma *vinculação* entre os sistemas de repartição simples da União, dos Estados, do Distrito Federal e dos Municípios a partir da adoção de alíquota de contribuição mínima parametrizada no sistema previdenciário da União e, por fim,

e) criou condições para uma *competição* entre o regime de repartição do sistema público e o regime de capitalização da previdência complementar, mas mantendo os *sistemas diferenciados* e *regidos por regras próprias*.

A EC 47, promulgada em 5.7.2005 e publicada no dia seguinte, proveniente de proposta de emenda constitucional conhecida como PEC Paralela, foi concebida com propósitos limitados: promover ajustes e correções na EC 41/2003 e oferecer condições de transição mais favoráveis aos agentes ocupantes de cargo efetivo que houvessem ingressado até a data de publicação da EC 41/2003, isto é, até *31 de dezembro de 2003*. Esses propósitos determinaram os próprios efeitos temporais da emenda, que entrou em vigor na data de sua publicação, *com efeitos retroativos à data de vigência EC 41, de 2003* (art. 6º). É relevante assinalar, no entanto, que a EC 47 preocupou-se sobretudo com os agentes que ingressaram no serviço público até *16 de dezembro de 1998*, isto é, até a data da publicação da EC 20/1998, razão pela qual previu para estes agentes norma de transição exclusiva, mais favorável. A EC 47/2005 também inovou ao introduzir normas de proteção aos portadores de doença incapacitante e aos trabalhadores em geral e aos servidores que exercem atividades de risco ou sob condições especiais que prejudiquem a saúde ou a integridade física. Neste último tópico, assim, alterou tanto o regime constitucional de previdência dos ocupantes de cargo efetivo quanto o regime geral de previdência social. Aprovada após tramitação tumultuada, a EC 47 manteve, no entanto, as diretrizes gerais do regime especial de previdência dos titulares de cargo efetivo e sua marcada diferença em relação ao regime geral de previdência social e o regime de previdência privada complementar.

Essa compreensão geral das duas emendas torna claro que a abordagem específica das modificações introduzidas exige a análise inicial do que permaneceu firme, do que continua característico do *regime previdenciário específico dos titulares de cargo efetivo* em relação ao regime geral de previdência social. Exige também um detalhamento sobre as diferenças entre o regime de repartição simples, adotado pelos dois segmentos do sistema público de previdência social, e o regime de capitalização, característico da previdência privada complementar. Realizada a determinação dessas fronteiras conceituais, as inovações introduzidas pelas ECs 41/2003 e 47/2005 poderão ser compreendidas de forma adequada. É este o roteiro expositivo adotado a seguir, que utilizará *quadros sinópticos* ao fim de cada item do texto, quando conveniente, com o objetivo de tornar mais acessível à compreensão do sistema vigente, ainda carente de análises didáticas abrangentes.

Quadro Sinóptico 1 – Sistema Previdenciário Brasileiro

- Sistema Público (previdência social)
  - RGPS (Regime Geral de Previdência Social)
  - RPPS (Regimes Próprios de Previdência Social)
    - Civil
    - Militar
- Sistemas Privado (previdência complementar)
  - EAPC (Entidades Abertas de Previdência Complementar)
  - EFPC (Entidades Fechadas de Previdência Complementar)

2. *Características gerais do regime próprio de previdência dos titulares de cargos efetivos civis antes e depois das ECs 41/2003 e 47/2005*

O regime próprio de previdência dos titulares de cargos efetivos civis,[3] antes e depois das ECs 41 e 47 deve ser caracterizado como um *plano de benefício definido, financiado mediante repartição simples, de natureza contributiva, filiação obrigatória e disciplina estatutária.*

2.1 Benefício definido

Os titulares de cargo público efetivo, antes da EC 41/2003, aposentavam-se em regime de *benefício definido*, pois os proventos deviam corresponder à *integralidade* da remuneração do cargo em que se deu a aposentadoria ou a *fração do valor total da remuneração*, proporcional ao tempo de contribuição. O valor do provento de inatividade *não guardava relação direta* com o *montante atualizado das contribuições do agente ativo*, ou com *valores decorrentes da capitalização de depósitos*, dado que deveriam preservar *identidade ao longo do tempo* com o valor integral ou proporcional da remuneração dos agentes públicos em atividade no cargo em que se deu a aposentadoria. Neste regime, o *benefício é determinado,* mas a *contribuição é variável*, pois o seu valor real sofre modificações ao longo da ativi-

3. Os regimes próprios de previdência dos titulares de cargos efetivos abrangem tanto a disciplina dos benefícios destinados aos servidores civis quanto a disciplina dos benefícios devidos aos militares. No entanto, após as ECs 20/1998 e 41/2003, esses dois segmentos dos regimes próprios de previdência foram distanciados, apresentando atualmente elementos diferenciadores relevantes. Os militares em regra não contribuem para a aposentadoria, somente para o financiamento da pensão e da assistência médica, mantiveram o direito à integralidade e à paridade, não tendo sofrido as modificações fundamentais introduzidas no regime próprio dos servidores civis. O regime de previdência específico dos militares foi fortemente *descontitucionalizado*, com vistas a afastá-lo do regime constitucional aplicável aos servidores civis. A previdência dos militares é regida pela Lei 6.880/80. As referências no texto a regime próprio de previdência ou a regime específico de previdência dos titulares de cargo efetivo, por força disso, devem ser consideradas especialmente dirigidas à disciplina constitucional da previdência dos servidores civis (*lato sensu*), conquanto várias conclusões obtidas possam ser estendidas ao regime legal atualmente aplicável aos militares.

dade funcional do agente, incidindo a alíquota de contribuição sobre o montante da remuneração bruta percebida em cada momento da atividade funcional e não sobre uma base de salários-de-referência ou sobre um valor nominal previamente ajustado.

O benefício previdenciário devido aos titulares de cargo efetivo, após as ECs 41/2003 e 47/2005, manteve o caráter de *benefício definido*, embora apresentando compostura de maior complexidade, com diversidade de situações jurídicas. Em todos os casos o benefício previdenciário permaneceu *desvinculado da simples apuração do montante atualizado das contribuições do agente ativo*. Essa *desvinculação* será perfeita ou imperfeita. Será perfeita, ou completa, para todas as hipóteses em que os agentes asseguraram o direito à aposentadoria integral e paritária, variável em termos reais segundo as modificações da retribuição de agentes em atividade. Será imperfeita, ou apenas parcial, para todas as hipóteses em que as aposentadorias dos agentes efetivos considerarem em seu cálculo alguma *relação de proporcionalidade* com o período de contribuição efetivamente realizado ou considerarem o valor atualizado da remuneração efetiva utilizada como base para a contribuição em períodos determinados de tempo. Em qualquer caso, mesmo para a situação regente dos novos servidores, empossados após a publicação da ECs 41/2003 e 47/2005, a *base de cálculo do benefício deve ser sempre a remuneração, o subsídio dos agentes ou as remunerações-de-referência utilizadas para a contribuição*, admitindo-se reduções e restrições decorrentes dos cálculos de proporcionalidade previstos na Constituição e detalhados na lei. O benefício previdenciário do regime próprio dos titulares de cargo efetivo *permanece não sendo composto como uma simples equação financeira, pois não é definido em função da rentabilidade ou do rendimento de depósitos acumulados,* mas mediante fórmulas de atualização da remuneração-de-contribuição ou do subsídio-de-contribuição, vale dizer, da média corrigida da base-de-cálculo empregada para a cobrança da própria contribuição previdenciária.

Por definição, o regime de *benefício definido*, adotado no sistema público de previdência, opõe-se ao regime de benefício variável, inerente ao plano de contribuição definida, que é *uma* das opções oferecidas pelo regime privado de previdência complementar. No regime da *contribuição definida*, o valor da contribuição não se altera em termos reais, sendo fixo ao longo de todo o vínculo, mas o benefício previdenciário é variável conforme a *rentabilidade dos depósitos acu-*

mulados até a data da concessão do benefício, alterando o seu valor segundo a *performance financeira das contribuições vertidas ao plano de benefícios*, nunca em função do valor da base-de-cálculo ou da remuneração percebida ao longo dos anos pelo filiado ao sistema. Neste sistema a contribuição é passível de planejamento; o que é incerto é o valor do benefício.

Quadro Sinóptico 2 – Benefício Definido *x* Contribuição Definida

	Benefício Definido	**Contribuição Definida**
Valor do benefício	Valor do benefício é determinado pelo valor médio, integral ou proporcional de salários-de-referência ou as remunerações-de-referência utilizadas como base da contribuição	Valor do benefício é variável conforme a rentabilidade das contribuições acumuladas
Valor da contribuição	Valor da contribuição é variável em função da elevação dos vencimentos em termos reais (sistema público) ou em função do tempo necessário para capitalização dos depósitos (sistema privado)	Valor da contribuição é determinado em termos reais fixos, nos termos do contrato

2.2 Repartição simples

O sistema previdenciário dos titulares de cargo efetivo, antes e depois das ECs 41/2003 e 47/2005, caracteriza-se também pelo regime de financiamento baseado na *repartição simples,* acrescido de aportes orçamentários. Por este modelo *não há formação de uma poupança individual ou coletiva*, pois os recursos apurados com a contribuição dos agentes ativos e a cargo dos respectivos entes estatais são *imediatamente transferidos* para o pagamento dos benefícios atuais dos aposentados e pensionistas. O sistema funciona como uma complexa cadeia de financiamento, que enlaça gerações diferentes, segundo o princípio da *solidariedade intergeracional.* A atual geração em atividade financia os proventos da geração anterior e guarda a expectativa de ter os seus proventos financiados pelas futuras gerações. No regime de repartição simples há *transferência de renda entre gerações.*

Por isso, a todo rigor, no regime de repartição simples, os *agentes públicos em atividade não contribuem para a própria aposentadoria ou para a correspondente pensão,* mas para *a solvabilidade do sis-*

tema previdenciário próprio. Neste regime, a contribuição individual atual não mantém correlação imediata com o correspondente benefício futuro e financia apenas o pagamento dos benefícios previdenciários atuais do sistema. A constatação desse *vínculo intergeracional* explicita a primeira grande dificuldade de reformar o regime previdenciário dos agentes públicos titulares de cargo efetivo. É necessário reformar a previdência própria sem perder de vista a garantia de alguma *eqüidade entre gerações (eqüidade intergeracional),* sem soluções simplistas e rupturas que atribuam a uma única geração o encargo de manter o sistema em funcionamento. Neste contexto, *reformar a previdência obrigatória dos titulares de cargo efetivo significa alterar um pacto de gerações e redistribuir benefícios e encargos entre gerações distintas.*

É próprio do regime de repartição simples constituir *modelo de financiamento solidário*, pois somente ele oferece garantia na inatividade a agentes que, em regime de capitalização individual, não conseguiriam acumular o suficiente para adquirir o direito a uma aposentadoria digna. Esse fato não significa, no entanto, ao contrário do que se difunde, que a lógica do sistema de repartição simples importe na geração de constantes desajustes. Pelo contrário, no regime de repartição simples, que desconhece contas ou reservas individuais, a *solidariedade* inerente ao regime permite que os participantes do sistema se beneficiem das contribuições dos que o integravam, mas que por qualquer motivo deixaram de nele se aposentar, ou faleceram antes de alcançar as condições de aposentadoria, sem assegurar a terceiros benefícios previdenciários, ou fizeram gozo de benefícios por pouco tempo. No regime de repartição simples da previdência específica dos agentes públicos titulares de cargo efetivo não há possibilidade de resgate de valores de contribuição individual por aquele que se desliga do cargo antes de completar o período de aquisição, nem direito a benefício proporcional diferido (*vesting*) ou autopatrocínio, bem como inexiste a possibilidade de transferência de valores depositados para outro plano de benefícios (portabilidade).[4] As contribuições rea-

4. A Lei Complementar 109/2001, que dispõe sobre o Regime de Previdência Complementar, prevê em seu art. 14 os institutos do benefício proporcional diferido, da portabilidade, do resgate e do autofinanciamento. Sobre o tema, por todos, consulte-se a coletânea: Adacir Reis, *Fundos de Pensão em Debate*, Brasília, Brasília Jurídica, 2002.

lizadas pelos agentes ativos financiam imediatamente o pagamento de proventos e benefícios dos que já se encontram aposentados ou são seus beneficiários, independentemente da incerteza sobre se algum benefício futuro será pago ao atual contribuinte do sistema, do valor nominal deste benefício ou da duração no gozo do eventual benefício. No sistema de repartição do setor público brasileiro, há *imediata* apropriação das contribuições individuais por parte do grupo social e *eventual* dispêndio com benefícios futuros dos atuais filiados ao sistema. De qualquer modo, a variável crucial para a solvabilidade de qualquer regime de repartição simples é que a taxa de crescimento de sua base de filiados ativos, ou de sua base de financiamento, seja mantida equilibrada em relação à taxa de crescimento de seus beneficiários ou da despesa requerida pelos respectivos benefícios. Se a taxa for mantida constante, não há desequilíbrio; caso contrário, o desequilíbrio será crescente.

Quadro Sinóptico 3
Regime de Repartição Simples *x* Regime de Capitalização

Regime de Repartição Simples	Regime de Capitalização
Não há formação de reservas individuais	Formação de reservas financeiras individualizadas
Valores arrecadados em determinado exercício são consumidos no mesmo exercício para pagamento dos benefícios (regime de caixa)	Valores arrecadados em determinado exercício são consumidos apenas quando inicia o pagamento dos benefícios dos segurados
Contribuição dos ativos financia benefício dos inativos (solidariedade intergeracional)	Contribuição do segurado financia os próprios benefícios do segurado (sem solidariedade intergeracional)
Valor da contribuição não guarda correlação direta com o valor do benefício futuro do próprio agente	Valor da contribuição determina valor do benefício futuro dos próprios agentes ou o tempo de contribuição (equação estritamente financeira)
Possibilidade de apropriação coletiva de sobras atuariais individuais	Não há possibilidade de apropriação coletiva de sobras atuariais individuais
Não há direito a benefício proporcional diferido (*vesting*), autopatrocínio ou transferência de valores depositados (portabilidade)	Há benefício proporcional diferido (*vesting*), autopatrocínio e transferência de valores depositados (portabilidade)
Alíquotas de contribuição com piso mínimo: servidores (11%), empregados (8,75%)	Alíquotas de contribuição fixadas livremente

2.3 Regime de repartição simples e crise da previdência dos agentes públicos

As considerações anteriores evidenciam que a atual crise do sistema previdenciário dos agentes públicos *não decorreu da adoção do regime de repartição simples,* mas de fatores variados, entre os quais merecem destaque os seguintes:

a) forte migração de servidores vinculados ao regime geral de previdência social (RGPS) para os regimes próprios de previdência dos servidores efetivos (RPPS), especialmente após a aprovação das leis instituidoras do regime jurídico único na União e em diversos Estados da Federação;

b) liberação do limite de idade nos concursos públicos após a Constituição de 1988, medida meritória, mas que permitiu o ingresso no regime próprio de previdência de servidores maduros e com prolongado tempo de filiação ao RGPS, que adquiriram o direito à aposentadoria integral e proventos vinculados aos vencimentos da atividade com pouco tempo de permanência no regime próprio (em regra, dois anos);

c) ausência de prazos mínimos de permanência no sistema próprio, de prazos mínimos de contribuição e de idade mínima (até a EC 20/1998), facilitando a concessão de aposentadorias precoces ou sem cobertura atuarial;

d) concessão de aposentadorias integrais por tempo de serviço (antes da EC 20/1998) com contagem de "tempo ficto", decorrente de férias contadas em dobro, licenças-prêmio contadas em dobro, períodos de estudo em escolas técnicas, com antecipação do gozo de aposentadorias e dispensa dos seus beneficiários de qualquer contribuição pela contagem desses períodos;

e) forte redução do número de servidores civis ativos (em torno de 20% na União, desde 1990) e bloqueio à realização de concursos públicos pelo próprio Poder Público, reduzindo o número de contribuintes do sistema próprio ao mesmo tempo em que crescia o número de benefícios concedidos;[5]

5. Na União, a redução no número de contribuintes produziu intenso desequilíbrio, agravado ao longo do tempo. Atualmente, o número de beneficiários (aposen-

f) ausência de contribuição dos servidores civis para a aposentadoria, como regra, antes da EC 3/1993, embora contribuíssem ao financiamento das pensões, bem como ausência de contribuição dos militares para aposentadoria até hoje, sendo prevista contribuição militar da União a partir de dezembro/2000 com alíquota de 7,5% para a pensão e de 3,5% para a assistência médica, acrescida de 1,5% para os militares que desejarem manter o direito de deixar pensão para filhas solteiras maiores de 21 anos;

g) sobrecargas decorrentes de fatores políticos e gerenciais: falta de compensação efetiva entre os regimes de previdência, desvio de recursos, concessão de benefícios sem cobertura orçamentária, ausência de constituição adequada de ativos de reserva para cobertura dos desajustes atuais do sistema; e

h) sobrecarga decorrente de fator demográfico: elevação da expectativa de vida média dos brasileiros (52,6 anos, em 1980; 60,1 anos, em 1991; 68,4 anos, em 1999).[6]

A conjugação desses fatores responde pela atual crise do sistema próprio de previdência dos agentes públicos,[7] sendo discutível atribuir às características gerais do regime, em especial o sistema de fi-

tados e pensionistas) ultrapassa o número de contribuintes ativos, o que obviamente produz forte desequilíbrio no custeio do sistema previdenciário dos titulares de cargo públicos, conforme ilustra a tabela abaixo:

Evolução da Quantidade de Ativos, Inativos e Pensionistas da União
1995 a 2002 *(milhares de pessoas)*

	1995	1996	1997	1998	1999	2000	2001	2002*
Ativos	981,9	975,8	958,2	897,9	931,1	927,4	896,0	851,4
Inativos e Pensionistas	802,7	859,6	875,9	912,7	926,3	931,9	937,4	942,7

* Novembro/2002. *Fonte*: *Boletim Estatístico de Pessoal/MPOG*. Elaboração: SPS/MPS.

6. Há variada literatura jurídica e administrativa referente a esses fatores. Por todos, sugiro a consulta aodidático texto: Gilberto Guerzoni Filho, "O Regime de Aposentadoria e Pensões dos Servidores Públicos e Militares: diagnóstico e propostas de alteração", *Revista Brasileira de Direito Público – RBDP*, Belo Horizonte, Fórum, n. 1, 2003, pp. 67-90.

7. Segundo o Ministério da Previdência e Assistência Social, é o seguinte o quadro de necessidade de financiamento dos regimes próprios de previdência social:

nanciamento mediante *repartição simples*, a responsabilidade pelos desajustes do momento.

3. *O regime de capitalização da previdência complementar e as peculiaridades do sistema público de previdência social*

O sistema brasileiro de previdência complementar, de caráter privado, contratual, organizado de forma autônoma em relação ao regime geral de previdência social, é sempre de *filiação facultativa* e *de capitalização*, sendo *baseado na constituição de reservas que garantam o benefício*, nos termos do *caput* do art. 202 da Constituição Federal e da Lei Complementar 109, de 29.5.2001.

No Brasil, a previdência complementar privada pode oferecer planos de benefícios definidos, de contribuição definida, de contribuição variável (art. 7º, parágrafo único, da Lei Complementar 109). Diferentemente dos regimes públicos de previdência social, de natureza legal, que adotam formas de uniformização de benefícios voltadas à solidariedade social e oferecem apenas planos de benefício definido em regime de repartição simples, a previdência complementar, conformada em termos contratuais, oferece diferentes opções de configuração dos planos de previdência. O contrato define o benefício e os custos envolvidos na transação. A operação tem natureza claramente financeira e não há transferência de renda entre gerações, sendo os aportes definidos em termos individuais e capitalizados em contas individuais.

Necessidade de Financiamento dos Regimes Próprios – União e Estados considerando Contribuição Patronal em Dobro *(valores em R$ bilhões correntes)*

	2001	2002	2003	2004
União	(21,1)	(22,2)	(27,1)	(29,0)
Contribuições	7,0	9,4	9,2	10,8
Despesas com Inativos e Pensionistas	28,1	31,7	36,2	39,8
Estados	(13,7)	(17,9)	(19,0)	(17,7)
Contribuições	11,0	12,6	12,6	18,0
Despesas com Inativos e Pensionistas	24,6	30,4	31,6	35,7

Fonte: Ministério da Previdência e Assistência Social, 2005, in: *http://www.previdenciasocial.gov.br/tabela2.asp*, acesso em 20 de janeiro de 2005.

A filiação facultativa, a natureza contratual, a formação de reservas individuais necessárias ao pagamento dos benefícios e a capitalização dos depósitos caracterizam o sistema de previdência complementar. Os benefícios desse sistema são *acumuláveis* com os benefícios do regime geral de previdência social. Em razão dessa possibilidade, por permitirem a superação dos limites do regime geral, a previdência complementar tradicionalmente era objeto de interesse fundamentalmente dos empregados de empresas privadas, dos autônomos e dos empregados de estatais.

O regime privado conhece hoje, entretanto, duas variantes bastante heterogêneas, cuja base assenta na diferença de disciplina das *entidades fechadas de previdência complementar* (EFPC) em relação às *entidades abertas de previdência complementar* (EAPC). As primeiras, também conhecidas como fundos de pensão, até a EC 41/2003 somente poderiam ser constituídas sob a forma de *fundação de direito privado* ou *sociedade civil sem fins lucrativos*. As segundas, as entidades abertas de previdência complementar, são sempre constituídas sob a forma de *sociedades anônimas*, atuando na oferta de planos individuais ou coletivos de previdência complementar *com fins lucrativos*.

Os planos de previdência organizados pelas entidades fechadas (EFPC) são específicos dos empregados de determinada empresa ou grupo de empresas; os planos de previdência das entidades abertas (EFPC) são acessíveis a qualquer um que subscreva e custeie o seu plano de benefícios.

As entidades fechadas são reguladas pelo Conselho de Gestão da Previdência Complementar (CGPC) e fiscalizadas pela Secretaria de Previdência Complementar (SPC), órgãos vinculados ao Ministério da Previdência e Assistência Social (MPAS). As entidades abertas são reguladas pelo Conselho Nacional de Seguros Privados (CNPS) e fiscalizadas pela Superintendência de Seguros Privados (SUSEP), órgãos integrantes da estrutura do Ministério da Fazenda. As entidades fechadas podem receber contribuições dos participantes e do patrocinador ou ser integralmente financiadas pelo patrocinador. As entidades abertas recebem contribuições apenas dos participantes.

A partir da vigência da Lei Complementar 109/2001 as entidades fechadas de previdência complementar somente podem oferecer *planos de contribuição definida* (art. 31, § 2º, II, da Lei Complementar 109/2001). As entidades abertas de previdência complementar podem oferecer planos de benefício definido, de contribuição definida, de contribuição variável ou outra forma admitida pelo órgão regulador (art. 7º, parágrafo único, da Lei Complementar 109/2001).

Constatam-se também situações diversas de responsabilidade em face de resultado deficitário dos planos de benefício nos dois segmentos do regime de previdência complementar, privado, e no sistema próprio dos titulares de cargo público. No *regime previdenciário funcional* (previdência dos titulares de cargo efetivo), o resultado deficitário é de responsabilidade exclusiva do ente público instituidor. Nas entidades fechadas de previdência, o resultado deficitário deve ser equacionado por *patrocinadores, participantes* e *assistidos*, na proporção de suas contribuições (art. 21 da Lei Complementar 109/2001).[8] Nas entidades abertas, o problema a rigor não se coloca, pois o rendimento insuficiente das reservas repercute diretamente no valor do benefício previdenciário.

Para a previdência complementar é pouco relevante se o plano é de benefício definido ou de contribuição definida. Se o plano é de benefício definido, o participante contrata um *valor certo de benefício* por *prazo incerto de pagamento da contribuição* ou por *valor variável de contribuição*. Se o plano é de contribuição definida, contrata *valor e prazo de contribuição determinados*, mas o valor do benefício é resultante dos rendimentos provenientes das reservas acumuladas. A partir da Lei Complementar n. 109, os déficits dos planos de benefício definidos devem ser cobertos proporcionalmente entre o patrocinador e o participante. As fragilidades dos planos de benefícios por contri-

8. Nos termos da Lei Complementar n. 109/2001, as pessoas físicas que aderem aos planos de benefícios oferecidos pelo regime de previdência complementar são denominadas participantes (art. 8º, I), sendo designados como assistidos os participantes em gozo de benefício de prestação continuada (art. 8º , II). Por outra parte, denomina-se instituidor patrocinador, a empresa ou o grupo de empresas, a União, os Estados, o Distrito Federal e os Municípios, suas autarquias, fundações, sociedades de economia mista e outras entidades públicas que instituam para seus empregados ou servidores plano de benefício de caráter previdenciário, por intermédio de entidade fechada de previdência.

buição definida não geram déficits sistêmicos, pois se refletem diretamente sobre o valor dos benefícios individuais. Em qualquer hipótese, porém, a lógica de definição do valor dos benefícios ou valor da contribuição no regime de previdência privada complementar depende da *capitalização financeira de contribuições*; no regime da previdência social, a definição do valor dos benefícios não é financeira, mas social e legal, vinculando-se a *decisões unilaterais do Estado.*

Quadro Sinóptico 4
Previdência Própria dos Servidores *x* Previdência Complementar

	Previdência Própria (RPPS)	**Previdência Complementar Fechada (EFPC)**	**Previdência Complementar Aberta (EAPC)**
Natureza do vínculo	Estatutário (legal)	Contratual	Contratual
Filiação	Obrigatória	Facultativa	Facultativa
Planos de Benefícios	Planos de benefício definido	Exclusivamente planos de contribuição definida (art. 31, § 2º, II, LC 109/2001)	Planos de benefício definido, de contribuição definida, de contribuição variável ou outra forma admitida pelo órgão regulador (art. 7º, par. único, da Lei Complementar 109/2001)
Financiamento	Repartição simples	Capitalização	Capitalização
Administração	Pessoas políticas da Federação: União, Estados, Municípios e DF	Fundação ou sociedade civil, sem fins lucrativos: Fundos de Pensão (art. 31, § 1º, LC 109/2001; art. 8º, par. único, LC 108/2001). Após EC 41/2003, também ente de natureza pública, responsável pela previdência complementar funcional (art. 40, § 15, CF)	Exclusivamente sociedades anônimas, mas poderão ser autorizadas sociedades seguradoras que operem exclusivamente no ramo vida (art. 36, *caput* e par. único, LC 109/ 2001)
Órgão Regulador e Fiscalizador	Ministério da Previdência e Assissistência Social (MPAS), com funções de "orientação, supervisão e acompanhamento" (art. 9º, Lei 9.783/ 1999)	Ministério da Previdência e Assistência Social (MPAS): regulação através do Conselho de Gestão da Previdência Complementar (CGPC) e fiscalização através da Secretaria de Previdência Complementar (SPC)	Ministério da Fazenda: regulação através do Conselho Nacional de Seguros Privados (CNPS) e fiscalização através da Superintendência de Seguros Privados (SUSEP)

(continua)

(continuação)

	Previdência Própria (RPPS)	**Previdência Complementar Fechada (EFPC)**	**Previdência Complementar Aberta (EAPC)**
Responsabilidade em face de resultado deficitário	Resultado deficitário é de responsabilidade exclusiva do ente público instituidor	Resultado deficitário deve ser equacionado por patrocinadores, participantes e assistidos, na proporção de suas contribuições (art. 21 da LC 109/2001)	Não há resultado deficitário, pois rendimento insuficiente das reservas repercute diretamente no valor do benefício previdenciário

4. O regime geral de previdência social e as peculiaridades do regime próprio de previdência dos titulares de cargo efetivo

4.1 Introdução

O *Regime Geral de Previdência Social* (RGPS), cujo plano de benefícios regula-se pela Lei 8.213, de 241991, é financiado pelo regime de repartição simples e concede benefício definido. O Regime Geral de Previdência Social (RFPS) é administrado pelo Instituto Nacional do Seguro Social – INSS. No entanto, são acentuadas as diferenças que o Regime Geral de Previdência Social apresenta em relação aos regimes próprios ou específicos de previdência dos titulares de cargo efetivos regimes próprios de previdência social dos titulares de cargo público efetivo são sempre de filiação obrigatória. O regime geral de previdência social (RGPS) contempla a filiação obrigatória e facultativa. São seus segurados obrigatórios todos os trabalhadores, *maiores de 16 anos*, que exercem atividade profissional remunerada, desde que não segurados de regime próprio de previdência social.[9] São filiados facultativos os maiores de 16 anos, não pertencentes a regime próprio de previdência social e não incluídos na qualidade de obrigatórios.[10]

9. É também filiado obrigatório do Regime Geral de Previdência Social (RGPS) o ocupante de cargo em comissão sem vínculo permanente; o menor aprendiz, entre 14 e 18 anos de idade; o servidor contratado por tempo determinado para atender a necessidade temporária de excepcional interesse público; o servidor estável não titular de cargo efetivo, por força do art. 19 do Ato das Disposições Constitucionais Transitórias.

10. Os empregados que trabalham em empresas públicas e sociedades de economia mista são filiados obrigatórios do RGPS. Os servidores públicos civis e militares,

O cálculo para a aposentadoria no RGPS é baseado no tempo de contribuição (considerando o valor médio da contribuição e o fator previdenciário).[11] Ao contrário do previsto para os regimes próprios de previdência dos titulares de cargo efetivo, não é exigida idade mínima para aposentadoria voluntária no RGPS (CF, art. 201, I), embora também esteja prevista hipótese de aposentadoria por idade (CF, art. 201, II). O reajuste dos benefícios previdenciários do RGPS é feito com base no Índice Nacional de Preços ao Consumidor (INPC), inexistindo vínculo entre os vencimentos dos ativos e os proventos dos inativos. Se ocorre o falecimento do titular, o benefício é devido ao marido, mulher ou companheiro do titular, filho não emancipado e menor de 21 anos, filho incapaz para o trabalho de qualquer idade, pai e mãe e irmão menor de 21 anos ou inválido de qualquer idade. O valor da pensão por morte corresponde a 100% do que o segurado

ocupantes de cargos efetivos, amparados por regime próprio de previdência social, não são segurados do RGPS. No entanto, se esses servidores não forem segurados em regime próprio, por falta de instituição ou pela extinção do regime especial, serão segurados obrigatórios do RGPS. Os titulares de cargos efetivos também serão segurados obrigatórios do RGPS se, concomitantemente ao exercício do cargo público, exercitarem uma ou mais atividades abrangidas pelo RGPS. Neste último caso, serão vinculados de modo obrigatório aos dois regimes de previdência do sistema público. É também segurado facultativo do RGPS toda pessoa física, maior de dezesseis anos, que não tenha renda própria, mas decida contribuir para a Previdência Social (*v.g.*, donas-de-casa, estudantes, síndicos de condomínio não-remunerados, desempregados, presidiários não-remunerados e estudantes bolsistas). É relevante assinalar que a inexistência de débitos em relação às contribuições devidas à Previdência Social é condição necessária para que os Estados, o Distrito Federal e os municípios possam receber as transferências dos recursos do Fundo de Participação dos Estados e do Distrito Federal (FPE) e do Fundo de Participação dos Municípios (FPM), celebrar acordos, contratos, convênios ou ajustes, bem como receber empréstimos, financiamentos, avais e subvenções em geral de órgãos ou entidades da administração direta e indireta da União, conforme estabelece o art. 56 da Lei 8.212, de 1991.

11. O cálculo não é simples, mas pode ser traduzido na seguinte equação: Benefício = Y x F, sendo Y = média dos salários-de-contribuição após 1994, corrigidos monetariamente; F = fator previdenciário. O fator previdenciário é resultante ele mesmo de outra equação: F = [(Tempo de contribuição x 0,31) : expectativa de sobrevida] x { [idade do segurado + (tempo de contribuição x 0,31)] : 100 + 1 }. A expectativa de "sobrevida" é calculada pelo IBGE, o que introduz no cálculo do benefício previdenciário elemento de ajuste parcial do sistema a modificações no perfil demográfico brasileiro. O cálculo do benefício considerando o fator previdenciário determina que quem se aposenta mais cedo receberá um benefício menor e extinguiu o cálculo que era feito pela média dos últimos 36 meses de contribuições.

recebia ou teria direito a receber caso se aposentasse por invalidez, sendo dividido em partes iguais entre os dependentes. Não há carência para pensão por morte; basta que se comprove a qualidade de segurado. Como veremos adiante, nos regimes próprios, após a EC. 41/2003, a pensão recebeu tratamento mais restritivo nos regimes próprios de previdência dos ocupantes de cargo efetivo.[12]

O financiamento do RGPS não é homogêneo, conhecendo diferenciação interna, com variação de alíquotas de contribuição conforme a natureza facultativa ou obrigatória da filiação do empregado ao regime geral e a situação do empregador, inclusive a sua filiação ou não ao SIMPLES.[13] Nada obstante, se considerarmos apenas a contri-

12. O servidor público, enquanto não houver a instituição do fundo de previdência complementar respectivo, embora tenha a sua contribuição calculada com incidência de alíquota sobre a totalidade de sua remuneração, terá a partir da vigência da EC 41/2003 a sua pensão reduzida em 30% do valor que exceder o limite máximo de benefícios do RGPS. Em linguagem simples: contribuirá sobre uma base que não será considerada integralmente na concessão da respectiva pensão. Essa situação anômala, verdadeira *hipótese de enriquecimento sem causa* do Estado, será permanente para os agentes que mantiveram o direito à integralidade, independentemente da instituição da previdência complementar funcional pelas unidades políticas da Federação. A integralidade valerá para a aposentadoria e para o cálculo da contribuição do agente, mas não para a pensão. Nos Estados em que for instituída a previdência complementar a hipótese ventilada poderá não ocorrer, pois em diversas hipóteses a contribuição será cobrada apenas até o limite do RGPS, não sendo aplicável qualquer redutor sob as pensões.

13. As diferenciações de alíquota são admitidas pela própria Constituição Federal que, no § 9º do art. 195, reza: "as contribuições sociais previstas no inciso I deste artigo poderão ter alíquotas ou bases de cálculo diferenciadas, em razão de atividade econômica ou da utilização intensiva de mão-de-obra". Após a aprovação da EC 41, com a elevação do teto de benefícios, a tabela básica de contribuição sofreu reajuste a partir de janeiro de 2004. Posteriormente, com a correção anual da tabela de contribuição, os valores passaram a ser os seguintes: 1. Segurados empregados, inclusive domésticos e trabalhadores avulsos – Tabela de contribuição dos segurados empregado, empregado doméstico e trabalhador avulso, para pagamento de remuneração a partir de 1º de maio de 2005: salário-de-contribuição (R$) até R$ 800,45 (alíquota 7,65%), de R$ 800,46 até R$ 900,00 (alíquota 8,65%), de R$ 900,01 até R$ 1.334,07 (alíquota 9,0 %); de R$ 1.334,08 até R$ 2.668,15 (alíquota 11,0 %). Cf. Portaria 822, de 11 de maio de 2005, do Ministério da Previdência e Assistência Social; 2. Segurados contribuinte individual e facultativo – A partir da competência abril/ 2003, para os segurados contribuinte individual e facultativo o valor da contri-

buição do empregado, verificamos que a contribuição máxima para os filiados obrigatórios é equivalente à aplicação da alíquota de 11% sobre a base máxima de R$ 2.668,15, vale dizer, R$ 293,49. Os filiados facultativos poderão contribuir com o valor máximo decorrente da aplicação da alíquota de 20% sobre a base de R$ 2.668,15, isto é, R$ 533,63. O sistema, no entanto, como todo regime de repartição simples, reclama *solidariedade* e "*eqüidade na forma de participação do custeio*" (CF, art. 194, V).

No regime próprio ou específico dos agentes públicos titulares de cargo efetivo as alíquotas de contribuição variam no plano federal, estadual, distrital e municipal. Embora seja de competência privativa da União legislar sobre seguridade social (CF, art. 21, XXIII) e instituir contribuições sociais (CF, art. 149, *caput*), a Constituição Federal reconheceu expressamente a todos os entes da Federação a competência para instruírem contribuição, cobrada de seus servidores, para custeio, em benefício destes, de sistemas de previdência e assistência social (CF, art. 149, § 1º). No âmbito da União, a contribuição exigida dos servidores e demais agentes titulares de cargo público foi fixada em 11%, em *termos uniformes*, sem graduação em face do valor das remunerações, diferentemente do que ocorre com as alíquotas previstas no regime geral de previdência social; além disso, até a EC 41/ 2003, essa alíquota de contribuição não incidia sobre uma base máxima de contribuição ou salários, como é a regra no regime geral, mas abrangia a *totalidade da remuneração do agente público*. A EC 41/ 2003 alterou a redação do art. 149, § 1º, da Constituição Federal, determinando que a alíquota definida para os sistemas de previdência estaduais e municipais não será inferior à *alíquota* fixada para os servidores federais (art. 1º da Emenda). A EC 47/2005 não tratou desta matéria.

buição deverá ser de 20% do salário-base, caso não preste serviço a empresa(s), que poderá variar do limite mínimo ao limite máximo do salário de contribuição. Salário-de-contribuição (R$): de 300,00 (valor mínimo) até 2.668,15 (valor máximo) (alíquota 20%). O valor máximo de R$ 2.668,15 vigora desde 1.5.2005, em decorrência da edição da MP 248, de 20.4.2005, atualmente convertida na Lei 11.164, de 18 de agosto de 2005.

Essa diferença na forma de cálculo da contribuição dos futuros beneficiários era e ainda é expressiva para todos os casos em que permanece o direito à integralidade. Compare-se a situação de um servidor com direito à integralidade e à paridade e a de um empregado privado cuja remuneração seja equivalente a R$ 10.000,00. A contribuição mensal do servidor, considerada a alíquota de 11%, atualmente aplicada para os servidores da União, alcançaria o valor de R$ 1.100,00. O empregado privado que percebesse a mesma remuneração, considerando-se a alíquota máxima do RGPS, calculada sobre o salário-de-referência máximo de R$ 2.668,15, deveria recolher contribuição equivalente a R$ 293,49. A diferença é significativa. Em compensação, o benefício futuro também será diverso. No RGPS o benefício da aposentadoria não pode ultrapassar atualmente o teto de R$ 2.668,15 e, depois de concedido o benefício, não há mais qualquer vínculo entre o provento de aposentadoria e o salário praticado pelo empregador para a mesma função anteriormente exercida pelo aposentado. Há corte pleno da relação entre ativos e inativos, passando o provento de aposentadoria a sofrer reajustamentos para preservar-lhes, em caráter permanente, o *valor real*, conforme critérios definidos em lei (CF, art. 201, § 4º). Vale dizer: os aposentados do RGPS gozam do direito a uma *reposição da inflação passada*, que preserva o valor real do provento concedido, mas *não gozam do direito a qualquer aumento real de provento*. No regime próprio dos titulares de cargo público efetivo anterior à EC 41/2003, os servidores efetivos gozavam do direito à aposentadoria integral (isto é, cálculo do provento com base na última remuneração do servidor) e à revisão dos benefícios conforme regra de equivalência entre o provento de inatividade e a remuneração da atividade (isto é, equivalência ativo/inativo). Essa possibilidade permanece para alguns agentes públicos mesmo após as ECs 41/2003 e 47/2005, consoante a regra de transição aplicável. Vale dizer: os titulares de cargo efetivo, nestes casos, podem gozar do direito a preservar a paridade do seu provento com os vencimentos do agente público em atividade equivalente, inclusive a possibilidade de *usufruírem aumento real de provento, na eventualidade da revisão de vencimentos dos agentes em atividade superar os índices de inflação.*

Quadro Sinóptico 5
Previdência Própria (RPPS) *x* Previdência Geral (RGPS)

	Regimes Próprios de Previdência Social	**Regime Geral de Previdência Social**
Natureza do vínculo	Estatutário	Estatutário
Filiação	Filiação obrigatória	Filiação obrigatória (regra) ou facultativa
Alíquota de contribuição	Uniforme	Progressiva (variam por diversas circunstâncias)
Incidência da alíquota de contribuição	Agentes *anteriores* a EC 41 sem opção pela regra permanente ou pela previdência complementar: alíquota incide sobre a totalidade da remuneração Agentes *posteriores* a EC 41/2003, mas antes da instituição da previdência complementar, sem opção pela regra permanente: alíquota incide sobre a totalidade da remuneração Agentes posteriores a EC 41/2003, após a instituição da previdência complementar: alíquota incide sobre a totalidade da remuneração até o limite do RGPS	Alíquota incide sobre faixas de contribuição ou sobre a remuneração até o limite do RGPS
Cálculo dos benefícios	Agentes sem direito à integralidade: média aritmética simples das maiores remunerações utilizadas como base para as contribuições do servidor aos regimes de previdência a que esteve vinculado, correspondentes a 80% (oitenta por cento) de todo o período contributivo desde a competência julho de 1994 ou desde a do início da contribuição, se posterior àquela competência (art. 1º da Lei 10.887, de 18 de junho de 2004). Agentes com direito à integralidade: o valor da última remuneração, com ressalva apenas de vantagens incompatíveis com a situação de inativo	Média aritmética simples das maiores remunerações utilizadas como base de contribuição em 80% do período contributivo desde a competência de julho de 1994 x fator previdenciário

(continua)

(continuação)

	Regimes Próprios de Previdência Social	**Regime Geral de Previdência Social**
Idade mínima para aposentadoria voluntária	Regra Permanente: art. 40, III, "a": 60 (homem), 55 (mulher); art. 40, III, "b": 65 (homem) e 60 (mulher). Na primeira hipótese, haverá redução em 5 anos no requisito de idade para o professor que comprove exclusivamente tempo de efetivo exercício das funções de magistério na educação infantil e no ensino fundamental e médio. Regra Transitória (art. 2º EC 41/2003): 53 (homem), 48 (mulher) Regra Transitória (art. 6º EC 41/2003): 60 (homem), 55 (mulher) Regra Transitória (art. 3º, EC 47/2005): idade mínima resultante da redução, relativamente aos limites do art. 40, § 1º, inciso III, alínea "a", da Constituição Federal (60 anos-homem; 55 anos-mulher), de um ano de idade para cada ano de contribuição que exceder a 35 anos (homem) e 30 anos (mulher)	Regra Permanente: art. 201, I: *não há limite mínimo de idade*; art. 201, II: 65 (homem), 60 (mulher), reduzido em 5 anos o limite para os trabalhadores rurais de ambos os sexos e para os que exerçam suas atividades em regime de economia familiar, nestes incluídos o produtor rural, o garimpeiro e o pescador artesanal. Não há diminuição na idade mínima, e sim redução em 5 anos do tempo de contribuição para o professor que comprove exclusivamente tempo de efetivo exercício das funções de magistério na educação infantil e no ensino fundamental e médio Regra Transitória: art. 9º, EC 20/1998: 53 (homem), 48 (mulher)
Pensões	Redutor de 30% sobre o valor do provento, vencimento ou subsídio que exceda ao teto do RGPS (art. 40, § 7º, CF)	Sem redutor
Revisão dos Benefícios	Agentes aposentados, servidores ativos que adquiriram direito ou que se inserirem na regra transitória do art. 6º da EC 41/2003 ou na norma transitória do art. 3º, EC 47/2005: paridade (vinculação ativo-inativo) Agentes empossados após EC 41/2003 e os anteriores optantes pela regra permanente ou pela regra transitória do art. 2º da EC 41/2003: revisão anual (reposição inflação pelo INPC)	Revisão anual (reposição da inflação pelo INPC)

4.2 O mito da integralidade e da paridade

Os direitos à integralidade e à paridade são estritamente associados e compõem um elemento diferencial fundamental do regime previdenciário próprio dos titulares de cargo efetivo. O direito à equivalência entre proventos de inatividade e vencimentos da atividade confere *permanência* ao direito à integralidade. Sem a equivalência, ou paridade, o direito à integralidade cessaria no próprio momento da concessão do benefício previdenciário. Sem a integralidade, a paridade importaria em igualdade percentual e não em igualdade de valores na revisão de benefícios, pois não haveria incidência de percentuais sobre as mesmas bases. Esta é a compreensão imediata que se extrai da redação dos §§ 3º e 8º do art. 40 da Constituição Federal, na redação anterior à EC 41/2003.

No entanto, na dinâmica do direito, a aplicação desses conceitos nunca foi tão singela. Pode-se afirmar, sem receio de erro, que freqüentemente nem a integralidade nem a paridade são aplicadas de forma plena, admitindo exceções importantes, que culminam por conceder ao Poder Público certa flexibilidade na composição do valor final dos proventos de titulares de cargo efetivo. A integralidade e a paridade plenas são, antes de um dado de realidade concreta, um *mito*.

Essa afirmação pode surpreender, pois a Constituição Federal reconhecia, na redação anterior do art. 40, § 8º, a equivalência remuneratória entre ativos e inativos em termos *enfáticos* e *analíticos*, a saber:

> "Art. 40 (...) § 8º. Observado o disposto no art. 37, XI, os proventos de aposentadoria e as pensões serão revistos na mesma proporção e na mesma data, sempre que se modificar a remuneração dos servidores em atividade, sendo também estendidos aos aposentados e aos pensionistas quaisquer benefícios ou vantagens posteriormente concedidos aos servidores em atividade, inclusive quando decorrentes da transformação ou reclassificação do cargo ou função em que se deu a aposentadoria ou que serviu de referência para a concessão da pensão, na forma da lei".

O preceito constitucional referido assegurava a extensão aos inativos de quaisquer benefícios ou vantagens concedidos aos servidores em atividade, porém a jurisprudência ressalvava as *vantagens de caráter pessoal, as parcelas indenizatórias ou as decorrentes de atividades específicas, de natureza eventual, incompatíveis com a situação do aposentado ou pensionista.* Essas exceções ao princípio da equivalência constitucional entre ativos e inativos na verdade diferenciavam e podem ainda diferenciar legitimamente não apenas ativos e inativos, mas igualmente agentes em atividade. Exemplo: gratificação de sala de aula, deferida a professores que atuem em atividades de regência de classe, deve ser paga unicamente a professores durante o período em que respondem pela regência de classes, não sendo devida a professores em atividade que não atendam aos pressupostos fáticos exigidos para o gozo da vantagem (*v.g.*, em exercício de funções de direção) nem aos aposentados, salvo situações jurídicas de "estabilidade econômica".

É dizer: todas as vantagens que revelavam *caráter geral*, por serem aplicáveis indistintamente aos agentes em atividade da carreira, *com independência do exercício efetivo de alguma atividade especial ou outra circunstância pessoal*, deviam ser estendidas imediatamente a todos os inativos, sem necessidade de lei específica, em face do que dispunha o § 4º do art. 40 da Lei Fundamental, na redação original, ou na redação do § 8º do art. 40, segundo a redação aprovada pela EC 20/1998. Mas se vantagens fossem vinculadas a *atividades concretas, específicas, que diferenciavam segmentos dentro da própria categoria dos agentes ativos pelo efetivo desempenho de alguma função ou tarefa, não eram essas vantagens extensíveis aos inativos, porque estes não atendiam, em princípio, o pressuposto fático que as fazia incidir.*

Não é outra a jurisprudência pacificada no Supremo Tribunal Federal para a matéria, consoante revelam os seguintes exemplos:

"Ementa: Rateio anual da reserva constituída pelo excesso de quotas de prêmio de produtividade (Lei Complementar n. 567, de 20.7.88, do Estado de São Paulo). Parcela de remuneração não permanente e sujeita à verificação de efetividade de exercício (lei citada, art. 7º) é insusceptível, portanto, de participação dos aposentados, a título de aplicação do disposto no § 4º do art. 40 da Constituição Federal" (STF, 1ª Turma, RE 170.020-SP, Rel. Min. Octavio Gallotti, j. 5.5.1998, *DJ*, 19.6.1998, p. 10; *Ement* vol. 01915-01, p. 199, v.u., recurso não conhecido).

"Ementa: *Servidores inativos. Auxílio moradia. Vantagem concedida por lei para os servidores no exercício da atividade policial. Inextensibilidade aos inativos. Artigo 40, § 4º da Constituição Federal.* A lei instituidora de vantagem funcional, que tem por pressuposto o exercício da atividade policial, não se estende a quem já se encontrava inativado. O que a norma inscrita no § 4º do art. 40 da Constituição da República deseja é que os benefícios ou vantagens de natureza geral sejam estendidos aos aposentados, mas não aqueles que dependem do atendimento de condição inscrita na lei. Recurso conhecido e provido" (STF, 1ª Turma, RE. 191.018-6-DF, Rel. Min. Ilmar Galvão, j. 31.10.1997, *DJ* 13.2.1998, p. 13; *Ement* vol. 01898-04, p. 778, v.u.).

Além dessas vantagens vinculadas ao efetivo desempenho de atividades concretas, também não eram extensíveis (e ainda não são) aos aposentados as *parcelas indenizatórias* (ex. as diárias e ajudas de custo), *eventuais* (ex., auxílio-funeral, gratificação de férias) e as *vantagens individuais transitórias* (ex., adicionais pelo exercício de cargos de confiança), salvo quando incorporadas aos vencimentos, ou deferidas à generalidade dos agentes, *mediante ficções ou critérios que demonstrem tentativa de fraudar o direito constitucional à paridade e à integralidade.*

Explicitam esse entendimento outras decisões do Supremo Tribunal Federal:

"Ementa: *Recurso Extraordinário. Constitucional. Administrativo. Lei n. 10.002/93, do Estado do Rio Grande do Sul. Vale-refeição. Benefício concedido aos servidores em atividade. Extensão aos aposentados. Incidência do artigo 40, § 4º, da Constituição Federal. Pressupostos. Inexistência.* 1. A extensão aos aposentados de benefício concedido aos ativos induz à necessária observância de dois pressupostos: se a vantagem integra a remuneração dos servidores em atividade e se esta é compatível com a situação dos inativados. 2. Vale-refeição. Extensão aos inativos. CF/88, artigo 40, § 4º. Inaplicabilidade da norma, dada a natureza indenizatória do benefício, que apenas visa ressarcir valores despendidos com alimentação pelo servidor em atividade, sem, contudo, integrar sua remuneração.Recurso não conhecido" (STF, 2ª Turma, RE-231216-RS, Rel. Min. Marco Aurélio, Rel. p/acórdão Min. Maurício Corrêa, j. 11.4.2000, *DJ*, 4 .8.2000, p. 35; *Ement* vol. 01998-06, p. 01220, *RTJ* 174-02/681).

"Ementa: *Administrativo. Estado de São Paulo. Servidores inativos do Departamento de Estradas de Rodagem (DER). Gratificação de atividade rodoviária. Lei Complementar Paulista n. 784/94. Extensão aos aposentados.* Vantagem funcional extensiva a todos os servidores em exercício no mencionado órgão, independentemente da natureza da função exercida ou do local onde o serviço é prestado, incidindo, conseqüentemente, a norma do art. 40, § 4º, da Constituição, redação original, segundo a qual são 'estendidos aos inativos quaisquer benefícios ou vantagens posteriormente concedidos aos servidores em atividade'. Recurso conhecido e provido'" (STF, 1ª Turma, RE-259258-SP, Rel. Min. Ilmar Galvão, j. 13.6.2000, *DJ*, 27.10. 2000, p. 87, *Ement* vol. 02010-02, p. 00266).

É importante ressaltar que, no entendimento adotado pelo Supremo Tribunal Federal, o direito à paridade e a extensão de vantagens aprovadas apresentavam *eficácia imediata e plena*, decorrendo diretamente da Constituição Federal, *sendo dispensável a aprovação de nova lei ou qualquer outro ato para o reconhecimento do direito dos aposentados à percepção de nova vantagem ou de vantagem transformada*. Neste sentido, confiram-se os acórdãos seguintes:

"*Isonomia Ativos e inativos – § 4º do art. 40 da Constituição Federal – Aplicabilidade.* A garantia esculpida no § 4º do artigo 40 da Constituição Federal é de eficácia imediata. A revisão dos proventos da aposentadoria e a extensão aos inativos de quaisquer benefícios e vantagens posteriormente concedidos aos servidores em atividade pressupõem, tão-somente, a existência de lei prevendo-os em relação a estes últimos. O silêncio do diploma legal quanto aos inativos não é de molde a afastar a observância da igualação, sob pena de relegar-se o preceito constitucional a plano secundário, potencializando-se a atuação do legislador ordinário como se a este fosse possível introduzir, no cenário jurídico, temperamentos à igualdade. Uma vez editada lei que implique outorga de direito aos servidores em atividade, dá-se, pela existência da norma constitucional, a repercussão no campo patrimonial dos aposentados. A locução contida na parte final do § 4º em comento – "na forma da lei" – apenas submete a situação dos inativos às balizas impostas na outorga do direito aos servidores da ativa. (STF, AgRg 141.189, Rel. Min. Marco Aurélio, *DJ*, 9.6.1992).

"*Súmula 339 e Extensão de Vantagem* – Considerando que o § 4º do art. 40 da CF – que determina a extensão aos inativos de quaisquer benefícios ou vantagens posteriormente concedidos aos servidores em atividade –, é norma constitucional de eficácia imediata, o reconhecimento do direito a tal extensão por decisão judicial não ofende o princípio da separação dos Poderes, sendo inaplicável, nessa hipótese, a Súmula 339 do STF ('Não cabe ao Poder Judiciário, que não tem função legislativa, aumentar vencimentos de servidores públicos sob o fundamento de isonomia')" (STF, RE 214.724-RJ, Rel. Min. Sepúlveda Pertence, j. 2.10.1998, *DJ* 6.11.1998, p. 19, *Ement* vol. 01930-05, p. 00976)

"*Ementa: Recurso Extraordinário. Constitucional. Auto-aplicabilidade do art. 40, §§ 4º e 5º, da Constituição Federal. Pensão por morte. Valor correspondente à totalidade dos vencimentos ou proventos do servidor falecido.* 1. As normas contidas nos parágrafos 4º e 5º do art. 40 da Constituição Federal não dependem de legislação infraconstitucional, por serem auto-aplicáveis. A revisão dos proventos da aposentadoria será efetuada sempre que houver modificação da remuneração dos servidores em atividade, sendo estendidos aos inativos quaisquer benefícios e vantagens posteriormente concedidos àqueles. 2. O valor da pensão por morte corresponderá à totalidade dos vencimentos ou proventos do servidor falecido, observado o teto inscrito no art. 37, XI, da Constituição Federal. Recurso extraordinário conhecido e provido. (STF, RE-209838-RS, 2ª Turma, Rel. Min. Mauricio Correa, j. 14.4.1997, *DJ* 8.8.1997, p. 35.661, *Ement* vol. 01877-07, p. 01380, v.u.).

Em verdade, essas exceções demonstram que o direito à paridade e à integralidade, que também são diretamente afetados pela admissão dessas parcelas inextensíveis aos inativos, alcançava e alcança ainda apenas a dimensão do que poderia ser denominado de "remuneração do cargo", inconfundível com a efetiva "remuneração ou retribuição dos agentes". Com efeito, a "retribuição do agente", sendo constituída pela "remuneração do cargo ou função" e por vantagens pessoais, eventuais ou circunstanciais, inaplicáveis à generalidade dos titulares do cargo, naturalmente excede em valor o *quantum* definido para a simples "remuneração" do cargo.[14] Logo, é mito imaginar o direito a

14. Para evitar ambigüidades, emprego a voz "retribuição" para designar o conjunto abrangente de todos os valores pagos, a qualquer título, inclusive indenizatórios, aos agentes públicos; reversamente, emprego a voz "remuneração" para designar a soma do vencimento básico e vantagens permanentes e gerais definidas para os cargos públicos, valores irredutíveis e que definem a hierarquia remuneratória no interior das carreiras. Se o intérprete não diferenciar "retribuição dos agentes" e "remuneração do cargo", e não adotar este último conceito com sentido equivalente a "vencimentos" (*soma do vencimento básico com o valor global das vantagens permanentes e gerais*), serão incompreensíveis diversos dispositivos constitucionais. Menciono apenas alguns: (a) irredutibilidade de vencimentos (art. 37, XV); (b) proibição de vencimentos do Poder Legislativo e do Poder Judiciário superiores aos pagos pelo Poder Executivo (art. 37, XII); (c) possibilidade de estabelecimento de relação entre a maior e a menor remuneração (art. 39, § 5º). Cf., sobre o tema, o parecer: Paulo. Modesto, "Conceito de Remuneração e de Vencimentos na Constituição de 1988 – Remuneração do Cargo e Remuneração dos Agentes – Vantagens Remuneratórias Extensíveis aos Inativos", *Revista Diálogo Jurídico*, n. 10, jan. 2002. Disponível em: <http://www.direitopublico.com.br>. O texto também pode ser acessado pela Biblioteca Virtual do site Direito do Estado <http://www.direitodoestado.com.br>.

uma integralidade absoluta e a uma paridade perfeita entre ativos e inativos, havendo em geral alguma diferença entre o provento da inatividade e a retribuição efetiva dos agentes em atividade, diante do caráter flexível da composição dos vencimentos dos agentes titulares de cargo público, cuja natureza não é fixada em contrato mas decorre unilateralmente de definições dadas pelo legislador.

Quadro Sinóptico 6 – Integralidade e Paridade: Ativos *x* Inativos

	Benefícios extensíveis aos inativos	**Benefícios inextensíveis aos inativos**
Integralidade e Paridade	As vantagens de caráter geral, aplicáveis indistintamente aos agentes em atividade da carreira, com independência do exercício efetivo de alguma atividade especial ou outra circunstância pessoal, independentemente de previsão expressa em lei específica	As vantagens de caráter pessoal, as parcelas indenizatórias ou as decorrentes de atividades específicas, de natureza eventual, incompatíveis com a situação do aposentado ou pensionista.

4.3 Caráter administrativo ou estatutário do regime de previdência dos titulares de cargo efetivo

O caráter legal da composição da remuneração dos cargos públicos define também o caráter legal e estatutário da composição dos proventos. Até a EC 41/2003, o valor do provento do servidor público inativo não mantinha qualquer relação com o montante de sua contribuição na atividade, do seu tempo de contribuição, nem de sua expectativa de sobrevida, mas simplesmente correspondia ao valor atual da remuneração do agente ativo, paradigma do aposentado ou de seu pensionista. Por isso, era *a política de remuneração (ou de revisão da remuneração) dos servidores e demais ocupantes de cargo em atividade* que definia, em grande medida, o montante e a variação da despesa previdenciária dos inativos para o sistema previdenciário dos titulares de cargo efetivo.

Entre ativos e inativos, quando assegurado o direito à paridade no regime próprio dos titulares de cargo efetivo, há solidariedade e vinculação jurídica e econômica. A solidariedade jurídica vem assinalada pelo vínculo da equivalência entre o provento do inativo e os vencimentos do ativo da mesma função, bem como pela vinculação dos ativos e dos inativos ao regime de repartição simples (intergeracional). A solidariedade econômica é caracterizada pelo fato de que o aumento da despesa previdenciária dificultava a concessão de aumentos reais aos servidores em atividade, uma vez que a concessão de aumentos reais para os ativos significava a concessão de aumentos reais também aos aposentados e pensionistas.

A previdência dos servidores públicos efetivos, por força desta vinculação entre ativos e inativos que ainda permanece reconhecida a um significativo grupo de servidores em decorrência de normas de transição, não deveria oferecer dificuldades de administração ou equilíbrio. A razão é quase desconcertante: trata-se de um sistema definido, em todos os seus termos, por decisões soberanas do Estado. O Estado, unilateralmente, por lei, define a remuneração dos seus servidores efetivos, a alíquota de contribuição e, conseqüentemente, o valor do futuro provento e qual o índice de eventuais reajustes ou correções de benefícios previdenciários. O regime previdenciário dos servidores públicos civis efetivos e dos militares, como bem assinala Gilberto Guerzoni Filho, *quando aplicável a paridade plena*, não é rigorosamente previdenciário, mas *administrativo.*[15]

O servidor público inativo, no regime anterior, detinha mais do que simplesmente o direito de perceber proventos integrais, fixados a partir de sua última remuneração. *Gozava do direito de paridade*: os inativos e pensionistas tinham direito a perceberem o equivalente ao recebido pelo ativo como remuneração, integralizando imediatamente, depois da aposentadoria, qualquer alteração no plano de carreiras que afetasse o servidor ativo, bem como qualquer reajuste ou nova vantagem de natureza geral que viesse a ser instituída. O provento tinha como parâmetro permanente o valor da remuneração definido para os servidores ativos equivalentes. Ficavam ressalvadas as vantagens referenciadas a atividades concretas reservadas a quem as efetivamente desempenhe (ex. gratificação de substituição), inextensíveis a outros servidores ativos e também aos inativos. Eram ressalvadas também as vantagens indenizatórias e as vantagens eventuais e individuais, desde que não incorporadas pelo agente durante a atividade. Mas esta garantia da paridade ativo-inativo, ao contrário do que aparentava, não era um privilégio ou mesmo necessariamente algo posi-

15. Ob. cit., p. 67.

tivo para o próprio servidor. Era (e é) um direito e um ônus. É fácil demonstrar.

O provento do empregado privado é corrigido anualmente em percentuais que lhe garantam a preservação do valor real. O servidor público vinculado à regra da paridade não conta com esta garantia. Ele conta com a equivalência provento/vencimentos, mas se a política de remuneração dos servidores ativos for restritiva, vale dizer, mantiver os vencimentos congelados por longo tempo, com perda de seu valor real pela corrosão inflacionária, igualmente o provento sofrerá congelamento e perda real. *O critério de revisão de proventos em paridade com a revisão dos vencimentos não é garantia de vantagem em relação ao regime geral de previdência*; *a paridade pode assegurar aumentos reais do valor do provento, quando o vencimento dos servidores ativos receberem aumentos superiores aos índices de inflação, mas poderá também contemplar exatamente o oposto*. Por isso, *por si só, a garantia da paridade ou a da integralidade não podem explicar o déficit na previdência dos titulares de cargo público*.

Como referido antes, durante largo período o financiamento do regime de aposentadoria dos titulares de cargo público foi desvinculado de qualquer contribuição por parte do servidor. Ao longo dos anos, os benefícios foram sendo concedidos sem que se constituísse um fundo de reserva para custeio de aposentadorias, dado que os servidores geralmente só contribuíam para financiar as pensões. No caso dos servidores federais, a contribuição para pensão era calculada sob alíquota de 6%, e só em 1993, com a EC 3, passou a ser exigida contribuição previdenciária calcula sob alíquotas de até 12%, depois uniformizada em 11%, para o financiamento de aposentadorias.

Fixado o percentual de contribuição, no entanto, não passou o sistema previdenciário dos agentes públicos a seguir critérios atuariais. Na prática, justiça seja feita, porque é quase impossível antecipar com segurança o *valor adequado da contribuição previdenciária que deveria realizar o servidor* para, com equilíbrio atuarial, observada a paridade ativo-inativo, assegurar sustentabilidade ao sistema para o pagamento do seu provento futuro, cujo *valor dependerá unicamente da política de remuneração a ser aplicada a servidores ativos*. Neste contexto, são possíveis apenas *conjecturas atuariais*. Em termos coletivos, isto significa que, se a política de remuneração futura for generosa, haverá provável agravamento do déficit previdenciário e sobrecarga para as novas gerações de contribuintes, tendo os servidores com direito à paridade da atual geração se beneficiado. Se a política for restritiva para os vencimentos futuros, não repuser a inflação do período, os servidores da atual geração terão contribuído mais do que deveriam, comparativamente ao que perceberiam se o regime fosse de capitalização, pois o provento futuro não conta com garantia de revisões periódicas que assegurem ao provento a preservação do seu valor real.

Em síntese: ao contrário do que se divulga, o regime da paridade importa tanto o *risco de ganho* quanto o *risco de perda* para os agentes da atual geração que, em geral, ao menos desde 1993, contribuem para custear o benefício da aposentadoria no regime previdenciário público com *alíquotas incidentes sobre o total de sua remuneração.* Mais: o regime da paridade importa também riscos para a geração futura, pois não se sabe em que medida as atuais contribuições assegurarão ao longo do tempo sustentabilidade ao sistema ou o agravamento ainda mais intenso do desequilíbrio atual. Hoje o risco de prejuízo é maior do que o risco de algum proveito para a geração atual e para a próxima geração. Isto é evidente, *se a cadeia de contribuições continuar a decrescer*, seja pela *não reposição no serviço público dos servidores que se aposentarem*, seja pela *migração dos novos servidores para um regime de capitalização*, seja pela *diminuição da massa de vencimentos sobre a qual incidem as alíquotas de contribuição.*

É evidente que o risco foi praticamente nulo para a geração anterior, que já se encontra aposentada, proveniente em sua grande parte de empregos públicos, dispensada de contribuir para financiar o sistema com alíquotas incidentes sobre a remuneração total, pois, como empregados, estavam sujeitos apenas a *alíquotas incidentes sobre uma base de salários de referência* e *poderiam receber no máximo os limites do sistema geral de previdência social.* Estes foram transferidos em massa, na União, para o regime de cargo pelo inconstitucional art. 243 da Lei n. 8.112, de 1990. Para estes não houve risco, apenas ganho de uma aposentadoria integral, mutável, parametrizada no vencimento dos servidores ativos, além do legado às novas gerações de um déficit monumental na previdência pública dos servidores efetivos.

É claro que o sistema previdenciário específico dos servidores efetivos não era (e é) completamente imune a fatores demográficos. O denominado "tempo de sobrevida" ou de gozo dos benefícios pelos servidores inativos, do mesmo modo que ocorre no regime geral, tem aumentado de forma consistente e agravado o desajuste.

Esses fatores explicam, senão completamente, ao menos parcialmente, acrescido de todas as considerações anteriores, como conseguimos acelerar o desencontro entre contribuição e despesa no sistema previdenciário dos titulares de cargo efetivo nas diversas unidades da Federação. Mas revelam que o problema deve ser atribuído fundamentalmente a *decisões políticas e gerenciais do próprio Estado*. Os servidores não são os culpados por este agravamento, pois são apenas, sem maniqueísmos, ora os *beneficiários* e ora as *vitimas* deste regime legal e unilateral.

Quadro Sinóptico 7 – Paridade: Vantagens e Desvantagens

	Vantagens	Desvantagens
Equivalência com servidores ativos	Valor do provento acompanha política de remuneração dos servidores e demais ocupantes de cargo em atividade, o que permite ao aposentado incorporar aumentos reais concedidos aos servidores ativos	Risco de perda do valor real do benefício se política de revisão da remuneração dos servidores ativos não repuser a inflação do período
Financiamento intergeracional	Valor da contribuição do servidor ativo ao longo de sua atividade funcional não mantém correlação com valor de seu benefício futuro (dependente da política de remuneração do servidor ativo futuro)	Servidor quando em atividade pode ter contribuído mais do que o necessário ou menos do que o necessário conforme o benefício previdenciário receba ou não receba no futuro reposição integral da inflação

5. A EC 20/98, o caráter contributivo do regime de previdência específico dos titulares de cargos efetivos e a polêmica situação dos inativos

O sistema previdenciário específico dos servidores titulares de cargo efetivo sofreu profundas alterações com a EC 20/98, mas manteve o direito dos servidores efetivos à integralidade e à paridade.

Em linhas gerais, as alterações principais foram as seguintes:

a) explicitação do princípio da contributividade e da exigência de equilíbrio financeiro e atuarial;

b) mudança de enfoque de aposentadoria de tempo de serviço para tempo de contribuição;

c) exigência de idade mínima para a aposentadoria por tempo de contribuição e por idade (regra *permanente*: integral, 60 anos, 35 anos de contribuição, homens; 55 anos, 30 anos de contribuição, mulher; exigência adicional para ambos: 10 anos no serviço público e 5 anos no cargo; idade-proporcional: 65 anos, homens, 60 anos, mulheres; exigência adicional para ambos: 10 anos no serviço público e 5 anos no cargo; regra *transitória*, sem a exigência de 10 anos de permanência no serviço público, integral: 53 anos, 35 anos de contribuição, homens, mais 20% do tempo faltante e 5 anos no cargo; 48 anos, 30 anos de contribuição, mais 20% do tempo faltante e 5 anos no cargo; proporcional: 53 anos, 30 anos de contribuição, homens, mais 40% do tempo faltante e 5 anos no cargo; 48 anos, 25 anos de contribuição, mais 40% do tempo faltante e 5 anos no cargo);

d) fim da aposentadoria especial para o professor universitário e da aposentadoria com tempo reduzido para magistrados, membros do Ministério Público e do Tribunal de Contas;

e) extinção da aposentadoria proporcional voluntária por tempo de serviço para os novos servidores civis;

f) proibição da contagem de tempo ficto para os servidores civis (militares permaneceram com contagem ficta);

g) proibição expressa de acumulação de aposentadorias, ressalvada a aposentadoria em cargos acumuláveis;

h) permissão de aplicação dos limites máximo do RGPS aos servidores titulares de cargo efetivo na hipótese de instituição de regime de previdência complementar específico, sendo o limite aplicável aos servidores em atividade na data da instituição do regime complementar apenas mediante prévia e expressa opção (matéria sujeita, na ocasião, à lei complementar específica).

No centro do novo regime passou a figurar o *princípio da contributividade*, exigindo que o regime de repartição observe critérios que preservem o *equilíbrio financeiro* e *atuarial* (art. 40, *caput*, CF).

Equilíbrio financeiro e *equilíbrio atuarial* são conceitos distintos. Equilíbrio financeiro é *equilíbrio de curto prazo*, relativo à suficiência dos recursos de financiamento para a cobertura dos benefícios previdenciários imediatos. Equilíbrio atuarial é *equilíbrio de longo prazo*, significando o grau de cobertura das despesas previdenciárias ao longo do tempo.

Neste contexto, pareceu inevitável a pergunta: como assegurar o equilíbrio atuarial se o sistema admitia (e admite ainda), ao menos em tese, a concessão de aumentos reais para proventos, com fundamento no princípio da paridade? Quem financia essa garantia, dado que nenhum benefício pode ser criado, majorado ou estendido sem a correspondente fonte de custeio total (CF, art. 195, § 5º)? Os desajustes e a própria solvabilidade do sistema deve ser encargo apenas dos atuais servidores, dos futuros servidores, do Poder Público ou de toda a sociedade? Cabe atribuir encargos também aos servidores inativos?

Para autores de reconhecido valor, o servidor inativo concluiu a sua relação com o Poder Público. Não é mais servidor e não é mais destinatário do regime contributivo previsto no art. 40 da Constituição Federal. Não pode, por conseguinte, contribuir para a solvabilidade do sistema, pois nenhum benefício adicional faria jus. Estaria coberto pelas garantias do direito adquirido e do ato jurídico perfeito. Não é mais ocupante de cargo efetivo, não podendo suportar o encargo da contribuição previdenciária do regime de previdência próprio dos "titulares de cargos efetivos", consoante expressão literal que constava do *caput* do art. 40 da Constituição Federal, com a redação dada pela EC 20/1998.

Embora contemple argumentos de peso, a tese segundo a qual o aposentado adquire não apenas um benefício vitalício, mas também o direito adquirido a uma *imunidade tributária permanente*, referente à contribuição previdenciária, não deixa de provocar certa perplexidade. Em termos práticos significaria que, no Brasil, o sistema previdenciário dos servidores efetivos com direito à paridade estaria predeterminado a *estimular aposentadorias precoces*, pois a imunidade da contribuição nada mais significaria do que um *aumento real imediato aos aposentados equivalente ao percentual de contribuição aplicável aos agentes em atividade* (antes da EC 41/2003, na União, um aumento real de 11% para os que se aposentassem). Em termos jurídicos, a tese da imunidade significaria também que o princípio da paridade, que torna o *provento e a pensão benefícios mutáveis*, sujeitos à variação da política remuneratória aplicada aos ativos, atribuiria apenas vantagens, mas não encargos, não sendo aplicável aos inativos o princípio da *solidariedade intergeracional* próprio do regime de repartição simples, o que ofenderia a equidade reclamada do sistema. O custeio dos aumentos reais de provento recairia apenas sobre os agentes em atividade e as futuras gerações de servidores, solução incompatível com o disposto no art. 194, III e V, da Constituição Federal, com a redação do constituinte de 1988, que determina a "seletividade e distributividade na prestação dos benefícios e serviços" e a "eqüidade na forma de participação no custeio" como objetivos fundamentais da seguridade social.

Sobremais, significaria a admissão de imunidades tributárias sem base expressa no estatuto constitucional, dado que a imunidade prevista no art. 195, II, da Constituição Federal, refere-se unicamente aos beneficiários do RGPS, que não gozam do direito à paridade.[16]

Com absoluto respeito pelos que pensavam de forma diversa, inclusive o entendimento vitorioso no Supremo Tribunal Federal, entendemos que, ao contrário do que insinuava uma *leitura literal* do *caput* do art. 40, na redação da EC 20/1998, o regime previdenciário próprio dos servidores efetivos não disciplinava apenas a situação dos servidores ativos. A situação jurídica dos servidores inativos e dos pensionistas também era regulada. Nos termos do § 8º do art. 40, na redação da EC 20/1998, os proventos de aposentadoria e as pensões deveriam ser revistos na mesma proporção e na mesma data, sempre que se modificasse a remuneração dos servidores em atividade, sendo também concedidos aos aposentados e aos pensionistas quaisquer benefícios concedidos aos servidores em atividade, inclusive quando decorrentes da transformação ou reclassificação do cargo ou função em que se deu a aposentadoria ou que serviu de referencia para a concessão da pensão. Por outro lado, o § 6º do artigo 40, também na redação da EC 20/1998, limitava tanto o servidor ativo quanto o servidor

16. Paulo de Barros Carvalho define a imunidade como "(...) a classe finita e imediatamente determinável de normas jurídicas, contidas no texto da Constituição Federal, e que estabelecem, de modo expresso, a incompetência das pessoas políticas de direito constitucional interno para expedir regras instituidoras de tributos que alcancem situações específicas e suficientemente caracterizadas" (*apud* Roque Antonio Carrazza, *Curso de Direito Constitucional Tributário*, 12ª ed., São Paulo, Malheiros Editores, p. 453).

inativo ao restringir a percepção de mais de uma aposentadoria a conta do regime próprio dos servidores efetivos. Essa disciplina, é obvio, independia do fato dos servidores inativos não serem mais titulares de cargo efetivo e dos pensionistas sequer terem estabelecido qualquer vínculo profissional com o Estado. A redação da cabeça do art. 40, na redação da EC 20/1998, ao referir aos titulares de cargos efetivos, *dixit minus quam voluit*, pois o dispositivo não regulava apenas a situação jurídica dos titulares de cargo efetivo. Em verdade, a expressão empregada demarcava o regime previdenciário *próprio* ou *específico dos servidores titulares de cargo efetivo, alcançando também, logicamente, os que a eles se vinculavam como inativos ou pensionistas. Não parecia razoável conceber que diversos parágrafos do art. 40 da Constituição Federal, ainda com a redação da EC 20/1998, fossem diretamente aplicáveis aos inativos e pensionistas, mas a cabeça do dispositivo alcançasse apenas os servidores em atividade.*

Parece também discutível, ante ao menos o direito à paridade, afirmar que o servidor aposentado concluiu a sua relação jurídica com o Poder Público, não mantendo qualquer vínculo com o regime público. Como bem ensina Carmem Lúcia Antunes Rocha:

"Em se tratando de trabalhador público, o vínculo com o próprio Estado continua mantido com a aposentação; apenas se altera a condição jurídica do agente, pois o seu status funcional passa a submeter-se a regime jurídico próprio à sua nova situação. Pela aposentadoria não cessa nem se extingue o vínculo jurídico que ligava o agente à entidade empregadora. O que se dá é uma alteração substancial do elo jurídico, de tal maneira que ele passa de uma a outra categoria de agentes, atados ao Estado, tanto que ainda conta com um regime jurídico pelo qual a ele se atribuem direitos, deveres e responsabilidades perante e para com a entidade estatal".[17]

É importante frisar que antes da EC 20, de 1998, mas já na vigência da Constituição Federal de 1988, o Supremo Tribunal Federal *havia decidido pela constitucionalidade da cobrança de contribuição previdenciária sobre proventos de servidores inativos*, ao fundamen-

17. Carmem Lúcia Rocha, *Princípios Constitucionais dos Servidores Públicos*, São Paulo, Saraiva, 1999, p. 412.

to de que os regimes jurídicos daqueles servidores e dos trabalhadores em geral eram distintos (ADIs 1.430 (MC)-BA[18] e 1.441 (MC)-DF[19]), enfatizando tanto o *princípio da paridade* quanto o *princípio da solidariedade*.

O *princípio da paridade* foi utilizado como núcleo da argumentação do voto do relator, Min. Octávio Gallotti, na ADI 1.441, *litterim*:

"Ao contrário dos trabalhadores na iniciativa privada, que nenhum liame conservam com seus empregadores após a rescisão do contrato pela aposentadoria, preservam os servidores aposentados um remarcado vínculo de índole financeira com a pessoa jurídica de direito público para que hajam trabalhado.

"Não é por outro motivo que interdições, tais como a imposição do teto de remuneração e as proibições de vinculação ou equiparação de vencimentos, do cômputo de acréscimos pecuniários percebidos ao mesmo título, bem como a de acumulação remunerada (incisos XI, XIII, XIV e XVI do art. 37 da Constituição), são por igual aplicáveis tanto a servidores ativos como inativos, no silêncio da Constituição.

"Essa perfeita simetria, entre vencimentos e proventos, é realçada pela disposição do § 4° do art. 40 da Constituição (...).

"Contraste-se essa norma, concernente aos servidores com a do art. 201, § 2°, destinada aos segurados do regime geral da Previdência Social, e ver-se-á que, enquanto para estes últimos é somente estatuída a preservação do valor real do benefício original, são àqueles estendidos quaisquer vanta-

18. "*Ementa*: Ação direta de inconstitucionalidade. Pedido de liminar. Argüição de inconstitucionalidade de expressões e de incisos constantes da Lei 6.915, de 10.11.95, do Estado da Bahia. Custeio da previdência mediante contribuição dos servidores inativos e dos pensionistas. – A fundamentação jurídica do pedido não tem a relevância necessária para a concessão da cautelar requerida. Precedente do STF (ADI 1.441, em que se indeferiu o pedido de liminar) com relação à contribuição social para os servidores inativos da União. Pedido de liminar indeferido" (STF, Tribunal Pleno, ADI 1.430-BA MC, Rel. Min. Moreira Alves, j. 1.7.1996, *DJ* 13.12.1996, p. 50.159; *Ement* vol. 01854-01, p. 00168).

19. "*Ementa*: Extensão, aos proventos dos servidores públicos inativos, da incidência de contribuição para o custeio da previdência social. Insuficiente relevância, em juízo provisório e para fins de suspensão liminar, de argüição de sua incompatibilidade com os artigos 67; 195, II; 40, § 6º; 194, IV e 195, §§ 5º e 6º, todos da Constituição Federal. Medida cautelar indeferida, por maioria" (STF, Tribunal Pleno, ADI 1441-DF MC, Rel. Min. Octávio Gallotti, j. 28.6.1996, *DJ* 18.10.1996, p. 39.844; *Ement* vol. 01846-01, p. 00107).

gens posteriormente concedidas aos funcionários em atividade, até mesmo decorrentes de transformação ou reclassificação do cargo ou função.

"Dita correlação, capaz de assegurar aos inativos aumentos reais, até os motivados pela alteração das atribuições do cargo em atividade, compromete o argumento dos requerentes, no sentido de que não existiria causa eficiente para a cobrança de contribuições do aposentado, cujos proventos são suscetíveis, como se viu, de elevação do próprio valor intrínseco, não apenas da sua representação monetária, como sucede com os trabalhadores em geral. (...) (p. 115-116).

No mesmo julgamento, o *princípio da solidariedade* foi invocado pelo Min. Sepúlveda Pertence, de forma sucinta e incisiva:

"(...) No fundo, as discussões sobre a chamada crise da Previdência e da Seguridade Social têm sido prejudicadas,de um lado e de outro, por uma argumentação oportunística de ambas as partes: a de tomar-se a Seguridade Social ora como se tratasse de um contrato, ora como se se tratasse, e efetivamente se trata,de uma ação estatal independente de cálculos e considerações atuariais.

"Assim como não aceito considerações puramente atuariais na discussão dos direitos previdenciários, também não as aceito para fundamentar o argumento básico contra a contribuição dos inativos, ou seja, a de que já cumpriram o quanto lhes competia para obter o benefício da aposentadoria.

"Contribuição social é tributo fundado na solidariedade social de todos para financiar uma atividade estatal complexa e universal, como é a da Seguridade. (p. 121).

Após a EC 20/1998, que conferiu nova redação ao art. 195, II, e à cabeça do art. 40 da Constituição Federal, o entendimento do Supremo Tribunal Federal sofreu alteração, especialmente a partir da ADI 2.010-DF, relator Min. Celso de Mello, julgada em 3.11.1999,[20]

20. "*Ementa*: (...). *A Constituição da República não admite a instituição da contribuição de seguridade social sobre inativos e pensionistas da União*. A Lei n. 9.783/99, ao dispor sobre a contribuição de seguridade social relativamente a pensionistas e a servidores inativos da União, regulou, indevidamente, matéria não autorizada pelo texto da Carta Política, eis que, não obstante as substanciais modificações introduzidas pela EC n. 20/98 no regime de previdência dos servidores públicos, o Congresso Nacional absteve-se, conscientemente, no contexto da reforma do modelo previdenciário, de fixar a necessária matriz constitucional, cuja instituição se revelava indispensável para legitimar, em bases válidas, a criação e a incidência dessa

reafirmada pelo tribunal na cautelar da ADI 2.078-AM, Relator Min. Sepúlveda Pertence.

No primeiro acórdão, *leading case* para a matéria, o Egrégio Tribunal firmou entendimento contrário à constitucionalidade da imposição de contribuições previdenciárias aos servidores inativos, apoiado nos seguintes argumentos:

a) *argumento literal*: o regime de previdência de caráter contributivo, a que se refere o art. 40, *caput*, da Constituição, na redação dada pela EC 20/1998, foi instituído, unicamente, em relação "Aos

exação tributária sobre o valor das aposentadorias e das pensões. O regime de previdência de caráter contributivo, a que se refere o art. 40, *caput*, da Constituição, na redação dada pela EC n. 20/98, foi instituído, unicamente, em relação 'Aos servidores titulares de cargos efetivos', inexistindo, desse modo, qualquer possibilidade jurídico-constitucional de se atribuir, a inativos e a pensionistas da União, a condição de contribuintes da exação prevista na Lei n. 9.783/99. Interpretação do art. 40, §§ 8º e 12, c/c o art. 195, II, da Constituição, todos com a redação que lhes deu a EC n. 20/98. *Debates parlamentares e interpretação da Constituição.* O argumento histórico, no processo de interpretação constitucional, não se reveste de caráter absoluto. Qualifica-se, no entanto, como expressivo elemento de útil indagação das circunstâncias que motivaram a elaboração de determinada norma inscrita na Constituição, permitindo o conhecimento das razões que levaram o constituinte a acolher ou a rejeitar as propostas que lhe foram submetidas. Doutrina. O registro histórico dos debates parlamentares, em torno da proposta que resultou na EC 20/98 (PEC 33/95), revela-se extremamente importante na constatação de que a única base constitucional – que poderia viabilizar a cobrança, relativamente aos inativos e aos pensionistas da União, da contribuição de seguridade social – foi conscientemente excluída do texto, por iniciativa dos próprios Líderes dos Partidos Políticos que dão sustentação parlamentar ao Governo, na Câmara dos Deputados (Comunicado Parlamentar publicado no *Diário da Câmara dos Deputados*, p. 04110, edição de 12 fev. 1998). O destaque supressivo, patrocinado por esses Líderes partidários, excluiu, do Substitutivo aprovado pelo Senado Federal (PEC 33/95), a cláusula destinada a introduzir, no texto da Constituição, a necessária previsão de cobrança, aos pensionistas e aos servidores inativos, da contribuição de seguridade social. *O regime contributivo é, por essência, um regime de caráter eminentemente retributivo. A questão do equilíbrio atuarial (cf. art. 195, § 5º). Contribuição de seguridade social sobre pensões e proventos: ausência de causa suficiente.* Sem causa suficiente, não se justifica a instituição (ou a majoração) da contribuição de seguridade social, pois, no regime de previdência de caráter contributivo, deve haver, necessariamente, correlação entre custo e benefício. A existência de estrita vinculação causal entre contribuição e benefício põe em evidência a correção da fórmula segundo a qual não pode haver contribuição sem benefício, nem benefício sem contribuição. Doutrina. Precedente do STF. (...)" (STF, ADI 2010-DF MC, Rel. Min. Celso de Mello, j. 30.9.1999, Tribunal Pleno, *DJ* 12.4.2002, p. 00051, *Ement* vol. 02064-01, p. 00086).

servidores titulares de cargos efetivos.", não abrangendo os servidores inativos e os pensionistas;

b) *argumento histórico:* o registro dos debates parlamentares revelaria que a norma necessária a legitimar a imposição da contribuição aos aposentados titulares de cargo efetivo foi conscientemente excluída do texto por iniciativa dos próprios Líderes dos Partidos Políticos que dão sustentação parlamentar ao Governo, na Câmara dos Deputados;

c) *argumento sistemático:*[21] a redação dada pela EC 20 ao inciso II do art. 195, que veda a instituição de contribuição sobre aposentadoria e pensão concedidas pelo regime geral de previdência social de que trata o art. 201, também deveria ser considerada aplicável ao regime previdenciário dos titulares de cargo público, em razão do disposto no novo § 12 do art. 40 da Constituição Federal e ante a ausência de previsão expressa da referida contribuição.

Em síntese, a orientação do Supremo Tribunal Federal perante a EC 20 *não recusava a possibilidade de outra norma constitucional, resultante de emenda constitucional, oferecer substrato suficiente para imposição de contribuição previdenciária a aposentados e pensionistas do regime próprio dos titulares de cargo efetivo*, mas recusava validade a leis infraconstitucionais que as instituíram em face das normas constitucionais alteradas pela EC 20/1998. Reconheceu o Su-

21. "*Ementa*: I. Contribuição previdenciária: incidência sobre proventos da inatividade e pensões de servidores públicos (L. Est. 12.398/98, do Paraná): densa plausibilidade da argüição da sua inconstitucionalidade, sob a EC 20/98, já afirmada pelo Tribunal (ADI MC 2.010, 29.9.99). 1. Reservado para outra oportunidade o exame mais detido de outros argumentos, é inequívoca, ao menos, a plausibilidade da argüição de inconstitucionalidade da norma local questionada, derivada da combinação, na redação da EC 20/98, do novo art. 40, § 12, com o art. 195, II, da Constituição Federal, e reforçada pela análise do processo legislativo da recente reforma previdenciária, no qual reiteradamente derrotada, na Câmara dos Deputados, a proposta de sujeição de aposentados e pensionistas do setor público à contribuição previdenciária. 2. O art. 195, § 4º, parece não legitimar a instituição de contribuições sociais sobre fontes que a Constituição mesma tornara imunes à incidência delas; de qualquer sorte, se o autorizasse, no mínimo, sua criação só se poderia fazer por lei complementar. 3. Aplica-se aos Estados e Municípios a afirmação da plausibilidade da argüição questionada: análise e evolução do problema. 4. Precedentes" (STF, ADI 2158-PR MC, Rel. Min. Sepúlveda Pertence, j. 30.6.2000, Tribunal Pleno, *DJ* 1.9.2000, p. 00105; *Ement* vol. 02002-01, p. 00113).

premo Tribunal Federal peculiaridades no regime previdenciário próprio dos servidores efetivos, mas, por igual, identificou no processo de aprovação da EC 20 e nos textos resultantes elementos que indicariam uma negativa consciente à referida exação. É dizer: a instituição de contribuição previdenciária incidente sobre proventos e pensões seria admissível, em tese, desde que nova norma de matriz constitucional a estabelecesse, superando os impedimentos introduzidos pela própria EC 20/1998. Esse entendimento foi *reiteradamente adotado pelo Supremo Tribunal, inclusive em decisões recentes, que negaram a aposentados o direito à devolução de contribuições previdenciárias pagas* na inatividade *em período anterior* à EC 20/1998.[22] A admissão

22. "*Ementa: Recurso Extraordinário – Contribuição instituída pela Lei Estadual n. 7.672/82 – Exação destinada ao custeio de assistência médica – Incidência sobre servidores inativos e pensionistas do Estado do Rio Grande do Sul – Legitimidade constitucional – Exigibilidade até a promulgação da EC 20/98 – Agravo improvido.* – Revela-se constitucionalmente possível exigir-se, de pensionistas e inativos, o recolhimento de contribuição previdenciária, desde que a respectiva cobrança refira-se a período anterior ao advento da EC 20/98, pois, a partir da promulgação dessa emenda à Constituição da República – e quanto a inativos e pensionistas –, tornou-se juridicamente incabível, quer no plano da União Federal, quer no âmbito dos Estados-membros e do Distrito Federal, quer, ainda, na esfera dos Municípios, a própria instituição de tal modalidade de contribuição especial. Precedentes. Se o Poder Público, no entanto, mesmo após o advento da EC 20/98, continuar a exigir, dos respectivos servidores inativos e pensionistas, o correspondente pagamento da contribuição previdenciária, sujeitar-se-á à obrigação de devolver-lhes os valores por eles eventualmente já recolhidos. Precedentes. – Entendimento aplicável à contribuição destinada ao custeio de assistência médica a que se refere a Lei n. 7.672/82 do Estado do Rio Grande do Sul. Precedentes." (STF, 2ª Turma, RE 358375-RS AgR, Rel. Min. Celso de Mello, j. 25.11.2003, *DJ* 19.12.2003, p. 00084; *Ement* vol. 02137-07, p. 01443).

"*Ementa: Constitucional. Previdenciário. Servidor público. Incidência de contribuição sobre pensões. Lei 7.682/82 do Estado do Rio Grande do Sul. EC 20/98.* Para o período anterior à vigência da EC 20/98, esta Suprema Corte admitia o custeio da previdência pública com recursos dos próprios proventos e pensões percebidos, respectivamente, pelos servidores públicos inativos e pensionistas (ADI MC 1.441, Rel. Min. Octávio Gallotti). Todavia, após tal mudança no texto constitucional, estabeleceu-se um novo regime de previdência de caráter contributivo, definindo-se como contribuintes unicamente os 'servidores titulares de cargos efetivos'. Assim, alterou-se a orientação deste Supremo Tribunal sobre a matéria, tendo o seu Plenário, no julgamento da ADI MC 2.010, Rel. Min. Celso de Mello, assentado que a contribuição para o custeio da previdência social dos servidores públicos não deve incidir sobre os proventos ou pensões dos aposentados e pensionistas. Este entendimento estende-se aos Estados e Municípios (ADI MC 2.188, Rel. Min. Néri da Silveira). Recurso extraordinário conhecido e, em parte, provido" (STF, 2ª Turma, RE

da constitucionalidade da contribuição previdenciária incidente sobre proventos da inatividade antes da EC 20/1998 foi reiterada em numerosos acórdãos, quando sequer existia base constitucional expressa para a cobrança da exação. Nesse sentido, além dos acórdãos referidos anteriormente, confira-se a ADI 2.010 e os AIs 500.658-AgR e 488.569-AgR, e os REs 386.933-AgR, 382.607-AgR e 344.837-AgR.

Penso, entretanto, que esse entendimento judicial não pode conduzir a *generalizações excessivas*, que admitam a imposição de contribuição previdenciária em qualquer situação, desde que prevista em norma constitucional expressa, estabelecida por emenda à Constituição. A instituição de contribuição previdenciária sobre proventos e pensões dos agentes públicos não deve desconsiderar o *caráter vinculado* dessa exação tributária e a efetiva presença de *causa eficiente necessária* para justificar o encargo. A todo rigor, *a contribuição dos aposentados e pensionistas do regime próprio apenas pode ser justificada na presença do princípio da paridade*. Sem a garantia da paridade, que assegura a possibilidade de aumentos reais de provento aos beneficiários do sistema próprio, a cobrança de contribuição dos aposentados e dos pensionistas constituirá simples adicional sobre a renda, desnaturando a natureza da contribuição. *O princípio da paridade é que fornece legitimidade à cobrança de contribuição previdenciária dos servidores inativos, pois assegura a manutenção do vínculo jurídico que une gerações distintas de titulares de cargo público, além de tornar mutável o valor real dos benefícios previdenciários no regime próprio, obrigando a persistência de mecanismos solidários de financiamento do sistema.*

O direito à paridade oferece ao seu beneficiário a possibilidade de assistir à *mutação real* de seu benefício previdenciário. O proven-

347825-RS, Rel. Min. Ellen Gracie, j. 26.8.2003, *DJ* 19.9.2003, p. 00032, *Ement* vol. 02124-06. p. 01150).

"*Ementa*: Contribuição previdenciária: incidência sobre proventos da inatividade de servidores públicos estaduais (L. Est. 7.672/82, do Rio Grande do Sul): constitucionalidade da cobrança no período que antecede a EC 20/98: precedente (ADI MC 1441, Pleno, 28.6.96, Gallotti, *DJ* 18.10.96)" (STF, 1ª Turma, RE 367094-RS AgR, Rel. Min. Sepúlveda Pertence, j. 10.6.2003, *DJ* 27.6.2003, p. 00034; *Ement* vol. 02116-06, p. 01149).

to é alterado em termos reais, com a alteração no valor real dos vencimentos dos servidores ativos, *sem guardar qualquer correlação com o valor dos depósitos que o beneficiário realizou ao longo de sua atividade funcional.* Essa possibilidade de *variação real,* de *mutação do valor real do provento,* exige financiamento, um autêntico *seguro social*, cujo encargo seria injusto transferir ao longo do tempo apenas para os servidores ativos e para o Poder Público. O direito à paridade, enquanto vinculação remuneração/provento-pensão, enseja vantagens e riscos, benefícios e responsabilidades. Mas produz uma conseqüência fundamental: mantém conectados servidores ativos, aposentados e pensionistas, em *regime de solidariedade jurídica e econômica*, sem qualquer paralelo no regime geral de previdência social e em todas as hipóteses legais em que inexiste o direito à paridade.

Desvinculada do direito à paridade, a contribuição previdenciária do servidor aposentado ou do pensionista deve ser considerada *inconstitucional*, por falta da *causa eficiente* que a legitimaria e, consequentemente, por ausência plena de *razoabilidade. Não é, portanto, qualquer aposentado ou pensionista que pode ter o seu benefício tributado por contribuição previdenciária, mas exclusivamente aquele que goza de provento ou pensão variável segundo o direito à paridade e, conseqüente, pode usufruir de benefício mutável em termos reais ao longo do tempo acima do valor limite do RGPS.* Nesta hipótese, somente nesta hipótese, será legítima a instituição de contribuição sobre proventos e pensões, com vistas a *manter eqüitativa a participação do agente no custeio do sistema* (art. 194, § único, V, da CF), *solidário o regime de repartição simples* (art. 40, CF) *e sustentável a mutação real do benefício assegurado pelo direito à paridade* (art. 195, 5º, da CF). Essa interpretação é que melhor se harmoniza com o sistema constitucional, pois explica porque a lei fundamental veda expressamente a incidência de contribuição sobre os proventos do regime geral de previdência (art. 195, II), cujos benefícios não são mutáveis e, uma vez definidos, sofrem apenas atualização monetária (art. 201, § 4º). As conseqüências práticas desse entendimento, desconsiderado até o momento no debate travado sobre o assunto, serão exploradas adiante, quando examinarmos o tema da contribuição dos inativos à luz da EC 41/2003, bem como a orientação adotada pelo Supremo Tribunal Federal na interpretação das novas normas constitucionais sobre a matéria.

Quadro Sinóptico 8 – Contribuição dos Inativos: EC 20/1998

	Contribuição do Inativo
Causa eficiente da contribuição (posição pessoal)	A paridade ativo-inativo é a causa eficiente da contribuição dos inativos e pensionistas no regime específico dos titulares de cargo público: a possibilidade de aumento real de proventos e pensões (inexistente no RGPS), obriga a persistência da correspondente fonte de custeio (art. 195, 5º, da CF) Solidariedade intergeracional: sustentabilidade do regime de repartição simples exige eqüitativa distribuição de vantagens e encargos e, consequentemente, eqüitativa participação no custeio do sistema (art. 194, par. único, V, da CF)
Entendimento jurisprudencial (STF)	EC 20/1998 afastou deliberadamente possibilidade de o legislador infraconstitucional instituir contribuição previdenciária sobre os proventos dos inativos e benefício dos pensionistas. Antes da EC 20/1998, no entanto, as leis impositivas de contribuições sobre as pensões e proventos dos inativos eram válidas e os valores apurados nos Estados que as haviam instituído não devem ser devolvidos aos aposentados e pensionistas

6. *Reforma da previdência dos titulares de cargo efetivo: análise e crítica das inovações introduzidas pelas ECs 41/2003 e 47/2005*

No dia 30 de abril de 2003, o Presidente Luiz Inácio Lula da Silva apresentou ao Congresso Nacional a Proposta de EC 40, conhecida também como Reforma da Previdência. O projeto encerrava um conjunto de medidas rigoroso, predominantemente focado na promoção de alterações no regime de previdência específico dos titulares de cargo efetivo.

A motivação declarada do projeto era aproximar o regime previdenciário dos titulares de cargo efetivo do regime geral de previdência social, provocando uma ruptura no modelo de repartição simples da previdência específica dos agentes públicos, que seria mantido apenas para proventos até o limite máximo do RGPS. Além disso, o projeto cuidava de induzir a permanência dos servidores efetivos no regime próprio, reduzir o valor de benefícios e suprimir do sistema os direitos à integralidade e à paridade.

O projeto sofreu mudanças no processo de discussão e aprovação nas comissões e no plenário da Câmara dos Deputados, tendo sido aprovado em dois turnos de votação com substanciais alterações. O

Senado Federal manteve íntegra a proposição proveniente da Câmara dos Deputados, sendo aprovada unicamente uma singela emenda de redação.[23] A EC 41/2003 em 19.12.2003, sendo publicada no *DOU* de 31.12.2003. Mas para que a aprovação fosse feita sem modificações, o Senado Federal acordou com o Poder Executivo a imediata apresentação por um grupo de senadores de novas regras de transição e normas de atenuação do rigor da proposta governamental – acordo que ficou conhecido como "PEC Paralela" e que veio a constituir, posteriormente, a EC 47, promulgada em 5.7.2005.

Para uma compreensão esquemática e adequada das inovações introduzidas, convém analisar as repercussões da EC 41/2003 e pela EC 47/2005 em *três* grandes grupos:

a) repercussão sobre a situação de servidores inativos, pensionistas e servidores em atividade que adquiriram o direito à aposentadoria;

b) repercussão sobre a situação de servidores em atividade que ainda não adquiriram o direito à aposentadoria;

b.1) empossados antes da EC 20/1998;

b.2) empossados após a EC 20/1998;

c) repercussão sobre a situação dos titulares de cargo público empossados após a publicação da EC 41/2003;

c.1) antes da instituição da previdência complementar dos servidores efetivos;

c.2) após a instituição da previdência complementar dos servidores efetivos.

A análise das diversas situações jurídicas revela que a EC 41/2003, talvez mais do que qualquer outra antes dela, produziu uma *quebra de uniformidade radical* no sistema previdenciário do titulares de cargos públicos, estabelecendo diferenças significativas de direitos e encargos entre os beneficiários do sistema em aspectos sensíveis. Esse fato tem uma de suas causas na ausência de normas de transição adequadas que atenuassem os efeitos imediatos de algumas das altera-

23. Na Comissão de Constituição, Justiça e Cidadania do Senado, em 7 de outubro de 2003, foi aprovado relatório do Senador Tião Viana. No relatório, a PEC 67 sofreu apenas uma emenda de redação: a transformação do art. 6º da proposição original em § 20 do art. 40.

ções introduzidas no *sistema de previdência funcional*. Parte dessa deficiência, apenas parte, foi coberta pela EC 47/2005, cujos efeitos retroagiram até a data de publicação da EC 41/2005 (art. 6º).

Um quadro esquemático demonstra a variedade de situações jurídicas agora residentes em aspectos fundamentais do sistema de previdência dos titulares de cargo efetivo:

a) Quebra de uniformidade no critério de revisão e definição do provento

a.1) servidores ativos com direito a aposentadoria futura integral (benefício definido) e revisão paritária (revisão automática);

a.2.) servidores ativos com direito a aposentadoria proporcional à contribuição (benefício variável) e revisão do "valor real" (revisão nominal segundo índices de inflação).

b) Quebra parcial do regime de repartição simples

b.1) servidores ativos exclusivamente vinculados ao regime de repartição simples;

b.2.) servidores ativos vinculados ao regime de repartição simples e ao regime de aposentadoria complementar.

c) Redução das pensões

c.1) pensionistas com direito a benefício integral (até limite do RGPS) e revisão do "valor real" (revisão nominal segundo índices de inflação);

c. 2) pensionistas sem direito a benefício integral (integral até limite do RGPS, acrescido de 70% do que exceder ao limite) e revisão do "valor real" (revisão nominal segundo índices de inflação);

c. 3) pensionistas em gozo do benefício com direito a benefício integral e revisão segundo a regra da paridade.

6.1 Repercussão sobre a situação dos servidores inativos e dos servidores em atividade que adquiriram o direito à aposentadoria

A EC 41/2003 trata de forma muito semelhante a situação jurídica dos atuais aposentados e pensionistas do sistema próprio e a situação jurídica dos agentes públicos em atividade que já adquiriram o direito à aposentadoria.

Neste grupo, as alterações relevantes são as seguintes:

a) aplicação do novo teto constitucional de remuneração, subsídio, proventos e pensões;

b) contribuição previdenciária dos inativos e pensionistas;

c) futuras pensões dos atuais aposentados serão integrais até o limite dos benefícios do RGPS, aplicando-se redutor de 30% da parcela excedente ao limite, sem regra de transição.

Os agentes inativos deste grupo manterão o direito à atualização de benefícios segundo a regra da *paridade entre ativos e inativos*. Os valores de aposentadoria e pensão, por igual, não serão afetados, salvo se excederem ao teto constitucional de retribuição.

Os servidores em atividade, mas que implementaram os requisitos para a aposentadoria antes da data da publicação da EC 41/2003 (31.12.2003), cumprindo todos os requisitos para obtenção desses benefícios, com base nos critérios da legislação então vigente, terão assegurados os direitos adquiridos. Manterão o direito à paridade quando decidirem aposentar, o direito à aposentadoria integral e, conforme o caso, farão jus em atividade a usufruir de um abono de permanência equivalente ao valor da contribuição previdenciária, se optarem por continuar em exercício depois de preencherem os requisitos para a aquisição da aposentadoria.

As pensões já concedidas, por igual, não serão atingidas por redutor, salvo por limites decorrentes do teto constitucional de remuneração.

Nos itens seguintes analisaremos, com maior detalhe, cada das alterações referidas.

6.1.1 Novo teto constitucional de remuneração, proventos e pensões

A EC 41/2003 manteve o subsídio dos Ministros do Supremo Tribunal Federal como *limite máximo nacional de remuneração e subsídio* para todos os demais agentes públicos. Eliminou a exigência de iniciativa conjunta para fixação desses subsídios, prevista no atual art. 48, XV, da Constituição Federal, reservando a *iniciativa* do projeto de lei ao Presidente do Supremo Tribunal Federal. Estabeleceu, ainda, para a matéria, *norma transitória*, segundo a qual enquanto não for fixado o valor do subsídio dos ministros do Supremo Tribunal Federal será considerado, para os fins do limite máximo de retribuição, o valor da maior remuneração atribuída por lei na data de publicação da emenda a Ministro do Supremo Tribunal Federal, a título de vencimento, representação mensal e da parcela recebida em razão de tempo de serviço (art. 9º da Emenda).[24] O subsídio dos Ministros do Supremo Tribunal Federal, a partir de 1 de janeiro de 2006, foi fixado em *R$ 24.500,00* (Lei 11.143, de 26.7.2005, *DOU* de 27.7.2005).

A EC 41/2003 fixou também limites inferiores (subtetos) para os Estados, o Distrito Federal e os Municípios, mas não os remeteu à lei, como a redação original da Constituição de 1988. Para a União, na norma geral, não é previsto limites inferiores (embora eles existam, em casos especiais, referidos adiante). Nos Estados, os limites inferiores consideram de forma imperfeita a separação de poderes: o subsídio do Governador é limite para a retribuição dos agentes do Poder Executivo, com as ressalvas dos Procuradores Estaduais e membros da Defensoria Pública; o subsídio dos Deputados Estaduais e Distritais é limite máximo no âmbito do Poder Legislativo; o subsídio dos Desembargadores é limite máximo no âmbito do Poder Judiciário estadual, bem como para os membros do Ministério Público, os Conselheiros do Tribunal de Contas, os Procuradores (inclusive os autárquicos) e os Defensores Públicos, sendo predefinido que o subsídio dos Desembargadores do Tribunal de Justiça fica limitado a noventa inteiros e vinte e cinco centésimos por cento do subsídio mensal, em espécie, dos Ministros do Supremo Tribunal Federal. Nos municípios, como em 1988, o limite máximo é unificado no subsídio dos Prefeitos. Esses limites inferiores também são auto-aplicáveis, ou ao menos se pretendem tais, em razão de sua expressa referência no art. 9º da Emenda.[25]

24. A aplicação da nova sistemática de fixação de limites máximos encerra uma variedade importante de situações e questões técnicas complexas. Ampliei o tratamento do tema no texto "A Reforma da Previdência e a Definição de Limites de Remuneração e Subsídio dos Agentes Públicos no Brasil", publicado na *Revista Brasileira de Direito Público – RBDP*, n. 5, 2004.

25. Após a publicação da EC 41/2003, de forma imediata, forte pressão foi exercida no Congresso Nacional no sentido de unificar o limite máximo de retribuição dos titulares de cargos efetivos dos Estados, assegurando a todos o limite máximo previsto para o subsídio dos Desembargadores, vale dizer, 90,25% dos subsídios

A EC 41/2003 manteve os limites máximos de retribuição incidindo sobre as acumulações constitucionais, o que é um equívoco grave. Renovou também a expressa menção às vantagens pessoais, bem como a qualquer outra natureza, como abrangidas pelo novo limite máximo de retribuição, o que constitui medida acertada. Por outro lado, sem maior repercussão, a EC 47/2005 explicitou em novo parágrafo do art. 37 que as parcelas de caráter indenizatório, previstas em lei, não devem ser computadas nos limites máximos de retribuição (art. 37, § 11), dado que em nada inova, pois admitido de forma unânime por toda doutrina e jurisprudência.

dos Ministros do Supremo Tribunal Federal. O argumento utilizado era a necessidade de garantir um "paralelismo" de critérios no plano Estadual e no plano Federal, admitindo-se que neste último somente haveria um único teto, sem previsão constitucional de subtetos (equívoco fácil de ser elidido, pois há subtetos no Judiciário, no Ministério Público e no Tribunal de Contas na União, em face do disposto expressamente nos arts. 93, V; 73, § 3º e 129, § 4º, com a redação dada pela EC 45/2004). Sem embargo, a questão foi incorporada na denominada "PEC Paralela" e, efetivamente, definida no art. 1º da EC 47/2005, que acrescentou mais um parágrafo ao art. 37 da Constituição Federal, nos seguintes termos: "Art. 37. (...). § 12. Para os fins do disposto no inciso XI do *caput* deste artigo, fica facultado aos Estados e ao Distrito Federal fixar, em seu âmbito, mediante emenda às respectivas Constituições e Lei Orgânica, como limite único, o subsídio mensal dos Desembargadores do respectivo Tribunal de Justiça, limitado a noventa inteiros e vinte e cinco centésimos por cento do subsídio mensal dos Ministros do Supremo Tribunal Federal, não se aplicando o disposto neste parágrafo aos subsídios dos Deputados Estaduais e Distritais e dos Vereadores". Trata-se de uma faculdade, portanto. A matéria, porém, ainda não está pacificada. Parte da PEC Paralela sobre o assunto retornou à Câmara, para nova apreciação, não tendo sido promulgada na EC47/2005. Entre os itens não promulgados consta determinação que estabelece um piso para os subsídios dos Governadores, para que sejam "fixados em valor, no mínimo, igual a cinqüenta por cento do subsídio mensal, em espécie, dos Ministros do Supremo Tribunal Federal". Medida positiva, capaz de dificultar manipulações nos limites de retribuição nos Estados e no Distrito Federal, mas ainda sem consenso nas duas Casas do Congresso Nacional. Por outro lado, a nova redação dada pela EC 45/2004 ao § 4º do art. 129 da Constituição, determinando a aplicação ao Ministério Público, no que couber, do disposto no art. 93, ensejará a aplicação do escalonamento remuneratório da magistratura, previsto no art. 93, V, aos membros do Ministério Público da União e dos Estados. Desse modo, os subsídios dos Subprocuradores-Gerais da República corresponderão aos dos Ministros do Superior Tribunal de Justiça (95% do subsídio dos Ministros do STF), observando-se nas demais unidades da carreira, no plano federal e estadual, as diferenças mínimas de 5% e máxima de 10%. As implicações dessa relevante remissão constitucional, no entanto, não podem ser exploradas neste trabalho.

A incidência do limite máximo (teto) sobre a soma das acumulações, além de complexa em sua operacionalização prática, *não é auto-aplicável*, por ausência na lei fundamental de *suficiente densidade normativa*.

Fica-se, em primeiro lugar, a refletir as dificuldades de operacionalizar essa limitação sobre a soma das acumulações. Por exemplo, servidor que acumule legitimamente cargo de professor na União e de servidor do Poder Executivo de Estado-membro: aplica-se ao valor total da acumulação deste agente o menor limite, o subsídio de Governador, ou o limite máximo nacional? Se a acumulação, no caso proposto, exigir restrição de parcela de vencimentos, o valor a ser retido deve sê-lo pela União ou pelo Estado-membro? Como poderão a União, os Estados-membros e os Municípios aplicar a exigência constitucional sem amplo acesso à informação sobre o valor da remuneração ou subsídio dos agentes nas demais unidades da Federação, quando hoje se sabe que não existe um sistema nacional de recursos humanos na área pública e os sistemas atuais adotam formas distintas de armazenamento de dados, controle de despesas e gestão da força de trabalho? Nesta parte, sugerimos a adoção de alguns critérios: (a) aplicação do teto nacional em casos de acumulação de vencimentos ou subsídios de cargo federal e cargo estadual ou cargo federal e cargo municipal; (b) aplicação do teto estadual em situações que envolvam acumulação de vencimentos ou subsídios de cargo estadual e municipal; (c) aplicação de abate-teto unicamente pela unidade da Federação ou entidade responsável pelo pagamento dos vencimentos ou subsídios do cargo cuja posse tenha sido mais recente, considerado o maior valor de limite de retribuição aplicável aos cargos acumulados, a aplicação proporcional nos dois vencimentos ou aplicação apenas sobre os vencimentos, quando se tratar de acumulação legítima de vencimentos e proventos. Esses critérios são orientações de racionalização, que não resolvem o problema, mas o atenuam, na medida em que não sujeitam agentes submetidos a limites mais elevados a suportarem aplicação de limites inferiores em situações de acumulação regular de vencimentos, proventos ou subsídios. No entanto, são antes critérios de *lege ferenda*, a serem reconhecidos pelo legislador infraconstitucional, pois não são critérios que possam ser inferidos diretamente da norma constitucional aprovada.

Em verdade, as ECs. 41/2003 e 47/2005 instituíram um sistema de fixação de limites de remuneração, subsídios, proventos e pensões apenas *parcialmente auto-aplicável*. A incidência do novo teto constitucional sobre a retribuição isolada de cargos, empregos e funções foi *imediata*, produzindo efeitos desde a vigência do novo texto constitucional, em razão das normas introduzidas terem sido dotadas nesta parte de *suficiente densidade normativa*, inclusive mediante a previsão de regra transitória (art. 8º da EC 41/2003). A incidência dos limites máximos de remuneração e de subsídio sobre as acumulações, no entanto, é *inaplicável* sem o detalhamento infraconstitucional sobre (a) a organização de um *sistema nacional de recursos humanos* na área pública (sistema de acompanhamento das acumulações); (b) a definição, no âmbito da Federação, de *regras de preferência entre limites constitucionais diferenciados* aplicáveis a agentes vinculados a pessoas políticas distintas e funções sujeitas a limites de retribuição divergentes (solução de conflito de limites); (c) a definição, também com eficácia nacional, sobre a *forma de realizar a redução de excessos* porventura identificados em cada unidade da Federação, com abatimento do valor total do excesso na retribuição em um dos cargos, ou proporcionalmente na remuneração dos dois cargos acumulados; (d) a definição sobre *qual unidade da Federação* deve proceder ao abate-teto, a redução de eventuais excessos, quando os agentes mantiverem vínculo com mais de uma pessoa política (a União, o Estado, o Município, o Distrito Federal, o município A em face do município B, a unidade da federação em cujo cargo o agente tomou posse em último lugar ou em primeiro lugar etc). Em resumo, falta definir *qual limite* deve ser aplicado às acumulações nas situações em que mais de um limite é aplicável, *como* o limite máximo definido deve reduzir a remuneração dos cargos acumulados e *quem* deve impor a redução de eventual excesso. Ao lado dessas *lacunas normativas*, há a lacuna prática da ausência de um sistema unificado de acompanhamento de vínculos de trabalho no setor público com abrangência sobre todos os órgãos e entidades em âmbito nacional.[26]

26. Cf. Paulo Modesto, "A Reforma da Previdência e a Definição de Limites de Remuneração e Subsídio dos Agentes Públicos no Brasil", *Revista Brasileira de Direito Público*, n. 5, 2004. Cf., por igual, Paulo Modesto (Org.), *Reforma da Previdência: análise e crítica da EC 41/2003*, Minas Gerais, Fórum, 2004. Na internet, cf. *Revista Eletrônica de Direito do Estado*, Salvador, Instituto de Direito Público da Bahia, n. 1, janeiro/março, 2004, disponível na endereço: <http://www.direitodoestado.com.br/revistas.asp>. Acesso em 20.1.2006.

Nada obstante, se não houver alteração deste tópico da emenda, ou sua paralisia por inércia do legislador, corre-se grande risco de perda de inteligência em alguns segmentos do serviço público, em especial as Universidades Públicas e os Hospitais Públicos. Servidores qualificados poderão, por exemplo, simplesmente trocar as universidades públicas por entidades particulares de ensino para evitar aplicação de cortes ou a retenção de vencimentos em função da aplicação dos novos limites máximos de retribuição sobre as acumulações. A melhor solução seria o cálculo dos limites máximos de retribuição sobre o vencimento ou o subsídio de cada cargo, isoladamente, como previa a redação original da Lei Fundamental.[27]

27. O sistema original da Constituição da República de 1988 constituía um sistema flexível, marcado pela consideração do princípio da separação dos Poderes e pelo princípio federativo, pois entregava ao legislador ordinário, mediante iniciativas específicas, a definição de "limites máximos" e da "relação entre a maior e a menor remuneração" dos agentes públicos, sem embargo da definição de limites rígidos de matriz constitucional distintos entre os Poderes e entre as unidades da Federação. Essa flexibilidade explica porque, disciplinando as situações em curso, entendeu o constituinte de fixar no art. 17 do Ato das Disposições Transitórias que os "limites decorrentes da Constituição" (e não apenas os nela previstos) estariam imunes à incidência da garantia do direito adquirido, recusando a percepção de excesso "a qualquer título". Tratava-se da única exceção aberta pelo constituinte originário à tutela de direito adquiridos contra a incidência imediata de norma gravosa aprovada pelo legislativo ordinário. Sem ela, a delegação feita ao legislador ordinário para fixar "limites máximos" seria inócua. Sobre a questão, ampliar em Paulo Modesto, "Reforma Administrativa e Direito Adquirido", *Revista Trimestral de Direito Público* (*RTDP*) 18/165-178, 1997; *Revista de Direito Administrativo* (*RDA*) 211, jan./mar., 1998; *Revista de Direito Administrativo & Constitucional*, Curitiba, ano 1, n. 1, 1999, pp. 23-48. A tese conta com precedente recente na própria jurisprudência do Supremo Tribunal Federal: "*Ementa*: Embargos de declaração acolhidos, para explicitar que, sendo válido o teto remuneratório estabelecido pela lei local, a redução dos vencimentos dos autores que decorrer da aplicação dessa lei não ofende o disposto no art. 37, XV, da Constituição, tendo em vista a previsão constante do art. 17 ADCT". (STF, RE 255236 ED-SP, Rel. Min. Sepúlveda Pertence, j. 25.4.2000, Primeira Turma, *DJ* 5.5.2000, p. 00036; *Ement* vol. 01989-08, p. 01701).

A flexibilidade legislativa, porém, além dessa maior insegurança jurídica, contemplava outros aspectos negativos: deixava sem "limite constitucional" os Prefeitos Municipais, os Deputados e Senadores da República, os Ministros de Estado, os Secretários de Estado e os Ministros do Supremo Tribunal Federal. Todos esses agentes eram "paradigmas máximos", faltando um referencial nacional unitário. Essa lacuna deu ocasião a diversos abusos, especialmente na esfera estadual e municipal, tendo motivado a promulgação da EC 1, de 31 de março de 1992, ocupada na fixação de subtetos específicos para deputados estaduais e vereadores.

Quadro Sinóptico 9 – Teto Constitucional

- Teto Nacional: subsídio dos Ministros do STF
  - União
    - Teto: igual ao teto nacional
    - Subteto
      - Executivo: não há previsão de subteto fixo
      - Legislativo: não há previsão subteto fixo
      - Judiciário: Min. do STJ e integrantes do TCU, 95% do subsídio dos Min. STF; Desembargadores Federais, 95% do subsídio dos Min. STJ. Juízes Federais, 95% do subsídio dos Desembargadores Federais
  - Estados
    - Teto: igual ao teto nacional
    - Subteto
      - Executivo: subsídio do Governador
      - Legislativo: 75% do subsídio dos deputados e senadores
      - Judiciário: Desembargadores, 90,25% do subsídio dos Min. STF, limite aplicável também para Procuradores do Estado (autárquicos ou da administração direta), Membros do Ministério Público e integrantes dos Tribunais de Contas
  - Municípios
    - Teto: igual ao teto nacional
    - Subteto
      - Executivo: subsídio do Prefeito
      - Legislativo: subsídio do Prefeito ou entre 20 e 75% do subsídio dos Deputados Estaduais, conforme o número de habitantes

6.1.2 Contribuição previdenciária dos atuais inativos e pensionistas

A EC 41/2003 repercute sobre a situação dos atuais inativos ao estabelecer a exigência de contribuição previdenciária, calculada com emprego de alíquota idêntica à adotada para os servidores em atividade, porém sobre uma base de cálculo diferente. A alíquota de contribuição dos servidores inativos e pensionistas não incidirá sobre a totalidade do provento ou da pensão.

A contribuição dos aposentados e pensionistas incide sobre o valor da aposentadoria ou pensão que exceder o limite máximo estabelecido para os benefícios do RGPS (atualmente em R$2.668,15). Os aposentados e pensionistas que perceberem valores inferiores a este patamar simplesmente não devem contribuir. Essa condição é contingente para os que gozam do direito à paridade. Se o provento ou a pensão forem elevados acima deste patamar, em decorrência de *aumentos reais* conquistados por servidores equivalentes em atividade, os beneficiários do aumento real na inatividade deverão contribuir sobre o montante que exceder ao limite máximo do RGPS. Outra interpretação produziria a iniqüidade de ampliar ainda mais os encargos da atual geração de ativos e as novas gerações de servidores, que teriam de financiar não apenas as futuras aposentadorias como também o desequilíbrio crescente das aposentadorias anteriores. Os pensionistas e os aposentados que não gozam do direito à paridade, por outro lado, caso tenham seus benefícios fixados abaixo do limite do RGPS, não contribuição para a solvência do sistema previdenciário em definitivo, pois seus benefícios sofrerão apenas atualização monetária equivalente àquela aplicada à correção do limite de benefícios do RGPS.

A EC 47/2005 ampliou o *limite de imunidade* quando o beneficiário, na forma da lei, for portador de *doença incapacitante*. Nestes casos, consoante prevê o novo art. 40, § 21, introduzido pela Emenda, a contribuição previdenciária na inatividade incidirá apenas sobre as parcelas de proventos de aposentadoria e de pensão que *superem o dobro do limite máximo* estabelecido para os benefícios do regime geral de previdência social de que trata o art. 201 da Constituição, isto é, somente será calculada sobre o montante do benefício que exceder a R$ 5.336,30. Essa diferenciação é materialmente fundada, compatibiliza-se com o princípio da isonomia tributária, tendo em conta que beneficia agentes acometidos de situação especial, geralmente associada a maiores despesas de saúde e manutenção.

Diversamente, era *inconstitucional,* como identificamos desde o princípio, o tratamento diferenciado e sem justificação material das bases de contribuição dos inativos e pensionistas previsto originalmente na EC 41/2003. Na redação da Emenda, a base de incidência da contribuição dos inativos e pensionistas variava conforme o servidor fosse vinculado à União ou aos Estados e Municípios, bem como variava se aposentado segundo as regras anteriores ou posteriores à

EC 41/2003. Para os servidores da União, a base de cálculo para a contribuição dos servidores inativos era a parcela que excedia a 60% (sessenta por cento) do limite máximo de benefícios do RGPS. Os servidores aposentados dos Estados e seus pensionistas a contribuição previdenciária incidia sobre a parcela que excedesse a 50% (cinqüenta por cento) do limite máximo de benefícios do RGPS . Mas se os servidores optassem pelas novas regras da EC 41/2003, na inatividade contariam com *patamar de imunidade superior*, incidindo a contribuição apenas sobre os proventos de aposentadoria e pensão que superarem o limite máximo estabelecido para os benefícios do RGPS (R$ 2.668,15).

A versão original deste trabalho, anterior à decisão do STF na ADI 3.105-DF (j. 18.8.2004, *DJ* 18.2.2005, p. 4), registrava a inconstitucionalidade em termos sintéticos:

"A disciplina das imunidades em matéria de contribuição previdenciária dos inativos é claramente *inconstitucional*, pois atrita tanto com o princípio da igualdade quanto com o princípio da razoabilidade. Não há fundamento lógico ou jurídico algum que sustente a disparidade no tratamento dado aos servidores inativos e pensionistas da União, por um lado, e dos Estados, do Distrito Federal, dos Municípios, por outro, de modo a sujeitar os segundos a alíquotas de contribuição uniformes necessariamente maiores do que as adotadas pela União. Por igual, não há fundamento jurídico algum para a discriminação feita entre a faixa de imunidade dos servidores aposentados pelas regras estabelecidas antes da EC41/2003 e aqueles que se aposentarão segundo as regras permanentes atualmente em vigor. A contribuição previdenciária, *quando couber*, deverá incidir sobre os mesmos parâmetros previstos no § 18 do art. 40, vale dizer, apenas sobre o montante que exceder aos limites do RGPS. Instituir tratamento desigualitário na imposição da contribuição previdenciária dos inativos do serviço público será violar, às escâncaras, o inciso II do art. 150, da CF (instituir tratamento desigual entre contribuintes que se encontrem em situação equivalente).[28] Essa limitação ao poder de tributar do Estado é considerada cláusula pétrea pelo Supremo Tribunal Federal."

28. Em sentido contrário, afirma Marcelo Tavares: "Não entendo que sejam inconstitucionais nem a diferença de tratamento tributário entre servidores inativos e pensionistas da União, de um lado, e dos Estados, do Distrito Federal e Municípios, de outros; nem a diferença entre a tributação dos atuais aposentados e pensionistas (ou aqueles que se aproveitarem das regras antigas) e dos futuros servidores inativos e pensionistas. No primeiro caso porque não há previsão constitucional de tratamen-

A inconstitucionalidade veio a ser proclamada *à unanimidade* pelo Supremo Tribunal Federal no julgamento da referida ADI 3105-DF, a partir de provocação feita pelo douto Min. Gilmar Mendes. Na decisão, o Tribunal julgou inconstitucionais as expressões "cinqüenta por cento do" e "sessenta por cento do", contidas, respectivamente, nos incisos I e II do parágrafo único do artigo 4º da EC 41/2003, para aplicar, então, à hipótese do artigo 4º da EC 41/2003, o § 18 do artigo 40 do texto permanente da Constituição, introduzido pela mesma emenda constitucional. Em termos diretos: a contribuição previdenciária dos inativos ou pensionistas de todas as unidades da Federação, sem distinção territorial ou temporal, deve incidir sobre os mesmos parâmetros previstos no § 18 do art. 40, vale dizer, incidir apenas sobre o montante que exceder aos limites do RGPS e com percentual igual ao estabelecido para os servidores titulares de cargos efetivos.

to igualitário, respeitadas as normas gerais sobre direito previdenciário a serem editadas pela União (tanto é assim, que há possibilidade de imposição de contribuição com alíquotas diferentes, dependendo da entidade federativa). No segundo caso porque, respeitado o direito adquirido à opção pelas regras antigas, não há impedimento de oferecimento de vantagem àquele que não aproveitá-la. De qualquer forma, se os atuais aposentados não recolheram efetivamente contribuição para seus proventos em boa parte da vida laboral, é razoável que sejam tributados em valor maior, durante a inatividade, do que os futuros aposentados, que terão, se não todo, um maior período no qual incidiu contribuição durante a atividade" ("Reforma da Previdência: caminhos e descaminhos da proteção previdenciária dos servidores", in Marcelo Tavares (coord.), *A Reforma da Previdência Social: temas polêmicos e aspectos controvertidos*, Rio de Janeiro, Lumen Juris, 2004, p. 156). As razões apontadas pelo autor, reputado especialista no assunto, com o respeito devido, podem receber contestação. Primeiro, o fato de a EC 41/2003 autorizar os Estados, o Distrito Federal e os Municípios a adotarem nos respectivos regimes próprios alíquotas superiores àquela adotada pelo regime próprio da União não elide a ilegitimidade da previsão de faixas de imunidade desiguais sobre as quais incidirão as alíquotas aplicáveis. Segundo, o direito a tratamento tributário igualitário para situações equivalentes é previsto no art. 150, II, da Constituição Federal, sendo dispensável exigir norma especial expressa. Terceiro, a alegação de não terem os atuais aposentados contribuído na maior parte de suas vidas laborais, além de discutível, especialmente para os agentes provenientes do RGPS, não se aplica, ao menos necessariamente, aos aposentados por invalidez, indicando um fundamento de ordem econômica, mas não um fundamento de ordem jurídica para a adoção de tratamento desigual uniforme. Quarto, os futuros aposentados, cobertos integralmente pelas regras permanentes do novo regime, não devem contribuir na inatividade, uma vez que terão os seus proventos fixados de forma definitiva no ato de aposentadoria, sem direito à paridade e a mutação do valor real dos seus proventos, como sustento em diversas passagens deste trabalho.

Sobre o assunto, a ementa oficial da decisão referida ficou assim redigida:

"3. Inconstitucionalidade. Ação direta. Emenda Constitucional (EC 41/2003, art. 4º, § único, I e II). Servidor público. Vencimentos. Proventos de aposentadoria e pensões. Sujeição à incidência de contribuição previdenciária. Bases de cálculo diferenciadas. Arbitrariedade. Tratamento discriminatório entre servidores e pensionistas da União, de um lado, e servidores e pensionistas dos Estados, do Distrito Federal e dos Municípios, de outro. Ofensa ao princípio constitucional da isonomia tributária, que é particularização do princípio fundamental da igualdade. Ação julgada procedente para declarar inconstitucionais as expressões 'cinqüenta por cento do' e 'sessenta por cento do', constante do art. 4º, § único, I e II, da EC 41/2003. Aplicação dos arts. 145, § 1º, e 150, II, cc. art. 5º, *caput* e § 1º, e 60, § 4º, IV, da CF, com restabelecimento do caráter geral da regra do art. 40, § 18. São inconstitucionais as expressões 'cinqüenta por cento do' e 'sessenta por cento do', constantes do § único, incisos I e II, do art. 4º da EC 41, de 19 de dezembro de 2003, e tal pronúncia restabelece o caráter geral da regra do art. 40, § 18, da Constituição da República, com a redação dada por essa mesma Emenda" (STF, Tribunal Pleno, ADI 3.105-DF, Rel. Min. Ellen Gracie, Rel. p/Acórdão Min. Cezar Peluso, j. 18.8.2004, DJ 18.2.2005, p. 4, *Ement* vol. 02180-02, p. 00123).

A questão polêmica da própria *validade da instituição de contribuição previdenciária* sobre os proventos de aposentadoria e as pensões dos servidores públicos da União, dos Estados, do Distrito Federal e dos Municípios, incluídas suas autarquias e fundações, também foi enfrentada na ADI 3.105-DF. A parte inicial da ementa resume os fundamentos da decisão:

"Ementa: 1. Inconstitucionalidade. Seguridade social. Servidor público. Vencimentos. Proventos de aposentadoria e pensões. Sujeição à incidência de contribuição previdenciária. Ofensa a direito adquirido no ato de aposentadoria. Não ocorrência. Contribuição social. Exigência patrimonial de natureza tributária. Inexistência de norma de imunidade tributária absoluta. EC 41/2003 (art. 4º, *caput*). Regra não retroativa. Incidência sobre fatos geradores ocorridos depois do início de sua vigência. Precedentes da Corte. Inteligência dos arts. 5º, XXXVI, 146, III, 149, 150, I e III, 194, 195, *caput*, II e § 6º, da CF, e art. 4º, *caput*, da EC n. 41/2003. No ordenamento jurídico vigente, não há norma, expressa nem sistemática, que atribua à condição jurídico-subjetiva da aposentadoria de servidor público o efeito de lhe gerar direito subjetivo como poder de subtrair *ad aeternum* a percepção dos respectivos proventos e pensões à incidência de lei tributária que, anterior ou ulterior, os submeta à incidência de contribuição previdencial. Noutras palavras, não há, em nosso ordenamento, nenhuma norma jurídica válida que, como efeito específico do fato jurídico da aposentadoria, lhe imunize os proventos e as pensões, de modo absoluto, à tributação de ordem constitucional, qualquer que seja a modalidade do tributo eleito, donde não haver, a respeito, direito adquirido com o aposentamento. 2. Inconstitucionalidade. Ação direta. Seguridade social. Servidor público. Vencimentos. Proventos de aposentadoria e pensões. Sujeição à incidência de contribuição previdenciária, por força de Emenda Constitucional. Ofensa a outros direitos e garantias individuais. Não ocorrência. Contribuição social. Exigência patrimonial de natureza tributária. Inexistência de norma de imunidade tributária absoluta. Regra não retroativa. Instrumento de atuação do Estado na área da previdência social. Obediência aos princípios da solidariedade e do equilíbrio financeiro e atuarial, bem como aos objetivos constitucionais de universalidade, equidade na forma de participação no custeio e diversidade da base de financiamento. Ação julgada improcedente em relação ao art. 4º, *caput*, da EC n. 41/2003. Votos vencidos. Aplicação dos arts. 149, *caput*, 150, I e III, 194, 195, *caput*, II e § 6º, e 201, *caput*, da CF. Não é inconstitucional o art. 4º, *caput*, da EC 41, de 19 de dezembro de 2003, que instituiu contribuição previdenciária sobre os proventos de aposentadoria e as pensões dos servidores públicos da União, dos Estados, do Distrito Federal e dos Municípios, incluídas suas autarquias e fundações. (...)" (STF, Tribunal Pleno, ADI 3.105-DF, Rel. Min. Ellen Gracie, Rel. p/Acórdão Min. Cezar Peluso, j. 18.8.2004, *DJ* 18.22005, p. 4, *Ement* vol. 02180-02, p. 00123).

As conclusões do acórdão são compatíveis com os fundamentos que o Tribunal vinha adotando desde a EC 20/1998 sobre a validade das contribuições previdenciárias instituídas no *período anterior* à EC 20/1998. Como anotamos detalhadamente no item 5, na versão original deste trabalho, o Supremo Tribunal Federal de longa data vinha reconhecendo como:

"(...) *constitucionalmente possível exigir-se, de pensionistas e inativos, o recolhimento de contribuição previdenciária, desde que a respectiva cobrança refira-se a período anterior ao advento da EC 20/98, pois, a partir da promulgação dessa emenda à Constituição da República – e quanto a inativos e pensionistas -, tornou-se juridicamente incabível, quer no plano da União Federal, quer no âmbito dos Estados-membros e do Distrito Fede-*

ral, quer, ainda, na esfera dos Municípios, a própria instituição de tal modalidade de contribuição especial". (STF, 2ª Turma , RE AgR 358.375-RS, Rel. Min. Celso de Mello, j. 25.11.2003, *DJ* 19.12.2003, p. 84, *Ement* vol. 02137-07, p. 01443). No mesmo sentido, as decisões na ADI 2.010 e os AIs 500.658-AgR e 488.569-AgR, e os REs 386.933-AgR, 382.607-AgR, 344.837-AgR; ADI MC 1.441; ADI MC 2.188 e RE 367094-RS-AgR.

Na decisão da ADI 3105-DF, porém, o Tribunal enfatizou o caráter tributário da contribuição previdenciária exigida dos inativos e pensionistas e a ausência de imunidade que impedisse a cobrança do tributo, não reconhecendo a existência de direito adquirido dos aposentados ou pensionistas do regime especial dos cargos efetivos a eximir-se dessa exigência patrimonial de natureza tributária. Ressaltou também a relevância dos princípios da solidariedade e do equilíbrio financeiro e atuarial, além da exigência constitucional de equidade na forma de participação no custeio, mas esses aspectos ficaram claramente em segundo plano em face da ênfase dada ao aspecto tributário da questão. O fato dos aspectos previdenciários terem ficado sob luz menos intensa no debate não permitiu ao Tribunal identificar situações diferenciadas, nas quais a contribuição não seria de exigir.

Com efeito, nem sempre a contribuição previdenciária poderá ser exigida. Conforme referi antes, quando da avaliação que fizemos da questão da contribuição dos inativos em face da EC 20/1998, a instituição de contribuição previdenciária sobre proventos e pensões dos agentes públicos é tributo vinculado a uma *finalidade de natureza previdenciária* e exige a efetiva presença de *causa eficiente necessária* para justificar o encargo. Não pode servir de instrumento de simples elevação da arrecadação tributária, nem cumprir o papel de adicional de imposto sobre a renda.

Renovo o que disse anteriormente: a contribuição dos aposentados e pensionistas do regime próprio apenas pode ser justificada na presença do *princípio da paridade*. O princípio da paridade é que fornece legitimidade à cobrança de contribuição previdenciária dos servidores inativos, pois assegura a manutenção do vínculo jurídico que une gerações distintas de titulares de cargo público, além de tornar mutável o valor real dos benefícios previdenciários no regime próprio, obrigando a persistência de mecanismos solidários de financiamento do sistema.

Na prática, esse entendimento reconhece legitimidade da contribuição previdenciária somente sobre os proventos e pensões que permaneçam sujeitos a variações reais, mutações reais, por acompanharem a política de remuneração dos servidores em atividade. A paridade impõe um vínculo de solidariedade jurídica e econômica entre servidores ativos e inativos sem paralelo no regime de previdência geral, que não admite a exigência de contribuição (art. 195, II, da CF). A paridade fixa um mecanismo de atualização que supera a simples atualização monetária, exigindo a constituição de um seguro social apto a atender aos aumentos reais de proventos e pensões, reconhecidos ao longo do tempo, cujo financiamento também compete aos inativos e pensionistas num regime de repartição simples, pois o sistema não reconhece a possibilidade do gozo de benefícios ou sua elevação sem a correspondente fonte de custeio (art. 195, § 5º, da CF) e exige a equidade na participação do custeio do sistema (art. 194, § único, V, da CF).

Essa causa eficiente não existirá, no entanto, para os servidores que se aposentarem pelas regras transitórias do art. 2º da EC 41 e para os novos servidores, empossados a partir da data de publicação da emenda. Não há razoabilidade na exigência desses servidores contribuírem na inatividade, pois uma vez fixados os proventos no regime de repartição simples, a atualização dos valores dos respectivos benefícios seguirá as regras do regime geral de previdência social (RGPS). Seria desproporcional exigir que contribuam sobre a totalidade da remuneração na atividade, sujeitá-los a seguir uma média das bases de contribuição na fixação dos proventos, atualizar os respectivos proventos por simples índices de reposição da inflação e obrigá-los a permanecer contribuindo enquanto inativos, de forma vitalícia, ainda que sobre o valor que exceder aos limites do RGPS. *A solidariedade intergeracional tem limites.* É necessária, por isso, a adoção de uma *interpretação conforme* para o art. 40, § 18, da Constituição Federal, com a redação dada pela EC 41/2003, que reduza o campo de aplicação da contribuição dos inativos e pensionistas resultante da literalidade da norma constitucional.

Na verdade, a orientação que adoto não se confunde com as teses dos que consideram a contribuição previdenciária inconstitucional, por afronta ao direito adquirido, sendo admissível a contribuição apenas para os servidores que não preencheram os requisitos para a aposentadoria na data de publicação da emenda 41 ou os novos servidores, mas também não se confunde com as conclusões do Supremo Tribunal Federal, que aparentemente sugere que a natureza tributária da contribuição e o caráter abrangente do princípio da solidariedade permitem a incidência da exação em qualquer caso, desde que ultrapassados os limites de imunidade previstos na emenda constitucional. Pode ser considerada uma terceira posição, coerente com o que vimos expondo desde o princípio deste trabalho.

Em resumo:

a) *primeira posição*: contribuição na inatividade deve alcançar apenas servidores efetivos novos, empossados após a EC 41/2003, ou servidores efetivos em atividade que não preencheram os requisitos para aposentadoria até a data publicação da emenda constitucional 41, quando vierem a aposentar: ato jurídico perfeito, direito adquirido, relação jurídica finda imunizam os demais;

b) *segunda posição*: contribuição deve alcançar a todos os servidores efetivos – aposentados, pensionistas, servidores com direito adquirido à aposentadoria ou novos servidores – com vínculo anterior ou posterior à EC 41: STF – contribuição é tributo – ausência de imunidade do aposentado e pensionista – relevância dos princípios da solidariedade e do equilíbrio financeiro e atuarial;

c) *terceira posição*: contribuição na inatividade deve alcançar apenas os servidores do velho regime (com direito à paridade): contribuição é tributo vinculado – necessidade de causa eficiente necessária – direito à paridade – possibilidade de aumento real de proventos e pensões após a inatividade obriga a persistência da correspondente fonte de custeio – situação inexistente no RGPS – sustentabilidade do regime de repartição simples exige eqüitativa distribuição de vantagens e encargos e, consequentemente, eqüitativa participação no custeio do sistema (art. 194, § único, V, da CF): novos servidores, sem direito à paridade, não devem recolher contribuição na inatividade.

Quadro Sinóptico 10
Contribuição do Inativo – EC 41/2003 e 47/2005

Faixa de imunidade	Regra: proventos ou pensões até o limite máximo de benefícios do RGPS (R$ 2.668,15) Exceção: Proventos e pensões quando o beneficiário for portador de doença incapacitante: o dobro do limite máximo de benefícios do RGPS (R$ 5.336,30)
Alíquota de contribuição	Alíquotas aprovadas em cada unidade da Federação, idêntica à aplicada aos servidores efetivos. Alíquota aplicada na União é considerada "alíquota mínima" (vinculação considerada inconstitucional por este trabalho)
Elegíveis	Somente aposentados e pensionistas com direito à atualização de benefícios pela regra da paridade (entendimento deste trabalho). Todos os aposentados e pensionistas (entendimento do Governo e do STF). Somente os novos servidores ou servidores em atividade que não adquirirem direito à aposentadoria na data da publicação da EC 41 (entendimento de diversos autores)

6.1.3 Redução das pensões concedidas após a promulgação da Emenda Constitucional

As pensões concedidas antes da promulgação da emenda da reforma da previdência não serão atingidas, salvo pelos limites máximos de retribuição (teto). Mas as pensões concedidas após a publicação da EC 41/2003 estarão sujeitas a redução equivalente a trinta por cento do que exceder o limite máximo estabelecido para os benefícios do RGPS. É o que dispõe o § 7º do art. 40 da Constituição Federal, com a redação da EC 41/2003.

Essa medida, adotada sem qualquer regra de transição, pode ter produzido efeitos indesejáveis, pois a data de falecimento do servidor aposentado e a data de publicação da emenda constitucional da reforma da previdência (31.12.2003) foram fatores determinantes de uma eventual redução abrupta de trinta por cento da pensão a ser concedida ao dependente do servidor falecido.

A redução é claramente destituída de razoabilidade perante agentes públicos sujeitos a contribuição sobre a totalidade da remuneração e diante de uma série importante de situações práticas. Não considera a situação previdenciária dos agentes atingidos (por exemplo, o número de dependentes ou a faixa de remuneração). Trata de forma equivalente o servidor que vem a falecer em atividade e o servidor que vem a falecer na inatividade, o que produz no segundo caso o resultado iníquo de reduzir o provento que já foi reduzido pelo cálculo do provento médio (média das bases de contribuição) e, eventualmente, reduzido também por pedágios (ex.: 35% do art. 2º da EC 41/2003). Neste contexto, por absurdo que pareça, passa a ser mais vantajoso para o pensionista que o óbito do servidor ocorra em atividade do que na inatividade. Se o falecimento ocorre com o servidor em atividade não há cálculo do provento médio, mas simples aplicação do redutor de 30% sobre a totalidade da remuneração do agente falecido. Trata-se de regra agressiva ao princípio da igualdade e ao princípio da razoabilidade, exigente de interpretação conciliadora, que ajuste as normas da emenda aos referidos princípios constitucionais.

Quadro Sinóptico 11
Redução da Pensão – EC 41/2003

	Pensão decorrente de óbito de servidor em atividade	**Pensão decorrente de óbito de servidor aposentado**
Integralidade	Totalidade da remuneração do servidor no cargo efetivo em que se deu o falecimento até limite máximo do RGPS (sem aplicação de cálculo do provento pela média das bases de contribuição ou outro "pedágio")	Totalidade do provento do servidor falecido até limite máximo do RGPS (com aplicação do cálculo de fixação provento pela média das bases de contribuição para dos servidores aposentados pelas normas permanentes ou pela norma transitória do art. 2º da EC 41/2003)
Percentual de redução	Redução de 30% do que exceder ao limite máximo do RGPS	Redução de 30% do que exceder ao limite máximo do RGPS
Critério de revisão	Atualização anual pelo INPC (índice utilizado para atualização dos benefícios do RGPS, adotado pela Lei 10.887/2004 também para os RPPS)	Paridade ativo-inativo para pensões devidas ao falecimento de aposentados titulares do direito à paridade; atualização anual pelo INPC (índice utilizado para atualização dos benefícios do RGPS, adotado pela Lei 10.887/2004 para os RPPS) para aposentados segundo regra transitória do art. 2º da EC 41/2003 ou segundo novas regras permanentes.

6.1.4 Abono de permanência para os servidores em atividade que preencham os requisitos para a aposentadoria voluntária

Os servidores em atividade, mas que tenham adquirido o direito a aposentaria voluntária, e contem, no mínimo, vinte e cinco anos de contribuição, se mulher, ou trinta anos de contribuição, se homem, farão jus a um *abono de permanência* equivalente ao valor da respectiva contribuição previdenciária até a data limite da aposentadoria compulsória, prevista no art. 40, § 1º, II, da Constituição Federal. Não há prazo para o requerimento do direito ao abono.

6.1.5 Manutenção do direito à integralidade e à paridade entre ativos e inativos para os atuais servidores inativos e pensionistas

O art. 7º da EC 41/2003 assegura a manutenção do direito à paridade para os atuais servidores inativos e pensionistas, estabelecendo que os proventos e as pensões, em fruição na data de publicação da Emenda, serão revistos na mesma proporção e na mesma data, sempre que se modificar a remuneração dos servidores em atividade, sendo estendidos aos aposentados e pensionistas quaisquer benefícios ou vantagens posteriormente concedidas aos servidores em atividade, inclusive quando decorrentes da transformação ou reclassificação do cargo ou função em que se deu a aposentadoria ou que serviu de referência para a concessão da pensão, na forma da lei.

O direito à integralidade e à paridade é assegurado ainda aos servidores em atividade que já tenham cumprido todos os requisitos para obtenção de seus benefícios até a data de publicação da Emenda pelo art. 3º, § 2º, da EC 41/2003.

6.2 Repercussão sobre a situação de servidores em atividade que ainda não adquiriram o direito à aposentadoria

A EC 41/2003 altera as normas permanentes para aquisição do direito à aposentadoria, introduz modificações práticas na situação dos agentes beneficiados com as normas transitórias estabelecidas pela EC 20/98 e disciplina regra de transição sem paralelo com normas anteriores. A EC 47/2003 acrescenta, por igual, nova regra de transição, retroativa à data da publicação da EC 41/2003.

Diante dessa variedade de situações, os agentes públicos ficarão divididos em três grupos: (a) os que podem optar por qualquer uma de quatro alternativas; (b) os que apenas podem optar entre duas alternativas e (c) os que não podem optar. Os agentes do primeiro grupo são os que ingressaram em cargos efetivos até 16 de dezembro de 1998 (data da publicação da EC 20/98 no *DOU*). Os agentes do segundo grupo são todos os titulares de cargo público posteriores à data de publicação da EC 20 e em atividade na data da publicação da nova reforma da previdência (31 de dezembro de 2003). Os agentes do último grupo são os titulares de cargo público que ingressaram no serviço público após a publicação da EC 41/2003.

A EC 41/2003 e a EC 47/2005 definem quatro conjuntos de normas para fixação de critérios de elegibilidade e definição de benefícios distintos. Esse quadro de hipóteses de enquadramento é melhor identificado de forma comparativa, como na tabela a seguir:

Quadro Sinóptico 12 – Possibilidades de Enquadramento

	Opção de Enquadramento 1 *Regra Permanente* (art. 40 da CF, com redação dada pelo art. 1º da EC 41/2003)	**Opção de Enquadramento 2** *Regra Transitória* (art. 2º da EC 41/2003)	**Opção de Enquadramento 3** *Regra Transitória* (art. 6º da EC 41/2003)	**Opção de Enquadramento 4** *Regra Transitória* (art. 3º da EC 47/2005)
Tempo de permanência no serviço público	10 anos	Não exige	20 anos	25 anos
Tempo mínimo na carreira	Não exige	Não exige	10 anos de carreira	15 anos de carreira
Tempo mínimo no cargo	5 anos	5 anos	5 anos	5 anos
Idade mínima (voluntária integral)	55 anos, mulher; 60 anos, homem, reduzidos em 5 anos para professor(a) do ensino infantil, médio e fundamental	53 anos, homem; 48 anos, mulher	60 anos, homem; 55 anos, mulher	55 anos, mulher; 60 anos, homem, mas reduzindo um ano desta idade mínima para cada ano adicional ao tempo exigido de contribuição
Tempo de contribuição (voluntária integral)	30 anos, mulher; 35 anos, homem, reduzidos em 5 anos para professor (a) do ensino infantil, médio e fundamental	30 anos, mulher; 35 anos, homem + 20% do tempo faltante em 16.12.1998	30 anos, mulher; 35 anos, homem	30 anos, mulher; 35 anos, homem
Idade mínima (proporcional à contribuição por idade)	60 anos, mulher; 65 anos, homem	Não prevê	Não prevê	Não prevê

(continua)

(continuação)

	Opção de Enquadramento 1	**Opção de Enquadramento 2**	**Opção de Enquadramento 3**	**Opção de Enquadramento 4**
Integralidade	Não assegura	Não assegura	Assegura	Assegura
Paridade	Não assegura	Não assegura	Assegura	Assegura
Garantia do valor real do benefício	Assegura, na forma da lei	Assegura, na forma da lei	Não assegura	Não assegura
Cálculo do benefício	Cálculo baseado nas remunerações utilizadas como base da contribuição no RGPS e no regime próprio, na forma da lei	Cálculo baseado nas remunerações utilizadas como base da contribuição no RGPS e no regime próprio, na forma da lei	Cálculo baseado na última remuneração	Cálculo baseado na última remuneração
Limitação do provento	Provento até o limite do RGPS após instituição do regime de previdência complementar	Redução de 3,5% por ano antecipado em relação à idade mínima do regime permanente até 31.12.2005 (máximo 24,5%) e de 5% por ano antecipado a partir de 1.1.2006 (máximo 35%)	Não há, salvo os limites do teto constitucional	Não há, salvo os limites do teto constitucional
Limitação da pensão	Pensão integral até o limite do RGPS, redutor de 30% do que exceder a esse limite se concedida após Emenda	Pensão integral até o limite do RGPS, redutor de 30% do que exceder a esse limite	Pensão integral até o limite do RGPS, redutor de 30% do que exceder esse limite	Pensão integral até o limite do RGPS, redutor de 30% do que exceder esse limite
Regime de repartição simples	Garantirá provento até limite do RGPS após instituída previdência complementar	Garante provento na totalidade	Garante provento na totalidade	Garante o provento na totalidade
Regime de capitalização (previdência complementar)	Somente por opção do servidor	Somente por opção do servidor	Somente por opção do servidor	Somente por opção do servidor

(continua)

(continuação)

	Opção de Enquadramento 1	Opção de Enquadramento 2	Opção de Enquadramento 3	Opção de Enquadramento 4
Elegíveis	Servidores que ingressarem em cargos efetivos após a publicação da nova Emenda e os demais que manifestarem opção pelas regras permanentes	Somente os servidores que ingressaram em cargos efetivos até 16.12.1998	Somente os servidores que ingressaram em cargos efetivos até a publicação da nova Emenda	Somente os servidores que ingressaram no serviço público até 16.12.1998

Os militares em atividade não foram afetados por essas alterações. A norma do art. 42, § 2º, da Constituição Federal, que reenviava aos militares o disposto no art. 40, §§ 7º e 8º foi modificada para evitar que os militares fossem alcançados pela redução das pensões em até trinta por cento do montante que excedesse os limites do RGPS, como todos os civis (art. 40, § 7º, na redação da EC 41/2003) e pelo critério do reajustamento dos benefícios, mantido o valor real (art. 40, § 8º, na redação da EC 41/2003), regra antinômica em relação ao princípio da paridade. A nova redação do art. 42, § 2º, da Constituição Federal, remete toda a matéria da previdência militar para a lei ordinária.

Os militares da União permanecem sem custear o regime próprio de aposentadoria, contribuindo apenas para financiar as pensões e a assistência médica com alíquotas inferiores às aplicadas pelo regime próprio dos servidores civis.

Em direção oposta, a EC 41/2003 estabelece a obrigatoriedade (não apenas a faculdade, como na redação da EC 20/1998) da instituição pelos Estados, o Distrito Federal e os Municípios de contribuições, cobrada dos servidores, para o custeio do regime previdenciário de que trata o art. 40 (art. 149, § 1º, com nova redação). Sobremais, fixa que a alíquota a ser imposta por estas unidades da federação "não será inferior à da contribuição dos servidores titulares de cargos efetivos da União" (art. 149, § 1º, *in fine*, com a nova redação). A imposição aos entes da federação da alíquota da contribuição previdenciária aplicada no regime próprio dos servidores titulares de cargos efetivos da União como *piso obrigatório* para os respectivos regimes previdenciários próprios constitui, salvo melhor juízo, uma direta transgressão do princípio da federação e da separação dos poderes, pois importa em criar uma vinculação necessária de percentuais mínimos, livremente estabelecidos pela União, fora de controle do ente federado, além de dispensar a atuação dos poderes locais na iniciativa, discussão e deliberação da matéria, caracterizando manifesta violação do devido processo legislativo para fixação das alíquotas de contribuição em cada pessoa política da Federação. Trata-se, pois, de *inovação inconstitucional*, à luz do art. 60, § 4, I e III.

Merece destaque também a *nova regra de cálculo dos proventos*. A matriz constitucional do novo modelo é prevista no art. 40, § 3º, da Constituição, com a redação dada pela EC 41/2003. Trata-se de regra de cálculo que se contrapõe ao direito à integralidade, que assegurava ao servidor aposentado provento equivalente à totalidade da última remuneração (com os temperamentos que estudamos antes, no item 4.2). No novo modelo, por ocasião da concessão da aposentadoria, devem ser consideradas para o cálculo dos proventos de aposentadoria as remunerações utilizadas como base para as contribuições do servidor para o regime próprio de previdência e para o regime geral de previdência social, na forma da lei. A norma aparentemente impõe a contabilização e atualização de todas as "bases de contribuição" declaradas ou utilizadas pelo servidor ao longo de sua trajetória funcional: informação que as administrações públicas brasileiras não estão aptas a oferecer. Mais realista, a Medida Provisória 167, de 19 de fevereiro de 2004, convertida posteriormente na Lei 10.887/2004, estabeleceu em seu art. 1º que no cálculo dos proventos de aposentadoria dos servidores titulares de cargo efetivo de qualquer dos Poderes da União, dos Estados, do Distrito Federal e dos Municípios, incluídas suas autarquias e fundações, previsto no § 3º do art. 40 da Constituição Federal e no art. 2º da EC 41, de 19 de dezembro de 2003, será considerada a *média aritmética simples das maiores remunerações*, utilizadas como *base para as contribuições* do servidor aos regimes de previdência a que esteve vinculado, correspondentes a 80% (oitenta por cento) de todo o período contributivo desde a *competência julho de 1994* ou *desde a do início da contribuição, se posterior àquela competência, devidamente atualizadas mês a mês.*

O cálculo do "provento médio", como vem sendo denominado o resultado final desta operação, prejudicará sobretudo os servidores próximos à aposentadoria que permaneceram nos últimos anos sem elevação de vencimentos (cristalização de desequilíbrios dos últimos anos) e os servidores que possuírem longos períodos de vinculação ao regime geral de previdência geral. Neste último caso, em especial, a redução poderá ser significativa, especialmente se considerada ao lado de outros mecanismos de redução do valor dos proventos previstos na EC 41/2003 (*v.g.*, "pedágio" do art. 2º da EC 41/2003, equivalente a reduções de até 24,5%, bem como a redução de 30% do valor do provento que exceder os limites do RGPS, por ocasião do falecimento do servidor inativo). É também provável prejudicado pelo cálculo do "provento médio" o servidor que for aposentado por invalidez, que receberá benefícios por proventos proporcionais ao tempo de contribuição (salvo se invalidez for decorrente de acidente em serviço, moléstia profissional ou doença grave). Se a invalidez ocorrer em momento prematuro da atividade funcional do agente, os proventos devidos podem ser brutalmente reduzidos. Trata-se de hipótese que reclama urgente norma reguladora, que estabeleça um percentual máximo de redução, sob pena da ocorrência de situações de iniqüidade manifesta.

6.3 Repercussão sobre a situação dos futuros titulares de cargo público e o regime de previdência complementar

Os titulares de cargo efetivo empossados após a publicação da nova reforma da previdência serão necessariamente enquadrados nas normas permanentes do art. 40 da Constituição Federal. Não terão opção de escolha. Mas o regime jurídico de sua aposentadoria dependerá ainda da instituição ou não de fundos de previdência complementar na União, nos Estados, no Distrito Federal e nos Municípios. *Não há prazo para instituição do regime de previdência complementar.*

Aprovada a Emenda, enquanto não forem instituídos os fundos de previdência complementar, a aposentadoria será calculada considerando as remunerações utilizadas como base para as contribuições do servidor no regime próprio e no RGPS, razão pela qual o *valor da aposentadoria ou da pensão poderá ultrapassar o valor máximo dos benefícios do RGPS.* O novo servidor não usufruirá o *direito à integralidade* porque a base de cálculo do provento não será a última remuneração, mas uma *média das bases de contribuição anteriores*, nem usufruirá o *direito à paridade*, pois o seu provento será reajustado segundo critérios estabelecidos em lei, que lhe preservem o valor real em caráter permanente.[29] Porém, instituído o regime de previdência complementar, por lei de iniciativa do Poder Executivo, mediante a criação de entidade previdenciária pública e de plano de benefícios exclusivamente na modalidade de contribuição definida, os proventos mantidos pelo regime de repartição simples ficarão limitados a R$ 2.668,15 ou outro limite de benefícios que venha a ser adotado pelo RGPS para todos os agentes *que venham a ingressar no serviço público após a criação do regime de previdência complementar* (art. 40, § 16, CF).

Não será mais necessário aprovar uma lei complementar específica, nacional, para disciplinar a matéria, como previa o § 15 do art. 40, com a redação dada pela EC 20/1998. A nova redação deste dispositivo remete as leis instituidoras do regime complementar para o disposto no art. 202 e seus parágrafos, no que couber, o que significa uma decisão deliberada de aplicar *o regime da previdência privada*, de natureza complementar, também aos titulares de cargo efetivo. Na prática, a decisão significa a pretensão de aplicar as disposições das Leis Complementares 108 e 109, ambas de 29 de maio de 2001, como *normas gerais do referido regime de previdência complementar dos titulares de cargo público efetivo.*

A questão é mais complexa do que aparenta, pois compreendido literalmente o dispositivo encerrará um paradoxo. Por um lado, o § 15 do art. 40 estabelece que o regime de previdência complementar dos servidores efetivos deve observar o disposto no art. 202 e seus pará-

29. A norma legal exigida foi estabelecida pela Medida Provisória 167, de 19 de fevereiro de 2004, depois convertida na Lei 10.887, de 18 de junho de 2004 (*DOU* de 21.6.2004). O índice de correção adotado foi o Índice Nacional de Preços ao Consumidor – INPC, calculado pela Fundação Instituto Brasileiro de Geografia e Estatística – IBGE, e a correção dos proventos ocorrerá na mesma data em que se der o reajuste dos benefícios do regime geral de previdência social.

grafos, no que couber. Por outro, fixa que o regime de previdência complementar dos servidores efetivos será gerido por "intermédio de entidades fechadas de previdência complementar, de natureza publica". Por fim, fixa que o plano de benefícios da previdência complementar específica dos servidores efetivos somente poderá ser oferecido na modalidade de contribuição definida. Pergunta-se o óbvio para um bom observador: como aplicar o *regime privado* da previdência complementar disciplinada no art. 202 da Constituição, ainda que com temperamentos, para entidades autárquicas? Autarquias submetidas ao direito privado não são conhecidas no direito brasileiro. Autarquias, na clássica e precisa definição de Celso Antônio Bandeira de Mello, são pessoas jurídicas de direito público de capacidade exclusivamente administrativa.[30] Como gerir um plano de benefícios na modalidade contribuição definida através de "entidade de natureza pública", sabendo-se que nesta modalidade de plano o valor do provento final é totalmente dependente da ágil e eficiente gestão de recursos financeiros?

A questão pode ser resolvida através de duas vias de interpretação: a) redefinição do que cabe entender como "natureza pública" da entidade fechada de previdência complementar, referida no § 15 do art. 40, da Constituição Federal; b) redefinição do papel da entidade fechada de previdência complementar, de natureza pública, na gestão do plano de benefícios definido, referido na mesma norma. Não são vias de compreensão isoladas. Se entendermos que, no dispositivo, "natureza pública" significa regime de direito público ou entidade de direito público, então a entidade gestora será uma autarquia. Mas o papel dessa autarquia previdenciária não poderá ser o de entidade responsável pela aplicação direta das reservas técnicas do plano de benefício definido, pois seria um disparate jurídico e um grave risco administrativo aplicar as disposições do art. 202, referentes à gestão financeira, a uma entidade autárquica e sujeitar a rentabilidade do plano à rigidez de ação própria das autarquias. Neste caso, uma interpretação adequada reconheceria à autarquia previdenciária o papel de

30. Celso Antônio Bandeira de Mello, *Natureza e regime jurídico das autarquias*, São Paulo, Ed. RT, 1968, p. 226. Idem, *Curso de Direito Administrativo*, 17ª ed., São Paulo, Malheiros Editores, 2004, p. 147.

entidade supervisora e controladora do plano de previdência, de entidade responsável por uniformizar a interpretação de direitos e obrigações sobre a matéria no âmbito da administração pública e de entidade definidora das políticas de aplicação dos recursos, mas não o papel de entidade de gestão financeira direta dos recursos financeiros do plano nem de execução operacional de todas as aposentadorias. O plano de benefícios constituiria um único fundo, gerido diariamente por um banco oficial ou instituição pública equivalente, com experiência neste ramo de atividade, cabendo à autarquia previdenciária a tarefa de supervisionar e controlar os resultados obtidos, dando ciência de tudo ao participante e assistido do regime de previdência complementar.[31] Por igual, a execução operacional dos processos de aposentadoria poderia permanecer descentralizada e repartida pelos diversos órgãos que compõem a administração, evitando uma centralização que poderá inviabilizar a agilidade necessária na concessão de benefícios. Por outro lado, se entendermos que "natureza pública" no dispositivo diz respeito a origem pública da entidade, vale dizer, o fato de a entidade ser estatal, mas não necessariamente de direito público, o campo de possibilidades é alargado. Neste caso, um agente financeiro estatal poderia receber diretamente o encargo de gerir o fundo de previdência, respondendo por sua gestão perante a administração direta e aos participantes e assistidos do plano de benefícios. As duas são soluções interpretativas razoáveis, desde que observadas de forma integral. Absurdo seria admitir a instituição de autarquias para gestão financeira diária, em regime de direito privado, de plano de benefícios por contribuição definida. Entre as duas leituras possíveis, refletindo sobre o tema, inicialmente considerei a primeira hipótese de interpretação a

31. A solução é tecnicamente sustentável, inclusive, à luz da legislação existente sobre planos de previdência complementar. O § 2º do art. 31 da Lei Complementar n. 109, de 29 de maio de 2001, determina que "As entidades fechadas constituídas por instituidores referidos no inciso II do *caput* deste artigo deverão, cumulativamente: I – terceirizar a gestão dos recursos garantidores das reservas técnicas e provisões mediante a contratação de instituição especializada autorizada a funcionar pelo Banco Central do Brasil ou outro órgão competente; II – ofertar exclusivamente planos de benefícios na modalidade contribuição definida, na forma do parágrafo único do art. 7º desta Lei Complementar". Conferir, também, art. 4, § 1º, I, do Decreto 4.206, de 23 de abril de 2002.

formulação mais adequada, na mediada em que explica melhor a razão da expressa menção no § 15 do art. 40 à "natureza pública" da entidade responsável pelo fundo de previdência complementar dos servidores públicos efetivos. No momento, porém, revendo a posição anterior, considero que a interpretação da natureza pública da entidade deve ser abrangente, para admitir que entidades de direito privado, vinculadas à Administração Pública, possam ser criadas, segundo modelo geral adotado na legislação especial que disciplina a matéria.

Registre-se também que a forma de participação do Poder Público no custeio do fundo de previdência complementar é diferente de sua participação no financiamento do regime de repartição simples. No regime próprio, o Poder Público geralmente contribui com valores equivalentes ao dobro da contribuição do servidor e sempre responde por qualquer desequilíbrio no plano de benefícios. É esta a disciplina expressa na União.[32] No regime complementar, o Poder Público, como patrocina-

32. Cf. art. 8º da Lei 10.887, de 18 de junho de 2004 (*DOU* de 21.6.2004): "Art. 8º. A contribuição da União, de suas autarquias e fundações para o custeio do regime de previdência, de que trata o art. 40 da Constituição Federal, será o dobro da contribuição do servidor ativo, devendo o produto de sua arrecadação ser contabilizado em conta específica. Parágrafo único. A União é responsável pela cobertura de eventuais insuficiências financeiras do regime decorrentes do pagamento de benefícios previdenciários". Essas normas aplicáveis à União Federal, no entanto, não são consideradas obrigatória para as demais unidades da Federação, segundo o art. 2º da Lei 9.717, de 27 de novembro de 1998, com a redação que lhe deu a Lei n. 10.887, de 18 de junho de 2004, *litterim*: "Art. 2º. A contribuição da União, dos Estados, do Distrito Federal e dos Municípios, incluídas suas autarquias e fundações, aos regimes próprios de previdência social a que estejam vinculados seus servidores não poderá ser inferior ao valor da contribuição do servidor ativo, nem superior ao dobro desta contribuição".

A Lei 10.887, de 18 de junho de 2004, de forma equivocada, estabelece que a contribuição do Poder Público é calculada sobre a contribuição dos servidores ativos. A contribuição dos servidores inativos e pensionistas não contaria com a contrapartida do Poder Público. A norma isenta de contribuição, neste caso, a União, os Estados, o Distrito Federal e os Municípios. Trata-se de isenção incompatível com o disposto no art. 40, *caput*, da Constituição Federal e contraditória com as finalidades da contribuição exigida do aposentado (sustentabilidade do regime de repartição simples e base de custeio de aumentos reais dos proventos). A Lei 10.887/2004 afasta o Poder Público de contribuir com a sua parte quando a exação for imposta a inativos e pensionistas sem qualquer justificativa séria. Se a contribuição do aposentado e pensionista é justa e necessária para manter a solvabilidade do sistema previdenciário, ao menos para fazer frente a aumentos reais de proventos e pensões nas hipóteses em que foi mantido o direito à paridade, não é possível ao Poder Público exonerar-se do correspondente encargo.

dor, não poderá contribuir com valores superiores à contribuição do servidor, na qualidade de participante, consoante também estabelecem numerosas disposições (*v.g.*, art. 202, § 3º, da CF, com a redação dada pela EC 20/1998; art. 6º, 1º, da Lei Complementar n. 108, de 29.5.2001) e o resultado deficitário do plano será equacionado por patrocinador, participantes e assistidos, na proporção existente de suas contribuições, sem prejuízo de ação regressiva contra dirigentes ou terceiros que deram causa a dano ou prejuízo à entidade de previdência complementar (art. 21 da Lei Complementar 109, de 29 de maio de 2001).

O fundo de previdência complementar dos servidores públicos, previsto na EC 41/2003, em resumo, apresentará as seguintes características básicas: a) será um fundo de capitalização; b) fechado; c) único; d) de filiação voluntária; e) de instituição facultativa; g) de contribuição definida; f) com contribuição do Poder Público, como patrocinador, limitada à contribuição do servidor, como participante; g) gerido por entidade pública; h) sem alíquota mínima obrigatória; e i) sem cobertura integral por parte do Poder Público (conferir quadro sinóptico 13).

Três questões serão cruciais para o sucesso ou fracasso do regime de previdência complementar a ser instituído para os servidores efetivos. A primeira diz respeito ao tratamento do chamado "direito acumulado", isto é, a forma de restituição ou compensação do optante do novo regime pelo montante da contribuição recolhida anteriormente acima dos limites máximos do RGPS. A segunda atina com a alíquota a aplicar no novo regime de previdência e os limites da portabilidade dos valores depositados na conta do servidor. Por fim, a definição da entidade responsável pela aplicação financeira dos valores depositados, bem como a rentabilidade obtida ao longo do tempo, o que determinará a confiança dos depositantes ou a sua descrença mais completa no sucesso do novo regime.

Não é apenas o controle da previdência complementar que deve ser único e centralizado. A EC 41/2003, por igual, veda também a existência de mais de um regime próprio de previdência social para os servidores titulares de cargos efetivos e de mais de uma unidade gestora do respectivo regime em cada ente político, ressalvando apenas a situação dos militares (art. 40, § 20, CF). A norma é de aplicação imediata e não diz respeito apenas aos novos servidores. A norma é moralizadora, pois dificulta a existência de múltiplas interpretações no interior da mesma unidade da Federação sobre os critérios de aposentadoria (por exemplo, identificação das vantagens que incorporam ou não incorporam aos proventos), além de permitir a descoberta de benefícios irregulares, que costumam ser ocultados no interior de "contas globais" de despesa previdenciária.

Por fim, os novos servidores, empossados após a publicação da Emenda, embora sem direito à integralidade e à paridade, aparentemente deveriam contribuir na inatividade para o regime previdenciário próprio dos titulares de cargo efetivo. A contribuição incidiria sobre o valor dos proventos que superasse o limite máximo estabelecido para os benefícios do RGPS, com alíquotas idênticas às estabelecidas para os servidores titulares de cargos efetivos. Trata-se de uma *exigência paradoxal e iníqua*, pois os novos servidores, quando aposentados, sem direito à integralidade e paridade estarão em situação equivalente aos trabalhadores do RGPS, regime no qual é vedado expressamente a contribuição previdenciária na inatividade (CF, art. 195, II). É certo também que para os que aderirem à previdência complementar pública não poderá haver tributação dos benefícios, pois o regime de repartição simples, próprio dos servidores titulares de cargo efetivo, não responderá pelo valor do provento que supere os limites do RGPS. Para que não evidencie hipótese de enriquecimento sem causa, deve-se entender que a previsão diz respeito apenas a situações em que a unidade da Federação não tenha instituído, por lei, o regime de previdência complementar. Sem embargo, renovamos afirmação feita em outra parte deste trabalho: entendemos descabida para todos os agentes públicos que se aposentarem regidos integralmente pelas regras da EC 41/2003 a contribuição previdenciária sobre o provento concedido, ainda que superior aos limites do RGPS, nos casos em que esteja ausente o direito à paridade, pois exigida neste contexto a contribuição do inativo descaracteriza-se com exação previdenciária, revelando apenas imposição adicional sobre a renda e falta de causa eficiente para incidir.

Quadro Sinóptico 13
Previdência Própria e Previdência Complementar dos Servidores

	Regime Próprio	**Previdência Complementar**
Instituição	Obrigatória	Facultativa
Filiação	Obrigatória	Voluntária
Planos de Benefícios	Planos de benefício definido	Exclusivamente planos de contribuição definida (art. 40, § 15, CF; art. 31, § 2º, II, LC 109/2001)
Financiamento	Repartição simples	Capitalização
Administração	Pessoas políticas da Federação: União, Estados, Municípios e DF	Ente de natureza pública, responsável pela previdência complementar funcional (art. 40, § 15, CF)
Órgão Regulador e Fiscalizador	Ministério da Previdência e Assistência Social (MPAS), com funções de "orientação, supervisão e acompanhamento" (art. 9º, Lei 9.783/1999)	Ministério da Previdência e Assistência Social (MPAS): regulação através do Conselho de Gestão da Previdência Complementar (CGPC) e fiscalização através da Secretaria de Previdência Complementar (SPC)
Responsabilidade em face de resultado deficitário	Resultado deficitário é de responsabilidade exclusiva do ente público instituidor	Resultado deficitário deve ser equacionado por patrocinadores, participantes e assistidos, na proporção de suas contribuições (art. 21 da LC 109/2001)
Participação do poder público	Contribuição equivalente ao dobro da contribuição do servidor ou idêntica à contribuição do servidor	Contribuição equivalente à contribuição do servidor
Unicidade	Plano único para agentes civis; distinto do plano dos militares	Plano único
Alíquota mínima	11%	Não existe

7. A Emenda 41/2003 e normas de transição

7.1 Introdução

A EC 41/2003 descuidou de estabelecer normas transitórias adequadas à gravidade das alterações que introduziu no regime de previdência dos titulares de cargos efetivos. Há clara ausência de disposições transitórias necessárias (lacuna normativa) e, sem embargo disso, presença de disposições transitórias insatisfatórias (lacuna axiológica). As omissões evidentes e a disciplina adotada nas normas previstas permitem a identificação de situações de iniqüidade manifesta, que reclamam temperamento e solução pela via interpretativa. Parte dessas lacunas foi suprida pela EC 47/2005, mas diversas insuficiências persistiram na matéria.

A moderna doutrina do direito constitucional tem ressaltado a importância das disposições de transição, que disciplinam situações de passagem, ora para ressaltar a importância de ser estabelecido "modelo de transição racional e razoável",[33] ora para entender inconstitucional a modificação pelo poder reformador de normas transitórias, considerando-se o ato das disposições constitucionais transitórias "exaurível em sua aplicação mesma", "insuscetível de se perpetuar no tempo" e insuscetíveis de mudança.[34]

As cláusulas temporárias, de fato, não admitem interpretação ampliativa ou extensiva. Produzidas, disciplinam situações destinadas ao exaurimento, cuja interpretação deve evitar a frustração da boa-fé de seus beneficiários e das expectativas legitimamente protegidas. É fundamental, nesta matéria, a ponderação de interesses, valores e bens jurídicos[35] e a avaliação sobre eventuais situações de ultratividade da norma revogada.

A EC 41/2003 adotou sistemática peculiar para as regras de transição. Por um lado, *no tocante a aquisição da aposentadoria,* estabeleceu norma de transição que afetou diretamente o art. 8º da EC 20/1998, restringindo a eficácia de normas vocacionadas ao exaurimento e alcançando diretamente situações em curso (art. 2º da EC 41/2003). Ainda neste campo temático, estabeleceu também regra inovadora de transição para colher servidores ativos que não desejassem optar pela situação transitória mencionada antes ou pelas regras permanentes do texto constitucional (art. 6º da EC 41/2003). Por outro lado, em dis-

33. Luis Roberto Barroso, "Constitucionalidade e Legitimidade da Reforma da Previdência (Ascensão e Queda de um Regime de Erros e Privilégios)", *Revista Brasileira de Direito Público*, n. 4, jan./mar., 2004, p. 10.

34. Carmem Lúcia Antunes Rocha, "Natureza e Eficácia das Disposições Constitucionais Transitórias", in *Direito Constitucional: Estudos em homenagem a Paulo Bonavides*, Eros Roberto Grau e Willis Santiago Guerra Filho (orgs.), São Paulo, Malheiros Editores, 2001, p. 404.

35. Sobre o tema conferir, em especial, Daniel Sarmento, *A Ponderação de Interesses na Constituição Federal*, Rio de Janeiro, Lumen Juris, 2000.

posição diversa, dedicada aos servidores aposentados e relativa à *instituição de contribuição previdenciária*, fixa *distinção inconstitucional* e *discriminatória* entre dois grupos de servidores inativos e pensionistas: a) grupo dos servidores inativos e pensionistas dos Estados, do Distrito Federal e dos Municípios; b) grupo dos servidores inativos e pensionistas da União (art. 4º da Emenda) – inconstitucionalidade já pronunciada, como vimos, pelo STF (Tribunal Pleno, ADI 3.105-DF, Rel. Min. Ellen Gracie, Rel. p/Acórdão Min. Cezar Peluso, j. 18.8.2004, *DJ* 18.2.2005, p. 4, *Ement* vol. 02180-02, p. 00123).

A EC 41/2003 também não cuida em disposição precisa sobre a situação do agente que, mantendo vínculo com o Poder Público até a data da publicação da emenda, presta novo concurso público já na vigência do novo sistema constitucional. As normas de transição, quando lhe forem mais favoráveis, podem ser invocadas?

Essas questões podem ser enfrentadas com os recursos de uma interpretação sistemática da própria EC 41/2003. Não pretendo debater essas situações de transição com o recurso à cláusula externa da proteção aos "direitos adquiridos". Em primeiro lugar, porque considero que ela não incide (não por uma interpretação literal do art. 5º, XXXVI da lei fundamental, mas em razão de argumentos sistemáticos e de ponderação de valores que reconheço como logicamente sustentáveis e politicamente convenientes num país injusto e desigual como o Brasil). Em segundo, porque muitos o farão, com melhor brilho e certamente com maior paixão.[36]

36. Trabalhos de mérito têm sido escritos no Brasil sobre a aplicação da garantia inscrita no art. 5º, XXXVI, da Constituição Federal às emendas constitucionais. Impressionam pela autoridade de seus subscritores, pela força da argumentação e pelo grande número. Embora sensível aos argumentos em favor da segurança jurídica como valor fundamental, que merece proteção ampla e abrangente na ordem jurídica, considero os valores da igualdade e da democracia relevantes o suficiente para não radicalizar na interpretação das normas que estabilizam situações jurídicas no sistema brasileiro. Escrevi sobre o tema anos atrás, empregando argumentos de natureza sistemática (em especial, o fato inconteste, percebido pela doutrina universal há longa data, segundo o qual ao ascender os escalões da ordem jurídica, das normas individuais e concretas às normas de maior hierarquia, o ***processo de produção normativo*** *torna-se progressivamente mais exigente* e as ***limitações materiais*** impostas às normas produzidas *progressivamente menos exigentes*). Essa lógica de funcionamento do sistema jurídico seria subvertida se normas produzidas com *maior dificuldade processual* do que as leis (as emendas constitucionais) estivessem submetidas a *restrições materiais equivalentes* as aplicadas às normas legais. É manifesto, entretanto, que este

7.2 *Servidores ativos em situação de iminente aposentadoria*

O art. 2º da EC 41/2003 procurou colher todos os agentes públicos em atividade, que ainda não haviam preenchido, até a data de publicação da nova emenda constitucional, os requisitos de aposenta-

argumento não autoriza que normas inferiores às emendas, normas infralegais, produzidas com menores exigências de ordem processual, estejam imunes à cláusula dos direitos adquiridos simplesmente por não serem leis. O argumento sugerido, de natureza sistemática, perfeitamente aplicável ao sistema brasileiro, diz exatamente o contrário. Por outro lado, o fato de elementos sistemáticos indicarem que a voz "lei" no art. 5º, XXXVI, da Constituição Federal, não se dirigir às emendas constitucionais não autoriza a compreensão de que em outras disposições, referentes a outros campos temáticos da lei fundamental, a voz "lei" também não alcance as emendas à constituição. Emprestar a compreensão do art. 5º, XXXVI, para outras disposições é subscrever *argumento analógico* (analogia), o que somente é legítimo realizar perante situações de idêntica *ratio legis* (identidade de razão). Por igual razão, extrair da afirmativa que a palavra "lei" não alcança as emendas constitucionais no contexto sistemático da lei fundamental não significa que normas inferiores não estejam alcançadas, mas exatamente o oposto. Em verdade, as críticas dirigidas contra os argumentos referidos frequentemente são de simples desqualificação, como se encerrassem rasteiro exercício de interpretação literal, o que é falso. Desenvolver em Paulo Modesto, "Reforma Administrativa e Direito Adquirido", *Revista de Direito Administrativo* 211/79-94, jan./mar. 1998; *Revista Trimestral de Direito Público* 18/165-178, 1997. Recentemente, outra linha de argumentação tem enfatizado os riscos para o princípio democrático da "maximização das cláusulas pétreas", empregando instrumental da teoria da argumentação, em especial a ponderação de valores, recentemente aplicada no Brasil para a *relativização da coisa julgada*. Neste enforque, com argumentos inovadores, conferir Daniel Sarmento, "Direito Adquirido, Emenda Constitucional, Democracia e a Reforma da Previdência", in Marcelo Tavares (org.), *A Reforma da Previdência Social: temas polêmicos e aspectos controvertidos*, Rio de Janeiro, Lumen Juris, 2004, pp. 1-48, que concluiu de forma enfática: "(...) os direitos adquiridos não são, nem aqui nem em nenhum outro país do mundo inteiro, um limite para o constituinte derivado. Sujeitar as emendas à Constituição ao acatamento incondicionado de todos os direitos adquiridos no passado é, na nossa opinião, fazer pouco do direito de cada geração de construir seu próprio caminho, mas é também, e acima de tudo, eternizar no tempo um *status quo* rebelde às dimensões transformadoras que, por imperativo constitucional, devem estar presentes no direito brasileiro" (ob. cit., p. 42). Essa orientação não impede, como destaca Sarmento, a utilização do princípio da segurança jurídica, previsto no art. 5º, *caput*, da Constituição, como "parâmetro material para a aferição da validade das emendas à Constituição. Mas não se tratará, aqui, de uma análise de lógica formal, pautada pela lógica do 'tudo ou nada', à moda das subsunções. Para afastar uma emenda, por ofensa à segurança jurídica, será necessário demonstrar não apenas que se trata de um atentado gravíssimo contra o núcleo essencial deste princípio, mas também que, numa argumentação jurídica aberta aos valores, esta restrição não tem como ser racionalmente justificada por uma necessidade impostergável de proteção ou promoção de algum interesse constitucional digno de tutela" (p. 43).

doria previstos no art. 8º da EC 20, de 15 de dezembro de 1998. Revogou o dispositivo transitório da EC 20, manteve as mesmas exigências para aquisição da aposentadoria, mas impôs novas restrições ao benefício concedido, além de transferir parte da disciplina da matéria para o legislador infraconstitucional. O art. 10 da EC 41, em razão disso, para elidir dúvidas, revoga expressamente o art. 8º e 10 da EC 20/1998.

A nova disposição transitória manteve as condições para a aquisição do direito à aposentadoria, exigindo do servidor o cumprimento cumulativo das seguintes exigências:

a) 53 (cinqüenta e três) anos de idade, se homem, e 48 (quarenta e oito anos) de idade, se mulher;

b) 05 (cinco) anos de efetivo exercício no cargo em que se der a aposentadoria;

c) tempo de contribuição igual, no mínimo, à soma de trinta e cinco anos, se homem, e trinta anos, se mulher; e um período adicional de contribuição equivalente a vinte por cento do tempo que, na data de publicação daquela Emenda, faltaria para atingir o limite de tempo constante do item *a* (53/48 anos).

Mas a disciplina normativa da aposentadoria obtida a partir do preenchimento dos requisitos referidos é alterada substancialmente:

a) redutor de 3,5% no valor dos proventos obtidos por ano antecipado em relação aos limites de idade estabelecidos no art. 40, § 1º, III, *a* (60 anos, homem; 55 anos, mulher; ou 55 anos, homem e 50, mulher, para servidores que comprovem exclusivamente tempo de efetivo exercício em funções de magistério na educação infantil e no ensino fundamental), desde que as exigências sejam cumpridas até 31 de dezembro de 2005;

b) redução de 5% no valor dos proventos de inatividade obtidos segundo o mesmo critério, quando o preenchimento das exigências for cumprido a partir de 1º de janeiro de 2006;

c) submissão das aposentadorias obtidas ao critério de revisão previsto no art. 40, § 8º, da Constituição Federal, segundo o qual é "assegurado o reajustamento dos benefícios para preservar-lhes, em caráter permanente, o valor real, *conforme critérios estabelecidos em lei*".

Trata-se de disciplina que agravou a situação de quem estava a cumprir as exigências previstas no art. 8º da EC 20/1998, em especial aqueles que estavam na iminência de atender as exigências estabelecidas. Neste caso, a redução alcançou no primeiro momento a 24,5% no valor dos proventos, fulminando a integralidade anteriormente prometida, e fixando critério de atualização alheio ao direito à paridade. Desde o início de 2006, a redução no valor dos proventos poderá alcançar até o percentual 35%. Ressalte-se que a aplicação desse redutor atingirá, inclusive, professores do ensino infantil e fundamental, praticamente anulando o direito que gozam a uma aposentadoria com antecipação de cinco anos. Além disso, consistirá em redução de segundo grau, considerando o fato de ser aplicada a proventos já reduzidos pela aplicação da nova regra de cálculo estabelecida no art. 40, § 3º, da Constituição, com a redação dada pela EC 41/2003 ("provento médio", obtido pela média aritmética das maiores bases de contribuição do agente no regime próprio e no regime geral de previdência, na forma da lei).

É manifesto que essas reduções arbitrárias no valor dos proventos nem sempre serão possíveis. Não poderão reduzir o provento, por exemplo, a valores inferiores ao salário mínimo. Não incidirão, por igual, sobre pensões obtidas em razão de falecimento de servidor em atividade, pois colhem apenas aqueles que optam pela aposentadoria voluntária antecipada, segundo as normas transitórias. Mas, sobretudo, não podiam incidir no período em que não esteve fixado de forma completa o regime de aposentadoria previsto no art. 2º da EC 41/2003, em especial a forma de cálculo do provento e a disciplina do seu critério de atualização.

De fato, ao contrário do que dispunha o art. 8º da EC 20/1998, o art. 2º da EC 41/2003 remete à *lei ordinária* aspectos relevantes do regime de aposentadoria dos titulares de cargo público. Esse fato tem sido pouco ressaltado: o regime de aposentadoria dos servidores civis estatutário é agora amplamente definido no patamar infraconstitucional. A Constituição Federal não é mais pauta suficiente para a concessão de aposentadoria dos titulares de cargo efetivo. Exige norma reguladora infraconstitucional em aspectos essenciais do novo regime.

Em dois aspectos da norma transitória essa *insuficiência* é manifesta: a forma do cálculo do provento e a definição do critério de atualização dos proventos. A norma transitória do art. 2º da EC 41 assinala que o cálculo do provento da aposentadoria voluntária por ela disciplinada deve ser feita de acordo com o art. 40, §§ 3º e 17, da Constituição Federal. Por igual, a cuidar da forma de reajustamento dos benefícios, a disposição transitória é lacônica, remetendo a disciplina da matéria para o art. 40, § 8º, da Constituição Federal. Todas as disposições permanentes referidas anteriormente, no entanto, são inaplicáveis na ausência da norma infraconstitucional reguladora.

É o que se extrai das normas permanentes referidas pelo art. 2º da EC 41/2003:

"Art. 40. Aos servidores titulares de cargos efetivos da União, dos Estados, do Distrito Federal e dos Municípios, incluídas suas autarquias e fundações, é assegurado regime de previdência de caráter contributivo e solidário, mediante contribuição do respectivo ente público, dos servidores ativos e inativos e dos pensionistas, observados critérios que preservem o equilíbrio financeiro e atuarial e o disposto neste artigo.

"(...).

"§ 3º. Para o cálculo dos proventos de aposentadoria, por ocasião da sua concessão, serão consideradas as remunerações utilizadas como base para as contribuições do servidor aos regimes de previdência de que tratam este artigo e o art. 201, *na forma da lei.*

"(...).

"§ 8º. É assegurado o reajustamento dos benefícios para preservar-lhes, em caráter permanente, o valor real, *conforme critérios estabelecidos em lei.*

"(...).

"§ 17. Todos os valores de remuneração considerados para o cálculo do benefício previsto no § 3º serão devidamente atualizados, *na forma da lei.*"

A forma de cálculo do provento e os critérios para a atualização dos proventos referidos na nova disposição transitória estabelecida no art. 2º da EC 412003 somente foram fixados, em caráter precário, pela Medida Provisória 167, de 19 de fevereiro de 2004, posteriormente convertida na Lei 10.887, de 18 de junho de 2004 (*DOU* de 21.6.2004). No período em que persistiu a *lacuna normativa* o novo regime transitório não pode incidir, por *ausência de elementos essenciais para composição de seu regime jurídico.* Neste período que antecedeu a edição da Medida Provisória 167, ante a insuficiência da norma constitucional, permaneceu inviável a concessão de aposentadorias sob a regência da norma transitória do art. 2º da EC 41/2003 e ultra-ativa a norma do art. 8º da EC 20/1998 para todos os titulares de cargo efetivo civis da União, dos Estados, do Distrito Federal e dos Municípios.[37]

A ultratividade da norma revogada não deve impressionar. No período assinalado, não havendo como deferir a concessão de aposentadorias segundo as normas do art. 2º da EC 41/2003, a norma revogada pode incidir, à semelhança do que o Supremo Tribunal Federal entendeu em relação ao teto de remuneração fixado pela EC 19/ 1998, considerado dependente de norma reguladora. A lacuna não pode subsistir na matéria, sob pena de iniqüidade, sendo razoável protrair no tempo os efeitos da norma revogada. A solução, tecnicamente possível, atenua também a ausência de normas adequadas de transição para agentes na iminência da aposentadoria.[38]

Pode-se discutir se a data de vigência do novo regime, na prática, deve iniciar da edição da referida medida provisória 167 ou da data de sua conversão na Lei 10.887, de 18 de junho de 2004 (*DOU* de 21.6.2004). Penso que o primeiro critério deve ser preferido, ainda que argumentos de peso também possam recomendar o segundo critério. Em favor do primeiro marco está o fato das medidas provisórias gozarem de "força de lei", consoante o art. 62 da lei fundamental, ainda que não sejam leis por terem os seus efeitos dependentes de ato de conversão. Fazer os seus efeitos práticos inteiramente dependentes do ato de conversão não parece ser inteligência adequada em nosso sistema constitucional. Em favor do segundo marco estaria o

37. Os militares não foram alcançados pela nova disciplina das aposentadorias e pensões, tendo sido alterado o próprio art. 42, § 2º, da Constituição Federal pela EC 41/2003. Com a nova redação, aos pensionistas dos militares dos Estados, do Distrito Federal e dos Territórios aplica-se o que for fixado em lei específica do respectivo ente estatal.

38. Inócua e ilegal, por conseguinte, a proibição constante do art. 8º da Orientação Normativa n. 1, de 6 de janeiro de 2004 (publicada no *DOU* de 7 de janeiro de 2004 e republicada no *DOU* de 23 de janeiro de 2004) da Secretaria de Previdência Social do Ministério da Previdência e Assistência Social do Brasil. Segundo o dispositivo referido: "É vedada a concessão de aposentadoria pelas regras estabelecidas no art. 8º da EC 20, de 15 de dezembro de 1998, ressalvados os casos de servidores que tenham cumprido, até a data de publicação da EC 41, 19 de dezembro de 2003, todos os requisitos para obtenção desses benefícios, com base nos critérios previstos naquele artigo".

fato da aposentadoria reclamar marco legal estável para a sua concessão, diante da natureza mesma do direito exercido e da necessidade de determinar o regime que regerá a situação do agente por longo prazo. Encareço os dois argumentos que cogitei para demonstrar que a decisão por uma ou outra solução não é simples e que oscilei entre uma e outra durante a análise do tema. Mantenho, por enquanto, a preferência pelo primeiro critério, pelas razões expostas, mas aberto a rever o entendimento a partir de uma melhor reflexão do assunto.

A Medida Provisória 167, de 19 de fevereiro de 2004, convertida na Lei 10.887, de 18 de junho de 2004 (*DOU* de 21.6.2004), como referido, determina em seu art. 1º que no cálculo dos proventos de aposentadoria dos servidores titulares de cargo efetivo de qualquer dos Poderes da União, dos Estados, do Distrito Federal e dos Municípios, incluídas suas autarquias e fundações, previsto no § 3º do art. 40 da Constituição Federal e no art. 2º da EC 41, de 19 de dezembro de 2003, será considerada a *média aritmética simples das maiores remunerações*, utilizadas como *base para as contribuições* do servidor aos regimes de previdência a que esteve vinculado, correspondentes a 80% (oitenta por cento) de todo o período contributivo desde a competência julho de 1994 ou desde a do início da contribuição, se posterior àquela competência.

As remunerações que servirem como base de cálculo do valor inicial dos proventos terão os seus valores atualizados mês a mês de acordo com a variação integral do índice fixado para a atualização dos salários-de-contribuição considerados no cálculo dos benefícios do regime geral de previdência social. A base de contribuição mensal considerada no cálculo não poderá ter valor inferior a um salário mínimo nem superior ao limite máximo do salário-de-contribuição, quanto aos meses em que o servidor esteve vinculado ao regime geral de previdência social. A atualização da base de contribuição mensal será feita mês a mês pelo INPC (Índice Nacional de Preços ao Consumidor), à semelhança do que ocorre no RGPS, mas não poderá resultar em provento superior ao valor da última remuneração do agente em atividade.

Segundo o art. 4º, § 1º, Lei 10.887/2004, entende-se como base de contribuição o vencimento do cargo efetivo, acrescido das vantagens pecuniárias permanentes estabelecidas em lei, os adicionais de caráter individual ou quaisquer outras vantagens, excluídas:

I – as diárias para viagens;

II – a ajuda de custo em razão de mudança de sede;

III – a indenização de transporte;

IV – o salário-família;

V – o auxílio-alimentação;

VI – o auxílio-creche;

VII – as parcelas remuneratórias pagas em decorrência de local de trabalho;

VIII – a parcela percebida em decorrência do exercício de cargo em comissão ou de função de confiança; e

IX – o abono de permanência de que tratam o § 19 do art. 40 da Constituição Federal, o § 5º do art. 2º e o § 1º do art. 3º da EC 41, de 19 de dezembro de 2003.

No entanto, segundo o disposto no § 2º do mesmo artigo, o servidor ocupante de cargo efetivo poderá optar pela inclusão na base de contribuição de parcelas remuneratórias percebidas em decorrência de local de trabalho, do exercício de cargo em comissão ou de função de confiança, para efeito de cálculo do benefício a ser concedido com fundamento no art. 40 da Constituição Federal e art. 2º da EC 41, de 19 de dezembro de 2003, respeitado apenas a limitação do § 2º do art. 40 da Constituição Federal, vale dizer, não exceder o provento final o valor atual da última remuneração do agente. Neste caso, feita a opção do servidor por incluir na base de contribuição as parcelas referidas, a aposentadoria terá como referência valor superior à remuneração do cargo efetivo, alcançando parcialmente o que venho denominando como "remuneração do agente.

7.3 Servidores ativos que prestam novos concursos públicos

A EC 41/2003 não dispõe de norma expressa cuidando da situação do agente que, tendo ingressado no serviço público antes da publicação da emenda, venha posteriormente a desligar-se do cargo que ocupa e ocupar novo cargo efetivo. Neste caso, cabe perguntar: poderia este agente, no novo cargo, ser enquadrado nas normas transitórias do art. 2º e 6º da EC 41/2003?

A resposta é positiva em face dos referenciais empregados pelas normas transitórias referidas. No art. 6º da EC 41/2003, por exemplo, exige-se que o agente tenha "ingressado no serviço público até a data da publicação desta Emenda". No art. 2º, de forma semelhante, assegura direito de opção "àquele que tenha ingressado regularmente em cargo efetivo na Administração Pública direta, autárquica e fundacional, até a data de publicação daquela Emenda ", isto é, antes da publicação da EC 20/1998. O agente efetivo que preste novo concurso público, na vigência da EC 41/2003, mas que tenha ingressado nos marcos temporais exigidos pelas normas transitórias da EC 41/2003, cumpriu os requisitos exigidos e faz jus, preenchidas as demais exigências, ao enquadramento na situação transitória que lhe for mais conveniente.

Esse entendimento é corroborado pela Orientação Normativa n. 1, de 6 de janeiro de 2004, da Secretaria de Previdência Social do Ministério da Previdência e Assistência Social do Brasil.[39] Em seu art. 9º, § 2º a orientação normativa dispõe:

"Art. 9º. Para efeito do cumprimento dos requisitos de concessão das aposentadorias pelo regime de que trata esta Orientação Normativa, conta-se, como tempo de efetivo exercício no serviço público, o tempo de exercício de cargo efetivo, *ainda que descontínuo, na União, Estados, Distrito Federal e Municípios, incluídas suas autarquias e fundações.*

"(...).

"§ 2º. *Para fins de fixação da data de ingresso no serviço público,* quando o servidor tiver ocupado, sem interrupção, sucessivos cargos efetivos na Administração Pública direta, autárquica e fundacional em qualquer dos entes mencionados no *caput*, será considerada a data da mais remota investidura dentre as ininterruptas."

Assim, embora ingresse em novo cargo público na vigência das novas regras, poderá o servidor efetivo pleitear seu enquadramento nas normas transitórias da EC 41/2003. Exige-se apenas que tenha mantido vínculo continuado com o serviço público, em cargos efetivos, de qualquer unidade da Federação e que a origem do vínculo respeite os marcos temporais assinalados nos arts. 2º e 6º da EC 41/2003.

39. Orientação Normativa n. 1, de 6 de janeiro de 2004 (publicada no *DOU* de 7 de janeiro de 2004 e republicada no *DOU* de 23 de janeiro de 2004).

7.4 Servidores ativos que desejam a integralidade e a paridade na aposentadoria

Os servidores em atividade que não atenderam aos requisitos para obtenção de aposentadoria integral e atualizada segundo o critério da paridade antes da publicação da EC 41/2003 e sua regulamentação ainda podem perseguir o objetivo de adquirir proventos subordinados a regime semelhante. Precisam, no entanto, atender às exigências do art. 6º da EC 41/2003 ou do art. 3º da EC 47/2005, que será estudada adiante.

É o seguinte o teor do primeiro dispositivo transitório referido:

"Art. 6º. Ressalvado o direito de opção à aposentadoria pelas normas estabelecidas pelo art. 40 da Constituição Federal ou pelas regras estabelecidas pelo art. 2º desta Emenda, o servidor da União, dos Estados, do Distrito Federal e dos Municípios, incluídas suas autarquias e fundações, que tenha ingressado no serviço público até a data de publicação desta Emenda poderá aposentar-se com proventos integrais, que corresponderão à totalidade da remuneração do servidor no cargo efetivo em que se der a aposentadoria, na forma da lei, quando, observadas as reduções de idade e tempo de contribuição contidas no § 5º do art. 40 da Constituição Federal, vier a preencher, cumulativamente, as seguintes condições:

"I – sessenta anos de idade, se homem, e cinqüenta e cinco anos de idade, se mulher;

"II – trinta e cinco anos de contribuição, se homem, e trinta anos de contribuição, se mulher;

"III – vinte anos de efetivo exercício no serviço público; e

"IV – dez anos de carreira e cinco anos de efetivo exercício no cargo em que se der a aposentadoria.

"Parágrafo único. Os proventos das aposentadorias concedidas conforme este artigo serão revistos na mesma proporção e na mesma data, sempre que se modificar a remuneração dos servidores em atividade, na forma da lei, observado o disposto no art. 37, XI, da Constituição Federal."

A interpretação do dispositivo deve ser ajustada à multiplicidade de situações funcionais residentes no serviço público. É manifesto, por exemplo, a inaplicabilidade da exigência de contar o agente 10 anos de carreira para algumas situações. Há cargos efetivos isolados que não integram carreira. Nesta hipótese, a exigência de contar o agente dez anos de carreira deve corresponder à exigência de contar dez anos de efetivo exercício no cargo isolado, suplantando e tornando inócua a exigência de 5 anos de efetivo exercício no cargo em que se der a aposentadoria.

Por outro lado, durante os debates parlamentares foi amplamente enfatizado que o dispositivo não garantia o direito à "paridade plena", mas apenas uma "paridade mitigada" ou uma "paridade parcial". A polêmica surgiu em razão do dispositivo transitório do art. 6º da EC 41/2003 não referir de forma expressa, em seu parágrafo único, que os proventos serão modificados sempre que novas vantagens sejam concedidas aos servidores em atividade, "inclusive quando decorrentes da transformação ou reclassificação do cargo ou função em que se deu a aposentadoria ou que serviu de referência para a concessão da pensão, na forma da lei". O texto da norma transitória apenas estaria a assegurar a revisão do provento "na mesma proporção e na mesma data, sempre que se modificar a remuneração dos servidores em atividade, na forma da lei". A suspeita parecia confirmada pelo teor do art. 7º da EC 41/2003, que explicitamente reconheceria a "paridade plena", vale dizer, a expressa referência ao trecho omitido, ao cuidar da situação dos servidores aposentados, os pensionistas e os agentes em atividade que contassem na data de publicação da emenda os requisitos para a aposentadoria.

Não há base lógica que sustente a distinção entre "paridade plena" e "paridade parcial". O art. 6º da EC 41/2003 refere a "modificação da remuneração dos servidores em atividade" como situação deflagradora da revisão, sem qualquer ressalva material. É certo que a expressão "servidor em atividade" não denota a condição pessoal do indivíduo que titulariza em dado momento o cargo ou a função em que se deu a aposentadoria ou que serviu de referência para a concessão da pensão para o beneficiário da paridade: denota a condição do cargo ou da remuneração que corresponde ao cargo. Mas não há como admitir que a reclassificação e transformação do cargo paradigma não signifique modificação da remuneração dos servidores em atividade ou alteração na condição do cargo original, elemento suficiente para obrigar a extensão automática da nova condição ao beneficiário da paridade. Qualquer outra inteligência significaria reduzir a nada o direito à paridade ativo-inativo, prestigiar a fraude e a prática de maquinações legais dirigidas a sonegar o direito assegurado, sem ressalvas materiais, no art. 6º da EC 41/2003. No sistema vigente, não há paridade capenga, paridade parcial, paridade mitigada: ou há paridade ou há revisão pelo "valor real" do provento, mediante aplicação de índice oficial de atualização (INPC).[40]

A polêmica parlamentar sobre o tema "paridade parcial"/"paridade plena", no entanto, repercutiu na denominada PEC PARALELA, sendo acolhida na EC 47/2005, em seu art. 2º, verbis:

> "Art. 2º. Aplica-se aos proventos de aposentadorias dos servidores públicos que se aposentarem na forma do *caput* do art. 6º da EC 41, de 2003, o disposto no art. 7º da mesma Emenda."

A norma transcrita elimina a dúvida existente em alguns, decorrente das diferenças existentes na redação original do art. 6º, § único, em confronto com o art. 7º da EC41/2003. A norma deixa evidente que também para a hipótese do art. 6º da EC 41/2003 há incidência da garantia da paridade de forma abrangente, "sendo estendidos aos aposentados e pensionistas quaisquer benefícios ou vantagens posteriormente concedidos aos servidores em atividade, inclusive quando decorrentes da transformação ou reclassificação do cargo ou função em que se deu a aposentadoria ou que serviu de referência para a concessão da pensão, na forma da lei".

7. 5 A norma de transição da EC 47/2005 (antiga PEC Paralela)

A denominada PEC Paralela (que tramitou no Senado sob o n. 77/2003 e na Câmara adotou o n. 227/2004) consolidou um amplo acordo formalizado no Senado Federal entre o governo, os servidores públicos federais e as lideranças partidárias daquela casa legislativa. A "PEC Paralela" resume acréscimos e alterações que o Senado Federal desejava fazer na PEC 67/2003, aprovada na íntegra. O texto da PEC Paralela foi desdobrado em duas partes: a primeira, após votações sucessivas na Câmara e no Senado, converteu-se na EC 47, de

40. Não há paridade parcial em contraponto à paridade plena. Sem embargo disso, a idéia de paridade plena, como vimos antes, é antes um mito do que uma realidade. O complexo sistema de remuneração do setor público permite identificar diversas vantagens atribuídas aos servidores em atividade que são incompatíveis com a situação do inativo e, por isso, inextensíveis aos proventos. Sobre o assunto, conferir o item 4.2 deste trabalho.

5 de julho de 2005 (*DOU* 6.7.2005); a segunda, por receber pronunciamentos discrepantes nas duas casas, permanece em debate (PEC PARALELA 2).

Estruturada especialmente para amenizar o impacto da EC 41/2003, a EC 47/2005 resume-se nas seguintes medidas:

a) altera a disciplina sobre limites de remuneração dos agentes públicos:

a.1) faculta aos Estados e ao Distrito Federal a adoção de limite único, correspondente ao subsídio mensal dos Desembargadores do respectivo Tribunal de Justiça, ressalvados deste "limite único" os subsídios dos Deputados Estaduais e Distritais e dos Vereadores (CF, art. 37, § 12);

a.2) excluí da incidência do teto e subteto as parcelas de caráter indenizatório previstas em lei (CF, art. 37, § 11);

b) amplia as possibilidades de adoção de requisitos e critérios diferenciados para a concessão de aposentadoria, abrangendo não apenas os casos de atividades exercidas sob condições especiais que prejudiquem a saúde ou a integridade física, mas também os portadores de deficiência e os que exerçam atividades de risco (CF, art. 40, § 4º);

c) amplia a faixa de imunidade dos inativos e pensionistas portadores de doença incapacitante, assim definidos na forma da lei, para permitir que a contribuição previdenciária incida apenas sobre as parcelas de proventos de aposentadoria e de pensão que superem o dobro do limite máximo estabelecido para os benefícios do regime geral de previdência social (R$ 5.336,30) (CF, art. 40, § 21);

d) permite o tratamento especial e diferenciado quanto à contribuição previdenciária para as empresas que utilizam mão-de-obra intensiva, às empresas de pequeno porte ou em razão de condição estrutural ou circunstancial do mercado de trabalho (CF, art. 195, § 9º);

e) determina que a lei fixe sistema especial de inclusão previdenciária, com alíquotas e carências inferiores às vigentes no RGPS, para atender a trabalhadores de baixa renda e trabalhadores sem renda própria que se dediquem exclusivamente ao trabalho doméstico no âmbito de sua residência, desde que pertencentes a famílias de baixa renda, garantindo-lhes acesso a benefícios de valor igual a um salário mínimo (CF, art. 201, §§ 12 e 13);

f) assegura aos que se aposentarem nas condições determinadas pelo art. 6º da EC 41, de 2003 (35 anos de contribuição e 60 de idade, se homem, ou 30 anos de contribuição e 55 de idade, se mulher, sendo 20 anos de serviço, 10 anos na carreira e 05 anos no cargo), reajuste de proventos pela regra da 'paridade plena', nos termos do art. 7º da mesma Emenda; (art. 2º da EC 47/2005);

g) assegura a possibilidade, também no RGPS, da adoção de requisitos e critérios diferenciados para a concessão de aposentadoria para os trabalhadores de atividades exercidas sob condições especiais que prejudiquem a saúde ou a integridade física ou quando se tratar de segurados portadores de deficiência, nos termos definidos em lei complementar; (CF, art. 201, § 1º);

h) estabelece uma nova regra de transição, assegurando aposentadoria com proventos integrais, igualmente reajustáveis pela 'paridade plena', aos servidores que, além de terem cumprido período de contribuição de 35 anos, se homem, ou de 30 anos, se mulher, tenham integralizado 25 anos de efetivo exercício no serviço público, 15 anos de carreira e 05 anos no cargo em que se der a aposentadoria. Neste caso, os servidores ficarão aptos a subtrair um ano da idade para cada ano de contribuição excedente dos mínimos respectivamente exigidos. A nova regra é restrita aos servidores que ingressaram no serviço público até 16 de dezembro de 1998. (art. 3º da EC 47/2005).

Entre as medidas constantes da EC 47/2005, em termos de disposição transitória, merece realce a norma prevista no art. 3º, que estipula nova regra de transição, mas fixa sistemática de redução da idade mínima de aposentadoria associado ao cumprimento de tempo de contribuição superior ao estabelecido nas normas permanentes. A norma merece registro literal:

"Art. 3º. Ressalvado o direito de opção à aposentadoria pelas normas estabelecidas pelo art. 40 da Constituição Federal ou pelas regras estabelecidas pelos arts. 2º e 6º da EC 41, de 2003, o servidor da União, dos Estados, do Distrito Federal e dos Municípios, incluídas suas autarquias e fundações, que tenha ingressado no serviço público até 16 de dezembro de 1998 poderá aposentar-se com proventos integrais, desde que preencha, cumulativamente, as seguintes condições:

"I – trinta e cinco anos de contribuição, se homem, e trinta anos de contribuição, se mulher;

"II – vinte e cinco anos de efetivo exercício no serviço público, quinze anos de carreira e cinco anos no cargo em que se der a aposentadoria;

"III – idade mínima resultante da redução, relativamente aos limites do art. 40, § 1º, inciso III, alínea 'a', da Constituição Federal, de um ano de idade para cada ano de contribuição que exceder a condição prevista no inciso I do *caput* deste artigo.

"Parágrafo único. Aplica-se ao valor dos proventos de aposentadorias concedidas com base neste artigo o disposto no art. 7º da EC 41, de 2003, observando-se igual critério de revisão às pensões derivadas dos proventos de servidores falecidos que tenham se aposentado em conformidade com este artigo."

Trata-se de fórmula inteligente que premia o servidor que iniciou a sua atividade profissional mais cedo e permaneceu mais tempo contribuindo nos sistemas de previdência social mantidos em regime de repartição simples. Assim, o servidor homem que contar 36 anos de contribuição precisará de idade mínima de 59 anos para adquirir a aposentadoria com direito à integralidade e paridade; se contar 37 anos de contribuição, a idade mínima cairá para 58 anos de idade. Mas a redução da idade de aposentadoria tem limites lógicos. Se somarmos a idade mínima exigida para alguém ingressar como contribuinte no regime geral de previdência social ou no regime próprio dos servidores efetivos (em regra, 16 anos) e o tempo de contribuição necessário para reduzir, em termos relevantes, a idade mínima de aposentadoria, em dado momento, o valor da soma ultrapassará a idade mínima de aposentadoria obtida pela fórmula. Esse momento é imediatamente posterior a idade de 56 anos ou 39 anos de contribuição. Em termos concretos, se um servidor contar 40 anos como "tempo de contribuição" (excesso de 5 anos) não poderá pleitear a aposentadoria com 55 anos (60 – 5), pois contará a idade de 56 anos (40 +16). Logo, ainda que permita uma aposentadoria antecipada em relação à regra do art. 6º da EC 41/2003, a nova proposta não permitirá o regresso à situação estabelecida pelo art. 8º da EC 20/1008, que assegurava integralidade e paridade a agentes aposentados com 53 anos de idade. Esses limites cronológicos são mais claramente percebidos quando analisamos em termos gráficos o procedimento de redução da idade de aposentadoria. No gráfico abaixo, a linha inferior representa a elevação do tempo de contribuição; a linha intermediária representa a soma do tempo de contribuição acrescido da idade mínima para ingresso no sistema de previdência; a linha superior, por fim, representa a diminuição da idade mínima necessária para a aquisição do direito à aposentadoria integral prevista no art. 3º da EC 47/2005.

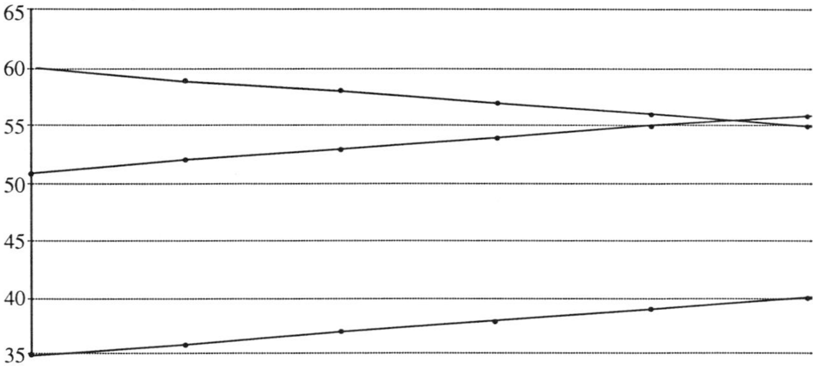

Quadro Sinóptico 14 – Normas Transitórias

	Regra Transitória (EC 20 original)	*Regra Transitória (art. 2º da EC 41/ 2003)*	*Regra Transitória (art. 6º da EC 41/ 2003)*	*Regra Transitória (art. 3º da EC 47/ 2005)*
Condições de aquisição para aposentadoria	a) 48 anos de idade, mulher; 53 anos de idade, homem • não há tempo mínimo de permanência no serviço público b) não exige tempo mínimo na carreira c) 5 anos no cargo	a) 48 anos de idade, mulher; 53 anos de idade, homem • não há tempo mínimo de permanência no serviço público b) não exige tempo mínimo na carreira c) 5 anos no cargo d) 48 anos, mulher 53 anos, homem	a) 20 anos de serviço público b) 10 anos de carreira c) 5 anos no cargo d) 55 anos de idade, mulher; 60 anos de idade, homem	a) 25 anos de serviço público b) 15 anos de carreira c) 5 anos no cargo; d) 55 anos, mulher; 60 anos, homem, mas reduzindo um ano desta idade mínima para cada ano adicional ao tempo exigido de contribuição

(continua)

(continuação)

	Regra Transitória (EC 20 original)	*Regra Transitória (art. 2º da EC 41/ 2003)*	*Regra Transitória (art. 6º da EC 41/ 2003)*	*Regra Transitória (art. 3º da EC 47/ 2005)*
	e) 30 anos de contribuição, mulher; 35 anos de contribuição, homem + 20% do tempo faltante em 16.12.1998 f) cálculo do benefício baseado na última remuneração	e) 30 anos de contribuição, mulher; 35 anos de contribuição, homem + 20% do tempo faltante em 16.12.1998 f) cálculo do benefício baseado na média das bases de contribuição no RGPS e no RPPS	e) 30 anos de contribuição, mulher; 35 anos de contribuição, homem f) cálculo baseado na última remuneração	e) 30 anos de contribuição, mulher; 35 anos de contribuição, homem f) cálculo baseado na última remuneração
Direitos reconhecidos	a) assegura integralidade b) assegura paridade	a) não assegura integralidade b) não assegura paridade c) cálculo do benefício baseado nas remunerações utilizadas como base da contribuição no RGPS e no regime próprio, na forma da lei d) critério de revisão do benefício	a) assegura integralidade b) assegura cálculo baseado na última remuneração c) assegura benefício mutável (paridade ativo-inativo)	a) assegura integralidade b) cálculo baseado na última remuneração c) assegura benefício mutável (paridade ativo-inativo)
Limitação do provento	Não há, salvo os limites do teto constitucional	Redução de 3,5% por ano antecipado em relação à idade mínima do regime permanente até 31.12.2005 (máximo 24,5%) e de 5% por ano antecipado a partir de 1.1.2006 (máximo 35%)	Não há, salvo os limites do teto constitucional	Não há, salvo os limites do teto constitucional

(continua)

(continuação)

	Regra Transitória (EC 20 original)	*Regra Transitória (art. 2º da EC 41/ 2003)*	*Regra Transitória (art. 6º da EC 41/ 2003)*	*Regra Transitória (art. 3º da EC 47/ 2005)*
Elegíveis	Servidores que ingressarem em cargos efetivos após a publicação da nova Emenda e os demais que manifestarem opção pelas regras permanentes	Somente os servidores que ingressaram em cargos efetivos até 16.12. 1998	Somente os servidores que ingressaram em cargos efetivos até a publicação da nova Emenda	Somente os servidores que ingressaram no serviço público até 16.12. 1998

8. *Conclusão*

Reformar a previdência social significa alterar um pacto de gerações e redistribuir benefícios e encargos entre gerações distintas. No regime anterior à EC 41/2003, que assegurava indistintamente o direito à paridade e à integralidade das aposentadorias para os titulares de cargos efetivos, as gerações estavam vinculadas, formando um elo de financiamento e proteção que não pode ser simplesmente rompido, sem definição clara de responsabilidades. Por isso, a grande questão ainda não respondida pelas ECs 41 e 47 é o problema da transição entre os regimes de repartição e capitalização.

Segundo Flavio Martins Rodrigues, "a maior dificuldade da passagem do regime de repartição para o regime de capitalização está no custo da transição, pois pode significar que uma determinada geração pague duas vezes pelo regime previdenciário: uma vez por força do custeio dos benefícios devidos à geração já aposentada e uma segunda vez para a acumulação com vistas a seu próprio benefício futuro".[41]

Esse receio não parece infundado ou meramente retórico. Nos termos da EC 41/2003 os novos ocupantes de cargo efetivo, bem co-

41. *Fundos de Pensão dos Servidores Públicos*, Rio de Janeiro, Renovar, 2002, p. 12. É equivocado também atribuir ao regime de repartição simples o papel de redistribuidor regressivo de renda. Como bem assinalam estudiosos da matéria, "Não deve prosperar a pecha imposta ao regime de repartição simples de que ele, inevitavelmente, ensejará redistribuição regressiva de renda, em prol de determinado grupo. Na verdade, não é necessariamente o instrumento de financiamento que vai determinar a regressividade ou não do sistema, mas sim, as variáveis do modelo. No caso de um sistema de capitalização, por exemplo, é possível, por meio de isenções ou sub-

mo os titulares de cargo efetivo empossados antes da Emenda que optarem pelo novo regime permanente de aposentadoria, deixarão de contribuir para o regime de repartição simples sobre os valores de remuneração que excedam aos limites do RGPS. Trata-se de uma ruptura no regime de *solidariedade intergeracional* que fundamenta o sistema vigente, o que sujeitará os atuais ocupantes de cargo público a responderem por alíquotas de contribuição maiores e a benefícios menores em futuro não muito distante. A dualidade de regimes permitirá, inclusive, eventual *competição* entre regimes de financiamento, com adoção de alíquotas menores no regime de capitalização e maiores no regime de repartição simples como instrumento de estímulo à migração de financiadores de um para outro regime. *A EC 41/2003 não estabeleceu alíquota mínima de contribuição no regime de capitalização, de natureza complementar, diversamente do que estabeleceu para o regime de repartição simples próprio dos titulares de cargo efetivos no âmbito da Federação.*

Este trabalho procurou demonstrar que o regime de repartição simples adotado para o financiamento da previdência dos servidores titulares de cargo efetivo admite ajustes, uma vez que está fundamentado em bases publicísticas, administrativas, respondendo diretamente à interferência do legislador. Várias causas de sua atual crise foram motivadas por decisões e equívocos de difícil reprodução, mas sempre por decisões do próprio Poder Público. A ruptura do regime de repartição simples, mesmo parcial, sobrecarrega a atual geração de servidores ativos e torna incerta a solvência do sistema previdenciário dos servidores públicos efetivos nos próximos anos.

A previdência social é um seguro coletivo, que reclama financiamento eqüitativo e racionalidade na sua gestão. Debatê-la com ânimo sereno, sem maniqueísmos, pode ser um passo decisivo para compreender a complexa lógica social e jurídica que a sustenta e a forma mais simples de dificultar a tomada de decisões precipitadas pelo legislador, contrárias aos valores sociais e éticos que ele mesmo proclama defender e fundamentais para construção de um efetivo Estado Democrático de Direito.

sídios para beneficiar um grupo em detrimento de outro, ensejar uma redistribuição às avessas" (Carlos Mauricio Figueiredo, Leovegildo Mota, Marcos Nóbrega, e Ricardo Souza, *Previdência Própria dos Municípios*: *gestão, desafios e perspectivas*, Recife, 2002, p. 24).

O "KIT" REGULATÓRIO DAS TELECOMUNICAÇÕES

PAULO ROBERTO FERREIRA MOTTA

"Continuar-se-á. Viva à Pátria!" (*Sentinela da Liberdade 35*, setembro/1835. Último número escrito por Cipriano Barata)*

A nova regulação das telecomunicações possui certidão de nascimento. Trata-se da decisão do Tribunal de Justiça da então Comunidade Econômica Européia no famoso caso *British Telecomunications* ("República Italiana *vs.* Comissão"), datada de 20.3.1985.[1]

"A decisão citada resolveu um recurso interposto contra uma decisão da Comissão, adotada no marco do art. 86 do Tratado CEE (abuso de posição

* Certamente os eminentes professores Valmir Pontes Filho e Marcelo Figueiredo, que organizam um livro em homenagem ao extraordinário jurisconsulto CELSO ANTÔNIO BANDEIRA DE MELLO, irão concordar – assim como todos aqueles que o conhecem – que o homenageado é um Grande Brasileiro, da estirpe de outros, como o autor do texto que aparece na epígrafe deste trabalho.

Tal e qual Cipriano, CELSO ANTÔNIO é a verbalização da inconformidade com esses tempos que vivemos, que constrói outras alternativas e escreve outras palavras. É o clamor dos que pensam, mas não possuem tribunas. É a oração candente dos que sofrem, mas não possuem forças para manifestarem suas desesperanças. É o jurista que dá ao Direito sua magnitude maior como instrumento, sempre válido, de racionalidade humana, de vida vivida e de cultura acumulada. É guerreiro da Civilização no seu eterno confronto com a barbárie.

Como Cipriano Barata – eleito às Cortes de Lisboa, em 1821, que fez seu primeiro (e último) discurso propugnando pela Independência do Brasil e pela adoção de uma Constituição que deixaria embasbacados, hoje, muitos juristas (pela atualidade de suas idéias e pela descoberta de que os problemas do Brasil não mudaram, apenas se agravaram) –, CELSO ANTÔNIO BANDEIRA DE MELLO resgata, diariamente, a palavra "Pátria" e por ela dedica sua vida e a sua obra, perfeitos retratos da sua alma.

CELSO, Cipriano e tantos outros Filhos deste solo de que nossa Pátria é mãe gentil jamais serão derrotados. Por que eles, simplesmente, continuarão...

1. Santiago Muñoz Machado, ob. cit., t. II, pp. 54-58.

dominante), sobre dois regulamentos da *British Telecomunications* (BT). Era a mesma, então, uma sociedade de direito público, detentora do monopólio legal da gestão dos sistemas de telecomunicações no Reino Unido. Aqueles regulamentos (que não chegaram a ser colocados em prática) tinham por objeto restringir a competição derivada de novas iniciativas no campo das emissões telefônicas. Aproveitando as novas tecnologias, a iniciativa privada havia começado a oferecer um novo serviço de recepção e transmissão, por conta de terceiros, de mensagens, a preços sensivelmente inferiores ao que se derivavam da aplicação das tarifas correspondentes ao uso tradicional das linhas de telecomunicações. De fato, os regulamentos tinham por objeto proibir a estes agentes privados a prática de preços tais que permitissem a transmissão das mensagens a preço menor que se praticava pelo *telex*. A Comissão da CE estudou os regulamentos e decidiu que os mesmos contrariavam o disposto no art. 86. Contra esta decisão foi interposto recurso perante o Tribunal de Justiça da Comunidade pela República Italiana. É curioso que o recorrente não foi a *British Telecomunications*, nem o Reino Unido, que aparece como litisconsorte da empresa, mas, sim, a República Italiana. (...). Se ntendeu, no julgamento, que o interesse da Itália estaria em impedir que fossem desviados, ao Reino Unido, um volume importante de mensagens internacionais e os ganhos correspondentes. (...). Em todo caso, é evidente que o Governo Italiano havia preferido manter uma política restritiva de competição no mercado dos serviços de mensagens telefônicas. (...). A República Italiana pretendeu, com efeito, que o art. 86 do Tratado fosse aplicado unicamente às atividades empresariais desenvolvidas sob formas jurídico-privadas, e não em relação à atividade normativa exercitada no marco de um serviço público prestado em condições prefixadas pelo legislador. A Comissão e o Reino Unido sustentaram, em sentido oposto, que a prestação dos serviços de telecomunicações é uma atividade empresarial. Sendo assim, se a lei britânica havia conferido à *British Telecom* a competência regulamentar, era somente para fixar preços e condições em que o serviço deveria ser oferecido. Os regulamentos questionados cumpriam, portanto, a mesma função, caso fossem cláusulas contratuais. Ao final, o Tribunal decidiu pela eliminação de toda restrição à livre competição."[2]

Dando prosseguimento, e com base no que restou assentado no aresto citado, foi elaborado o *Livro Verde sobre o Desenvolvimento do Mercado Comum dos Serviços e Aparatos de Telecomunicações*, cujos principais pontos, resumidamente, são os seguintes.

2. Idem, idem.

(1) O desenvolvimento tecnológico, notadamente na Informática, implica uma nova organização jurídica para regular as novas formas de telecomunicações (cabo, celular, satélite, Internet etc.). Classificam-se os serviços em duas espécies: os de base (tudo aquilo que é essencialmente transmissão de sons, ou de sons e imagens) e os de valor adicionado (tudo aquilo que não é essencialmente telecomunicação, mas sim instrumental à mesma – como, por exemplo, um guia telefônico).[3]

(2) O potencial econômico das novas espécies de telecomunicações deve ser desenvolvido para criar uma "rede européia de telecomunicações" barata e tecnicamente avançada. E:

(3) A criação de um poderoso setor europeu de telecomunicações depende do desenvolvimento das mesmas, para que o mercado possa oferecer serviços em maior variedade e mais baratos. Tal missão se faz urgente, para enfrentar, economicamente, os Estados Unidos e o Japão.[4]

Para alcançar o pretendido pelo *Livro Verde*, a então Comunidade Econômica Européia inicia a edição de uma série de diretivas, cujos conteúdos podem ser resumidos nos seguintes pontos: *(1)* liberalização, com a introdução de um regime de competição nos mercados de serviços; *(2)* harmonização das diferentes regulações técnicas de cada país, visando a uma unificação; *(3)* liberalização para comercialização de equipamentos: *(a)* liberalização das estruturas de telefonia fixa para os serviços de outras empresas de telefonia fixa, para serviços distintos da telefonia fixa, para comunicações por satélites, televisão a cabo, telefonia celular etc.; *(b)* eliminação de direitos especiais ou exclusivos para prestação dos serviços de telecomunicações; e *(c)* regulações normativas específicas para cada setor.[5]

Como o *Livro Verde* – e também as diretrizes posteriores – jamais determinou a privatização das empresas estatais, existentes em quase todos os países europeus, mas determinou que os mercados de

3. Cf. Alberto Raventós, *Servicios de Valor Añadido: Conmutación de Datos por Paquetes, por Circuitos ...*, todo.

4. Santiago Muñoz Machado, ob. cit., t. II, pp. 58 e ss.

5. Javier Cremades García, *El Derecho de las Telecomunicaciones en Europa y en España*, pp. 11-12; José Francisco Estévez Rodríguez, *El Derecho Europeo de las Telecomunicaciones: Introducción a los Organismos Internacionales*, pp. 189 e ss.

cada país integrante da então CEE fossem liberados para qualquer empresa, estatal ou não, foi necessário separar as funções de exploração dos serviços com as de regulação,[6] nascendo, assim, as autoridades administrativas independentes, que são as agências reguladoras européias.

Este processo regulatório vai encontrar seu ápice no ano de 1994, quando são publicadas duas resoluções importantes, a de 7 de fevereiro e a de 22 de dezembro. Pela primeira cria-se a figura do denominado *serviço universal*, ou seja, de telefonia fixa, que deve ser prestado em todo o território, com amplo acesso por qualquer usuário e com qualidade. A qualidade é estabelecida através de *standards* legais (tal como, por exemplo, o tempo de espera para completar uma ligação). O regime tarifário deve ser fixado em função dos custos, admitindo-se, e determinando-se, conforme o caso, a flexibilização dos mesmos, para atender a necessidades sociais específicas – o que demonstra a utilização de políticas de caráter keynesiano. Deve incluir, também, as seguintes prestações adicionais: guia telefônico, serviços de informação, serviços de assistência da operadora, telefones públicos pagos e serviços gratuitos de acesso a telefones de urgência.[7]

O serviço universal é direito do usuário e as normatizações (ou regulação, como queiram) obrigam cada país-membro a constituir uma administração independente (agência reguladora) para solução de conflitos, através de processos baratos, rápidos e acessíveis por qualquer utente.[8]

Pela resolução de dezembro/1994 foram estabelecidas as normas de interconexão, procedimento de obtenção de licenças, liberdade de acesso de qualquer empresa européia em qualquer país da então Comunidade e livre competição em qualquer modalidade de serviço, através de um processo temporal específico e determinado.[9]

Importa salientar que, dentro dos limites temporais estabelecidos pela então CEE, cada país teve prazos diversos para fazer evoluir o processo de implantação da livre competição, que comportou duas

6. Javier Cremades García, *El Derecho de las Telecomunicaciones* ..., pp. 12-13.
7. Idem, pp. 19-20.
8. Idem, p. 20.
9. Idem, ibidem.

fases distintas. A primeira, da passagem do regime de monopólio para o de duopólio (com a liberalização do mercado para um segundo operador,[10] que no Brasil é conhecido como *empresa-espelho*). Num segundo momento a abertura total, através de títulos habilitantes denominados de *autorizações gerais*[11] para todo aquele que tivesse interesse, e um mínimo de condições previamente estabelecidas.[12]

No tocante ao "novidadeiro" conceito de *serviço universal*, a doutrina não se furtou de realizar as devidas críticas e colocar o óbvio. Para Carmen Chinchilla, o conceito, *mutatis mutandis*, embute uma idéia de solidariedade social que resgata a velho conceito de serviço público elaborado por Duguit.[13]

Tomás De La Quadra-Salcedo aponta que é necessário, muitas vezes, abandonando as clássicas teorias liberais, realizar "intervenção na política de preços, sacrificando-se a dinâmica própria do mercado" para "satisfazer a técnica continental do serviço público".[14] Quanto à denominação de "serviço universal", o consagrado autor entende que a mesma não possui qualquer força simbólica maior que uma simples troca de nomenclatura, até porque o objeto da regulação deve ser o de "assegurar a satisfação de determinadas necessidades indeclináveis que antes eram próprias do serviço público e que agora se chamam de serviço universal".[15]

Assim, cada país da CEE – agora EU –, com base nos marcos regulatórios sinteticamente expostos acima, passou a editar, sem modificações de monta, sua LGT (Lei Geral de Telecomunicações).

Dentro deste processo de "revolução das telecomunicações européias", importa apresentar uma organização internacional que vem

10. Maria Luísa Rodríguez, *Servicios Finales: Telefonia Básica y Definición de Servicio Universal, Liberalización y el Segundo Operador*, todo.

11. Sobre a polêmica pelo uso da expressão, já que também sem tradição doutrinária em alguns países, consulte-se José Manuel Villar Uribarri, *Pautas para una Nueva Regulación de las Telecomunicaciones en España*, pp. 117-118.

12. Idem, pp. 28 e ss.

13. Carmen Chinchilla, in Eduardo García de Enterría e Tomás De La Quadra-Salcedo (coords.), *Comentarios a la Ley General de Telecomunicaciones*, pp. 276-277.

14. *Telecomunicaciones y Derecho Público*, p. 134.

15. Idem, p. 135. Para uma conclusão diametralmente oposta à de De La Quadra Salcedo, consulte-se Gaspar Ariño Ortiz, *Servicio Público y Servicio Universal en las Telecomunicaciones*.

desempenhando ativo papel propagador do *kit regulatório*. É a UIT – União Internacional de Telecomunicações –, fundada em 1865 e convertida, em 1947, em agência especializada da ONU. A UIT possui duas classes de membros: a dos países a ela filiados e a das empresas de telecomunicações. Mas, atenção: somente as empresas que sejam *Operadoras Internacionais de Telecomunicações* – ou seja, que reconhecidamente operem em mais de um país – podem integrar a referida União.[16]

A principal função da UIT é a de "levar a cabo as políticas de cooperação internacional, assim como promover e proporcionar assistência técnica aos países em desenvolvimento, impulsionando a melhora, através da utilização de meios técnicos, e mais eficiente exploração"[17] dos serviços de telecomunicações. A UIT ainda possui, entre outros, um órgão denominado CCITT (*International Telegraph and Telephone Consultative Comittee*), que é o responsável pela "definição dos *standards* técnicos internacionais de caráter global", estando entre suas atribuições as "definições técnicas e operativas sobre tarifas" que são elaboradas depois de "negociações internacionais".[18]

Muito embora o *novo* sistema europeu possua muitas semelhanças com o norte-americano, há na origem de ambos uma acentuada diferença: na Europa se estabeleceu um regime de ampla competição com a empresa estatal de cada país; nos Estados Unidos da América a preocupação foi, com as reformas iniciadas em 1994, a de extinguir o monopólio de uma empresa privada, a *AT&T*, proibindo a mesma de atuar na telefonia fixa, partilhando seu acervo em sete empresas regionais, denominadas de *Bells* (*Pacific Telesis*, *U. S. West*, *SBC*, *Ameritech*, *Bell South*, *Bell Atlantic*, *NYNEX*).[19] A reforma foi completada em 1996 com a edição de novo marco regulatório, o *Telecommunications Act*.[20]

16. Francisco Estévez Rodríguez, *El Derecho Europeo de las Telecomunicaciones: ...*, pp. 200-201.

17. Idem, p. 201.

18. Idem, p. 202.

19. Leon T. Knauer, *El Entorno Mundial de las Telecomunicaciones*, pp. 1.147 e ss.

20. Guillermo Medina Ors, *Régimen Jurídico de las Telecomunicaciones en los Estados Unidos*, pp. 1.169 e ss.

A exemplo da técnica utilizada na Europa, o *Telecommunciations Act* também classificou os serviços de telecomunicações em *básicos* e *adicionados*.[21]

Este modelo foi *clonado* em quase toda a América Hispânica, notadamente na Argentina, Bolívia, Chile, Peru, México e Venezuela,[22] através da difusão do *kit* empreendida pela AHCIET (*Asociación Hispanoamericana de Centros de Investigación y Empresas de Telecomunicaciones*), criada em 1982.[23]

A exceção, no processo, ocorreu no Uruguai, onde a Lei de Empresas Públicas, de 1991, determinava a realização de plebiscito para autorização, ou não, da privatização da operadora estatal ANTEL. Por maioria, o povo uruguaio não aceitou a privatização, e a empresa opera até hoje em regime de monopólio.[24] Também em regime de monopólio, mas com participação acionária de capitais estrangeiros, opera a estatal ETECSA, de Cuba.[25]

O modelo segue, invariavelmente, sempre o mesmo padrão – o que não significa dizer que alguns não são mais protetivos que outros. Contudo, a telefonia fixa é prestada no regime de serviço público e as demais formas tecnológicas telefônicas sob o regime da livre competição. Outras características comuns são a liberalização do mercado de telefonia fixa em cada país, sofrendo a operadora dominante, num primeiro momento, a concorrência do segundo operador e, posteriormente, por quaisquer outros interessados.

No que se relaciona às agências reguladoras não há diferença de monta. Desde o número de dirigentes (sempre cinco) até o rol de competências, o modelo é unificado, com uma ou outra diferença de caráter local. Assim, por exemplo, entre tantos, na LGT Brasileira encontramos o art. 63, parágrafo único, que qualifica o serviço de telecomunicações em regime público como aquele que é prestado mediante concessão ou permissão, com atribuição à sua prestadora de obrigações de universalização e continuidade. O art. 37 da LGT Espa-

21. Idem, ibidem.
22. Verônica Pastor, *Las Telecomunicaciones en Iberoamérica*, pp. 1.243 e ss.
23. Francisco Gómez Alamillo *et alli*, *Hechos Relevantes y Tendencias de las Telecomunicaciones en Hispanoamérica*, pp. 1.255 e ss.
24. Idem, p. 1.267.
25. Idem, p. 1.269.

nhola, por sua vez, estabelece que o serviço universal é o conjunto definido de serviços de telecomunicações com uma qualidade determinada, acessível a todos os usuários, com independência de sua localização geográfica e preço acessível.

O modelo transferido por infusão para o Direito Brasileiro apresenta, marcadamente, duas deficiências. Uma estrutural e outra conceitual.

A deficiência estrutural reside na importação de um modelo impróprio. Explico.

O fundamento ideológico da liberalização das telecomunicações no Velho Continente está assentado no fato de que na União Européia, em face do princípio da isonomia que deve reger a atividade econômica no seio de uma *Federação de Estados soberanos*, havia a necessidade de regular a livre competição entre empresas prestadoras do serviço público de telecomunicações.

A abertura de cada um dos mercados nacionais era imposição natural, sob pena de implosão sistêmica de todo o processo de construção da União Européia. Contudo, esta abertura encontrava, na origem, dois sérios obstáculos. Primeiro: o de que a empresa dominante em cada país, de propriedade do Estado nacional, exercia a atividade em regime de monopólio. Segundo: a atividade desempenhada era serviço público.

No primeiro caso, para contornar o problema, estabeleceu-se o princípio da isonomia simétrica para cada uma das empresas nacionais. Assim, ao mesmo tempo em que seria obrigada a suportar concorrência em seu território, poderia concorrer no território dos outros. Para que a competição fosse juridicamente regrada, o Estado nacional teria, pelo menos diretamente, que deixar de regular, eis que não poderia ser o regulador e proprietário da empresa dominante, ao mesmo tempo. Não haveria, por óbvio, livre concorrência. Assim, buscaram no Direito Americano a instituição da agência reguladora.

No segundo, a criação foi, mais uma vez, sob o ponto de vista sistêmico da União Européia, genial. Definiu-se um serviço universal (que é o velho e afrancesado *serviço público*, com outra nomenclatura), ou seja, aquele ao qual todo cidadão-usuário tem direito público subjetivo. Tudo o mais que fosse agregado, ou fruto de inovação tecnológica, a este mesmo serviço seria tido como atividade econômica privada. Tal método foi possível nos serviços de telecomunicações. Por elementar, seria impossível nos serviços de eletricidade ou de água e esgoto, por exemplo, porque nada de valor maior, ou novidade técnica, poderia ser adicionado aos mesmos. São serviços que, pela sua própria natureza, muito embora comportem fases distintas, perdem sua essência se não forem prestados globalmente.

Esta mesma genialidade, quando transferida, por infusão, para países de realidade diversa, escancara toda sua deficiência. No Brasil, especificamente, a privatização teve outros propósitos. Primordialmente, o de fazer "caixa" com a venda de ativos estatais para aplacar os credores externos e – se alguma coisa sobrasse – os internos.

Deste modo, a livre competição, pelo ângulo do modelo europeu – frise-se –, não tem sentido algum para o Direito Brasileiro. Jamais houve em solo pátrio qualquer necessidade de propiciar um sistema de livre competição entre – por exemplo – TELEPAR e TELESC, ou entre TELEPAR e TELESP.

Mesmo no campo da abertura do mercado brasileiro de telecomunicações ao capital estrangeiro não havia a necessidade estrutural de a União instituir uma agência reguladora, eis que, deixando de ser proprietária da empresa estatal, pela privatização, poderia regular, com independência, através do Ministério das Telecomunicações, a livre concorrência entre a antiga estatal, agora privada, e as novas empresas privadas (espelho, autorizadas etc.) A instituição da ANATEL, assim, somente pode ser compreendida dentro de uma globalização jurídica de uniformização dos processos do Direito a serviço do neoliberalismo para: *(a)* assegurar que no Brasil o modelo privatizado seria igual ao dos países europeus; *(b)* evitar (ou tornar muito difícil) que os governantes do futuro viessem a modificar estruturalmente o modelo.

No novo modelo brasileiro não se poderia, jamais, ao menos em relação à empresa-espelho, permitir que a mesma se submeta (exclusivamente) ao regime do direito privado – o que implica a não-submissão a qualquer propósito universalizante. No mínimo, alguma contribuição para tanto deveria ser exigida. A implantação do regime de prestação pelo regime privado na telefonia fixa é demonstração cabal de que o critério reitor do processo jamais foi o da universalização material do serviço de telefonia fixa, mas sim uma gorda arrecadação na outorga. Afinal, se a concorrência importa eficiência, a mesma deveria ser direcionada à conquista da universalização material.

E nem se sustente que em virtude da assimetria regulatória há uma lógica no processo. No modelo vigente a regulação é assimétrica entre a operadora dominante e a espelho, pois se entende que a dominante foi adquirida com toda a estrutura antes existente, ao contrário da outra, onde, na verdade, nada material foi adquirido, apenas o direito de entrada no mercado. A espelho, assim, não possuindo qualquer obrigação de universalização material, disputará, como é óbvia a evidência, apenas a parcela mais rentável do mercado. Nesta lógica, há manifesto sinal de perversão social. Nos grandes centros urbanos, é unicamente nas regiões de maior poder aquisitivo que ocorrerá, por certo, a livre concorrência, que tem como conseqüência natural a queda dos preços e o aumento de qualidade do serviço. Assim, os preços caem e o serviço melhora exclusivamente para aqueles que são economicamente abonados.

Mas a falta de sensibilidade social não pára por aí. Existem dois outros elementos que devem ser desenvolvidos, mesmo que rapidamente.

Por primeiro, o FUST – Fundo de Universalização dos Serviços de Telecomunicações, cuja criação foi prevista nos arts. 80, § 2º, e 81, II, da LGT e efetivada pela Lei 9.998, de 17.8.2000,[26] regulamentado pelo Decreto 3.624, de 5.10.2000.[27]

Note-se que a regulação "não tem como objetivo primário o reequilíbrio das relações entre concorrentes, ainda que, indiretamente, possa ter o efeito benéfico de compensar as vantagens concorrenciais existentes a favor dos detentores das redes".[28]

O objetivo primário da regulação nos serviços públicos é o da universalização material. Pois bem, o FUST inverte esta lógica. Segundo

26. Brasil, Lei 9.998, de 17.8.2000 – "Institui o Fundo de Universalização dos Serviços de Telecomunicações".

27. Brasil, Decreto 3.624, de 5.10.2000 – "Dispõe sobre a regulamentação do Fundo de Universalização dos Serviços de Telecomunicações – FUST, e dá outras providências".

28. Calixto Salomão Filho, "Regulação e desenvolvimento", in Calixto Salomão Filho (coord.), *Regulação e Desenvolvimento*, São Paulo, Malheiros Editores, 2002, pp. 43-44.

o teor do art. 1º da Lei 9.998/2000, o FUST tem por finalidade proporcionar recursos destinados a cobrir a parcela de custo exclusivamente atribuível ao cumprimento das obrigações de universalização de serviços de telecomunicações que não possa ser recuperada com a exploração eficiente do serviço.[29]

Ninguém discute – por elementar – que os propósitos descritos na nota da rodapé imediatamente anterior possuem extraordinário alcance social. Há, porém, um detalhe: Veja-se o teor do art. 6º, IV, e parágrafo único, da Lei 9.998/2000:

"Art. 6º. Constituem receitas do Fundo:

"(...);

"IV – contribuição de 1% sobre a receita operacional bruta, decorrente de prestação de serviços de telecomunicações nos regimes público e priva-

29. Tais obrigações de universalização, segundo a própria lei (art. 5º), são: "Art. 5º. Os recursos do FUST serão aplicados em programas, projetos e atividades que estejam em consonância com Plano Geral de Metas para universalização do serviço de telecomunicações ou suas ampliações que contemplarão, entre outros, os seguintes objetivos: I – atendimento a localidades com menos de cem habitantes; II – *(vetado)*; III – complementação de metas estabelecidas no Plano Geral de Metas de Universalização para atendimento de comunidades de baixo poder aquisitivo; IV – implantação de acessos individuais para prestação do serviço telefônico, em condições favorecidas, a estabelecimentos de ensino, bibliotecas e instituições de saúde; V – implantação de acessos para utilização de serviços de redes digitais de informação destinadas ao acesso público, inclusive da Internet, em condições favorecidas, a instituições de saúde; VI – implantação de acessos para utilização de serviços de rede digitais de informação destinadas ao acesso público, inclusive de Internet, em condições favorecidas, a estabelecimentos de ensino e bibliotecas, incluindo os equipamentos terminais para operação pelos usuários; VII – redução das contas de serviços de telecomunicações de estabelecimentos de ensino e bibliotecas referentes à utilização de serviços de redes digitais de informação destinadas ao acesso público, inclusive de Internet, de forma a beneficiar em percentuais maiores os estabelecimentos freqüentados por população carente, de acordo com a regulamentação do Poder Executivo; VIII – instalação de redes de alta velocidade, destinadas ao intercâmbio de sinais e à implantação de serviços de telecomunicações entre estabelecimentos de ensino e bibliotecas; IX – atendimento a áreas remotas e de fronteira de interesse estratégico; X – implantação de acessos individuais para órgãos de segurança pública; XI – implantação de serviços de telecomunicações em unidades do serviço público, civis ou militares, situadas em pontos remotos do território nacional; XII – fornecimento de acessos individuais e equipamentos de interface a instituições de assistência a deficientes; XIII – fornecimento de acessos individuais e equipamentos de interface a deficientes carentes; XIV – implantação da telefonia rural".

do, excluindo-se o imposto sobre operações relativas à circulação de mercadorias e sobre prestações de serviços de transporte interestadual e intermunicipal e de comunicações – ICMS, o Programa de Integração Social – PIS e a contribuição para o financiamento da seguridade social – COFINS;

"(...).

"Parágrafo único. Não haverá a incidência do FUST sobre as transferências feitas de uma prestadora de serviços de telecomunicações para outra e sobre as quais já tenha havido o recolhimento por parte da prestadora que emitiu a conta ao usuário, na forma do disposto no art. 10 desta Lei."

Ou seja, parcela considerável dos recursos que formam o Fundo (há outras, arroladas no art. 6º da citada lei, como dotações orçamentárias da União, preços públicos cobrados pelas outorgas etc.) tem como origem o valor das contas telefônicas – ou seja, é suportada pelos usuários.

Deste modo, pode-se concluir que as concessões, ao menos neste modelo, não são atividades exercidas por *conta e risco do concessionário*, uma vez que os *custos e os riscos* presentes no atendimento à localidades com menos de 100 habitantes (de baixa rentabilidade, portanto) ou a instituições de ensino, bibliotecas, instituições de saúde (também de baixa rentabilidade), são suportados parcialmente pelos usuários. Há evidente socialização do lado não-rentável do negócio, que é, na sua origem e essência, serviço público. Contudo, no lado lucrativo da atividade inexiste qualquer socialização. Explico.

As concessionárias, por serem as titulares das redes de telecomunicação, cobram, das empresas-espelho e das autorizadas, custos pela *interconexão*,[30] que, como antes visto e conceituado pela legislação em vigor, é o processo técnico pelo qual o assinante de uma operadora consegue acessar o terminal telefônico de outro assinante, de outra operadora. Elementar que a concessionária, que herdou os assinantes das empresas estatais que prestavam a atividade em regime de monopólio, tem uma carteira de assinantes muito maior. Assim, nesta *compensação*, a concessionária adquire ainda mais receitas (muito embora tenha custos para atender à *interconexão*, reconheça-se).

30. *Interconexão*, segundo definição normativa da ANATEL (art. 3º, VI, da Resolução 40/1998), é a ligação entre redes de telecomunicações funcionalmente compatíveis, de modo a que os usuários de serviços de uma das redes possam comunicar-se com usuários de serviços de outra ou acessar serviços nela disponíveis.

Em virtude dos fatos acima vistos, temos que, quanto mais a concessionária titular das redes universalizar (formal ou materialmente) o serviço de telecomunicações, levando o mesmo ao maior número de pessoas físicas e jurídicas, públicas ou privadas, mais arrecadará, não só pelo maior número de assinantes que obterá, mas também pela maior incidência de *interconexão*, uma vez que, universalizando seus serviços, propicia maior opção de ligações para os assinantes das empresas concorrentes. Assim, maior será sua arrecadação pelos dois lados do sistema: mais receita por ter aumentado o número dos seus assinantes e mais receita por ter aumentado o faturamento na *interconexão*.

Crescendo a arrecadação, pela universalização, seria natural que os ônus da universalização não-rentável também fossem suportadas integralmente pela concessionária (conta e risco da concessão). Mas não; os mesmos são suportados em parte pelos usuários, e doutra parte pela União.

Como se isso ainda não bastasse, o FUST incide sobre os valores pagos pelos assinantes das operadoras-espelho e autorizadas. Valores, estes, que, na forma do parágrafo único do art. 6º da citada lei, antes transcrito, não são cobrados novamente (quando do acerto de contas da *interconexão*), mas são cobrados nas contas pagas às empresas-espelho e autorizadas. Ou seja: os usuários das concorrentes também pagam pelos custos de universalização cuja materialização incumbe, por lei, à empresa da qual não são assinantes. Como aponta o professor Calixto Salomão Filho,[31] há clara violação, neste sistema, do art. 173, § 4º, da Constituição Federal de 1988, no tocante ao aumento arbitrário dos lucros, uma vez que a operadora, titular da rede, recebe recursos do Fundo público, cuja receita em parte vem do erário, e doutra pelo pagamento do *plus* imposto aos assinantes da própria empresa beneficiada e aos assinantes das suas concorrentes.

A conclusão, tal e qual realizou o citado professor, é somente uma: "As empresas titulares das redes, além da enorme vantagem concorrencial que a pura e simples operação da rede lhe proporciona, se puderem, ainda, repassar às demais o custo da universalização

31. "Regulação e desenvolvimento", in Calixto Salomão Filho (coord.), *Regulação e Desenvolvimento*, p. 44.

terão obtido do Estado uma verdadeira tutela da obtenção da margem máxima do lucro".[32]

Na verdade – e a análise jurídica da questão não comporta outra conclusão –, a universalização material não está sendo assegurada pela concessionária, mas sim pelo erário e pelos usuários de todas as empresas.

Outra questão a dificultar ainda mais a universalização material dos serviços públicos de telecomunicações tem origem na denominada – de forma manifestamente equivocada – *Internet grátis*. Algumas operadoras do serviço telefônico são, total ou parcialmente, proprietárias de alguns provedores de acesso à Internet, e pelo serviço prestado nada cobram dos seus assinantes. Resta, neste processo, uma evidência: se o serviço prestado não é cobrado dos assinantes dos provedores, somente se pode concluir que o provedor tem seus custos suportados pela operadora do serviço de telefonia que é a proprietária do mesmo. Assim, utiliza-se de parte de suas receitas, advindas da telefonia, para suportar a totalidade dos custos de acesso à Internet. Neste processo é evidente que há – como afirmou o superintendente de universalização da ANATEL –, uma injustiça, uma vez que "os 42 milhões de usuários de telefonia não podem sustentar os 12 milhões de usuários de Internet".[33]

De outra feita, estranhamente, não se adotou, para propiciar a livre – e efetiva – competição entre a operadora dominante, a espelho e as demais autorizadas, um critério presente no Direito Europeu, ou seja, a conservação do número (art. 42 da LGT Espanhola). Sendo o número do telefone uma extensão do direito de marca (notadamente de empresas que atuam em todo o território nacional), da profissão (profissionais liberais) e até mesmo da dignidade da pessoa humana e da sua integridade corporal (socorro médico por ambulâncias, hospitais, farmácias), é incompreensível que tal instrumento, absolutamente possível em termos tecnológicos, não tenha sido implantado. Assim, a livre competição, num sistema de pluralidade de prestadores, fica brutalmente atingida se, por exemplo, a empresa de *telemar-*

32. Idem, ibidem. Há na doutrina nacional um excelente estudo sobre o FUST da lavra de Fernando Neto Botelho, *As Telecomunicações e o FUST*.

33. *Mundo Digital*, publicação *on line* (UOL, endereço: URL: *http://noticias.uol.com.br/mundodigital/ultimas/ult1345u19.jhtm*, acesso em 17.1.2003).

keting já editou milhões de folhetos ou intensa e pretérita publicidade do seu número telefônico. Por mais vantajosas que sejam as condições ofertadas pelo concorrente, a empresa utente não encontra meios de trocar de operadora, sob pena de brutal prejuízo.

Pelos aportes antes vistos, é possível concluir que a *fuga do direito administrativo* alcançada pela nova regulação do setor de telefonia fixa implicou *traição da universalização* e do arcabouço clássico da concessão de serviços públicos, já que as metas de universalização, que ampliam os usuários e tornam o mercado mais rentável e apetitoso, são suportadas pelo erário e pelo próprio usuário, não havendo, por parte do prestador, qualquer risco pela atividade exercida no tocante às tais "metas de universalização".

ALGUMAS REFLEXÕES SOBRE OS DIREITOS DOS USUÁRIOS DOS SERVIÇOS PÚBLICOS

PEDRO PAULO DE ALMEIDA DUTRA

I – Introdução

A noção de serviço público confirma, na atualidade, a importância que sempre teve no Direito Administrativo.

No passado, todas as tentativas de fixar-se o conceito de serviço público esbarraram em dificuldades insuperáveis, que impediram que se chegasse a um consenso a respeito.

Com razão afirma Caio Tácito que "entre as mais árduas missões do jurista, no campo do Direito Administrativo, figura a de conceituar, adequadamente, o serviço público. Embora ocorra, fragmentariamente, a qualificação legal das atividades ou órgãos do Estado suscetíveis dessa designação não se torna fácil condensar, em síntese definidora, os elementos que o identifiquem, no tempo e no espaço" (Conferência pronunciada no XVII Congresso Brasileiro de Direito Administrativo).

Nunca é demais lembrar os esforços de Duguit e sua famosa *École de Service Public* em definir o Direito Administrativo a partir da noção de serviço público.

Tão arredia esta noção se mostrou a qualquer esforço de sistematização que deu origem à chamada "crise da noção de serviço público".

Essa identificada "crise" foi estudada a fundo por Jean Louis De Corail, em sua laureada tese de doutorado em Paris II (Pantheón-Sorbonne), passando a ser referência obrigatória à compreensão das vicissitudes que cercam esta noção-chave do direito administrativo.

À medida que as tentativas de conceituação foram se evidenciando insuficientes foi-se desenvolvendo gradativa marginalização desta noção, o que viria a dar origem ao que se considerou o declínio da noção de serviço público.

Essa desvalorização do serviço público atingiu o ápice com o sombrio diagnóstico de Gaspar Ariño Ortiz para quem "a esta altura de la evolución histórico-política, el concepto tradicional del servicio público se encuentra ante una nueva crisis y hasta se sostiene que su ciclo ha terminado, que hay de hacerle un digno entierro..." (cf. Gaspar Aniño Ortiz, *La Regulación Económica*, p. 20).

O enfraquecimento do conceito tradicional de serviço público, na verdade, veio determinar o aparecimento de novas concepções do serviço público, fato que em nada se liga à idéia de que se conclua ter terminado o ciclo do serviço público.

O que ocorre é justamente o contrário. As mutações por que passa a noção de serviço público só vêm comprovar a riqueza extraordinária dessa noção, que a coloca sempre no centro do debate ideológico e político sobre os rumos da sociedade.

Entretanto, mesmo que o serviço público tenha sofrido modificações nas últimas quatro décadas, inalterada ficou sua atitude perante o usuário.

De fato, pouco ou quase nada se fez, de concreto, em benefício do usuário e de seus direitos.

Ainda que seja o destinatário final da atuação do serviço público o usuário permanece como espectador passivo de sua ação.

O que parece claro é que o serviço público atua como se conhecesse o usuário melhor que ele mesmo.

Essa é certamente a razão por que o nível de satisfação dos usuários em relação aos serviços públicos que lhes são prestados é baixíssimo.

Os Procons das grandes metrópoles brasileiras evidenciam percentuais elevados de descontentamento em relação aos serviços públicos.

Ora, se os usuários são os destinatários finais da atuação dos serviços públicos, a própria razão de ser dos mesmos, frustrante haverá de ser toda a atuação desses serviços que não atender às suas legítimas expectativas.

A partir dessa constatação em nada favorável, na atualidade, aos serviços públicos, emerge a necessidade de uma redefinição das relações entre o poder público e os usuários desses serviços.

O escopo deste trabalho é bastante modesto. Não tem seu autor a pretensão de oferecer um estudo aprofundado sobre a matéria. Seu propósito é, pura e simplesmente, reunir algumas idéias pertinentes ao tema, que possam contribuir para uma melhor compreensão do mesmo.

Para a consecução deste objetivo, procurar-se-á, inicialmente, dar breve notícia da presença do usuário na legislação vigente, questionando se a legislação assegura a efetiva promoção do usuário; em seguida, cuidar-se-á de aduzir ao tema algumas razões que se não forem inovadoras, pelo menos, não são as que mais têm sido consideradas.

II – Algumas manifestações da legislação aplicável aos usuários

A Constituição da República ao tratar das concessões e permissões do serviço público prevê a edição de lei ordinária dispondo sobre os direitos dos usuários (CF, art. 175, parágrafo único, inciso II).

A Lei 8.987, de 13 de fevereiro de 1995, consagra todo o seu Capítulo III, aos "Direitos e Obrigações dos Usuários". Arrolam-se como seus direitos, entre outros: receber serviço adequado; receber do poder concedente e da concessionária informações para a defesa de interesses individuais ou coletivos; obter e utilizar o serviço, com liberdade de escolha entre vários prestadores de serviços, quando for o caso, observadas as normas do poder concedente.

É, entretanto, a partir da definição legal de serviço adequado que melhor se evidenciam os diretos dos usuários.

De acordo com o § 1º do art. 6º têm os usuários direito a um serviço que satisfaça às condições de regularidade, continuidade, eficiência, segurança, atualidade, generalidade, cortesia na sua prestação e modicidade das tarifas.

Também a Lei 8.078, de 11 de setembro de 1990, que dispõe sobre a proteção do consumidor, assegura a este "a adequada e eficaz prestação dos serviços públicos em geral" (v. art. 6º, inciso X).

Por fim, vale ainda lembrar que nos vários textos legais instituidores de nossas principais agências reguladoras, aos usuários de serviços públicos têm sido consagradas disposições assecuratórias de seus direitos.

Mesmo existindo todas essas manifestações, em nosso direito positivo, no sentido da promoção e garantia dos seus direitos, ainda assim os usuários, na prática, não se sentem alcançado por esses comandos legais.

Na verdade, todos os controles instituídos com o fim de garantir os direitos dos usuários têm se revelado meramente formais, despidos de qualquer alcance prático em relação aos mesmos.

Basta lembrar que os requisitos do serviço público, que nossos doutrinadores já num passado longínquo identificavam como os cinco "princípios do serviço público" – permanência, generalidade, eficiência, modicidade e cortesia – nunca passaram de meras ilustrações de como deveriam ser prestados os serviços públicos, sem nenhuma correspondência com a prática dos mesmos.

Insatisfeito com o serviço que lhe é destinado não tem o usuário estímulo em formalizar suas reclamações, a começar por não saber a quem se dirigir; e quando supera esta dificuldade inicial, muito dificilmente obtém resposta adequada às reclamações formalizadas, o que acaba por inviabilizar o resultado prático de sua reivindicação.

Este quadro desolador é do conhecimento geral, o que dispensa, por desnecessárias, outras considerações a respeito. Parece claro que a legislação atual aplicável à espécie não tem produzido os resultados práticos que seria justo dela esperar.

Ora, é exatamente este quadro nefasto que deve ser modificado em proveito do usuário.

II – O desafio de realizar na prática os direitos e garantias acenadas aos usuários

O tema vem alcançando importância crescente no direito brasileiro, a ponto de indagar-se por que o usuário existe mais hoje do que existiu ontem?

É o que nos propomos a responder nas considerações que se seguem.

A importância crescente do usuário na teoria do serviço público resulta das mutações por que tem passado a noção do serviço público, nestas últimas quatro décadas.

O serviço público sempre foi uma noção cara aos cidadãos, que dele se socorriam em suas necessidades, a quem apelavam para garantir sua segurança, em quem confiavam para suprir em seu proveito as insuficiências e omissões da iniciativa privada.

Criou-se o "mito" do serviço público, tão festejado na doutrina francesa.

O clímax dessa quase veneração pelo serviço público ocorreu com o Estado Providência, com o Estado Social de Direito.

O Estado, no afã de servir, chamou a si não só o cumprimento de tarefas que lhe eram próprias, também muitas outras que lhe eram estranhas, inclusive com fortes, constantes e repetidas incursões no domínio econômico, no campo da assistência social, no plano habitacional e outras tantas.

O resultado foi que o Estado administrador se agigantou, assumindo competências para as quais não estava preparado. Daí resultou seu desgaste e a desconfiança crescente em relação à eficiência do serviço público.

No centro de todo o gigantesco descontentamento em relação às deficiências, insuficiências e omissões do serviço público se colocou o usuário com todas suas carências e frustrações.

Ora, se no passado, a situação do usuário nunca fora de satisfação, na atualidade, essa insatisfação se revela mais grave ainda, porque as mutações por que tem passado o serviço público não têm sido capazes de alterar sua atitude perante o usuário.

Ante o descompasso apontado vai-se consolidando a convicção de que aos usuários é que caberá assegurar o respeito pleno aos seus direitos e o atendimento de suas expectativas.

Para isso é imperioso que os usuários assumam a condição de atores, que abandonem a atitude passiva de então e se disponham a assumir a co-responsabilidade pela gestão pública.

Após a instauração da democracia política, esboça-se a estruturação de uma democracia administrativa que pressupõe o envolvimento dos cidadãos na gestão da coisa pública, a participação nos diversos conselhos e na solução dos litígios que surgirem na relação administração/usuários.

O usuário terá de abandonar a atitude tradicional de total passividade quanto a prestação de serviço público que lhe é destinado, e assumir a posição de fiscal da qualidade dessa prestação, da mesma forma como agem os clientes no campo das relações que se estruturam no plano do direito privado.

Não é, entretanto, de confundir-se, usuário e cliente. A relação que se estabelece entre o usuário e o poder público não é a mesma relação contratual que liga o "cliente" ao fornecedor privado.

Aos princípios tradicionais aplicáveis ao serviço público, devem associar-se valores novos como o do diálogo e o da participação.

Não há mais lugar, numa democracia administrativa, para o "monólogo perpétuo" até então protagonizado pelo serviço público em detrimento do usuário.

A hora, agora, é do diálogo, é o momento de ouvir aquele que mais sabe o que quer o usuário – ou seja, ele mesmo.

Ao legislador incumbe, pois, institucionalizar as audiências prévias, as consultas à comunidade, e, também, estimular o surgimento de outros procedimentos que estimulem os necessários canais de comunicação entre os usuários e o poder público.

A florescente democracia administrativa tem a *participação do usuário* como pressuposto básico para sua realização.

Essa participação ainda não tem, no nosso ordenamento, a natureza de princípio jurídico.

Nada mais justificável seria, pois, que *de lege ferenda*, este princípio viesse a enriquecer o *caput* do artigo 37 da Constituição da República.

Nosso sentimento é que a participação do usuário na gestão pública não tem mais volta. A democracia administrativa vai moldar um novo modelo de Administração Pública que haverá de conciliar o Poder Público e o usuário, inspirando novo tipo de relacionamento entre um e outro.

Ao legislador ordinário caberá a institucionalização de todos os procedimentos de participação hoje existentes – orçamento participativo, audiências públicas, conselhos paritários, parcerias – e outras que a imaginação criadora de nossos juristas haverá de elaborar.

De imediato, o primeiro passo a dar é o de registrar que tramita no Congresso Federal o Projeto de Lei, que dispõe sobre a proteção e defesa dos usuários dos serviços públicos, prestados pela administração direta, indireta e os delegados da União.

Fugiria às limitações previamente fixadas para estas reflexões a análise aprofundada do referido projeto de lei. Por isso é que nos limitaremos às breves considerações que se seguem.

De início, não há como não discordar da redação dada à ementa do referido projeto, que enuncia dispor o mesmo sobre "a proteção e direitos do usuário e dos serviços públicos".

Dúvida não temos de que seria um aperfeiçoamento ao referido projeto de lei substituir esta visão estática reproduzida nos termos "proteção e defesa do usuário do serviço público", por um objetivo bem maior que deveria ser o de estabelecer as relações entre o serviço público e os usuários.

O inventário abrangente dos direitos dos usuários – art. 4º – não se faz acompanhar dos meios que possibilitariam concretizar em benefício dos usuários os direitos que a exaustão lhes foram listados.

Se o texto legal não cuida, ao menos, de vislumbrar os instrumentos de concreção desses direitos, o risco de que a existência dos mesmos se limite ao plano das intenções, o que os tornará meramente formais, repetindo a característica que até então, e por longo tempo, vinham ostentando.

O capítulo IV – das Ouvidorias e das Comissões de Ética – representam inquestionavelmente avanço na matéria, mas não nos afiguram, por si sós, como plenamente suficientes. Há lugar, ainda, para outros aperfeiçoamentos.

De qualquer forma, este Projeto de Lei haverá de convocar os administrativistas brasileiros a contribuírem para seu aperfeiçoamento, o que virá, certamente, assegurar aos usuários dos serviços públicos a efetiva promoção e garantia de seus direitos.

O PRINCÍPIO DA MORALIDADE E A TRIBUTAÇÃO

REGINA HELENA COSTA

1. Introdução. 2. O princípio da moralidade na Constituição. 3. A tributação e seus aspectos. 4. A moralidade como vetor da tributação, nos planos legislativo e administrativo. 5. Conclusão.

1. Introdução

A moralidade é reconhecida pela Lei Maior como diretriz de maior expressão. Precisar o conteúdo do princípio, em toda a sua dimensão, tem desafiado juristas há gerações.

Os estudos a respeito cingem-se quase que exclusivamente à sua aplicação na seara administrativa, pouco se cuidando de sua eficácia no contexto da função legiferante. Provavelmente tal se explica pelo fato de o princípio da moralidade não estar previsto no texto constitucional em relação ao exercício da função legislativa, mas tão-somente no que respeita à atividade administrativa.

Essa circunstância, no entanto, não pode conduzir à absurda conclusão segundo a qual a atividade administrativa é subordinada à diretriz da moralidade, mas as demais funções estatais não, simplesmente porque não há referência constitucional expressa a respeito. Mesmo porque as funções administrativa e judicial secundam a lei, traduzindo-se, ambas, na sua aplicação aos casos concretos, ainda que sob regimes jurídicos distintos.

Desse modo, abordaremos o tema do princípio da moralidade a partir das considerações doutrinárias mais conhecidas, sem perder de vista que sua aplicação também é cabível no exercício da função legislativa.

Hely Lopes Meirelles, pioneiro dos estudos de direito público, ensina que o princípio da moralidade impõe ao administrador a adoção de um padrão ético de conduta. E, invocando as lições de Maurice Hauriou, "o sistematizador de tal conceito", esclarece que "a *moral administrativa* é imposta ao agente público para sua conduta interna, segundo as exigências da instituição a que serve e a finalidade de sua ação: o bem-comum".[1]

Ensina Diogo de Figueiredo Moreira Neto, por sua vez, que o referencial da moralidade administrativa é a finalidade pública, objetivo de toda atuação estatal. Aduz que a moralidade administrativa disfarça-se na legalidade, e a única maneira de pô-la a nu é proceder à análise do motivo e do objeto do ato, em relação direta com o interesse público específico identificado como o elemento *finalidade*.[2]

Já Celso Antônio Bandeira de Mello, Mestre de todos nós, após salientar estarem compreendidos no âmbito do primado em foco os princípios da lealdade e boa-fé, doutrina que "a Administração haverá de proceder em relação aos administrados com sinceridade e lhaneza, sendo-lhe interdito qualquer comportamento astucioso, eivado de malícia, produzido de maneira a confundir, dificultar ou minimizar o exercício de direitos por parte dos cidadãos".[3]

E Lúcia Valle Figueiredo define o princípio da moralidade administrativa como o "conjunto de regras de conduta da Administração que, em determinado ordenamento jurídico, são consideradas os *standards* comportamentais que a sociedade deseja e espera".[4]

Anote-se, pois, que o conceito de moralidade aqui tratado não se confunde com o conceito pessoal ou individual de moralidade de cada cidadão ou mesmo do administrador público. Trata-se, sim, de uma noção geral de moralidade, extraída do senso comum da coletividade cujos interesses o legislador – como anteriormente assinalamos – e o administrador público devem tutelar. Dessa noção ambos colherão os parâmetros éticos balizadores de sua atuação.

1. *Direito Administrativo Brasileiro*, 29ª ed., p. 89.
2. "Moralidade administrativa: do conceito à efetivação", *RDA* 190/9 e 11.
3. *Curso de Direito Administrativo*, 17ª ed., p. 109.
4. "O princípio da moralidade administrativa e o direito tributário", in Celso Antônio Bandeira de Mello (org.), *Estudos em Homenagem a Geraldo Ataliba 2 – Direito Administrativo e Direito Constitucional*, p. 425.

Mais ainda, é preciso frisar que o conceito de moralidade varia consoante as coordenadas de tempo e de espaço, adaptando-se à época e à cultura de cada sociedade, segundo os preceitos éticos por ela expedidos.[5]

O princípio em exame espraia seus efeitos impondo ao Estado o prestígio aos valores éticos, à probidade, à honestidade, ao decoro, à lealdade, à boa-fé e, em última análise, à busca pela realização, tanto quanto possível, da justiça social.

Entendemos que dele defluem os deveres de respeito ao administrado, de atenção aos seus reclamos, de resposta às suas postulações, de transparência das condutas administrativas, de agilidade na apresentação de soluções aos problemas por ele apontados.

Outrossim – como bem sublinha Maria Sylvia Zanella Di Pietro –, tal princípio deve ser observado também pelo particular que se relaciona com a Administração Pública, para a preservação da moral, dos bons costumes, das regras de boa administração, dos princípios de justiça e de equidade, da idéia comum de honestidade.[6]

2. *O princípio da moralidade na Constituição*

Em verdade, a moralidade revela-se um dos vetores mais importantes da atuação do Estado no exercício de quaisquer de suas funções, destacado que está em diversos dispositivos constitucionais que merecem referência.

Inicialmente, ao disciplinar as ações garantidoras do exercício de direitos individuais e coletivos, a Constituição consigna a ação popular, incluindo, com ineditismo, em seu objeto de tutela – tradicionalmente plasmado no patrimônio público – a moralidade administrativa

5. Marçal Justen Filho ensina que o princípio da moralidade pública é um princípio "em branco, o que significa que seu conteúdo não se exaure em comandos concretos e definidos, explícita ou implicitamente previstos no Direito legislado", concluindo que ele "contempla a determinação jurídica da observância de preceitos éticos produzidos pela sociedade, segundo as circunstâncias de cada caso" ("O princípio da moralidade pública e o direito tributário", *RDTributário* 67/70-71).

6. *Direito Administrativo*, 14ª ed., p. 79.

(art. 5º, LXXIII).[7] Assim agindo, o legislador constituinte, adequadamente, qualificou o valor "moralidade administrativa" como patrimônio da coletividade.

Ao disciplinar os direitos políticos, a Lei Maior, após apontar as condições de elegibilidade e as hipóteses de inelegibilidade (art. 14, §§ 3º-8º), prescreve que "lei complementar estabelecerá outros casos de inelegibilidade e os prazos de sua cessação, a fim de proteger a *probidade administrativa*, a *moralidade* para o exercício do mandato, considerada a vida pregressa do candidato, e a normalidade e legitimidade das eleições contra a influência do poder econômico ou o abuso do exercício de função, cargo ou emprego na Administração direta e indireta" (grifos nossos).

Adiante, inaugurando o capítulo da Administração Pública, em seu art. 37, *caput*, proclama que a atividade administrativa do Estado obedecerá a diversos princípios que expressa, dentre os quais o da moralidade. No § 4º do mesmo dispositivo trata das múltiplas responsabilidades geradas pela prática de ato de improbidade administrativa, ensejadora da suspensão de direitos políticos, da perda da função pública, da indisponibilidade de bens e do ressarcimento ao erário, bem como da aplicação da lei penal.[8]

Também, ao cuidar das hipóteses de perda do mandato por deputados e senadores, por seu turno, arrola a referente ao parlamentar cujo procedimento for declarado incompatível com o decoro parlamentar, assim entendido o abuso de prerrogativas asseguradas a membro do Congresso Nacional, ou a percepção de vantagens inde-

7. Art. 5º, LXXIII, da Constituição Federal: "qualquer cidadão é parte legítima para propor ação popular que vise a anular ato lesivo ao patrimônio público ou de entidade de que o Estado participe, à moralidade administrativa, ao meio ambiente e ao patrimônio histórico e cultural, ficando o autor, salvo comprovada má-fé, isento de custas judiciais e do ônus da sucumbência".

8. Textualmente (art. 37, § 4º, da CF): "§ 4º. Os atos de improbidade administrativa importarão a suspensão dos direitos políticos, a perda da função pública, a indisponibilidade dos bens e o ressarcimento ao erário, na forma e gradação previstas em lei, sem prejuízo da ação penal cabível". Em correspondência, o art. 15, V, inclui entre as hipóteses de perda ou suspensão dos direitos políticos a de "improbidade administrativa, nos termos do art. 37, § 4º". A Lei 8.429/1992, por sua vez, ao regulamentar esse último preceito, define as condutas consideradas atos de improbidade administrativa, bem como estabelece as penas correspondentes, independentemente das sanções penais, civis e administrativas previstas em legislação específica.

vidas, além de condutas outras definidas no Regimento Interno das Casas Legislativas (art. 55, II, e § 1º).

Ainda, não podemos esquecer que a Constituição, em seu art. 85, no regramento dos crimes de responsabilidade do Presidente da República, os define como os atos que atentem contra a Constituição Federal, e especialmente contra certos valores – dentre eles, a probidade na administração (inciso V). A conseqüência, no caso, é o *impeachment* para o exercício do cargo, bem como a inabilitação para o exercício de outra função pública, por prazo não excedente a cinco anos – o que sobreleva a importância do princípio em exame.[9]

Por derradeiro, em nível infraconstitucional, vale destacar que a Lei 9.784/1999, ao disciplinar o processo administrativo no âmbito federal, prevê o princípio da moralidade como um dos que obrigam a Administração Pública, exigindo "atuação segundo padrões éticos de probidade, decoro e boa-fé" – valores albergados naquele conceito (art. 2º, *caput* e parágrafo único, IV).

3. *A tributação e seus aspectos*

Tal qual a moralidade, a tributação também encontra sede constitucional.

Em sentido amplo, a tributação é uma atividade abrangente, compreensiva não apenas da instituição de tributos, mas também da sua arrecadação e da fiscalização de seu recolhimento, as quais constituem tarefas eminentemente administrativas.

9. "Art. 85. São crimes de responsabilidade os atos do Presidente da República que atentem contra a Constituição Federal e, especialmente, contra: I – a existência da União; II – o livre exercício do Poder Legislativo, do Poder Judiciário, do Ministério Público e dos Poderes constitucionais das unidades da Federação; III – o exercício dos direitos políticos, individuais e sociais; IV – a segurança interna do país; V – *a probidade na administração*; VI – a lei orçamentária; VII – o cumprimento das leis e das decisões judiciais.

"Parágrafo único. Esses crimes serão definidos em lei especial, que estabelecerá as normas de processo e julgamento" (grifos nossos).

A Lei 1.079/1950 define os crimes de responsabilidade e o respectivo processo de julgamento, prescrevendo, em seu art. 68, as conseqüências de sua prática.

O Sistema Tributário Nacional resulta da conjugação de três planos normativos distintos: o texto constitucional, a lei complementar, veiculadora de normas gerais em matéria tributária (o Código Tributário Nacional), e a lei ordinária, instrumento de instituição de tributos por excelência.

A Constituição da República, à evidência, é a principal fonte do direito tributário no Brasil. Abriga os lineamentos para o adequado exercício da ação estatal de exigir tributos. Cuida, assim, de quatro temas fundamentais nessa seara: *(a)* a previsão das regras-matrizes de incidência, isto é, das situações fáticas que poderão ser apreendidas pelo legislador infraconstitucional para a instituição de hipóteses de incidência tributária; *(b)* a classificação dos tributos, estabelecendo suas espécies consoante o critério da existência, ou não, de atuação estatal que dê suporte à exigência fiscal; *(c)* a repartição de competências tributárias, decorrência da adoção da forma federativa de Estado, delimitando a aptidão para a instituição de tributos outorgada a cada pessoa política; e, finalmente, *(d)* as limitações ao poder de tributar, traduzidas, essencialmente, na definição de princípios e imunidades.

Sublinhe-se tratar-se de uma peculiaridade brasileira o fato de o Sistema Tributário estar delineado essencialmente na própria Constituição, diversamente do que se dá na maioria dos países, nos quais o Texto Fundamental dedica pouquíssima atenção à disciplina da tributação.

Dessa característica extraem-se, facilmente, duas conseqüências relevantíssimas para a adequada compreensão dos parâmetros a serem observados pelo legislador e pelo administrador tributários.

A primeira consistente no fato de que, se a Constituição Brasileira é rígida, por contemplar um processo especial para sua modificação, mais complexo que aquele previsto para a elaboração de uma lei ordinária, tal rigidez transmite-se ao Sistema Tributário Nacional, que somente pode ser modificado, em sua estrutura básica, por meio de emenda constitucional.

E a segunda conseqüência, consoante a qual toda modificação a ser implementada no plano infraconstitucional deverá atentar às balizas preestabelecidas na Lei Maior, o que resulta na restrita liberdade outorgada aos legisladores ordinário e complementar para dispor sobre a tributação – e, obviamente, na nenhuma liberdade outorgada ao administrador fiscal.[10]

A rigidez do sistema e a diminuta liberdade conferida aos aplicadores da lei tributária encerram limitações que merecem exame. As primeiras limitações a serem registradas são as chamadas *cláusulas pétreas*, normas constitucionais que consignam valores imutáveis para o Estado Brasileiro. Estampadas no art. 60, § 4º, da Constituição,[11] interessam de perto ao objeto deste estudo as referentes à impossibilidade de, por meio de emenda constitucional, veicular-se qualquer dispositivo que conduza à abolição da forma federativa de Estado e dos direitos e garantias individuais.

A Federação, como sabido, pode ser classicamente definida como a forma de Estado consubstanciada na autonomia recíproca entre a União e os Estados-membros. No Brasil a Federação conta com tríplice ordem jurídico-política, diante da autonomia igualmente outorgada aos Municípios.[12]

Assim, seja qual for a proposta de alteração do Sistema Tributário, deverá ela observar, necessariamente, a repartição de competências inerente ao modelo federativo adotado.

Do mesmo modo, os direitos e garantias individuais constituem barreiras intransponíveis à introdução de novidades no Sistema Tributário, uma vez que limitam a própria ação estatal de exigir tributos.

Os direitos individuais contemplados na Constituição são considerados direitos fundamentais, assim entendidos aqueles sujeitos a regime jurídico diferenciado, que lhes dispensa maior proteção. A relação

10. Como sabido, na seara tributária a atividade administrativa é *vinculada* – vale dizer, o regramento legal das condutas a ela inerentes é exaustivo, não se concedendo ao administrador margem alguma de apreciação subjetiva. Assim é que o Código Tributário Nacional, ao definir o conceito de *tributo* em seu art. 3º, prescreve: "Tributo é toda prestação pecuniária compulsória, em moeda ou cujo valor nela se possa exprimir, que não constitua sanção de ato ilícito, instituída mediante lei e *cobrada mediante atividade administrativa plenamente vinculada*" (grifos nossos).

11. Art. 60, § 4º: "§ 4º. Não será objeto de deliberação a proposta de emenda tendente a abolir: I – a forma federativa de Estado; II – o voto direto, secreto, universal e periódico; III – a separação dos Poderes; e IV – os direitos e garantias individuais".

12. Art. 1º da Constituição da República: "A República Federativa do Brasil, formada pela união indissolúvel dos Estados e Municípios e do Distrito Federal, (...)".

necessária existente entre a tributação e os direitos fundamentais revela-se, especialmente, mediante a eleição dos fatos que o legislador constituinte apreende nas regras-matrizes de incidência tributária e pela maneira mediante a qual o Estado exerce a atividade tributária.[13]

Como sabido, os tributos atingem, obrigatoriamente, dois direitos fundamentais: o direito à propriedade e o direito de liberdade. O primeiro é alcançado direta e imediatamente pela tributação, porque o tributo consiste em prestação pecuniária compulsória, devida por força de lei, implicando sua satisfação, obrigatoriamente, a diminuição do patrimônio do sujeito passivo – diminuição, essa, que, no entanto, jamais poderá caracterizar confisco.[14]

Por outro lado, o direito de liberdade, genericamente considerado, é alcançado pelo tributo indiretamente, por via oblíqua, conforme os objetivos a serem perseguidos pelo Estado, posto que sua exigência pode influenciar comportamentos, determinando as opções dos contribuintes. Assinale-se que outros direitos fundamentais também devem ser considerados pela tributação, uma vez que por ela alcançados de forma indireta, tais como os direitos à saúde e à educação.[15]

Ademais, diferentes imposições fiscais deverão recair sobre as três bases passíveis de incidência tributária: patrimônio, renda e consumo. Atualmente sabe-se que os índices de capacidade econômica reportam-se, sempre, a esses três conceitos. Os índices de capacidade econômica são plurais porque plurais são os fatos reveladores da situação econômica dos sujeitos.

Em conseqüência, a justiça fiscal somente pode ser atingida se tais bases forem devidamente compreendidas nos diversos impostos integrantes do Sistema Tributário.

13. A relação existente entre a tributação e o exercício dos direitos fundamentais é por nós analisada em nosso *Imunidades Tributárias – Teoria e Análise da Jurisprudência do STF*, pp. 77-84.

14. Preceitua o Texto Fundamental: "Art. 150. Sem prejuízo de outras garantias asseguradas ao contribuinte, é vedado à União, aos Estados, ao Distrito Federal e aos Municípios: (...) IV – utilizar tributo com efeito de confisco". Definimos *confisco*, medida de caráter sancionatório, como a absorção total ou substancial da propriedade privada pelo Estado sem a correspondente indenização (cf. nosso *Princípio da Capacidade Contributiva*, 3ª ed., p. 93).

15. Sobre esse aspecto dissertamos em nosso *Imunidades Tributárias – ...*, pp. 77-84.

Daí por que, de antemão, impende sublinhar a inviabilidade da adoção de um imposto único, como propõem alguns. Sob o argumento sedutor da facilidade de sua arrecadação e respectiva fiscalização, imagina-se que, por meio de tal instrumento, se diminuiria a carga tributária – o que se revela evidente equívoco. Trata-se, em verdade, de expediente injusto, não somente porque detém natureza cumulativa, sendo extremamente onerador da cadeia produtiva, como também porque ofensivo à capacidade contributiva do sujeito passivo.[16] Mais: o automatismo de sua cobrança pode conduzir ao estado de indiferença ou alienação do contribuinte, que não possui condição de visualizar, claramente, o quanto lhe será exigido a esse título.

Efetuadas tais ponderações quanto aos aspectos constitucionais da tributação, cumpre nos referirmos brevemente aos planos infraconstitucional e administrativo.

Declarando a Constituição que ninguém será obrigado a fazer alguma coisa senão em virtude de lei (art. 5º, II), a instituição e a majoração de tributos – como não poderia deixar de ser – hão de ser efetuadas mediante tal ato normativo. De todo modo, houve por bem a Lei Maior deixar expressa essa determinação no campo tributário, em seu art. 150, I.

No entanto, a Emenda Constitucional 32, de 11.9.2001, veio a contemplar expressamente a possibilidade de utilização de medida provisória em matéria tributária, ao acrescentar o § 2º ao art. 62, que estatui que "medida provisória que implique instituição ou majoração de impostos, exceto os previstos nos arts. 153, I, II, IV, V, e 154, II, só produzirá efeitos no exercício financeiro seguinte se houver sido convertida em lei até o último dia daquele em que foi editada". Esse preceito – de constitucionalidade duvidosa – enseja que o regramento tributário, nas hipóteses assinaladas, possa ser ditado pelo chefe do Poder Executivo Federal, desde que observados os pressupostos que conferem contornos de absoluta excepcionalidade a essa espécie normativa.

16. Aliomar Baleeiro, eminente jurista precursor dos estudos sobre direito tributário no Brasil, aponta como inconvenientes da adoção da imposição única, justamente, entre outros, a elevação da carga tributária e a desconsideração da diversidade dos sujeitos (*Uma Introdução à Ciência das Finanças*, 14ª ed., pp. 219-220). No mesmo sentido já nos manifestamos, salientando a ofensa ao princípio da isonomia que essa modalidade impositiva encerra, em nosso *Princípio da Capacidade Contributiva*, 3ª ed., p. 30, nota 35.

A atividade administrativa, por seu turno, diz com a noção de capacidade tributária ativa, assim entendida a aptidão de um sujeito para arrecadar e fiscalizar tributos, utilizando-se do produto dessa arrecadação.[17]

Inclui, ainda, a administração tributária outras incumbências, como a educação e a orientação do contribuinte. Um adequado trabalho de fortalecimento da educação fiscal, visando à conscientização do contribuinte para com seus direitos e deveres, constitui um dos principais objetivos da Administração Fiscal.[18] Afinal, ser *contribuinte* é exercer uma parcela da cidadania, daí por que deve ser ele orientado acerca de seus direitos e responsabilidades.

4. A moralidade como vetor da tributação, nos planos legislativo e administrativo

A conexão entre a moralidade e o direito tributário não tem sido objeto de análise freqüente pelos doutrinadores pátrios. Como bem observa Marçal Justen Filho, tal fato pode ser explicado por duas distintas ordens de razões.

A primeira revelada no fato de que o princípio da moralidade pública está mais intimamente ligado ao exercício de competências discricionárias, enquanto a tributação, diversamente, esteia-se em atividades administrativas vinculadas.

Já a segunda consistente na circunstância de que a ciência do direito tributário centra sua atenção no momento legislativo do fenômeno tributário, não atentando para as atividades de arrecadação e fiscalização, por considerá-las assujeitadas ao direito administrativo.

17. Conforme definimos em comentário ao art. 7º in Vladimir Passos de Freitas (coord.), *Código Tributário Nacional Comentado*, 2ª ed., no prelo.

18. Anote-se que a Constituição faz expressa referência à Administração Tributária no preceito concernente ao princípio da capacidade contributiva, ao proclamar que: "Sempre que possível, os impostos terão caráter pessoal e serão graduados segundo a capacidade econômica do contribuinte, *facultado à Administração Tributária, especialmente para conferir efetividade a esses objetivos, identificar, respeitados os direitos individuais e nos termos da lei, o patrimônio, os rendimentos e as atividades econômicas do contribuinte*" (art. 145, § 1º – grifos nossos).

Isso faz com que o âmbito de contato entre as duas disciplinas resulte, por vezes, menos cuidado pelos cultores de ambos os ramos.[19]

No entanto, o tema é de suma relevância, tanto no processo de confecção legislativa da exigência fiscal quanto na atividade tributária de caráter secundário.

Com efeito, o princípio em foco vai operar efeitos em dois planos distintos: no legislativo, orientando o legislador na busca de uma atividade tributária equilibrada e justa; e no administrativo, sempre reportado ao primeiro, norteando os agentes públicos para que procedam de modo ético no exercício de suas atribuições.

No plano legislativo pensamos que o primado da moralidade possa ser traduzido, singelamente, na razoabilidade da tributação. Se, de um lado, a avaliação da necessidade da instituição de novo tributo, ou da majoração de tributo já existente, situa-se no âmbito pré-legislativo, vale dizer, se a dosagem da carga fiscal a ser suportada pelos contribuintes aloca-se no âmbito da discrição legislativa – em atenção ao grau de sacrifício que a eles se pretenda impor, à vista dos resultados que se pretenda ver alcançados –, constituindo-se num dos itens mais importantes de política fiscal, de outro lado, isso não significa que o legislador possa adotar tais providências sem observar os parâmetros constitucionais, dentre eles o princípio em estudo.

Assim é que, por exemplo, parece descabido que o legislador tributário institua novos impostos ou aumente impostos já existentes, dando ensejo a uma arrecadação fiscal muito superior àquela que seria suficiente ao custeio da máquina estatal ou ao alcance de objetivos preestabelecidos, sacrificando os contribuintes desnecessariamente.

Outrossim, a manutenção, no ordenamento jurídico-positivo, de tributo flagrantemente inconstitucional – e, em alguns casos, mesmo após o pronunciamento do Excelso Pretório no exercício do controle da constitucionalidade por via de exceção – configura, a nosso ver, autêntica imoralidade administrativa.

Vulneração ao princípio consubstancia-se, igualmente, na concessão de isenções ou outros incentivos fiscais em situações em que

19. Marçal Justen Filho, "O princípio da moralidade pública ...", *RDTributário* 67/65.

tais medidas não se justificariam, porquanto não demonstrada a presença de interesse público a ser mais facilmente alcançado mediante a adoção dessas modalidades de exoneração tributária e de instrumentos fiscais.

Merece lembrança, do mesmo modo, a habitual prática em que incorreu o legislador tributário, durante vários anos, consistente na alteração do regramento do imposto sobre a renda às vésperas do novo exercício financeiro, não raro com a publicação da respectiva lei no dia 31 de dezembro. Conquanto o debate tenha sido travado em torno da observância, ou não, do princípio da anterioridade da lei tributária, pensamos que tal proceder revelou, mesmo, deslealdade e má-fé do legislador, ao surpreender negativamente o contribuinte, não lhe outorgando razoável tempo para se preparar para a nova exigência fiscal.[20]

Ainda, pode ser lembrada situação reiterada nos últimos anos, consistente na imposição de vedação, em sucessivos diplomas legais, de parcelamento de débitos do contribuinte que esteja demandando em juízo. Parece ser o espírito de tais disposições "punir" o contribuinte que "ousou" impugnar judicialmente a exigência fiscal.

Pensamos que tal disciplina encerra tremenda distorção quanto ao regramento da conduta adotada pelo contribuinte: se este foi a juízo, além de estar exercendo direito que lhe é constitucionalmente assegurado (art. 5º, XXXV, da CF), demonstra boa-fé, que não revela o contribuinte que simplesmente deixa de adimplir a obrigação tributária, sem adotar providência alguma a respeito.

Aquele que não pagou o tributo e não discute sua exigência, quer administrativamente, quer judicialmente, será beneficiado com a possibilidade de obter o parcelamento de seu débito, usualmente por prazo bastante dilatado. Tal disciplina, em nosso entender, traduz uma visão míope no trato da questão relativa a quem pode se beneficiar do parcelamento de débitos tributários, contemplando com o benefício do parcelamento justamente o contribuinte omisso.

No plano administrativo, por seu turno, a atuação do princípio revela-se, especialmente, na arrecadação dos tributos e no exercício da correspondente fiscalização. Confunde-se, mesmo, com outro princí-

20. Nesse sentido o pensamento de Marçal Justen Filho, idem, p. 78.

pio regente da atuação administrativa, qual seja, o da impessoalidade (art. 37, *caput*, da CF).

O entendimento doutrinário predominante acerca do conteúdo desse princípio pode ser sintetizado na assertiva de que a Administração Pública deve tratar os administrados de maneira impessoal, nem privilegiando uns, em detrimento de outros, nem perseguindo alguns, esquecendo-se de muitos. Nesse sentido, o conteúdo desse princípio não se distingue do teor de outro mais importante, verdadeiro alicerce da função administrativa, que é o da supremacia do interesse público sobre o particular.

A administração fiscal deve ser efetivada com a aplicação de critérios técnicos, objetivos, visando à praticidade e à eficiência dessa atividade. Como as atividades de arrecadação e de fiscalização de tributos detêm natureza administrativa, o contribuinte faz jus a uma atuação estatal arrecadatória e fiscalizatória pautada por condutas éticas, honestas, leais e de boa-fé.

Como bem assinala Roque Carrazza, o princípio da boa-fé "impera também no direito tributário", "irradiando efeitos tanto sobre o Fisco quanto sobre o contribuinte, exigindo que ambos respeitem as conveniências e interesses do outro e não incorram em contradição com sua própria conduta, na qual confia a outra parte".[21]

Diversos exemplos de desatenção a esses valores componentes da noção de moralidade podem ser coletados da experiência administrativo-fiscal brasileira.

Em primeiro lugar, lembre-se que a escolha mediante critérios políticos e subjetivos, divorciados dos aspectos técnicos, dos contribuintes que serão submetidos a ações fiscalizatórias específicas, agride frontalmente o princípio da moralidade e, em última análise, a própria idéia de isonomia.

Do mesmo modo, a proposital ausência de fiscalização em relação a certos contribuintes, numa atitude de conivência com infratores da lei fiscal, representa ofensa à diretriz em análise. Registre-se que um efetivo programa de combate à sonegação fiscal, com reforço e aprimoramento da estrutura administrativa de fiscalização e integra-

21. *Curso de Direito Constitucional Tributário*, 20ª ed., p. 406.

ção dos sistemas de controle dos três níveis de governo (federal, estadual, municipal), vem ao encontro da noção de moralidade administrativa.

Outro exemplo de imoralidade administrativa nesse âmbito, bastante freqüente em nossos dias, vem a ser o inadequado tratamento dispensado pelo Fisco, em todas as esferas administrativas, à repetição do indébito. Ora, a maior parte dos pleitos dessa natureza respeita à devolução de tributos cuja exigência foi declarada inconstitucional pelo STF, no contexto do controle incidental de constitucionalidade da lei.

Então, naturalmente, não deveria o Fisco criar embaraços para devolver ao contribuinte aquilo que nunca lhe pertenceu, a não ser provisória e equivocadamente. Na prática, todavia, verifica-se exatamente a situação inversa: o Fisco lança mão de uma variadíssima gama de malabarismos administrativos e processuais para retardar, o máximo possível, o cumprimento dessa obrigação, colocando-se, mesmo, na posição de inimigo do contribuinte: a restituição da quantia paga indevidamente chega-lhe às mãos com demasiado atraso e, por vezes, sem a atualização monetária e os juros de mora devidos.

Outra conduta reiterada da Administração Fiscal merecedora de críticas é o emprego de recursos administrativos e judiciais em relação a teses vencidas na jurisprudência. Por vezes o entendimento dos tribunais encontra-se consolidado em favor do contribuinte e o Fisco insiste em procrastinar o desfecho definitivo da discussão. Tal conduta, sabidamente, agride as idéias de lealdade e boa-fé.

Lembre-se, ainda, no que se refere aos contribuintes que estejam cumprindo regularmente o parcelamento de seus débitos, o mau hábito da Administração Fiscal de recusar a expedição de certidões de regularidade de situação[22] sob o fundamento de que não houve a prestação de garantia. Ora, se o Fisco deferiu o parcelamento, porquanto o contribuinte preencheu todos os requisitos legais necessários para tanto, e se o parcelamento é hipótese de suspensão da exigibilidade

22. Denomina-se *certidão de regularidade de situação* aquela cuja eficácia é idêntica à da certidão negativa de débito, nos termos do art. 206 do Código Tributário Nacional: "Tem os mesmos efeitos previstos no artigo anterior a certidão de que conste a existência de créditos não vencidos, em curso de cobrança executiva em que tenha sido efetivada a penhora, ou cuja exigibilidade esteja suspensa".

da obrigação tributária,[23] não há justificativa para a negativa da expedição da certidão solicitada.

5. *Conclusão*

Em remate, cabe reiterar que, num ordenamento jurídico no qual a Administração Pública está adstrita absolutamente ao cumprimento do princípio da legalidade, segundo o qual somente pode adotar condutas previamente descritas em lei, sobreleva o papel do Poder Judiciário, exercente de controle sob esse fundamento, tal qual a Administração, mas com a peculiaridade de poder decidir com definitividade.[24]

Lembre-se que o âmbito de incidência do controle judicial sobre os atos estatais apresentou nítida evolução nas últimas décadas. Assistimos, paulatinamente, a uma transição da noção de *controle de legalidade estrita* para a idéia contemporânea, bem mais ampla, de *controle de juridicidade*, ou de compatibilidade vertical do ato com o ordenamento jurídico, nele incluindo-se, também, a observância de princípios jurídicos, explícitos e implícitos.[25]

Nessa nova moldura na qual se insere o controle judicial, importante o papel do princípio da moralidade como instrumento a habilitar o magistrado a identificar ofensas à ordem jurídica, quer quando a própria lei atenta contra os preceitos éticos que a sociedade adota, quer quando o administrador realiza conduta descompassada com o padrão de comportamento funcional que dele se espera.

23. Conforme dispõe o art. 151, VI, do Código Tributário Nacional.

24. Empregamos o conceito de *definitividade* em seu sentido técnico-processual, a significar o atributo da decisão que define, que dá fim à lide. Corresponde à noção de extinção do processo com a apreciação da pretensão deduzida, que culmina com a coisa julgada material, traduzida na imutabilidade dos efeitos da decisão judicial de mérito.

25. Destaque-se que tal evolução se fez mais nítida no tocante ao controle judicial dos atos discricionários, quais sejam, aqueles cujo regramento legal é parcial, outorgando-se margem de apreciação subjetiva ao administrador público, para que este possa adotar a solução mais adequada para cada caso concreto, observados os limites previamente estabelecidos. A aplicação do princípio da razoabilidade e das teorias dos motivos determinantes e do desvio de poder traduz técnica que habilita o magistrado a realizar eficazmente o controle dos atos discricionários.

Nesse sentido a observação de Lúcia Valle Figueiredo, para quem "o princípio da moralidade a supedanear controle jurisdicional ainda não se encontra devidamente explorado no direito público em geral, e menos ainda no direito tributário, campo em que inúmeros exemplos poderiam ser colacionados".[26]

De todo o exposto, impende pensar-se numa *ética fiscal*, assim entendido o conjunto de princípios e regras que devem ser observados pelo legislador e pelo administrador tributários e que lhes impõem, mais do que a estrita obediência às leis, o prestígio aos valores de probidade, lealdade, boa-fé, decência e justiça, enfim.

E a justiça fiscal há de ter por meta uma tributação de boa qualidade, exercida mediante uma legislação clara e um sistema de tributos simples – eficientes e que dificultem a sonegação. Não parece demasiado pensar-se, como objetivo último, na qualidade de vida do cidadão, impositiva, também, do respeito a seus direitos de contribuinte.

São Paulo, 20 de abril de 2004

Bibliografia

BALEEIRO, Aliomar. *Uma Introdução à Ciência das Finanças*. 14ª ed. Rio de Janeiro, Forense, 1987.

BANDEIRA DE MELLO, Celso Antônio. *Curso de Direito Administrativo*. 17ª ed. São Paulo, Malheiros Editores, 2004.

———— (org.). *Estudos em Homenagem a Geraldo Ataliba 2 – Direito Administrativo e Direito Constitucional*. São Paulo, Malheiros Editores, 1997.

CARRAZZA, Roque Antonio. *Curso de Direito Constitucional Tributário*. 20ª ed. São Paulo, Malheiros Editores, 2004.

COSTA, Regina Helena. *Imunidades Tributárias – Teoria e Análise da Jurisprudência do STF*. São Paulo, Malheiros Editores, 2001.

26. "O princípio da moralidade administrativa ...", in Celso Antônio Bandeira de Mello (org.), *Estudos em Homenagem a Geraldo Ataliba 2 – ...*, p. 432.

————. *Princípio da Capacidade Contributiva*. 3ª ed. São Paulo, Malheiros Editores, 2003.

————. In: FREITAS, Vladimir Passos de (coord.). *Código Tributário Nacional Comentado*. 2ª ed. São Paulo, Ed. RT, 2004 (no prelo).

DI PIETRO, Maria Sylvia Zanella. *Direito Administrativo*. 14ª ed. São Paulo, Atlas, 2002.

FIGUEIREDO, Lúcia Valle. "O princípio da moralidade administrativa e o direito tributário". In: BANDEIRA DE MELLO, Celso Antônio (org.). *Estudos em Homenagem a Geraldo Ataliba 2 – Direito Administrativo e Direito Constitucional*. São Paulo, Malheiros Editores, 1997 (pp. 417-433).

FREITAS, Vladimir Passos de (coord.). *Código Tributário Nacional Comentado*. 2ª ed. São Paulo, Ed. RT, 2004 (no prelo).

JUSTEN FILHO, Marçal. "O princípio da moralidade pública e o direito tributário". *RDTributário* 67/65-79. São Paulo, Malheiros Editores.

MEIRELLES, Hely Lopes. *Direito Administrativo Brasileiro*. 29ª ed. São Paulo, Malheiros Editores, 2004.

MOREIRA NETO, Diogo de Figueiredo. "Moralidade administrativa: do conceito à efetivação". *RDA* 190/1-44. Rio de Janeiro, Forense, outubro-dezembro/1992.

PRINCÍPIO DO JUIZ NATURAL NO PROCESSO ADMINISTRATIVO DISCIPLINAR

ROMEU FELIPE BACELLAR FILHO

1. Concepção geral do princípio do juiz natural

O tema, instigante por natureza, não poderia ser melhor para compor obra em homenagem a este verdadeiro ícone do Direito que é o professor CELSO ANTÔNIO BANDEIRA DE MELLO. Suas posições, sempre inteligentes e arrojadas, fomentaram o surgimento de uma miríade de discípulos – dentre os quais, humildemente, me incluo.

Como afirmamos em outra oportunidade, o princípio do juiz natural é consectário da experiência inglesa desde a Magna Carta de 1215 até a *Petition of Rights* de 1628 e a Constituição dos Estados Unidos da América de 1776. A Lei de Organização Judiciária de 1790, fruto da Revolução Francesa, estabeleceu a garantia do juiz natural.[1] A garantia do juiz competente constitui-se, nesta primeira fase, sinônimo de liberdade civil, para mais tarde ser compreendida como garantia processual. O princípio está afirmado na Constituição de 1988, no art. 5º, XXXVII – "não haverá juízo ou tribunal de exceção" – e LIII – "ninguém será processado nem sentenciado senão pela autoridade competente". Trata-se de princípio consagrado na legislação do direito comparado.[2]

Angélica Arruda Alvim sustenta que o chamado *princípio do juiz natural* encontra-se consagrado na generalidade das Constituições ocidentais. Propõe a conjugação desse princípio com a vedação constitucional dos tribunais de exceção, pois que é por intermédio da arti-

1. Dias, ob. cit., p. 323.

2. A Constituição Portuguesa de 1978, no art. 32º, 7 dispõe: "Nenhuma causa pode ser subtraída ao tribunal cuja competência esteja fixada em lei anterior" (*Constituição da República Portuguesa, de 2 de Abril de 1976*, 3ª ed., Coimbra, Coimbra Editora, 1993, p. 17).

Por sua vez, a Constituição Espanhola de 1976, no art. 24, 2, estabelece: "Asimismo, todos tienen derecho al juez ordinario predeterminado por la ley (...)"; e no art. 117, 6: "Se prohíben los tribunales de excepción" (*Constitución y Tribunal Constitucional (1978)*, Madri, Civitas, 1995, pp. 34 e 77).

A Constituição Italiana, no art. 25, 1, dispõe: "Nessuno può essere distolto dal giudice naturale precostituito per legge" (*Costituzione della Repubblica Italiana (1948)*, Presidenza del Consiglio dei Ministri, 1988, p. 5).

Dentre as Constituições latino-americanas, cabe destacar a Constituição Argentina, a qual estabelece, no art. 18: "Ningún habitante de la Nación puede ser penado sin juicio previo fundado en ley anterior al hecho del proceso, ni juzgado por comisiones especiales o sacado de los jueces designados por la ley antes del hecho de la causa"; a Constituição da Bolívia, no art. 14: "Nadie puede ser juzgado por comisiones especiales o sometido a otros jueces que los designados con anterioridad al hecho de la causa"; a Constituição do Chile, no art. 19: "Nadie puede ser juzgado por comisiones especiales, sino por el tribunal que le señale la ley y que se halle establecido con anterioridad por ésta"; a Constituição da Colômbia, no art. 29: "El debido proceso se aplicará a toda clase de actuaciones judiciales y administrativas. Nadie podrá ser juzgado sino conforme a leyes preexistentes al acto que se le impute ante juez o tribunal competente y con observancia de la plenitud de las formas propias de cada juicio"; a Constituição do Uruguai, no art. 18: "Las leyes fijarán el orden y las formalidades de los juicios", e no art. 19: "Quedan prohibidos los juicios por comisión"; a Constituição do Paraguai, no art. 16: "Toda persona tiene derecho a ser juzgada por tribunales y jueces competentes, independientes y imparciales", e no art. 17: "En el proceso penal o en cualquier otro del cual pudiera derivarse pena o sanción, toda persona tiene derecho a: (...) 3) que no se le condene sin juicio previo fundado en una ley anterior al hecho del proceso ni que se le juzgue por tribunales especiales".

culação de ambos os princípios que se terá um órgão estável e um juiz imparcial, ao qual se atribuem as garantias da Magistratura.[3]

O princípio do juiz natural não tem conteúdo organizatório, e sim limitativo do poder estatal, no intuito de resguardar situações individuais, comportando-se como princípio-garantia.[4]

Para Jorge Figueiredo Dias o princípio do juiz natural apresenta tríplice significado no processo penal português: "*(a)* Ele põe em evidência, em primeiro lugar, o *plano da fonte*: só a lei pode instituir o juiz e fixar-lhe a competência. *(b)* Em segundo lugar, procura ele explicitar um ponto de *referência temporal* através deste, afirmando um *princípio de irretroactividade*: a fixação do juiz e da sua competência tem de ser feita por uma lei vigente já ao tempo em que foi praticado o facto criminoso que será objecto do processo. *(c)* Em terceiro lugar, pretende o princípio vincular a uma ordem taxativa de *competência* que exclua qualquer alternativa a decidir arbitrária ou mesmo discricionariamente. Daqui a proibição de jurisdições de excepção, isto é, jurisdições *ad hoc* criadas para decidir um caso concreto ou um determinado grupo de casos com quebra das regras *gerais* de competência; o que não obstará à válida existência de tribunais especiais que a Constituição e as leis prevejam, mas proibirá terminantemente o desaforamento de qualquer causa criminal, bem como a sua suspensão discricionária por qualquer autoridade".[5]

A Constituição de 1988, em relação ao princípio do juiz natural, não só incorpora os três sentidos apontados por Figueiredo Dias, mas também estabelece outros:

(a) Quanto ao *plano da fonte*, a Constituição institui a reserva absoluta da lei para fixação da competência do juízo.[6] E mais: a lei

3. Ob. cit., p. 35.

4. "O postulado do juiz natural, por encerrar uma expressiva garantia de ordem constitucional, limita, de modo subordinante, os poderes do Estado – que fica, assim, impossibilitado de instituir juízos *ad hoc* ou de criar tribunais de exceção –, ao mesmo tempo em que assegura, ao acusado, o direito ao processo perante a autoridade competente abstratamente designada na forma da lei anterior, vedados, em conseqüência, os juizos *ex post facto*" (STF, 1ª T., AgRg no AI crim. 177.313-MG, rel. Min. Celso de Mello, j. 23.4.1996, *DJU*, 17.5.1996, p. 16.343).

5. Ob. cit., pp. 322-323.

6. Nesse sentido, Baracho, ob. cit., p. 18. Cintra, Grinover e Dinamarco deduzem, pela interpretação do princípio em tela, que "só são órgãos jurisdicionais os instituídos pela Constituição" (*Teoria Geral do Processo*, 19ª ed., p. 52).

deve concretizar a competência estabelecida pela Constituição.[7] A expressão "juízo ou tribunal de exceção" diz respeito à legitimidade dos órgãos: são ilegítimos os órgãos criados pela legislação infraconstitucional sem previsão direta ou indireta na Constituição.[8] O juízo ou tribunal de exceção é o órgão criado por ato que não tenha eficácia de lei (adoção do sentido formal de *lei*) ou, ainda, criado por lei à margem do texto constitucional, subtraindo competência de um órgão delimitado constitucionalmente.

(b) Quanto ao *plano da referência temporal*, garante-se que ninguém possa ser processado ou julgado por órgão[9] instituído após a ocorrência do fato.[10] Em outros termos, o juiz natural é a autoridade com competência abstratamente predeterminada pela lei.[11] Estabelece a proibição dos juízos ou tribunais *ex post facto*, criados especialmente para a resolução de um caso em concreto.[12] Mesmo que a Constituição ou a lei (validamente) prevejam a possibilidade de criação de um juízo ou tribunal especial para resolução de casos especí-

7. O STF entendeu que a prerrogativa de foro, estabelecida constitucionalmente, vincula-se ao princípio do juiz natural e deve ser observada pela atividade legislativa do Estado (AgRg no AI crim. 177.313-MG, cit., *DJU* 17.5.1996, p. 16.343). Na mesma linha, em outro acórdão, o Min. Celso de Mello assentou que: "A lei não pode frustrar a garantia derivada do postulado do juiz natural. Assiste a qualquer pessoa, quando eventualmente submetida a juízo penal, o direito de ser processada perante magistrado imparcial e independente, cuja competência é predeterminada, em abstrato, pelo próprio ordenamento constitucional" (STF, 1ª T., HC 73.801-MG, rel. Min. Celso de Mello, j. 25.6.1996, *DJU* 27.6.1997, p. 30.226).

8. José Frederico Marques, *Manual de Direito Processual Civil – Teoria Geral do Processo Civil*, 10ª ed., vol. I, São Paulo, Saraiva, 1983.

9. Lembre-se que, no plano jurisdicional, tanto os tribunais quanto os juízes são considerados *órgãos* do Poder Judiciário, na dicção constitucional: arts. 92, 106, 118 e 122. No plano administrativo prevalece o entendimento de que o *órgão* é distinto do *agente*, enquanto "unidade que congrega atribuições exercidas pelos agentes públicos que o integram com o objetivo de expressar a vontade do Estado" (Maria Sylvia Zanella Di Pietro, *Direito Administrativo*, p. 349). Também: Hely Lopes Meirelles, *Direito Administrativo Brasileiro*, 29ª ed., São Paulo, Malheiros Editores, 2004, pp. 67-68; e Celso Antônio Bandeira de Mello, *Curso de Direito Administrativo*, 17ª ed., São Paulo, Malheiros Editores, 2004, pp. 130-131.

10. Cintra, Grinover e Dinamarco, *Teoria Geral do Processo*, 20ª ed., p. 52.

11. Baracho, ob. cit., p. 18.

12. Na linguagem processual brasileira, Cintra, Grinover e Dinamarco explicam que "juízo" refere-se aos órgãos de primeiro grau, e "tribunais" aos órgãos de segundo grau (*Teoria Geral do Processo*, 20ª ed., p. 171).

ficos, esta instituição não teria o condão de afetar os casos já em andamento.[13]

O plano da referência temporal liga-se à predeterminação da competência não somente do órgão – entendido na doutrina administrativa como feixe de atribuições –, mas do agente público a que é cometida a função. A anterioridade da previsão da competência tem por fim evitar a escolha de uma autoridade por motivos subjetivos ou relacionados ao fato em concreto.[14]

(c) Quanto ao *plano da imparcialidade*, o juiz natural é a autoridade imparcial. A imparcialidade substancia requisito subjetivo, ligada diretamente à pessoa do julgador. *Imparcial* é quem julga sem paixão, reto, justo, e não sacrifica a verdade ou a justiça a conveniências particulares.[15] *Nenhum homem pode ser juiz de sua própria causa.* Em outras palavras, um juiz não pode decidir um caso que tenha uma classe de interesse capaz de constituir verdadeiro motivo de parcialidade.[16]

As garantias enfeixadas no princípio do juiz natural representam garantias de imparcialidade e objetividade do julgamento. Como observa Ada Pellegrini Grinover, o juiz natural é imparcial e pré-constituído.[17]

13. Cintra, Grinover e Dinamarco, *Teoria Geral do Processo*, 20ª ed., p. 140.

14. "I – A distribuição da causa por dependência somente se dá nos casos autorizados por lei, sob pena de agressão ao princípio do juiz natural, um dos pilares do *due process of law*, devendo ser coibida com rigor qualquer praxe viciosa em contrário. II – Eventual anomalia na distribuição deve ser impugnada pelas vias hábeis, pena de preclusão, salvo em se tratando de competência absoluta" (STJ, 4ª T., REsp 8.449-AM, rel. Min. Sálvio de Figueiredo, j. 19.11.1991, *DJU* 9.12.1991, p. 18.037).

15. Aurélio Buarque de Holanda Ferreira, *Minidicionário da Língua Portuguesa*, 3ª ed., Rio de Janeiro, Nova Fronteira, 1993, p. 294.

16. H. W. R. Wade, *Derecho Administrativo*, Madri, Instituto de Estudios Políticos, 1971, p. 256. Segundo Calmon de Passos, "a idéia-núcleo da jurisdição é que ninguém pode ser juiz em causa própria" ("O devido processo legal e o duplo grau de jurisdição', *Revista da Procuradoria-Geral do Estado de São Paulo* 17/132, São Paulo, dezembro/1980).

17. "O contencioso administrativo na Emenda n. 7/1977", *Revista da Procuradoria-Geral do Estado de São Paulo* 10/279, São Paulo, junho/1977. Nessa linha, decisão do STF: "I – Ação popular ajuizada para o fim de anular a nomeação de todos os membros do Tribunal de Justiça do Estado de Roraima, estando os juízes de primeiro grau do mesmo Estado em estágio probatório, assim sem a garantia de indepen-

Com isto, evitam-se o juiz parcial, interessado pessoalmente na causa,[18] e o juiz acidental, de circunstância, designado especialmente para a resolução do caso, subtraindo do cidadão o direito a uma jurisdição permanente.[19]

Como a parcialidade do julgador pode vir a alterar sua competência, quando a lei fixa presunções de parcialidade absoluta (impedimentos) ou relativa (suspeições) está concretizando o princípio constitucional do juiz natural.

Em outro sentido, a linguagem jurídica tem considerado imparcialidade conectada à independência.[20] Embora o princípio da independência encontre diversos significados na doutrina atual, o princípio do juiz natural relaciona-se com a independência no que respeita à função precípua da autoridade, de não se submeter a ordens ou instruções, por força de obediência hierárquica, no tocante à decisão dos casos sujeitos à sua apreciação. Em relação aos juízes o princípio da independência é extraído de forma indireta do sistema constitucional, enquanto para os membros do Ministério Público o art. 127, § 1º, da

dência da vitaliciedade, dependentes do Tribunal cujos integrantes são litisconsortes passivos na ação popular – Impossibilidade de realização do devido processo legal, dado que um dos componentes deste, *o juiz natural, conceituado como juiz com garantias de independência, juiz imparcial, juiz confiável, não existe*, no caso. II – Hipótese em que ocorre a competência do Supremo Tribunal Federal para processar e julgar a ação popular, na forma do disposto no art. 102, I, 'n', da Constituição Federal. III – Reclamação julgada procedente" (grifos nossos) (TP, Recl. 417-RR, rel. Min. Carlos Velloso, j. 11.3.1993, *DJU* 16.4.1993, p. 6.430).

18. A regra é que o interesse monetário direto, por menor que seja, inabilita quem decide, enquanto um interesse pessoal de qualquer outro tipo deverá ser tal que produza uma probabilidade real de parcialidade (Wade, *Derecho Administrativo*, p. 259).

19. Segundo Clariá Olmedo: "Debe evitarse el juez accidental o de circunstancia, nombrado especialmente para el caso, sacando al justiciable de la jurisdicción permanente" (ob. cit., pp. 72-73).

20. Cintra, Grinover e Dinamarco, *Teoria Geral do Processo*, 20ª ed., p. 140. Em acórdão do STF, já citado, em que foi relator o Min. Celso de Mello, assentou-se que o juiz natural compreende o direito de qualquer pessoa de "ser processada perante magistrado imparcial e independente" (HC 73.801-MG, *DJU* 27.6.1997, p. 30.226). Em acórdão do STJ, onde o Min. Carlos Velloso foi relator, fixou-se que o juiz natural é "conceituado como juiz com garantias de independência, juiz imparcial" (Recl. 417-RR, cit., *DJU* 16.4.1993, p. 6.430).

Constituição Federal afirma o princípio constitucional da independência funcional.[21]

(d) Quanto à *abrangência funcional*, o tema envolve questões de ordem subjetiva e objetiva. No primeiro aspecto, o princípio do juiz natural enquadra as autoridades abrangidas pelas regras inerentes à imparcialidade (espectro subjetivo do princípio). No segundo, os órgãos e agentes que devem ter sua competência predeterminada pela lei.

O deslinde do assunto requer o exame das expressões "juízo" ou "tribunal" de exceção (art. 5º, XXXVII, da CF), "processado" e "sentenciado" pela "autoridade competente" (art. 5º, LIII).

À primeira vista, poder-se-ia interpretar restritivamente o princípio a partir da literalidade de seu título – juiz natural. Assim, ter-se-ia que o princípio alcança em seu espectro subjetivo (requisito de imparcialidade) somente o juiz da causa, e no espectro objetivo (predeterminação legal e racional da competência), os juízes e tribunais judiciários.

No entanto, o *nomem iuris* do princípio não corresponde ao vocabulário da Constituição: o art. 5º, LIII, não alude a *juiz competente*, e sim a *autoridade competente*. O art. 5º, XXXVIII, refere-se a *juízo* – termo de sentido gramatical não-unívoco, que tanto pode significar ato

21. A independência não significa, portanto, que a autoridade não esteja sujeita à hierarquia administrativa. Tanto os juízes como os membros do Ministério Público podem receber – e devem obediência a – ordens e instruções emitidas pelos seus superiores hierárquicos em matéria de organização e fiscalização dos serviços quanto a licenças, faltas, ausências, organização interna dos trabalhos, regulamentação interna de prazos e questões disciplinares. A independência refere-se às funções precípuas da autoridade: no caso do juiz, a maneira de decidir o caso concreto sujeito à sua jurisdição; no caso do membro do Ministério Público, por exemplo, se acusa ou não, a linha de acusação (como tipificar o delito, por exemplo). Em relação a estes últimos, Clémerson Merlin Clève deduz: "O Ministério Público, nos termos da Constituição (...) é independente porque a livre convicção de seus membros é a garantia da livre atuação da Instituição (ninguém pode impor um procedimento funcional a um integrante da carreira). Por isso, salvo sob a ótica administrativa, não há hierarquia entre os membros do *Parquet*" (*Temas de Direito Constitucional*, pp. 104-105). Embora se concorde a respeito do conteúdo da independência, prefere-se o termo "função precípua", ao invés de "procedimento funcional". Por exemplo, o horário de trabalho pode ser imposto por força de hierarquia administrativa e está relacionado com o procedimento funcional.

de julgar, julgamento, quanto o foro ou tribunal onde se processam e julgam os pleitos, bem como a entidade judiciária constituída pelo juiz singular ou órgão colegiado, e até os órgãos do Poder Executivo, quando investidos de funções judicantes nos assuntos de sua pertinência. Como se vê, a expressão "juízo", em acepção comum, engloba a noção de tribunal. Logo, se a Constituição utilizou o referencial "tribunal", o fez para enfatizar o campo de atuação do princípio.

Se apenas o juiz fosse o responsável pelo "processamento" não haveria sentido na utilização desta expressão. Bastaria a referência a "sentenciado". "Processamento" significa, objetivamente, que a garantia estende-se a todas as fases do procedimento; subjetivamente, que abrange toda autoridade a desempenhar funções de processamento, de participação no contraditório. Em conexão lógica, a Constituição refere-se à autoridade competente pelo processamento, indo além do juiz.

A expressão "juízo", entendida como ato de julgar, deve ser interpretada levando em conta que o verbo "julgar", na acepção terminológica, tanto pode designar ato de decidir como de formar juízo crítico, avaliar.[22] Mesmo a linguagem técnica consagra essa linha de raciocínio. Foschini observa que o ofício de *julgar* é diferente do ofício de *decidir*. Tanto a acusação como a defesa julgam, emitem um juízo crítico no processo; embora somente o órgão jurisdicional decida: "O julgar é coisa diversa do decidir. Uma vez que também as opiniões são juízos, todos os ofícios, que participam do contraditório, julgam. O ofício do juiz caracteriza-se não porque julga, mas porque decide, ou seja, somente enquanto o seu juízo pode ser uma decisão"[23] (*traduzido*).

A Constituição Federal, por suas expressões, delimita a abrangência funcional do princípio, veiculando conceitos abertos: a garantia não se encontra circunscrita ao território da função jurisdicional.

22. Francisco Fernandes *et alii*, *Dicionário Brasileiro da Língua Portuguesa*, 30ª ed., São Paulo, Globo, 1993, p. 439.
23. Ob. cit., p. 199.

Com a atenção voltada à concepção ditada pelo princípio em estudo, o Código de Processo Civil estabelece, nos arts. 134 a 138, regras de garantia da imparcialidade (espectro subjetivo) aplicáveis ao juiz, aos membros do Ministério Público, aos serventuários de justiça, ao perito e ao intérprete.[24]

De outra parte, a abrangência funcional liga-se à pré-constituição, atingindo todos os ofícios que emitem, pelo menos, os principais juízos (equivale a *giudizio*, na abalizada linguagem técnica de Foschini) no processo: acusação, instrução e decisão. Isto não veda a possibilidade de a lei exigir este requisito de outras autoridades (lembre-se a abertura da norma).[25]

Todavia, obrigatoriamente, o sistema constitucional exige o requisito em relação às funções assinaladas. A própria Constituição funciona como norma pré-constitutiva da competência dos órgãos do Poder Judiciário e se refere, explicitamente, à função e aos princípios institucionais do Ministério Público.[26]

(e) Quanto ao plano da *ordem taxativa de competência*, garante-se, entre os órgãos e agentes pré-constituídos, a exclusão de qualquer

24. Segundo Figueiredo Dias: "Muitas legislações modernas – ao contrário do que sucedia com a generalidade das do século passado – consideram dispensável esta extensão do sistema ao Ministério Público, não porque entendam minimizar as garantias da sua imparcialidade, mas porque, em virtude do carácter amovível desta magistratura e do correspondente 'direito de substituição', seria sempre possível substituir o agente impedido ou suspeito independentemente do respectivo processo formal. A extrema simplicidade e rapidez deste processo, porém, não deixam de justificar a preferência por um sistema legal de impedimentos e suspeições dos agentes do Ministério Público, tal como é aceito pelo nosso Código de Processo Penal (art. 113º)" (ob. cit., pp. 370-371).

25. Isto porque, considerando, de acordo com Canotilho, que a formulação lingüística da norma constitui o limite externo para as variações de sentidos constitucionalmente possíveis, o texto constitucional referente ao princípio do juiz natural, como já visto, comporta sentido lingüístico compatível com a afirmação posta em tela (*Direito Constitucional*, p. 219).

26. O mesmo poder-se-ia dizer sobre o Tribunal de Contas, delimitadas sua competência em sede constitucional e a forma de provimento dos seus membros. O entendimento assinalado no que toca aos membros do Poder Judiciário é regra indiscutível na jurisprudência brasileira; já quanto aos membros do Ministério Público o tema ainda não é pacífico, embora já exista jurisprudência a favor da tese (STF, 1ª T., HC 71.429-SC, rel. Min. Celso de Mello, j. 25.11.1994, *DJU* 25.8.1995, p. 26.023. Nesse acórdão a ementa refere-se explicitamente à vedação do "acusador de exceção").

alternativa deferida à discricionariedade: as modificações de competência devem estar contidas também em lei anterior ao fato.[27]

Bem por isso, o princípio do juiz natural não impede que a autoridade pré-constituída pela lei seja afastada por ser considerada suspeita ou impedida. Mesmo porque a garantia da imparcialidade do julgador é condição *sine qua non* da validade do julgamento. O princípio impõe que lei anterior preveja e indique o processo geral pelo qual, em casos como este, a competência deva ser deferida a juízo diferente do originário.[28]

A lei deve disciplinar também os casos de afastamento da autoridade competente e o modo como será substituída. O STF firmou jurisprudência no sentido de que o sistema de substituições externas nos tribunais judiciários constitui matéria de reserva absoluta da lei.[29]

A ordem taxativa de competências impede – a não ser por expressa previsão constitucional – a possibilidade de avocações e delegações, visto que estas frustram o princípio da anterioridade do juízo competente. As avocações e delegações subtraem do órgão determinado pela lei a competência para o julgamento.[30]

Nesse diapasão, o princípio da indelegabilidade,[31] afirmado pela doutrina processual como inerente à jurisdição, pode ser analisado,

27. Cintra, Grinover e Dinamarco, *Teoria Geral do Processo*, 20ª ed., p. 52.

28. É a lição de Figueiredo Dias, ao criticar a ausência de previsão do princípio do juiz natural na Constituição Portuguesa de 1933 e deduzir que o princípio não conflita com a exigência de imparcialidade do julgamento e boa ordem em que aquele deva ocorrer (ob. cit., pp. 325-326).

29. HC 69.601-SP, rel. Min. Celso de Mello, j. 24.11.1992, *DJU* 18.12.1992, p. 24.377.

30. Nesse sentido, o STF decidiu pela vedação da avocação no processo penal, em nome do princípio do juiz natural: "Envolvidos em crime doloso contra a vida conselheiro de Tribunal de Contas de Município e cidadão comum, biparte-se a competência, processando e julgando o primeiro o Superior Tribunal de Justiça e o segundo o Tribunal do Júri – Conflito aparente entre as normas dos arts. 5º, inciso XXXVIII, alínea 'd', e 105, inciso I, alínea 'a', da Lei Básica Federal e 76, 77 e 78 do Código de Processo Penal – A avocação do processo relativo ao co-réu despojado da prerrogativa de foro, elidindo o crivo do juiz natural que lhe é assegurado, implica constrangimento ilegal, corrigível na via do *habeas corpus*" (HC 69.601-GO, cit., *DJU* 18.12.1992, p. 23.058).

31. O princípio da indelegabilidade é explicado por Cintra, Grinover e Dinamarco, *Teoria Geral do Processo*, 20ª ed., p. 138.

em nosso sistema jurídico, como espectro do princípio do juiz natural (em sede de processo judicial).[32]

A substituição das autoridades responsáveis pelo processamento ou julgamento pode ocorrer no curso do processo, desde que pautada por critérios objetivos, previstos em lei anterior ao fato.

2. *O princípio do juiz natural no processo administrativo disciplinar como meio e recurso inerente à ampla defesa*

Interessa, nesta sede, perquirir sobre a incidência do princípio do juiz natural no processo administrativo disciplinar. A resposta a esta questão, merecedora de estudo doutrinário recente, passa, antes de tudo, pela compreensão finalística do instituto. Depois, cumpre avaliar se o processo administrativo disciplinar subsiste sem o atingimento do fim garantido pelo princípio do juiz natural.

Em outras palavras, acaso se entenda pela possibilidade de concretização do contraditório e da ampla defesa sem a garantia do juiz natural, a resposta será pela sua não-aplicação no processo administrativo disciplinar; do contrário, entendendo-se que o contraditório e a ampla defesa desconfiguram-se por completo (tornando-se afirmações formais desprovidas de capacidade para incidir sobre a realidade concreta), a resposta será afirmativa.

A matriz deste raciocínio está no próprio art. 5º, LV, da Constituição Federal, quando adiciona à ampla defesa a expressão "com os meios e recursos a ela inerentes". Trata-se de regra com conteúdo eminentemente prático, garantindo a incidência de outros princípios

32. Frise-se: "em nosso sistema jurídico". Apesar de o princípio do juiz natural vir afirmado em várias Constituições ocidentais, em cada uma delas terá uma delimitação distinta, segundo o próprio sistema constitucional. Em Portugal o princípio do juiz natural é muito mais restrito que no Brasil, funcionando como garantia somente do processo criminal, nos termos do art. 32º, e atingindo a pré-constituição legal dos "tribunais" ("Nenhuma causa pode ser subtraída ao tribunal cuja competência esteja fixada em lei anterior"). A indelegabilidade não pode ser compreendida como espectro do juiz natural, pois está expressamente permitida pela Constituição, no art. 32º, 4: "Toda a instrução é da competência de um juiz, o qual pode, nos termos da lei, delegar noutras entidades a prática dos actos instrutórios que se não prendam directamente com os direitos fundamentais".

no processo administrativo, desde que o contraditório e a ampla defesa não possam deles prescindir.

Com efeito, o princípio do juiz natural tem sido interpretado, tradicionalmente, pela doutrina processualista brasileira como princípio inerente à jurisdição.[33] No entanto, este postulado, que não está "literalmente" posto na Constituição, é consectário de interpretação orientada pelo sentido do sistema constitucional.

Na Constituição anterior (de 1967, com a Emenda de 1969) a única alusão possível a juiz natural reduzia-se ao § 15 do art. 153 ("Não haverá foro privilegiado nem tribunais de exceção"), e mesmo assim José Frederico Marques entendia que o princípio do juiz natural era corolário do § 4º do art. 153 ("A lei não poderá excluir da apreciação do Poder Judiciário qualquer lesão de direito individual"). Argumentava o eminente processualista que somente os órgãos integrantes do Judiciário poderiam exercer a tutela jurisdicional.[34]

Ora, a incursão no ambiente constitucional anterior visa a demonstrar (o que até poderia parecer óbvio, embora constitua argumento *in contrario* possível de ser alegado) que a inclusão do processo administrativo na "norma" constitucional do juiz natural não pode ser excluída, sob a justificativa de ausência de literal afirmação constitucional.[35]

A normatividade do princípio do juiz natural informa o processo administrativo (inclusive o disciplinar). Quanto ao programa normativo, os enunciados lingüísticos dos incisos XXXVII e LIII do art. 5º não são incompatíveis com o processo administrativo disciplinar. A expressão "juízo", como assinalado, comporta o sentido de julgamento que ocorre em sede de processo administrativo disciplinar, onde há um juízo administrativo.[36] A expressão "tribunal", a seu turno, mesmo

33. Cintra, Grinover e Dinamarco, *Teoria Geral do Processo*, 20ª ed., p. 140.

34. José Frederico Marques, *Manual de Direito Processual Civil – ...*, 10ª ed., vol. I, p. 78.

35. Adota-se, nesta sede, o sentido de norma aludido por Canotilho, como resultado do processo de concretização, interagindo o programa normativo (componente lingüística, resultado da interpretação do texto normativo) com o domínio normativo (componente real, empírica, resultante da análise dos dados da realidade abrangidos pela norma). A norma não se confunde, portanto, com o texto, embora este constitua limite externo para as variações de sentido constitucionais (*Direito Constitucional*, pp. 217-219).

36. Em sentido gramatical, "juízo" pode designar "ato de julgar". A própria Constituição comprova a existência do "juízo administrativo", não restringindo a

entendida no sentido técnico, não é sinônimo de tribunal judiciário. Prova disto a previsão constitucional do "Tribunal de Contas" (art. 71), não integrado ao Poder Judiciário. O termo "processado" engloba o processo administrativo disciplinar, tendo em vista a afirmação constitucional expressa do "processo administrativo" no art. 5º, LV.[37] A expressão "autoridade competente" põe às claras o sentido amplo dos enunciados informadores do princípio.

Os próprios membros do Poder Judiciário sujeitam-se à prescrição constitucional do juiz natural nos processos administrativos disciplinares de sua competência (arts. 93, VIII e X; 95, I e II; 96, I, "a" e "f").

Em sede de interpretação constitucional vige o *princípio da máxima efetividade* – ou seja, a uma norma constitucional deve ser atribuído o sentido que maior eficácia lhe dê.[38] Conquanto no Brasil as decisões em sede de processo administrativo disciplinar sejam autoexecutáveis, atingindo a esfera jurídica do servidor com a mesma força cominatória das decisões judiciais (as sanções administrativas são aplicadas de forma independente das sanções penais e civis, por força dos arts. 125 e 126 da Lei 8.112/1990),[39] a incidência do juiz natural garante a imparcialidade e objetividade do julgamento administrativo.

função de julgar ao Poder Judiciário, quando, por exemplo, estabelece no art. 71, no inciso II, a competência do Tribunal de Contas para "julgar as contas dos administradores e demais responsáveis por dinheiro, bens e valores públicos (...)", e, no inciso VIII, "aplicar aos responsáveis, em caso de ilegalidade de despesa ou irregularidades de contas, as sanções previstas em lei, (...)". O que não exclui a possibilidade de julgamento pelo Poder Judiciário, por força do art. 5º, XXXV ("a lei não excluirá da apreciação do Poder Judiciário lesão ou ameaça a direito"). Enfim, a Administração no Brasil também exerce a função de declaração do Direito ao caso (função decisória); tanto quanto o Judiciário; mas o que distingue este último (além das matérias sujeitas ao seu exclusivo julgamento) é a capacidade de emitir uma decisão suscetível de transitar em julgado.

37. Relembre-se o conceito *de processo administrativo disciplinar* como procedimento em contraditório, presente quando, no exercício da competência disciplinar, a Administração litigue ou acuse servidor público da prática de ilícito administrativo.

38. Canotilho, *Direito Constitucional*, p. 227.

39. Cf. a jurisprudência: "Mandado de segurança – Decreto presidencial pelo qual foi cassada a aposentadoria da impetrante, como servidora do INSS – Alegada ilegalidade, que consistiria em não haver sido garantido a essa o direito de defesa e em haver o ato sido executado independentemente de prévia apreciação judicial –

Mais uma vez, relembre-se que os princípios constitucionais – na lição abalizada de Canotilho –, embora possuam marca própria, atuam conjugadamente, complementando-se, condicionando-se e modificando-se em termos recíprocos. Exigem do intérprete a árdua tarefa de concordância prática. Os princípios do contraditório, da ampla defesa e do juiz natural não poderiam fugir a esta assertiva: a sua base comum — dignidade da pessoa — é mais do que reafirmada na Constituição de 1988, ao serem incluídos no rol dos direitos e garantias fundamentais.

Não é sem razão que a Constituição Espanhola estabelece o princípio do juiz natural no mesmo artigo das outras garantias processuais, art. 24, 2: "Asimismo, todos tienen derecho al juez ordinario predeterminado por la ley, a la defensa y a la asistencia de letrado, a ser informados de la acusación formulada contra ellos, a un proceso público sin dilaciones indebidas y con todas las garantias, a utilizar los medios de prueba pertinentes para su defensa, a no declarar contra sí mismos, a no confesarse culpables y a la presunción de inocencia".

Clariá Olmedo, interpretando a Constituição Argentina, deduz que a expressão "juiz natural" não está empregada no sentido técnico, de órgão jurisdicional, mas na acepção comum, estendendo-se a todos os órgãos que profiram julgamento.[40]

Na doutrina brasileira, Angélica Arruda Alvim defende a tese de que o princípio alcança o processo administrativo porque "a cláusula inserta no inciso LIII do art. 5º não distingue entre processo judicial ou administrativo, sendo lícito concluir, portanto, que abrange as duas hipóteses, abrangendo, por conseguinte, as autoridades administrativas, quando se trate de procedimento administrativo".[41]

Baldas inexistentes, já que o direito de defender-se foi exercido pela impetrante, em toda sua plenitude, no curso do processo administrativo disciplinar, cuja conclusão, de outra parte, se reveste de eficácia executória própria, não estando condicionada à ultimação de eventual processo civil ou criminal – Mandado de segurança indeferido" (STF, TP, MS 22.100-RJ, rel. Min. Ilmar Galvão, j. 27.4.1995, *DJU* 16.6.1995, p. 18.215). Nesta linha: STF, TP, MS 20.947-DF, rel. Min. Paulo Brossard, j. 19.11.1989, *DJU* 10.12.1989, p. 16.880.

40. Ob. cit., p. 35.

41. Ob. cit., p. 35.

Lúcia Valle Figueiredo trata do princípio do juiz natural como princípio pertinente ao devido processo legal. Trazido para a seara administrativa, reflete o princípio do administrador competente.[42]

Com igual percuciência, Edgar Silveira Bueno Filho argumenta não ser possível garantir-se o direito à defesa do acusado, cercado com as formalidades devidas, senão com a participação de uma autoridade previamente designada. De nada valeriam os princípios do contraditório e da ampla defesa caso o processo administrativo disciplinar estivesse sob a direção de um agente público cuja conduta fosse marcada pela parcialidade.[43]

Desponta como inovadora jurisprudência do TRF da 2ª Região, nas palavras do Juiz e administrativista Sérgio de Andréa Ferreira, determinando "o refazimento do *iter* processual, perante o juiz natural administrativo do impetrante", dada "a incompetência subjetivo-objetiva do Juiz da Vara que instaurou a sindicância e do Diretor do Foro, que deflagrou o processo disciplinar *stricto sensu*: por arrolar servidores e processos cujos autos seriam objeto de subtração de Varas diferentes, a competência seria do Vice-Presidente-Corregedor. Arts. 6º, XV, 13, VII, e 56 da Lei 5.010/1967".[44] De outro lado, o Juiz e administrativista José Augusto Delgado, da 2ª Turma do TRF da 5ª Região, decidiu que "a divergência científica sobre determinado assunto não autoriza revisão judicial de nota atribuída por banca examinadora de concurso, em nome da garantia do juiz natural".[45]

A tese também não passou desapercebida pelo TJPR, que anulou sanção disciplinar imposta pelo Conselho Superior do Ministério Público pois a vítima que representou pela instauração do processo administrativo disciplinar foi designada como relator e exerceu o voto condutor na sessão de julgamento, acolhendo a própria representação: "Se todo cidadão tem direito a um julgamento imparcial, também os integrantes do Ministério Público de primeiro grau devem ser julgados administrativamente, por seus superiores, de forma isenta e

42. Lúcia Valle Figueiredo, *Curso de Direito Administrativo*, 7ª ed., São Paulo, Malheiros Editores, 2004, p. 431.

43. Edgar Silveira Bueno Filho, ob. cit., p. 38.

44. MS 0204.280/93-RJ, rel. Juiz Sérgio de Andréa Ferreira, j. 24.3.1994, *DJU* 19.4.1994.

45. Ap. cível 503.033-PE, rel. Juiz José Delgado, j. 11.12.1989, *DOE* 27.3.1990.

serena. Há certas condições que, existindo, quer no processo penal, quer nos procedimentos administrativos disciplinares, impedem o exercício de julgar com imparcialidade. Na espécie, impossível permanecer hígido o procedimento disciplinar – e a sanção imposta –, eis que a sedizente vítima funcionou como Relator dos atos instauradores do processo disciplinar".[46]

Ao assegurar o contraditório e a ampla defesa, a Constituição objetiva munir o litigante ou o acusado de efetivos instrumentos para influir na decisão final, a fim de que esta represente a síntese de um diálogo, e não um monólogo. Ora, participar na formação da decisão é o oposto do prejulgamento – o julgador, em face de sua vinculação psicológica, abstrai-se das alegações do litigante ou do acusado.

Embora se garanta o contraditório e a ampla defesa no processo administrativo disciplinar, sem a incidência da garantia do juiz natural pode-se escolher a dedo um julgador predeterminado a condenar ou absolver. Neste caso, estaríamos diante de um verdadeiro "faz-de-conta". O julgador parece levar em consideração o resultado da participação do servidor quando, na verdade, já tem sua decisão pronta.

A atuação nos procedimentos capazes de atingir a esfera jurídica do servidor é garantida constitucionalmente através de instrumentos positivos e negativos. Em sentido positivo, o contraditório e a ampla defesa viabilizam a presença ativa e crítica dos servidores envolvidos; em sentido negativo, o juiz natural impede qualquer obstrução a essa participação.[47]

46. Órgão Esp., Processo 39548000, Acórdão 2.466, mandado de segurança, rel. Des. Oto Sponholz, j. 15.9.1995, m.v.

47. Em sentido contrário decisão do TRF da 3ª Região considerando a competência do julgador, no processo administrativo disciplinar, por definição, relativa – e, portanto, ligada a possível prejuízo no campo das garantias do contraditório e da ampla defesa: "Nós mesmos já averbamos que não se decreta a nulidade se não houver conseqüências jurídicas, isto é, ausência de lesão. Seria o famoso princípio *pas de nulité sans grief* (...). Não é a hipótese, pois, segundo se me afigura, de desconstituir o ato praticado pela mesma pessoa, porém investido da competência de Presidente do Conselho, quando devia ter sido investido da competência de Presidente do Tribunal, até porque isso, de forma alguma, prejudicaria a impetrante, se cumprido tiver sido o direito de ampla defesa e do contraditório, princípios constitucionais, aplicáveis aos 'acusados em geral', ainda que em processos administrativos" (TP, MS 138.346, rela. Juíza Lúcia Valle Figueiredo, *RDA* 204/182, Rio de Janeiro, abril-junho/1996).

Garantia de ação, garantia de não-obstrução. Duas faces da mesma moeda: contraditório e ampla defesa, de um lado; juiz natural, do outro.

3. *Conseqüências da aplicação do princípio do juiz natural no processo administrativo disciplinar*

Tendo em vista o exposto, o princípio do juiz natural no processo administrativo disciplinar compreende a consideração de cinco planos: *abrangência funcional*, *fonte*, *referência temporal*, *imparcialidade* e *ordem taxativa de competência* (inverte-se, a título didático, a posição da abrangência funcional). Suscita-se o confronto dos planos antes aludidos com a Lei 8.112/1990. Considera-se o vetor Constituição/direito administrativo e direito administrativo/Constituição, pois a Constituição e a lei interpenetram-se e se comunicam.

Relembre-se: quando os termos "processo disciplinar" e "sindicância" são designados com o sentido emprestado pela lei, utiliza-se o recurso de aspas.

3.1 Conseqüências quanto ao plano da abrangência funcional

O plano da abrangência funcional importa a consideração de que as diversas matizes do princípio do juiz natural alcançam os agentes responsáveis pelo processamento e decisão do processo administrativo disciplinar (em sentido constitucional).

Embora os diversos Estatutos dos Servidores Públicos disponham diferentemente quanto ao exercício da competência disciplinar, a regra tem aplicação geral. O princípio estende-se obrigatoriamente à autoridade que desempenha o ofício da acusação; à autoridade que conduz o processo[48] ou, na acepção técnica, detém competência instrutória;[49] à autoridade com competência decisória, a quem compete

48. A expressão não é acertada do ponto de vista da técnica processual. Utiliza-se, no entanto, tendo em vista sua vasta aplicação na doutrina do direito administrativo (Edmir Netto de Araújo, *O Ilícito Administrativo*, p. 149).

49. Segundo Dinamarco, "instrução, em linguagem processual, significa preparar" ("O Princípio do Contraditório ...", p. 32).

definir e aplicar a sanção. Os outros auxiliares, responsáveis pela emissão de juízo crítico no processo – como, por exemplo, o perito e o intérprete –, podem estar previstos pela lei, garantindo-se maior efetividade à norma constitucional.

Para elucidaçãc deste campo, é necessário analisar, em linhas gerais, o sistema de distribuição de competências da Lei 8.112/1990 no "processo disciplinar" e na "sindicância", à luz do princípio. O trabalho não é – e nem pretende ser – um comentário da lei.

O art. 143 da Lei 8.112/1990 determina que "a autoridade que tiver ciência da irregularidade no serviço público é obrigada a promover a sua apuração imediata, mediante sindicância ou processo administrativo disciplinar, assegurada ao acusado ampla defesa". No entanto, quem é esta "autoridade", num sistema onde proliferam manifestações hierárquicas distintas? O que significa "promover a apuração"?

3.1.1 Linhas gerais do sistema de competências do "processo disciplinar"

Como já definido, a autoridade que "instaura" o "processo disciplinar" deve desempenhar o ofício da acusação, por força do princípio do contraditório. A "instauração" constitui a primeira fase do "processo disciplinar", indo além da mera formalização da designação da comissão processante (como poderia fazer supor uma leitura apressada do art. 151, I).[50]

No sistema legal, a instauração do "processo disciplinar", nos termos do art. 145, III, corresponde a uma das possíveis decisões finais da sindicância, contrapondo-se ao arquivamento do processo (confirmado pelo art. 154, parágrafo único).[51] Na dicção do art. 146, "sempre que o ilícito praticado pelo servidor" ensejar as sanções ali des-

50. "Art. 151. O processo disciplinar se desenvolve nas seguintes fases: I – instauração, com a publicação do ato que constituir a comissão; (...)."

51. Art. 154, parágrafo único: "Na hipótese de o relatório da sindicância concluir que a infração está capitulada como ilícito penal, a autoridade competente encaminhará cópia dos autos ao Ministério Público, independentemente da imediata instauração do processo disciplinar".

critas, "será obrigatória a instauração de processo disciplinar" – ou seja, havendo presunção de cometimento de ilícito administrativo, a conseqüência é a instauração de "processo disciplinar".[52]

Ora, se a sindicância concluísse pela inexistência da irregularidade do fato ou de presunção de autoria – o que equivale a declarar a inexistência da responsabilidade administrativa a ser apurada –, o resultado seria o arquivamento dos autos (art. 145, I).[53]

Quando a Administração "instaura" "processo disciplinar" está atestando a existência de responsabilidade administrativa a ser apurada.[54] Tecnicamente, tal afirmação corresponde a uma acusação, pois, em face da regra da obrigatória motivação deste ato administrativo, a Administração terá que imputar fato determinado, e respectiva tipificação, a um servidor.

Por outro lado, o art. 149 da Lei 8.112 estabelece que o processo disciplinar "será conduzido por comissão composta de três servidores estáveis designados pela autoridade competente, observado o disposto no § 3º do art. 143, que indicará, dentre eles, o seu presidente, que deverá ser ocupante de cargo efetivo superior ou de mesmo nível, ou ter nível de escolaridade igual ou superior ao do indiciado".[55] Cabe desvendar qual a função desta comissão.

A comissão de inquérito (§ 2º do art. 149), como o próprio nome já diz, é a autoridade responsável pela fase do "inquérito administrativo", compreendidos a instrução, defesa e relatório (arts. 151, II, 155 e 165).[56] A administração do material probatório é ofí-

52. "Art. 146. Sempre que o ilícito praticado pelo servidor ensejar a imposição de penalidade de suspensão por mais de 30 dias, de demissão, cassação de aposentadoria ou disponibilidade, ou destituição de cargo em comissão, será obrigatória a instauração de processo disciplinar."

53. "Art. 145. Da sindicância poderá resultar: I – arquivamento do processo; (...)."

54. Nesses termos, o art. 148 é explícito: "O processo disciplinar é o instrumento destinado a apurar responsabilidade de servidor por infração praticada no exercício de suas atribuições, ou que tenha relação com as atribuições do cargo em que se encontre investido".

55. *Caput* com redação dada pela Lei 9.527/1997.

56. "Art. 151. O processo disciplinar se desenvolve nas seguintes fases: (...) II – inquérito administrativo, que compreende instrução, defesa e relatório"; "Art. 155. Na fase do inquérito, a comissão promoverá a tomada de depoimentos, acareações, investigações e diligências cabíveis, objetivando a coleta de prova, recorrendo, quan-

cio típico da instrução, entendida como preparação para decisão final.[57]

Por sua vez, o *caput* do art. 161 estabelece que, na fase do inquérito, "tipificada a infração disciplinar, será formulada a indiciação do servidor, com a especificação dos fatos a ele imputados e das respectivas provas".

Como analisado, por força do princípio do contraditório e da ampla defesa, no termo de instrução a comissão de inquérito, já com elementos mais consistentes, realiza a circunscrição da acusação.

O art. 161 não pode ser entendido no sentido de que o termo de instrução haverá sempre de indiciar o servidor, já que a comissão de instrução, nos termos do art. 150 e, mesmo, pela teleologia legal, detém "independência e imparcialidade". Disto decorre que, nesse momento, já pode concluir pela absolvição do servidor, o que jamais poderia significar a supressão da fase posterior, a de defesa. Ora, o dever da comissão de inquérito (tal qual designada pela lei) é o mesmo do Ministério Público: o dever de objetividade. Segundo Figueiredo Dias, "interessando à comunidade jurídica não só a punição de todos os culpados mas também – e *sobretudo*, dentro de um verdadeiro Estado de Direito – a punição *só* dos que sejam culpados, segue-se daí que ao Ministério Público, como órgão de administração da justiça, há de competir trazer à luz não só tudo aquilo que possa demonstrar a culpa do argüido, mas também todos os indícios da sua inocência ou da sua menor culpa".[58]

Conclui-se, portanto, que a comissão de inquérito desempenha no "processo disciplinar" ofício de circunscrição da acusação (elabo-

do necessário, a técnicos e peritos, de modo a permitir a completa elucidação dos fatos"; "Art. 165. Apreciada a defesa, a comissão elaborará relatório minucioso, onde resumirá as peças principais dos autos e mencionará as provas em que se baseou para formar a sua convicção".

57. Sobre a instrução, Edmir Netto de Araújo assevera: "Este o objetivo jurídico de qualquer expediente, seja administrativo, seja jurisdicional, em sua fase instrutória: propiciar condições para que, sobre a matéria nele versada, possa ser emitida uma decisão pela autoridade competente" (*O Ilícito Administrativo*, p. 143).

58. Ob. cit., p. 369. Na doutrina portuguesa, e com total aplicabilidade no Brasil, António Francisco de Sousa: "Em matéria disciplinar o interesse público está prefixado de forma clara: punir sempre e só quando se verifiquem os pressupostos de aplicação da sanção disciplinar e sempre e só na proporção da conduta punível do grau de culpa" (ob. cit., p. 220).

ração do termo de instrução) e de instrução (em sentido amplo, como preparação da decisão final).

Em terceiro lugar, o art. 166 determina que "o processo disciplinar, com o relatório da comissão, será remetido à autoridade que determinou a sua instauração, para julgamento". O art. 168, todavia, impõe que "o julgamento acatará o relatório da comissão, salvo quando contrário às provas dos autos". Tal prescrição, pela cogência de seu mandamento, parece qualificar o relatório como parte integrante da decisão final, salvo na hipótese já mencionada. Se a autoridade julgadora acatar o relatório, o ato decisório final haverá de resultar da conjugação de ambas as vontades.

No entanto, o parágrafo único do aludido dispositivo dispõe: "Quando o relatório da comissão contrariar a prova dos autos, a autoridade julgadora poderá, motivadamente, agravar a penalidade proposta, abrandá-la ou isentar o servidor de responsabilidade". Não cabendo a esta autoridade função instrutória, é, no mínimo, estranhável que possa divergir da avaliação de prova por ela não produzida.

Afinal, consoante o art. 168 e seu parágrafo único, o relatório da comissão tem força decisória ou é uma peça meramente opinativa?

Quanto à competência, o art. 167 regula exceções: se a penalidade exceder a alçada da autoridade instauradora do processo, este será encaminhado à autoridade competente (§ 1º do art. 167); havendo mais de um indiciado e várias sanções, a competência é deferida à autoridade responsável pela imposição da pena mais grave (§ 2º do art. 167); se a sanção prevista for a demissão ou cassação de aposentadoria ou disponibilidade, a autoridade competente é a prevista no art. 141, I.

No esquema da Lei 8.112/1990, a competência para o "julgamento" é determinada a partir da sanção a ser aplicada. Razoável inferir que tal competência caracterize-se pela provisoriedade, tendo como ponto de partida a sanção prevista no relatório. Permaneceria inalterada caso a autoridade a quem os autos do "processo disciplinar" fossem remetidos confirmasse a imposição daquela penalidade.

Os recursos estão previstos nos arts. 107 e ss. Serão dirigidos à autoridade imediatamente superior à que tiver expedido o ato ou proferido a decisão e, sucessivamente, em escala ascendente, às demais autoridades.

Quanto à revisão do processo disciplinar, pode ser feita "a qualquer tempo, a pedido ou de ofício, quando se aduzirem fatos novos ou circunstâncias suscetíveis de justificar a inocência do punido ou a inadequação da penalidade aplicada" (art. 174). O ministro de Estado ou "autoridade equivalente" decide pela abertura do processo de revisão (art. 177), a ser apensado no processo originário (art. 178); a comissão revisora tem papel equivalente ao da comissão de processo disciplinar (art. 180); a autoridade é a mesma da decisão originária (art. 181). De ressaltar, ainda, em sede de revisão, a impossibilidade da ocorrência da *reformatio in pejus* (parágrafo único do art. 182).[59]

3.1.2 Linhas gerais do sistema de competências na "sindicância"

Quando na presença de "litigantes ou acusados", a "sindicância" constitui processo administrativo disciplinar, em sentido constitucional. Enquanto processo administrativo, interessa à sindicância o princípio do juiz natural, incidente quando o servidor for acusado, em seu curso, do cometimento de ilícito administrativo a ensejar sanção de advertência ou suspensão de até 30 dias.

A identificação das autoridades responsáveis pela acusação, instrução e decisão dificulta-se sobremaneira. Recorde-se: a Lei 8.112/ 1990 não distingue entre sindicância-procedimento e sindicância-processo e – pior – não dispõe sobre o procedimento de cada uma delas.[60]

Quanto às autoridades incumbidas da "sindicância", a Lei 8.112/ 1990 a elas faz referência em apenas dois momentos esparsos. No primeiro, a penalidade disciplinar de advertência ou suspensão de até 30

59. No mesmo sentido o art. 65 da Lei 9.784/1999:

"Art. 65. Os processos administrativos de que resultem sanções poderão ser revistos, a qualquer tempo, a pedido ou de ofício, quando surgirem fatos novos ou circunstâncias relevantes suscetíveis de justificar a inadequação da sanção disciplinar.

"Parágrafo único. Da revisão do processo não poderá resultar agravamento da sanção."

60. "A lei não estabelece procedimento para a realização da sindicância, que pode ser realizada por funcionário ou por comissão de funcionários" (Maria Sylvia Zanella Di Pietro, *Direito Administrativo*, p. 406).

dias será aplicada pelo chefe da repartição e outras autoridades, na forma dos respectivos regimentos ou regulamentos (art. 141, III). No segundo, *veda-se a participação em comissão de sindicância de cônjuge, companheiro ou parente do acusado, consangüíneo ou afim, em linha reta ou colateral, até o terceiro grau* (§ 2º do art. 149).

Logo, se há uma comissão de sindicância, ela deve ter sido anteriormente nomeada por alguma autoridade. A lei omite-se quanto à indicação da autoridade para desempenhar o ofício da acusação na sindicância.

Resta saber quando a comissão de sindicância, prevista discretamente no § 2º do art. 149,[61] pode desempenhar o ofício da acusação.

Na sindicância-processo, muito embora a acusação já venha formulada no ato de designação da comissão, não há óbice legal à aplicação do disposto no *caput* do art. 161. Nesta ocasião, caberá à sindicância a reavaliação da acusação e, se for o caso, sua reformulação.

Se a sindicância for instaurada para fins investigatórios e, no decorrer dos trabalhos, a comissão entender pela ocorrência de fato reprovável e presunção de autoria, com possibilidade de aplicação das sanções previstas no art. 145, II,[62] deve imediatamente oportunizar o contraditório e ampla defesa ao servidor cuja infração foi tipificada, e encaminhar os autos para a apreciação da autoridade julgadora.

Nos dois casos, a alusão à comissão de sindicância (§ 2º do art. 149) faz deduzir sua existência no mesmo plano da comissão de inquérito.

Quanto à autoridade responsável pela decisão, o parâmetro de identificação segue o esquema do "processo disciplinar", nos termos do art. 141, III.[63]

61. Art. 149, § 2º: "Não poderá participar de comissão de sindicância ou de inquérito cônjuge, companheiro ou parente do acusado consangüíneo ou afim, em linha reta ou colateral, até o terceiro grau".

62. Art. 145, II: "Da sindicância poderá resultar: aplicação de penalidade de advertência ou suspensão de até 30 dias".

63. "Art. 141. As penas disciplinares serão aplicadas: (...) III – pelo chefe da repartição e por outras autoridades nas formas dos respectivos regimentos ou regulamentos, nos casos de advertência ou de suspensão de até 30 dias."

As manifestações recursais das decisões proferidas em sindicância seguem a regra geral do art. 107[64] (notadamente §§ 1º e 2º), assim como no "processo disciplinar".

3.2 Conseqüências quanto ao plano da fonte

A reserva legal absoluta para fixação da competência do juízo significa que a autoridade competente para a acusação, instrução e decisão final do processo administrativo disciplinar deve vir estabelecida na lei. Questão de ordem: trata-se de exigência de lei formal? Afinal, nenhum dos incisos do art. 5º da CF (incisos XXXVII e LIII) referentes ao juiz natural utiliza a expressão "lei".

No processo judicial, como dito, a resposta provém da análise do próprio sistema constitucional, que delimita a competência dos juízes e tribunais e, quando não o faz de forma completa, remete esta função à lei. Entretanto, os atos administrativos informam a determinação do juiz natural – *v.g.*, os regimentos internos dos tribunais, quando estipulam a competência preferencial das Câmaras ou Turmas em virtude de norma constitucional expressa (art. 96, I, "a").

Em relação aos juízes de primeiro grau a Constituição estabelece como juiz natural o tribunal a que estiverem vinculados, tratando-se de perda do cargo durante o estágio probatório (art. 95, I, primeira parte, combinado com o art. 93, X). Os demais, por gozarem de vitaliciedade, somente podem perder o cargo em virtude de sentença judicial transitada em julgado. Neste caso, o juiz natural será, por igual, o tribunal a que o juiz estiver vinculado (art. 93, X). Nos outros casos de infração disciplinar o juiz natural é determinado de forma genérica pelo art. 93, X.

O processo administrativo disciplinar no Brasil move-se no quadrante do princípio da hierarquia: "Os órgãos da Administração Pública são estruturados de tal forma que se cria uma relação de coordenação e subordinação entre uns e outros, cada qual com atribuições definidas em lei".[65] A Constituição é expressa neste sentido: o art. 61,

64. Art. 107, § 1º: "O recurso será dirigido à autoridade imediatamente superior à que tiver expedido o ato ou proferido a decisão, e, sucessivamente, em escala ascendente, às demais autoridades a que estiver imediatamente subordinado o requerente".

65. Maria Sylvia Zenella Di Pietro, *Direito Administrativo*, p. 66.

§ 1º, II, "e", exige lei de iniciativa do Presidente da República para "criação e extinção de Ministérios e órgãos da Administração Pública, observado o disposto no art. 84, VI".

Os agentes não fogem a esta regra. A Constituição dispõe, no *caput* do art. 39, para cada ente da Federação, a obrigação de instituir "conselho de política de administração e remuneração de pessoal" para seus servidores. Embora o *caput* do art. 39 não contenha referência expressa à lei como instrumento para instituição dos conselhos, a inferência é obrigatória. Os cargos, empregos e funções devem ser criados por lei (art. 61, § 1º, II, "a", da CF),[66] bem como o regime jurídico dos servidores públicos (art. 61, § 1º, II, "c").

A preocupação da Constituição vai além. Prevê o poder regulamentar do Presidente da República para "dispor, mediante decreto, sobre: a) organização e funcionamento da Administração Federal, quando não implicar aumento de despesa nem criação ou extinção de órgãos públicos; b) extinção de funções ou cargos públicos, quando vagos" (art. 84, VI, "a" e "b"), podendo delegar esta função aos ministros de Estado (art. 84, parágrafo único).

A lei (em sentido formal) constitui o instrumento apto para determinar a competência dos órgãos ou agentes responsáveis pelo processo administrativo disciplinar. Tal assertiva não exclui o espaço do poder regulamentar, que deve, nada obstante, atuar de modo derivado, limitado e subordinado (exercício da função administrativa normativa do chefe do Poder Executivo).[67]

Por sua vez, a Lei 8.112/1990 não especifica qual o agente competente para a instauração do "processo disciplinar",[68] e muito menos da "sindicância" para aplicação das penas de advertência ou suspensão de

66. Art.61, § 1º: "São de iniciativa privativa do Presidente da República as leis que: (...) II – disponham sobre: a) criação de cargos, funções ou empregos públicos na Administração direta e autárquica ou aumento de sua remuneração; (...); c) servidores públicos da União e Territórios, seu regime jurídico, provimento de cargos, estabilidade e aposentadoria; (...)".

67. Sobre a definição de *regulamento*, cf. Clémerson Merlin Clève, *Atividade Legislativa*, p. 223.

68. Segundo Edmir Netto de Araújo, "a lei federal não discrimina as competências para instauração do processo, preferindo fazê-lo, no art. 141, apenas em relação à aplicação das respectivas penalidades" (*O Ilícito Administrativo*, p. 140).

até 30 dias.[69] Deduz regra genérica (art. 143) inapta para permitir esta identificação: "A autoridade que tiver ciência de irregularidade no serviço público é obrigada a promover a sua apuração imediata, mediante sindicância ou processo administrativo disciplinar, assegurada ao acusado ampla defesa".

Por outro lado, a lei faz menção ao órgão competente para instrução e circunscrição da acusação no "processo disciplinar": a comissão de inquérito. Embora a lei refira expressamente a comissão de sindicância (art. 149, § 2º), omite-se quanto às funções por ela exercidas. Não teria sentido, no entanto, a lei acautelar-se quanto à designação dos integrantes de ambas as comissões se não tivesse por escopo a outorga de funções cuja importância fosse equivalente. A interpretação plausível, inspirada pelo princípio do juiz natural, é no sentido de que a comissão de sindicância detém as mesmas prerrogativas da comissão de processo disciplinar.

Na seqüência, a competência para decisão final, no sistema da Lei 8.112/1990, desperta perplexidades. Difícil dizer se a lei realmente está a cumprir seu papel constitucional, indicando, de modo preciso, as respectivas capacidades de ação do órgão ou agente.

A autoridade julgadora é a responsável pela instauração do "processo disciplinar" (art. 166 da Lei 8.112/1990). Não é possível discernir quem seja a autoridade competente para decisão final, diante da flagrante omissão legal quanto à definição da autoridade competente para a instauração.

As regras de modificação de competência dos §§ 1º e 2º do art. 167 não resolvem o problema. Aludem à "autoridade competente", relegando para os atos administrativos as respectivas designações. De forma distinta, as autoridades responsáveis pela aplicação das penalidades mais gravosas encontram-se devidamente identificadas no art. 141, I e IV.

Leve-se em consideração a possibilidade de revisão da decisão administrativa como exigência do princípio da ampla defesa. O Presidente da República deve julgar o processo disciplinar nos casos

69. Relembre-se que a sindicância referida no texto é aquela destinada, desde o início, a apurar fato determinado cuja autoria já é imputável a servidor determinado. Trata-se de sindicância que assume o papel de processo administrativo disciplinar de rito sumário para aplicação de penas mais leves.

elencados (art. 141, I). Acontece, porém, que o requerimento da revisão é dirigido ao ministro de Estado ou autoridade equivalente (art. 177). Uma autoridade hierarquicamente inferior ao Presidente da República pode decidir pela abertura do processo de revisão?

Em relação à sindicância, quem decide é o chefe da repartição, ou outras autoridades determinadas no regimento ou regulamento (art. 141, III). A lei permite, desta forma, o surgimento de outras "autoridades", em clara distensão ao princípio do juiz natural.

Sendo as manifestações recursais apoiadas no critério hierárquico, tratando-se de decisões a ensejar demissão, cassação da aposentadoria ou disponibilidade (art. 141, I) parece não haver possibilidade de irresignação, porque as autoridades com poder decisório situam-se no topo da pirâmide hierárquica. Nos demais casos a identificação da autoridade julgadora dos recursos, alicerçada na base da escala ascendente estabelecida (§§ 1º e 2º do art. 107), mostra-se carente de uma fixação legal.[70]

Na determinação do agente competente para instauração e decisão final do processo a Lei 8.112/1990 fixa o critério hierárquico. Por força do juiz natural, uma autoridade somente poderá instaurar ou decidir um processo quando sua posição hierárquica, em relação à autoridade *a quo*, for respaldada pela lei (de plano de carreiras ou de estruturação dos órgãos administrativos).

A *ratio legis* orienta-se no sentido de que as autoridades – salvo as competentes para a decisão – têm sua competência discriminada por ato administrativo. O princípio do juiz natural resta prejudicado onde a competência é difusa e dificilmente identificável *a priori*.

3.3 Conseqüências quanto ao plano da referência temporal

O plano da referência temporal exige a pré-constituição do juízo; ou, em outras palavras, proíbe juízos criados após o fato para a resolução de um caso em específico.

70. Por isso, aplica-se, com integral pertinência, na seara do processo administrativo disciplinar o art. 63, § 1º, da Lei 9.784/1999, segundo o qual a indicação errônea da autoridade competente para o julgamento do recurso não impede seu processamento, devendo indicar-se ao recorrente a autoridade competente, com a respectiva devolução do prazo para recorrer.

Nesta seara, é de duvidosa constitucionalidade a previsão de comissões provisórias pela Lei 8.112/1990. Neste caso, a investidura de seus componentes é posterior ao fato tido por irregular (art. 149), tendo-se, aqui, verdadeiro tribunal de exceção. A lei prevê a possibilidade da criação de um juízo posterior ao fato e especialmente designado para a resolução de um caso em concreto. De outro lado, não há qualquer regra objetiva para a "escolha" dos membros da comissão, remetendo-se este encargo ao puro "arbítrio" da autoridade competente para instauração do "processo disciplinar" ou da "sindicância".

O estrito cumprimento da lei pode, neste espaço, tornar letra morta o contraditório e a ampla defesa. Uma vez que a comissão é responsável pela fase do inquérito administrativo (com equivalentes funções, ao que tudo indica, na sindicância), abre-se a perniciosa possibilidade de a designação dos membros direcionar-se para condenação ou absolvição. O risco do prejulgamento é evidente, capaz de tornar ilusórios os efeitos da participação do servidor acusado. O juiz acidental, ao contrário do permanente, gera a presunção da parcialidade.

Já é tempo de as comissões serem designadas em caráter permanente e a investidura de seus componentes anteceder o acontecimento tido por irregular. Esta providência, compatível com o princípio do juiz natural, por um lado, diminuiria a suscitação de impedimentos e suspeições e, por outro, evitaria as designações dirigidas com o intuito preconcebido de punir ou absolver.

Possivelmente antevendo os efeitos danosos ao correto desempenho da função disciplinar, Eduardo Lobo Botelho Gualazzi propôs, em 1982, a criação de um conselho administrativo disciplinar, concentrando os órgãos disciplinares e as comissões processantes permanentes no Estatuto do Estado de São Paulo.[71]

Em cumprimento ao princípio do juiz natural, a Lei 10.261, de 28.10.1968, do Estado de São Paulo (Estatuto dos Servidores do Estado de São Paulo) estabelece comissões processantes permanentes.[72]

71. *Administração Pública ...*, pp. 84-85.

72. Sobre a configuração destas comissões processantes permanentes: Luso Arnaldo Pedreira Simões, "Anotações sobre o processo administrativo disciplinar", *Revista da Procuradoria-Geral do Estado de São Paulo* 16/271, São Paulo, junho/1980.

A matéria não é pacífica. Lúcia Valle Figueiredo deduz que, embora a competência deva preexistir ao fato, faz-se ressalva "a comissões que tenham de ser formadas para situações singulares".[73] Carmem Lúcia Antunes Rocha postula pela aplicação do princípio do juiz natural no processo administrativo, muito embora aceite que a competência da comissão processante possa ser estabelecida posteriormente ao fato ou à situação que exigem o processo, mantendo-se, entretanto, a obrigatória exigência de definição da "medida de capacidade de ação do órgão constituído", sua "condição de independência", "insuspeição" e "condição de imparcialidade" em relação ao processado.[74] Tal opinião, muito embora as relevantes razões que a inspiram, não é aceitável, à medida que faz prostrar de modo irreversível toda a concepção temporal que informa o núcleo do princípio do juiz natural. Ressalte-se, neste passo, o relevantíssimo papel desempenhado pela comissão processante, cujos membros, fixadas condições mínimas, podem ser aleatoriamente recrutados pela autoridade instauradora. Daí a importância da questão temporal suscitada.

Com efeito, o Conselho de Política de Administração e Remuneração de Pessoal, integrado por servidores designados pelos respectivos Poderes, previsto pela Constituição em face da Emenda Constitucional 19/1998, pode representar uma ótima oportunidade para, conferindo a este Conselho funções disciplinares, implementar-se, assim, a criação de uma espécie de Conselho Administrativo Disciplinar Permanente.

A competência para instaurar o "processo administrativo disciplinar" e a "sindicância" está indicada de forma genérica pela lei. Trata-se de juízo instituído posteriormente ao fato. Infringe, porém, o princípio do juiz natural por um motivo ainda mais flagrante. O art. 166 ("O processo disciplinar, com o relatório da comissão, será remetido à autoridade que determinou a sua instauração, para julgamento") impende a interpretação de que a mesma autoridade competente para a instauração também detenha competência para a decisão.[75] Mas, aqui, já se adentra o plano da imparcialidade.

73. *Curso ...*, 7ª ed., p. 432.

74. *Princípios Constitucionais do Processo*, p. 26.

75. Cf. Edmir Netto de Araújo: "A lei federal não discrimina as competências para instauração do processo, preferindo fazê-lo, no art. 141, apenas em relação à aplicação das respectivas penalidades. Como a Lei 8.112/1990 revogou o Estatuto de

3.4 Conseqüências quanto ao plano da imparcialidade

3.4.1 A exigência de garantias funcionais

A exigência da imparcialidade abrange as autoridades que acusam, instruem ou proferem decisão no processo administrativo disciplinar.

Repita-se: a imparcialidade é condição de capacidade subjetiva da autoridade que emite juízo na relação processual. No intuito de garantir a imparcialidade, a Constituição Federal de 1988 assegura garantias funcionais, vedações ao exercício de determinadas atividades, e estabelece critérios estáveis e objetivos para escolha dos juízes e promotores.[76]

A Constituição Federal não disciplinou garantias funcionais específicas para o exercício da competência disciplinar. No regime da Lei 8.112/1990 esta competência configura unidade de atribuição exercida por agentes políticos (exemplo: Presidente da República e ministros de Estado, de acordo com a Lei 8.112/1990 e o art. 84, II, da CF),[77] *por servidores públicos detentores de cargo em comissão ou função de confiança* (neste último caso, os membros da comissão de inquérito, segundo o art. 149 da Lei 8.112/1990).[78]

1952 (art. 253), deve-se, na vacância, compatibilizar essas competências com a competência para aplicação de penalidades. Seriam, portanto, os 'chefes de repartição' (ou denominações correspondentes) e 'outras autoridades', na forma dos respectivos regimentos ou regulamentos (art. 141, III), mas também as autoridades superiores, como (I e II) ministros, secretários, presidentes do Legislativo e dos tribunais, Procurador-Geral da República, Presidente da República" (*O Ilícito Administrativo*, p. 140).

76. Cintra, Grinover e Dinamarco referem-se às garantias e aos impedimentos dos membros do Poder Judiciário e do Ministério Público como instrumentos de preservação de sua imparcialidade (*Teoria Geral do Processo*, 20ª ed., pp. 162 e ss. e 214 e ss.).

77. "Art. 84. Compete privativamente ao Presidente da República: (...) II – exercer, com o auxílio dos ministros de Estado, a direção superior da Administração Federal; (...)."

78. De forma acertada, a Emenda Constitucional 19/1998 alterou o inciso V do art. 37. Antes da Emenda, o texto dispunha: "os cargos em comissão e as funções de confiança serão exercidos, preferencialmente, por servidores ocupantes de cargo de carreira técnica ou profissional, nos casos e condições previstos em lei". A falta de precisão da expressão "preferência" acabou por transformar em regra aquilo que deveria ser exceção, violando o princípio da ampla acessibilidade ao ingresso nos quadros da Administração mediante concurso público. Agora, o texto do inciso V do

A Lei Fundamental dispõe sobre as garantias aos detentores de cargos públicos, que operam como garantias da neutralidade e impessoalidade da Administração.[79]

De igual forma, é razoável inferir a necessidade de garantias compatíveis com a impessoalidade indispensável para o exercício da competência disciplinar. Não seria adequada, portanto, a atuação de servidores cujo vínculo com a Administração Pública pudesse ser livremente desfeito. Do contrário o exercício da competência disciplinar estaria fragilizado, pela evidente ausência de segurança em face das pressões dos superiores hierárquicos.

Refletindo sobre esta ilação, é possível extrair algumas conseqüências, a seguir expostas.

Segundo o art. 149 da Lei 8.112/1990, a comissão processante será composta por servidores estáveis. A regra abrange a comissão de inquérito, de sindicância (na adequada teleologia do artigo em comento) e a "comissão revisora" (art. 177, parágrafo único).

A circunstância de compor uma comissão disciplinar caracteriza uma designação fundamentada na confiança, pois a escolha é levada a efeito pela autoridade competente para instauração (*caput* do art. 149). O membro da comissão disciplinar exerce, portanto, função de confiança; todavia, não relacionada diretamente com a autoridade que o designa, mas com a própria Administração Pública.

É certo que o texto viabiliza outra interpretação.

Por exemplo, num primeiro estágio de análise, poder-se-ia pensar que o elo fiduciário fosse estabelecido entre autoridade instauradora e servidor designado para a comissão. O silêncio da lei quanto à possibilidade de revogação do ato de designação corroboraria a suposição da existência daquele vínculo de confiança. Esta interpretação, contudo, não se coaduna com o espírito da Constituição. A "relação de confiança" entre designante e designado macula a exigência de in-

art. 37 prevê que as funções de confiança somente podem ser desempenhadas por servidores ocupantes de cargo efetivo, e os cargos em comissão preenchidos por servidores de carreira nos casos, condições e percentuais mínimos previstos em lei, restritos às atribuições de direção, chefia e assessoramento.

79. Celso Antônio Bandeira de Mello, *Regime dos Servidores da Administração Direta e Indireta*, 3ª ed., São Paulo, Malheiros Editores, 1995, pp. 90-91.

dependência e imparcialidade que a função requer (*caput* do art. 150 da Lei 8.112/1990).

A interpretação conforme a Constituição leva à inexorável conclusão de que a investidura dos membros da comissão não pode ser livremente desfeita pela autoridade instauradora, senão por motivos relacionados com os superiores interesses da Administração ou por cometimento de ato reprovável pelo servidor. A primeira hipótese caracterizaria uma exoneração dependente de motivação (veiculada pela revogação do ato). A segunda retrataria destituição da função. Posicionamento diverso propiciaria a ocorrência de vício insanável, passível de anulação.

Sobre a estabilidade ser requisito legal indispensável para a integração do servidor à comissão processante, cumpre, por igual, tecer algumas considerações.

Cumpre examinar se um servidor estável, detentor de cargo efetivo, nomeado para um cargo em comissão ou designado para uma função de confiança, pode integrar uma comissão disciplinar.

Por exemplo, um assessor jurídico do Tribunal de Justiça, com efetividade e estabilidade neste cargo, também nomeado para o cargo em comissão de diretor do departamento judiciário. Neste caso, na designação para a função de membro de comissão disciplinar haverão de constar o nome do servidor e o cargo efetivo que ocupa (art. 149 da Lei 8.112/1990), pois, como detentor de cargo em comissão, por óbvio, não se capacitaria a compor o colegiado disciplinar, dada a ausência, em relação a esta investidura, do requisito da estabilidade.

O fato de uma autoridade acumular a competência para designar a comissão e instaurar o processo, exercendo o ofício da acusação, pode comprometer a relação jurídica entre autoridade instauradora e comissão disciplinar. Esta relação deve ser pautada pela autonomia entre estes agentes. Não é função da comissão encontrar justificativa e oferecer respaldo à acusação formulada. Ela tem o dever de opinar conclusivamente quanto à inocência ou à responsabilidade do servidor, após apreciação imparcial e independente (em relação aos desígnios da autoridade que a escolheu) da matéria debatida no processo.

Já foi dito que o vínculo de confiança é estabelecido entre agentes da comissão disciplinar e Administração Pública, e daí a vedação da exoneração imotivada daqueles. Se a regra prevalece, genericamente, em relação ao processo, com muita razão haverão de ser vedadas as designações que possam recair sobre servidores detentores de cargo em comissão, cuja nomeação e exoneração resultem da vontade exclusiva da autoridade instauradora, ou função de confiança, cuja designação e dispensa sigam a mesma regra.

A estrutura disciplinar legal alicerça-se no princípio hierárquico. Geralmente, os agentes que desempenham chefia e direção, e detêm, por isto, competência para instaurar ou decidir processo administrativo disciplinar, são titulares de cargo em comissão ou função de confiança, porque na maioria das vezes a lei não prevê o cargo efetivo de diretor ou chefe.[80] Isto poderia dar margem à exoneração ou dispensa do agente processante pelo exercício de competência disciplinar colidente com os interesses pessoais do superior hierárquico.

Seria, pois, de mínima razoabilidade que o desfazimento da investidura da autoridade julgadora ou instauradora no cargo em comissão ou na função de confiança não fosse caracterizado como "livre", mas sujeito a ato motivado por circunstâncias a serem descritas na lei.

A Constituição, no art. 37, II, antes da Emenda 19/1998, ao tratar da investidura em cargo ou emprego público dependente de aprovação em concurso público, fazia ressalva às "nomeações para cargo em comissão declarado em lei de livre nomeação e exoneração". Na atual dicção o inciso prevê que o concurso público deve ser "de acordo com a natureza e a complexidade do cargo ou emprego". Desta forma, continua sendo a lei que, iniludivelmente, declara quando o cargo em comissão é de livre nomeação e exoneração. Se assim não fosse a Constituição simplesmente diria "nomeações para cargo em comissão de livre nomeação e exoneração". As normas constitucionais não contêm palavras inúteis: a função da locução "declarado em lei" visa a esclarecer que podem existir cargos em comissão cuja nomeação ou exoneração não são livres, mas subordinadas ao cumprimento de específicos requisitos. Tanto é assim que a própria Constituição, por exemplo, submete a nomeação do presidente e dos diretores do Banco Central (cargos em comissão de autarquia federal) à

80. Saliente-se, todavia, que, por força da Emenda Constitucional 19/1998, os cargos em comissão limitam-se a atribuições de direção, chefia e assessoramento e as funções de confiança somente podem ser desempenhadas por servidores ocupantes de cargo efetivo.

aprovação prévia, após argüição pública do indicado, por voto secreto do Senado Federal. Em outras passagens a Constituição evidencia a circunstância de a nomeação recair obrigatoriamente num integrante de carreira específica (é o caso do § 1º do art. 128, em que o cargo de Procurador-Geral da República só pode ser exercido por membros da Instituição com mais de 35 anos de idade).

Outra alternativa plausível consistiria em exigir que as autoridades com competência para instaurar e decidir fossem servidores ocupantes de cargo efetivo. A Constituição de 1988 dispõe, de forma acertada, que as funções de confiança só podem recair sobre servidores detentores de cargo efetivo na Administração. A função de confiança retrata designação adicional, que não se confunde com a nomeação originária. Ora, tratando-se de função de direção a que se atribua o exercício da função disciplinar, a norma constitucional, depois do advento da Emenda 19/1998, prevê a obrigatoriedade de o provimento recair em servidores efetivos.

É com o intuito de preservar o juiz natural que a Lei 8.112/1990, no art. 141, atribui a competência de decidir e aplicar as graves penalidades disciplinares de demissão, cassação de aposentadoria ou disponibilidade, no respectivo Poder, órgão ou entidade, a autoridades que são não exoneráveis *ad nutum*, mas protegidas por especiais garantias funcionais: o Presidente da República, os presidentes das Casas do Poder Legislativo e dos Tribunais Federais e o Procurador-Geral da República.

O Presidente da República somente pode ser suspenso de suas funções nos casos do art. 86, § 1º, I e II, da Constituição Federal, que caracterizam hipóteses de recebimento de denúncia ou queixa crime pelo STF nas infrações penais comuns ou instauração de processo de *impeachment* pelo Senado Federal nos crimes de responsabilidade. Da mesma forma, a perda do cargo depende de condenação nos processos supracitados (parágrafo único do art. 52 e § 3º do art. 86 da CF).

Os presidentes das Casas do Poder Legislativo, embora exerçam a função de presidência regulada pelo Regimento Interno, são senadores e deputados, que também só podem perder o cargo caso cometam os ilícitos administrativos previstos pela Constituição (art. 55, I-VI, da CF), apurados em devido processo administrativo disciplinar (§§ 1º-4º do art. 55 da CF).

Os presidentes dos Tribunais Federais são membros do Poder Judiciário, com vitaliciedade no cargo de juiz, e exercem função de presidência, prevista no Regimento Interno. A perda do cargo depende de cometimento de ilícito administrativo punível com a pena de demissão, apurado mediante processo jurisdicional (art. 95, I, da CF).

Por último, o Procurador-Geral da República integra, obrigatoriamente, a carreira do Ministério Público (art. 128, I, "a", da CF). Ainda assim, o cargo de Procurador-Geral não é de "livre" nomeação e exoneração. Depende da conjunção de vontades do Presidente da República e da maioria absoluta do Senado Federal.

Como se vê, a Lei 8.112/1990 disciplina garantias funcionais compatíveis com o princípio do juiz natural, mas de forma incompleta. O máximo grau de imparcialidade obtém-se quando as autoridades processuais estão protegidas pelo impedimento da exoneração *ad nutum*. Que garantias de objetividade, no desempenho da competência disciplinar, se pode esperar de um agente público passível de ser ameaçado, a qualquer momento, com a perda do cargo, emprego ou função? Aliás, é este o espírito orientador do art. 54 da Constituição Federal quando veda aos deputados e senadores o desempenho de cargos, empregos ou funções exoneráveis *ad nutum* em pessoas jurídicas de direito público, autarquias, empresas públicas, sociedades de economia mista ou empresas concessionárias de serviço público.[81]

Devido à hierarquia, como base legal disciplinar, a imparcialidade exigirá também que os servidores estáveis – componentes da comissão – ostentem condição funcional igual ou superior à do indiciado.[82]

81. Embora o art. 54 fale de "demissão *ad nutum*", trata-se de *exoneração*. Aqui há um equívoco de linguagem constitucional.

82. O art. 149 da Lei 8.112/1990 foi alterado pela Lei 9.527/1997, de alguma forma acatando posição que já defendíamos: "O processo disciplinar será conduzido por comissão composta de três servidores estáveis designados pela autoridade competente, observado o disposto no § 3º do art. 143, que indicará, dentre eles, o seu presidente, que deverá ser ocupante de cargo efetivo superior ou de mesmo nível, ou ter nível de escolaridade igual ou superior ao do indiciado". Segundo Hely Lopes Meirelles: "A comissão – especial ou permanente – há que ser constituída por funcionário efetivo, de categoria igual ou superior à do acusado, para que não se quebre o princípio hierárquico, que é o sustentáculo dessa espécie de processo administrativo" (*Direito Administrativo Brasileiro*, 29ª ed., p. 670).

Por sua vez, o § 1º do art. 152 dispõe: "Sempre que necessário, a comissão dedicará tempo integral aos seus trabalhos, ficando seus membros dispensados do ponto, até a entrega do relatório final". Trata-se de garantia funcional tímida, ligada ao princípio do impulso oficial, a objetivar a melhor solução da pendência no menor tempo possível, a fim de, decidindo a vida funcional do servidor, liberá-lo do desagradável estigma de acusado.

3.4.2 A exigência do regime de impedimentos e suspeições

Sob outro prisma, o princípio do juiz natural exige regime jurídico-legal de impedimentos (presunção absoluta de parcialidade) e suspeições (presunção relativa de parcialidade) suficiente na previsão quantitativa (abrangendo um mínimo de hipóteses que a experiência mostra ser essencial para o extirpar da dúvida da parcialidade) assim como qualitativa (socorrendo as autoridades que desempenham as principais competências no processo).

No regime da Lei 8.112/1990 o Presidente da República é competente para decidir a final e aplicar a penalidade disciplinar de demissão, cassação de aposentadoria e disponibilidade de servidor vinculado ao respectivo Poder, órgão ou entidade. A própria Constituição menciona as autoridades que substituirão o Presidente da República, no caso de impedimento deste (arts. 79 e 80).[83]

Por óbvio, o impedimento, referido pela Constituição estaria a abranger todas as hipóteses onde houvesse presunção absoluta ou relativa de parcialidade. A regra é genérica, aplicável a todas as competências exercidas pelo Presidente da República – incluindo, naturalmente, a competência disciplinar.

A Lei 8.112/1990 estabelece uma única espécie de impedimento que atinge os membros da comissão disciplinar: "Não poderá partici-

83. "Art. 79. Substituirá o Presidente, no caso de impedimento, e suceder-lhe-á, no de vaga, o Vice-Presidente.

"(...).

"Art. 80. Em caso de impedimento do Presidente e do Vice-Presidente, ou vacância dos respectivos cargos, serão sucessivamente chamados ao exercício da Presidência o Presidente da Câmara dos Deputados, o do Senado Federal e o do Supremo Tribunal Federal."

par de comissão de sindicância ou inquérito cônjuge, companheiro ou parente do acusado, consangüíneo ou afim, em linha reta ou colateral, até o terceiro grau" (§ 2º do art. 149). É o mesmo dispositivo do art. 134, V, do Código de Processo Civil, salvo a adição de "companheiro".

A disciplina legal deixa a descoberto outras autoridades com funções de relevância no processo, como também outras hipóteses que rendem ensejo a dúvida sobre a parcialidade. Todavia, é possível pinçar impedimentos ou suspeições "constitucionalmente necessários"[84] para a garantia da imparcialidade.

A autoridade que tenha sido testemunha no processo administrativo disciplinar não pode desempenhar o ofício da acusação, instrução ou decisão.

Segundo Cândido Dinamarco, a prova não pode ser feita de maneira precária, e o juiz que conheça dos fatos extra-autos não pode julgar com base neles, e sim com sua convicção fundada nos autos. O juiz que conheça dos fatos extra-autos, que se dê por impedido e se faça testemunha não pode usá-los para formar sua convicção como juiz, porque a ciência privada do juiz não é levada em conta. O que não está nos autos não está no mundo.[85]

A testemunha emite opinião fundada na sua visão dos fatos, enquanto o juiz natural, embora julgue de acordo com sua consciência, tem o dever de fundamentar suas decisões de forma objetiva e, sobretudo, apoiado no diálogo travado no processo (contraditório).

Em segundo lugar, a função instrutória deve competir à autoridade incumbida da decisão final, e não da acusação. Como bem assevera Dinamarco, instruir não é só provar, é preparar o provimento final: "(...) instruir não é só provar. Isto me parece muito importante. Instrução, em linguagem processual, significa preparar. Não é só provando que eu instruo o juiz, que eu preparo a sua mente para chegar à solução que quero; também em todas as demais atividades. Nas alegações que se fazem no processo, existe atividade instrutória (...). Então, instruir significa preparar o provimento final".[86]

84. Alexy, ob. cit., p. 505.
85. "O Princípio do Contraditório ...", p. 37.
86. "O Princípio do Contraditório ...", p. 32.

Se o acusador for o responsável pela preparação do provimento final, e estando psicologicamente vinculado à acusação, sua imparcialidade está comprometida. Neste passo a Lei 8.112/1990 também não andou bem, uma vez que a comissão de inquérito tem a função de acusar (no termo de ultimação de instrução) e de instruir o "processo disciplinar" (inquérito, defesa e relatório).

Quando a comissão realiza a instrução – fase inserida no inquérito administrativo –, a função é colocada em movimento em face de acusação da autoridade instauradora. Até aqui não há ofensa ao juiz natural. Quando se refere a mácula ao princípio do juiz natural pela concentração em um único órgão das funções de acusação e instrução não se alude a tal hipótese. A ofensa ao princípio ocorre porque, tendo o dever de elaborar o termo de instrução, caso reformule a acusação (o que é perfeitamente possível e decorrência lógica da independência da comissão), o princípio do contraditório obrigará à reabertura da fase de instrução, diante da adição de fatos ou argumentos novos, que não foram objeto da instrução anterior.

Outra idéia básica do aforismo "ninguém pode ser juiz em causa própria" é: o órgão ou agente acusador não pode encarregar-se da decisão final do processo. Como explica Foschini, a estrutura lógica do juízo, formada pela tríade acusação/defesa/decisão, corresponde à estrutura dialógica do processo, sob a base do contraditório. Se a mesma pessoa puder atuar na função de tese e de síntese (pervertendo a estrutura lógica do juízo), já não se terá mais uma estrutura dialógica ou contraditória.[87]

O agente administrativo acusador não pode decidir o processo administrativo disciplinar. Entretanto, a Lei 8.112/1990 deixa aberta a possibilidade de a autoridade instauradora do "processo disciplinar" julgar os recursos interpostos contra decisões da comissão na fase instrutória (art. 107), ou decidir ao final o processo (art. 166). Há infringência direta do princípio do juiz natural, pois, objetivamente, o ofício da tese não pode ser confundido com o ofício da síntese; subjetivamente, porque quem acusa não pode decidir.[88]

87. Foschini, ob. cit., pp. 193-227.

88. A esse respeito, Fábio Alves Rosa comenta a disciplina do Estatuto de São Paulo: "Diga-se também que a titularidade para o processo disciplinar não se confunde com a competência para decidi-lo – a qual, em determinados casos, pode estar

Este argumento, evidenciador da proibição do acusador-sentenciador, articula-se de forma multifacetada no terreno da competência disciplinar. Seja organizando um sistema de distribuição de funções mescladas em distintos órgãos ou agentes, seja silenciando em momentos cruciais, a lei não põe às claras "quem é quem" no "processo disciplinar" ou na "sindicância". Nem por isso pode ser marginalizada a importância de tal identificação. O juiz natural visa a articular as funções de modo a não comprometer a imparcialidade da autoridade.[89]

A circunstância de a autoridade julgadora do "processo disciplinar" ter presidido a sindicância que decidiu pela instauração do mesmo não foge, à primeira vista, da incidência do regime de impedimentos.[90] Mesmo tratando-se de uma sindicância-procedimento, com cunho investigatório, a decisão de instaurar o processo administrativo, como dito, corresponde a uma acusação. E, por este ângulo, a mesma pessoa a quem cabia formular ou orientar o juízo de acusação (instaurar, ou não, o processo disciplinar) estaria decidindo, ao final, sobre a culpabilidade ou a inocência do servidor.

Outro exemplo: tente-se desvendar o sentido da função da comissão de inquérito na elaboração do relatório final.

O relatório, como se lê nos arts. 165 e 166 da Lei 8.112/1990, corresponde à última fase do inquérito administrativo, onde a comissão processante *(a)* aprecia a defesa, *(b)* resume as peças principais dos autos, *(c)* menciona as provas em que se baseou para formar sua

com outra autoridade, de grau hierárquico mais elevado, ou até mesmo, nos sistemas disciplinares não-hierarquizados, com órgão especial. É o que, entre nós, está inscrito no art. 301 do Estatuto" (ob. cit., p. 42). Posicionamo-nos, portanto, no sentido de que a titularidade para o processo disciplinar (ou para instaurá-lo) não pode confundir-se com a competência para decidi-lo, sob pena de ofensa ao juiz natural.

89. A falta de clareza a respeito de "quem é quem" no processo administrativo disciplinar significa, tecnicamente, a ausência de um sistema coerente de definição de competência. E a questão alcança o princípio constitucional da eficiência. Segundo Juan Carlos Cassagne, o fundamento da competência, no direito administrativo, "pode encontrar-se tanto na idéia de eficiência (conforme a necessidade de distribuir as tarefas entre órgãos e entes diferenciados) como em uma garantia para os direitos individuais, certo é que esta instituição encontra-se erigida fundamentalmente para preservar e proteger – de uma maneira objetiva e muitas vezes genérica – o cumprimento das finalidades públicas ou de bem comum que a Administração persegue" (traduzido) (*Derecho Administrativo*, 5ª ed., t. I, Buenos Aires, Abeledo-Perrot, 1996, p. 234).

90. Em sentido contrário: TRF da 3ª Região, MS 138.346, cit., *RDA* 204/183.

convicção, *(d)* conclui pela inocência ou responsabilidade do servidor, *(e)* indica o dispositivo legal ou regulamentar transgredido e *(f)* aponta as circunstâncias agravantes ou atenuantes.[91] Tal a importância do relatório, que as exigências de motivação são semelhantes às exigências da lei processual civil ou penal em relação à sentença.[92]

Na seqüência, o relatório é remetido à autoridade julgadora (art. 166). Se a lei parasse por aqui, poder-se-ia deduzir que o relatório não passa de opinião – função compreendida no ofício da instrução.[93] Neste caso, com o relatório, a Comissão não estaria decidindo, ao final, o processo, mas apenas fornecendo subsídios de opinião para a autoridade julgadora. O "julgamento" poderia ser enquadrado como ato simples singular.[94] Tal conclusão ainda despertaria perplexidades, pois, em princípio, a exigência de rígida motivação é típica dos atos decisórios, em respeito ao contraditório (a decisão não deve fugir dos limites do diálogo travado entre a acusação e a defesa) e à ampla defesa (a decisão deve levar em conta a defesa apresentada).

91. "Art. 165. Apreciada a defesa, a comissão elaborará relatório minucioso, onde resumirá as peças principais dos autos e mencionará as provas em que se baseou para formar a sua convicção.

"§ 1º. O relatório será sempre conclusivo quanto à inocência ou à responsabilidade do servidor.

"§ 2º. Reconhecida a responsabilidade do servidor, a comissão indicará o dispositivo legal ou regulamentar transgredido, bem como as circunstâncias agravantes ou atenuantes.

"Art. 166. O processo disciplinar, com o relatório da comissão, será remetido à autoridade que determinou a sua instauração, para julgamento."

92. Cf. Código de Processo Penal (Decreto-lei 3.689, de 3.10.1941), art. 381, e Código de Processo Civil (Lei 5.869, de 11.1.1973), art. 458.

93. Recorde-se, para tanto, que, à semelhança do Ministério Público no processo penal, a comissão processante cumpre simultaneamente a função de acusador e de sujeito processual dotado de absoluta imparcialidade. Envolta no respeito aos critérios da objetividade jurídica, deve pleitear pela punição somente daqueles que são culpados, podendo atuar tanto no sentido da condenação como da absolvição. Por outro lado, como se pode notar, enfocamos o relatório sob a perspectiva processual – o que não exclui a terminologia administrativa. No caso, o documento "relatório" seria, na visão exposta, um parecer: "manifestação opinativa de um órgão consultivo expendendo sua apreciação técnica sobre o que lhe é submetido" (Celso Antônio Bandeira de Mello, *Curso* ..., 17ª ed., p. 404).

94. O ato é *simples* porque produzido pela declaração jurídica de um único órgão; e *singular* por não se tratar de órgão colegiado (Celso Antônio Bandeira de Mello, *Curso* ..., 17ª ed., p. 391).

A lei, todavia, não pára no art. 166. No art. 168 dispõe que "o julgamento acatará o relatório da comissão, salvo quando contrário às provas dos autos". Se a autoridade divergir da valoração da prova levada a cabo pela comissão, tem à sua frente a possibilidade de agravar ou abrandar a penalidade, bem como inocentar o servidor (parágrafo único do art. 168). Entendendo pela presença de vícios insanáveis, pode declarar a nulidade total ou parcial do processo, ordenando a constituição de nova comissão (art. 169).

Cumpre examinar o sentido do relatório em relação à decisão final.

O *caput* do art. 168 emprega verbo mandamental para designar a postura da autoridade "julgadora" em face do relatório: "acatará". Contudo, permite o "desacato", por assim dizer, se o relatório for contrário às provas dos autos. Trata-se de válvula-de-escape.

A comissão processante assume a posição de verdadeiro juiz da prova, pois exerce, com exclusividade, a função instrutória. Repita-se: caso a autoridade julgadora entenda que o relatório contrariou a prova dos autos, não poderá encarregar-se do refazimento da fase instrutória (ou fase do inquérito administrativo). Entendendo pela presença de vícios insanáveis, deve limitar-se a designar nova comissão – esta, sim, com competência instrutória (estrutura que, igualmente, desatende ao princípio do juiz natural, pois importa escolha subjetiva *post facto* da autoridade responsável pela instrução e acusação). Embora tenha a faculdade de mudar o dispositivo da decisão (agravar, abrandar ou inocentar) e, conseqüentemente o dever de alterar a respectiva fundamentação, estará adstrita à matéria debatida nos autos.

Avançando um pouco mais, a cláusula "salvo quando contrário às provas dos autos" é mais do que uma válvula-de-escape. Vista por outro ângulo, pode ser também uma válvula-de-contenção: quando o relatório da comissão não contrariar a prova dos autos, a autoridade julgadora deve acatá-lo.

De toda sorte, a valoração da prova envolve questão de mérito, e vale aqui o velho brocardo "cada cabeça, uma sentença". No sistema processual brasileiro – não havendo óbice ou disposição em contrário no processo administrativo – o tema é regido pelo princípio da persuasão racional ou do livre convencimento, onde, como bem salienta Figueiredo Dias, "a convicção do juiz há de ser, é certo, uma convicção pessoal, até porque nela desempenham um papel de relevo não só a actividade puramente cognitiva mas também elementos racionalmente não-explicáveis e mesmo puramente emocionais – mas, em todo o caso, também ela uma convicção objectivável e motivável, portanto capaz de impor-se aos outros".[95] Desde que a autoridade julgadora oponha argumentos racionais para divergir da valoração da prova coligida pela comissão, a válvula-de-escape entra em ação. Esta interpretação tira todo o sentido do comando inicial, e o relatório converte-se em mero parecer, pois para não ser acatado basta a motivada decisão em contrário do julgador.[96]

Com efeito, a contrariedade às provas dos autos pode também estar relacionada a aspectos formais como: erro lógico, contradição material, violação de regras da vida e da experiência. Nesta linha, para não acatar o relatório não basta dele divergir; é preciso apontar falhas técnicas semelhantes àquelas que fundamentam as anulações das sentenças. Assim, o acatamento seria imperativo quando o relatório não apresentasse vícios aptos a induzir sua invalidade.

O tema exige exemplo prático. Suponha-se um "processo disciplinar" ou mesmo uma "sindicância" em que o relatório da comissão, devidamente motivado de acordo com o art. 165 da Lei 8.112/1990, conclua pela absolvição do servidor. Remetido à autoridade julgadora, esta decide pela condenação, alegando contrariedade à prova dos autos. Na hipótese de impetração de mandado de segurança, poderia o Judiciário anular o julgamento com base em não-contrariedade à prova dos autos?

Se o Judiciário pudesse anular decisão da autoridade julgadora por não acatar o relatório quando deveria, filiar-se-ia, automaticamente, ao entendimento de que o desacatamento é possível somente na presença de vícios técnicos capazes de gerar a invalidade do documento. Seria inaceitável fundamentar a resposta sob o enfoque do mérito. O juiz estaria substituindo-se à autoridade administrativa, optando pelo juízo de mérito que mais se aproximasse de sua convicção pes-

95. Ob. cit., pp. 204-205.

96. Nesse sentido, a jurisprudência tem exigido fundamentação consistente quando a autoridade julgadora diverge das conclusões do relatório (TJPR, 1ª C. Cível, Reexame Necessário 63.581-0, rel. Des. Sydney Zappa, j. 6.10.1998, Acórdão 15.570).

soal – e, por conseqüência, ferindo o princípio do juiz natural. Afinal, a Administração é o juiz no processo administrativo disciplinar.[97]

O relatório pode ser considerado uma opinião, própria do ofício da instrução, reconhecendo-se ao julgador a possibilidade de desacatá-lo quando forme convicção distinta sobre as provas.

Sob outro vértice, o relatório pode ser encarado como uma decisão, desde que a expressão "acatar" designe ordem e "contrário às provas dos autos" seja entendido como sinônimo da existência de vícios formais no documento. A decisão constituir-se-ia em ato complexo, formado pela vontade da comissão somada à da autoridade julgadora.

O segundo entendimento é mais consentâneo com a estrutura do "processo disciplinar". A lei impõe exigências de motivação ao relatório semelhantes às da sentença no terreno do processo judicial. A comissão é a autoridade mais capacitada para o julgamento, pois administrou e conduziu a instrução. Porém, tal estrutura fere, frontalmente, o princípio do juiz natural: a comissão estará acusando, instruindo e integrando, com sua vontade, a decisão final.

A exigência de um juiz natural – imparcial e predeterminado pela lei, antes da ocorrência do fato – confirma mais uma vez a impossibilidade de pensar o processo administrativo disciplinar como processo de estrutura inquisitória, convergindo em um só órgão ou agente as qualidades de acusador, instrutor e julgador. Afinal, o preço da estrutura inquisitória é o comprometimento da imparcialidade.[98]

Assim sendo, em que pese às considerações antes expendidas, o ofício da decisão final, na estruturação legal vigente, deve pertencer exclusivamente à autoridade a quem é remetido o processo para o julgamento. O relatório da comissão deve ser entendido como peça opinativa.

97. O terreno de separação entre as funções judiciária e administrativa no processo administrativo disciplinar é movediço, e está diretamente ligado ao juiz natural. Lembre-se de decisão já citada do Juiz José Delgado: "A divergência científica sobre determinado assunto não autoriza revisão judicial de nota atribuída por banca examinadora de concurso, em nome da garantia do juiz natural" (TRF da 5ª Região, 2ª T., Ap. cível 503.033-PE, j. 11.12.1989, rel. Juiz José Delgado, *DOE* 27.3.1990).

98. Dias, ob. cit., p. 247.

O Código de Processo Civil concretiza, com fidelidade, o princípio do juiz natural em relação à imparcialidade das autoridades que emitem juízo no processo. No âmbito federal seria possível sua aplicação analógica ao processo administrativo disciplinar, em face da deficiência da Lei 8.112/1990?

O legislador criou uma disciplina para o processo jurisdicional que atende aos ditames da imparcialidade do juiz natural e, ao mesmo tempo, disciplinou de modo incompleto o processo administrativo disciplinar. Reconheça-se que ambos os processos estão igualmente previstos no mesmo artigo constitucional (art. 5º, LV), e o juiz natural cumpre a mesma função nos dois: garantir a plena efetivação do contraditório e da ampla defesa.

A lei não poderia deixar inconsiderados os casos especialmente equivalentes entre o processo judicial e o administrativo. O recurso para a correção da desigualdade é a integração analógica.

A integração analógica consiste na transferência de regulamentação de certas situações para outros casos, merecedores de igualdade de tratamento jurídico e que apresentam coincidência axiológica significativa.[99]

Três razões podem ser colocadas para provar a inexistência de vedação à analogia: *(a)* em sentido formal, sendo a União competente para legislar sobre o processo administrativo disciplinar de seus servidores, a aplicação analógica de lei federal (Código de Processo Civil) não acarretaria invasão de competência; *(b)* o art. 4º da Lei de Introdução ao Código Civil[100] impõe ao juiz o dever de, no caso de omissão da lei, julgar de acordo com a analogia – o que, na prática, o autoriza a aplicar, analogicamente, o Código de Processo Civil, sempre que provocado; *(c)* no caso das comissões, a própria Lei 8.112/1990 permite a analogia, quando estabelece o dever da comissão de exercer suas atividades com independência e imparcialidade (art. 150).

Em boa hora, a Lei 9.784/1999 trouxe regras sobre impedimento e suspeição de autoridades administrativas que, por força do art.

99. Canotilho, *Direito Constitucional*, p. 239.

100. Lei de Introdução ao Código Civil (Decreto-lei 4.657, de 4.9.1942): "Art. 4º. Quando a lei for omissa, o juiz decidirá o caso de acordo com a analogia, os costumes e os princípios gerais de Direito".

69, aplicam-se subsidiariamente aos processos administrativos especiais, como é o processo administrativo disciplinar:

"Art. 18. É impedido de atuar em processo administrativo o servidor ou autoridade que: I – tenha interesse direto ou indireto na matéria; II – tenha participado ou venha a participar como perito, testemunha ou representante, ou se tais situações ocorrem quanto ao cônjuge, companheiro ou parente e afins até o terceiro grau; III – esteja litigando judicial ou administrativamente com o interessado ou respectivo cônjuge ou companheiro.

"Art. 19. A autoridade ou servidor que incorrer em impedimento deve comunicar o fato à autoridade competente, abstendo-se de atuar.

"Parágrafo único. A omissão do dever de comunicar o impedimento constitui falta grave, para efeitos disciplinares.

"Art. 20. Pode ser argüida a suspeição de autoridade ou servidor que tenha amizade íntima ou inimizade notória com algum dos interessados ou com os respectivos cônjuges, companheiros, parentes e afins até o terceiro grau.

"Art. 21. O indeferimento de alegação de suspeição poderá ser objeto de recurso, sem efeito suspensivo."

Logo, o recurso à analogia permite a aplicação subsidiária do Código de Processo Civil, e o art. 69 da Lei 9.784/1999 permite expressamente a incidência subsidiária das regras sobre impedimento e suspeição das autoridades administrativas no processo administrativo disciplinar, enquanto garantias enfeixadas no princípio constitucional do juiz natural.

Ademais, tal posição encontra respaldo em decisão do próprio STF, ocasião em que o Colegiado Pleno recorreu à analogia para, determinando a incidência das regras de impedimento e suspeição do Código de Processo Civil sobre o processo administrativo de escolha de magistrados pelo quinto constitucional, anular nomeação de juiz em virtude de a composição da lista tríplice contar com a participação de seu pai. O Tribunal valeu-se da analogia alegando cumprimento aos princípios constitucionais da moralidade e da imparcialidade. Oportuno conferir trecho do acórdão:

"É materialmente administrativo e não jurisdicional o ato de tribunal relativo à composição de lista tríplice, a ser encaminhada ao Poder Executivo, com vistas ao provimento de cargo do colegiado. Dá-se, nessa hipótese, exercício de competência que se insere entre as atribuições referentes à autonomia administrativa e autogoverno dos tribunais, na forma da Constituição.

A autonomia administrativa não autoriza, entretanto, em nenhuma hipótese, atos do Judiciário contrários à Constituição ou à lei, os quais devem, ao contrário, trazer, sempre, a marca indelével dos atos de magistrado. Disso resulta que – *se no exercício da atividade jurisdicional o juiz possui*, em certos casos, por vezes, *inibições provenientes das leis processuais (CPC, arts. 134 e 135)*, em feitos contenciosos ou de jurisdição voluntária, para exercer suas funções – *não é admissível entender que esses limites não subsistem em se cuidando de atividades materialmente administrativas, inerentes ao autogoverno do tribunal* – Impedimentos e suspeição – Presunção *juris et de jure* de parcialidade. Sendo a própria imparcialidade que se presume atingida, não é possível ao juiz, enquanto tal, praticar ato de seu ofício, jurisdicional ou administrativo, sem essa nota que marca, essencialmente, o caráter do magistrado. *Se se desprezarem esses impedimentos, o ato administrativo infringirá os princípios da impessoalidade e moralidade previstos no art. 37 da Constituição*. Não é, desse modo, cabível reconhecer legitimidade a um juiz, integrante de tribunal, para praticar ato de seu ofício, participando de eleição destinada a compor lista tríplice em que seu filho seja um dos candidatos".[101]

3.5 Conseqüências quanto ao plano da ordem taxativa de competência

No regime do processo administrativo disciplinar o plano da ordem taxativa exige que toda alteração de competência esteja contida em lei anterior ao fato.

Disto decorre que o afastamento do juiz natural, por motivo de impedimento ou suspeição, depende de lei prévia regulamentadora. A Lei 8.112/1990, ao estabelecer critério de impedimento para o afastamento de membros da comissão de sindicância e de inquérito, silencia sobre a forma como será operacionalizada tal providência (§ 2º do art. 149).

Como os impedimentos legais referem-se a situações de laços familiares e a lei diz "não poderá participar", poder-se-ia pensar que não seria necessário que a lei disciplinasse a forma de alteração da competência, pois a pessoa nem chegaria a ser nomeada para a fun-

101. TP, MS 21.814-RJ, rel. Min. Néri da Silveira, j. 14.4.1994, *DJU* 10.6.1994, p. 14.785.

ção. Ora, mesmo os laços familiares podem vir a se formar no curso do processo, depois de designada a comissão, ou ser posteriormente descobertos.

A lei não prevê a forma de substituição de autoridades impedidas ou suspeitas justamente porque constrói um sistema despreocupado em garantir a imparcialidade dos agentes públicos processantes.

A alteração da competência foge à discricionariedade da Administração.[102] Por isso, a princípio, tanto a avocação quanto a delegação ofendem o princípio do juiz natural, porque modificam uma situação preestabelecida pela lei, instituindo um julgador inesperado e – pior – suprimindo uma instância julgadora. A inconstitucionalidade destes mecanismos é ainda mais flagrante quando baseados em leis ou atos normativos posteriores ao processo. O princípio da hierarquia deve encontrar limites na competência disciplinar, não podendo aqui ser aplicado em toda sua extensão, em face de princípios constitucionais com ele incompatíveis.

A Lei 9.784/1999 permite a avocação e a delegação de processos administrativos. Estabelece a irrenunciabilidade da competência como regra, e a avocação e delegação como exceções (art. 11).

No art. 12, a Lei 9.784/1999 trata da delegação: "Um órgão administrativo e seu titular poderão, se não houver impedimento legal, delegar parte da sua competência a outros órgãos, ainda que estes não lhe sejam hierarquicamente subordinados, quando for conveniente, em razão de circunstâncias de índole técnica, social, econômica, jurídica ou territorial". Como se percebe, a delegação está sujeita ao critério da conveniência. Os impedimentos legais à delegação estão dispostos no art. 13, e envolvem a edição de atos de caráter normativo, decisão de recursos administrativos e matérias de competência exclusiva do órgão ou autoridade.

Com efeito, se a decisão de recursos administrativos pudesse ser objeto de delegação, isto implicaria frontal supressão de instâncias, em prejuízo à ampla defesa.

102. Geraldo de Campos Pacheco comenta uma situação no Estado de São Paulo, em 1970, em que o Governador, através de despacho normativo (ato administrativo), fixou regras gerais para determinação de competência e, ainda, ressalvou sua competência para avocar os casos que entender necessários, bem como estabelecer diretriz de caráter geral para determinadas hipóteses e tipos de infração. No seu entender, a situação era perfeitamente possível (ob. cit., pp. 57-58).

No processo administrativo disciplinar a competência para sua decisão e aplicação das penalidades disciplinares (art. 141 da Lei 8.112/1990) é exclusiva – e, portanto, insuscetível de delegação. Esta interpretação é confirmada pela última parte do § 3º do art. 143 da Lei 8.112/1990, que permite a delegação mas ressalva, expressamente, o julgamento.

O art. 143 da Lei 8.112/1990 permite, no entanto, duas hipóteses de delegação da competência para instauração do processo administrativo disciplinar e designação dos membros da comissão processante (fase de constituição).

A primeira pressupõe omissão da autoridade competente, quando a competência para instauração do processo e designação da respectiva comissão é automaticamente transferida para o titular do órgão central do SIPEC (art. 143, § 2º). Trata-se de delegação legítima, porque pressupõe omissão no exercício de competência legal.

A segunda pressupõe delegação a autoridade de órgão ou entidade diverso daquele em que tenha ocorrido a regularidade, a pedido da autoridade competente, mas a delegação "permanente ou temporária"[103] depende de decisão do Presidente da República, dos presidentes das Casas do Poder Legislativo e dos Tribunais Federais ou do Procurador-Geral da República, no âmbito do respectivo Poder (art. 143, § 3º). É uma espécie de delegação *sui generis* sob autorização. Sua legitimidade depende, porém, de exame no caso concreto. Como aspecto positivo, esta providência seria legítima para afastar a aderência emocional, quase sempre verificada no âmbito da unidade administrativa em que serve o servidor acusado. A ausência de proximidade entre os membros da comissão e o servidor acusado funciona como uma garantia inegavelmente salutar para a imparcialidade na condução do inquérito administrativo.

Todavia, em relação à competência da comissão, somente os atos instrutórios (compreendendo-se, notadamente, a realização de diligências) seriam passíveis de delegação, desde que houvesse, no caso con-

103. "Delegação permanente" é uma impropriedade, dada a irrenunciabilidade da competência pelo seu titular. Talvez com "delegação permanente" o legislador esteja querendo fazer referência à delegação sem a fixação de termo final.

creto, conveniência justificadora de índole territorial, devidamente motivada. Trata-se, portanto, de delegação expressamente delimitada. Já o indiciamento e a elaboração do relatório final são atos de competência exclusiva da comissão, insuscetíveis, portanto, de delegação.

De outro lado, a delegação depende, para sua validade, da observância de determinadas formalidades legais, a serem exigidas também em sede de processo administrativo disciplinar, diante de ausência de dispositivo expresso na Lei 8.112/1990: *(a)* publicidade, pois tanto o ato de delegação como sua revogação devem ser publicados em meio oficial (art. 14); *(b)* motivação, pois deverão ser especificadas as matérias e poderes transferidos, os limites de atuação do delegado, a duração e os objetivos da delegação e o recurso cabível, podendo conter ressalva de exercício de atribuição delegada (art. 14); *(c)* obrigatoriedade de que a autoridade delegada mencione explicitamente esta qualidade nas decisões adotadas por delegação (art. 14, § 3º).

Quanto à avocação, a Lei 9.784/1999 permite, "em caráter excepcional e por motivos relevantes devidamente justificados, a avocação temporária de competência atribuída a órgão hierarquicamente inferior". Todavia, ao contrário da delegação, não há previsão de impedimentos legais para sua efetivação. Pelas mesmas razões anteriormente suscitadas, as restrições impostas à delegação deveriam ser estendidas, pelo legislador, à avocação.

A avocação da decisão de recursos administrativos importaria, logicamente – e com muito mais intensidade –, supressão de instância. De outro lado, as competências, no processo administrativo disciplinar, relativas à instauração, instrução e decisão não se coadunam com a avocação. O art. 169, como analisado, determina que a autoridade julgadora, verificando vício insanável, deverá declarar a nulidade do processo e ordenar, no mesmo ato, a constituição de outra comissão para instauração de novo processo. Esta é uma evidência inobjetável de vedação à autoridade para assunção de atribuições estranhas à sua competência.

3.6 Confronto entre princípio do juiz natural no processo administrativo e princípio da impessoalidade administrativa

O princípio do juiz natural, em sede de processo administrativo disciplinar, compatibiliza-se com a garantia de imparcialidade da Administração no exercício da competência disciplinar.

A Constituição Portuguesa de 1976 estabelece, no art. 266º, 2, que "os órgãos e agentes administrativos estão subordinados à Constituição e à lei e devem actuar, no exercício das suas funções, com respeito pelos princípios da igualdade, proporcionalidade, da justiça e da *imparcialidade*".[104]

No contexto da Constituição Portuguesa a imparcialidade surge como injunção que obriga a um critério normativo de realização dos fins públicos. Destina-se a evitar que as decisões administrativas (externas) sejam o resultado de influências hierárquicas ou tutelares do Governo que, em virtude do segredo burocrático, sejam impossíveis de controle público, ou resultem da pressão de não menos secretos e incontroláveis interesses parciais, ou, até, expressão do puro arbítrio.[105]

Imparcialidade não se confunde com *neutralidade*, pois a Administração está interessada na obtenção de um certo resultado.[106]

A Administração pouco a pouco deixa de ser considerada um complexo com interesses distintos da sociedade e se vincula cada vez mais à lei e ao Direito. Reconhece-se que os juízes têm fins próprios a atingir (Dinamarco salienta a pluralidade de fins da jurisdição[107]) e sua atividade não se reduz a mera operação lógica de dedução de so-

104. *Constituição da República Portuguesa, de 2 de Abril de 1976*, 3ª ed., Coimbra, Coimbra Editora, 1993.

105. João Carlos Vieira de Andrade, "A imparcialidade da Administração como princípio constitucional", *Boletim da Faculdade de Direito de Coimbra* L/237, Coimbra, 1974.

106. A imparcialidade está, de certo modo, ligada ao princípio do impulso oficial, eis que o interesse na obtenção de um certo resultado não se compadece com a idéia da inércia, antes confundida com a neutralidade. A neutralidade dos membros da comissão e da autoridade julgadora, considerada cânone na doutrina, era interpretada na prática administrativa como posicionamento estático dos sujeitos processuais ligados à Administração, cuja ação poderia ser considerada sinônimo de parcialidade (*v.g.*, ordenar uma diligência ou requisitar uma perícia). Esta prática gerava um efeito perverso de prolongar o processo, submetendo o servidor a uma estigmatização desnecessária. Nos dias atuais é de todo evidente que o impulso oficial oferece dinâmica à ação das comissões e da autoridade julgadora não só na rápida solução da pendência, mas também na sugestão de quaisquer providências ou diligências que lhes pareçam de interesse público e propiciem, no mais breve espaço de tempo possível, o deslinde do processo.

107. Sobre os vários escopos da jurisdição, cf. Dinamarco, *A Instrumentalidade do Processo*, 11ª ed., São Paulo, Malheiros Editores, 2003, p. 182.

luções concretas, abrangendo a realização da justiça como idéia regulativa, principalmente na jurisdição constitucional.[108]

A imparcialidade – porque remete à exigência de cumprimento objetivo da função para qual o poder foi instituído – aplica-se tanto aos órgãos da Administração quanto aos da jurisdição. Diferenciam-se os efeitos práticos de sua incidência conforme as peculiaridades de cada função. Nesta ótica, Vieira de Andrade: "Por muito difícil que seja distinguir, mesmo que só tendencialmente, entre as funções administrativa e jurisdicional, poderá afirmar-se que a justiça é, na actuação administrativa (discricionária), um valor que concorre com a oportunidade e conveniência, política e técnica, das decisões, ao passo que constitui o momento essencial da actividade dos juízes. Mais claramente, enquanto cabe aos juízes definir a solução do Direito (a solução justa) para o caso que lhes é submetido, a Administração pode escolher, entre uma pluralidade de soluções igualmente válidas, aquela que julgue (autonomamente) mais adequada ao interesse público estabelecido. Este poder de escolha (este espaço de autonomia relativa) é característico da função administrativa e dá uma coloração específica também à sua imparcialidade".[109]

A imparcialidade administrativa caracteriza-se, no entender do autor, pela nota da relatividade, porque a Administração persegue determinados interesses formulados pelos órgãos constitucionalmente competentes através das vias próprias.[110] Exemplifica a aplicação da imparcialidade no campo da organização administrativa: descentralização e desconcentração, organização contraditória do processo administrativo e a salvaguarda da isenção dos funcionários.[111]

O Código de Procedimento Administrativo Português (Decreto-lei 442/1991, de 15 de novembro) eleva, em consonância com o art. 266º, 2, da Constituição, o princípio da imparcialidade a princípio geral (art. 6º).[112] Estabelece, posteriormente, na "Seção VI – Das Garan-

108. José Carlos Vieira de Andrade, "A imparcialidade da Administração ...", *Boletim da Faculdade de Direito de Coimbra* L/226.

109. Idem, p. 227.

110. Idem, p. 225.

111. Idem, pp. 238-239.

112. "Capítulo II – Princípios Gerais: Art. 6º. No exercício da sua actividade, a Administração Pública deve tratar de forma justa e imparcial todos os que com ela entrem em relação."

tias de Imparcialidade", casos de impedimento, escusa e suspeição dos titulares de órgãos ou agentes da Administração Pública (arts. 44º-51º).[113]

Uma questão avulta: como confrontar o princípio da imparcialidade do sistema constitucional português, entendido a partir da lição de Vieira de Andrade, com os princípios da Lei Fundamental Brasileira da impessoalidade da Administração Pública e da imparcialidade do juiz natural? Em últimos termos, o que se visa a perquirir é: a imparcialidade do julgador (da autoridade que profere juízo no processo administrativo disciplinar), imposta pelo princípio do juiz natural, já não estaria abrangida pelo princípio da impessoalidade da Administração Pública?

Não se trata de discussão inócua. O princípio da imparcialidade do juiz natural constitui limite material explícito à revisão constitucional em face da previsão do art. 60, § 4º, IV, da Constituição – "Não será objeto de deliberação a proposta de emenda tendente a abolir: (...) IV – os direitos e garantias individuais". Já o princípio da impessoalidade, enquanto princípio especial da Administração Pública, no máximo poderia ser considerado como limite textual implícito. Ainda assim, seria lícito considerar que a norma do juiz natural não possa nem ser objeto de reforma, mormente a norma dos princípios especiais da Administração Pública Brasileira admita a reforma somente e quando não quebrada a identidade principiológica de um regime jurídico administrativo informado pela forma federativa de Estado (inciso I do § 4º do art. 60), voto direto, secreto, universal e periódico (inciso II do § 4º do art. 60), separação dos Poderes (inciso III do § 4º do art. 60) e direitos e garantias individuais (inciso IV do § 4º do art. 60). Mais uma vez é necessário relembrar a exigência insuperável de que o princípio especial da Administração Pública inserido por via de emenda constitucional – o princípio da eficiência – deva ser interpretado conforme a Constituição, repudiando-se interpretações que acabem por se revelar sérios indícios de *fraude constitucional*.[114]

113. Maria Teresa de Melo Ribeiro enquadra os impedimentos e as suspeições como garantias preventivas do princípio da imparcialidade administrativa (ob. cit., p. 320).

114. Para Canotilho o processo de dupla reforma constitui sério indício de fraude constitucional (*Direito Constitucional*, p. 1.132).

O princípio do juiz natural tem aplicação no campo processual: judicial e administrativo. O princípio da impessoalidade é princípio característico da função administrativa, de cumprimento obrigatório para qualquer agente público (dos três Poderes do Estado) que a exerça.

Pode-se dizer que, em Portugal, do princípio constitucional da imparcialidade da Administração emerge a garantia de impedimento e suspeição das autoridades no procedimento administrativo. Nem se alude ao juiz natural, porque este é garantia processual penal (art. 32º, 7, da Constituição Portuguesa).

No Brasil o campo da impessoalidade é mais amplo que o da imparcialidade. A impessoalidade "projeta dois feixes de abrangência":[115] em relação ao sujeito (agente administrativo) e à Administração. A imparcialidade, por sua vez, atinge somente o feixe subjetivo.

Comentando o princípio da impessoalidade e o procedimento administrativo, Caio Tácito assevera que "o princípio da impessoalidade repele atos discriminatórios que importem favorecimento ou desapreço a membros da sociedade em detrimento da finalidade objetiva da norma de Direito a ser aplicada".[116] Conclui, ao fim, que "o princípio da impessoalidade se *aproxima*, em suma, do princípio da imparcialidade, um e outro subordinados à regra da neutralidade e isenção administrativas". Em nosso juízo, *aproximar não é o mesmo que equivaler*. *Aproximação* significa presença de pontos de contato, não excluindo – antes, pressupondo – pontos de distanciamento. Quando um princípio aproxima-se de outro, não significa que se identifica com este último. Trata-se da dinâmica principiológica, ressaltada por Canotilho.

A imparcialidade é construída a partir de presunções que, necessariamente, podem não combinar com a aferição prática deste princípio. Por exemplo, um membro de uma comissão de julgamento ou autoridade julgadora de um processo administrativo disciplinar, cujo impedimento ou suspeição deveria ter sido suscitado pelas notórias vinculações que ostentasse em relação ao indiciado, pode, no processo em questão, inobstante a presunção de sua parcialidade, agir com absoluta impessoalidade.

115. Guimarães, ob. cit., pp. 722-723.

116. "O procedimento administrativo e a garantia da imparcialidade", *Revista de Direito Administrativo Aplicado* 10/629, Curitiba, julho-setembro/1996.

Considere-se o exemplo de um agente público que instaura o processo administrativo disciplinar, por força de determinação regimental, e, posteriormente, de acordo com a Lei 8.112/1990, também decide o processo. Caso atue com perfeita isenção, não considerando laços de amizade ou familiares (vício do nepotismo)[117] ou questões partidárias (vício do partidarismo),[118] observando as regras do contraditório e da ampla defesa, não terá ferido o princípio da impessoalidade. Mas o da imparcialidade, sim. O juiz natural proíbe a concentração, em um único órgão ou agente, das funções de acusar e julgar.

Mais uma vez preciosa a lição de Carnelutti, advertindo que, na realidade, existe uma diferença entre juízo (*giudizio*) e argumentação (*ragionamenti*): primeiro se julga, depois se argumenta, e as razões fundadas na prova são justamente o meio para testar o juízo.[119] Por isto o extremo cuidado em separar a função de acusar da função de decidir.

Daí ser imprescindível a conscientização do administrador de que a instauração de processo administrativo disciplinar (em sentido constitucional), sobre retratar poder-dever, exige extremada cautela e prudência, diante da circunstância – já mencionada e sempre gravosa – de marcar o servidor com o desagradável estigma de indiciado.

Com efeito, conclui-se que a imparcialidade do juiz natural, no processo administrativo, é princípio não decorrente da impessoalidade. Embora se tangenciem e devam ser ponderados no caso concreto, cada um apresenta características próprias.

O princípio do juiz natural contém um *plus* que não está compreendido no princípio da impessoalidade: a obrigatória pré-constituição do juízo, ou seja, a proibição de juízos criados após o fato para resolução de um caso concreto. Trata-se de característica ligada ao

117. O nepotismo está – nas palavras de Cármen Lúcia Antunes Rocha – entre os vícios de pessoalidade mais presentes na Administração Pública, e expressa "a conduta havida na Administração do Estado, pela qual agentes públicos, valendo-se dos cargos por eles ocupados, concedem favores e benefícios pessoais a seus parentes e amigos" (*Princípios Constitucionais da Administração*, p. 158).

118. Segundo Cármen Lúcia Antunes Rocha, "próximo ao nepotismo, mas já então não mais se vinculando às ligações familiares e afetivas, e sim aos elos político-partidários ou partidaristas, põe-se a contrariedade ao princípio da impessoalidade pelo partidarismo na Administração" (*Princípios Constitucionais da Administração*, p. 164).

119. Ob. cit., p. 6.

plano da referência temporal. Na sindicância-procedimento, de cunho investigatório, onde não há litigantes ou acusados, o princípio da impessoalidade incide integralmente, substituindo ou, melhor, cobrindo o espectro de proteção do juiz natural no que toca a abrangência funcional, fonte e imparcialidade.[120]

3.7 Novos rumos da competência disciplinar nos quadrantes do princípio do juiz natural

A confrontação da Lei 8.112/1990 com o princípio do juiz natural faz emergir a conseqüente conclusão do distanciamento entre o texto legislativo e a concretização do princípio constitucional. O papel da doutrina e do jurista reside, justamente, na constatação dos equívocos e desvios legais a fim de que os Poderes constituídos do Estado (Legislativo, Executivo e Judiciário) possam, no âmbito de suas atribuições, aproximar a legislação infraconstitucional das propostas e dos fins alçados constitucionalmente.

Os problemas na Lei 8.112/1990 podem ser resolvidos, dependendo do caso, mediante a interpretação que busque adequá-la aos comandos constitucionais ou, em outros, somente com a revisão legal (a par do controle de constitucionalidade exercido pelo Judiciário).

A oportunidade para revisão legal do processo administrativo disciplinar é excelente, à medida que a Emenda Constitucional 19/1998, *(a)* pondo fim à adoção obrigatória do regime jurídico único, permite a União, Estados, Distrito Federal e Municípios estabelecer regimes jurídicos adequados às suas políticas de contratação, o que possibilitará a emergência de legislações sobre processo administrativo disciplinar diferenciadas conforme a categoria de servidores, respeitadas as normas constitucionais (*caput* do art. 39 da CF); *(b)* estabelecendo o procedimento de avaliação periódica de desempenho na

120. Para Cármen Lúcia Antunes Rocha o princípio do juiz natural, aplicado no processo administrativo, não veda a formação de comissões provisórias. Já tivemos oportunidade de discordar deste posicionamento, alegando a imprescindibilidade do respeito ao plano da referência temporal. Voltando ao exemplo do texto, no caso de sindicância-investigação, onde não há processo, mas só procedimento, não incidindo o princípio do juiz natural, aqui, sim, permitir-se-ia a constituição de comissões provisórias.

forma de lei complementar, cada ente da Federação legislará sobre este novo tipo de processo administrativo disciplinar (inciso III do § 1º do art. 41 e art. 247 da CF); *(c)* determinando que a aquisição de estabilidade do servidor aprovado em concurso público depende da obrigatória avaliação especial de desempenho por comissão instituída para essa finalidade (§ 4º do art. 41 da CF) e depois de três anos de efetivo exercício (*caput* do art. 41 da CF), dá ensejo à revisão dos vagos dispositivos legais a respeito do estágio probatório (art. 20 da Lei 8.112/1990[121]); *(d)* dispondo que a lei disciplinará as formas de participação do usuário na Administração Pública direta e indireta, impõe a regulamentação legal das reclamações relativas à prestação dos serviços em geral e a disciplina da representação contra o exercício negligente ou abusivo de cargo, emprego ou função na Administração Pública (§ 3º, I e III, do art. 37 da CF).

Por exemplo, é possível a aplicação do princípio do juiz natural combinado com o princípio constitucional da impessoalidade na colmatação das lacunas legais, a fim de garantir a imparcialidade dos agentes processuais. Neste caso, o servidor terá que provar a parcialidade do juízo (uma vez que não estão suficientemente firmadas as presunções decorrentes do princípio da imparcialidade), ou socorrer-se da aplicação da Lei 9.784/1999 ou do Código de Processo Civil. Porém, há casos a que somente a reforma legislativa pode dar uma resposta satisfatória.

A interpretação conforme a Constituição tem suas limitações. Afinal, "o aplicador de uma norma não pode contrariar a lei e o sentido

121. Lei 8.112/1990:

"Art. 20. Ao entrar em exercício, o servidor nomeado para cargo de provimento efetivo ficará sujeito a estágio probatório por período de 24 meses, durante o qual a sua aptidão e capacidade serão objeto de avaliação para o desempenho do cargo, observados os seguintes fatores: I – assiduidade; II – disciplina; III – capacidade de iniciativa; IV – produtividade; V – responsabilidade.

"§ 1º. Quatro meses antes de findo o período do estágio probatório, será submetida à homologação da autoridade competente a avaliação do desempenho do servidor, realizada de acordo com o que dispuser a lei ou o regulamento do sistema de carreira, sem prejuízo da continuidade de apuração dos fatores enumerados nos incisos I a V deste artigo.

"§ 2º. O servidor não aprovado no estágio probatório será exonerado ou, se estável, reconduzido ao cargo anteriormente ocupado, observado o disposto no parágrafo único do art. 29."

dessa norma através de uma interpretação conforme a Constituição, mesmo que através desta interpretação consiga uma concordância prática entre a norma infraconstitucional e as normas constitucionais".[122] Em síntese, como adverte Canotilho, vige "o princípio da exclusão da interpretação conforme a Constituição mas *contra legem*".[123] Exemplo marcante desta exclusão encontra-se na instituição legal das comissões provisórias que atuam tanto nos "processos disciplinares" quanto nas "sindicâncias", exercendo a função de instrução e acusação. Constituem-se em verdadeiros tribunais de exceção, à medida que os agentes são escolhidos posteriormente à instauração do processo, sem atenção alguma a critérios objetivos.

O texto legislativo, dotado de significativos descompassos com as normas constitucionais (tanto pela ação quanto pela omissão), dificulta sobremaneira a atuação administrativa, vinculada, como se sabe, ao princípio da legalidade (ainda que não somente a ele). Embora uma parcela da doutrina repute legítimo que a Administração deixe de aplicar leis que entenda inconstitucionais,[124] a medida somente agravaria o quadro, pois o resultado seria o vácuo legislativo e o conseqüente impedimento do exercício da competência disciplinar.

De todas as formas, as falhas apontadas na Lei 8.112/1990, por força de distanciamento com os comandos constitucionais, podem agora servir de orientação para produção legislativa integradora dos comandos constitucionais sobre processo administrativo disciplinar inseridos pela Emenda Constitucional 19/1998, num esforço contínuo de aproximação e harmonização do direito infraconstitucional ao direito constitucional.

Em síntese, tome-se como lição o ensinamento do professor Manoel de Oliveira Franco Sobrinho sobre o espírito que deve nortear o jurista:

122. Canotilho, *Direito Constitucional*, pp. 229-230.

123. Idem, p. 229.

124. Na Argentina, destaque-se Júlio Rodolfo Comadira, estabelecendo condições para que o Poder Executivo possa deixar de aplicar uma lei considerada inconstitucional (*Derecho Administrativo: Acto Administrativo, Procedimiento Administrativo, Otros Estúdios*, Buenos Aires, Abeledo-Perrot, 1996, p. 413). No Brasil, destaque-se Clémerson Merlin Clève, utilizando como principal argumento a tese da nulidade das leis e atos normativos inconstitucionais (*A Fiscalização ...*, p. 165).

"Embora os caminhos do futuro não sejam fáceis, chegou a hora de abandonarmos as 'torres de marfim' que habitamos e sair por aí através da razoável crítica construtiva, denunciando *equívocos primários*, violações da ordem administrativa, vícios que corrompem as instituições, abusos de poder, *desvios legais intencionais* e os excessos executórios no exercício das complexas funções públicas. *Sim, porque a ordem social, a ordem política e a ordem constitucional dependem da exação administrativa no trato dos negócios públicos.* Sem a função pública ou a função administrativa falece o social, indetermina-se a política e o constitucional se desnormatiza. As instituições, para existirem vivas ou consolidadas, não existem falseando as situações jurídicas e os atos de administração".[125]

125. "O direito administrativo ao Sul da América Latina", *Revista de Direito Administrativo Aplicado* 3/668, Curitiba, dezembro/1994.

REGIME JURÍDICO DO ESPECTRO RADIOELÉTRICO

SERGIO FERRAZ

1. Introdução. 2. A Lei 9.472: sua estrutura. 3. Definições básicas. 4. Radiofreqüência: conceito; patamares normativos. 5. O tratamento constitucional. 6. O regime jurídico infraconstitucional. 7. O Direito Internacional. Falácias a rejeitar. Conclusões.

1. Introdução

O extraordinário desenvolvimento científico das radiocomunicações, experimentado a partir de recentíssimas décadas, tem criado desafios de grande porte no mundo do Direito. Diversamente do que sempre acontecia – os novos produtos da ciência passavam por um delongado "estágio probatório", até constituírem *cotidianos sociais*, para os quais indispensável o tratamento jurídico –, os atuais frutos do gênio da criatividade humana, logo que anunciados, forçam as portas de todos nós, em geral ávidos do acesso às tecnologias recém-partejadas. Outrossim, a amplitude do universo de usuários, contados aos milhões, desperta fulminantemente os interesses do capital, que imediatamente se aprestam ao oferecimento das conquistas recentes – o que se traduz em números expressivos de lucratividade. Num mundo como esse, açulado pela competição, pela ostentação, pela pressa e açodamento, ao homem do Direito não mais é permitida uma lenta maturação das novas realidades, para só então as regrar. Com uma celeridade que os romanos nem pressentiam, hoje, realmente, onde está o fato, *imediatamente* há de estar o Direito.

Deriva, por certo, daí fenômeno que, em outros tempos, geraria grande perplexidade: a importação de modelos e conceitos jurídicos alienígenas. Quando o novo tecnológico aqui aporta, demanda ele disciplina jurídica de imediato. Como inovação que é, o objeto tecnológico não encontra, de pronto, elaboração jurídica suficiente entre nós. Então, saímos à busca desesperada do símile estrangeiro, dos países da hegemonia tecnológica, nos quais o evento já recebeu a atenção do jurista e do legislador.

No campo específico deste trabalho foi assim que aconteceu, igualmente. A Lei 9.472/1997, coluna dorsal e esqueleto de sustentação do sistema brasileiro de telecomunicações, lida com conceitos e definições científicas aos quais ainda não afeito, liminarmente, o jurista brasileiro. Somente com o passar do tempo é que se consegue digerir tamanha massa de rótulos e conteúdos, como os que consagrados na Lei 9.472.

Na presente abordagem, nosso intento se estampa, exatamente, no exame, da perspectiva exclusivamente jurídica, de um dos capítulos mais importantes da lei; ao mesmo tempo, um dos capítulos mais densos de ciência não-jurídica. No seu enfrentamento buscaremos fundar uma *ratio* jurídica que o imante do início ao fim, em seqüência propondo as pautas de um regime jurídico adequado ao objeto ali tratado na lei. Tudo isso feito – ressalte-se – sem promessa de acertos irretocáveis, de perfeição invencível; bem antes, com as franciscanas sandálias da humildade, com que devemos percorrer as estradas dos descobrimentos.

2. A Lei 9.472: sua estrutura

A Lei 9.472, a par de sua assustadora extensão, também ameaça seu comentador com o grande número de campos que se propõe a cobrir. Afora suas "Disposições Finais e Transitórias" (arts. 207-216), apresenta-se em verdadeiro Código das Telecomunicações, esteado sobre quatro pilares temáticos, a que denomina *Livros*: *princípios fundamentais* (do Sistema, é claro) – Livro I; *o órgão regulador do Sistema e as políticas setoriais* – Livro II, subdividido em seis títulos, alguns deles desmembrados em capítulos; *a organização dos serviços de telecomunicações* – Livro III, com seis títulos, alguns deles fracionados em capítulos; *a reestruturação e a desestatização das empresas federais de telecomunicações* – Livro IV, tão apenas dividido em artigos (arts. 186-206).

A matéria que atraiu nossa atenção situa-se no "Livro III – Da Organização dos Serviços de Telecomunicações", em seu "Título V – Do Espectro e da Órbita", "Capítulo I – Do Espectro de Radiofreqüências" e "Capítulo II – Da Autorização do Uso de Radiofreqüência" – é dizer, nos arts. 157 a 169. Mas, por imperativos de sistema, teremos de, vez por outra, palmilhar artigos outros que não os indicados.

3. *Definições básicas*

Os arts. 60 e 61 da Lei 9.472/1997, complementados com seu art. 69, propiciam-nos as definições básicas com que haveremos de lidar, ao longo deste trabalho.

Com esse instrumental em mãos, podemos fixar que *telecomunicação* é a transmissão, emissão ou recepção, por fio, radioeletricidade, meios ópticos ou caracteres, sinais, escritos, imagens, sons ou informações de qualquer natureza. Nesse universo amplo encarta-se a *radiocomunicação*, modalidade especial de comunicação, mediante a geração, transmissão e recepção de ondas eletromagnéticas, que se propagam em um determinado meio específico, denominado *espaço* ou *espectro radioelétrico*, ou, ainda, *espaço de freqüência*, ou, ademais, *espectro de radiofreqüências*.

Essas vias (por vezes, fala-se em *infovia*) são o "conduto ou corredor de passagem" que viabilizam as atividades de telecomunicações, de qualquer natureza ou finalidade. Daí a relevância extraordinária do estudo jurídico das radiofreqüências, ou de seu espectro, compreendido esse como o conjunto de vias de radiocomunicação disponíveis em certo momento e espaço.

4. *Radiofreqüência: conceito; patamares normativos*

Não nos sejam cobradas explicações tecnológicas ou científicas. Acolhemo-las, e estaremos a expor conceitos científicos tais como as disciplinas próprias os estatuem e os entregam ao homem do Direito, a fim de que ele discipline as condutas humanas que se passam nesse especial e específico setor.

Ao menos no estágio atual da ciência, as radiofreqüências constituem um recurso limitado, escasso e exaurível.

A essa realidade física opõe-se um permanente e descomunal progresso dos meios de telecomunicações, de braços dados com uma sequiosa ansiedade dos humanos, das corporações e das entidades pela difusão e vulgarização crescente das comunicações. Esse panorama não se restringe à ambiência nacional – melhor dizendo, ao âmbito da eficácia territorial de um certo ordenamento jurídico. Bem antes, o que há é uma busca desesperada e mundial pela utilização das vias de radiocomunicação, isto é, do espectro de radiofreqüência. Daí que poucos assuntos são tão extensamente regulados, em tratados e acordos internacionais, como o das faixas de radiofreqüências.

Num primeiro momento, portanto, o que se tem é um direito internacional público buscando, com seus instrumentos normativos específicos, regular a convivência dos diferentes Estados, todos empenhados, até como exteriorização de suas soberanias, em atuar no campo das radiocomunicações.

Segmentadas nacionalmente as faixas radioelétricas, surge a imperiosa necessidade, dentro do âmbito de cada Estado, de disciplinar e fazer conviventes as múltiplas utilizações possíveis e desejadas. Nessa discussão assumem destacado relevo os conceitos de *regulação estatal* e de *plano*. Essas duas *vertentes político-jurídicas* comparecem marcadamente na Lei 9.472/1997. A elas se acostam os atributos físico-jurídicos do espectro de radiofreqüências: trata-se de coisa móvel, incorpórea, dotada de *utilidade* (passível de aproveitamento econômico e/ou estratégico), *substantividade* (dentro do espectro são identificáveis separadamente as diferentes faixas) e *apropriabilidade* (cada faixa pode ser autonomamente atribuível a um certo usuário).

5. *O tratamento constitucional*

Para fechar o patamar conceitual, importa agora decantar, do conjunto normativo pertinente, a natureza jurídica das faixas de radiofreqüência que compõem o espectro radioelétrico, e, por conseqüência, o regime jurídico a elas aposto.

Ao se falar em *radiofreqüências* e *espectro radioelétrico* se está, implicitamente, lançando uma intrincada malha temática, que envolve vários segmentos de nossa Lei Maior. E ainda quando, por anseios de concisão, façamos abstração do "Preâmbulo" e dos arts. 1º e 3º da

Constituição (os quais, contudo, muito têm que ver com nosso estudo), ainda assim, consideravelmente amplo é o campo de implicação constitucional na matéria que estamos abordando. Isso porque aqui em jogo se põem, direta e destacadamente, a manifestação do pensamento (CF, art. 5º, IV), a liberdade de comunicação (CF, art. 5º, IX), a circulação das informações (CF, art. 5º, XIV) e a comunicação social (CF, arts. 220-224). Por outro lado, *indireta* e destacadamente também cobra relevo o art. 225 da Carta Maior, eis que as radiofreqüências fluem e circulam no meio ambiente. Essa sumária enunciação já ilumina com nitidez uma mensagem fundamental: a captação e a difusão de mensagens com utilização do espectro radioelétrico, para além de suas instigantes faces tecnológicas e políticas, envolvem particularmente uma trama de princípios e regras amplíssima, que vai da dignidade da pessoa humana até o ato concreto que faculta a circulação das mensagens.

De todo esse fluxo conceitual-normativo já se podem extrair, agora, as primeiras conclusões.

Por se tratar de um recurso escasso e limitado, mas de interesse geral e nacional, inevitavelmente as faixas radioelétricas (e o conseqüente espectro de radiofreqüências) são *bens públicos* de *uso comum*; e se apresenta seu uso como um *serviço de essencial relevância para toda a coletividade*. Daí que, além de bem público de uso comum, são as faixas – afora, é claro, as conaturais marcas de inalienabilidade, não-onerabilidade e imprescritibilidade – afetáveis a um uso de serviço público. E assim se aperfeiçoa sua natureza jurídica: espectro radioelétrico e suas faixas ou ondas de radiofreqüência são bens públicos de uso comum, como tais inalienáveis, não-oneráveis, imprescritíveis; tratando-se, ademais, de recurso limitado, cada vez mais demandado, de comum e essencial relevância para a coletividade, sua utilização submete-se a um regime de serviço público; os padrões de tal utilização hão de ser nacionalmente uniformes e conformados às regras internacionais aqui fartamente incidentes, o que acarreta, ademais, duas outras notas distintas: trata-se de bem público da *União*, cabendo a esta a titularidade dos atos de delegação da execução do serviço. Por último, dois alicerces, mais, do regime jurídico aqui revelado: *(a)* tratando-se de bem público, fruível como serviço público, a utilização das faixas, quando não prestada pelo próprio Poder Público, deverá ser alvo de licitação (CF, art. 175, combinado com o art. 37,

XXI); *(b)* a delegação ao particular far-se-á em patamares de competição, não podendo ensejar monopólio, oligopólio ou qualquer desvio patológico de abuso de poder econômico (CF, art. 220, § 5º, combinado com o art. 173, § 4º).

6. O regime jurídico infraconstitucional

As fundamentais pautas constitucionais até aqui percorridas ecoam inelutavelmente na trama normativa infraconstitucional incidente, com um pertinente nível maior de detalhamento.

Para começar, o Código Civil (Lei 10.406/2002). Aqui releva destacar os arts. 99, 100 e 102 (correspondentes aos 66 e 67 do Código de 1916), que: *(a)* estatuem serem *públicos* os bens de uso comum; *(b)* determinam serem tais bens inalienáveis e imprescritíveis (ressalve-se inexistir no Código de 1916 previsão sobre a imprescritibilidade do bem público).

Cabe referir, ademais, que o Código Civil (arts. 1.229 do atual e 526 do anterior) só estende a propriedade do solo ao espaço aéreo até os limites em que este passe a se revestir de utilidade social ou coletiva. Trata-se, em suma, da afirmação funcionalista do direito de propriedade, sobrepujando a antiga concepção patrimonialista pura.

Em seqüência, impende o exame do diploma especificamente aplicável à matéria: a Lei 9.472/1997. A viagem, aqui, espraia-se generosamente, consoante se passa a enfatizar.

O art. 157 contém uma afirmação técnica (o espectro de radiofreqüência é um recurso limitado) e uma jurídica (constitui-se em bem público). Afora esses dois pontos, contém ainda uma regra competencial (isto é, de atribuição): compete à ANATEL sua administração.

O art. 158, além de afirmar a precedência dos tratados e acordos internacionais, no que diz respeito à macro-atribuição de faixas, prescreve, no patamar nacional, a imperatividade de um plano de atribuição, distribuição e destinação de radiofreqüências.

O art. 159 entroniza os princípios da razoabilidade e da economicidade no tema, fazendo-os assumir a posição de foco vetorial na determinação das faixas, evitando intrusões nas distribuições já existentes e fixando não devam as destinações promover *interferências prejudiciais* (expressão que a lei define). Nessa mesma linha dispõem os arts. 160 e 161.

Supomos importante focalizar a diversidade opcional de que fez uso o legislador na escolha das modalidades de delegação que se podem verificar no exercício das atividades de que trata o diploma. Assim é que: *(a)* os serviços de telecomunicações, em geral (serve como exemplo de exceção o que ditado no art. 75), podem ser objeto de concessão, permissão ou autorização (*v.g.*, art. 74); *(b)* a exploração do serviço de telecomunicações no regime público pode ser ensejada mediante concessão (art. 88) ou permissão (arts. 118 e 119), ambas precedidas de licitação. A distinção está vincada à maior ou menor estabilidade da outorga, à vista dos pressupostos traçados nos arts. 88, 118 e 119; *(c)* a exploração no regime privado perfaz-se pelo instrumento da autorização (arts. 131-144). A obrigatoriedade de licitação é também aqui constitucionalmente inafastável, eis que essa permissão dá acesso, ao prestador do serviço, ao uso de bem público de uso comum (as radiofreqüências), propiciador de resultado econômico-financeiro. A escolha direta envolveria quebra ao princípio isonômico e, acidentalmente, ao da moralidade. Vulnerados também restariam, dentre outros, os da razoabilidade, da eficiência, da legitimidade e da economicidade; daí o acerto da regra, no particular, da licitação (art. 136).

Ao passo que a delegação do serviço se apresenta tão polifacetada – e não é nosso propósito, aqui, discutir a validade e a constitucionalidade dessa opção pluralista –, o uso de radiofreqüências é sempre objeto de *autorização* (art. 163, *caput*), a qual, na forma da lei, se estatuirá por prazo determinado (idem, § 1º). Daí não se pode, contudo, extrair conclusões esdrúxulas. A concessão, permissão ou autorização de serviços de telecomunicações são um *nada* sem a outorga da radiofreqüência, eis que esta viabiliza empiricamente aquelas. Daí que, por imperativos de *razoabilidade*, a outorga de radiofreqüência: *(a)* é um ato administrativo vinculado, necessariamente associado à concessão, permissão ou autorização para prestação do serviço de telecomunicações (art. 163, § 1º); *(b)* essa relação de associação leva a que a autorização da radiofreqüência independa de licitação, não seja onerosa e dure por todo o tempo de vida do ato de delegação do serviço de telecomunicações (apenas quando se tratar de expansão do serviço, havendo limitação técnica ao uso de radiofreqüências e pluralidade de interessados na expansão do serviço, com o emprego daquela faixa, é que se falará em licitação da onda e onerosidade de seu uso – art. 164).

É nessa perspectiva que devem ser lidos os arts. 166 a 169 da Lei 9.472/1997, atinentes à extinção da autorização de uso de radiofreqüências. Propomos, no particular, as seguintes inferências básicas:

(a) A autorização de uso de radiofreqüência, por estar imanentemente ligada à prestação do serviço de telecomunicações, terá a duração da outorga desta.

(b) É inadmissível, por isso ainda, a transferência da radiofreqüência sem a transferência da prestação do serviço a ela vinculada.

Sobrevivem, contudo, alguns pontos polêmicos, que não devem ser subestimados ou encobertos. A eles volvemos, agora, nossa atenção.

O art. 167 acentua que, tratando-se de serviço de telecomunicações *autorizado*, a autorização do correspondente uso de radiofreqüência terá o prazo de vigência de até 20 anos, prorrogável uma única vez, por igual período. Dá-se, contudo, que, ao tratar da autorização do serviço de telecomunicações, a Lei 9.472/1997 (arts. 138-144) expressamente assevera que a autorização do serviço de telecomunicações "(...) não terá sua vigência sujeita a termo final, extinguindo-se somente por cassação, caducidade, descaimento, renúncia ou anulação".

Nos preceptivos subseqüentes, ao conceituar cada uma das referidas hipóteses extintivas, o diploma legal sob exame, usando mão de prestidigitador, esquiva-se a estabelecer, frontalmente, um limite temporal para a autorização da exploração do serviço no regime privado. Mas, obliquamente, num parágrafo único de um articulado (o art. 139), consigna que: "Importará em cassação da autorização do serviço a extinção da autorização de uso da radiofreqüência respectiva".

E isso nos remete – embora a lei não o faça taxativamente – aos 40 anos, do prefalado art. 167. Nem por isso, no plano da boa técnica legislativa e do reto Direito, o assunto se aplaca. É que o parágrafo único do art. 139 é um aposto ao *caput*, transitando, assim, no terreno definitório do ato de *cassação*. E este, na dicção legal, ocorre quando houver "perda das condições indispensáveis à expedição ou manutenção da autorização". Pois bem: não obstante toda a proclamada liberdade estipulativa das leis, há no Direito certa densidade semântica de alguns conceitos clássicos, que constituem freios à livre manipulação do sentido das palavras. Assim, quando em Direito Administrativo se fala em *cassação* por força de *perda das condições de atribuição ou de manutenção* de determinada situação, não se supõe que integra o tipo a iniciativa tecnicamente desarrazoada e unilateral da própria Administração. Segurança jurídica, boa-fé, razoabilidade e proporcionalidade são anteparos axiológicos e normativos extremamente vigorosos à admissão dessa libertina "liberdade". Dir-se-ia que o legislador considerou que, após um máximo de 40 anos na exploração de um serviço de telecomunicações em regime privado, a outorga deveria extinguir-se. Que o dissesse, abertamente! Mas faltaram ao legislador coragem e coerência. Confira-se:

(a) A *concessão* do serviço em questão tem um prazo máximo de 20 anos, prorrogável, uma única vez, por igual período (art. 99). E a extinção da concessão, ao cabo do prazo contratual, importará a transmissão, sem ônus para a União, da posse dos bens reversíveis (art. 102).

(b) A *permissão* do serviço, até porque conectada a situações excepcionais (art. 118), e deva ter seu prazo máximo de vigência *estimado* no pertinente termo, poderá perdurar pelo tempo de permanência da excepcionalidade motivadora (art. 124), constituindo, a nosso ver, flagrante inconstitucionalidade a previsão de descabimento de indenização no caso de sua revogação antecipada (art. 123).

(c) A *autorização **não*** está conectada a qualquer excepcionalidade, mas sim ao regime (privado) jurídico da exploração do serviço (art. 131). Tanto assim que – acertadamente, aliás – previu o diploma que poderia ser decretado o *decaimento* da autorização se, em face de "razões de excepcional relevância pública", a exploração devesse passar do regime privado para o público (art. 141). No entanto, embora pudesse fazê-lo, o legislador não estabeleceu durações para a autorização – até mesmo, ao revés, ditando que "não terá sua vigência sujeita a termo final" (art. 138).

É do conjunto dessas constatações que retiramos as seguintes convicções:

(a) A aplicação automática do parágrafo único do art. 139, combinado com o *caput* do art. 167, infringe, *quando não haja mudança do regime privado para o público*, os princípios constitucionais da razoabilidade e da impessoalidade. Em conseqüência, pode o autorizado, na circunstância de manutenção do regime privado, postular a manutenção da outorga do serviço e do uso da radiofreqüência.

(b) A prevalecer na hipótese figurada, *ad argumentandum tantum*, a cassação, deverá o autorizado ser integral e cabalmente indenizado pela extinção das duas outorgas.

7. O Direito Internacional. Falácias a rejeitar. Conclusões

Por estarmos a discorrer sobre um bem que integra o domínio público, temos por adequado falar-se em um *domínio público radioelétrico*. Mas essa afirmação nacional, manifestação clara e direta da *potestas* denominada *soberania*, convive necessariamente com idêntica *potestas* de todos os demais Estados soberanos. E esse quadro, de plano, provoca o surgimento de dois fenômenos inafastáveis na temática deste trabalho: a *cooperação* entre os agentes internacionais (é dizer, entre os países) e a *internacionalização* das grandes matrizes normativas (é dizer, a forte presença, informadora e até conformadora, da ordem jurídica interna, dos tratados e acordos. Eis o fundamento nacional do art. 158 da Lei 9.472/1997). Agregue-se, ao que considerado, um dado físico: ao contrário do que acontece com os bens corpóreos, às radiofreqüências é impossível levantar fronteiras físicas, barreiras ou muros de concreto ou aço. E, conquanto seja plausível *de fato* o uso de interferências ou bloqueios eletrônicos, a adoção de tais artifícios dificilmente se compatibilizará com a noção de Estado Democrático de Direito.

É no bojo de tais meditações que surge, em vários autores, a concepção de ser o espectro de freqüências (aqui, não encarado como a *representação gráfica* do espaço de freqüências, mas sim como o conjunto destas) um direito patrimonial da Humanidade. Por mais sedutora que seja a concepção, particularmente em tempos de direitos comunitários, verdade é que ainda persistem as objeções que cercam, de regra, o conceito de plenitude de uma ordem jurídica internacional. Sempre restaria irrespondida uma pergunta básica: quem teria capacidade para administrar, com eficácia e efetividade, esse patrimônio da Humanidade, a todos com igualdade, razoabilidade e proporcionalidade permitindo sua utilização? Os riscos da equação são tão evidentes, que melhor continua a ser a existência das duas superfícies normativas: a macrorregulação, para a compatibilização mundial dos interesses de todos os Estados; a microrregulação, em cada ordem jurídica nacional, afirmando-se, como ponto de partida, a acepção de uma patrimonialidade pública, de uso comum.

Na perspectiva da microrregulação, pelas razões expostas, continuarão gozando de grande relevo a interferência estatal e a planificação dos usos, até mesmo como válvulas garantidoras da observância dos pertinentes diplomas internacionais. Aliás, o desdobramento dos serviços de telecomunicações, com o emprego das órbitas de satélites geoestacionários – e tais órbitas igualmente constituem recursos naturais limitados –, aprofunda a indispensabilidade das pautas conviventes da macro e da microrregulação, como aqui referidas.

Esse considerável peso do Direito Internacional, de regra partejado nas sucessivas conferências internacionais de radiocomunicação, já conta com mais de um século de vida: em 1903, com a presença de nove países, realizou-se a Conferência Preliminar de Berlim, a primeira a tratar da radiotelegrafia. Seguiu-se a I Conferência Radiotelegráfica Internacional de 1906, também em Berlim, com a presença, já, de 29 Estados. E em 1912, em Londres, na II Conferência Internacional, a ampliação do espaço de freqüências já figurava como preocupação central. De lá para cá se multiplicam os encontros desse jaez, com destaque, à vista da herança que nos legaram até hoje, para a Conferência Internacional de Nairóbi de 1982 e para a Conferência Internacional de Genebra de 1992. Dentre os frutos desses dois últimos eventos, convém citar: *(a)* o reconhecimento da soberania de cada país para regular suas telecomunicações; *(b)* a proclamação da importância nuclear da cooperação entre os países para o pleno e pacífico desenvolvimento internacional das telecomunicações; *(c)* o permanente esforço na fixação dos critérios, internacionais e nacionais, de distribuição das radiofreqüências, respeitando as diferentes soberanias mas instando a todos os países que, em seu exercício, busquem evitar ou eliminar interferências tecnicamente prejudiciais, melhorar a utilização dos espectros de freqüências elétricas e aperfeiçoar a gestão dos espaços orbitais dos satélites geoestacionários usados em serviços de radiocomunicação.

Porque acreditamos na validade dessas pautas é que, como reflexão final, desejamos manifestar nossa rejeição a uma tese que, embora lançada nos Estados Unidos, lá mesmo vem encontrando grandes resistências: a da privatização do espectro de freqüências. Não nos alonguemos. Em nosso sentir, para fundamentar nossa inaceitação, bastam três argumentos: o da escassez do recurso; o da potencial multiplicação das interferências a que a privatização poderia conduzir; o da resistência que o capital por certo oporia à generalização imediata dos progressos tecnológicos e científicos, num mundo de conhecimentos em que a cada dia se alcançam novas conquistas. Aqui, a privatização seria a origem do caos e da discórdia.

COMISSÃO PARLAMENTAR DE INQUÉRITO – PODER DE INVESTIGAÇÃO: NATUREZA, CONTEÚDO, LIMITES[1]

SÉRGIO SÉRVULO DA CUNHA

RELATÓRIO

Os deputados Aloízio Mercadante e outros apresentaram proposta de emenda constitucional que objetiva modificar o § 3º do art. 58 da Constituição da República, antepondo o qualificativo "todos os" à locução "poderes de investigação próprios das autoridades judiciais", aí existente.

Dizem os autores da Proposta de Emenda Constitucional, em sua justificativa: "As comissões parlamentares de inquérito, plasmadas no texto da Carta Fundamental, representam hodiernamente um dos mais hábeis e eficazes instrumentos de defesa da sociedade brasileira. Com efeito, as recentes investigações realizadas no âmbito desses colegiados, sempre pautadas pela observância irrestrita da ordem legal vigente, contribuíram decisivamente para o fortalecimento de nossa democracia e para a conscientização popular em busca da cidadania plena. Assim, as prerrogativas e poderes dessas comissões, definidas de forma escorreita pelo legislador constituinte, não podem e não devem ser restringidas, mormente se levado em consideração que na própria Carta Fundamental inexiste qualquer limitação. Nesse

1. Parecer em nome da Comissão Permanente de Direito Constitucional do Instituto dos Advogados Brasileiros relativo à Indicação 131/2000, em que convertida a Proposta de Emenda Constitucional 135/1999, de autoria dos deputados Aloízio Mercadante e outros, dando nova redação ao § 3º do art. 58 da Constituição da República.

prisma, as recentes decisões prolatadas pelo Poder Judiciário, estabelecendo freios e quiçá inviabilizando o funcionamento das comissões parlamentares de inquérito, ofendem as prerrogativas do Congresso Nacional e restringem os mecanismos de defesa de que dispõe toda a sociedade brasileira".

Apresentada em 13.10.1999, a Proposta de Emenda refletia o inconformismo de seus autores – e, pode-se dizer, do próprio Congresso – com recentes decisões do STF quanto a atos praticados pela Comissão Parlamentar de Inquérito sobre o Sistema Financeiro Nacional, conhecida como "CPI dos Bancos" (*v.g.*, acórdãos do Tribunal Pleno correspondentes ao julgamento dos MS 23.448-DF, 1.7.1999, rel. Min. Sydney Sanches, *RTJ* 170/884, e 23.452-RJ, 16.9.1999, rel. Min. Celso de Mello, *RTJ* 173/805, em que ambos os impetrantes insurgiam-se contra a quebra de seus sigilos bancário, fiscal e eletrônico, e o segundo também contra diligência de busca e apreensão domiciliar).

Em sua contextualização fática deve-se ainda ter presente: *(a)* que a natureza e a forma de atos investigatórios realizados por essa CPI tiveram repercussão negativa na imprensa e suscitaram repulsa não só de quem sentiu-se atingido em seus direitos fundamentais, mas também de setores representativos da sociedade; *(b)* que a insurgência contra atos dessa CPI não se limitou a tal matéria (quebra de sigilo, busca e apreensão), mas também a outras, retratadas no HC 79.244 (direito de silêncio dos acusados, *RTJ* 172/929) e no MS 23.480 (indisponibilização dos bens dos investigados, *RTJ* 174/844); *(c)* que igual ou superior estardalhaço provocou, em dezembro do mesmo ano, a CPI do Narcotráfico.[2]

Tendo em vista a instalação, no Senado, de uma comissão de inquérito para investigar irregularidades no Poder Judiciário, o ilustre

2. O Conselho Diretor da Associação dos Advogados de São Paulo oficiou à CPI, manifestando sua "veemente indignação com a forma como têm sido inquiridas pessoas chamadas a depor perante aquele Colegiado". O Conselho Federal da OAB protocolou no STF uma representação, uma reclamação e um mandado de segurança para garantir o direito dos advogados de pessoas intimadas a depor perante a CPI. Num período de 30 dias, o Min. Carlos Velloso, Presidente da Suprema Corte, concedeu sete liminares contra ordens de quebra de sigilos bancário, fiscal e telefônico de investigados pela CPI.

Dr. Benedito Calheiros Bomfim, ex-Presidente do IAB, apresentara indicação (n. 32/1999) no dia 7.4.1999, requerendo "que o Instituto dos Advogados Brasileiros, em regime de urgência, se manifeste sobre a legalidade e constitucionalidade da aludida CPI, e apresente propostas para restaurar a eficiência e a confiança no Judiciário Brasileiro". Nos *considerandos* dessa indicação, adiantava seu autor: "(...) não se limitando a CPI polêmica ao exame de 'fato determinado', o Senado exorbitou de sua competência, transformando-se numa corte especial, de exceção, inclusive porque, constitucionalmente, os magistrados só podem ser julgados por seus pares, isto é, pelos tribunais a que estão vinculados". E, mais adiante: "Não existindo um Conselho Nacional de Justiça, composto não apenas de juízes, mas também por instituições estranhas ao Judiciário (como, por exemplo, OAB, Ministério Público, Legislativo), destinado a fiscalizar suas práticas administrativas – mantendo-se intocada, frise-se, a função jurisdicional –, é de se aceitar a formação de CPI, ainda assim de duvidosa legalidade, para investigar determinadas irregularidades atribuídas a magistrados ou a órgãos judiciais. A ausência de um conselho fiscalizador estimula o corporativismo e a impunidade em qualquer instituição humana".

Com habitual mestria, em seu parecer de 14.4.1999 o Dr. Marcello Cerqueira situou a "CPI do Judiciário" na conjuntura política, e examinando-a, em seguida, sob os pontos de vista da separação dos Poderes e do controle externo do Judiciário, concluiu no sentido de que "ampla como pretende e com os poderes ilimitados que se arroga, a Comissão Parlamentar de Inquérito *sub censura* afronta a Constituição e as leis. Nada obstante, pode a CPI atuar, desde que observados os estreitos limites do permissivo constitucional (CF, art. 71, IV)".[3]

Veio na seqüência indicação do ilustre Dr. Francisco José Pio Borges, apresentada no dia 19.5.1999:

3. Diz esse artigo: "Art. 71. O controle externo, a cargo do Congresso Nacional, será exercido com o auxílio do Tribunal de Contas da União, ao qual compete: (...) IV – realizar, por iniciativa própria, da Câmara dos Deputados, do Senado Federal, de Comissão Técnica ou de Inquérito, inspeções e auditorias de natureza contábil, financeira, orçamentária, operacional e patrimonial, nas unidades administrativas dos Poderes Legislativo, Executivo e Judiciário, e demais entidades referidas no inciso II; (...)".

"Quando da discussão do parecer do eminente consócio Marcello Cerqueira sobre a legalidade e constitucionalidade da CPI para apurar irregularidades no Poder Judiciário, a notícia da expulsão, do recinto da Comissão, do advogado e sócio do IAB Luiz Guilherme Martins Vieira e da prisão do ex-Presidente do Banco Central suscitou debates, críticas, mas não houve manifestação formal do Plenário sobre a juridicidade dos atos praticados.

"A OAB, através do seu Conselho Federal, e as Seccionais do Rio de Janeiro e de São Paulo manifestaram apoio e desagravo em defesa das prerrogativas dos advogados, mas não aprovaram qualquer parecer enfocando a extensão e os limites das comissões parlamentares de inquérito à luz da lei e da Constituição.

"É este parecer que se pede em regime de urgência-urgentíssima, para discussão neste Plenário, uma vez que fatos supervenientes, como liminar em *habeas corpus* concedido pelo STJ ao Vice-Presidente do TJAC, contra a CPI, e novas denúncias de irregularidades no TRT/RJ apresentadas por advogados e magistrados, justificam a manifestação urgente e formal deste Instituto, contribuindo para que haja harmonia, e não conflito, entre os Poderes Legislativo e Judiciário."

Aditou-se a essa indicação (n. 109/1999) a de n. 216/1999, de autoria do digníssimo Dr. José Carlos Bruzzi Castello, que, a fim de "esclarecer dúvidas que têm surgido na sociedade, inclusive em decisões administrativas de tribunais, quanto à possibilidade ou obrigatoriedade de pessoas prestarem testemunhos perante uma comissão parlamentar de inquérito", sugere a seguinte ementa, para o caso de aprovação de sua proposta: "Inquirição nas CPIs. Todas as pessoas, desde as mais simples, passando por juízes, alcançando inclusive o Presidente da República, se intimadas, são obrigadas a testemunhar, ressalvadas as negativas de respostas a perguntas que sejam prejudiciais à própria pessoa que presta testemunho".

Em nova manifestação, o Dr. Marcello Cerqueira estendeu-se sobre a ordem procedimental das comissões parlamentares de inquérito, principalmente quanto à inquirição de testemunhas; sustentou que "a conjugação do parágrafo único do art. 70 com o disposto no art. 58, § 3º, da Constituição Federal pode autorizar comissão parlamentar de inquérito a fiscalizar amplamente qualquer pessoa física ou jurídica, pública ou privada, que utilize, arrecade, guarde, gerencie ou administre dinheiro, bens e valores públicos, ressalvados os poderes do Judiciário. Por isso, admite-se que comissão parlamentar de inquérito apure o que entender por irregularidades nas unidades administrativas do Poder Judiciário como licitações e contratações de obras e serviços sem observância das normas legais, empregos irregulares de recursos públicos, nepotismo e corrupção, sem invadir funções jurisdicionais (limite material intransponível), observada a competência do TCU"; quanto à oitiva de magistrado, tendo em vista o disposto no art. 33, IV, da LOMAN, observou que nesse passo a CPI "teria de requerer ao órgão do Poder Judiciário tutelar do magistrado a sua intimação"; propôs em conclusão – visto que o Estatuto do IAB não contempla a figura do desagravo como o fazem os Regimentos da OAB nacional e das Seccionais da Ordem –, moção de solidariedade ao advogado e consócio Luiz Guilherme Martins Vieira.[4]

Em 14.6.2000 o Dr. Marcello Cerqueira, já então na Presidência do IAB, converteu em indicação o texto da Proposta de Emenda Constitucional 135/1999, e em 18 de julho do mesmo ano foi apresentado pelo conceituado consócio Dr. Diogo de Figueiredo Moreira Neto o parecer que a acompanha. Nele se observa que:

"Os autores da Proposta, declaradamente, visam, pelo acréscimo da palavra 'todos' antes da expressão 'poderes de investigação', a afastar os efeitos das decisões, consideradas limitativas, do STF, notadamente quanto às prerrogativas das pessoas, até mesmo no que toca à plena assistência jurídica por advogados. Com efeito, a Suprema Corte, ao interpretar a referida expressão 'poderes de investigação' tal como empregada pelo constituinte originário, leva em conta que esses 'poderes', cometidos ao Legislativo para desincumbir-se de suas funções constitucionais de fiscalização parlamentar, não poderiam ser os mesmos de que o Poder Judiciário necessita para o exercício de suas respectivas missões".

Sua conclusão é no sentido de que a aprovação da Emenda produziria os seguintes efeitos: "*Primo*, alteraria o desenho de separação de Poderes, instituído pela Constituição, acrescentando poderes judiciais indiscriminados para serem desempenhados por órgão do Legislativo, e *secundo*, reduzir-se-iam as garantias fundamentais das pessoas à tutela do Judiciário. (...). É para evitar riscos deste jaez que tais

4. As peças até aqui referidas (indicações e pareceres) podem ser consultadas na *Revista do IAB* 90, Ano XXXIII. Os pareceres do Dr. Marcello Cerqueira encontram-se também no opúsculo *Comissões Parlamentares de Inquérito*, Rio de Janeiro, Instituto dos Advogados Brasileiros/Editora Destaque, 1999.

tipos de propostas de emenda não podem, sequer, ser objeto de deliberação (art. 60, § 4º, da CF)". Por decisão do dia 28.5.2002, o Plenário encaminhou a matéria a esta Comissão Permanente de Direito Constitucional. Distinguido pela designação de sua Presidência, passo a apresentar o seguinte

Parecer

O tema a cujo respeito devo opinar diz respeito à velha mas recorrente questão sobre os poderes investigatórios das comissões parlamentares de inquérito. Passados três anos ou mais dos fatos referidos no relatório acima, pode-se dizer que essa questão perdeu seu impacto de momento, mas não sua atualidade. Tendo-se em vista a amplitude do tema e o debate de que vem precedido, creio pertinente concentrar-me sobre três quesitos, que me empenharei em responder:

(a) A anteposição do qualificativo "todos os" à locução "poderes de investigação" altera o significado do art. 58 da Constituição da República, em seu § 3º?

(b) Contém-se no poder de emenda do constituinte derivado a possibilidade de efetuar essa alteração?

(c) É legítima a modificação pretendida?

Parece-me que o primeiro desses quesitos pode ser respondido desde logo, independentemente de outras considerações. A pretendida anteposição evidentemente não altera o sentido do texto emendando: temos aí uma proposição universal afirmativa, que em sua forma canônica possui o qualificativo "todos", assim como a proposição contrária (universal negativa) possui o qualificativo "nenhum". Mas é de elementar sabença que basta o nome, com ou sem o artigo determinado ("o", "a", "os", "as"), para construir-se uma proposição universal afirmativa, tal como se vê em outros enunciados (*v.g.*, "o sertanejo é antes de tudo um forte", "as entidades associativas, quando expressamente autorizadas, têm legitimidade para representar seus filiados judicial ou extrajudicialmente"; "homens e mulheres são iguais em direitos e obrigações").

Se, como neste caso, já está dito no texto emendando aquilo que a Proposta de Emenda pretende que diga, seria de rigor sua rejeição, por inócua. Convém, na hipótese, entretanto, ter em vista os motivos pelos quais o constituinte derivado deseja reafirmar o significado do texto constitucional, ao atribuir, ao qualificativo "todos", sentido manifestamente expletivo. Assim, no interesse da resposta aos demais quesitos, surgem como necessárias as seguintes considerações:

1. Poder de investigação

1.1 Conteúdo do poder de investigação é a apuração de fatos e indicação dos respectivos autores ou responsáveis.

Como não se deve confundir o poder de investigação com os meios que lhe são necessários, parece mais conveniente falar-se em "poder de investigação", e não em "poderes de investigação".

O poder de investigação – que se inclui na soberania – costuma ser atribuído pelo ordenamento a diversas agências (corpos, órgãos ou instâncias) do governo, segundo as respectivas funções, notadamente a agências que exercem função de controle, função de fiscalização ou função sancionatória (administrativa ou judicial). Essa atribuição não é necessariamente expressa; o que define a extensão do seu poder de investigação (até onde se pode ir na perquirição do objeto da investigação) é a função da agência tal como prevista no ordenamento; e o que define os meios utilizáveis pela agência é a extensão do seu poder de investigação: a atribuição da função pressupõe a utilização dos meios necessários ao seu exercício.

O Executivo investiga seus agentes (ao exercer função disciplinar, mediante sindicâncias e inquéritos) e seus administrados (ao exercer o poder de polícia). Quanto a estes, ressaltam o poder de investigação da Polícia Judiciária e o poder de investigação do Fisco.

1.2 Segundo o disposto no art. 4º do Código de Processo Penal (Decreto-lei 3.689, de 3.10.1941), "a Polícia Judiciária será exercida pelas autoridades policiais no território de suas respectivas circunscrições e terá por fim a apuração das infrações penais e da sua autoria"; essa apuração faz-se mediante o inquérito policial, de que tratam os arts. 5º e ss. desse Código.

A amplitude do poder de investigação da Polícia Judiciária é configurada por maciça jurisprudência, segundo a qual não constitui constrangimento ilegal a intimação para depor em inquérito policial (*RT* 424/364); o mero indiciamento em inquérito policial não constitui constrangimento ilegal a ser corrigido por intermédio do *habeas corpus* (STF, RHC 56.019, *DJU* 16.6.1978, p. 4.394); a autoridade policial pode determinar a condução coercitiva do indiciado para ser interrogado (*RT* 482/357); o princípio do contraditório previsto no art. 5º, LV, da Constituição da República é inexigível no inquérito policial, que não possui instrução criminal, e sim investigação criminal de natureza inquisitiva (STF, HC 55.447, *DJU* 16.9.1977, p. 6.281); a busca e apreensão de instrumentos do crime pode ser feita antes da instauração do inquérito policial (STJ, *RT* 665/333); é cabível a intimação verbal do indiciado para ser ouvido (*RT* 608/392); responde por crime de desobediência ou resistência, conforme o caso, o indiciado que se recusa à identificação datiloscópica (STF, *DJU* 6.6.1980, p. 4.138), desde que não esteja identificado civilmente.[5]

1.3 Embora os direitos fundamentais, nas suas definições genéricas, constituam barreira aos excessos do Governo, na prática o Fisco aparece como a única instância administrativa que não encontra óbices para realizar diligências (investigações e buscas domiciliares, apreensão de papéis, documentos e livros), que sem maior indagação se aceitam como parte da rotina fiscal.

Em seu art. 17, o Código Comercial contém norma peremptória, limitativa dos poderes do Fisco: "Nenhuma autoridade, juízo ou tribunal, debaixo de pretexto algum, por mais especioso que seja, pode praticar ou ordenar alguma diligência para examinar se o comerciante arruma ou não devidamente seus livros de escrituração mercantil ou neles tem cometido algum vício". Essa norma foi sendo sucessivamente derrogada por várias leis especiais, até que se apagou de todo, para efeitos fiscais, em face do contido no art. 195 do Código Tributário Nacional (Lei 5.172, de 25.10.1966): "Para os efeitos da legislação tributária, não têm aplicação quaisquer disposições legais excludentes ou limitativas do direito de examinar livros, arquivos, documentos, papéis e efeitos comerciais ou fiscais dos comerciantes, industriais ou produtores, ou da obrigação destes de exibi-los".

O Fisco é visto oficialmente como polícia tributária, com poder de emitir determinações. Em juízo tem prevalecido a presunção – sem

5. Essas referências foram tomadas do *Código de Processo Penal Anotado*, de Damásio E. de Jesus, 17ª ed., São Paulo, Saraiva, 2000.

fundamento nos fatos – de que esses poderes extraordinários são indispensáveis à apuração dos tributos devidos, não se exigindo justificativa ou motivação específica para violações da privacidade e da intimidade, mesmo nos casos em que não haja infração procedimental ou indícios de sonegação por parte do contribuinte. Daí que a atividade fiscalizadora presta-se facilmente à prática de abusos, muitos deles decorrentes de desvios funcionais (como a chantagem fiscal), e outros que podem ser apontados como desvios institucionais (devassas em negócios particulares, intimidação do Ministério Público ou de opositores políticos).

A presunção de inocência – que constitui princípio do direito sancionatório – é como se inexistisse para o Fisco, frente a cujo despotismo o contribuinte não teria defesa mesmo que à sua disposição estivesse pronta e segura prestação jurisdicional.

No que diz respeito à apuração de infrações, o processo administrativo fiscal está (mal)disciplinado pelo Decreto 70.235, de 6.3.1972 (a que o Governo erroneamente pretende atribuir força de lei, com base em ter sido editado por delegação do Decreto-lei 822, de 5.9.1969), pela Lei 8.748/1993 e pela Lei 9.532, de 10.12.1997. Em seu art. 7º, II, aquele decreto prevê a apreensão de mercadorias, documentos e livros, ao início do procedimento fiscal, e, não obstante não tenha sido recepcionado pela Constituição de 1988, continua sendo livremente aplicado pelo Governo; este freia, no Congresso, a tramitação de um estatuto de defesa do contribuinte que inscreva a rotina do Fisco na moldura constitucional.

1.4 Os limites do poder de investigação encontram-se fixados: *(a)* de um lado, positivamente, pela sua natural extensão, tendo-se em vista as funções da agência investigadora tal como definidas pelo ordenamento; *(b)* de outro lado, negativamente, pelo catálogo dos direitos fundamentais, que constituem barreira à indiscriminada atividade governamental.

A essa barreira a praxe costuma emprestar indesejada fluidez, na medida em que estabelece, como nuclear, o argumento de que inexiste direito fundamental absoluto. Com isso relativizam-se os direitos fundamentais, que passam a ser aqui garantidos e ali desconsiderados, segundo as conveniências do Poder.

Tal inconveniente só é superado quando se busca o balanceamento dos direitos fundamentais, e a fixação dos seus critérios. A jurisprudência constitucional espanhola tem sublinhado a necessidade de motivação da limitação de um direito fundamental, o caráter estrito de sua interpretação e a necessidade de uma razoável relação de proporcionalidade entre os meios empregados e a finalidade perseguida.[6] Por sua vez, a Constituição Alemã, em seu art. 19, diz que o direito fundamental não pode ser afetado em sua essência, devendo a lei restritiva, a par de ser genérica, referi-lo expressamente; na interpretação dessa norma a doutrina tem assentado que a restrição é inadmissível se os prejuízos não guardam relação com as vantagens obtidas.[7]

2. *Poder de investigação do Congresso Nacional*

Cabe ao Congresso Nacional, entre outras, a função de "fiscalizar e controlar, diretamente, ou por qualquer de suas Casas, os atos do Poder Executivo, incluídos os da Administração indireta" (Constituição da República, art. 48, X).

Essa função, disciplinada nos Regimentos Internos da Câmara dos Deputados e do Senado Federal, é exercida em caráter permanente mediante os poderes de crítica e de investigação que têm as comissões parlamentares e os congressistas em suas intervenções na tribuna, nas interpelações a membros do Executivo, nos pedidos de informações e nas indicações que apresentem. Mas é exercido especialmente pelas comissões parlamentares de inquérito, que são cons-

6. Cf. Francisco F. Segado, "La teoría jurídica de los derechos fundamentales en la Constitución Española de 1978 y su interpretación por el Tribunal Constitucional", *RIL* 121/69.

7. Cf. Richten/Schuppert, "Die Garantie des Wesensgehalts durch Art. 19 Abs. 2 GG", in *Casebook Verfassungsrecht*, München, C. H. Beck, 1996, pp. 23 e ss.; E. Stein, *Lehrbuch des Staatsrechts*, cf. sua edição espanhola: *Derechos Políticos*, Aguilar, 1973, p. 248; Suzana de Barros Toledo, *O Princípio da Proporcionalidade e o Controle de Constitucionalidade das Leis Restritivas dos Direitos Fundamentais*, Brasília, Brasília Jurídica, 1996, p. 44. Segundo Hartmut Maurer (*Allgemeines Verwaltungsrecht*, München, C. H. Beck, 2000, p. 237), a medida é adequada se conduz ao resultado pretendido, é necessária quando inexiste outro meio adequado, e é proporcional quando, sendo adequada e necessária, não tem nenhuma outra relação com o resultado pretendido.

tituídas "para a apuração de fato determinado e por prazo certo" (Constituição da República, art. 58, § 3º).

3. *Poder de investigação das comissões parlamentares de inquérito*

3.1 Era lacônica na Constituição de 1946 a referência a comissões parlamentares de inquérito: "Art. 53. A Câmara dos Deputados e o Senado Federal criarão comissões de inquérito sobre fato determinado, sempre que o requerer um terço dos seus membros" – que foi praticamente repetida no art. 39 da Ordenação de 1967 e no art. 37 da Ordenação de 1969. Sua regulação encontrava-se na Lei 1.579, de 18.3.1952, que em seu art. 1º lhes assegurava "ampla ação nas pesquisas destinadas a apurar os fatos determinados que deram origem à sua formação", no art. 2º discriminava os meios de investigação ao seu alcance, permitindo-lhes "determinar as diligências que reputarem necessárias e requerer a convocação de ministros de Estado, tomar o depoimento de quaisquer autoridades federais, estaduais ou municipais, ouvir os indiciados, inquirir testemunhas sob compromisso, requisitar de repartições públicas e autárquicas informações e documentos, e transportar-se aos lugares onde se fizer mister a sua presença", e no art. 6º indicava como subsidiárias, em seus procedimentos, as normas do processo penal. Rezava, porém, o parágrafo único do art. 3º: "Em caso de não-comparecimento da testemunha sem motivo justificado, a sua intimação será solicitada ao juiz criminal da localidade em que resida ou se encontre, na forma do art. 218 do Código de Processo Penal".

Essa restrição ao poder de investigação da comissão parlamentar de inquérito foi suprimida pela Constituição de 1988, ao lhe atribuir, no § 3º do art. 58, "todos os poderes de investigação próprios das autoridades judiciais, além de outros previstos nos regimentos das respectivas Casas".

Divergem os autores quanto à vigência da Lei 1.579/1952, afirmando uns que teria sido recebida pela nova Constituição, e outros que teria sido por ela revogada. Com a devida vênia, parece-me que essa norma constitucional deslocou para os Regimentos da Câmara dos Deputados e do Senado a sede normativa das comissões parlamentares de inquérito. Estando tais Regimentos equiparados hierarquicamente à lei ordinária,[8] aquilo que da Lei 1.579/1952 não tenha sido revogado pela Constituição de 1988 (sem dúvida o foi o parágrafo único do art. 3º) deve ser cotejado com o disposto nos Regimentos dessas casas, ou no seu Regimento conjunto.

Quanto aos meios de investigação ao alcance das comissões parlamentares de inquérito, diz o art. 148 do Regimento Interno do Senado:

"No exercício de suas atribuições, a comissão parlamentar de inquérito terá poderes de investigação próprios das autoridades judiciais, facultada a realização de diligências que julgar necessárias, podendo convocar ministros de Estado, tomar o depoimento de qualquer autoridade, inquirir testemunhas, sob compromisso, ouvir indiciados, requisitar de órgão público informações ou documentos de qualquer natureza, bem como requerer ao Tribunal de Contas da União a realização de inspeções e auditorias que entender necessárias.

"(...).

"§ 2º. Os indiciados e testemunhas serão intimados de acordo com as prescrições estabelecidas na legislação processual penal, aplicando-se, no que couber, a mesma legislação, na inquirição de testemunhas e autoridades."

8. Esse é o ponto de vista de Paulo Brossard, em precioso estudo, do qual, com a devida vênia, me aproprio integralmente como parte deste parecer ("Da obrigação de depor perante comissões parlamentares de inquérito criadas por Assembléia Legislativa", *RDP* 66/131). "Se o Regimento, que completa a Constituição e é elemento necessário até para o conhecimento do direito constitucional, é a lei do Poder Legislativo, é lógico que os institutos parlamentares sejam disciplinados e regulados por ele, e não por leis, sujeitas à sanção e ao veto de outro Poder." Para afirmar tal ponto de vista, dentre outros autores, Paulo Brossard invoca Ruy Barbosa, segundo *seus Comentários à Constituição* compendiados por Homero Pires (São Paulo, Saraiva, 1934, vol. II, p. 32, vol. III, p. 266): "Não há nenhuma diferença essencial entre a lei sob a expressão de regimento parlamentar e a lei sob a sua expressão de ato legislativo. As instituições que debaixo destas duas formas se consagram apresentam em comum o caráter de império e a inviolabilidade a respeito dos entes, individuais e coletivos, a cujos atos e relações têm por objeto servir de norma. Espécies de um só gênero, entre si não se distinguem uma da outra senão na origem de onde procedem, no modo como se elaboram, e na esfera onde têm de imperar; porque a lei é o regimento da Nação, decretado pelo seu corpo de legisladores, e o regimento a lei de cada um dos ramos da legislatura por ele ditado a si mesmo. Mas entre as duas espécies a homogeneidade se estabelece na substância, comum a ambos, do laço obrigatório, criado igualmente num caso e no outro, para aqueles sobre quem se destina a imperar cada uma dessas enunciações da legalidade".

Por sua vez, assim dispõe o Regimento Interno da Câmara dos Deputados, em seu art. 36:

"A comissão parlamentar de inquérito poderá, observada a legislação específica: (...) II – determinar diligências, ouvir indiciados, inquirir testemunhas sob compromisso, requisitar de órgãos e entidades da Administração Pública informações e documentos, requerer a audiência de deputados e ministros de Estado, tomar depoimentos de autoridades federais, estaduais e municipais, e requisitar os serviços de quaisquer autoridades, inclusive policiais; III – incumbir qualquer de seus membros, ou funcionários requisitados dos serviços administrativos da Câmara, da realização de sindicâncias ou diligências necessárias aos seus trabalhos, dando conhecimento prévio à Mesa; IV – deslocar-se a qualquer ponto do território nacional para a realização de investigações e audiências públicas; (...).

"Parágrafo único. As comissões parlamentares de inquérito valer-se-ão, subsidiariamente, das normas contidas no Código de Processo Penal."

São essas as normas incidentes quanto aos meios de investigação das comissões parlamentares de inquérito. Elas são exemplificativas, e não exaustivas. Como se viu acima, ao se tratar do poder de investigação, seus limites positivos são determinados pelas funções cometidas à agência investigante, de forma que ao seu alcance encontram-se todos os meios hábeis ao desempenho dessas funções, desde que necessários, adequados e proporcionados.

3.2 Sob a Constituição de 1988, o *leading case* quanto ao poder de investigação das comissões parlamentares de inquérito é o HC 71.039-RJ, julgado pelo STF em 1994, e de que foi Relator o Min. Paulo Brossard (*RTJ* 169/511). Extraio de sua longa ementa alguns enunciados que consagram teses fundamentais:

(a) "Ao Supremo Tribunal Federal compete exercer, originariamente, o controle jurisdicional sobre atos de comissão parlamentar de inquérito que envolvam ilegalidade ou ofensa a direito individual, dado que a ele compete processar e julgar *habeas corpus* e mandado de segurança contra atos das Mesas da Câmara dos Deputados e do Senado Federal."

(b) "Quem quer o fim dá os meios. A comissão parlamentar de inquérito, destinada a investigar fatos relacionados com as atribuições congressuais, tem poderes imanentes ao natural exercício de suas atribuições, como colher depoimentos, ouvir indiciados, inquirir testemunhas, notificando-as a comparecer perante ela e a depor; (...). Ao poder de investigar corresponde,

necessariamente, a posse dos meios coercitivos adequados para o bom desempenho de suas finalidades."

(c) "A comissão pode, em princípio, determinar buscas e apreensões, sem o quê essas medidas poderiam tornar-se inócuas e quando viessem a ser executadas cairiam no vazio."

No julgamento do MS 23.452 (16.9.1999, rel. Min. Celso de Mello, *RTJ* 173/805), o Pleno do Excelso Pretório, trilhando a incontroversa jurisprudência de que "compete ao STF processar e julgar, em sede originária, mandados de segurança e *habeas corpus* impetrados contra comissões parlamentares de inquérito constituídas no âmbito do Congresso Nacional ou no de qualquer de suas Casas", inovou, porém, ao consignar:

(d) "As comissões parlamentares de inquérito, (...) para decretarem legitimamente, por autoridade própria, a quebra do sigilo bancário, do sigilo fiscal e/ou do sigilo telefônico, relativamente a pessoas por elas investigadas, devem demonstrar, a partir de meros indícios, a existência concreta de causa provável que legitime a medida excepcional (ruptura da esfera de intimidade de quem se acha sob investigação), justificando a necessidade de sua efetivação (...)."

(e) "A cláusula constitucional da reserva de jurisdição – que incide sobre determinadas matérias, como a busca domiciliar (CF, art. 5º, XI), a interceptação telefônica (...) traduz a noção de que, nesses temas específicos, assiste ao Poder Judiciário não apenas o direito de proferir a última palavra, mas, sobretudo, a prerrogativa de dizer, desde logo, a primeira palavra, excluindo-se, desse modo, por força e autoridade do que dispõe a própria Constituição, a possibilidade do exercício de iguais atribuições por parte de quaisquer outros órgãos ou autoridades do Estado."

Quanto ao enunciado "d", afirma o voto do Relator: "É que a comissão parlamentar de inquérito, no caso em exame, ordenou as medidas – objeto de impugnação na presente sede mandamental – sem que justificasse a necessidade de sua adoção, deixando, assim, de cumprir uma determinação constitucional absolutamente essencial, consistente na exigência de fundamentação das resoluções estatais (...) o poder de as comissões parlamentares de inquérito determinarem a quebra dos sigilos bancário, fiscal e telefônico, como derivação dos 'poderes de investigação próprio das autoridades judiciais', não afasta a aplicação em relação às comissões da exigência imposta aos magistrados pelo art. 93, inciso IX, da Constituição Federal".[9]

Quanto ao enunciado "e", o voto do Relator encarta referência a manifestação anterior sua: "O postulado da reserva constitucional de jurisdição – consoante assinala a doutrina (J. J. Gomes Canotilho, *Direito Constitucional e Teoria da Constituição*, pp. 580 e 586, 1998, Almedina, Coimbra) – importa em submeter, à esfera única de decisão dos magistrados, a prática de determinados atos cuja realização, por efeito de verdadeira discriminação material de competência jurisdicional fixada no texto da Carta Política, somente pode emanar do juiz, e não de terceiros, inclusive daqueles a quem se hajam eventualmente atribuído 'poderes de investigação próprios das autoridades judiciais'. Isso significa – considerada a cláusula de primazia judiciária que encontra fundamento no próprio texto da Constituição – que esta exige, para a legítima efetivação de determinados atos, notadamente daqueles que impliquem restrição a direitos, que sejam eles ordenados apenas por magistrados".

3.3 Como as Constituições não definem o que seja "Poder Executivo", "Poder Legislativo" e "Poder Judiciário", e sendo vagos os elementos constantes do texto constitucional sobre o conteúdo e extensão das correspondentes funções, a prática constitucional desenvolveu-se conforme as realidades do poder, instruída pelos subsídios de uma doutrina quase sempre ancilar, ou justificadora desse poder.

Segundo a teoria da separação dos Poderes, ao modo como foi enunciada por Montesquieu em 1748, as funções do governo deveriam ser distribuídas a três agências distintas e independentes, uma com o monopólio da função legislativa, outra com o monopólio da função jurisdicional, e a terceira com o monopólio da chamada função administrativa ou executiva.

À base dessa teoria está a condenação do Absolutismo: "Tudo estaria perdido se o mesmo homem, ou o mesmo corpo de principais, ou dos nobres, ou do povo, exercesse os três poderes: o de fazer as leis, o de executar as resoluções públicas e o de julgar os crimes ou as querelas entre os particulares".[10] Tendo vivido na Inglaterra de

9. Diz esse inciso que todas as decisões judiciais devem ser fundamentadas.

10. *O Espírito das Leis*, São Paulo, Martins Fontes, 1999, p. 172 (2ª Parte, Livro 11º, VI).

1729 a 1731, e aí observado o regime de governo inglês, em que as autoridades executivas eram membros do Parlamento, anotou Montesquieu, n'*O Espírito das Leis*, que, se o Poder Executivo "fosse confiado a um certo número de pessoas tiradas do corpo legislativo, não haveria mais liberdade, porque os dois Poderes estariam unidos, participando as mesmas pessoas, por vezes, e podendo sempre participar de um e de outro".[11] Na pureza dessa doutrina, ao chamado Poder Legislativo, mais do que a função prescritiva, caberia o exercício de toda função deliberativa; ao Executivo sobraria a tarefa de "executar as resoluções públicas", não lhe cabendo, portanto, a de estabelecer políticas públicas.

A Constituição Francesa de 1791 inspirou-se em Montesquieu ao criar um "corpo legislativo" – eleito pelo povo e designado como "Assembléia Nacional" – para exercer suas funções ao lado do rei, detentor do "Poder Executivo", e nessa condição encarregado de administrar o Reino e manter a ordem. Essa divisão atendia ao contido no art. 16 da Declaração de 1789 (não tem Constituição a sociedade em que não esteja estabelecida a separação dos Poderes). Com a abolição da Monarquia, as funções do Rei foram entregues pela Constituição de 1793 a um Conselho Executivo composto por 24 membros, e em seguida, pela Constituição de 1799, a um colegiado composto por 3 cônsules. Salvo na Constituição de 1793 – em que o processo legislativo ficou a cargo unicamente do corpo legislativo –, não se adotou em todo seu rigor a absoluta separação de funções proposta por Montesquieu: a Constituição de 1791 reservava ao Executivo o poder de veto das proposições do corpo legislativo, e a Constituição de 1799 concedeu ao consulado a exclusividade da iniciativa dos projetos de lei.

Já a origem do chamado "sistema presidencial de governo" está na substituição do rei (que era hereditário e vitalício) por um presidente (com mandato por prazo determinado), tal como operada pelas 13 colônias norte-americanas, ao se emanciparem da Monarquia Inglesa. Além dessa novidade, a Constituição Norte-Americana (1787), em razão do pacto federativo, entregou a uma agência eletiva (Senado) a representação dos Estados Federados, e a outra (Câmara dos Deputa-

11. Idem, p. 177.

dos) a representação dos cidadãos da União. A essas duas casas (Congresso) cabia a condução do processo legislativo, de que se fez participante também o Presidente, mediante o poder de veto das proposições e resoluções aprovadas pelo Congresso (art. 2º, Seção 7).

Nos primórdios do Estado Moderno formaram-se portanto, nos sistemas presidenciais, três corpos de governo – o Legislativo, o Executivo e o Judiciário –, que, segundo o céu da doutrina, se pretendiam funcionalmente distintos, independentes e harmônicos. A prática de governo, porém, terminou por estabelecer aí uma fusão assemelhada àquela existente nos sistemas parlamentares, de tal modo que se possa falar num corpo Executivo-Legislativo com preponderância do Executivo.[12] Entretanto, não há motivos para se infirmarem, hoje, as razões de Montesquieu ("quando na mesma pessoa ou no mesmo corpo de magistratura o Poder Legislativo está reunido ao Poder Executivo não existe liberdade");[13] de fato, onde a função legislativa caiba ao Executivo ele não é vinculado pela lei – o que, aliás, é a nota característica das ditaduras (a fusão dos Poderes, a absorção de todas as funções do governo pelo ditador). Esse vício está inconscientemente à base de postulações que reclamam para o desempenho das funções do Executivo, e tendo em vista a "governabilidade", modelos de Parlamento com maiorias sólidas, de modo a garantir a realização de suas políticas.

Desde sua primeira Constituição Republicana o Brasil adotou – com o breve intervalo da Emenda Constitucional 4/1961 – a forma federativa e o sistema presidencial de governo. A Constituição de 1891, na linha da Constituição Norte-Americana, fazia o Presidente

12. Sobre "O Poder Executivo e a atividade legislativa", v. Clémerson Merlin Clève, *Atividade Legislativa do Poder Executivo*, 2ª ed., São Paulo, Ed. RT, 2000, pp. 99-141.

13. Quanto a isso, Locke dissera que, dada a fragilidade humana, os que fazem as leis podem ser tentados a ter também o poder de executá-las, dispensando-se, pois, de sua obediência e utilizando-as em seu próprio proveito, de modo a ter "um interesse distinto dos outros membros da comunidade, contrário ao fim da sociedade e do governo; por isso, nas sociedades políticas bem ordenadas, em que há o devido respeito ao bem da coletividade, o Poder Legislativo é atribuído a diversas pessoas, as quais, regularmente reunidas, hão de fazer as leis, por si ou conjuntamente com os outros Poderes, e quando as tiverem feito e estiverem de novo separadas, estão sujeitas às leis que elas mesmas fizeram. (...)" (*Two Treatises of Government*, Cambridge University Press, 1988, II, § 143).

participante do processo legislativo mediante o poder de veto, cabendo-lhe também sancionar, promulgar e fazer publicar as leis e resoluções do Congresso.

A tais poderes presidenciais a Constituição de 1934 acrescentou, entre outros, o de iniciativa de projetos de lei.

A Constituição Brasileira de 1988 manteve esses poderes e –por si mesma ou mediante emendas que a alteraram – facultou ainda ao Presidente da República: *(a)* editar medida provisória; *(b)* editar normas sobre a organização e funcionamento da Administração Federal, desde que não impliquem aumento de despesa nem a criação ou extinção de órgãos públicos (Emenda Constitucional 32, de 11.9.2001); *(c)* editar normas sobre a extinção de funções ou cargos públicos, quando vagos (Emenda Constitucional 32, de 11.9.2001); *(d)* a iniciativa privativa das leis sobre: (i) fixação ou modificação dos efetivos das Forças Armadas; militares das Forças Armadas, seu regime jurídico, provimento de cargos, promoções, estabilidade, remuneração, reforma e transferência para a reserva (Emenda Constitucional 18, de 5.2.1998); (ii) criação de cargos, funções ou empregos na Administração direta e autárquica ou aumento de sua remuneração; (iii) organização do Ministério Público e da Defensoria Pública da União, bem como normas gerais para a organização do Ministério Público e da Defensoria Pública dos Estados, do Distrito Federal e dos Territórios; (iv) criação e extinção de Ministérios e órgãos da Administração Pública; (v) servidores públicos da União e Territórios, seu regime jurídico, provimento de cargos, estabilidade e aposentadoria (Emenda Constitucional 18, de 5.2.1998); (vi) organização administrativa e judiciária, matéria tributária e orçamentária, serviços públicos e pessoal da Administração dos Territórios; (vii) plano plurianual, diretrizes orçamentárias, créditos adicionais, bem como sua modificação.[14]

14. Segundo a Constituição Brasileira de 1988, o Executivo é ainda autorizado a editar normas primárias no tocante às alíquotas de alguns impostos (art. 153, § 1º) e à celebração de tratados, convenções e atos internacionais, "sujeitos a referendo do Congresso Nacional" (art. 84, VIII). Sobre os casos de usurpação, pelo Executivo, da função legislativa, v. os exemplos mencionados por Carlos Roberto de Siqueira Castro (*O Congresso e as Delegações Legislativas*, Rio de Janeiro, Forense, 1986, pp. 97-101).

Não podemos esquecer que o Parlamento foi criado (a partir da revolução constitucional inglesa) basicamente com a missão de controlar o Executivo, e de que em sua origem está o conflito latente, na democracia, entre as funções legislativa e executiva. Criando o Parlamento (Câmara dos Lordes, Câmara dos Comuns), a prática constitucional inglesa suprimiu esse conflito ao entregar-lhe todas as funções anteriormente exercidas pelo monarca, e a uma parte dele (o Gabinete) a função estritamente executiva. Foi semelhante a distribuição de poderes efetuada pela Constituição Francesa de 1791, em que os poderes atribuídos à Assembléia Nacional iam além dos meramente legislativos.

Contudo, nos sistemas presidenciais o comando das Forças Armadas, o poder de imprimir a moeda, de nomear funcionários públicos e inclusive agentes políticos, de arrecadar tributos e gerir as finanças públicas, associados a vários outros, acabaram não só assegurando uma primazia de fato ao Executivo, mas criando formas de desequilíbrio conhecidas como "presidencialismo" e "hiperpresidencialismo" (ou "presidencialismo imperial"), caracterizadas pela sobreposição do Executivo ao Legislativo. Nessa direção concorreram motivos de natureza comunicacional (a maior visibilidade do Executivo), psicológica (o papel simbólico da autoridade), operacional (a unidade de comando), jurídica (o poder de representação do governo, a concentração de poderes em mãos do Presidente) e política (os poderes de direito e de fato de que dispõe o Presidente).

Não obstante cada uma de suas casas (Senado, Câmara) possua uma Mesa Diretora e um Presidente, na verdade o Congresso não é um corpo: é um agregado funcional, de baixa eficiência (inclusive sob o ponto de vista de sua qualidade burocrática), cujos membros (senadores, deputados) comportam-se segundo motivações variáveis e distintas, e têm suas fidelidades hipotecadas não à Mesa Diretora, mas ao governo (Executivo, situação) que apóiam, ao partido a que são filiados, ou à região de que provêm; a territorialização das eleições tende a transformar os deputados – em vez de representantes da Nação, como deseja a Lei Magna – em corretores de benefícios regionais e locais junto ao Executivo. Nessas condições, pouco espaço resta no Congresso para lideranças de nível nacional, que poderiam se equiparar, em prestígio, experiência, capacidade e visibilidade, aos políticos que costumam pleitear a Presidência da República.

O conflito entre o Congresso e o Executivo não é apenas expressão da luta política entre os Poderes: decorre não somente da diferença de posições e perspectivas, mas também de que seus titulares têm diferentes extrações políticas e sociais. A justificativa para a existência do Parlamento – que está primordialmente no controle do Executivo – encontra-se também na sua representatividade, no seu pluralismo e na transparência do processo legislativo; à base destes acha-se a concepção das normas jurídicas não como instrumentos para a direção da sociedade, mas como produto da sociedade.

Não obstante o critério para a fórmula da divisão de Poderes seja o interesse público, na prática acaba prevalecendo o interesse do Executivo; se este não tem a possibilidade formal de pautar o Legislativo – como acontece, por exemplo, no regime da Constituição Francesa de 1958 –, passa a fazê-lo mediatamente, através das Mesas do Congresso. Nos sistemas presidencialistas a maioria das proposições aprovadas no legislativo tem origem no Executivo, ou para serem aprovadas precisam de seu beneplácito, através da Mesa ou do que passou a ser conhecido como a "Liderança do Governo". Para que isso aconteça concorre grandemente o comportamento do Judiciário.

Não é de estranhar, por isso, que, sob a influência do Executivo, o Congresso deixe de editar normas essenciais para o controle de sua atividade; o Congresso Brasileiro demorou 13 anos para instalar o Conselho de Comunicação Social, e 14 anos – desde 1988, quando a Constituição entrou em vigor, até o momento (outubro/2002) de redação destas linhas – não foram suficientes para a edição de leis complementares tais como as reclamadas pelos arts. 163 e 192 da Lei Magna. Esse inadimplemento teve o endosso do STF, ao tornar ineficazes as normas constitucionais sobre a inconstitucionalidade por omissão e sobre o mandado de injunção e ao tolerar a edição de normas jurídicas primárias por órgãos do Executivo.

Enfraquecido pela sua inércia estrutural, pelos pleitos individuais dos seus membros, pelo comércio das suas prebendas, pelo abastardamento das suas imunidades, pela necessidade de exposição que transforma em espetáculo os seus inquéritos, pelo despreparo técnico dos membros das suas comissões de inquérito, pela freqüência dos atos de nepotismo e corrupção, o Parlamento vê se esvaírem pelos dedos as suas prerrogativas, caírem no vazio as considerações doutrinárias sobre a equivalência dos Poderes, sobre *checks and balances*, pesos e contrapesos, freios e contrafreios. No sistema presidencialista, nada há que freie a Presidência.

Ao butim das prerrogativas do Legislativo também tem acorrido o Judiciário, que descumpre o disposto nos arts. 52, X, da Constituição e 178 do seu próprio Regimento Interno, reclama o efeito vinculante de suas decisões e pleiteia a faculdade de editar normas de processo, quanto aos casos de sua competência.[15]

Nessa lista inclui-se agora a tentativa de criar, para o funcionamento das comissões parlamentares de inquérito, uma espécie de *référé judiciaire*.[16] Como os incisos XI e XII do art. 5º da Constituição aludem a uma ordem ou determinação judicial, à primeira vista parece inatacável o entendimento de ser vedado às comissões parlamentares de inquérito efetuar busca e apreensão domiciliar, ou quebrar o sigilo telefônico de pessoas investigadas, sem prévia autorização judiciária.

Essa, contudo, é interpretação literal, assistemática e irrazoável, que rouba eficácia ao disposto no § 3º do art. 58 do mesmo diploma. Inexiste meio de investigação, ao alcance da autoridade judiciária, do qual a comissão parlamentar de inquérito também não disponha. O abuso, é sabido, não tolhe o uso. Por via do mandado de segurança e do *habeas corpus* tem procurado o Judiciário corrigir abusos ocorridos em investigações seja do Executivo, seja do Legislativo, seja do próprio Judiciário. A este cabe a última palavra quanto à ocorrência de abusos praticados em detrimento de direitos fundamentais; e, se o abuso diz respeito à colheita de prova, esta simplesmente deixa de ser aproveitada.

Segundo o disposto no art. 162 do Código de Processo Civil, os atos do juiz consistem em sentenças, decisões interlocutórias e despa-

15. V. *RTJ* 133/3, 139/376, 160/362 e principalmente 45/690. V. também, do Min. Carlos Velloso, "O Poder Judiciário na Constituição – Uma proposta de reforma", *Temas de Direito Público*, Belo Horizonte, Del Rey, 1997, p. 30.

16. Um dos sinais de subordinação do Judiciário, antes de sua afirmação como Poder da República, era o chamado *référé au legislateur*, existente na França desde o século XVII: a necessidade em que se via o juiz de consultar o Monarca em caso de dúvida sobre a aplicação da lei; quanto a isso a Revolução nada alterou, tendo apenas substituído a pessoa do Monarca pela soberania do Legislativo; o Decreto de 16-24.8.1790 proibiu os tribunais de fazerem regulamentos, e induziu-os a se dirigirem ao Legislativo toda vez que julgassem necessário interpretar uma lei.

chos.[17] Por exigência do contraditório, as decisões judiciais devem ser fundamentadas, sendo que as sentenças e acórdãos cabalmente (CPC, art. 458, Constituição da República, art. 93, X), e as demais ainda que de modo conciso (CPC, art. 165). Mas, não obstante contenham juízo (que não se pode confundir com decisão, assim como motivo não se confunde com motivação), os atos de impulso processual, praticados mediante meros despachos, não reclamam fundamentação. Ato ordinatório de diligência, praticado por quem preside inquérito, não pode ser considerado tecnicamente como uma decisão.

É impossível exigir, sob pena de desnaturação, formalismo, burocratização e inviabilização dos inquéritos, que todas as suas diligências sejam fundamentadas. O juiz não tem como avaliar essas fundamentações sem imitir-se na função técnica da autoridade investigante. Mas desde que provocado pode perfeitamente, e independentemente de que tenha ocorrido ou não fundamentação, impedir a realização de diligência flagrantemente arbitrária (isto é, desnecessária, inadequada ou desproporcionada). É abusiva, portanto, a exigência de prévia fundamentação dos atos investigatórios de comissões parlamentares de inquérito.

4. Conclusão

As considerações acima põem-nos em condição de enfrentar os dois quesitos pendentes de resposta:

(b) Contém-se no poder de emenda do constituinte derivado a possibilidade de efetuar essa alteração?

A resposta é *sim*; nada há, na proposta sob exame, que ofenda a fórmula da divisão de Poderes adotada pela Constituição Brasileira de 1988. Expediente idêntico de ratificação do texto constitucional foi empregado com relação ao *caput* do art. 53 da Constituição ("Os deputados e senadores são invioláveis por suas opiniões, palavras e votos"), que a Emenda Constitucional 35, de 20.12.2001, modificou

17. O Min. Humberto Gomes de Barros considera despacho "o ato judicial que se limita a orientar o movimento processual, sem deferir ou indeferir qualquer pretensão. Ato que modifique alguma das pretensões em litígio não é despacho, mas decisão, exposta a recurso" (*RSTJ* 122/43).

para: "Os deputados e senadores são invioláveis, civil e penalmente, por *quaisquer* de suas opiniões, palavras e votos" (grifo meu).

(c) É legítima a modificação pretendida?

A resposta é igualmente *sim*. A Ordenação 1937 continha, no parágrafo único do seu art. 96, uma curiosa norma para nulificação de decisões judiciais: "No caso de ser declarada a inconstitucionalidade de uma lei que, a juízo do Presidente da República, seja necessária ao bem-estar do povo, à promoção ou defesa de interesse nacional de alta monta, poderá o Presidente da República submetê-la novamente ao exame do Parlamento; se este a confirmar por dois terços de votos em cada uma das Câmaras, ficará sem efeito a decisão do tribunal".

Sob a Constituição de 1988 já se buscaram fórmulas imaginosas para iguais propósitos, assim a utilização indevida do instituto da anistia. No Estado Democrático de Direito, porém, só existe uma via jurídica para manifestação de inconformidade do Legislativo quanto a decisões de inconstitucionalidade do Judiciário. São legítimas, por isso, ainda que possam estar equivocadas em seus motivos, as iniciativas de parlamentares que mediante emendas constitucionais buscam defender as prerrogativas do Congresso Nacional.

A essência do poder absoluto consiste em que seus erros não admitem correção. O Judiciário é posto para corrigir os erros dos demais Poderes, não para errar em seu lugar. Se precisarmos escolher entre dois Poderes – um cujos erros podem ser corrigidos, e outro cujos erros não admitem correção –, apostemos no primeiro.

Santos, 27 de outubro de 2002, ano do Brasil

REPERCUSSÕES DO CÓDIGO CIVIL DE 2002 NO DIREITO ADMINISTRATIVO

Sílvio Luís Ferreira da Rocha

1. Considerações gerais. 2. Mudanças estruturais ocorridas na Parte Geral do Código Civil de 2002. 3. Mudanças ocorridas no direito das coisas.

1. Considerações gerais

O Código Civil de 2002 – Lei 10.406, de 10.1.2002 – entrou em vigor em janeiro/2003.

É o resultado de um projeto que tramitou pela Câmara dos Deputados e pelo Senado Federal por anos e contou com a valiosa colaboração de juristas do porte de Miguel Reale, no papel de coordenador-geral, e José Carlos Moreira Alves (Parte Geral), Agostinho de Arruda Alvim (Direito das Obrigações), Sylvio Marcondes (Direito de Empresa), Ebert Vianna Chamoun (Direito das Coisas), Clóvis do Couto e Silva (Direito de Família) e Torquato Castro (Direito das Sucessões) como elaboradores do Projeto.

A estrutura do Código Civil foi a de preservar, sempre que possível, as disposições do Código Civil de 1916, por entender que cada texto legal representa um patrimônio de estudo e pesquisa, sem, no entanto, descuidar da necessidade de refletir nas relações jurídicas as alterações sofridas pela sociedade.

O código define-se como um conjunto ordenado, sistematizado e pretensamente totalitário de regras a respeito de um determinado assunto. O código apresenta como características a unidade, a exclusividade e a sistematização. *Unidade* porque unifica em seu conteúdo as regras relativas a um ramo do Direito; *exclusividade* porque por ocasião da sanção o código deve conter todas as regras jurídicas gerais sobre a matéria, com derrogação das disposições até então vigentes; *sistematização* porque as regras nele contidas são subdivididas e organizadas por matéria.[1]

O primeiro grande Código foi o Francês. Napoleão chamou-o de "a Constituição do Cidadão Francês". Esse Código pretendeu acabar com os privilégios do sistema feudal, que onerava a propriedade e disciplinava as relações pela posição social da pessoa. O Código Civil Francês nasceu ligado aos institutos da *propriedade*, que simbolizava a igualdade, e do *contrato*, que simbolizava a liberdade.

Outro grande Código foi o Alemão (*BGB*). Entre os doutrinadores é conhecida à famosa disputa na Alemanha entre Savigny e Thibaut. Savigny opunha-se à codificação, pois, segundo ele, a rigidez do código e a arbitrariedade da sua criação fazem com que a vontade da comunidade não seja respeitada e com que haja uma dificuldade de adaptação das regras do código às evoluções sociais. Thibaut defendia a codificação porque, segundo ele, a codificação possibilitava a introdução de novas idéias, além de ser um meio eficiente de unificação política e legislativa. Prevaleceu a tese da codificação Esse Código foi o primeiro a apresentar uma Parte Geral que irradia efeitos sobre os demais Livros. O Código Civil Alemão influenciou o Código Civil Brasileiro de 1916, que, a exemplo dele, continha uma Parte Geral que também irradiava efeitos nos demais Livros, em razão de Clóvis Beviláqua, autor do projeto, ter estudado em Recife, na Faculdade de Direito na qual Tobias Barreto divulgava as idéias germanas.

A crescente complexidade da sociedade, sobretudo após a II Guerra Mundial, decorrente da revolução tecnológica, da concentração urbana, provocou o surgimento de novas áreas de conflitos e uma crise de regulação. O Código Civil de 1916 mostrou-se incapaz, em diversos casos, de oferecer uma solução satisfatória e apaziguadora dos conflitos, o que levou a uma proliferação de leis extravagantes e ao surgimento de microssistemas legais, auto-suficientes, e ao questionamento da capacidade do Código de disciplinar de forma adequa-

1. Manuel Araux Castex, *apud* Renan Lotufo, *Curso Avançado de Direito Civil – Parte Geral*, vol. 1, p. 73.

do os novos, múltiplos e diversos conflitos. Daí a crítica recebida pelo atual Código Civil; muitos acreditam que essa forma de disciplinar os conflitos esteja ultrapassada. Esta visão é equivocada, pois muitos países, em datas recentes, promulgaram Códigos Civis, o que demonstra e comprova a pertinência dos mesmos em disciplinarem grandes segmentos da vida social. Devemos, contudo, observar que os Códigos, com o advento de Constituições sociais e com a constitucionalização dos direitos humanos, perderam muito da importância, e seus institutos devem ser relidos à luz dos valores constitucionais.

O Código Civil Brasileiro, em seu conjunto, é informado por três princípios – o da socialidade, o da eticidade e o da operabilidade –, que, enquanto princípios, representam "disposição*[ões]* fundamental*[ais]* que se irradia*[m]* sobre diferentes normas compondo-lhes o espírito e servindo de critério para sua exata compreensão e inteligência exatamente por definir*[em]* a lógica e a racionalidade do sistema normativo, no que lhe confere*[m]* a tônica e lhe dá*[ão]* sentido harmônico".[2]

O princípio da *socialidade* realça a prevalência de valores coletivos sobre os individuais, sem perder em conta o valor da pessoa humana. Afasta, com isso, a crítica dirigida ao Código Civil de 1916, elaborado em época de elevado reconhecimento à figura do indivíduo.

Os institutos da *posse-trabalho* ou *posse* ***pro labore***, que permite a redução do prazo de usucapião de um imóvel se os possuidores houverem estabelecido sua moradia ou realizado investimentos de interesse social e econômico (CC, arts. 1.238, parágrafo único, e 1.242, parágrafo único), da *função social da propriedade* (CC, art. 1.228, § 1º) e da *função social do contrato* (CC, art. 421) são, no Código Civil, manifestações do princípio da socialidade.[3]

O princípio da *eticidade* recorre ao uso de cláusulas gerais, como a boa-fé, a probidade e a eqüidade, que conferem ao juiz a possibilidade de solucionar a lide em conformidade com valores éticos. De acordo com Miguel Reale: "O Código é um sistema, um conjunto harmônico de preceitos que exigem a todo instante recurso à analogia

2. Celso Antônio Bandeira de Mello, *Curso de Direito Administrativo*, 17ª ed., São Paulo, Malheiros Editores, 2004, pp. 841-842.

3. Miguel Reale, *O Projeto do Novo Código Civil*, p. 7.

e a princípios gerais, devendo ser valoradas todas as conseqüências da cláusula *rebus sic stantibus*. Nesse sentido é posto o princípio do equilíbrio econômico dos contratos como base ética de todo o direito obrigacional".[4]

O princípio da *operabilidade* objetiva assegurar que o Direito previsto possa ser efetivamente aplicado. Pressupõe a idéia que o Direito é feito para ser realizado O Código Civil de 2002 procurou, entre outras coisas, eliminar algumas dúvidas existentes no Código Civil de 1916, como explicitar a distinção entre *prescrição* e *decadência*, ao reunir as normas prescricionais, todas elas, na Parte Geral do Código e os casos de decadência, salvo uma ou outra hipótese, na Parte Especial.[5]

O presente artigo propõe-se a analisar os reflexos dos institutos previstos no Código Civil de 2002 no direito administrativo, concentrando-se em algumas repercussões localizadas na Parte Geral e na parte destinada aos direitos reais.

Antes de prosseguirmos, no entanto, algumas palavras a respeito da aplicabilidade do Código Civil às relações jurídicas administrativas.

São poucos os autores que tratam da influência do Código Civil nas relações jurídicas administrativas. Maria Sylvia Zanella Di Pietro remete para a Constituição Federal e para a lei a escolha da submissão da Administração Pública a um regime jurídico de direito privado ou de direito público. Aduz que não há como estabelecer de forma prévia todas as hipóteses em que a Administração pode atuar sob regime de direito privado, cabendo ao legislador, em geral, realizar a opção, como ocorre com as pessoas jurídicas, contratos e bens de domínio privado do Estado. Conclui aplicar-se o direito privado, como regra, no silêncio da norma de direito público, embora a norma de direito público sempre imponha desvios ao direito comum, para permitir que a Administração Pública, mesmo se utilizando dele, alcance os fins predispostos na norma.[6]

Partindo dessas premissas, podemos afirmar que: *(a)* o direito privado aplica-se supletivamente às relações jurídicas administrati-

4. Idem, p. 9.
5. Idem, p. 10.
6. *Direito Administrativo*, 10ª ed., pp. 57-58.

vas, nos casos de lacuna, desde que a aplicação supletiva e analógica não contrarie a realização do interesse público; a analogia deve ser realizada com outras normas de direito público, e apenas na ausência delas é que a analogia pode ocorrer com normas de direito privado; *(b)* o direito privado aplica-se às relações jurídicas administrativas nos casos expressamente previstos na Constituição e na lei, sempre que esse for o melhor meio para realizar o interesse público. A defesa do interesse público justifica a derrogação de certas regras do direito privado.

2. *Mudanças estruturais ocorridas na Parte Geral do Código Civil de 2002*

O Código Civil de 2002 realizou mudanças no livro correspondente à Parte Geral.

O Título I do Livro I é dedicado às pessoas naturais. O Capítulo I desse Título é dedicado à personalidade e à capacidade. Preceitua o art. 1º: "Toda pessoa é capaz de direitos e deveres na ordem civil". Este artigo sofreu, em relação ao similar existente no Código Civil de 1916 (art. 2º), uma alteração de redação, pois houve a substituição do substantivo "homem" – que revelava uma forte inspiração do direito romano, que não reconhecia à mulher plena capacidade de direitos – por "pessoa".

A personalidade é a aptidão genérica para ser titular de direitos e ficar sujeito a obrigações. Corresponde à capacidade de direito ou de gozo.

Hoje há plena coincidência entre *ser pessoa* e *ter personalidade*. Na Antigüidade, não. Os escravos, por exemplo, eram pessoas, mas não se reconhecia a eles personalidade – isto é, não podiam ser sujeitos de direitos, pois pertenciam a alguém, como se fossem coisas. Esta plena coincidência entre ser pessoa e ter personalidade é fruto do princípio da igualdade entre todos, um dos direitos universais do homem.

A personalidade, também denominada capacidade de gozo de direitos, tem início com o nascimento com vida (art. 2º). Exigiu o Código Civil a vida, por mais breve que seja, ignorando qualquer questão relacionada com a viabilidade da vida ou com a figura humana. Assim, mesmo que o recém-nascido venha a morrer instantes depois ou, ainda, nasça já com uma grave enfermidade ou deformidade que demonstre de plano sua inaptidão para a vida, tornar-se-á sujeito de direito; adquiriu personalidade. Nesse sentido a lição de Pontes de Miranda: "Quando o nascimento se consuma, a personalidade começa. Não é preciso que se haja cortado o cordão umbilical; basta que a criança haja terminado de nascer (= sair da mãe) com vida. A viabilidade, isto é, a aptidão a continuar a viver, não é de exigir-se. Se a ciência médica responde que nasceu vivo, porém seria impossível viver mais tempo, foi pessoa, no curto trato de tempo em que viveu".[7]

O início da personalidade sofre a influência de três correntes doutrinárias.

A doutrina natalista considera o início da personalidade a partir do nascimento com vida.

A doutrina da personalidade condicional considera o início da personalidade com a concepção, sob a condição de o nascimento ocorrer com vida.

A doutrina concepcionista considera a concepção o início da personalidade.

O Código Civil filiou-se à teoria natalista, e considerou o início da personalidade a partir do nascimento com vida, embora proteja desde a concepção os interesses do nascituro.

A teoria concepcionista ganha, no entanto, adeptos. Silmara J. A. Chinelato e Almeida sustenta que o nascituro tem personalidade desde a concepção. Apenas certos efeitos de certos direitos patrimoniais dependem do nascimento com vida, como o direito de receber doação e o de receber herança.[8]

Maria Helena Diniz também sustenta ser o momento da penetração do espermatozóide no óvulo o início legal da personalidade jurídica.[9]

7. *Tratado de Direito Privado*, p. 217.

8. Silmara J. A. Chinelato e Almeida, "O nascituro no Código Civil e no nosso direito constituendo", in Carlos Alberto Bittar (coord.), *O Direito de Família e a Constituição de 1988*.

9. *Curso de Direito Civil Brasileiro – Teoria Geral do Direito Civil*, 1º vol., p. 100.

A favor da teoria concepcionista temos que o direito à vida, um dos direitos absolutos e fundamentais do homem, é reconhecido pela Convenção de Direitos Humanos, no art. 4º – entre nós, Decreto 678, de 6.11.1992 –, desde o momento da concepção, o que significa que o feto seria titular de direitos fundamentais, entre eles a vida, não se lhe podendo negar personalidade jurídica.

É possível sustentar ter o nosso sistema jurídico acolhido e conciliado duas posições. A outorga de direitos personalíssimos, como a proteção à vida, ocorre a partir da concepção – o que explicaria o fato de o nascituro ter assegurado o direito à vida e o direito à percepção de alimentos. A outorga de direitos patrimoniais, como o direito de suceder a uma herança, ocorre a partir do nascimento com vida – teoria natalista.

Parece ter sido esta a posição de Maria Helena Diniz, conforme se verifica: "Na vida intra-uterina tem o nascituro personalidade jurídico-formal, no que atina aos direitos personalíssimos e aos da personalidade, passando a ter a personalidade jurídica material, alcançando os direitos patrimoniais, que permaneciam em estado potencial, somente com o nascimento com vida. Se nascer com vida, adquire personalidade jurídica material; mas se tal não ocorrer, nenhum direito patrimonial terá".[10]

No campo da capacidade de exercício – isto é, possibilidade real e concreta de fruir e gozar de direitos e de ter direitos –, o Código Civil reduziu a idade-limite para atingir a maioridade civil de 21 para 18 anos, ao determinar a cessação da menoridade e, portanto, da incapacidade, ainda que relativa, para a prática de negócios civis aos 18 anos completos (art. 5º). Portanto, a incapacidade decorrente da menoridade cessa aos 18 anos completos. Ocorrendo essa hipótese, a pessoa adquire capacidade plena de agir, de modo que, em tese, estará autorizada a praticar todos os atos da vida civil.

Encontramos o primeiro ponto de conflito entre leis administrativas e leis civis na medida em que leis administrativas estabeleçam o direito à percepção de pensão até o filho ou filha completar a maioridade. Daí a pergunta sobre se haverá a possibilidade de a Administração interromper o pagamento da pensão aos dependentes que com-

10. *Código Civil Anotado*, 5ª ed., p. 9.

pletarem 18 anos, mesmo que a legislação administrativa aplicável ao caso refira-se expressamente à hipótese da *maioridade aos 21 anos*.

Cremos que se a legislação administrativa estabelecer como termo final de percepção do benefício de pensão apenas *a maioridade* do filho ou da filha, parece-nos clara a necessidade de interromper, pela extinção do direito, o pagamento do benefício quando o filho atingir pela lei civil a maioridade, aos 18 anos. Agora, se a lei administrativa estabelecer como termo final de percepção do benefício de pensão a *idade de 21 anos* parece-nos que a pensão deve ser paga até o beneficiário completar esta idade, em razão de prevalecer, no caso, o critério diverso estabelecido pela legislação administrativa.

Prosseguindo com as inovações, já não sem tempo, o Código dedicou o Capítulo II do Livro I da Parte Geral aos direitos da personalidade . A idéia de direitos da personalidade começou a ser desenvolvida a partir da revisão da noção de que os bens e interesses que a ordem jurídica protege são unicamente coisas, pessoas e produtos da invenção sobre os quais o indivíduo exerce seu senhorio.[11]

Não se pode apontar num único momento histórico o reconhecimento dessa categoria de direitos. Sabemos que ela ganhou força com a Escola de Direito Natural e o seu conjunto de direitos inatos, preexistentes e imediatos ao nascimento da pessoa, e obteve considerável reforço com a Declaração dos Direitos do Homem e do Cidadão.

Os direitos da personalidade também ganharam projeção com a inclusão do princípio da dignidade humana nos textos das Constituições. A inclusão deste princípio deu aos direitos da personalidade uma dimensão valorativa. Eles é que concretizam o princípio da dignidade da pessoa humana. As Constituições passaram também a prever em seus textos proteção específica a direitos da personalidade, como a Constituição Federal de 1988 que, no art. 5º, X, protegeu a vida, a liberdade, a intimidade, a vida privada, a honra, a imagem. Ape-

11. De acordo com Gilberto Haddad Jabur (*Liberdade de Pensamento e Direito à Vida Privada*, p. 32), "a idéia – revista por Andréas von Tuhr – de que os bens e interesses que a ordem jurídica protege não são unicamente coisas, pessoas e produtos da invenção sobre os quais o indivíduo exerce seu senhorio, mas também, e em primeiro plano, a própria pessoa, o próprio sujeito a cujo uso intelectual e corporal estão destinados todos os direitos a que se acaba de referir, solidificou-se e deu origem àquilo que se pode apelidar de *direitos subjetivos da personalidade*".

nas com a promulgação do Código Civil de 2002 é que esta parcial constitucionalização de alguns direitos da personalidade recebeu sistematização adequada pelo direito privado.

Os direitos de personalidade dizem respeito a um certo número de interesses protegidos juridicamente em razão do fato de ser pessoa e que incidem sobre os vários modos de ser físicos ou morais da sua personalidade. São direitos subjetivos da pessoa de defender o que lhe é próprio, ou seja: sua integridade física (vida, alimentos, próprio corpo vivo ou morto, corpo alheio vivo ou morto, partes separadas do corpo vivo ou morto); sua integridade intelectual (liberdade de pensamento, autoria científica, artística e literária) e sua integridade moral (honra, recato, segredo profissional e doméstico, identidade pessoal, familiar e social).

Neste capítulo o Código proibiu a divulgação da imagem, voz e escritos de pessoas sem sua autorização, exceto nos casos em que o interesse público recomendar e exigir a divulgação (CC, art. 20). Desta forma – e aqui um outro reflexo do Código Civil no direito administrativo –, o Estado pode ser responsabilizado civilmente por ato da autoridade policial que autorizou a divulgação de imagem e voz de preso sem o prévio consentimento dele.

Também neste capítulo o Código Civil assegurou a privacidade e a intimidade da pessoa natural no que diz respeito à sua vida privada (CC, art. 21). A vida pública não é considerada inviolável, de modo que os fatos relativos à vida pública podem ser divulgados, porque interessam à coletividade. Nesta perspectiva, podemos perguntar se o agente público tem direito ao resguardo de sua vida privada considerada inviolável – e a resposta é afirmativa, pois o agente público também teve assegurado o direito ao resguardo de sua vida privada, não cabendo a revelação de fatos que estejam relacionados exclusivamente a ela.

O Código Civil preocupou-se em disciplinar a integridade física e psíquica da pessoa. Proibiu que ela seja submetida, contra sua vontade, a tratamento médico ou a intervenção cirúrgica que lhe acarrete risco de vida (CC, art. 15). Poderíamos indagar: quais cuidados os hospitais públicos devem ter antes de submeter os pacientes a cirurgias de risco? Os hospitais públicos devem colher o consentimento do paciente ou do representante legal antes de os submeter a tratamentos e cirurgias de risco. A prévia autorização é exigida nos casos de internação programada, e não nos casos de urgência, em que o procedimento deve ser realizado imediatamente, sem a possibilidade de o médico aguardar o consentimento do familiar mais próximo.

O Código Civil disciplina as pessoas jurídicas de direito público e de direito privado. Enumera como pessoas de direito público interno, no art. 41, a União, os Estados, o Distrito Federal e os Territórios, os Municípios, as autarquias *e demais entidades de caráter público criadas por lei*. A expressão "demais entidades de caráter público criadas por lei" pode ser uma referência implícita às denominadas fundações públicas, muito embora elas tenham natureza autárquica, segundo a doutrina.

O Código Civil, prevê no parágrafo único do art. 41, que as *pessoas jurídicas de direito público* "a que se tenha dado estrutura de direito privado" regem-se, no que couber, por normas de direito privado.

A primeira dificuldade deste dispositivo consiste em precisar quais são as pessoas jurídicas de direito público a que se tenha dado estrutura de direito privado. Estariam enquadradas nesta definição as fundações criadas pelo Poder Público? A princípio, apenas as fundações criadas pelo Poder Público com natureza privada, conforme sustentado por parte da doutrina.

As fundações podem ser criadas pelo Poder Público. São chamadas de *fundações públicas*. O Decreto-lei 200, com a alteração introduzida pela Lei 7.596, de 10.4.1987, define *fundação pública* como "a entidade dotada de personalidade jurídica de direito privado, sem fins lucrativos, criada em virtude de autorização legislativa, para o desenvolvimento de atividades que não exijam execução por órgãos ou entidades de direito público, com autonomia administrativa, patrimônio gerido pelos respectivos órgãos de direção e funcionamento custeado por recursos da União e de outras fontes". A definição dada pelo Decreto-lei 200, segundo Celso Antônio Bandeira de Mello, é absolutamente incorreta, pois as fundações são pessoas de direito público, já que saber "se uma pessoa criada pelo Estado é de direito privado ou de direito público depende apenas do exame do regime jurídico estabelecido na lei que a criou. Se a lei lhe atribuiu a titularidade de poderes públicos, e não meramente o exercício deles, e disciplinou-a de maneira a que suas relações sejam regidas pelo direito público, a pessoa será de direito público, ainda que se lhe atribua outra qualificação".[12]

Foram criadas, então, "inúmeras pessoas designadas como 'fundações', com atribuições nitidamente públicas, e que, sob este aspecto, em nada se distinguem das autarquias".

"Hoje – segundo o referido autor – a questão não pode mais suscitar dúvidas, porquanto a Constituição, ao se referir especificamente aos servidores das 'fundações públicas', deixou claro que as considerava como pessoas de direito público, pois determinou que seus servidores, tanto como os da Administração direta e autárquica (art. 37, XI), ficariam submetidos ao mesmo teto remuneratório (...)".[13]

As fundações públicas são, pura e simplesmente, autarquias, isto é, pessoas jurídicas de capacidade exclusivamente administrativa. São chamadas *fundações* porque seguem a estrutura de uma fundação.

De acordo com Maria Sylvia Zanella Di Pietro, foram formadas basicamente duas correntes: de um lado, a que defende a natureza privada de todas as fundações instituídas pelo Poder Público e, de outro, a que entende possível a existência de fundações com personalidade pública ou privada, a primeira das quais como modalidade de autarquia.[14] A referida autora posiciona-se ao lado daqueles que entendem que o Poder Público, ao criá-las, pode atribuir-lhes personalidade pública ou privada. A conclusão sobre a natureza jurídica da fundação – pública ou privada – tem que ser extraída do exame da sua lei instituidora e dos respectivos estatutos; assim, nada impede que a lei instituidora adote regime jurídico público. Para ela, fundação é o patrimônio, total ou parcialmente público, dotado de personalidade jurídica, de direito público ou privado, e destinado, por lei, ao desempenho de atividades do Estado na ordem social, com capacidade administrativa e mediante controle da Administração Pública, nos limites da lei.[15]

As fundações de direito privado nunca se sujeitam inteiramente ao ramo do direito privado. Elas estão sujeitas ao controle adminis-

12. *Curso ...*, 17ª ed., p. 169.
13. Idem, pp. 169-170.
14. *Direito Administrativo*, 12ª ed., p. 358.
15. Idem, p. 360.

trativo ou tutela por parte da Administração direta; a fundação governamental não adquire vida inteiramente própria, como se fosse instituída por particular; sendo variável o interesse público, o destino da fundação também pode ser mudado pelo ente que a instituiu, quer para alterar a lei que autorizou sua criação, quer para revogá-la, quer para introduzir alterações na lei que a instituiu; não se admite fiscalização pelo Ministério Público, por ser desnecessária, ante a tutela administrativa (controle) a que ela está sujeita.[16]

As empresas públicas e as sociedades de economia mista não se enquadrariam no parágrafo único do art. 41, porque não são pessoas jurídicas de direito público, embora integrem a Administração indireta. A empresa pública federal é pessoa jurídica criada por lei "como instrumento de ação do Estado, dotada de personalidade de direito privado, mas submetida a certas regras especiais decorrentes de ser coadjuvante da ação governamental, constituída sob quaisquer das formas admitidas em Direito e cujo *capital* seja formado *unicamente por recursos de pessoas de direito público interno ou de pessoas de suas Administrações indiretas, com predominância acionária residente na esfera federal*".[17]

Por sua vez, a sociedade de economia mista federal é pessoa jurídica criada por lei, 'como um instrumento de ação do Estado, dotada de personalidade de direito privado, mas submetida a certas regras especiais decorrentes desta sua natureza auxiliar da atuação governamental, constituída sob a forma de sociedade anônima, cujas ações com direito a voto pertençam em sua maioria à União ou entidade de sua Administração indireta, sobre remanescente acionário de *propriedade particular*".[18]

Ambas, como visto, são pessoas jurídicas de direito privado. É possível, no entanto, que o legislador tenha cometido uma falha, isto é, tenha confundido entre integrar a estrutura íntima da Administração e a natureza da pessoa jurídica, e realmente pretendesse enquadrar neste preceito as empresas públicas e as sociedades de economia mista.

16. Idem, p. 362.
17. Celso Antônio Bandeira de Mello, *Curso* ..., 17ª ed., p. 172.
18. Idem, pp. 176-177.

A segunda dificuldade residiria, justamente, em estabelecer quais as disposições do Código Civil aplicáveis a estes entes. Entre estas disposições estaria incluída a que fixa prazo específico de decadência para a anulação de decisão da assembléia que desrespeitar a lei ou o estatuto ou for viciada, prevista no parágrafo único do art. 48 do Código Civil? O prazo para anular decisão de assembléia de sociedade de economia mista ilegal ou que contrarie o interesse público é de três anos (art. 48, parágrafo único, do CC) ou de cinco anos?

Este prazo, a meu ver, se aplicável às sociedades de economia mista, vale para os casos de desrespeito à lei ou ao estatuto que não viole frontalmente o interesse público – o que é perfeitamente possível de ocorrer se a violação for de apenas alguma regra societária, como *quorum* de deliberação, pois se houver violação ao interesse público o prazo para a Administração invalidar será, no mínimo, de cinco anos, por força do que dispõe o art. 54 da Lei 9.784/1999.

O art. 43 do Código Civil tratou da responsabilidade civil da pessoa jurídica de direito público de forma objetiva. Eliminou a expressão "procedendo de modo contrário ao Direito ou faltando a dever prescrito por lei", prevista no art. 15 do Código Civil de 1916, e, com isso, eliminou qualquer subjetividade à responsabilidade civil do Estado, adequando-a ao preceito constitucional previsto no art. 37, § 6º. Com efeito, a respeito do art. 15 do Código revogado, encontramos em Hely Lopes Meirelles: "Neste dispositivo ficou consagrada, embora de maneira equívoca, a teoria da culpa como fundamento da responsabilidade civil do Estado. A imprecisão do legislador, todavia, propiciou larga divergência na interpretação e aplicação do citado artigo, variando a opinião dos juristas e o entender da jurisprudência entre os que viam, nele, a exigência da demonstração da culpa civil da Administração e os que já vislumbravam admitida a moderna teoria do risco, possibilitando a responsabilidade civil sem culpa em determinados casos de atuação lesiva do Estado".[19]

No que diz respeito às fundações, o Código Civil inovou, no parágrafo único do art. 62, ao limitar os fins das fundações aos fins

19. *Direito Administrativo Brasileiro*, 29ª ed., atualizada por Eurico de Andrade Azevedo, José Emmanuel Burle Filho e Délcio Balestero Aleixo, São Paulo, Malheiros Editores, 2004, p. 628.

religiosos, morais, culturais ou de assistência, com o propósito de impedir a instituição de fundações para fins fúteis.[20] A limitação dos fins da fundação, prevista no parágrafo único do art. 62 do Código Civil, aplica-se à fundação pública? Cremos que não. De acordo com o art. 37, XIX, da Constituição Federal, cabe à lei complementar definir as áreas de atuação das fundações públicas; logo, este dispositivo do Código Civil não incidirá sobre as fundações criadas pelo Poder Público.

O Código Civil, nos arts. 98 a 103, cuidou dos bens chamados *públicos*, considerando assim os bens pertencentes às pessoas jurídicas de direito público interno (art. 98 *caput*). O art. 99 repetiu a classificação existente no Código Civil de 1916, tendo em vista os fins dos bens, dividindo-os em bens: *(a)* de uso comum do povo; *(b)* de uso especial; e *(c)* dominicais.

A novidade nessa matéria reside no parágrafo único do art. 99, que considera dominicais os bens pertencentes às pessoas jurídicas de direito público a que se tenha dado estrutura de direito privado. A dúvida é a mesma apontada no parágrafo único do art. 41 do Código Civil. A dificuldade está em definir quais são as pessoas jurídicas de direito público a que se tenha dado estrutura de direito privado, optando, no caso, por excluir as empresas públicas e as sociedades de economia mista, porque não são pessoas jurídicas de direito público, embora integrem a Administração indireta.

O sistema de invalidade dos negócios jurídicos do Código prevê a divisão em graus de invalidade. Há atos nulos (art. 166) e atos anuláveis (art. 171).

A nulidade pode ser definida como uma sanção à violação da autoridade da lei; uma sanção dos atos e negócios praticados contra a disposição das leis proibitivas. A nulidade é uma sanção a ofensa legal predeterminada. Às vezes essa sanção vem enunciada expressamente na lei, de modo que a nulidade é chamada de *expressa* ou *textual*. Outras vezes a sanção não é enunciada expressamente. A lei

20. José Carlos Moreira Alves, *A Parte Geral do Projeto de Código Civil Brasileiro*, p. 78.

proíbe o ato ou condiciona sua validade ao preenchimento de certos requisitos. É a denominada nulidade *implícita* ou *virtual*.[21] O legislador desprezou o critério do prejuízo e abandonou o princípio do velho Direito Francês – *pás de nullité sans grief* ("não há nulidade sem prejuízo"), e inspirou-se no princípio do respeito à ordem pública.[22] A sanção de nulidade objetiva proteger um interesse público violado na norma proibitiva desrespeitada.

O legislador estipulou no Código Civil as hipóteses de negócios jurídicos nulos. De acordo com o art. 166, o negócio é nulo: quando celebrado por pessoa absolutamente incapaz – isto é, menor de 16 anos, sem o necessário discernimento ou que, mesmo que por causa transitória, não possa exprimir sua vontade (CC, art. 3º); quando tenha conteúdo ilícito, impossível ou indeterminável; quando o motivo determinante que levou as partes a celebrarem o negócio jurídico for ilícito, como no caso da locação de um imóvel para servir de esconderijo para pessoas seqüestradas; quando o negócio jurídico não observar a forma que foi determinada em lei, ou quando alguma solenidade que a lei considere essencial para sua validade não for observada, como no caso de o tabelião não ler em voz alta ao testador e a duas testemunhas o instrumento do testamento (CC, art. 1.864, II); quando o negócio tiver por objetivo fraudar lei imperativa e funcionando como verdadeira cláusula aberta; quando a lei taxativamente o declarar nulo, ou proibir-lhe a prática, sem cominar sanção. Por último, o legislador considerou nulo o negócio jurídico simulado (CC, art. 167).

Vê-se, do exposto, que o legislador optou por descrever minuciosamente as hipóteses de nulidade, mas valeu-se de uma cláusula aberta, que funciona como verdadeira válvula de escape, ao prever a possibilidade de outra lei declarar nulo o negócio, ou, ainda que não o faça, corresponde a ato nulo o ato proibido pela lei, ainda que ela não comine sanção.

A nulidade, por visar a proteger um interesse público, apresenta um regime jurídico mais flexível se comparado com o regime da anulabilidade. A flexibilidade incide em pontos relativos às pessoas que podem alegá-la, à forma de alegá-la e ao tempo para fazê-la.

21. Caio Mário da Silva Pereira, *Instituições de Direito Civil*, vol. I, p. 439.
22. Idem, ibidem.

A nulidade pode ser alegada pelos interessados ou pelo Ministério Público, quando lhe couber intervir (CC, art. 168). O conceito de "interessado" deve ser recolhido do processo civil. *Interessado* é aquele que apresente interesse jurídico ou econômico, não bastando o mero interesse moral. Embora o art. 168 não mencione, o juiz poderá de ofício – isto é, sem provocação – reconhecer e declarar a nulidade do negócio jurídico.

Não há necessidade de que a decretação da nulidade ocorra numa ação intentada especificamente para esse propósito. O juiz deve pronunciar as nulidades de ofício, se provadas (CC, art. 168, parágrafo único), quando conhecer do negócio jurídico ou dos seus efeitos.

Não há prazo para invocar a nulidade do negócio jurídico. A pretensão de nulidade do negócio jurídico seria imprescritível, conforme dispõe o art. 169 do Código Civil.

No campo do direito administrativo há, no ordenamento jurídico, limites ao dever de invalidar. A segurança jurídica pode ser causa para estabilizar certas situações, tornando-as imutáveis. Isto ocorre no caso de ter decorrido, para a Administração, o prazo decadencial para invalidar o ato administrativo inválido. A boa-fé do particular que acreditou na presunção de legitimidade do ato administrativo inválido, somada ao decurso de prazo razoável, ainda que insuficiente para caracterizar a decadência, pode servir como obstáculo à invalidação do ato administrativo.

Surge, portanto, o questionamento: os atos administrativos inválidos podem ser sanados pelo decurso do tempo, em razão do que dispõe o art. 169 do Código Civil?

Cremos que a falta de previsão de prazo no art. 169 do Código Civil para invalidar o negócio nulo não se aplica à Administração. A Administração Federal tem o prazo de cinco anos para invalidar ato nulo, contado da data em que ele foi praticado (art. 54 da Lei 9.784). De acordo com a lição de Sergio Ferraz e Adílson de Abreu Dallari, "estando, contudo, o processo findo, o dever (e não mero direito, como quis a Lei 9.784, em seu art. 54 – muito menos simples faculdade) de anular passa a ser metrificado à luz do princípio da segurança jurídica, com as conotações mais de uma vez antecedentemente expostas a seu propósito. Aqui o interesse público e a paz social determinam que, transcorrido certo tempo, ditado em obediência ao princípio da razoabilidade, se tenha por imputável o ato. E a Lei Federal do Processo Administrativo fixou esse prazo em cinco anos, contados da data da prática do ato (ou, no caso de ato que produza efeitos patrimoniais de trato sucessivo, a partir da percepção do primeiro pagamento). É dizer, o fluxo do tempo, com as ressalvas a serem lançadas mais adiante, tem um efeito saneador, só por si, sem necessidade de declaração expressa, do ato originariamente ilegal".[23]

Este prazo é aplicável no caso de não haver má-fé, pois se houve má-fé não há prazo para a Administração invalidar o ato administrativo (art. 54 da Lei 9.784).

O Código Civil deu tratamento sistematizado aos institutos da prescrição e da decadência. Os prazos prescricionais foram reduzidos. O art. 206, § 3º, do Código Civil reduziu para três anos a pretensão de reparação civil. A dúvida que pode surgir é sobre se o referido prazo irá disciplinar ações indenizatórias propostas pelos particulares contra a Fazenda Pública. Cremos que não. Permanece o prazo de cinco anos previsto no Decreto 20.910, de 6.1.1932, que, por ser legislação especial, continuará a reger as ações contra o Poder Público.

No entanto, parece-nos pacífico que, se a Administração quiser exercer pretensão indenizatória contra o particular, deverá fazê-lo no prazo de 3 anos (art. 206, § 3º).

3. Mudanças ocorridas no direito das coisas

O artigo relativo ao direito de propriedade sofreu alterações. O art. 1.228, § 1º, condiciona o exercício do direito de propriedade à sua função social. Ele deve ser exercido em conformidade com as finalidades econômicas e sociais, e de modo a que seja preservado o meio ambiente (§ 1º).

Dentro do chamado *exercício social* do direito de propriedade, está o proprietário proibido de praticar atos que não resultem em qualquer comodidade ou utilidade para ele, animado pela intenção de prejudicar alguém. É o denominado *abuso de direito* (art. 1.228, § 2º, do CC), descrito com uma configuração diversa do abuso de direito previsto no art. 187 do Código Civil, por exigir a intenção de prejudicar.

23. *Processo Administrativo*, 1ª ed., 2ª tir., p. 194.

Foi prevista a perda da propriedade da coisa nos casos de desapropriação por necessidade ou utilidade pública ou interesse social, bem como no de requisição, em caso de perigo público iminente. A definição de *utilidade pública* continua a ser dada pelo Decreto-lei 3.365, de 21.6.1941, e a de *interesse social* pela Lei 4.132, de 10.9.1962.

O § 4º do art. 1.228 estabeleceu, a nosso ver, a desapropriação do imóvel que tenha sido possuído de boa-fé, por mais de cinco anos, por considerável número de pessoas, se elas houverem realizado, em conjunto ou separadamente, obras e serviços considerados pelo juiz de interesse social e econômico relevante.

A desapropriação será decretada pelo magistrado em ação reivindicatória, se entender que os requisitos estão presentes. Deverá o magistrado fixar, por perícia, a justa indenização devida ao proprietário. A indenização não será paga pelo Poder Público, mas pelos réus. Cuida-se, portanto, de uma nova modalidade de expropriação – a judicial –, cujo valor da indenização será pago pelos beneficiados com a desapropriação – no caso, os réus.

A dúvida que surge é sobre se, por se tratar de desapropriação judicial, os bens públicos, categoria dominial, isto é, os que pertencem a entes públicos como objeto de direito real, podem ser também desapropriados. Cremos que sim. O óbice existe em relação ao usucapião, mas não em relação a esta modalidade de desapropriação.

*CAPITULAÇÃO OU RESISTÊNCIA**

VALMIR PONTES FILHO

São as convicções humanistas e democráticas que nos levam a crer numa determinada forma de criação e de funcionamento do Estado, entidade cuja existência se justifica, essencialmente, pelo propósito de servir ao homem, tanto singularmente considerado quanto inserto na coletividade, de modo a lhe proporcionar, dentre outras coisas, dignidade, prosperidade, segurança e bem-estar.

Assim é que, aderindo à idéia de que a força política (poder) capaz de constituir um Estado só deva ser exercida pelo povo (ou por seus representantes legitimamente eleitos), pensamos que do legítimo exercício dessa "força constituinte" há de nascer um organismo estatal que retrate, o mais fielmente possível, a sociedade da qual brotou aquela força ou poder político. Embora se admita que organismos estatais, e seus correspondentes sistemas normativo-jurídicos, possam surgir da vontade singular de eventuais ditadores e títeres que não raramente usurpam o poder popular, seguramente não é deste deturpado modo de exercício do poder que se há de normalmente cogitar, senão para lhe fazer as devidas e necessárias críticas. O que se almeja, indubitavelmente, é um Estado cuja estrutura e fins sejam ditados pela vontade da maioria, respeitados os interesses e prerrogativas das minorias.

Como já tivemos oportunidade de sustentar,[1] o poder político, podendo ser concebido como capacidade (ou força) de produzir e im-

* Incapaz de redigir um trabalho jurídico à altura do homenageado – professor CELSO ANTÔNIO BANDEIRA DE MELLO –, optei por fazer algo que talvez lhe homenageasse as convicções político-ideológicas; peço, portanto, a devida vênia aos leitores.

1. V. nosso *Curso Fundamental de Direito Constitucional*, São Paulo, Dialética, 2001, pp. 13-14.

por normas que vinculem a conduta de um dado conjunto de pessoas que ocupem determinado espaço geográfico (ou território), confunde-se, em verdade, com a própria *soberania*. Enquanto tal, classicamente tem sido ele considerado pela doutrina como um dos "elementos" do Estado, ao lado do povo e do território (embora alguns prefiram denominá-lo de "governo", que vem a ser apenas o aparato orgânico ao qual se outorgam dadas competências juridicamente limitadas). Presente que esteja o *poder*, exercido em relação a um determinado *povo* e sobre certo *território*, poder-se-á, então, falar em *Estado soberano*, insubmisso à vontade ou ao domínio de quaisquer outros e com eles mantendo relação de igualdade jurídica no concerto internacional. À sua falta – é dizer, quando inexistente esse *poder político* –, no máximo se poderá ter como existente uma *Nação*. A existência formal do Estado, portanto, dependerá da elaboração, por quem dispuser desse poder político, de uma norma jurídica suprema, voltada à sua estruturação orgânico-funcional: a *Constituição*.

É correta, portanto, a assertiva segundo a qual o *poder político* não tem índole jurídica, na exata medida em que se mostra, sob tal perspectiva, incondicionado. Explicando melhor: seu inicial exercício, quer quanto à substância, quer no que respeita à forma, não se encontra sujeito a qualquer estabelecimento normativo-jurídico anterior a ele, que lhe delimite o âmbito de atuação. Trata-se – como bem acentua José Afonso da Silva – de um "fenômeno sócio-cultural",[2] cuja existência simplesmente se constata, de modo empírico, em dado momento. Em outras palavras, o *poder político* existe ou não existe no mundo fenomênico e tem, demais disso, a característica, que lhe é inata, da incindibilidade.

Com efeito, o *poder* é uno e indivisível. Ao mesmo tempo em que só se concebe a existência de *um* poder político em relação a cada Estado soberano, de igual modo não se pode imaginar seja ele passível de "divisão". Dividido que viesse a ser, e estaríamos, a rigor, diante de ***dois** poderes políticos*, cada qual atuando de modo isolado e independente. Em outras palavras, teríamos *dois Estados soberanos*, originário cada qual de um *poder* – donde ser imperioso explicar o

2. *Curso de Direito Constitucional Positivo*, 23ª ed., São Paulo, Malheiros Editores, 2004, p. 106.

real significado da expressão, consagrada pelos estudiosos e largamente empregada inclusive nos textos normativos, "separação dos Poderes".

Montesquieu, o célebre formulador da doutrina da "separação dos Poderes", teve o inegável intuito de insurgir-se contra as crenças, então vivas, segundo as quais todo o poder político se concentrava nas mãos do rei. Nas Monarquias absolutistas – é sabido e ressabido – a capacidade de elaborar normas, alterando-as ao seu talante, de cuidar dos negócios governativos de administração e de julgar os conflitos estava incontestavelmente reunida nas mãos do soberano. Até porque se acreditava, nalguns casos, originar-se, tal capacidade ou poder, de Deus. Todas as *funções do poder*, assim, se encontravam postas nas mãos de uma só pessoa, a quem competia realizar, a um só tempo, as tarefas legiferante, administrativa e judicante, a tal ponto que um deles – Luís XIV, de França – chegou a afirmar que o Estado *era ele próprio* (*L'État c'est moi* – foi sua frase, eternizada como emblema dessa forma de governo).

Admirável enquanto formulação política, a idéia montesquiana de que a cada atividade governamental (legislativa, executiva e judiciária) deveria corresponder um determinado órgão específico – de modo que cada órgão governativo exercesse uma função "típica" – não encontra hoje em dia, entretanto, fundamento jurídico-científico algum. Em verdade, o que se separa são as *funções* do poder político, assim como os *órgãos* aos quais se outorga o exercício de tais funções (não o *poder* em si mesmo, que continua íntegro, uno e incindível). Assim, normalmente são tidos como *órgãos governativos* o Executivo, o Legislativo e o Judiciário, a cada qual competindo o exercício de uma função *preponderante*, mas não exclusiva (ou "típica", como se acreditava). Em princípio, ao órgão executivo cabe a função preponderante de *administrar*, ao órgão legislativo a função preponderante de *legislar*, e ao órgão judiciário a função preponderante de *julgar* (ou de exercer a *jurisdição*). Mas nem sempre assim foi, nem assim o é, em todos os lugares e momentos, de acordo com distribuição de competências protagonizada pela Constituição.[3] Afora isto, é

3. Basta lembrar que, entre nós, o Governo Imperial possuía um *quarto* órgão, o "Moderador", além dos tradicionais Executivo, Legislativo e Judiciário.

de ver que uma dada ordem jurídica positivada pode perfeitamente confiar ao Legislativo a tarefa judicante (entre nós, o Senado julga o Presidente da República pela prática de crimes de responsabilidade), ao Executivo a de legislar (editando, *v.g.*, "medidas provisórias com força de lei") e a todos, indistintamente, o exercício da função administrativa (o ato de promoção de um servidor do Judiciário ou do Legislativo não é, definitivamente, ato jurisdicional e legislativo, respectivamente).

Fala-se em *funções do Estado* como exteriorizações do seu *poder*. Lembre-se ser o Estado uma organização jurídica personificada, que tem âmbito de validez próprio. A pessoa estatal não é outra senão o produto de uma dada ordenação jurídico-constitucional, que se fará valer sobre determinadas pessoas, em determinado território. Já o *poder político*, protagonizador da criação dessa pessoa estatal, é um só, indivisível, dele necessitando o Estado – e a lição é de J. Blando Ande – "(...) para organizarse, para mantener el orden y, en definitiva, subsistir. El Estado sin Poder se convierte en un ente inerte, vacío de sustancia, es un non-Estado, por eso el Poder es el requisito *sine qua non* para la existencia de la máquina estatal, y donde está el Estado está el Poder. Este Poder es esencialmente uno (...)".[4]

Não há falar, pois, em "separação de Poderes" – com o quê se estaria diante de imperdoável imprecisão terminológica. São do mesmo autor espanhol as seguintes textuais palavras: "A nuestro juicio, y en definitiva, el Poder del Estado se configura por las seguintes notas: (1) es un Poder único, determinado por la propia unicidad del Estado, lo cual no obsta para que ese Poder pueda ser ejercido por medio de las formas variadas; (2) es un Poder soberano, superior a cualquier outro, no pudiendo estar dominado por nadie; (3) es un Poder indivisible toda vez que el Estado no puede compartilo con nadie que no sea él mismo; (4) es un Poder inalienable, que el Estado no puede transmitir, sob pena de renunciar a su *imperium*; (5) es un Poder no-caducable, habida cuenta de que el tiempo no le influye a efectos de prescripción; (6) es un Poder intangible, en función de que no puede ser reducido en su extención, ni coartado en su ejercicio".[5]

4. *Teoría del Poder*, Madri, Pirâmide, 1977, p. 191.
5. Idem, p. 209.

Todo Estado, em suma, é necessariamente *de Direito*, já que pelo Direito (ou pelas normas da Constituição, em especial) estruturado e organizado. De que modo essa norma criadora e estruturante do Estado é elaborada, qual a sua origem, como ela disciplina o exercício das funções do poder, que limites impõe a esse exercício, já são questionamentos conducentes a saber se se trata de um Estado *Democrático* de Direito, ou não.

Pois bem. Como também já havíamos anteriormente asseverado,[6] após longo período de submissão a regime ditatorial, instaurado pelo movimento militar de abril/1964 e durante o qual três seguidas rupturas da ordem constitucional ocorreram,[7] a Nação Brasileira vislumbrou (já a partir de 1983) a possibilidade de se livrar da repressão e de retornar à normalidade institucional, não só por conta da heróica resistência de pessoas, grupos e instituições, mas, especialmente, pela ação espontânea, corajosa e irrefreável da sociedade como um todo, a clamar por liberdade e estabilidade constitucional.

Quando, por exemplo, se deflagrou a campanha pelas "Diretas Já" (com vistas ao restabelecimento de eleições livres e diretas para Presidente da República), com milhões de cidadãos bradando em praça pública contra o arbítrio então vigente, a rigor, ali ganhou concretude um movimento de muito maior alcance: aquele voltado à derrubada do regime e da ordem jurídica que lhe dava amparo. Desejava-se, sim, uma nova Constituição, que restituísse ao país sua identidade, a paz entre os segmentos sociais e a esperança num Governo que pautasse sua conduta por regras claramente preestabelecidas. Almejava-se um Texto Supremo sob o qual governantes e governados haveriam doravante de atuar, reverentes aos seus ditames e gizamentos. De tudo

6. V. nosso *Curso Fundamental* ..., pp. 84-86.

7. A primeira quando, à revelia das disposições da Constituição democrática de 1946, os golpistas assumiram o poder, destituíram o então Presidente da República, violentaram o Legislativo e o Judiciário (inclusive por via da cassação de mandatos e dos direitos políticos de integrantes seus) e editaram seguidos atos institucionais (entre eles o de n. 5, verdadeira "anticonstituição"); a segunda por ocasião da promulgação, por uma Junta Militar, da "Emenda Constitucional 1" – a rigor, uma nova Constituição, sob os aspectos formal e material; finalmente, em 1977, quando o "Chefe da Revolução" – que era o Presidente – fechou o Congresso (que houvera rejeitado proposta, sua, de reforma constitucional relativa ao Poder Judiciário) e editou, ele próprio, duas Emendas (as de ns. 7 e 8).

resultou a convocação – sem dúvida, oportuna – de uma Assembléia Nacional Constituinte, por intermédio da qual o povo viria a manifestar sua vontade política originária, redesenhando o Estado em suas estrutura e finalidades.

Três erros graves (e não só formais), porém, foram à época cometidos.

Um, o de ter-se operado a convocação da Assembléia Constituinte – ato eminentemente político e intrinsecamente revolucionário, a caracterizar explícito rompimento com a ordem jurídica precedente – por meio de uma "Emenda" à Constituição antiga (de 1969). Seria ilógico, irracional mesmo, supor que uma dada Constituição albergasse em seu bojo (por via de emenda constitucional) disposição normativa a lhe decretar a própria morte, em prazo certo. Sob uma perspectiva estritamente jurídica, essa proposta de emenda nunca poderia ter sido levada à deliberação do Congresso (um órgão *constituído*), por evidente inconstitucionalidade. Mais, até: a simples manifestação desse desejo (de derruir a ordem constitucional vigente, construindo outra) seria considerada um crime de responsabilidade.

A convocação da Assembléia Constituinte poderia – mais que isso, deveria – ter-se operado por meio de "ato deliberativo" (ou outro nome assemelhado), ainda que da lavra de quem exercesse então a chefia de Estado e de Governo, respaldado este tão-só na vontade popular, não em regra jurídica alguma. Aliás, aludindo às características do poder constituinte, bem assinala Alexandre de Moraes, citando Canotilho: "(...) o poder constituinte também é incondicionado, pois não está sujeito a qualquer forma prefixada para manifestar sua vontade; não tem ela que seguir qualquer procedimento determinado para realizar sua obra de constitucionalização. Canotilho sintetiza essas características dizendo que 'o poder constituinte, na teoria de Sieyès, seria um poder inicial, autônomo e omnipotente. É inicial porque não existe, antes dele, nem de facto nem de direito, qualquer outro poder. É nele que se situa, por excelência, a vontade do soberano (instância jurídico-política dotada de autoridade suprema). É um poder autónomo: a ele e só a ele compete decidir se, quando e como deve dar-se uma Constituição à Nação. É um poder omnipotente, incondicionado: o poder constituinte não está subordinado a qualquer regra de forma ou de fundo'".[8]

8. *Direito Constitucional*, 7ª ed., São Paulo, Atlas, 2000, p. 54.

O segundo, o de se ter confiado o superior encargo de elaborar a Constituição (e, conseqüentemente, de construir o Estado) a um "Congresso Constituinte", cujos integrantes passaram a cumprir o duplo e inconciliável papel de legislar ordinariamente (sob a égide da Carta moribunda) e de elaborar a nova Lei Maior. Pior, ainda, quando se admitiu que os legisladores constituintes – que deveriam, em princípio, desincumbir-se de seu superior mister com exclusividade – não dissolvessem a Assembléia após finda sua tarefa, continuando, como deputados e senadores, membros de um Parlamento por eles mesmos constituído.

Por último, o de haver-se permitido, no dito instrumento convocatório, que tivessem assento nesse supremo órgão colegiado, a representar a legítima vontade do povo, parlamentares – alguns senadores eleitos em pleito anterior, mas ainda no exercício de um mandato de oito anos – a quem o povo não havia conferido a excepcional capacidade de fazer uma Constituição em seu nome, mas simplesmente a tarefa de legislar sob a égide da Constituição anterior.

Tais manchas, entretanto, não tiveram o condão de retirar-lhe a legitimidade, alcançada por obra da intensa participação da sociedade civil quando de sua feitura, inclusive por meio de organizações sindicais, profissionais e de classes. Da pressão legítima exercida sobre os constituintes resultou – pode-se afirmar – um verdadeiro pacto entre as mais diversas tendências da sociedade: a *Constituição de 1988*.

Muitas foram (e ainda têm sido) as críticas a ela dirigidas, inclusive a de ser extensa em demasia, "casuística", não-sintética. Deveria ser ela "só principiológica", como a Norte-Americana. Mas primeiro se há de esclarecer que a Constituição dos Estados Unidos da América não é constituída apenas de seus poucos artigos e de algumas também poucas emendas. Graças ao sistema anglo-saxão, lá adotado (do *case law*), a Constituição dos Estados Unidos é diuturnamente (re)construída por obra da Suprema Corte, cujas decisões a respeito de questões constitucionais acabam por agregar-se a ela, com força de normas cogentes.

Depois porque, se naquele país – como em outros (europeus, por exemplo) – há uma verdadeira história de solidez das instituições político-jurídicas e de respeito ao constitucionalismo, o mesmo, infelizmente, não se pode dizer do Brasil, onde sequer se pode falar, como naqueles, em "crise constitucional", mas, sim, em permanente "crise constituinte" (Paulo Bonavides). Isto é certo exatamente porque, por estas bandas, os governantes não elaboram seus programas de governo segundo a Constituição... Querem, sim, adaptá-la aos seus programas de governo. Cada um, enfim, deseja fazer a Constituição que lhe agrada, à sua imagem e semelhança.

Ora, se éramos saídos de um assombroso regime de trevas políticas, em que as liberdades eram garroteadas e as reivindicações sociais postergadas, como imaginar-se pudéssemos ter, após a redemocratização, uma Constituição que não cuidasse de ser minuciosa, detalhista, mormente em termos de garantias de direitos individuais e conquistas sociais? Ela tinha de ser, mesmo, do jeito que foi moldada pela vontade popular. Gerações serão necessárias para que possamos – libertados desse passado nada glorioso em termos de estabilidade constitucional – adotar uma Constituição mais sucinta em suas prescrições. Costuma-se ouvir o discurso liberal de que a Carta de 1988 é "irrealizável", "utópica", e que "torna o país ingovernável". Resta-nos, diante de tão absurdas afirmações, indagar: é preferível adaptar a Constituição Brasileira à terrível realidade que vivemos, ou – numa atitude corajosa, insistente e inovadora – buscar a adaptação dessa triste realidade aos desígnios constitucionais? Claro que a escolha deveria recair nesta última opção.

Fomentou-se em todos, por breve período, a crença em dias melhores, mais justos e equânimes. Pois foi exatamente sob a vigência dessa *Lex Fundamentalis* que, ainda embalados pela expectativa de mudanças positivas, começamos a experimentar, em nome de uma suposta modernidade, um contínuo processo de fragilização do aparelho estatal, com a privatização de empresas estatais (adquiridas até, por mais paradoxal que possa parecer, por estatais estrangeiras) e a terceirização de serviços públicos.

Propositadamente esquecidos de que somos um país repleto de abissais desigualdades (sociais e regionais), em que o papel fundamental de condução da economia e da prestação de serviços públicos ainda não prescinde da presença ou da intervenção direta do Estado, os governantes eleitos imediatamente após a Constituição de 1988 preferiram fosse o aparelho orgânico estatal pulverizado, dele se retirando suas funções primordiais, mormente aquelas que diziam respeito ao estabelecimento do equilíbrio social e ao controle, ainda que parcial, do mercado. Por pressão exógena e descomprometida com os interesses pátrios, as maiores riquezas minerais brasileiras foram ofertadas à gerência absoluta de empresas internacionais. Iguais motivos levaram à abdicação, pelo Governo Brasileiro, do controle sobre as comunicações, inclusive as estratégicas, entregue aquele, hoje, a corporações multinacionais. A maioria acreditou que não reeleger um dado Presidente da República significaria romper a estabilidade da economia, quebrar a integridade da moeda, viabilizar o retorno da inflação e instalar o caos. Somente ele, o Presidente heroicamente reconduzido, teria compromissos com o progresso, e a "República Federativa do Brasil" – que não era nem é Federação, nem muito menos uma *coisa pública* – sucumbiu de vez aos interesses internacionais.

Mas, no dizer sempre lúcido e patriótico de Paulo Bonavides: Quando a crise estalar porém sobre o capitalismo globalizante do modelo neoliberal – já a esta altura impugnado e açoitado das forças de resistência que lhe arriaram a máscara e lhe patentearam a brutalidade com que oprime –, o mundo outra vez se há de inclinar para a alternativa do Estado Social". Enquanto isto – prossegue o mais ilustre dos constitucionalistas pátrios, em candente alerta:

"Na mesa verde das Bolsas – que é o cassino das finanças – os direitos da terceira geração, como o direito dos povos ao desenvolvimento, são friamente imolados. Hecatombes financeiras desabam sobre os chamados países emergentes por obra de um cálculo dos especuladores, que vêem o lucro e não o homem, o capital e não a Nação, o interesse e não o trabalho.

"É o perfil internacional do desespero e da injustiça que faz escravos, ao invés de cidadãos, que suprime a identidade dos povos e globaliza a resignação dos fracos.

"(...).

"O golpe de Estado institucional é o golpe dos chamados ditadores constitucionais; (...) é, por igual, o golpe de Estado que o Presidente reeleito começou a desferir desde que exarou centenas de medidas provisórias e reeditou cerca de 60, no mais flagrante desrespeito à Constituição e à soberania legislativa do Congresso, e que prosseguiu ao assinar os acordos do FMI, ao fazer a política das privatizações desnacionalizadoras, ao cumprir com extremo servilismo os ditames do Consenso de Washington, (...).

"Nunca a dependência do Brasil foi maior. (...)."

E, em remate, denuncia, bravamente, Bonavides: "Procedem os golpistas institucionais como se síndicos fossem de uma massa falida – a Nação de Caxias, Osório, Deodoro e Floriano, do lado do uniforme, ou Frei Caneca, Bento Gonçalves, Nabuco, Rui Barbosa, Getúlio Vargas, Tancredo Neves e Juscelino Kubitschek, do lado civil. A Nação, que eles vêm destroçando com método, sistema, determinação e rigor de cálculo, não reage. O povo pacífico, engrossado pelos restos de uma elite omissa, assiste, mais uma vez 'bestificado', ao último ato de sua tragédia, (...). Aqui se trata de um golpe de Estado, como há pouco dissemos, de novo feitio, sem precedentes na História, sem paralelo na ciência de governo, configurado na lógica dos fatos. Não é um golpe de Estado no governo, mas nas instituições".[9]

Chegamos a supor que a ânsia terceirizante dos arautos da política neoliberal houvesse sido saciada pela irresponsável extinção de órgãos e entidades públicas e por sua contínua substituição pelas mencionadas "organizações sociais", instrumentos óbvios do desejo de tornar mínimo, senão de magreza famélica, o Estado Brasileiro. Privatização e terceirização de órgãos, entidades e serviços públicos passaram a ser uma "religião fundamentalista", a ponto de se defender a instalação cada vez mais acelerada dos chamados "tribunais de arbitragem", que nada mais são do que os embriões de uma política de terceirização da função jurisdicional. Os seus "fiéis", todavia, ainda não se deram conta daquilo que, ainda em 1994, foi definido, com precisão cirúrgica, por Carlos Ayres Britto: findaremos, de terceirização em terceirização, de privatização em privatização, caindo na mais completa *besteirização*![10]

Mas cometemos, todos, um profundo equívoco. Foram além os protagonistas desta neotragédia ao tentar impor ônus previdenciários intoleráveis a servidores da ativa, a aposentados e pensionistas. Foram, mesmo, longe ao cortar cestas básicas de famílias carentes, ao ceifar a merenda escolar de estudantes pobres, ao extinguir o crédito agrícola dos pequenos e médios produtores rurais. Transpuseram os

9. *Do País Constitucional ao País Neocolonial – A Derrubada da Constituição e a Recolonização pelo Golpe de Estado Institucional*, 3ª ed., São Paulo, Malheiros Editores, 2004, pp. 21-25.

10. Em magnífica palestra proferida, alguns anos atrás, em Salvador, por ocasião de Congresso Brasileiro de Direito Administrativo.

limites da prudência e da decência quando destinaram somas inimagináveis à salvação de bancos privados, quando buscaram dirigir o resultado de licitações na área da telefonia ou no instante em que, pelo comando discriminatório de um ministro de Estado, deixaram de investir em pesquisas no Nordeste, porque ali seria mais lucrativo "dar capim aos bois". E tudo com um único objetivo: o de "honrar" o pagamento de alguns meses dos juros de uma dívida externa impagável, injustificável e ilegítima.

Eis que, de repente, renasceram a fé e a esperança em momentos inteiramente novos, a serem vividos sob o influxo de uma radicalmente diversa política governativa, de respeito aos elevados valores da "Constituição-cidadã", aos superiores princípios por ela fixados e, enfim, à segurança na estabilidade das relações jurídicas e sociais. E isto por conta da vitoriosa candidatura de um homem de passado íntegro, cuja história de reação aos desmandos dos poderosos e de luta pela desvinculação do Estado Brasileiro do perverso modelo neoliberal implantado entre nós autorizava a crença em dias melhores.

Passada a euforia dos primeiros tempos pós-eleitorais, todavia, eis que uma tristíssima e antiga realidade se descortinou: manteve-se e se mantém absolutamente intacta a política econômica dantes adotada, castigadora dos setores produtivos e privilegiadora da especulação financeira, como se o novo Presidente houvesse, à socapa, firmado um "pacto com o Diabo", do qual não se pode desvincular, sob pena de arder nas chamas do Inferno. Não se sabe bem por quê, investimentos sociais e de estímulo ao trabalho produtivo foram e estão sendo sacrificados em nome de uma beatificada "estabilidade econômica", da realização de um santificado "superávit fiscal", como se uma séria e responsável negociação com os credores internos e externos fosse um pecado mortal, constituísse um indesculpável atentado à moral comum.

Não se esperava nem se desejava, por óbvio, atitudes levianas, de desrespeito aos acordos (econômicos, inclusive) internacionais, que viessem a prejudicar a credibilidade do país e, finalmente, sua marginalização. Mas também não se expectava tão servil submissão às "imperativas e cogentes regras do mercado", ente supradivino a determinar nosso presente e futuro – atitude que comprometerá gerações e gerações de brasileiros, fadados a viver num arremedo de país, que sequer se pode dizer uma republiqueta. Não é só, porém.

Atônitos, estamos a ver o partido político do atual Presidente, de passado respeitável, render-se a negociações políticas anteriormente impensáveis, tudo em nome de uma "governabilidade possível", que pode perfeitamente conduzi-lo ao completo descrédito. Aliás, renegando esse mesmo passado de tolerância com as divergências, o dito partido condenou ao degredo quem simplesmente se manteve fiel às suas origens. Ainda mais estupefatos, somos testemunhas de episódios de explícita corrupção, patrocinados por agente próximo a um dado ministro de Estado, e não adequadamente investigados. Opõem-se inacreditavelmente o Executivo e sua brancaleônica maioria parlamentar à criação de comissões parlamentares de inquérito propostas com tal viso, criando a impressão – tomara falsa – de que há algo a esconder.

De outra sorte, somos desabusadamente informados de que, com violento e inaceitável ataque à nossa soberania, a Amazônia é invadida por ONGs estrangeiras e que a CIA e o FBI operam às escâncaras no país, até mesmo destinando verbas "secretas" às polícias nacionais, estas ficando a soldo dos interesses do Governo Americano. Por conta da decepção e do desestímulo, estamos a vivenciar um gravíssimo momento de descrença nos valores e nas instituições, que só podem ser resgatados na medida em que processos eficazes de controle do poder, magnificamente propostos pelo emérito professor Fábio Konder Comparato,[11] sejam realmente implantados. Enfim, todos nós, infelizes, barbarizados e globalizados brasileiros, fomos e continuamos a ser levados à inebriante sensação de estar desfrutando das *benesses* do "Primeiro Mundo". Fomos e estamos seguida e implacavelmente sendo "anestesiados" pela poderosíssima força da mídia, movimentada à custa de fartos Dólares, para que nossa consciência cívica não desperte para os verdadeiros problemas e reais necessidades do país e de seu povo: desemprego, fome, doenças endêmicas, falta de escolas e de eficaz política educacional, desigualdade econômica entre pessoas e regiões, violência urbana, aumento da criminalidade etc. Querem nos fazer crer que esse cenário de indescritível miséria, material e cívica, não é importante.

11. V. excelente artigo ("Reflexões desabusadas sobre o abuso do poder político") inserido neste livro.

A juventude – que há 30 e poucos anos participava intensa e bravamente da resistência contra a ditadura militar, porque politicamente engajada –, hoje, em sua maioria, queda-se estranhamente inerte, amolentada, incapaz de uma reação bastante à proteção de seu próprio futuro, convicta até de que o patriotismo é coisa "brega". Mostra-se arrivista, bem mais preocupada – como afirmou Barbosa Lima Sobrinho – em "correr atrás de pés-de-meia, sempre colocando suas economias no exterior (...) do que em construir uma Nação digna para seus filhos".[12] Nada mais desalentador! Aterrorizante, com efeito, é uma pesquisa – divulgada pela *Folha de S. Paulo* – segundo a qual mais de 50% dos jovens cariocas são indiferentes ou simplesmente favoráveis a uma forma autocrática de governo. Estamos, quase todos – jovens, adultos e idosos –, forçados a crer que o Brasil está se tornando "moderno", na exata medida das já mencionadas terceirização de serviços públicos, privatização de empresas estatais, quebra da estabilidade do servidor público, alienação do patrimônio nacional (formado pela contribuição de gerações de compatriotas) e, finalmente, da pulverização dos princípios e regras de uma Constituição que veio, exatamente, para nos redimir dos sofridos e longos anos de autoritarismo político (embora autêntico, sem disfarce, ao contrário do experimentado nos dias que correm).

Mas que "modernidade" é essa, protagonizada por política econômica que condena um contingente de 15 milhões de almas (cerca de 10% da população brasileira, segundo as estatísticas oficiais) a viver absolutamente fora do mercado – mesmo o informal –, fora da escola, sem hospitais e em estado de miséria absoluta? Por conta dela, o *homem* deixou de ser o centro das preocupações, posto que no "mundo globalizado", se não existe lugar para os que não dominem a Língua Inglesa e a Informática, muito menos haveria para os iletrados, despossuídos de patrimônio e de esperança.

De que tranqüilidade se fala, se aquela que mais conta – a jurídico-constitucional – não existe? De que estabilidade se cogita, se a das relações jurídicas – razão mesma de ser do Direito – foi reduzida a pó, a sinal de "atraso", a simples retórica bacharelesca? De que segurança se fala, se os institutos do direito adquirido, da coisa julgada e do ato

12. Artigo "Educação e cidadania", Jornal *O Povo*, Ceará, 4.7.1999, p. 15-A.

jurídico perfeito são tidos como manifestações "jurássicas" de formalistas empedernidos? Seria demasiado lembrar aos defensores desses "novos tempos" que não pode haver progresso, notadamente social e econômico, sem permanência e estabilidade das relações jurídicas? Ou que nenhum país do mundo avançou tecnologicamente sem que a liberdade e a democracia estivessem garantidas por uma ordem jurídica infensa aos caprichos dos eventuais detentores do Poder?

Vive-se, atualmente, neste infeliz arremedo de República, um regime ditatorial crudelíssimo, embora disfarçado, sofisticado, em que quase todo o poder de mando se concentra no Executivo, único a ditar quais os "interesses nacionais" prevalecentes, claramente não-consentâneos com os estabelecidos na Lei Maior. Experimenta-se quadra da história em que Estados e Municípios estão em vias de perder de vez sua autonomia – a eles concedida por norma constitucional com a dignidade de cláusula pétrea – por força de mais uma "reforma" concentradora do poder tributante nas mãos da União. E –o que é pior – com a conivência indesculpável do Legislativo, ao qual faltam a coragem e o dever patriótico de se insurgir, por exemplo, contra a desmedida proliferação e reedição de medidas provisórias ou contra os cortes das verbas sociais do Orçamento. E sem a reação firme de uma Corte Suprema que efetivamente se dê conta de seu papel de guardiã da Lei Fundamental.

O mais lamentável é perceber que esta situação não é nova. Apenas repete o que já ocorria em 1962, segundo denunciava Valmir Pontes em tese[13] com a qual desejava[14] concorrer à cátedra de Direito Constitucional na Faculdade de Direito da UFC: "Aqui cabe confessarmos a nossa desilusão quanto à efetividade do sistema constitucional a que formalmente estamos submetidos. Na verdade, até poderíamos afirmar que no Brasil vigoram, por anomalia, dois direitos constitucionais: um escrito e outro costumeiro. O primeiro, contendo-se na Carta Fundamental do país e exprimindo-se pelos princípios que ela adota, é o direito constitucional que *deve ser* aplicado a todas as situações por ela previstas e ordenadas. O segundo, que não se encontra em nenhum diploma legislado, mas está nas práticas do regi-

13. Intitulada "Proibições constitucionais explícitas", publicada às suas expensas e de modo restrito.

14. Mas findou por ser impedido pela ditadura.

me, nos hábitos do governo (...) o princípio da independência e harmonia dos Poderes, por exemplo, quase só tem, entre nós, expressão formal. Na prática, um só poder existe, que é o Executivo. Mesmo dentro da modalidade de parlamentarismo, que adotamos a toque de tambores em setembro de 1961 e que veio substituir o velho presidencialismo, carcomido de males crônicos, o Executivo continua a deter a quase-totalidade das atribuições governativas, relegados os outros órgãos do governo – o Legislativo e o Judiciário – à posição subalterna em que sempre se mantiveram: o Legislativo votando, em regra, as leis do interesse do Executivo e o Judiciário autolimitando-se, quase sempre, à função de solucionar os conflitos de ordem privada, sem exercer maior interferência na vida político-constitucional da Nação".

Há de se pretender, agora, talvez, a aberração definitiva, fruto da imaginação perversa, se não delirante, de alguns apedeutas (ou não?) em direito constitucional: a aprovação de emenda à Constituição a convocar uma "Constituinte restrita". De exercício, neste termos, do poder constituinte só se for pela forma *originária*, sem limites normativo-jurídicos – e aí se trataria de um golpe. Já de emenda constitucional só é possível cogitar se respeitados os limites materiais, formais e implícitos (atinentes, estes últimos, também às próprias normas reguladoras do poder reformador) É hora, então, de deixar de conversa fiada: rasguem logo esses novos senhores da razão a Lei Suprema do país e se dediquem à feitura de outra, como bem lhes apetecer. Jogada às favas a nossa soberania, desde quando os destinos do Brasil foram entregues aos estafetas do FMI e das potências econômicas estrangeiras, só nos resta uma triste mas lógica constatação: sem soberania não pode haver poder constituinte; sem este, não há falar em Constituição; e, à falta de uma Constituição, também não se é de cogitar de cidadania, enquanto vínculo jurídico entre o cidadão e o Estado. Assim, talvez sejamos pessoas que um dia nos orgulhamos de ter, num passado distante, a nacionalidade brasileira!

Estamos, finalmente, à beira de uma atitude niilista, de absoluta descrença, de perda ou nulificação dos valores mais caros à civilização. Ou, como dizem Bobbio, Mateucci e Pasquino: "(...) no vazio deixado por estruturas metafísicas e valores, afirma-se como único princípio real a vontade de poder (...) uma política de poder cujo fim é ela mesma".[15] E, pior, de criação de um "povo artificial", que só se manifesta via institutos de pesquisa, e geralmente manipulado por indignas e claramente dirigidas campanhas publicitárias.

A persistir tal estados de coisas, estamos a der adeus definitivo à democracia. Só resta, enfim, *para não tirar nosso sorriso do caminho*, resistir. E resistir bravamente!

15. In *Dicionário de Política*, Brasília, UnB, pp. 825-826.

IMPROBIDADE ADMINISTRATIVA EM TEMA DE PUBLICIDADE OFICIAL

WEIDA ZANCANER

A questão a ser enfrentada é a disciplinada pelo art. 37, § 1º, da Constituição Federal, e se o descumprimento da prescrição contida nesse parágrafo tipifica ato de improbidade administrativa apenável em conformidade com a Lei 8.429/1992.

Diz o § 1º do art. 37 da Constituição federal: "A publicidade dos atos, programas, obras, serviços e campanhas dos órgãos públicos deverá ter caráter educativo, informativo ou de orientação social, dela não podendo constar nomes, símbolos ou imagens que caracterizam promoção pessoal de autoridades ou servidores públicos".

A norma constitucional traz em seu bojo dois comandos.

(a) O primeiro deles *obriga que a publicidade dos atos, programas, obras, serviços e campanhas dos órgãos públicos tenha* ***caráter educativo, informativo ou de orientação social*** – o que implica dizer que o Estado, serviente dos princípios da legalidade, da moralidade, da isonomia e da publicidade, preste conta de seus atos aos administrados, para que estes possam não só se beneficiar com a divulgação das ações estatais como, também, sindicar a atuação do Estado.

(b) Já o segundo comando visa à proteção de dois objetivos: o primeiro deles tem por escopo prestigiar o *princípio da impessoalidade*,[1] impedindo que aqueles que se encontram no exercício de função

1. Celso Antônio Bandeira de Mello assim conceitua o princípio da impessoalidade:

"Nele se traduz a idéia de que a Administração tem que tratar a todos os administrados sem discriminações, benéficas ou detrimentosas. Nem favoritismo nem per-

pública tirem vantagens de ordem econômica ou eleitoral pela utilização de recursos públicos; o outro tem por finalidade preservar o *princípio do pluralismo político*, afastando a possibilidade de que aqueles que detêm o poder nele se eternizem através da utilização da máquina estatal.

Melhor explicando, o princípio da publicidade,[2] priorizado no primeiro comando contido no art. 37, § 1º, da Constituição Federal, tem, no Estado de Direito, função estrutural e instrumental. Enquanto princípio com função estrutural, exige dos agentes públicos o dever de dar publicidade aos atos estatais. Já sob seu aspecto instrumental, garante aos administrados o direito de obter informações dos órgãos públicos.

Portanto, o Estado tem o dever de dar publicidade aos seus atos, e não a faculdade de fazê-lo, por força do art. 37, *caput*, da Constituição Federal. Esta publicidade, entretanto, tem parâmetros definidos constitucionalmente pelo § 1º do art. 37. Isto implica dizer que a publicidade estatal só atenderá ao princípio da legalidade se tiver caráter educativo, informativo ou de orientação social.

Por sua vez, o segundo comando, aquele que privilegia o princípio da impessoalidade, visa a atingir duas finalidades: *(a)* impedir que agentes e servidores públicos, em flagrante desvio de competência, utilizem-se de recursos públicos para obter vantagens de ordem econômica ou eleitoral; *(b)* preservar o pluralismo político, essencial ao regime democrático, como dispõe a Constituição.

Praticamente às portas de uma campanha em que serão eleitos prefeitos e vereadores, a publicidade dos atos, programas e serviços

seguições são toleráveis. Simpatias ou animosidades pessoais, políticas ou ideológicas não podem interferir na atuação administrativa e muito menos interesses sectários, de facções ou grupos de qualquer espécie. O princípio em causa não é senão o próprio princípio da igualdade ou isonomia. Está consagrado explicitamente no art. 37, *caput*, da Constituição. Além disso, assim como 'todos são iguais perante a lei' (art. 5º, *caput*), *a fortiori* teriam de sê-lo perante a Administração" (*Curso de Direito Administrativo*, 17ª ed., São Paulo, Malheiros Editores, 2004, p. 104).

2. Sobre o tema, diz Celso Antônio: "Deveras, se os interesses públicos são indisponíveis, se são interesses de toda a coletividade, os atos emitidos a título de implementá-los hão de ser exibidos em público. O princípio da publicidade impõe a *transparência* na atividade administrativa exatamente para que os administrados possam conferir se está sendo bem ou mal conduzida" (*Curso* ..., 17ª ed., p. 75).

dos órgãos públicos torna-se instrumento poderoso para propiciar exposição na mídia de agentes e servidores públicos e, conseqüentemente, aliciar votos – o que, só por si, gera substanciais vantagens pessoais de ordem econômica e eleitoral àqueles que se utilizarem deste expediente.

A pergunta que aqui se põe é se o descumprimento do § 1º do art. 37 deve ser tipificado como ato de improbidade administrativa ou se o descumprimento deste comando seria afrontoso apenas aos *princípios da legalidade e da moralidade* – o que subtrairia o autor do ilícito das malhas da Lei 8.429/1992, cujas sanções, entre outras, podem levar à perda da função pública e à suspensão dos direitos políticos.

Acompanho o posicionamento de José Afonso da Silva,[3] Marcelo Figueiredo[4] e Aristides Junqueira Alvarenga[5] no sentido de que não há confundir *improbidade administrativa* com *imoralidade*.

A imoralidade é gênero da qual a improbidade é espécie; ou, como ensina José Afonso, improbidade administrativa é forma qualificada de imoralidade administrativa.

Aristides Junqueira conceitua improbidade administrativa como "espécie do gênero *imoralidade administrativa*, qualificada pela desonestidade de conduta do agente público, mediante a qual este se enriquece ilicitamente, obtém vantagem indevida, para si ou para outrem, ou causa dano ao erário".[6]

Acolhemos a conceituação de *improbidade* formulada por Aristides Junqueira, mas julgamos necessário, para sua completude, agregarmos condutas prescritas como ímprobas mas não referidas pelo jurista em sua conceituação.

Assim, a conceituação de *improbidade administrativa* que melhor atende ao Direito posto deve ser assim formulada:

3. *Curso de Direito Constitucional Positivo*, 23ª ed., São Paulo, Malheiros Editores, 2004, p. 650.

4. *Probidade Administrativa*, 5ª ed., São Paulo, Malheiros Editores, 2004, p. 40.

5. "Reflexões sobre improbidade administrativa no Direito Brasileiro", in *Improbidade Administrativa – Questões Polêmicas e Atuais*, 2ª ed., São Paulo, Malheiros Editores, 2003, pp. 105 e ss.

6. Idem, p. 107.

Improbidade administrativa é "espécie do gênero *imoralidade administrativa*, qualificada pela desonestidade de conduta do agente público, mediante a qual este se enriquece ilicitamente, obtém vantagem indevida, para si ou para outrem",[7] "causa dano ao erário"[8] *ou afronta os princípios da Administração Pública.*

Improbidade também não se confunde com *ilegalidade.*

Vera Scarpinella Bueno, em seu qualificado artigo "O art. 37, § 1º, da Constituição Federal e a Lei de Improbidade", leciona: "Improbidade, tal como prevista no art. 37, § 4º, da Constituição, é a inobservância do dever de probidade por quem tem o dever de atendê-la, constituindo, na forma da Lei 8.429, de 1992, uma ilegalidade qualificada por dois aspectos: *(a)* por uma conduta intencional, imprudente, imperita ou negligente do agente, conforme o artigo da lei em que se enquadre, e *(b)* que corresponda a uma das situações indicadas de forma não-taxativa nos arts. 9º, 10 e 11 da Lei 8.429".[9]

Mister esclarecer que as modalidades de improbidade de que tratam os artigos supra-referidos são: *(a)* art. 9º, que trata dos atos de improbidade que importem enriquecimento ilícito; (b) art. 10, que trata dos atos de improbidade que causem dano ao erário; (c) art. 11, que dispõe sobre os atos de improbidade que afrontem os princípios da Administração Pública.

Encampamos parcialmente os ensinamentos da jovem jurista. Realmente, o ato de improbidade deve ser ilegal e, também, deve corresponder a uma das situações descritas nos arts. 9º, 10 e 11 da Lei 8.429/1992.

Sem embargo, discordamos da jovem jurista nos seguintes pontos: *(a)* quando diz que o ato de improbidade pode ser fruto de conduta culposa do agente – seguindo, aliás, a dicção do art. 10 da Lei 8.429/1992; *(b)* quando diz que as hipóteses constantes dos arts. 9º, 10 e 11 da Lei 8.429/1992 não são taxativas.

Mais consentâneo com o Direito posto é o lecionado por Aristides Junqueira[10] quando ensina que a desonestidade da conduta do

7. Idem, ibidem.

8. Idem, ibidem.

9. In *Improbidade Administrativa – Questões Polêmicas e Atuais*, 2ª ed., p. 434.

10. "Reflexões sobre improbidade administrativa ...", in *Improbidade Administrativa* – ..., 2ª ed., p. 108.

agente é indispensável para qualificar um ato ilegal como ato de improbidade, e onde existir desonestidade existirá dolo.

No mesmo sentido, Francisco Otávio de Almeida Prado grafa que "(...) os atos de improbidade administrativa, ao contrário do que sucede com as faltas disciplinares, encontram-se muito mais no domínio do *dolo* que da simples culpa. A idéia de culpa, traduzida na imprudência, imperícia ou negligência, é incompatível com a noção de *improbidade*, que, pressupondo um desvio de ordem ética e merecendo uma qualificação infamante, só muito excepcionalmente poderá admitir modalidade meramente culposa".[11]

Quanto a não serem as hipóteses constantes dos arts. 9º, 10 e 11 da Lei 8.429/1992 taxativas, também discordamos de Vera Scarpinella, tendo em vista a necessidade de tipicidade dos atos que ensejam sanções.

Fábio Medina Osório, sobre o tema, leciona:

"A tipificação do ato ilícito, na esfera do direito administrativo sancionatório, passa por um dúplice estágio: formal e material.

"A tipificação formal é apenas o primeiro passo no enquadramento da conduta do agente. Necessário, ainda, verificar a adequação de sua conduta à norma proibitiva, o que pressupõe valorações mais profundas, exame de particularidades comportamentais, circunstâncias concretas, causas e motivações específicas e relevantes do agir humano, fatores sociais complexos e influentes no resultado; enfim, um conjunto interminável de circunstâncias. O efetivo impacto da conduta formalmente típica no bem jurídico tutelado pela norma repressiva é pressuposto de adequação típica material."[12]

O agente que infringir o art. 37, § 1º, da Constituição Federal deverá ter sua conduta tipificada como ato de improbidade nos termos dos arts. 9º, IV, e 11 da Lei 8.429/1992, pelas razões a seguir expostas: *(a)* perceber vantagens materiais e eleitorais, pois, ao se utilizar da propaganda estatal, além de não despender seu dinheiro, alicia votos, podendo vir a ser eleito; *(b)* atentar contra os princípios da Administração Pública, em especial os da impessoalidade e do plura-

11. *Improbidade Administrativa*, São Paulo, Malheiros Editores, 2001, p. 37.
12. *Direito Administrativo Sancionador*, São Paulo, Ed. RT, 2000, pp. 198-199.

lismo político, fundamentos do Estado Democrático de Direito e, conseqüentemente, da República.

Quanto às penalidades previstas para os atos de improbidade, a Constituição, em seu art. 37, § 4º, dispõe: "§ 4º. Os atos de improbidade administrativa importarão a suspensão dos direitos políticos, a perda da função pública, a indisponibilidade dos bens e o ressarcimento ao erário, na forma e gradação previstas em lei, sem prejuízo da ação penal cabível".

A Constituição permite que a lei disponha sobre a forma de aplicação e a gradação das sanções ali elencadas, dependendo da repulsa que a ordem jurídica atribua a cada situação tipificada como ato de improbidade.

Assim, cabem, neste passo, reparos ao posicionamento de Fábio Medina Osório, quando diz:

"Daí a relevância de examinar, oportunamente, os elementos subjetivos do ilícito de improbidade administrativa, porque estes requisitos integram a tipicidade do ato ímprobo, diferenciando-o, nessa medida, do ato simplesmente imoral ou ilegal.

"De outro lado, ainda no campo objetivo, é possível dizer que haveria graus de imoralidade administrativa, sendo que ao maior grau se reserva o adjetivo *improbus*."[13]

Não há graus de improbidade administrativa: ou um ato é probo para o Direito, ou ele é ímprobo. Não há confundir a moral social com a moral jurídica. Um ato pode ser imoral juridicamente e não ser passível de tipificação como ato de improbidade administrativa, pois *improbidade* é espécie do gênero *imoralidade* – ou, como diz José Afonso da Silva,[14] é forma qualificada de imoralidade administrativa.

O que ocorre é que a ordem jurídica vai repelir de forma diversa os atos ímprobos. É a repulsa da ordem jurídica que será mais intensa ou menos intensa tendo em vista o ato ímprobo "x" ou "y".

Aliás, a Lei 8.429/1992 prescreve sanções diferentes para os atos de improbidade ali tipificados.

13. *Improbidade Administrativa – Observações sobre a Lei 8.429/1992*, 2ª ed., Porto Alegre, Síntese, 1998, p. 159.

14. *Curso ...*, 23ª ed., p. 650.

Sem embargo, uma reflexão deve ser feita: se a improbidade só se tipifica com a conduta desonesta e, portanto, dolosa do agente, pode aquele que foi condenado por ato de improbidade permanecer na função pública? Penso que não. Assim, entendo que a perda da função pública é penalidade obrigatória para os agentes que forem condenados por atos de improbidade. As demais sanções poderão ou não ser aplicadas, conforme a repulsa que a ordem jurídica atribua a cada situação qualificada como ato de improbidade. Nestes casos, o juiz terá que se valer dos princípios da razoabilidade e da proporcionalidade para fixar as penalidades.

São Paulo, 13 de abril de 2004

GRÁFICA PAYM
Tel. (011) 4392-3344
paym@terra.com.br